KB275843

3ds Max 2017

김상윤 저

3D를 처음 시작하는 이들을 위한

3ds Max 2017

| 만든 사람들 |
기획 IT·CG기획부 | **진행** 양종엽·유명한 | **교정·교열** 이강섭 | **집필** 김상윤 | **편집·표지디자인** 김진

| 책 내용 문의 |
도서 내용에 대해 궁금한 사항이 있으시면
저자의 홈페이지나 디지털북스 홈페이지의 게시판을 통해서 해결하실 수 있습니다.
디지털북스 홈페이지 www.digitalbooks.co.kr
디지털북스 페이스북 www.facebook.com/ithinkbook
디지털북스 카페 cafe.naver.com/digitalbooks1999
디지털북스 이메일 digital@digitalbooks.co.kr
저자 이메일 draw1024@naver.com

| 각종 문의 |
영업관련 hi@digitalbooks.co.kr
기획관련 digital@digitalbooks.co.kr
전화번호 (02) 447-3157~8

2년 반이라는 긴 시간은 결국 나 자신과의 싸움이었습니다. 처음에는 3ds Max 2016 버전의 원고를 쓰기로 하였지만 집필이 마무리 될 쯤에 3ds Max 2017 버전의 등장으로 처음부터 다시 시작하는 사태가 발생하였습니다.

여기에 설상가상 3ds Max 2017 버전은 그동안 우리가 보아왔던 UI가 완전히 교체되어 책을 집필하는 저로서는 더욱 더 힘들게 했습니다. 더군다나 탈고되기 3일을 남겨놓고 제 컴퓨터가 랜섬웨어에 걸려 거의 2주일 넘어가도록 모든 원고 작업이 중지 상태에 이르렀습니다. 그동안 집필해왔던 원고는 물론 15년 넘게 모아온 방대한 개인 자료가 암호화가 되어 급작스럽게 멘탈 붕괴가 일어났습니다. 백업하지 못했다는 깊은 자책감과 원고를 빨리 넘겨주지 못했다는 중압감으로 극심한 스트레스에 시달렸습니다. 지하철로 오고가는 시간과 대학에서 강의하고 쉬는 시간에도 늘 멍한 상태였었고, 꿈에서 조차 그것들이 나타나 저 자신을 괴롭혔습니다.

정말 우여곡절 끝에 비싸게 돈을 들여 복구업체를 통하여 그 모든 데이터들을 복구시켰고, 비로소 3ds Max 2017 버전 책이 탈고가 되었습니다. 조만간 책으로 엮어져 출간한다고 생각하니 마음이 벅차고 힘들었던 기억들이 한순간에 녹아내리는 듯합니다.

그런데 머리말을 쓸 때는 마음이 가벼워야 하는데, 쓰는 내내 마음이 무겁고 편치 못합니다. 긴 시간 동안 늦은 탈고로 인하여 출판사 관계자들에게 실망을 안겨주어 죄송할 따름입니다.

이번에도 책을 구입해주시는 독자 여러분들에게 3ds Max를 공부하는데 있어서 기대에 어긋나지 않도록, 자세한 매뉴얼 설명과 예제 등을 쉽게 따라할 수 있도록 기호 표시 삽입과 팁 등을 많이 기재하였습니다.

그동안의 강의 경력을 바탕으로 초급자의 입장에서 늘 생각하고 배려하는 마음으로 성심성의를 다하여 책을 집필하였으니, 필자를 믿고 3ds Max 공부에 전념하시길 바랍니다.

참고로 3ds Max를 처음 접하는 초급자의 독자 여러분들이라면 매뉴얼만 잔뜩 들어있는 책을 어려워하거나 회피하는 경향이 있는데, 절대로 매뉴얼 부분을 간과해서는 아니 될 것입니다. 머릿속에 잘 들어오지 않더라도 반드시 매뉴얼을 정독하고, 예제를 차근차근 따라하도록 해야 합니다.

또한 독자 여러분의 관심분야나 전공 분야에 맞추어 다른 저자의 책을 함께 구입하여, 다양하게 기재되어 있는 따라 하기 예제를 공부하여 실력향상에 적극 노력해야 합니다.

아울러 한정된 지면 관계상 새롭게 추가된 기능들과 수반되는 매뉴얼, 예제 등을 많이 실어야 하는데 소개하지 못한 점 이 자리를 통하여 매우 죄송하게 생각합니다.

끝으로 이 책이 나오기까지 언제나 함께 하신 하나님께 깊은 감사와 영광을 돌립니다.

이 책이 출간되기까지 긴 시간동안 늘 옆에서 노심초사 저를 포기하지 않고 끝까지 깊은 배려와 격려해주신 김양도 이사님께 큰 감사를 드리고, 조언을 아끼지 않은 양종엽 차장님과 편집과 오타 수정을 위해 동분서주 해주신 유명한 대리님께도 깊은 감사를 드립니다.

또한 이 책이 출간될 수 있도록 허락해주시고 놀러 가면 언제나 반갑게 맞이해주시는 이강원 사장님과 디지털북스 가족 모든 여러분들께도 깊은 감사를 드립니다.

그리고 집필하는 동안 늘 옆에서 독려와 지도편달해주시는 박사과정 중에 있는 박성일 교수님과 뵐 때마다 늘 웃는 얼굴로 친절히 대해주시는 인천 중앙전문학교의 김광덕 교수님, 그리고 최강의 동안과 미모를 자랑하는 서울 예술실용전문학교의 오동화 교수님과 김지연 교수님께도 깊은 감사를 드립니다.

부탁하면 아낌없이 좋은 모델링 소스 데이터를 제공해준 디자인 PROVE의 김정화 실장님에게도 깊은 감사의 말을 전하고 싶으며, 저를 아는 모든 지인들과 제자들에게도 감사와 함께 기쁨을 나누고 싶습니다.

그리고 물심양면으로 도와준 사랑하는 우리 가족들과 부모님, 남동생인 상범이 식구들과 막내 여동생 지영이 식구들에게도 이 기쁨을 함께 나누고 싶습니다.

마지막으로 내가 행복해질 수 있게 옆에서 힘이 되어주고, 멘토링 해준 고향 친구에게도 이 자리를 빌려 고마움을 전합니다.

김상윤

일
러
두
기

본 서적은 전에 집필한 '3D를 처음 시작하는 이들을 위한 3ds Max 2013'처럼 입문하는 초급자를 대상으로 이번에도 매뉴얼과 예제들을 심도 있게 다루었습니다.
가장 기초가 되는 모델링부터 시작하여 중급 모델링에 이르기까지 다양하고 쉬운 예제들을 수록함으로써 초급자가 어렵지 않게 실력을 쌓을 수 있도록 한 스텝 한 스텝 심혈을 기울여 집필하였습니다.
최종 결과물에 필요한 기초적인 설정 방법과 다양한 재질 및 매핑, 그리고 라이트, 카메라 등을 빠짐없이 수록하여 3ds Max의 전반적인 내용을 알 수 있도록 하였습니다.
이제는 실무에서 대중적으로 사랑받고 있는 렌더러인 V-Ray와 mental ray를 같은 장면의 예제를 각각 별도로 렌더링하여 두 개의 렌더러를 비교할 수 있도록 하였고, 초급자도 쉽게 고급 렌더러를 표현할 수 있도록 하였습니다..

따라 하기 예제 위주의 내용보다는 각종 메뉴들과 그에 따른 예제들을 같이 수록하였기 때문에 단발성의 예제들로 끝나는 것이 아닌, 사용자 스스로 터득하고 응용할 수 있도록 구성하였으며, 초급자가 꼭 다루어야 할 명령과 다양한 예제들을 꾸며 놓았습니다.
그리고 각 Chapter의 메뉴 설명에 사용된 소스들과 예제에 사용된 각 중간 과정들과 결과물 등을 CD에 제공함으로써 독자 여러분들로 하여금 충분한 피드백 역할을 해줍니다.

본서에 수록된 내용들을 간략히 요약하여 설명하도록 하겠습니다.

Chapter 01에서는 3ds Max의 기초가 되는 소개와 배경, 등장, 현재 3ds Max의 위치 등을 살펴보고 있으며, 3ds Max 2017 개요 및 특징과 달라진 점에 대해서 자세히 서술하고 있습니다. 그리고 3ds Max 2017 Trial 버전과 Service Pack 추가 설치 방법을 소개하고 있습니다.

Chapter 02에서는 새롭게 바뀐 3ds Max 2017 버전의 전반적인 화면구성과 어떻게 다루고 사용하는지에 대해 자세히 서술하고 있으며, 사용자의 작업을 돕기 위해 Viewport 상의 Mouse 사용법과 단축키 등을 심도 있게 다루고 있습니다.
또한 오브젝트를 다루기 위한 관련된 기본 명령들과 기초 Modifier를 다루었고, 2D Shape을 수정하기 위한 Editable Spline과 3D 오브젝트를 수정하기 위한 Editable Poly에 자세히 소개하고 있습니다. 친절한 그림 설명과 함께 심도 있는 내용들로 서술하고 있어 누구나 쉽게 이해할 수 있도록 하였습니다.

Chapter 03에서는 기본 실력을 다지기 위한 3개의 다른 Spline의 활용 예제를 픽토그램과 북엔드 모델링 예제를 통하여 초급자들이 3ds Max의 모델링에 쉽게 접근할 수 있도록 유도하였습니다.

Chapter 04에서는 Material Editor(재질 편집기)의 사용방법과 관련된 중요한 옵션들과 꼭 알아야 할 기본적인 재질 표현 방법에 대해 자세히 다루었으며, 특히 모델링 후 가장 기본적으로 적용해야 하는 매핑 방법인 UVW Map과 '상어 모델링' 예제를 통해서 전반적인 Unwrap UVW와 Photoshop의 Texture 제작에 대해서도 자세히 소개하고 있습니다.

Chapter 05에서는 여러 번을 강조해도 지나치지 않는 Light의 이해에 대해서 다루고 있습니다. Light의 종류와 옵션, 활용 등에서 자세한 설명으로 다루었고, 연출과 구도에 필요한 Camera에 대해서도 상세한 내용과 함께 포괄적으로 다루었습니다.

Chapter 06에서는 3ds Max에서 가장 많이 사용하고 있는 Polygon Modeling 방식을 다양한 모델링 예제와 함께 소개하고 있습니다. 가장 기초적인 Hole 관련 모델링과 기초 Polygon 모델링을 여러 타입으로 설명하고 있습니다.
이런 기초 모델링을 습득함으로써 발전된 중·고급 모델링 예제에 접근할 수 있도록 자세한 설명과 팁 등을 통해 독자 여러분들이 막히지 않고 따라할 수 있도록 최대한 지면을 많이 활용하였습니다.

Chapter 07에서는 렌더링을 구성하는 기본 패널들과 옵션들을 자세히 살펴보고, 당구공 예제의 DOF에 대해 설명하고 있습니다.

Chapter 08에서는 실무에서 가장 많이 사용하고 있는 고급 렌더러인 V-Ray와 mental ray에 대해 다양한 예제로 수록했습니다. 다른 서적을 구입하지 않아도 본서만으로도 V-Ray와 mental ray 렌더러를 충분히 익힐 수 있도록 상세하게 소개하였습니다.
제품을 위한 스튜디오 렌더링 방법과 반사와 굴절을 위한 Caustics 표현, DOF 효과 등의 다양한 예제를 통해서 확실하게 제품 렌더링에 막힘이 없도록 하였습니다.
또한 인테리어 렌더링을 주간 야간으로 구분하여 V-Ray의 조명 설치 방법과 그 사용 방법에 대해 제시하였습니다.

지금까지 간략히 본서의 내용을 요약 정리 하였지만 이와 같이 3ds Max는 너무나 광범위하고 어려운 부분이 많기 때문에 이 책 하나만으로 3ds Max를 완전히 익힌다는 것은 무리입니다.
편집이나 한정된 지면관계로 인해 그 많은 명령들과 그에 따르는 모든 예제들을 책 한 권에 수록한다는 것은 거의 불가능한 일입니다. 이외에 3ds Max를 제대로 공부를 하고 싶거나 원하는 방향의 3D를 계속적으로 하고자 한다면 각자 자기에 맞는 3D 서적을 몇 개 더 구입하여 공부하는 것이 가장 현명한 방법일 것입니다.

마지막으로 본서를 가지고 공부하는 도중 이해가 되지 않는 부분이 있거나 궁금한 사항이 있으면 필자의 개인홈페이지인 'http://3d.zoa.to'의 Q&A 게시판을 통해 적극적으로 질문하시기 바랍니다.

CONTENTS

Chapter 03

기본 실력 익히기

Chapter 04

Materials

Chapter 05

Light & Camera

Chapter

3ds Max 기초

Lesson 01

3ds Max 소개

3ds Max를 공부하기 전에 현재의 3ds Max가 어떻게 등장하였는지에 대해 전반적으로 알아보는 것도 상당히 재미있을 것입니다. Autodesk사의 3ds Max라는 막강한 소프트웨어가 여러 3D 소프트웨어를 제치고 현재의 고품격 3D 소프트웨어로서의 위치를 차지하기까지, 그 탄생 배경과 3ds Max가 대중들에게 사랑받는 이유, 끼치는 영향에 대해서 알아보도록 하겠습니다.

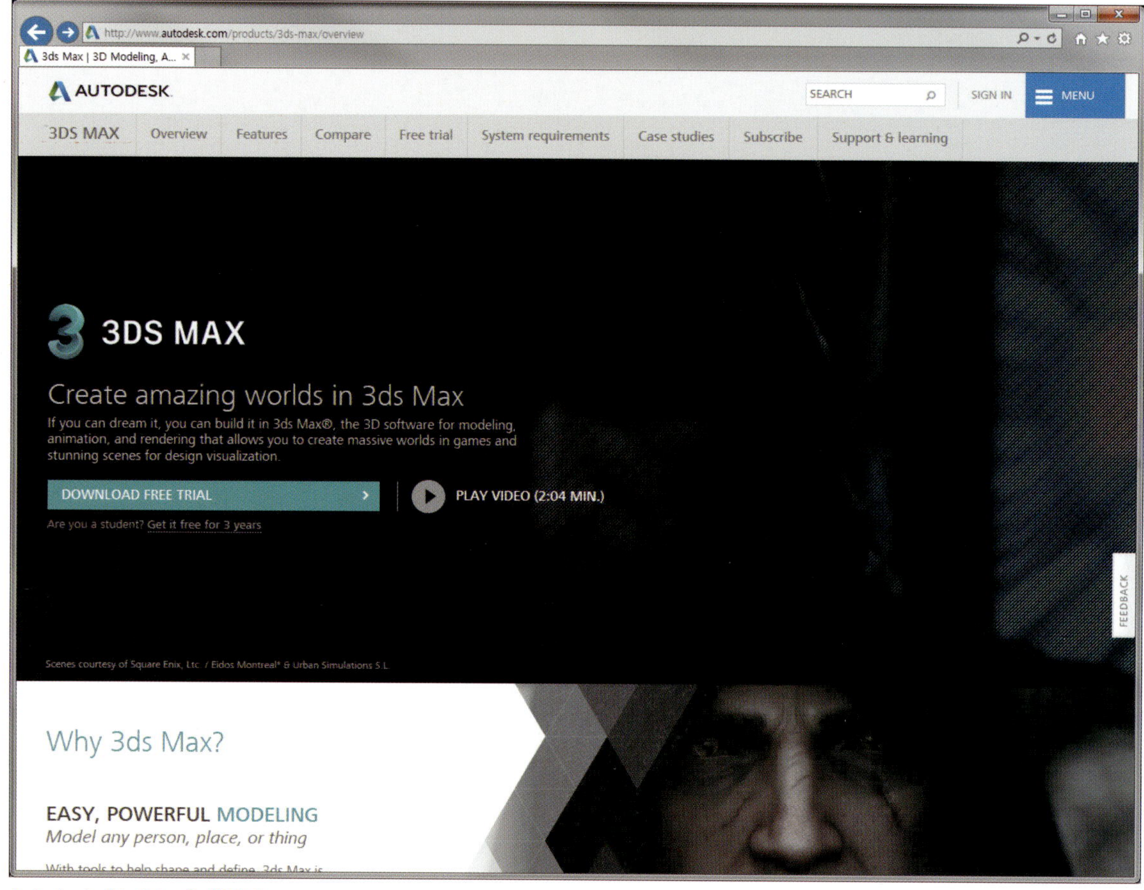

Autodesk 3ds Max홈페이지

Section 01 | 3ds Max의 배경

2000년대로 접어든지 벌써 16년이 넘어가고 있는 시점에서 우리 생활에 깊이 파고든 단어가 있습니다. 애플의 아이폰 등장으로 인한 'Smart'라는 단어와 영화 〈아바타〉의 등장으로 인한 '디지털3D'가 바로 그것입니다. 특히 3D라는 단어는 다양한 영상 매체와 광고, 직접적인 3D 관련기기의 사용으로 이제는 어느 누구라도 쉽게 접할 수 있게 되었습니다.

어느덧 우리 주변 생활 깊숙이 자리를 차지한 3D는 현재 가상현실, 애니메이션, 건축 설계, 산업, 제품, 시각, 특수효과, 영상 등 여러 분야에서 주 임무를 담당하고 있기에 이제 없어서는 안 될 중요한 기술로 자리를 잡았습니다. 3D는 과거에는 많은 인력과 시간, 돈을 투자해야만 가능했던 것들을 해결하고, 우리가 상상하는 모든 것들이 이루어지게 하는 데 크게 일조하고 있습니다.

지금은 이런 내용들이 보편화되어 자연스러운 상황이 되었지만, 80년대 중·후반에는 컴퓨터 기술이 발전하지 않아 고가의 워크스테이션으로 이를 대신하고 있었습니다. 그러나 워크스테이션에 들어가는 3D 소프트웨어들은 수요가 적었으며 가격이 몇천만 원에서 1억 원 이상까지 하는 바람에 감히 일반인들이 접근하기가 힘들었습니다.

PC 성능이 비약적으로 발전하고 Strata Vision이 출시되면서 워크스테이션이 아닌 일반 개인용 PC에서도 3D를 구현할 수 있게 되었습니다. 이는 엄청난 이슈가 되었고, IBM 사에서도 이를 계기로 '3D Studio'라는 프로그램을 만들어 일반 개인용 PC에서 사용할 수 있게 합니다.

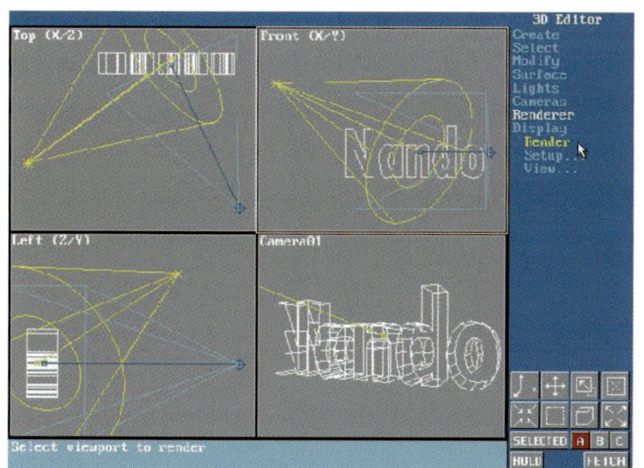

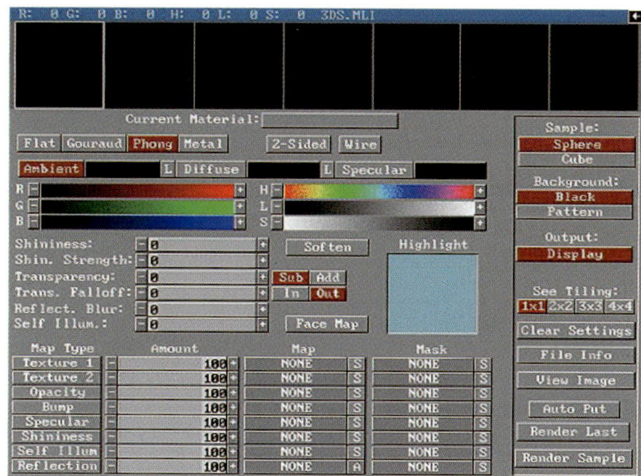

이후 3D Studio는 팀장인 Gary Yost의 이름을 딴 Yost Grochapter에서 AUTODESK의 제안을 받아 3D Studio라는 이름의 3D 소프트웨어를 내놓습니다. 당시 필자는 토파즈라는 것을 학원에서 한참 공부하고 있었는데, 3D Studio를 처음 접했을 때의 그 놀라움이란 이루 말할 수 없었습니다. 3D Studio는 그렇게 무겁지 않은 소프트웨어라 누구나 쉽게 접할 수 있었습니다. 70년대 생들의 제품 디자인 전공자라면 한 번쯤은 접해봤으리라 생각됩니다.

또한 그 당시에 IPAS라는 이름의 3D Studio 플러그인이 등장하여 더욱더 3D Studio를 빛나게 해주었습니다. 지금 보면 보잘 것 없는 내용들이지만, 당시 3D Studio가 당대 최고의 3D 프로그램이었음엔 틀림없습니다.

Section 02 | 3ds Max의 등장

3D Studio R2가 개발될 무렵 Microsoft사에선 Windows NT라는 새로운 운영체제를 준비하고 있었습니다. DOS 시스템이 가진 한계성 때문에 Yost Grochapter은 여러 동료와 합세하여 NT 기반의 3D 소프트웨어 개발 착수에 나서게 됩니다.

1994년 9월 본격적으로 진행된 3D Studio Max 프로젝트는 95년에 DOS 버전의 3D Studio R4.0으로 마감되고, 그 해에 3D Studio Max라는 이름의 베타 버전이 최초로 공개됩니다. 이후 96년 4월에 정식버전이 발표됩니다.

3D Studio Max는 3D Studio의 인터페이스를 바탕으로 만들어졌기 때문에 상당히 정리된 모습이었

고, 3D Studio를 사용해본 자라면 금방 적응할 수 있는 인터페이스 특징을 가지고 있었습니다. 플러그인 구조 개방정책으로 인하여 수많은 플러그인 회사들이 3ds Max용 플러그인을 다양하고 고급스럽게 개발하여

3ds Max가 표현하지 못하는 기능적 표현에 일조하게 되었습니다. 이후 Windows 95가 나오고 3ds Max 1.1 버전이 나오게 되면서 일반 사용자층을 더욱 더 끌어들이게 됩니다.

Section 03 | 막강해지는 3ds Max

97년 AUTODESK사는 KINETIX라는 자회사를 만들어 3ds Max 2.0을 발표하였습니다. 이 버전에서 Raytracing, 스크립트 언어, Dynamics, 향상된 파티클 등이 추가되었습니다. 2.5버전이 나오면서부터 고가의 워크스테이션급에서만 사용 가능했던 NURBS가 채용되면서 캐릭터 스튜디오 2.0 발표에 힘입어 명실상부한 3D 소프트웨어로 자리 잡게 됩니다.

기존 버전보다는 100% 이상의 기능 향상과 OpenGL, Direct 3D를 포함하는 3D Graphic API를 지원하며 펜티엄프로와 펜티엄II 프로세서에서 최적의 성능을 발휘하게 됩니다. 이후 99년 3ds Max 3.0으로 버전업 되면서 렌더링 기능이 훨씬 향상되었고, 다양한 플러그인 클래스가 추가되었습니다.

3ds Max 3.0이 활약하던 시기엔 3D 게임이 완전히 보편화되었던 시기라 게임업계에서 제일 많이 사용하는 소프트웨어 중의 하나였습니다. 게임 상에서의 무거운 NURBS 구현은 아무래도 무리였기에 Polygon 기반으로 하는 3ds Max가 독보적인 존재였기 때문입니다.

그러나 워크스테이션급 Softimage가 등장하고 Maya의 NT 포팅으로 3ds Max의 시장을 넘보게 되면서 시장은 좁아집니다. Maya는 맥스가 기본적으로 가지고 있지 않았던 고급 기능을 모두 포함하고 있었으며 GUI의 특징은 매료될 충분한 조건이었습니다. 이에 위기의식을 느낀 AUTODESK사는 영상 편집 쪽에서 두각을 나타내고 있는 DISCREET LOGIC을 인수하여 KINETIX와 합병시켜 DISCREET라는 자회사를 다시 한 번 탄생시키게 됩니다.

또한 알리아스사의 인터페이스와 키네마틱스를 담당하던 엔지니어링들을 많이 영입하여 Maya의 인터페이스와 비슷하면서 IK 부분들이 달라진 3ds Max 4.0 버전을 출시하게 됩니다. 기본 삼각형 형태의 폴리곤 구조에 사각형 폴리곤이 추가되면서 모델링 일대에 혁명의 바람이 일게 됩니다. Maya나 Lightwave에서 볼 수 있었던 Subdivision의 도입을 계기로 하여 NURMS 방식 모델링이 각광을 받게 되었습니다. 무겁기만 한 NURBS는 점차 외면받고, 사용자들은 Subdivision을 더 선호하게 됩니다.

NURBS 모델링은 주로 공업/산업/제품 분야에서 많이 다루는 기능이었습니다. 3ds Max에서의 구현은 그때까지만 해도 엄청난 무리였으며, 일반 학원에서조차도 가르치지 않았던 커리큘럼이었습니다. NURBS 모델링은 포인트라는 점들의 자취로 이루어졌기 때문에 데이터가 굉장히 무겁고 버거웠습니다. 때문에 필자도 가르치는 학생들에게 3ds Max 내의 NURBS보다는 낮은 사양의 컴퓨터에서도 안정적으로 구현되는 Rhino3D를 학습하라고 권유하기도 했습니다.

Section 04 | 초 절정의 위치 3ds Max

이때 실제 라이트 데이터 값을 입력하여 조도 값을 정확하게 표현해주고 실무 인테리어에서 아직도 사용하고 있는 Lightscape 프로그램이 단종되고, 이 프로그램이 가지고 있는 GI Renderer의 일종인 Radiosity 기법이 3ds Max 5.0에 탑재되는 커다란 사건이 발생합니다. 여기에 고품질 렌더링을 가능케 해주는, 그 유명한 mental ray가 3ds Max 5.0에 기본으로 탑재되어 출시됩니다. mental ray는 3ds Max 3.0 때에 외부 플러그인 Renderer로 알려져 있었고 가격대가 거의 900만 원대까지 육박하는 고품격 플러그인이었는데, 3ds Max 5.0 때부터 기본으로 탑재가 된 것입니다.

mental ray가 탑재되기 전에는 Final Render, Brazil Render, V-Ray 등이 3ds Max의 Renderer 플

러그인으로 확실하게 자리를 잡고 있었기 때문에 mental ray가 주춤했었습니다. 이는 mental ray의 렌더링 속도가 타 Renderer들보다 엄청나게 느렸기 때문입니다. 그래서 Discreet 사는 3ds Max 5.0에 기본 Renderer로 mental ray를 탑재하여 타 Renderer의 위치를 흔들리게 하였고, 힘들여 작업하지 않아도 사실적인 이미지를 뽑아내는 렌더링 소프트웨어로 키워냅니다.

현재에 와서는 타 Renderer에 비해서 빠른 렌더링 속도와 고품격 이미지 아웃풋을 도출시키는 V-Ray가 3ds Max 버전 업에 따라 확실히 그 위치를 다지고 있습니다. 여기에 자극받은 Lightwave, Maya도 고품격 렌더링에 박차를 가하고 있습니다. 또한 3ds Max 5.0에 물리역학 플러그인의 일종인 Reactor가 기본으로 탑재되면서 3ds Max가 애니메이션계에까지 큰 일조를 하게 됩니다.

이런 외부 기능 확장과 같은 다양한 전략을 통해 Discreet사는 Maya와의 싸움에서 이겼고, 3ds Max는 이제 더 이상 타 3D 소프트웨어와 견주어 단점이라고 할 만한 것이 사라지게 되었습니다. 이로 인하여 다른 3D 소프트웨어들은 위축되어 큰 타격을 입게 되고, 3ds Max와 견줄 만한 가격대까지 다운되는 현상이 나타났습니다. 이 현상은 결국 비싼 3D 소프트웨어들이 일반인에게 대중화되는 데 큰 몫을 하게 되었습니다. 3ds Max 6.0, 7.0, 8.0의 거듭난 버전 업을 계기로 3ds Max 9.0 나오게 되면서 마침내 Autodesk사가 Maya를 인수하고 막강한 3D 소프트웨어의 정상고지에 올라섭니다.

3ds Max는 9.0 이후 버전부터 명칭이 3ds Max 2008과 3ds Max Design 2008 버전으로 바뀌어, 현재는 3ds Max 2017 버전 순으로 바뀌고 있습니다.

지금은 꾸준하고 지속적으로 버전 업이 이루어지면서 초 절정의 위치로 그 이름을 빛내고 있으며, 3D를 필요로 하는 관련 국내 기업이나 다양한 층의 3D 유저들에게 각별한 사랑을 받고 있습니다.

Autodesk 3ds Max 2017 실행화면

Lesson 02

3ds Max 2017 개요 및 특징

3ds Max의 기능은 전문가급 3D 애니메이션, 렌더링 및 모델을 생성하기 위한 강력한 성능을 제공합니다. 효율적인 크리에이티브 도구 세트를 갖춘 3ds Max를 통해 더 짧은 시간 내에 더욱 뛰어난 3D 컨텐츠를 생성할 수 있습니다.

Desktop Subscription(기간제 라이센스)를 이용할 수 있으며, 완전히 새로운 기능으로 구성된 3ds Max 2017은 가장 유용하고 다양한 도구 세트를 제공합니다. 사용자화 도구를 만들고 팀 전체의 협업 효율성을 향상시켜 더욱 빠르고 자신감 있게 작업할 수 있습니다.

3ds Max 2017 메인화면

Section 01 | 3ds Max 2017 개요

3ds Max 2017은 3D 모델링, 애니메이션 및 렌더링 소프트웨어를 이용하여 사용자화, 협업 및 3D 컨텐츠 제작을 신속하게 수행할 수 있으며, 사용자 요청을 바탕으로 새롭게 개발된 기능과 엔터테인먼트 및 설계 전문가를 위해 향상된 기능이 포함되었습니다. Desktop Subscription(기간제 라이센스)을 통해 최신 업데이트 및 버전, 일대일 웹 지원, 포럼에서의 우선 지원, 유연한 라이센스 등을 이용할 수 있습니다.

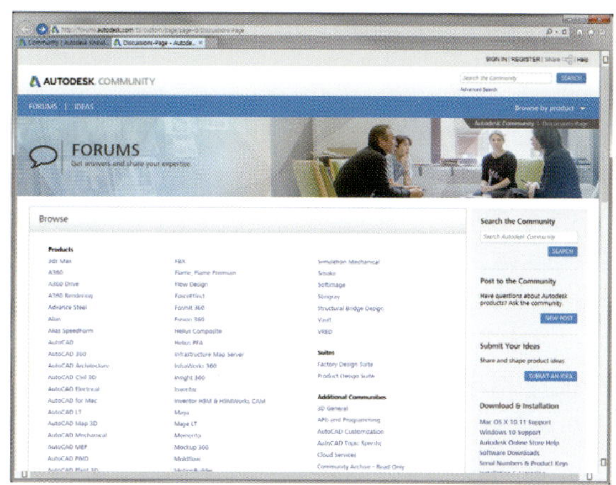

Autodesk Forums

Section 02 | 3ds Max 2016과 2017의 신기능 소개

다양한 업계의 아티스트가 일상적인 작업에서 Autodesk 3ds Max 소프트웨어를 사용하는 상황에서 3ds Max는 지금까지 가장 우수하고 다양한 도구 세트를 제공하여 산업의 요구와 관계없이 영감을 주는 환경을 만드는 데 필요한 3D 도구를 아티스트에게 제공합니다. 3ds Max 2016과 2017에는 사용자가 사용자 정의 도구를 만들고 팀 간의 더 나은 공동 작업을 위해 각자의 작업을 쉽게 공유할 수 있도록 해주는 새로운 기능이 포함되어 있습니다. 또한 새 사용자가 보다 확신을 가지고 빠른 속도로 작업을 수행할 수 있도록 해줍니다.

또한 3ds Max 2017은 현 시점 기준으로 가장 강력하고 다양한 도구 세트를 제공하며, 이를 통해 사용자가 원하는 대로 도구를 변경하고 팀 전체의 협업 효율성을 향상시켜 더욱 빠르고 자신감 있게 작업할 수 있습니다.

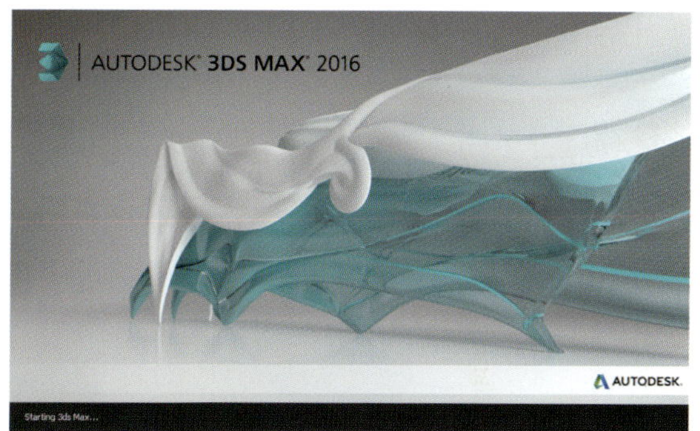

3ds Max 2016 실행 화면

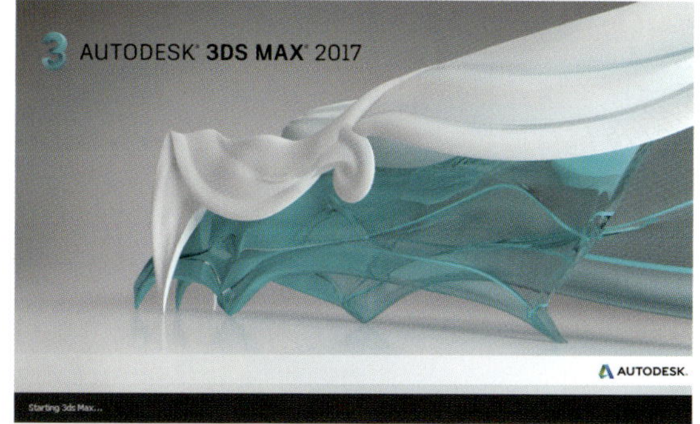

3ds Max 2017 실행 화면

새로운 노드 기반 프로그래밍 시스템을 통해 사용자는 3ds Max의 기능을 확장하고, 새로 만든 도구를 다른 사용자와 공유할 수 있습니다. 3ds Max 2016부터 포함된 Autodesk A360 렌더링 지원 및 새로운 실제 카메라를 통해 3ds Max 사용자는 사실적 이미지를 더 쉽게 만들 수 있습니다. 뿐만 아니라 새로운 OpenSubdiv 지원 및 듀얼 쿼터니언 스키닝을 통해 아티스트는 매우 효율적으로 모델링할 수 있으며, 새로운 카메라 시퀀서를 통해 아티스트와 설계자는 자신의 스토리에 대한 프리젠테이션을 보다 세밀하게 제어할 수 있습니다.

새로운 설계 작업공간에서는 소프트웨어의 기본 기능에 보다 쉽게 액세스할 수 있는 작업 기반 워크플로우를 제공하며, 새로운 템플릿 시스템은 사용자에게 프로젝트를 신속하게 시작하고 보다 성공적으로 렌더링할 수 있도록 기준선 설정을 제공합니다.

먼저 3ds Max 2016의 기능부터 살펴보도록 하겠습니다.

01 3ds Max 2016의 신기능

Ⓐ 사용 편이성을 위한 새로운 기능

Autodesk 3ds Max는 게임 개발자, 시각 효과 아티스트, 그래픽 디자이너를 위한 종합적인 통합 3D 모델링, 애니메이션, 렌더링 솔루션을 제공합니다.

❶ 새 설계 작업 공간

새로운 설계 작업 공간은 보다 효율적인 워크플로우를 제공하는 설계작업 공간이 도입되었으며, 3ds Max의 오브젝트 배치, 조명, 렌더링, 모델링 및 텍스처링 도구에 쉽게 액세스할 수 있는 작업 기반의 논리적 시스템을 따릅니다.

❷ 새 템플릿 시스템

사용자에게 표준화된 새로운 시작 구성을 제공합니다. 렌더링, 환경, 조명 및 단위가 기본으로 설정되어 있어 더욱 빠르고 정확하게 결과물을 얻을 수 있습니다.

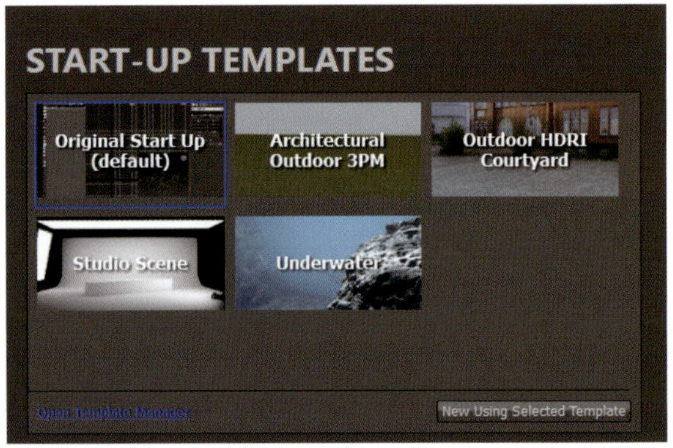

❸ Multi-Touch 지원

3ds Max 2016은 아티스트가 3D 컨텐츠와 훨씬 자유롭게 상호 작용할 수 있는 멀티 터치 3D 탐색 기능을 갖추고 있습니다. 지원되는 장치에는 터치 지원 Windows 8 장치를 비롯하여 Wacom® Intuos 5 터치 타블렛, Cintiq 24HD 및 Cintiq Companion이 있습니다.

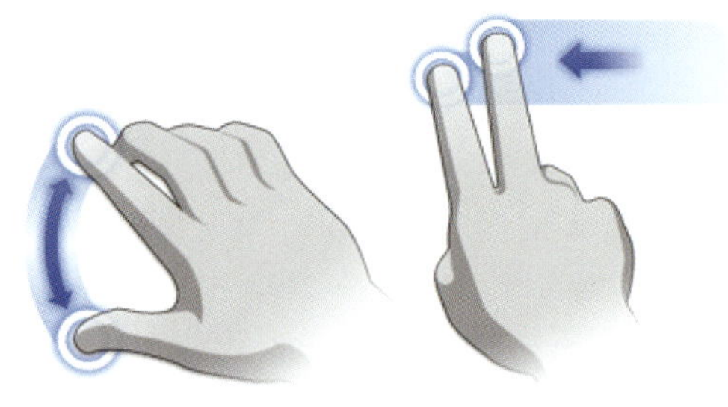

❹ 워크플로우 개선 사항

3ds Max 2016에서는 다양한 영역에서 워크플로우가 향상되었습니다. 예를 들어 ShaderFX 실시간 비주얼 셰이더 편집기의 향상된 기능은 아티스트와 프로그래머가 고급 셰이더를 보다 쉽게 만들고 교환할 수 있도록 확장된 음영 처리 옵션과 3ds Max, Maya 및 Maya LT 간의 향상된 셰이더 상호 운용성을 제공합니다. 장면 탐색기의 성능 및 안정성이 증가하고 레이어 관리자의 기능이 향상되어 복잡한 장면 작업을 보다 쉽게 수행할 수 있습니다. Nitrous 뷰포트의 향상된 기능은 성능 및 시각적 품질을 개선합니다.

❺ SURF(Small User-Requested Feature)

최대 10가지 워크플러우 장애물을 해결했는데 그것은 새로운 뷰포트 선택 미리보기, 향상된 절단 도구, 하드 및 스무드 가장자리 시각화 등이 포함됩니다.

❸ 장면 관리의 새로운 기능

❶ XRef 오브젝트 개선

이제 팀 및 프로덕션 파이프라인 전체의 공동작업이 외부 참조 오브젝트의 생산적인 애니메이션 워크플로우에 대한 새로운 지원과 안정성 향상으로 인해 더욱 쉬워집니다. 3ds Max 사용자는 장면에 대한 오브젝트를 외부에서 참조하여 애니메이션하거나 오브젝트를 장면에 병합하지 않고도 소스 파일의 외부 참조 오브젝트에서 재질을 편집할 수 있습니다.

❷ Camera Sequencer

새로운 Camera Sequencer를 사용하면 뛰어난 스토리를 좀 더 쉽게 고품질의 애니메이션된 시각화, 애니메틱스 및 영화로 만들어 전달할 수 있습니다. 이 새로운 기능을 통해 애니메이션된 클립을 파괴하지 않으면서 순서 변경, 트림, 여러 카메라 사이에서 잘라내기 작업을 쉽게 수행할 수 있습니다.

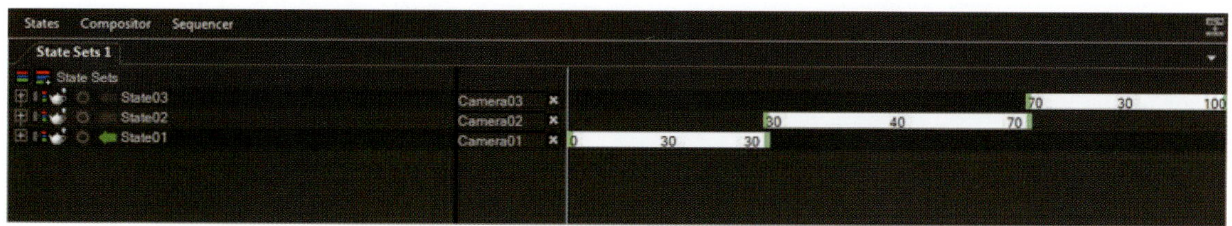

❸ 향상된 Layer 처리 및 Scene / Layer Explorer 업데이트

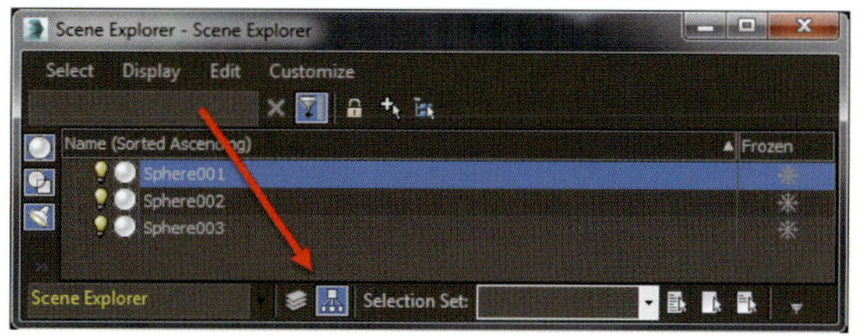

새 옵션을 사용하면 병합된 장면에서 들어오는 레이어 계층을 처리하는 방법을 선택할 수 있습니다. 또한 필요한 경우 병합된 데이터의 배율을 다시 조정할 수도 있습니다. 새로운 장면 탐색기 기능을 사용하면 개별 장면과 함께 저장되고 로드되는 로컬과 모든 장면에서 사용할 수 있는 전역 간에 유형을 전환할 수 있습니다. 따라서 특정 프로젝트 및 하위 프로젝트에 맞게 장면 탐색기 인스턴스를 사용자화할 수 있습니다. 또한 장면 탐색기는 오브젝트 계층을 관리할 수 있는 새로운 도구 모음 버튼을 제공합니다.

ⓒ 노드 기반 프로그래밍의 새로운 기능

❶ Max Creation Graph

3ds Max 2016은 고객이 기능을 제안하고 현재 제안 사항에 대해 투표할 수 있는 온라인 포럼인 User Voice가 있습니다. 여기서 기능 요청이 가장 많은 노드 기반의 도구 작성 환경인 Max Creation Graph를 제공합니다. Max Creation Graph는 슬레이트 재질 편집기와 유사한 시각적 환경에서 그래프를 만들어 3ds Max의 기능을 새로운 형상 오브젝트 및 수정자로 확장할 수 있는, 논리적인 최신 방법을 사용자에게 제공합니다.

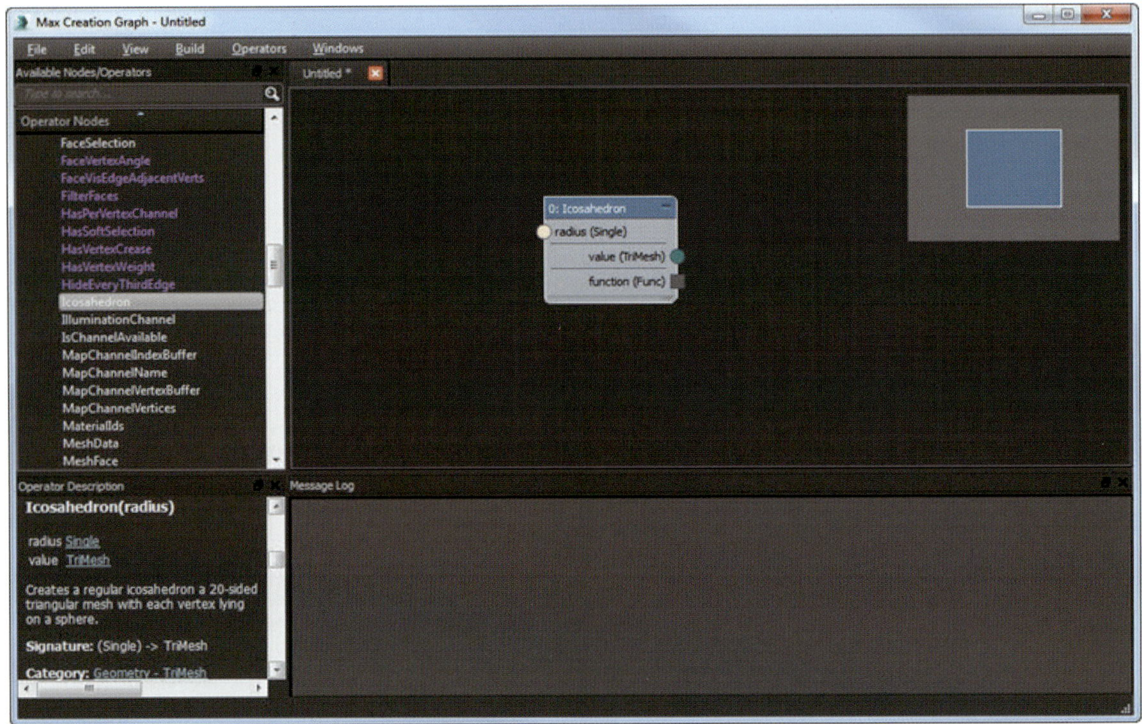

ⓓ 모델링의 새로운 기능

❶ OpenSubdiv

Extension 1에서 처음 도입된 OpenSubdiv에 대한 새로운 지원을 통해 이제 사용자는 Pixar의 오픈 소스 OpenSubdiv 라이브러리를 사용하여 3ds Max에서 세분화 표면을 나타낼 수 있습니다. 짧은 시간 내에 복잡한 모델링의 모서리 부분을 이제는 쉽게 표현할 수 있습니다.

❷ Chamfer 수정자

새 모따기 수정자를 사용하면 이전처럼 명시적인 편집 가능한 폴리 작업이 아니라 스택에서 정점 및 모따기 작업을 적용할 수 있습니다.

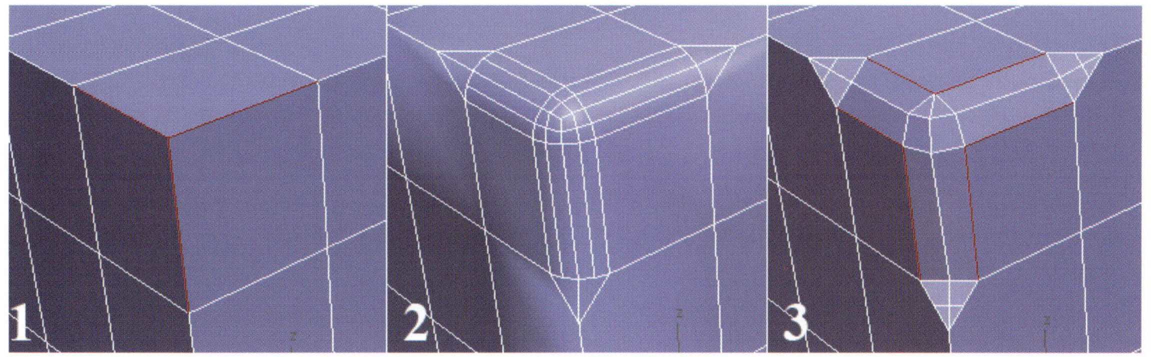

가장자리 선택 / Quad Chamfer / Standard Chamfer

❸ Hard 및 Smooth Edges

이제 Editable Poly 오브젝트와 Edit Poly 수정자가 훨씬 더 쉽게 작성할 수 있도록 수동으로 스무딩 그룹을 관리하지 않고 하드 및 스무드 가장자리를 만들 수 있습니다. 또한 뷰포트에서 Hard Edge를 시각화할 수 있는 새 옵션이 있습니다.

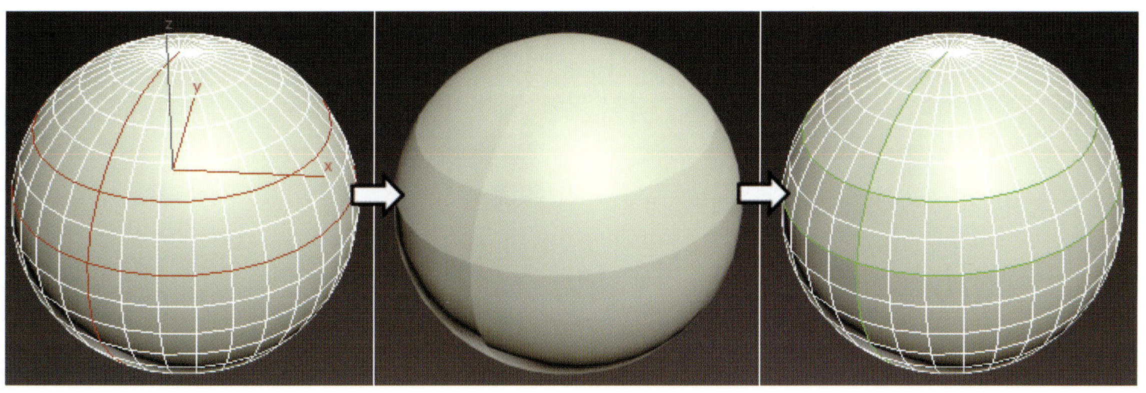

선택된 Edge / Hard 설정 / Hard Edge 표시를 설정하고 녹색으로 설정

❹ Spline 정규화

스플라인 정규화 수정자에 새로운 정확도의 매개 변수가 있습니다.

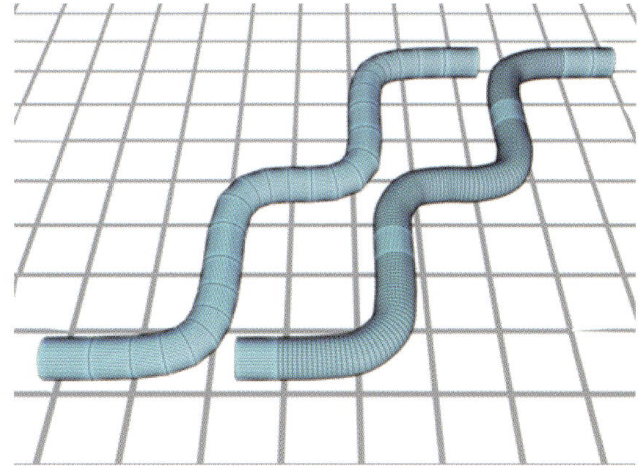

❺ Mirror Tool

미러 도구의 새로운 기능은 형상 옵션으로, 모델링에 특히 유용합니다. 따라서 변환을 재설정할 필요 없이 오브젝트를 미러링하여 반전된 법선을 만들 수 있습니다.

❻ Text Spline에서 Open Type 글꼴 지원

텍스트 스플라인에서 True Type 및 Type 1 Post Script 글꼴뿐만 아니라 Open Type 글꼴을 사용할 수 있습니다. Windows 글꼴 관리자를 사용하여 True Type 및 Open Type 글꼴을 모두 C:\Windows\fonts\폴더에 설치할 수 있습니다.

ⓔ 데이터 교환의 새로운 기능

❶ Alembic으로 데이터 교환

3ds Max에서 Alembic 오픈 컴퓨터 그래픽 교환 프레임워크 형식을 사용할 수 있습니다. Alembic은 복잡한 애니메이션 및 시뮬레이션 데이터를 적용된 형상 결과의 비절차적 응용프로그램 독립 세트로 추출합니다.

❷ 보다 쉬워진 Revit 및 SketchUp 워크플로우

사용자는 3ds Max 2015 Extension 2에서 처음 도입된, 새롭고 강력한 Revit 통합을 사용하여 Revit RVT 파일을 3ds Max로 직접 가져오고 파일 링크할 수 있습니다. 아티스트는 이전보다 최대 10배 빠른 속도로 Revit 모델을 3ds Max로 가져올 수 있으며 새로운 통합에서는 개선된 인스턴스, 추가 BIM 데이터 및 여러 카메라와 같은 향상된 기능을 제공합니다. 또한 SketchUp을 사용하는 아티스트는 SketchUp 2015 파일을 가져와 3ds Max에서 해당 설계를 추가로 이용할 수 있습니다.

❸ 보다 쉬워진 SolidWorks 가져오기

SolidWorks 파일을 가져오기 위해 더 이상 시스템에 SolidWorks® 응용프로그램을 설치하거나 실행할 필요가 없습니다.

❹ ATF 가져오기

ATF(Autodesk Translation Framework)는 SolidWorks®를 포함하여 Autodesk와 타사 파일 형식의 데이터 교환을 간소화합니다.

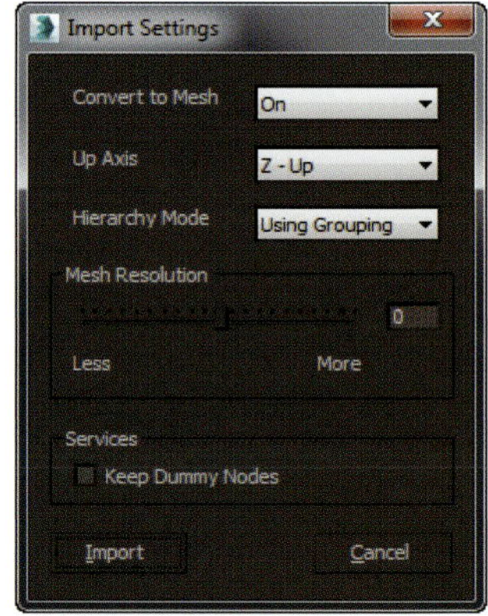

F 캐릭터 애니메이션의 새로운 기능

❶ Dual Quaternion Skinning

특별히 디포머가 비틀리거나 피벗될 때 메시에서 볼륨이 손상되는 "Bow Tie" 또는 "Candy Wrapper" 효과를 방지하기 위해 제공된 Dual Quaternion이 추가됨으로써 3ds Max 스무딩 스키닝 기능이 더 향상되었습니다. 캐릭터의 어깨 또는 손목에서 가장 일반적으로 사용할 수 있는 이 새로운 스무딩 스키닝 방법을 통해 원하지 않는 변형 인공물을 줄일 수 있습니다.

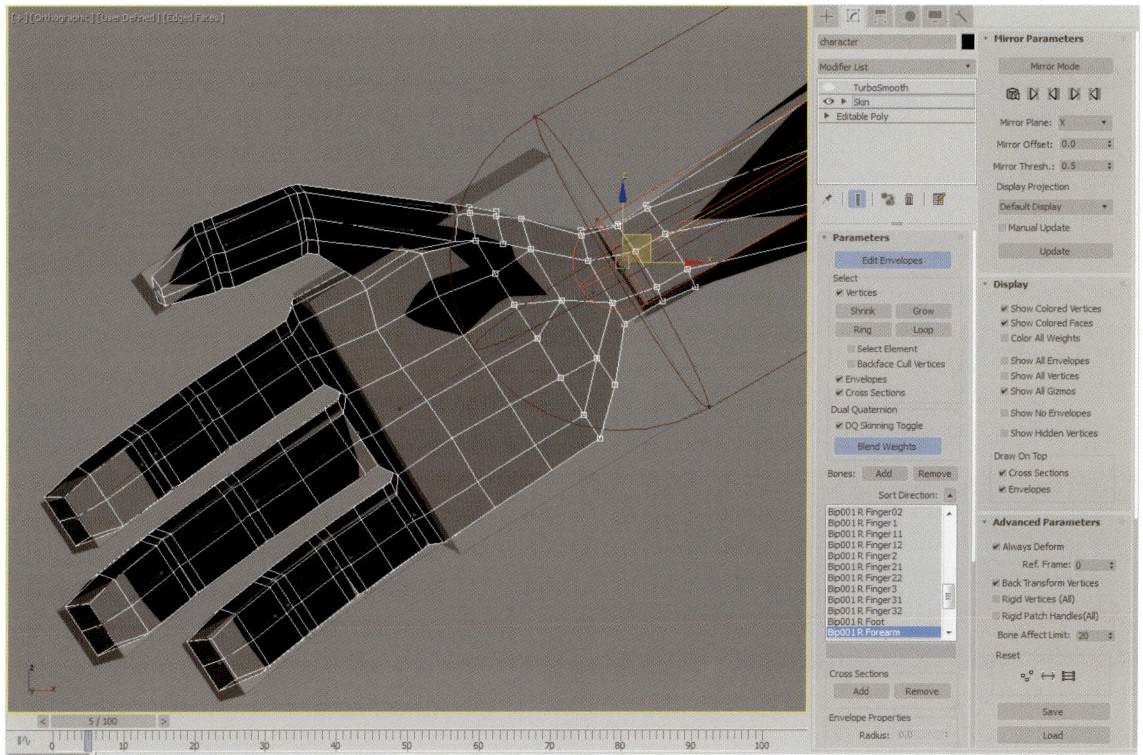

G 하드웨어 음영처리의 새로운 기능

❶ 향상된 ShaderFX

ShaderFX 실시간 비주얼 셰이더 편집기의 향상된 기능은 아티스트와 프로그래머가 고급 셰이더를 보다 쉽게 만들고 교환할 수 있도록 확장된 음영 처리 옵션과 3ds Max, Maya 및 Maya LT 간의 향상된 셰이더 상호 운용성을 제공합니다. 이제 ShaderFX는 새 노드 패턴(웨이브 라인, 보로

노이, 단순 노이즈 및 벽돌)뿐만 아니라 새로운 범프 유틸리티 노드 및 검색 가능한 노드 브라우저를 제공합니다. FBX가 업데이트되어 이러한 제품 간의 ShaderFX 텍스처 공유가 향상되었습니다.

❷ Stingray 셰이더

Stingray 셰이더를 만들 수도 있습니다. Stingray 물리적 기반의 셰이더(PBS)는 물리학 및 에너지 보존의 법칙을 고려합니다. 따라서 거칠기, 법선 및 금속 맵을 사용하여 분산/반사 및 마이크로 표면 상세/반사도의 균형을 맞출 수 있습니다.

⒣ 카메라의 새로운 기능

❶ Physical Camera

V-Ray 제작자인 Chaos Group과 공동 개발한 새로운 실제 카메라는 셔터 속도, 조리개, 필드 깊이, 노출 등 사용자에게 친숙할 수 있는 실제 카메라 설정을 시뮬레이션하는 새로운 렌더링 옵션을 아티스트에게 제공합니다. 고급 컨트롤 및 추가 뷰포트 내 피드백 기능을 갖춘 새로운 실제 카메라를 사용하면 사실적인 이미지와 애니메이션을 더 쉽게 만들 수 있습니다.

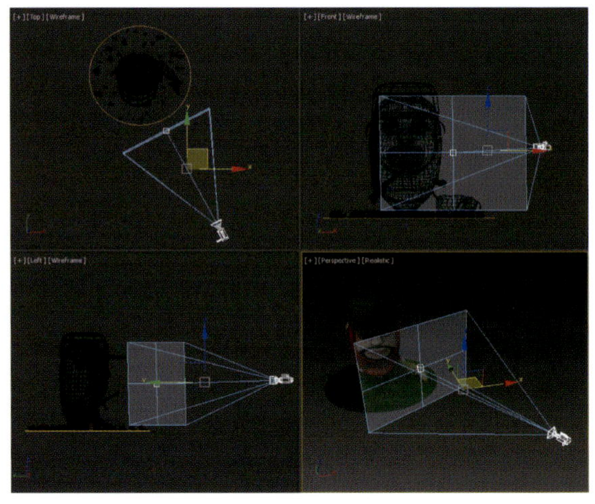

❷ Camera Sequencer

새로운 Camera Sequencer를 사용하면 뛰어난 스토리를 좀 더 쉽게 고품질의 애니메이션된 시각화, 애니메틱스 및 영화로 만들어 전달할 수 있습니다.

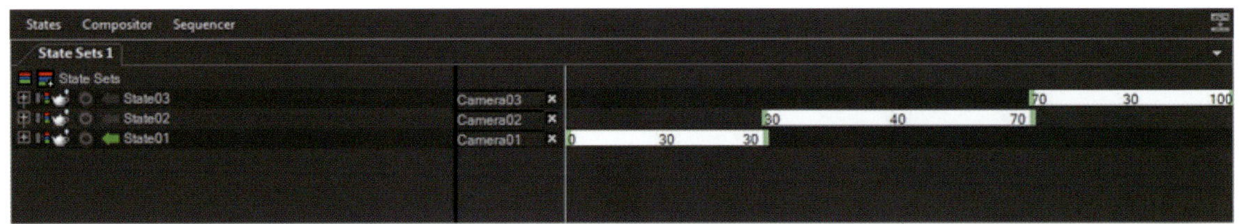

⒤ 렌더링의 새로운 기능

❶ Autodesk A360 렌더링 지원

이미 많은 고객이 Autodesk® Revit® 소프트웨어 및 AutoCAD® 소프트웨어에서 사용하고 있는 것과 동일한 기술을 사용하여 3ds Max는 Autodesk® Maintenance 및 Desktop Subscription의 고객에게 Autodesk A360 렌더링 지원 기능을 제공합니다. 이제 사용자는 3ds Max 내에서 바로 A360의 클라우드 렌더링에 액세스할 수 있습니다.

A360에서는 강력한 클라우드 컴퓨팅 기능을 사용하므로 3ds Max 사용자는 데스크톱을 정지시키거나 전문화된 렌더링 하드웨어 없이도 인상적인 고해상도 이미지를 만들어 시간과 비용을 절감할 수 있습니다. 또한 Subscription 고객은 태양 연구 렌더링, 대화식 파노라마, 조명 시뮬레이션을 만들고 이전에 업로드한 파일에서 이미지를 다시 렌더링하고 다른 팀이나 동료와 해당 파일을 쉽게 공유할 수 있습니다.

❷ 새로운 iray® 및 mental ray®의 향상된 기능에 대한 지원 추가

여러 가지 지원되는 NVIDIA® iray® 및 mental ray®의 향상된 기능으로 인해 사실적 이미지 렌더링이 더 쉬워졌습니다.

❸ iray의 향상된 기능

아티스트가 오브젝트 레이어 이름에 따라 라이트와 형상을 LPE 렌더 요소로 분리할 수 있도록 iray LPE(라이트 경로 표현식)가 확장되었습니다. 이로 인해 아티스트가 포스트 프로덕션에서 특정 오브젝트에 대한 설계 옵션을 탐색하거나 특정 라이트를 조정할 수 있는 기능이 크게 향상되었습니다. 새로운 iray

발광 렌더 요소는 건축가 및 조명 설계자에게 해당 모델의 조명 수준에 대한 피드백을 제공하며, iray 단면 평면에 대한 지원은 설계자가 복잡한 모델링 없이 설계 내부를 쉽게 확인할 수 있도록 해줍니다.

❹ mental ray의 향상된 기능

mental ray에 LIS(라이트 중요도 샘플링) 및 새로운 주변 폐색 렌더 요소가 포함되어 있습니다. LIS는 복잡한 장면에서 보다 빠르고 뛰어난 품질의 이미지를 생성합니다. 새로운 AO 렌더 요소는 안정적인 CPU 폴백으로 GPU 가속을 지원합니다. mental ray 렌더러에서는 이제 버전 3.13을 사용합니다.

❺ Backburner 오류 보고에 대한 새로운 지원

새로 제공되는 Windows 환경 변수를 통해 Backburner에서 렌더링 작업 중에 누락된 특정 파일을 오류로 보고할지 또는 경고로 보고할지 지정할 수 있습니다.

❿ 뷰포트의 새로운 기능
❶ Nitrous 뷰포트에서 선택 미리 보기

Nitrous 뷰포트의 오브젝트 위로 마우스를 이동하면 클릭하여 선택할 수 있는 오브젝트에 노란색 윤곽이 표시됩니다. 오브젝트를 선택한 경우 파란색 윤곽이 선택을 표시합니다.

선택하기 전

선택한 후

환경설정에 따라 Overlay와 Outline 방식으로 선택 미리 보기를 설정할 수 있습니다.

다음 이미지는 Overlay로 변경한 선택 미리보기입니다.

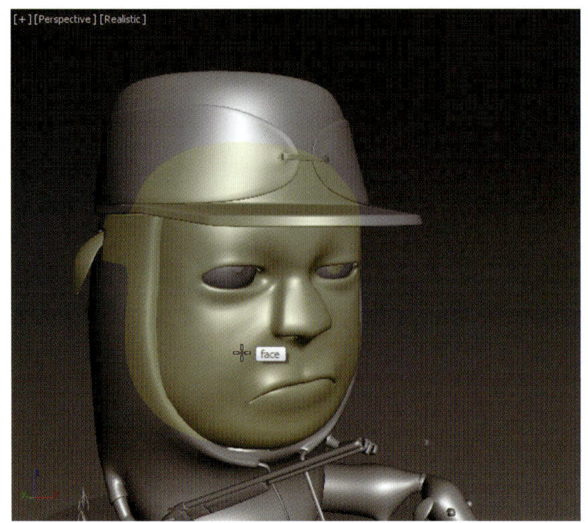

선택하기 전

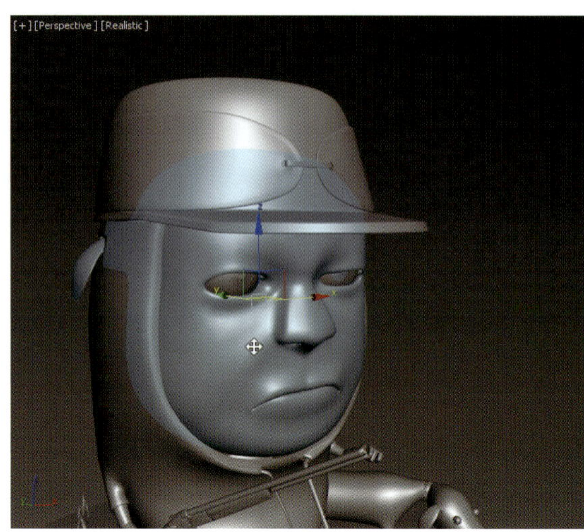

선택한 후

다음은 3ds Max 2017의 신기능을 소개하도록 하겠습니다.

Section 03 | 3ds Max 2017의 신기능

Ⓐ 3D 애니메이션

❶ 애니메이션 생산성(향상된 기능)

애니메이터의 일관성을 지속적으로 유지해 주는 새로운 레이아웃 등의 Track View 개선 사항이 추가 되었습니다. 키 값과 시간을 조작할 수 있는 새로운 도구를 통해 편집기의 키 선택 및 프레이밍 기능이 개선되었습니다. 모션 패널의 복사/붙여넣기/재설정 기능과 리스트 제어기의 트랙 빠른 선택 기능이 활용성을 높여 줍니다.

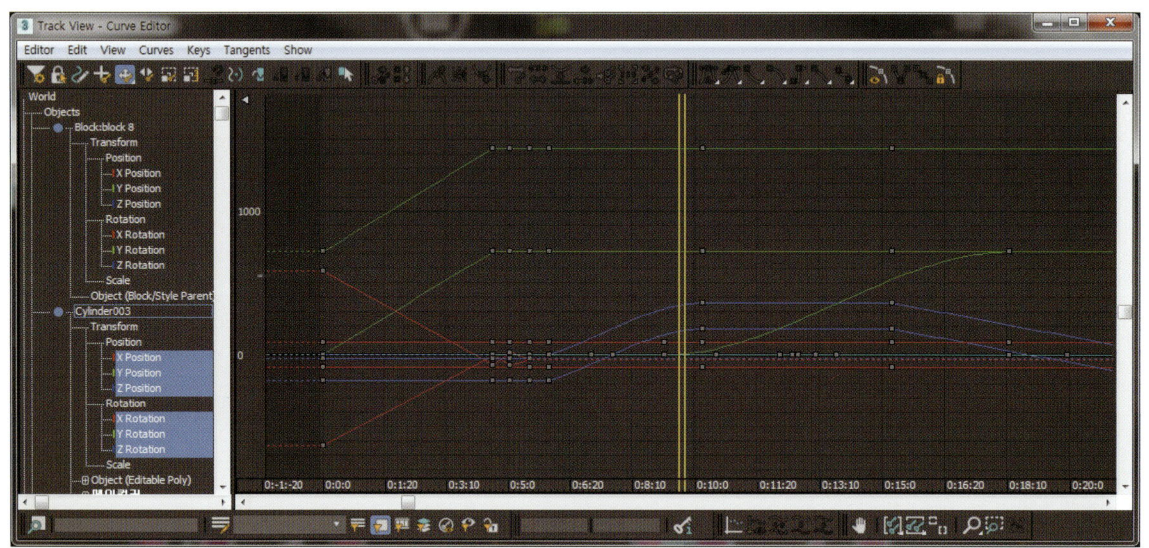

❷ Text 도구(향상된 버전)

Microsoft Word 문서에서 텍스트를 복사하면 글꼴 테마, 글꼴 스타일, 문자 모양 등의 정보가 3ds Max 에서 유지되기 때문에 2D에서 3D로 전환하는 워크플로우가 간소화됩니다. 문자 내용을 변경하면 자동으로 업데이트되는 오브젝트로 텍스처, 애니메이션 및 효과를 문자에 적용할 수 있습니다. 또한 글꼴을 검색할 때 글꼴 스타일이 표시됩니다. 강력한 사전 설정 시스템에는 베벨 및 애니메이션 사전 설정이 포함됩니다. 사전 설정을 즐겨찾기 목록에 추가하거나 다른 사용자와 공유할 수 있습니다. 또한 사용자화된 값의 문자열을 사용하면 장면에 구의 반지름 또는 차량 속도 등의 사용자화된 정보 텍스트를 표시하는데 도움이 됩니다.

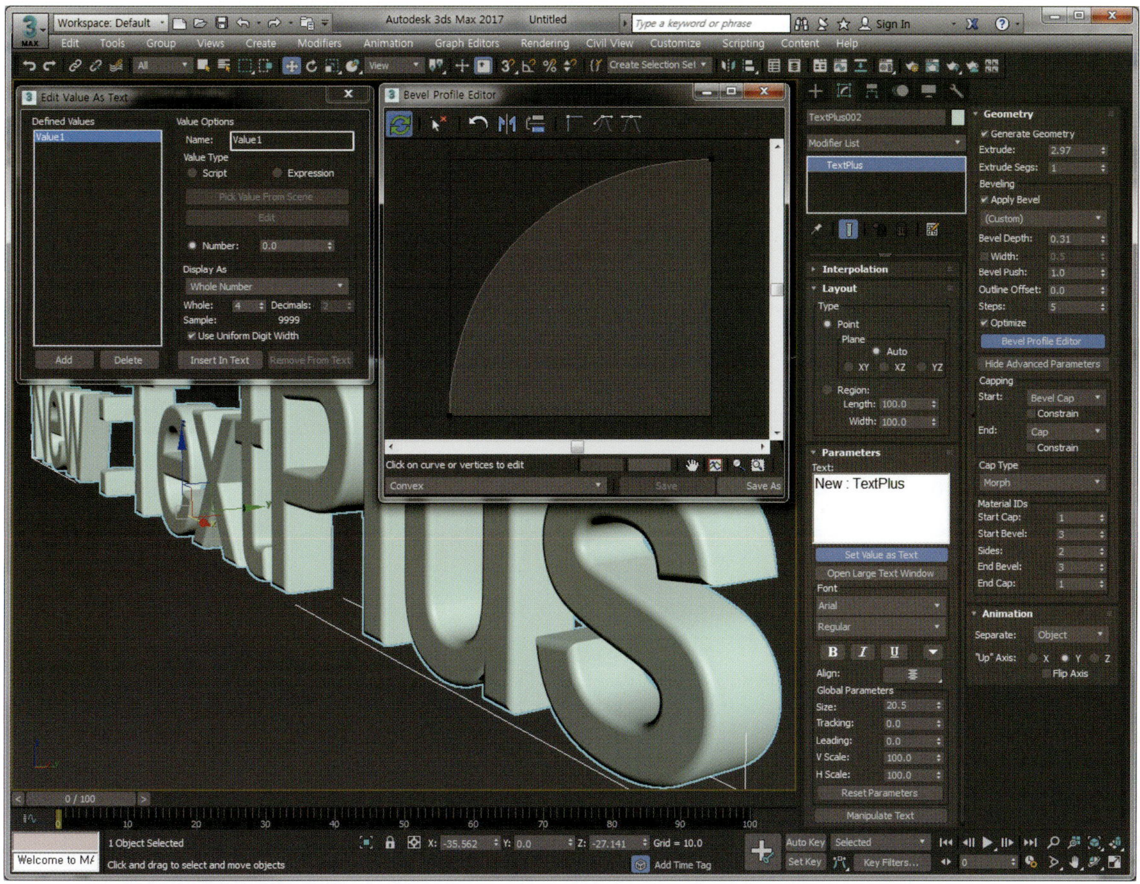

❸ Geodesic Voxel and Heatmap skinning

더 짧은 시간에 향상된 스킨 가중치를 생성할 수 있습니다. Geodesic Voxel과 Heatmap Skinning을 실행하면 바인딩 포즈의 바깥부분과 선택한 영역에서의 특정 지점의 가중치를 더욱 쉽고 미세하게 조정할 수 있습니다. 이것을 가하거나 다른 사용자와 공유할 수 있습니다. 또한 사용자화된 값의 문자열을 사용하면 장면에 구의 반지름 또는 차량 속도 등의 사용자화된 정보 텍스트 Geodesic Voxel and Heatmap skinning을 실행하면 바인딩 포즈의 바깥부분과 선택한 영역에서 특정 지점의 가중치를 더욱 쉽고 미세하게 조정할 수 있습니다.

또한 비복합 구성요소나 겹치는 구성요소가 포함된 복잡한 형상도 쉽게 처리할 수 있습니다.

❹ Max Creation Graph animation Controllers

사용자가 작성 및 수정해서 패키징하고 공유할 수 있는 차세대 애니메이션 도구를 사용해 MCG에서 애니메이션 제어기를 생성할 수 있습니다.

LookAt Controller, Ray to Surface Transform Constraint 및 Rotation Spring Controller 등 3개의 새로운 MCG 기반 제어기가 포함됩니다. 또한 MCG 및 Bullet Physics 엔진 샘플을 통합하여 물리적 기반의 시뮬레이션 제어기를 생성할 수 있습니다.

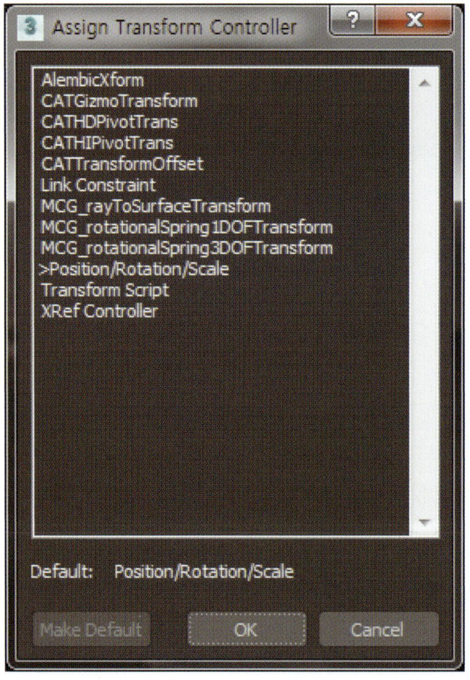

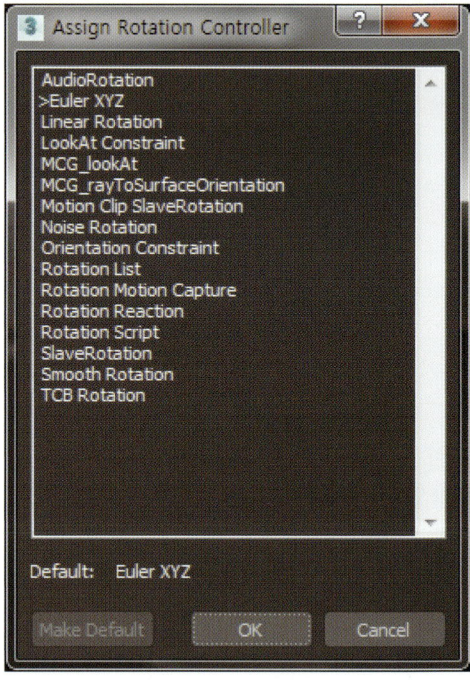

Ⓑ 3D Modeling과 Texturing

❶ 빠른 형태 Hard Surface

업데이트된 Boolean은 더욱 신뢰도가 높은 결과를 제공합니다. 피연산자를 쉽게 추가하거나 제거하고 중첩된 부울을 정렬하거나 생성할 수 있습니다.

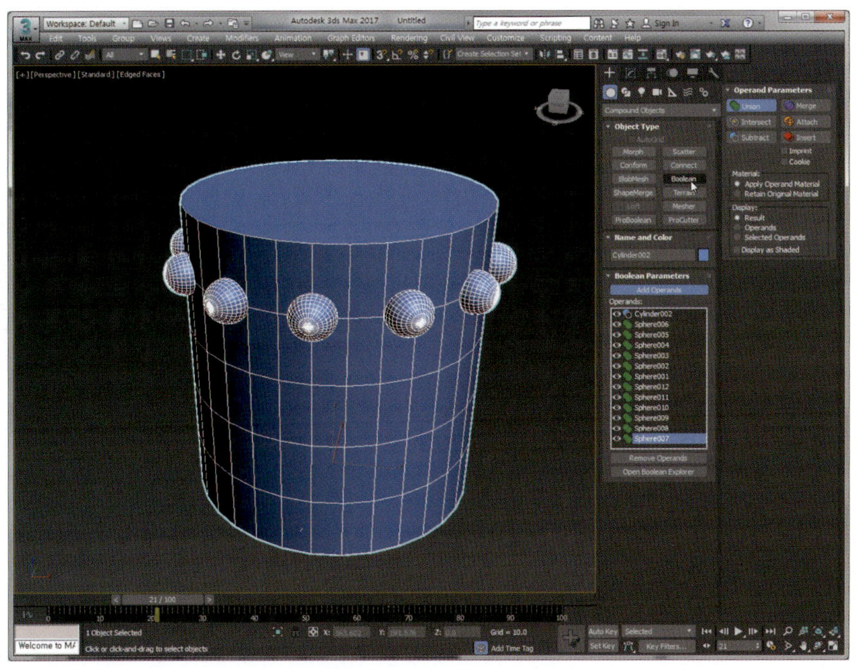

❷ UV Mapping(향상된 기능)

성능이 향상되어 UV 탐색 및 편집속도가 5~10배 정도 빨라집니다. 즉, 텍스처 생성의 성능과 시각적 피드백이 향상되었으며 더욱 효율적인 워크플로우를 제공하며, 도구 세트의 일관성이 향상되어 편집 및 속성 작업이 간소화되면서 단계가 줄어들었습니다.

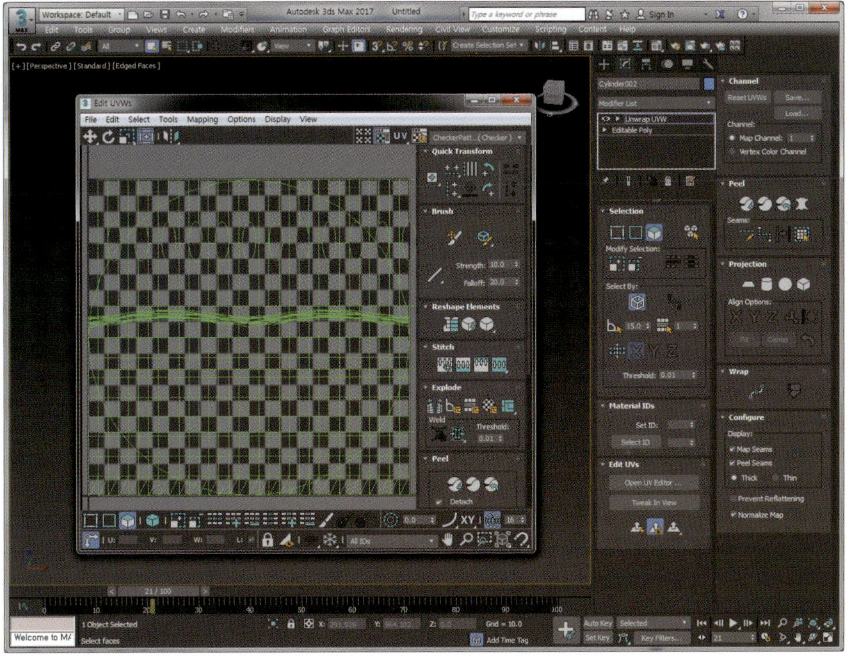

❸ Object Tool(향상된 기능)

오브젝트 선택 및 조작 기능이 개선되어 더욱 효율적이고 창의적으로 모델링, 애니메이션 및 기타 작업을 수행할 수 있습니다.

❹ Text와 Shape Map

정적 또는 애니메이션 2D 오브젝트를 사용해 전사 및 문자 기반 그래픽을 제작할 수 있습니다. 베이킹 단계가 제거되어 요소의 대화식 특성을 유지한 채 원본 오브젝트에 링크할 수 있습니다. 사용자화된 전사 및 그래픽 생성을 위해 3ds Max 프로젝트에서 오브젝트를 마스크로 사용할 필요가 없습니다.

ⓒ 3D Rendering

❶ Autodesk Raytracer Renderer(ART)

새로운 ART 렌더러는 신속한 물리 기반 렌더러로 Revit, Inventor, Fusion 360 및 기타 오토데스크 응용프로그램에 사용되는 설계 가상화 워크플로우에 이상적입니다.

가장 효율적인 설정, 비디오 카드에 구애받지 않는 CPU 작업, 이미지 기반 조명의 탁월한 사용 등을 지원하는 ART는 대부분의 산업, 제품 및 건축 외부 렌더링에 대해 빠르고 사실적인 결과물을 제공합니다.

Revit의 IES 및 지원 및 포토메트릭 라이트 지원을 이용하면 매우 정확한 아키텍처 장면 이미지를 생성할 수 있습니다.

ⓓ Dynamics & Effects

❶ 간단한 시뮬레이션 데이터 가져오기

오토데스크 CFD 멤버는 이제 3ds Max 조명 및 렌더링 도구를 사용하여 시간이 경과함에 따라 데이터가 변경되는 방식을 시각화할 수 있습니다.

프로그래머가 아닌 사람에게 이상적인 Max Creation Graph를 사용하면 다음을 수행할 수 있습니다.

- CFD, CSV 또는 OpenVDB 형식의 시뮬레이션 데이터를 애니메이션 처리합니다.
- 렌더링 스타일을 적용합니다.
- CFD 속도 필드를 적용합니다.
- 정확한 데이터를 구현할 수 있도록 기류 스플라인(Airflow Spline)을 애니메이션 처리합니다.

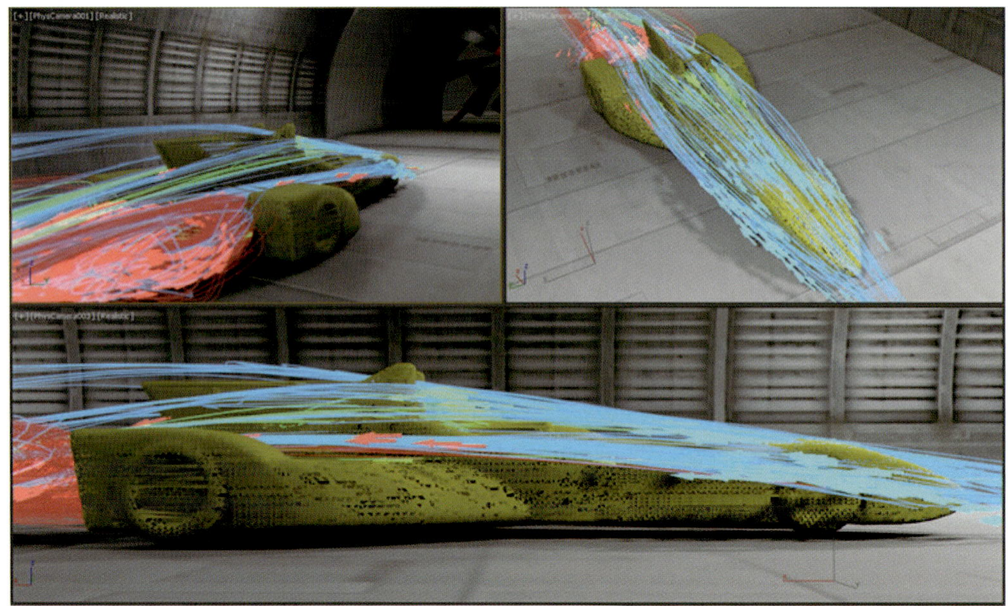

Ⓔ UI, Workflow & Pipeline

❶ 자산 라이브러리

단일 뷰에서 로컬 컴퓨터 및 네트워크에 있는 3D 컨텐츠에 접근하여 모든 컨텐츠를 즉시 검색할 수 있습니다.

❷ 높은 DPI 디스플레이 지원

첨단 HDPI 모니터 및 노트북에서 3ds Max를 실행할 수 있습니다. 또한 새로운 비주얼 스타일 가이드에 정의된 대로 세련된 외관과 최신 다중 축척 아이콘을 적용하는 새로운 Qt 기반 스킨이 도입되었습니다.

❸ 향상된 파이프라인 도구 통합

확장되고 향상된 Python/.NET 도구 세트와 여러 파이프라인 도구를 더욱 긴밀하게 통합할 수 있습니다. 이 프로그래밍 언어를 3ds Max 사용자를 위한 대체 스크립트 언어로 통합하면 Python 개발자가 타사 플러그인을 작성할 수 있어 새 파이프라인 도구를 더욱 다양하고 손쉽게 사용할 수 있습니다.

❹ 장면 변환기

더 많은 렌더링 기술을 사용할 수 있어 일관된 상태를 유지하면서 렌더러 간에 실시간 엔진으로 원활하게 이동할 수 있습니다. 또한 렌더링 기술 간에 장면을 손쉽게 마이그레이션하거나 광원, 자재, 다른 기능을 제대로 설정하는 작업을 포함한 실시간 엔진 작업을 신속하게 준비할 수 있습니다.

그리고 단순한 UI를 통해 기존 변환 스크립트를 사용자 지정하고 미세 조정하여 소스에서 대상으로 배치를 변환하는 규칙을 작성할 수 있습니다.

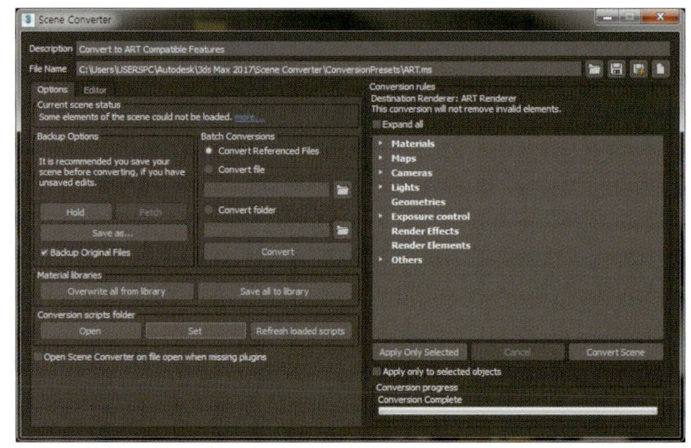

❺ 게임 내보내기

FBX 교환 기술을 통해 3ds Max의 데이터(예:
모델, 애니메이션 테이크, 캐릭터 리그, 텍스처,
재질, LOD, 라이트 및 카메라)를 게임 엔진(예:
Unity, Unreal Engine 및 Stingray)으로 전송
할 수 있습니다.

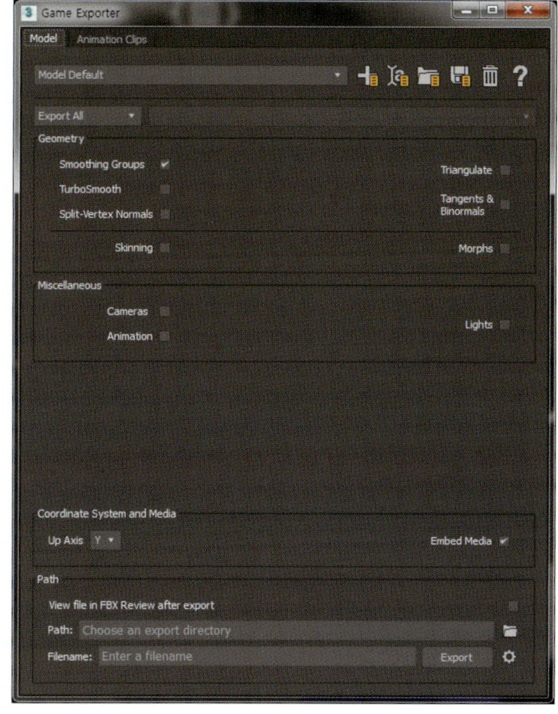

❻ 라이브 링크

Stingray를 다운로드하여 3ds Max와 Stingray 엔진 사이의 새로운 라이브 링크를 활용할 수 있습니다.
Stingray는 장면 생성, 반복, 테스트에 소요되는 시간을 대폭 단축해 주는 일정 수준의 도구 상호 작용
을 지원합니다.

❼ Stingray Shader에 대한 지원 향상

ShaderFX의 기능 향상으로 Stingray에서 작업할 때 물리적 기반의 Shader에 대한 지원이 보다 개선됩
니다.

❽ 통합된 Creative Market 3D 컨텐츠 스토어

Creative Market은 프로젝트에 사용할 자산을 구입 및 판매할 수 있는
온라인 마켓입니다.

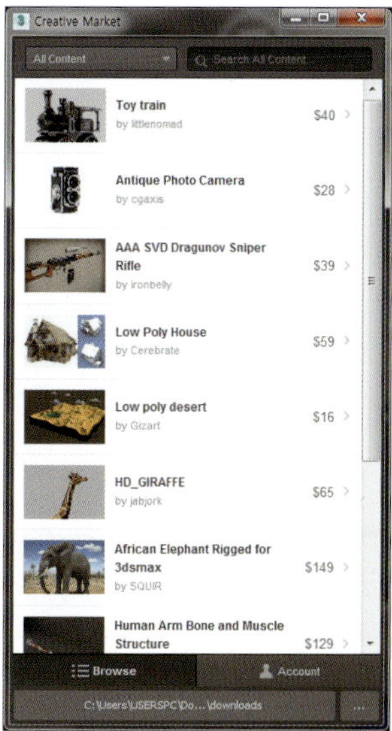

❾ Max Creation 그래프(향상된 버전)

이 노드 기반 도구 생성 환경을 이용하면 슬레이트 재질 편집기와 유사한 시각적 환경에서 그래프를 작성하여 형상 오브젝트 및 수정자를 이용해 3ds Max를 확장할 수 있습니다.

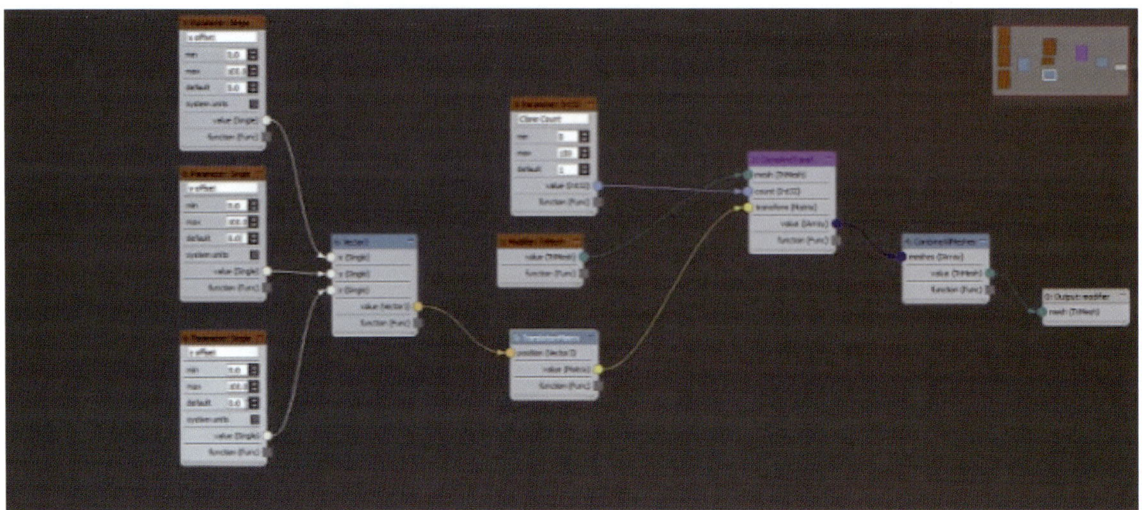

❿ 장면 탐색기 및 레이어 관리자(향상된 기능)

장면 탐색기 및 레이어 관리자의 성능과 안정성이 개선되어 복잡한 장면을 더욱 쉽게 처리할 수 있습니다.

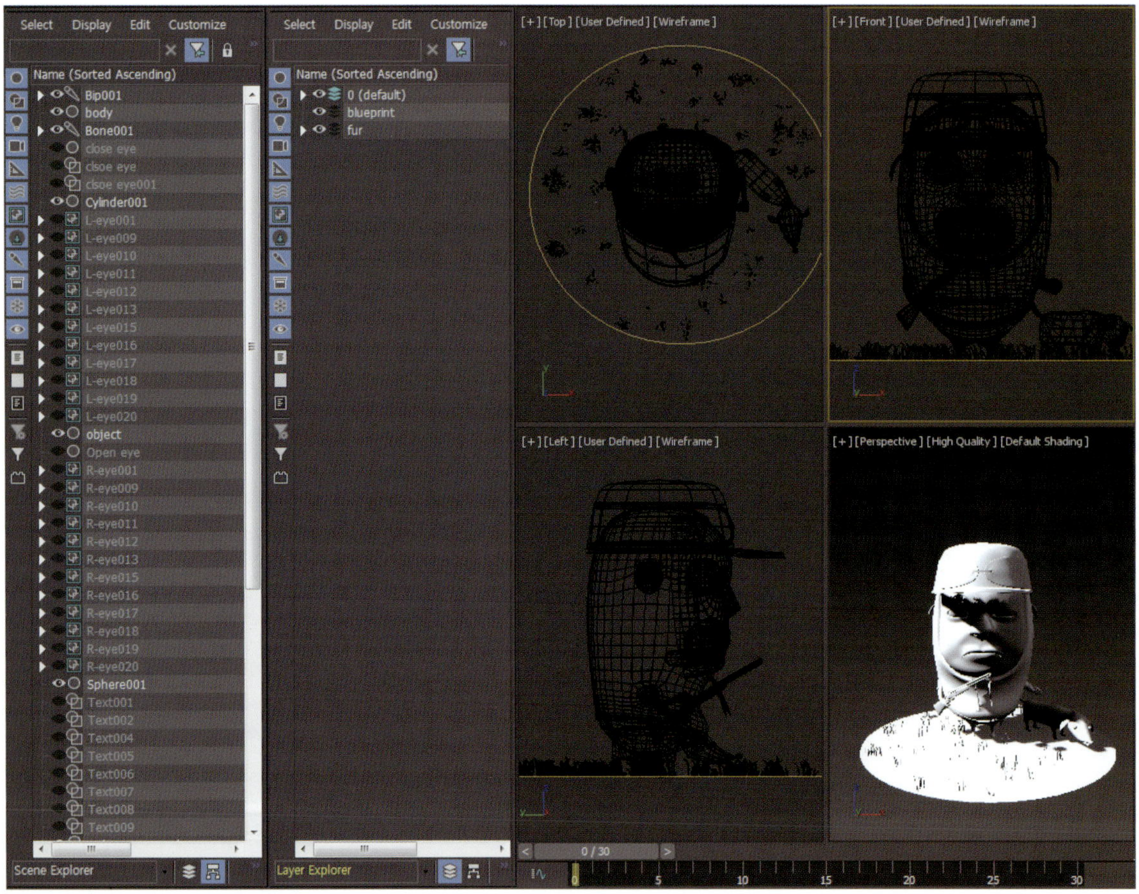

⑪ 설계 작업 공간

설계 작업 공간을 이용하면 3ds Max의 주요 기능을 더욱 쉽게 활용할 수 있습니다. 작업 기반의 논리적 시스템을 기반으로 하는 설계 작업 공간은 간편하게 이용할 수 있는 오브젝트 배치, 조명, 렌더링, 모델링 및 텍스처링 도구를 제공합니다.

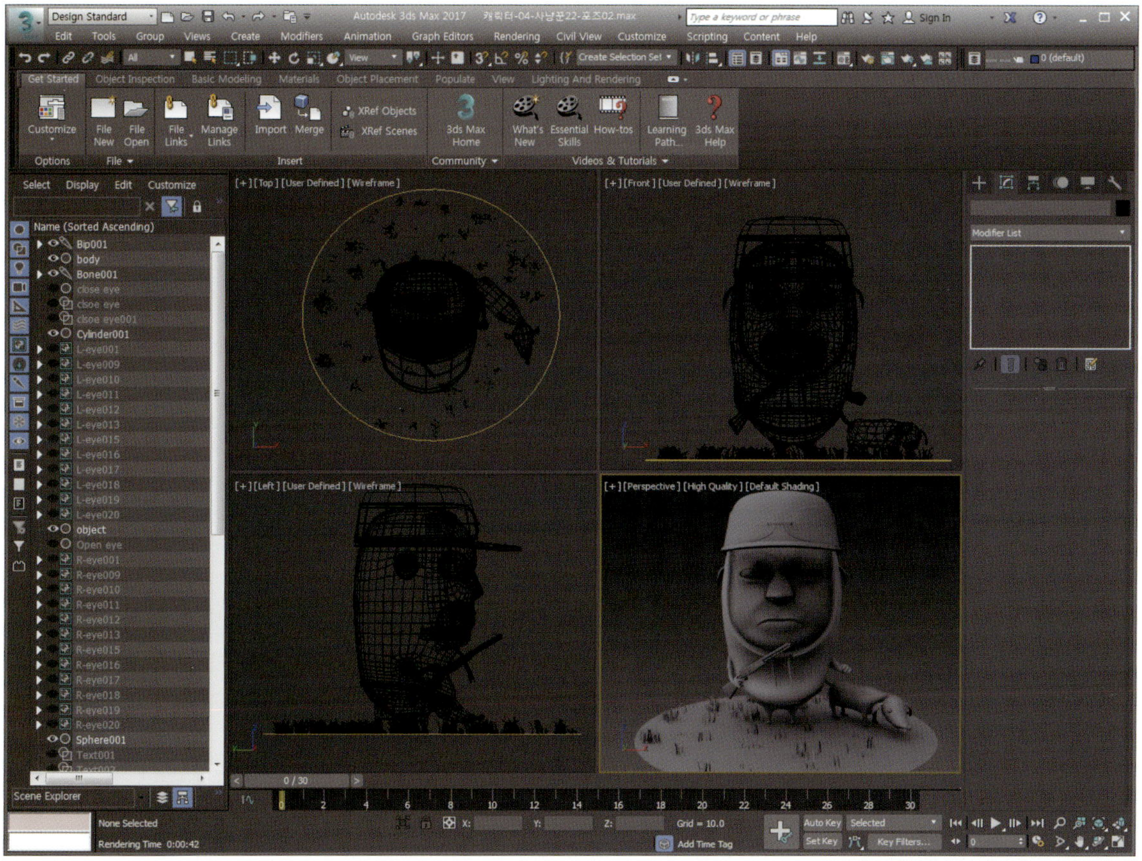

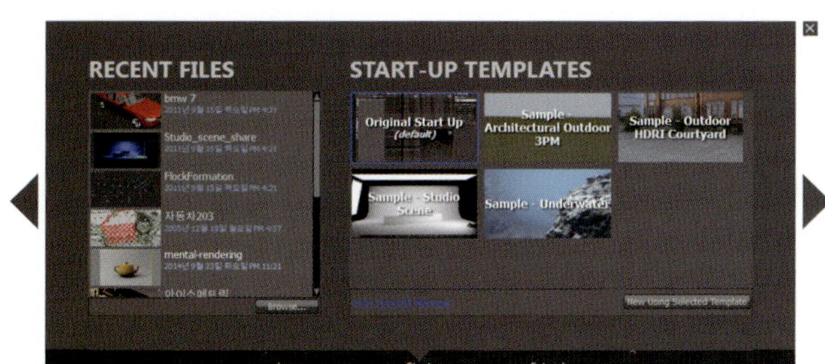

⑫ 템플릿 시스템

표준화된 시작 구성을 제공하는 새로운 주문형 템플릿을 통해 장면 생성 프로세스를 가속화할 수 있습니다. 또한 손쉬운 Import/Export 옵션을 통해 팀이나 사무실 전체에서 템플릿을 공유할 수 있으며, 렌더링, 환경, 조명 및 단위에 대한 기본 설정을 통해 더욱 정확한 결과를 얻을 수 있습니다.

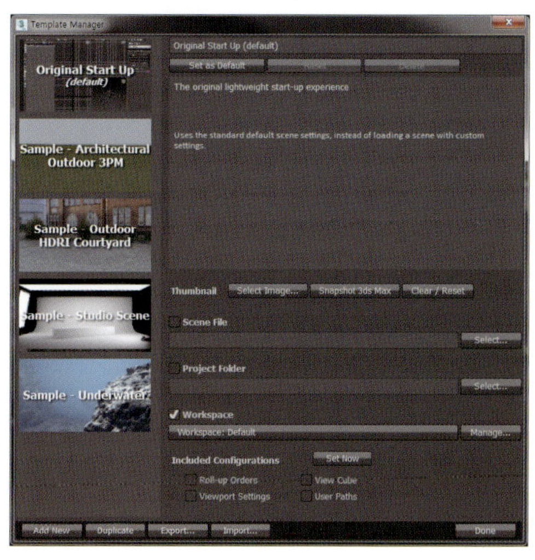

⑬ 원클릭 Print Studio 사용

모델, 장면 또는 생성물을 3D 프린트할 준비가 되
면 3ds Max에서 직접 Print Studio를 시작할 수
있습니다. 먼저 Autodesk 사이트에서 오토데스크
프린트 스튜디오를 설치하여야 사용 가능합니다.

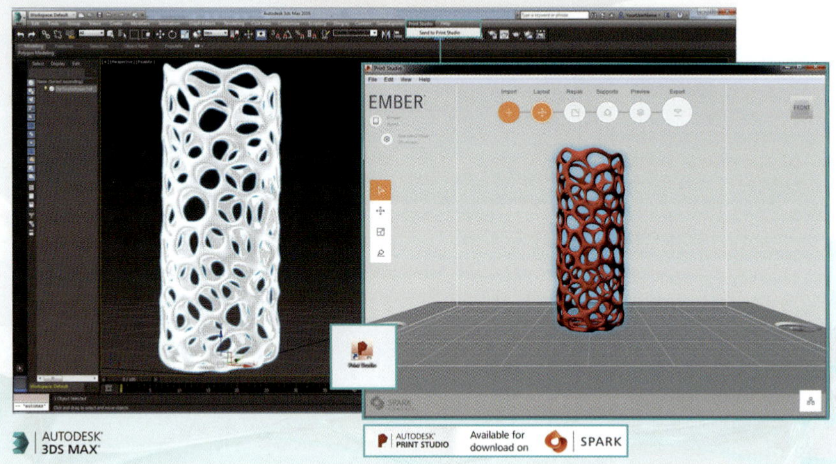

Section 04 | 3ds Max 2017 설치를 위한 시스템 요구사항

3ds Max 2017 소프트웨어는 최소 64비트 하드웨어 시스템을 필요로 합니다. 다음과 같은 시스템 요구사항
을 필요로 합니다.

Software	
운영체제	Microsoft® Windows® 7 (SP1), Windows 8 and Windows 8.1 Professional operating system
Browser	오토 데스크는 온라인 추가 콘텐츠에 대한 액세스를 위한 다음과 같은 웹 브라우저의 최신 버전을 권장합니다 : Apple® Safari® Google Chrome™ Microsoft® Internet Explorer® Mozilla® Firefox®

Hardware	
CPU	64-bit Intel® or AMD® multi-core processor
Graphics Hardware	Direct3D 10, Direct3D 9 또는 OpenGL 지원 그래픽 카드 (1 GB 이상 비디오 카드 메모리)
RAM	4 GB of RAM (8 GB 이상 추천)
Disk Space	인스톨을 위한 6 GB이상의 여유공간
Pointing Device	Three-button mouse

Lesson 03

3ds Max 2017 설치 및 실행

3ds Max 2017 Trial 버전은 Autodesk사의 홈페이지를 통해 다운로드할 수 있으며, 30일 동안 제한 없이 사용할 수 있습니다. 만일 정품을 구매하고 부여받은 권한 코드를 가지고 있다면 코드를 등록하고 계속적으로 3ds Max 2017을 사용할 수 있습니다.

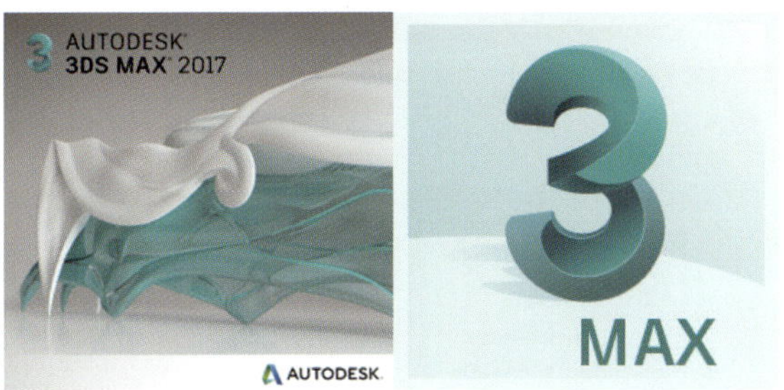

Section 01 | 3ds Max 2017 30일 Trial 버전 다운로드하고 설치하기

Autodesk 사에서 제공하는 제품 대부분은 30일 동안 사용할 수 있는 Trial 버전을 제공하고 있습니다. http://www.autodesk.com/free-trials 사이트에서 30일 동안 사용할 수 있는 3ds Max 2017과 3ds Max Design 2017 버전을 다운로드할 수 있습니다.

01 Autodesk 메인 화면의 맨 하단의 메뉴에서 'Products〉Free product trials' 버튼을 클릭합니다.

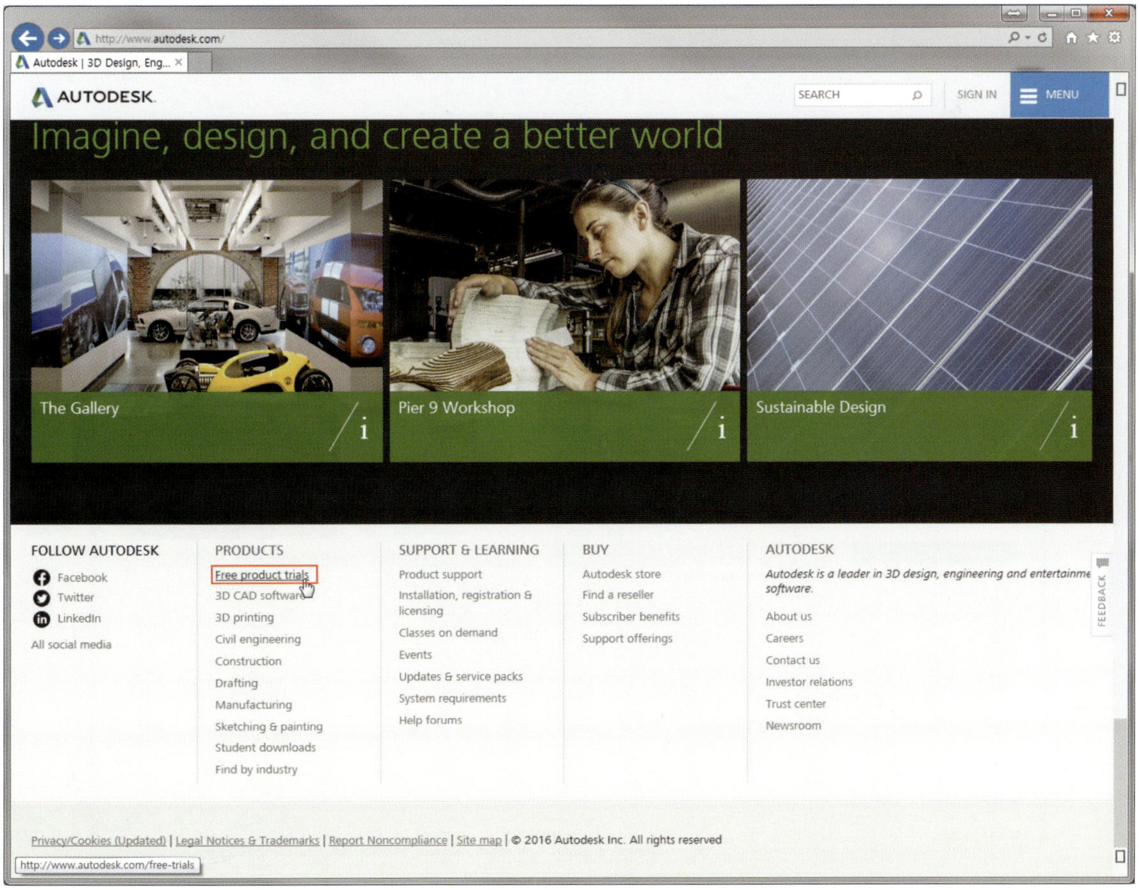

02 'Free animation software trials' 목록에서 '3ds Max' 버튼을 클릭합니다.

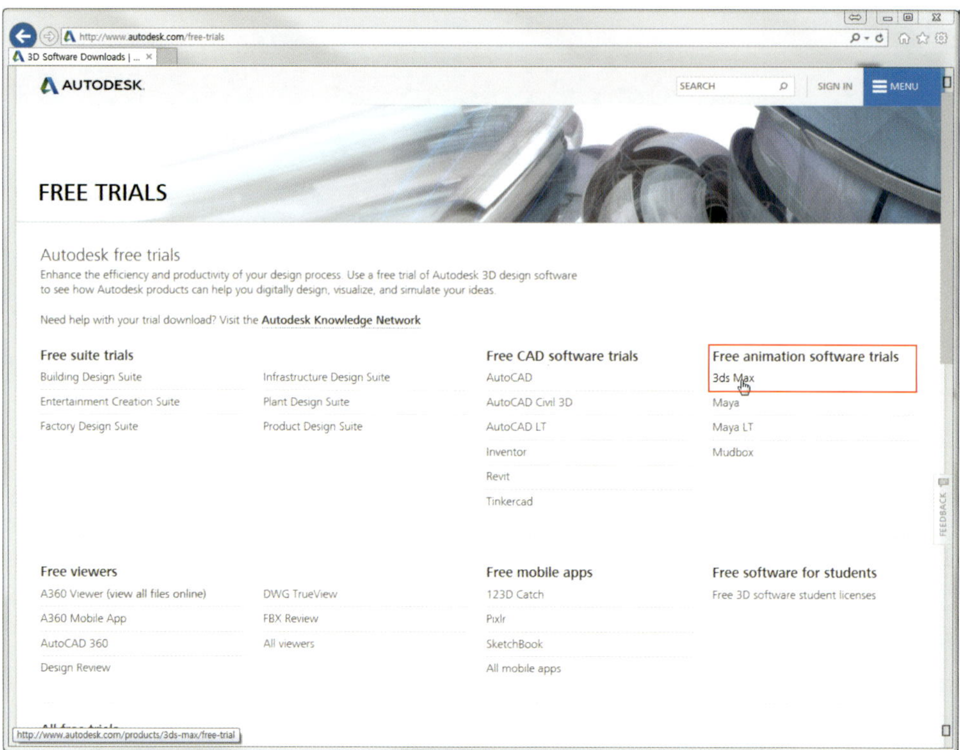

03 'Email address'에 이메일 주소를 입력하고, 'DOWNLOAD NOW' 버튼을 클릭합니다.

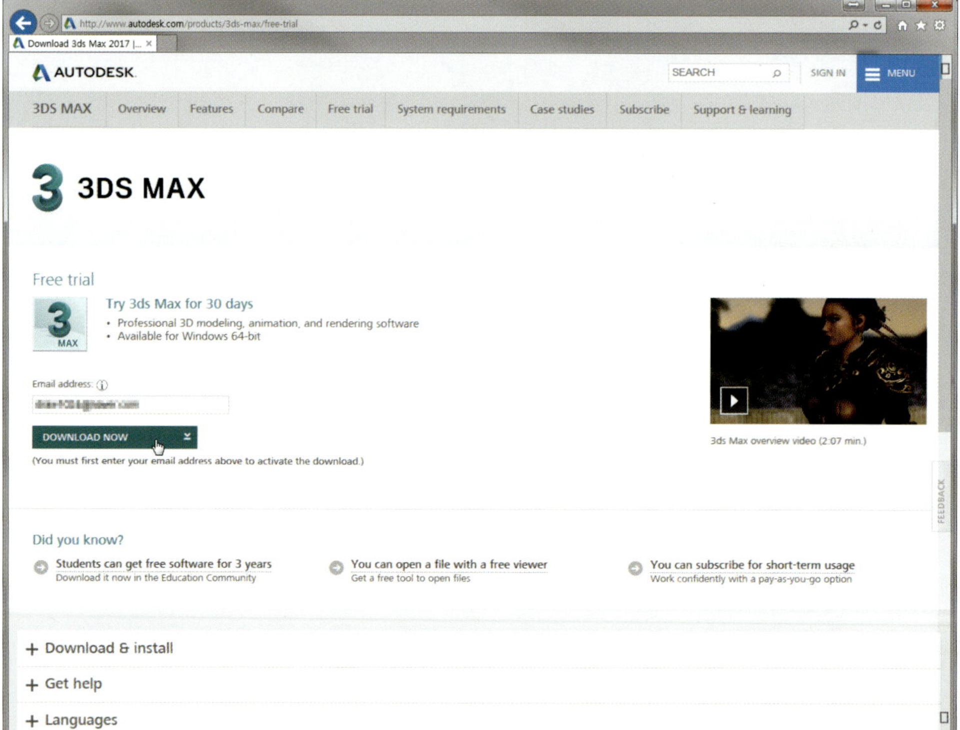

04 라이센스 및 서비스 계약 조건에 대한 동의와 개인 정보 보호 정책에 대한 동의에 모두 체크하고, 'CONTINUE' 버튼을 클릭하여 다음으로 넘어갑니다.

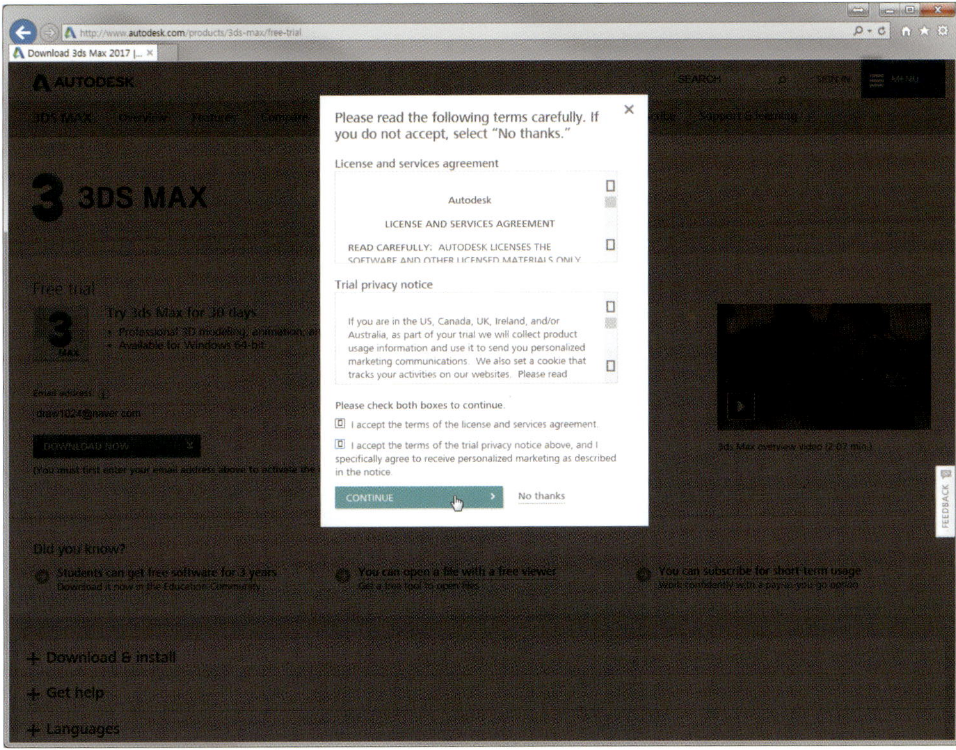

05 팝업창의 '실행' 버튼을 클릭합니다.

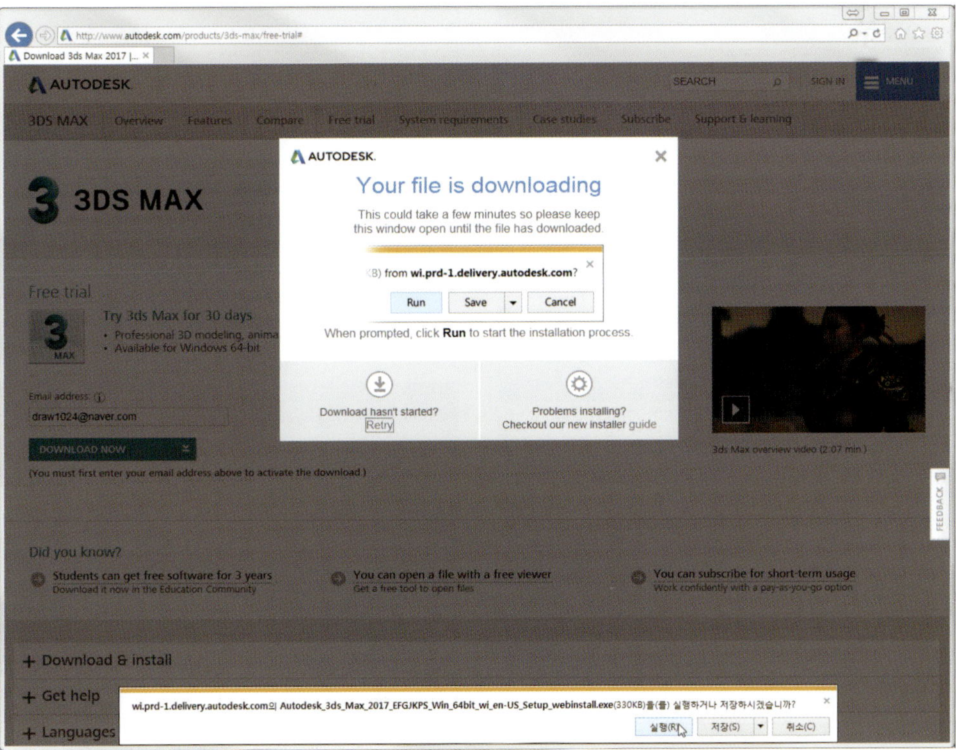

06 3ds Max 2017 설치창이 나타나면 Install 버튼을 클릭하여 설치를 진행합니다.

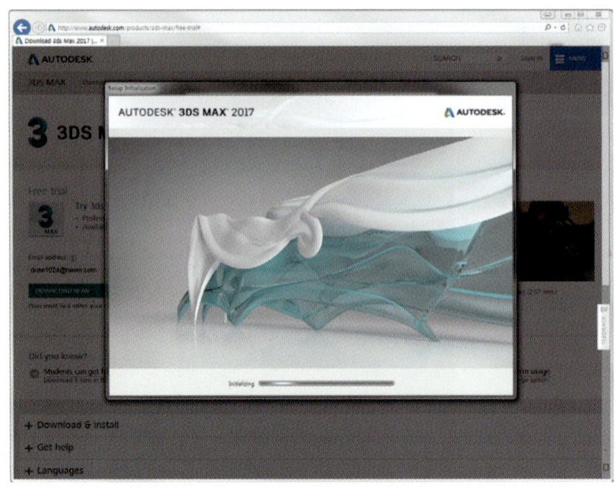

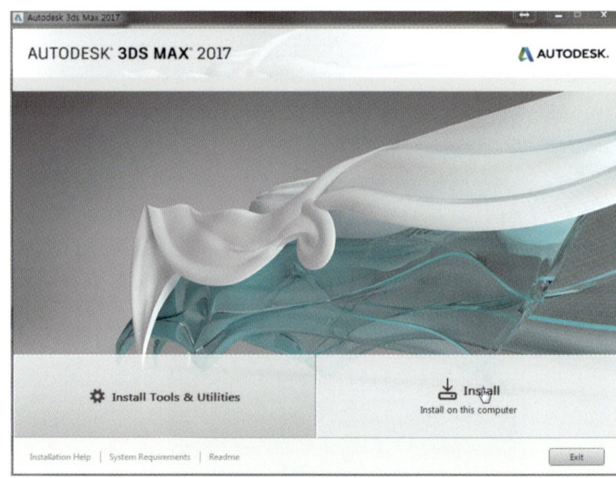

07 계속해서 Install 버튼을 클릭합니다.

08 컴퓨터와 인터넷의 환경에 따라 다운로드 및 설치 시간은 각자 다를 수 있습니다. 환경이 좋은 조건이라도 장시간을 요하니 여유를 가지고 설치를 진행하도록 합니다.

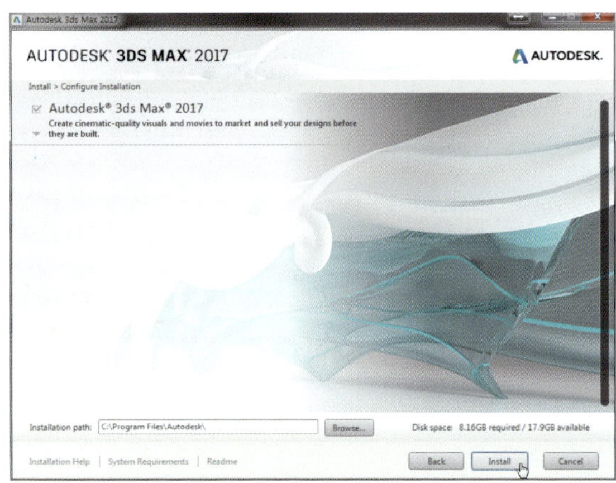

09 성공적으로 설치가 모두 완료되었습니다. Finish 버튼을 클릭하여 설치를 종료합니다.

10 바탕화면의 '3ds Max 2017' 아이콘을 클릭하여 맥스를 실행합니다.

11 Autodesk 로그인 대화상자가 나타나면 등록을 클릭합니다.

12 이름과 이메일 주소, 비밀번호를 입력한 후 '등록'을 클릭합니다.

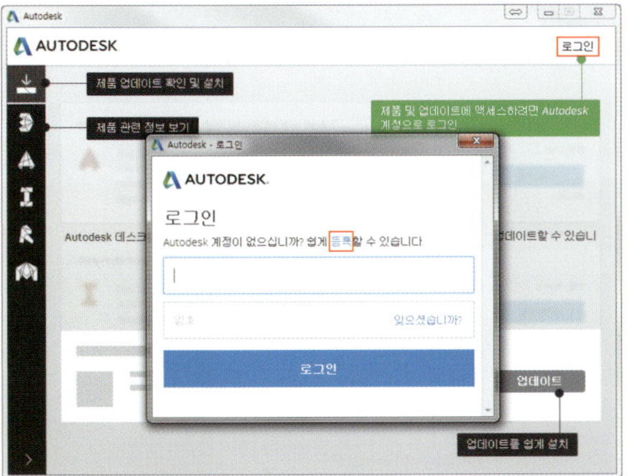

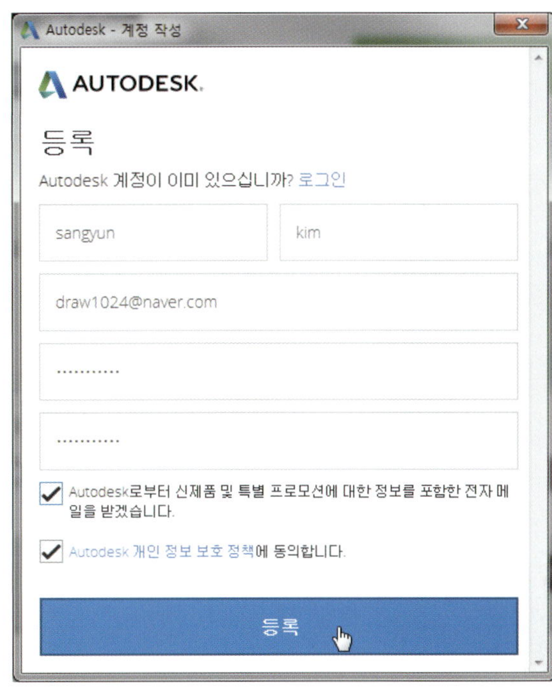

13 3ds Max를 재 실행합니다. 3ds Max의 'START-UP TEMPLATES' 창이 나타납니다. 'Original Start Up(default)' Templates를 더블클릭합니다.

초기 Templates 창에서 사용자가 다양한 장면을 선택하여 사용할 수 있습니다. 초기 Templates 창을 나타내고 싶지 않으면 좌측 하단의 'Show this Welcome Screen at startup'의 체크를 해제합니다.

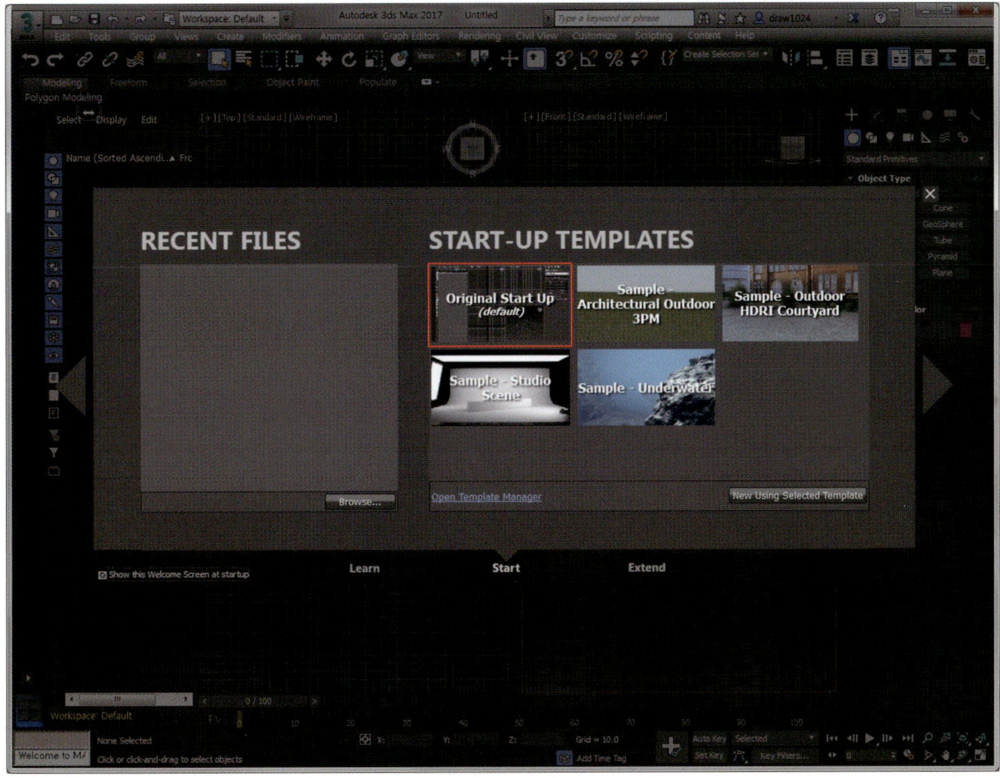

14 30일 버전이라는 대화상자가 나타나며 우측 상단에 사용자 ID와 남은 기간을 표시해줍니다.

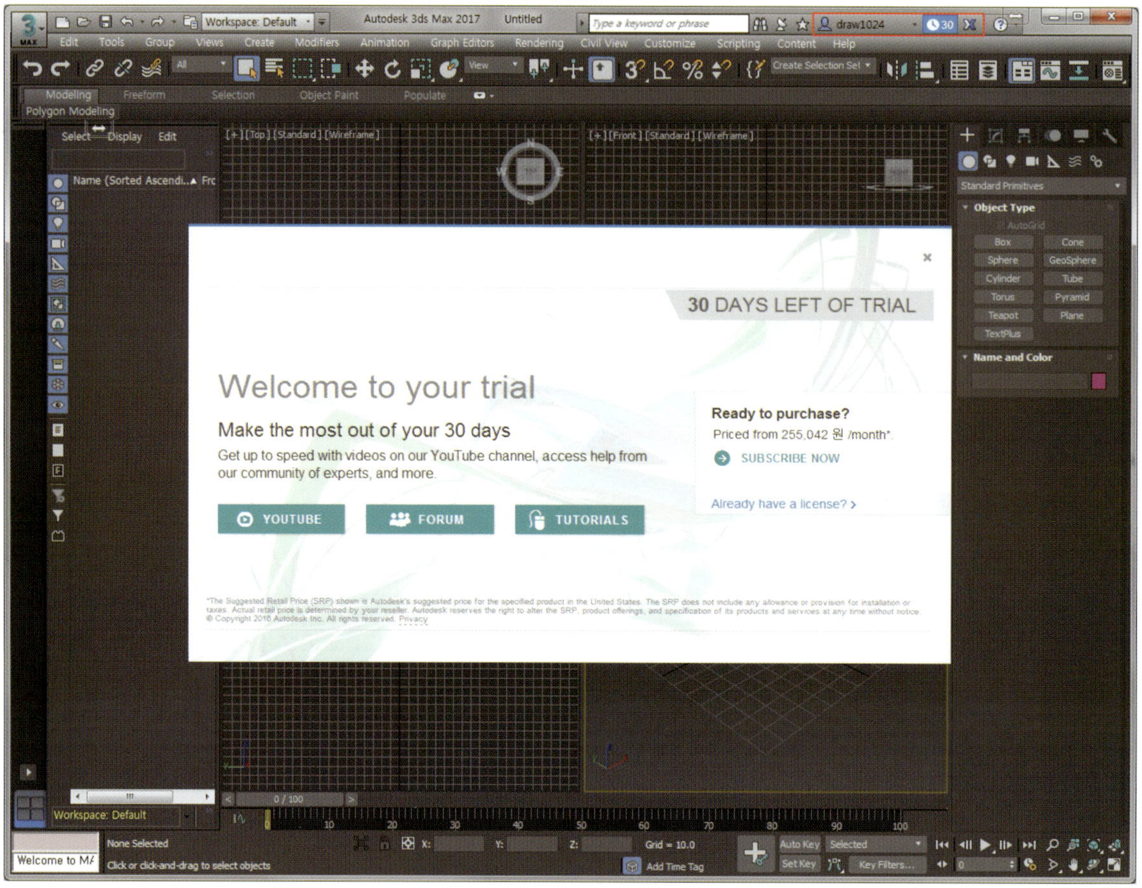

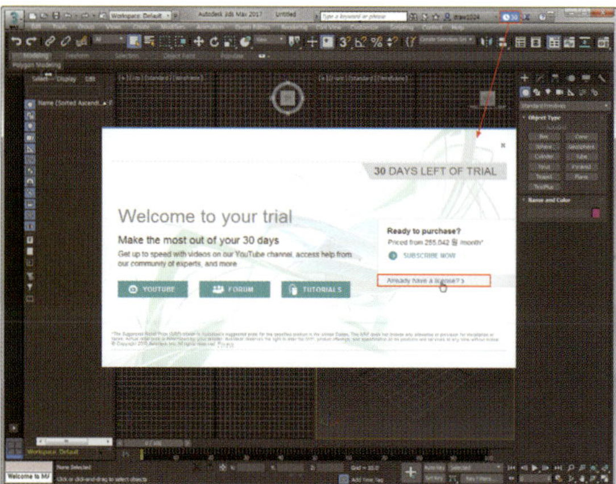

Section 02 | 3ds Max 2017 정품 인증하기

다음은 앞서 다운 받은 3ds Max 프로그램을 정품인증을 하기 위한 설명입니다.

01 우측 상단의 남은 기간을 표시한 숫자를 클릭하면 대화상자가 나타납니다. 부여받은 등록코드를 가지고 있다면 'Already have a license?'를 클릭합니다.

02 Activate 대화상자가 나타납니다. 정품 인증을 등록하기 위해 'Activate' 버튼을 클릭합니다. Activate 버튼을 클릭하면, 대화상자와 함께 3ds Max가 동시에 종료됩니다.

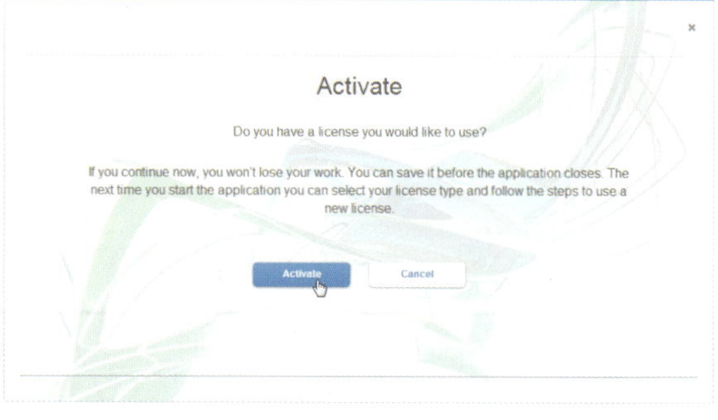

03 3ds Max를 재 실행 하면, 다음과 같은 창이 나타납니다. 좌측의 'Enter a Serial Number' 버튼을 클릭합니다.
만일 Trial 버전을 실행하려면 'Start a trial'를 클릭하도록 합니다.

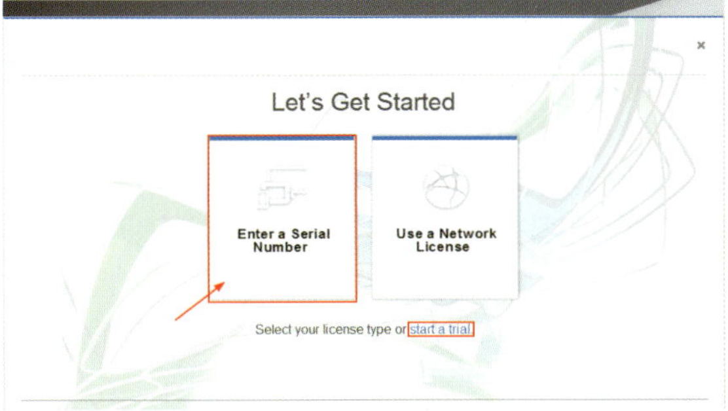

04 Activate 버튼을 클릭합니다.

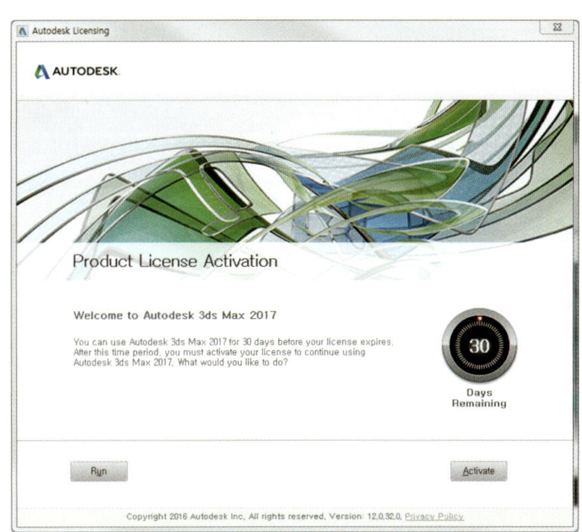

05 시리얼 번호와 제품키를 넣어주고 Next 버튼을 클릭합니다.

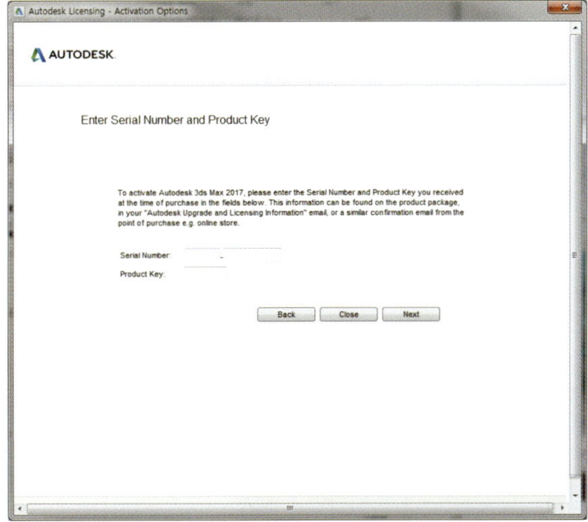

06 다음 창이 나타나면 Next 버튼을 클릭하여 진행을 계속합니다. 만일 다음으로 진행이 되지 않으면 Close 버튼을 클릭하여 다시 처음부터 진행하도록 합니다.

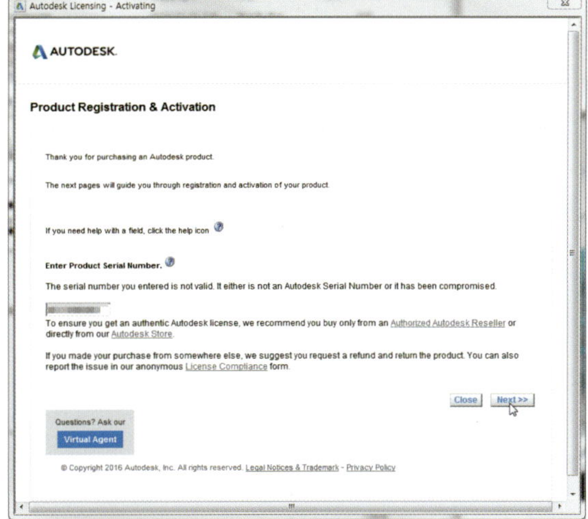

07 Autodesk로 부터 부여 받은 정품인증 코드를 입력하도록 합니다. 'Next' 버튼을 클릭합니다.

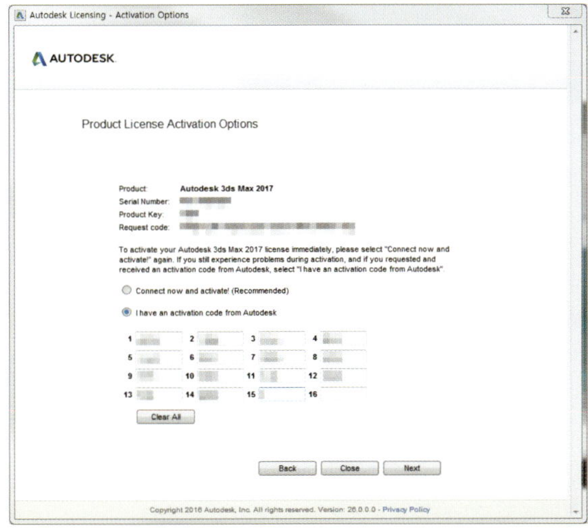

08 마지막으로 Finish 버튼을 클릭하면 설치가 모두 완료되며, 3ds Max의 화면창이 나타납니다.

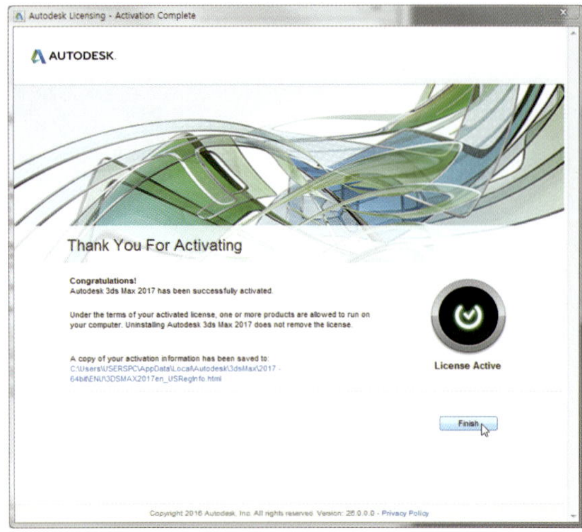

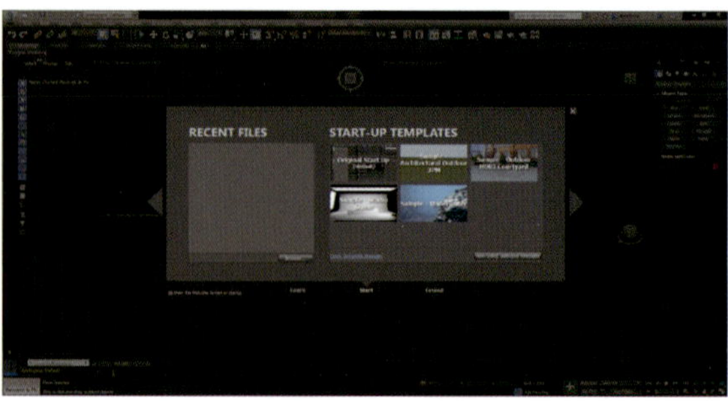

Section 02 | 3ds Max 2017 Service Pack 추가 설치하기

3ds Max는 새롭게 버전이 출시되면 그에 수반되는 버그를 수정하기 위한 Service Pack과 Hot Fix, Update 버전으로 Patch 버전을 내놓습니다.
한 달에 한번 정도 Autodesk 홈페이지를 방문하여 Update 파일이 없는지 확인하도록 합니다.

01 Autodesk 홈페이지를 방문합니다. 우측의 Menu 버튼을 클릭합니다.

02 목록에서 Downloads〉'Update & service packs' 옵션을 선택합니다.

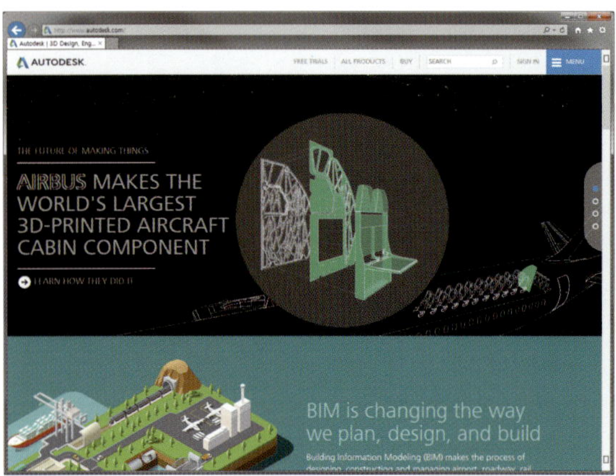

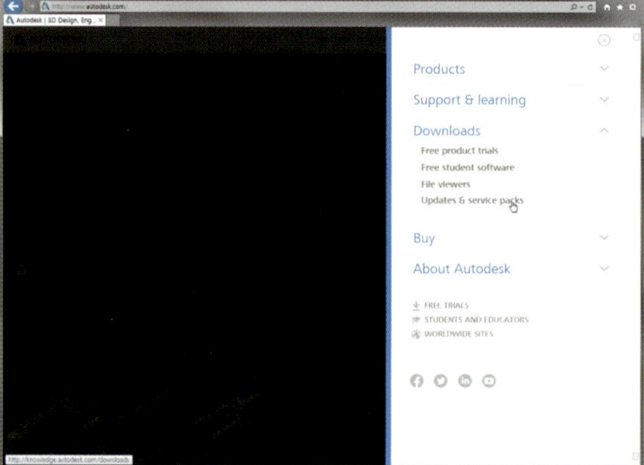

03 DOWNLOAD FINDER〉Service Packs & Fixes 버튼을 클릭합니다.

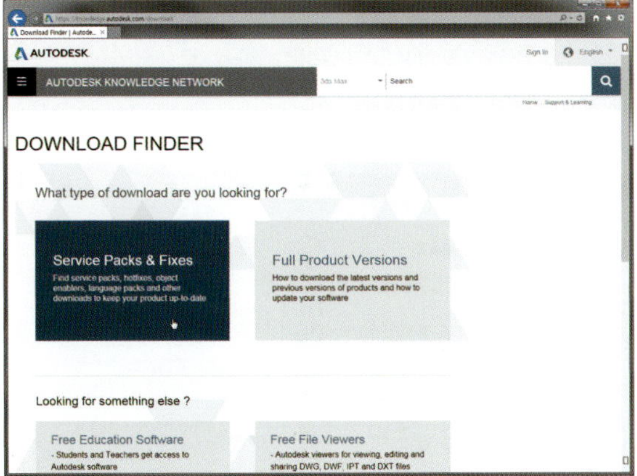

04 DOWNLOAD FINDER〉Service Packs & Fixes의 항목에서 'Select a Product'와 'Select a Version'을 그림과 같이 선택한 후 'SHOW DOWNLOADS' 버튼을 클릭합니다.

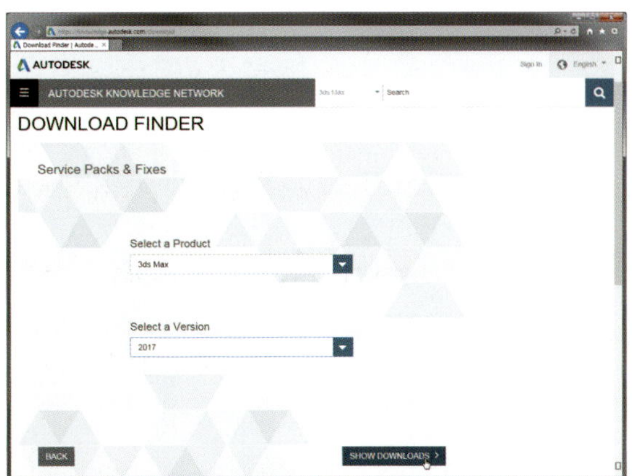

05 Service Pack(2) 항목의 '3ds Max 2017 Service Pack2'를 클릭합니다.

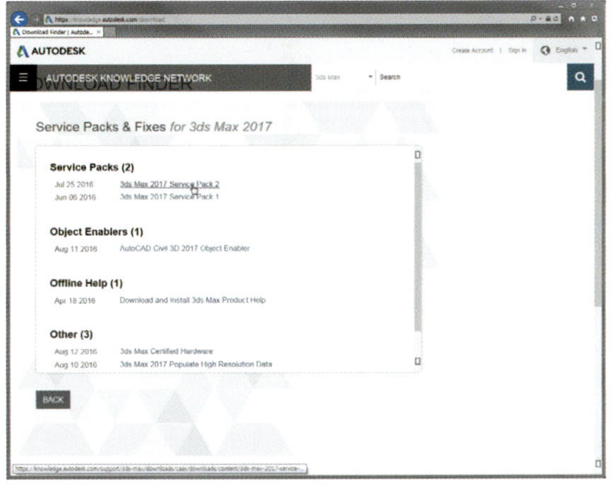

06 3ds Max 2017 Service Pack 2〉'3dsMax2017_SP2. msp (msp−139612 Kb)' 파일을 폴더에 다운로드 한 후 더블클릭하여 설치하도록 합니다.
본 파일을 설치할 때는 가능하면 3ds Max 프로그램을 먼저 종료한 후 실행합니다.

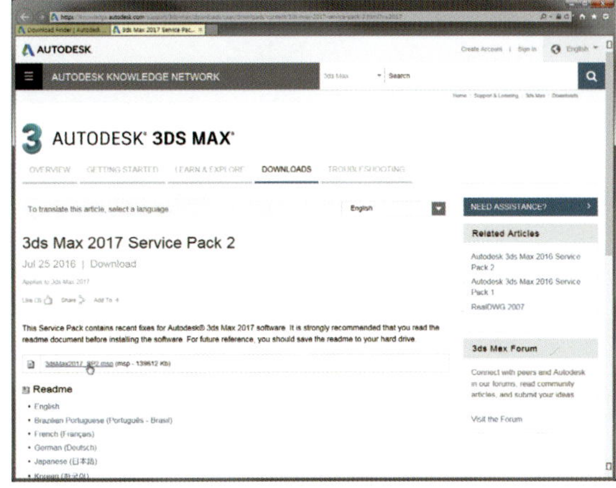

07 컴퓨터의 사양에 따라 설치시간이 다를 수 있습니다.

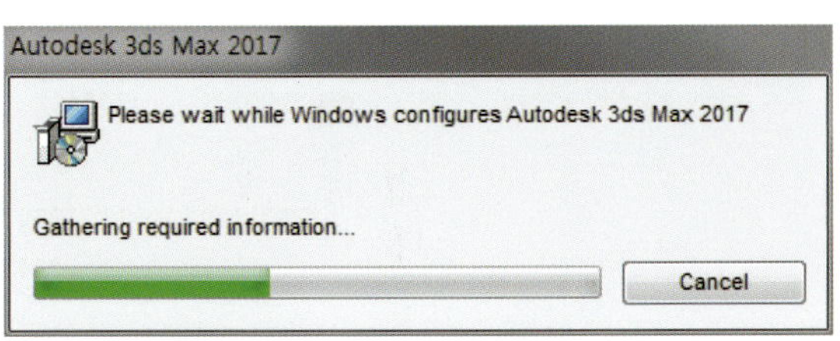

08 설치가 완료되면 3ds Max를 실행합니다.

알아두기 | Check for Updates

3ds Max〉Help〉Autodesk Product Information〉Check for Updates 옵션을 클릭하여 수시로 제공되는 각 버전들의 Service Pack 목록을 확인할 수 있습니다.

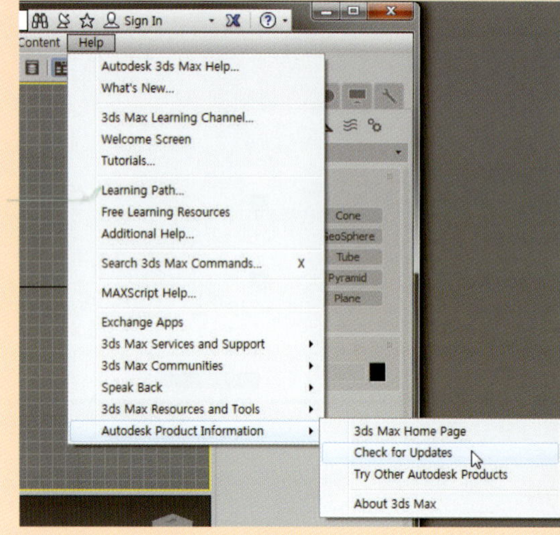
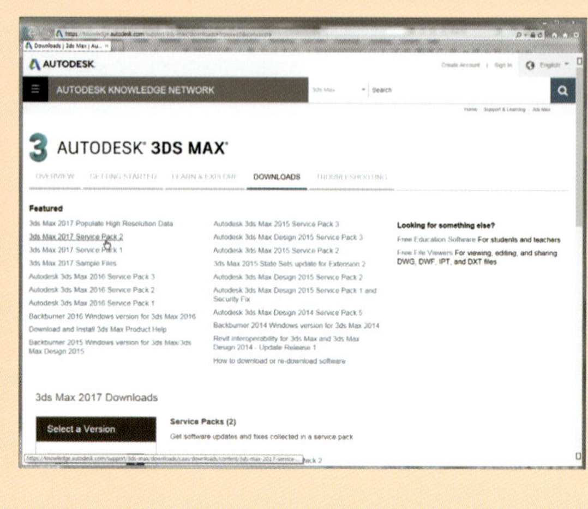

Lesson 04 | 3ds Max 2017 UI 설정 및 환경 설정하기

초기에 설치되는 3ds Max UI를 그대로 사용해도 되지만, 작업환경에 따라 UI의 레이아웃을 다양하게 설정할 수 있습니다. UI 작업에 대한 UI 기본 설정과 물체를 선택하기 위한 설정방법 및 아이콘 사이즈 등의 환경설정을 조정하도록 하겠습니다.

Section 01 | 3ds Max 2017 초기 UI 설정하기

최근에 나오는 CG 관련 프로그램의 UI들은 대부분 어둡게 나옵니다. 3ds Max의 메인 화면도 상당히 어둡습니다. 필자는 개인적으로 밝은 화면을 선호하는 편입니다. 만일 독자 여러분이 어두운 UI를 선호한다면 본 화면 그대로 사용해도 무방합니다.

01 다음 이미지는 3ds Max 2017의 메인화면입니다.

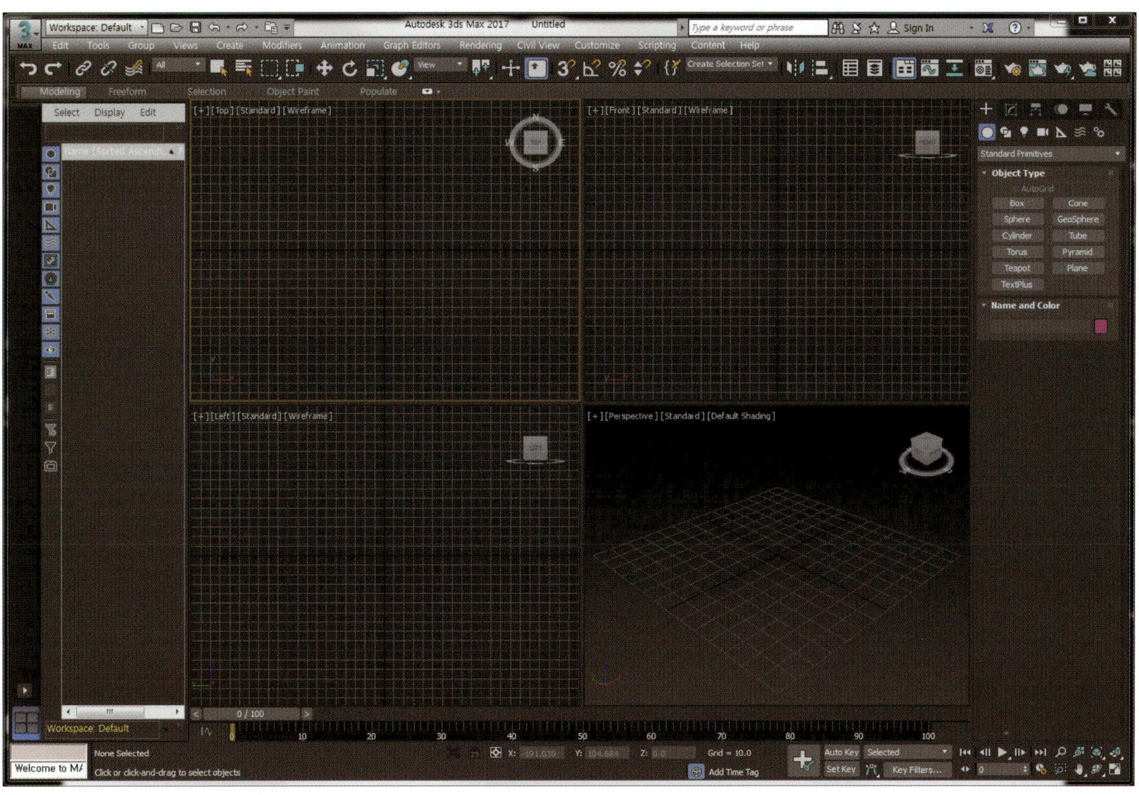

02 3ds Max 화면의 상단 Menu Bar의 Customize〉'Custom UI and Defaults Switcher...' 명령을 실행합니다.

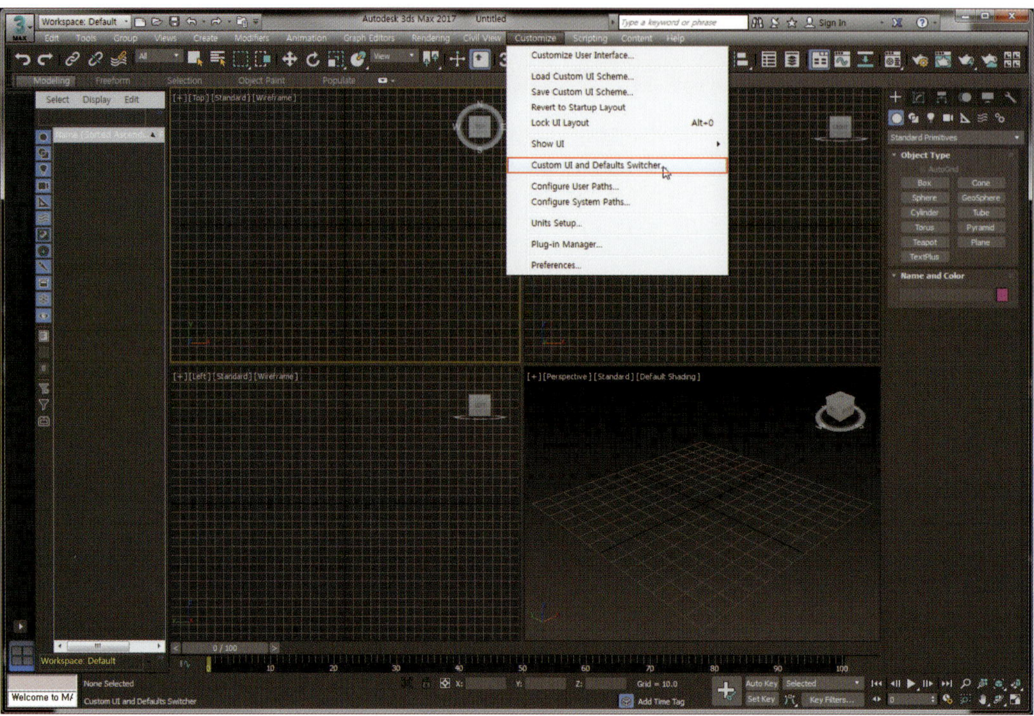

03 'Choose initial settings for tool options and UI layout' 창이 나타나면 'UI schemes' 항목에서 'ame-light'을 선택하고 Set 버튼을 클릭합니다.
참고로 좌측의 목록은 처음에 3ds Max를 실행했을 때의 다양한 초기 템플레이트를 의미하며, 우측은 초기 UI를 설정하는 목록입니다.

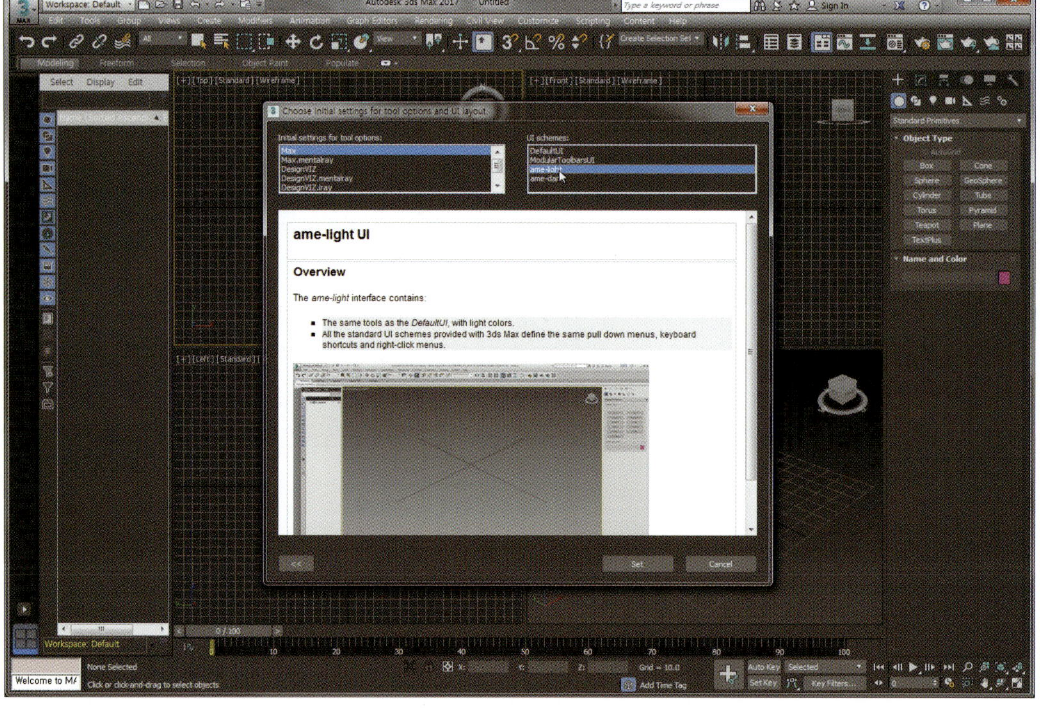

04 확인 버튼을 클릭합니다. 3ds Max를 재 실행하게 되면 이제 지금 설정된 UI로 사용 가능합니다.

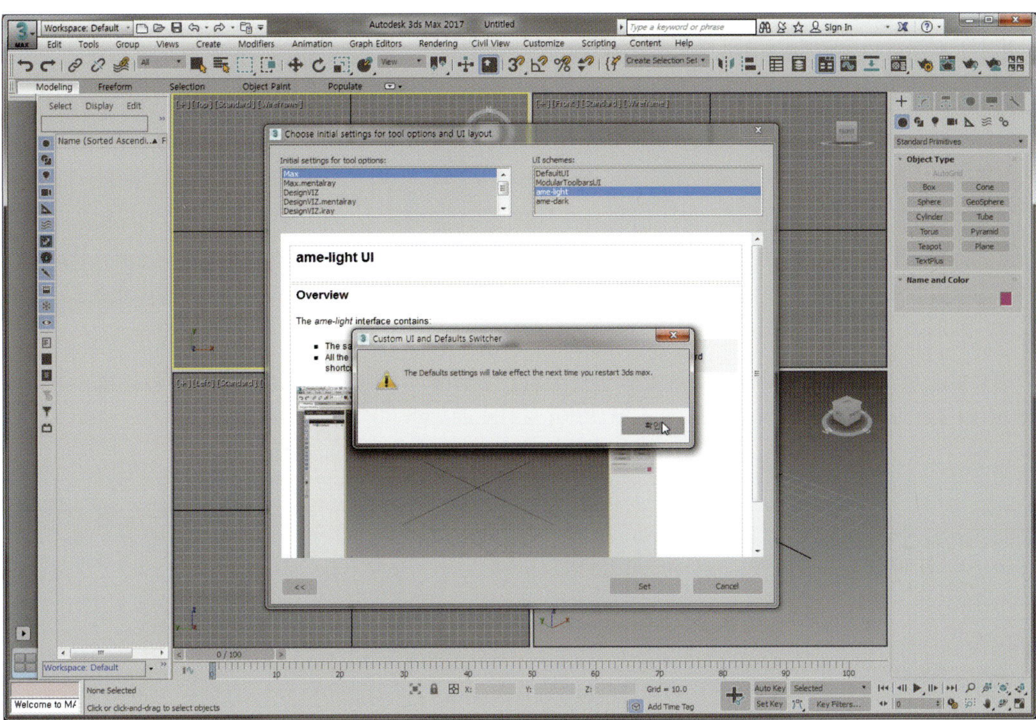

05 화면을 좀 더 넓게 사용하기 위해 상단 메인 툴바의 Toggle Ribbon 버튼을 클릭하여 Ribbon 툴바를 화면상에서 사라지게 합니다.

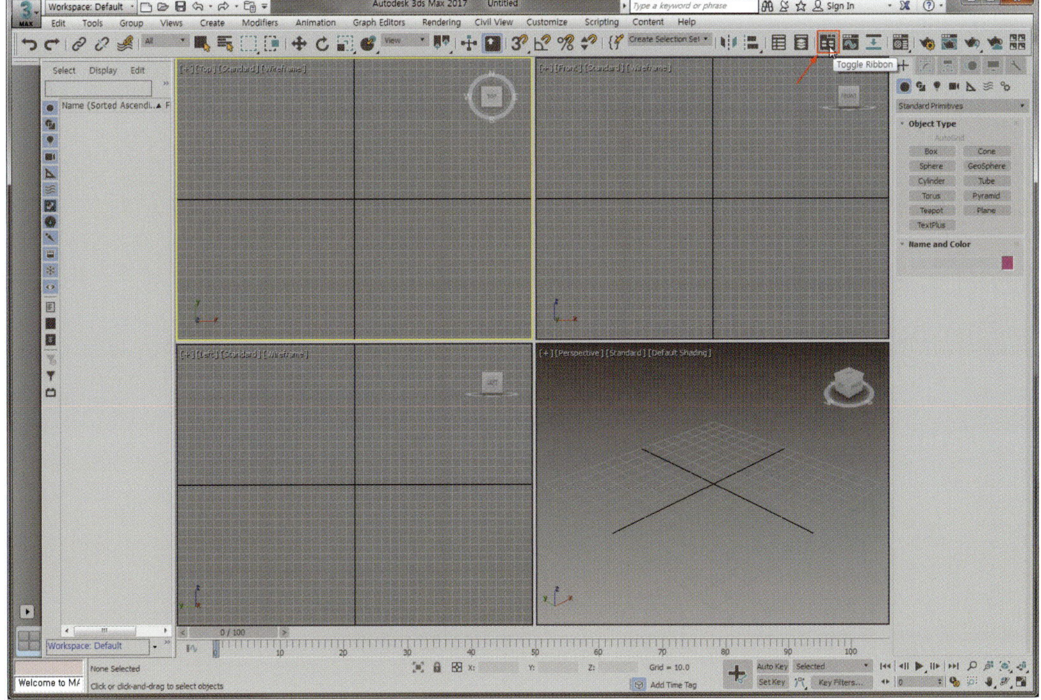

06 좌측 상단에서 3ds Max 2017의 레이아웃을 작업의
작업환경에 따라 다양하게 변경하여 사용할 수 있습
니다.
여기서는 'Workspace: Default'로 설정하였습니다.

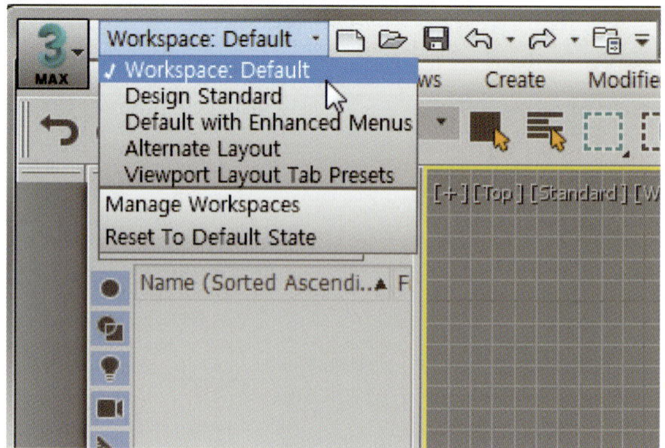

07 일단 필요 없는 툴바를 화면에서 없애도록 하겠습니다. 좌측에 도킹되어 있는 Scene Explorer 툴바와 Viewport
Layout Tabs의 툴바를 선택하고 강제로 드래그하여 도킹을 해제합니다.

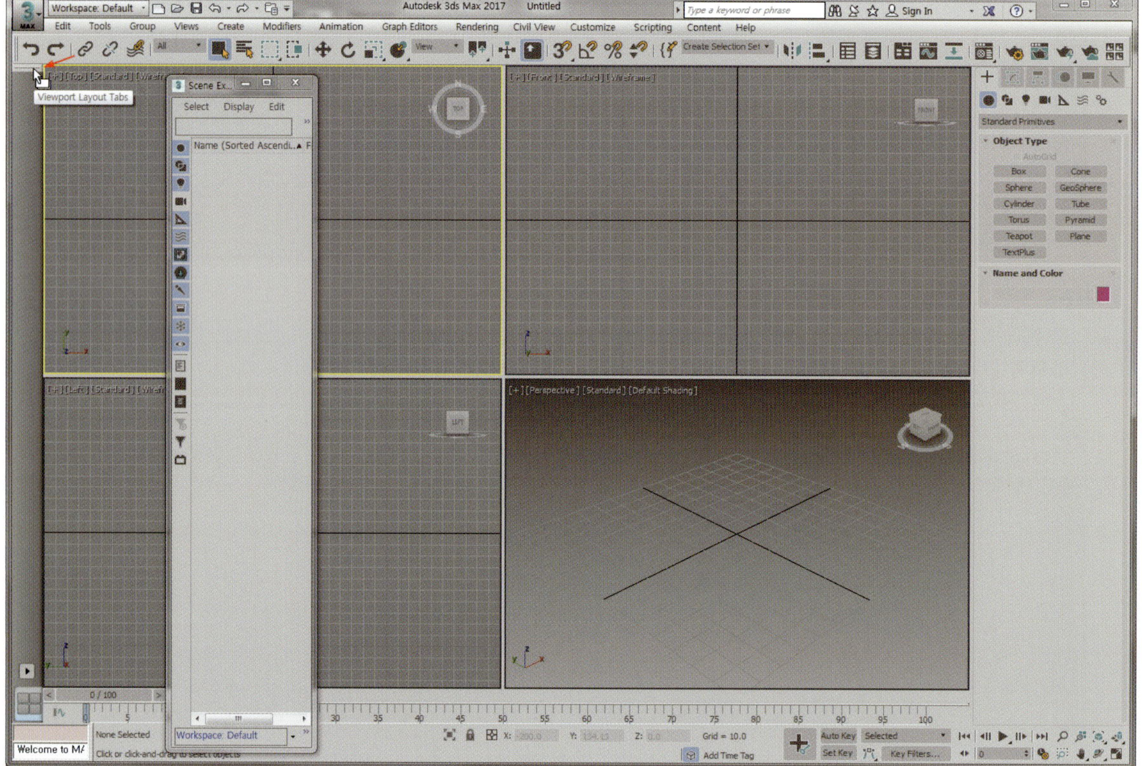

08 창을 모두 닫기로 툴바를 제거합니다.

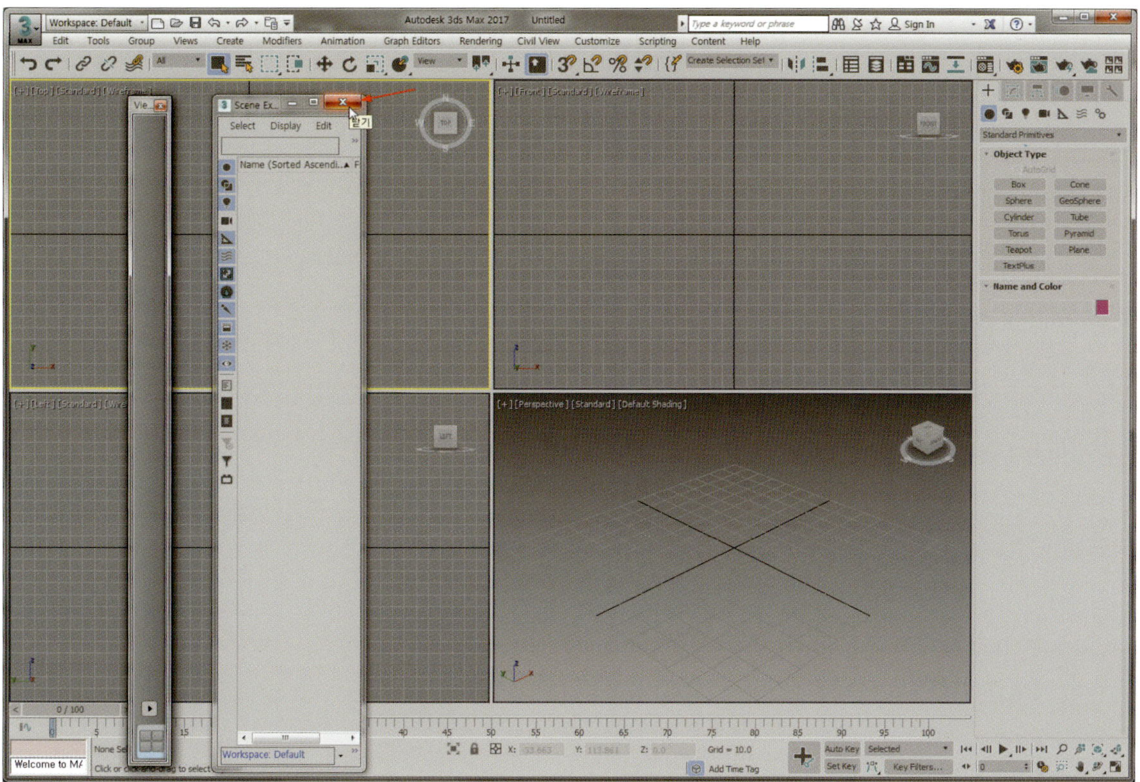

09 UI를 원래의 초기 화면으로 복구하려면 'Reset To Default State' 옵션을 선택합니다.

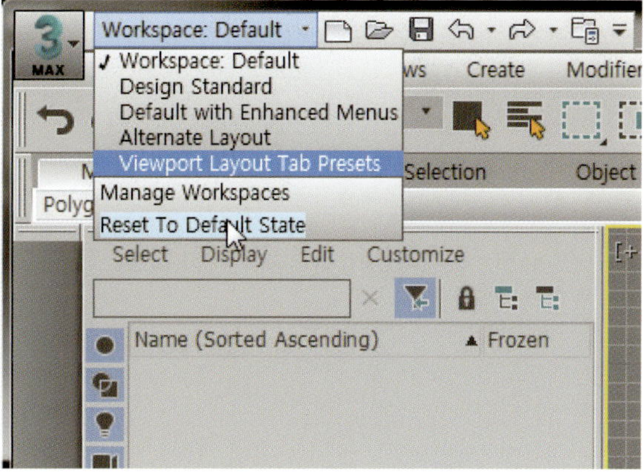

10 UI 기본 값을 설정한 뒤의 3ds Max화면입니다.

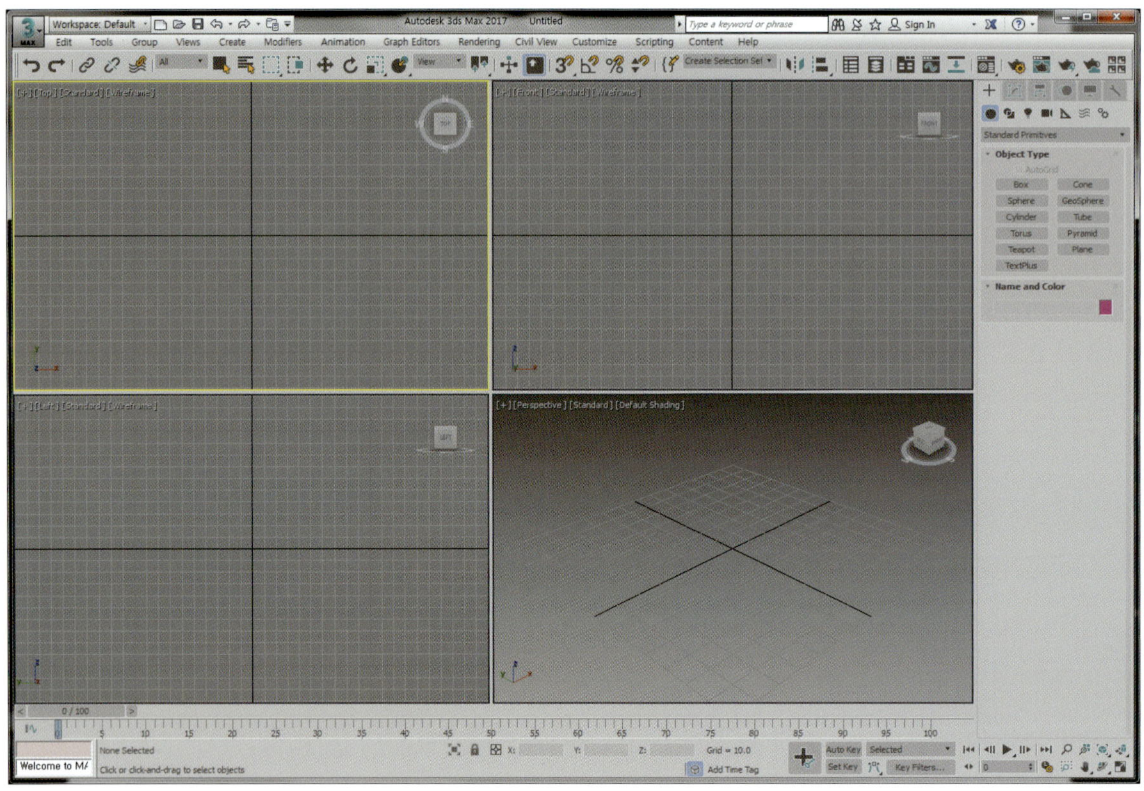

Section 02 | 3ds Max 2017 기본 환경 설정하기

3ds Max 내에서 모델링할 때나 그 외 작업에 있어서 환경 설정은 매우 중요합니다. 오브젝트를 선택하는 방법이나 뷰포트 설정, 렌더링, 감마, 아이콘 사이즈, 디스플레이 드라이버, 파일의 오토백업 및 Undo 개수 등을 설정할 수 있습니다.

3ds Max의 메인 툴바의 아이콘 사이즈를 작게 조정하고, 가장 많이 사용하는 기본 환경 설정에 대해 다루어 보도록 하겠습니다.

01 상단 메인 메뉴에서 Customize〉Preference 명령을 실행합니다.

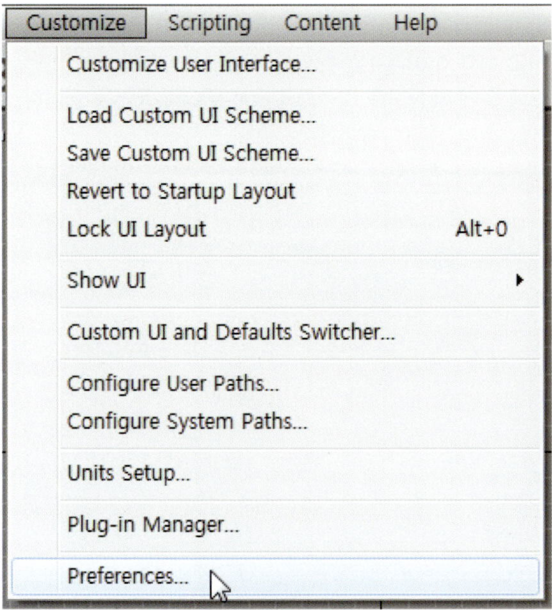

02 General 탭을 선택하고 다음 그림처럼 Scene Selection 항목의 'Auto Window/Crossing by Direction'를 체크합니다. 그리고 오른쪽 UI Display에서 'Use Large Toolbar Buttons'의 체크를 해제해줍니다.

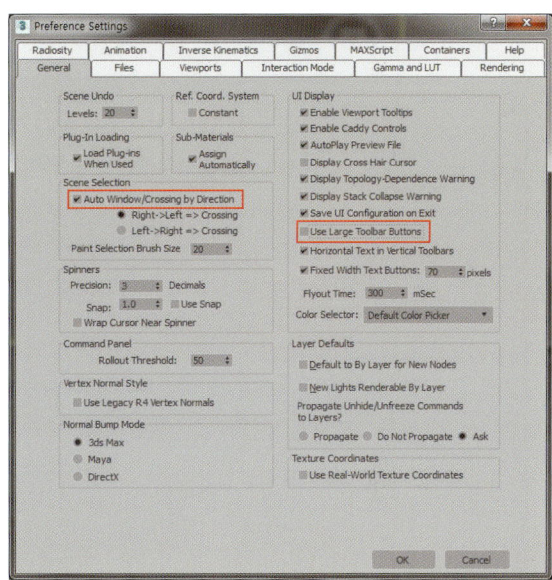

ⓘ 알아두기 | Auto Window/Crossing by Direction

오브젝트를 선택할 때 마우스의 드래그 방향에 따라서 Window와 Crossing 기능을 사용할 수 있습니다.

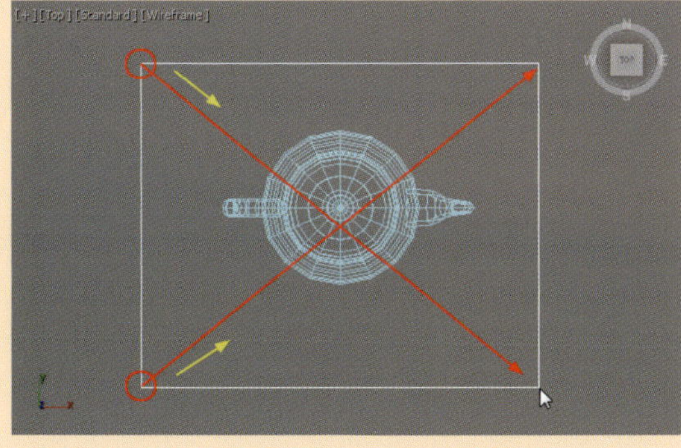

마우스를 왼쪽에서 오른쪽으로 드래그 했을 때

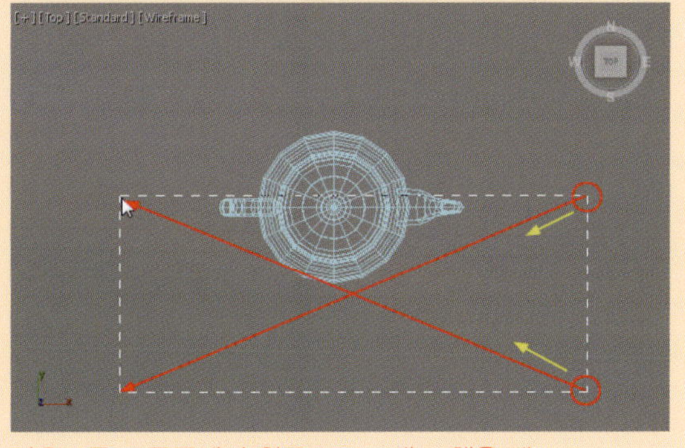

마우스를 오른쪽에서 왼쪽으로 드래그 했을 때

 **알아두기** | 메인 툴바의 아이콘 사이즈 조정에 대하여

최근에 출시되는 모니터들은 예전에 비해 기본 23인치 이상으로 나오고 있기 때문에 굳이 아이콘 사이즈를 작게 조정할 필요는 없지만, 아이콘 사이즈를 조정하면 뒤쪽의 남은 공간을 다른 아이콘으로 등록하여 사용하거나 추가로 다른 툴바를 사용할 수 있다는 장점이 있습니다. 필자는 책의 사이즈에 맞게 해상도를 조정하고 3ds Max의 화면을 캡처하기 위해서 작게 조정하였습니다.

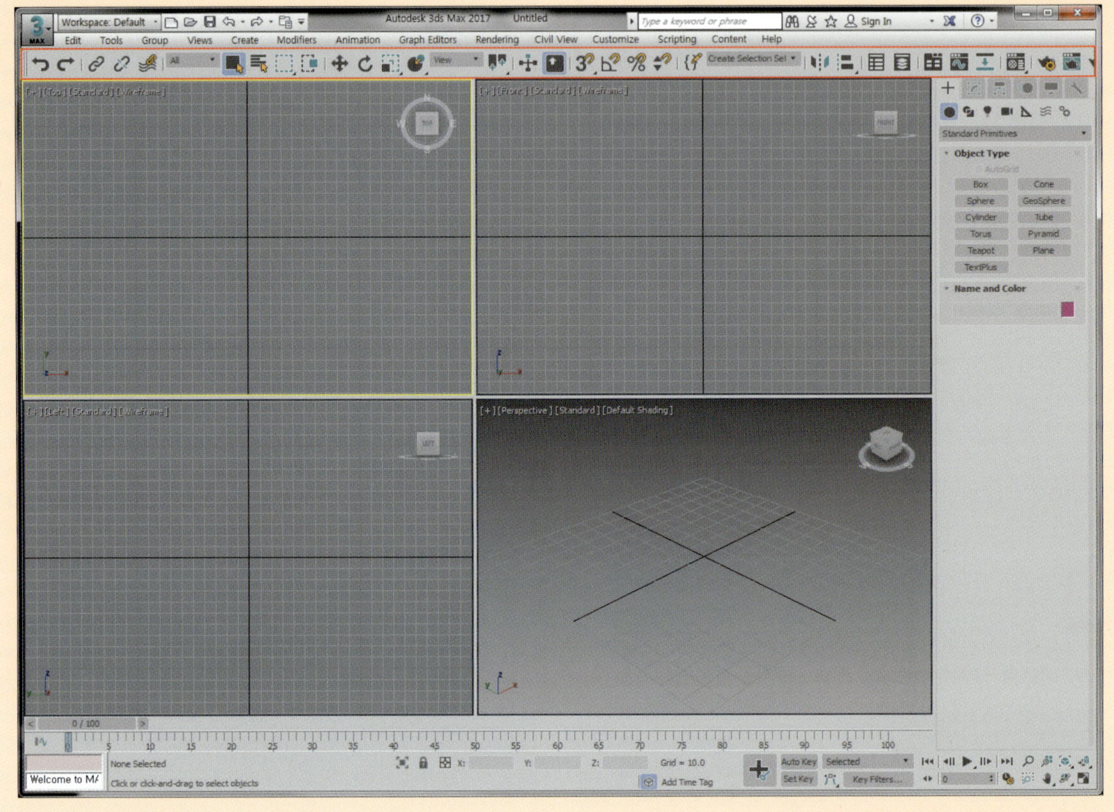

03 계속해서 Viewports 탭의 'Backface Cull on Object Creation'에 체크한 후 OK 버튼을 눌러 창을 닫습니다.

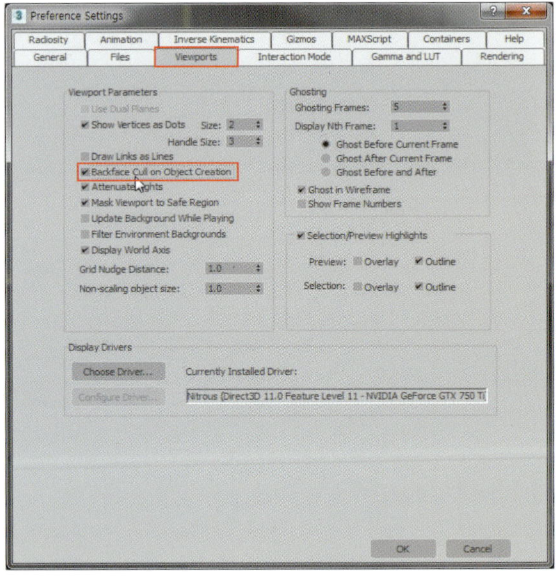

 알아두기 | Backface Cull on Object Creation

체크하면 장면에 있는 모든 오브젝트의 안쪽 면이 보이지 않게 되며, 주로 인테리어 장면이나 평면 오브젝트에 도면을 매핑하고 작업할 때 사용합니다. 디스플레이 속도가 빨라지므로 가능하면 체크하고 작업하도록 합니다.

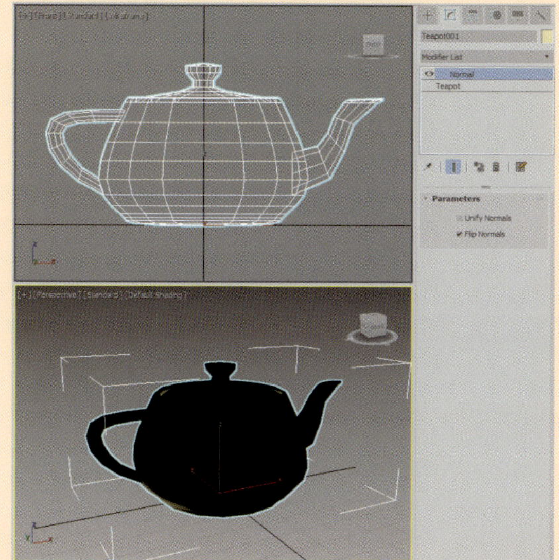

사용 전

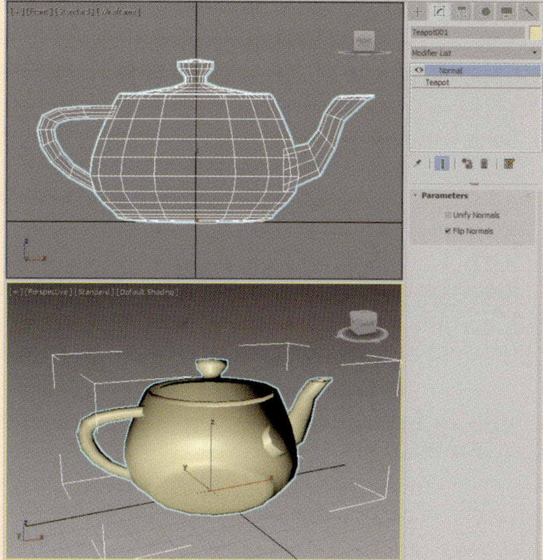

사용 후

개별적으로 오브젝트를 설정하려면 오브젝트 위에서 마우스 오른쪽 버튼을 눌러 Object Properties창을 켜 조정하면 됩니다.

04 3ds Max를 종료한 후 재 실행하면 메인툴바의 아이콘 사이즈가 적절하게 작아진 것을 알 수 있습니다.

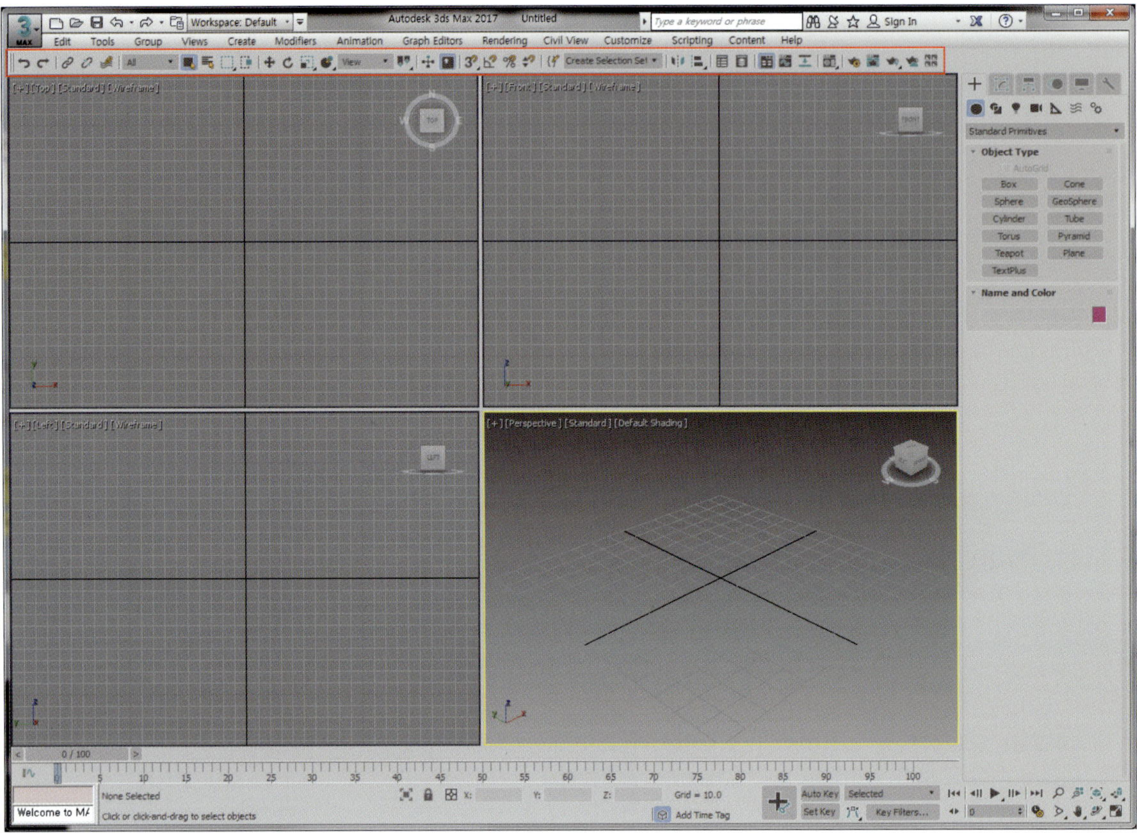

MEMO

Chapter 2

3ds Max 2017의 이해

Lesson 01

3ds Max 2017의 화면구성 알아보기

3ds Max 2017의 인터페이스는 기존 2016 버전에 비해 180도로 완전히 바뀌었습니다. 특히 각 메뉴에 속하는 아이콘의 모양과 색상에 많은 변화가 있었습니다. 기존의 3ds Max 사용자라면 새롭게 바뀐 UI에 충분한 시간을 두고 적응해야 할 것입니다.

3ds Max 2017은 다양한 인터페이스를 제공하며, 각 사용자의 작업환경과 취향에 맞게 환경설정이 가능합니다. 기능은 이전 버전과 거의 같기 때문에 기존부터 Max를 사용해온 사용자라면 사용하는 데 불편함은 거의 없을 겁니다.

3ds Max 2017의 화면구성과 그 기능에 대해 간단히 살펴보겠습니다.

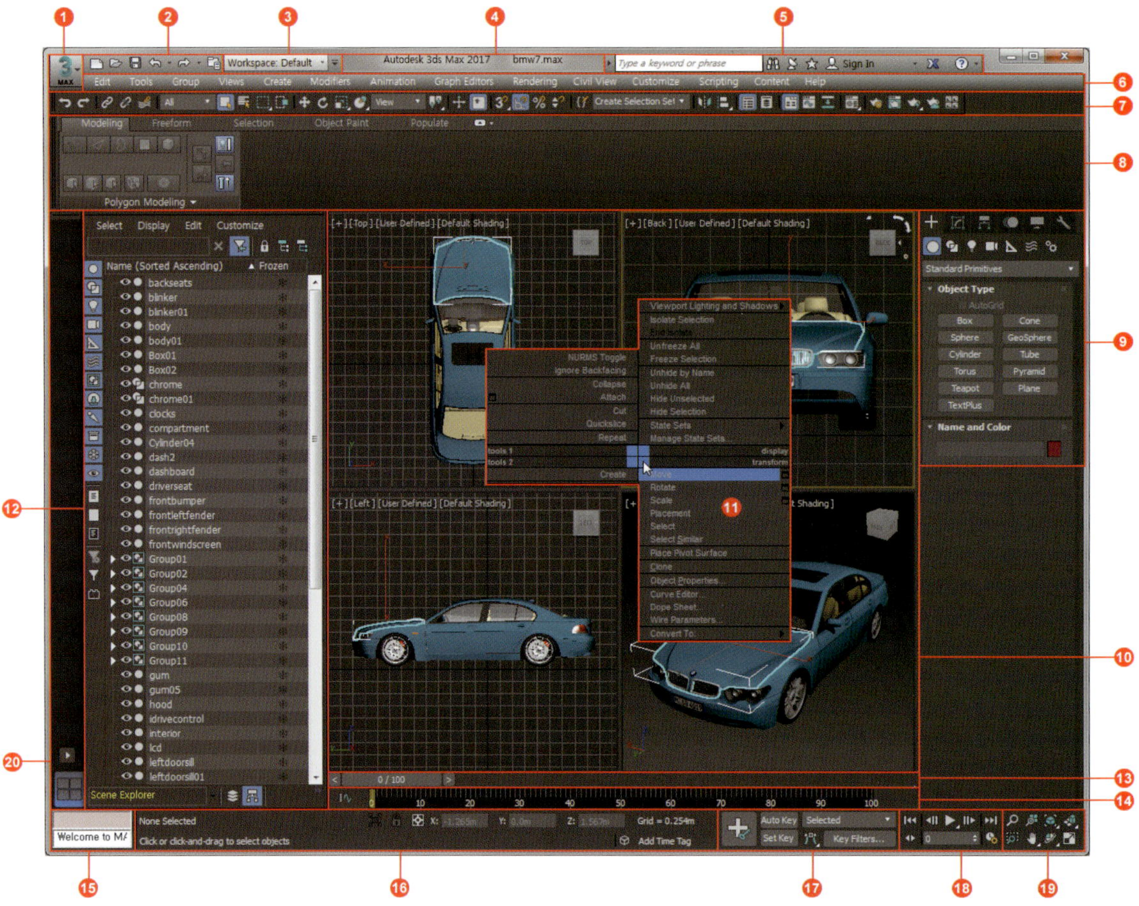

❶ **Application Button** : 3ds Max의 전반적인 파일의 저장과 열기, 초기화, 데이터 상호 운용성과 관리, 장면의 파일 정보 등을 제공합니다.

❷ **Quick Access Toolbar** : 3ds Max에서 공통적으로 많이 사용하는 명령들을 직관적이고 빠르고 사용할 수 있도록 독립적인 툴바로 만들어 놓은 곳입니다. 주로 파일 열기, 파일저장, Undo, Redo 등을 제공합니다.

❸ **Workspaces** : 단일 3ds Max 세션에서 여러 작업 공간을 호스팅할 수 있습니다. 즉, 여러 사용자 인터페이스를 배열할 수 있습니다. 즉 Workspace 기능을 사용하면 서로 다른 인터페이스 설정을 신속하게 전환할 수 있습니다. 또한 도구 모음, 메뉴, 뷰포트 레이아웃 사전 설정, 모델링 리본 및 키보드 바로 가기의 사용자 정의 정렬을 복원할 수 있습니다.

❹ **Title Bar** : 현재 작업하고 있는 파일이름을 보여줍니다.

❺ **Info Center** : 3ds Max에 도움되는 관련 정보와 Help 등을 제공합니다.

❻ **Menu Bar** : 3ds Max에 사용되는 모든 메뉴들이 다 있으며, 클릭하면 관련 메뉴들이 펼쳐지게 됩니다.

❼ **Main Toolbar** : 3ds Max에 자주 사용되는 핵심적인 도구들을 나열한 곳입니다. 인터페이스 환경에 따라 메뉴를 추가하거나 삭제할 수도 있습니다.

❽ **Graphite Modeling Tools** : 3ds Max 2010 버전에 새롭게 나타난 툴바로 Poly Modeling에 필요한 편집 명령들을 더욱 더 강화하여 배치하였습니다. Main Toolbar의 'Graphite Modeling Tools' 토글버튼을 사용함에 따라 Toolbar을 나타나게 하거나 숨길 수 있습니다. [Modeling] [Freeform] [Selection] [Object Paint] [Populate]의 5가지 명령집합으로 이루어져있습니다.

❾ **Command Panel** : Create, Modify, Hierarchy, Motion, Display, Utilities Panel의 6가지로 구성되어 있습니다.

❿ **Viewport Layout** : 여러 스타일의 뷰포트 설정을 저장하거나, 단일 장면에 확장된 뷰포트(트랙 뷰 표시 등)를 포함할 수 있습니다.

⓫ **Quad Menu** : 활성 뷰포트에서 뷰포트 레이블을 제외한 어느 데서든 마우스 오른쪽 버튼을 클릭하면 쿼드 메뉴가 표시됩니다. 쿼드 메뉴에서 사용할 수 있는 옵션은 선택 항목에 따라 달라집니다.

⓬ **Scene Explorer** : 장면 탐색기에서는 3ds Max에서 오브젝트를 보고, 정렬하고, 필터링하고, 선택할 수 있습니다. 오브젝트 이름을 바꾸고, 삭제하고, 숨기고, 고정하고, 오브젝트 계층을 만들고 수정하며, 오브젝트 특성을 한꺼번에 편집하는 추가 기능도 있습니다.

⓭ **Time Slider** : 애니메이션 작업 시 주로 사용하는 것으로 애니메이션의 동작에 따른 시간의 흐름을 사용자가 수동적으로 파악할 수 있습니다.

⓮ **Track Bar** : 애니메이션에 사용된 Key와 전체적인 애니메이션의 흐름을 파악할 수 있습니다.

⓯ **Mini Script Listener** : 스크립트를 입력하는 창으로, 스크립트를 편집 및 조정할 수 있습니다.

⓰ **Prompt Line & Status Bar Control** : 동작에 대한 결과와 다음 동작에 대한 지시 사항을 보여주며, 오브젝트의 이동, 회전, 크기 등에 따른 좌표의 정보를 표시합니다. 절대좌표와 상대좌표 명령을 사용하여 오브젝트를 제어할 수도 있습니다.

⓱ **Animation Keying Control** : 애니메이션 동작(Key)설정과 Key Filter 등을 제어합니다.

⓲ **Animation Playback Controls** : 애니메이션에 등록된 Key를 쉽게 선택하거나 실행, 정지, 시간에 따른 애니메이션 동작 등을 살펴볼 수 있으며, 전체적인 시간을 조정할 수 있습니다.

❿ **Viewport Navigation Controls** : 주로 Viewport에 있는 오브젝트 등을 어떻게 디스플레이를 할 것인지를 조절하는 부분입니다. 즉, 오브젝트를 화면에 가득 차게 하거나 화면을 Zoom In / Zoom Out하는 기능을 제공하며, 오브젝트의 형태를 확인하거나 화면을 이동시킬 수 있습니다.

⓴ **Viewport Layout** : 여러 뷰포트 구성 사이를 빠르게 전환하기 위한 특수 탭 모음입니다. 제공된 기본 레이아웃을 사용하거나 고유한 사용자 정의 레이아웃을 만들 수 있습니다.

> **알아두기** | Viewport Navigation Controls
>
> Viewport에 Perspective View가 아닌 Camera View로 설정하게 되면 'Viewport Navigation Controls'의 일부 명령들이 Camera View의 관련 아이콘으로 바뀌게 됩니다. Perspective View에서 Ctrl + C 키를 누르면 Camera View로 바뀌게 됩니다.
>
> 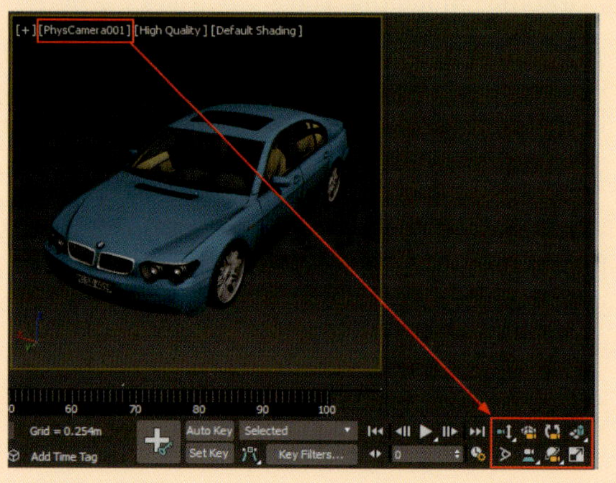
>

Section 01 | 3ds Max 2017 UI 설정하기

3ds Max에서 기본적으로 제공하는 UI를 그대로 사용해도 무관하지만, 작업 향상을 위해 3ds Max의 전체적인 인터페이스의 기능과 위치를 파악하는 것도 중요합니다. 사용자가 어떤 내용의 작업을 하느냐에 따라서 UI 설정도 달라질 수 있기 때문에 수시로 UI를 재설정하여 작업의 흐름을 원활하게 유지시켜주는 것이 중요하다고 할 수 있겠습니다.

01 숨어있는 UI 보이기

UI에 대한 설정과 3ds Max의 전반적인 작업 환경설정은 대부분 Menu Bar의 'Customize' 명령에서 이루어집니다.

01 Menu Bar의 Customize〉Show UI〉Show Floating Toolbars에 체크해줍니다.

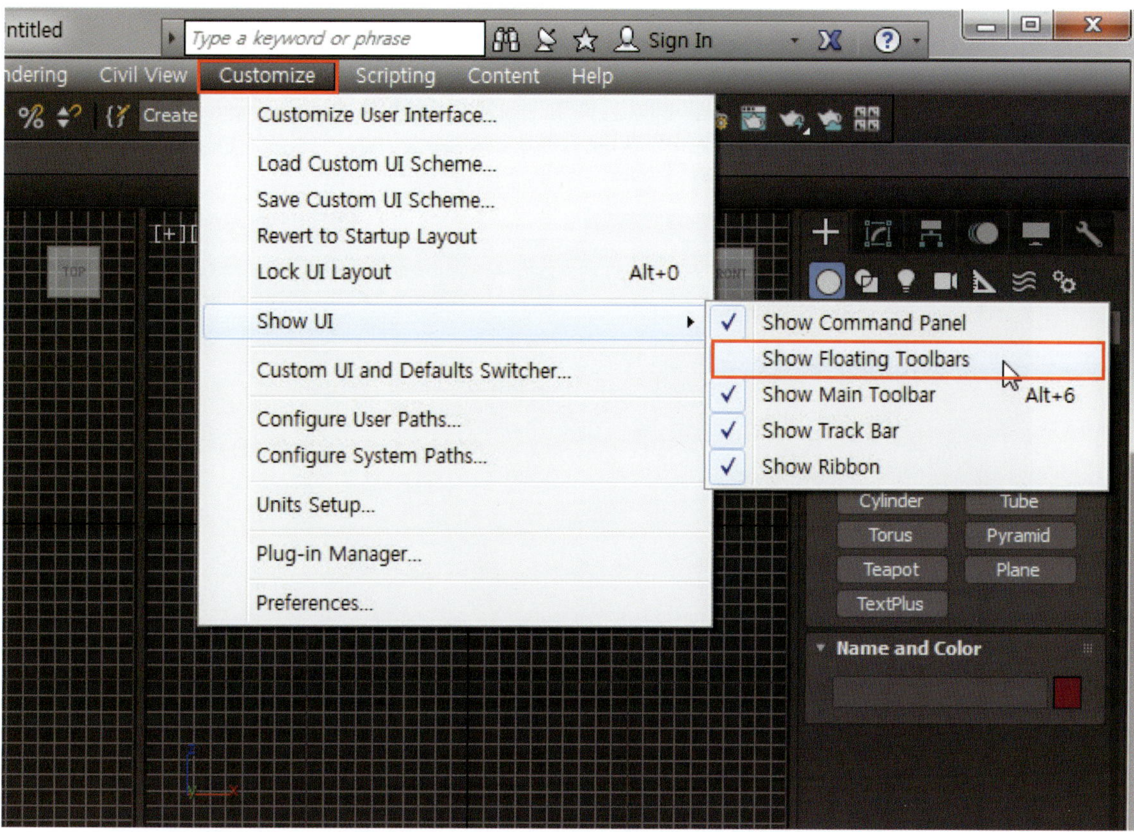

02 그림과 같이 숨어 있던 여러 개의 Toolbar가 나타납니다. Layers Toolbar와 Render Shortcuts Toolbar를 선택 및 드래그하여 상단의 Main Toolbar 옆자리에 배치합니다.
나머지는 Toolbar들은 모두 닫기[×]해줍니다.

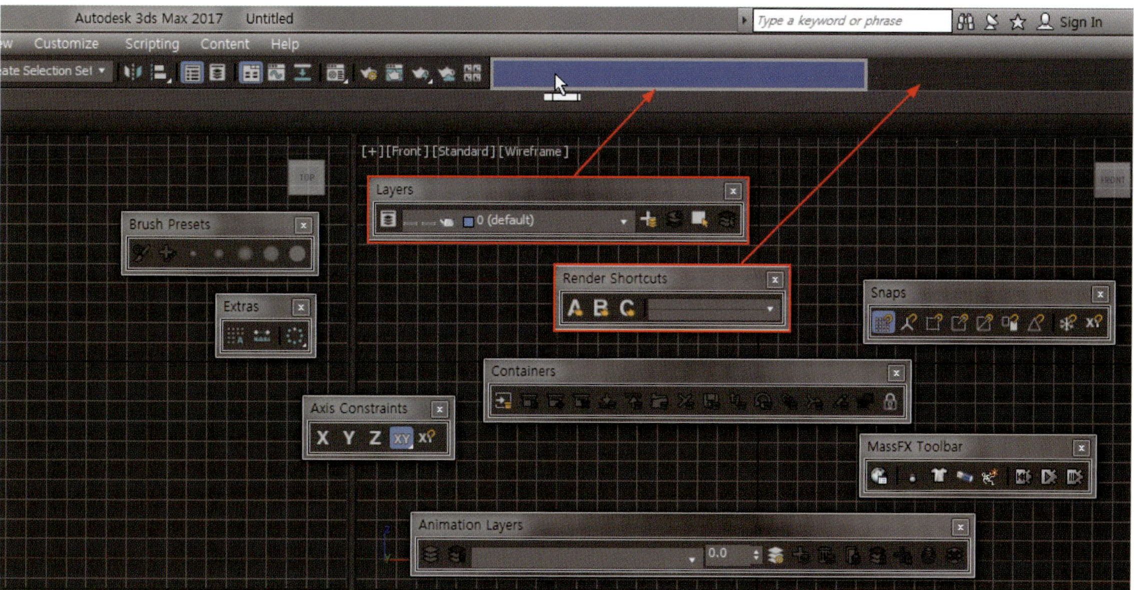

03 Main Toolbar 쪽에 배치된 이 두 개의 Toolbar는 3ds Max 모델링이나 렌더링에서 작업의 효율성을 높여주는 역할을 합니다. 직접 Main Toolbar나 또 다른 공간에 Toolbar를 생성하거나, 관련 명령 아이콘들을 등록함으로써 더욱 강한 UI를 만들어낼 수 있습니다.

참고로 Layers Toolbar는 복잡한 모델링 작업을 할 때 사용하는 것으로 물체를 숨기거나 보이기, 얼리기, 새로운 레이어를 생성하여 각 오브젝트들을 해당 레이어에 등록 및 관리할 수 있습니다. Render Shortcuts Toolbar는 다양한 타입의 렌더링을 설정한 후 저장하여 사용하면, 다른 장면에 신속하게 불러와서 적용하여 렌더링 결과를 확인할 수 있습니다.

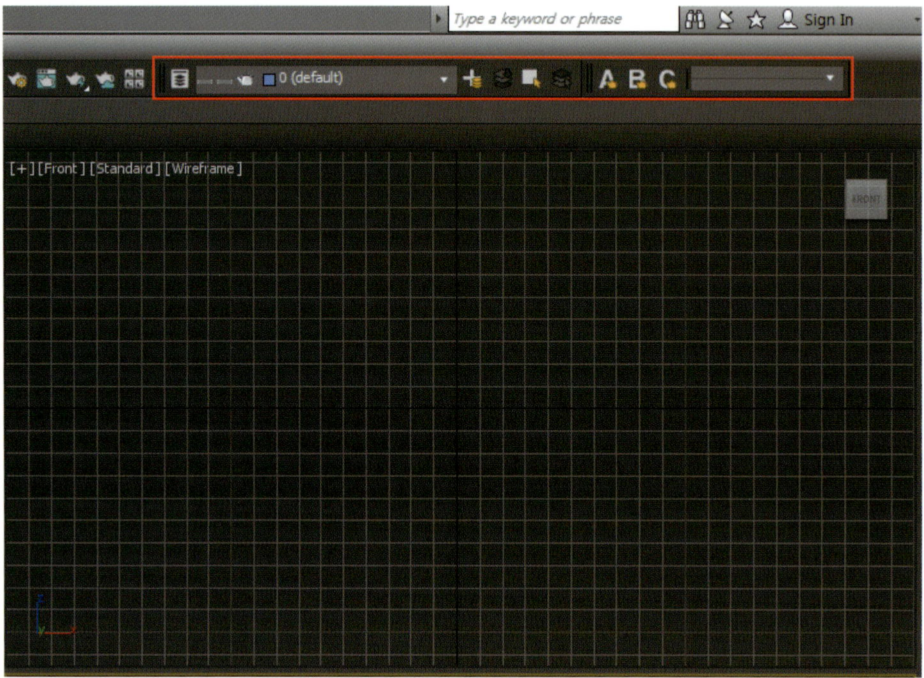

ⓘ 알아두기 | Layers Explorer

Photoshop의 레이어 기능처럼 오브젝트들을 관리하는 것으로 주로 Layers Explorer 대화상자에서 레이어를 만들고 삭제할 수 있습니다. 또한 장면의 모든 레이어와 이에 연결된 오브젝트에 대한 설정을 보고 편집할 수 있습니다. 이 대화상자에서 이름, 가시성, 렌더링 여부, Color 및 Radiosity 솔루션에 오브젝트와 레이어를 포함할지 여부를 지정할 수 있습니다.

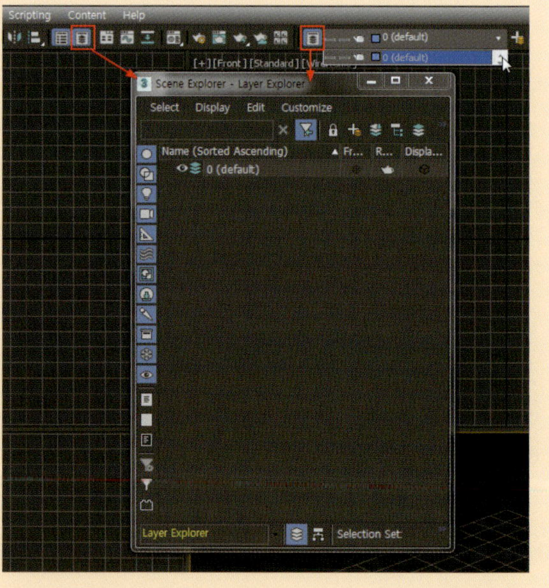

알아두기 │ Main Toolbar에 숨어 있는 UI 활용

Main Toolbar의 맨 왼쪽 끝부분에서(빨간 사각형) 마우스 오른쪽 버튼을 누른 후 보이고자 하는 Toolbar을 꺼내서 원하는 위치에 배치하여 UI를 꾸밀 수 있습니다.

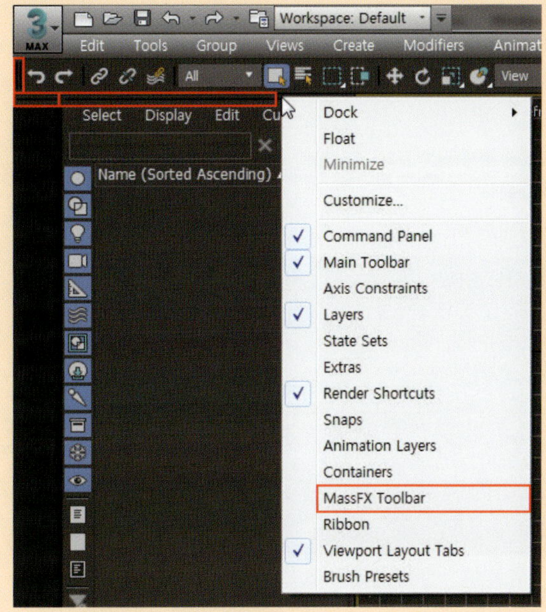

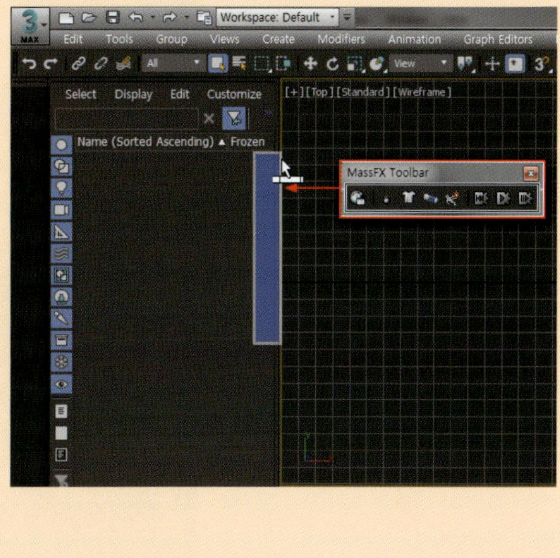

02 Custom UI and Defaults Switcher 기능

다양한 업계의 아티스트와 디자이너들은 다양한 방식으로 3ds Max를 사용합니다. Custom UI and Default Switcher 명령을 사용하면 각자의 방식에 따라 프로그램 기본 값과 UI 구성표를 수행 중인 작업 유형에 보다 적합하게 변경할 수 있습니다.

'Initial settings for tool options' 은 3ds Max의 다양한 기능에 대한 기본 설정을 제어하고 UI scheme 3ds Max 인터페이스가 표시되는 방식을 제어합니다. 이 대화상자에 3ds Max에 기본적으로 제공되는 네 개의 기본 세트와 두 개의 UI 구성표로 각각에 대한 자세한 설명이 표시됩니다.

01 Menu Bar의 Customize〉Custom UI and Defaults Switcher... 명령을 실행합니다.

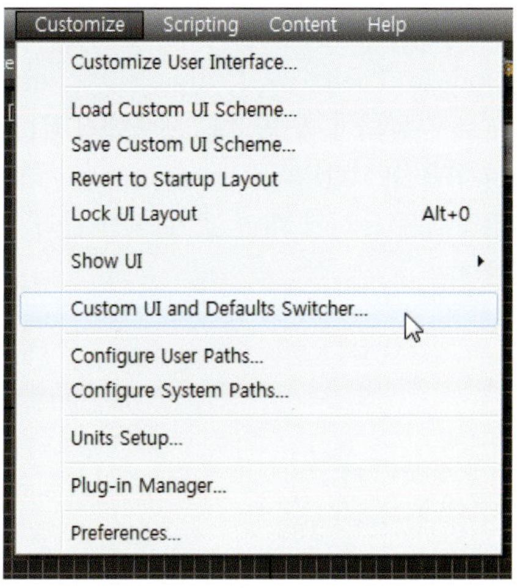

02 현재 그림에서 보는 바와 같이 필자는 Initial settings for tool options은 'Max'로, UI schemes은 'ame-light'로 설정하였습니다.

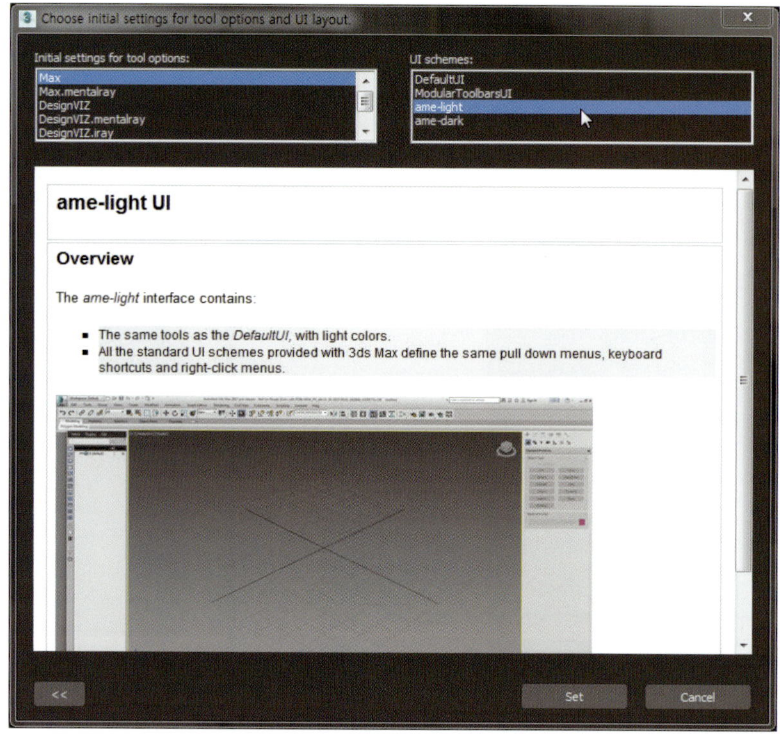

A Initial settings for tool options

이 목록에서 3ds Max의 다양한 도구들의 기본 설정 값을 변경할 수 있습니다.

3ds Max에는 네 개의 기본 세트가 제공됩니다.

❶ **Max** : mental ray 렌더러가 없는 일반 애니메이션에 사용할 수 있는 기본 설정 세트가 포함되어 있습니다.
❷ **Max.mentalray** : mental ray 렌더러가 있는 일반 애니메이션에 사용할 수 있는 세트가 포함되어 있습니다.
❸ **DesignVIZ** : mental ray 렌더러가 없는 디자인 시각화에 사용할 수 있는 세트가 포함되어 있습니다.
❹ **DesignVIZ.mentalray** : mental ray 렌더러가 있는 디자인 시각화에 사용할 수 있는 세트가 포함됩니다.
❺ **DesignVIZ.iray** : iray 렌더러가 있는 디자인 시각화에 사용할 수 있는 세트가 포함됩니다.

B UI schemes

\UI 폴더에 정의된 모든 UI 구성표가 포함됩니다. 3ds Max에는 네 개의 UI 구성표(DefaultUI, ModularToolbarsUI, ame-light, ame-dark)가 함께 제공되며, 여기에는 주 도구 모음이 작은 도구 모음으로 분할되어 있습니다. 목록에서 UI 구성표의 이름을 강조 표시하여 인터페이스 설명(미리보기 형태의 이미지)을 표시합니다.

위의 도구옵션에 대한 초기 설정 값과 UI 구성표의 새 기본 값을 적용하려면 3ds Max를 다시 시작해야 합니다.

03 미리 설정된 UI 환경 설정하기

3ds Max는 몇 가지의 UI를 제공하며, 이렇게 미리 설정된 UI를 사용자가 변경할 수 있습니다. 사용자의 개개인의 취향에 맞게 불러와서 사용하도록 합니다.

01 Customize〉Load Custom UI Scheme...을 선택합니다.

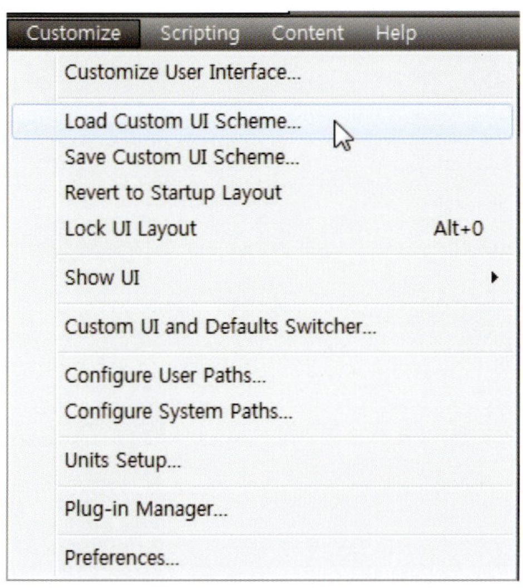

02 3ds Max가 설치된 C:\ or D:\Program Files\Autodesk\3ds Max2017\en-US\UI 폴더의 'ame-light.ui' 파일을 선택하고 Open합니다.
제대로 UI가 적용된 것을 확인하려면 3ds Max 프로그램을 재부팅하여 사용하는 것이 좋습니다.

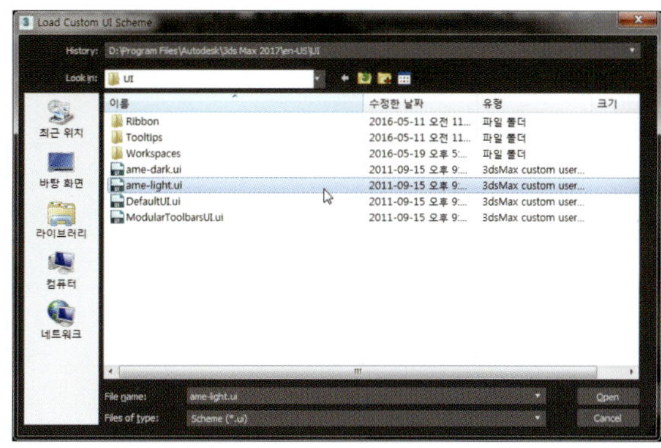

03 UI 환경이 다음과 같이 밝게 설정된 것을 확인할 수 있습니다.

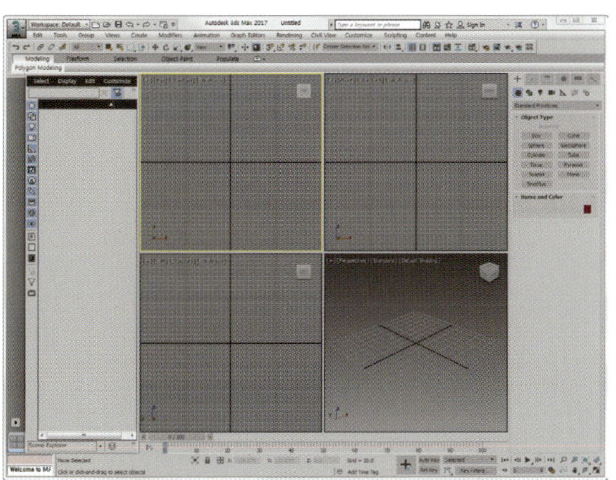

04 같은 방법으로 'ModularToolbarsUI.ui' 로 바꾸어 봅니다.

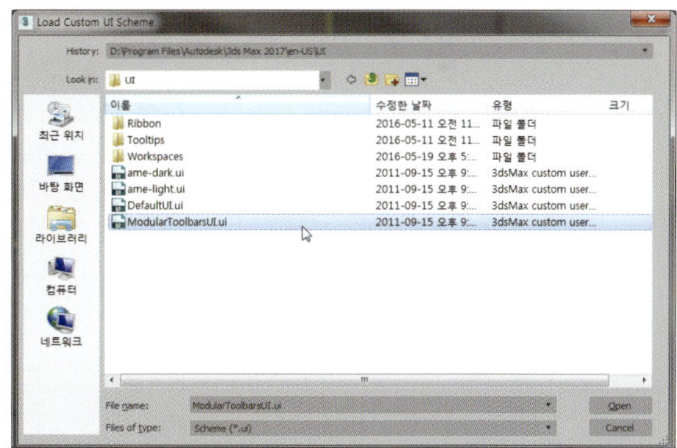

05 상단의 Main Toolbar의 기능이 강화되어 배치된 것을 확인할 수 있습니다. 그러나 이렇게 되면 작업에 불필요한 Toolbar가 생성되어 작업 공간이 축소되므로 모든 Toolbar를 보이게 할 필요는 없습니다.

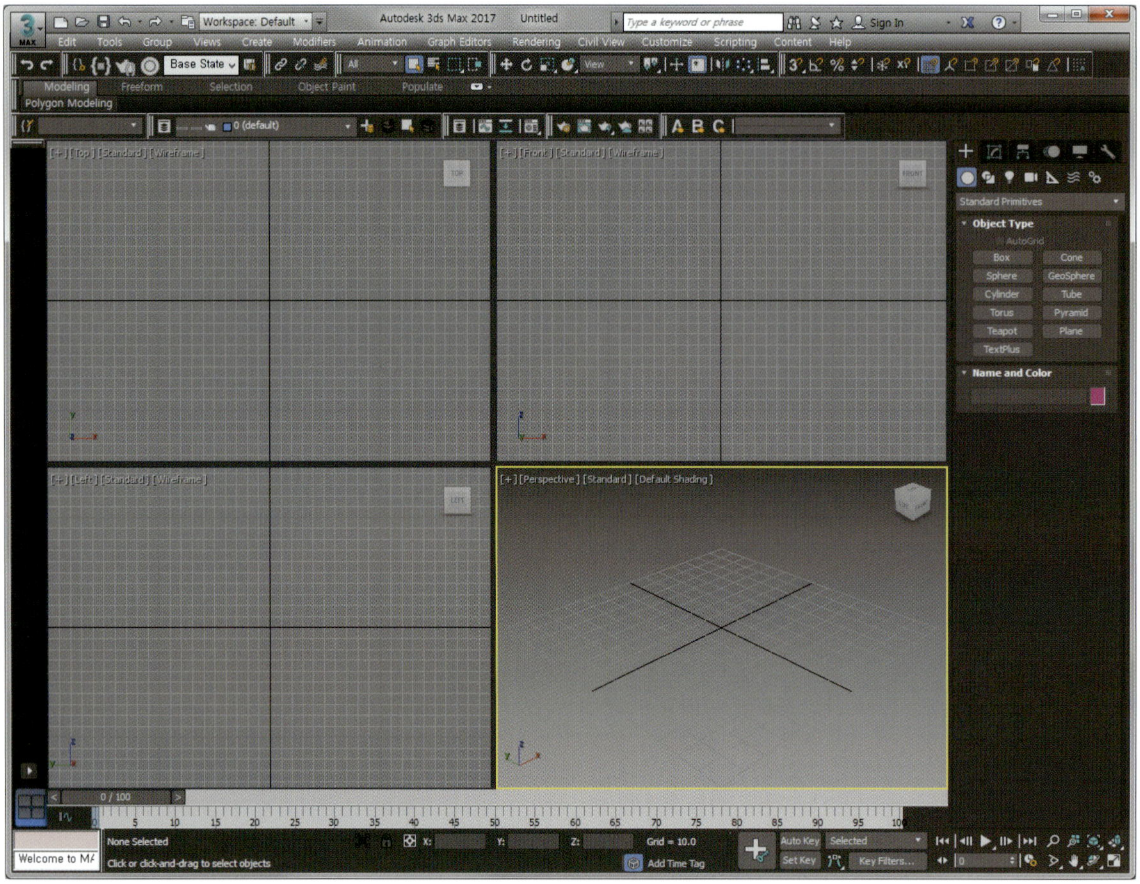

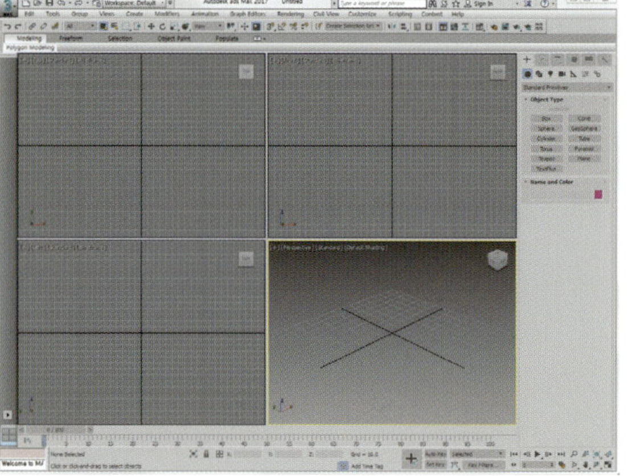

06 참고로 필자는 'ame-light.ui'를 선호하기 때문에 앞으로의 작업 파일은 'ame-light.ui' 환경에서 진행할 예정입니다. 독자 여러분들은 각자의 UI 선호도에 따라 원하는 타입의 UI를 불러와서 사용하도록 합니다. 필자는 'ame-light.ui' 파일을 선택하도록 하겠습니다.

07 3ds Max를 재부팅한 뒤 'ame-light.ui'의 3ds Max의 화면입니다.

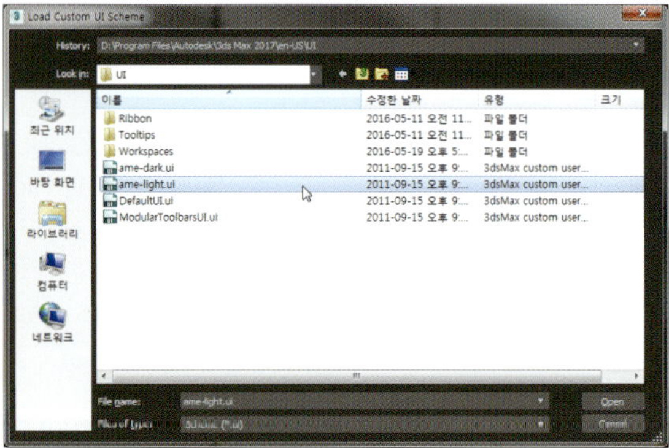

08 Main Toolbar의 'Toggle Ribbon' 아이콘을 클릭하여 협소한 작업공간을 넓히도록 합니다. 'Ribbon' 명령은 Polygon 모델링할 때 사용하는 편집 툴입니다. 일반적으로 초기 작업에는 불필요한 Toolbar이므로 잠시 꺼두도록 합니다.

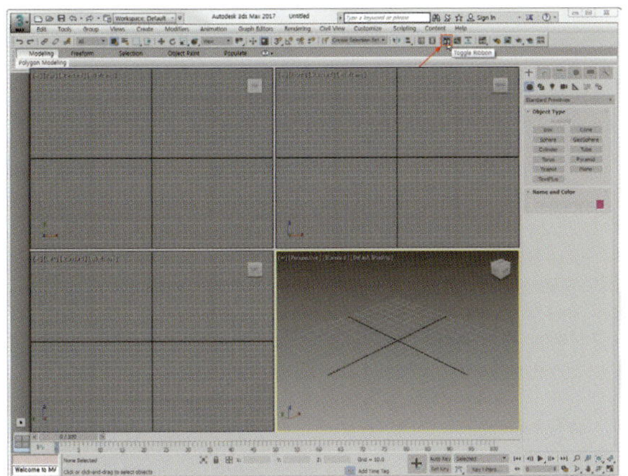 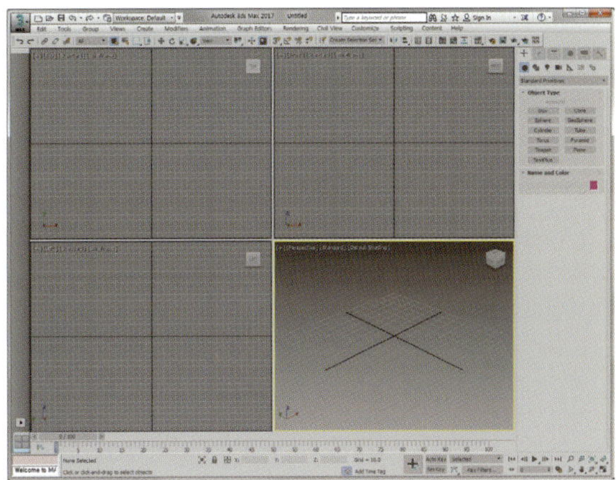

09 이외에 화면에 보이지는 않지만 'Steering Wheels'와 'ViewCube' 기능이 있습니다. 그림과 같이 Viewport 의 [+]를 클릭합니다.

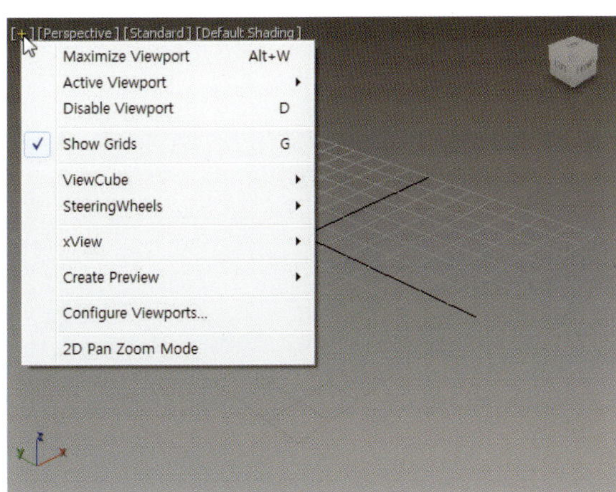

알아두기 | SteeringWheels와 ViewCube 기능

3ds Max 2009 버전부터 새로 추가된 기능으로 Viewport를 자유롭게 원하는 View로 확대, 축소, 이동 할 수 있습니다. 오브젝트를 컨트롤하는 데 도움을 주 는 기능이지만 실제 작업에서는 이 두 가지의 기능이 오히려 불편할 때가 있습니다. 특별한 경우가 아니라면 평상시에는 두 기능을 끄고 작업을 수행하도록 합니다.

10 SteeringWheels〉Toggle SteeringWheels [Shift]+[W] 명령을 클릭하면 화면에 SteeringWheels 기능이 나타납니다. 사용하지 않으려면 [Esc] 키나 [Shift]+[W] 키를 사용합니다.

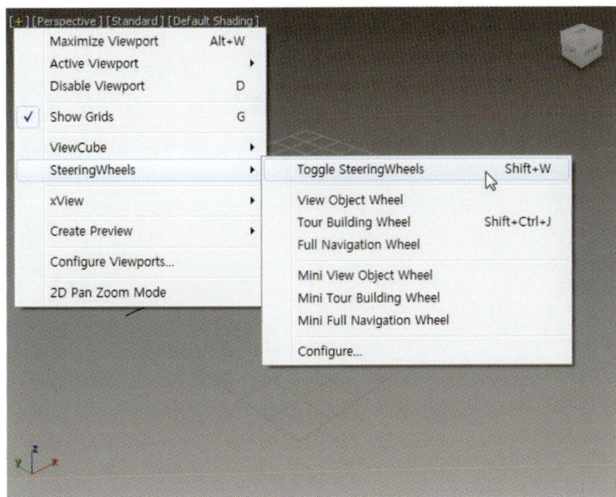

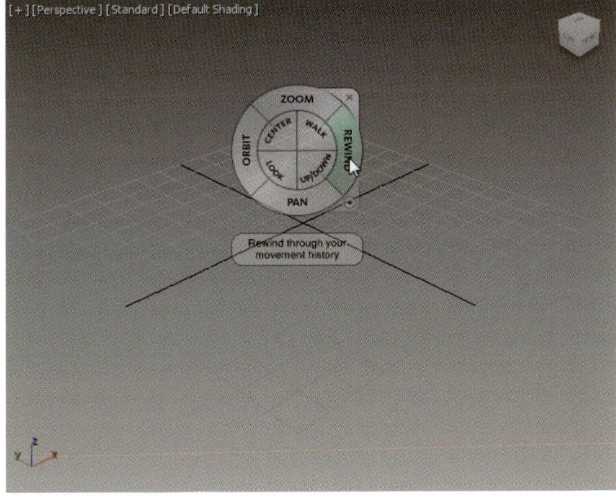

11 계속해서 ViewCube〉Show the View Cube [Alt + Ctrl + V]을 클릭하여 기능을 켜거나 끄도록 합니다.
초보 유저들에게는 유용한 기능일 수 있으나 3ds Max를 어느 정도 사용하다보면 불필요한 기능이라는 것을 알 수 있을 것입니다.

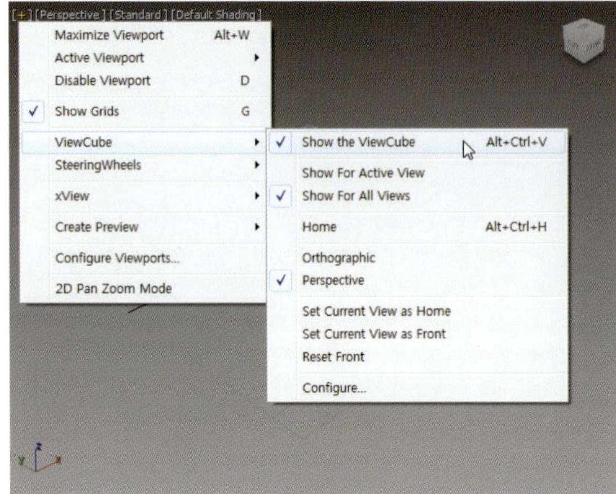

12 이 두 기능은 상단 Menu Bar의 View〉ViewCube 또는 SteeringWheels에서 설정할 수 있습니다.

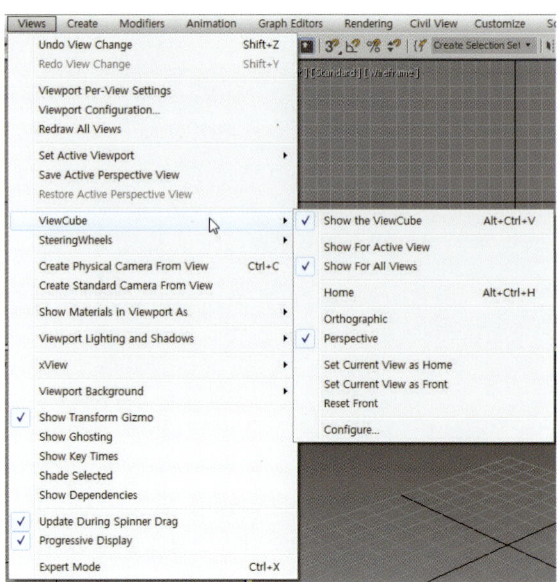

13 'ViewCube' 기능을 사용하지 않은 3ds Max의 Viewport화면입니다.

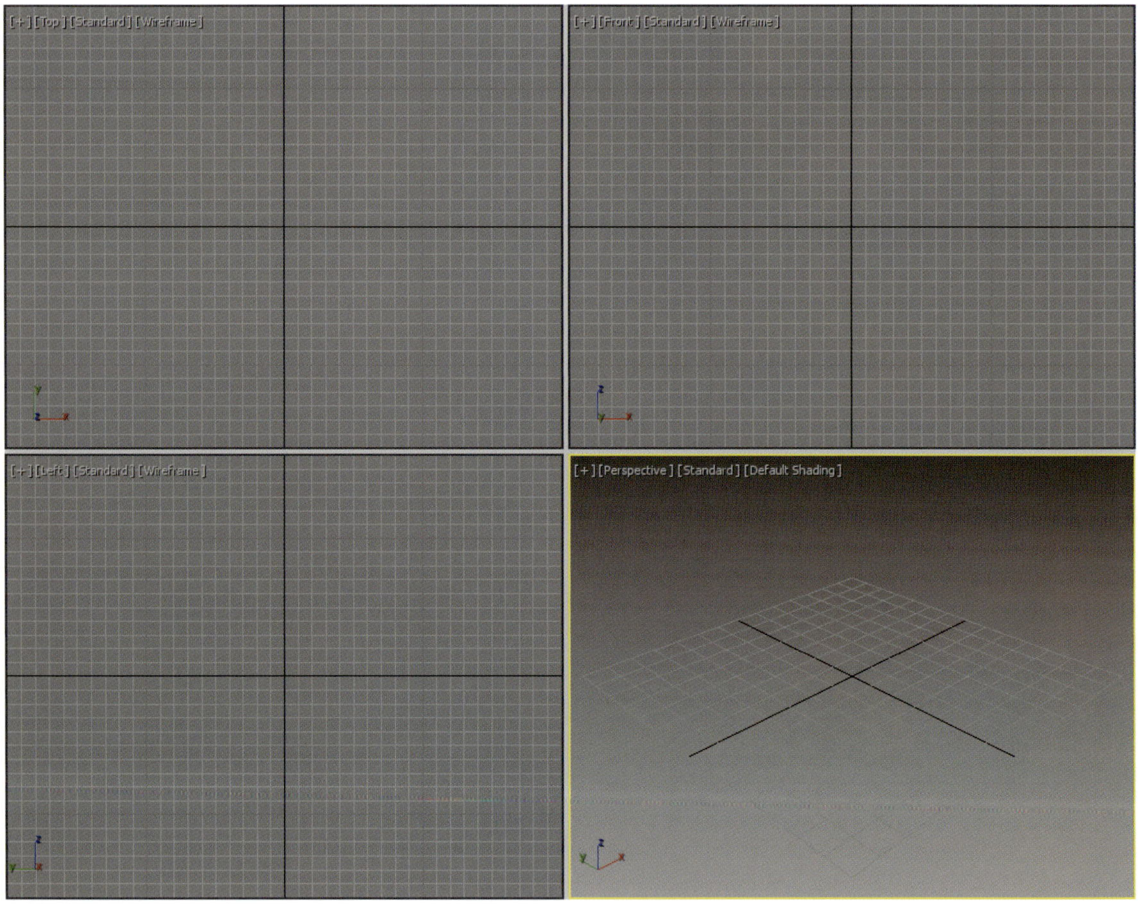

Section 02 | Viewport의 이해와 다루기

01 Viewport의 이해

화면에서 보이는 4개의 창을 Viewport라고 부르며, 흔히 View라고 부릅니다. 카메라에서 보는 시점에 따라서 이름이 정해집니다. 위에서 바라보면 Top View, 정면에서 바라보면 Front View, 좌측에서 바라보면 Left View라 이름이 붙게 됩니다. 각 작업창의 이름은 창의 왼쪽 상단에 새겨져 있습니다.

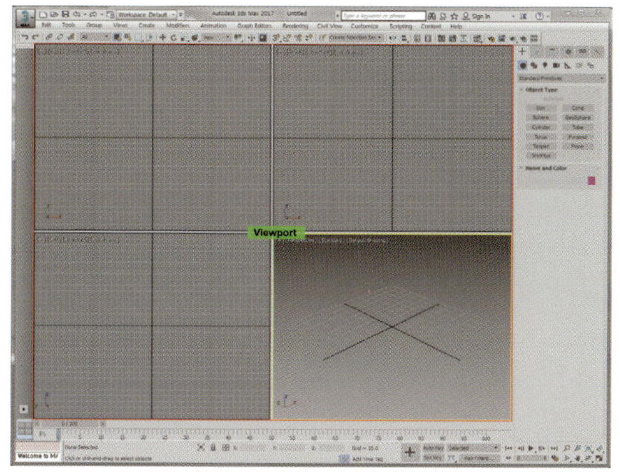
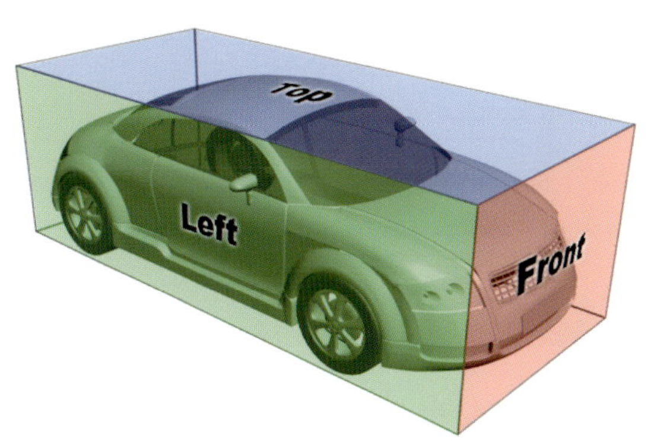

X, Y축이 존재하는 곳을 2차원 공간이라 하는데 이는 3ds Max의 Top, Bottom, Left, Right, Front, Back View를 이야기합니다.

X, Y, Z축이 존재하는 공간은 3차원공간이라 하는데, 주로 Orthographic, Perspective, Camera View를 지칭합니다.

아래 사진처럼 4개의 View를 선택하려면 마우스 우측버튼이나 좌측버튼으로 직접 선택하면 됩니다. 그러나 작업 중에 명령이 수행되고 있는 상태라면 우측버튼을 사용해서 원하는 View를 선택하는 것이 좋습니다. 현재 작업 중인 Viewport는 가장자리가 노란색으로 표시됩니다. 애니메이션이 활성화된 공간이라면 연한 적색으로 나타납니다.

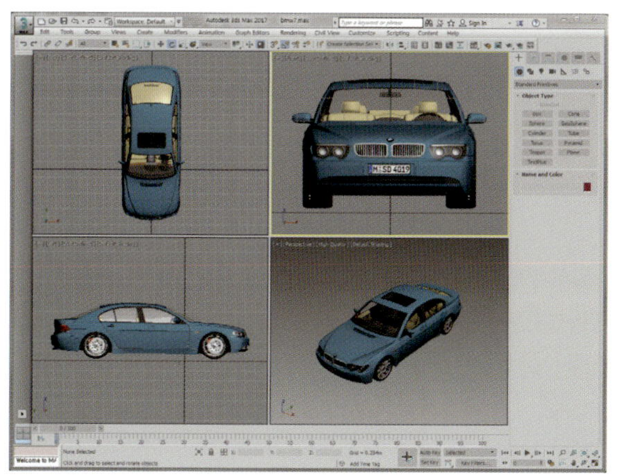
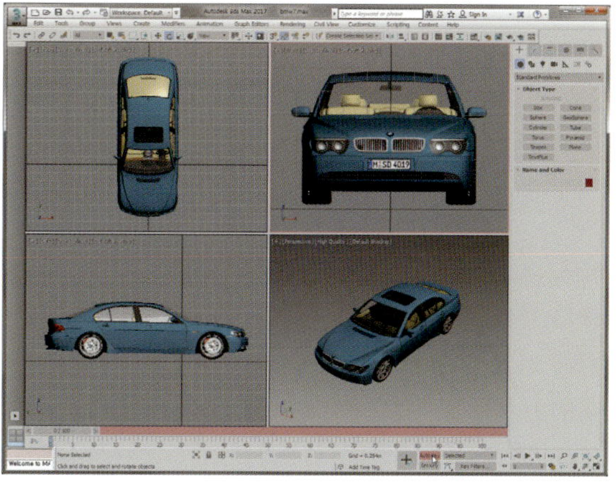

현재의 Viewport를 다른 View로 바꾸려면, 해당하는 View의 영문 이니셜 사용하면 되지만, Back, Right Vie 같은 경우는 키보드의 V 키를 누른 상태에서 V + K (Back View), V + R (Right View)을 누르면 됩니다.

그림에서 보는 바와 같이 V 키를 누르면 다음과 같은 Viewport 팝업 창이 뜨게 되는데, 밑줄 그어진 알파벳 영문 글자가 바로 단축키가 되는 것입니다.

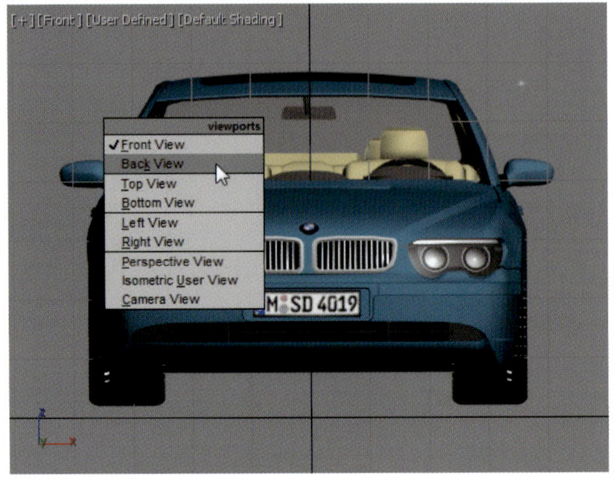

단축키	내 용
F	Front
V + K	Back
T	Top
B	Bottom
L	Left
V + R	Right
P	Perspective
U	Orthographic
C	Camera (카메라를 생성 후)

또한, 직접 해당하는 View 글자를 마우스로 클릭하여 원하는 View로 바꿔주는 방법이 있습니다.

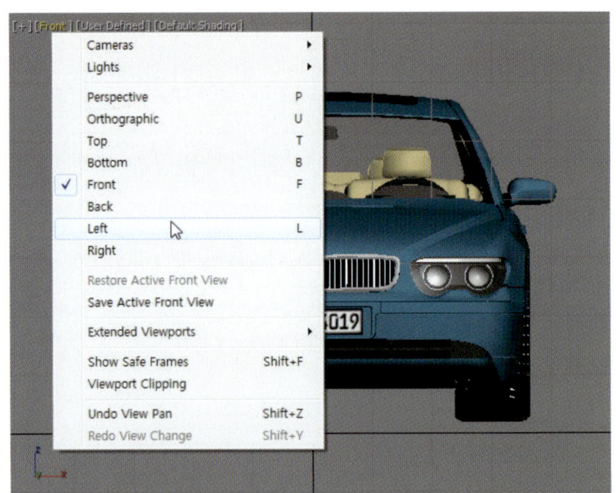

02 Viewport Navigation Controls 부분다루기

Viewport Control은 모델링 작업 속도를 쉽고 빠르게 해주기 때문에 이 아이콘들을 필히 익히고 작업에 임해야 합니다. 모니터 사이즈의 한계를 극복하고 정밀한 모델링을 수정하기 위해서는 더더욱 필요합니다.

Top, Front, Left, Orthographic View[단축키: U]를 선택했을 때와 Perspective View[단축키: P]를 선택했을 때 Viewport Navigation Controls 부분의 아이콘에 약간의 차이가 있는데, 그림에서 보는 바와 같이 e와 i 부분입니다.

물론 Camera를 설치했을 때의 Camera View 아이콘도 많이 바뀌게 됩니다.

Viewport Navigation Controls

Orthographic View	a b c d / e f g h
Perspective View	i j

Viewport를 다루기 위해 다음과 같은 파일을 Open하여 실습해보도록 하겠습니다.

01 3ds Max 화면 좌측 상단의 Quick Access Toolbar 에서 'Open File' 명령을 선택합니다. 제공된 CD부록 의 Chapter 02\Lesson 01\'Ford Focus.max' 파일을 Open합니다.

02 각 View마다 키보드의 F3 키를 눌러주면 다음과 같이 'Wireframe' 모드에서 'Default Shading' 모드로 변하는 것을 볼 수 있습니다.

🅰 Zoom

선택한 View의 화면을 부드럽고 유연하게 확대, 축소시키는 기능입니다. 왼쪽버튼을 클릭하고 화면상에서 드 래그하면 화면이 확대, 축소됩니다. [단축키 : Alt + Z] 각 View마다 Zoom 명령을 사용해보도록 합니다.

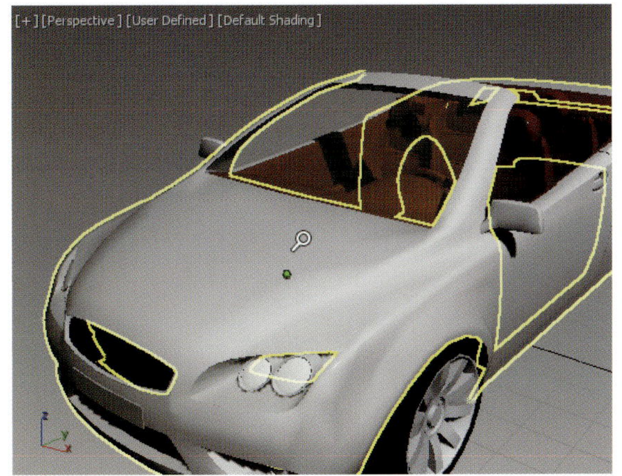

Zoom In

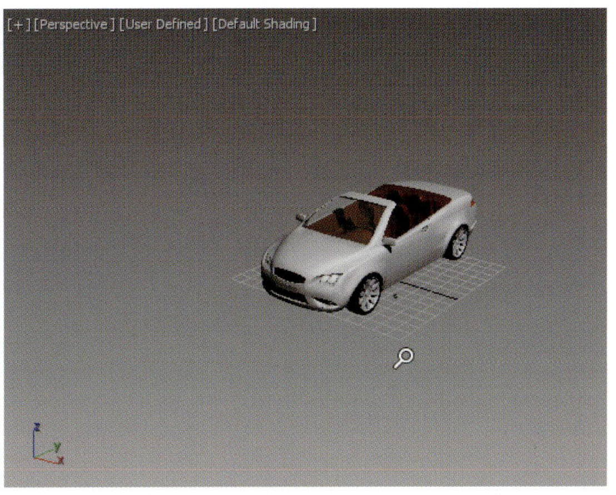

Zoom Out

 **알아두기** | 간편한 Zoom 기능 사용하기

마우스의 가운데 휠 버튼을 위, 아래로 돌리면 Zoom 기능을 간편하게 사용할 수 있지만 정확하고 유연하게 되지는 않습니다. [단축키 : Alt + Ctrl +마우스 가운데 버튼 드래그]을 사용하면 정확하고 유연한 Zoom 기능을 사용할 수 있습니다.

Ⓑ Zoom All

전체 4개의 Viewport를 동시에 확대, 축소시키는 기능입니다.

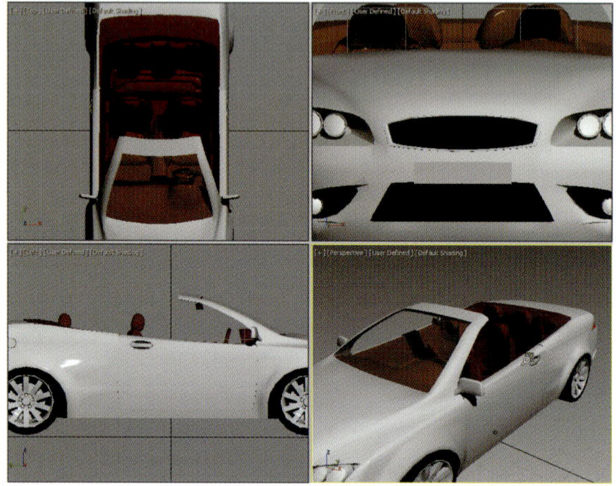

Zoom In

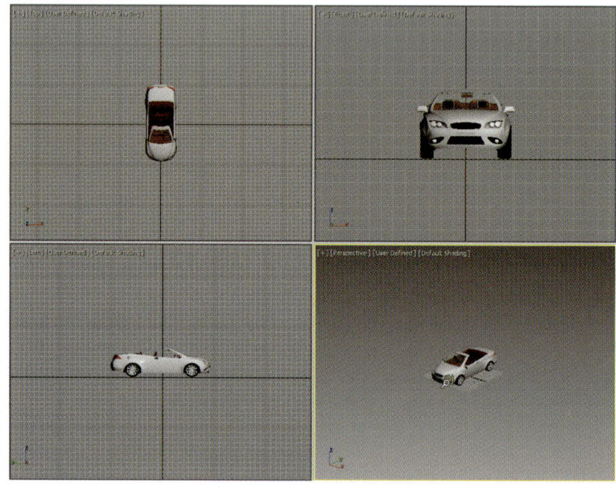

Zoom Out

Ⓒ Zoom Extents / Zoom Extents Selected

Zoom
Extents

Zoom Extents 명령은 선택한 View만 오브젝트를 확대하여 알맞은 크기로 보여주는 기능입니다. Zoom Extents 명령을 사용하기 위해서는 먼저 'Zoom All' 명령을 사용하여 전체적인 View를 확대 및 축소한 후 Zoom Extents를 실행해야합니다.
그림에서 보는 바와 같이 Front View에 자동차가 알맞은 크기로 정리되어 보이는 것을 확인할 수 있습니다.

Zoom
Extents
Selected

Zoom Extents 아이콘을 누르고 있으면 Zoom Extents Selected 명령이 나타나게 되는데, 이 명령은 선택된 오브젝트를 최대한 확장하여 화면 중앙에 보여줍니다.
자동차의 바퀴를 선택한 후 이 명령을 사용해봅니다.

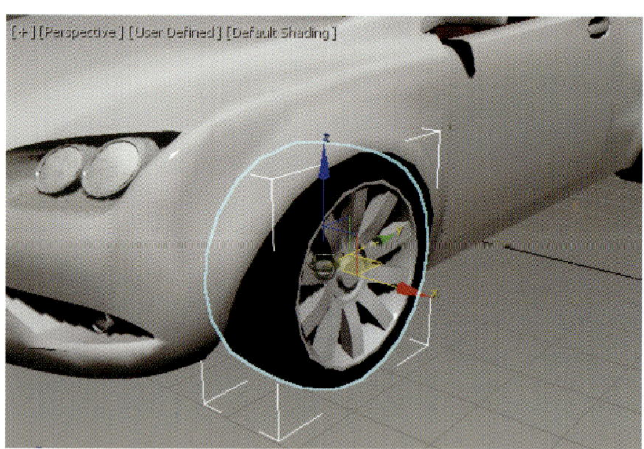

 Zoom Extents All / Zoom Extents All Selected

Zoom Extents 명령이 선택한 View의 전체 오브젝트를 화면 중앙에 최대 확장하여 보여주는 것과 달리, Zoom Extents All 명령은 전체 4개의 Viewport를 화면 중앙에 최대 확장하여 오브젝트를 보여주는 기능입니다.

Zoom
Extents
All

Before

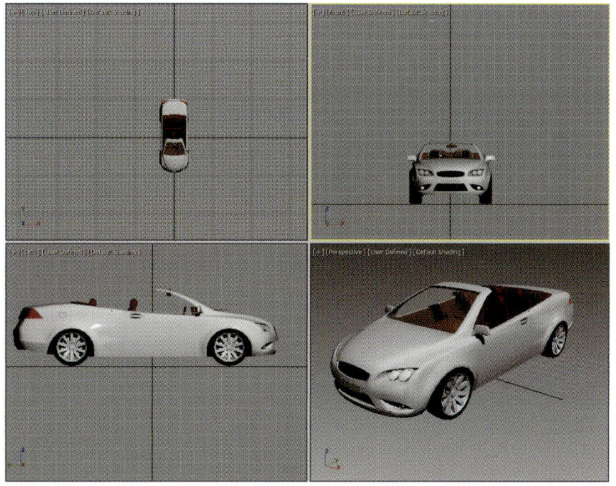

After

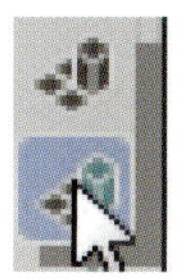

선택된 오브젝트를 전체 4개의 Viewport에 정렬시켜주는 기능입니다.

Zoom
Extents
All
Selected

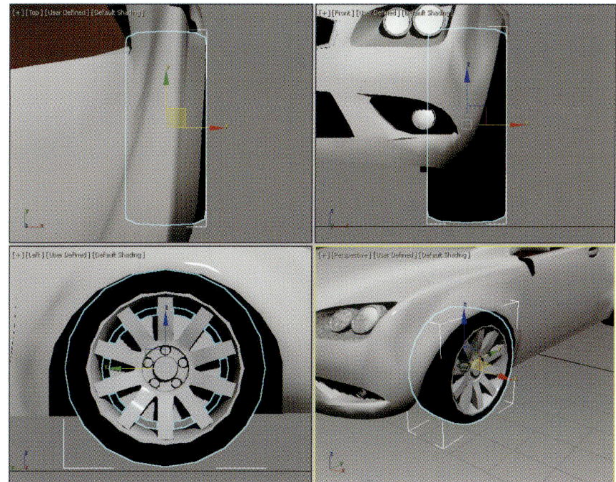

Ⓔ Zoom Region

확대하고자 하는 부분을 사각형 형태의 영역으로 드래그하면 그 View가 크게 확대됩니다. 화면 영역을 크게 확대하여 오브젝트를 수정할 때 사용하면 좋습니다. 단축키는 Ctrl + W 입니다.

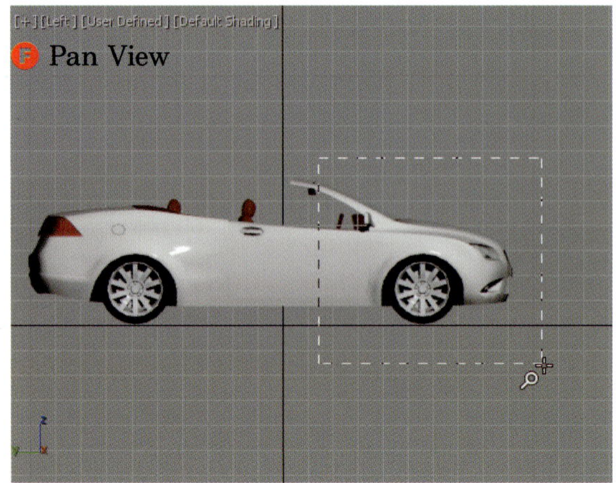

Before

After

ⓘ 단축키 Z 키와 조합

화면의 오브젝트를 선택하지 않고 Shift + Ctrl + Z 키를 사용하게 되면 전체 4개 View에 'Zoom Extents All' 명령이 실행되고, 원하는 물체를 선택하고 Z 키를 사용하게 되면 'Zoom Extents Selected' 명령이 실행됩니다.
'Zoom Mode'는 Alt + Z 키를 사용합니다.

Ⓕ Pan View

View를 이동하는 기능입니다. 마우스의 가운데 휠 버튼을 누르고 드래그하면 Pan View 역할을 하게 됩니다.

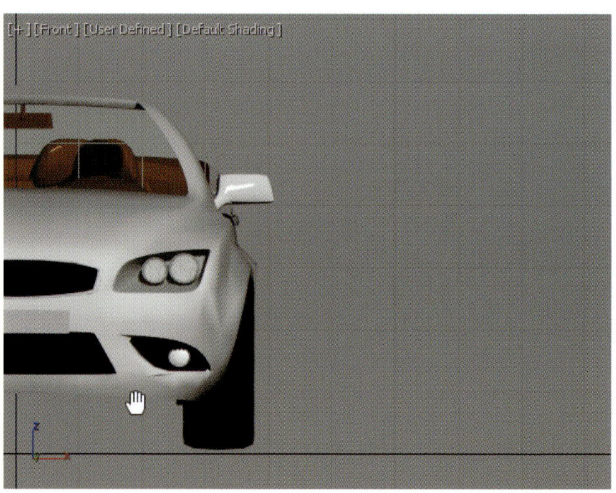

Ⓖ Orbit / Orbit Selected / Orbit SubObject

Orbit

View 중심을 회전축으로 사용합니다. 오브젝트가 뷰포트의 가장자리에 있으면 회전하면서 시야를 벗어날 수 있습니다. 주로 3차원 공간인 Orthographic View나 Perspective View에서 사용하며, 오브젝트의 작업 상태를 확인할 때 사용합니다.

빠른 작업을 위해서는 Alt +마우스 가운데 휠 버튼을 드래그하면 됩니다.

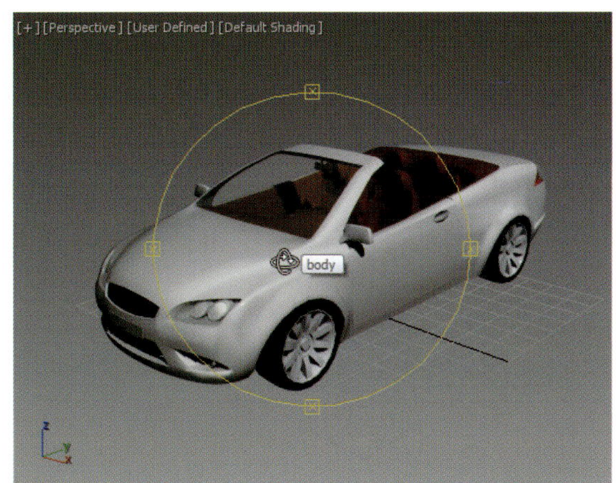

Orbit
Selected

현재 선택의 중심을 회전의 축으로 사용합니다. 뷰가 중심 주변으로 회전하는 동안 선택된 오브젝트는 뷰포트에서 같은 위치를 유지합니다. 자동차의 앞바퀴를 선택하고 View를 돌려보면 자동차의 앞바퀴를 기준으로 View가 회전하는 것을 알 수 있습니다.

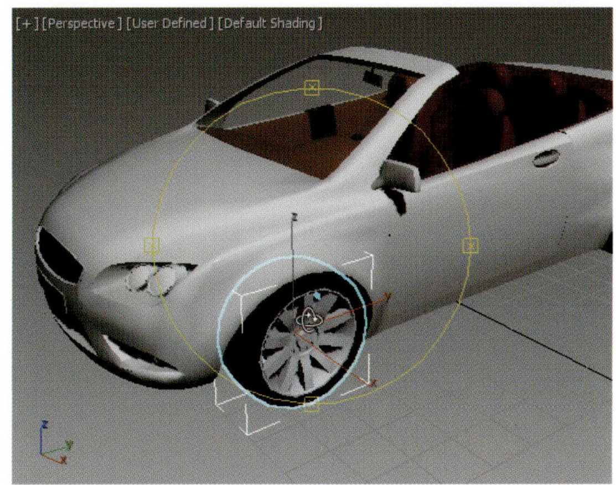

Orbit
SubObject

현재 하위 오브젝트 선택의 중심을 회전축으로 사용합니다. 자동차의 'body' 오브젝트를 선택하고 Modify 패널로 이동한 다음, Editable Mesh 명령의 Selection 롤아웃에서 Vertex를 선택하고, 그림과 같이 자동차의 일부 Vertex를 선택해줍니다.

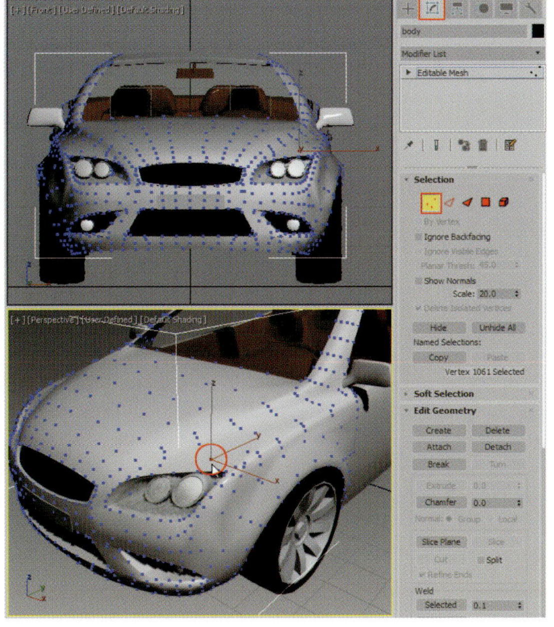

그 다음 Perspective View에서 'Orbit SubObject'
명령을 실행해보면 선택된 정점을 기점으로 View가
회전하는 것을 확인할 수 있습니다.

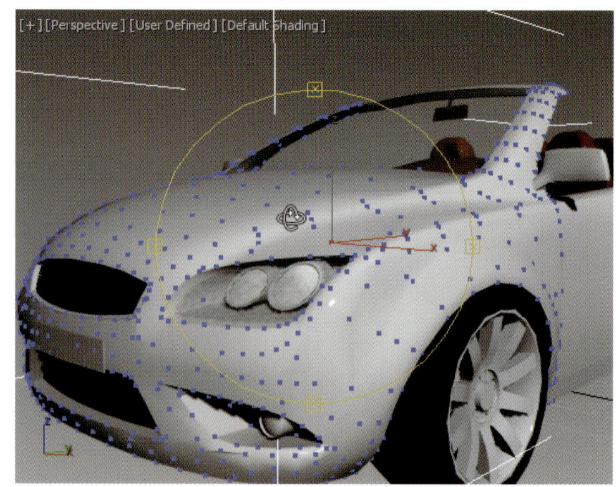

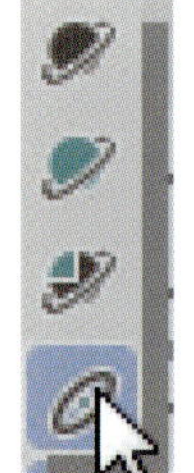

Orbit
Point of
Interest

커서 위치(관심 점)를 회전축으로 사용합
니다. 뷰가 중심을 기준으로 회전하는 동
안 관심 점은 뷰포트에서 같은 위치를 유
지합니다.

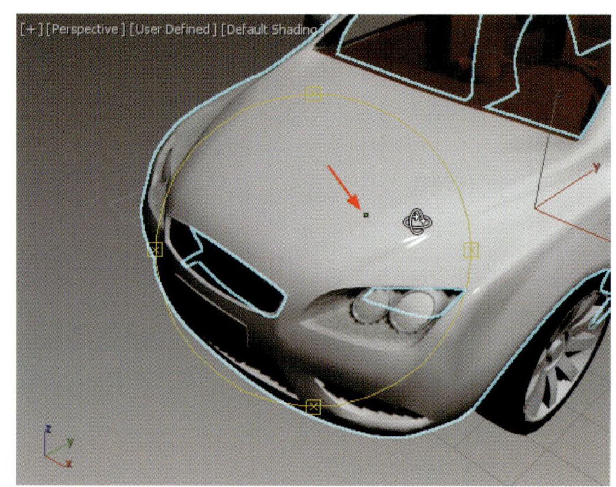

🅗 Maximize Viewport Toggle

이 명령을 클릭할 때마다 선택된 View를 크게 확대하여 보여주거나, 전체 4개의 Viewport로 전환하면서
보여줍니다. 단축키는 Alt + W 키입니다.

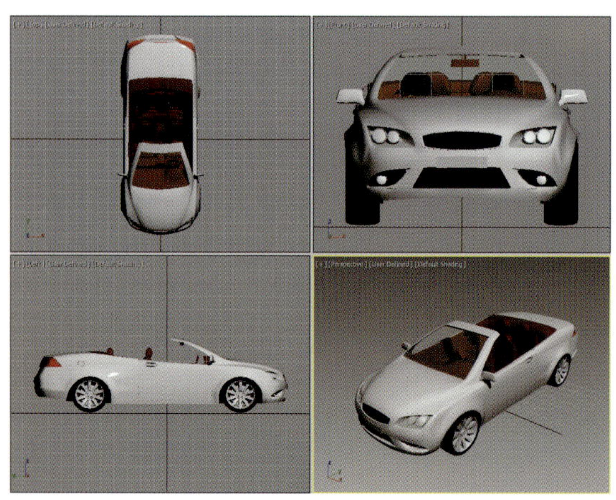

ⓘ 알아두기 | Expert Mode

일명 전문가 모드로, Menu Bar만 남겨 놓은 상태에서 Viewport를 크게 보여주는 기능입니다. 화면을 원래대로 돌려놓으려면 우측 하단의 Cancel Expert Mode를 클릭해주거나 Ctrl + X 키를 사용하면 됩니다.
[단축키 : Ctrl + X]
보통 초보자들이 키보드를 잘못 조작하여 이런 화면이 나와서 당황하고는 합니다. 꼭 알아두어야 할 모드입니다.

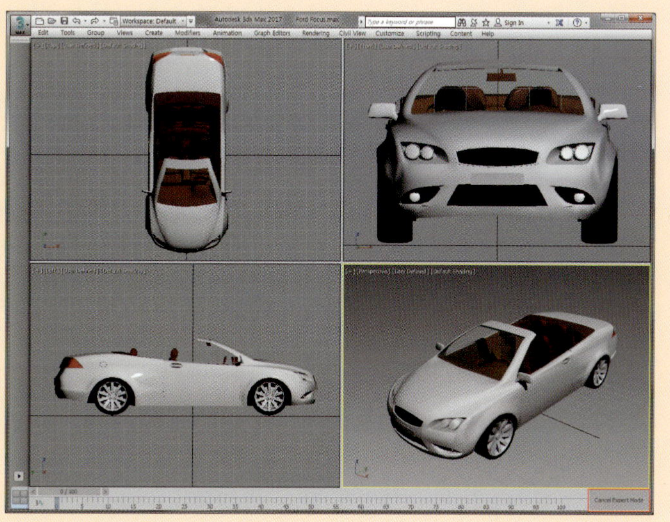

❶ Field-of-View[FOV]

초점거리가 각기 다른 렌즈를 사용해 얻은 결과와 일치합니다. 마우스를 드래그해보면 자동차가 가까워지고 멀어지는 것을 알 수 있습니다. Perspective View에서 이 명령을 사용해봅니다.

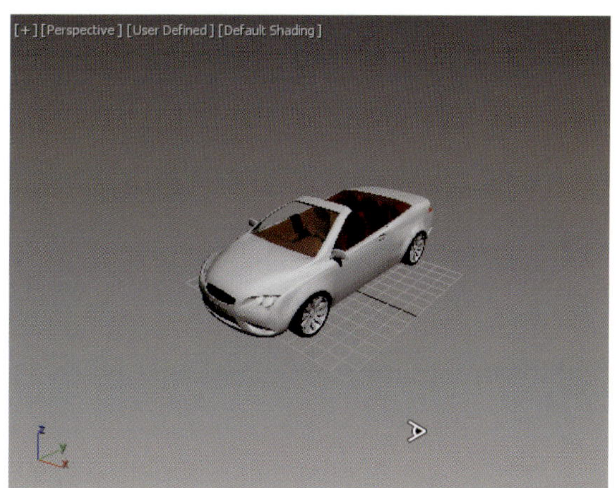

❶ Walk Through

Pan Camera 🚶 의 기능과 비슷한 명령으로 Perspective View일 때에만 나타나는 명령이며, 현재 시점에서 Target 지점이 움직이며 해당 View를 보여줍니다.
즉, 우리가 카메라의 뷰파인더를 통해 어떤 피사체를 찍을 것인지 제자리에서 이리저리 둘러보는 것과 비슷하다고 보면 됩니다.

Section 03 | Main Toolbar 설정하기

3ds Max 화면의 Main Toolbar에 있는 명령 아이콘들을 살펴보면 대체적으로 크기가 크다는 것을 알 수 있습니다.

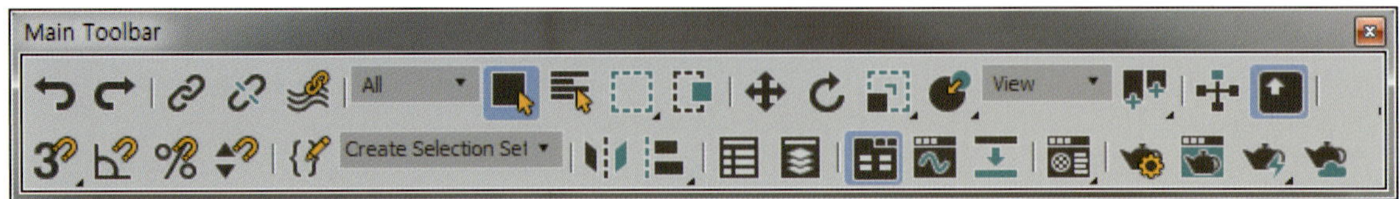

지금은 23인치 이상의 Wide 형태 모니터가 많이 등장하여 크게 문제될 건 없지만 Main Toolbar의 후반 부분에 또 다른 Toolbar나 아이콘을 더 많이 등록하려면 Main Toolbar의 아이콘들을 작게 해주는 것이 좋습니다.

19인치 이하의 노트북 같은 모니터를 사용하는 Max 사용자라면 Max의 작업 공간을 넓게 쓰기 위해서라도 Main Toolbar의 아이콘들을 작게 만들어서 사용하는 방법을 알아둘 필요가 있습니다.

작은 모니터를 사용하는 사용자 같은 경우에는 그림과 같이 Main Toolbar의 버튼들이 일부 숨겨져 있는 것을 알 수 있습니다. 화면에 나타나지 않은 나머지 버튼들을 표시하기 위해서는 Viewport와 Main Toolbar의 경계라인에서 손바닥 아이콘으로 좌우로 드래그하여 이를 조정해줘야 합니다.

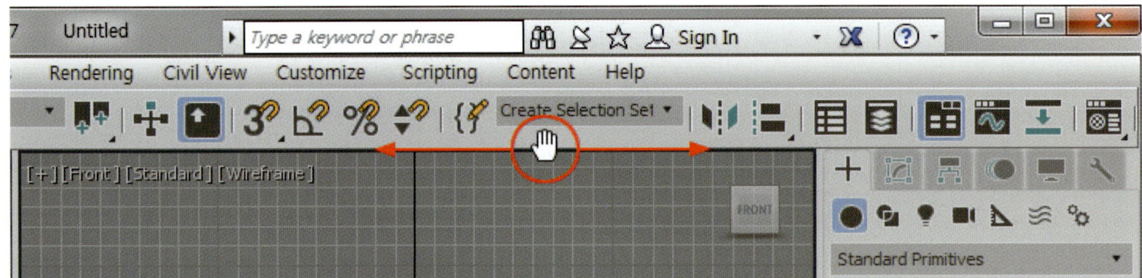

Main Toolbar의 아이콘 사이즈 설정을 위해 다음과 같이 조정해주도록 합니다.

01 Main Toolbar에 등록된 아이콘 작게 만들기

01 Menu Bar의 Customize〉Preference를 클릭하여 Preference Setting 창을 불러냅니다.

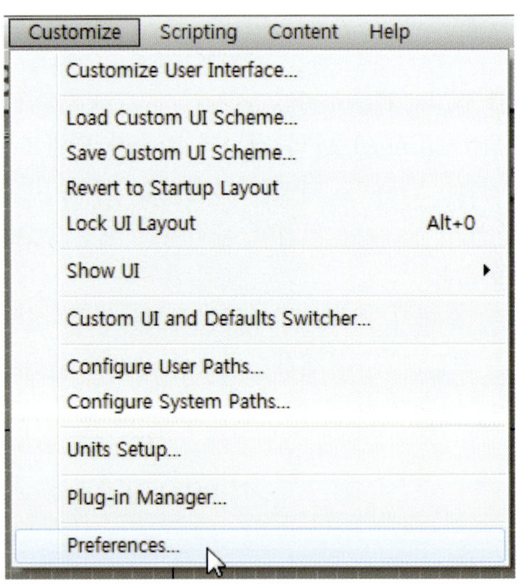

02 General 탭의 UI Display 항목에서 'Use Large Toolbar Buttons'에 체크를 해제하고, OK버튼을 클릭합니다.

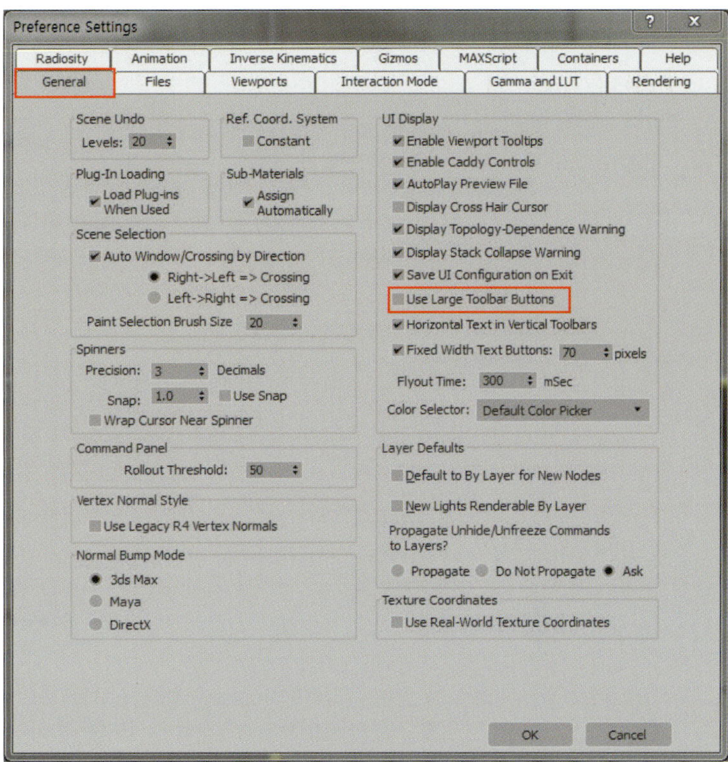

03 다음과 같은 메시지 창이 뜨면 확인을 누릅니다. 3ds Max를 끄고 재 실행시켜줍니다.

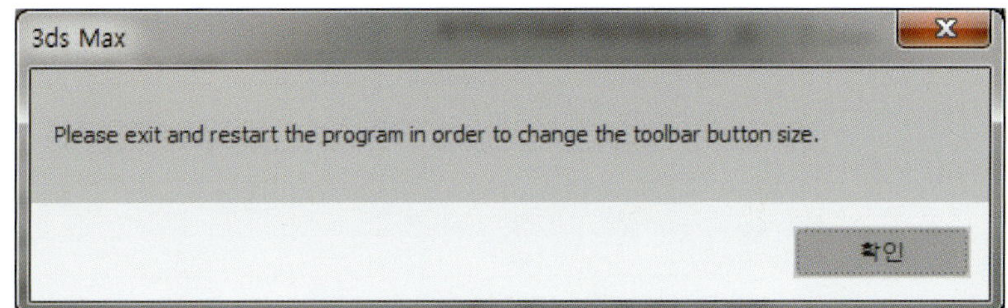

04 다음과 같이 Main Toolbar의 아이콘들이 작아지면서 뒤에 공간이 많이 생겨난 것을 확인할 수 있습니다.

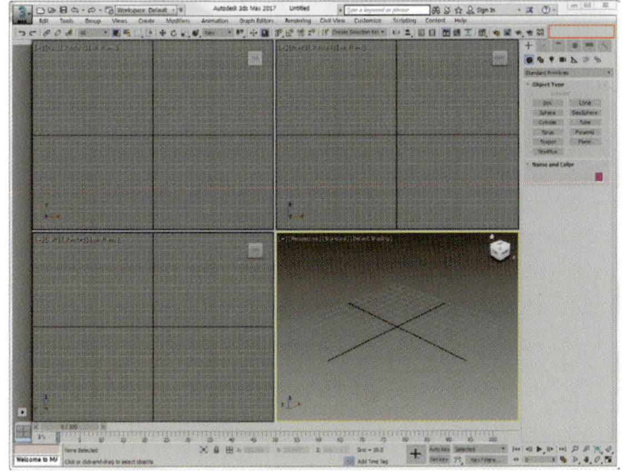

19인치 기준(해상도: 1,280×1,024)

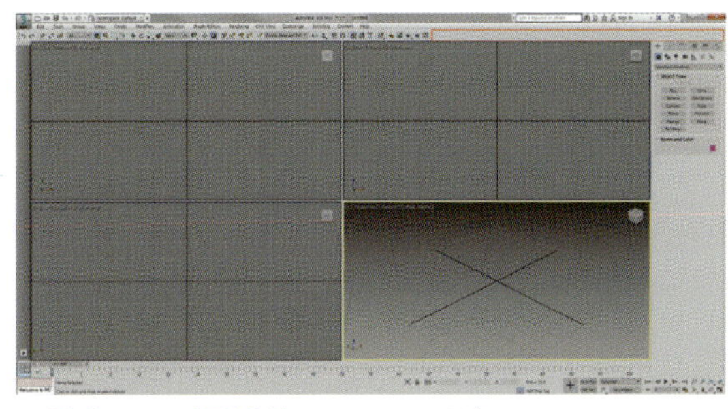

23인치 Wide 기준(해상도: 1,920×1,080)

02 Main Toolbar에 새로운 아이콘 추가 및 삭제하기

01 앞서 설명한 방법처럼 Main Toolbar의 후반부에 Toolbar를 배치할 수 있으며, 새로운 명령 아이콘들을 등록할 수 있습니다.

새로운 명령 아이콘들을 등록하도록 하겠습니다. Menu Bar의 Customize〉Customize User Interface…을 클릭합니다.

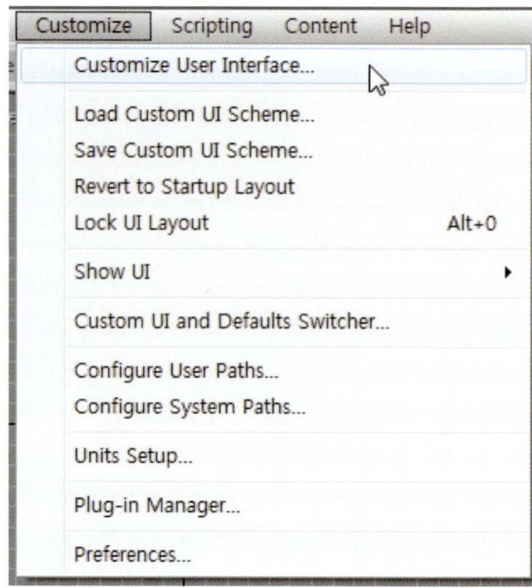

02 Customize User Interface 창이 나타나면 Toolbars 탭을 선택합니다. 좌측의 Action List에서 'Array' 명령을 선택한 후 Main Toolbar의 맨 끝부분에 마우스로 드래그하여 맨 끝부분의 아이콘 뒤에 삽입합니다.

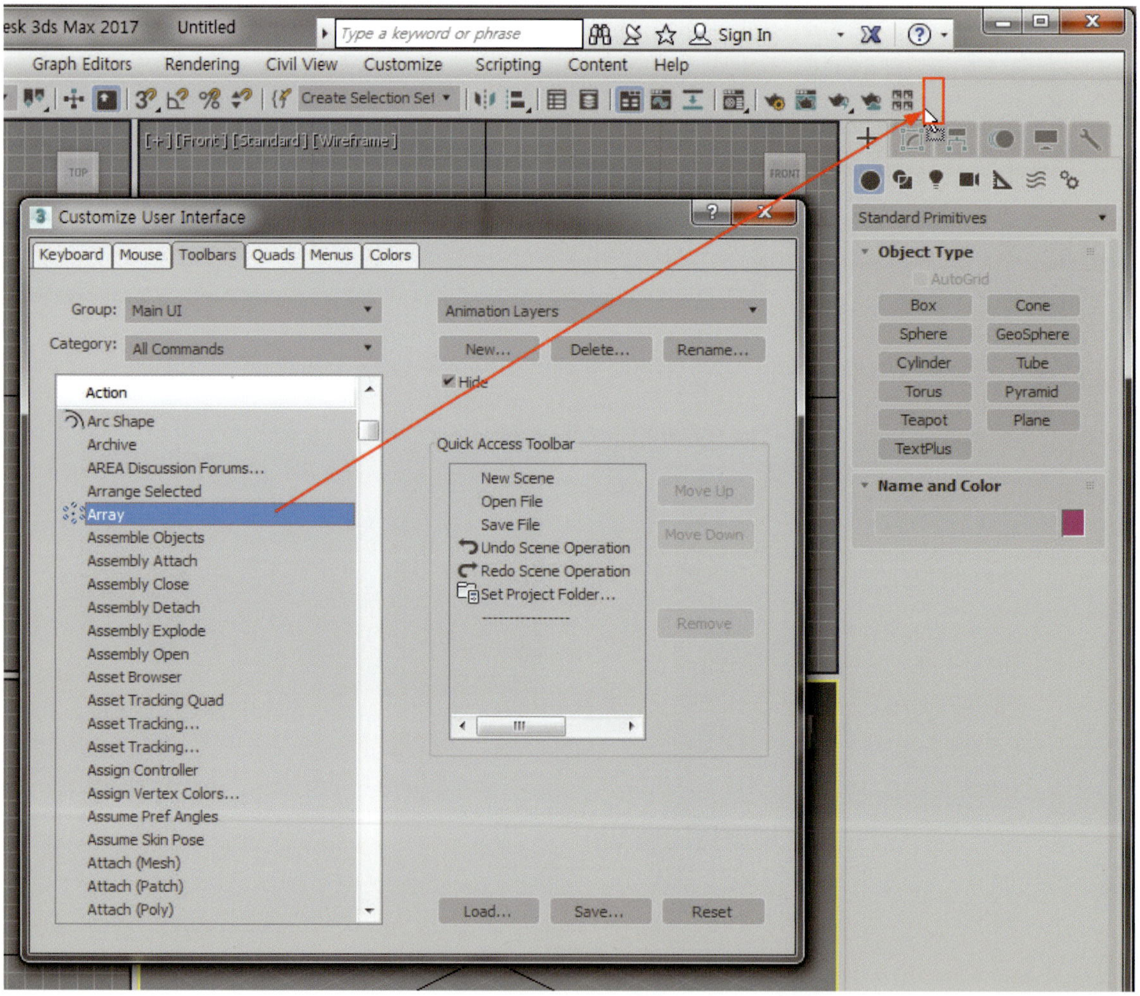

03 다음과 같이 Array 명령이 등록된 것을 확인할 수 있습니다. 이처럼 작업할 때 많이 사용하는 명령들을 Main Toolbar에 아이콘으로 등록함으로써 작업의 흐름을 원활하고 신속하게 만들어줍니다.

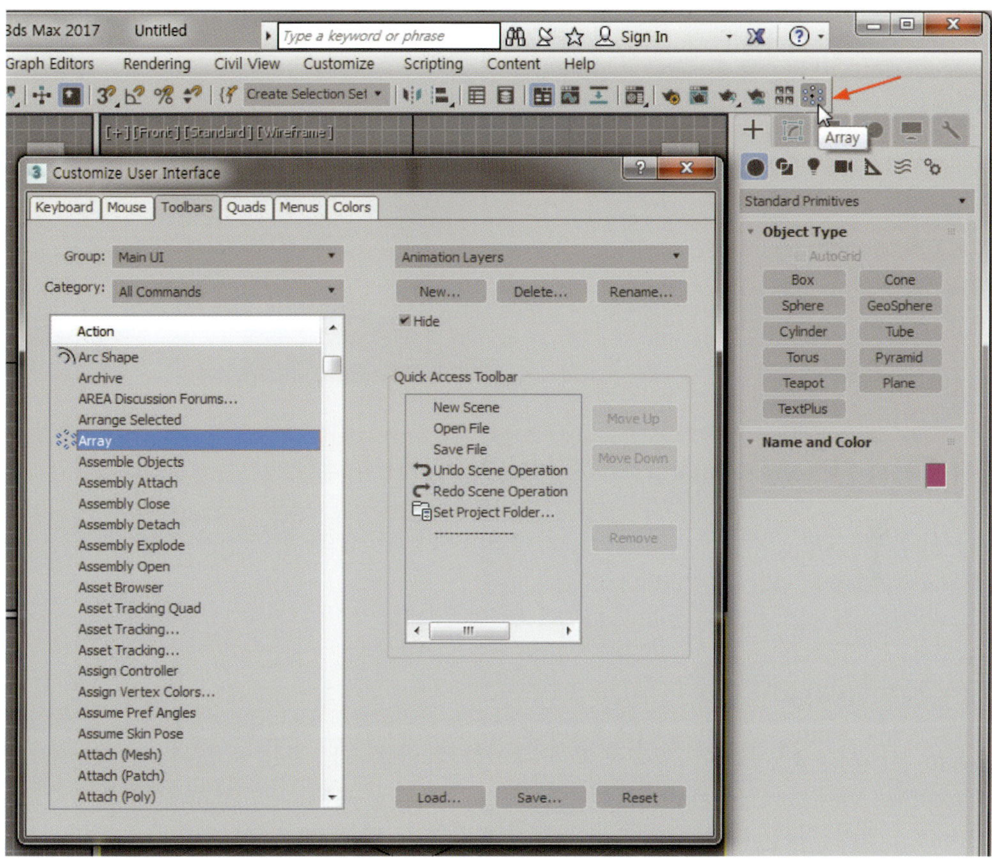

04 Main Toolbar의 후반부에 등록된 아이콘이나 원하는 곳에 배치된 Toolbar 등을 계속 사용하고 싶다면 현재의 UI를 사용자가 원하는 이름으로 'Workspace1__usersave__.cuix' 저장하면 됩니다.

여기서 우리는 저장하지 않고 '취소' 버튼을 누르고, Customize User Interface 창을 닫기 해줍니다.

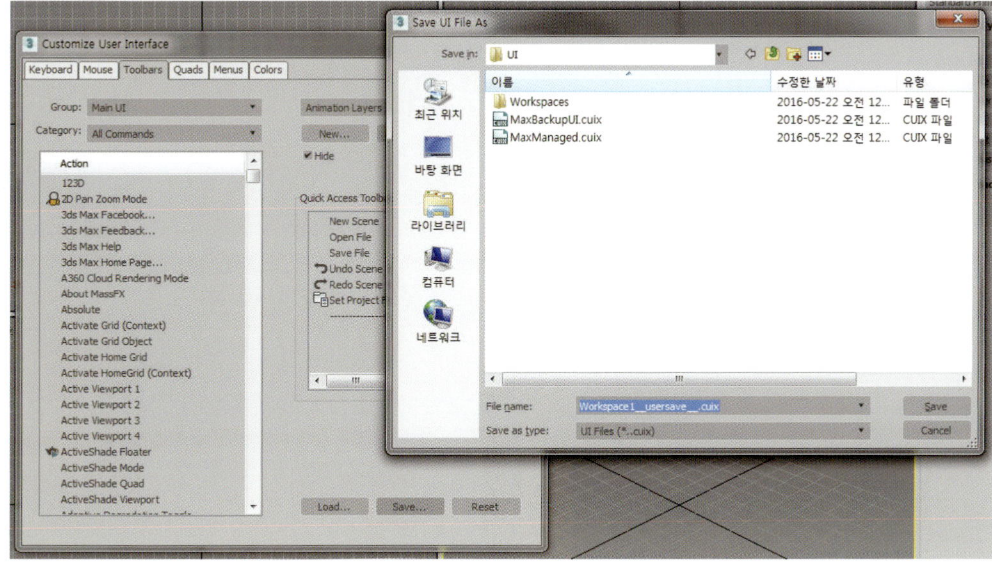

알아두기 | UI 재사용

새로운 UI를 저장한 후 3ds Max를 재 실행하여도 사용자가 배치한 UI는 그대로 사용 가능합니다. 다른 이름으로 저장하여 다른 컴퓨터에서 불러와 새로 꾸민 UI를 재사용할 수도 있습니다.

05 Main Toolbar에 등록된 아이콘은 해당 아이콘 위에서 마우스 오른쪽 버튼을 누른 후 대화상자에서 'Delete Button' 명령을 눌러 삭제할 수 있습니다.

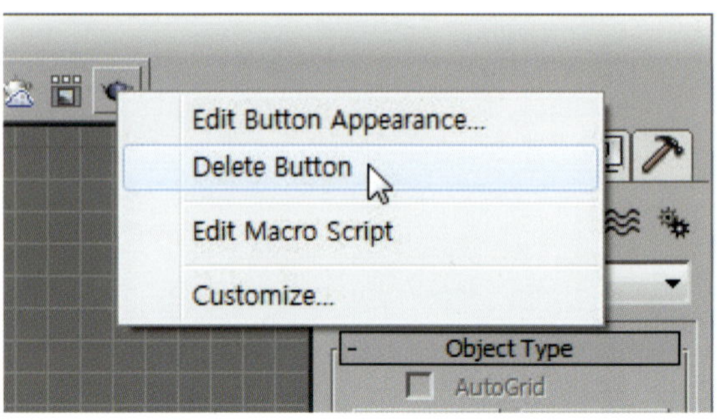

Section 04 | Viewport를 다루기 위한 단축키

Viewport를 다루다 보면 번거롭게 여러 아이콘을 눌러서 사용해야할 때가 있습니다. 다음과 같은 단축키를 익혀 놓으면 작업 효율을 높일 수 있습니다.

01 Viewport Navigation Controls 관련 단축키

Ⓐ **Zoom** : [Alt + Z] 선택한 View를 확대, 축소할 수 있습니다.

Ⓑ **Maximize Viewport Toggle** : [Alt + W] 한 개의 View, 또는 4개의 View로 전환할 수 있습니다.

Ⓒ **Orbit** : [Ctrl + R] 3차원 공간의 View에서 회전할 수 있습니다.

Ⓒ **Field of View** : [Ctrl + W] 초점거리가 각기 다른 렌즈를 사용해 얻은 결과와 일치합니다.

02 오브젝트를 위한 Viewport 관련 단축키

장면 내에 존재하는 오브젝트를 수정하거나 편집하기 위해서는 다양한 명령을 사용하여야 합니다. 가장 기초적으로 사용하는 Viewport와 관련된 단축키를 살펴보도록 하겠습니다.

제공된 CD 부록에서 'Ford Focus.max'파일을 File〉Open합니다.

Ⓐ **F3** **[Wireframe / Shaded Toggles]** : 선택된 Viewport의 오브젝트를 와이어프레임과 음영처리 상태로 전환할 수 있습니다.

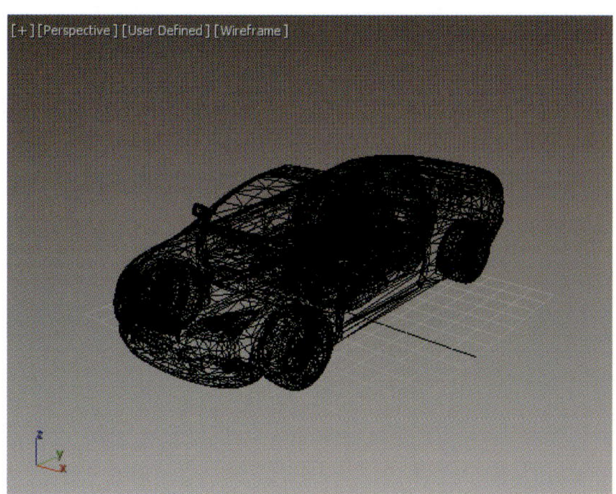
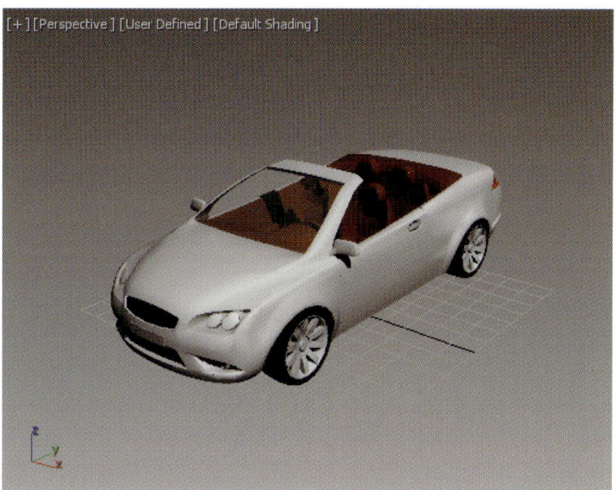

Ⓑ **F4** **[Edged Faces Toggle]** : 선택된 View가 Shaded 상태일 때 오브젝트의 Edge를 보여주거나 숨길 수 있습니다.

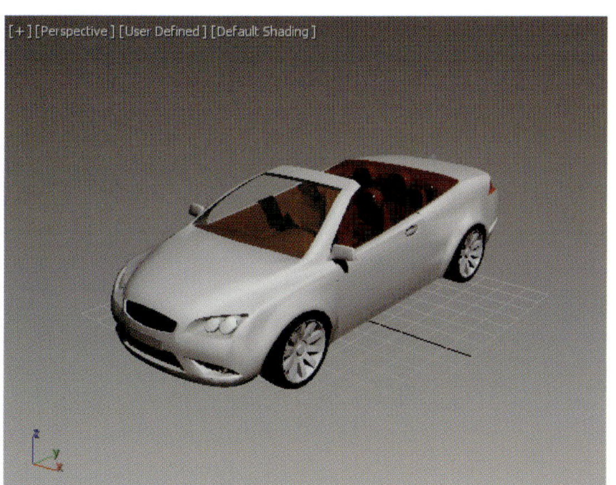
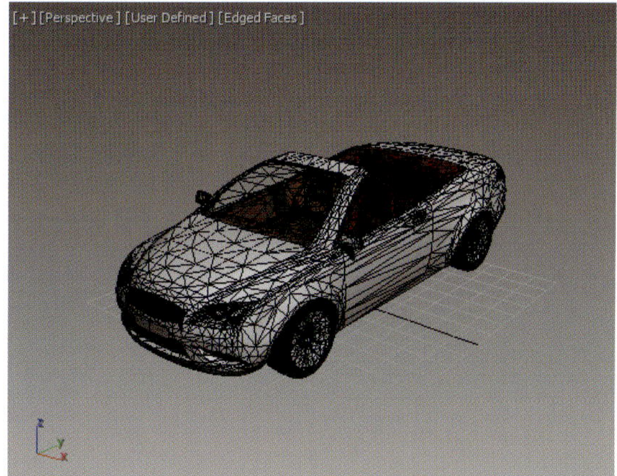

Ⓒ **Shift** + **F3** **[High Quality]** : Viewport에 그림자를 포함하고 있는 현실감의 음영처리 기법으로 Display 해주며, Shaded 상태에서 가능합니다.

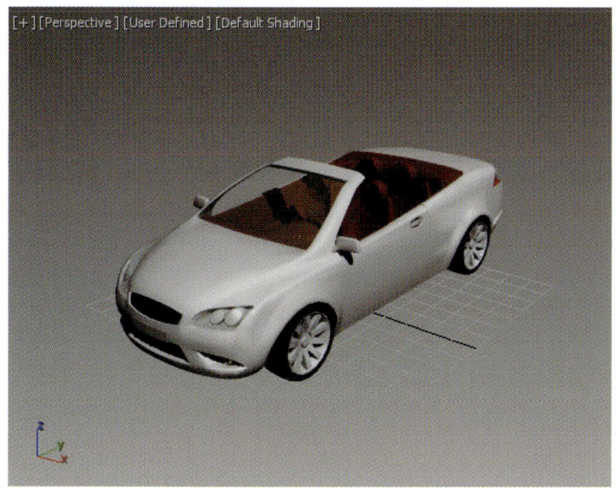

ⓓ `G` **[Show / Hide Grids Toggle]** : 선택된 Viewport의 Grid를 숨기거나 나타낼 때 사용합니다.

ⓔ `D` **[Disable Viewport]** : 선택된 Viewport 에서 진행되고 있는 작업 과정이 실시간으로 보여 주는 것을 잠시 멈춰주는 기능입니다. 마우스로 Viewport를 클릭하면 적용된 명령어가 Update되 어 나타나게 됩니다.

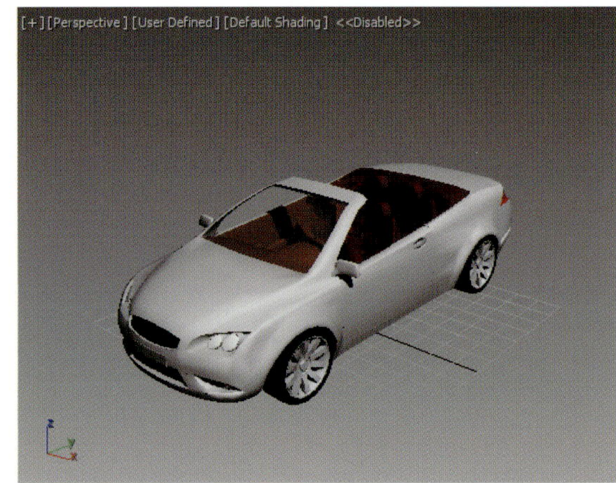

ⓕ `I` **[Pan Viewport]** : 작업 도중에 View의 위치를 변경하거나 선택된 View를 마우스 커서의 중앙으로 옮길 때 사용하는 단축키입니다.

`I` 키를 누를 때마다 마우스가 위치한 방향으로 화면이 옮겨지는 것을 알 수 있습니다.

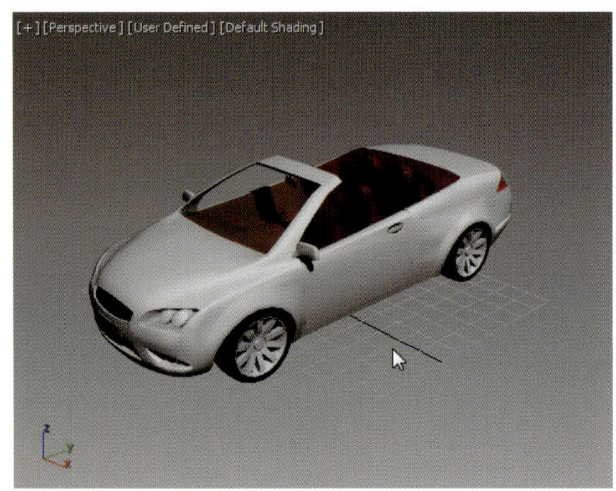 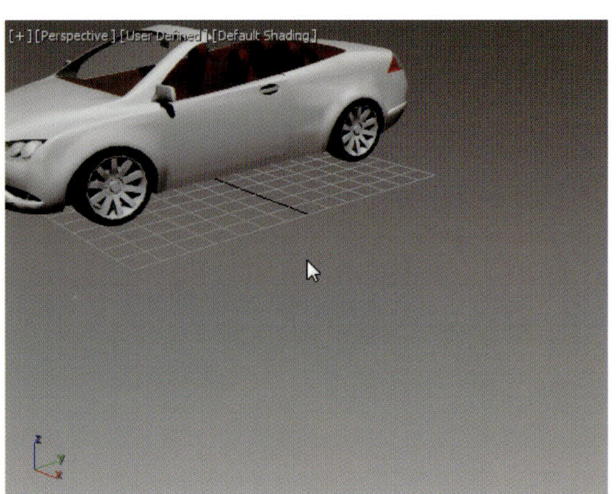

`I` 키 사용 전　　　　　　　　　　　　　　　　　　`I` 키 사용 후

03 마우스 관련 단축키

마우스는 명령을 전달하는 데 가장 빠른 1차적인 체계를 가지고 있는 곳입니다. 특히 마우스의 가운데(휠) 버튼과 Alt, Ctrl, Shift 키를 같이 사용하면 다양한 기능을 사용할 수 있습니다.

Ⓐ 마우스 중간 버튼[휠 회전] : 마우스의 중간 버튼을 Viewport 상에서 회전시켜주면 Viewport Navigation Controls 부분의 Zoom 기능과 같은 역할을 하게 됩니다.

Ⓑ Alt +[마우스 중간 버튼을 Drag] : Viewport Navigation Controls 부분의 Orbit 기능과 같게 됩니다.

Ⓒ Ctrl +[마우스 중간 버튼을 Drag] : Viewport의 움직임 속도를 빠르게 증가시켜줍니다. Pan 기능에 부스터를 장착했다고 생각하면 훨씬 이해가 빠르겠습니다.

Ⓓ Shift +[마우스 중간 버튼을 Drag] : Viewport의 Pan과 같은 기능이지만 Lock이 걸린 상태에서 상하 또는 좌우로 View를 이동시켜 줍니다.

Ⓔ Ctrl + Alt +[마우스 중간 버튼을 Drag] : View를 유연하고 정확하게 확대, 축소 시켜줍니다.

Ⓕ Shift + Alt +[마우스 중간 버튼을 Drag] : Orthographic, Perspective View의 3차원 공간에서 Lock이 걸린 상태에서 View를 상하 또는 좌우로 회전시켜 줍니다.

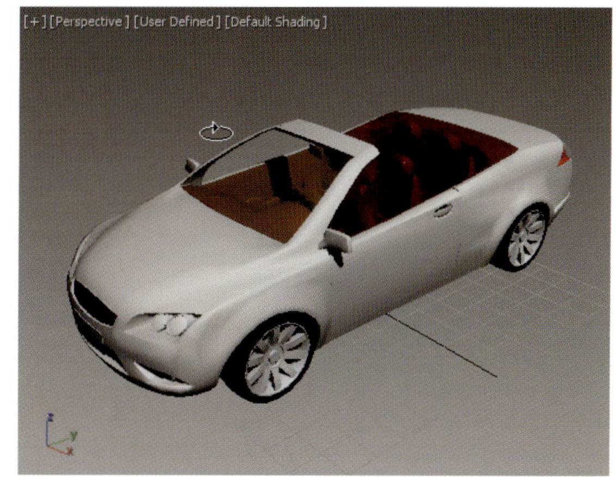

Section 05 | Viewport 사이즈 조정 및 View Type

3ds Max는 Viewport의 사이즈를 자유자재로 조절할 수 있고, 사용자의 작업 편의에 맞게 원하는 형태의 Viewport로 화면을 재구성할 수 있습니다.

01 Viewport 사이즈 조절

Viewport의 중앙 경계라인이나 상하 좌우의 경계를 선택한 후 드래그하는 것으로 Viewport의 원하는 사이즈로 조절할 수 있습니다.

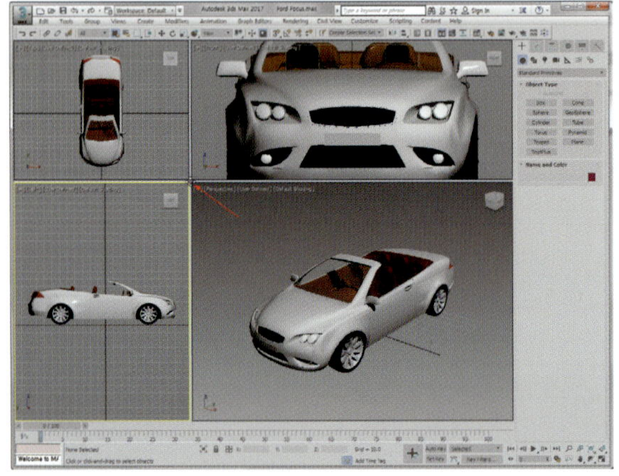
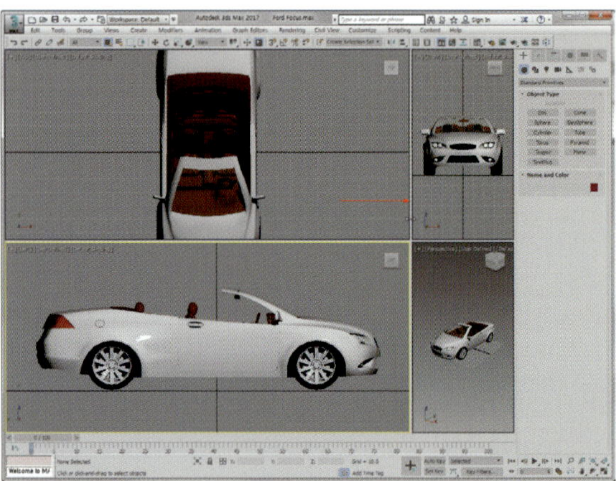

다시 원래의 사이즈로 돌려놓으려면 Viewport 경계라인에서 마우스 우측 버튼을 누르고 Reset Layout 명령을 실행하면 됩니다.

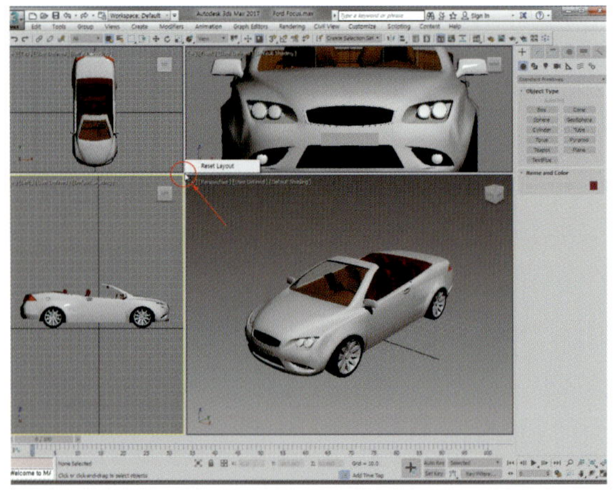
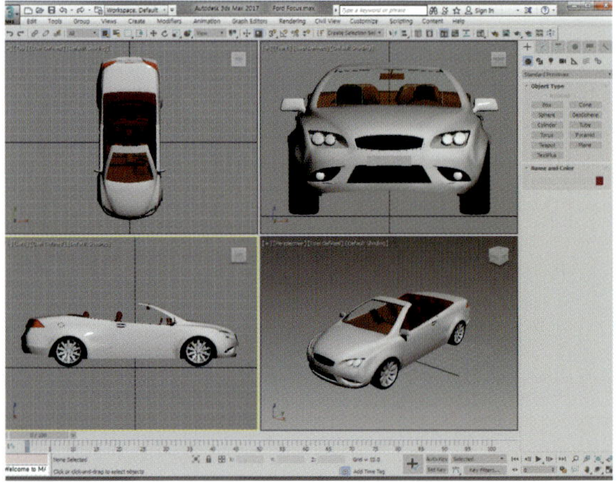

02 Command Panel 사이즈 조절

우측의 경계라인을 클릭하고 좌측으로 잡아당기면 패널이 확장되며, 다시 우측으로 옮기면 원래대로 돌아갑니다.

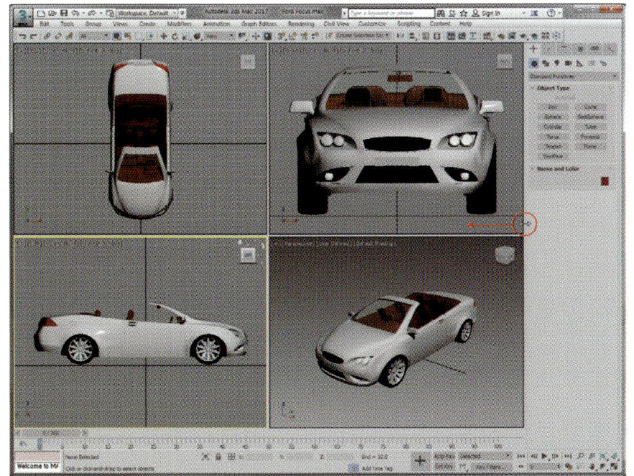 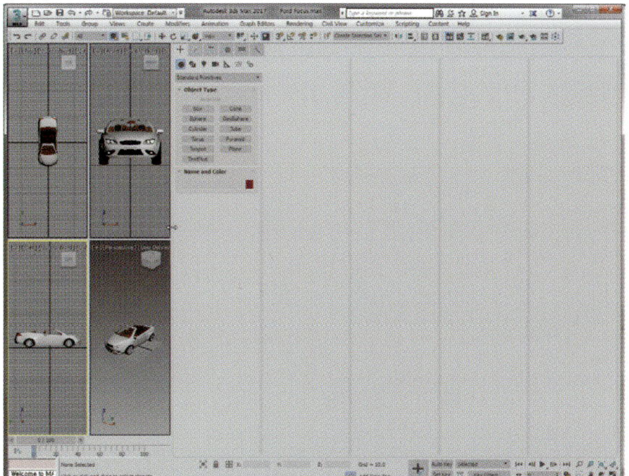

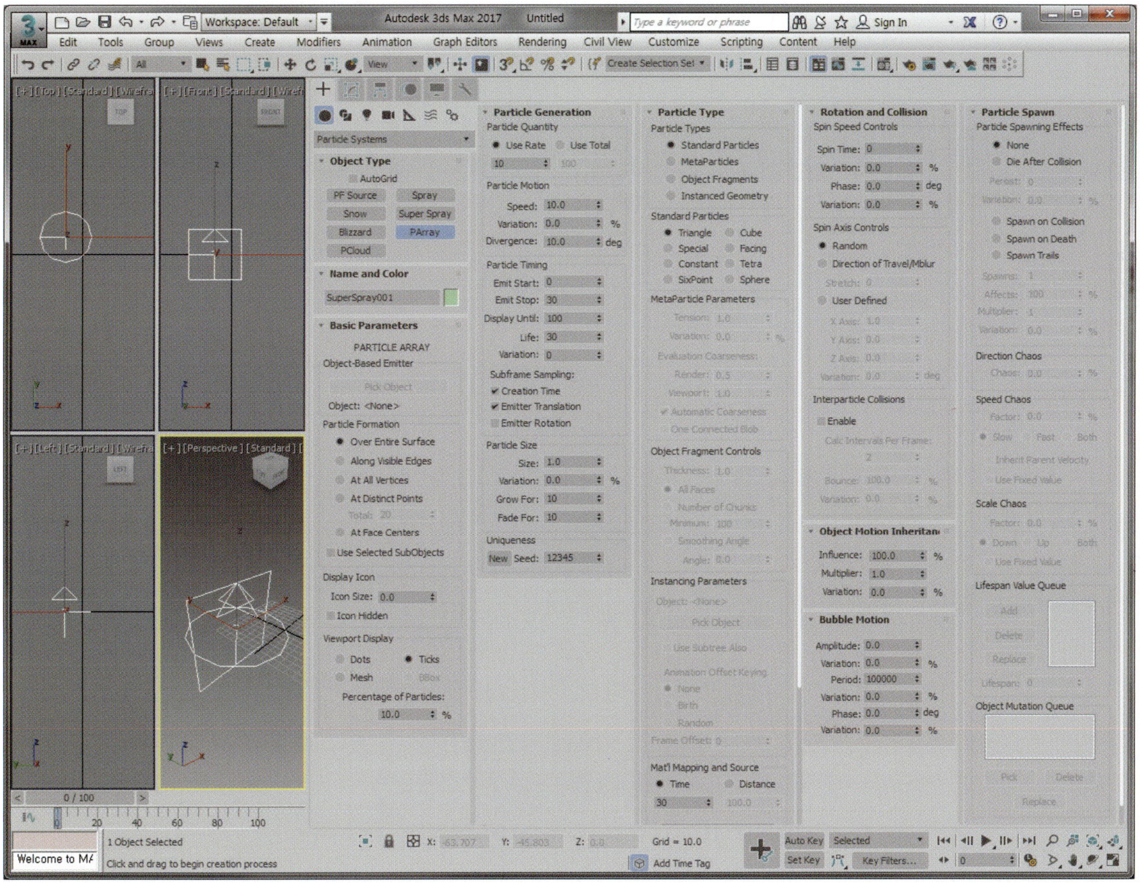

Particle Systems의 PArray의 모든 옵션을 확장한 이미지

03 Viewport의 Layout

3ds Max는 사용자들에게 작업 편의상 다양한 화면구성을 제공해주고 있습니다. 4가지 방법으로 'Viewport Configuration'을 불러올 수 있는데 A, B, C, D 중의 방법으로 선택합니다.

A 3ds Max 2017 버전부터 새롭게 추가된 Viewport Layouts 기능을 사용합니다. 원하지 않는 Tab을 삭제하고 싶다면 해당 Tab 위에서 마우스 오른쪽 버튼을 클릭하고 'Delete Tab' 옵션으로 삭제합니다.

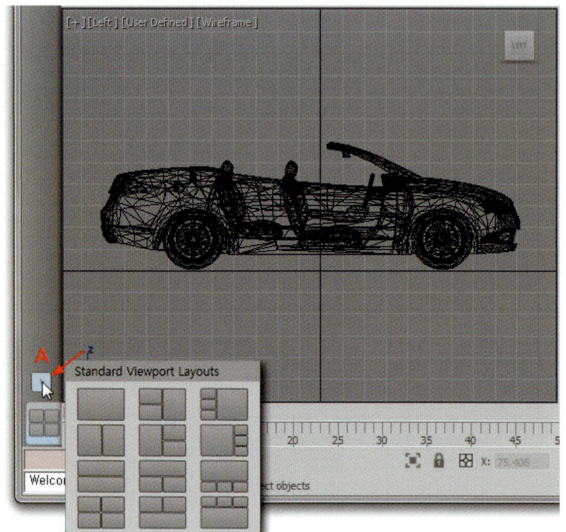

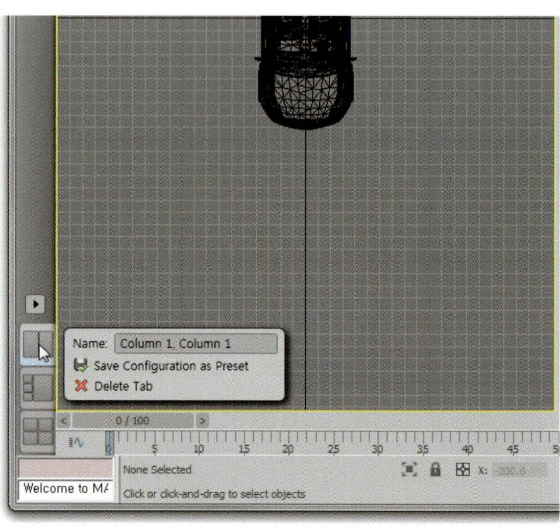

ⓘ 알아두기 | Viewport Layout Tabs 기능 사용하지 않기

좌측 상단의 그림 a 부분에 마우스 오른쪽 버튼을 누르고, 드롭다운 목록에서 'Viewport Layout Tabs'의 체크를 해제하면 Viewport Layout Tabs가 사라집니다. 특별한 상황이 없는 한 자주 사용하는 기능이 아니기 때문에 필자는 평소 꺼두고 작업합니다.

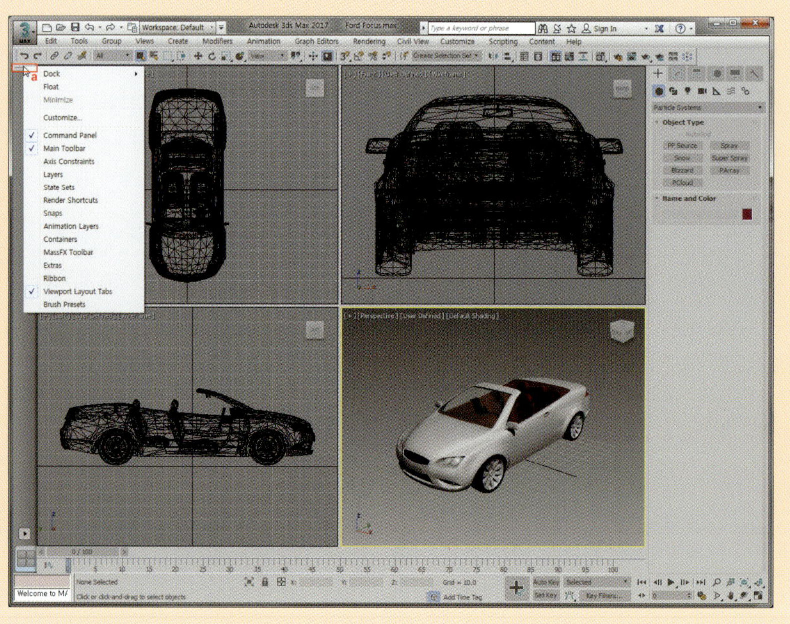

❸ Menu Bar의 View〉Viewport Configuration을 클릭합니다. Layout 탭을 선택하여 원하는 View Type을 선택합니다.

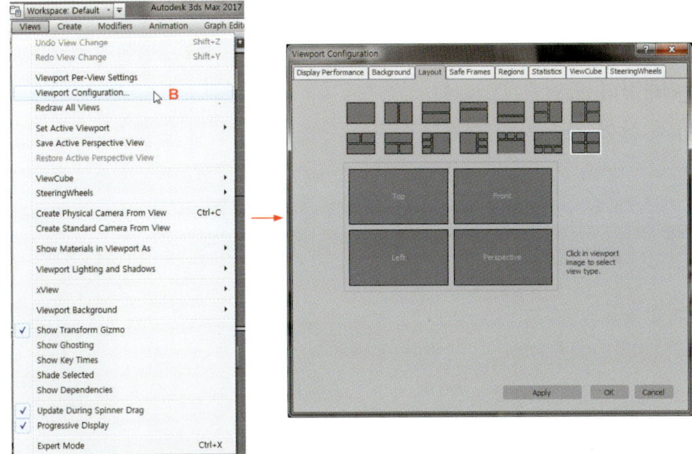

❹ Viewport의 [+]을 클릭하여 'Configure Viewports...'를 클릭합니다.

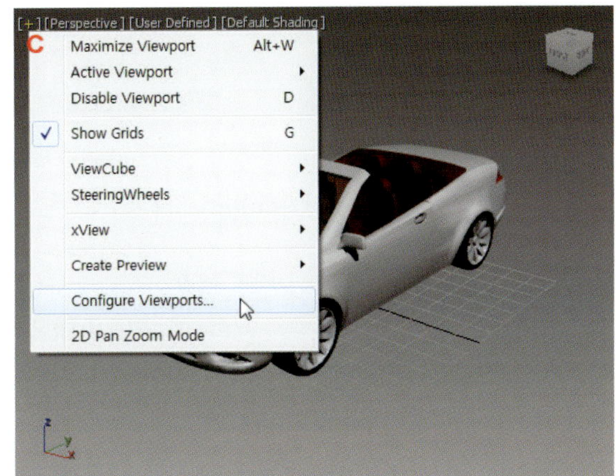

❹ Viewport Navigation Controls 위에서 마우스 오른쪽 버튼을 클릭합니다.

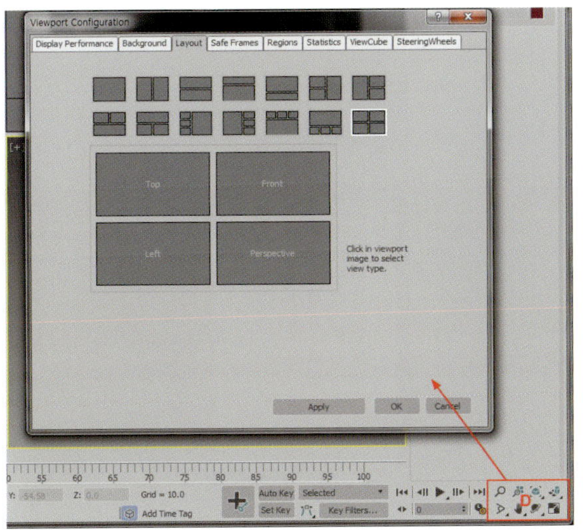

Viewport Configuration 대화상자가 나타나면 Layout 탭에서 원하는 View Type으로 선택하면 됩니다.

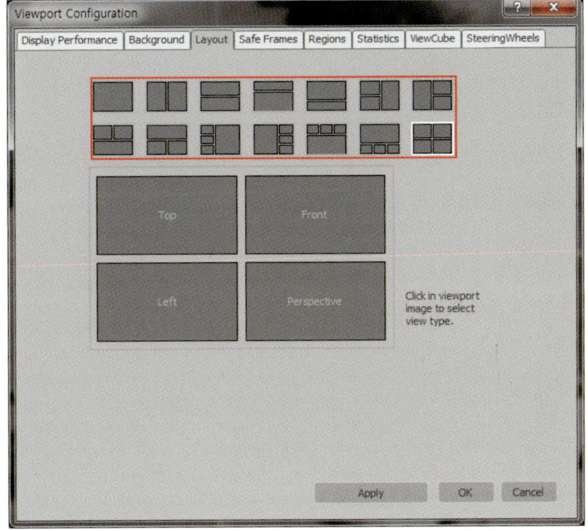

Perspective View를 상하 또는 좌우로 큰 View Type으로 설정해보았습니다. 첫 번째 Layout 같은 경우는 인테리어나 자동차 같이 옆으로 길게 만들어진 모델링 Type에 적합하며, 두 번째 Layout 같은 경우에는 캐릭터 모델링 Type에 적합합니다.

이와 같이 사용자가 쉽게 모델링에 접근하도록 다양한 Layout을 제공합니다.

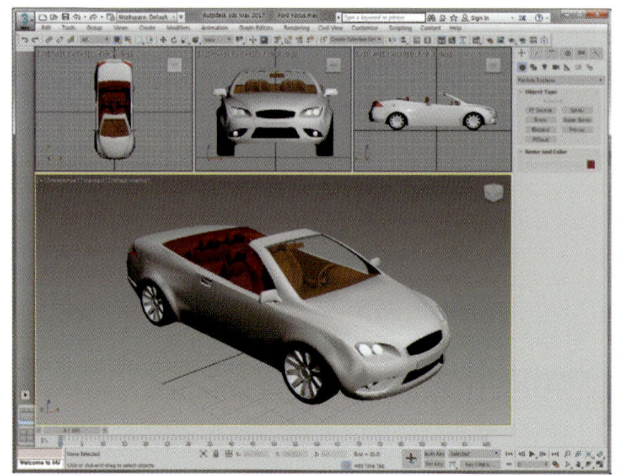
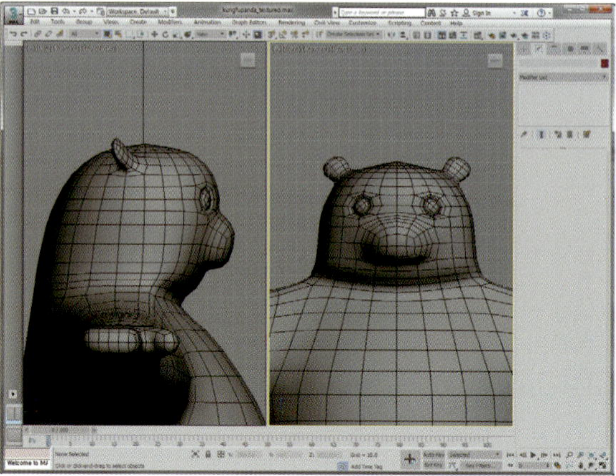

Section 06 | Viewport의 다양한 Visual Style & Appearance Panel

Nitrous Viewport 드라이버의 경우 Viewport 구성 대화상자의 Visual Style 및 모양 패널에서 현재 Viewport나 모든 Viewport의 렌더링 방법을 설정합니다. Visual Style은 비사실적 스타일을 포함할 수 있습니다. Nitrous에는 최신 비디오 드라이버와 NVIDIA Quadro FX 카드(기본적으로 FX4800)의 Direct3D 9.0이 필요합니다. 이 패널은 기존 Viewport 드라이버의 렌더링 방법 패널과 유사하지만 Nitrous 고유의 Display 스타일과 같은 옵션의 컨트롤을 포함합니다. 또한 패널 하나에 광원과 그림자를 통합하고 있습니다.

제공된 CD 부록의 Chapter 02\Lesson 01\Ford Focus-dayLight.max 파일을 열고 본 예제를 연습하길 바랍니다.

01 Visual Style Group

Visual Style의 드롭다운 목록에서 Viewport의 Visual Style을 선택합니다.

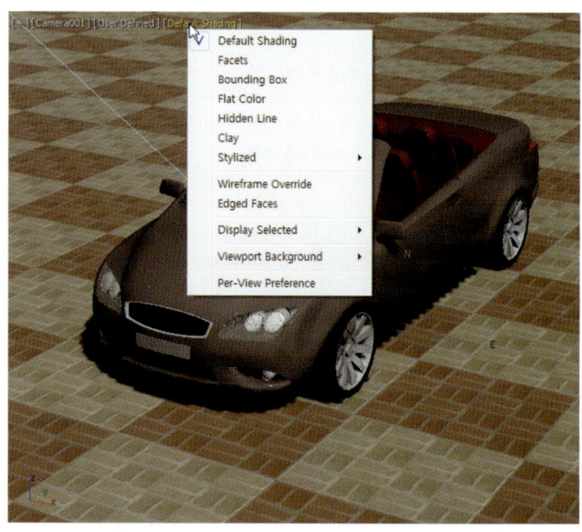

Ⓐ **Default Shading(기본 Style)** : 고품질 음영 처리와 광원을 사용해 사실적으로 형상을 Texture합니다.

Ⓑ **Facets** : 2017버전부터 새로 추가된 기능으로 스무딩 그룹 설정에 관계없이 형상을 면으로 표시합니다. 이 옵션은 편의상 작업에 사용되는 정확한 형상을 표시하려는 모델러, 특히 캐릭터 모델러에게 유용합니다.

Ⓒ **Bounding Box** : 각 오브젝트의 경계 상자 가장자리만 표시합니다.

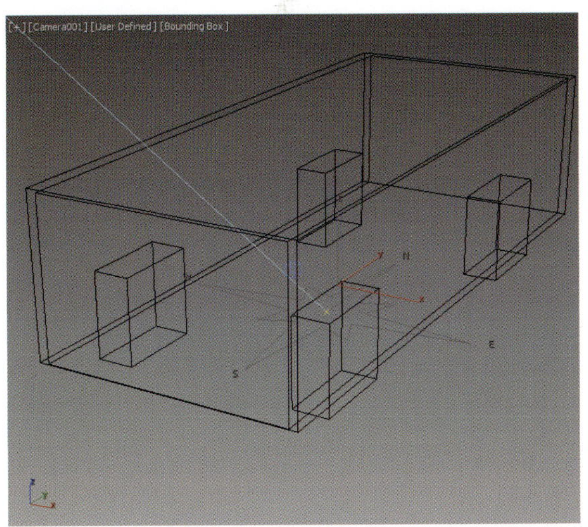

Ⓓ **Flat Color** : 광원에 관계없이 '원색'으로 형상을 음영 처리합니다. 그림자를 포함하고 있습니다.

E **Hidden Line** : 법선이 뷰포인트에서 멀어지는 방향을 가리키는 면과 정점뿐 아니라 가까운 오브젝트에 의해 가려지는 오브젝트의 부분을 숨깁니다. 그림자를 사용할 수 있습니다.

F **Clay** : 형상을 균일한 테라코타 색상으로 표시합니다. 이 옵션은 편의상 오브젝트의 텍스처에 의해 왜곡되지 않도록 하려는 모델러, 특히 캐릭터 모델러에게 유용합니다.

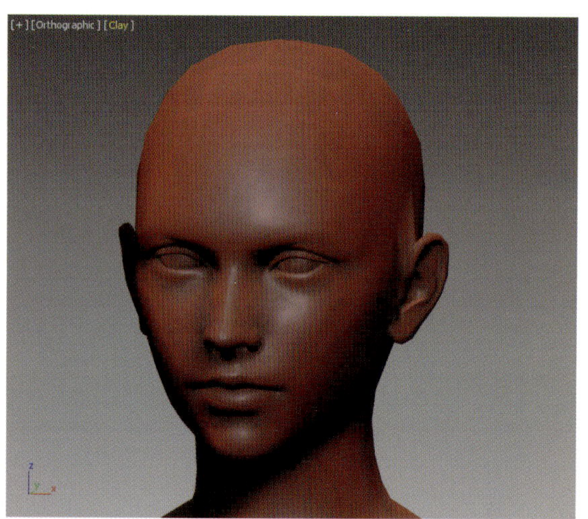

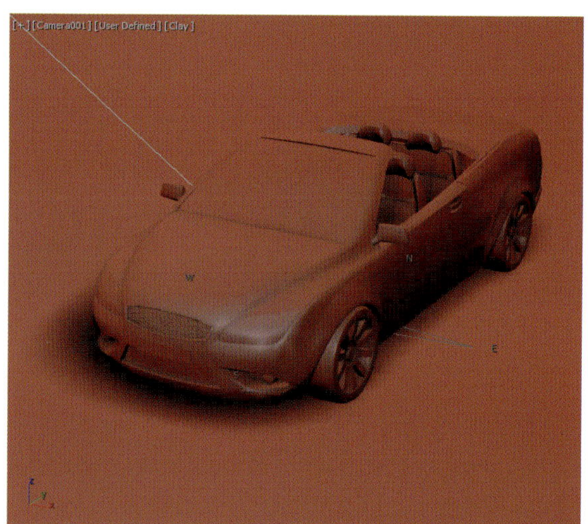

G **Stylized** : 기본 스타일인 Realistic은 하드웨어 렌더링 결과와 유사합니다. 그 외의 스타일로는 대부분 보다 전통적인 재료를 사용하여 손으로 만든 아트 작업을 흉내낸 효과를 줄 수 있습니다.

Default Shading의 기본 스타일

① Graphite

② Color Pencil

③ Ink

④ Color Ink

⑤ Acrylic

⑥ Pastel

⑦ **Tech**

02 Edged Faces

설정하면 뷰포트에서 면의 가장자리를 표시합니다.
기본적으로 해제되어 있습니다.

Section 07 | 3ds Max Unit 설정

3ds Max는 기본적으로 치수 측정 단위가 Inches로 되어 있습니다. 건축 관련 모델링을 하거나 렌더링을 위한 실제 조명 데이터 값을 사용하기 위해서는 국내 단위 설정 방법으로 변경해주어야 모델의 사이즈나 렌더링 실수를 방지할 수 있습니다.

시각화를 위한 모델링 같은 경우는 크게 상관없지만 실 치수를 요구하는 제품 디자인이나, Interior, Exterior 같은 경우는 Unit을 정확하게 설정해주어야 합니다. 우리나라는 통상 Millimeters나 Centimeters를 선호하는 편입니다.

01 Menu Bar의 Customize〉Units Setup 명령을 실행합니다.

02 전체 시스템의 Unit를 설정하려면, 'System Unit Setup' 버튼을 눌러 원하는 Unit로 설정합니다. 여기서는 Millimeters로 변경하도록 하겠습니다. Millimeters로 변경하고 OK버튼을 클릭합니다.

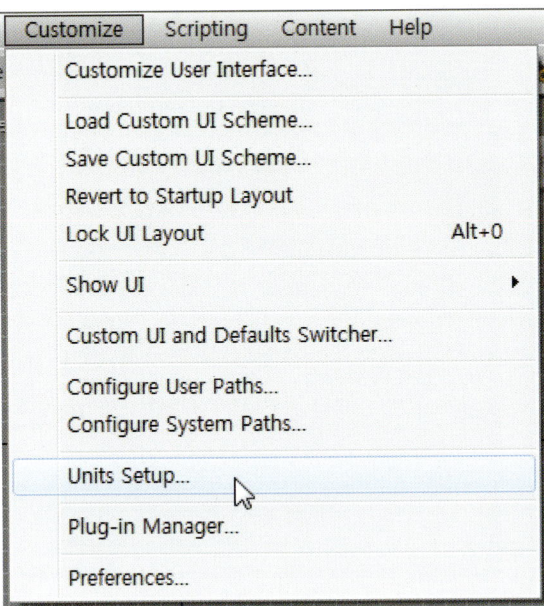

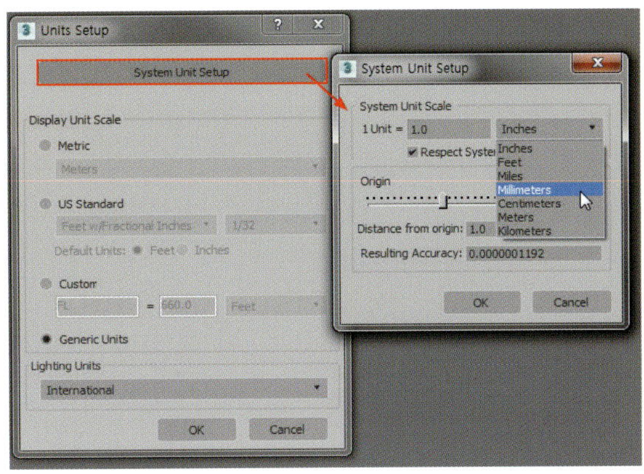

03 Display Unit Scale 같은 경우는 Viewport에 보이는 치수 단위를 어떤 식으로 보여줄 것인지를 결정하는 곳입니다. System Unit Setup에서 설정한 단위로 똑같이 설정하는 것이 좋습니다.

04 'Generic Units' 옵션은 'System Unit Setup'에서 설정한 Unit를 그대로 이어받아 Viewport의 단위에 적용합니다. 즉 Viewport에 단위를 Display하지 않습니다.

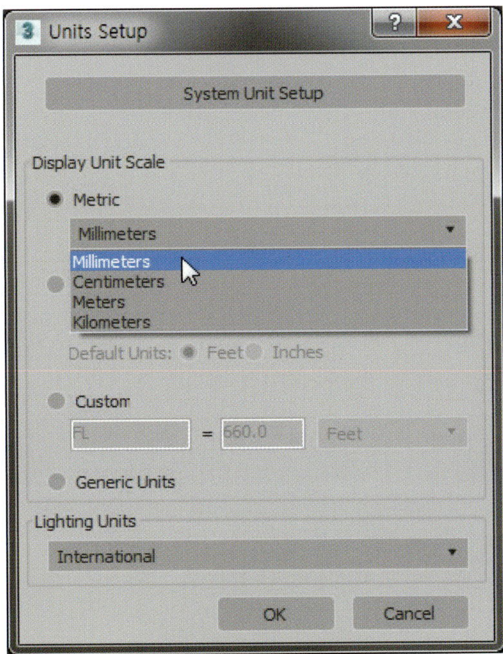

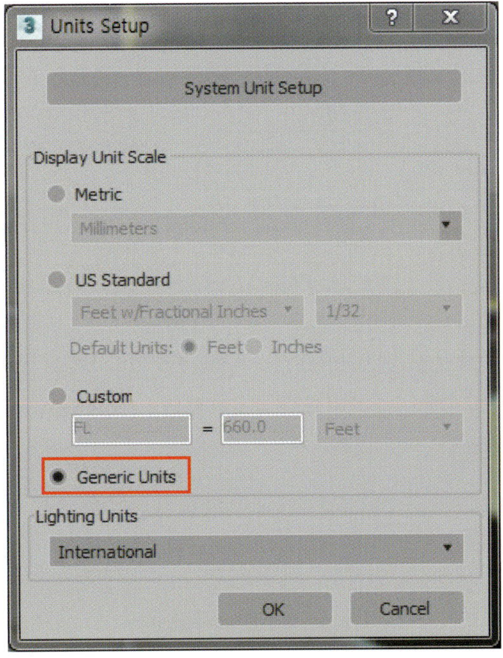

05 Lighting Units를 국제 단위로 할 것인지 미국식으로 할 것인지를 결정합니다. 보통 기본 값을 'International'로 설정합니다.

06 다시 원래대로 전체 시스템의 Unit 설정을 'Inches'로 변경합니다.

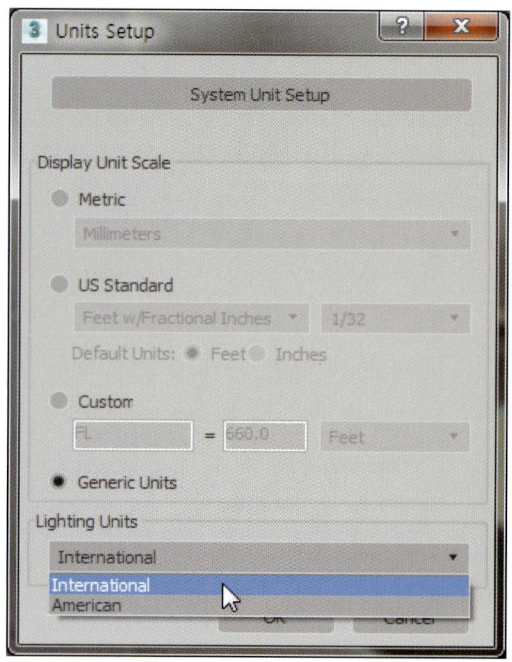

Section 08 | Quad Menu

3ds Max의 Quad Menu는 작업의 효율성을 높여주는 중요한 역할을 하는 메뉴입니다. 선택된 오브젝트 위에서 마우스 우측 버튼을 클릭하면 Quad Menu가 나타납니다.

Quad Menu는 작업 메뉴에 따라 바꾸어지는 Context 메뉴여서 일반적인 오브젝트를 선택했을 때와 Sub Object 레벨에서 클릭 했을 때의 메뉴 내용은 확연히 달라집니다.

일반적으로 Alt, Shift, Ctrl 키와 함께 사용하여 다양한 메뉴들을 등장시키게 합니다.

01 일반적인 마우스 우측 버튼의 Quad Menu

Viewport의 빈 바탕위에서 마우스 오른쪽 버튼을 눌렀을 때의 Quad Menu와 오브젝트를 선택했을 때의 Quad Menu의 내용은 거의 동일합니다.

오브젝트의 기본 Transform과 Display 관련 항목들이 들어있으며, 오브젝트를 선택했을 경우는 오브젝트의 애니메이션 관련과 'Object Properties'와 'Convert to' 등의 추가 명령이 보이게 됩니다.

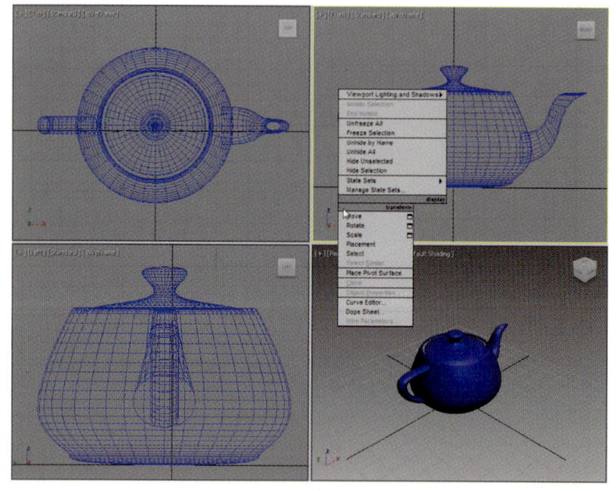

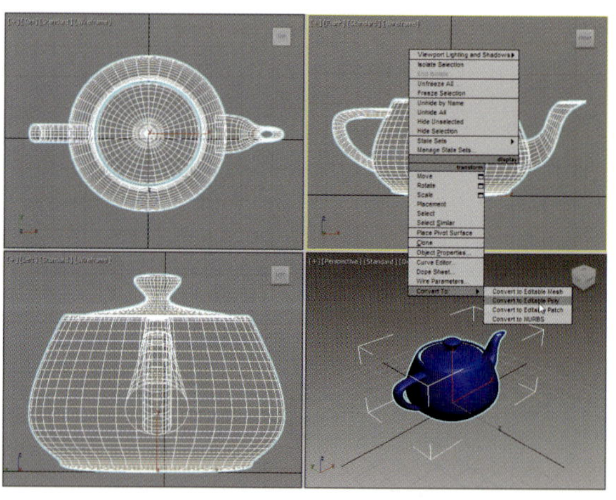

02 [Alt] + 마우스 우측버튼

Transform, Coordinates, Pose, 애니메이션 Set 관련내용이 있습니다.

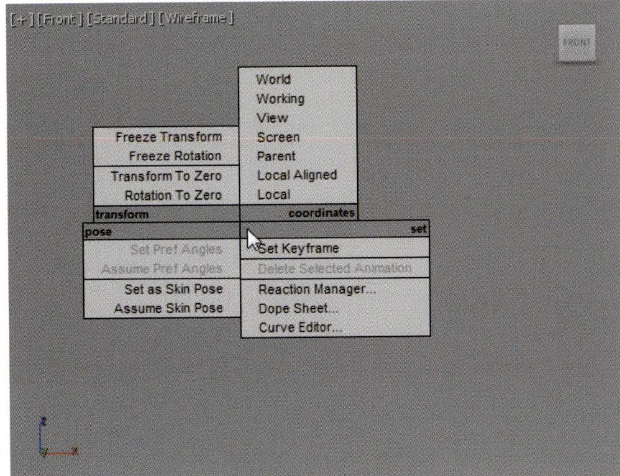

03 [Shift] + 마우스 우측버튼

Snap 관련 항목들이 보이며 정확하게 물체를 생성 하거나 선택할 수 있습니다.

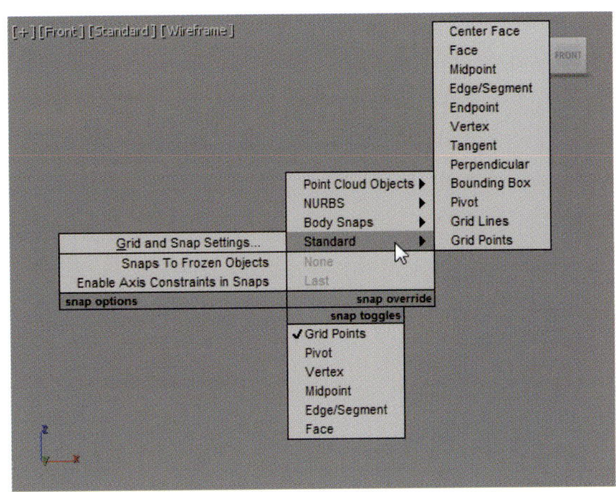

04 [Ctrl] + 마우스 우측버튼

모델링에 많이 사용되는 대표적인 2D Spline과 3차 원 도형을 선택하여 장면에 바로 만들 수 있습니다. Primitives 영역과 Transform 항목으로 분리됩니다.

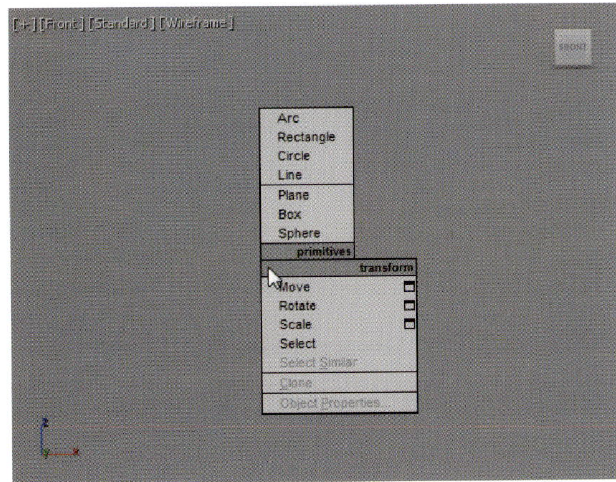

05 [Ctrl] + [Alt] + 마우스 우측버튼

주로 렌더링 관련 옵션내용과 환경, 효과 옵션 등이 있습니다. 오브젝트를 선택했을 때는 오브젝트의 자 세한 속성까지 설정할 수 있습니다.

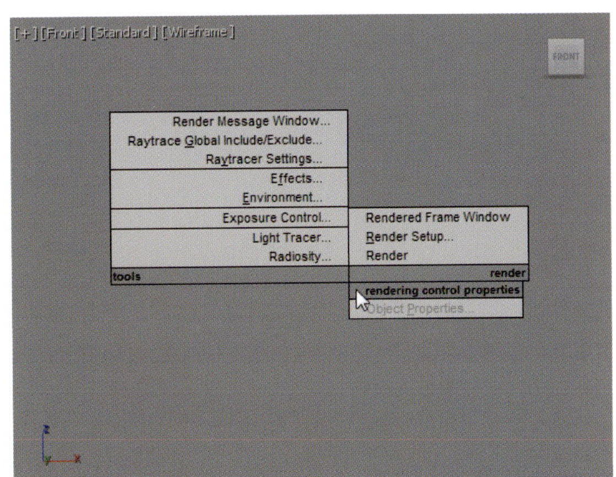

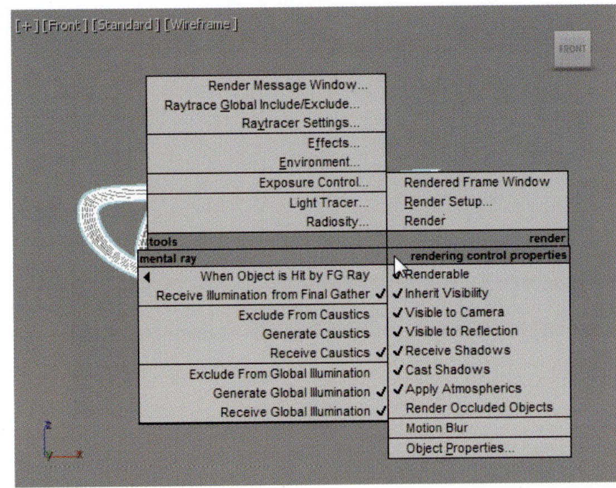

06 Shift + Alt + 마우스 우측 버튼

애니메이션과 관련된 MassFx 대한 메뉴가 있습니다.

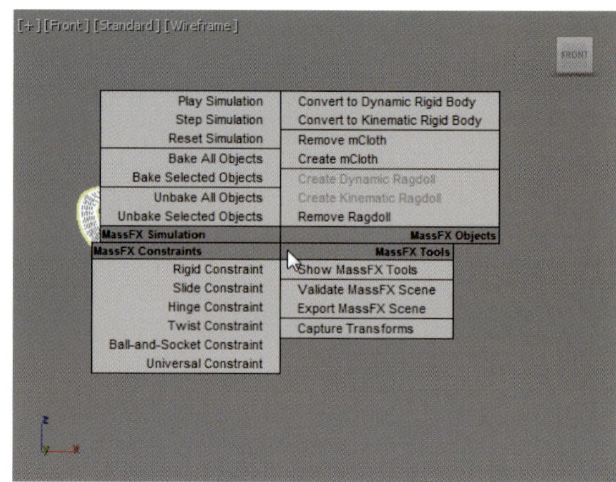

07 Track View의 Quad Menu

Track View에서 자주 사용되는 버튼들을 Quad Menu에 담아 놓았습니다. 애니메이션 작업을 할 때 작업 속도와 기능에 많은 도움을 줍니다.

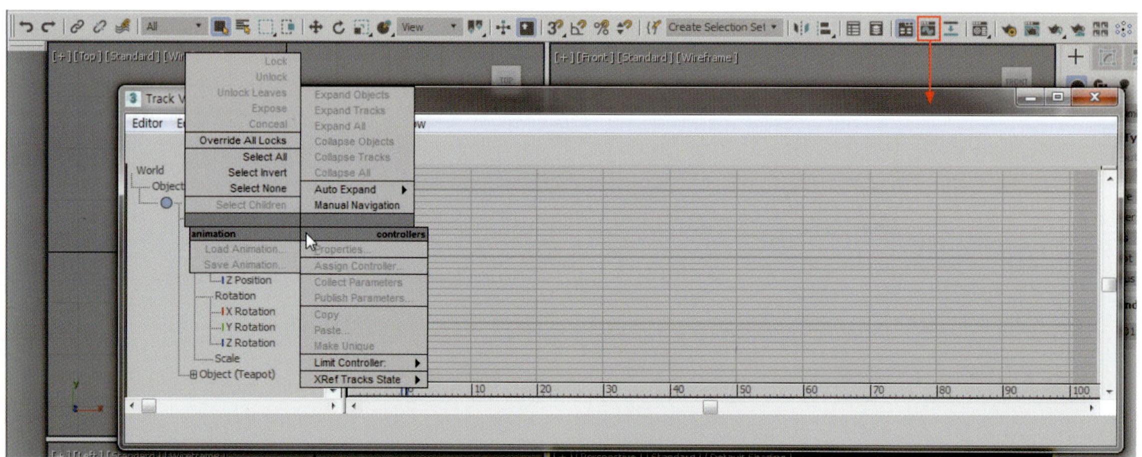

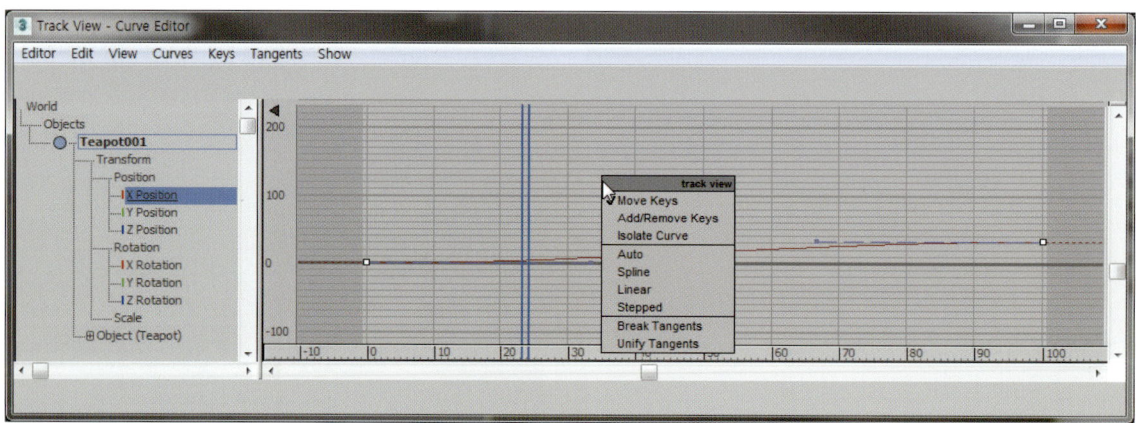

08 Unwrap UVW의 Quad Menu

Unwrap UVW Edit 창의 Quad Menu가 있습니다.

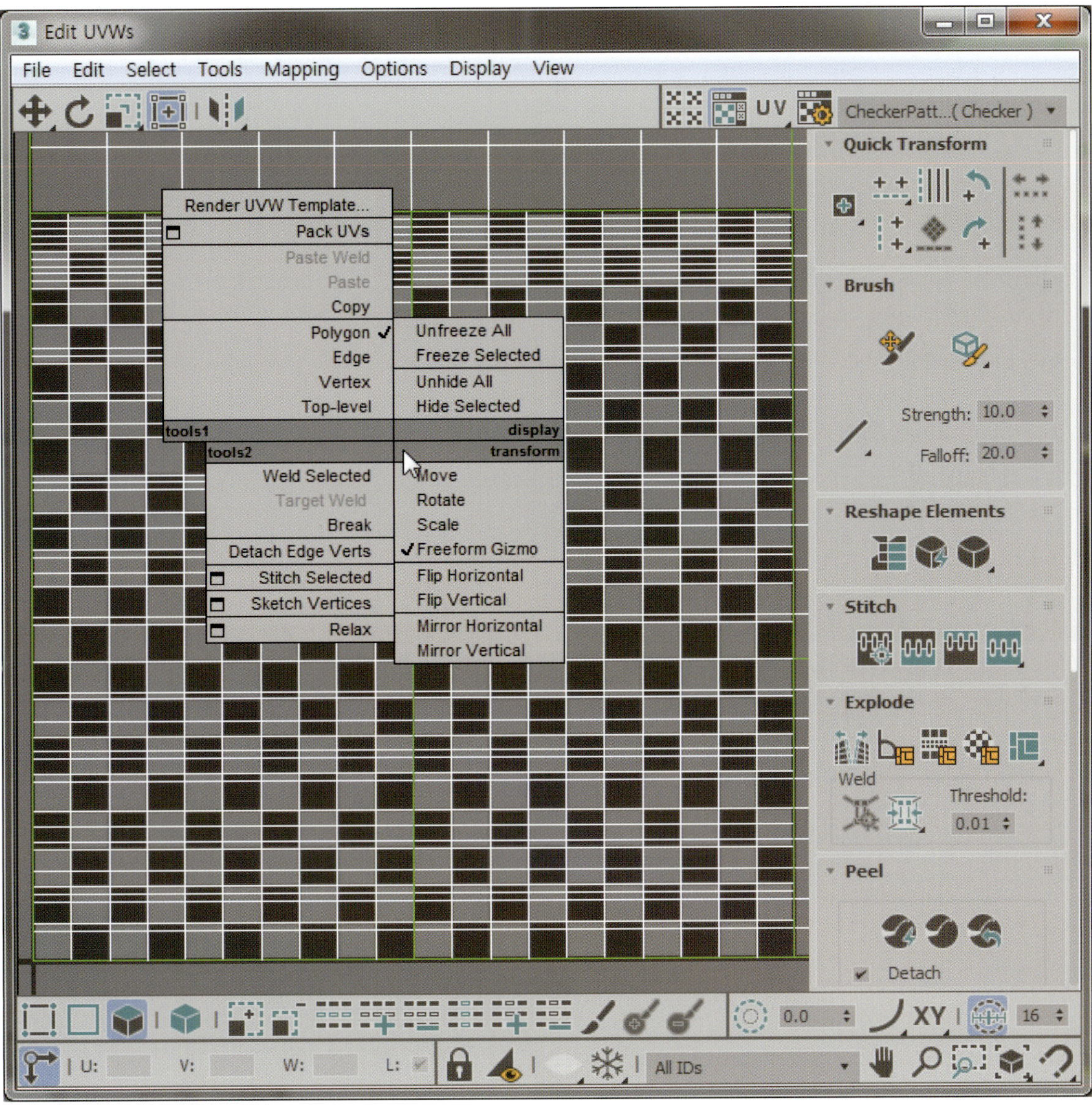

Lesson 02

오브젝트 다루기

Viewport에 존재하는 오브젝트를 이동, 회전, 크기 조정, 선택, 복사 또는 다중복사, 대칭 복사, 스냅 활용하는 방법 등에 대해 알아보도록 하겠습니다.

Section 01 | Transform Gizmo (Move, Rotate, Scale)

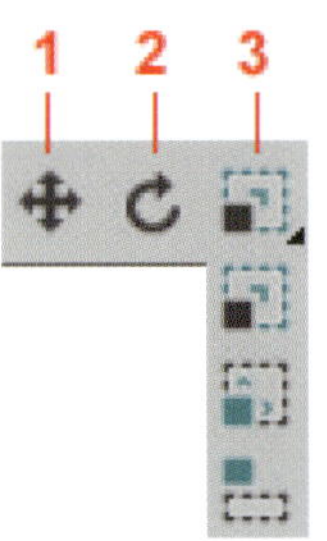

Transform Gizmo에는 Move, Rotate, Scale이 있으며 Scale은 Uniform Scale, Non-uniform Scale, Squash가 있습니다. 빨강(X축), 녹색(Y축), 파랑(Z축)의 3가지 색상으로 화면에 표시됩니다.

본 내용을 학습하기 위해 제공된 CD 부록에서 Chapter 02\Lesson 02\'pig_character' 파일을 Open합니다.

01 Move(이동) [단축키 : W]

Move를 실행한 후 원하는 방향으로 Gizmo의 축을 잡고 이동시켜줍니다. 이동을 취소하려면 Ctrl + Z 키를 눌러 Undo합니다.

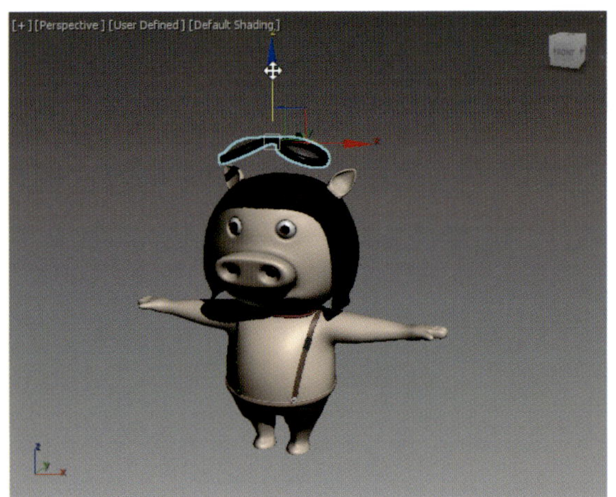

두 개의 축을 선택하면 Plane Handle이 나오는데 이것은 평면 방향으로 오브젝트를 움직이게 하는 것입니다. Front View에서 XY축을 선택하고 원하는 방향으로 자유롭게 오브젝트를 움직여보도록 합니다.

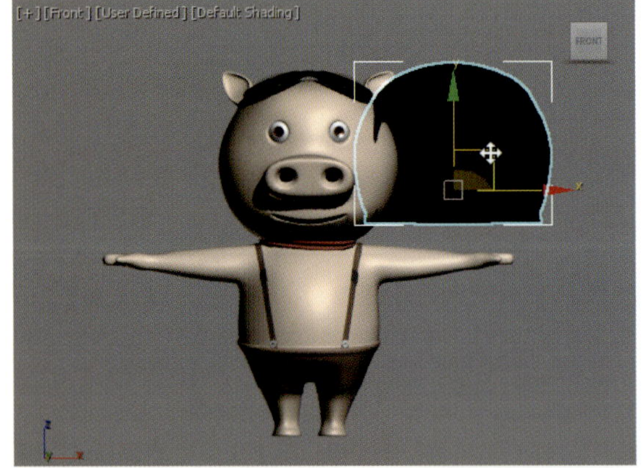

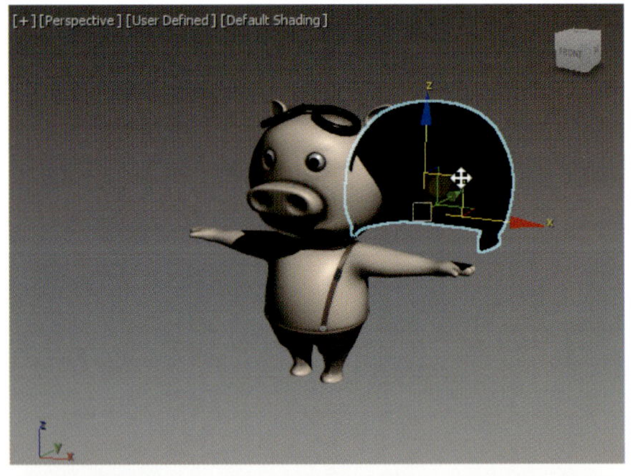

Transform Gizmo의 환경설정은 Customize〉Preference〉Gizmos 탭에서 설정할 수 있습니다.

Viewport의 Transform Gizmo의 사이즈는 키보드의 ＋와 － 키를 사용함으로써 Gizmo의 사이즈를 쉽게 조정할 수 있습니다.

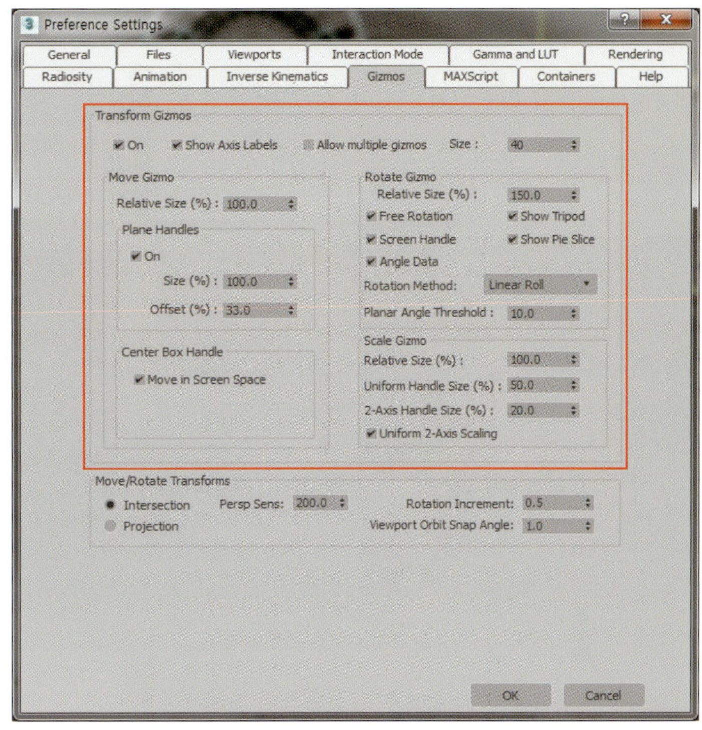

다음 이미지는 Plane Handle의 Offset 값을 80% 까지 올려주어 Plane Handle의 크기가 커진 이미지입니다.

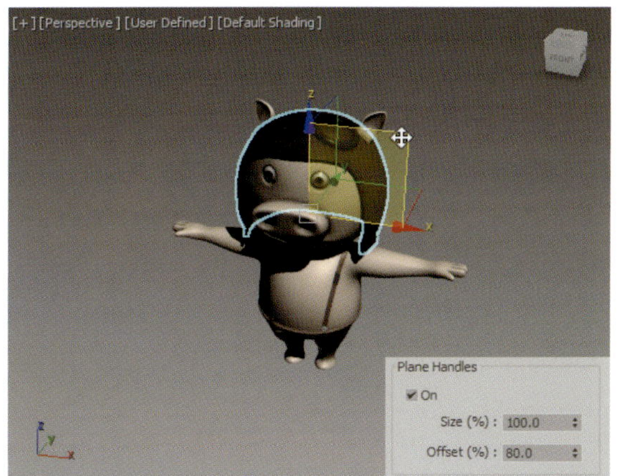

Center Box Handle 항목의 'Move in Screen Space'를 체크하게 되면 Gizmo 중앙에 박스가 생겨나며 Perspective View에서 자유롭게 오브젝트를 화면 평면상으로 이동시킬 수 있습니다.

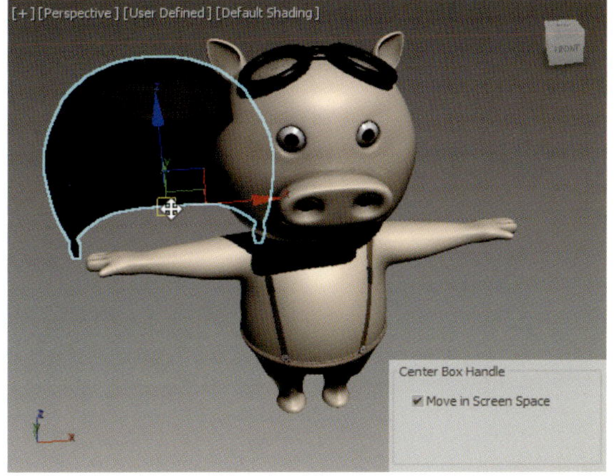

02 Rotate(회전)[단축키 : E]

총 4개의 축으로 이루어져 있으며 기본적으로 X축, Y축, Z축, Screen Mode의 축으로 되어 있습니다.
특히 Screen Mode의 축은 Perspective View에서 3차원 공간처럼 인식되어 회전하는 것이 아니라, 마치
2D 공간처럼 인식되어 Z축 방향으로 회전시켜줍니다.

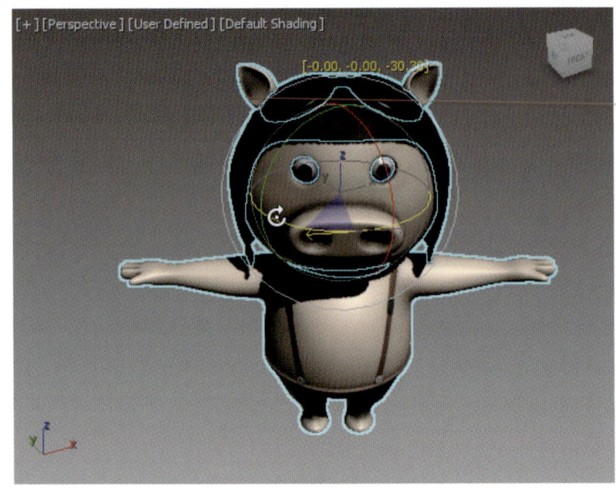
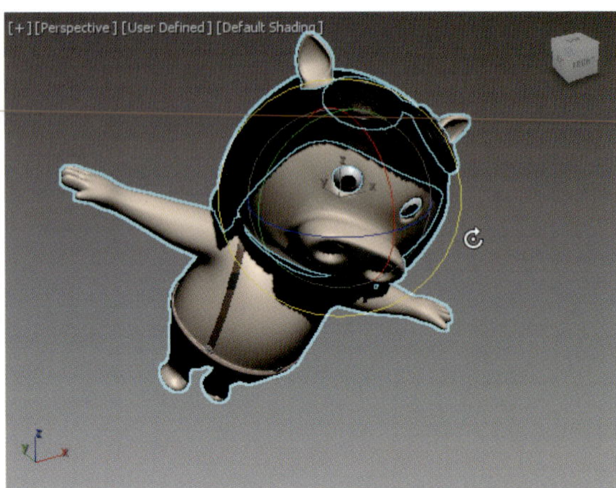

Angle Snap[단축키 : A]을 활성화하고 오브젝트를 회전시키면 이미 정해진 각
도에 의해 정확하게 회전하게 됩니다.

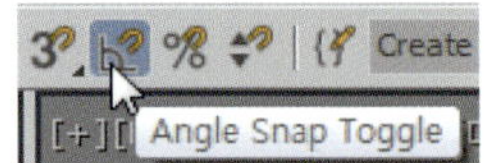

Rotate Gizmo도 환경설정 창
[Customize〉Preference〉Gizmos]
에서 여러 스타일로 Gizmo를 제어할
수 있으며, 기본적으로 모두 체크하
는 것이 좋습니다. 특이할 만한 사항은
Rotation Method인데, 어떤 식으로
회전할 것인지에 대한 옵션입니다.

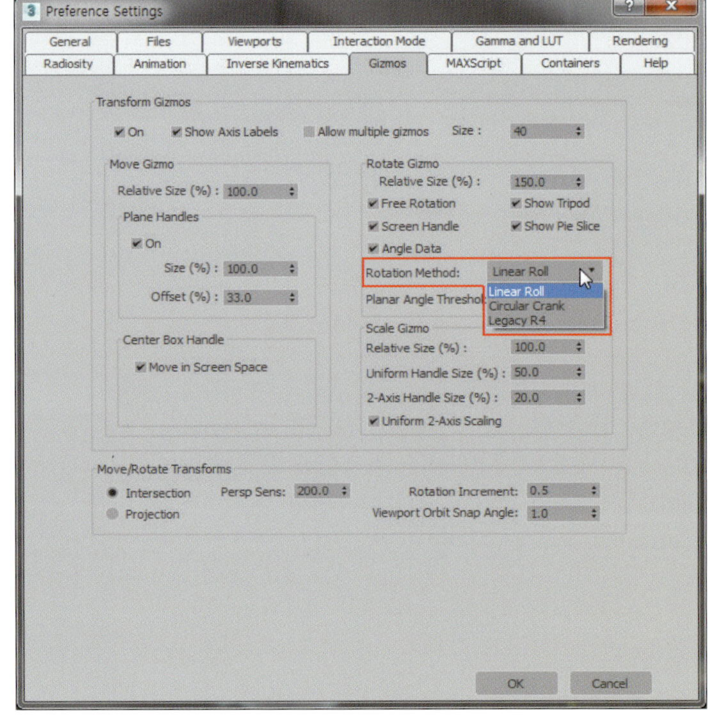

Ⓐ Linear Roll

기본 값으로 체크되어 있습니다. 선택된 축 방향으로 마우스를 상하 또는 좌우로 드래그하여 회전 값을 조정합니다.

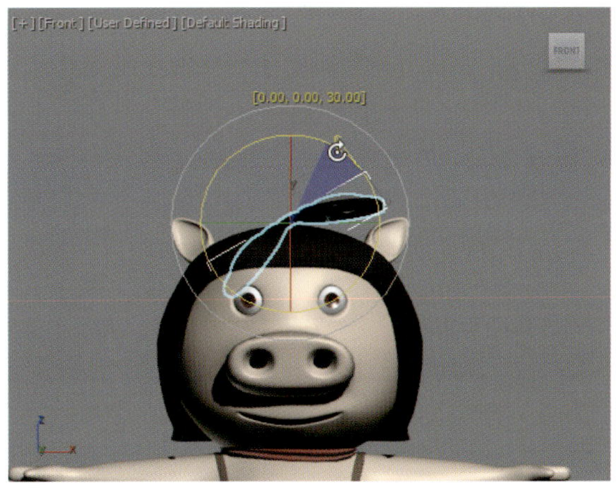

Ⓑ Circular Crank

Gizmo의 중심을 기점으로 하여 선택한 축 방향으로 원을 그려서 회전 값을 조정합니다.

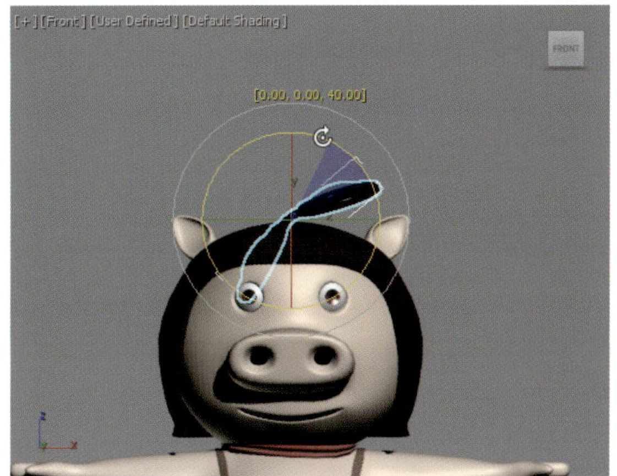

Ⓒ Legacy R4

3ds Max 4.0의 회전방식입니다. 불편한 점이 많아 현 버전에서는 거의 쓰이지 않는 방식입니다.

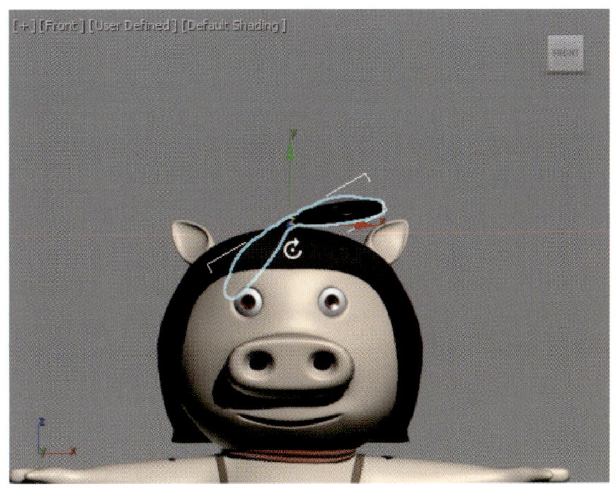

03 Scale(크기 조정)[단축키 : R]

Scale Gizmo는 오브젝트의 크기를 조정하는 것으로 크게 1D, 2D, 3D Scale 방식이 있습니다. 한 개의 축을 선택하고 조정하면 1D Scale, 두 개의 축을 선택하고 조정하면 2D Scale, 세 개의 축을 선택하고 조정하면 3D Scale이 됩니다.

키보드의 R 키를 누를 때마다 Uniform Scale, Non-Uniform Scale, Squash로 바뀌게 됩니다.

A Uniform Scale
XYZ축을 동시에 선택하여, 일정한 비율로 찌그러짐 없이 오브젝트를 크기 조정합니다.

B Non-Uniform Scale
선택된 축의 비정형 스타일로 오브젝트 크기를 조정합니다. 독자 여러분들은 두 개의 축이나 한 개의 축을 잡고 크기를 조정해보도록 합니다.

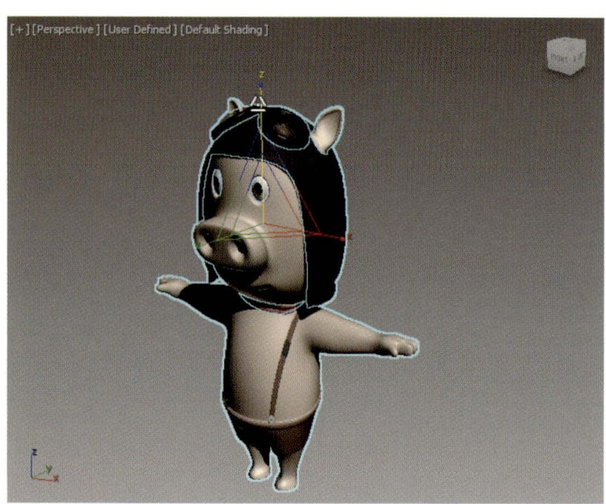

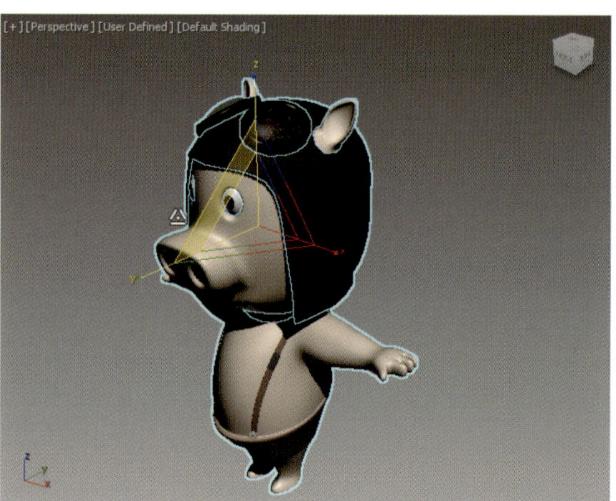

ⓒ Squash

주로 애니메이션 같은 곳에서 많이 사용하는 Scale입니다. 크기에 변화가 일어나나, 오브젝트가 가지고 있는 질량은 항상 같은 값을 가지게 합니다. 떨어지는 공이나 물 풍선을 생각하면 됩니다.

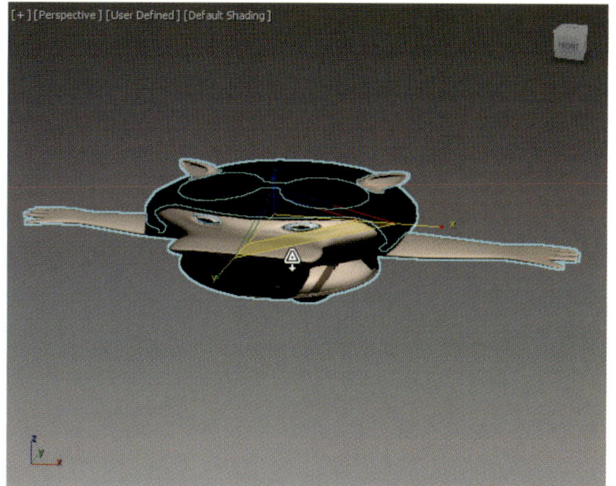

Scale Gizmo에 대한 환경 설정 중 유의해야 할 사항은 Uniform 2-Axis Scaling 부분입니다. 만일 이 부분에 체크가 되어있지 않으면, 2개의 축을 이용하여 오브젝트의 Scale을 조정할 때 자동으로 Squash Scale로 설정되어 적용됩니다.

이 옵션을 체크하면 두 개의 축을 이용하여 Scale을 조정할 때 Scale이 두 축에 해당되는 비율로 고정되어 적용됩니다. 기본적으로 체크하고 사용합니다.

ⓘ 알아두기 | Transform Gizmo의 Display on / off

Transform Gizmo를 숨기거나 나타나게 하려면 Views Menu Bar의에서 Show Transform Gizmo 옵션을 사용합니다.

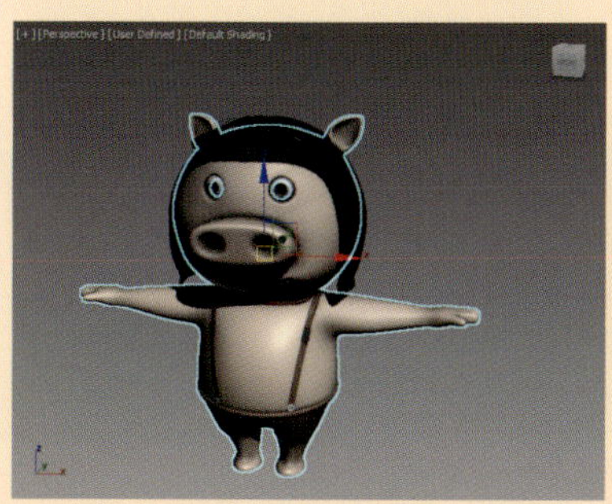

Transform Gizmo의 Display on / off

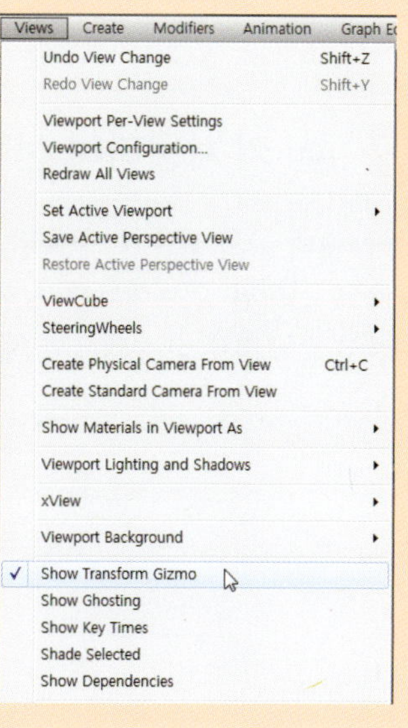

Section 02 | 오브젝트 선택하기

Viewport에서 오브젝트를 선택하기 위해서는 Viewport에 있는 오브젝트를 직접 선택하는 방법과 Main Toolbar의 'Select by Name'을 사용하여 이름으로 선택하는 방법 등이 있습니다.
오브젝트를 선택할 때 Ctrl 키를 같이 사용하면 여러 개를 동시에 선택가능하며, Alt 키를 사용하면 선택된 여러 오브젝트를 선택 해제할 수 있습니다.

01 Ctrl 키 사용하여 다중 선택하기

Viewport에 있는 오브젝트를 선택할 때 Ctrl 키를 누르고 누르고 직접 오브젝트를 선택하면 다중으로 선택됩니다.

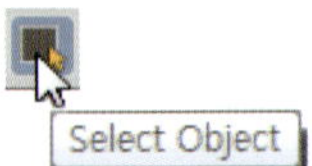

오브젝트를 선택할 때에는 Main Toolbar의 'Select Object'를 사용하거나 Move, Rotate, Scale을 사용할 수 있습니다. 보통은 'Move'를 많이 사용합니다.

⊙ CD 제공 : Chapter02\Lesson02\도널드-transform.max

02 Alt 키 사용하여 선택 해제하기

여러 개의 오브젝트가 선택된 상태에서 Alt 키를 누르고 선택된 오브젝트를 선택하면 커서가 −로 바뀌면서 오브젝트가 선택에서 해제됩니다.

03 Main Toolbar의 Window/Crossing 선택 사용하기

A Crossing

Crossing 선택은 사각 영역에 걸쳐져 있거나 영역에 포함된 모든 오브젝트들을 선택합니다.

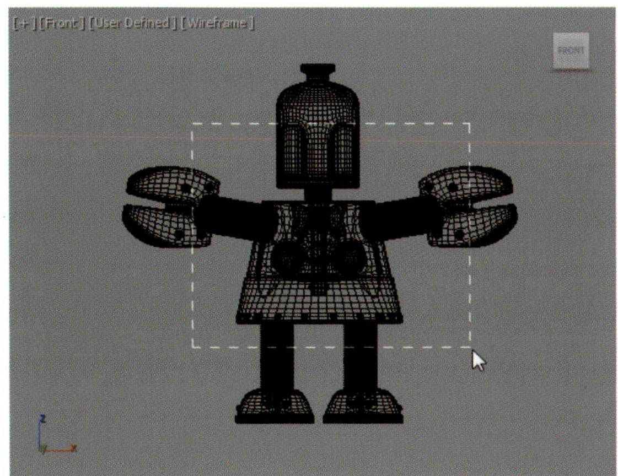
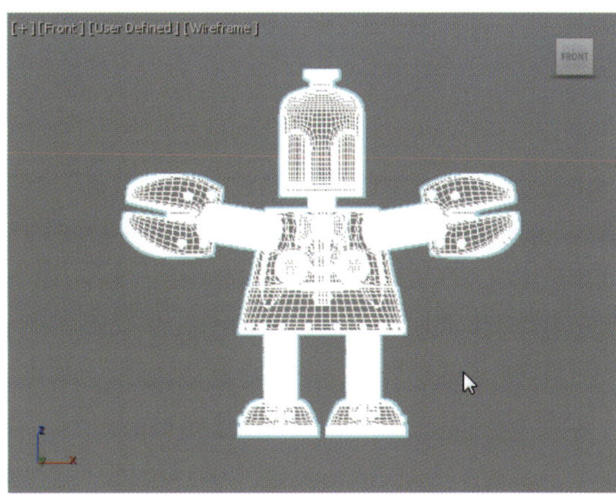

B Window

Window 선택은 사각영역에 정확히 들어간 오브젝트만 선택됩니다. Group으로 묶여진 오브젝트 같은 경우는 Window 선택이 안 될 수 있으니, 우선 Ungroup으로 그룹을 해제하여 선택해야합니다.

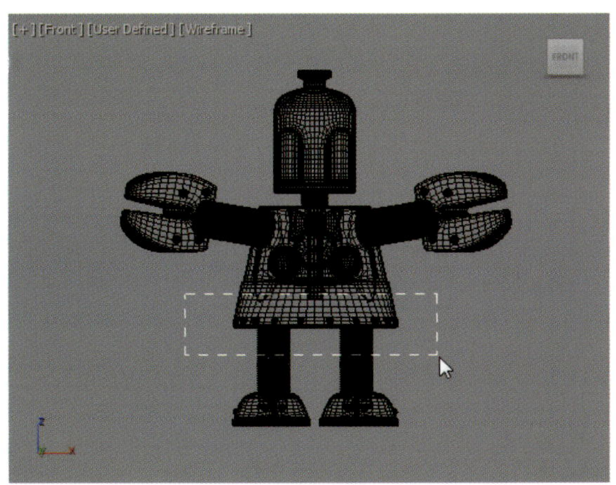
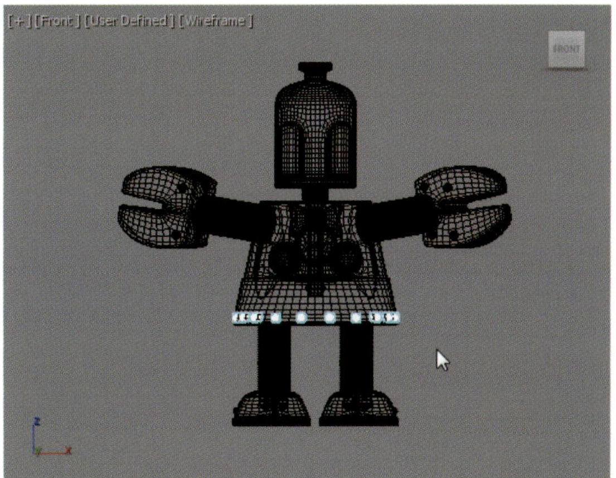

ⓒ 자동으로 선택 영역 설정하기

Menu Bar의 Customize 〉 Preferences 〉 General 탭의 환경설정 창에서 Scene Selection 항목의 'Auto Window/Crossing by Direction' 옵션에 체크해줌으로써 자동으로 선택영역을 설정할 수 있습니다. 오브젝트를 마우스 우측에서 좌측으로 드래그하여 선택할 때 Crossing(점선 형태)기능이 됩니다. 반대로 좌측에서 우측으로 드래그하여 선택하면 Window(실선 형태)기능이 됩니다. 모델링의 효율을 높이기 위해 'Auto Window/Crossing by Direction' 옵션을 항상 체크하여 사용바랍니다.

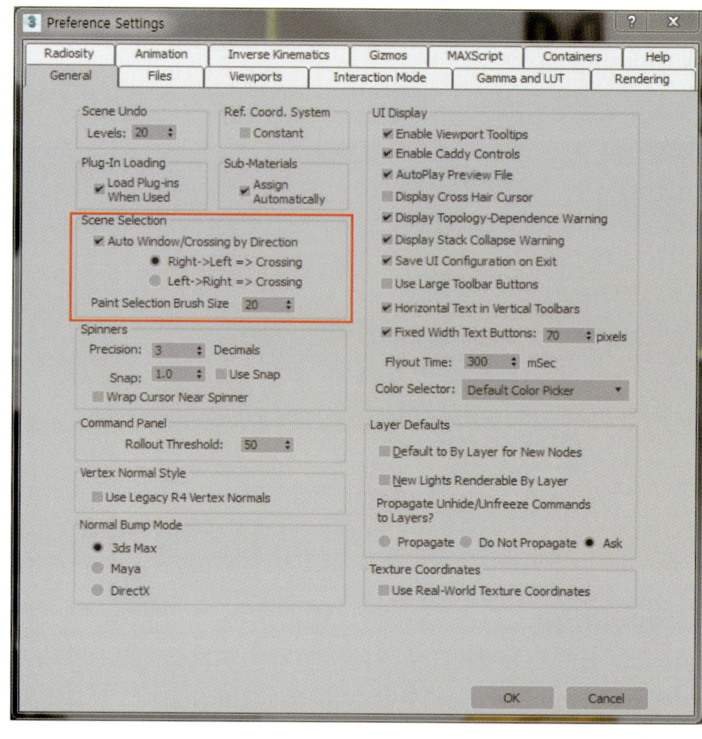

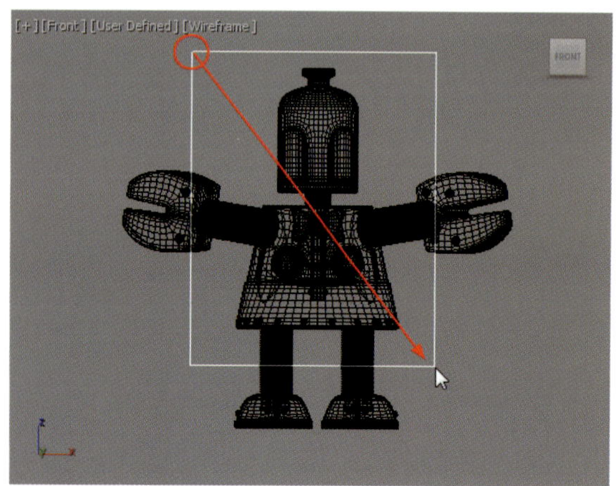

Window Selection

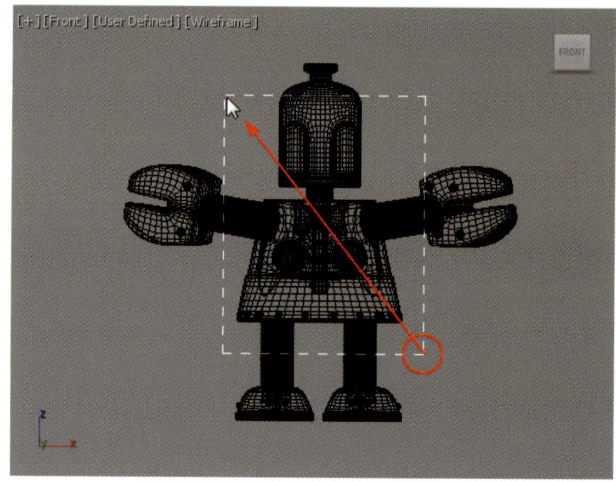

Crossing Selection

04 Selection Region 사용하기

다양한 형태의 영역을 이용해서 오브젝트를 선택할 수 있습니다. Rectangular, Circular, Fence, Lasso, Paint 이렇게 총 5개 선택 영역이 있습니다.

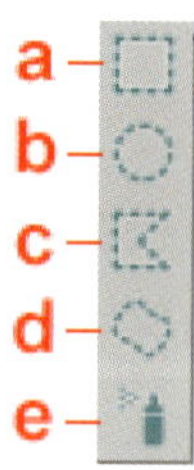

ⓐ Rectangular : 사각형 형태로 오브젝트를 선택합니다.

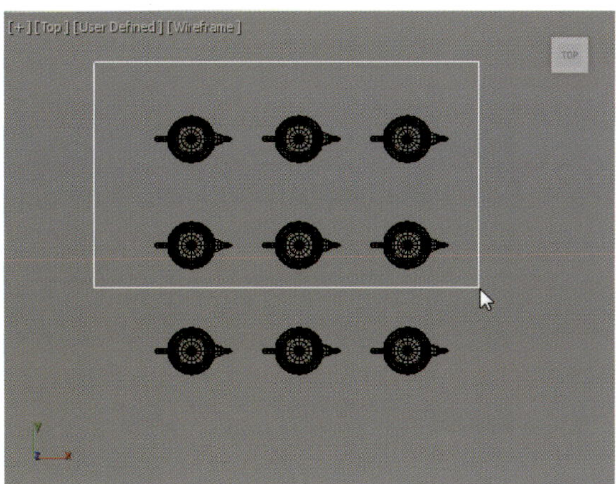

◉CD 제공 : Chapter02\Lesson02\Selection_region.max

ⓑ Circular : 원을 그리는 방식으로 오브젝트를 선택합니다. 둥근 형태의 Sub-Object를 선택할 때 유용합니다.

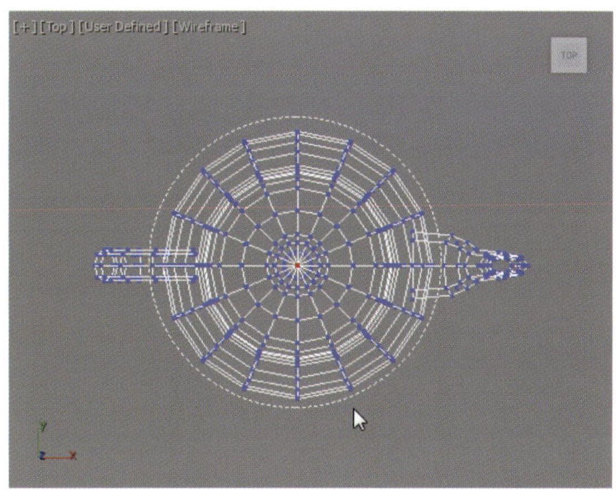

ⓒ Fence : 마우스를 클릭하면서 울타리 치는 형식으로 오브젝트를 선택합니다.(직선형태)

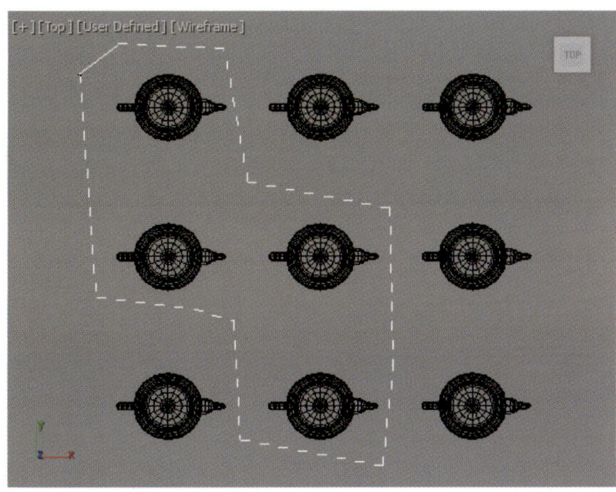

ⓓ Lasso : 마치 그림을 그리듯이 마우스를 드래그하여 울타리 치는 방식으로 오브젝트를 선택합니다.

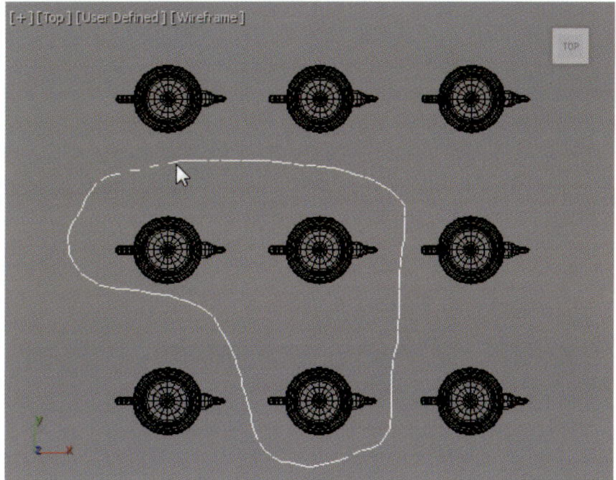

ⓔ Paint : 브러시를 이용하여 그림을 그리듯이 오브젝트를 선택합니다. 사용 방법은 다음과 같습니다.

① Paint Selection Region 아이콘 위에서 마우스 우측 버튼을 누르면 환경 설정 대화상자가 나타납니다. Scene Selection 항목의 'Paint Selection Bursh Size'의 옵션에 원하는 브러시 사이즈 값을 입력하여 사용합니다.

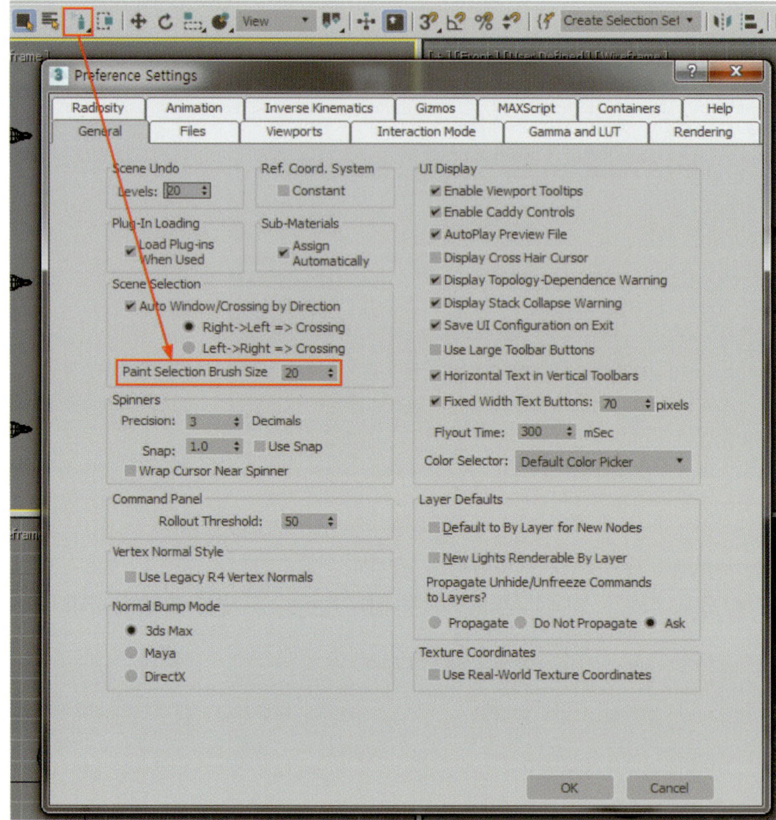

② 브러시로 마치 그림을 그리듯이 여러 개의 오브젝트를 선택합니다. 또는 Editable Poly의 Sub-Object 의 Vertex를 원하는 영역만큼 그림을 그리듯이 선택합니다.

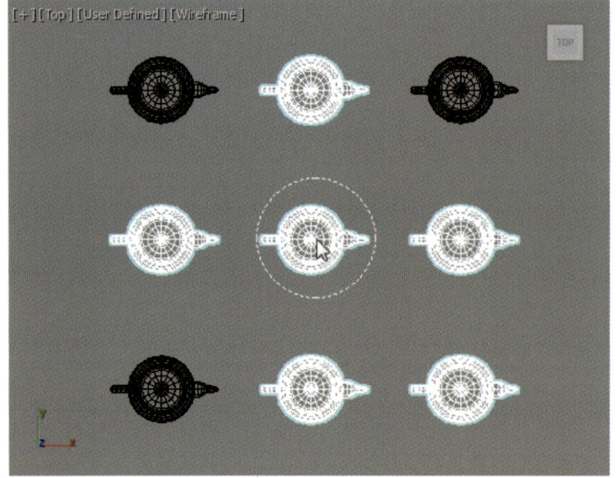

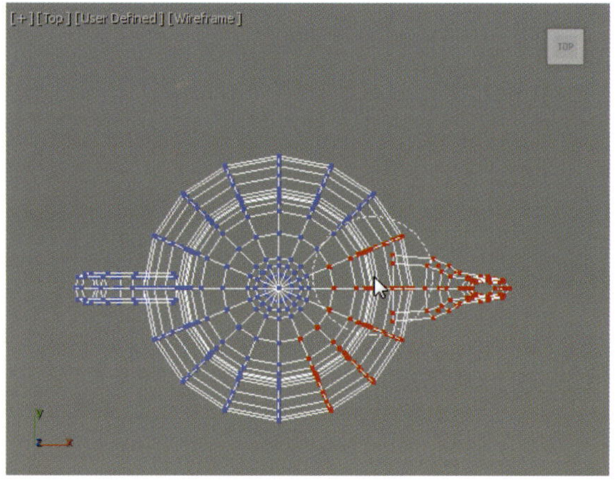

05 Select by Name 사용하여 선택하기

 Select by Name[단축키: H]을 이용하면 원하는 오브젝트를 정확히 선택할 수 있습니다. 주로 복잡한 모델링이나 인테리어 장면을 작업할 때 사용합니다.

Select Objects 대화상자에서 Ctrl 키를 누른 채 선택하고자 오브젝트들을 이름으로 선택합니다.

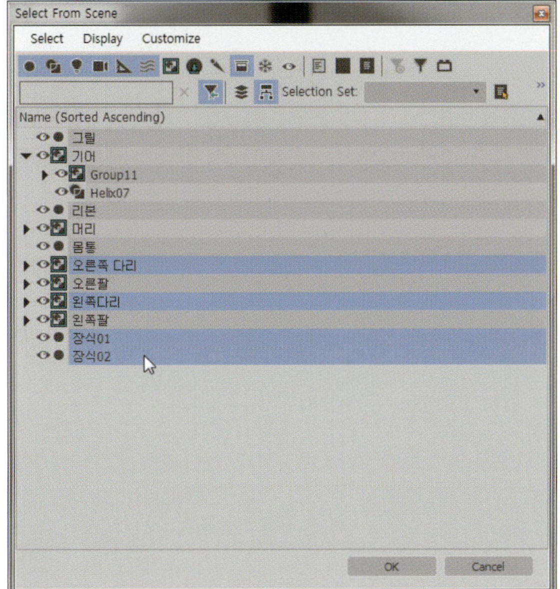

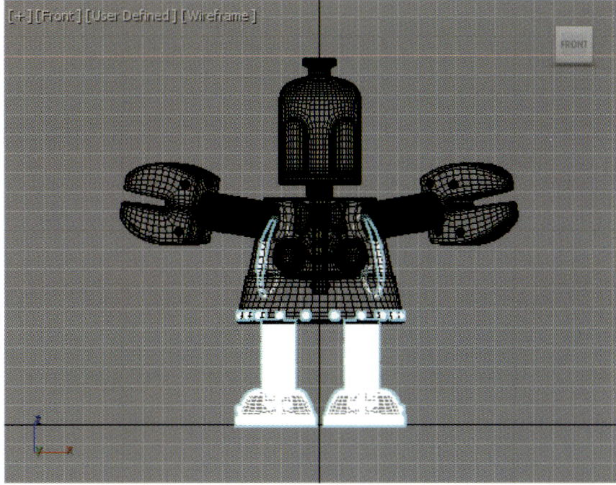

Section 03 | Clone으로 오브젝트 복사하기

Menu Bar의 Edit〉Clone으로 오브젝트 등을 복사할 수 있습니다. 단축키로 복사하고 싶을 때에는 오브젝트를 선택한 후 키보드의 Ctrl + V 키를 눌러주면 그 자리에서 바로 복사가 됩니다. 복사된 오브젝트는 다른 방향으로 이동시켜주면 됩니다.

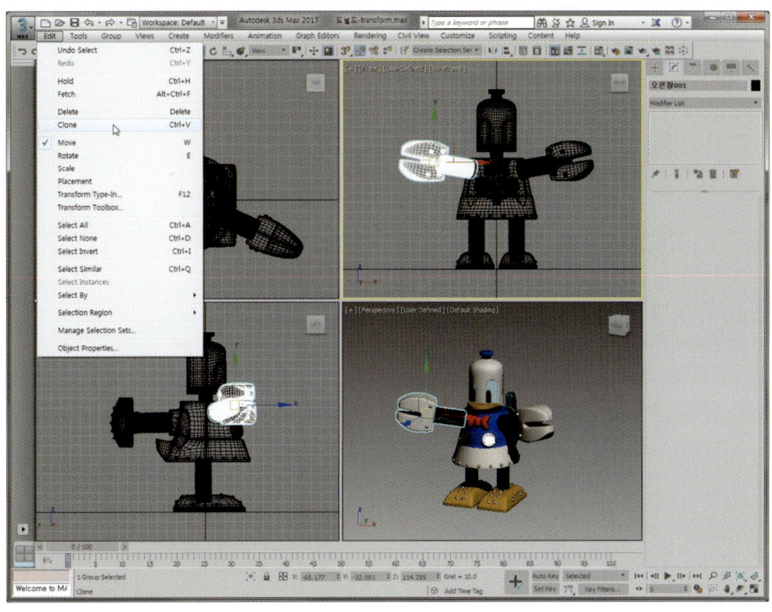

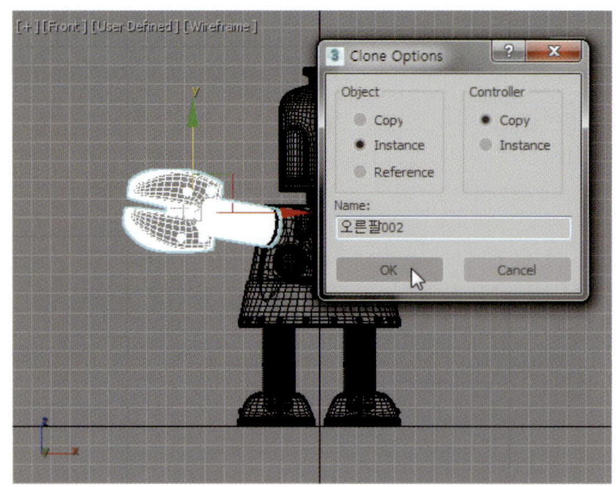
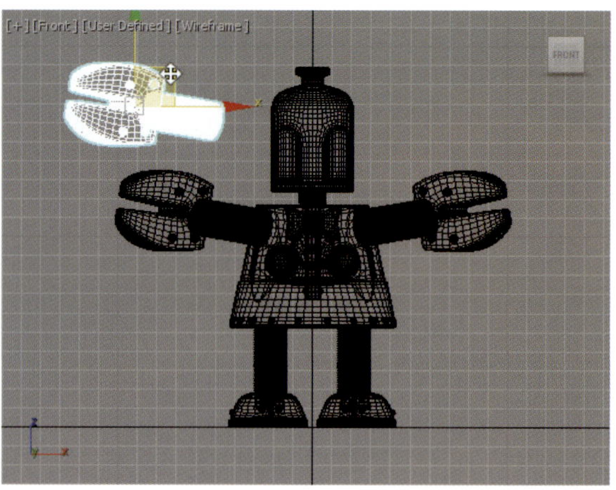

Section 04 │ [Shift] 키로 오브젝트 복사하기([Shift] + Move, Rotate, Scale)

Clone 같은 경우는 제자리에서 복사되는 반면에 [Shift]+Transform을 이용하면 원하는 거리만큼으로 복사할 수 있으며, 여러 개를 동시에 복사할 수도 있습니다.

01 [Shift]+Move

오브젝트를 선택한 다음, [Shift] 키를 누른 채 누른 채 오브젝트를 이동시켜주면 바로 복사가 됩니다. Clone Options 대화상자가 나타나면 'Number of Copies'에 원하는 복사 개수를 입력합니다.

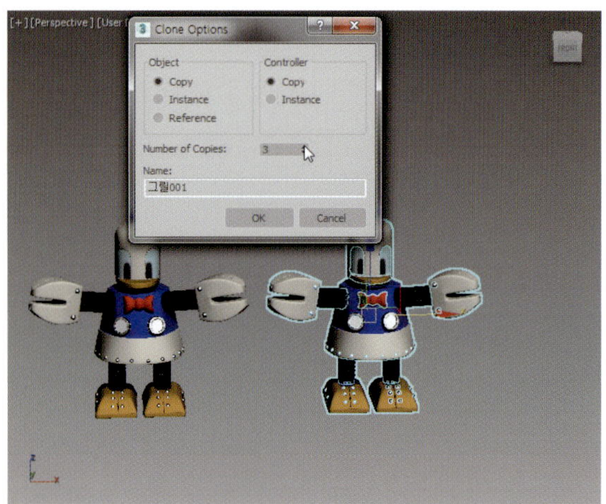
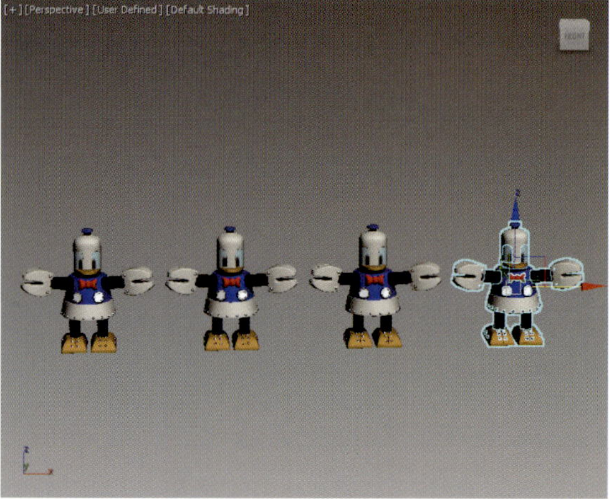

02 Shift +Rotate

오브젝트를 선택한 다음, Shift 키를 누른 채 원하는 방향으로 회전시키면 복사가 됩니다.
원하는 복사 개수를 입력합니다.

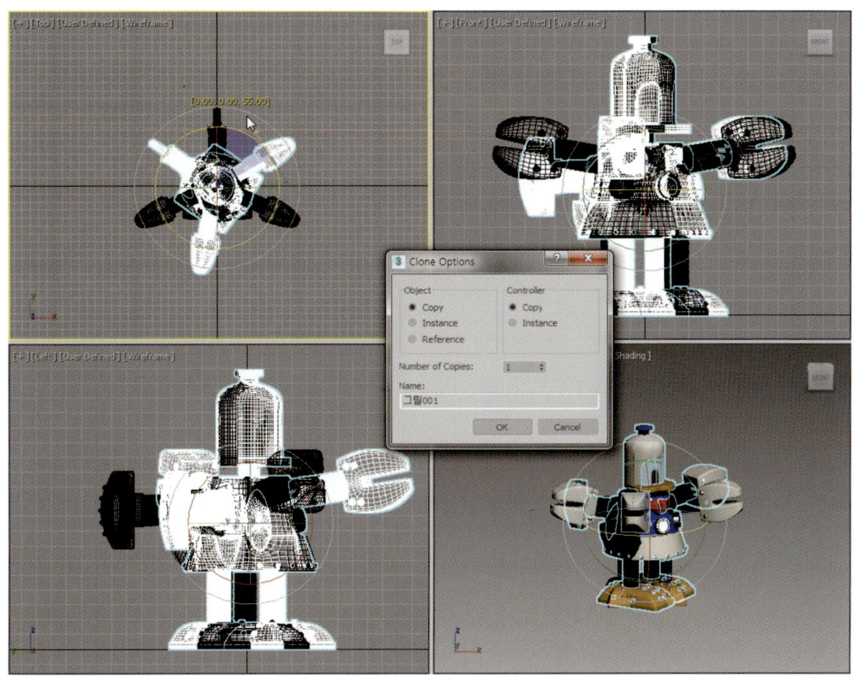

03 Shift +Scale

오브젝트를 선택한 다음, Shift 키를 누른 채 Scale를 적용하여 주면 복사가 됩니다. 1D, 2D, 3D Scale 방식으로 모두 복사 가능합니다.

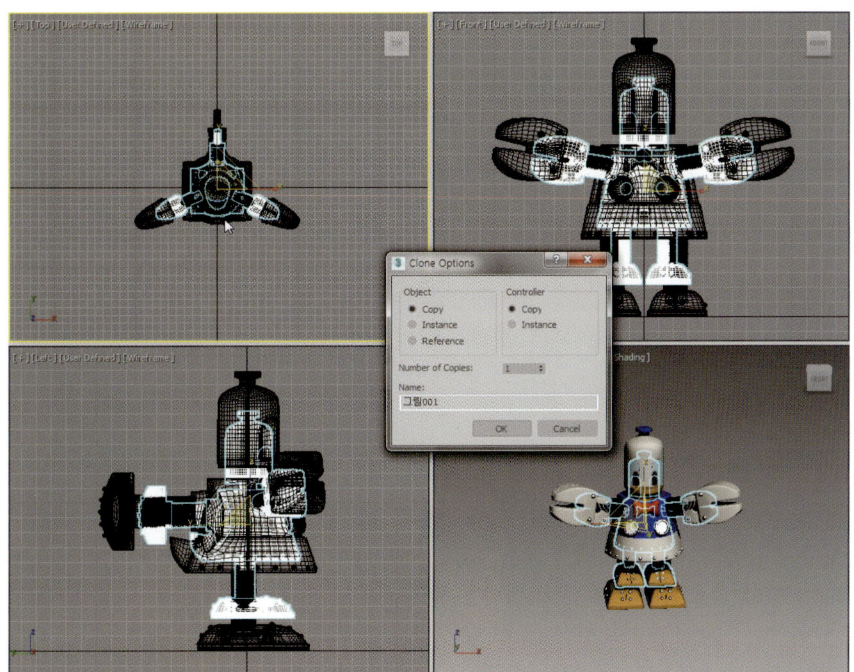

 **알아두기** | Clone Options

Ⓐ **Copy** : 원본과 사본이 완전히 분리되는 독립된 개체로 복사됩니다. 빨강 원기둥은 원본이고 노랑 원기둥은 Copy된 사본입니다. 노랑 원기둥에 'Bend'를 적용해보면 상호간에 영향을 주지 못한다는 것을 알 수 있습니다.

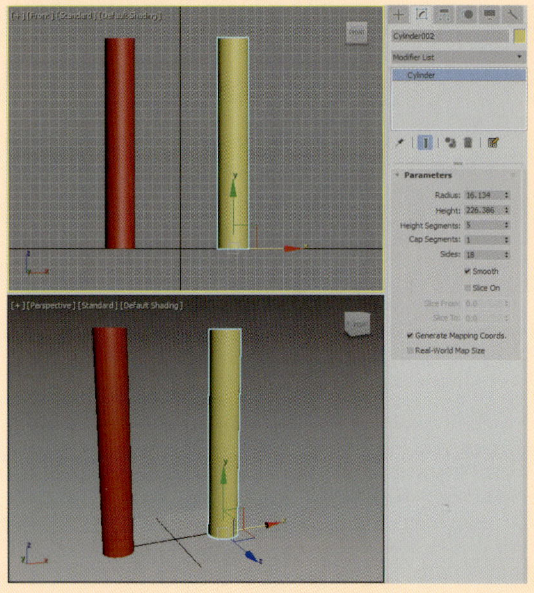
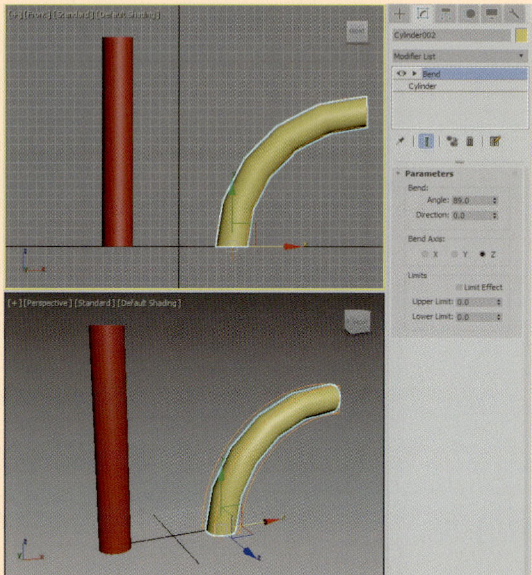

Ⓑ **Instance** : 원본과 사본끼리 서로 영향을 주는 개체로 복사됩니다. 원본이나 복사된 사본에 Modifier List에서 수정인자를 적용하면 같은 값으로 적용되어 결과가 나타납니다.
똑같은 형태의 수정인자를 적용할 때 Instance 방식을 가장 많이 사용합니다. 특히, 물고기나 나비 떼 같은 무리군의 애니메이션이나 같은 값을 가지는 라이트를 복사할 때 사용됩니다.
Stack View의 'Make Unique'[그림 A]가 활성화되어 있다면 서로의 오브젝트 관계가 Instance 관계임을 확인할 수 있습니다.

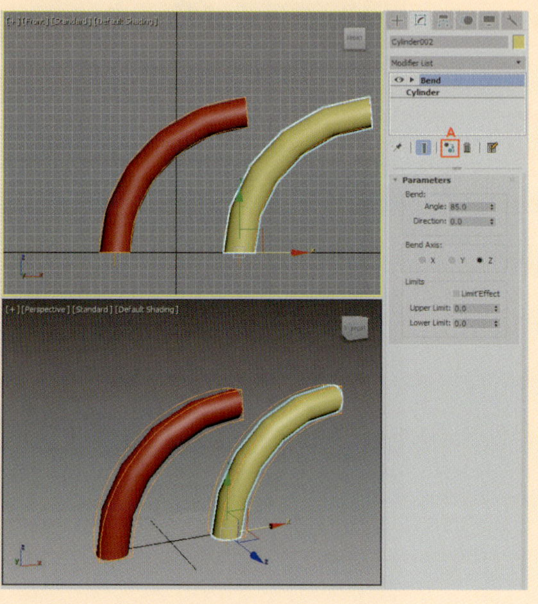

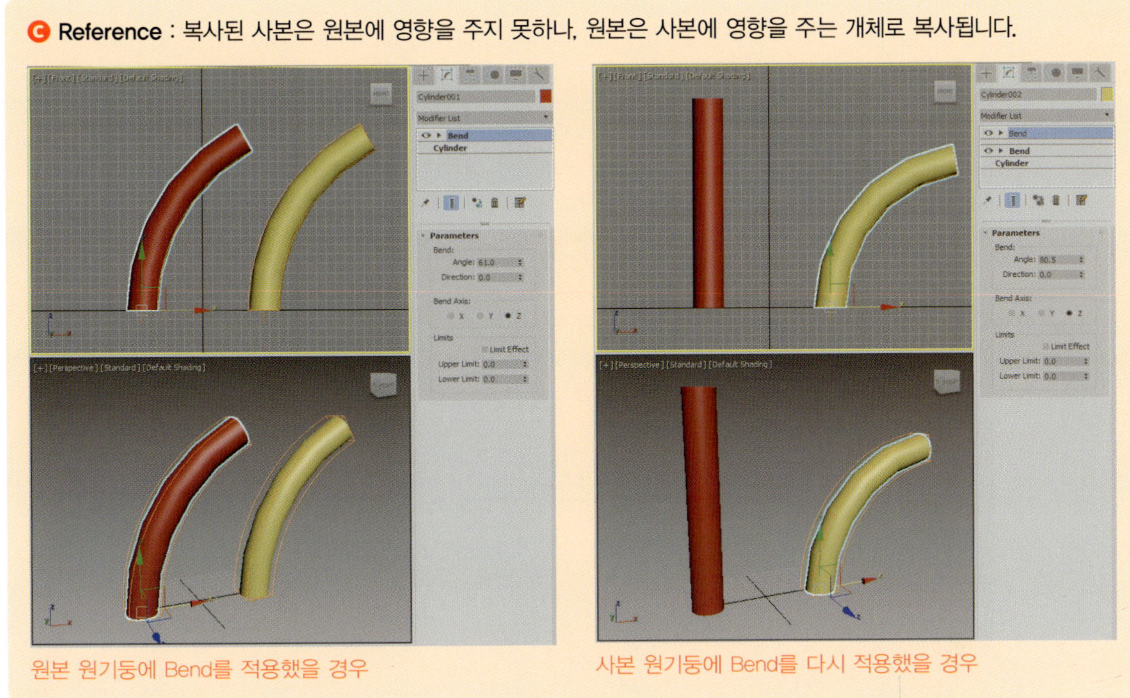

원본 원기둥에 Bend를 적용했을 경우

사본 원기둥에 Bend를 다시 적용했을 경우

Section 05 | Array로 한꺼번에 복사하기

Array는 1D 방향, 2D 방향, 3D 방향으로 원하는 개수만큼 다중으로 복사할 수 있는 기능입니다. 거리나 각도, 스케일 값을 직접 입력하여 복사합니다.

Main Toolbar에 Array 아이콘을 등록하여 사용할 수 있고, Menu Bar의 Tools>Array 명령을 사용할 수도 있습니다.

제공된 부록 CD에서 Chapter 02\Lesson 02\'Pig_Character.max' 파일을 Open합니다.

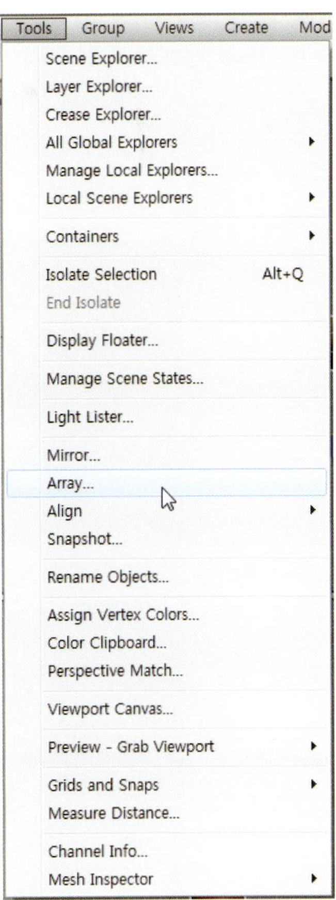

01 Top View에서 캐릭터 오브젝트를 선택하고 Menu Bar의 Tools〉 Array를 선택합니다. X축 방향에 "450"을 입력하고, 1D Count에 "5"개로 입력한 후 OK버튼을 클릭합니다. 결과물을 미리 확인하려면 Preview 버튼을 클릭합니다.

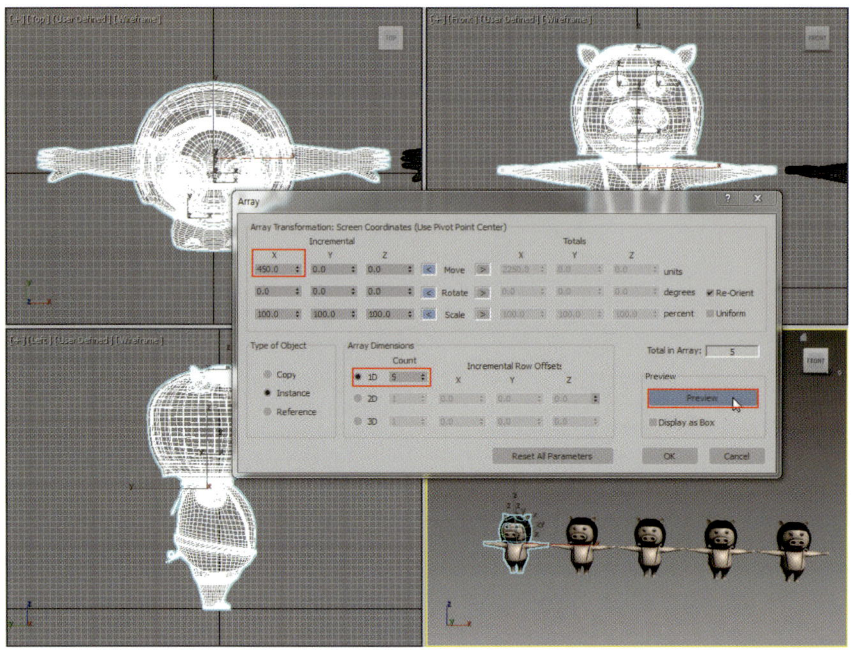

ⓘ 알아두기 | Array

- **Incremental** : 선택된 기준으로부터 입력된 거리만큼 증가되어 배열 복사합니다. 배열의 개별 오브젝트에 적용됩니다.
- **Totals** : 선택된 기준으로 마지막 부분의 전체 거리, 수, 정도 또는 배열의 퍼센트 배율에 적용됩니다.
- 가능하면 Array를 실행하려면 Top View 또는 Perspective View에서 실행합니다.

02 다음과 같이 X방향으로 100의 거리만큼 5개가 복사되었습니다.

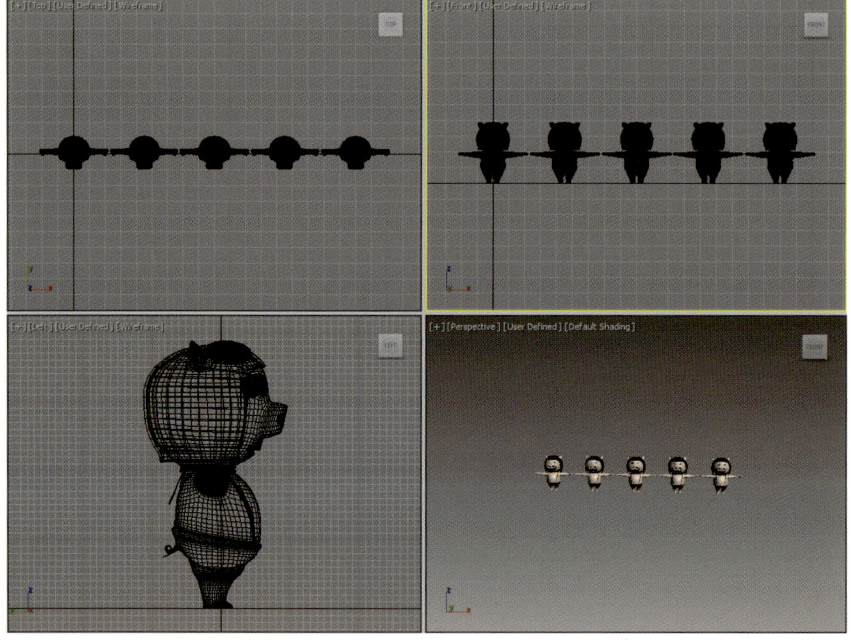

03 Undo[단축키 : Ctrl + Z]를 실행시키거나 복사된 오브젝트 4개를 Delete 키로 삭제시킵니다. 다시 처음의 오브젝트를 선택하고 Array 대화상자를 불러냅니다.

다음과 같이 값을 입력해줍니다. 이것은 가로의 X축 방향으로 450만큼의 간격으로 5개가 복사되고, 세로의 Y축 방향으로 300만큼의 간격으로 3개가 복사되라는 뜻입니다. [5×3의 배열 방식]

Preview 버튼을 클릭하면 Viewport에 현재 작업 중인 Array 결과가 보입니다.

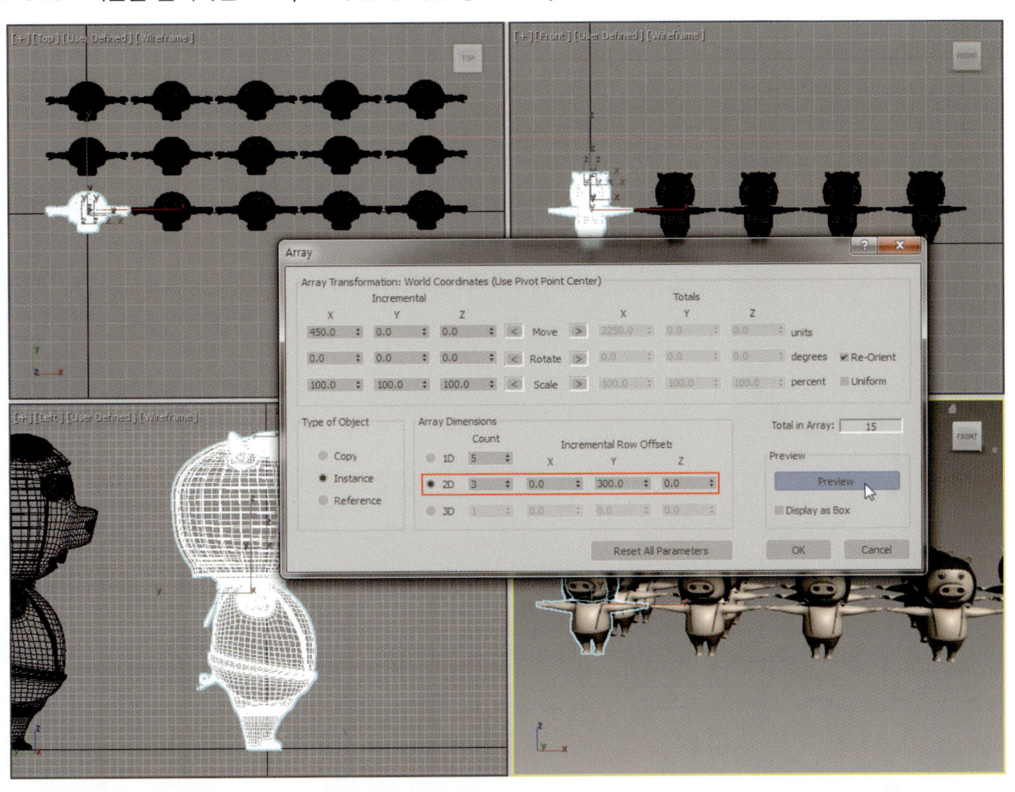

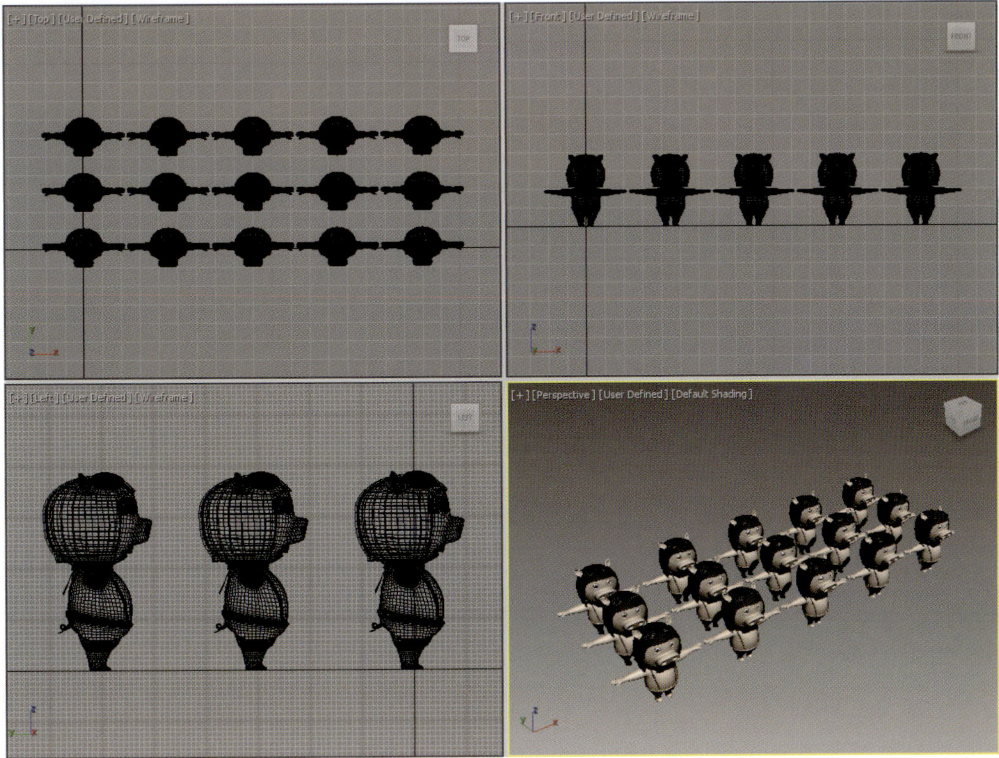

04 복사한 것을 취소시키고 다시 Array를 실행시켜 다음과 같이 입력해줍니다. 3D의 Count 값에 3을 입력하고, Z축의 높이에 해당되는 값에 400을 입력합니다. [5×3×3의 배열 방식]

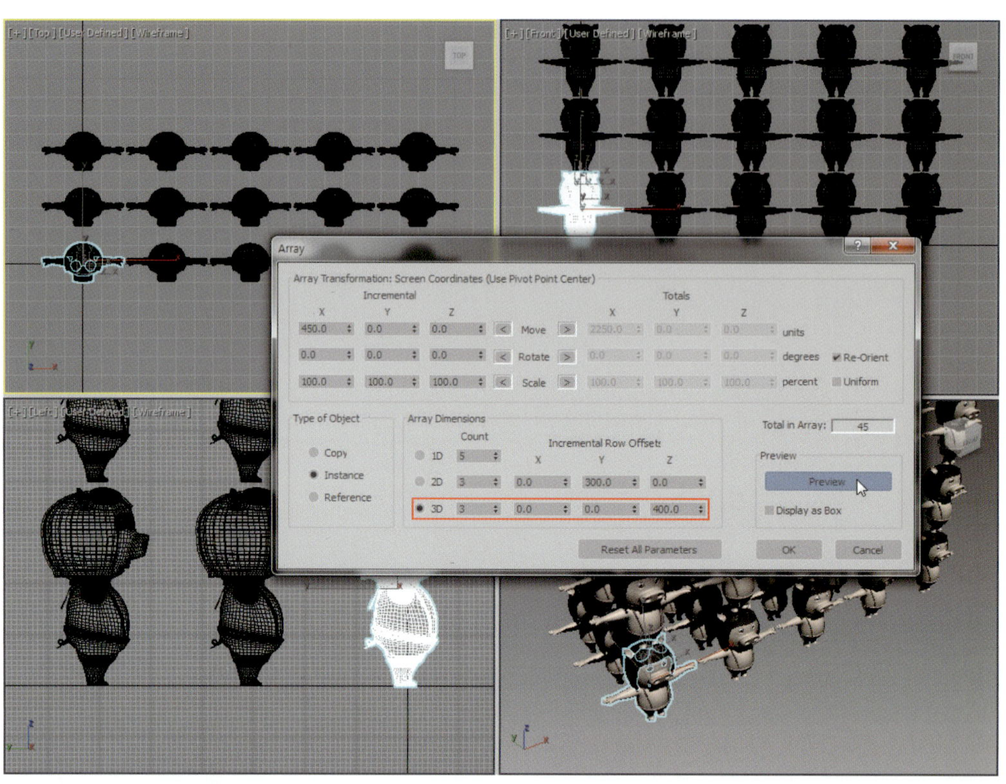

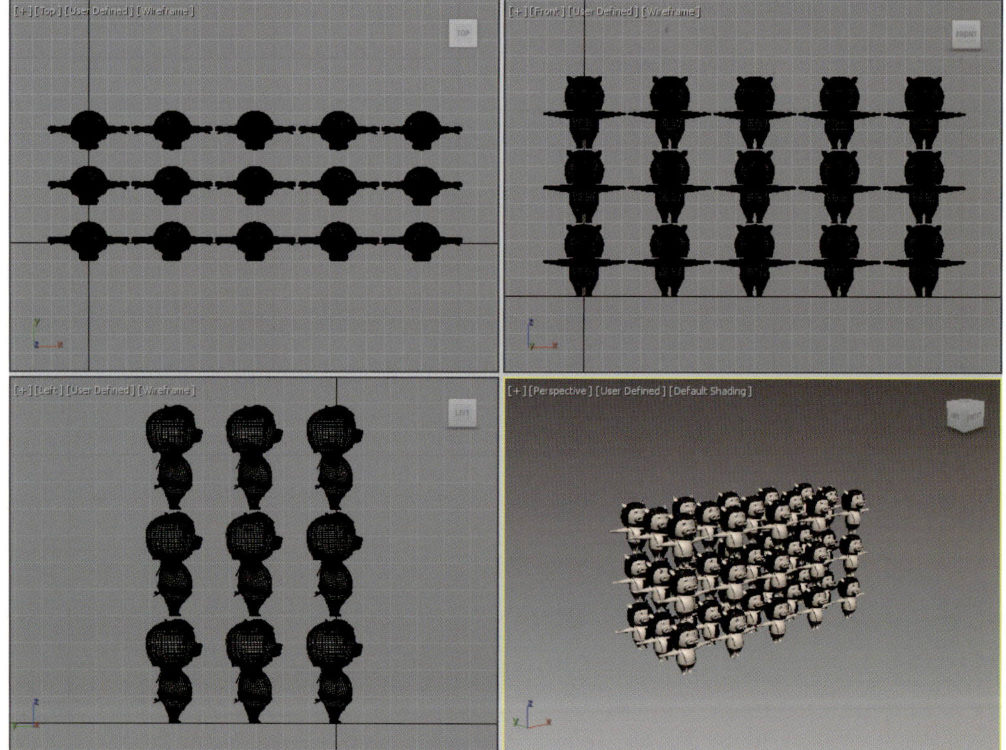

05 다음 이미지는 캐릭터 오브젝트들을 모두 Group으로 묶은 다음 기존 Array의 Data 값에 Incremental의 Rotate의 Z 축 값에 "15"를 입력한 결과입니다. 오브젝트가 15도씩 회전하여 재미있는 형태의 배열 복사가 되었습니다.

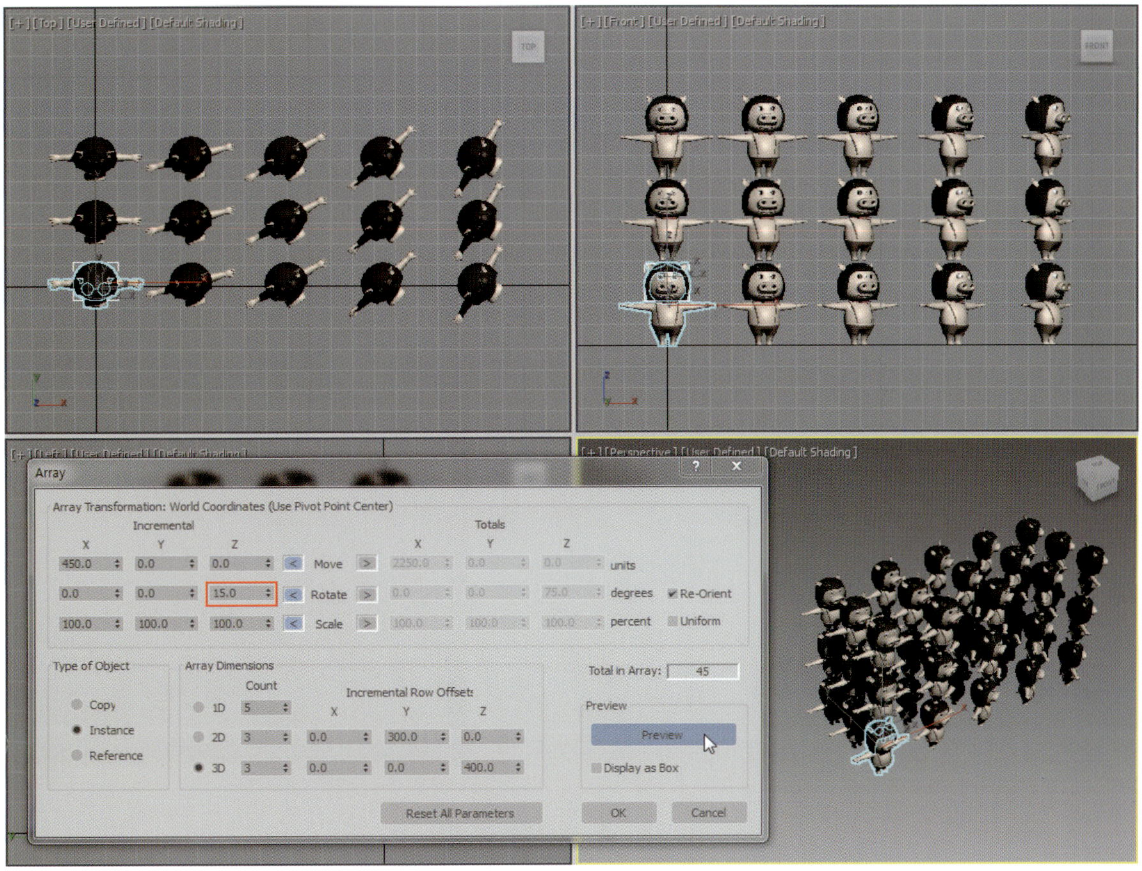

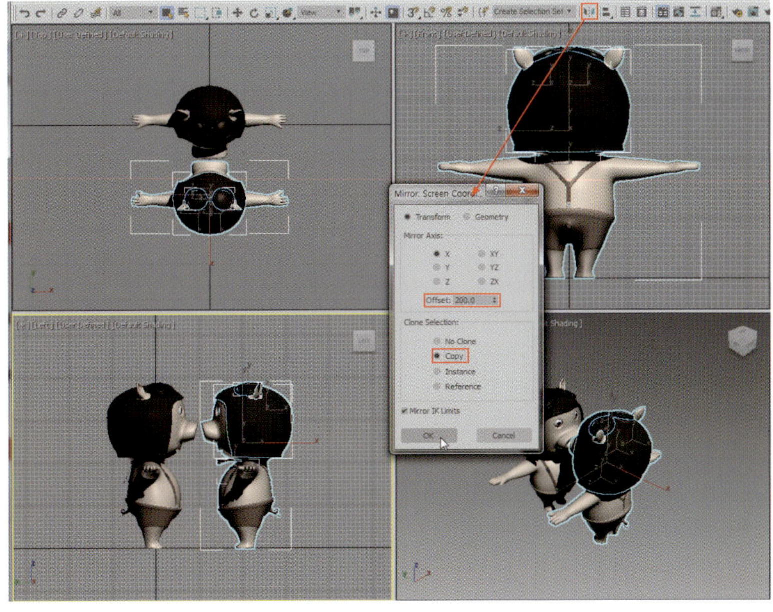

Section 06 | Mirror로 대칭 복사하기

Mirror는 오브젝트를 반대 편에 대칭으로 복사하는 기능 입니다. 먼저 오브젝트를 선택 한 다음 Mirror 아이콘을 클릭 하여 원하는 값을 설정하면 됩 니다.

다음 이미지는 Left View에서 X축 방향으로, "200" 값의 간 격으로 오브젝트를 대칭 복사 한 이미지입니다.

Section 07 | Snap 활용하기

Snap은 오브젝트를 만들거나 변환 중에 기존의 형태 또는 다른 장면의 요소의 특정부분으로 커서를 이동하여, 오브젝트를 생성, 이동, 회전 및 배율을 조정할 때 추가로 제어할 수 있는 기능을 제공합니다.

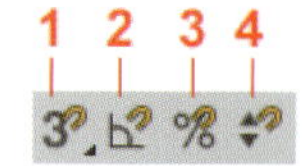

Snap은 기본적으로 해제되어 있습니다. 변환 도중이라도 언제든지 S 키를 눌러 스냅을 사용할 수 있습니다.

01 Snaps Toggle [단축키 : S]

Snap을 사용하기 위해서는 Main Toolbar의 'Snap'을 직접 선택하거나, 키보드의 S 키를 사용하면 됩니다. Snap 위에서 마우스 우측 버튼을 누르면 대화상자가 나타납니다. 자세한 설정을 하려면 'Gird and Snap Setting' 대화상자에서 해당 Snap을 선택해주면 됩니다.

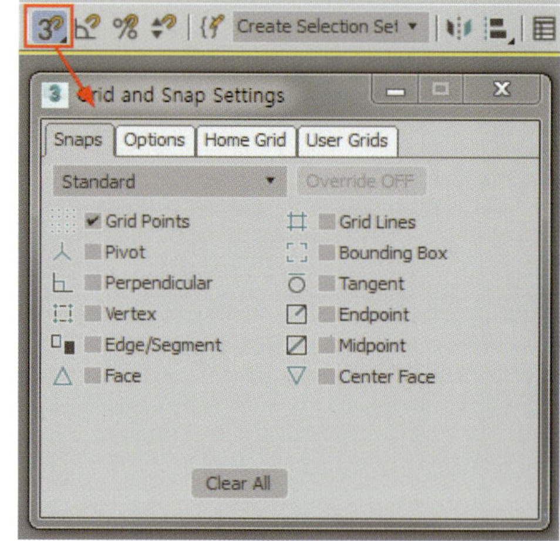

Snap의 Grid Points를 활성화시키고 오브젝트를 움직이면 격자에 맞추어 오브젝트가 이동하는 것을 알 수 있습니다.

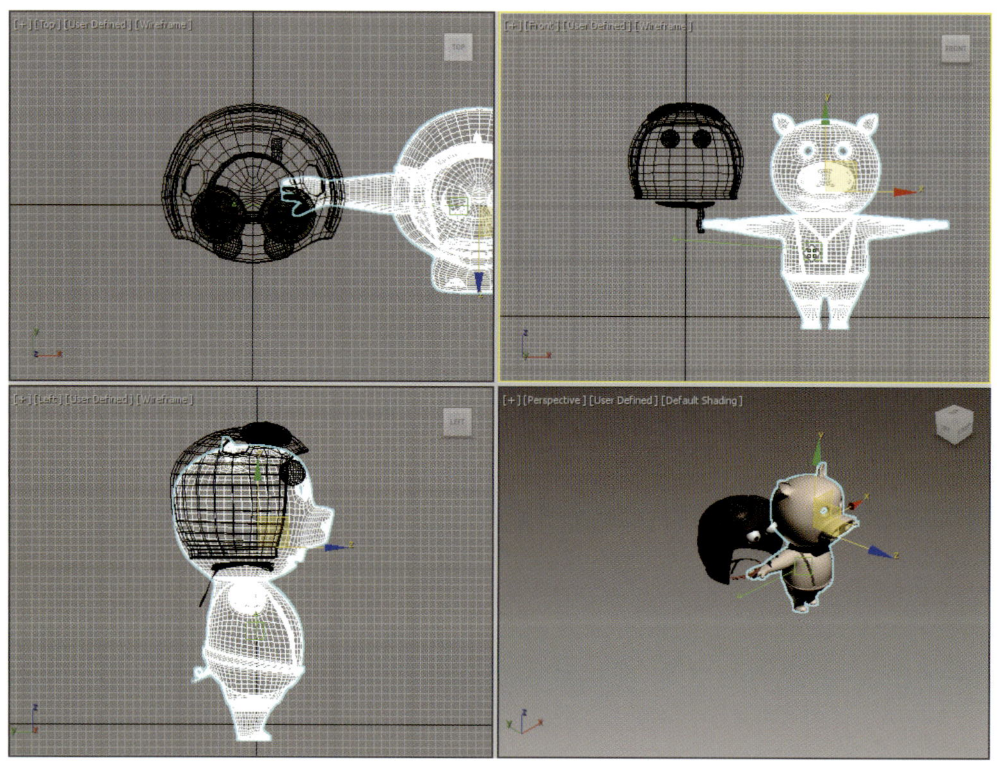

3D Snap의 플라이 아웃에는 2D Snap, 2.5D Snap 또는 3D Snap이 있습니다. Snap 토글 플라이아웃 버튼은 Snap이 활성화된 3D범위 조절을 가능하게 해줍니다. 작업을 하면서 다른 Snap 타입을 활성화시키기 위한 다양한 Snap 타입을 Snap 대화상자에서 사용할 수 있습니다. 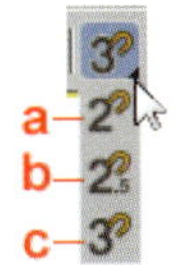

ⓐ 2D Snap : 커서가 그리드의 평면의 형상을 포함해 활성화된 구성 그리드에만 Snap합니다. Z축, 즉 수직 차원은 무시됩니다.

ⓑ 2.5D Snap : 커서가 활성화된 그리드에 투사된 오브젝트의 정점 혹은 모서리에만 Snap합니다. 그리드 오브젝트를 만들어 활성화시킨다고 가정해봅시다. 그리드를 통해서 3D 공간 멀리 큐브까지 볼 수 있도록 그리드 오브젝트를 위치시킵니다. 2.5D 설정으로는 원거리의 큐브 상에 정점에서 정점으로 선을 Snap할 수 있지만 선은 활성화된 그리드에 그려집니다. 이 효과는 마치 유리판을 들고서 원거리의 오브젝트의 외곽선을 유리 위에 그리는 것과 같습니다.

ⓒ 3D Snap : 기본으로 사용합니다. 커서는 직접 3D 공간의 형상으로 Snap합니다. 3D Snap은 구성 평면을 무시하고 형상을 만들고 모든 차원으로 이동할 수 있게 해줍니다.
이 버튼을 마우스 오른쪽 클릭해서 Grid and Snap Settings 대화상자를 표시합니다. 여기서 Snap 카테고리를 변경하고 다른 옵션을 설정합니다.

02 Angle Snap Toggle [단축키 : A]

정해진 회전 각도에 맞추어 오브젝트를 회전시켜줍니다. 기본 값은 5도로 설정되어 있으며 Grid and Snap Settings 대화상자에서 Angle 값을 설정할 수 있습니다.

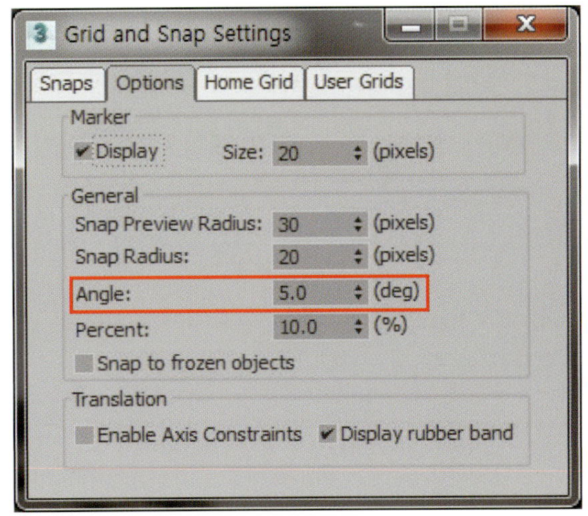

Angle 옵션 각도에 "45" 값을 입력하고 오브젝트를 회전시키면 45도씩 회전하는 것을 볼 수 있습니다.

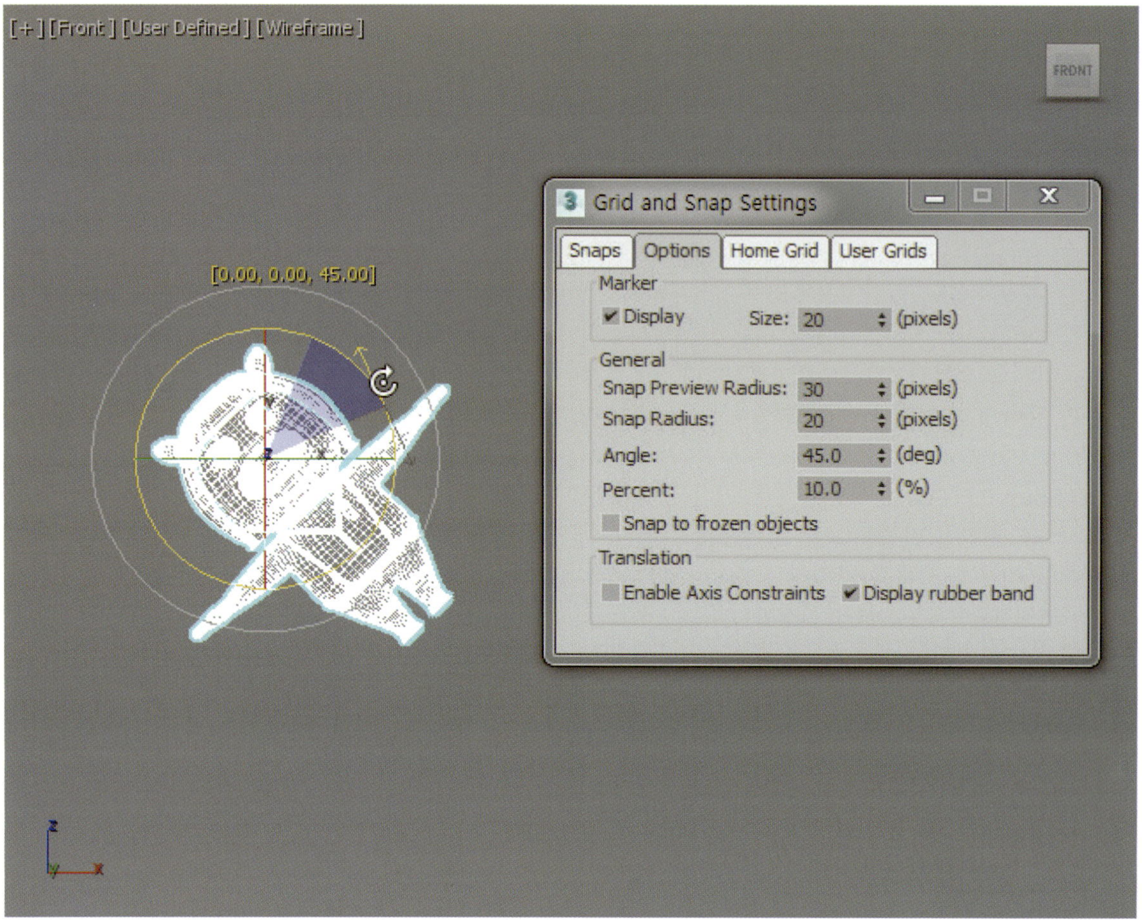

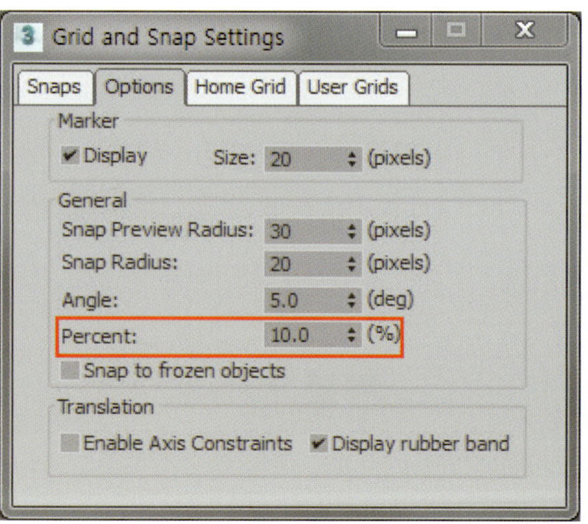

03 Percent Snap Toggle[단축키 : Shift+Ctrl+P]

Scale에 Snap의 %를 주게 되어 정확한 비율로 줄이거나 키울 수 있습니다.

Percent 값이 기본으로 10으로 설정되어 있으므로 10%씩 오브젝트가 확대, 축소됩니다. 값을 더 크게 적용하여 한 번에 큰 Percent Snap을 줄 수 있습니다.

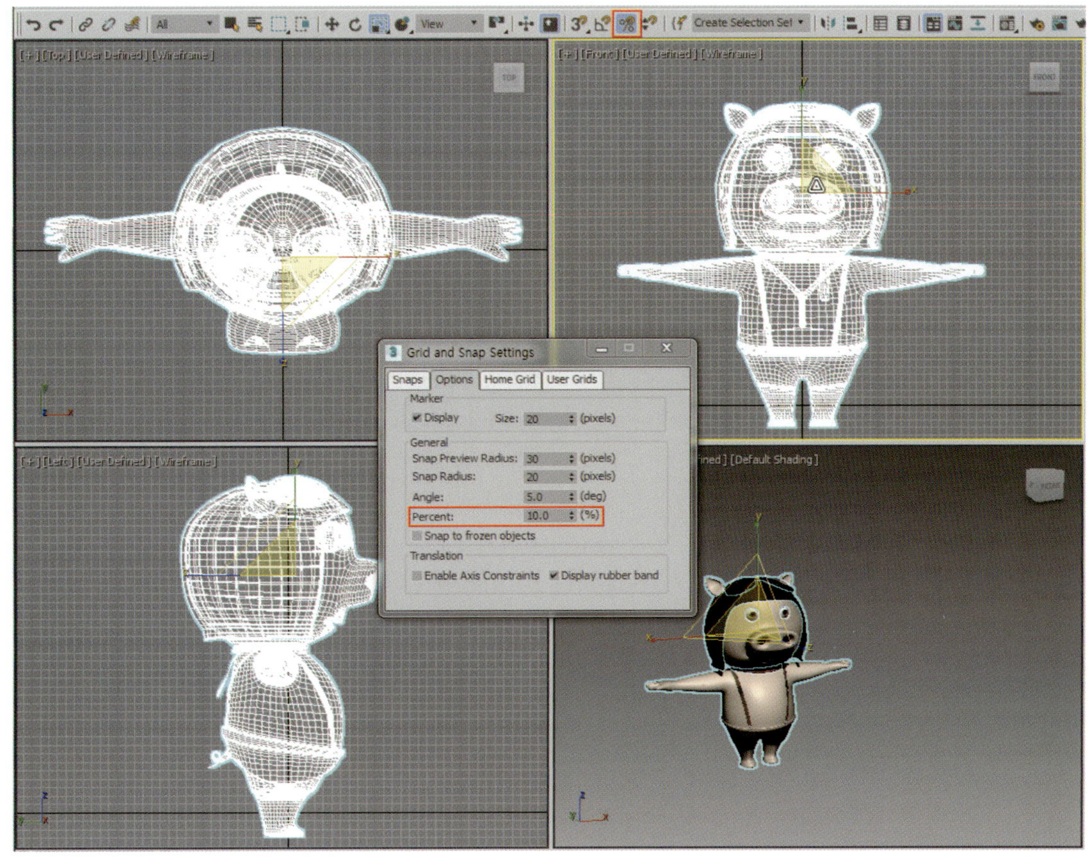

04 Spinner Snap Toggle

Spinner 필드의 숫자 증분을 설정합니다. Spinner Snap의 주 기능은 각 오브젝트의 Spinner 값을 조정할 때 사용되며, Spinner의 위·아래 화살표를 클릭할 때마다 적용된 Snap 값이 적용됩니다. 일반 단위로 1인치를 사용하는 경우 12를 설정하면 오브젝트를 한 번 클릭할 때마다 1피트씩 크기를 조정하거나 구형에 12 세그먼트를 추가할 수 있습니다.

Spinner에 대한 옵션 설정은 'Spinner Snap Toggle' 아이콘 위에서 마우스 오른쪽 버튼으로 대화상자를 불러올 수 있습니다.

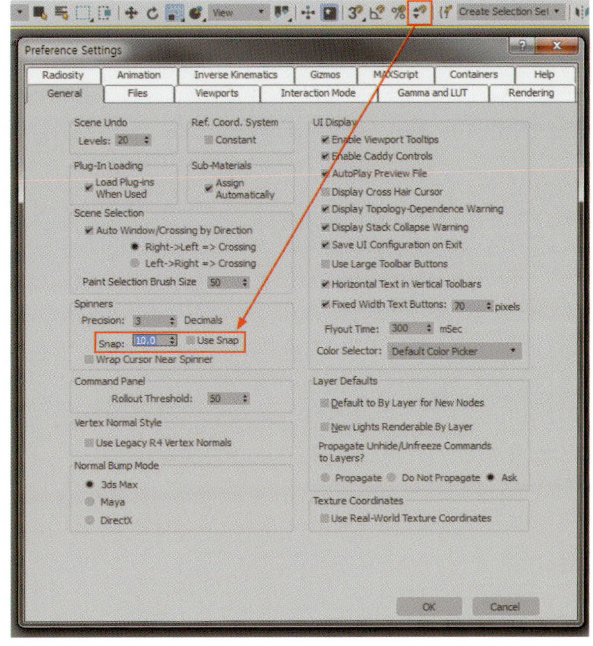

다음과 같이 Create〉Geometry〉Box 버튼을 사용하여 50의 크기를 가진 정육면체를 만듭니다. Parameters 롤아웃의 Spinner를 클릭하면, '10'만큼씩 증가되는 것을 알 수 있습니다.

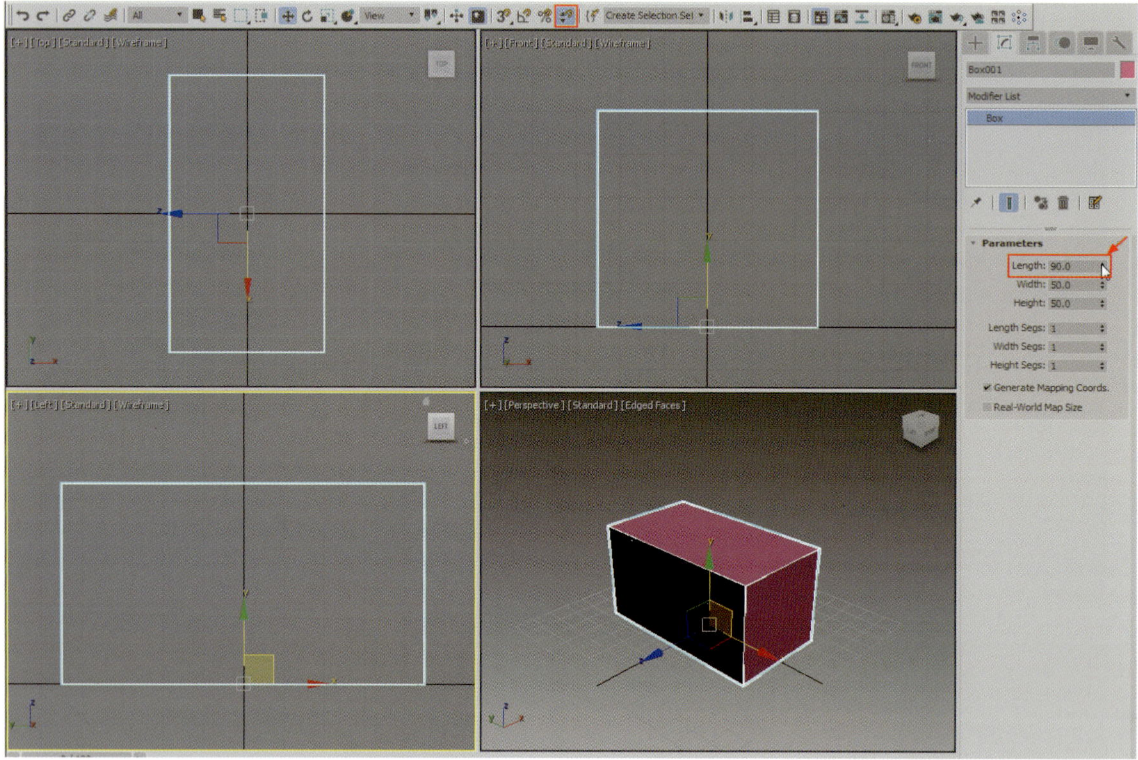

Lesson 03

Group 살펴보기

한 장면에 오브젝트들이 똑같은 형태로 모여 있거나 한 Set로 설정되어 있을 때, 또는 오브젝트들이 같은 재질로 묶여있을 때 주로 사용하는 명령으로는 Group과 Attach 기능이 있습니다.

Group 명령은 여러 개의 오브젝트들을 하나의 공통 집합체로 만들어 주는 기능으로 각 오브젝트들의 속성이 그대로 유지가 됩니다. 반면에 Attach는 여러 개의 오브젝트를 하나의 오브젝트로 만들어주는 기능으로, 각 오브젝트의 속성은 사라지게 됩니다. 특히 같은 재질을 가지고 있는 오브젝트를 하나로 만들 때 사용하면 좋습니다. 애니메이션 장면에서 여러 개의 오브젝트들을 하나의 오브젝트에 종속시키게 하는 Link 기능도 있습니다.

Section 01 | Group으로 오브젝트를 하나로 묶고 Ungroup으로 풀기

Group은 두 개 이상의 오브젝트를 하나의 집단으로 만들어주는 기능으로 여러 개의 관련 오브젝트들을 관리하고 조정할 수 있습니다. 모델링 또는 재질을 입히는 과정에 많이 사용합니다.

01 Group에 대한 내용을 자세히 살펴보기 위해 제공된 CD부록에서 Chapter02\Lesson03\'Ford_Focus_Group.max' 파일을 Open합니다.

02 자동차의 부속 오브젝트를 선택해보면 오브젝트가 서로 분리되어 있는 것을 확인할 수 있습니다. 이제 Group 명령을 사용하여 분리된 오브젝트들을 하나로 묶어주도록 하겠습니다.

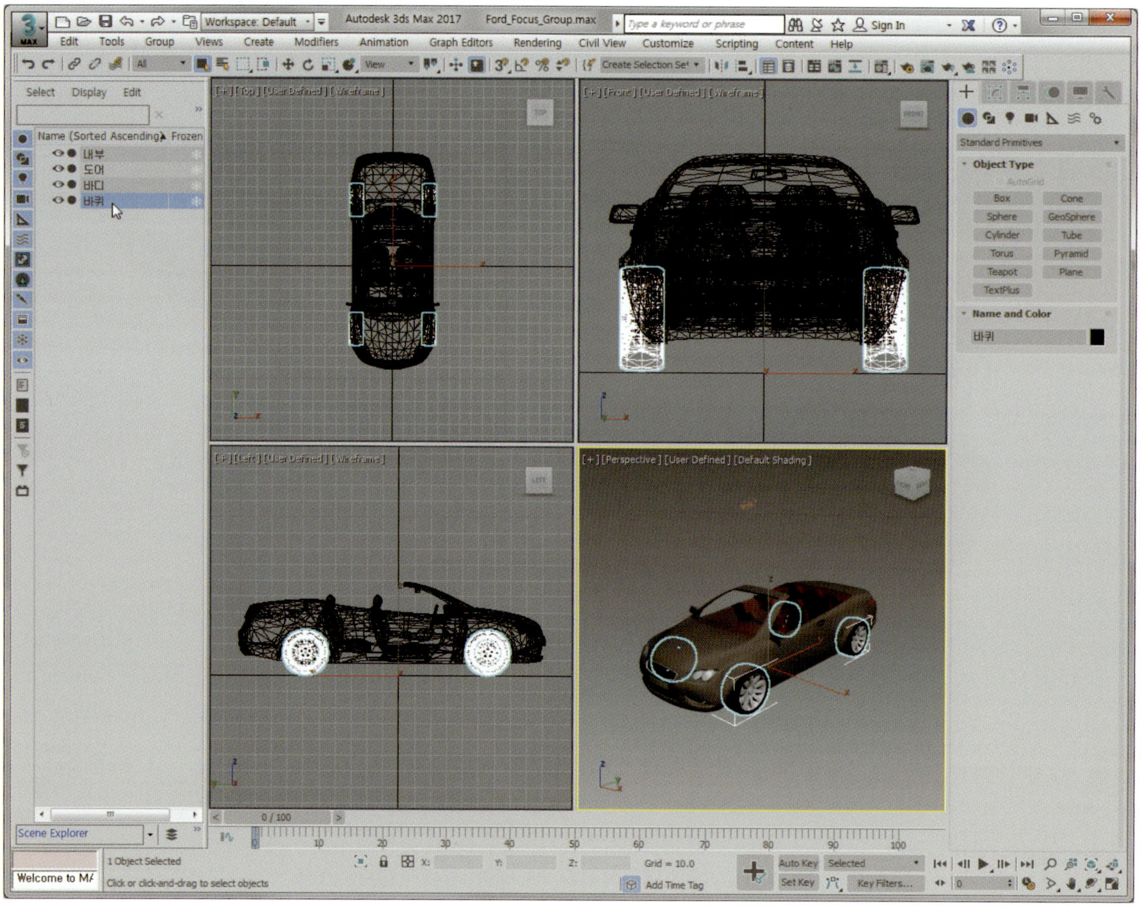

03 자동차 전체 오브젝트를 선택해준 다음, 상단 Menu Bar의 Group 풀다운 메뉴에서 'Group' 명령을 선택합니다. Group 대화상자의 Group name에 "자동차"로 이름을 입력하고 OK 버튼을 눌러 창을 닫습니다.

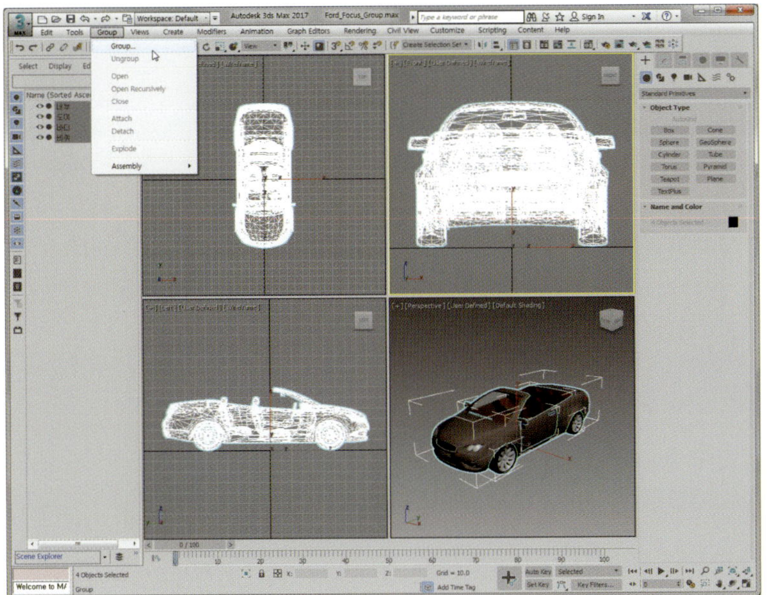

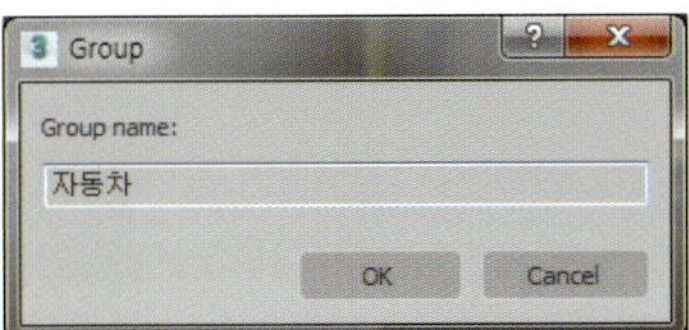

04 이제는 어떤 오브젝트를 선택하든지 하나의 오브젝트로 선택되는 것을 확인할 수 있습니다.

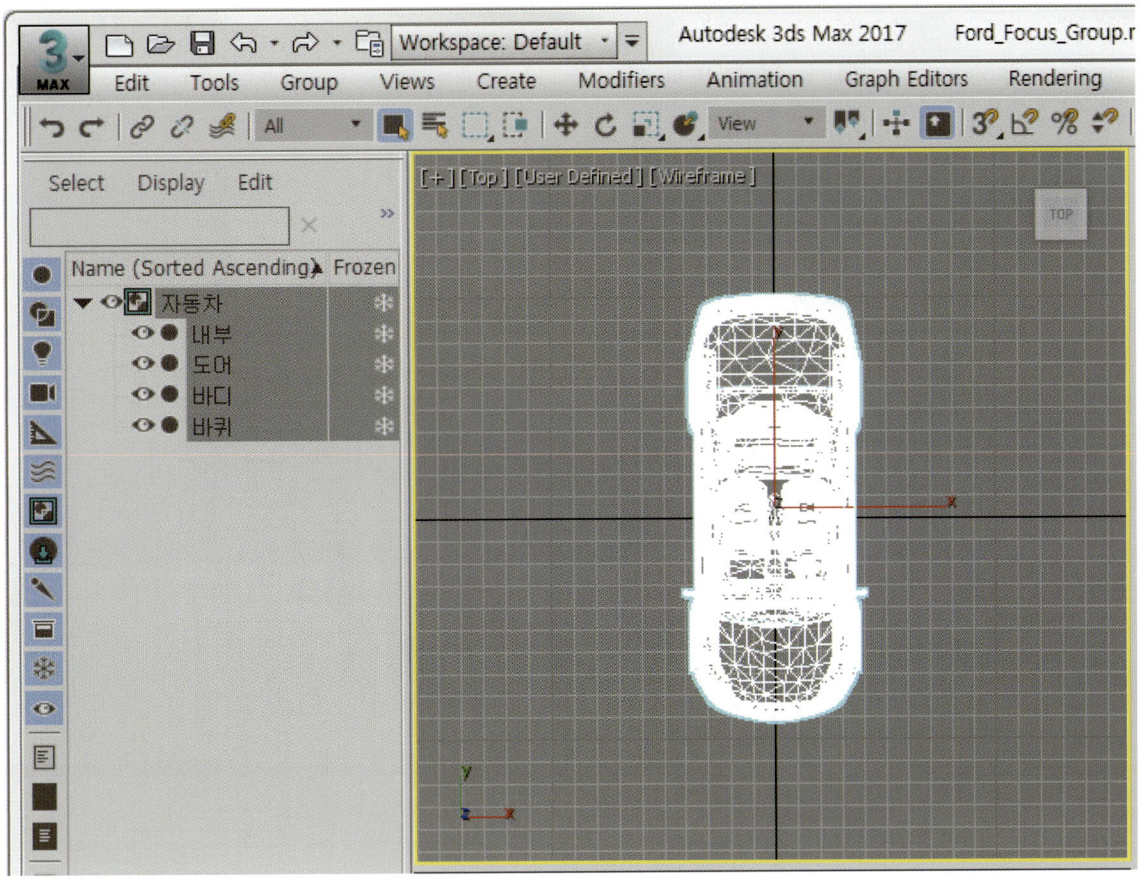

05 Group으로 묶여 있던 '자동차'에 Group〉Ungroup 명령을 적용하면 묶여있던 오브젝트가 원래대로 해체됩니다.

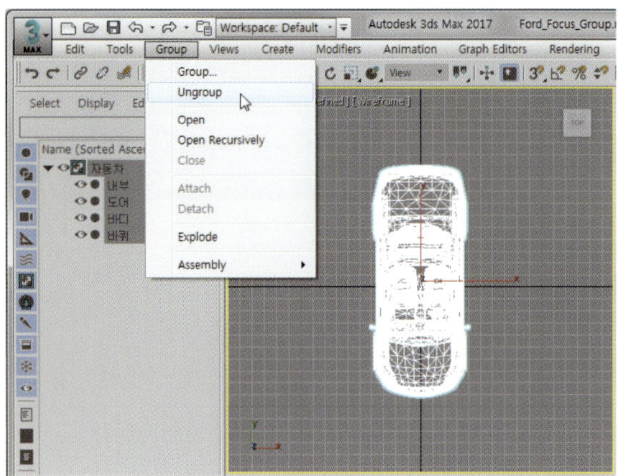
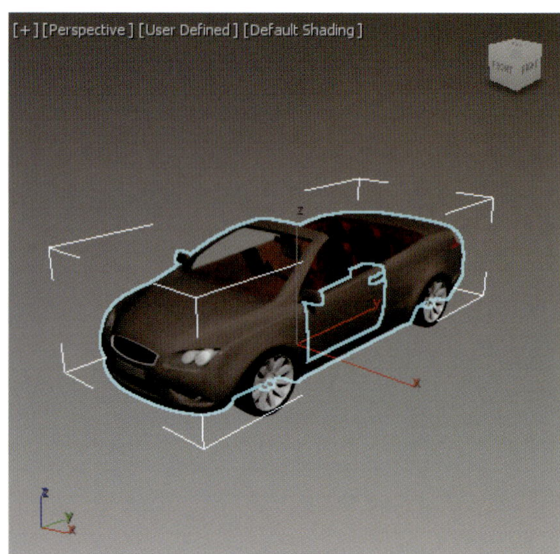

06 다음 예제 실습을 위하여 오브젝트들을 모두 선택하여 Group〉Group으로 다시 설정해줍니다.

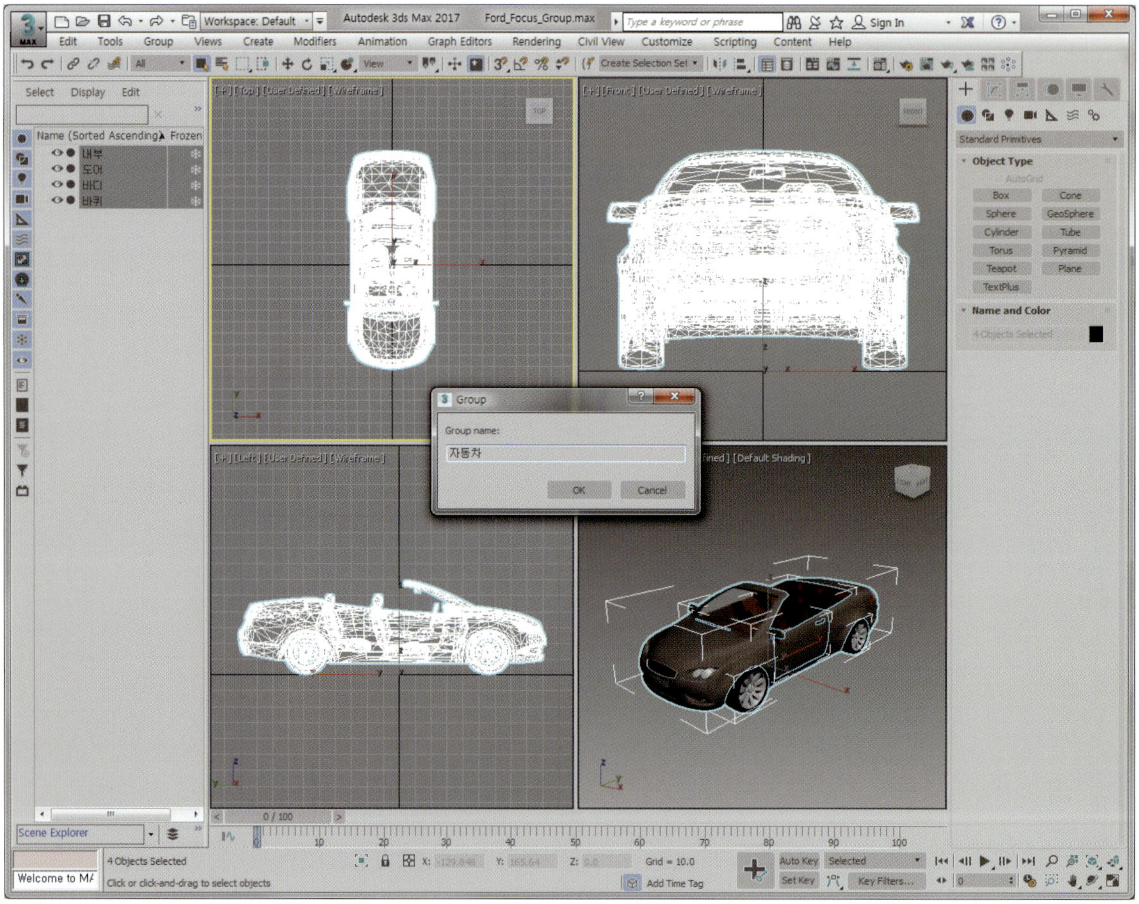

Section 02 | Open과 Close

Open 명령은 Group으로 이미 설정되어 있는 일부 오브젝트를 선택하고 수정할 때 사용합니다. 즉, 이미 Group되어 있는 오브젝트들을 해체하지 않고, 일부 오브젝트를 선택하여 형태나 재질을 수정할 때 사용합니다. Close 명령은 Open되어 있는 Group을 다시 닫는 기능입니다.
앞서 작업한 내용을 이어서 그대로 진행을 하거나 제공된 CD 부록의 Chapter 02\Lesson 03\Ford_Focus_Group_Com.max'파일을 Open합니다.

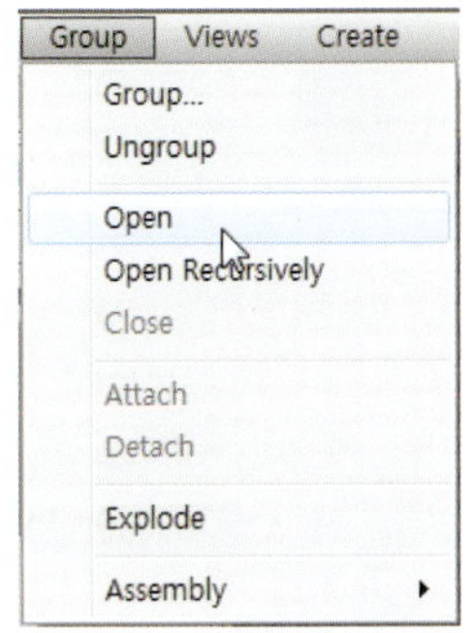

01 Group되어 있는 '자동차' 오브젝트에 Group〉Open 명령을 적용하면 오브젝트 주위에 분홍색 테두리 상자가 나타납니다. 이때 Group으로 적용된 '자동차'의 일부 오브젝트를 선택할 수 있습니다.
감싸고 있는 묶음 표시의 분홍색 테두리 상자를 선택하면 Group 상태로 작동합니다.

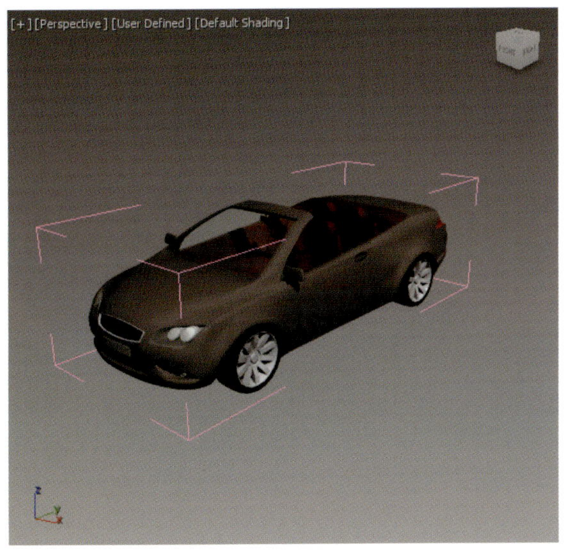
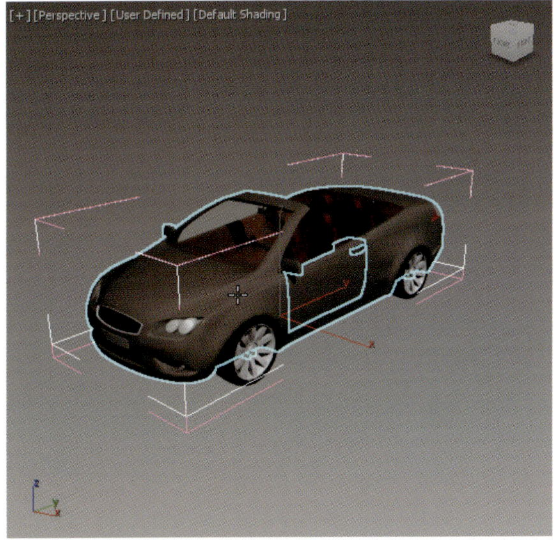

02 '자동차'의 바퀴를 선택하고 이동시켜 보면, 해당 Group에서 분리되어 분홍색 테두리 상자의 영역이 늘어나는 것을 알 수 있습니다.

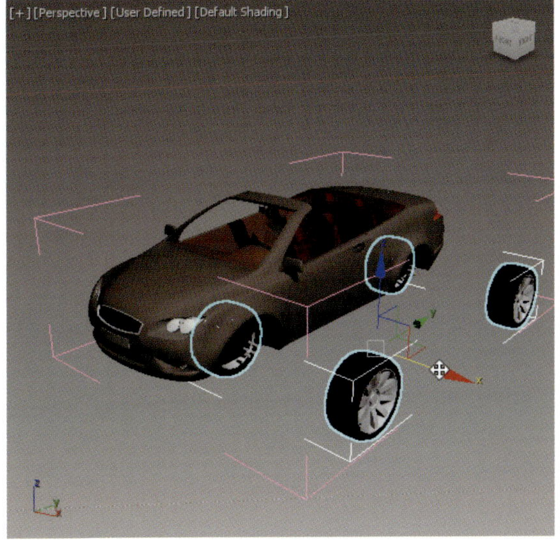

03 Ctrl + Z 키를 눌러 바퀴를 원위치 시켜놓습니다. 일부 오브젝트나 분홍색 테두리 상자를 선택하고 다시 Group의 Close를 선택하면 원래의 Group 상태로 돌아갑니다.

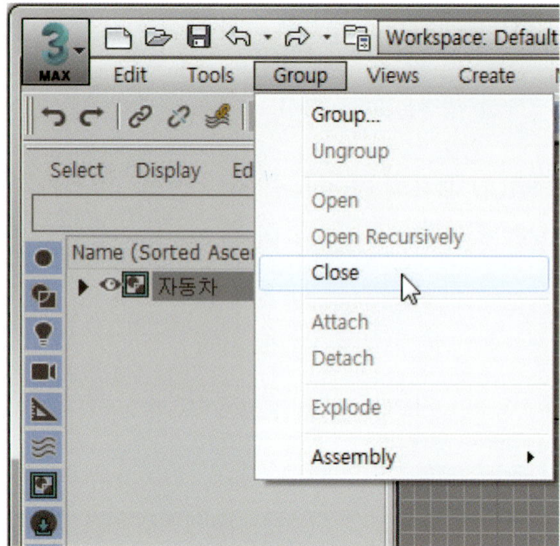
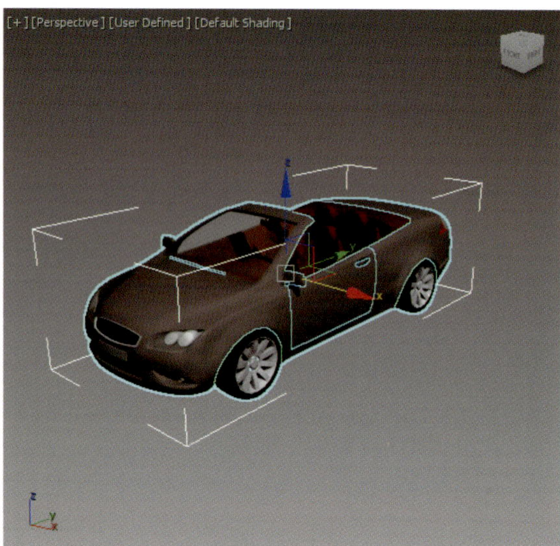

Section 03 | Attach / Detach로 오브젝트 추가하고 분리하기

Attach 명령은 Group되어 있는 오브젝트에 다른 오브젝트를 추가하거나, Group과 Group끼리 하나로 묶어주는 기능입니다. 반대로 Detach 명령은 Group되어 있는 일부 오브젝트를 분리하는 것입니다.

01 두 개의 명령을 살펴보기 위하여 Top View의 '자동차' Group 오브젝트 옆에 적당한 크기의 Create〉Geometry〉Standard Primitives〉Teapot 오브젝트를 생성합니다.

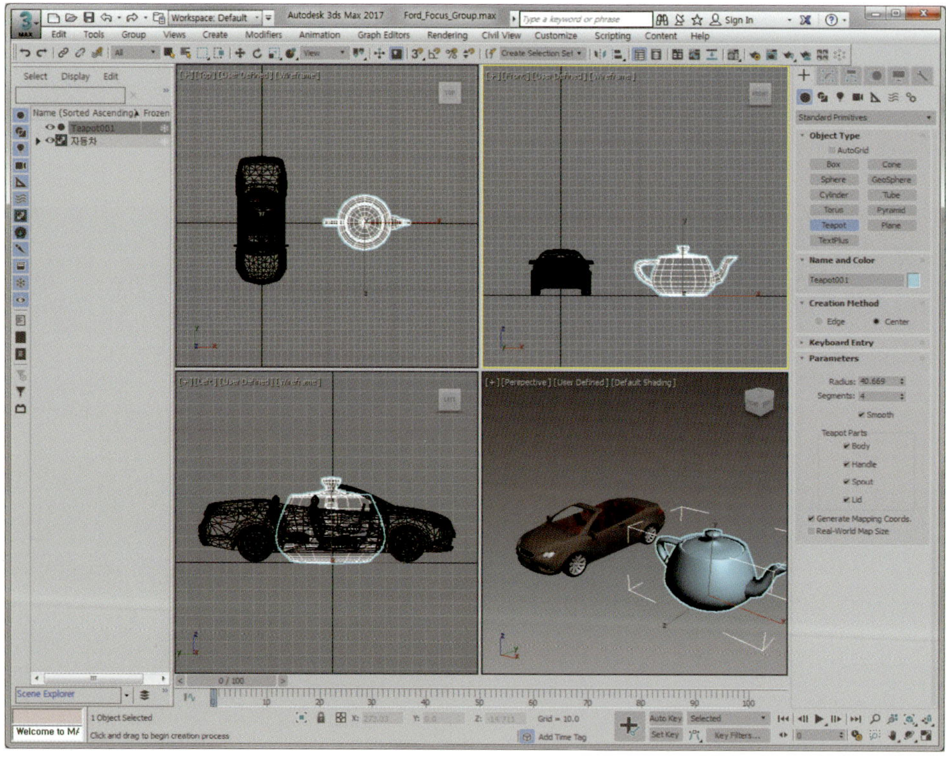

02 Teapot을 선택합니다. Group의 드롭다운 목록에서 Attach를 클릭한 후 '자동차'의 Group 오브젝트를 선택하면 '자동차' Group에 Teapot 오브젝트가 추가됩니다.

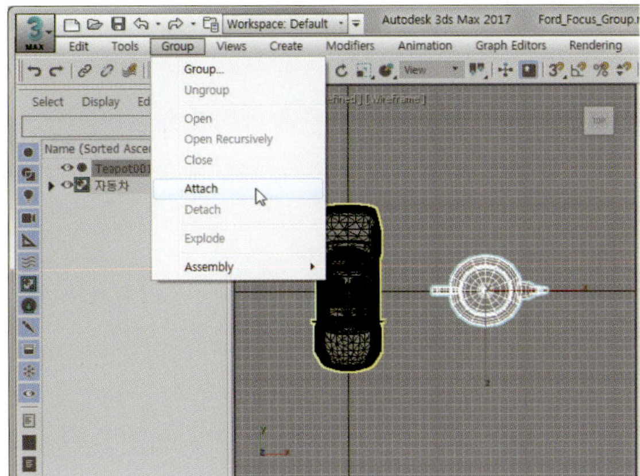
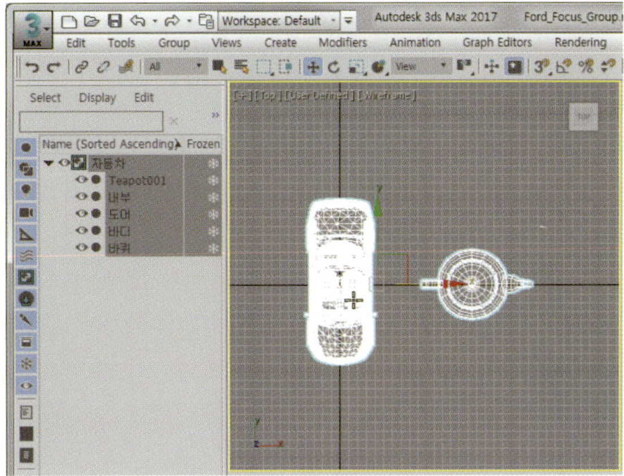

03 이번에는 반대로 Attach된 Teapot 오브젝트를 '자동차' Group 내에서 분리하도록 하겠습니다. 먼저 Group으로 묶여져 있는 '자동차' 오브젝트를 선택하고 Group〉Open 명령을 적용합니다.

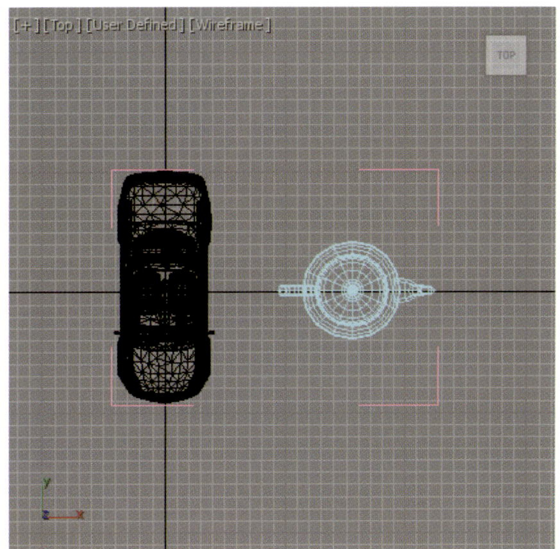

04 묶음 표시의 분홍색 테두리 상자 안에 있는 Teapot을 선택하고 Group〉Detach 명령을 적용하면 Teapot 오브젝트가 Group 내에서 분리됩니다.

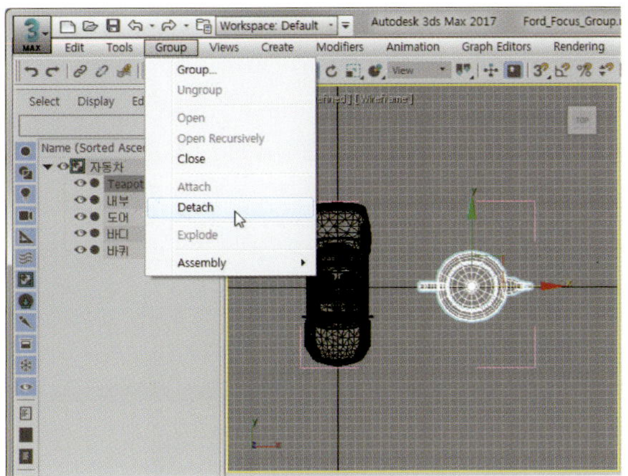
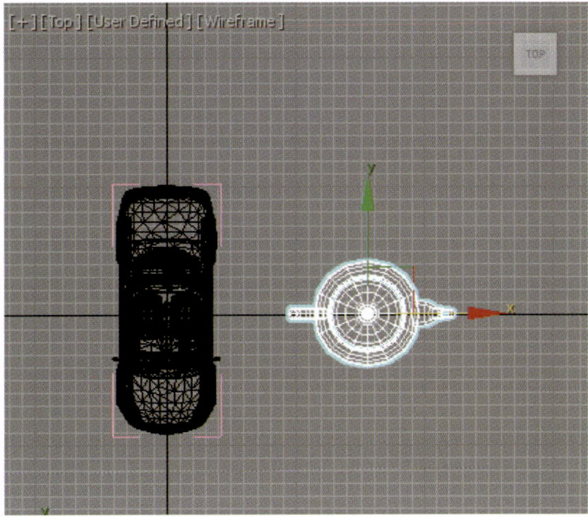

05 '자동차' Group의 일부 오브젝트를 선택하고 Group>Close 명령을 실행하여 Open되어 있는 Group을 닫아줍니다.
앞서 생성된 Teapot은 Delete 키로 삭제합니다.

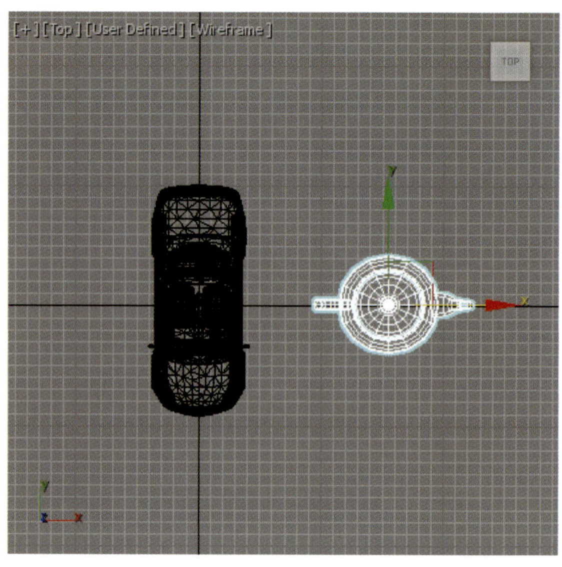

🔲 Section 04 │ Explode로 Group 해체하기

Explode 명령은 한 수준만 그룹 해제하는 Ungroup과는 달리 중첩된 그룹의 수에 관계없이 한 그룹 내에 있는 모든 오브젝트를 그룹 해제합니다.

Explode 명령을 살펴보기 위하여 제공된 CD 부록의 Chapter 02\Lesson 03\'Ford_Focus_Group_Com.max'파일을 Open합니다.

01 Group으로 묶여져 있는 '자동차' 오브젝트를 선택하고, Shift +Move 명령을 사용하여 우측으로 이동시켜 '자동차' Group을 하나 더 복사합니다.

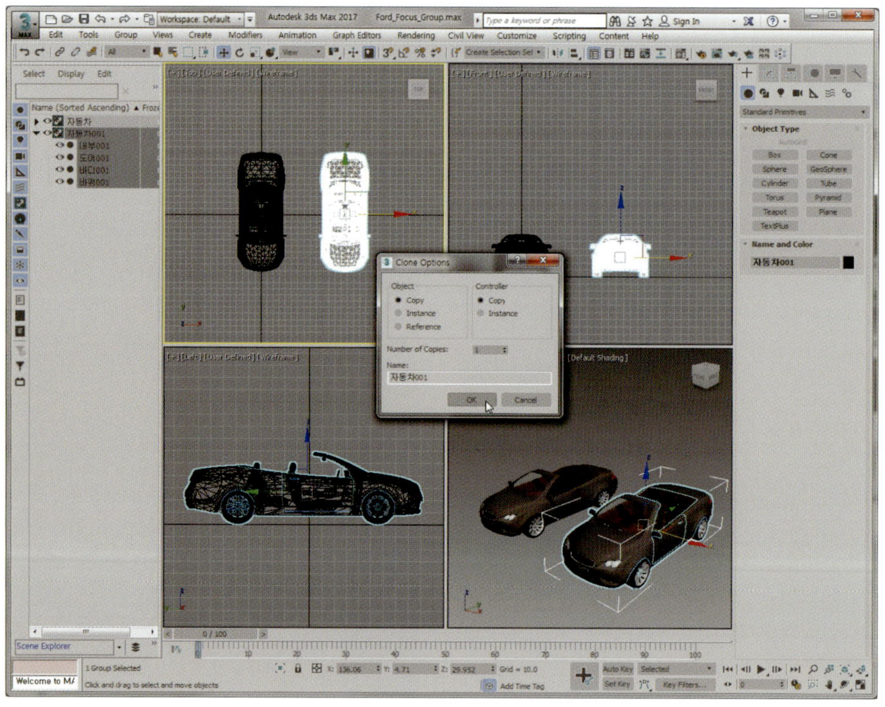

02 2개의 Group을 선택합니다. Group〉Group 명령을 선택하여 2개의 Group을 1개의 Group으로 만들어줍니다.

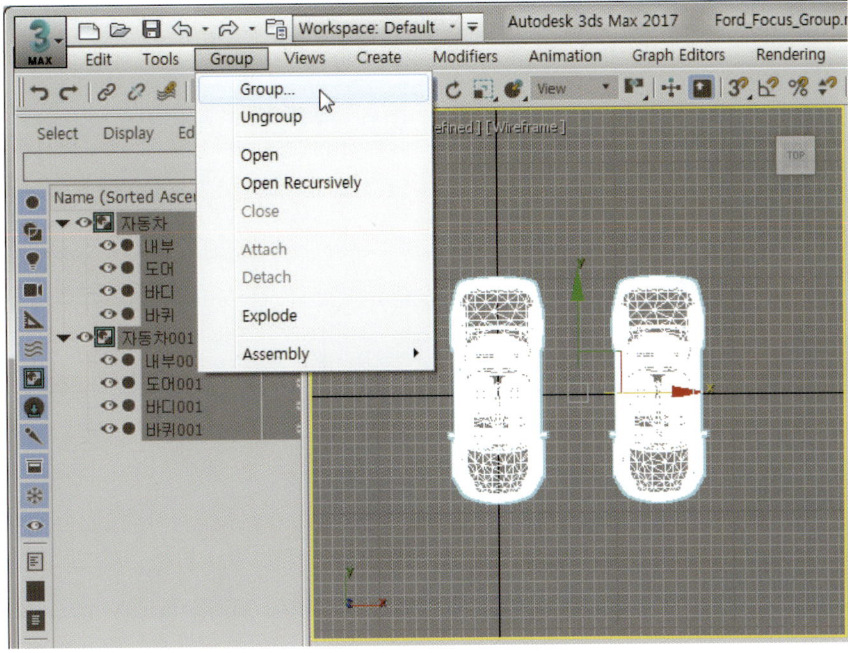

03 Group 대화상자가 나타나면 원하는 이름으로 기입합니다.

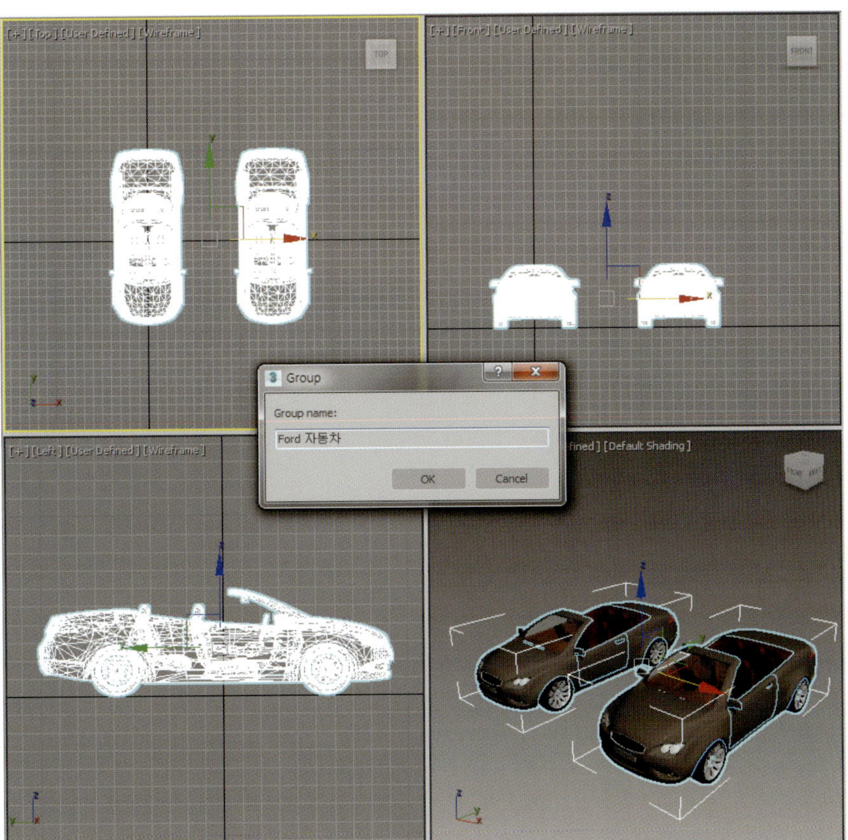

04 Group으로 묶여있는 오브젝트를 선택하고 Group〉Explode 명령을 적용합니다. 그 결과 Group 내에 들어있는 하위 Group들까지 모두 별개의 오브젝트로 해체됩니다.

만일 Ungroup 명령을 사용하면 두 개의 Group으로 다시 분리됩니다.

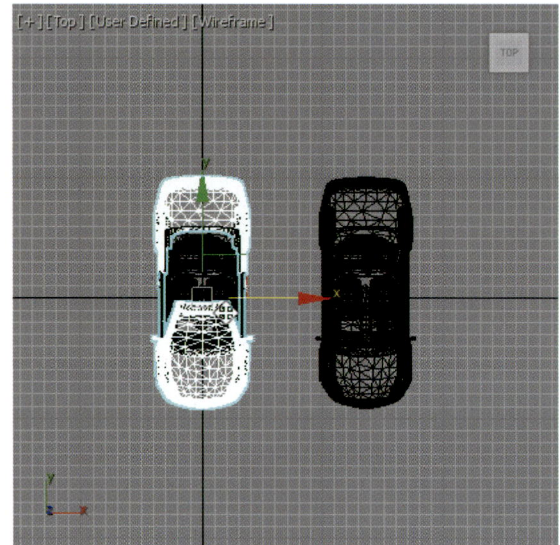
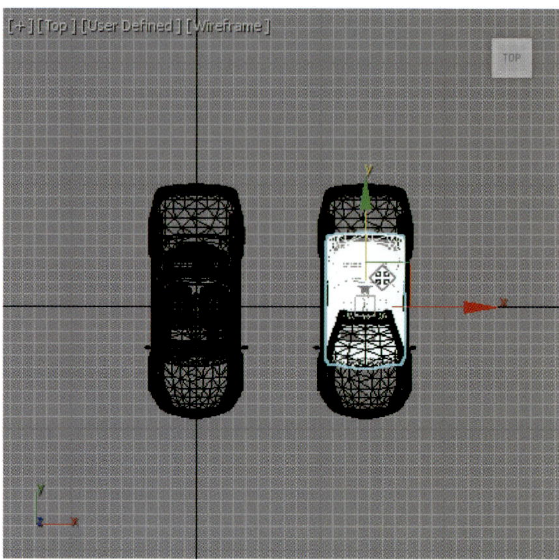

Lesson 04

오브젝트 숨기고 얼리기

작업하는 장면 중에 수많은 오브젝트들로 이루어진 인테리어 같은 장면이 있다면, 그 많은 오브젝트들을 관리하기가 상당히 힘들 것입니다. 이때 'Layer Explorer' 같은 명령을 사용하여 재질이나 비슷한 그룹의 오브젝트 단위로 관리한다면 훨씬 작업이 편해집니다. 그러나 소수의 오브젝트를 작업할 때에는 'Layer Explorer' 보다는 Hide나 Freeze를 사용하는 것이 훨씬 효율적입니다.

장면에 존재하는 하나의 오브젝트를 수정하는 데 다른 오브젝트들이 방해가 된다면 작업의 효율성은 떨어지게 되며, 신속성 또한 줄어들게 됩니다. 이때 Hide를 사용하면 신속하고 정확하게 작업할 수 있습니다. Freeze 명령은 물체를 잠시 얼려 놓는 기능으로, 건축 관련 모델링이나 제품 모델링에 유용하게 사용할 수 있습니다. 특히 CAD에서 작업한 도면을 3ds Max의 Viewport에 불러온 다음, 그 도면을 잠시 얼려 놓은 상태에서 그 위에 새로운 작업을 할 수 있습니다. 이 방법은 포토샵의 Background Layer와 매우 비슷한 방법이라 할 수 있습니다. 실제 인테리어나 건축물 작업에 많이 사용하므로 꼭 알아둘 필요가 있습니다.

Section 01 | Hide

Hide는 Command Panel의 Display나 마우스 우측 버튼의 Quad Menu에 존재합니다. 특히 Command Panel의 Display 명령어에는 Hide의 자세한 옵션들이 들어있어, 복잡한 장면에 유용하게 사용할 수 있습니다.

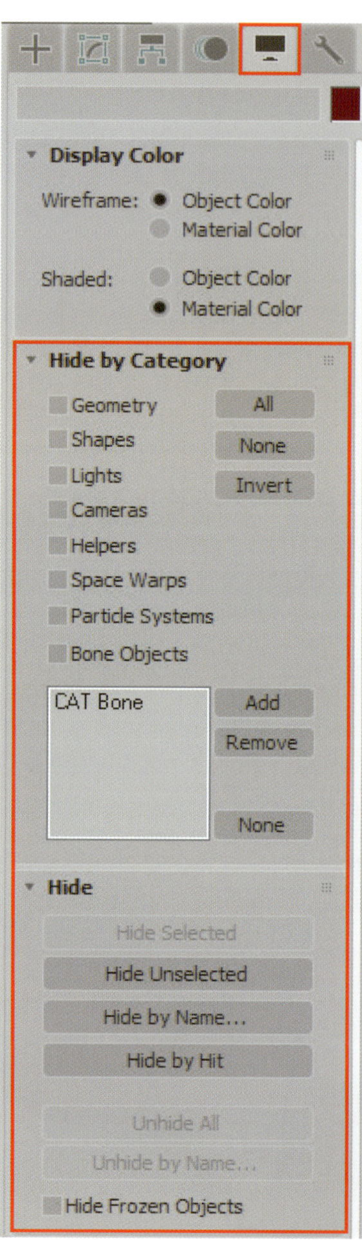

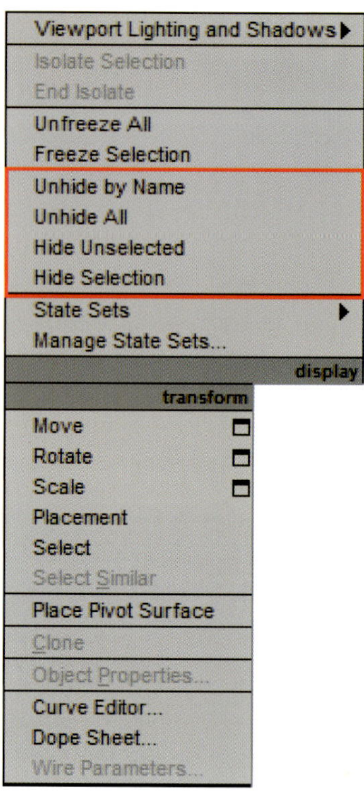

ⓘ 알아두기 | 'Hide'와 'Isolate Selection'

Hide 명령은 전반적으로 광범위한 장면이나 작업하는 도중 필요 없는 오브젝트들을 화면에 숨겨놓는 기능입니다. Isolate Selection[Alt + Q] 기능은 선택된 오브젝트만 화면상에 남기고 나머지 오브젝트들은 모두 화면에 숨겨놓습니다. 이 명령은 디테일한 편집이나 작업의 신속성 면에서 더 우수하다고 할 수 있습니다. Isolate Selection 명령은 화면 중앙 하단에 위치하고 있습니다.

01 Hide by Category 롤아웃

'Hide by Category'는 장면에 존재하는 Command 해당 인자들을 체크박스에 체크하면 Viewport에서 숨길 수 있는 기능입니다.

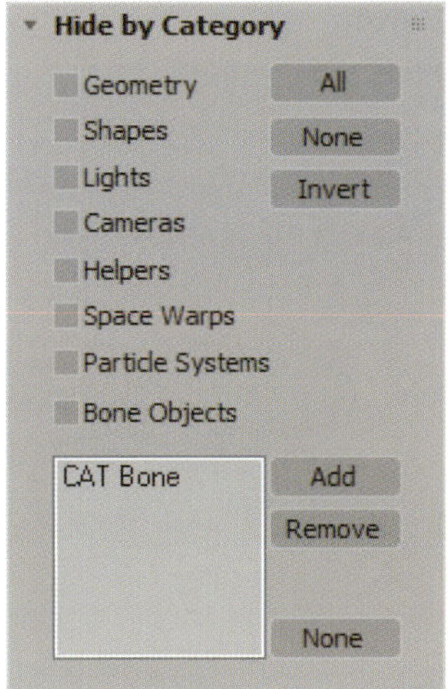

다음 이미지는 장면에 존재하는 Camera와 Light를 Hide by Category의 옵션을 사용하여 화면에서 사라지게 한 장면입니다.

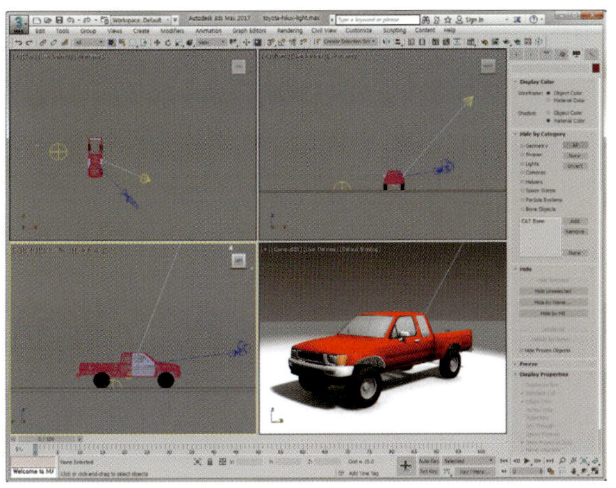
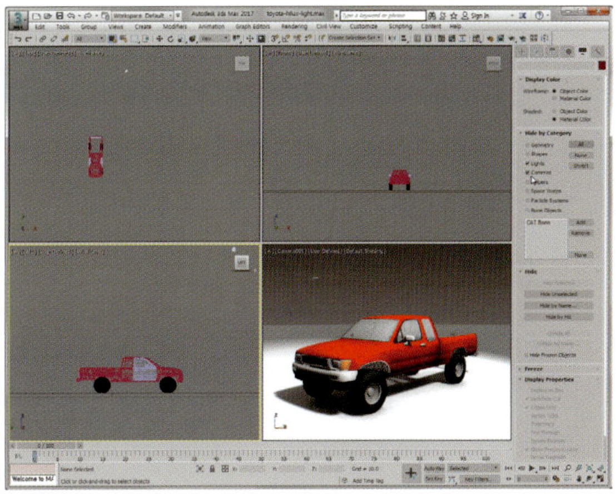

CD 제공 : toyota-hilux-light.max

02 Hide 롤아웃

Hide 롤아웃에서는 장면에 존재하는 오브젝트들을 쉽게 숨기고 나타낼 수 있도록 다양한 옵션들을 제공하고 있습니다. 특히 'Hide by Name' 이나 'Unhide by Name' 같은 경우는 오브젝트의 이름을 사용하여 오브젝트를 숨기거나 나타나게 할 수 있으므로 오브젝트의 이름을 미리 지정해놓는 것이 좋습니다.

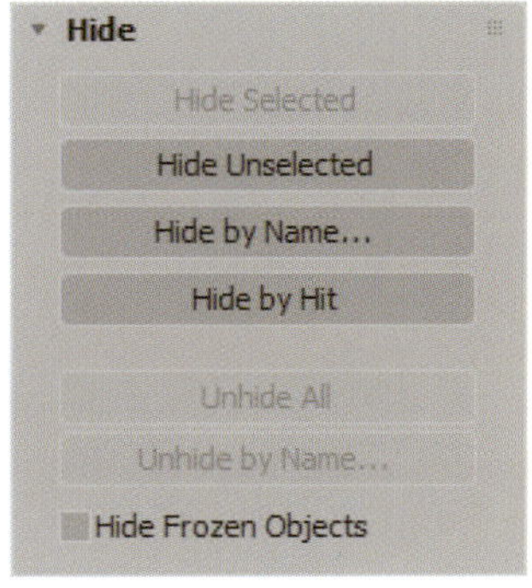

Ⓐ Hide Selected

숨기고 싶은 오브젝트들을 선택하고 'Hide Selected' 버튼을 적용하면 Viewport에서 숨겨집니다.

Ⓑ Hide Unselected

선택된 오브젝트는 Viewport에 남아있고 선택되지 않은 나머지 오브젝트들은 Viewport에서 모두 숨겨집니다. 3ds Max 화면 중앙 하단에 있는 Isolate Selection[ ][Alt + Q]과 같은 기능입니다.

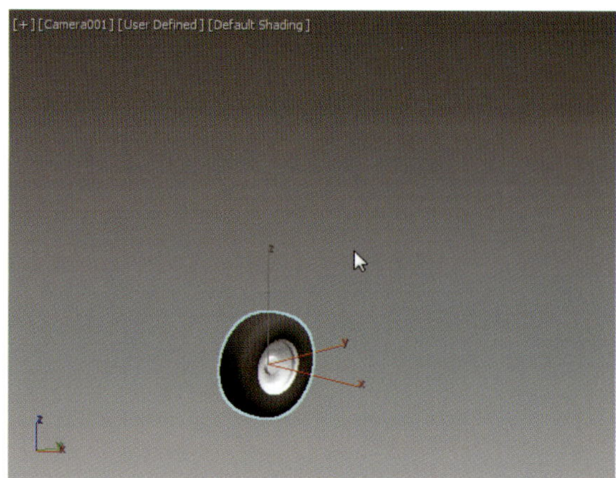

Ⓒ Hide by Name

'Hide by Name' 명령을 실행 후 나타나는 Hide Objects 대화상자 목록에서 장면에 숨기고 싶은 오브젝트 이름을 Ctrl 키와 함께 선택한 후 Hide 버튼을 누르면 장면에서 숨겨집니다.

D Hide by Hit

'Hide by Hit' 명령을 실행 후, Viewport에 숨기고 싶은 오브젝트를 직접 선택하여 숨길 수 있습니다.

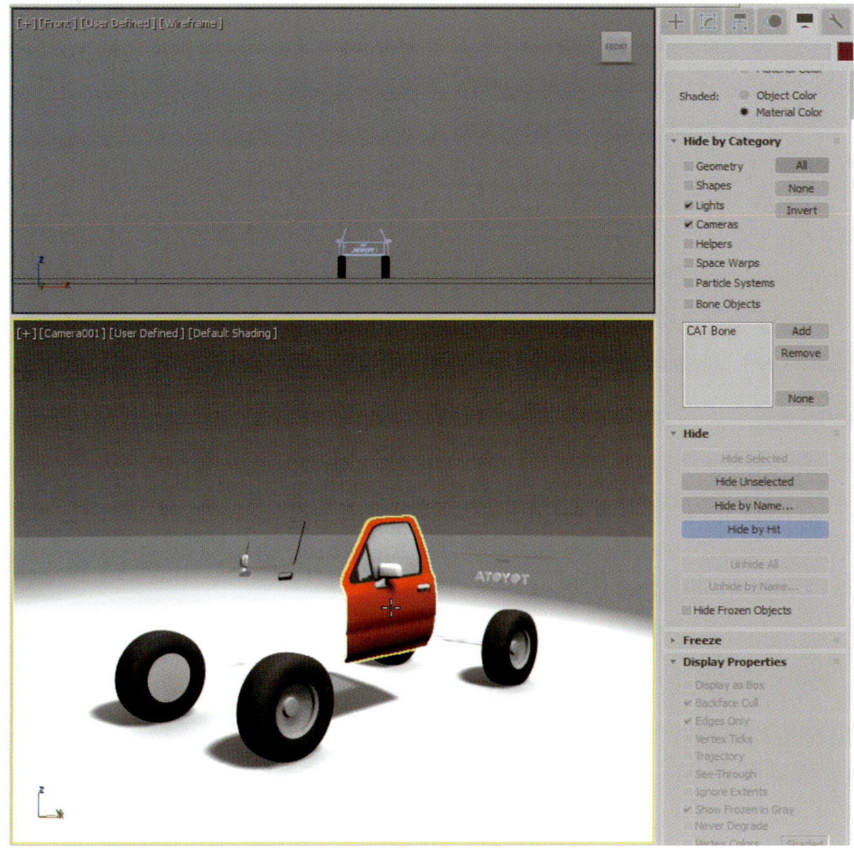

E Unhide All

숨겨져 있는 모든 오브젝트들을 Viewport에 나타나게 합니다.

F Unhide by Name

장면에 숨겨져 있는 오브젝트들의 이름을 선택해서 Viewport에 다시 나타나게 합니다.

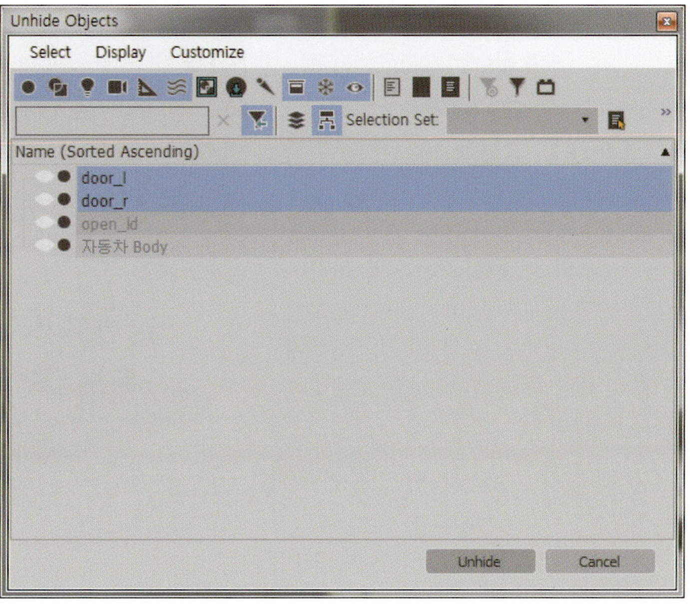

ⓖ Hide Frozen Objects

얼려져(Freeze) 있는 오브젝트들만 Viewport에 숨깁니다. 그림과 같이 얼려져 있는 타이어만 숨겨지는 것을 확인할 수 있습니다.

🟧 Section 02 | Freeze

Freeze는 '얼다; 얼리다'라는 뜻으로, Viewport에 있는 오브젝트를 선택되지 않도록 잠시 잠그는 기능입니다.
Freeze 롤아웃에 있는 옵션 내용들은 앞서 언급한 Hide와 거의 동일하므로 Hide 부분을 참조하도록 합니다.

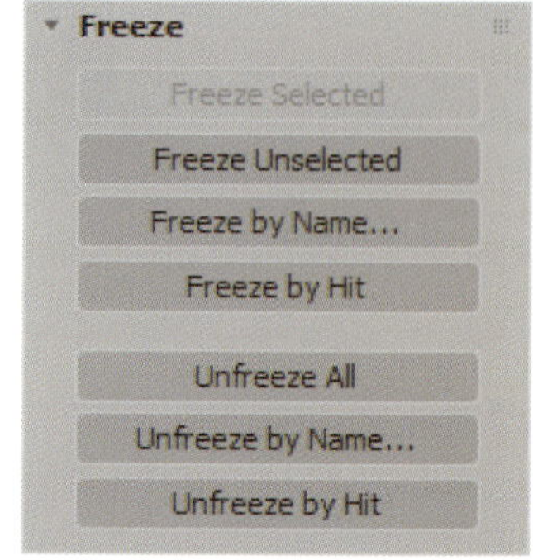

Hide는 작업에 방해되는 오브젝트들을 Viewport에 잠시 화면에 숨기지만, Freeze는 오브젝트들을 잠시 얼려놓아 선택되지 않도록 합니다.
즉 Freeze는 오브젝트를 잠시 화면에 얼려놓아 서로 비교해가면서 작업을 할 수 있게 도와주며, 캐드도면을 Viewport의 배경에 기본으로 설정하고 그 위에 새로운 Line 작업이나 모델링을 할 수 있도록 도와줍니다. 때문에 실내 투시도나 외부 건축물 모델링에 자주 사용됩니다.

실내 투시도나 외부 건축물에 많이 사용하는 Freeze에 대해 간단히 살펴보도록 하겠습니다.

01 건축물이나 인테리어 장면을 작업할 때에는 먼저 작업 단위부터 설정해줘야 합니다. 그림을 참조하여 Unit를 'mm'로 설정합니다.

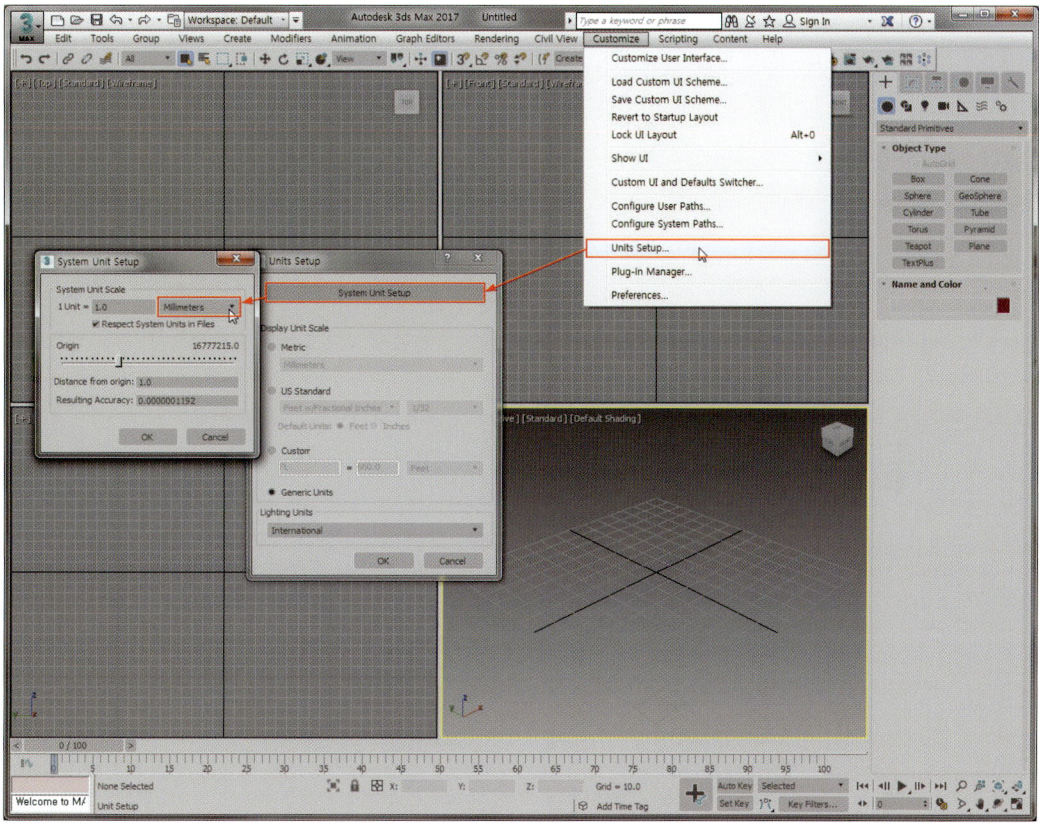

02 제공된 CD 부록에서 Chapter 02\Lesson 04\'test-cad. dwg' 도면 파일을 Import 명령을 사용하여 3ds Max 장면 에 불러옵니다.

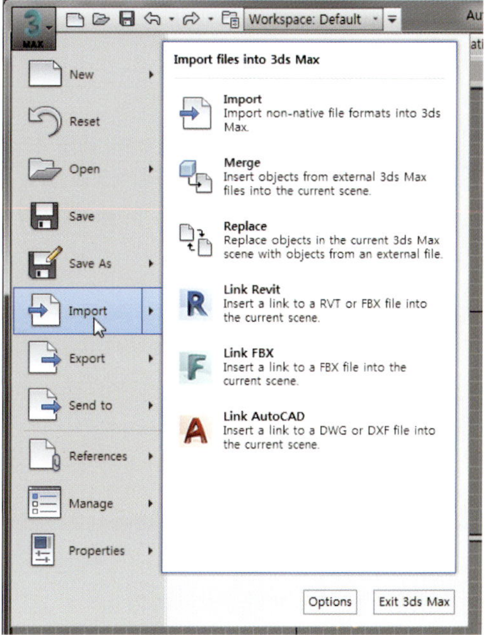

03 3ds Max 장면에 로딩할 때 나타나는 Import 대화상자에서는 모두 기본 값으로 설정하고 OK버튼을 눌러줍니다.

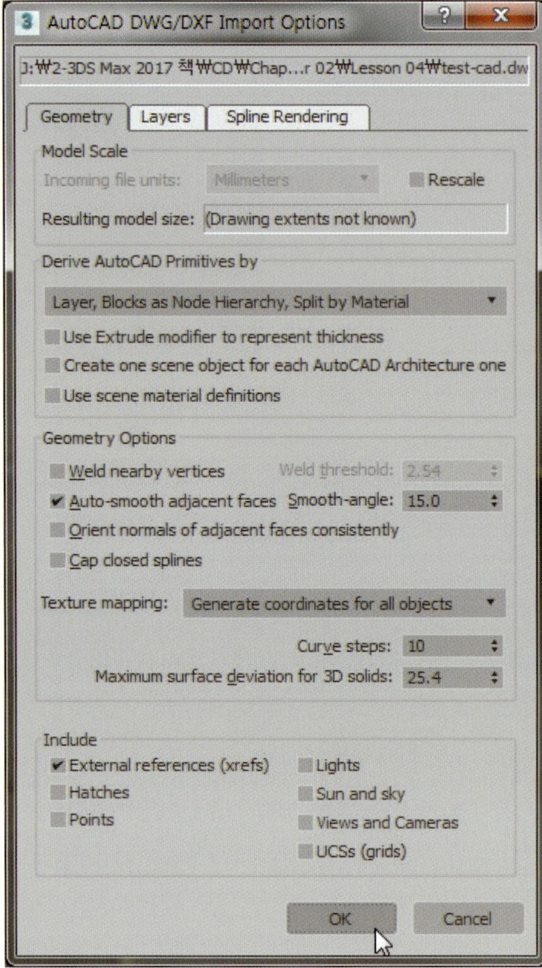

04 전체 도면을 선택한 다음, Command Panel〉Display〉Freeze 롤아웃의 'Freeze Selected' 버튼을 클릭하거나 마우스 오른쪽 버튼을 눌러 나오는 Quad Menu에서 'Freeze Selection'을 클릭하여 모두 얼려놓습니다.

각 View에서 키보드의 G 키를 사용하여 Grid를 잠시 Viewport에 보이지 않게 합니다.

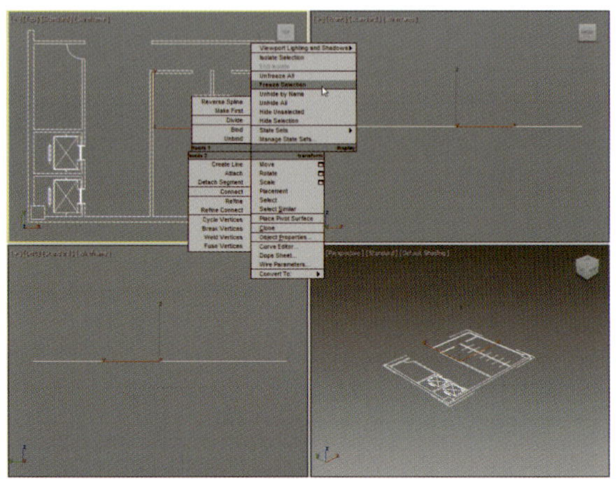

05 Freeze된 도면 색상이 Viewport의 바탕색과 비슷하여 구분하기가 힘듭니다. Freeze된 도면의 색상을 어두운 색상으로 바꾸고 작업하는 것이 훨씬 효율적이기 때문에 이를 바꿔보도록 하겠습니다.

Menu Bar의 Customize〉Customize User Interface를 선택합니다.

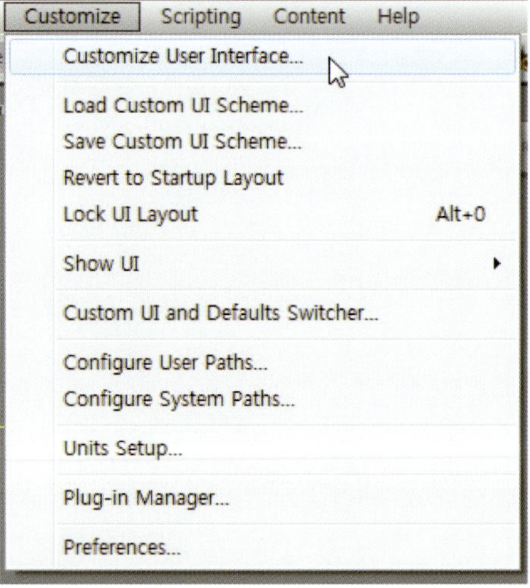

06 다음 그림과 같이 'Colors' 탭으로 이동한 다음 Elements를 Geometry로 선택하면 Freeze 인자가 나옵니다. 우측의
Color 부분에서 원하는 색으로 바꾸어 줍니다.
채도가 너무 높거나 명도가 높은 색으로 지정해주면 진행하는데 방해가 되므로 가능하면 탁하고 어두운 색으로 설
정하도록 합니다.

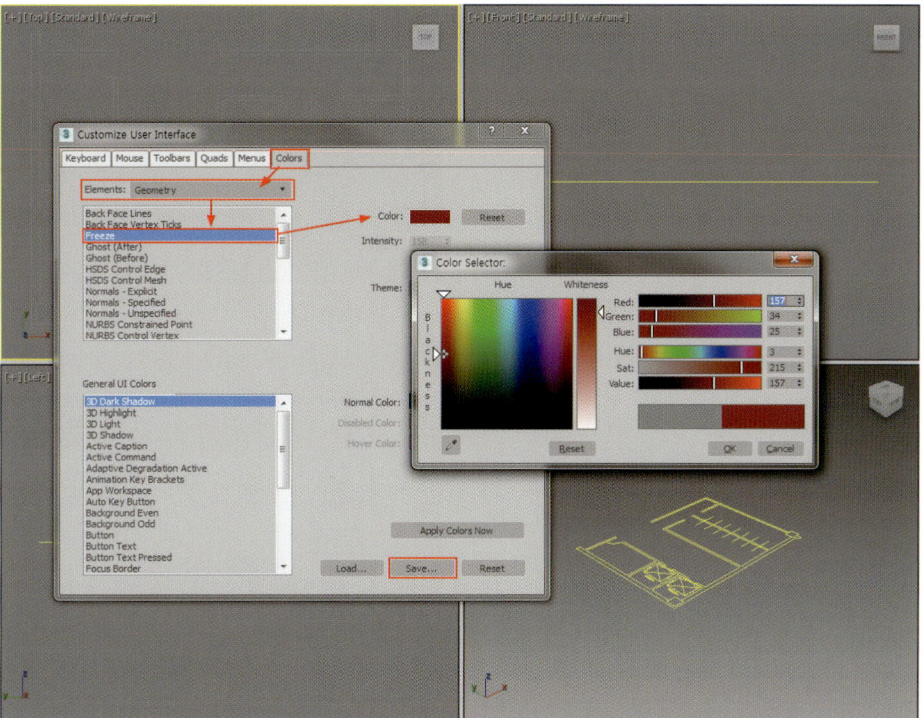

현재 설정된 Freeze 색상을 계속 사용하고 싶다면 Save 버튼을 눌러 저장하도록 합니다. 대화상자가 나타나면
'MaxStartUI.clrx' 파일로 Overwrite 합니다.

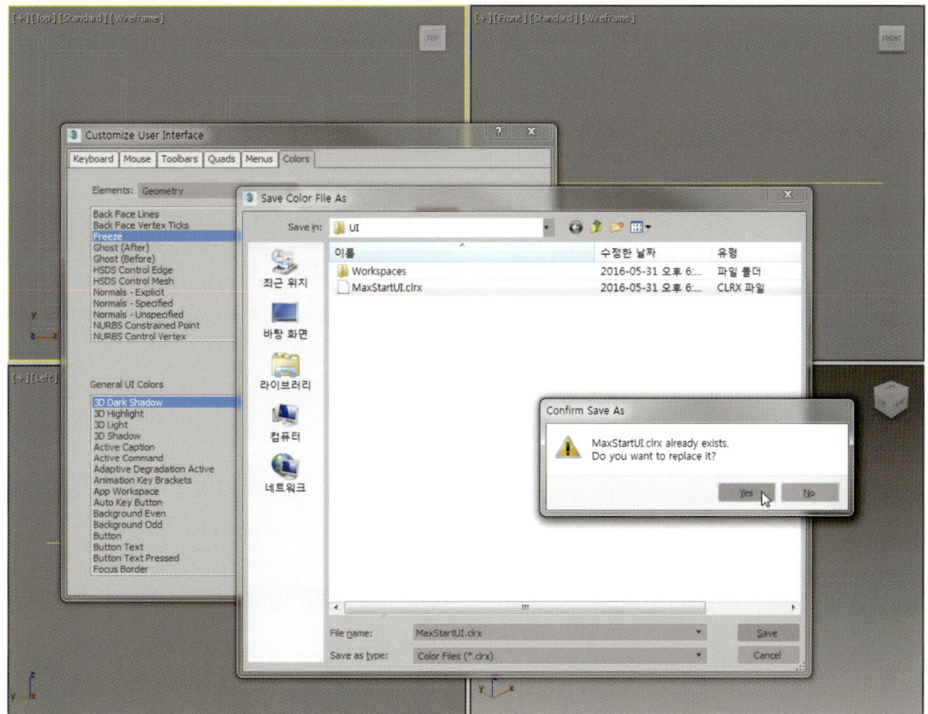

07 현재의 장면을 Ctrl+S 키로 저장을 하고, 3ds Max를 재부팅합니다. 저장한 파일을 열면 다음과 같이 도면이 지정된 Freeze 색상으로 바뀌게 됩니다.

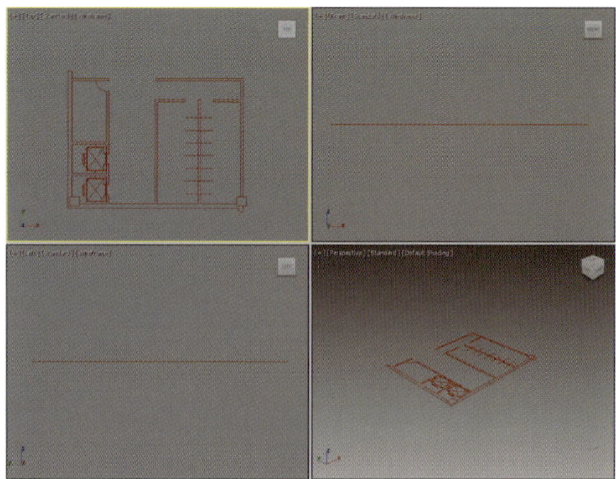

08 Freeze된 도면 위에 정확한 Line 작업을 하기 위해서는 Snap[3³] 명령을 꼭 사용해야 합니다.
우선, Snap 아이콘 위에서 마우스 오른쪽 버튼을 클릭하여 'Grid and Snap Settings' 대화상자를 불러냅니다. Option 탭의 'Snap to frozen objects'에 체크하여 Freeze된 오브젝트에도 Snap이 작동되도록 설정합니다.

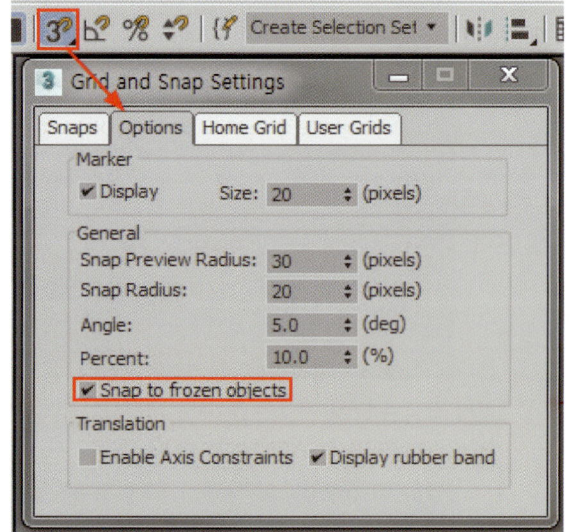

09 다음과 같이 Snaps 탭에서 'Vertex'의 체크박스에 체크합니다.

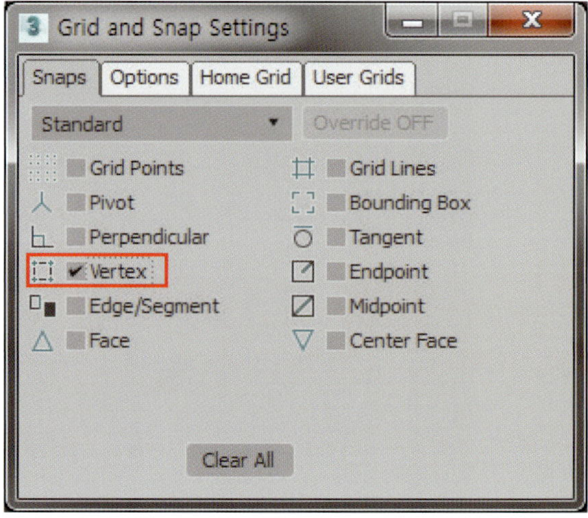

10 Top View를 선택하고 Alt + W 키를 사용하여 Viewport를 크게 확대합니다. Create〉Shape〉Splines〉Line을 사용하여 그림과 같이 벽의 Line이 끊이지 않도록 처음부터 마지막까지 한 번에 그려줍니다.
Line을 그리는 방법에서 Initial Type과 Drag Type의 라디오 버튼에 Corner를 체크하여 직선만 표현하도록 합니다.

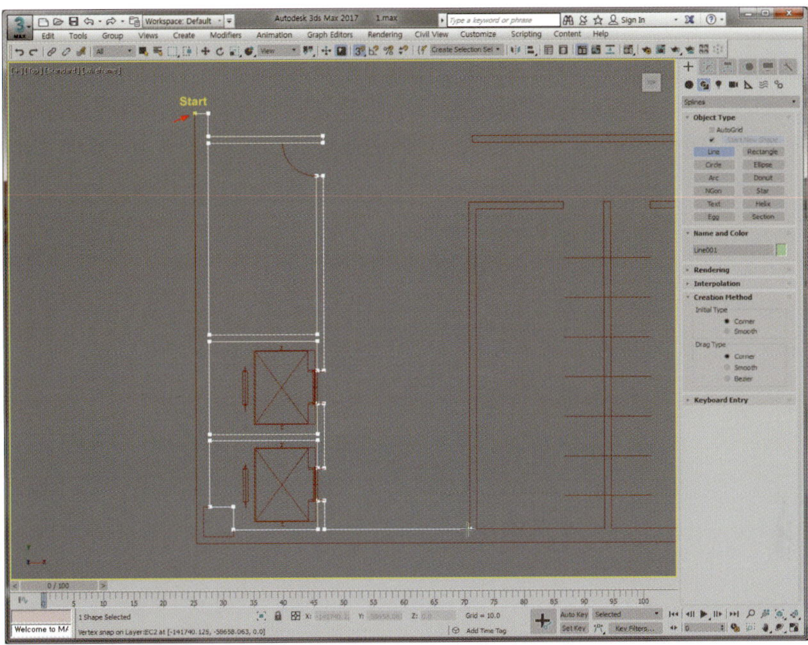

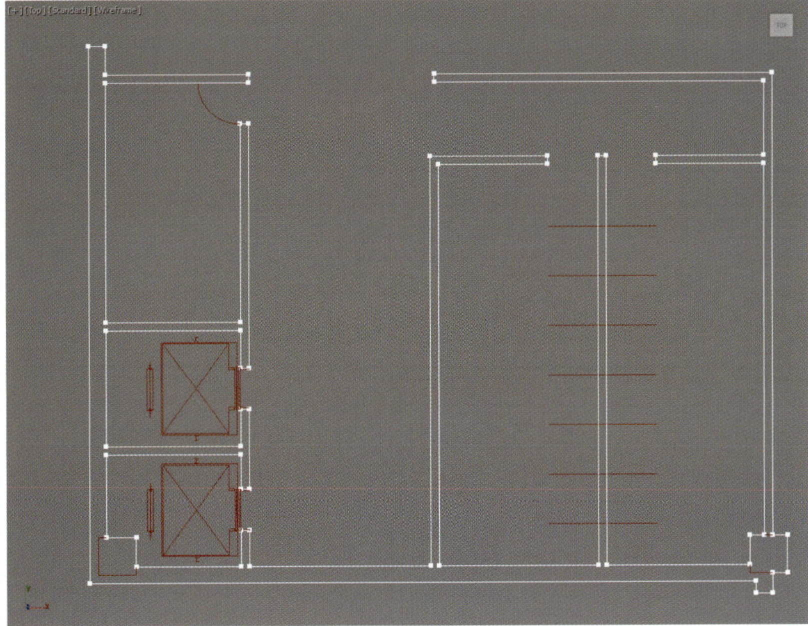

◎CD 제공 : Freeze_Test_Line.max

ⓘ **알아두기** | Line의 Undo 방법과 화면 제어 방법

Line을 그리는 도중 이전 단계로 Undo하고 싶을 때에는 Back Space 키를 사용합니다. Line을 그리면서 화면을 이동시킬 때에는 키보드의 I 키나 마우스의 가운데의 휠을 드래그하면서 작업합니다. 화면을 확대하거나 축소할 때에도 마우스 휠을 회전시켜줍니다.

11 방금 그린 Line을 선택한 후 Modifier List에서 'Extrude'를 적용하고 Amount 란에 "2,500" 값을 설정하여 벽체를 완성합니다.

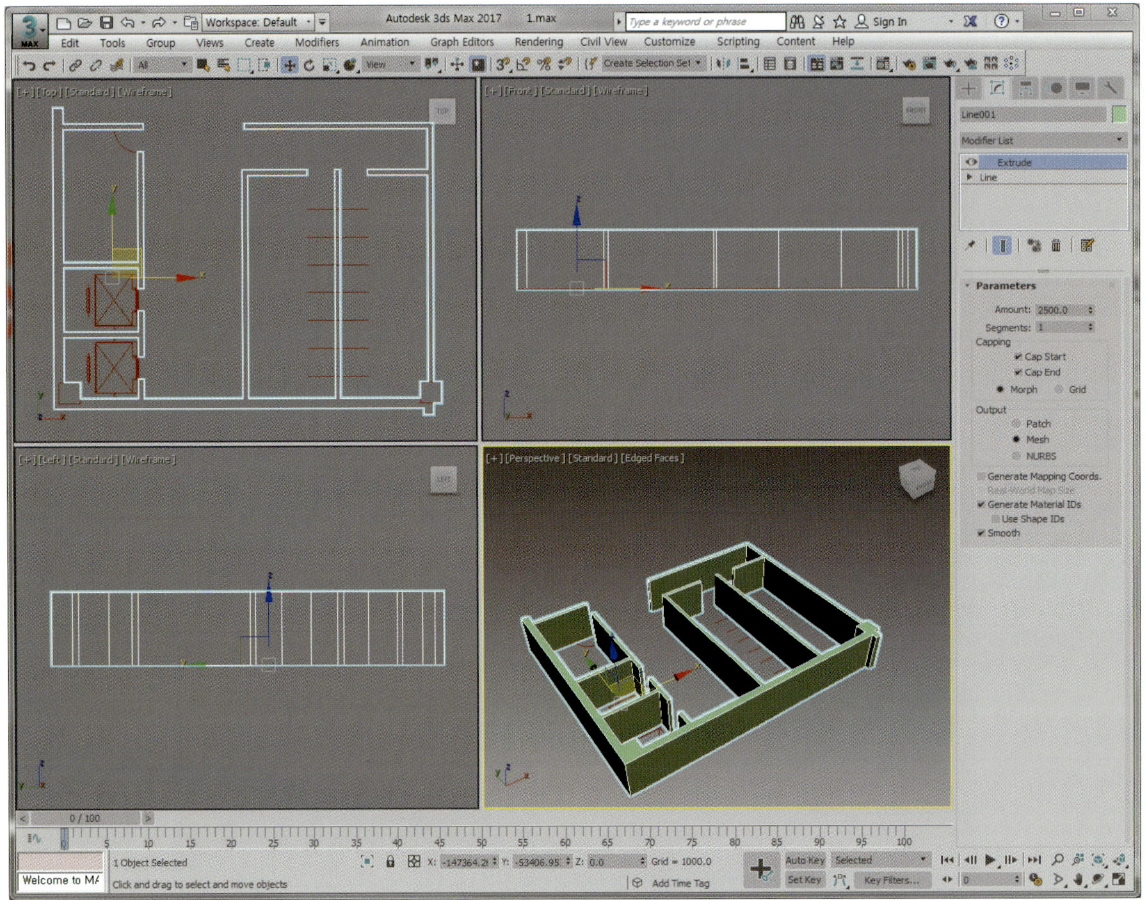

◉ CD 제공 : Freeze_Test_Com.max

지금까지 CAD도면을 3ds Max 내에 불러와 Freeze가 어떻게 사용되는지 알아보았습니다. 참고로 3ds Max 화면에 불러들인 *.dwg 도면을 Editable Spline에서 정점이나 선들을 수정한 다음 그 도면을 그대로 사용하여 모델링할 수도 있지만, 이렇게 하면 오히려 수정하기 복잡해지거나 시간이 더 걸릴 수 있습니다.

ⓘ 알아두기 | 도면 위에 Line 작업할 때 유용한 Shift 키

Line을 그릴 때 Shift 키를 활용하면 수직선과 수평선을 손쉽게 그릴 수 있습니다.

Lesson 05

Spline에 두께 주는 Modifier

Spline에 두께를 주는 Modifier에는 Lathe, Surface, Extrude, Bevel, Shell 등이 있는데 여기에서는 두께만 적용할 수 있는 Extrude, Bevel, Shell의 Modifier를 소개하겠습니다.

Extrude는 단순히 직선형으로 두께를 적용하며, Bevel은 Spline에 두께를 주는 것과 동시에 3단계까지 두께와 경사를 지정할 수 있습니다. 특히 Bevel은 주로 로고나 심벌 모델링 같은 곳에 많이 사용됩니다.

Shell은 양쪽 방향으로 면을 적용하여 두께를 지정할 수 있으며, Spline이나 일반 오브젝트에도 Shell 적용이 가능합니다.

Section 01 | Spline에 면을 돌출 시키는 Extrude

Modifier List에 위치한 Extrude는 Spline에 면을 만들어 두께를 적용할 수 있습니다.

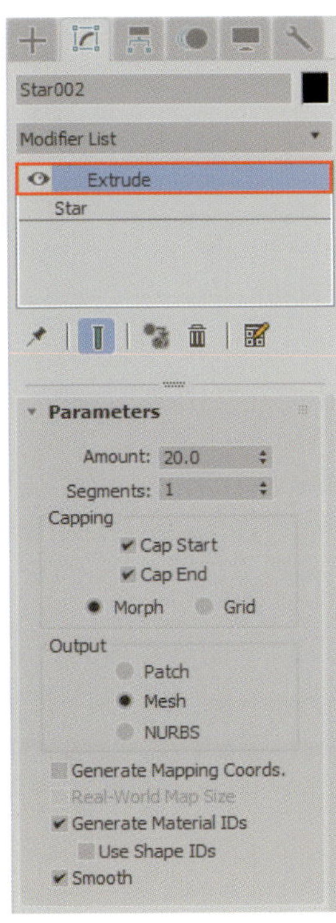

01 Extrude Parameters

Amount : 면의 총 두께를 의미합니다.
Segments : 두께를 준 방향으로 면의 마디 개수를 늘려줍니다.

Ⓐ Capping

Cap Start : Extrude가 적용된 후 시작이 되는 면을 막아 줍니다.
Cap End : Extrude가 적용된 후 끝나는 면을 막아 줍니다.
Morph : Morphing 애니메이션에 사용합니다.
Grid : 캡의 그물구조로 수정할 때 사용합니다.

다음 이미지는 Extrude를 적용한 후에 'Editable Mesh'로 변환한 것입니다.

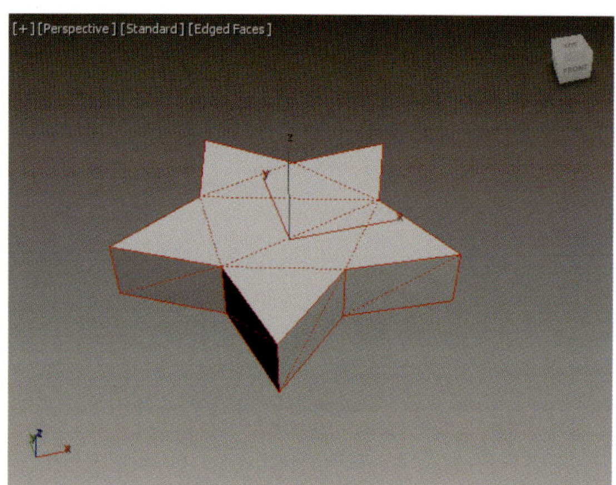

Morph

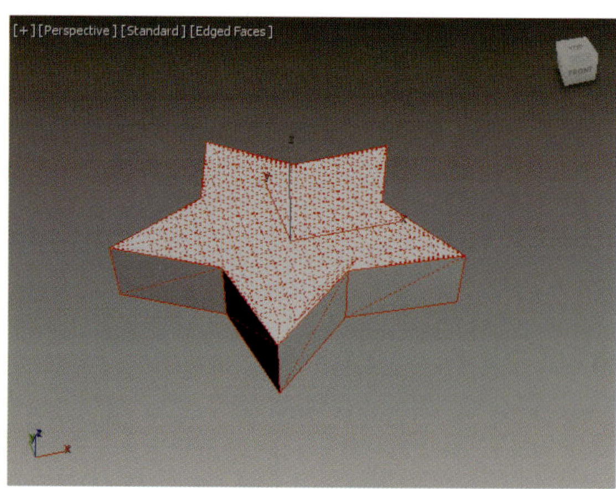

Grid

Ⓑ Output

Patch : Patch 기능이 가능한 오브젝트로 만들며, Edit Patch에서 수정합니다.
Mesh : Mesh 구조로 Edit Mesh에서 수정하며, 보통 이 타입을 많이 사용합니다.
Nurbs : Nurbs 오브젝트로 변환합니다.
Generate Mapping Coords. : 매핑 코디네이션을 적용합니다.
Real-World Map Size : 실측으로 만들어진 오브젝트에 실제 사이즈의 맵을 적용합니다.
Generate Material IDs : 재질 ID를 적용합니다.
Use Shape IDs : Shape에 사용된 ID를 오브젝트에 작용합니다.
Smooth : Shade 모드에서 면이 부드럽게 디스플레이됩니다.

02 Spline에 두께 주기

01 Create>Shapes>Splines의 Star 버튼을 클릭하여 Top View에 적당한 크기의 별모양을 만들어줍니다.

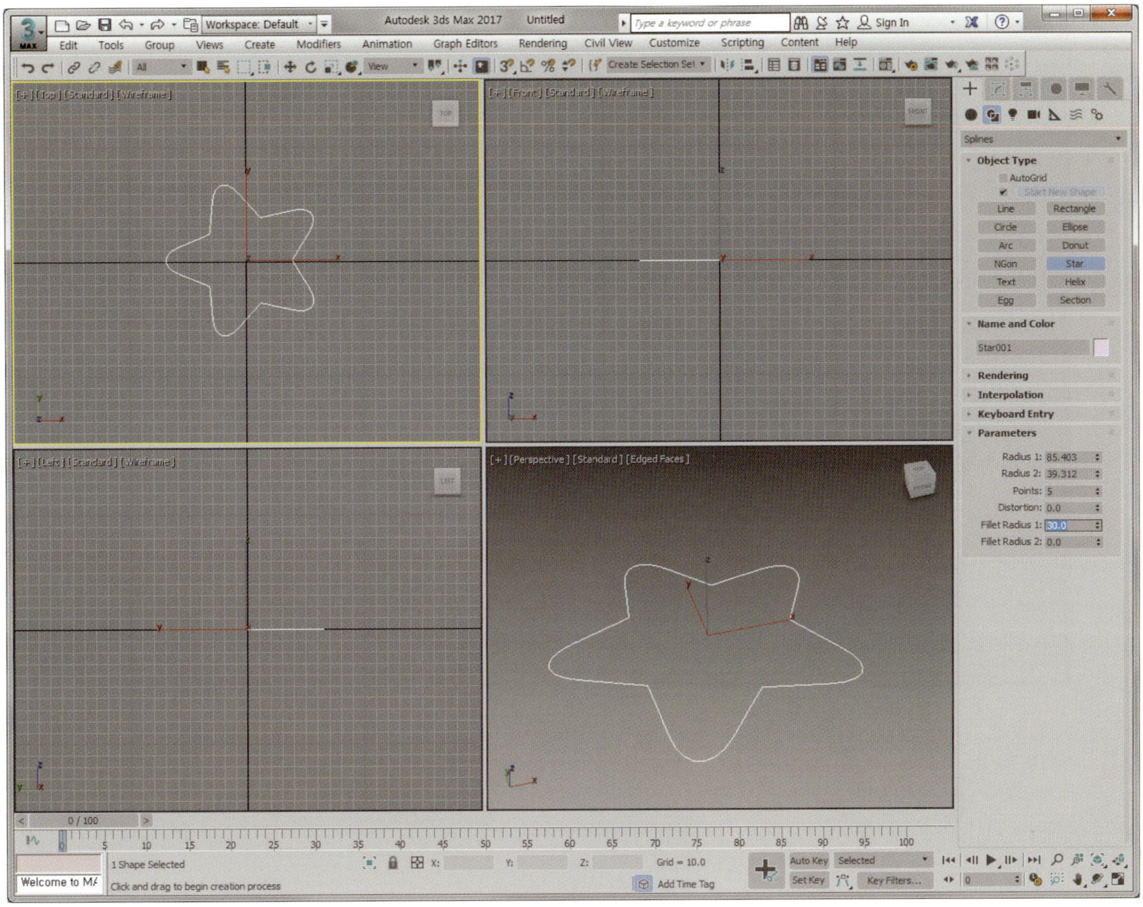

02 Star Spline을 선택한 후 Command Panel의 Modifier List에서 Extrude를 적용합니다.

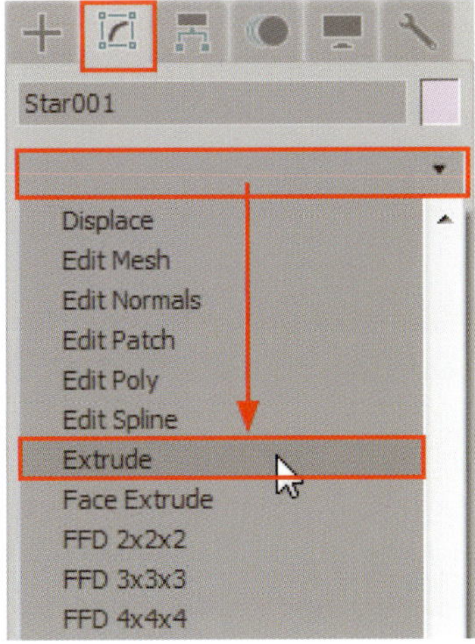

03 Extrude의 Amount 값에 "20"을 입력하여 면을 돌출시켜줍니다. Perspective View에서 F4 키를 눌러 면에 Edge가 보이도록 합니다.

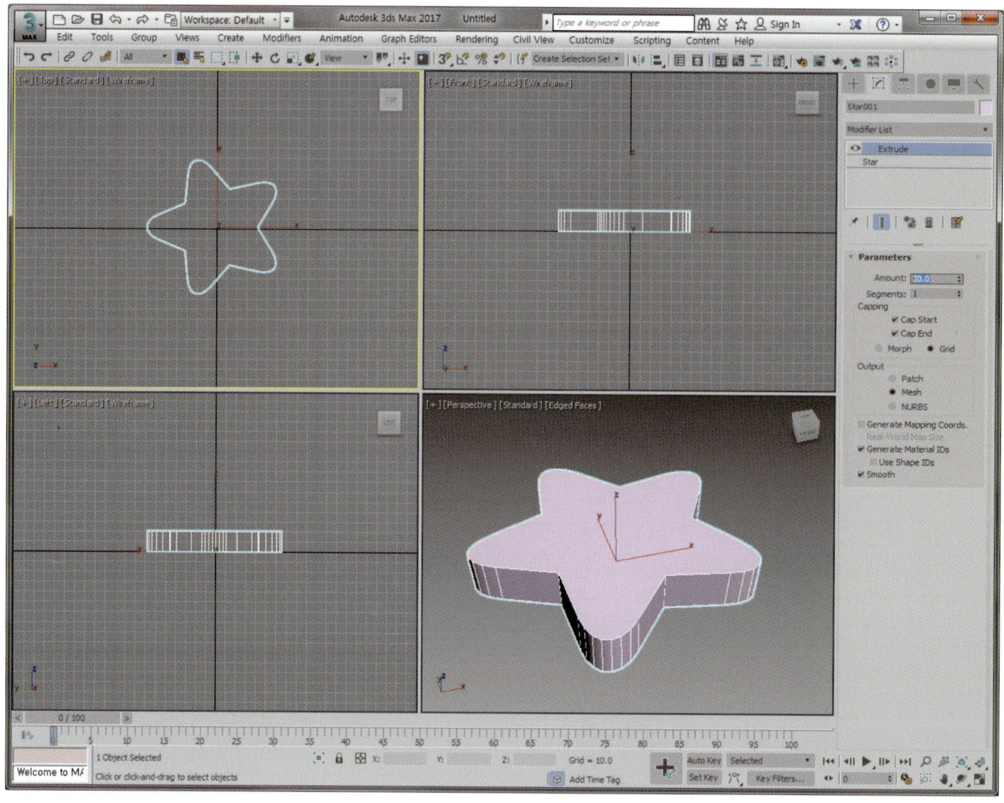

04 Segments 값에 "2"를 입력하여 Edge를 하나 추가합니다.

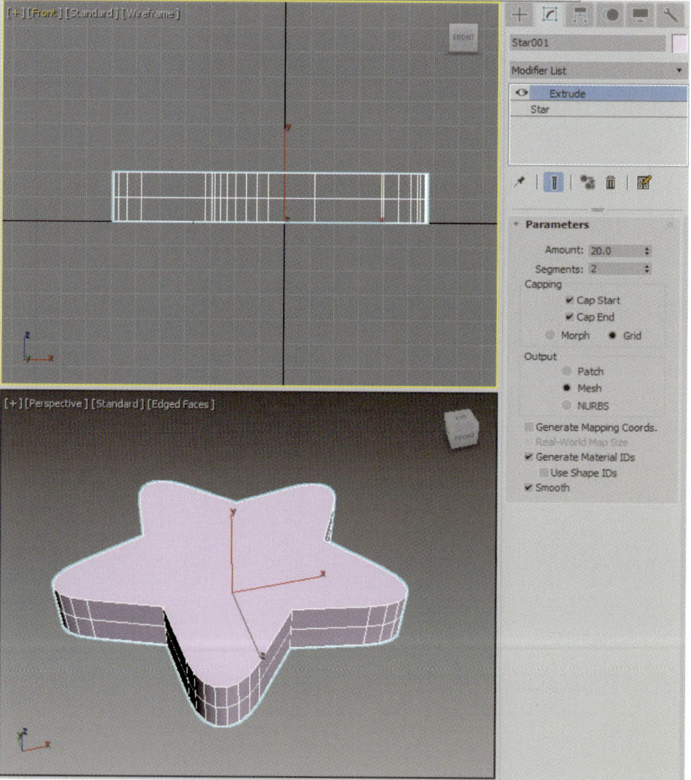

03 오브젝트 수정하기

Extrude를 적용시킨 오브젝트에 또 다른 Modifier를 적용하여 계속적으로 오브젝트의 모양을 변형할 수 있습니다.

01 별 오브젝트를 수정하기 위해 Modifier List에서 Edit Poly를 적용시켜줍니다.

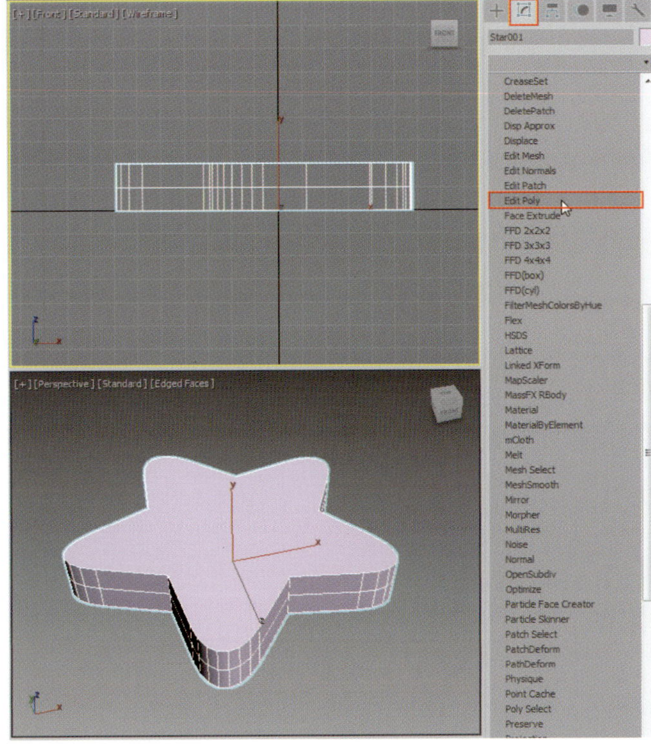

02 Edit Mesh의 Selection 타입에서 Vertex 를 선택하고, Front View에서 다음과 같 이 상단의 Vertex들을 선택합니다.

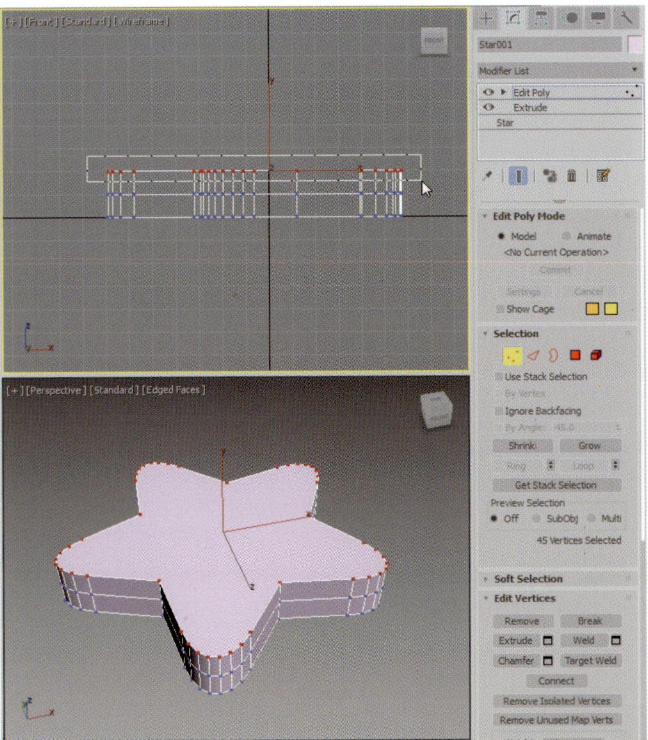

03 Scale[R]을 적용한 후 Perspective View에서 Uniform Scale 타입으로 Vertex들을 정 가운데로 모이게 합니다.

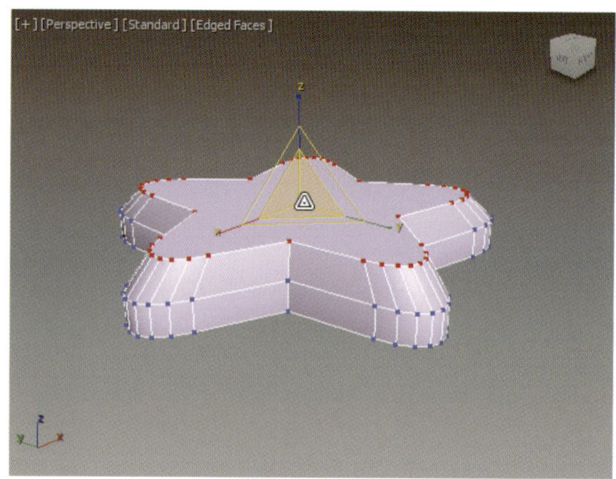

04 Main Toolbar에서 'Render Production' [A부분]을 적용하고 Perspective View를 렌더링하여 결과물을 확인합니다.

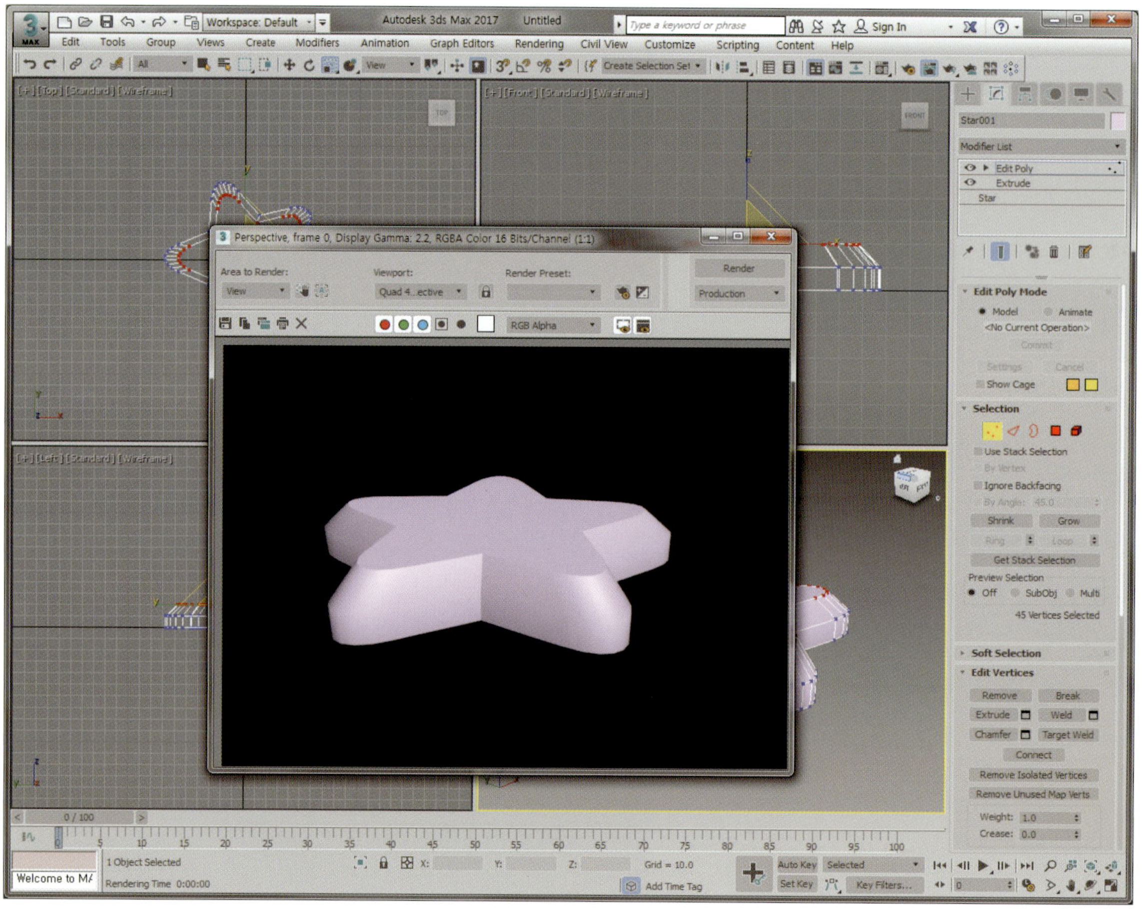

◎ CD 제공 : extrude.max

Section 02 | Spline에 경사면을 주는 Bevel

Bevel은 오브젝트의 모서리 부분에 경사를 적용하여 다양한 옵션을 통해 여러 모양으로 변경할 수 있는 기능입니다. 즉 Spline에 1차적으로 두께를 적용할 수 있고, 2차적으로 모서리 부분에 경사와 둥근 모서리를 적용할 수 있어 로고나 심벌 등에 주로 사용됩니다. Loft 명령에 있는 Deformation의 Bevel과 거의 흡사한 기능을 가지고 있습니다.

01 Bevel Parameters

A Capping

Start : Bevel이 적용된 후 시작이 되는 면을 막아 줍니다.
End : Bevel이 적용된 후 끝나는 면을 막아 줍니다.

B Cap Type

Morph : Morphing 애니메이션에 사용합니다.
Grid : 캡의 그물구조로 수정할 때 사용합니다.

C Surface

Linear Sides : Bevel의 측면을 각으로 처리합니다.
Curved Sides : Bevel의 측면을 둥글게 처리합니다.
Segments : 각 레벨의 등분할 면의 개수를 정합니다.
Smooth Across Levels : 각 레벨에 교차되는 지점을 부드럽게 처리합니다.
Generate Mapping Coords. : 매핑 코디네이션을 적용합니다.
Real-World Map Size : 실측으로 만들어진 오브젝트에 실제 사이즈의 맵을 적용합니다.

D Intersections

Keep Lines From Crossing : Start Outline 값이 마이너스로 내려가게 되면 모서리 부분의 면이 날카로워져 밖으로 튀어나오는데, 이때는 Separation 값을 높여주면 해결됩니다.

02 Bevel Values

Start Outline : Shape의 시작 두께를 조절함으로써 폭이 좁은 Shape를 넓은 형태로 만들어줍니다.
Level : 각각의 레벨마다 두께를 다르게 부여할 수 있습니다.
Height : 면의 높이를 정합니다.
Outline : 면의 폭을 정합니다.

03 글자 모서리에 경사주기

Bevel은 대체적으로 로고나 심볼의 모서리 부분에 경사를 줄 때 가장 많이 사용합니다. 이것은 글자의 모서리 부분에 강한 하이라이트를 부여함으로써 렌더링 시 좀 더 입체감 있는 오브젝트를 만들기 위함입니다.

01 Top View에 Create〉Shapes〉Splines〉Star를 클릭하여 다음과 같은 크기의 별을 하나 생성합니다.

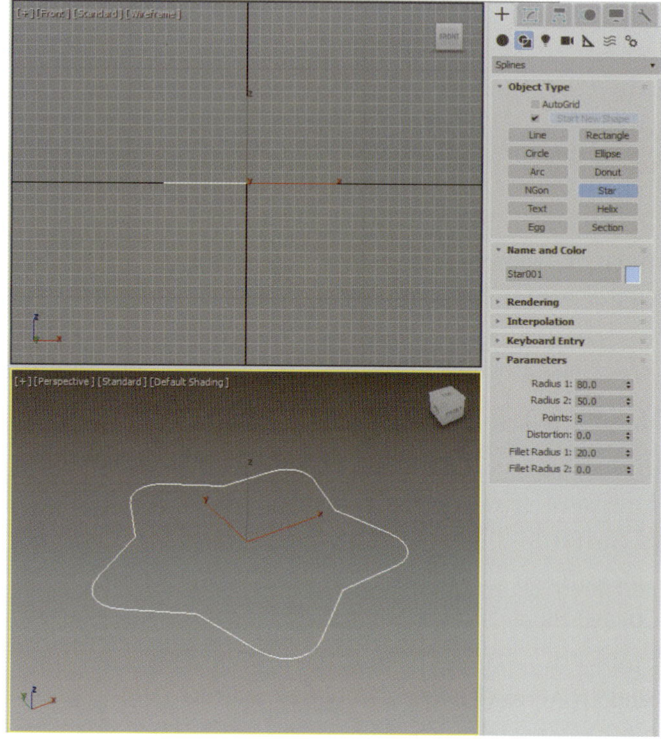

02 Viewport의 글자를 선택한 후 Modify Panel로 이동하여 Modifier List에서 Bevel을 적용합니다.

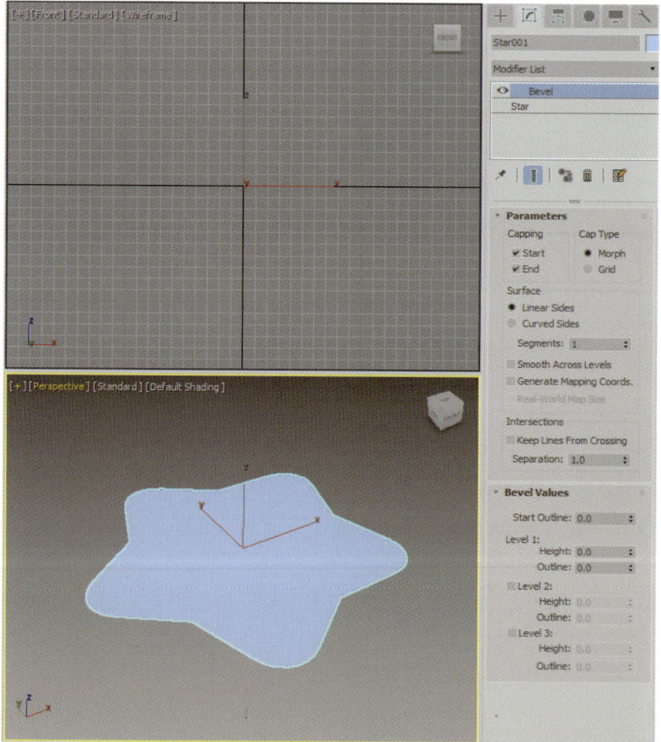

03 Bevel Values 롤아웃의 [Level 1]의 Height 값에 "6.0"을 입력합니다.

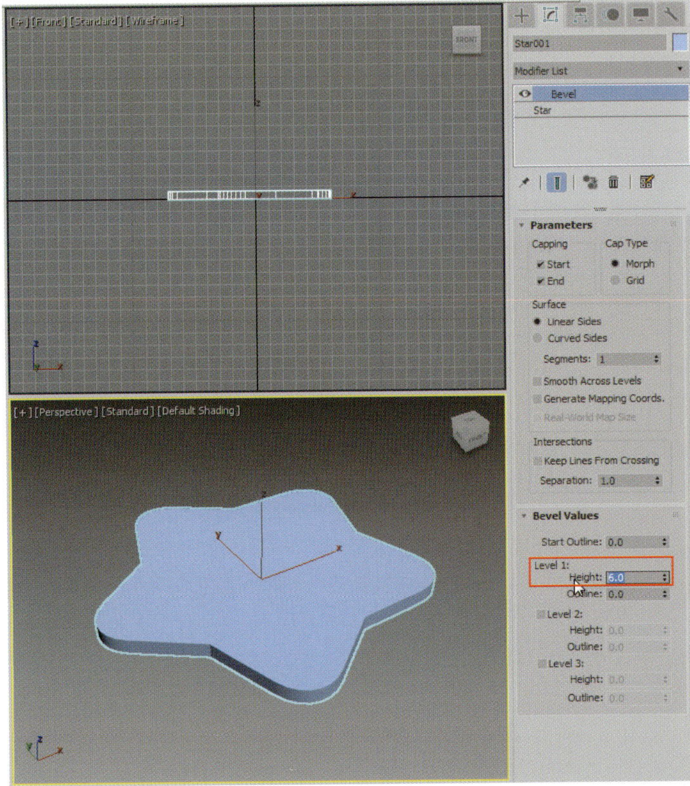

04 Level 2에 체크해주고 Height 값에 "1.5"를 입력한 다음, Outline 값에 "−2"를 입력하여 안쪽으로 경사진 형태로 만듭니다.
Perspective View에서 면의 흐름 상태를 살피기 위해서는 F4 키를 사용하도록 합니다.

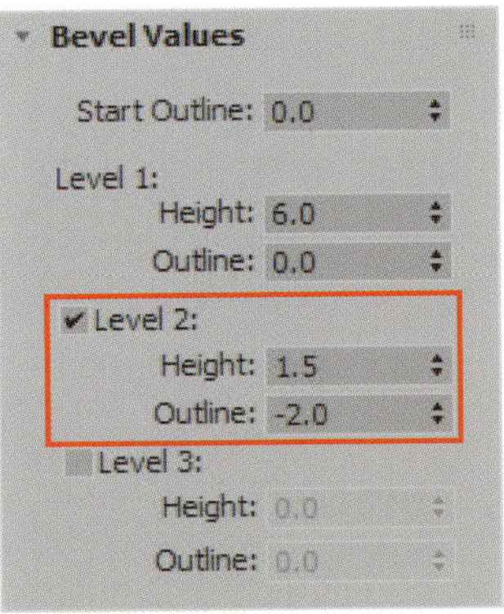

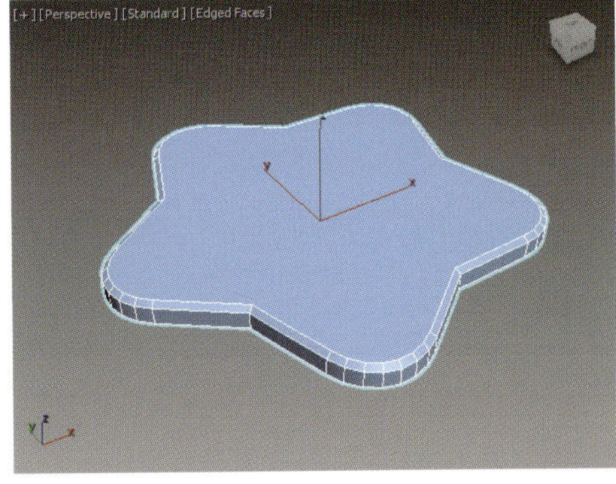

05 Start Outline 값에 "5.0"을 입력합니다. 별의 외곽 폭이 넓어진 것을 확인할 수 있습니다. 확인이 되었으면, 다시 원래의 수치 "0.0"을 입력합니다.

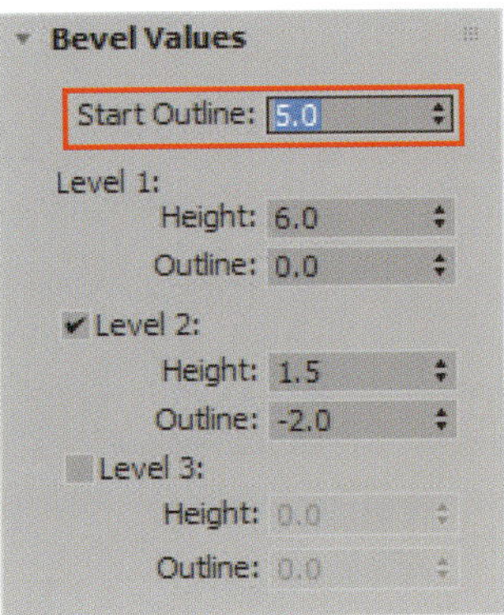

06 글자의 모서리 부분을 좀 더 부드럽게 처리해보도록 하겠습니다. Surface 항목의 'Curved Sides'에 체크해주고, Segments 값을 "3"으로 올려주어 면을 더 추가시켜 줍니다. 그리고 Smooth Across Levels에도 체크해주어 각 레벨의 경계면을 부드럽게 적용해줍니다.

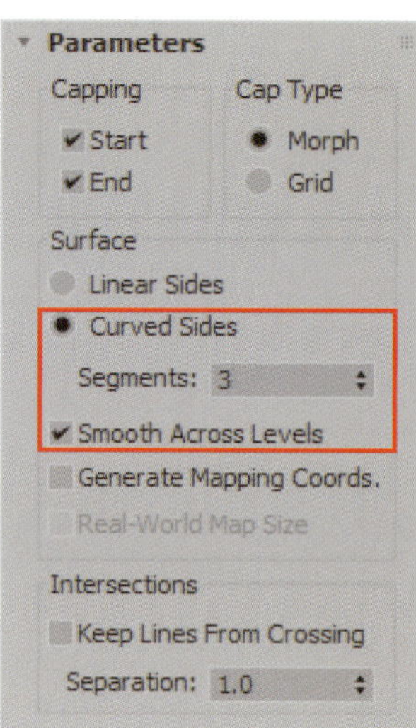

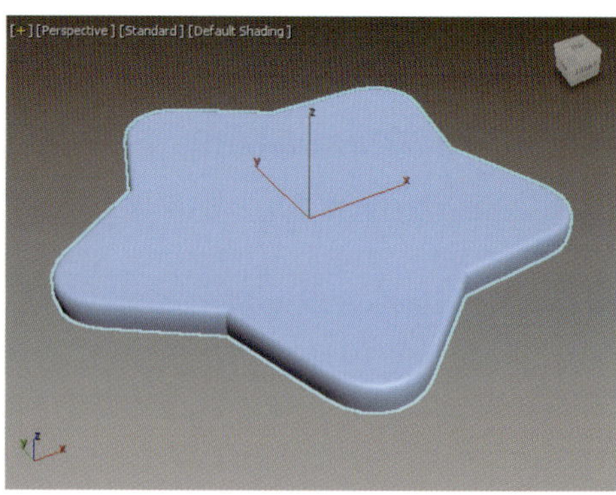

07 다음은 필자가 Bevel의 수치를 변경하여 작업한 이미지입니다.
제공된 CD부록에서 'Chapter 02\Lesson 05\bevel.max' 파일을 열어 그 내용을 확인하도록 합니다.

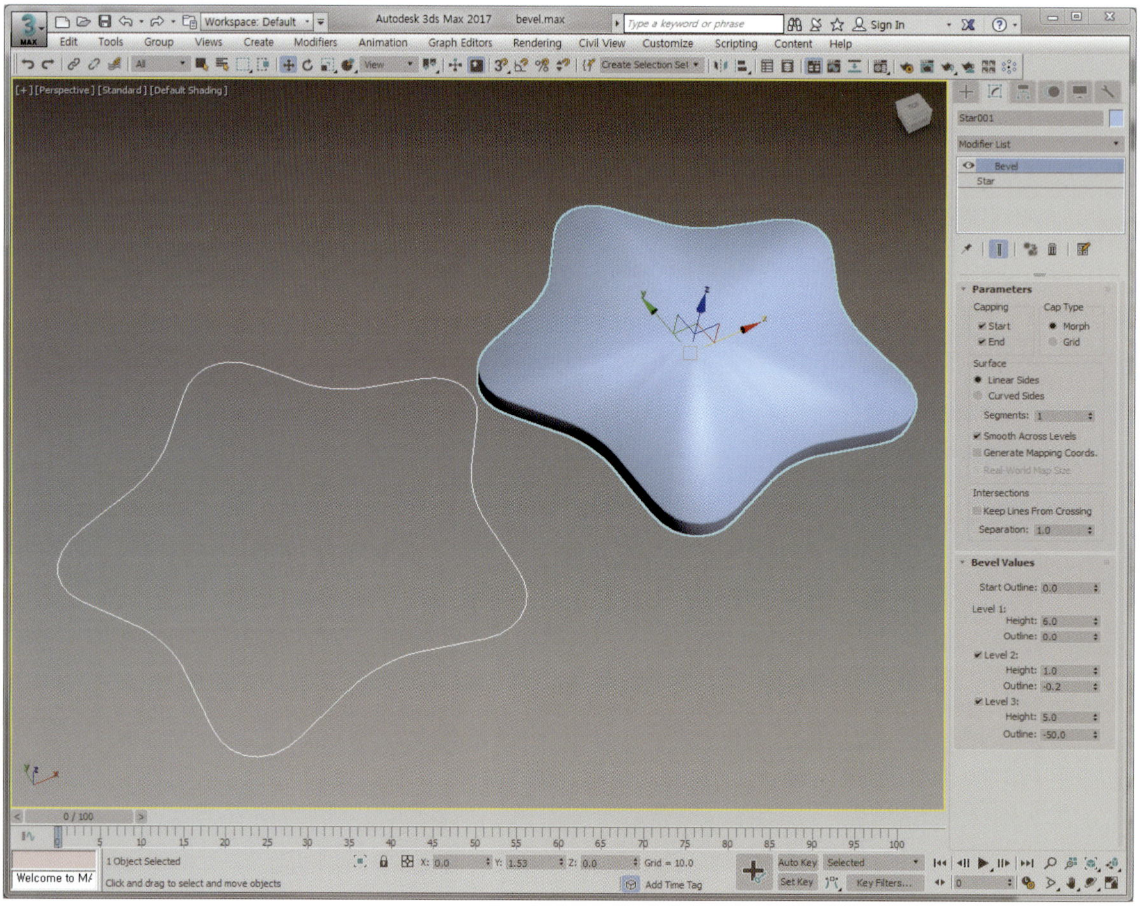

CD 제공 : bevel.max

Section 03 | Spline에 양방향으로 두께 주는 Shell

Shell은 기존의 면과 반대되는 방향으로 면을 추가하고, 원래 오브젝트에서 손실된 면의 내·외부 표면을 연결하는 가장자리를 추가하여 오브젝트를 "Solidifies" 하거나 오브젝트에 두께를 지정하는 기능입니다. 내부 및 외부 표면, 가장자리의 특성, 재질 ID 및 가장자리의 Mapping 유형에 대한 Offset 거리를 지정할 수 있습니다. Surface 단계의 Poly 모델링 방식에서 주로 두께를 적용할 때 많이 사용합니다.

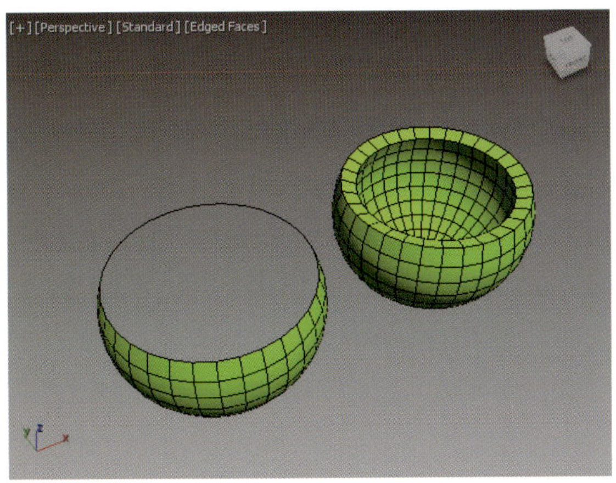
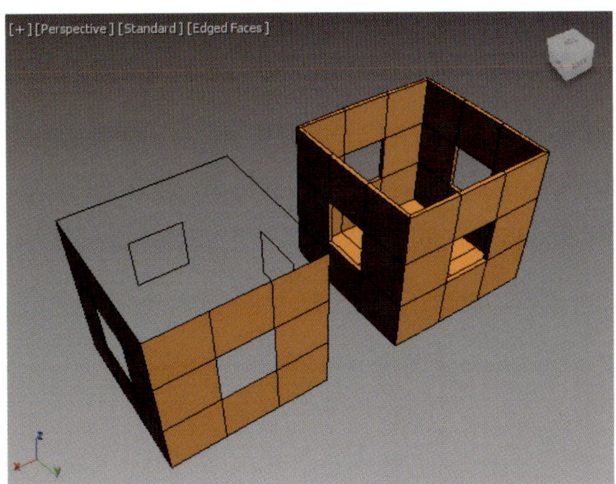

01 Shell Parameters

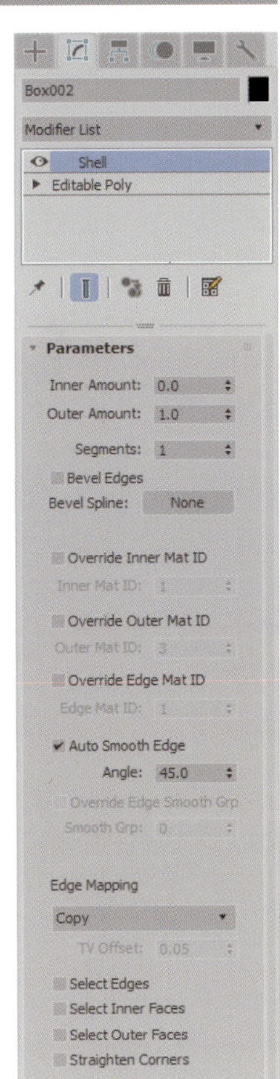

Inner Amount : 원래 위치에서 내부 표면이 안쪽으로 이동하는 거리입니다.

Outer Amount : 외부 표면이 바깥쪽으로 이동하는 거리입니다.

Segments : 각 가장자리의 세분화 수입니다. 기본 값은 1입니다.

Bevel Edges : 설정하고 Bevel Spline을 지정할 경우, 3ds Max에서 해당 스플라인을 사용하여 가장자리의 프로필과 해상도를 정의합니다.

Bevel Spline : 이 버튼을 클릭한 다음 열린 스플라인을 선택하여 가장자리 모양과 해상도를 정의합니다. 원이나 별 등의 닫힌 모양에서는 작동하지 않습니다.

Override Inner Mat ID : 내부 재질 ID 매개변수를 사용하여 모든 내부 표면 다각형의 재질 ID를 지정하려면 이 옵션을 설정합니다. 재질 ID를 지정하지 않으면 표면에서 원래 면과 동일한 재질 ID를 사용합니다.

Override Outer Mat ID : 외부 재질 ID 매개변수를 사용하여 모든 외부 표면 다각형의 재질 ID를 지정하려면 이 옵션을 설정합니다.

Override Edge Mat ID : 가장자리 재질 ID 매개변수를 사용하여 모든 새 가장자리 다각형의 재질 ID를 지정하려면 이 옵션을 설정합니다.

Auto Smooth Edge : 각도 매개변수를 사용하여 가장자리 면에 자동으로 각도 기반 스무딩을 적용합니다. 꺼져 있으면 스무딩이 적용되지 않습니다.

Angle : 가장자리 자동 스무딩으로 스무딩될 가장자리 면 사이의 최대 각도를 지정합니다. 자동 스무딩 가장자리가 켜진 경우에만 사용 가능합니다. 기본 값은 45.0입니다. 이 값보다 더 큰 각도에서 만나는 면은 부드럽게 처리할 수 없습니다.

Override Edge Smooth Group : 스무딩 그룹 설정을 사용하여 새로운 가장자리 다각형의 스무딩 그룹을 지정할 수 있습니다. Auto Smooth Edge가 꺼져있는 경우에만 사용 가능합니다.

Smooth Grp : 가장자리 다각형의 스무딩 그룹을 설정합니다.

Edge Mapping : 새로운 가장자리에 적용할 Texture Mapping 유형을 지정합니다. 다음과 같이 드롭다운 목록에서 매핑 유형을 선택합니다.
 - **Copy** : 각 Edge 면은 해당 Edge 면이 파생된 원래 면과 동일한 UVW 좌표를 사용합니다.
 - **None** : 각 가장자리 면에 U값 0과 V값 1이 할당됩니다. 따라서 맵이 할당된 경우 가장자리가 왼쪽 위 픽셀의 색상을 사용합니다.
 - **Strip** : 가장자리가 연속 스트립으로 Mapping됩니다.
 - **Interpolate** : 가장자리 매핑이 인접한 내부 및 외부 표면 다각형의 매핑에서 보간됩니다.

TV Offset : 가장자리에서 Texture 정점의 간격을 결정합니다. 가장자리 매핑 선택 항목이 Strip 및 Interpolate인 경우에만 사용 가능합니다. 기본 값은 0.05입니다. 이 값을 늘리면 가장자리 다각형 전체에서 Texture 맵의 반복이 증가합니다.

Select Edges : 가장자리 면을 선택합니다.
Select Inner Faces : 내부 면을 선택합니다.
Select Outer Faces : 외부 면을 선택합니다.
Straighten Corners : 모서리 정점을 조정하여 직선 가장자리를 유지합니다.

02 두께가 있는 BOX로 만들기

간단하게 BOX를 만들고 여기에 Shell을 적용하여 두께가 있는 입체적인 BOX로 만들어보겠습니다.

01 Command Panel〉Create〉Geometry〉Box를 클릭하여 Top View에 길이, 폭, 높이가 '200' 인 정육면체를 만들어줍니다.

02 Perspective View를 선택하고 F4 키를 눌러 Box에 'Edged Faces'를 적용합니다. 이어서 G 키, J 키를 눌러 Grid와 Bracket을 잠시 숨겨놓습니다.

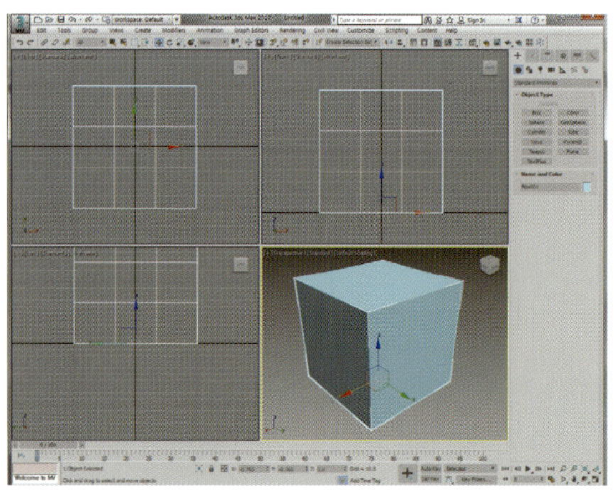

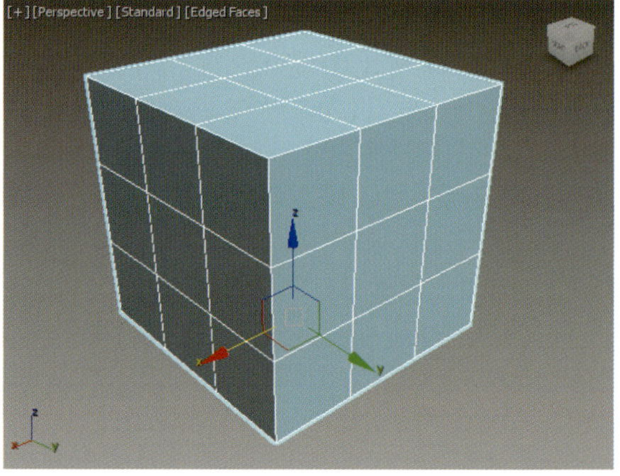

03 마우스 오른쪽 버튼을 눌러 나오는 Quad Menu에서 Convert To〉Convert to Editable Poly로 변환하여 Box를 수정할 수 있는 환경으로 변환합니다.

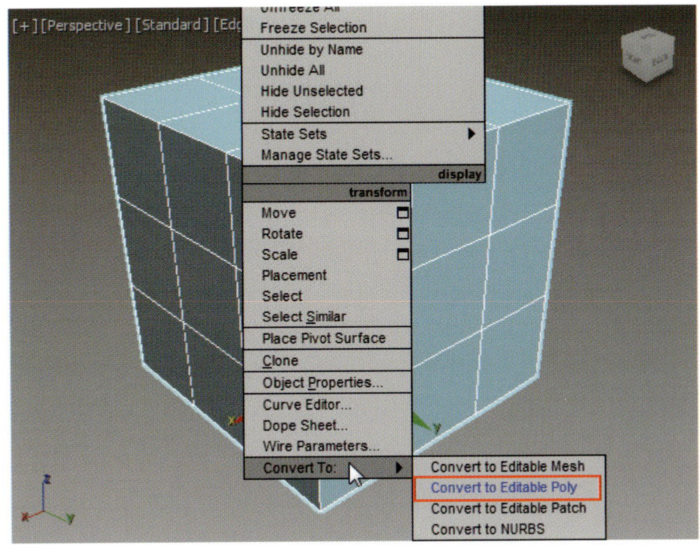

04 Modify 패널로 이동한 후 Editable Poly의 Selection 항목에서 Polygon을 선택합니다. Perspective View 에 다음과 같이 중앙의 6개 면을 선택합니다.

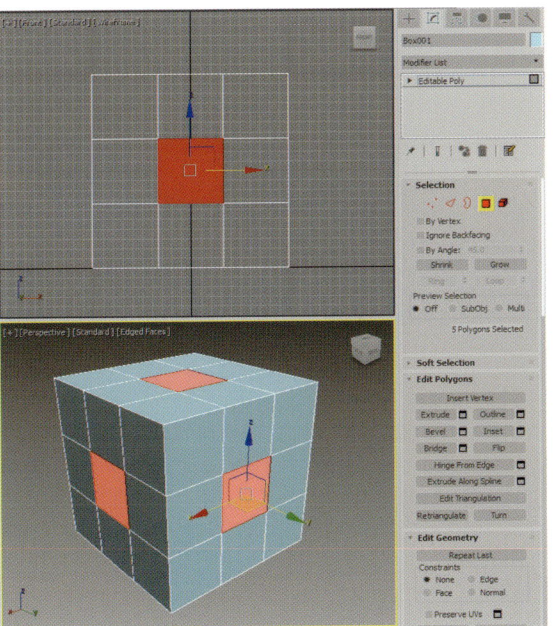

05 Delete 키를 눌러 선택된 면들을 삭제합니다. Box의 각 중앙쪽에 구멍이 생겨난 것을 확인할 수 있습니다. 이제 Selection 항목에서 Polygon 아이콘을 클릭하여 비활성화합니다.

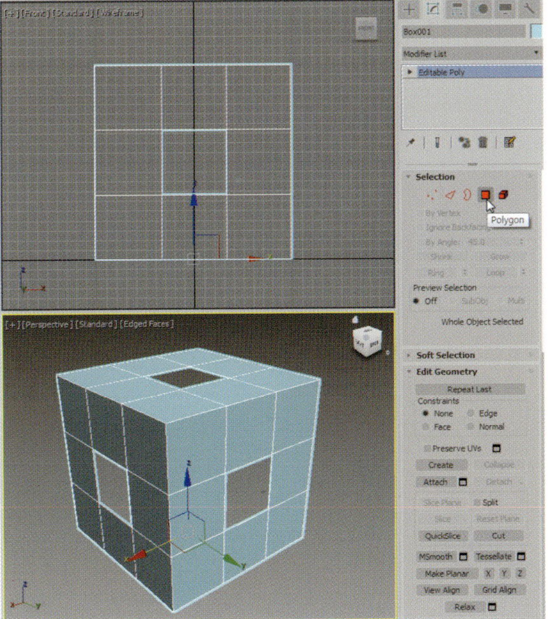

06 Modifier List에서 'Shell'을 적용합니다. Outer Amount 값에 "3.0"을 입력하여 안쪽 면에 두께를 부여합니다.

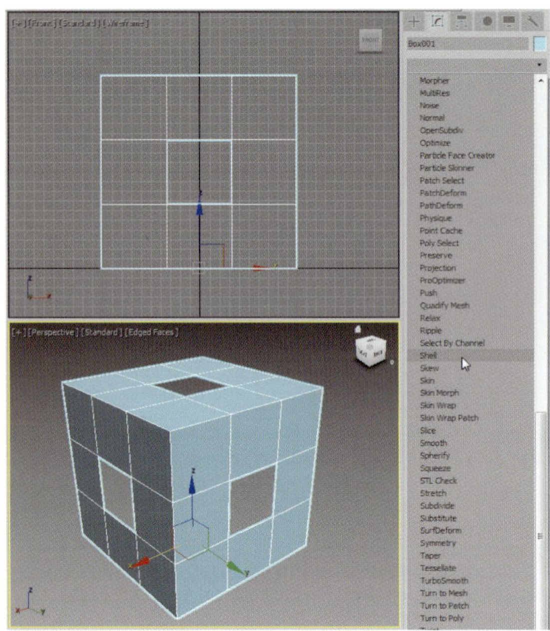 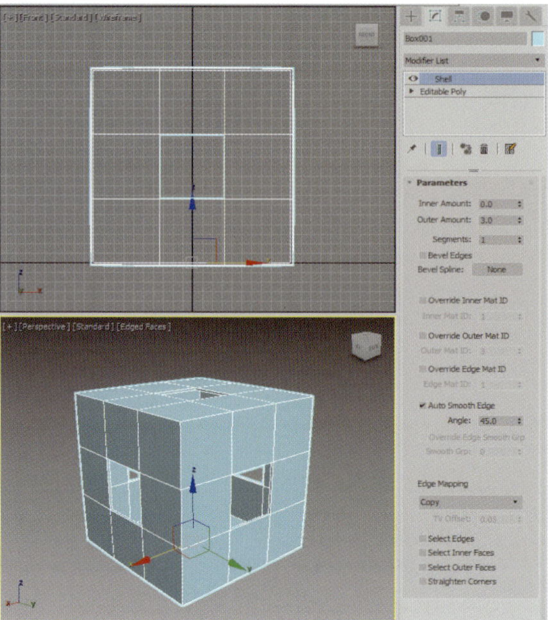

07 Stack View의 Editable Poly 하위로 내려가서 상단부분의 면들을 선택하고, Delete 키로 삭제하도록 하겠습니다.

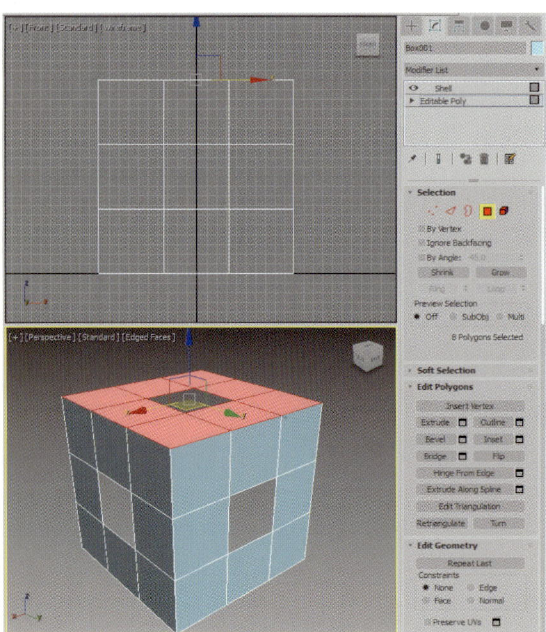 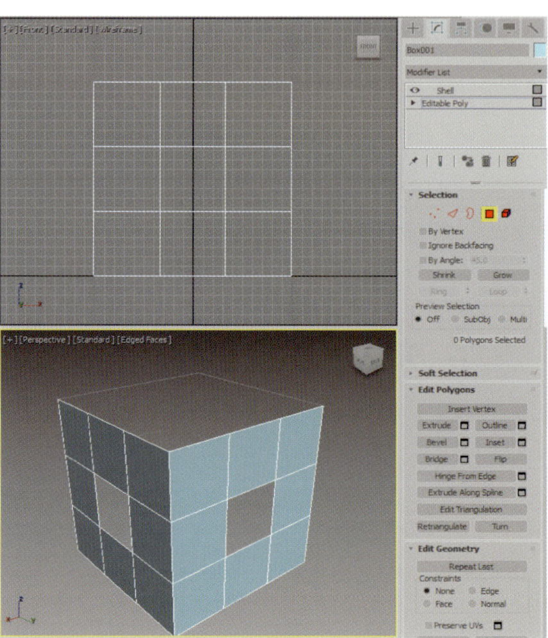

08 다시 Shell로 돌아온 상태의 이미지입니다.

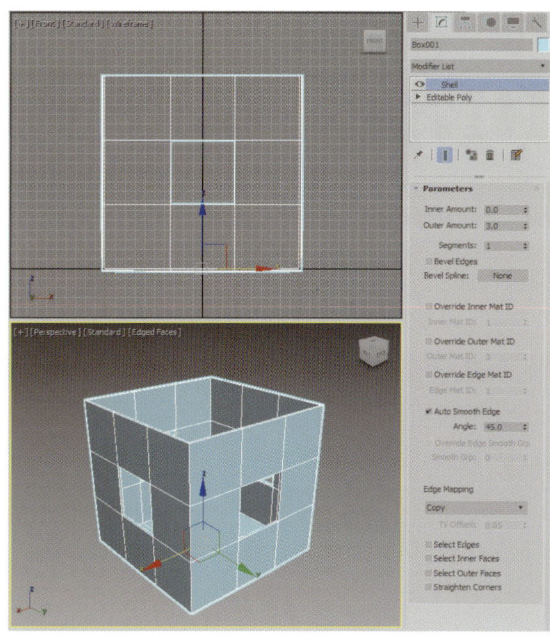

09 다음은 최종적으로 F4 키를 해제한 Viewport의 Box 이미지입니다.

CD 제공 : shell-box.max

Lesson 06

Lathe를 활용한 와인잔 만들기

Lathe는 Shape을 이용하여 360도 범위 내에서 회전시켜 만드는 모델링 툴입니다. 주로 컵이나 병 같은 회전체 모델링에 많이 사용됩니다.

Stack View의 하위 레벨에 있는 Axis(회전축)를 이동시키면 자동차 타이어 같은 모양의 오브젝트를 표현할 때에도 응용 가능합니다.

Section 01 | Lathe Parameters

Lathe는 Modifier List에 존재하며 Spline에만 적용되는 Modifier입니다.
Parameter에 있는 옵션들은 다음과 같습니다.

- **Degree** : 오브젝트의 회전될 각도를 정합니다. 보통은 360도를 사용합니다.
- **Weld Core** : 회전축 중심에 모여 있는 점들을 하나로 합쳐줍니다. Morphing 애니메이션할 때는 체크하지 말아야 합니다.
- **Flip Normals** : 체크하면 노멀 방향을 바꾸어 줍니다.
- **Segment** : 회전방향으로의 개수를 지정합니다. "8"의 값을 주면 8각 형태의 회전체가 만들어집니다.

Ⓐ Capping

- **Cap Start** : 단면이 시작되는 뚜껑을 막아 줍니다.
- **Cap End** : 단면이 끝나는 면에서 뚜껑을 막아 줍니다.
- **Morph** : Morphing에 적당한 뚜껑을 만들어 줍니다.
- **Grid** : 뚜껑을 그리드 형태로 만들어 변형을 쉽게 합니다.

Ⓑ Direction

회전축의 방향을 정합니다.

Ⓒ Align

- **Min/Max** : X축의 왼쪽/오른쪽 방향으로 정렬합니다.
- **Center** : Shape의 중심에 회전축을 세워 정렬합니다.

Ⓓ Output

앞서 배운 Extrude 옵션을 참조바랍니다.

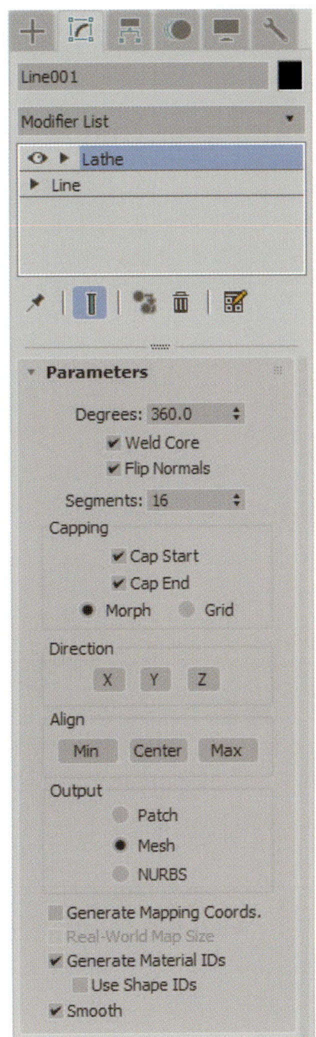

Section 02 | 와인잔 만들기

Lathe에 가장 많이 사용되는 모델링 소재인 와인잔 만드는 과정은 다음과 같습니다.

01 Create〉Shapes〉Line을 클릭하고, Intial Type과 Drag Type을 모두 Corner로 설정해줍니다.

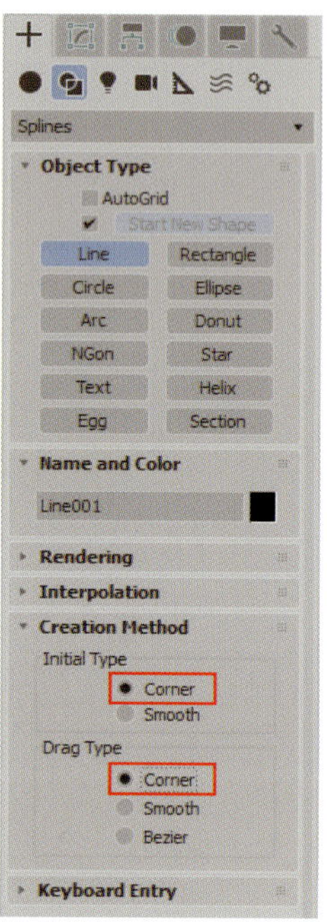

02 Front View에서 다음과 같이 a에서부터 b까지 직선 형태로 와인잔 형태를 그려줍니다.

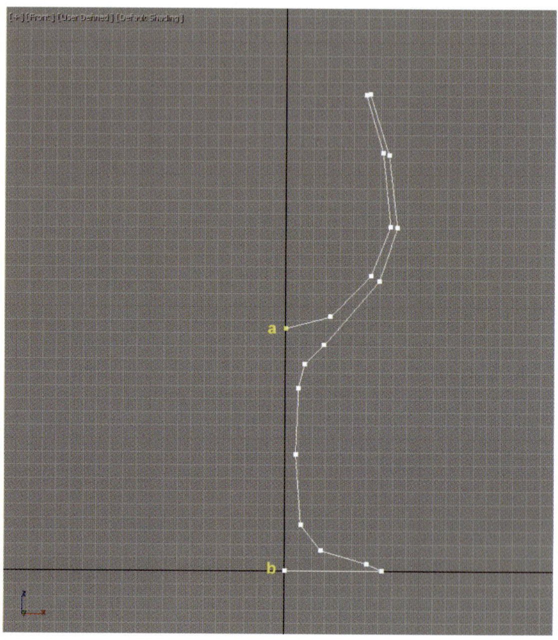

03 Modify로 이동하여 Vertex Sub-Object Level Selection을 클릭합니다. 앞서 그린 Line의 Vertex들을 모두 선택해줍니다.

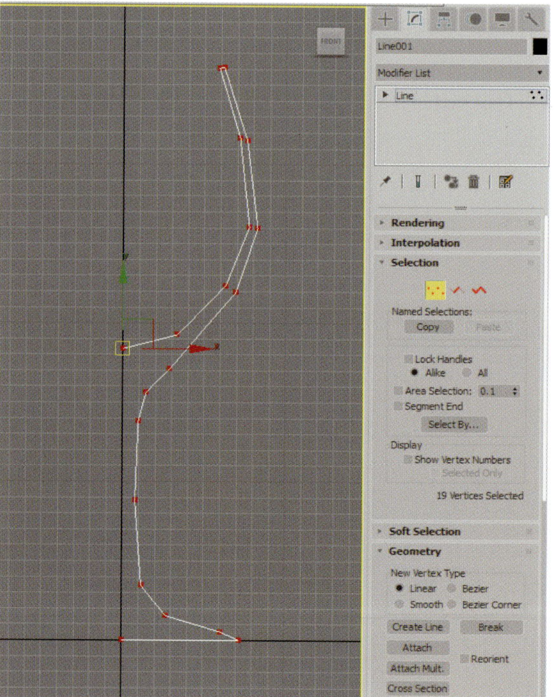

04 마우스 오른쪽 버튼을 누른 후 다음과 같이 Smooth로 변경해줍니다. 다시 마우스 오른쪽 버튼을 눌러 Bezier로 변경하면 Bezier 핸들이 나타납니다.

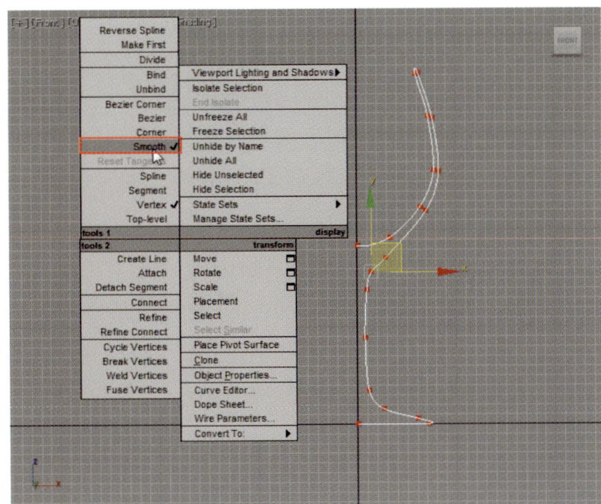 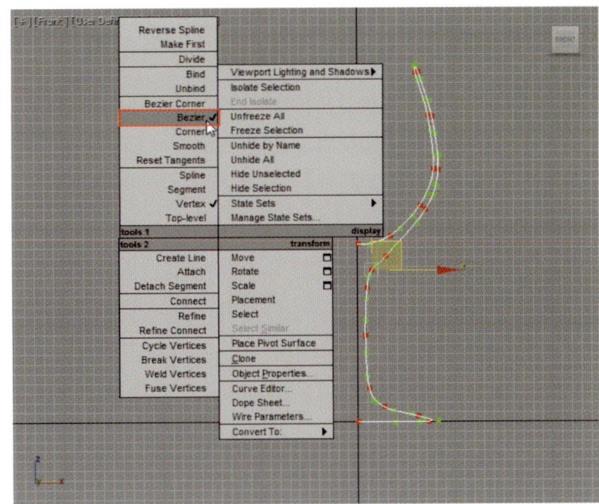

05 그림과 같이 부드럽게 와인잔 형태가 되도록 Bezier 핸들을 조정해줍니다. 핸들 조정은 Move 툴을 사용해야 가능합니다.

06 Line 수정이 모두 끝났으면 Vertex Sub-Object Level Selection을 비활성화 시켜줍니다. Modifier를 적용하기 전에는 항상 비활성화하여야 제대로 인식됩니다.

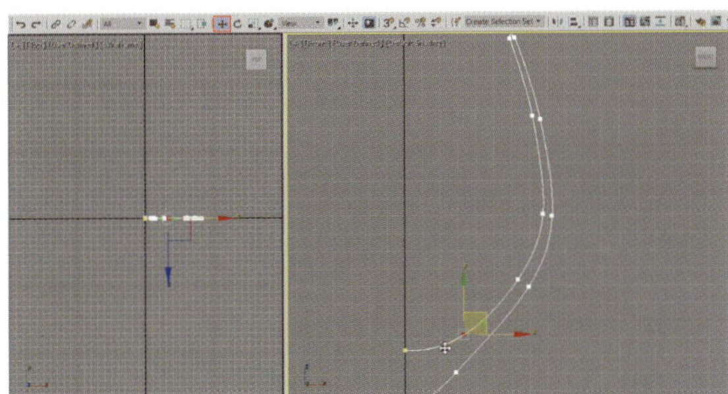

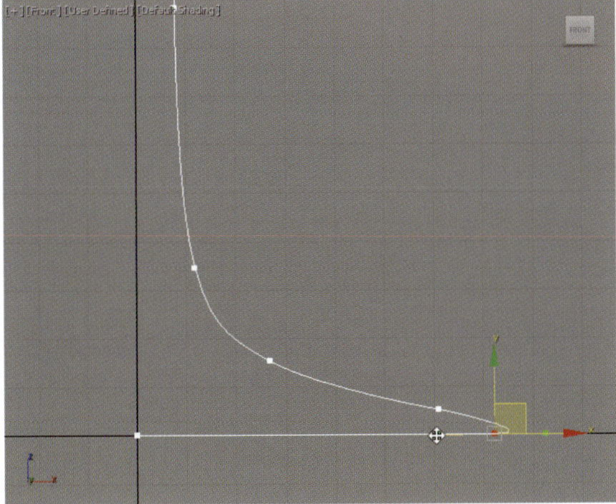

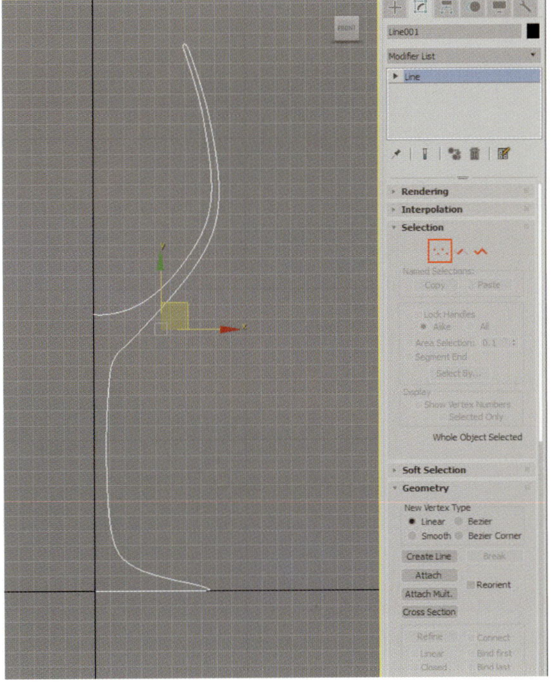

07 Modifier 목록에서 Lathe 명령을 적용합니다.

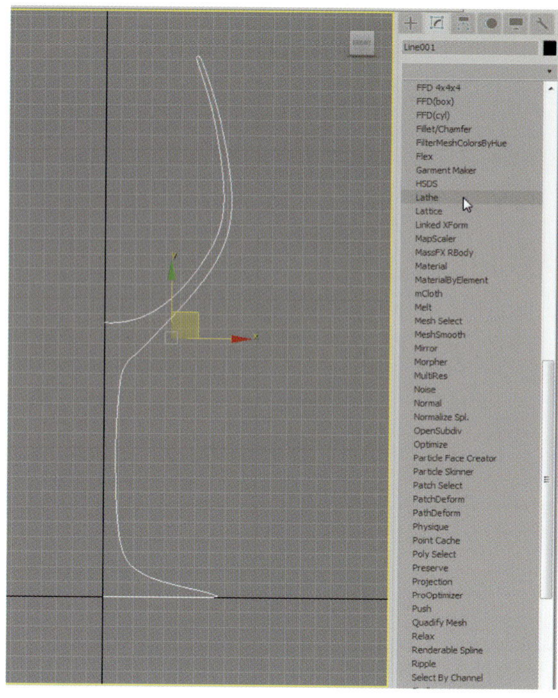

08 다음과 같이 옵션을 체크하여 와인잔을 완성합니다.

09 Material Editor 창을 열고 투명한 재질로 적용하여 마무리합니다. 재질을 적용하는 방법은 Viewport의 와인잔 오브젝트(a)를 선택한 후 'Assign Material to Selection' 아이콘을 클릭하면 됩니다.

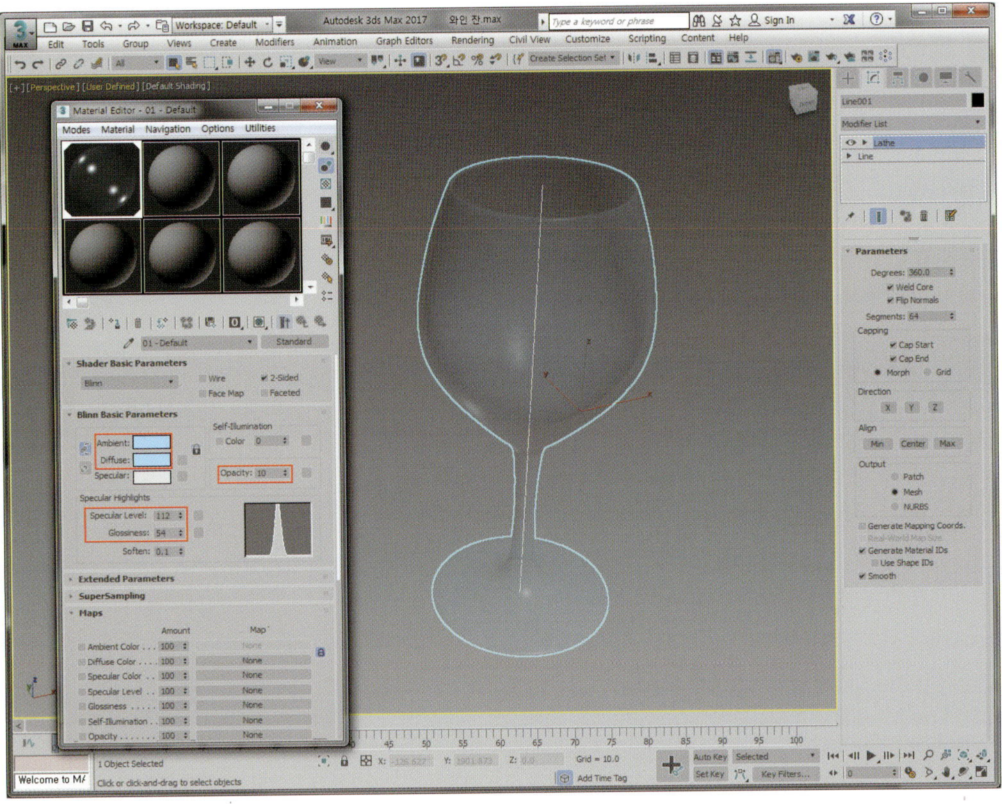

10 와인잔이 완성되었습니다.

◎ CD 제공 : 와인 잔.max

Lesson 07

2D Spline 수정하기

Spline은 Line으로 이루어진 2차원적인 Curve를 지칭하는 것으로 Line, Rectangle, Circle, Ellipse, NGon, Text 등의 Shape을 말합니다.

이 Spline을 변형하거나 수정하기 위해서는 Editable(Edit) Spline이라는 Modifier를 사용하며 Vertex, Segment, Spline의 Sub-Object Level에서 작업이 이루어집니다.

초급자들이 가장 먼저 알아야할 가장 기초적인 수정 단계이므로, 본 레슨을 통해서 확실히 익힌 후에 기본 모델링 단계에 들어가도록 합니다.

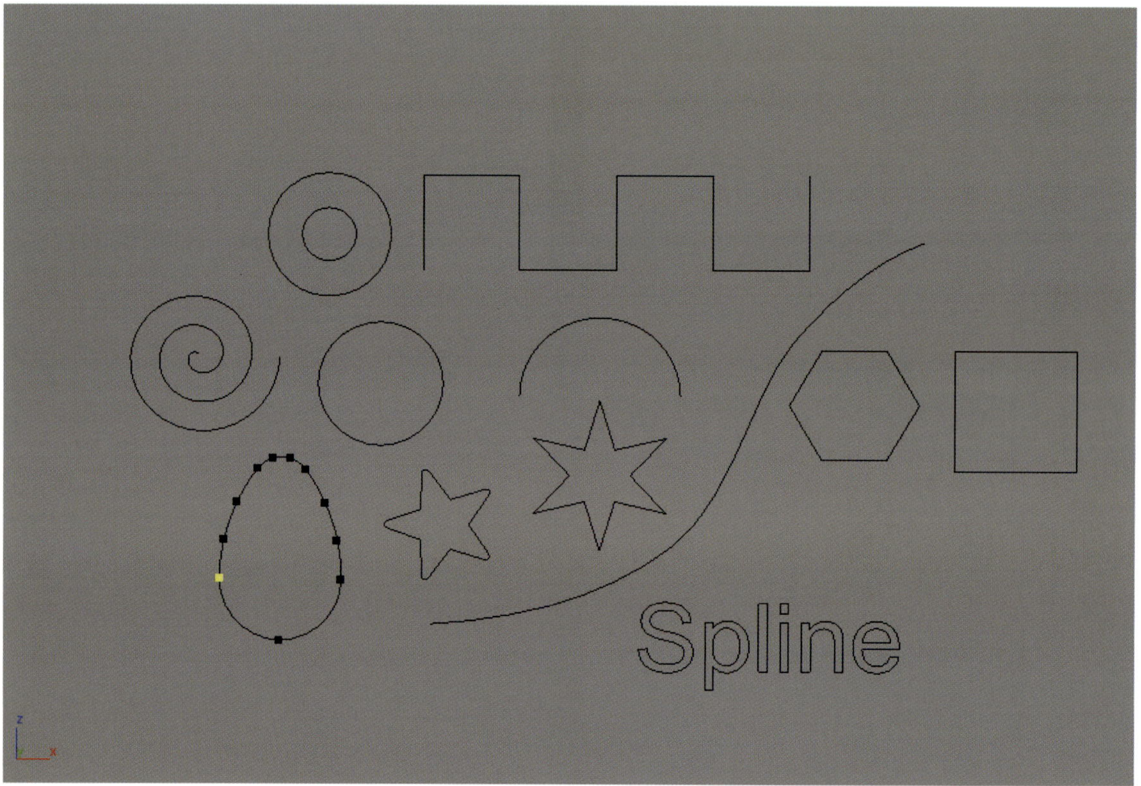

Section 01 | Editable(Edit) Spline

Spline을 수정하려면 Modifier List의 Edit Spline을 적용하거나, 마우스 오른쪽 버튼의 Quad Menu에서 Editable Spline으로 변환하여 작업하면 됩니다. Edit Spline과 Editable Spline의 내용은 거의 같지만, 포괄적으로 봤을 때 2가지 차이점이 있습니다. Edit Spline은 Stack View의 History가 존재하기 때문에 언제든지 역행하여 기본 Shape의 Spline을 재조정할 수 있습니다.

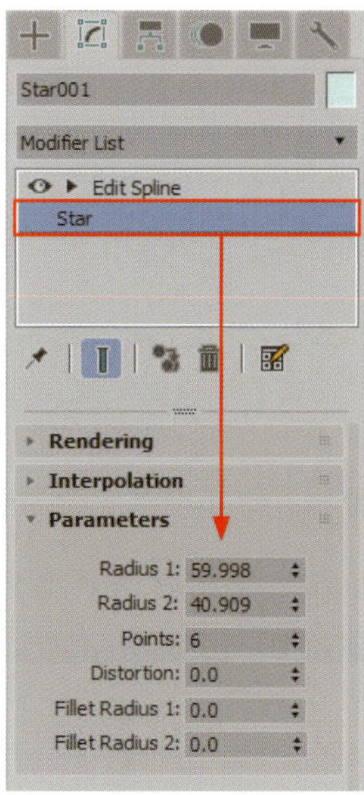

Editable Spline은 본래 가지고 있는 Shape의 Spline 속성을 완전히 없애 Stack View의 History를 실행할 수 없게 만듭니다. 즉, Editable Spline은 편집 가능한 Spline으로 Convert하는 것으로, 기본 Shape인 Circle, Rectangle, Star, Arc 등을 완전히 Spline으로 변환시켜주는 기능입니다.

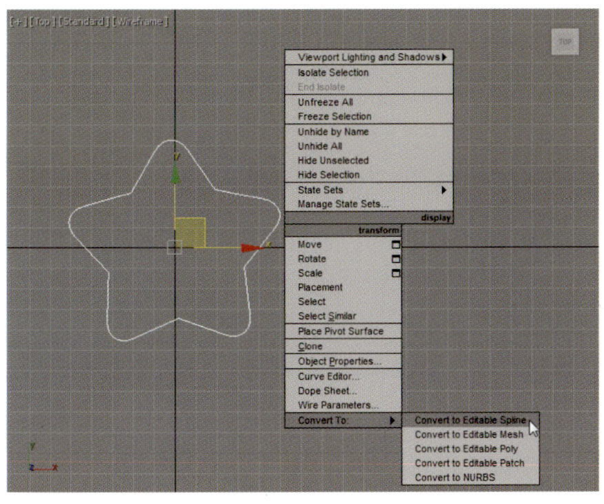

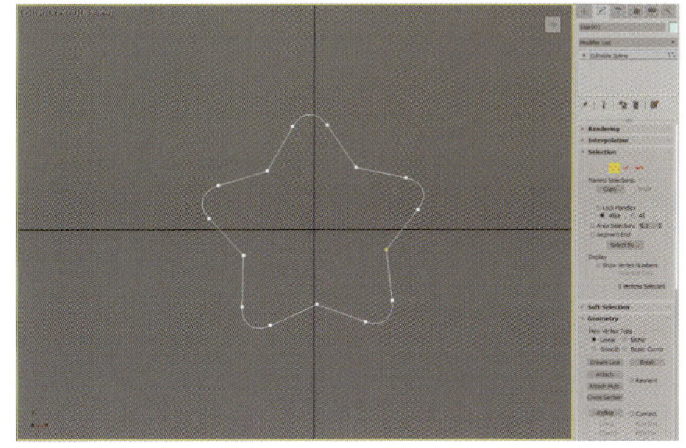

ⓘ 알아두기 | Edit Spline이 더 좋은 경우

Ⓐ 매개변수 모양을 Spline으로 편집하고자 하나 편집 후 만들기 매개변수를 수정하는 기능을 유지하려는 경우
Ⓑ 결과물이 만족스러울 때까지 편집을 Edit Spline에 일시적으로 저장한 다음 Editable Spline인 오브젝트에 영구적으로 위임하려는 경우
Ⓒ 한 번에 여러 모양을 편집해야 하나 단일 편집 가능한 Spline인 오브젝트로 변환하지는 않으려는 경우
Ⓓ 매개변수로 남아야 하는 수정자가 Stack에 있으며 결과적인 Spline이 수정자 적용 후 편집되어야 하는 경우

Section 02 | Editable(Edit) Spline의 Selection Level

Editable Spline 기능은 Edit Spline 기능과 거의 같습니다. 단, 기존 Spline 모양을 Editable Spline으로 변환하는 경우 더 이상 만들기 매개변수에 액세스하거나 애니메이션 처리를 할 수 없습니다. 그러나 Spline의 보간 설정(Step)은 Editable Spline에서도 사용 가능합니다.

Spline을 컨트롤하기 위해서는 Vertex, Segment, Spline의 세 하위에서 작업이 이루어집니다.

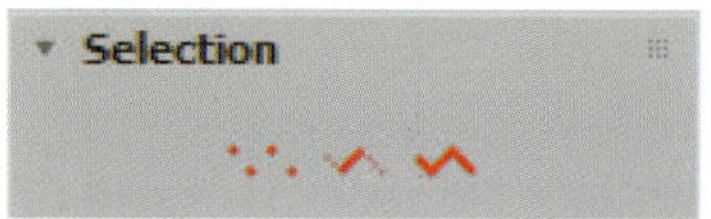

단축키는 순서대로, 1 , 2 , 3 을 사용합니다.

01 Vertex

Spline의 점 및 곡선 접선을 정의합니다.

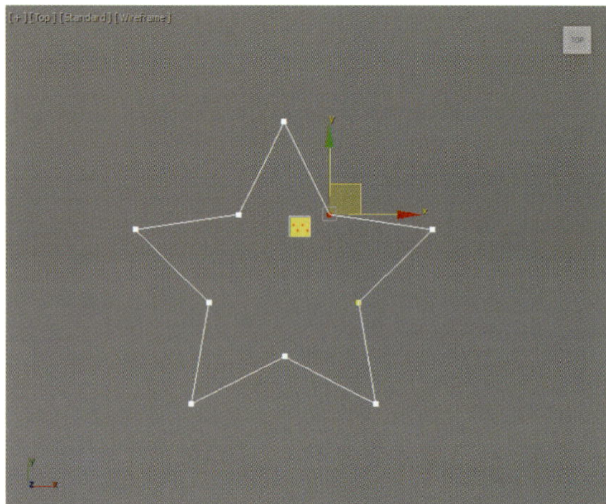

02 Segment

정점을 연결하는 선을 의미합니다.

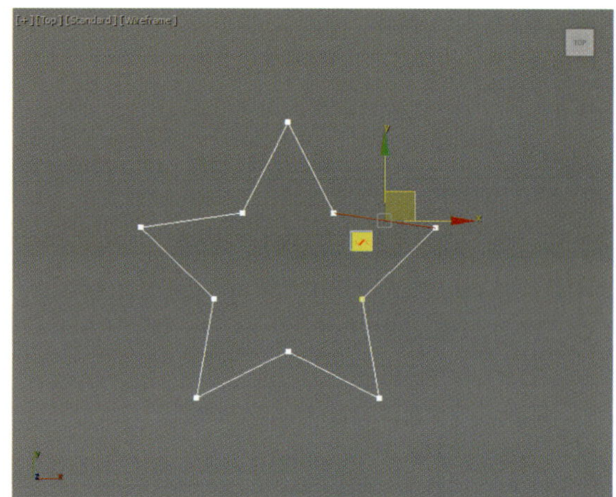

03 Spline

하나 이상으로 연결된 또는 Segment의 연결된 조합입니다.

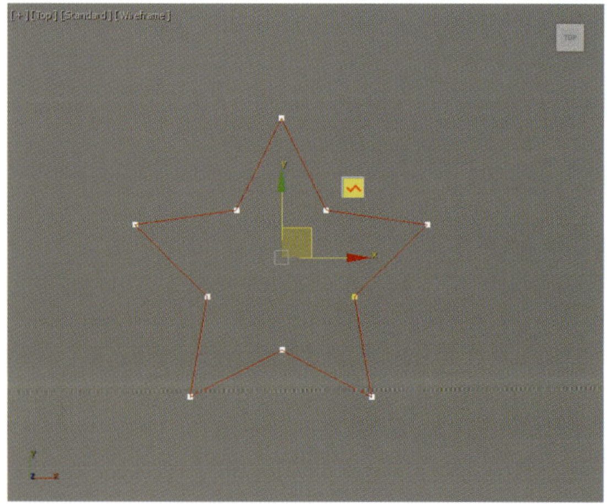

Section 03 | Editable(Edit) Spline의 기본 옵션들

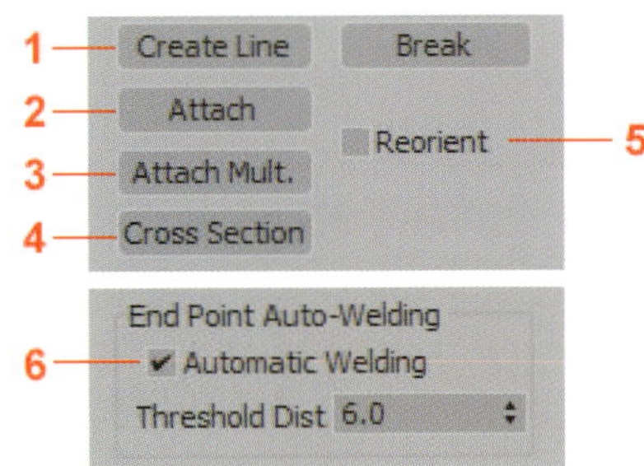

01 Create Line

시작점 또는 마지막 정점에서 새로운 Line을 이어서 그릴 수 있습니다. 먼저 End Point Auto-Welding 항목의 'Automatic Welding'에 반드시 체크해주고 작업해야합니다.

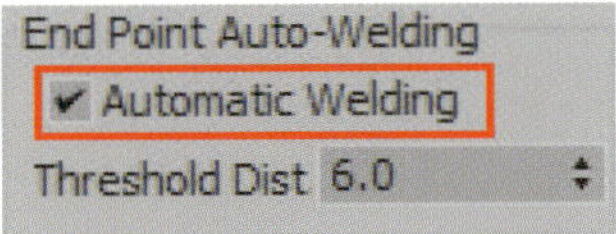

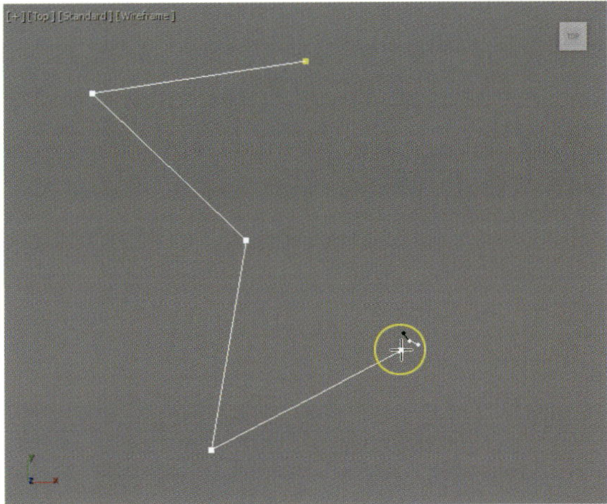

02 Attach

다른 Spline을 현재 선택한 Spline 속성으로 만들어줍니다.

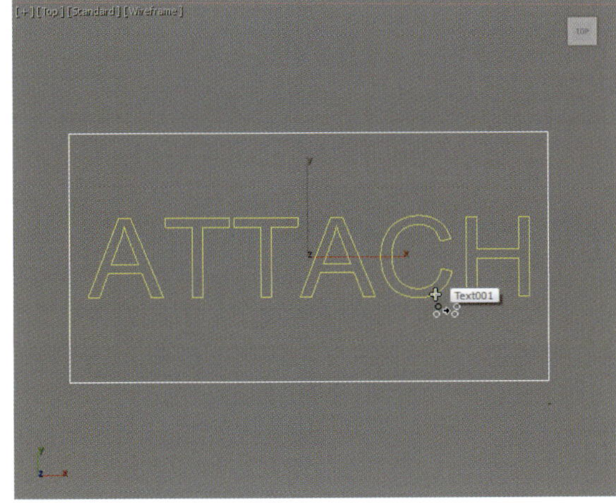

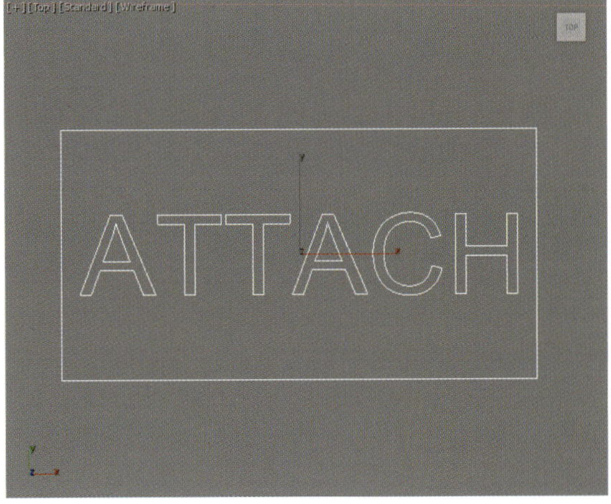

03 Attach Mult

여러 개의 Spline을 동시에 Attach할 때 사용하는 것으로, Attach Multiple 대화상자에서 Attach하고자 하는 Spline을 선택합니다. 대화상자에서 **Ctrl** 키를 누른 상태에서 원하는 Shape을 선택할 수 있습니다.

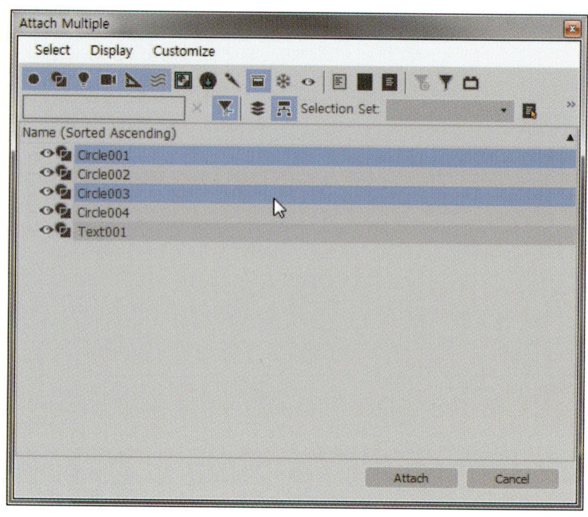

04 Cross Section

Surface 모델링을 사용하기 위한 목적으로 Max 6 버전부터 추가된 옵션입니다. Attach되어 있는 상태에서 여러 개의 Spline을 이어줍니다. 원래는 Modifier List에 있는 Cross Section과 기능은 같으나 수동으로 하나하나 순서대로 클릭해줘야 됩니다. 각 Spline에 존재하는 점들이 모두 같으면 Surface를 적용했을 때 올바른 면이 나오게 됩니다.

사용방법

① 다음과 같이 Arc를 3개 만든 후, 첫 번째 Arc를 선택합니다. Quad Menu에서 'Convert to Editable Spline'로 변환하여 Arc 3개를 모두 Attach합니다.

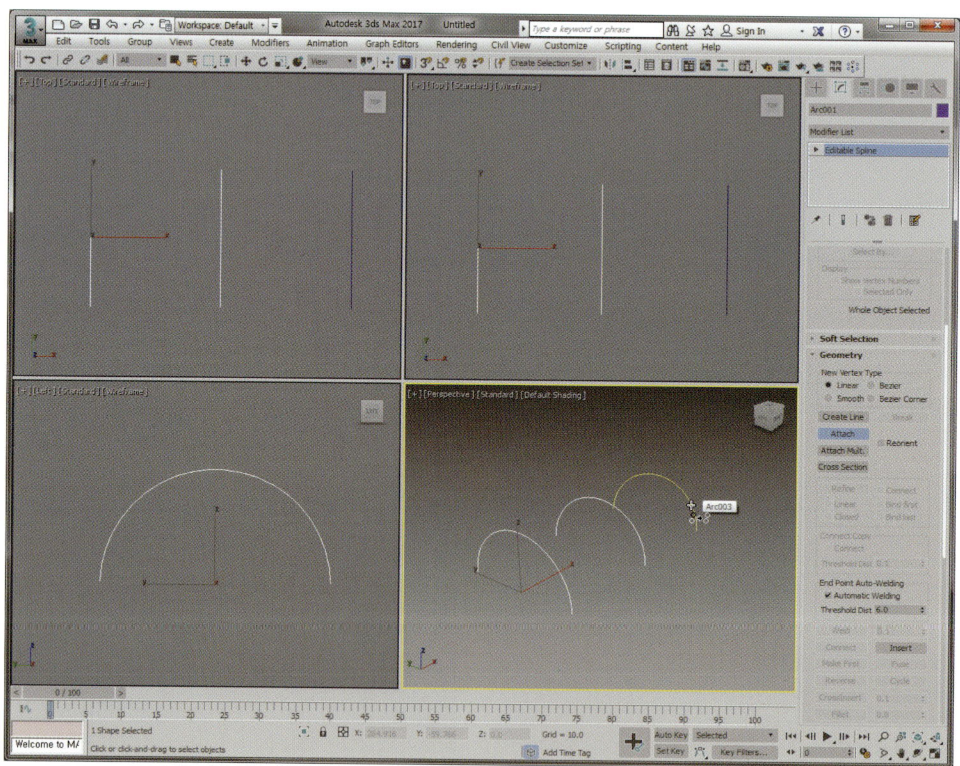

② Cross Section을 사용하여 Perspective View에 있는 Arc를 순서대로 클릭해줍니다.

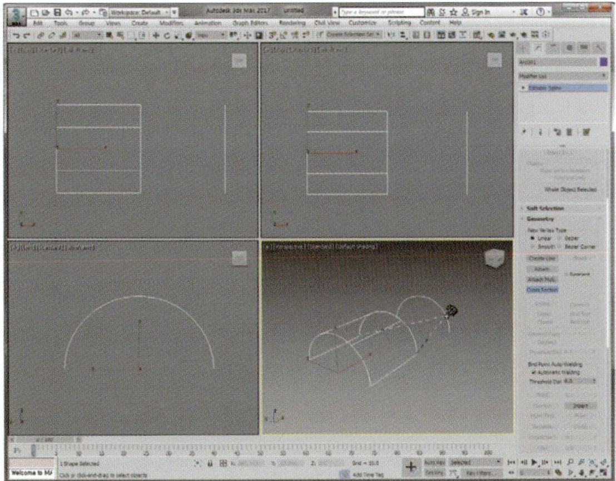

③ Modifier List에서 Surface를 적용합니다. 만일 면이 뒤집혀서 쉐이딩 된다면 Flip Normals를 체크합니다.

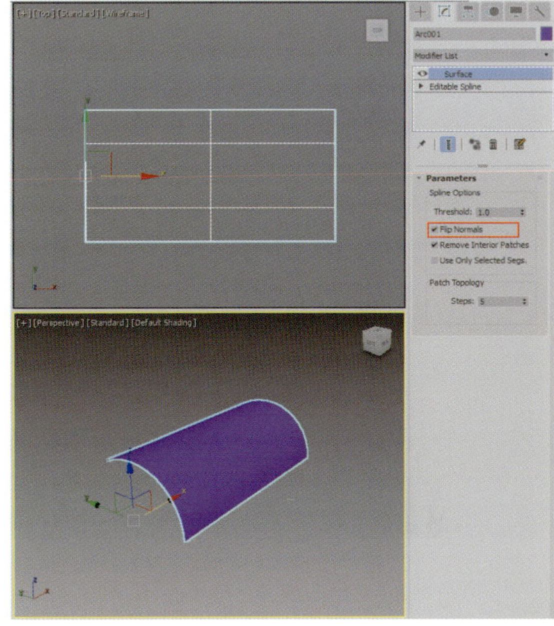

Surface 적용 후

05 Reorient

Reorient에 체크하고 Attach를 사용하면 현재 선택한 Spline의 로컬 좌표계와 정렬됩니다.

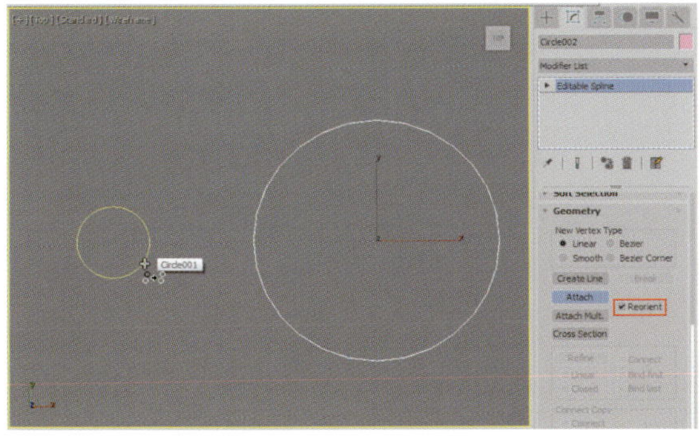

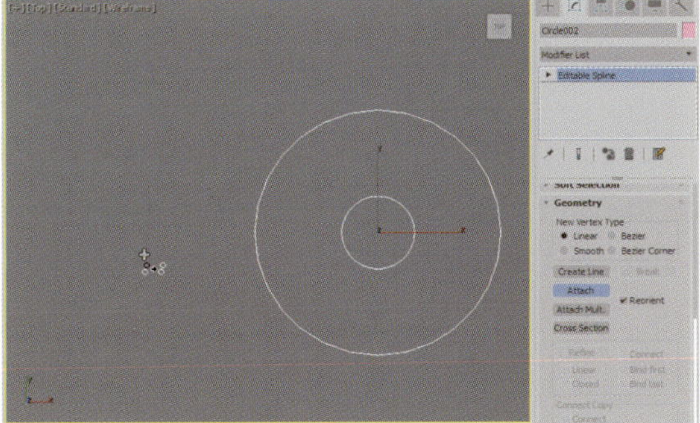

06 End Point Auto-Welding

끝점을 자동으로 이어주는 기능입니다. Automatic Welding에 체크해주고
마지막 끝점의 정점을 선택하여 다른 끝점으로 이동시켜주면 자동으로 이
어집니다.

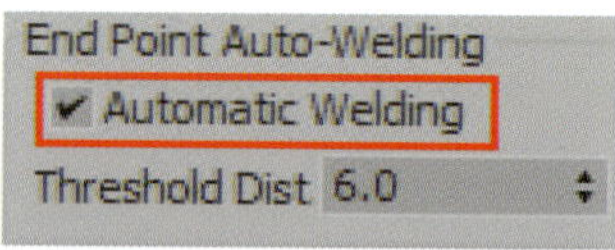

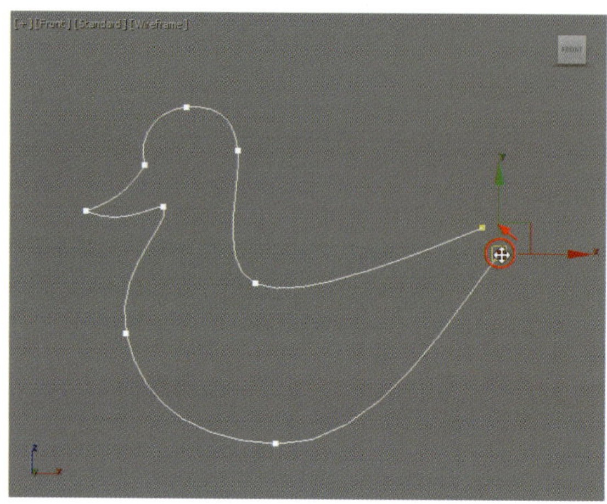

Section 04 | Editable(Edit) Spline의 Selection Level에 따른 주요 옵션들

01 Vertex 속성

Vertex를 선택한 상태에서 마우스 오른쪽 버튼을 누르면 Quad Menu에서 다음과 같은 옵션들을 적용할
수 있습니다.

Ⓐ **Corner** : 점을 기점으로 해서 직선 값이 되도록 합니다.

Ⓑ **Smooth** : 점을 기점으로 부드러운 곡선이 만들어지도록 합니다.

Ⓒ **Bezier** : 점을 기점으로 양쪽 핸들을 이용하여 양쪽 선 모두 부드러운 곡선으로 조정해줍니다.

Ⓓ **Bezier Corner** : 점을 기점으로 양쪽 핸들 중, 한쪽 핸들만 조정할 수 있습니다. 주로 곡선과 직선이 만
나는 곳에서 사용하면 좋습니다.

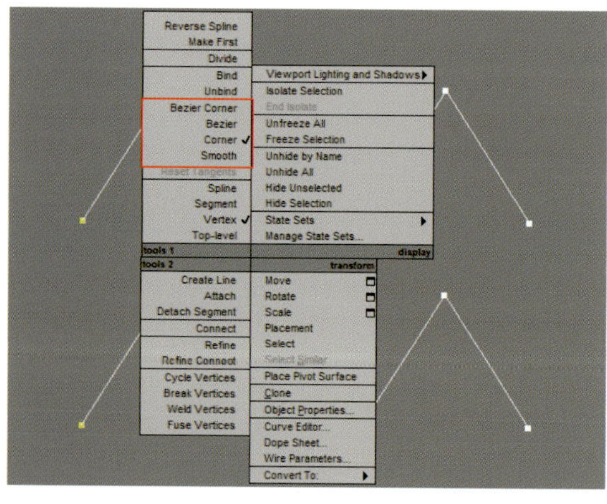

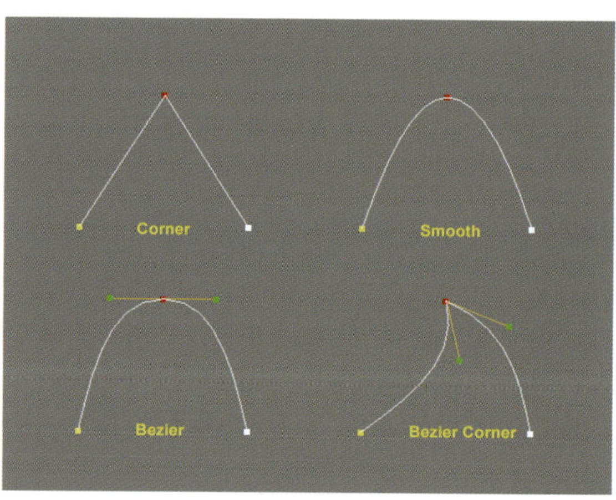

02 Vertex Level

Spline이 가지고 있는 점들의 형태와 위치 등을 수정할 수 있습니다.

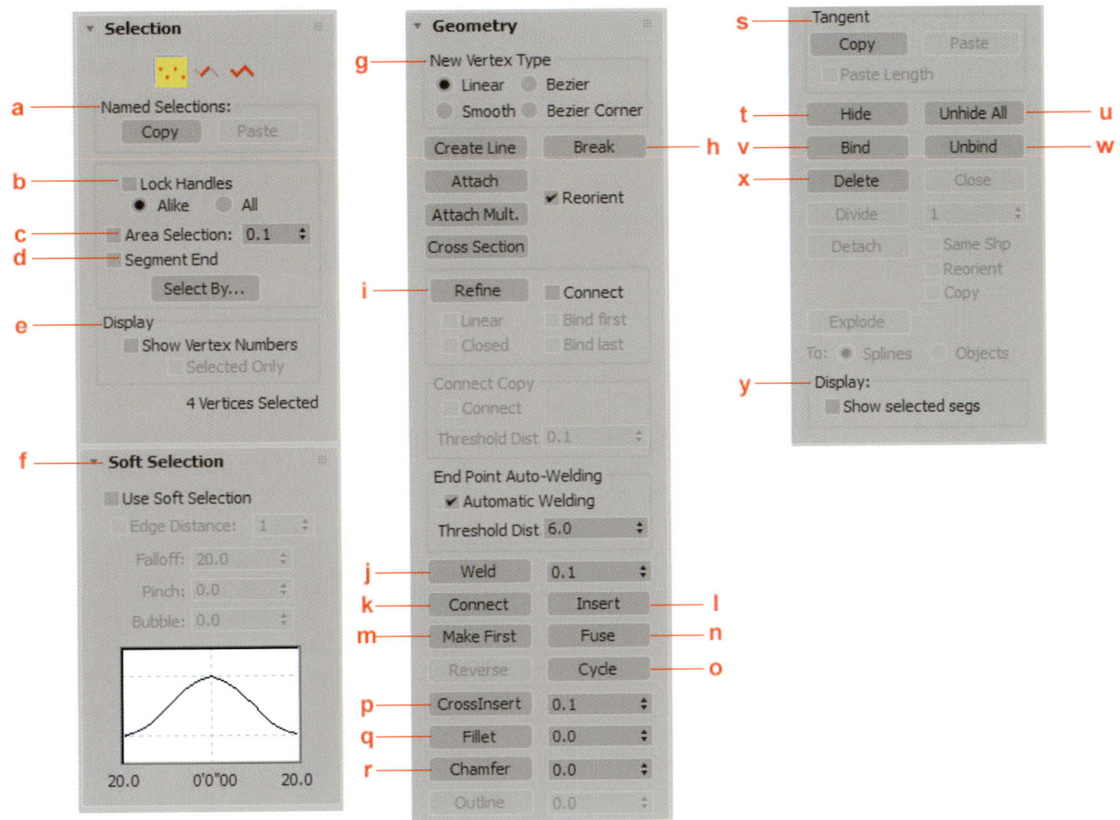

ⓐ Named Selection

① **Copy** : Named Selection Sets에 지정된 Set가 있을 때 해당하는 Set들 중에서 필요한 Set을 버퍼에 저장해줍니다.

② **Paste** : 복사해둔 내용과 같은 부분을 선택해주는 기능으로, 새로운 이름을 지정해서 새 Set을 만들어줍니다. 이렇게 만들어진 Set은 Main Toolbar의 'Named Selection Sets'에도 새로운 Set으로 만들어지게 됩니다.

ⓑ Lock Handles

① **Alike** : 선택된 정점에 연결되어 있는 녹색의 조정핸들 중 한쪽 방향에 해당하는 조정핸들만 한꺼번에 조정할 수 있도록 합니다.

이 기능을 사용하기 위해서 먼저 다음과 같이 6각형의 NGon을 만들고, 마우스 오른쪽 버튼의 Quad Menu에서 'Convert to Editable Spline'을 적용시켜줍니다.

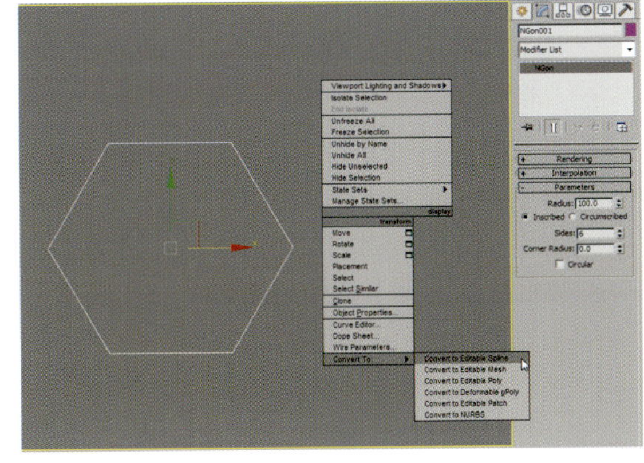

Lock Handles 체크박스에 체크해준 다음, Move 툴을 이용하여 Bezier 핸들을 조정합니다.

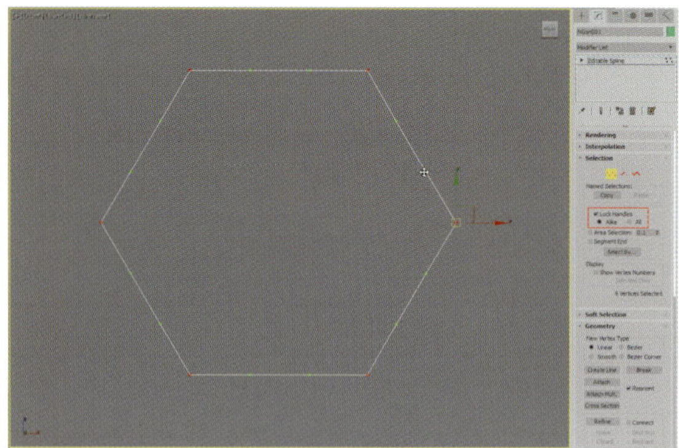 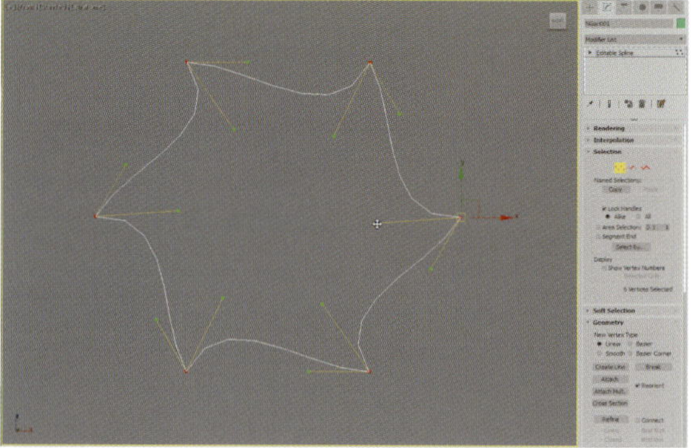

ⓘ 알아두기 | Bezier 조정핸들

Bezier의 조정 핸들을 움직이기 위해서는 Move를 사용합니다.

② **All** : 선택된 점들의 조정핸들을 대칭으로 조정할 수 있습니다.

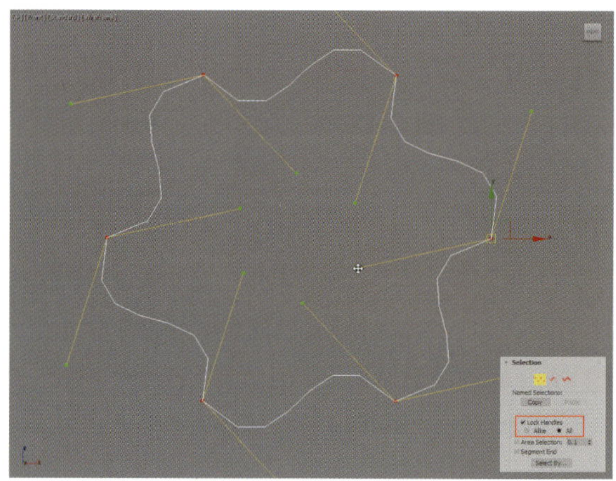

ⓒ Area Selection
입력된 거리를 기준으로 선택된 점 근처에 있는 점들을 한꺼번에 선택합니다.

ⓓ Segment End
Segment를 클릭한 부분에서 가까운 점을 선택합니다.
① **Select By** : 다른 Selection Level에서 선택한 부분이 있을 경우 다음과 같은 대화상자를 통해서 선택된 부분에 맞는 점들이 선택되도록 합니다.

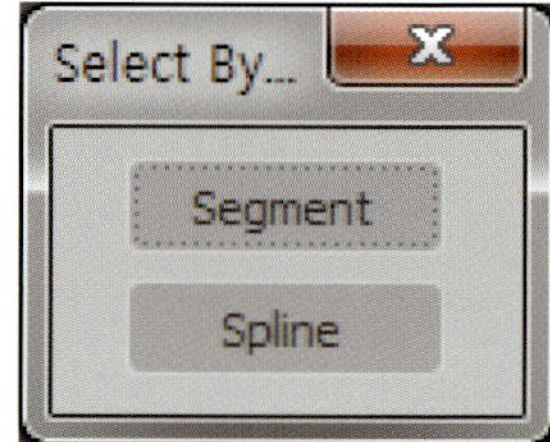

ⓔ Display

점들이 가지고 있는 번호를 보이도록 할 수 있습니다.

① **Show Vertex Numbers** : Spline이 가지고 있는 점들의 번호를 모두 보여줍니다.
② **Selected Only** : Show Vertex Number가 선택되었을 경우 사용할 수 있으며, 선택된 점의 번호만
보여줍니다.

ⓕ Soft Selection

Vertex의 양이 많은 Spline에 사용되며, 선택된 Vertex 주변으로 자기장처럼 동작합니다.

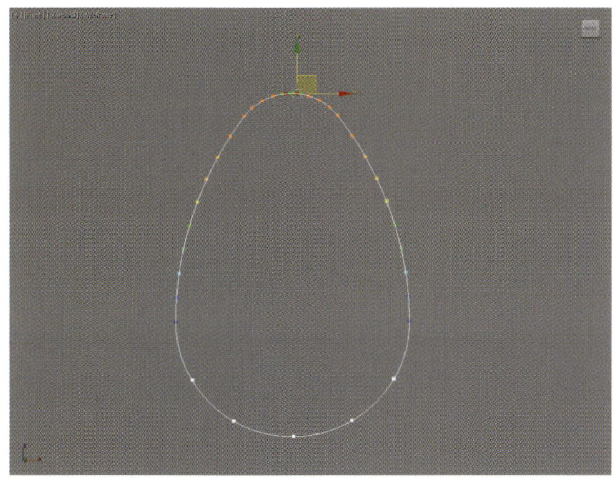 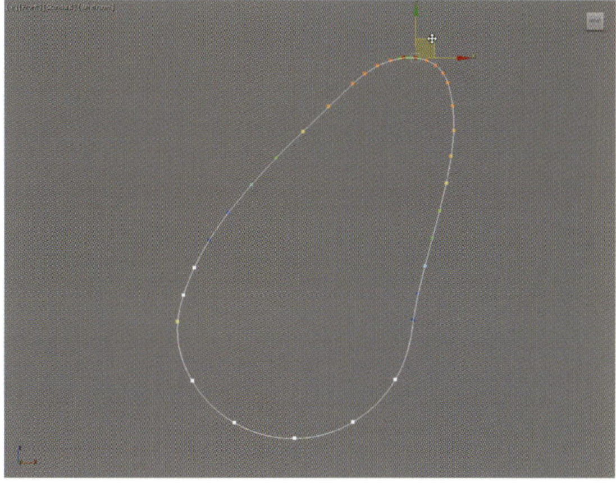

① **Use Soft Selection** : 설정하면 선택된 Vertex 주변이 마치 자기장으로 둘러싸인 것처럼 동작합니다.
② **Edge Distance** : 설정하면 Soft Selection 영역을 선택한 위치와 Soft Selection의 최대 범위 사이의
지정된 가장자리 수로 제한합니다.
③ **Falloff** : 중심에서 영향을 받는 영역을 정의하는 구 가장자리까지의 거리입니다.
④ **Pinch** : 수직 축을 따라 곡선의 위쪽 점을 올리고 내립니다.
⑤ **Bubble** : 수직 축을 따라 곡선을 확장하고 축소합니다.

ⓖ New Vertex Type

이 그룹의 라디오 버튼을 사용하면 Segment 또는 Spline을 Shift +Copy할 때 생성되는 새 정점의 접선을
결정할 수 있습니다.

① **Linear** : 새 정점이 선형 접선을 가집니다.
② **Bezier** : 새 정점이 Bezier 접선을 가집니다.
③ **Smooth** : 새 정점이 부드러운 접선을 가집니다. 이 옵션을 선택하면 새 정점이 겹치는 경우 자동으로
접합됩니다.
④ **Bezier Corner** : 새 정점이 Bezier 모서리 접선을 가집니다.

ⓗ Break

선택된 점에서 Spline을 끊어주는 역할을 합니다.

Break 적용 전

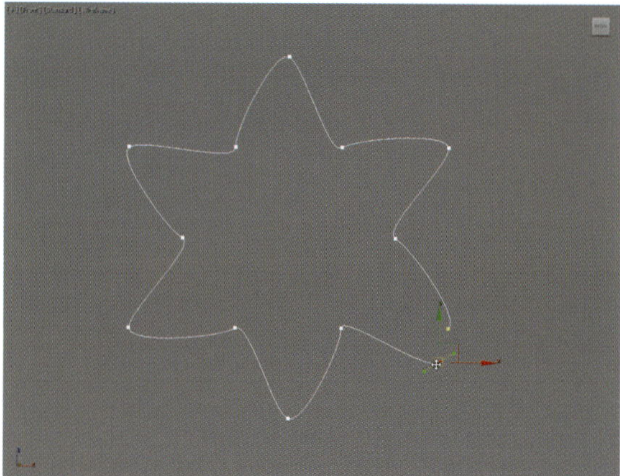

Break 적용 후

ⓘ Refine

Segment에 Vertex를 추가하는 기능입니다.

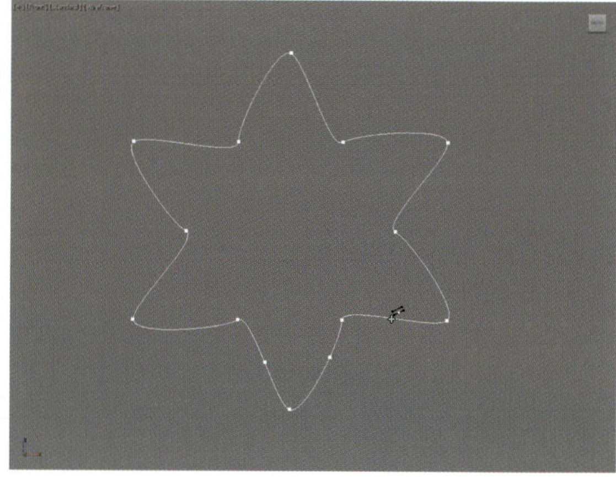

① **Connect** : 설정하면 새 정점을 연결하여 새 스플라인 하위 오브젝트를 생성합니다. Refine을 사용하여 정점 추가를 마치면 새 정점에 Spline을 연결할 수 있습니다.

② **Linear** : 설정하면 모서리 정점을 사용하여 새 Spline인의 모든 세그먼트를 직선으로 만듭니다. 선형을 해제하면 새 스플라인을 생성하는 데 스무딩 유형의 정점이 사용됩니다.

③ **Bind First** : Refine 작업으로 생성된 첫 번째 정점이 선택한 세그먼트의 중심에 결합되도록 합니다.

④ **Closed** : 설정하면 새 스플라인의 첫 번째 및 마지막 정점을 연결하여 폐쇄된 스플라인을 생성합니다. 닫힘을 해제하면 연결에서는 항상 열린 스플라인을 생성합니다.

⑤ **Bind last** : Refine 작업으로 생성되는 마지막 정점이 선택한 세그먼트의 중심에 결합되도록 합니다.

ⓙ Weld

Break의 반대 개념으로 선택된 점들이 범위 값 안에 있으면 점들은 하나로 합쳐집니다. 사용법은 끊어져 있는 2개의 정점을 선택하고 Weld의 범위 값을 지정한 후 Weld를 실행하면 됩니다.

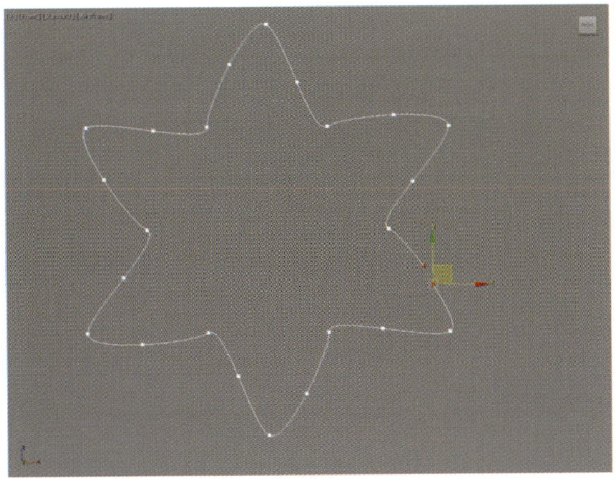 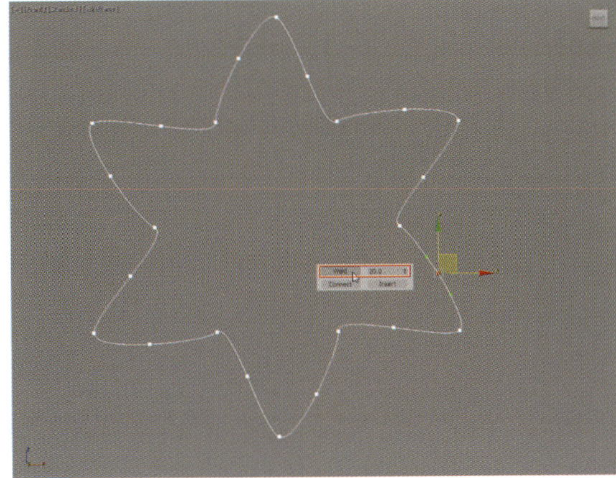

ⓚ Connect

열려있는 끝점을 이어줄 때 사용합니다.

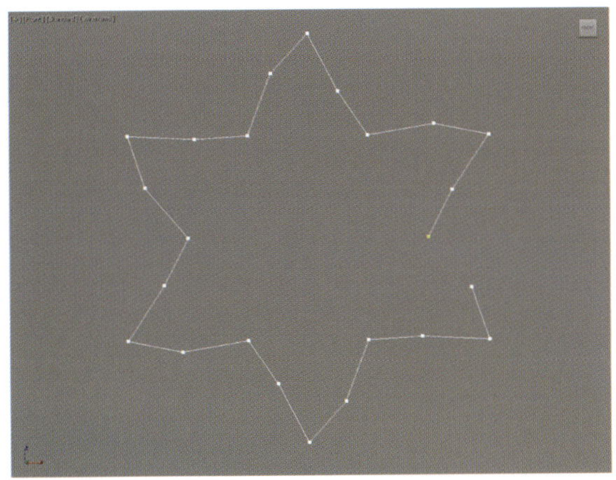 

ⓛ Insert

하나 이상의 정점을 삽입하여 추가 세그먼트를 만듭니다. 한 번 클릭하면 모서리 정점이 삽입되고 드래그하면 Bezier(스무딩) 정점이 생성됩니다.

 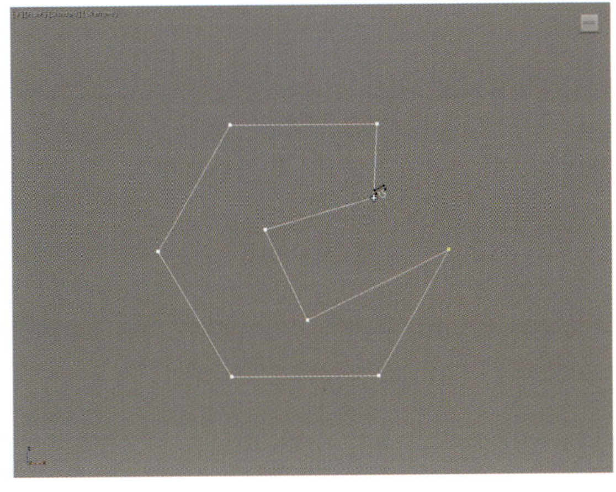

ⓜ Make First

선택한 Shape에서 첫 번째 정점이 되는 정점을 지정합니다. Spline의 점들 중에 조그마한 사각형이 하나 있는데, 그곳의 위치를 다른 점으로 변경할 수 있습니다.
특히 열려있을 때의 시작점의 의미는 애니메이션 경로에 있어서 아주 중요한 역할을 하게 됩니다.

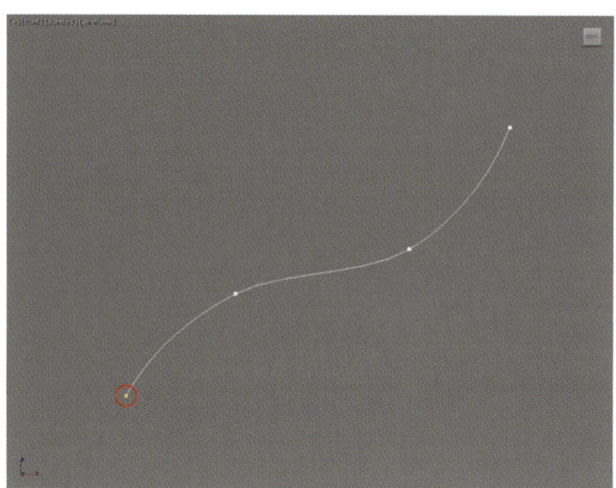
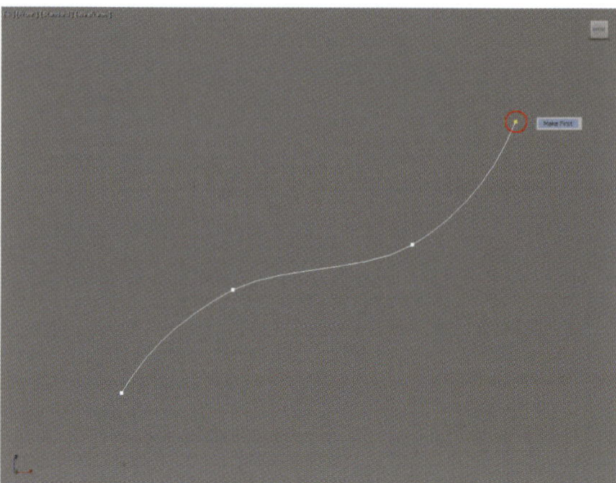

ⓘ 알아두기 | 첫 번째 정점의 의미

Spline의 첫 번째 정점에는 특별한 의미가 있습니다. 첫 번째 정점이 사용되는 방식을 정의합니다.

Shape Use	첫 번째 정점의 의미
Loft Path (로프트 경로)	Path의 시작. Level 0
Loft Path (로프트 모양)	초기 Skin 정렬
Path Constraint (경로 제한)	모션 경로의 시작
Trajectory (궤적)	첫 번째 Position Key

ⓝ Fuse

선택한 모든 정점을 이들의 평균 중심으로 이동합니다. Fuse는 Surface 수정자에서 사용할 Spline Network를 만들 때 정점을 일치시키는 데 유용합니다. 이때 Spline은 모두 Attach가 되어 있어야 하며, 이 명령은 Surface 모델링을 사용하는데 목적을 두고 있습니다.

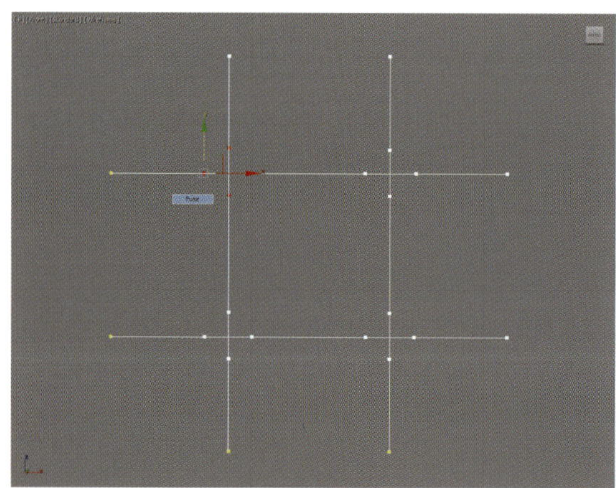
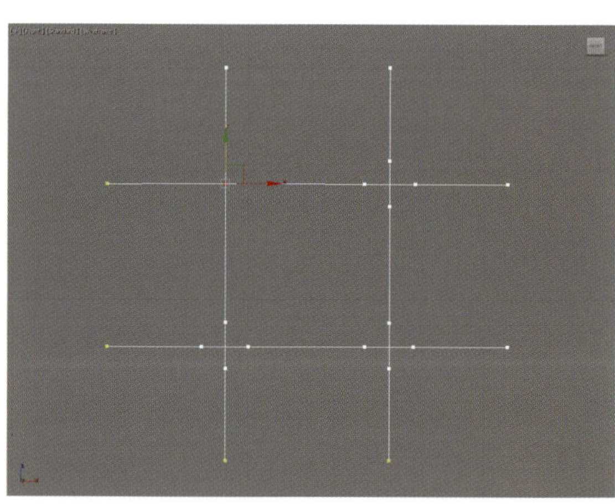

ⓞ Cycle

일치하는 일련의 정점을 선택합니다. 3D 공간에서 정확히 동일한 위치를 공유하는 두 개 이상의 정점 중 하나를 선택한 다음 원하는 정점이 선택될 때까지 원을 반복해서 클릭합니다.

Cycle은 Surface 수정자에서 사용할 Spline Network를 만들 때 교차점이 일치하는 정점 그룹에서 특정 정점을 선택하는 데 유용합니다.

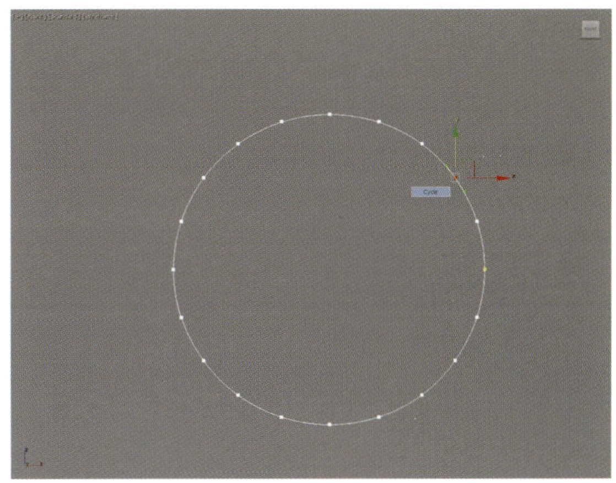

ⓟ CrossInsert

Surface 모델링과 관련 있는 옵션으로, Spline이 교차되는 지점에 정점을 추가하는 기능입니다.

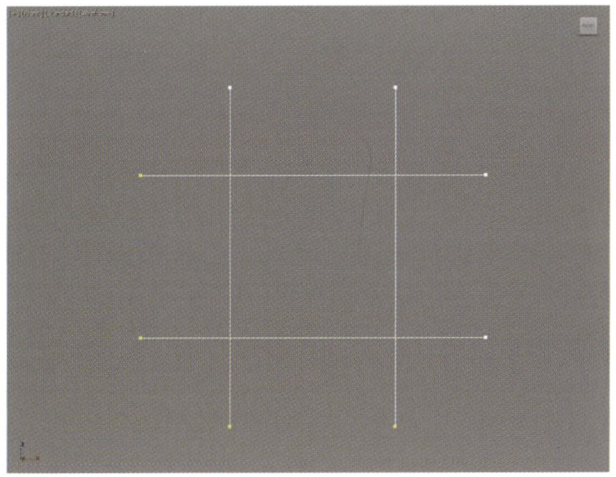
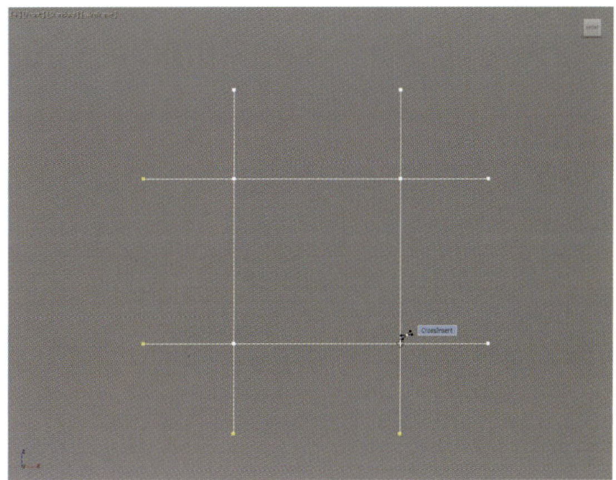

ⓠ Fillet

세그먼트가 만나는 모서리를 둥글게 하여 새 제어 정점을 추가합니다. 이 효과는 정점을 드래그하여 대화식으로 적용하거나 Fillet 스피너를 사용하여 숫자로 적용할 수 있습니다. Fillet 버튼을 클릭한 다음 활성 오브젝트의 정점을 드래그합니다. 드래그할 때 모깎기 스피너가 업데이트되어 모깎기 양을 표시합니다.

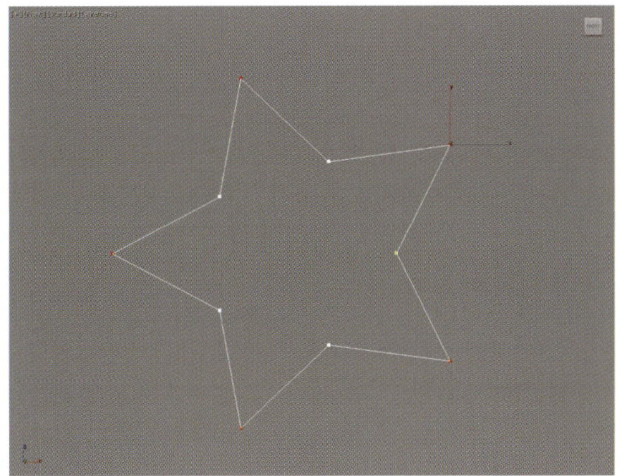
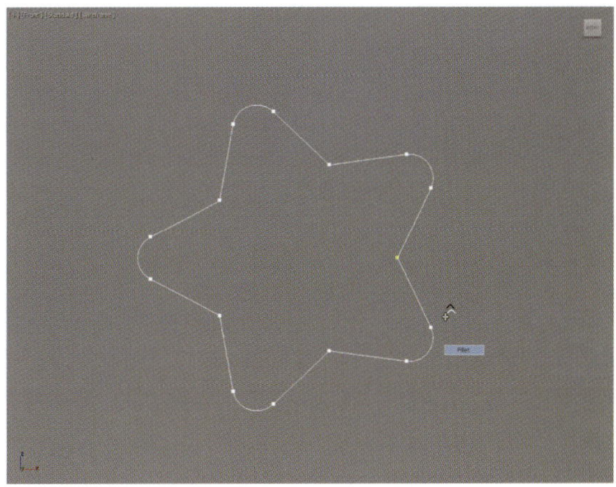

ⓡ Chamfer

Chamfer 기능을 사용하여 모양 모서리를 비스듬하게 깎을 수 있습니다. 이 효과는 정점을 드래그하여 대화식으로 적용하거나 Chamfer 스피너를 사용하여 숫자로 적용할 수 있습니다.
사용방법은 Fillet과 동일합니다.

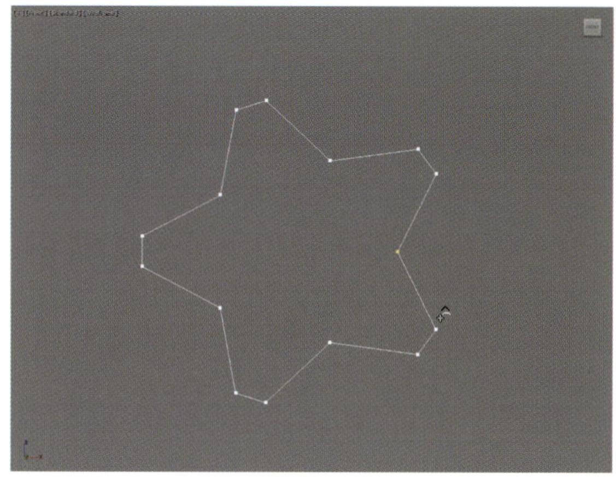

ⓢ Tangent

이 그룹의 도구를 사용하면 한 정점의 정점 핸들을 복사하여 다른 정점에 붙여넣을 수 있습니다.
　① **Copy** : 이 기능을 설정한 다음 핸들을 선택합니다. 그러면 선택한 핸들 접선이 버퍼에 복사됩니다.
　② **Paste** : 이 기능을 설정한 다음 핸들을 클릭합니다. 그러면 핸들 접선이 선택한 정점에 붙여넣어 집니다.

ⓣ Hide

선택한 정점과 여기에 연결된 모든 Segment를 숨깁니다. 하나 이상의 정점을 선택한 다음 숨기기를 클릭합니다.

ⓤ Unhide All

숨겨진 하위 오브젝트를 모두 표시합니다.

ⓥ Bind

Bind는 Surface 수정자에서 사용할 Spline Network를 만들 때 유용합니다.

ⓦ Unbind

바인딩된 정점과 이 정점이 부착된 Segment와의 연결을 끊을 수 있습니다. 하나 이상의 바인딩 정점을 선택하고 바인딩 해제 버튼을 클릭합니다.

ⓧ Delete

선택한 정점을 삭제합니다. Delete 키를 사용할 수 있습니다.

ⓨ Display

① **Show selected segs** : 설정하면 선택한 모든 Segment가 정점 하위 오브젝트 수준에서 빨간색으로 강조 표시됩니다. 해제하는 경우(기본 값) 선택한 세그먼트가 세그먼트 하위 오브젝트 수준에서만 강조 표시됩니다.

이 기능을 사용하기 위해서는 정점을 수정하기 전에 미리 Segment 레벨에서 원하는 Segment를 선택 설정해놓아야 합니다.

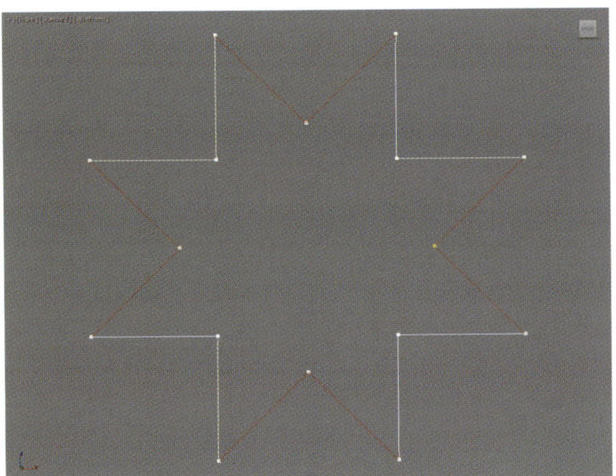
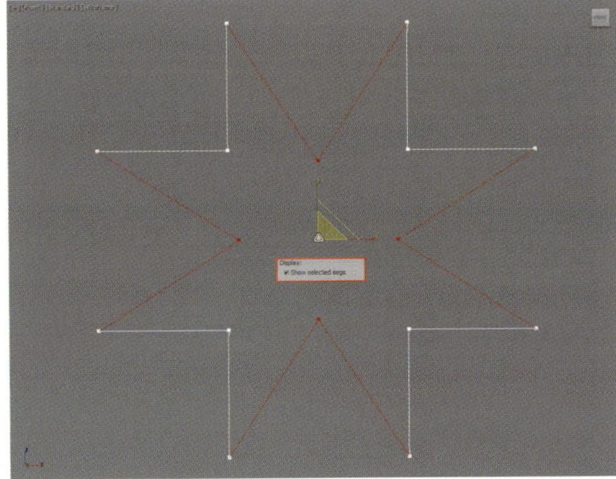

02 Segment Level

Segment는 점과 점을 연결하는 선으로 이 부분을 수정할 수 있도록 구성되어 있습니다.

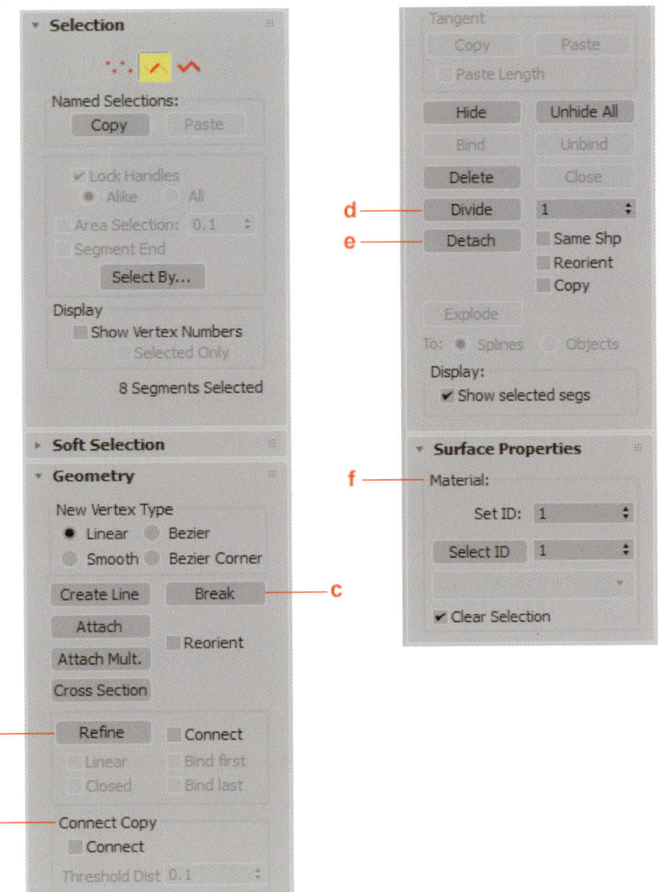

ⓐ Refine

Segment에 Vertex를 추가할 수 있는 기능입니다.

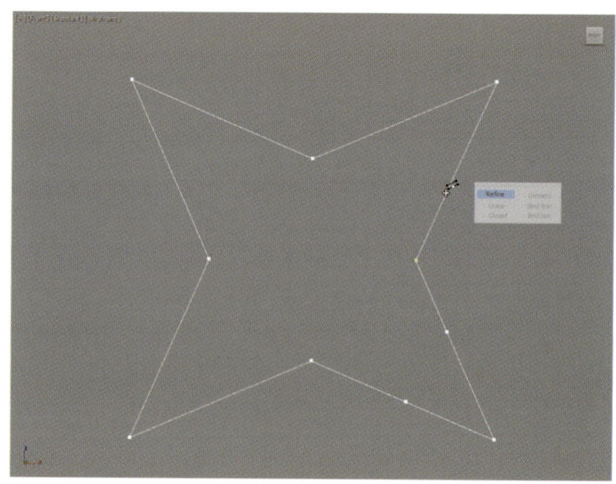

ⓑ Connect Copy

Connect를 설정하면 Shift 키를 누른 상태로 세그먼트를 복제할 경우, 복제된 정점 사이에 새로운 Spline 이 추가됩니다.

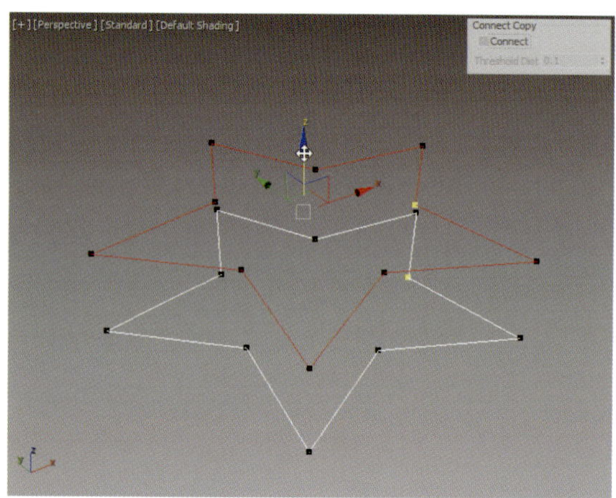
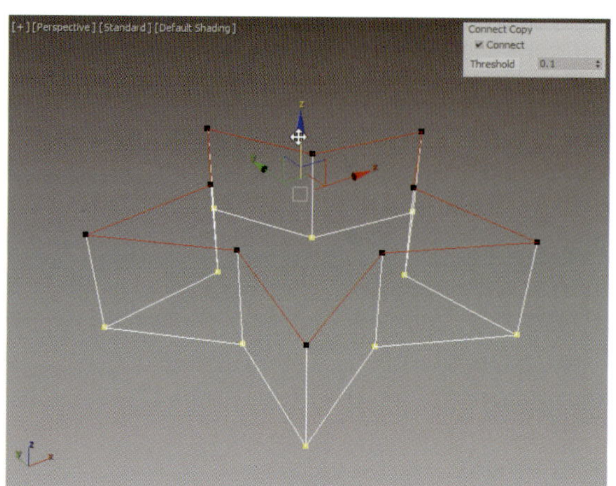

ⓒ Break

Shape의 Segment에서 분할점을 지정할 수 있습니다.

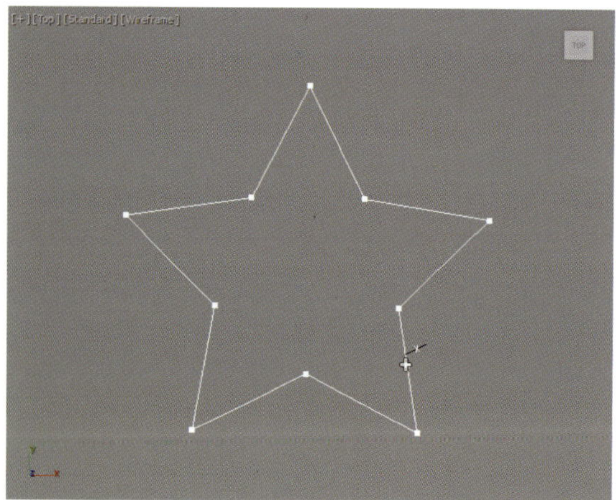
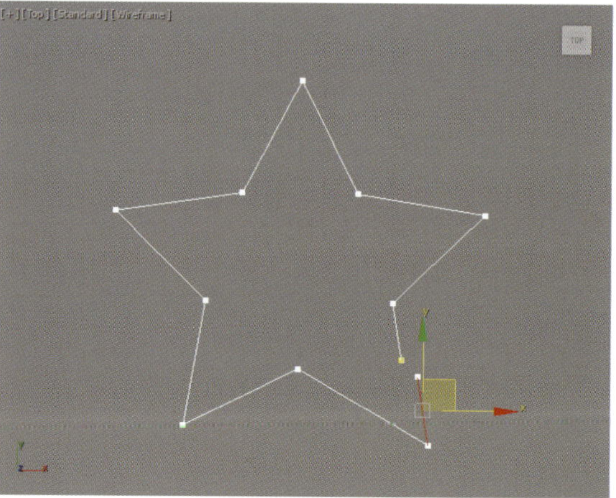

ⓓ Divide

스피너로 지정한 정점 수를 추가하여 선택한 Segment를 세분화합니다. 하나 이상의 Segment를 선택하고 Divide 스피너를 설정한 다음 Divide 버튼을 클릭합니다.

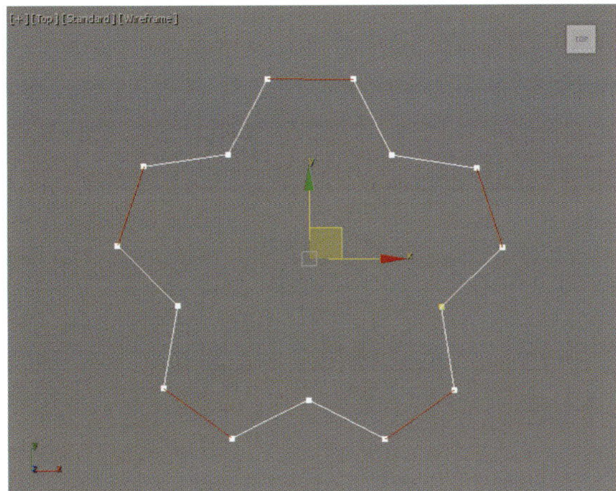 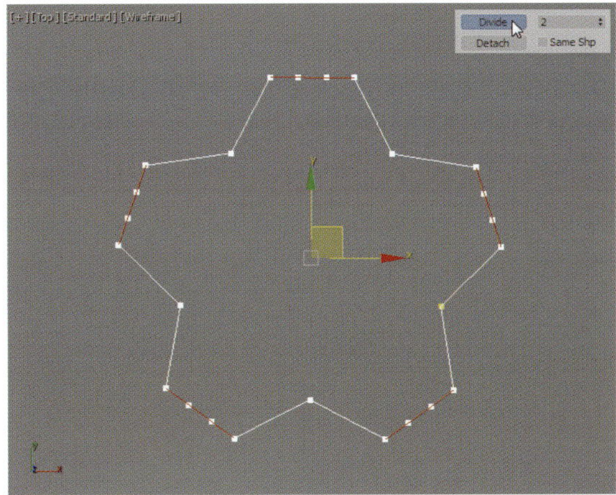

ⓔ Detach

다양한 Spline의 여러 Segment를 선택한 다음 분리하여(또는 복사하여) 새로운 Shape으로 만들 수 있습니다. 3가지 옵션을 사용할 수 있습니다.

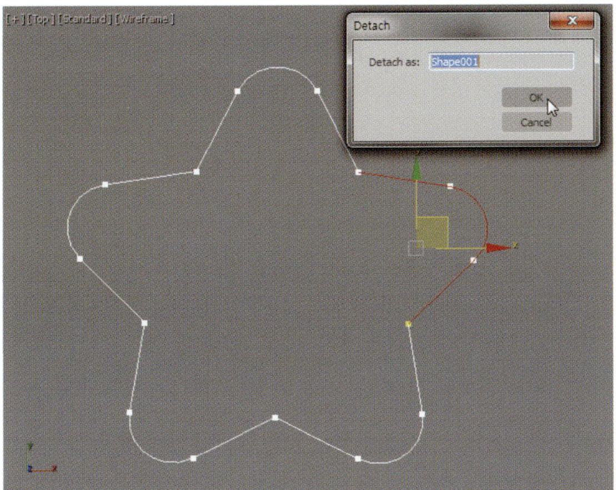 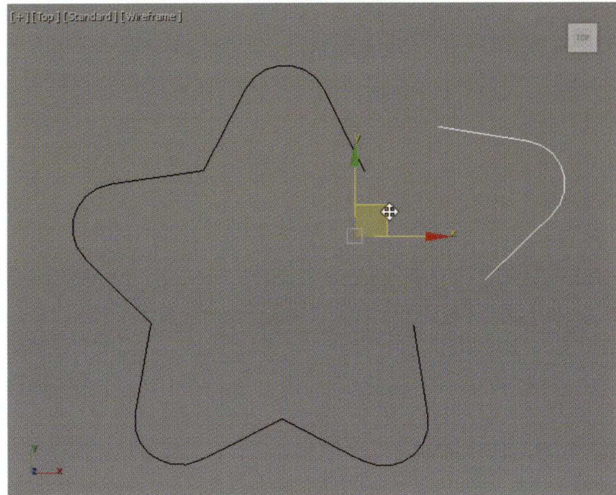

① **Sample Shp** : 선택된 Segment를 분리하지만 실제로는 Attach가 된 상태입니다.

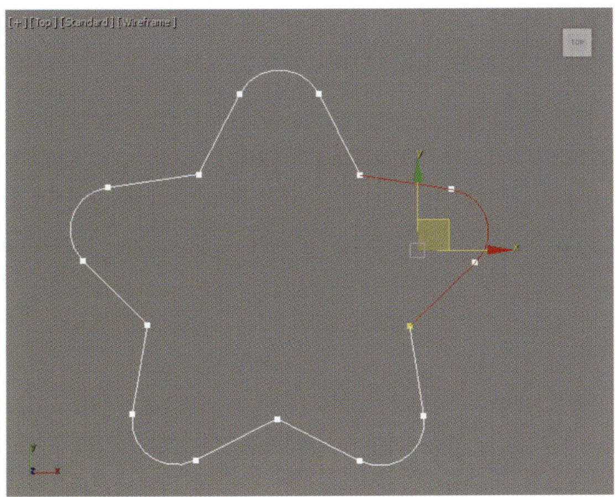 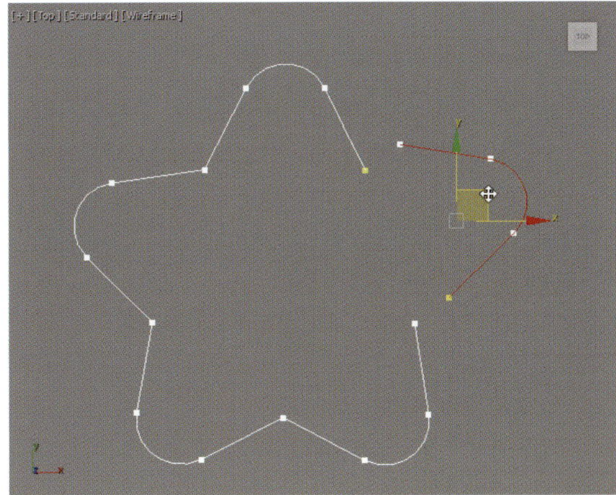

② **Reorient** : 분리된 Segment가 소스 오브젝트의 생성 로컬 좌표계 위치와 방향을 복사합니다. 로컬 좌표계 위치가 지정되고 현재 활성 Grid의 원점(0,0,0)으로 정렬되도록 새로 분리된 오브젝트가 이동 및 회전합니다.

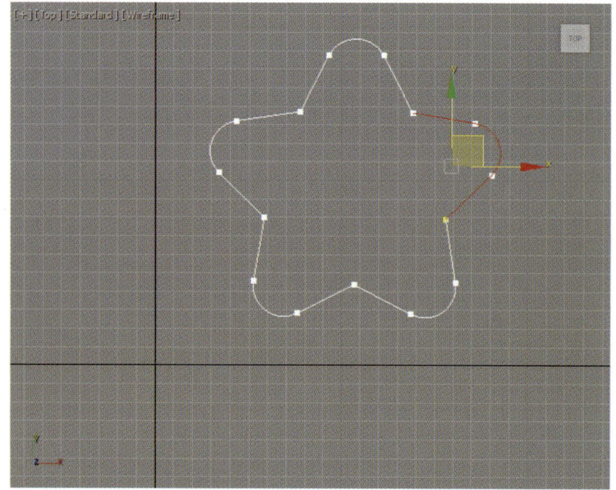
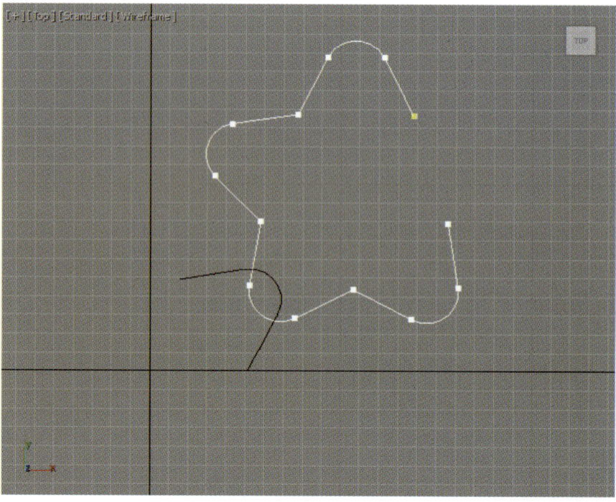

③ **Copy** : 선택된 Segment를 이동하지 않고 독립된 Spline으로 복사되어 떼어냅니다.

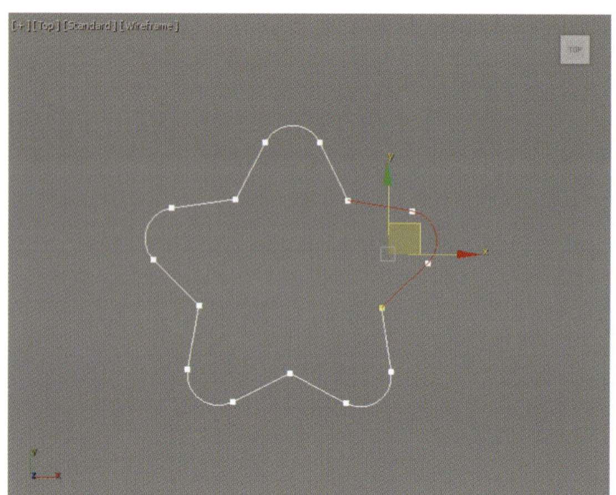
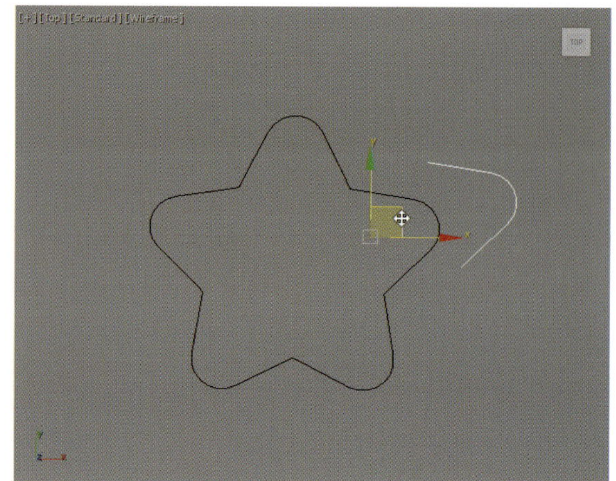

❻ Material

선택된 Segment에 재질ID를 지정할 수 있으며, 3차원 오브젝트로 변환하여도 그 ID는 그대로 반영됩니다.

① **Set ID** : 선택된 Segment에 ID 번호를 지정할 수 있습니다.

② **Select ID** : 지정된 ID에 해당되는 Segment를 선택할 수 있습니다.

③ **Select by Name** : 적용된 재질의 이름을 볼 수 있으며, Multi/Sub-Object에서 부여한 이름이 나타납니다.

④ **Clear Selection** : 다른 ID를 선택할 때 예전의 선택된 부분이 없어지면서 현재 선택된 ID부분만 선택되도록 합니다.

사용방법은 다음과 같습니다.

01 먼저 다음과 같은 꽃잎 모양을 준비합니다. 꽃잎 가운데 Circle을 Segment로 선택하고, Material Editor[단축키 : M]의 첫 번째 슬롯에서 Diffuse 컬러를 빨간색으로 바꾼 다음 정 가운데의 Circle Segment에 재질을 적용시켜줍니다.

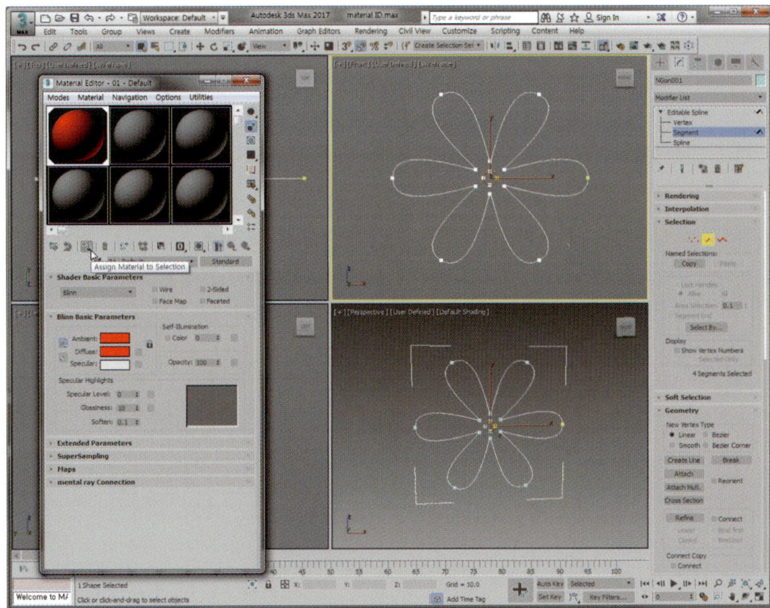

◉ CD 제공 : Chapter 02\Lesson 07\material ID.max

ⓘ 알아두기 | Material Editor Mode

Material Editor의 Mode는 'Compact Material Editor'와 'Slate Material Editor'로 나눕니다. Compact 재질 편집기는 Slate 재질 편집기보다 간단한 인터페이스를 사용합니다.
일반적으로 Slate 인터페이스는 재질을 디자인할 때 사용되며, Compact 인터페이스는 이미 디자인한 재질을 적용해야 할 때 편리합니다.

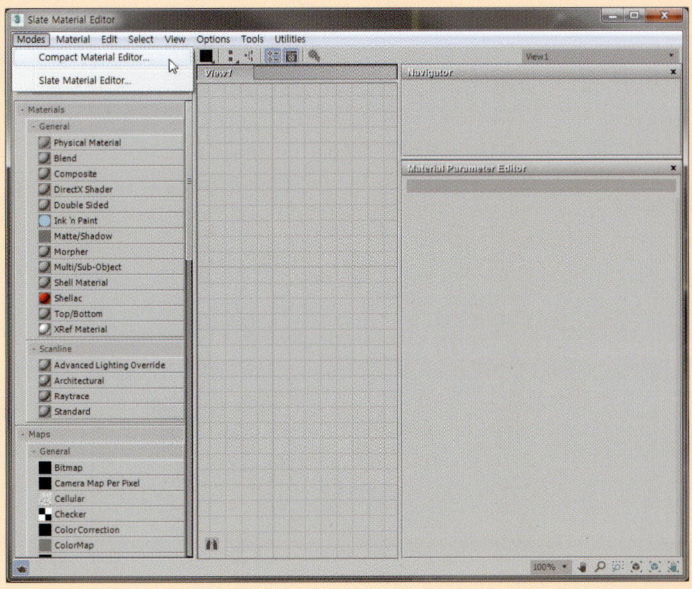

Slate Material Editor

Compact Material Editor

02 새로운 두 번째 슬롯에서 Diffuse 컬러를 노란색으로 설정한 다음, 바깥쪽 Spline을 선택하고 노란색 재질을 적용시켜 줍니다.
꽃잎의 바깥 Spline을 선택할 때에는 Editable Spline의 Selection 레벨에서 Segment 또는 Spline에서 선택해도 무관합니다.

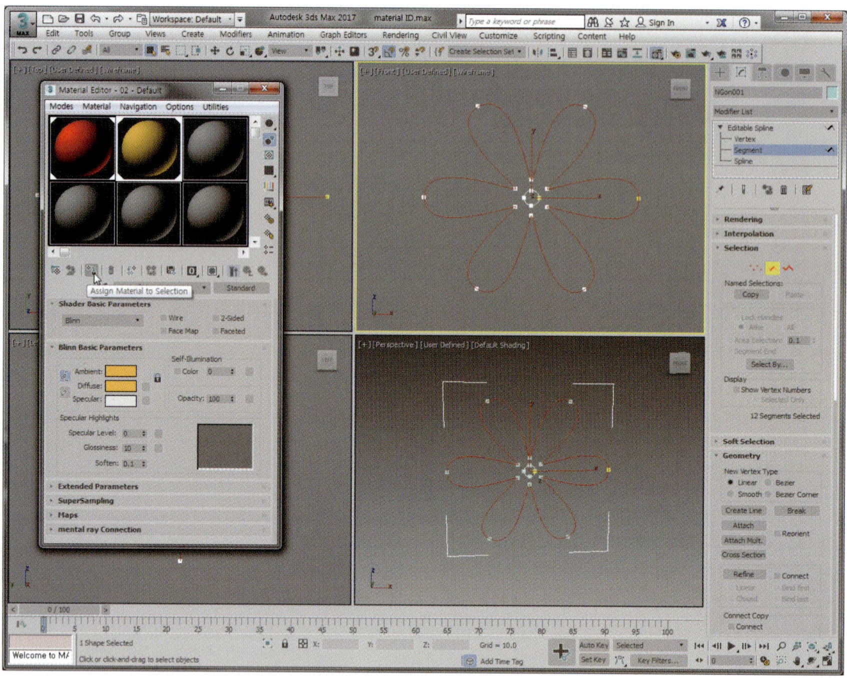

03 세 번째 슬롯을 선택한 다음 스포이트(Pick Material from Object)처럼 생긴 아이콘으로 꽃잎의 Spline을 선택해주면 자동으로 Multi/Sub-Object 재질로 바뀌는 것을 알 수 있습니다.
여기서 주의할 점은 스포이트 아이콘을 사용할 때는 Modify의 Selection 레벨을 모두 해제하고 사용해야 한다는 것입니다.

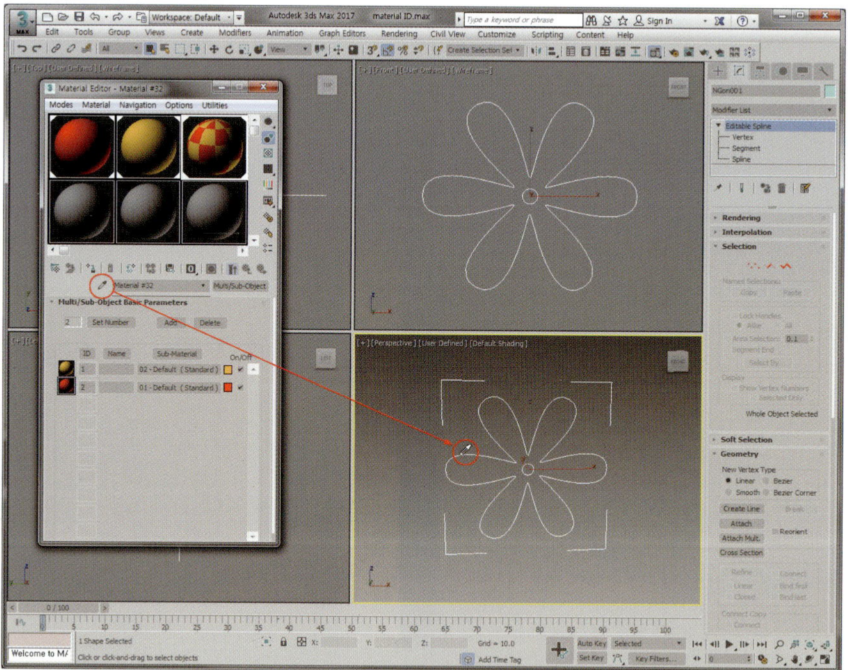

04 Name 부분[그림 A]에 이름을 입력합니다. Surface Properties 항목의 드롭다운에서 해당되는 Segment나 Spline을 선택하면 부여된 이름과 ID 번호가 네임 란에 나타납니다.

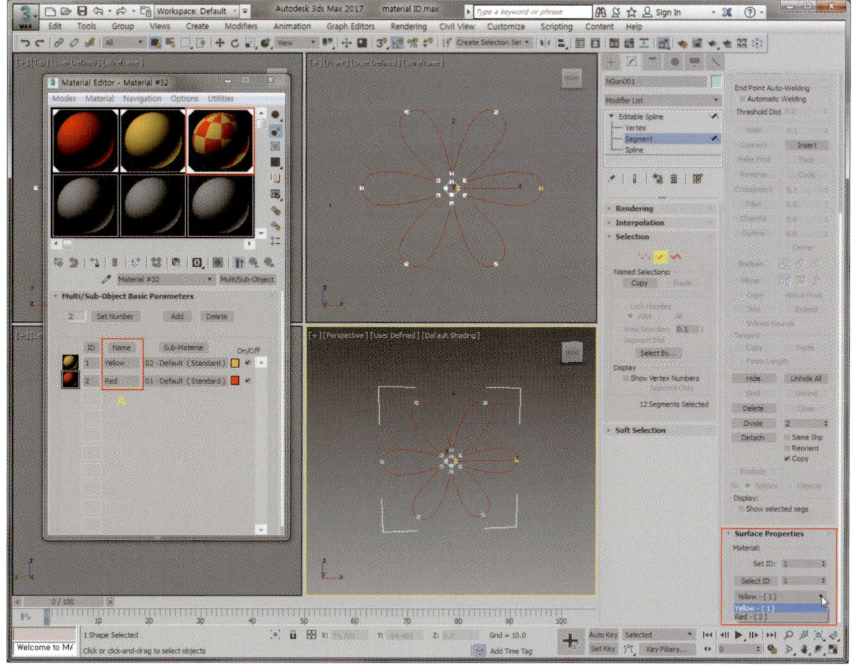

CD 제공 : Chapter 02\Lesson 07\material ID—com.max

03 Spline Level

Editable Spline 수준에 있는 동안 단일 Spline 오브젝트 내의 단일 및 다중 Spline을 선택하고 표준 방법을 통해 이동, 회전, 배율을 조정할 수 있습니다.

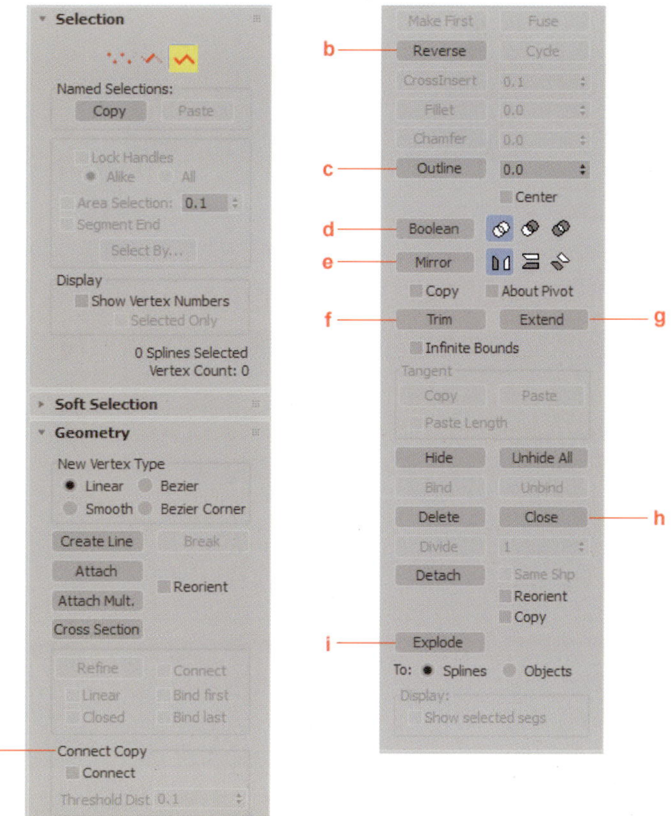

ⓐ Connect Copy

Segment 레벨의 Connect와 같은 기능입니다.

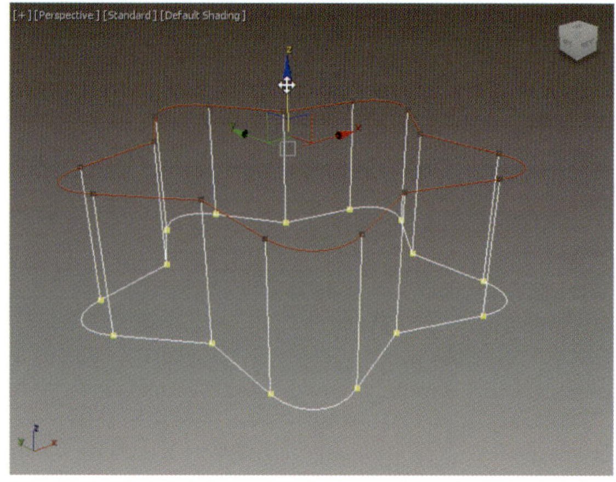

ⓑ Reverse

Spline이 가지고 있는 Vertex의 방향을 반대방향으로 바꾸어줍니다. Loft의 단면을 맞추거나 Cross Section등을 실행할 경우 첫 점의 위치를 맞춰주기 위한 기능으로 쓰입니다.

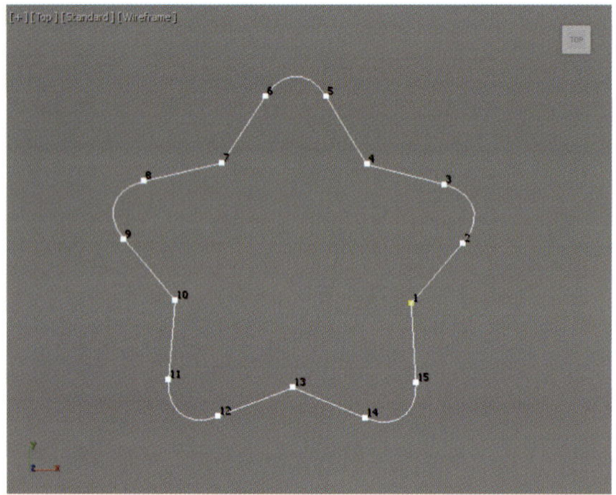
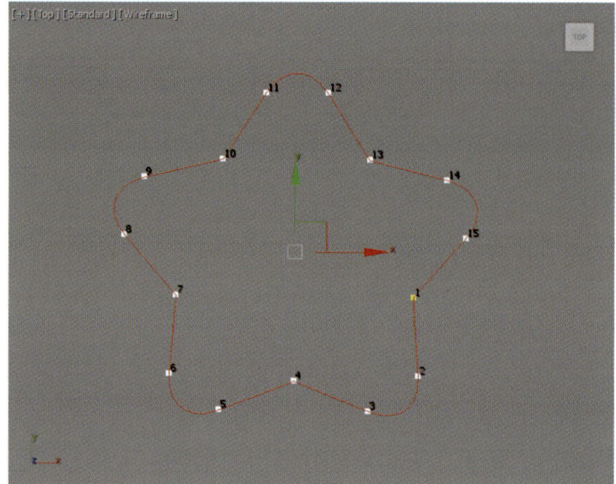

ⓒ Outline

모든 측면에서 Outline 스피너로 지정한 거리만큼 Offset되어 있는 Spline을 복사합니다. Center에 체크하고 Spline을 드래그하면, Center를 중심으로 내·외곽의 윤곽 Line이 만들어집니다.

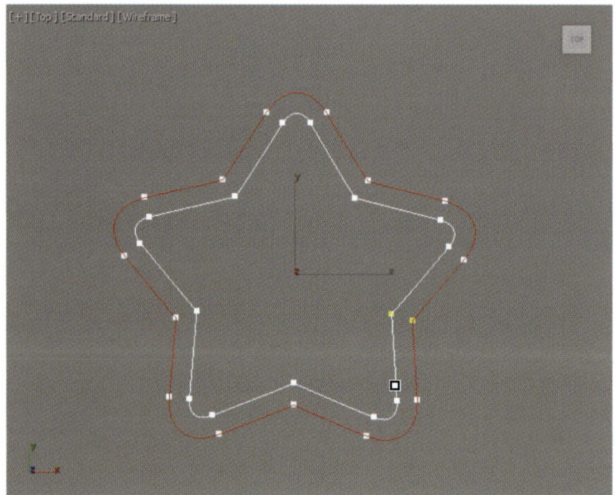
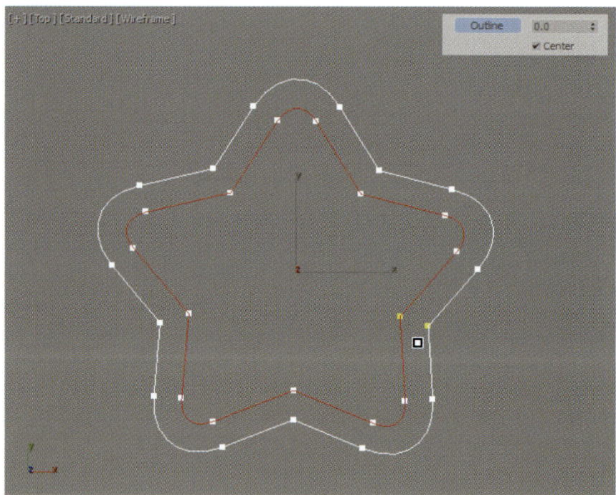

ⓓ Boolean

Boolean은 Attach되어 있는 2가지 이상의 Spline이 겹쳐져야만 실행 가능합니다. Boolean은 크게 Union, Subtraction, Intersection의 세 가지 모드로 나눌 수 있습니다.

사용방법은 다음과 같습니다.
Viewport의 첫 번째 Spline(A)을 선택한 후 Boolean 버튼과 원하는 연산(C)을 클릭합니다. 바로 Viewport의 두 번째 Spline(B)을 선택합니다. Boolean하기 전에 우선 두 개의 Spline이 Attach가 되어 있어야 Boolean 기능이 작동합니다.

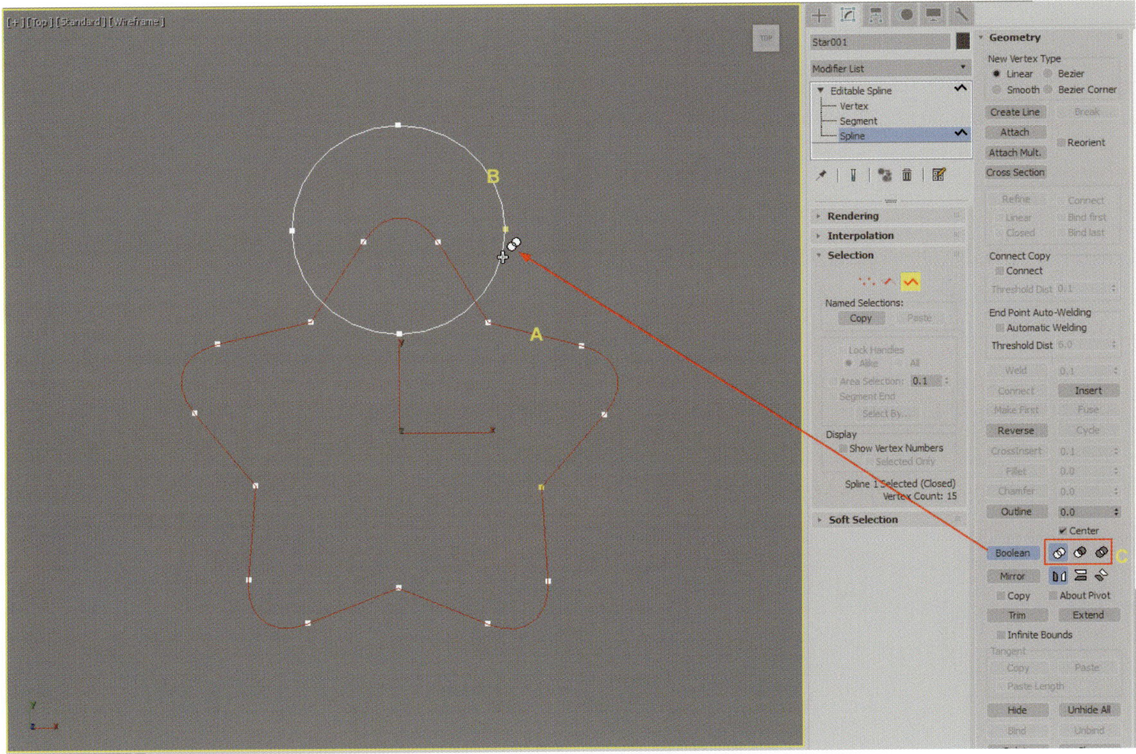

CD 제공 : Chapter 02\Lesson 07\Boolean.max

① 합집합(Union)

A와 B의 Spline을 하나로 합쳐줍니다.

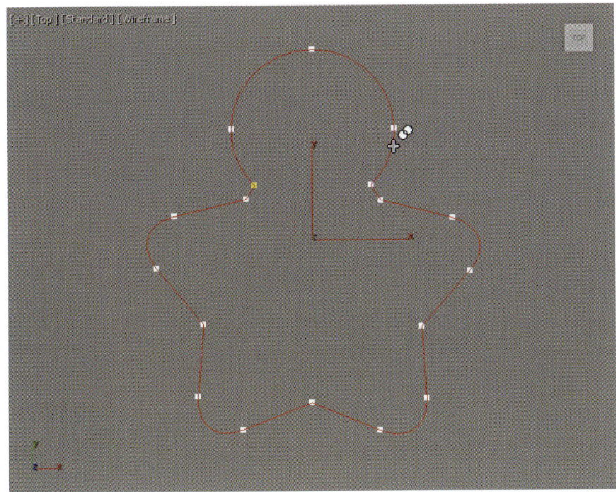

② Subtraction(차집합)

A–B 식으로 Spline을 빼줍니다.

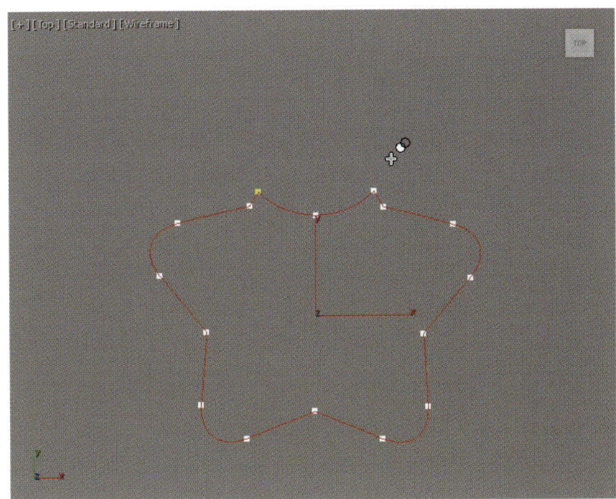

③ Intersection

A와 B의 교차되는 Spline을 남게 합니다.

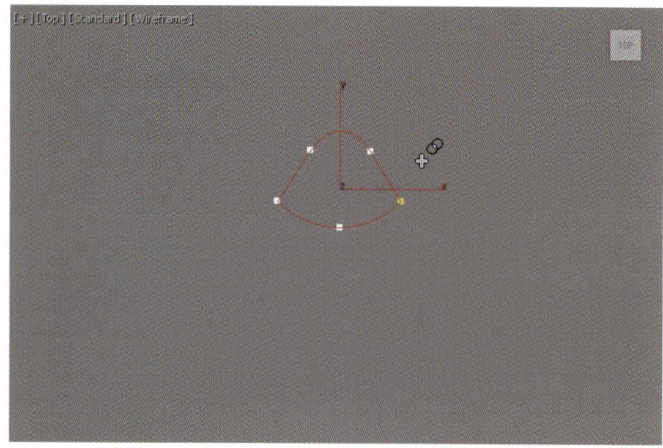

ⓘ **알아두기** | Boolean 주의사항

2D Boolean은 우선 Boolean할 두 개 이상의 Spline이 Attach되어있어야 합니다. 동일 평면에 있는 Spline에 대해서만 작동하며, 반드시 닫힌 Spline이어야만 합니다.

ⓔ Mirror

선택된 Spline을 좌·우, 상·하, 대각선 방향으로 뒤집거나 동시에 복사할 수 있습니다. About Pivot은 Spline이 가지고 있는 축으로 Mirror를 실행합니다..

① **Copy** : 선택하면 미러링할 때 Spline을 이동하지 않고 복사합니다. 그러므로 사용자가 직접 Mirror된 Spline을 이용하여 대칭 형태로 만들어줘야 합니다.

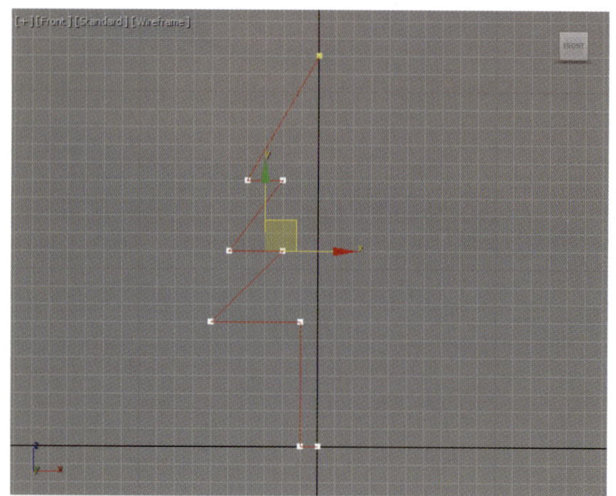
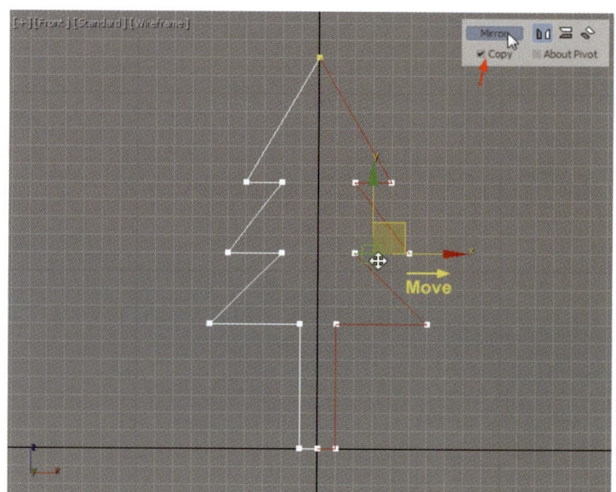

② **About Pivot** : 설정 시 Spline 오브젝트의 Pivot 점을 중심으로 Spline을 미러링합니다. 해제 시 형상을 중심으로 Spline을 미러링합니다.

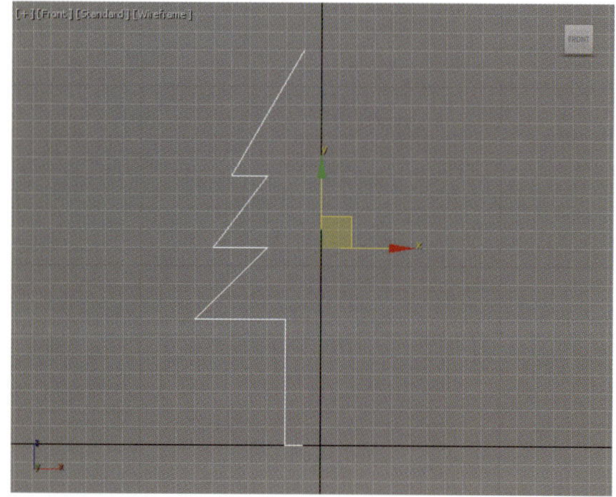
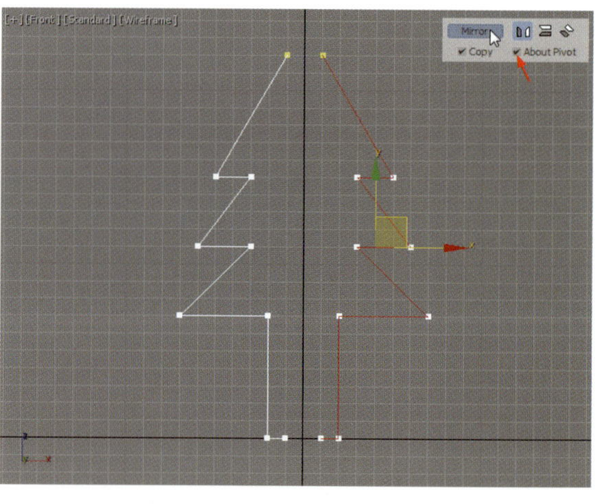

ⓕ Trim

Trim을 사용하여 Shape의 겹치는 Segment를 정리하여 끝점이 단일 지점에서 만나도록 합니다. Trim을 사용할 때에는 2개 이상의 Spline이 우선 Attach가 되어 있어야 하며, 적용 후 끝점을 이어 붙이고자 할 때에는 반드시 Weld를 사용합니다. 심벌이나 로고 등에 아주 유용하게 사용할 수 있습니다.
Trim이 작동되려면 반드시 Attach가 되어있어야 합니다.

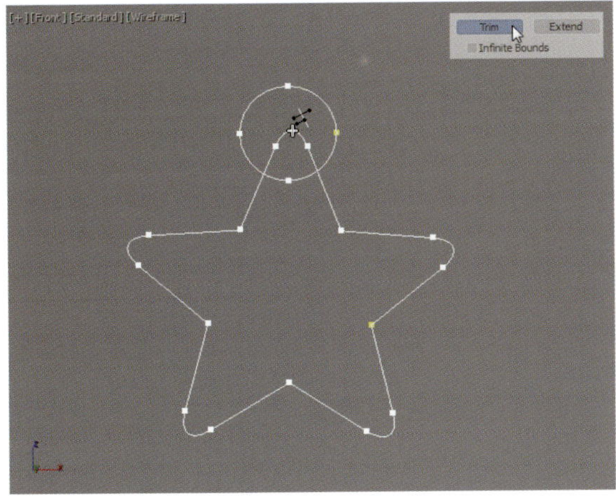
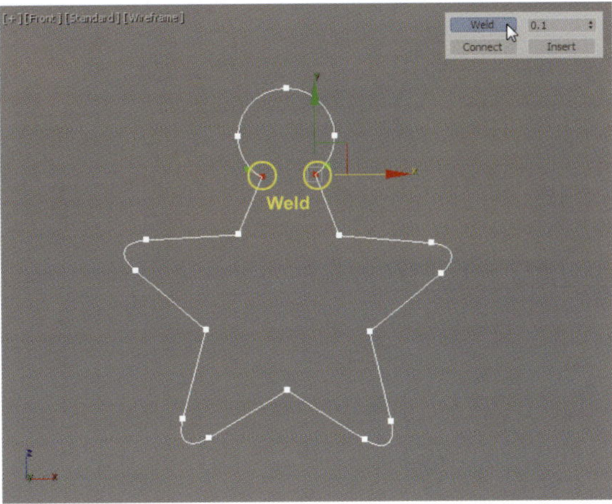

ⓖ Extend

열려있는 Spline의 끝점에 Spline이 존재한다면, 끝점이 연장되어 새로운 Spline이 만들어집니다.

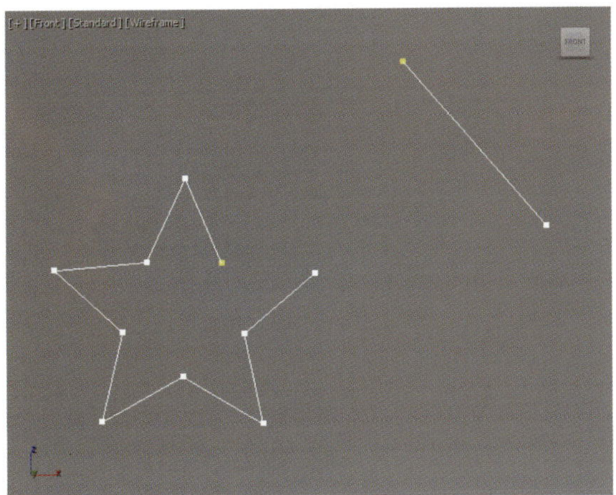
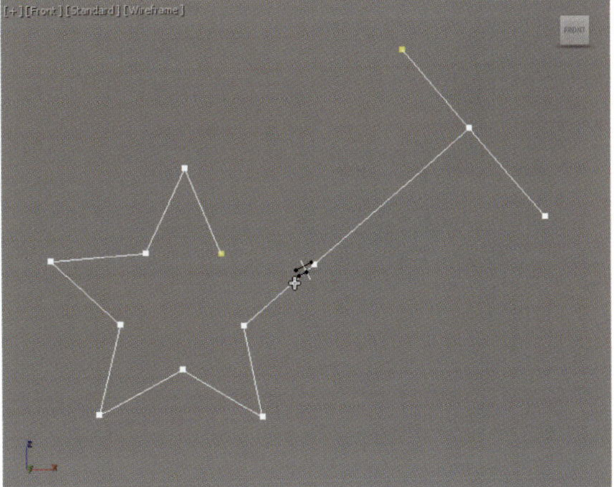

① Infinite Bounded

Trim이나 Extend를 실행할 때 연장하여 부딪히는 Spline이 없더라도 다른 Spline의 선들이 앞을 지나고 있는 것으로 처리하여 현재 Spline이 연장되거나 Trim이 되도록 합니다.

ⓗ Close

선택한 Spline의 끝 정점을 새 Segment와 연결하여 선택한 Spline을 닫습니다.

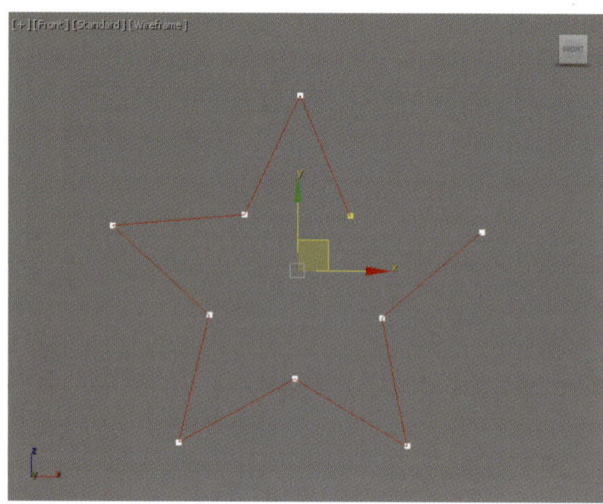
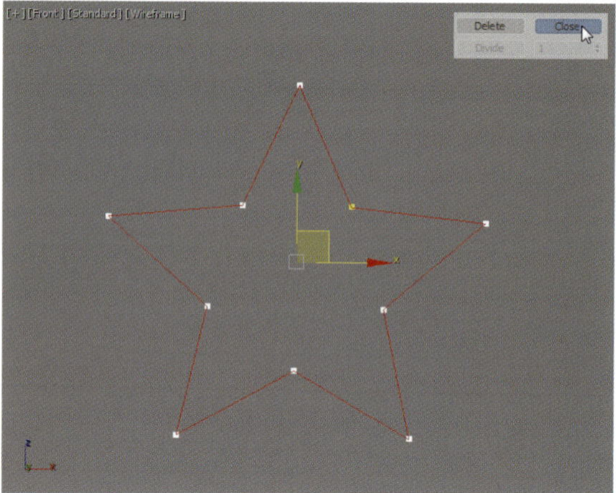

ⓘ Explode

각 Segment를 별도의 Spline이나 오브젝트로 변환하여 선택한 Spline을 분할합니다.

① **Spline** : 선택된 Spline이 Explode가 적용되면 각 낱개별로 떼어집니다. 이것은 같은 속성의 Shape 상태 즉, Attach가 되어 있는 상태로 Line이나 곡선이 떼어집니다.

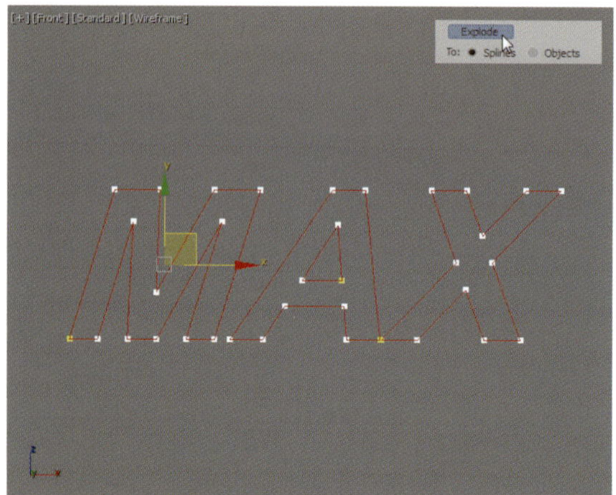
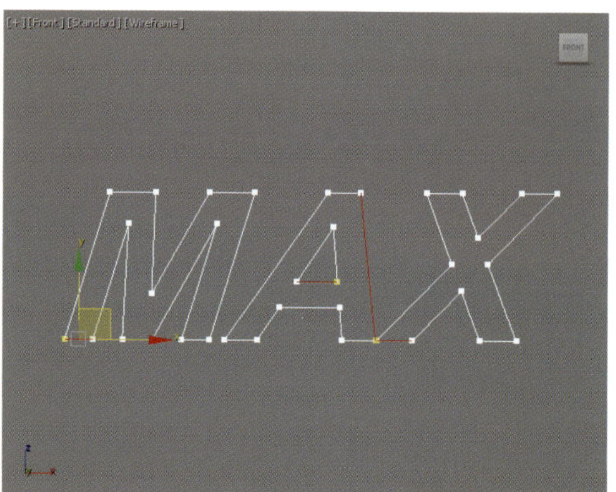

② **Objects** : 선택된 Spline에 Explode가 적용되면 같은 속성이 아닌 독립된 개체의 Shape으로 떼어냅니다. ﹇H﹈ 키를 눌러 확인해보면 Spline이 36개의 Shape으로 떨어진 것을 알 수 있습니다.

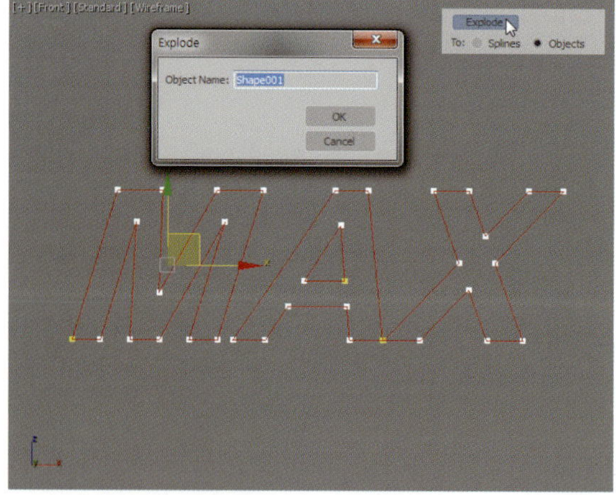
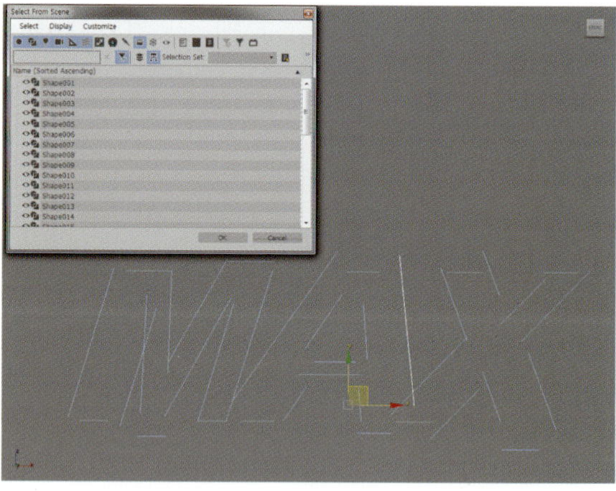

Lesson 08

3D Object 수정하기

3ds Max에 있는 'Editable Poly(Edit Poly)'는 3차원 오브젝트에 관련된 편집 작업을 쉽게 도와주며, 세부적으로 5개 Sub-Object(하위 오브젝트) 레벨(Vertex, Edge, Border, Polygon, Element)이 있는 편집 가능한 명령입니다. 이와 비슷하게 'Editable Mesh(Edit Mesh)' 기능도 있지만 주로 이것은 게임 관련 모델링에 많이 사용하며 현재 대부분의 작업들은 Editable Poly를 더 많이 사용합니다. 이 둘의 사용방법은 약간의 차이는 있지만 다루는 과정에 대한 내용은 거의 비슷합니다. Editable Poly가 다루는 오브젝트의 면은 삼각형 면이 아닌 임의의 개수의 정점이 있는 다각형입니다.

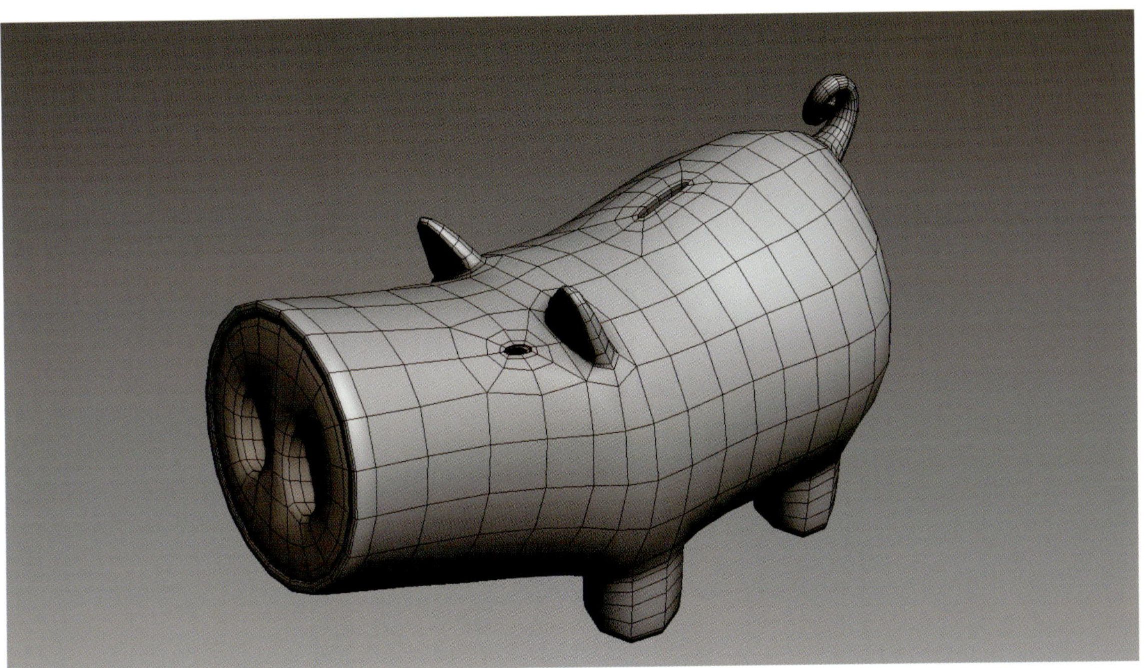

Section 01 | Editable Poly 변환방법

Editable Poly는 크게 Quad Menu의 Convert To 옵션이나 Modify 패널의 Stack Display에서 'Collapse To' 또는 'Collapse All'로 변환할 수 있습니다.

01 Quad Menu

3차원 오브젝트를 편집이 가능한 오브젝트로 변환
하기 위해서는 마우스 오른쪽 버튼의 Quad Menu
에서 Convert To: 'Convert to Editable Poly'를
사용합니다.

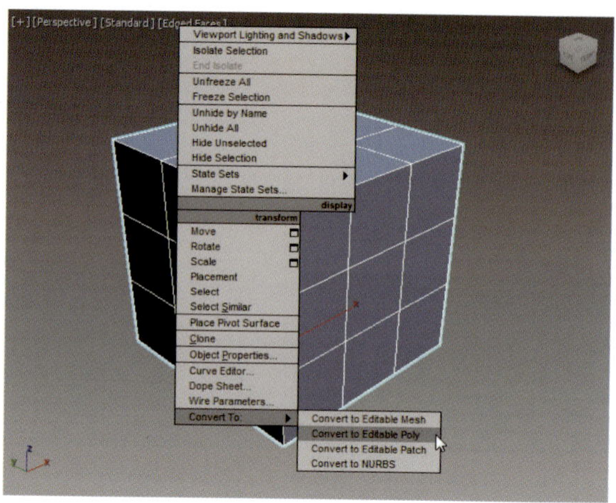

02 Stack Display

오브젝트에 수정자가 적용되지 않은 경우 Modify
패널에서 Modifier Stack Display를 마우스 오른
쪽 버튼으로 클릭한 다음 팝업 메뉴의 Convert To
목록에서 Editable Poly를 선택합니다.

또는 Stack Display에서 오브젝트를 Poly Object
로 변환하는 매개변수 오브젝트에 'Modifier'를 적
용한 다음 마우스 오른쪽 버튼을 눌러 'Collapse
All' 옵션으로 변환할 수 있습니다.

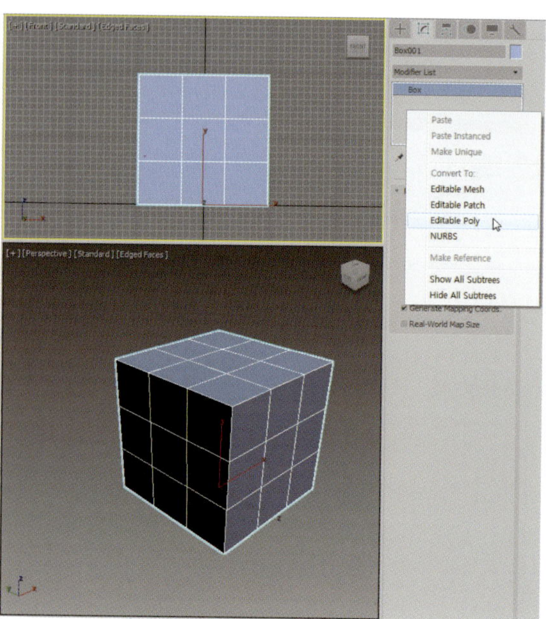

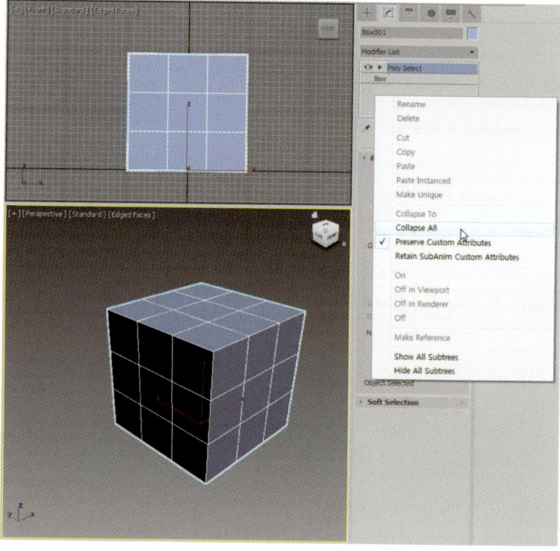

Section 02 | Editable Poly의 Sub-Object Level

Editable Poly는 Poly Object를 구성하고 있는 Vertex, Edge, Border, Polygon, Element의 5가지 구성 요소들을 편집할 수 있습니다.

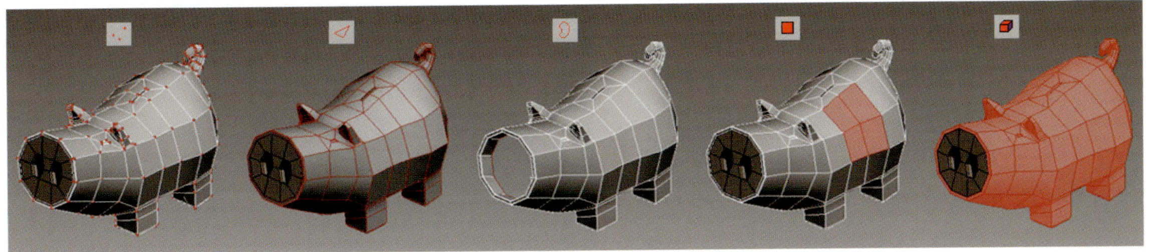

Section 03 | Editable Poly의 Selection 롤아웃

Editable Poly의 Sub-Object Level을 선택하는 부분입니다. 수정할 부분에 해당하는 Level을 선택하여 물체를 빠르게 수정할 수 있도록 합니다. Sub-Object Level을 선택할 때 Stack에서 선택할 수 있고, 또는 직접 Selection 롤아웃에서 아이콘으로 Level를 선택할 수 있습니다.

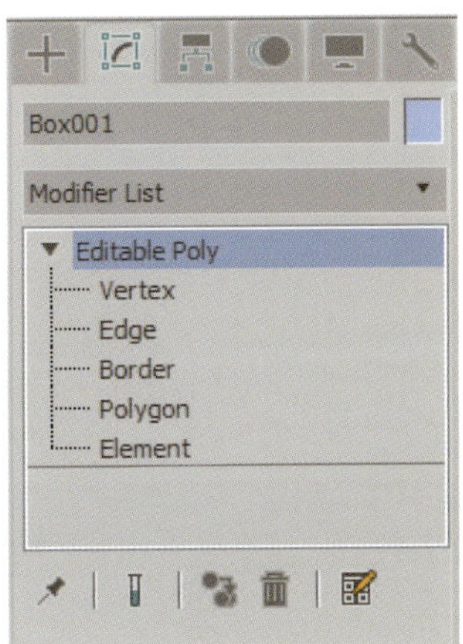

Selection 롤아웃에 대해 알아보도록 하겠습니다.

Level은 단축키를 사용할 수 있는데 키보드의 [1], [2], [3], [4], [5] 키를 이용하여 좀 더 빠르게 선택할 수 있습니다.

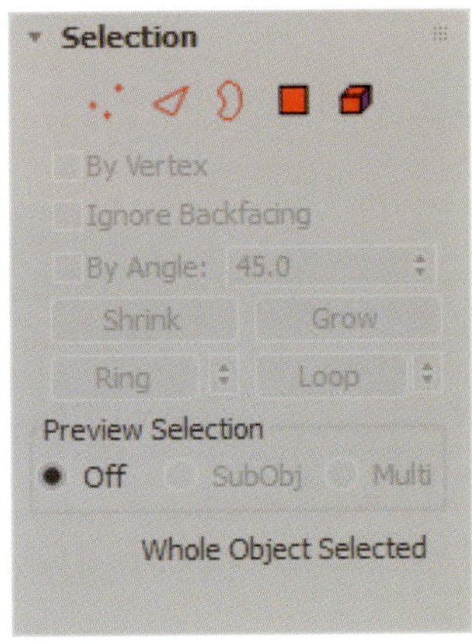

01 By Vertex

Vertex Level을 제외한 나머지 Level에서 사용할 수 있는 옵션으로 Vertex 주변으로 해당 면을 선택하게
합니다.

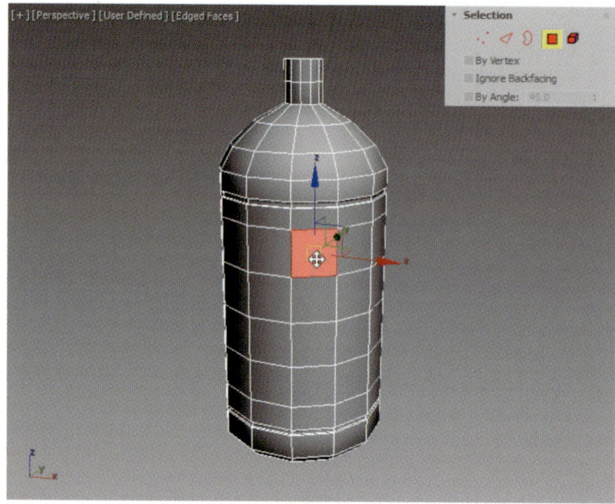
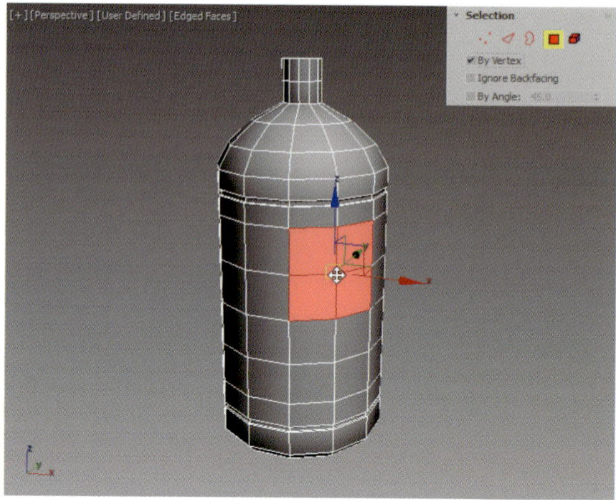

CD 제공 : bottle—poly.max

02 Ignore Backfacing

Viewport에 보이는 면에 해당하는 부분만 선택되도록 합니다. 즉, 원하는 Viewport에서 선택할 때 보이지
않는 면은 선택을 하지 않게 됩니다.

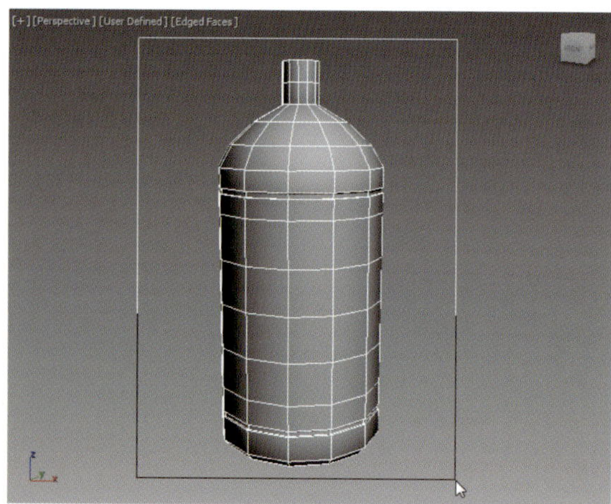
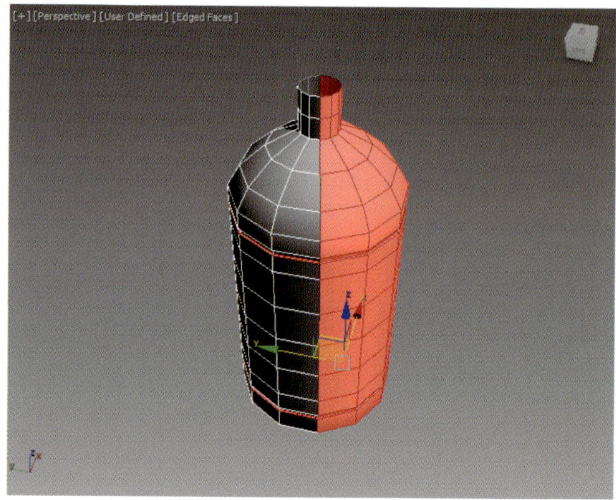

03 By Angle

입력된 각도 범위 내에서 면을 선택하게 합니다.

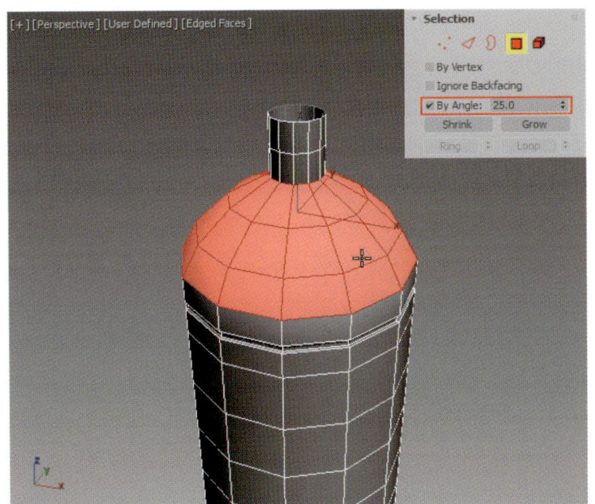

04 Shrink

선택된 영역을 안쪽으로 한 단계 줄여서 선택해줍니다.

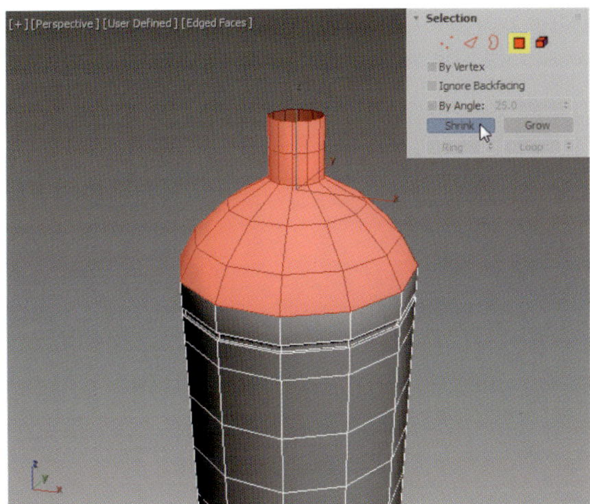

05 Grow

Shrink와 반대로 한 단계 넓혀서 선택해줍니다.

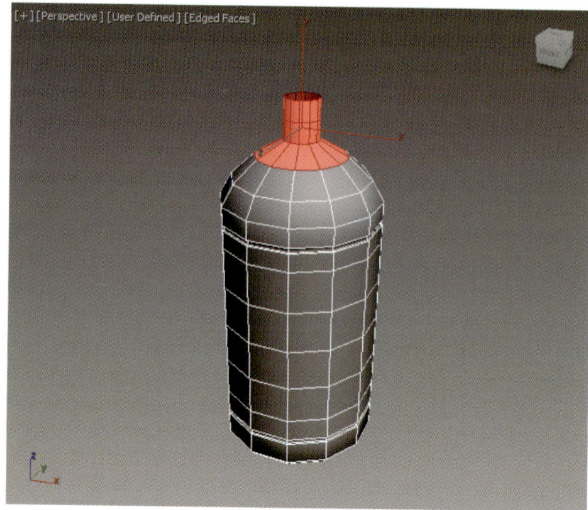
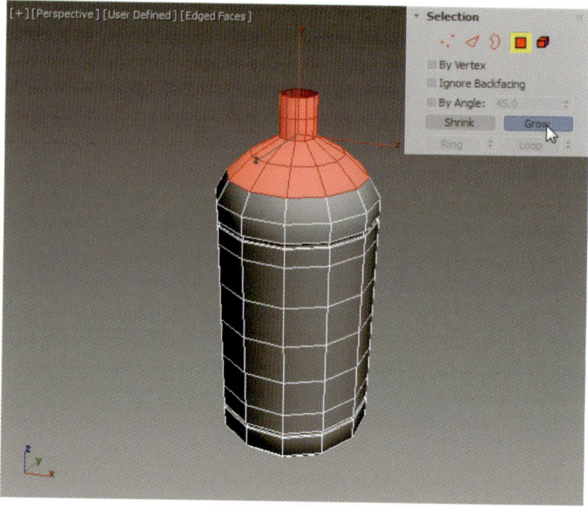

06 Ring

Edge Level에서 사용되며 선택된 Edge에 원형으로 나머지 Edge들을 빠르게 선택해줍니다. 쉽게 Ring 기능을 사용하려면 해당 Edge를 선택한 후 Shift 키와 함께 바로 옆의 Edge를 선택합니다.

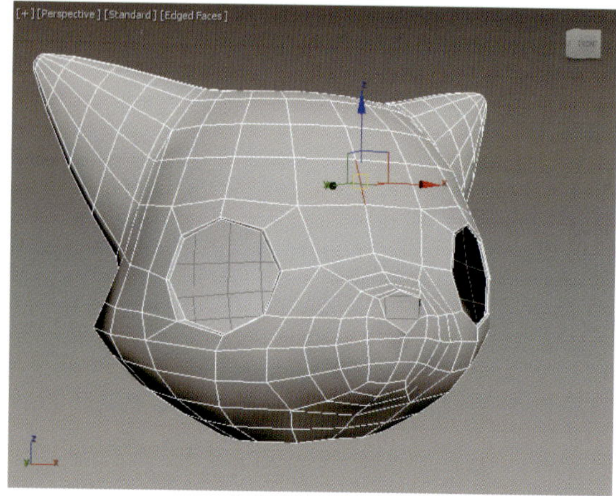
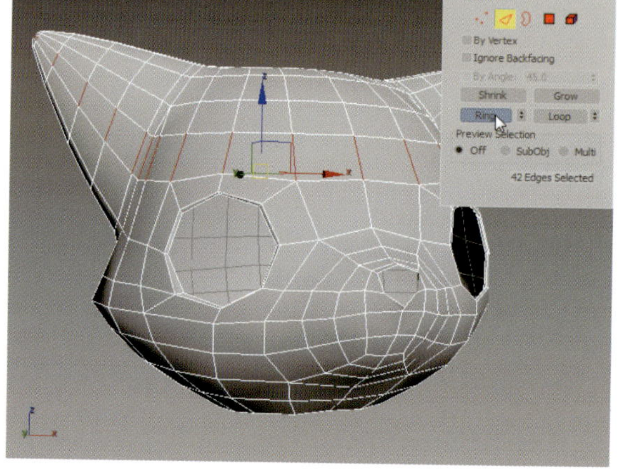

CD 제공 : 팬더.max

07 Loop

선택된 Edge와 같은 방향으로 연결되어 있는 Edge들을 선택해줍니다. 쉽게 Loop 기능을 사용하려면 해당 Edge를 더블클릭하여 Loop 기능을 사용할 수 있습니다.

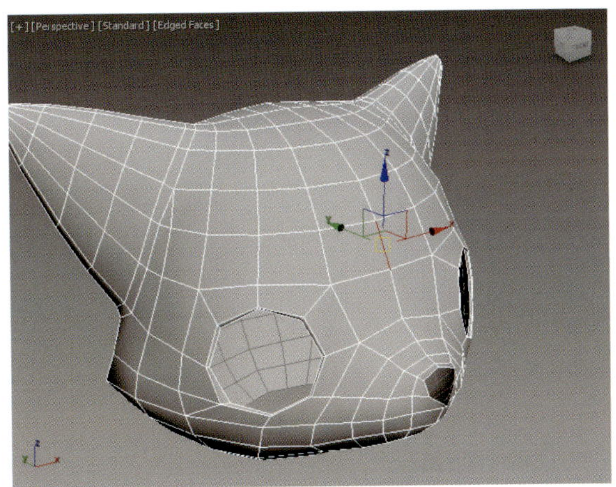
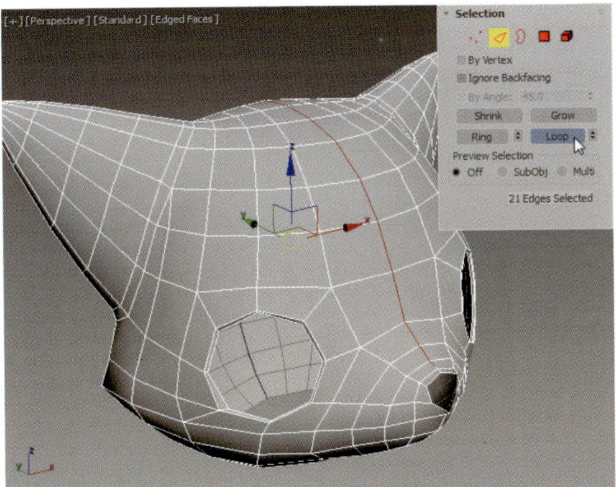

08 Preview Selection

이 옵션을 사용하면 하위 오브젝트 선택을 커밋하기 전에 미리 볼 수 있습니다. 현재 하위 오브젝트 수준에서 미리 보거나, 마우스 작업을 기반으로 자동으로 하위 오브젝트 수준을 전환할 수 있습니다.

Ⓐ **Off** : 미리 보기를 사용할 수 없습니다.

Ⓑ **SubObj** : 현재 하위 오브젝트 레벨에서만 미리 보기를 사용합니다. 마우스를 오브젝트 위로 이동하면 커서 밑의 하위 오브젝트가 노란색으로 강조 표시됩니다. 강조 표시된 오브젝트를 선택하려면 마우스를 클릭합니다.

Ctrl 키를 누른 상태로 마우스를 이동하여 추가 하위 오브젝트를 강조 표시한 다음 클릭하여 강조 표시된 모든 하위 오브젝트를 선택합니다.

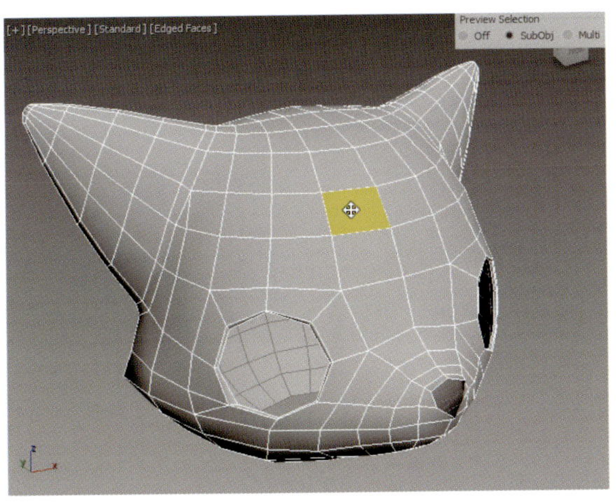
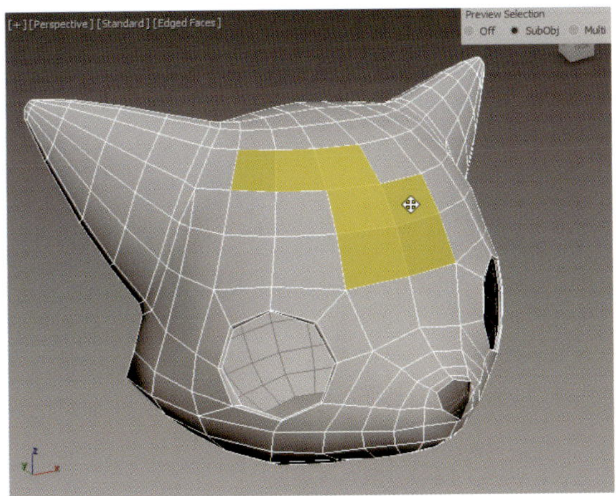

Ⓒ **Multi**

하위 오브젝트와 동일한 방식으로 작동하지만 마우스 위치에 따라 정점, 가장자리 및 다각형 하위 오브젝트 레벨을 전환합니다.

Section 04 | Editable Poly의 Object Level
(Sub-Object Level이 선택되지 않았을 경우)

Sub-Object Level이 선택되지 않았을 때 사용할 수 있는 모든 옵션들을 보여주며 공통으로 사용하는 옵션들을 포함하고 있습니다.

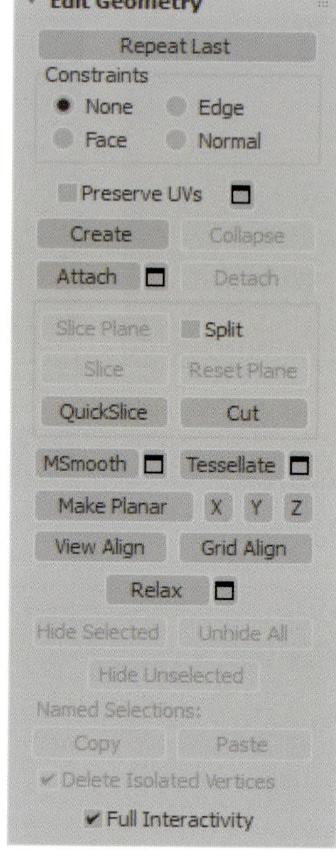

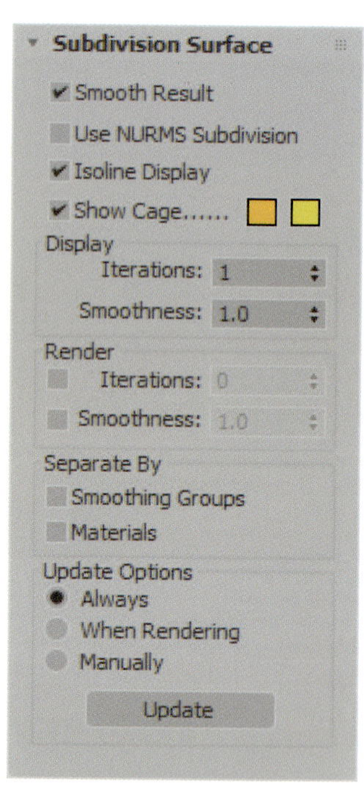

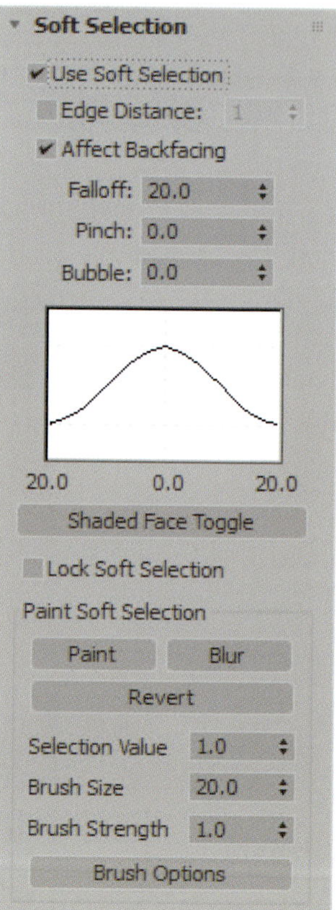

01 Edit Geometry 롤아웃

공통으로 사용되는 옵션들을 보여주며 Sub-Object Level 을 선택하지 않고 사용할 수 있습니다.

ⓐ Repeat Last : 마지막 했던 작업을 반복해줍니다.
ⓑ Attach : 다른 3차원 물체를 같은 물체로 만들어 줍니다.
ⓒ MSmooth : 물체 전체에 Mesh Smooth를 적용해 줍니다.
ⓓ Tessellate : 전체적으로 물체의 면을 분할해 줍니다.
ⓔ Full Interactivity : 어떤 옵션을 사용할 때 마우스 를 이용해서 값이 바뀌게 되면, 바뀌는 값에 의한 변형이 Viewport에서 바로 보이도록 합니다.

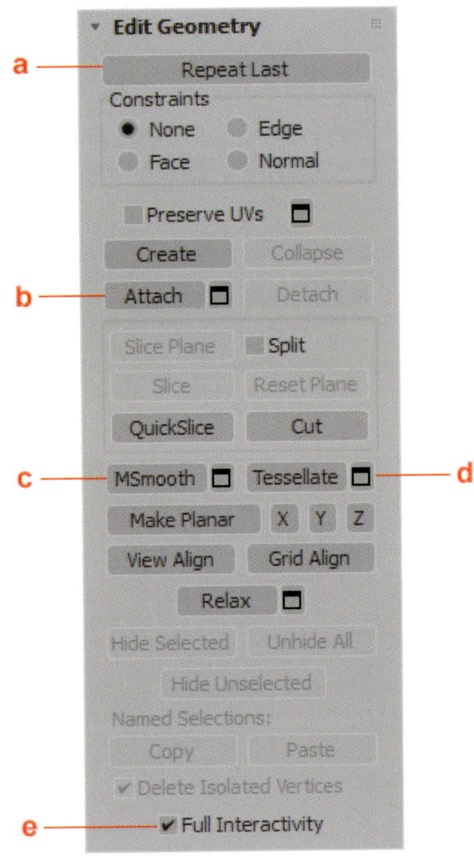

02 Subdivision Surface 롤아웃

Subdivision Surface는 오브젝트를 NURMS(Non-Uniform Rational Mesh Smooth)의 면 분할을 통해 부드러운 면을 갖도록 만들어 주며 Mesh Smooth Modifier를 적용한 것과 같은 기능을 실행해줍니다.
이 롤아웃은 모든 하위 오브젝트 수준과 오브젝트 수준에서 사용 할 수 있으며, 항상 전체 오브젝트에 영향을 줍니다.

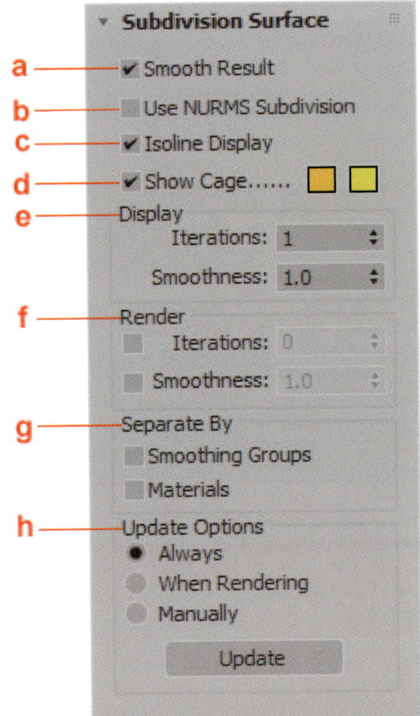

ⓐ Smooth Result : 모든 다각형에 동일한 스무딩 그룹을 적용합니다.

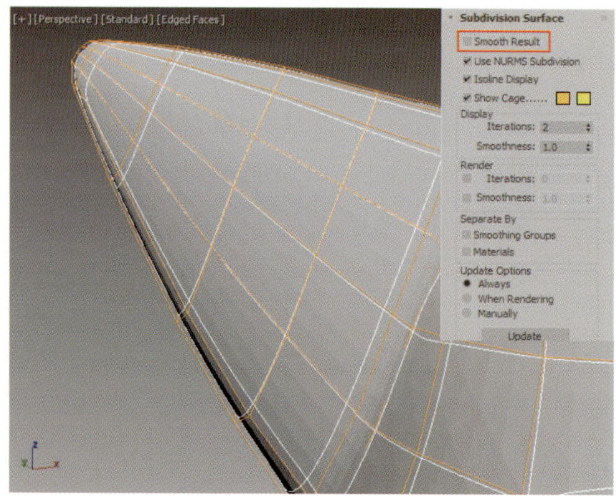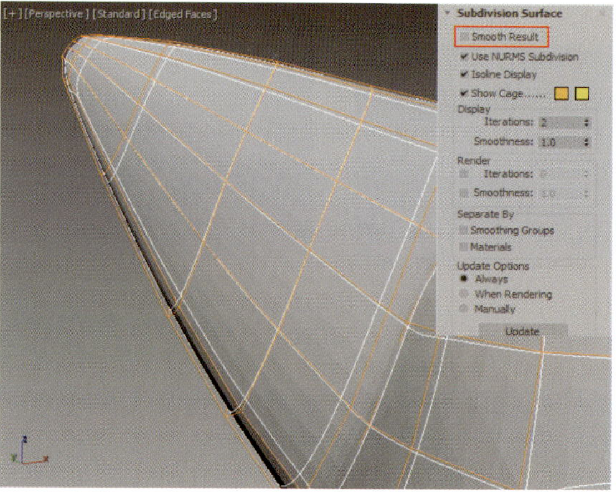

ⓑ Use NURMS Subdivision : NURMS 방법을 통해 스무딩을 적용하며, Display에 입력된 값이 없을 경우 물체가 가지고 있는 면들을 부드럽게 Smooth Group이 적용된 것처럼 보이게 합니다. Display 및 Render 그룹의 반복 컨트롤을 사용하여 스무딩 정도를 제어합니다.

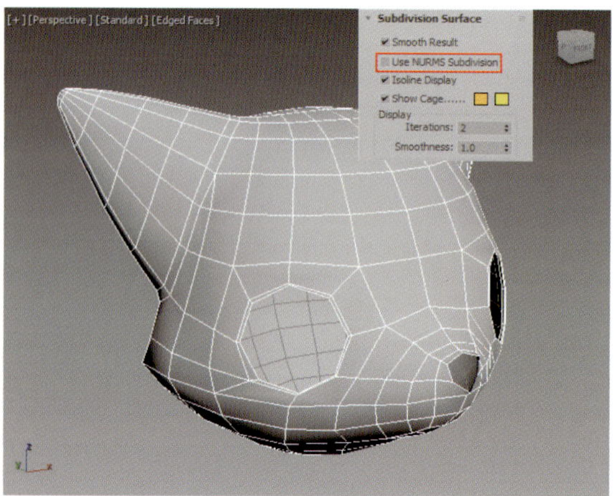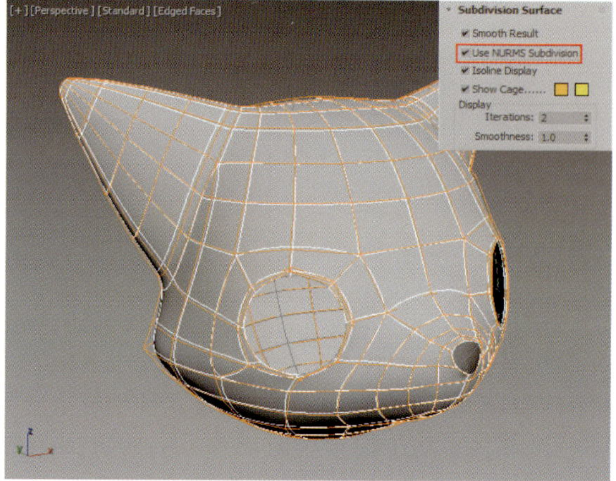

ⓒ Isoline Display : NURMS가 적용된 상태의 곡면에 NURMS가 적용되기 전에 물체가 가지고 있던 기본 Edge들이 보이도록 합니다.

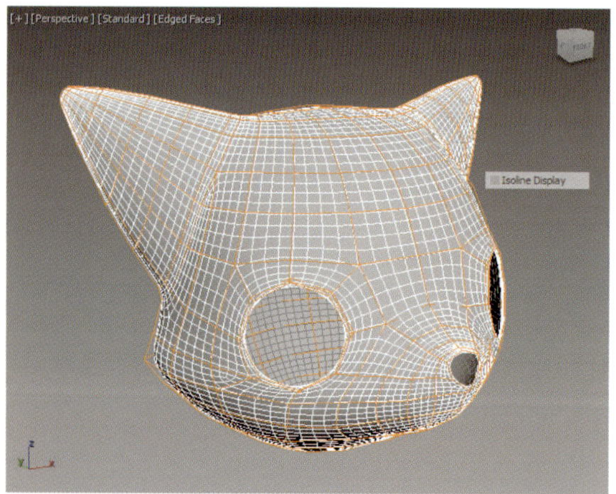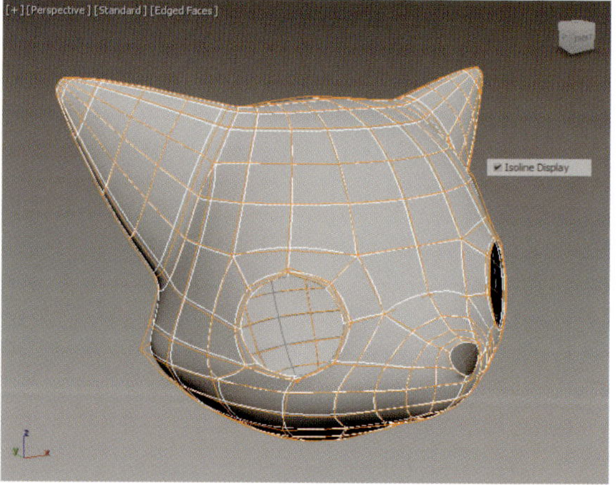

ⓓ Show Cage : NURMS가 적용된 후 각 Sub-Object Level 단계를 선택했을 때 가상의 주황색 그물망이 나타나며 색상도 변경할 수 있습니다.

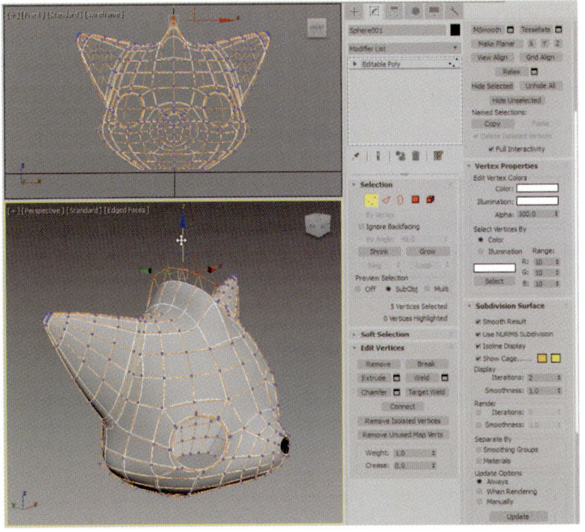

ⓔ Display : Viewport에 보이는 것과 Rendering시에 보일 Subdivision 횟수와 부드러운 정도를 조정합니다.

① **Iterations** : Poly 오브젝트를 스무딩하는 데 사용되는 반복 횟수를 설정합니다. Iteration의 수치가 4 이상의 값은 외관상 크게 차이가 없기 때문에 최대 3까지 허용하도록 합니다.

② **Smoothness** : 다각형을 추가하여 스무딩하기 전에 모서리의 날카로운 정도를 결정합니다.

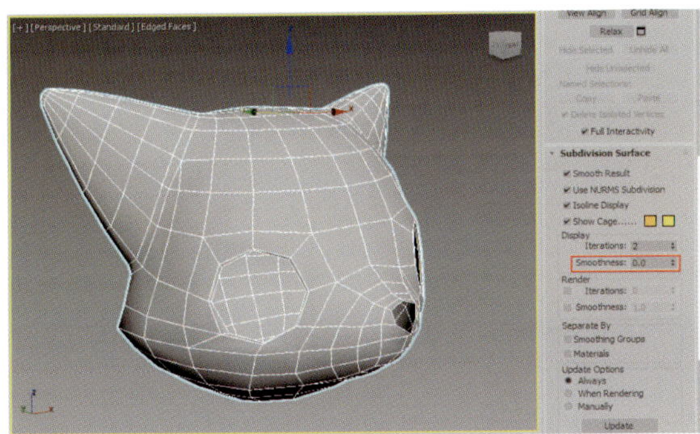 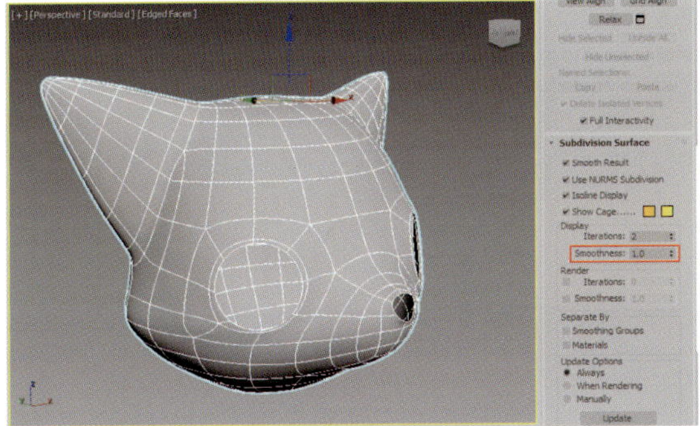

ⓘ **알아두기** | Iterations 값 설정 시 유의 사항

복잡한 오브젝트에 Iterations 값을 "4"이상 적용할 경우 정점 및 다각형 수(및 계산 시간)이 각 반복에 대해 4배가 증가하므로 상당한 계산 시간이 소요될 수 있으며, 컴퓨터 사양이 현저히 낮을 경우는 3ds Max프로그램이 다운이 될 수 있으므로 유의해야 합니다. 계산을 중지하고 이전 반복 설정으로 되돌리려면 End 키를 누릅니다.

ⓕ Render : 렌더링 시 오브젝트에 다른 개수의 스무딩 반복 또는 다른 스무드 값을 적용합니다.

ⓖ Separate By : 어떤 부분을 기준으로 NURMS가 적용되도록 할 것인지를 선택합니다.
　① **Smoothing Group** : Smoothing Group을 기준으로 NURMS가 적용되도록 합니다.
　② **Materials** : Material ID 별로 NURMS가 적용되도록 합니다. 사전에 미리 Selection 롤아웃의 Polygon Sub-Ojbect Level에서 Material ID를 설정해야 합니다.

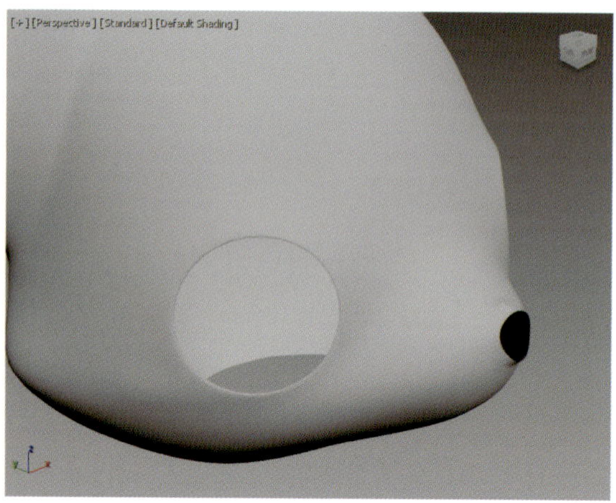
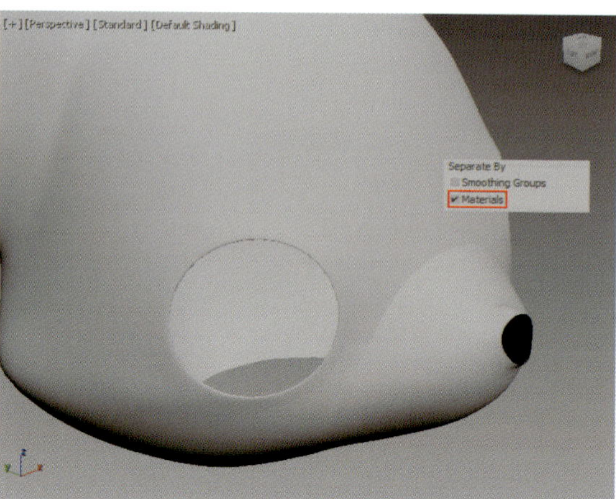

ⓗ Update Options : 옵션이 바뀌는 것에 대해 Viewport에서 어떻게 반응할 것인지를 결정합니다.

03 Subdivision Displacement 롤아웃

이 부분은 Editable Poly 물체에 Displacement Map을 적용할 때 사용됩니다. Displacement Map을 적용하고 값을 조정하더라도 Viewport에서는 Displacement가 어떻게 표현되는지 알 수 없으며 렌더링 되었을 때만 확인할 수 있습니다.

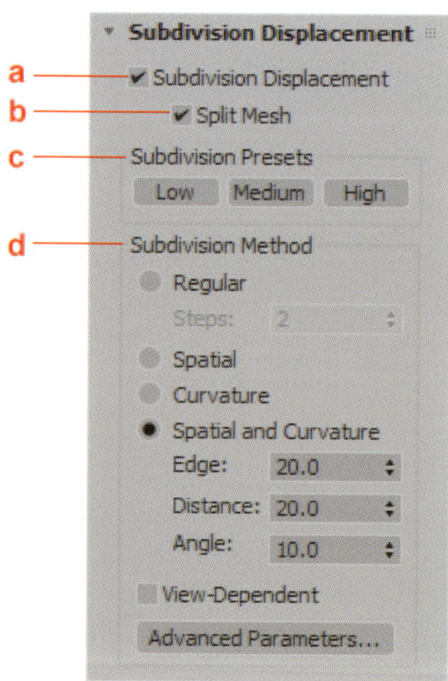
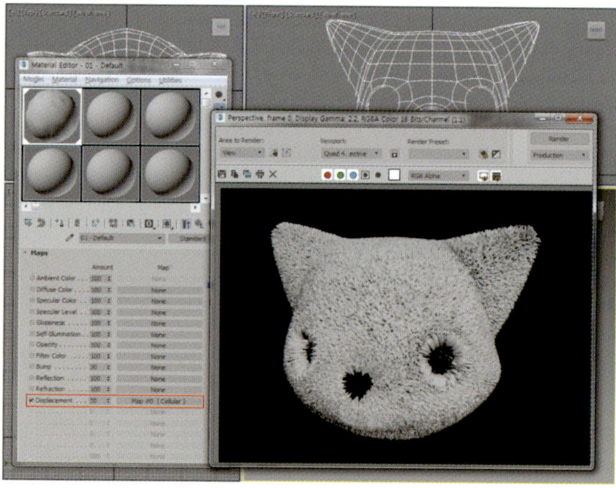

ⓐ Subdivision Displacement : Subdivision Presets와 Subdivision Method에서 설정한 값으로 Displacement Map이 제대로 지정되도록 면을 분할 해줍니다.

ⓑ Split Mesh : Poly 물체의 연결 부분이 있다면 이런 부분의 표현을 각각 개별적인 Polygon으로 나누어서 적용된 Mapping에 문제가 일어나지 않도록 합니다.

ⓒ Subdivision Presets : 면이 분할되는 단계를 지정합니다.

ⓓ Subdivision Method : 면이 나누어질 단계를 지정하거나 값을 조정할 수 있는 4가지 옵션을 선택할 수 있습니다.

04 Soft Selection 롤아웃

Soft Selection은 선택된 항목 근처의 하위 오브젝트를 부분적으로 선택할 수 있으며, 선택 항목이 "자기장"으로 둘러싸인 것처럼 동작합니다. 자기장 내에서 부분적으로 선택된 하위 오브젝트는 하위 오브젝트 선택 항목을 변환할 때 부드럽게 그려집니다. 거리나 부분 선택의 "강도"에 따라 효과가 감소합니다.

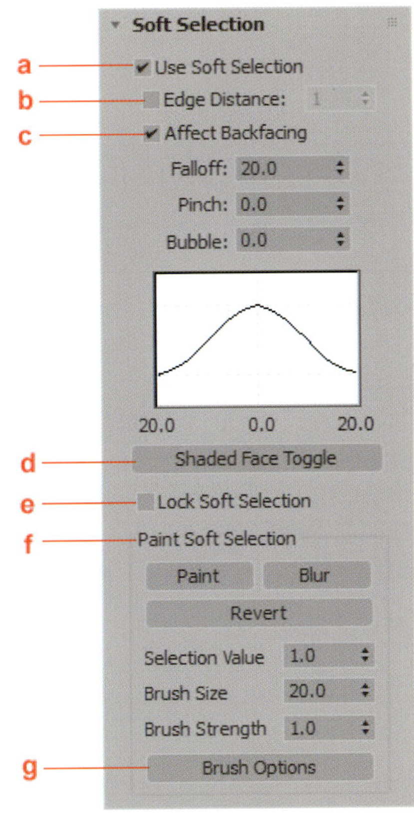

ⓐ Use Soft Selection : Soft Selection을 사용할 수 있도록 합니다.

ⓑ Edge Distance : 설정하면 Soft Selection 영역을 선택한 위치와 Soft Selection의 최대 범위 사이의 지정된 가장자리 수로 제한합니다.

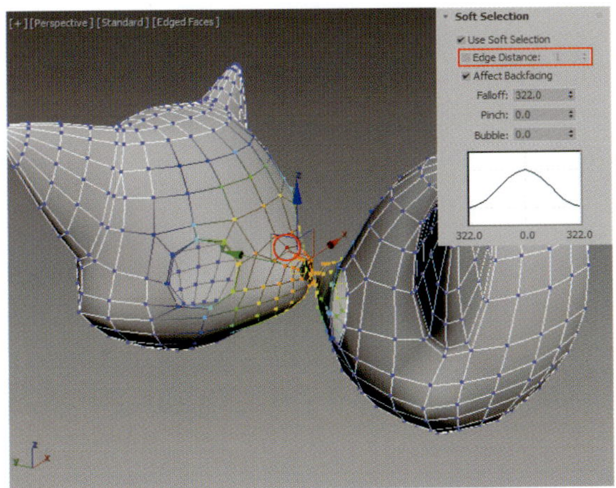
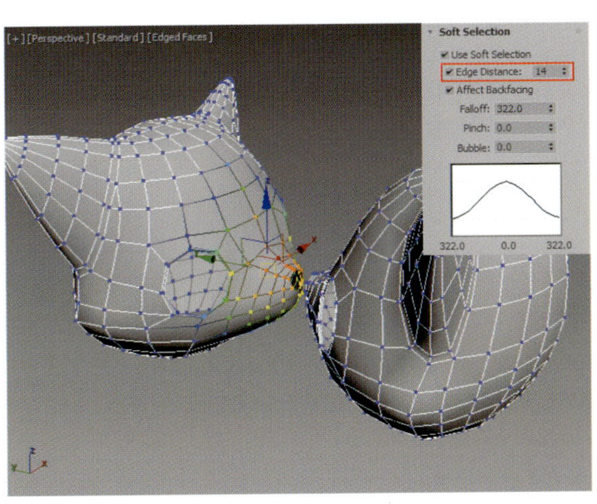

ⓒ Affect Back Facing : 설정하면 법선이 선택된 하위 오브젝트의 평균 법선과 반대 방향을 향하는 선택 취소된 면이 Soft Selection의 영향을 받습니다. 정점과 가장자리의 경우 연결된 면의 법선에 적용됩니다. 특히 얇은 상자와 같은 얇은 오브젝트의 면을 조작할 때 오브젝트의 반대편에 영향을 주지 않을 때 이 옵션을 해제합니다.

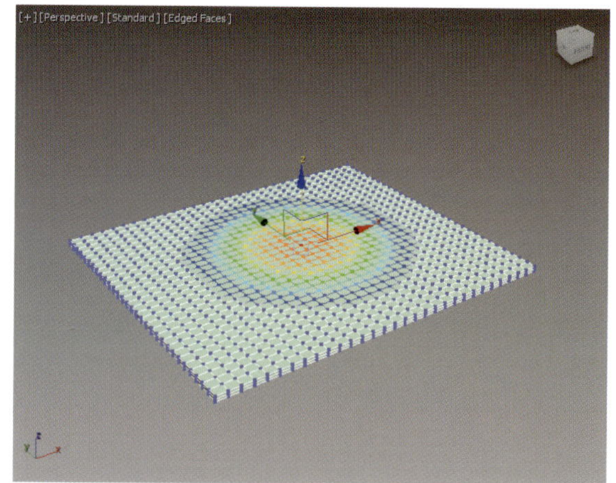

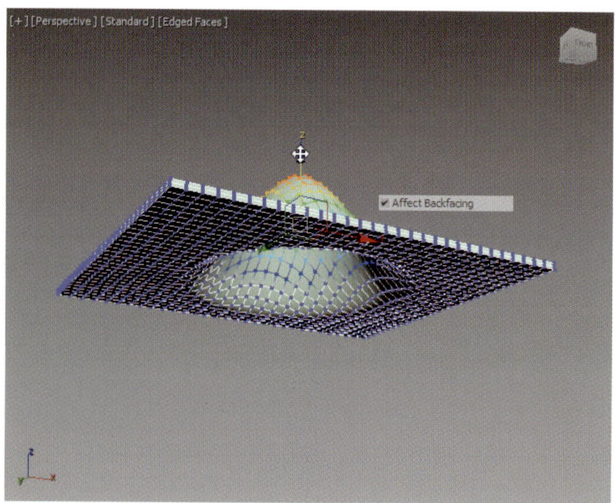

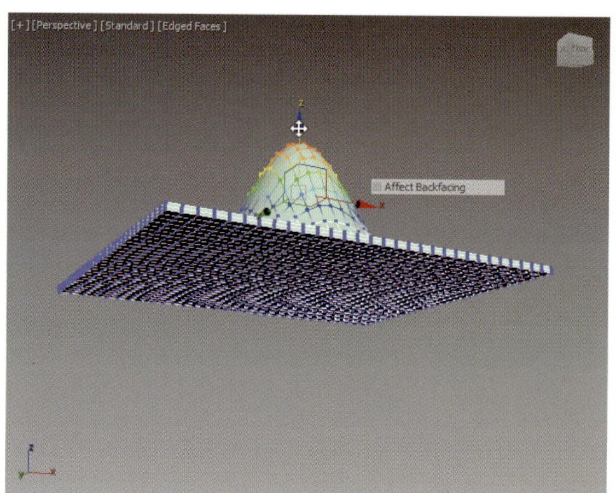

① **Falloff** : 중심에서 영향을 받는 영역을 정의하는 구 가장자리까지의 거리(현재 단위)입니다.

② **Pinch** : 수직 축을 따라 곡선의 위쪽 점을 올리고 내립니다.

③ **Bubble** : 수직 축을 따라 곡선을 확장하고 축소합니다.

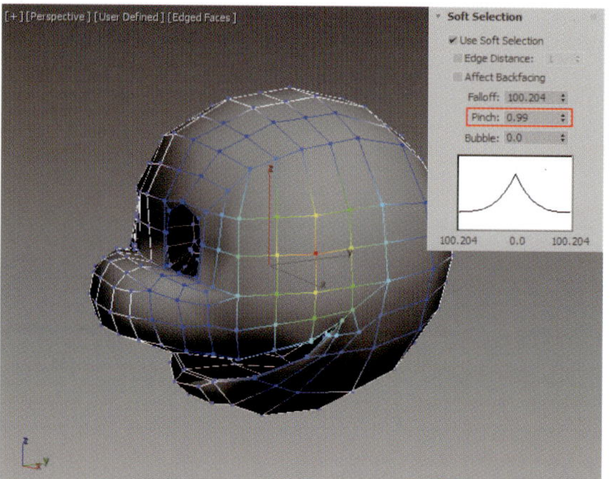

CD 제공 : Dolphin-poly.max

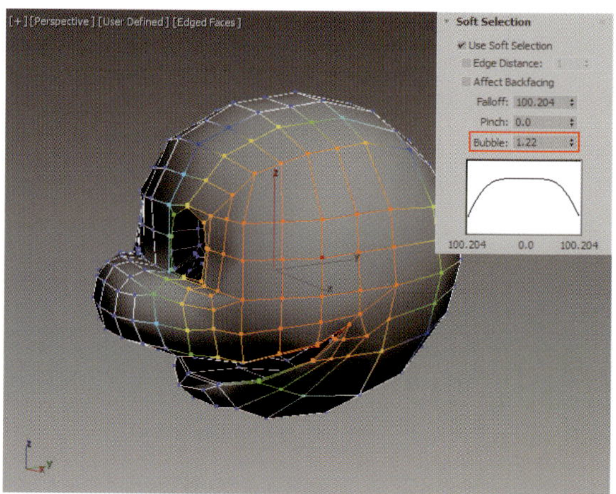

d **Shaded Face Toggle** : 면에 Soft Selection의 범위가 나타나도록 합니다.

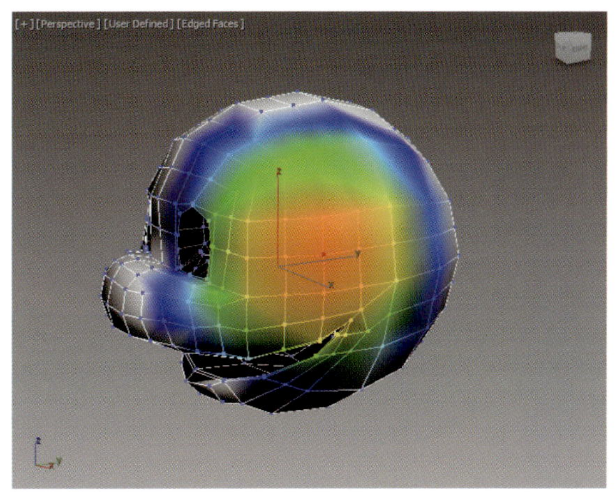

e **Lock Soft Selection** : Paint Soft Selection을 사용할 수 있도록 범위를 지정하는 Soft Selection을 잠가놓습니다.

f **Paint Soft Selection** : 브러시를 이용하여 주변의 범위를 선택할 수 있습니다.

① **Pain**t : 직접 그림을 그리듯이 선택될 범위를 지정합니다.

② **Blur** : 선택될 주변의 범위를 부드럽게 만들어 줍니다.

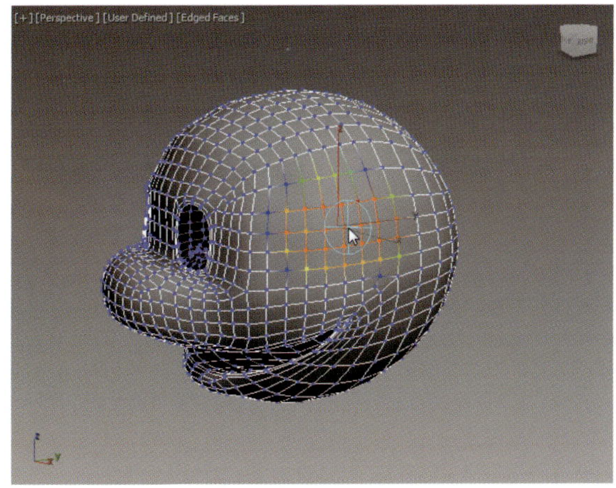

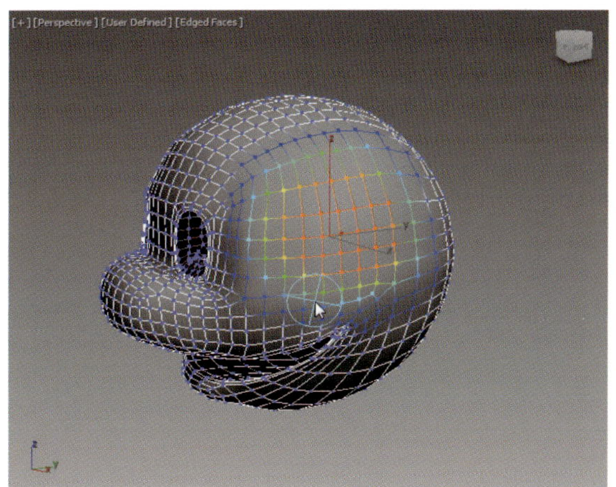

③ **Revert** : 선택된 범위의 영역을 되돌립니다.

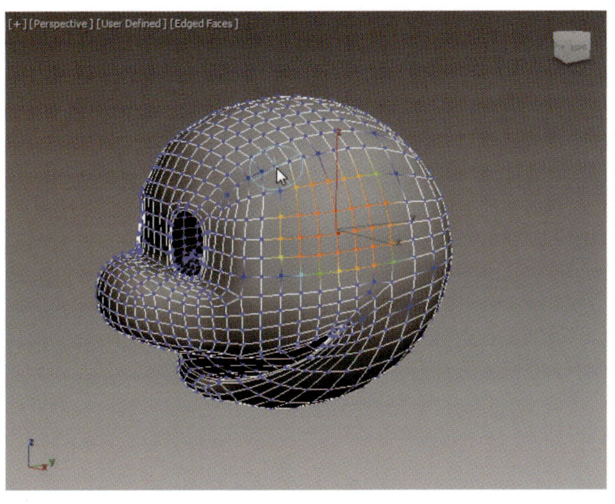

알아두기 | Revert 기능

Revert는 정상적인 방법으로 수행된 Soft Selection이 아니라 페인트된 Soft Selection에만 영향을 줍니다. 또한 Revert는 Brush Size 및 Brush Strength 설정만 사용하고 Selection Value 설정은 사용하지 않습니다.

④ **Selection Value / Brush Size / Brush Strength** : Selection Value 값에 따라 선택 범위(무지개 색 순으로)를 지정할 수 있으며, Brush 크기와 Brush의 강도를 지정할 수 있습니다.

ⓖ Brush Options

Brush 관련 속성에 대한 설정이 있는 페인터 옵션 대화상자를 엽니다. Brush의 다양한 속성을 조정할 수 있습니다.

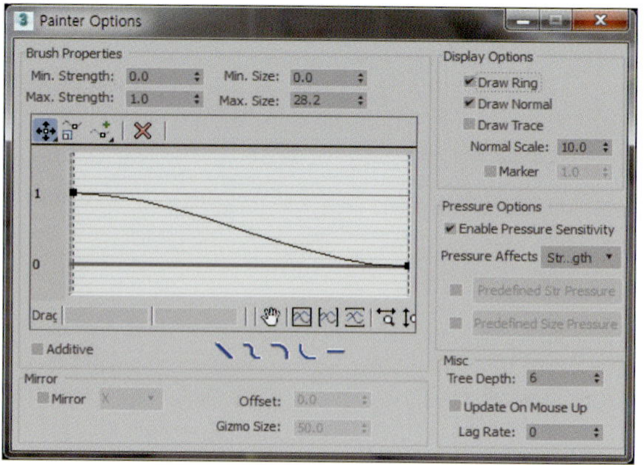

Section 05 | Editable Poly의 Vertex Level

오브젝트가 가지고 있는 점들을 수정할 수 있는 옵션을 보여줍니다.

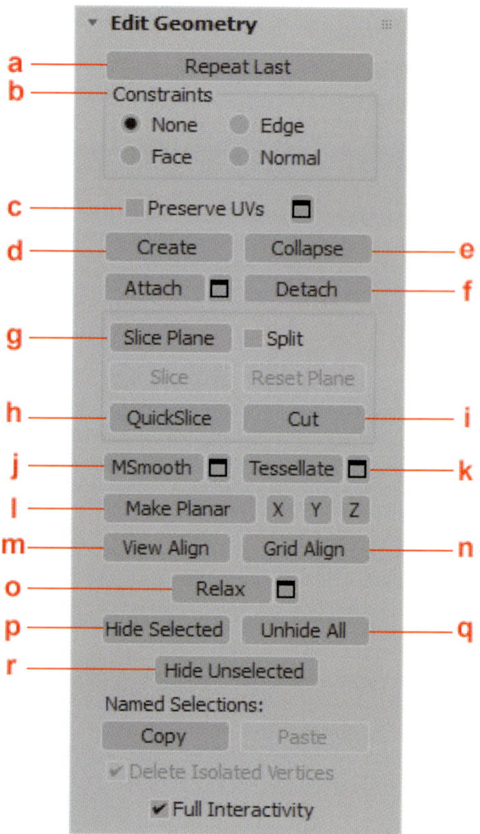

01 Edit Geometry 롤아웃

모든 Level에서 공통으로 사용되는 옵션들이 모여 있는 곳으로 Vertex Sub-Object Level이 선택되면 Vertex를 수정할 수 있는 옵션들만 사용할 수 있도록 합니다.

ⓐ Repeat Last : 가장 최근에 사용된 옵션과 값을 반복적으로 적용해줍니다.

ⓑ Constraints : 기존 형상을 사용하여 Sub-Object(하위 오브젝트) 변환을 제한할 수 있습니다. 제약 조건 유형을 선택합니다.

① **None** : 제약 조건이 없습니다.

② **Edge** : Sub-Object 변환을 Edge 경계로 제한합니다.

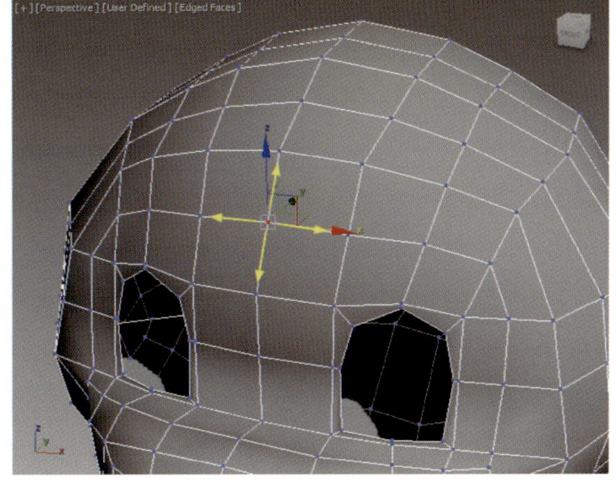

③ **Face** : Sub-Object 변환을 개별 면 표면으로 제한합니다.

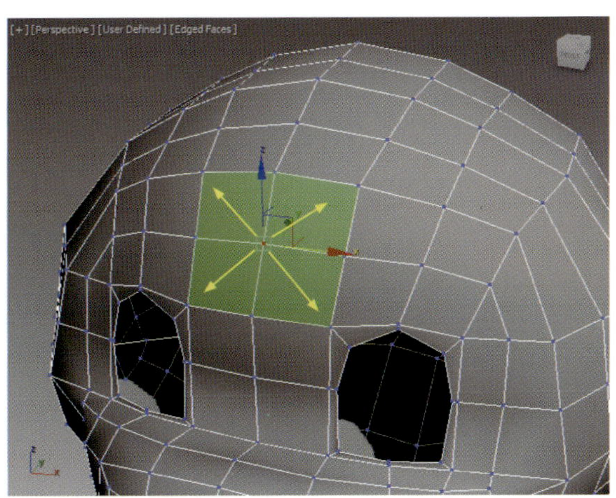

④ **Normal** : 각 Sub-Object의 변환을 법선이나 법선의 평균으로 제한합니다. 대부분의 경우 이로 인해 하위 오브젝트가 표면에 수직으로 이동합니다.

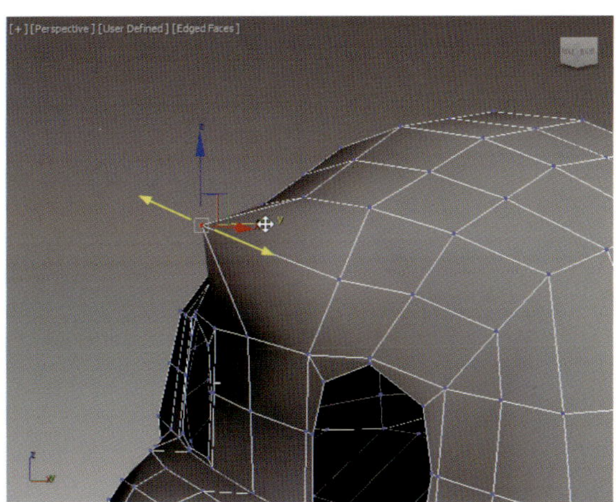

ⓒ Preserve UVs : Constraints를 사용하여 점을 이동시킬 때에, 이 옵션을 설정하면 오브젝트의 UV 매핑에 영향을 주지 않고도 Sub-Object를 편집할 수 있습니다.

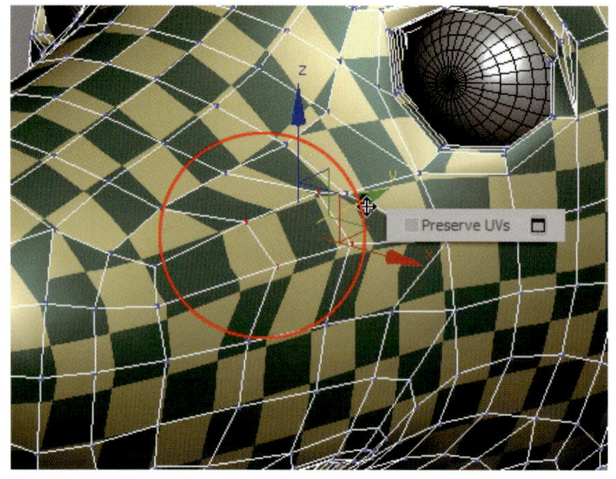
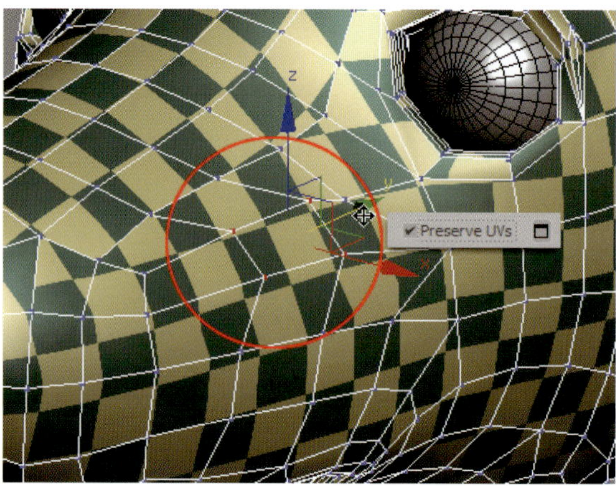

ⓓ Create : 새로운 점을 만들어 주며 이 점들은 Polygon의 'Create'를 통해서 면을 갖도록 합니다.

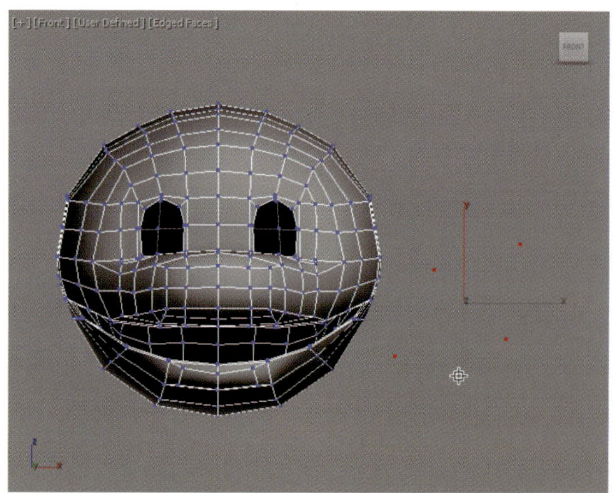

ⓔ Collapse : Vertex, Edge, Border, Polygon 수준만 해당되는 것으로, 선택한 하위 오브젝트의 정점을 선택 중심의 정점에 용접하여 인접한 하위 오브젝트 그룹을 축소시켜 줍니다.

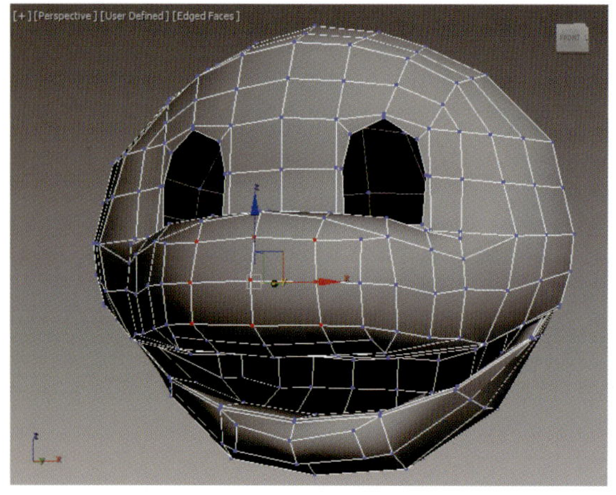
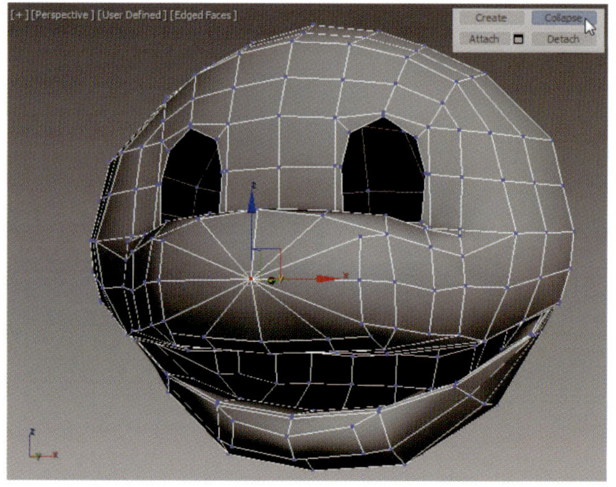

f **Detach** : 선택된 점과 붙어 있는 면들을 독립된 물체로 떼어 내거나 Element로 만들어 줍니다.

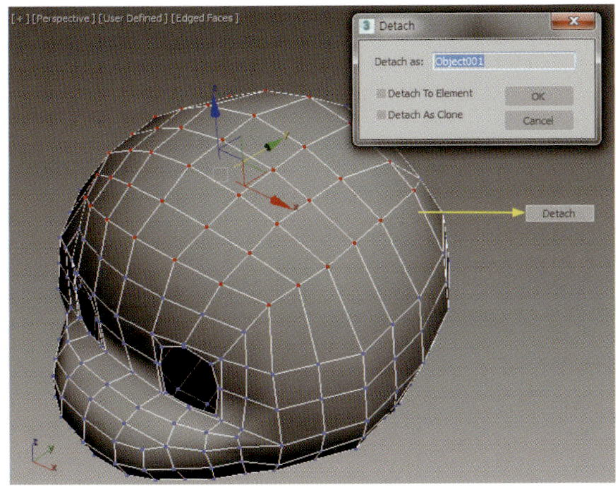
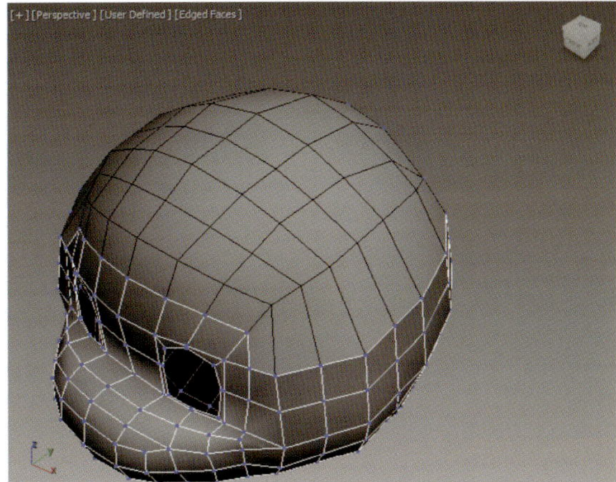

① Detach as : 독립된 물체로 떼어낼 때 물체가 가질 이름을 지정합니다.
② Detach To Element : Element로 만들어 줍니다.
③ Detach As Clone : 선택된 부분에 대한 복사 물체를 만들어 줍니다.

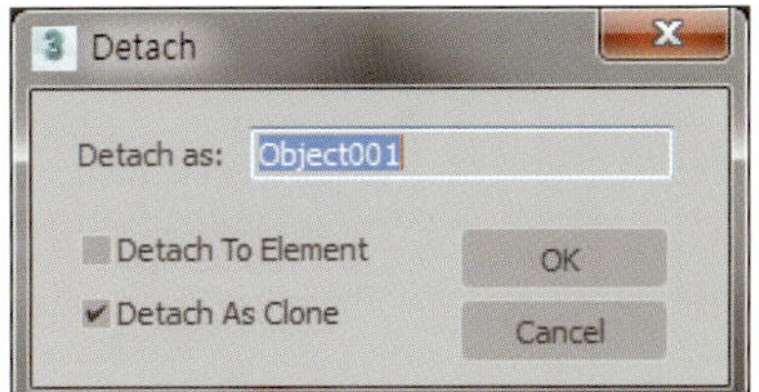

g **Slice Plane** : Slice Plane은 면을 나눌 부분에 Slice Plane Gizmo를 움직이거나 회전시켜 슬라이스 작업을 실행합니다.

원하는 위치로 Slice Plane Gizmo를 옮긴 후 Slice 버튼을 클릭하면 해당영역에 Edge가 추가됩니다.

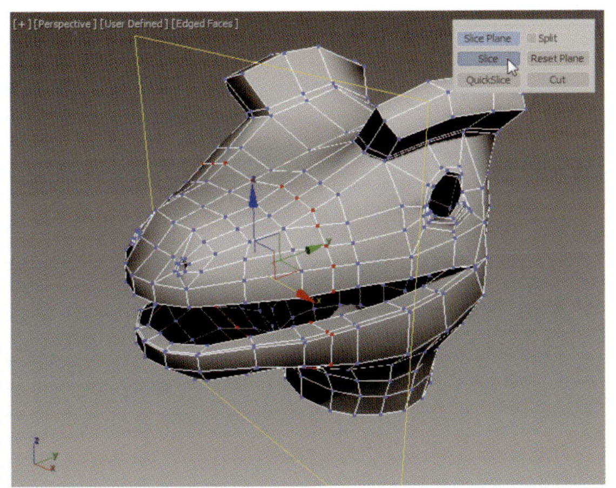
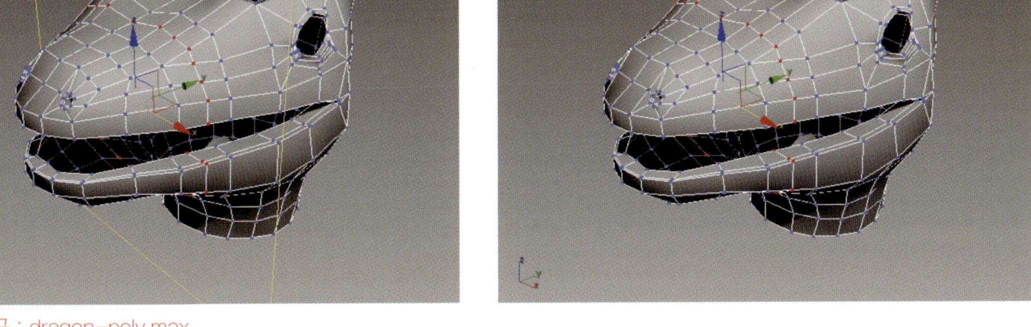

CD 제공 : dragon—poly.max

만약 Split을 설정한 후 Slice를 실행하면 오브젝트가 분리되어 나누어집니다.

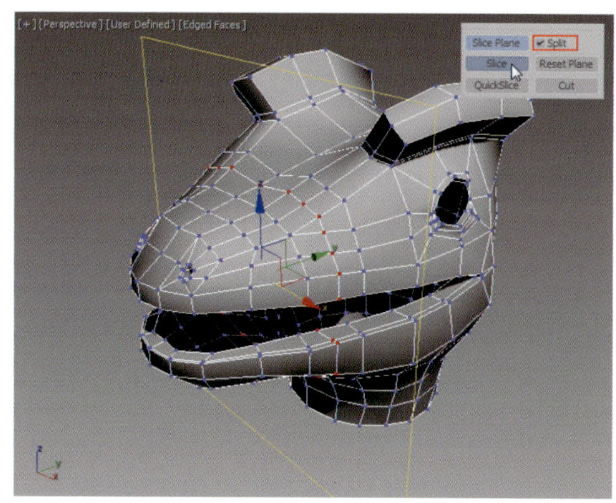

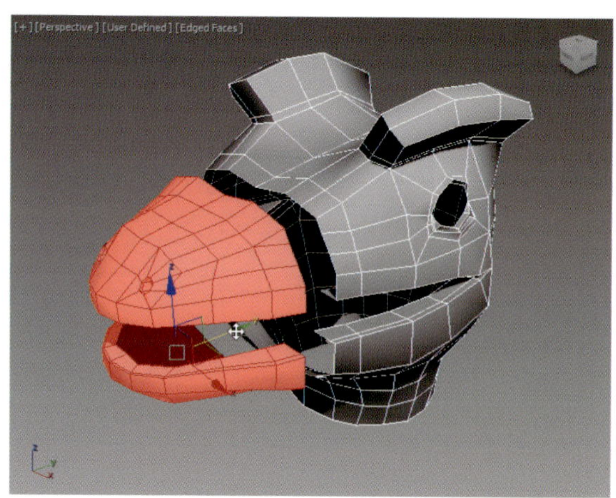

ⓗ Quick Slice : 기즈모 조작 없이 오브젝트를 신속하게 잘라냅니다. 선택 후 Quick Slice를 클릭하고 슬라이스 시작점을 한 번 클릭한 다음 끝점을 다시 클릭합니다. 옵션이 설정되어 있으면 언제든지 슬라이스를 계속해서 사용할 수 있습니다.

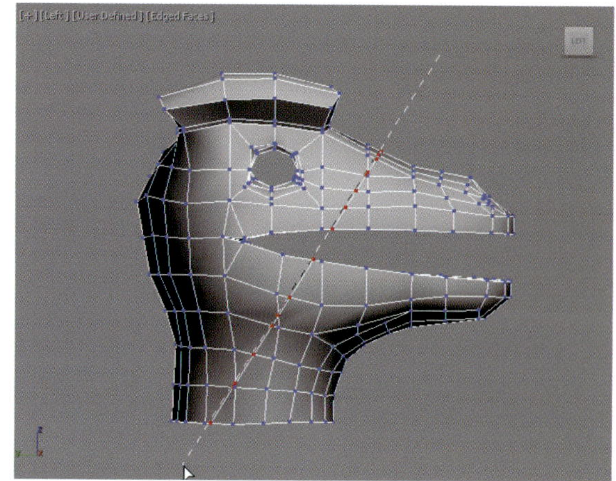

ⓘ Cut : 한 Polygon에서 다른 Polygon으로 또는 Polygon 내부에서 Edge를 만듭니다. 잘라내는 동안 마우스 커서가 바뀌어 아래에 있는 Sub-Object 유형을 표시합니다. 클릭하면 해당 Sub-Object까지 잘라내기가 수행됩니다. 다음 그림에서는 세 가지 커서 아이콘을 보여 줍니다.

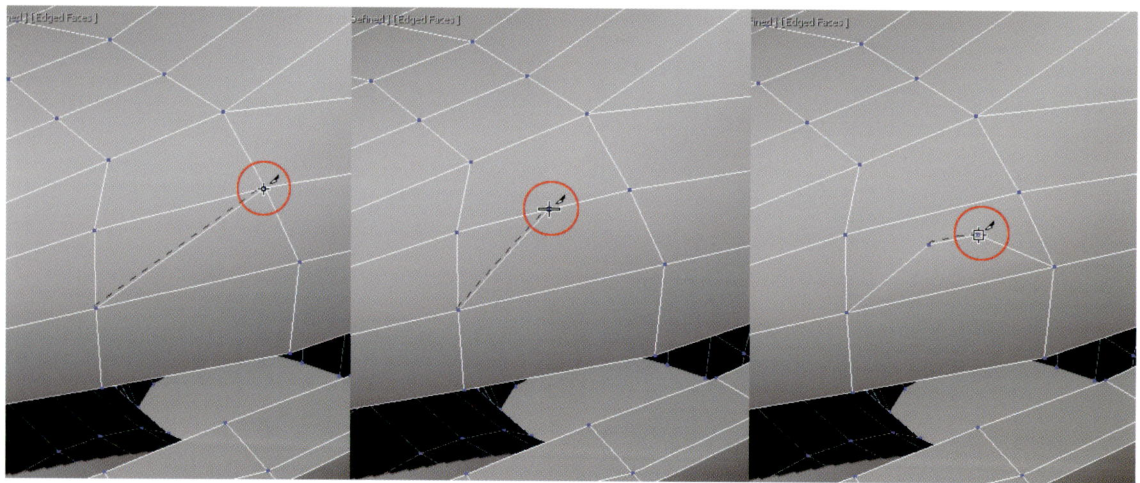

ⓙ **MSmooth** : 현재 설정을 사용하여 오브젝트를 스무딩합니다. 이 옵션은 NURMS 세분화가 있는 Mesh Smooth 수정자의 기능과 유사한 세분화 기능을 사용하지만, NURMS 세분화와는 달리 제어 메시의 선택된 영역에 즉시 스무딩을 적용합니다.
A 이미지는 일부 선택한 Vertex에 MSmooth를 적용한 것이며, B 이미지는 전체에 MSmooth를 적용한 것입니다.

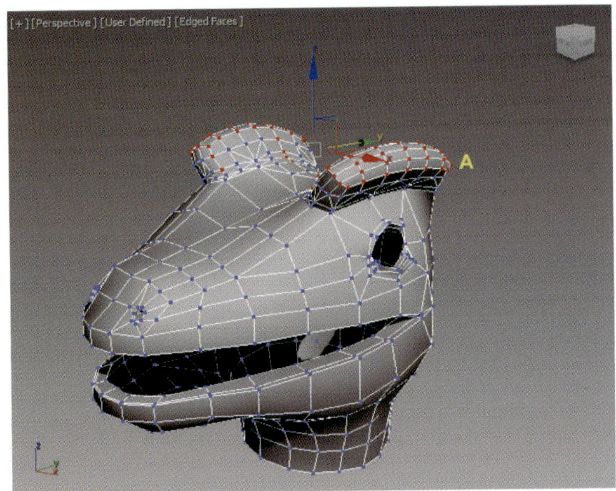

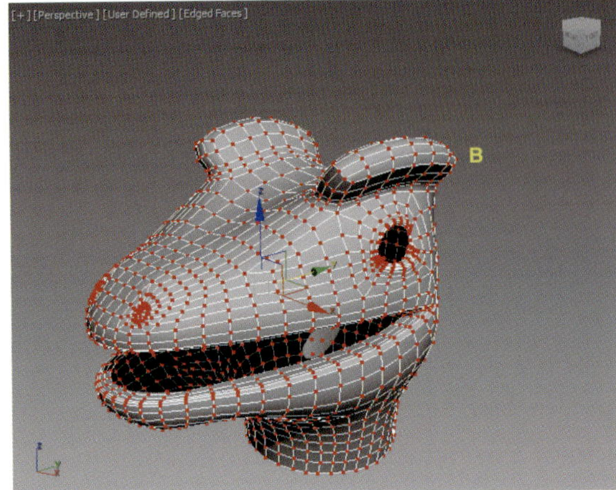

① **MSmooth Settings** : MSmooth Setting 창을 실행되면 대화상자가 나타납니다. 옵션 내용은 Section04의 '2. Subdivision Surface' 롤아웃을 참조바랍니다.

Smoothness : 값에 의해 굴곡이 심한 부분을 기준으로 면 분할이 적용되도록 합니다.

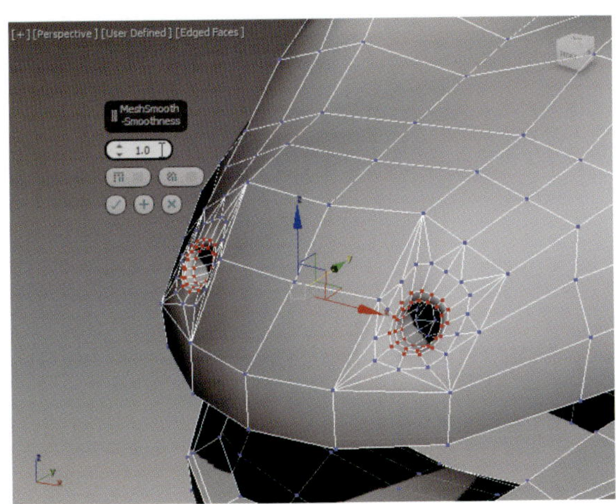

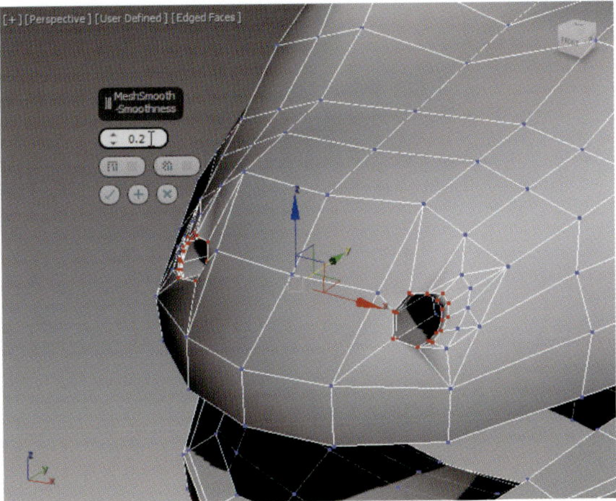

ⓚ Tessellate : 선택된 Vertex에 해당하는 면을 분할해 주며, 기본 값으로 Edge를 기반으로 면을 분할합니다.

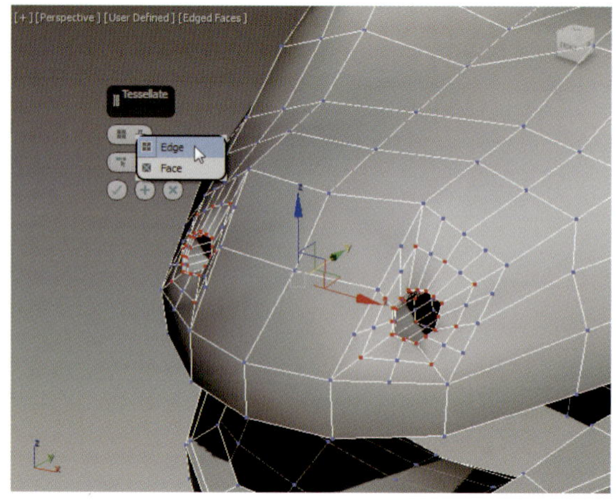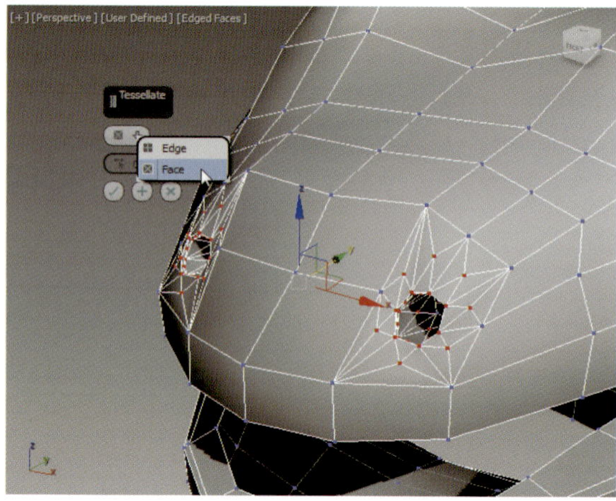

ⓛ Make Planar X/Y/Z : 선택된 부분이 있을 때 면들이 가지는 Normal 방향이나 원하는 축 방향으로 평면 형태로 만들어 줍니다.

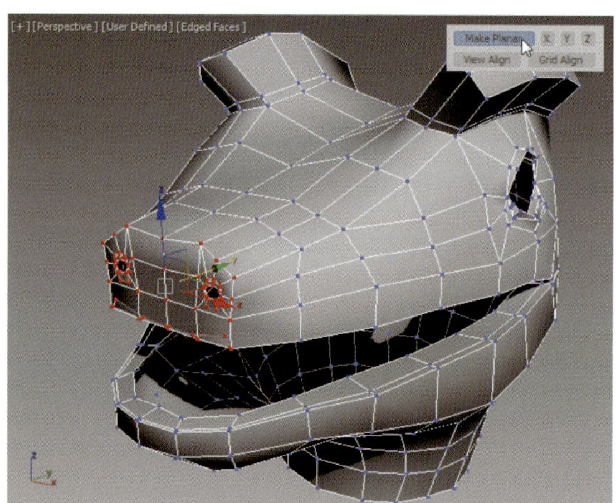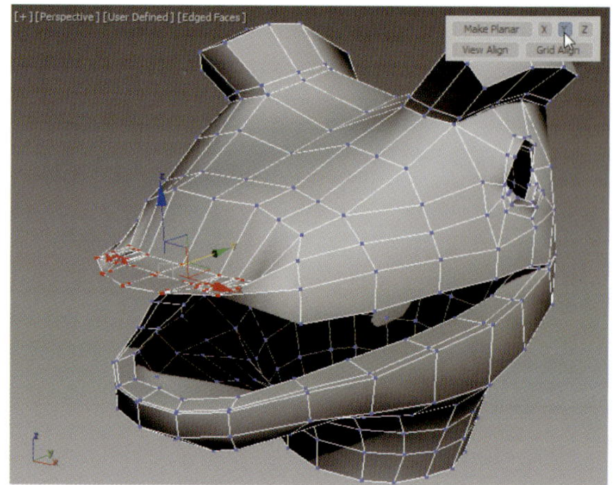

ⓜ View Align : 오브젝트 내 모든 Vertex를 활성 Viewport의 평면에 맞춰 정렬합니다. Sub-Object 레벨에서 이 기능은 선택한 Vertex나 선택한 Sub-Object에 속하는 Vertex에만 영향을 줍니다.

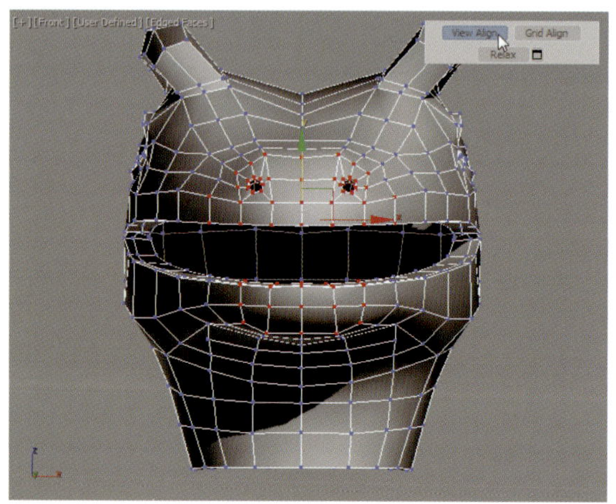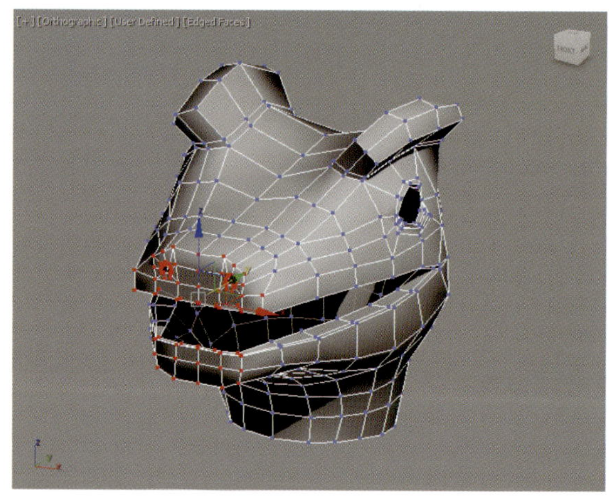

ⓝ Grid Align : 선택한 오브젝트 내 모든 Vertex를 현재 View의 평면에 맞춰 정렬합니다. 또는 MAX의 Grid(Top 기준)에 선택된 부분을 평면으로 만들어 줍니다.

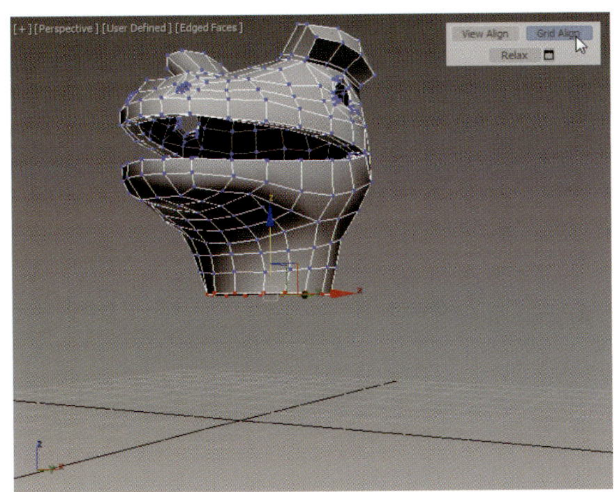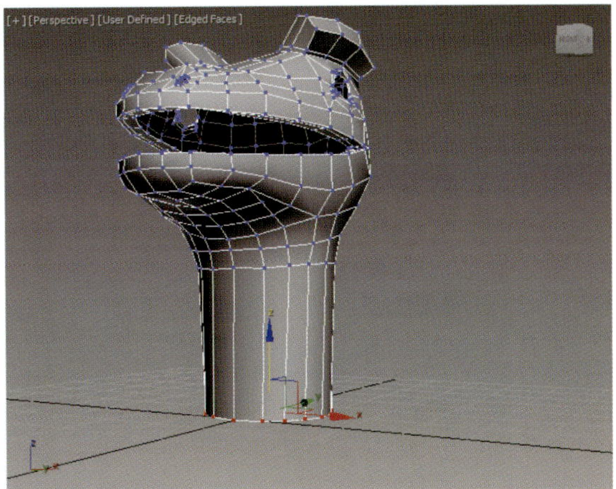

ⓞ Relax : 굴곡된 점들을 부드럽게 펴줍니다. 1 값에 가까울수록 부드러우며, −1 값에 가까울수록 거칠게 펴줍니다.

① **Amount** : 각 반복에 대해 정점이 이동하는 거리를 제어합니다. 이 값은 정점의 원래 위치부터 인접한 정점의 평균 위치까지 거리의 비율을 정의합니다. 범위는 −1.0에서 1.0 사이입니다.

② **Iterations** : Relax 프로세스의 반복 횟수를 설정합니다.

③ **Relax Hold Boundary Points** : 열린 메시의 가장자리에서 정점을 이동할지 여부를 제어합니다.

④ **Relax Hod Outer Points** : 설정하면 오브젝트 중심에서 가장 멀리 떨어진 정점의 원래 위치를 유지합니다.

⑤ **Apply** : 현재 선택에 설정을 적용한 후 선택을 변경한 경우에는 미리 보기에 대한 설정을 유지합니다.

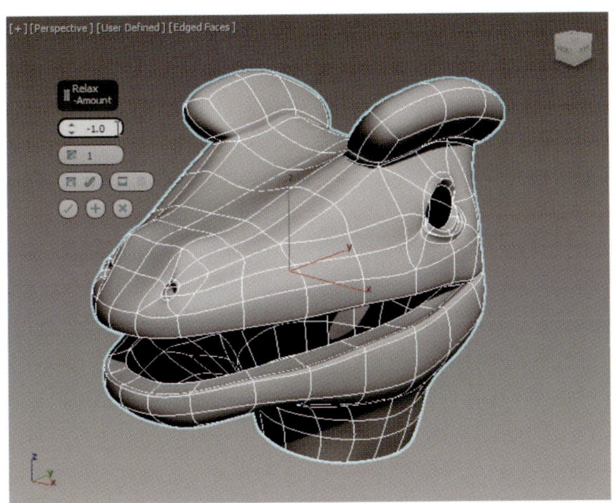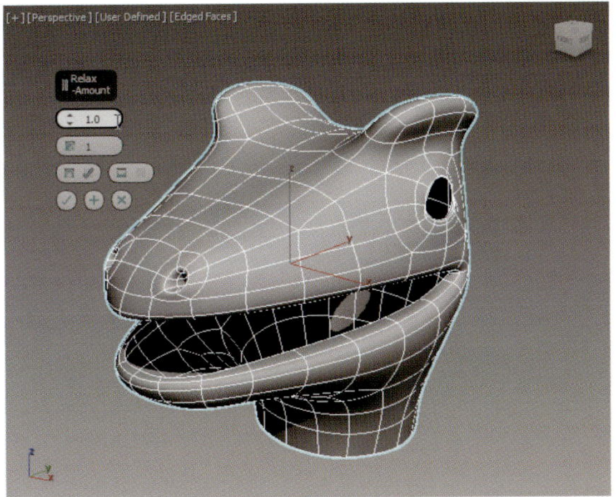

ⓟ Hide Selected : 선택한 Vertex들을 숨겨서 다른 작업에 방해가 되지 않도록 합니다.

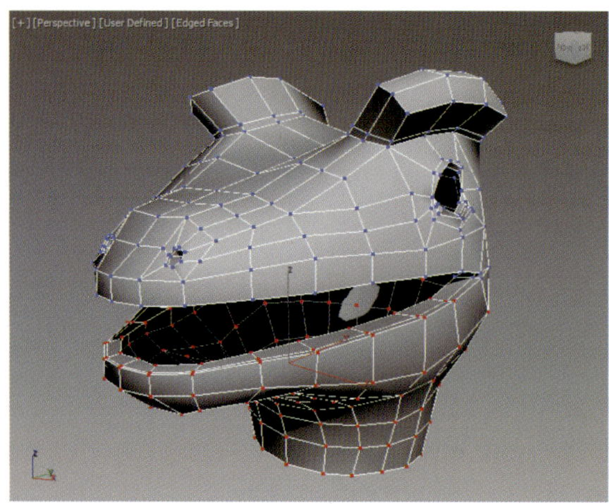 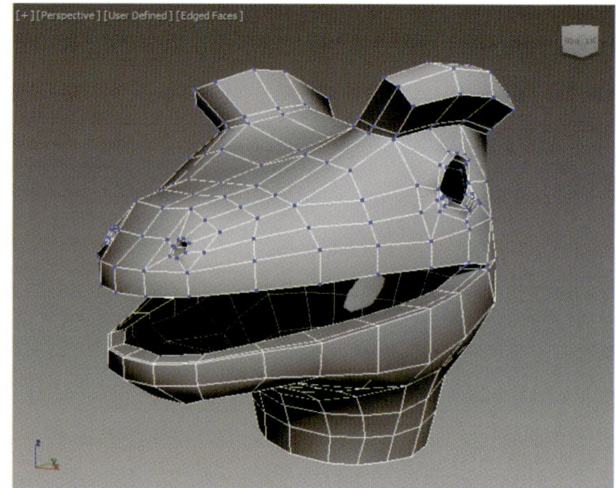

ⓠ Unhide All : Hide Selected로 숨겨진 Vertex들을 다시 보이게 합니다.
ⓡ Hide Unselected : 선택되지 않은 Vertex들을 모두 숨겨줍니다.

02 Edit Vertices 롤아웃

Vertex Level일 경우 점들에 적용될 수 있는 수정 옵션
들을 보여줍니다.

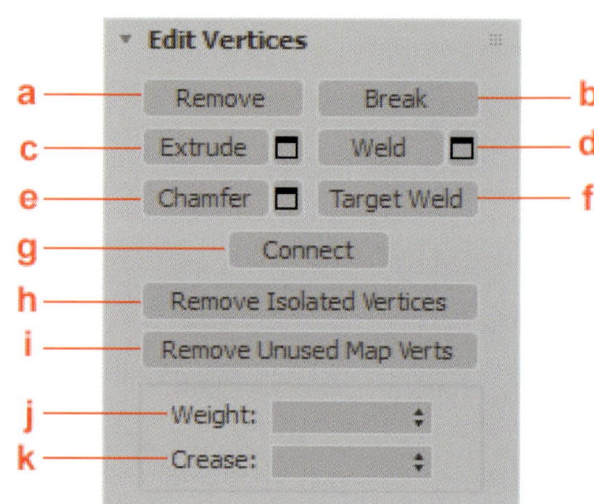

ⓐ Remove : 선택된 점을 지우지만 면은 삭제되지 않습니다.

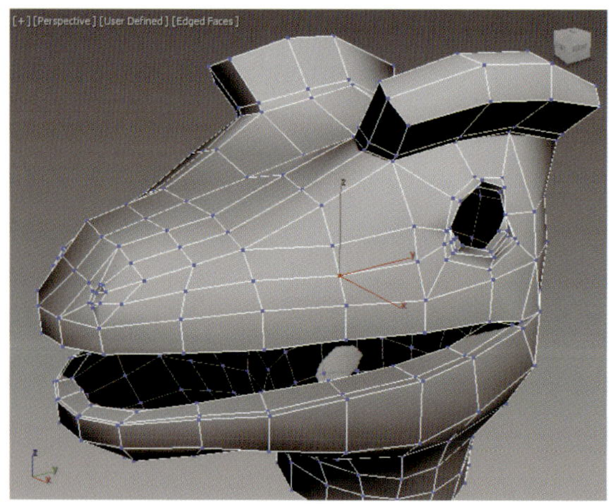 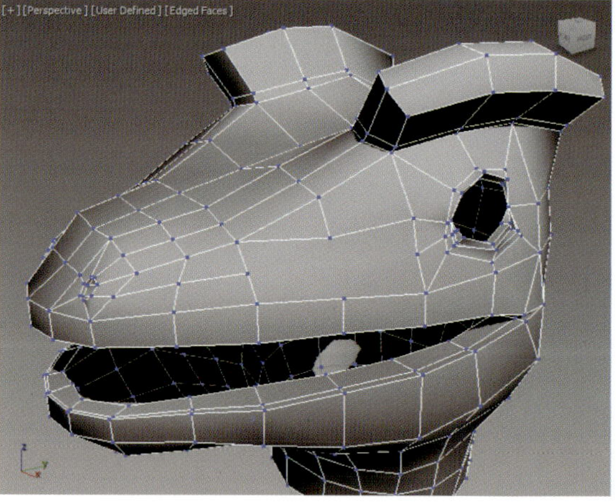

선택된 점을 Delete 키로 지우면 다음과 같이 점에
연결된 모든 면이 없어지니 주의하여야 합니다.

ⓑ **Break** : 선택된 점을 분할하여 정점과 연결된 부분들이 모두 떨어지도록 합니다.

ⓒ **Extrude** : 정점을 Chamfer하듯 돌출시켜 새로운 면을 만들어 줍니다.

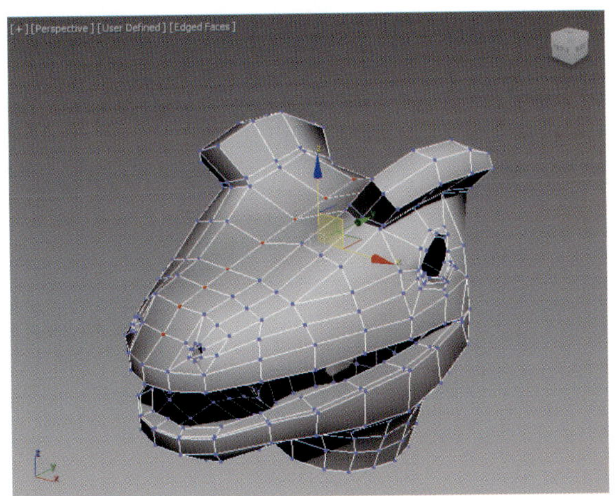
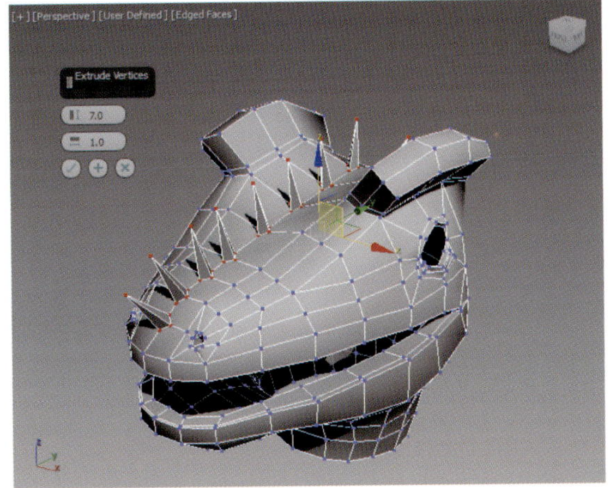

① **Extrude Settings**
- **Height** : Extrude될 높이 값을 지정합니다.
- **Width** : 선택된 점의 기본 면의 크기를 지정합니다.

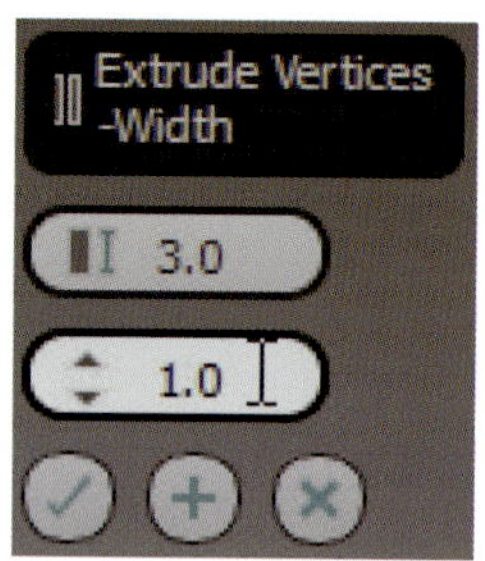

ⓓ Weld : 선택된 점들이 Weld Setting의 캐디 창에서 지정한 범위 값 안에 있을 때 하나의 점으로 합쳐줍니다.

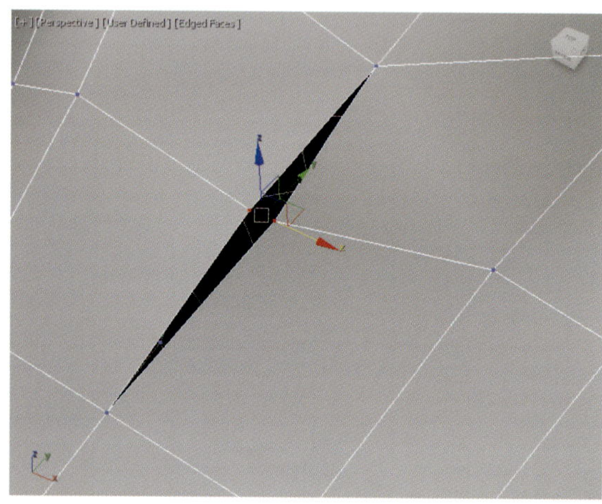
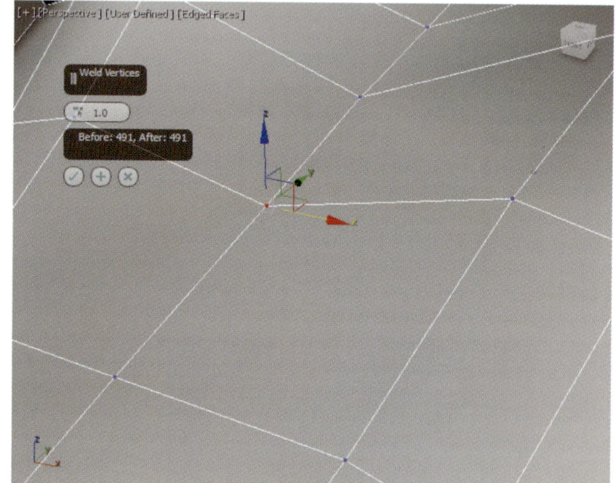

① **Weld Settings** : Weld을 위해서는 기본적으로 Setting 창을 열고 적용하게 됩니다.
- **Weld Threshold** : 정점이 합쳐질 범위 값을 지정합니다.
- **Weld Vertices** : 처음 정점 개수와 합쳐진 후 물체가 갖는 점의 개수를 보여줍니다.

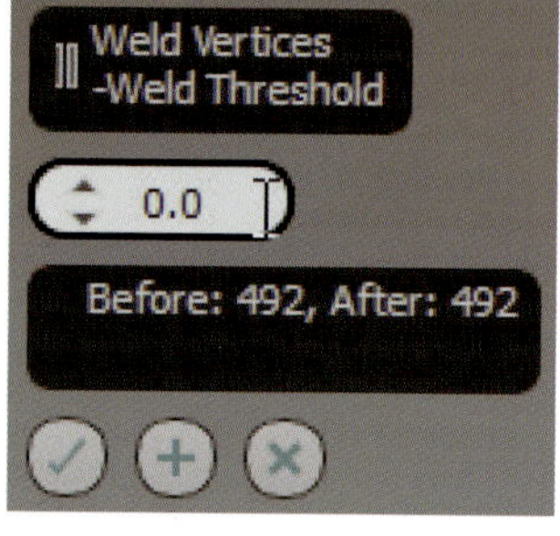

ⓔ Chamfer : 선택된 점을 연결된 Edge 형태의 평면 모양으로 만들어 줍니다.

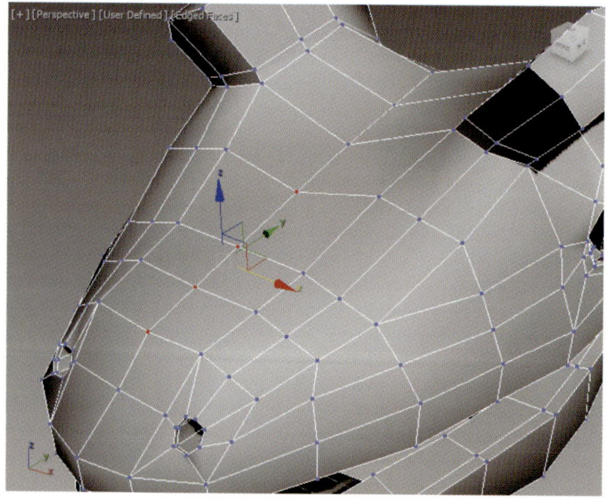
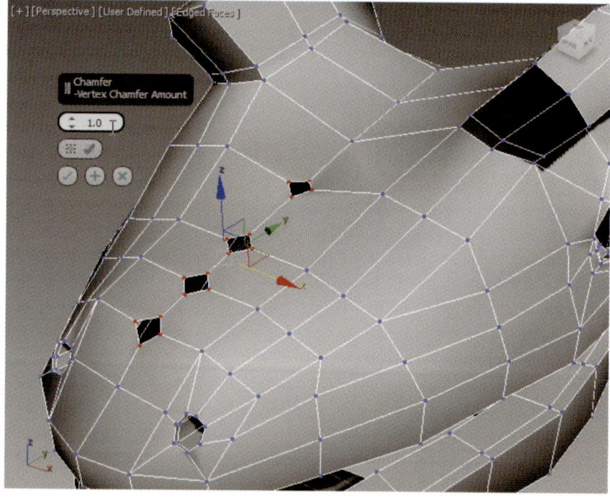

① **Chamfer Settings** : Chamfer Vertices Setting 창은 Chamfer될 값을 미리 보면서 적용할 수 있으며 다른 점들에도 같은 값을 계속 반복해서 지정할 수 있도록 합니다.

■ **Vertex Chamfer Amount** : Chamfer 값을 지정합니다.

■ **Open Chamfer** : Chamfer가 적용된 평면 부분의 면을 없애줍니다.

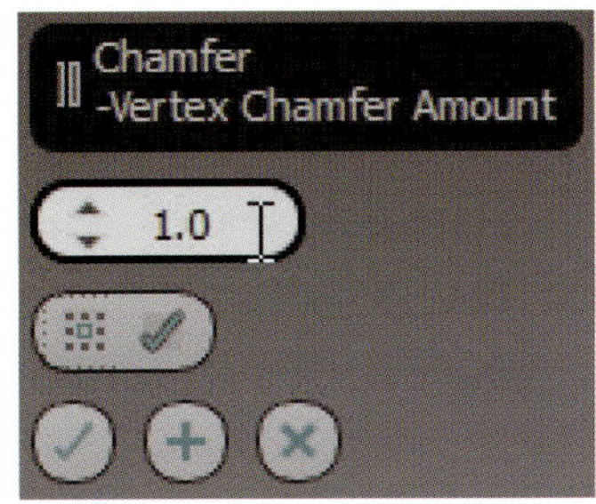
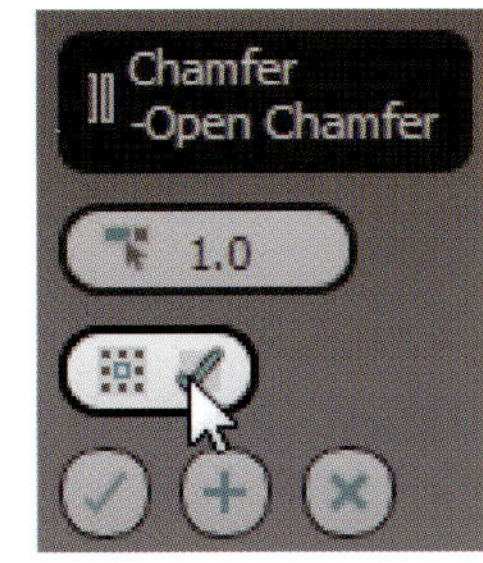

f **Target Weld** : 정점을 선택하여 인접한 대상 정점에 용접할 수 있습니다. Target Weld는 단일 가장자리로 연결된 정점인 경우에만 적용됩니다.

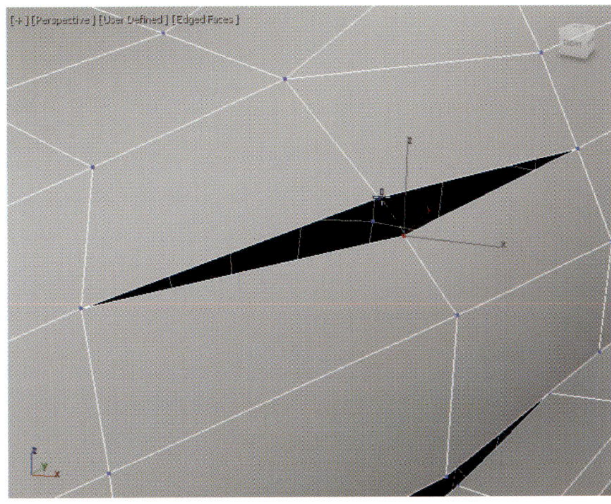
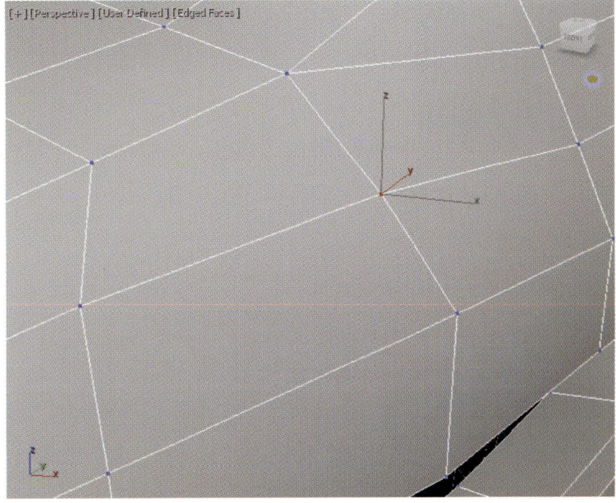

g **Connect** : 선택한 정점의 양쪽 사이에 새로운 Edge를 만듭니다.

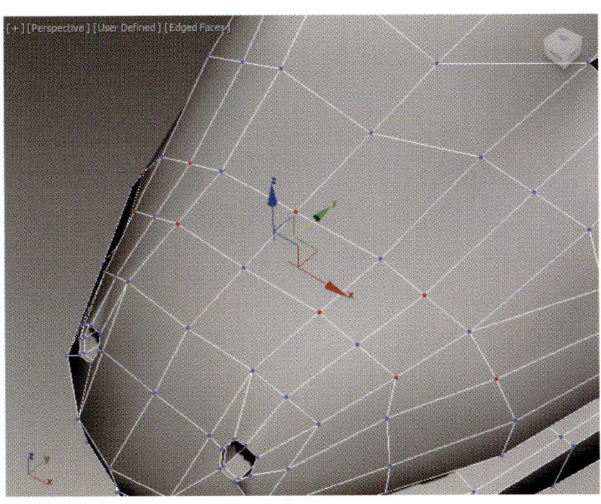
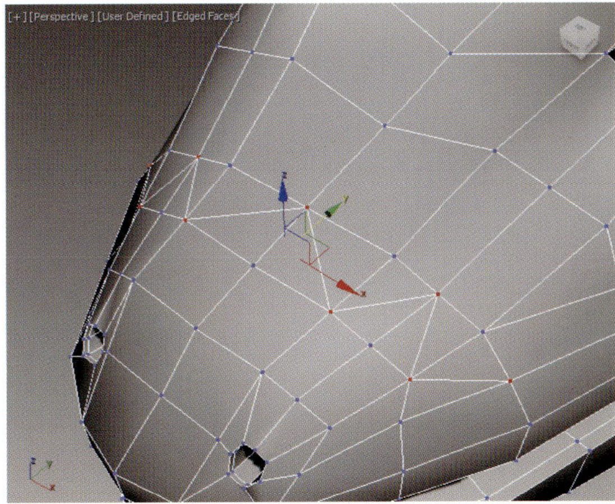

h **Remove Isolated Vertices** : 다각형에 속하지 않는 모든 정점을 삭제합니다.

i **Remove Unused Map Verts** : 특정 모델링 작업에서는 Unwrap UVW Editor에 표시되나 매핑에는 사용할 수 없는 미사용(격리된) 맵 정점이 생길 수 있습니다. 이 버튼을 사용하여 이러한 맵 정점을 자동 삭제할 수 있습니다.

j **Weight** : 선택한 정점의 가중치를 설정합니다. NURMS Subdivision과 Mesh Smooth Modifier에서 사용됩니다.

ⓚ Crease : 선택한 정점의 주름 값을 설정합니다. OpenSubdiv 및 CreasSet 수정자에서 사용됩니다. 값을 올리면 정점을 향해 스무딩된 결과가 발생하고 점이 날카롭게 됩니다.

03 Vertex Properties 롤아웃

선택한 정점의 색상과 조명색(음영처리)을 할당합니다.

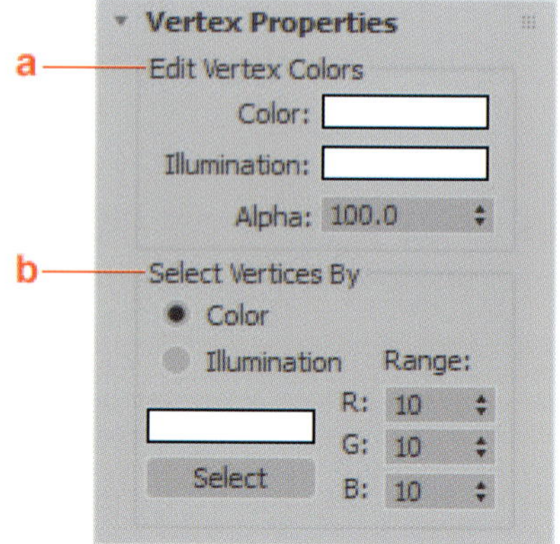

ⓐ Edit Vertex Colors

① **Color** : 색상 견본을 클릭하면 선택한 정점의 색상이 바뀝니다.

② **Illumination** : 색상 견본을 클릭하면 선택한 정점의 조명 색상이 바뀝니다. 이를 통해 정점 색상을 변경하지 않고도 조명을 변경할 수 있습니다.

③ **Alpha** : 선택한 정점의 특정 알파 값을 설정할 수 있습니다. 이러한 알파 값은 파이프라인을 통해 유지되며 정점 색상과 함께 사용하여 내보내기용 전체 RGBA 데이터를 제공할 수 있습니다.

ⓑ Select Vertices By

① **Color / Illumination** : 정점 색상 값 또는 정점 조명 값으로 정점을 선택할지 여부를 결정합니다.

② **Color Swatch** : 일치시킬 색상을 지정할 수 있는 Color Selector를 표시합니다.

③ **Select** : 선택한 라디오 버튼에 따라 정점 색상 또는 조명 값이 색상 견본과 일치하거나 RGB 스피너에서 지정한 범위 안에 있는 모든 정점을 선택합니다.

④ **Range** : 색상 일치 범위를 지정합니다. 정점 색상 또는 조명의 모든 3가지 RGB 값은 정점 색상별 선택의 색상 견본에서 지정한 색상과 일치하거나, 범위 스피너의 양수 또는 음수 값 범위 내에 있어야 합니다. 기본 값은 10입니다.

ⓘ 알아두기 | Vertex Color 표시 하는 방법

❶ 오브젝트에 해당하는 Vertex를 일부분씩 선택하여 Color 별로 할당합니다.

❷ Color 할당이 완성되었으면 오브젝트를 선택한 후 마우스 오른쪽 버튼을 눌러 Quad Menu에서 'Object Properties'를 실행합니다.

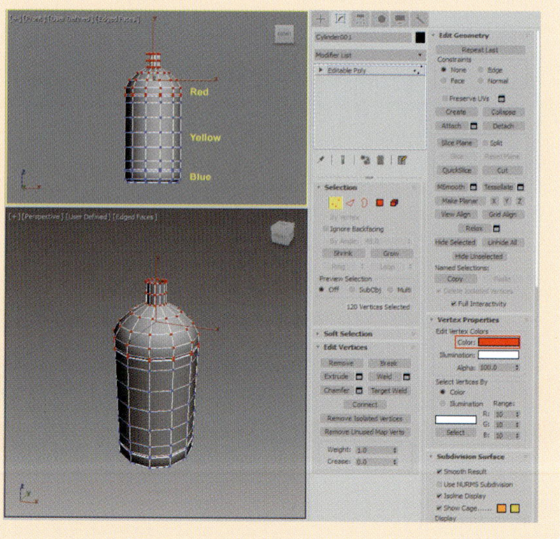

❸ Object Properties 대화상자가 나타나면 'Display Properties' 항목의 'Vertex Channel Display' 옵션에 체크합니다.

❹ Vertex에 할당된 Vertex Color가 그대로 표시되어 나타납니다.

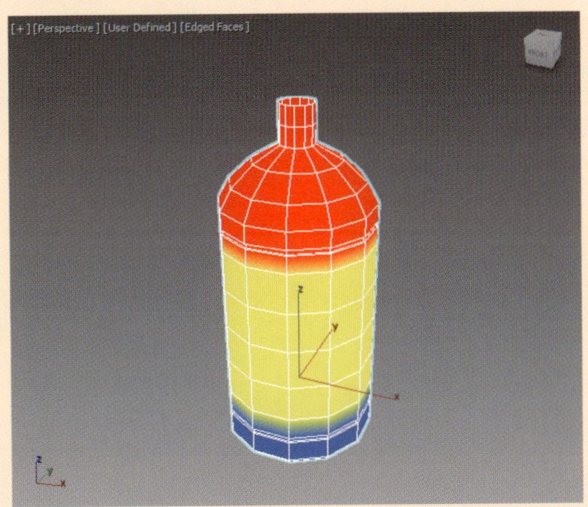

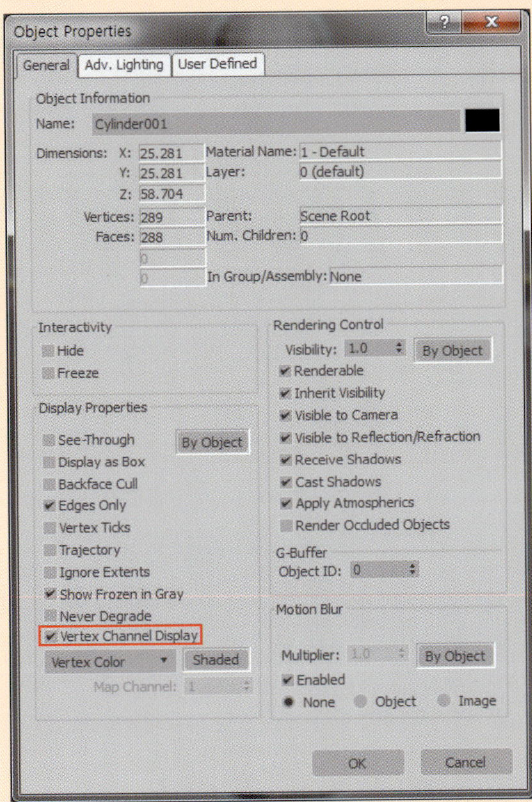

❺ 다음 이미지는 Display Properties 항목의 'Shade'를 설정한 상태의 Viewport입니다.

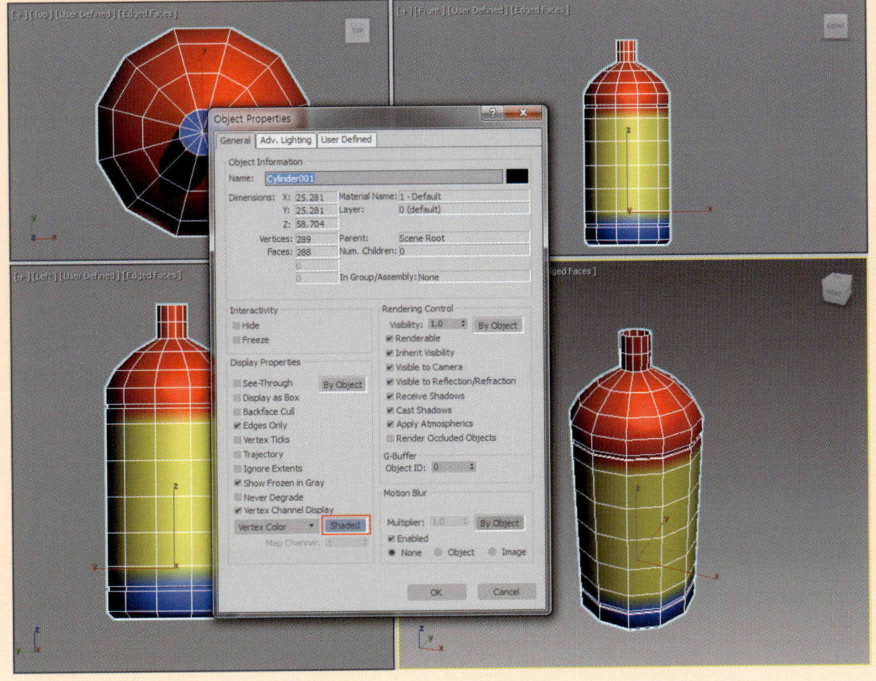

CD 제공 : bottle-vertex-color.max

Section 06 | Editable Poly의 Edge Level

01 Edit Edges 롤아웃

Edge Level을 선택했을 때 사용할 수 있는 옵션들을 보여줍
니다.

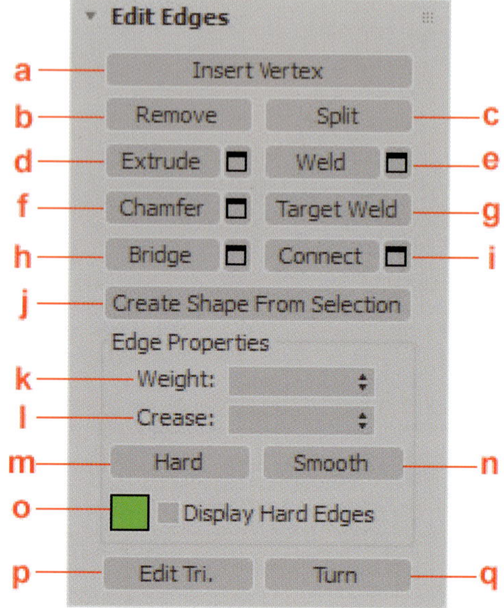

ⓐ Insert Vertex : Edge에 점을 추가합니다.

ⓑ Remove : 선택된 Edge를 지워줍니다. 하지만 Edge와 연결되었던 Vertex는 남기 때문에 이 상태로
NURMS가 적용되면 Vertex가 있는 부분은 다른 모양으로 나타나게 됩니다.

Edge 제거 시 연결된 정점도 함께 삭제하기 위해서는 반드시 [Ctrl] 키 + Remove 버튼을 클릭해야합니다.

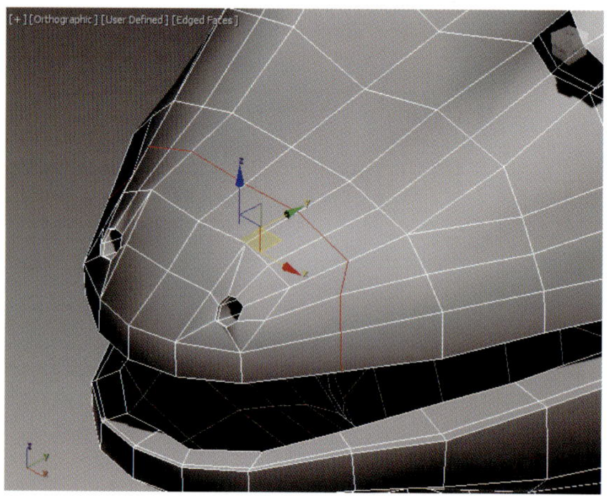
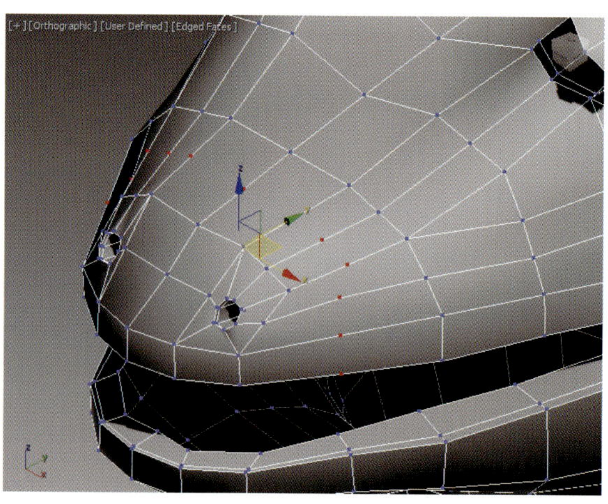

ⓘ 알아두기 | Remove 적용 시 Edge의 연결된 Vertex를 삭제하려면

[Ctrl] 키 + Remove 버튼을 클릭하거나, [Ctrl] 키 + [Back Space] 키의 단축키로 Remove를 실행합니다.

ⓒ **Split** : 선택된 Edge를 분리합니다. Edge를 Split 하려면 Polygon 형태의 가장 바깥쪽과 연결되는 Edge를 선택해야합니다.

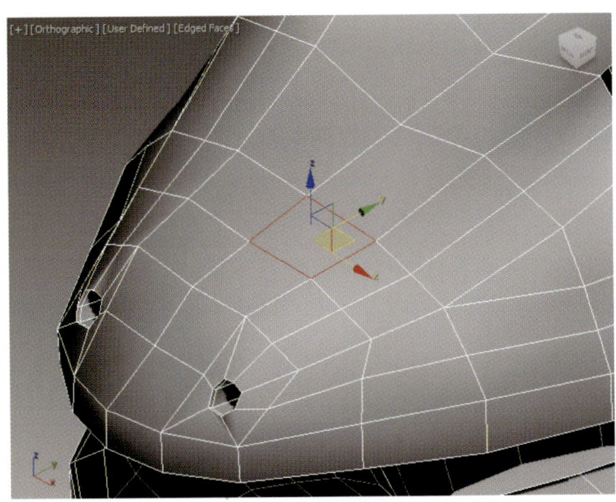 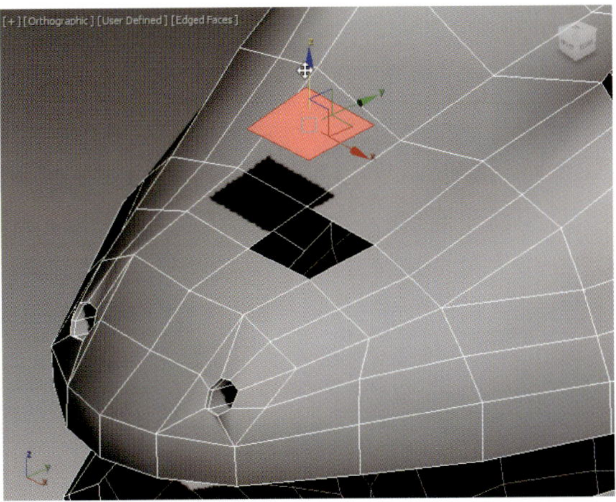

ⓓ **Extrude** : 선택된 Edge를 돌출 시켜 새로운 면을 만들 수 있도록 하며 이것은 주름과 같은 표현을 좀 더 쉽게 만들 수 있도록 합니다.

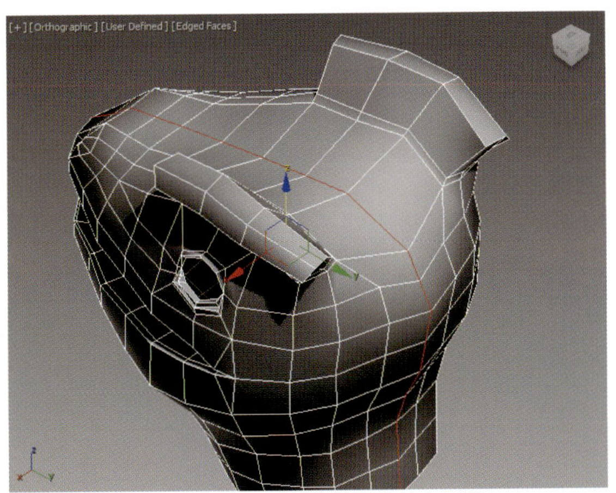 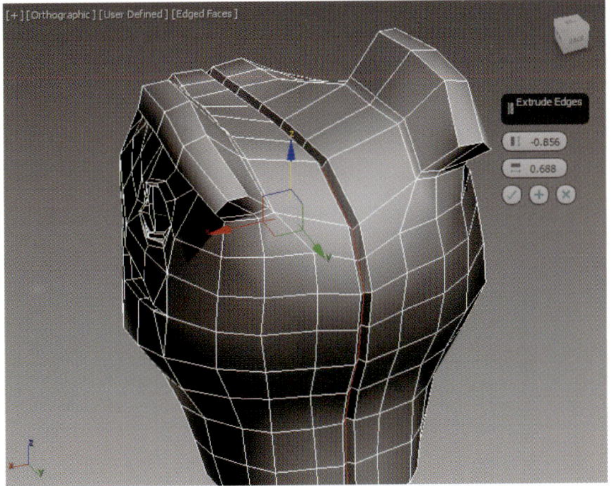

Extrude를 마우스로 실행할 경우 마우스를 위아래로 움직이는 것과 좌우로 움직이는 것에 따라서 기준이 되는 면의 크기를 조정할 수 있습니다.

① **Extrude Settings** : 장면의 단위로 높이와 너비를 지정할 수 있으며 필요한 곳 어디든지 Extrude를 반복해서 적용할 수 있습니다.

■ **Height** : 돌출 양을 장면 단위로 지정합니다. 값이 양수인지 음수인지에 따라 하위 오브젝트를 바깥쪽이나 안쪽으로 돌출시킬 수 있습니다.

■ **Width** : 돌출 기준의 크기를 장면 단위로 지정합니다. 원하는 대로 높이를 설정할 수 있지만 실제 크기는 돌출된 하위 오브젝트에 인접한 정점을 넘을 수 없습니다.

 **알아두기** | Caddy Controls 창을 Standard 대화창으로 변환하기

Caddy Controls 창을 사용하기 불편하면 환경설정을 변경하여 대화창으로 바꾸어 사용할 수 있습니다.
Customize〉Preference〉General 탭〉UI Display 항목의 Enable Caddy Controls 체크박스에 체크를 해제합니다.

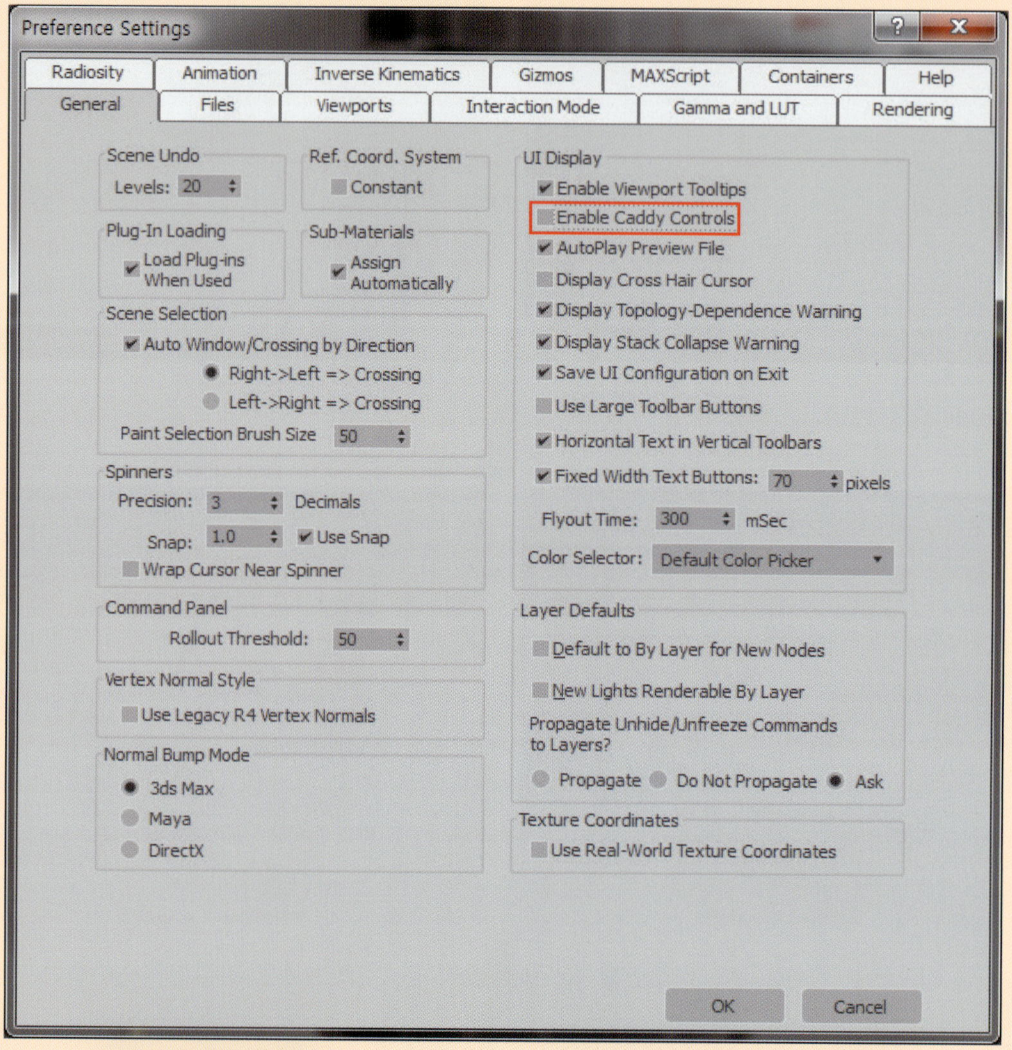

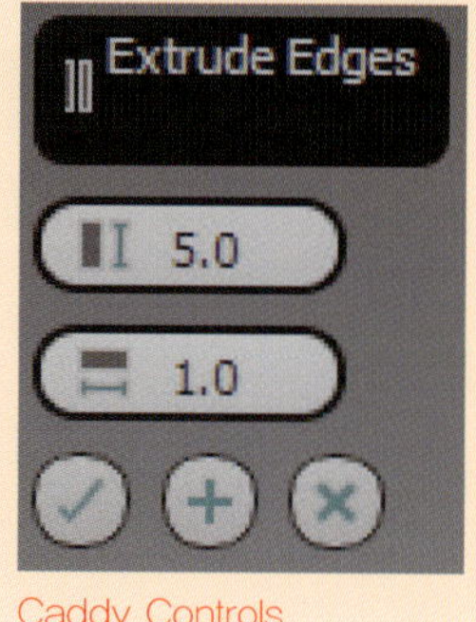

Caddy Controls

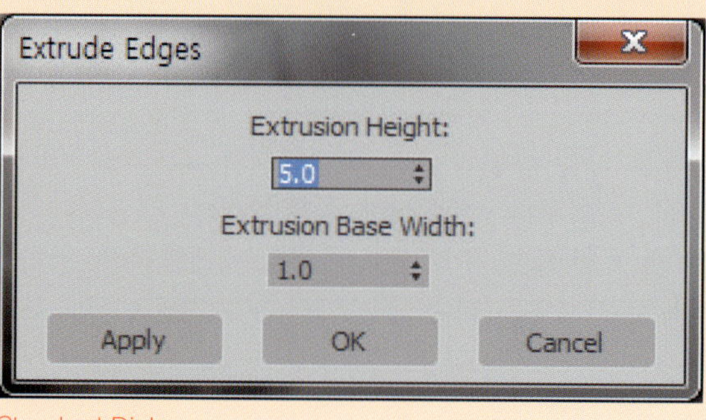

Standard Dialog

ⓔ Weld : Weld Settings에서 지정한 임계값 범위 내에서 선택한 Edge를 결합합니다.

ⓕ Chamfer : 선택된 Edge를 두 개의 Edge로 만들고 새로운 면이 생기게 합니다.

사용 방법은 Chamfer 버튼을 클릭한 다음 해당 오브젝트의 Edge 위에서 직접 마우스를 드래그하여 폭을 조절합니다.

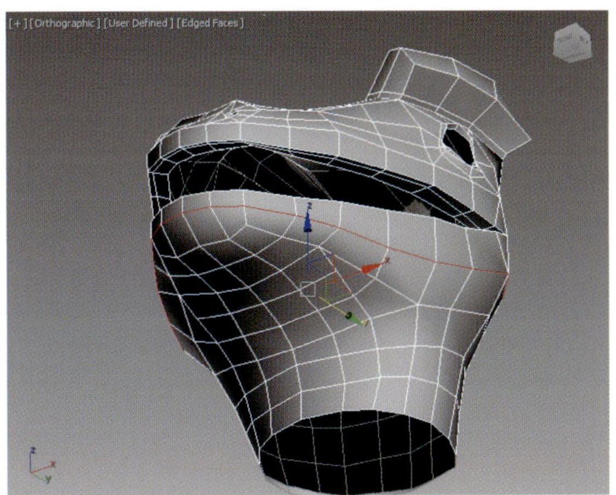
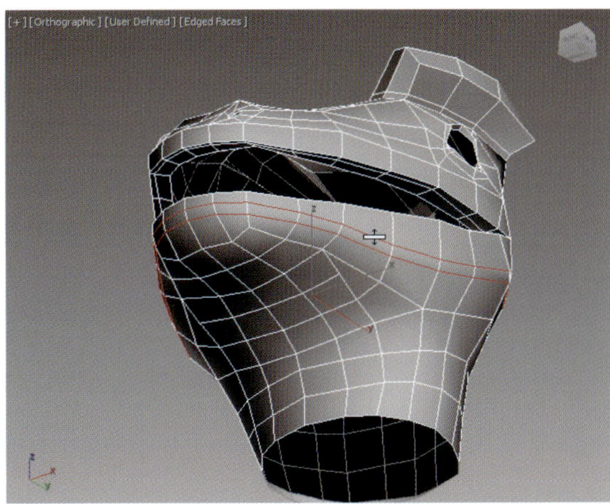

Edge를 숫자로 Chamfer 하려면 Chamfer Settings 버튼을 클릭한 다음 Chamfer 양 값을 변경합니다.

① **Chamfer Setting** : 값을 조정할 수 있는 창을 보여주며 하나 또는 여러 개를 바로 선택해서 적용할 수 있으며, Chamfer된 면을 Open 옵션으로 지울 수도 있습니다.

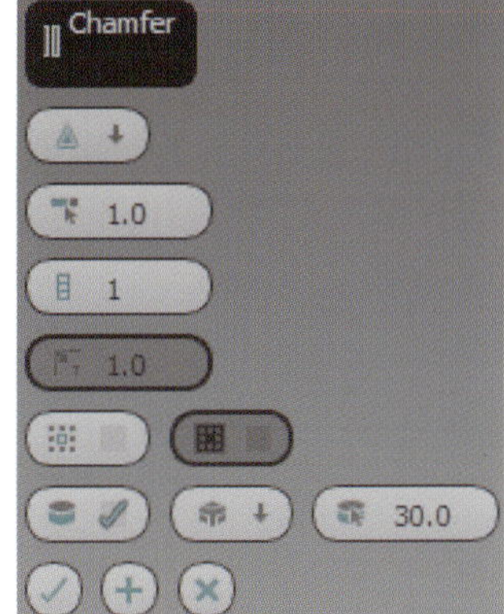

■ **Chamfer Type** : 2016버전의 새로운 기능으로 기본 Chamfer 방법을 선택합니다.

– **Standard Chamfer** : 사변형 및 삼각형을 생성합니다.

– **Quad Chamfer** : 사변형만 생성하며, 보조로 만들어진 형상은 삼각형을 포함할 수 있습니다.

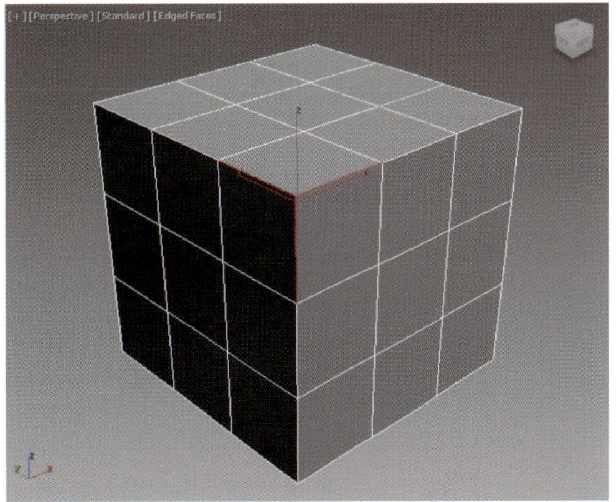

선택된 Edge

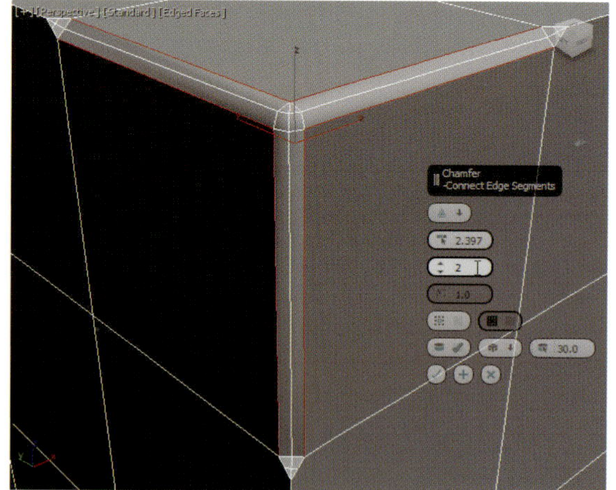

Standard Chamfer

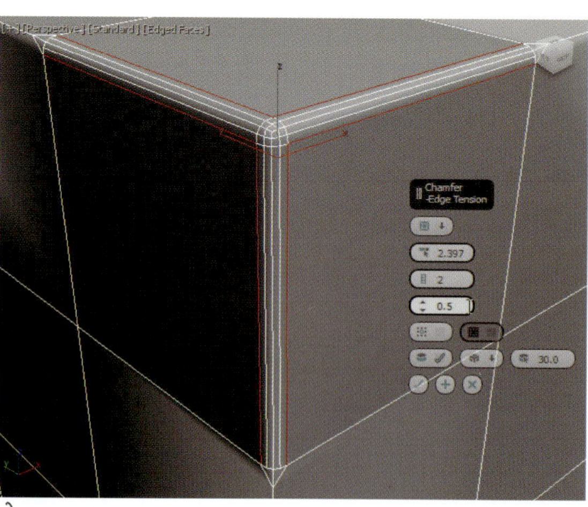

Quad Chamfer

- **Edge Chamfer Amount** : Chamfer의 범위를 지정합니다.

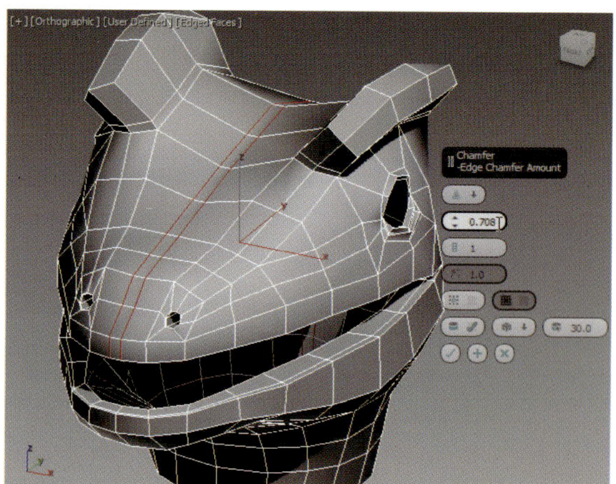

- **Connect Edges Segments** : Chamfer 영역에 Edge를 추가하며, Standard Chamfer 모드에서 세그먼트 값을 올리면 둥그런 모서리를 만들 수 있습니다.

Quad Chamfer 모드에서는 Chamfer를 적용한 각 Edge 주변에 '2×Segment 수' 만큼의 새로운 다각형을 만듭니다. Segment를 3으로 설정하면 6개의 새로운 다각형이 생성되며, Segment 값이 클수록 또는 'Edge Tension' 값에 따라 Chamfer 가 더 둥글게 될 수 있습니다. 앞의 Chamfer Type의 그림을 참조바랍니다.

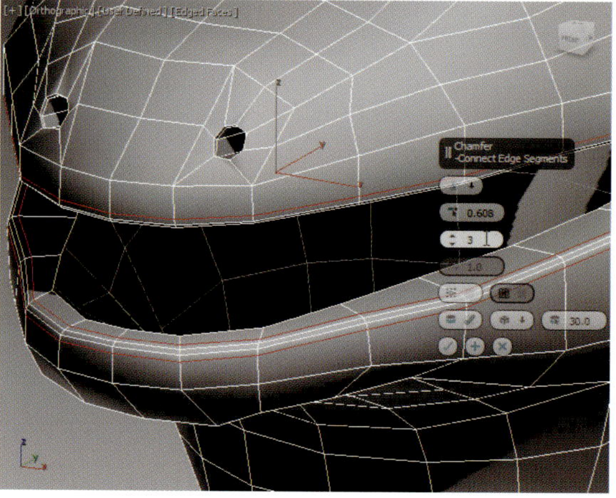

■ **Edge Tension** : Chamfer로 생성된 새 다각형의 사이의 각도를 결정합니다. 기본 값 1.0은 평평하게 만들며, 값을 낮출수록 둥글게 만드는 각도는 늘어납니다. 0.0 값은 새 다각형이 원래 다각형과 같은 위치를 차지합니다.

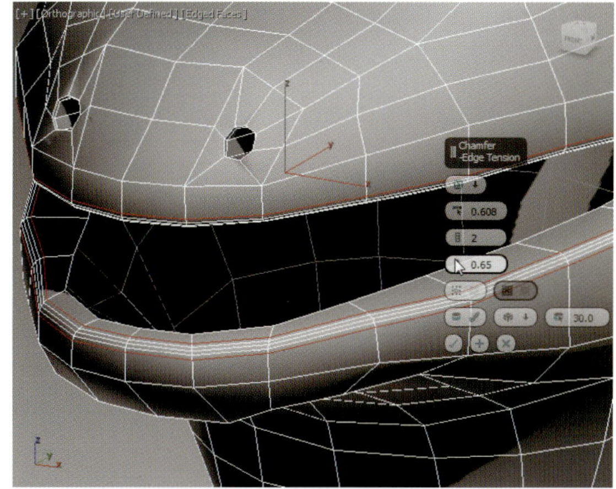

■ **Open Chamfer** : 설정하면 Chamfer 영역이 삭제되어 열린 공간이 생깁니다.

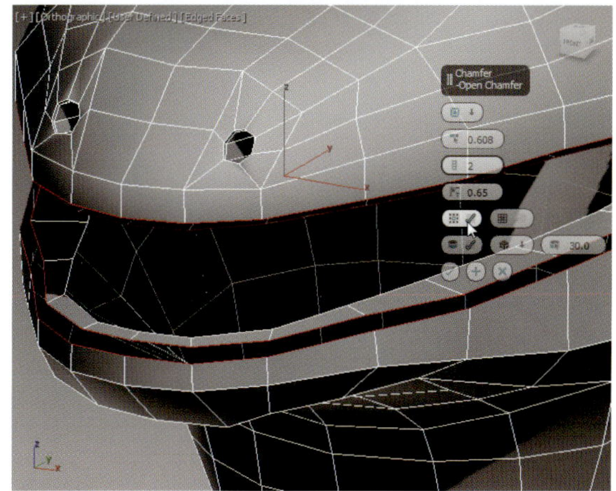

■ **Invert Open** : 'Quad Chamfer' 모드에서만 작동하며, 'Open Chamfer'에서 설정한 면만 남기고 모두 삭제합니다. Open Chamfer가 설정된 경우에만 사용 가능합니다.

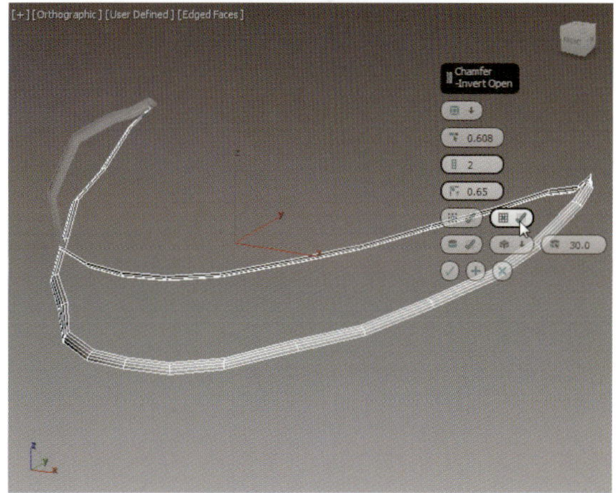

■ **Chamfer Smooth** : 설정하면 Chamfer가 적용된 후 'Smooth Group'을 적용합니다. Smooth Type 및 Smooth Threshold 값을 설정할 때 사용합니다.

■ **Smooth Type** : 'Chamfer Smooth'가 설정된 경우 Smooth가 Chamfer한 형상에 적용되는 방법을 선택합니다.

– **Smooth Entire Object** : 인접한 다각형 간의 각도에 따라 Smooth Group 전체 오브젝트에 적용합니다.

– **Smooth Chamfer Only** : 인접한 다각형 사이의 각도에 따라 Chamfer 프로세스에 의해 만들어진 새 다각형에 Smooth Group을 적용합니다.

■ **Smooth Threshold** : 스무딩이 설정된 경우 법선 사이의 각도가 Threshold 값 각도보다 작으면 두 개의 인접한 면은 동일한 스무딩 그룹에 배치됩니다.

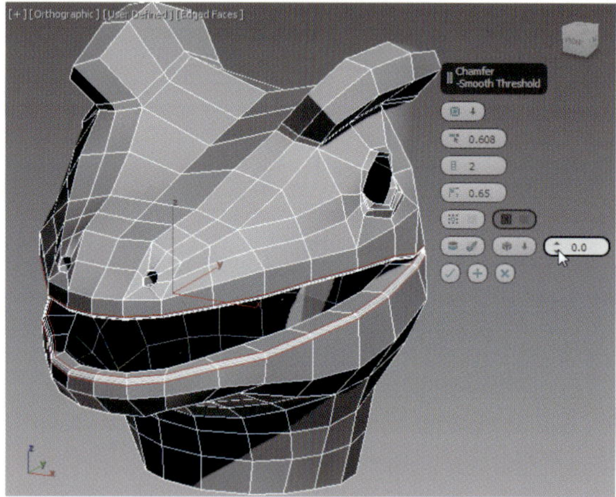
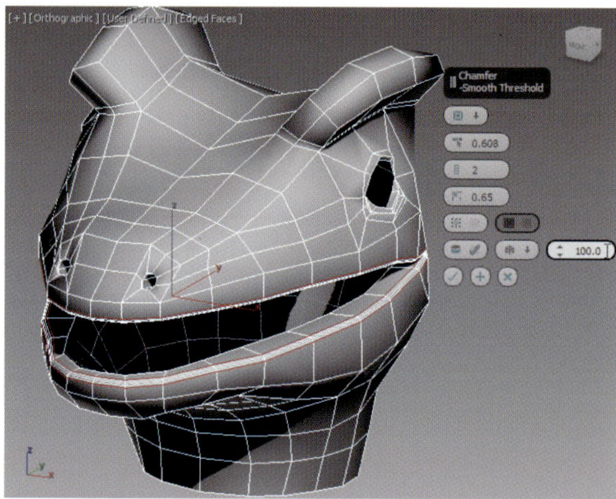

ⓖ Target Weld : Edge를 선택하여 대상 Edge에 용접할 수 있습니다.

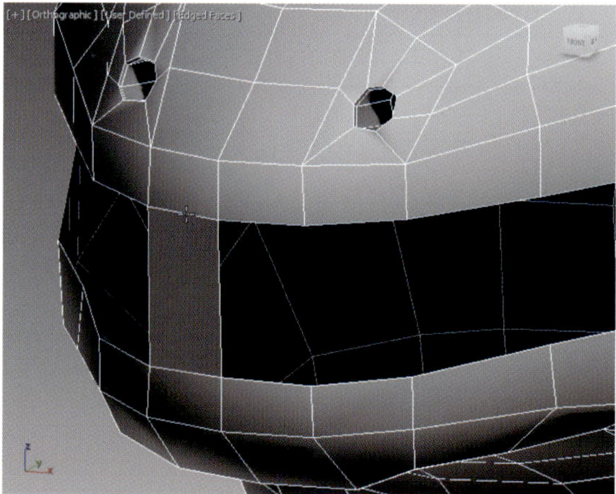

ⓗ Bridge : 오브젝트의 열려있는 Edge를 서로 연결합니다.

 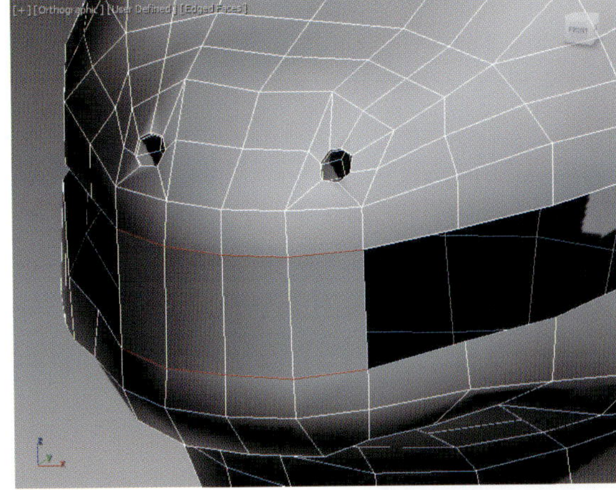

① **Bridge Settings** : 대화식 조작 모드에서 Edge를 연결하는데 이 설정을 사용합니다.

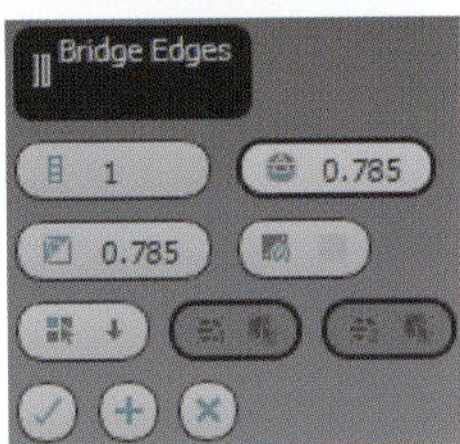

■ **Segments** : 브리지 연결 길이의 다각형 수를 지정합니다.

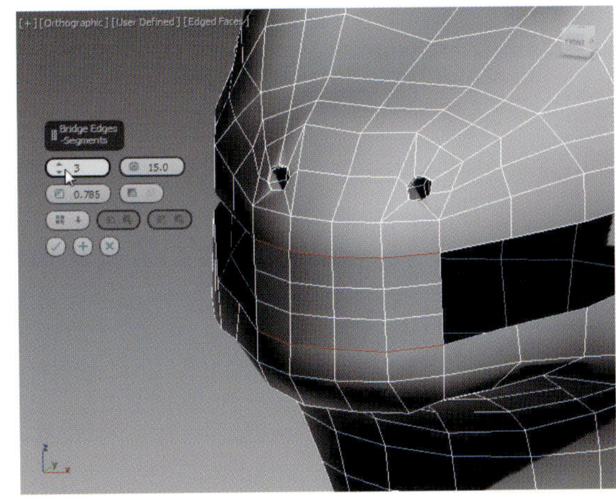

■ **Smooth** : 스무딩이 발생할 수 있는 기둥 간의 최대 각도를 지정합니다. 기둥은 브리지 길이를 따라 확장되는 일련의 다각형입니다.

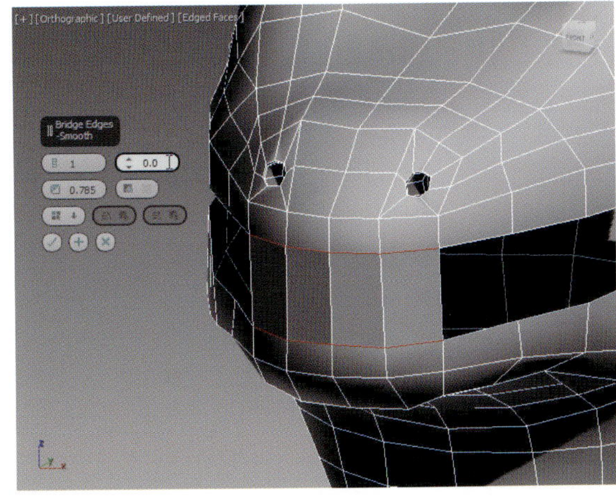 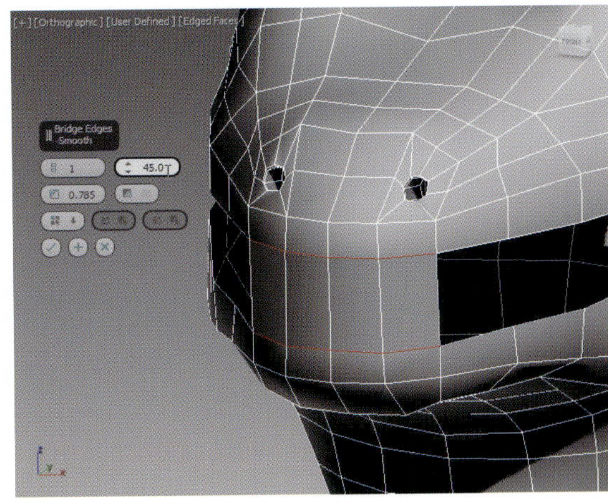

- **Bridge Adjacent** : 연결할 수 있는 인접한 모서리 간의 최소 각도를 지정합니다. 이 각도 이하의 모서리들은 연결되지 않는 대신 생략됩니다.
- **Reverse Triangulation** : 각각 다른 수의 Edge를 포함하는 두 가장자리 선택을 Bridge할 경우 두 가지 방법 중 하나를 사용하여 브리지 다각형을 삼각 측량할 수 있습니다. 이 토글을 사용하면 두 가지 방법을 전환할 수 있습니다.
- **Use Specific Edges** : 이 모드에서 2개의 선택 버튼을 사용하여 Bridge할 Edge를 지정합니다.
- **Pick Edge 1 / Pick Edge 2** : 각 선택 버튼을 차례대로 클릭한 다음 뷰포트에서 다각형 또는 테두리 Edge를 클릭합니다. Use Specific Edges 모드에서만 사용이 가능합니다.
- **Use Edge Selection** : 적합한 선택 쌍이 하나 이상 있는 경우 이 옵션을 선택하면 즉시 연결됩니다.

ⓘ Connect : 선택된 Edge의 중심과 중심을 연결해 주며, 이전에 Connect Setting 창에서 적용한 값이 있을 경우 그 값이 계속해서 적용됩니다.

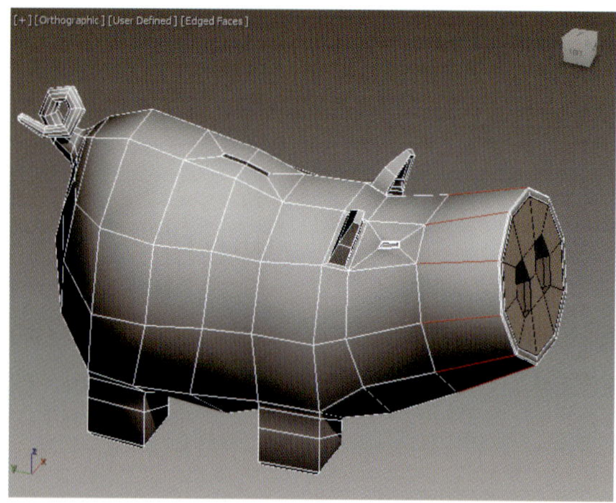 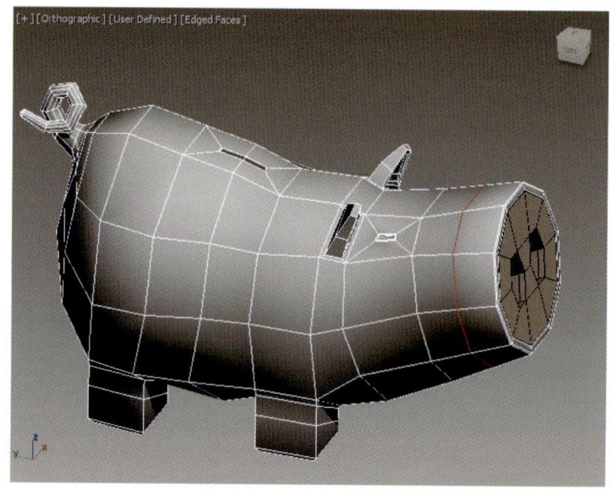

💿 CD 제공 : 돼지-저금통.max

① **Connect Settings** : 원하는 값을 입력해서 선택된 Edge를 연결하거나 연결된 Edge의 간격이나 위치를 조정할 수 있습니다.

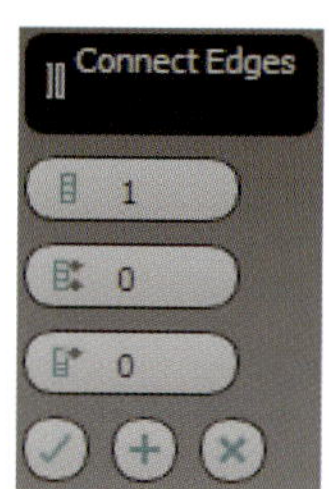

- **Segment** : Edge를 연결할 개수를 지정합니다.

- **Pinch** : 추가된 2개 이상의 Edge의 간격을 조정합니다.

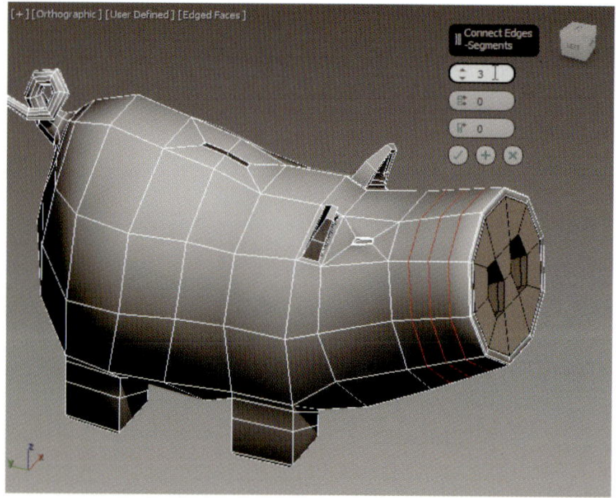 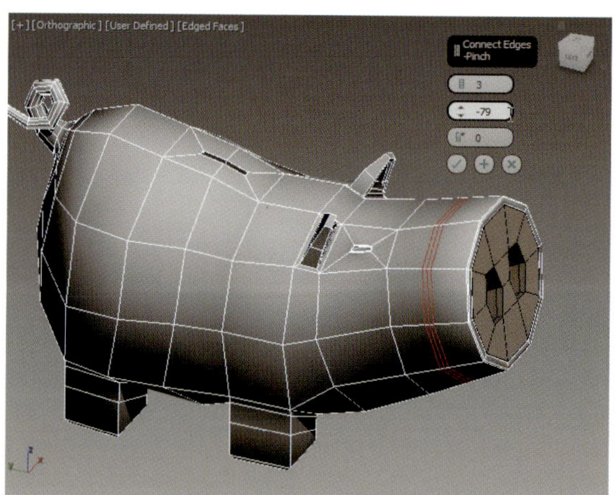

■ **Slide** : 추가된 2개 이상의 Edge의 위치를 한 방향으로 치우치게 조정합니다.

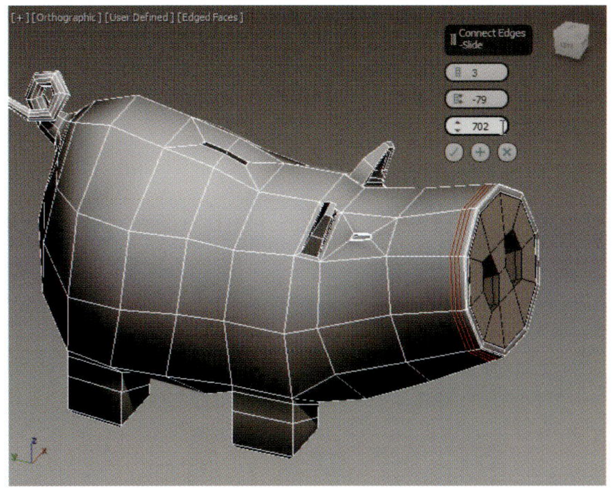

ⓙ Create Shape From Selection : 하나 이상의 Edge를 선택한 후 이 버튼을 클릭하면 모양 만들기 설정 대화상자의 Shape Type을 설정하여 선택한 Edge로부터 Spline을 만듭니다.

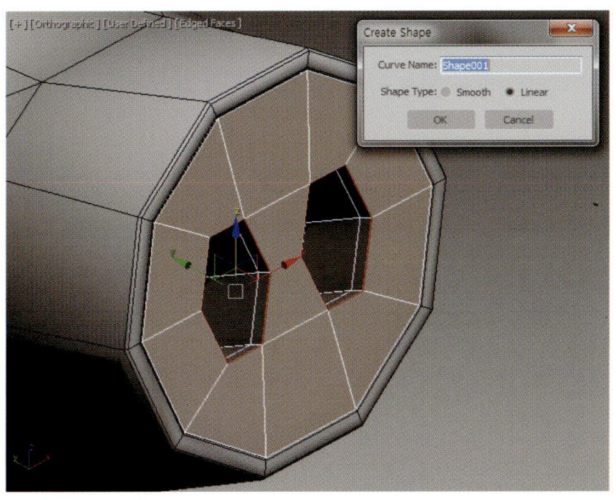

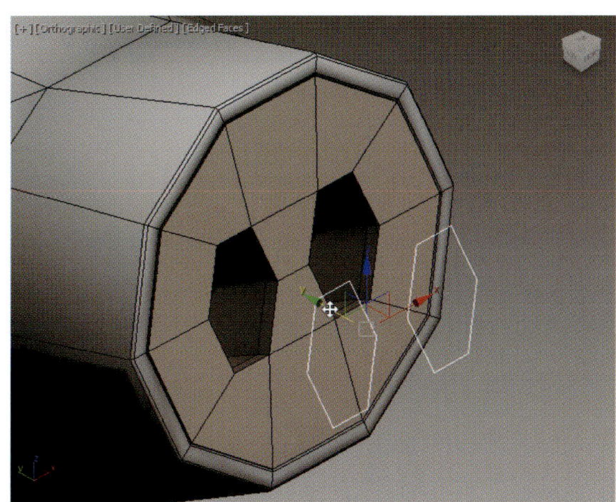

다음과 같은 대화상자 창을 보여줍니다.

① **Curve Name** : 새롭게 만들 Spline의 이름을 지정합니다.

② **Shape Type** : Shape의 점들이 갖는 속성을 지정합니다. Poly 작업에서는 주로 Linear를 사용합니다.

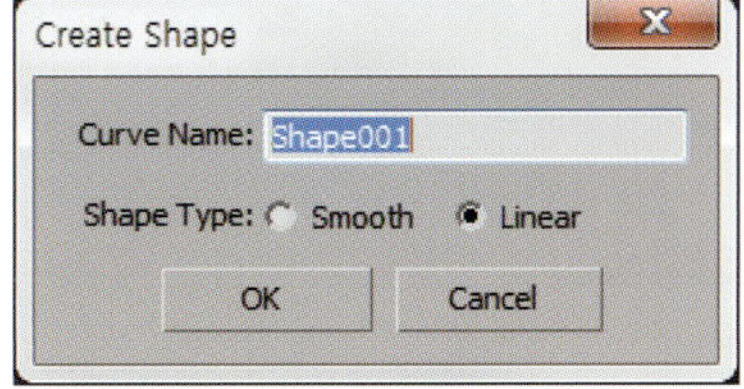

ⓚ Weight : NURMS 옵션을 사용할 때 면에 Edge가 미치게 될 영향 값으로 값이 커지면 해당 Edge의 면들이 밀려나게 됩니다.

ⓛ Crease : 선택된 Edge를 모서리로 사용할 경우 값을 올려서 선명한 모서리를 만들 수 있도록 합니다.

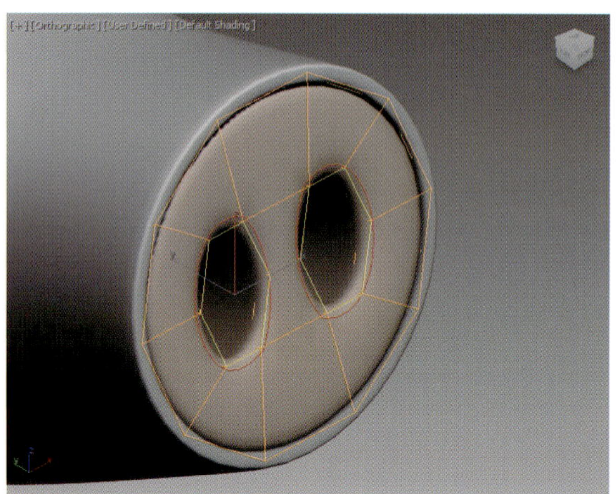

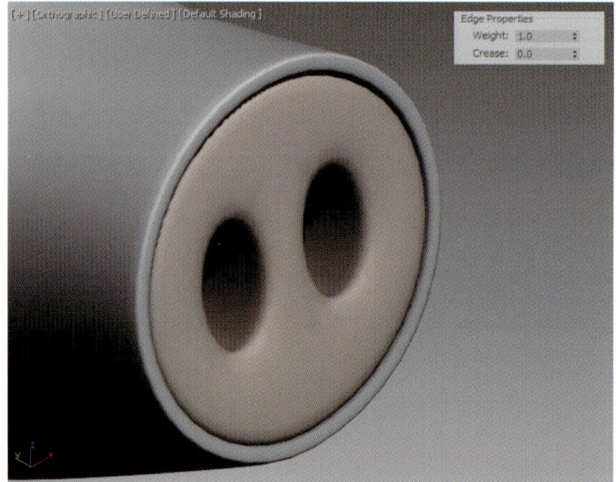

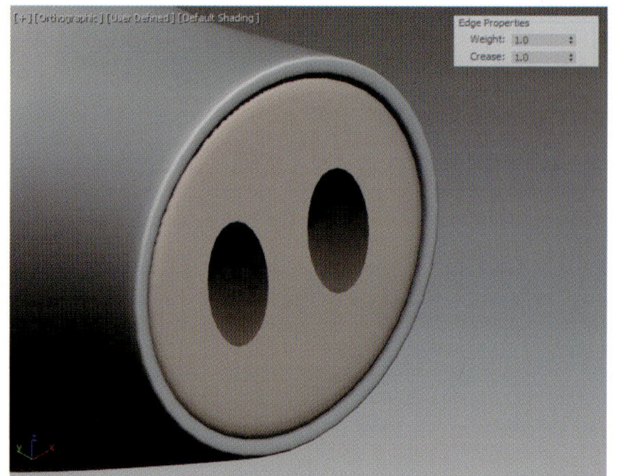

ⓜ Hard : 선택한 Edge를 표시하고 스무딩되지 않은 상태로 렌더링합니다. Hard Edge에 인접한 두 면이 스무딩 그룹을 공유하지 않도록 스무딩 그룹을 설정하여 수행합니다.

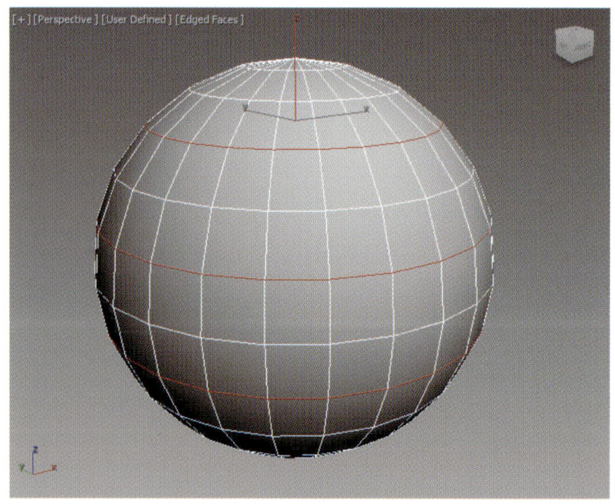

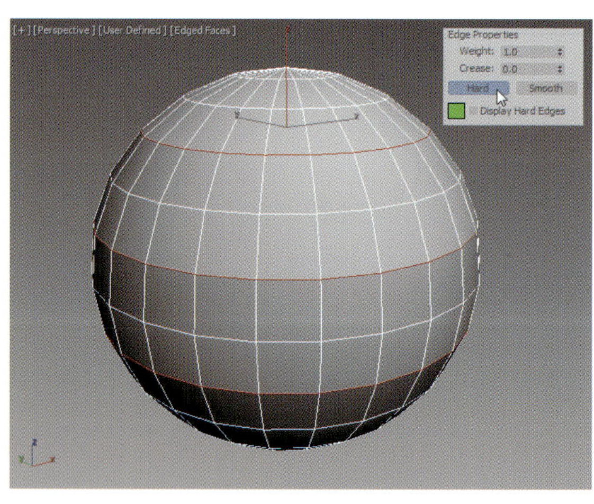

🄝 **Smooth** : 인접한 면 사이에서 스무딩 그룹을 자동으로 공유하여 선택한 Edge가 스무딩된 상태로 표시되도록 합니다.

🄞 **Display Hard Edges** : 설정하면 모든 Hard Edge가 지정된 컬러로 표시되어 나타납니다.

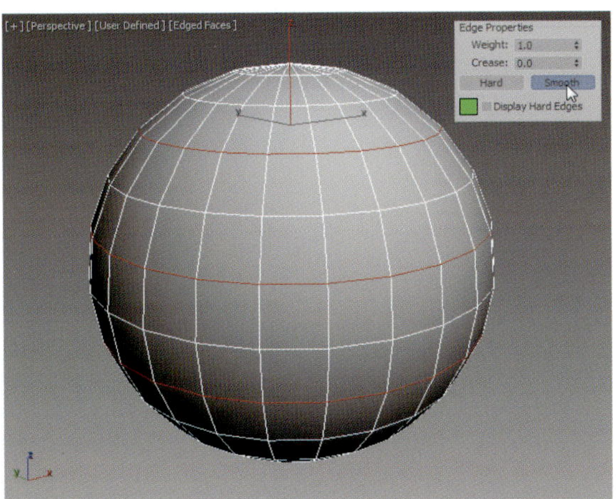

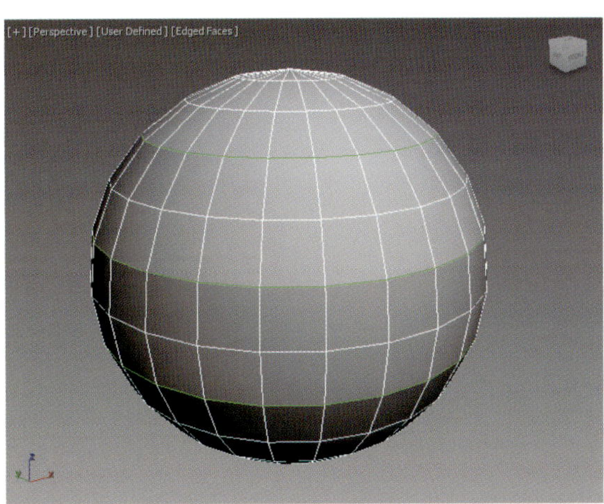

🄟 **Edit Tri.** : 내부의 Edge, 즉 대각선을 그려 다각형을 삼각형으로 세분화하는 방법을 수정할 수 있습니다. 직접 드래그하여 삼각 Edge를 수정합니다.

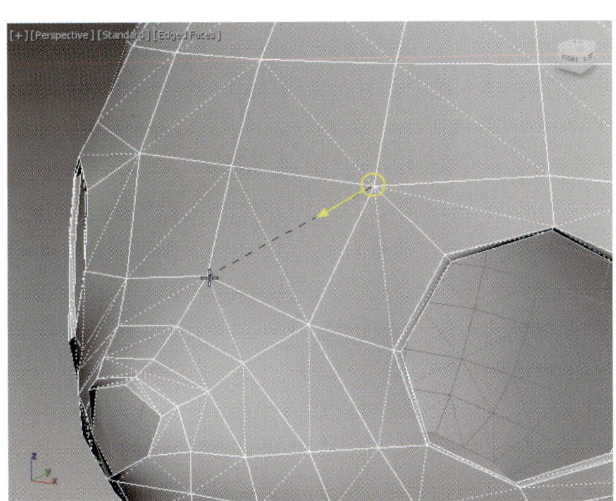

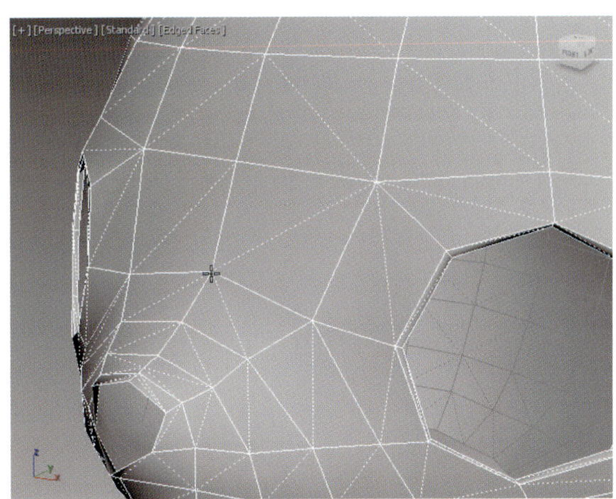

🄠 **Turn** : 대각선을 직접 클릭하여 다각형을 삼각형으로 세분화하는 방법을 수정할 수 있습니다.

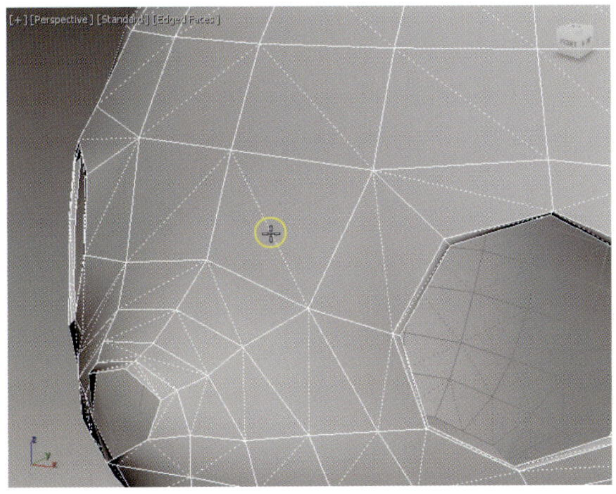

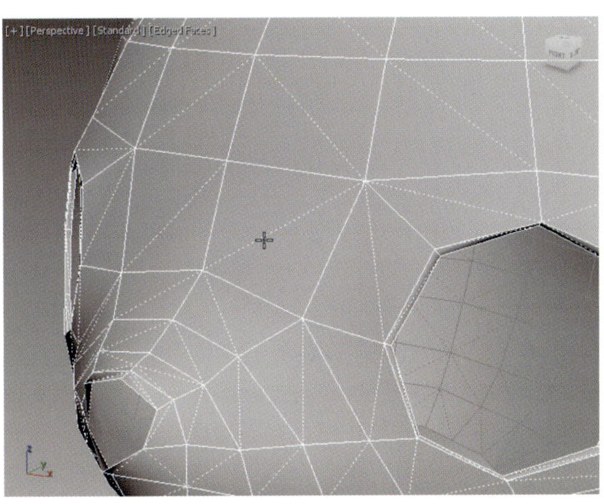

Section 07 | Editable Poly의 Border Level

Border는 오브젝트의 면이 개방되어 있는 부분의
Edge, 즉 테두리를 의미합니다.

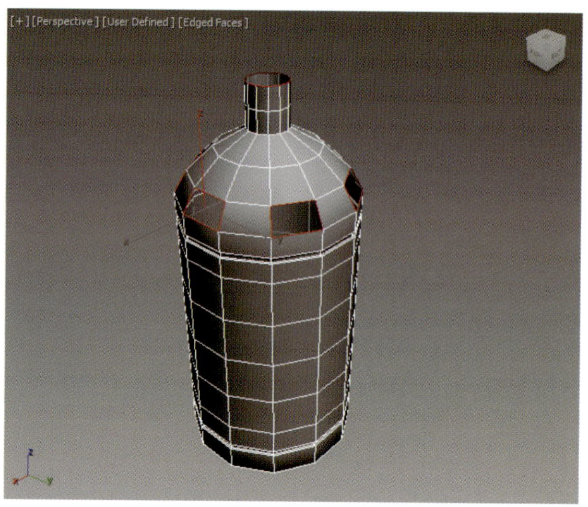

01 Edit Border 롤아웃

오브젝트의 면이 개방되어 있는 테두리를 수정합니다.

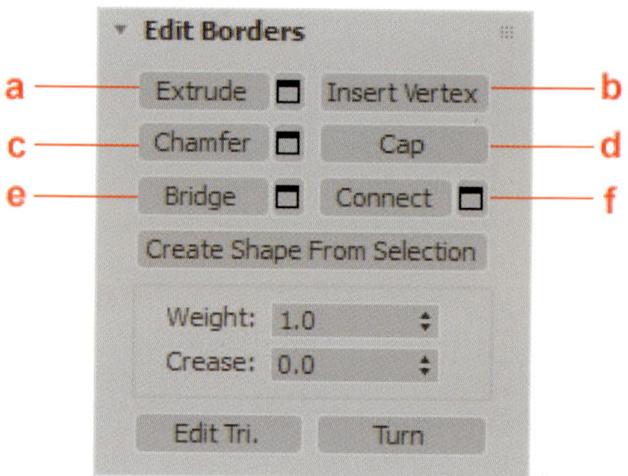

ⓐ Extrude : Viewport에서 직접 조작하여 수동으로 Border를 돌출시킬 수 있습니다. 이 버튼을 클릭한
다음 Border 위에서 수직으로 드래그하여 돌출시킵니다. Shift+Transform(Move, Rotate, Scale)을 함
께 사용하면 Edge를 복사할 수 있습니다.

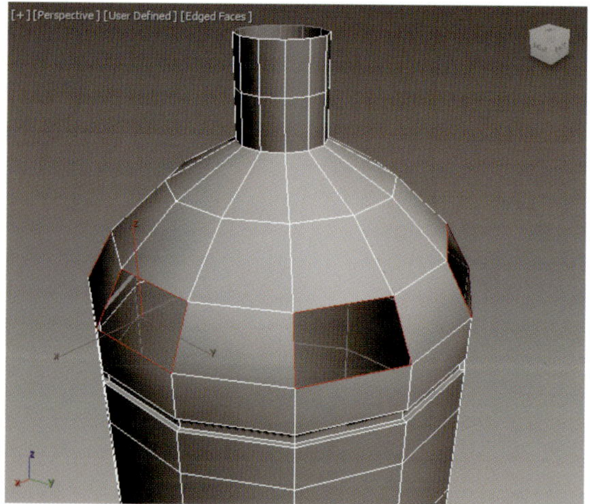

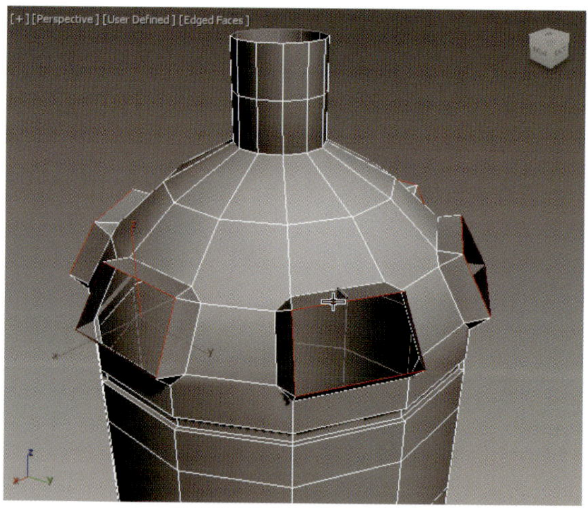

ⓘ **알아두기** | Border의 Extrude 주요내용

- 마우스 커서가 선택한 테두리 위에 있으면 Extrude 커서로 바뀝니다.
- Extrude 범위를 지정하려면 수직으로 드래그하고, 기준의 크기를 설정하려면 수평으로 드래그합니다.
- 다중 Border를 선택한 경우 하나를 드래그하면 모든 선택한 테두리가 똑같이 돌출됩니다.
- Extrude 버튼이 활성화되어 있는 동안 다른 Border를 차례로 드래그하여 돌출시킬 수 있습니다. 돌출을 다시 클릭하거나 활성 뷰포트를 마우스 오른쪽 버튼으로 클릭하면 작업을 종료할 수 있습니다.

① **Extrude Settings** : 대화식 조작을 통해 Extrude를 수행할 수 있습니다. 수동 Extrude를 수행한 후 이 버튼을 클릭하면 동일한 Extrude가 현재 선택에서 미리보기로 수행되며, Extrude 높이가 마지막 수동 Extrude 양으로 설정된 캐디가 열립니다.

- **Height** : Extrude 양을 장면 단위로 지정합니다.
- **Width** : Extrude 기준의 크기를 장면 단위로 지정합니다.

ⓑ **Insert Vertex** : Border의 가장자리를 수동으로 세분화할 수 있습니다.

ⓒ **Chamfer** : Border의 Chamfer는 기본적으로 Border의 Edge에 프레임을 형성하여 Border Edge와 평행인 새로운 Edge 세트 및 임의의 모서리에 새로운 대각선 Edge를 만듭니다.

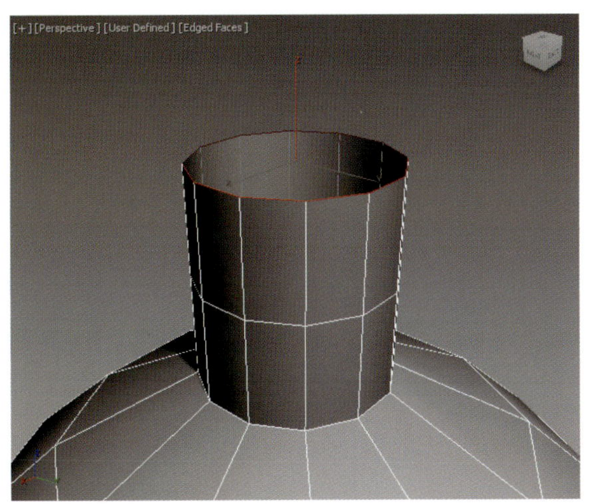
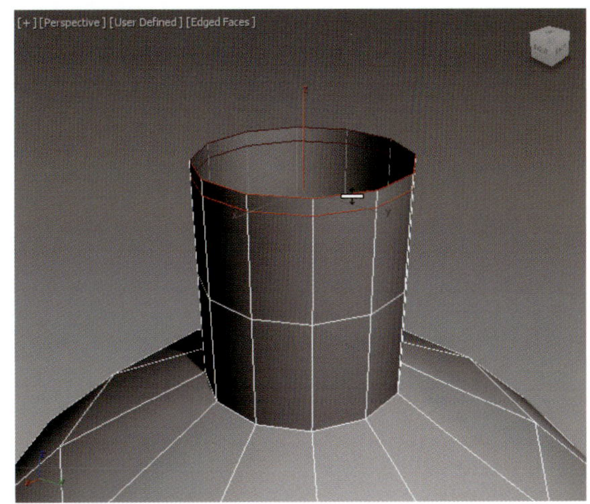

① **Chamfer Settings** : 선택된 Border Chamfer 값이 적용되는 것을 미리 보면서 조정할 수 있습니다. 나머지 관련 옵션들은 앞서 배운 Edge Sub–Object Levels의 'Chamfer Settings' 옵션을 참조 바랍니다. 여기서는 자주 쓰는 옵션들 일부 위주로 설명하겠습니다.

- **Edge Chamfer Amount** : Chamfer의 범위입니다.

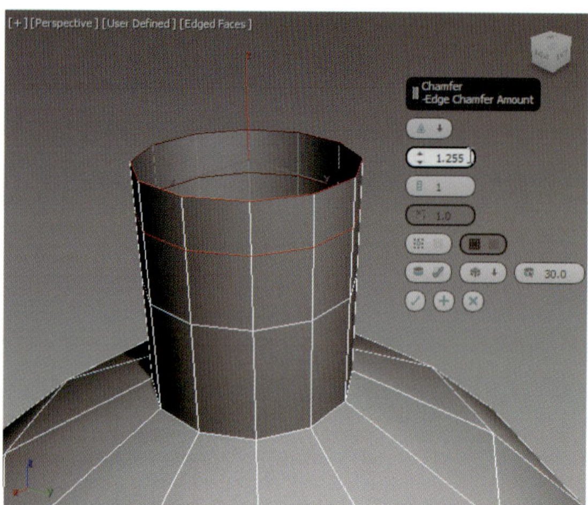

- **Connect Edge Segments** : Chamfer로 나누어 진 Edge 영역에 Edge를 추가하여 세분화합니다.

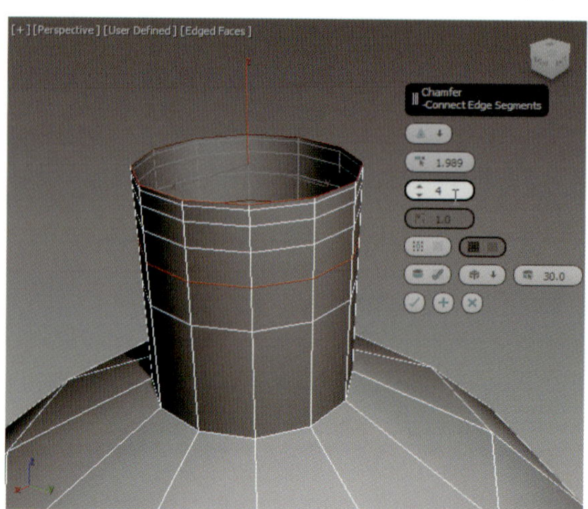

- **Open Chamfer** : 설정하면 Chamfer 영역이 삭제되어 열린 공간이 생깁니다.

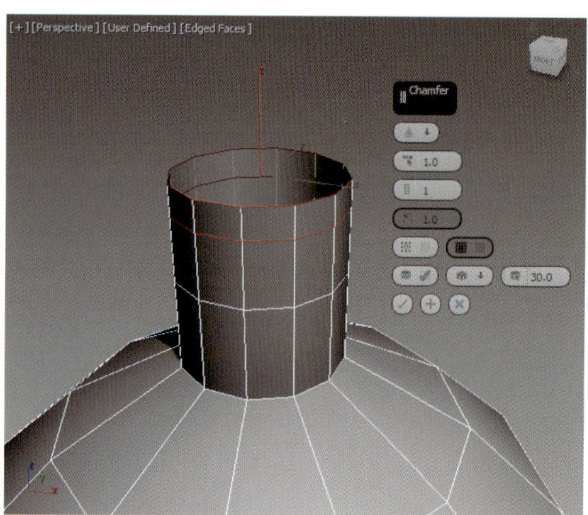

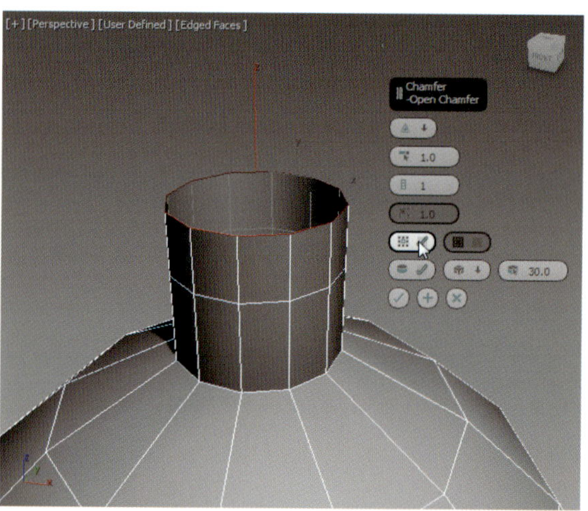

ⓓ Cap : 선택된 Border를 닫아서 막힌 상태로 만들어 줍니다. 테두리를 선택하고 Cap을 클릭합니다.

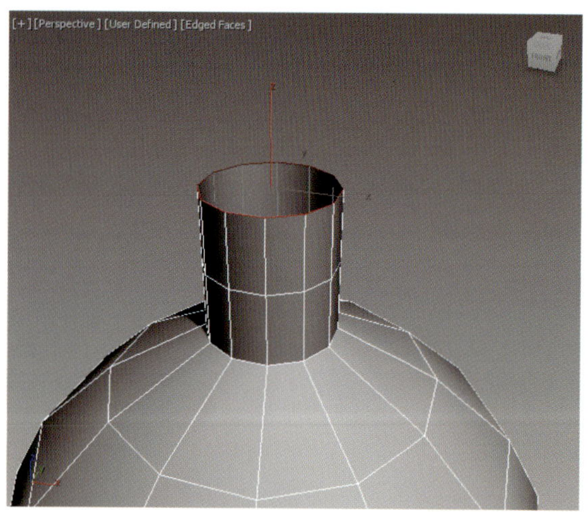

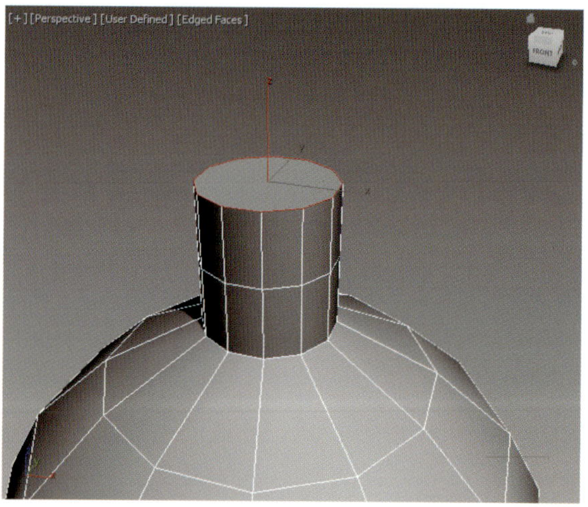

ⓔ Bridge : 양쪽 Border를 Edge로 연결해줍니다.

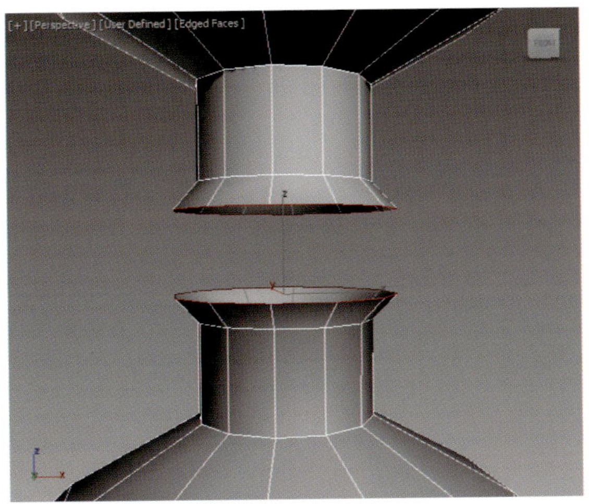 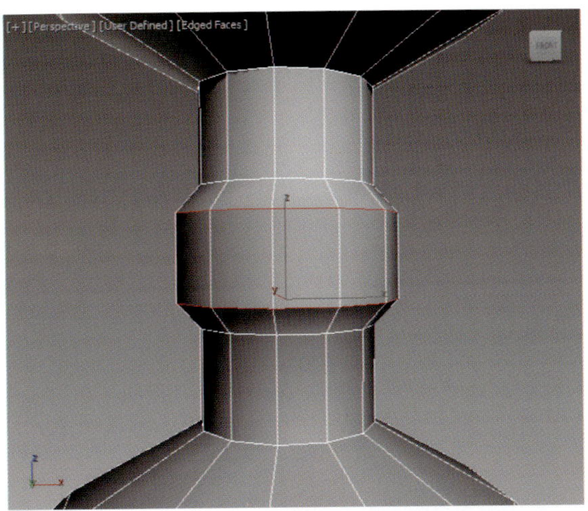

① **Bridge Settings** : Border와 Border로 연결된 면을 분할할 수 있으며 Taper와 Bias를 이용하여 경사지게 하거나 한쪽으로 치우게 만들 수 있습니다. 또한 Smooth의 각도를 입력하여 부드러운 효과를 적용시킬 수 있습니다.

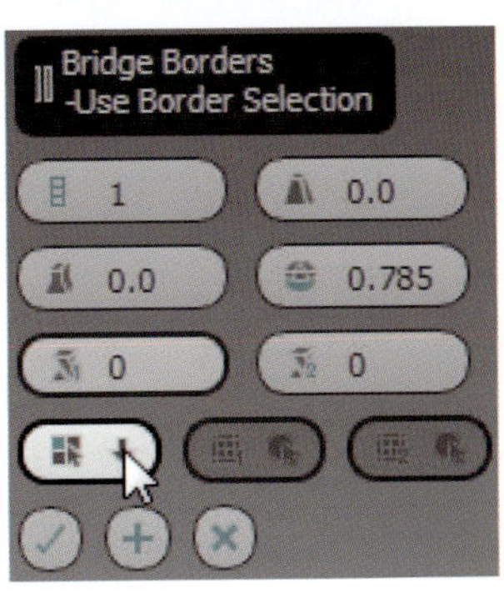

- **Segment** : 브리지 연결 길이의 다각형 수를 지정합니다.
- **Taper** : 브리지 너비가 중심을 향해 더 좁거나 넓어지는 정도를 설정합니다.
- **Bias** : 최대 Taper 양의 위치를 결정합니다.
- **Smooth** : 스무딩이 발생할 수 있는 기둥 간의 최대 각도를 결정합니다.
- **Twist 1 / Twist 2** : 두 선택 항목의 Edge 간 연결 순서를 회전합니다. 두 컨트롤을 사용하면 각 브리지 끝에 다른 회전 양을 설정할 수 있습니다.
- **Use Border Selection** : Edge Level의 Bridge Settings 참조

다음과 같은 Bridge Border Setting으로 다음과 같은 이미지를 만들어 낼 수 있습니다.

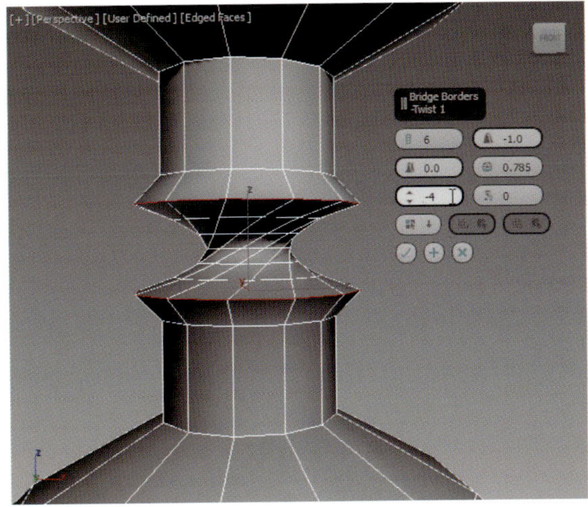

ⓕ Connect : 선택한 Border의 양쪽 Edge 사이에 새 Edge를 만듭니다. Edge는 중심점에서부터 연결됩니다. 동일한 Polygon에서 Edge를 연결할 수 있습니다.

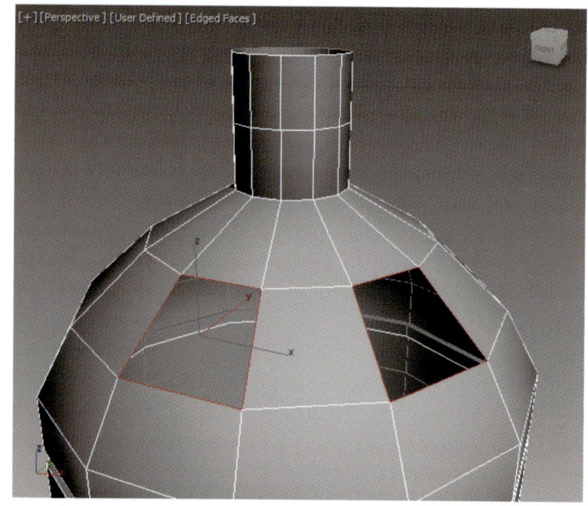
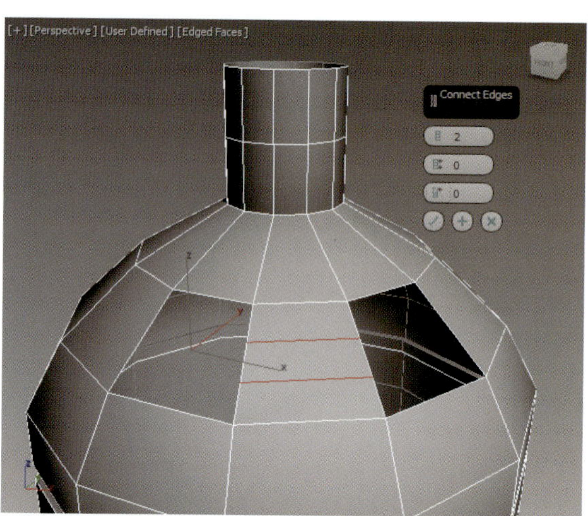

① **Connect Settings** : Setting 창을 통해서 원하는 개수로 Border와 Border를 연결할 수 있도록 합니다. 추가된 Edge의 간격을 조절하며 위치를 변경할 수 있습니다.

나머지 관련 옵션들은 앞서 배운 Edge Sub-Object Levels의 'Connect Settings' 옵션을 참조 바랍니다.

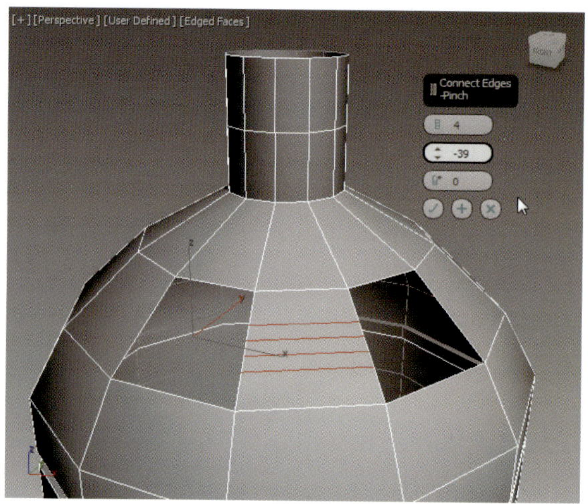

🔶 Section 08 | Editable Poly의 Polygon / Element Level

Polygon은 면으로 연결된 3개 이상의 가장자리의 폐쇄된 시퀀스입니다. Element는 오브젝트 내에서 인접한 모든 다각형을 선택할 수 있는 Element 하위 오브젝트 수준에 액세스합니다. 이 항목에서는 하위 오브젝트에 대한 Polygon과 Element의 Edit 관련 롤아웃 기능을 다룹니다.

01 Edit Polygons / Edit Elements 롤아웃

Insert Vertex, Flip, Edit Triangulation, Retriangulate,
Turn 옵션 내용은 같습니다.

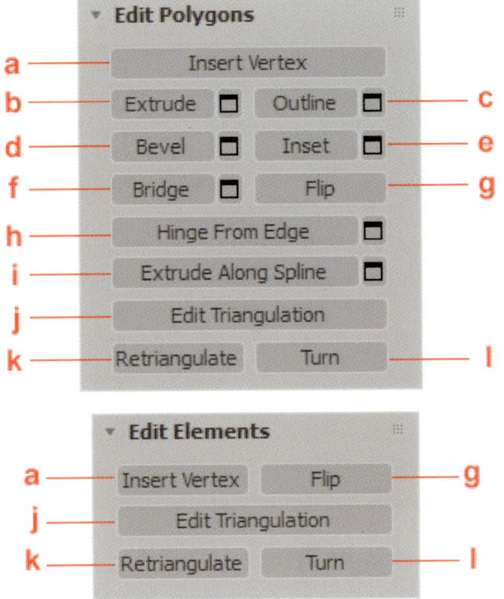

ⓐ Insert Vertex : Polygon 면에 새로운 정점을 추가하여 세분화할 수 있습니다.
ⓑ Extrude : 선택된 면을 돌출 시켜줍니다. 이 버튼을 클릭한 다음 Polygon 위에서 수직으로 드래그하여
돌출시킵니다.

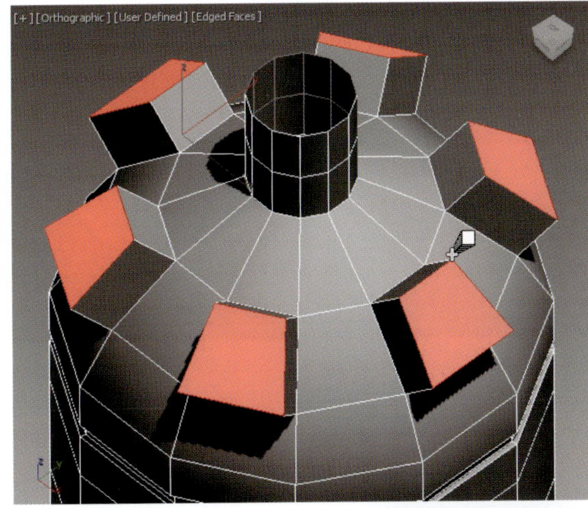

① **Extrude Settings** : 입력된 값에 의한 상태를 미리 볼 수 있으며 여러 개의 면
을 Extrude할 경우 어떤 형태로 Extrude가 실행될 것인지를 결정할 수 있습니다.

■ **Extrude Type** : 드롭다운 목록에서 한 번에 다중 다각형을 돌출시키는 방법을 선택합니다.
　– **Group** : 연속한 각 Polygon 그룹의 평균 법선(Normal)을 따라 돌출이 수행됩니다. 여러 그룹을 돌출할 경우 각 그룹은 해당 평균 법선을 따라 이동합니다.

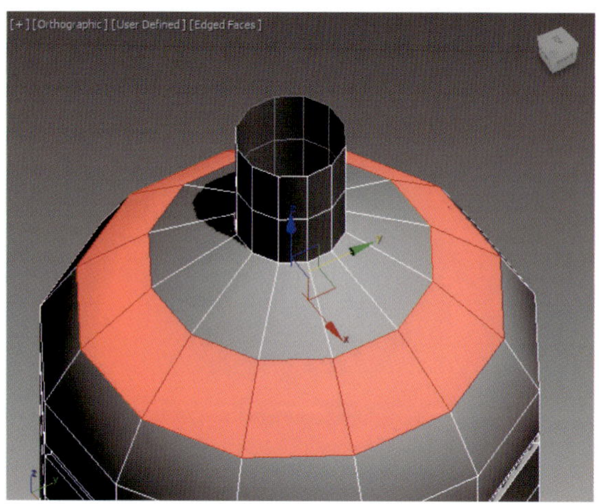
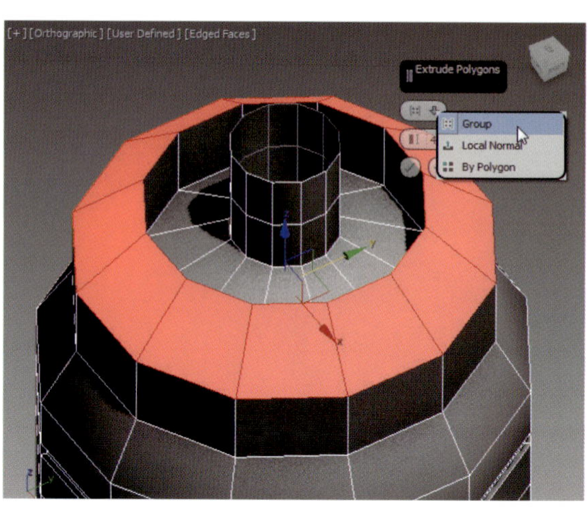

　– **Local Normal** : 선택된 각 Polygon의 법선 (Normal)을 따라 돌출이 수행됩니다.

　– **By Polygon** : 개별적으로 각 Polygon을 돌출 시킵니다.

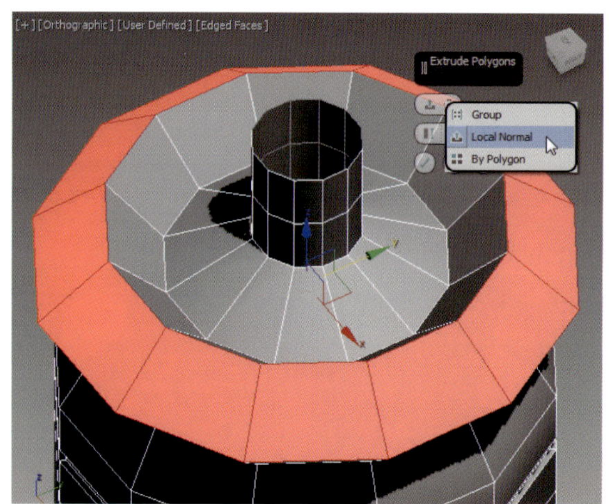
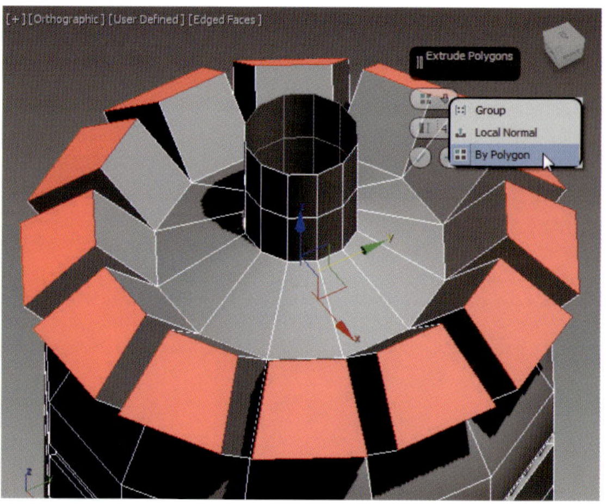

🅒 **Outline** : 선택한 Polygon의 각 인접한 그룹의 외부 Edge를 늘이거나 줄일 수 있습니다. 돌출 또는 입체 작업 후 돌출된 면 크기를 조절하는 데 자주 사용하며, 이 옵션 대신 Scale을 사용하여 조정 가능합니다.

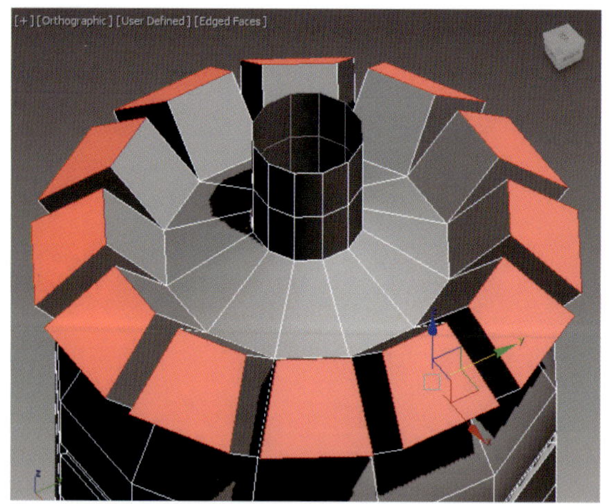
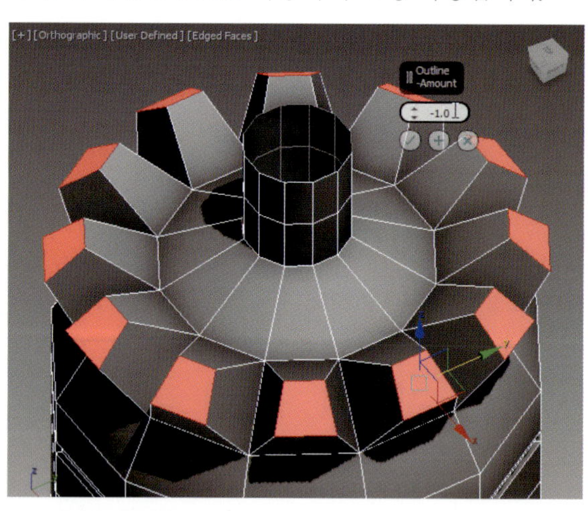

① **Outline Settings** : 캐디 컨트롤을 사용하여 숫자 설정을 통해 윤곽을 지정할 수 있습니다.

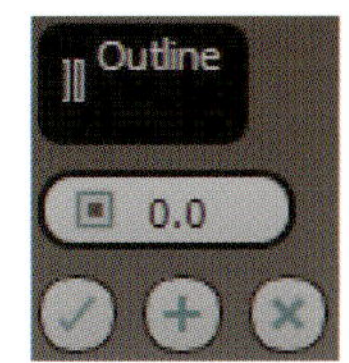

ⓓ Bevel : 선택된 부분의 Extrude와 Outline을 동시에 실행할 수 있도록 합니다.

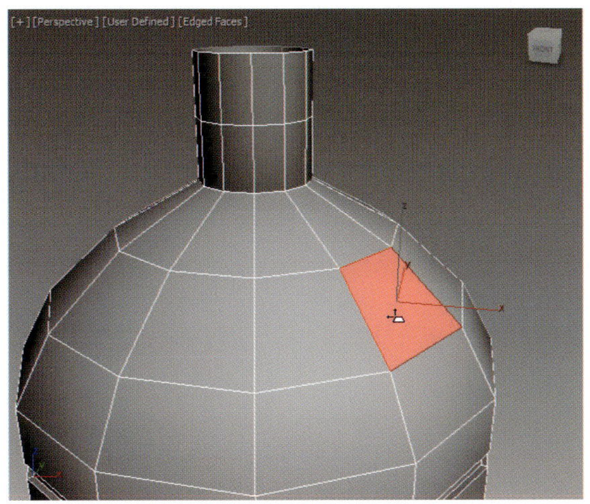
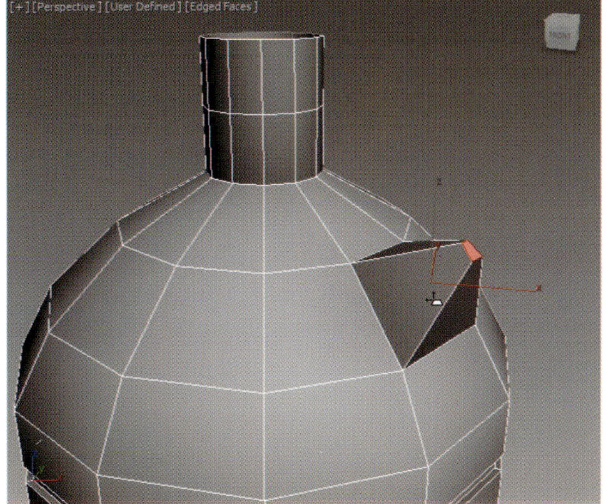

① **Bevel Settings** : Bevel의 Setting 창의 내용은 Extrude와 동일한 옵션을 가지고 있습니다. 필요한 값을 입력할 수 있으며 반복적으로도 적용할 수도 있습니다.

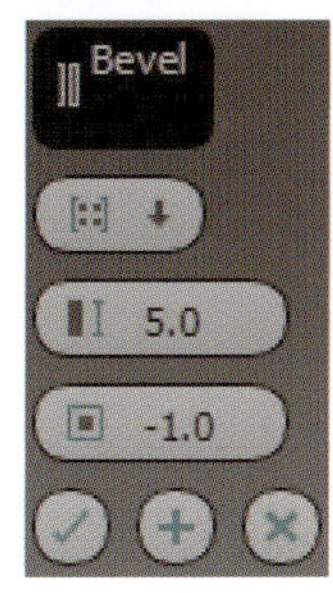

ⓔ Inset : Polygon 선택 평면 내에서 높이 없이 Bevel을 수행합니다.

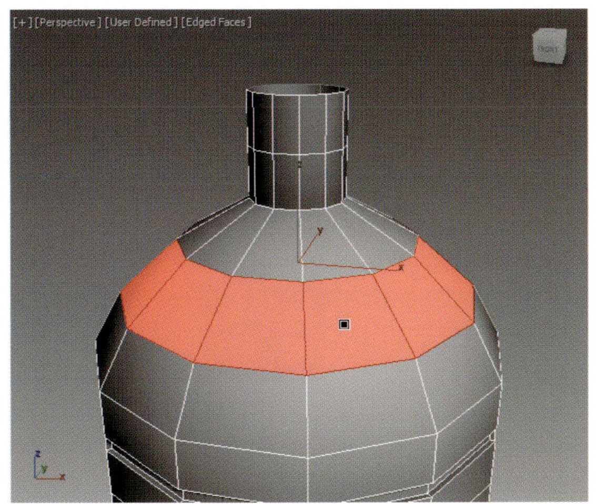
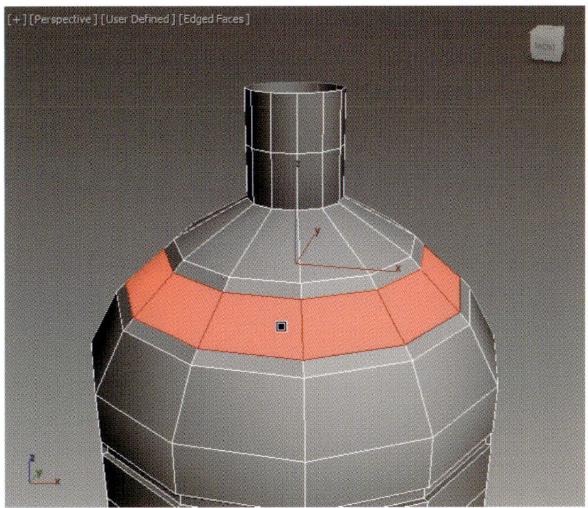

① **Inset Settings** : 캐디 컨트롤을 사용하여 Inset을 수행하며 반복적으로 적용할 수 있습니다.

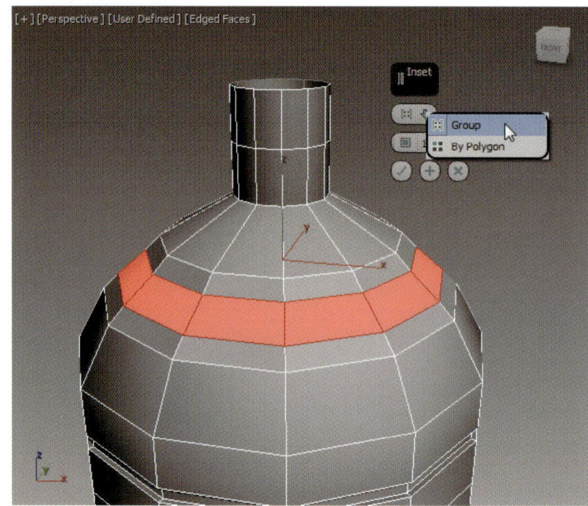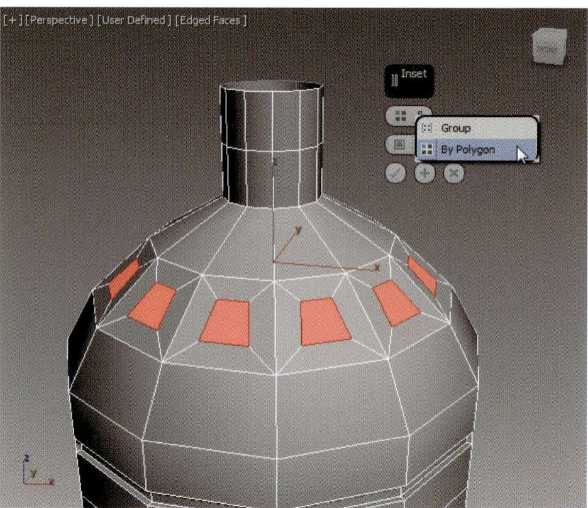

ⓕ **Bridge** : 떨어진 양쪽 Polygon 면을 선택한 다음 이 Bridge를 실행하면 다리를 놓아주듯이 서로 연결해줍니다.

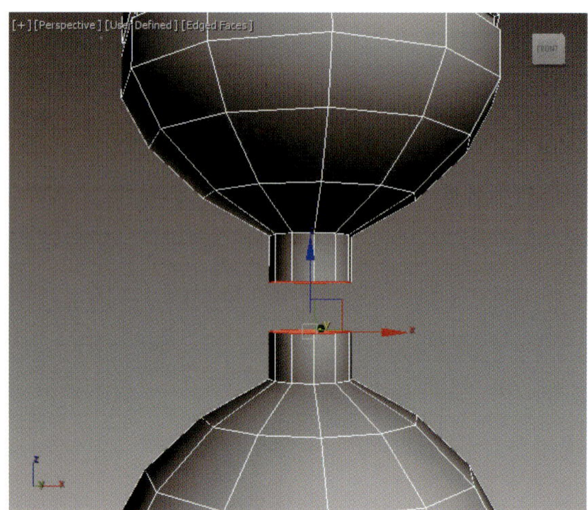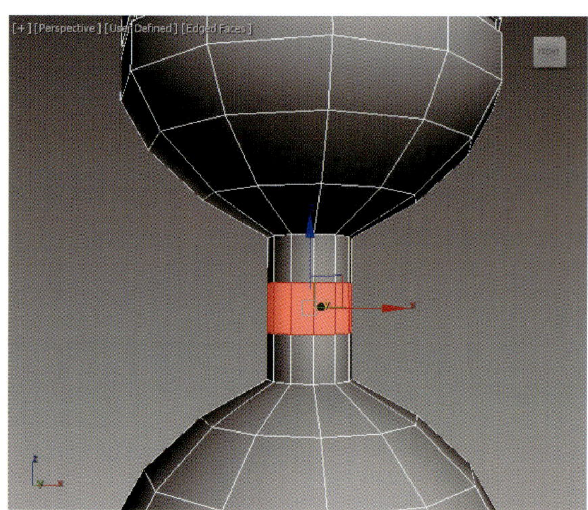

① **Bridge Settings** : Polygon으로 연결된 면을 분할할 수 있으며 Taper와 Bias를 이용하여 경사지게 하거나 한쪽으로 치우게 만들 수 있으며, Smooth의 각을 입력하여 부드러운 효과를 적용시킬 수 있습니다.

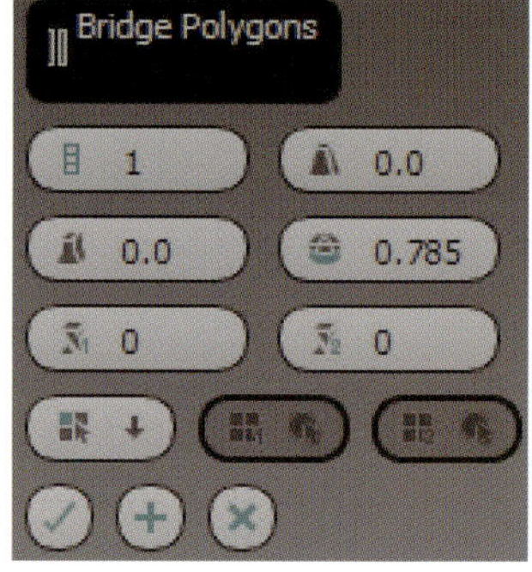

다음과 같은 Bridge Polygons Setting으로 다음
과 같은 이미지를 만들어 낼 수 있습니다.

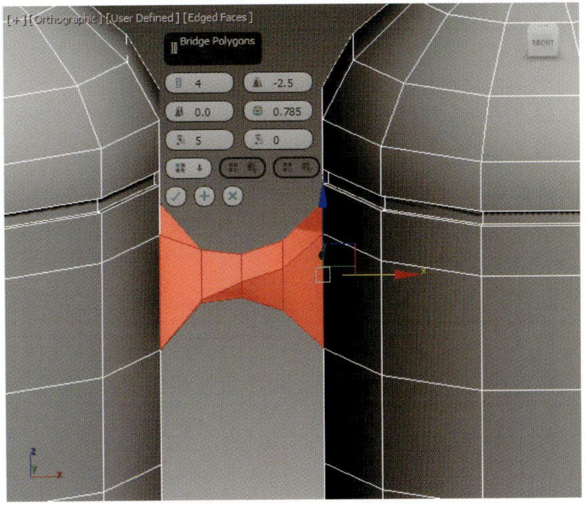

ⓖ Flip : 선택된 면을 반대 방향으로 뒤집어 줍니다. 보통 인테리어 작업을 위해 Box와 같은 물체를 만들어
서 면의 방향을 바꾸어 사용하기도 합니다.

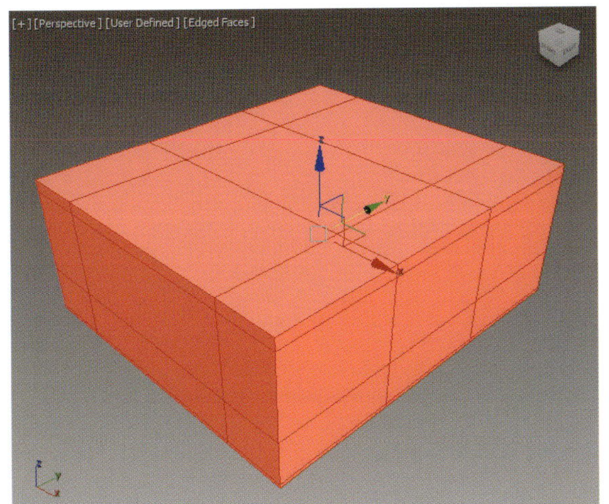

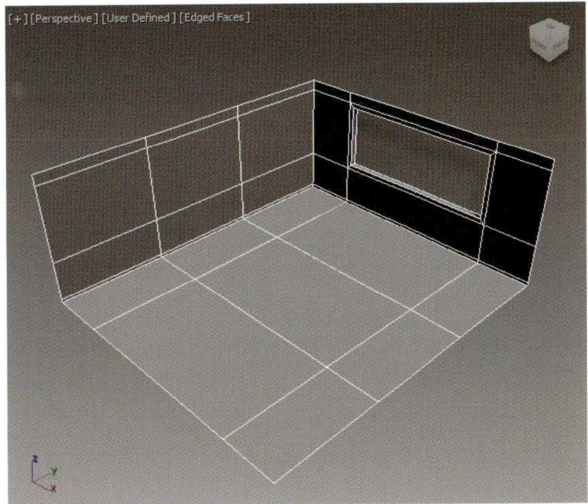

알아두기 | Flip이 제대로 작동하려면

❶ 먼저 해당 오브젝트를 선택한 후 마우스 오른쪽 버튼을 눌러 나오는 Quad Menu에서 Object Properties를 선택합니다.
❷ Display Properties 항목의 'Backface Cul'에 체크해줍니다.

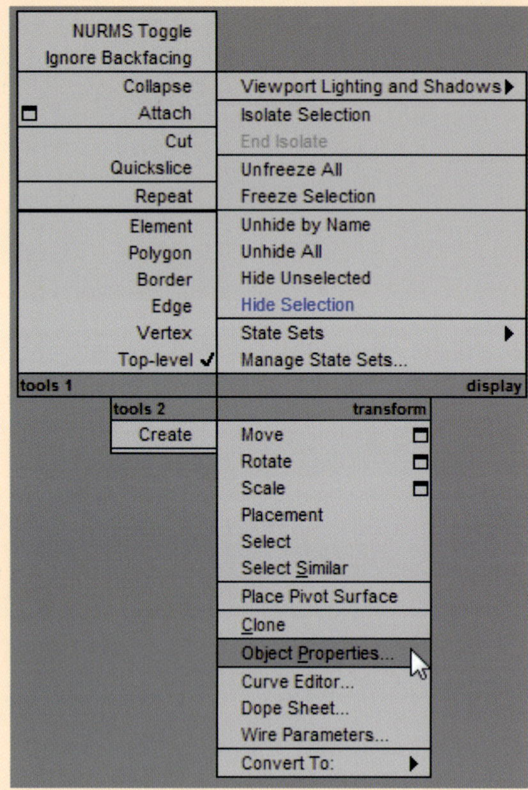

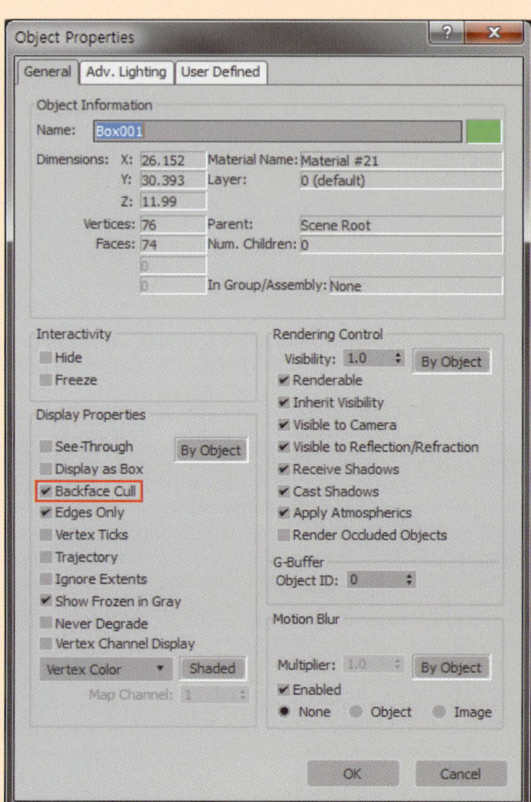

❸ Flip을 적용한 후, 'Backface Cull'을 체크한 전과 후의 이미지입니다.

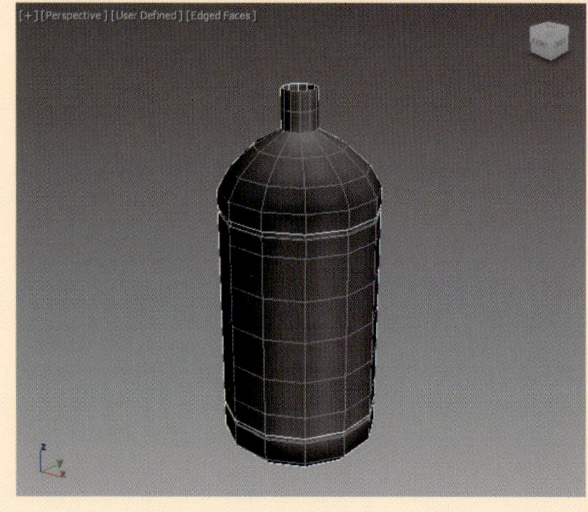

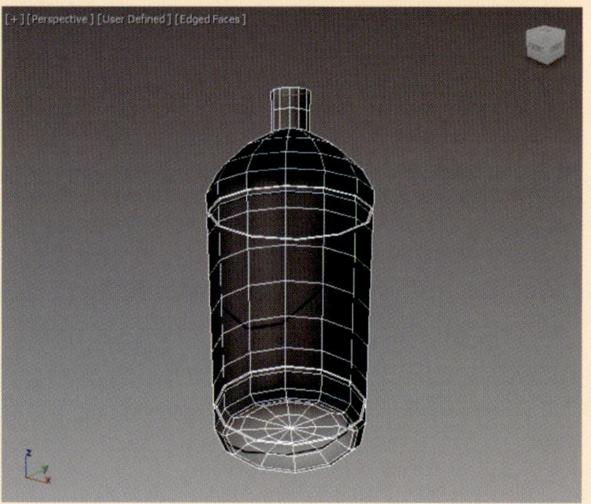

ⓗ Hinge From Edge : 선택된 면을 일부 Edge 기준으로 돌출 시켜 새로운 면을 만들어 줍니다. Polygon을 힌지 연결하면 Edge를 중심으로 회전하며 힌지의 면을 형성하는 Polygon을 만들어 선택을 오브젝트에 연결합니다.

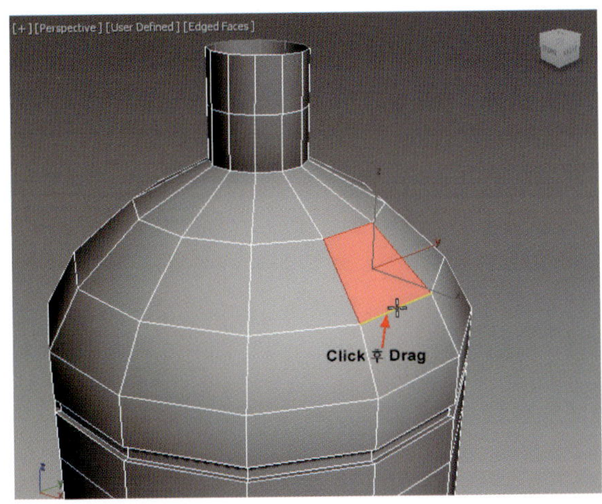
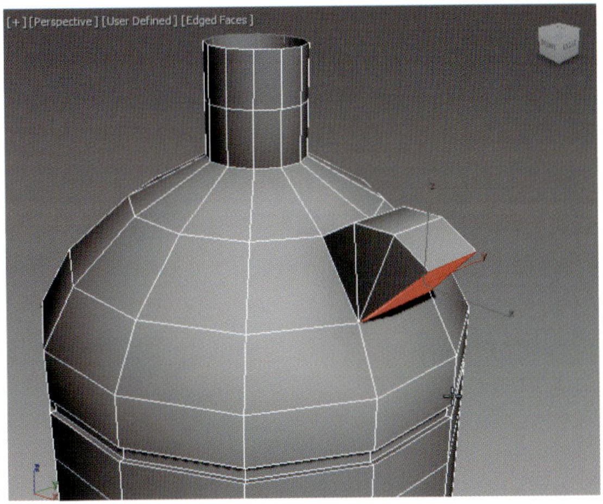

① **Hinge From Edge Settings** : 대화식 조작을 통해 Polygon을 Hinge로 연결할 수 있는 Edge에서 'Hinge From Edge Caddy'를 엽니다.
Hinge의 각도 범위 설정과 Segment의 개수, Hinge의 Edge를 직접 선택할 수 있습니다.

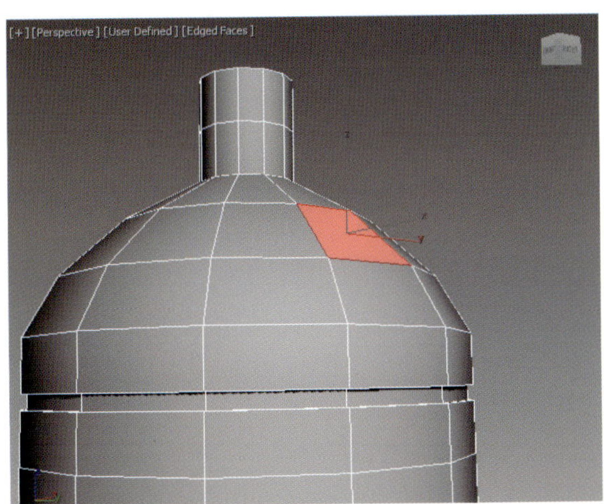
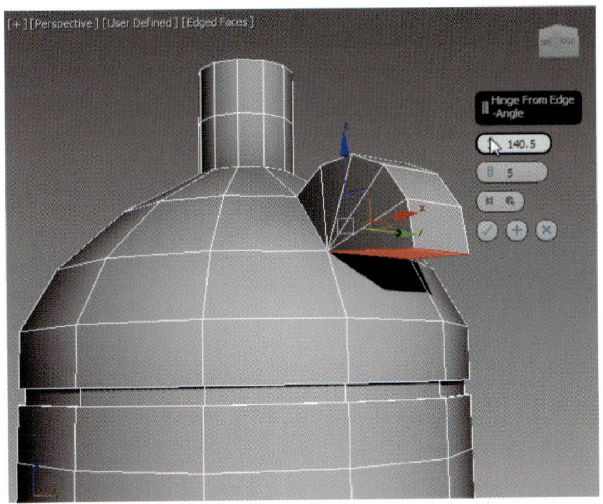

ⓘ Extrude Along Spline : 선택된 면이 2차원 Spline을 따라 면을 생성하며, 주로 뿔이나 꼬리, 넝쿨 같이 기다란 오브젝트 등을 만들 때 유용합니다.
사용 방법은 Spline으로 Extrude될 경로를 만들어 주고, 돌출될 면을 선택합니다. Extrude Along Spline 버튼을 누른 후 Spline을 선택합니다.

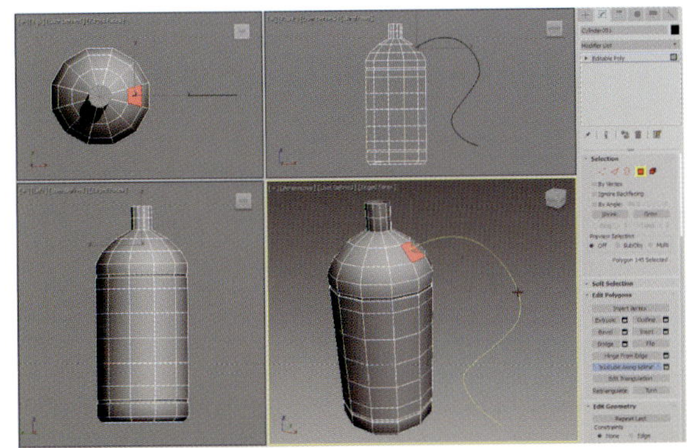
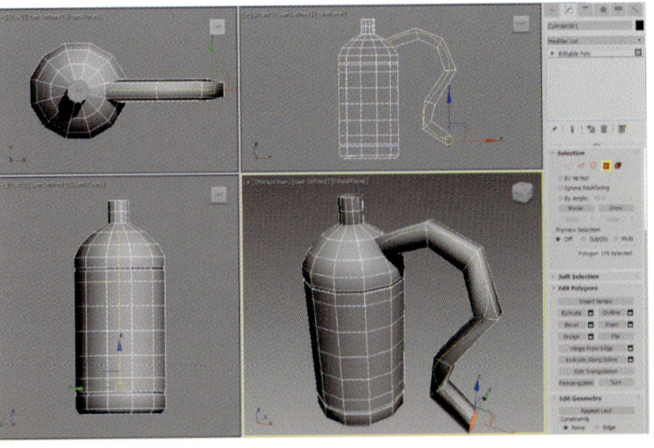

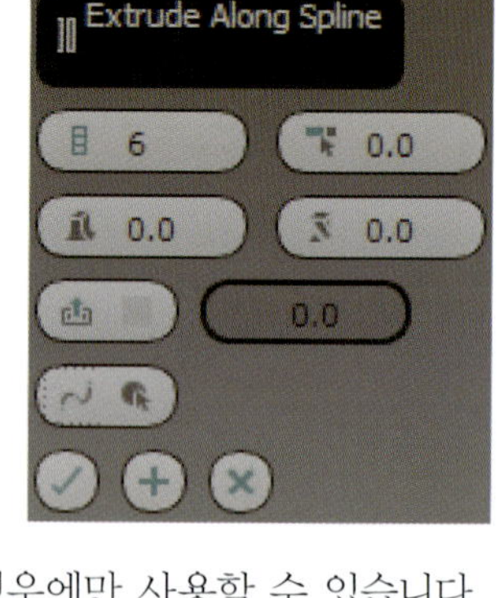

① **Extrude Along Spline Settings** : 여러 가지 옵션을 통해서 'Extrude Along Spline'으로 만들어진 모양을 조정할 수 있도록 합니다.

- **Segments** : Extrude되는 방향으로 추가된 단면의 개수를 지정합니다.
- **Taper Amount** : Extrude된 길이 방향으로 기울어질 값을 입력하여 길이 방향으로 좁히거나 넓힐 수 있도록 합니다.
- **Taper Curve** : Taper가 진행되는 비율을 설정합니다.
- **Twist** : 돌출의 길이를 따라 비틀기를 적용합니다.
- **Extrude Along Spline Align** : 면 법선으로 돌출을 정렬합니다. 이 경우 돌출된 Polygon에 대해 수직 방향이 됩니다.
- **Rotation** : 돌출의 회전을 설정합니다. 면 법선에 정렬이 선택되어 있는 경우에만 사용할 수 있습니다.
- **Pick Spline** : 이 버튼을 클릭한 다음 Viewport에서 돌출시킬 Spline을 선택합니다. Spline오브젝트의 이름이 버튼에 표시됩니다.

다음 이미지는 Extrude Along Spline Settings를 조정하여 Spline을 따라 만들어진 면의 방향과 모양을 변화시킨 것입니다.

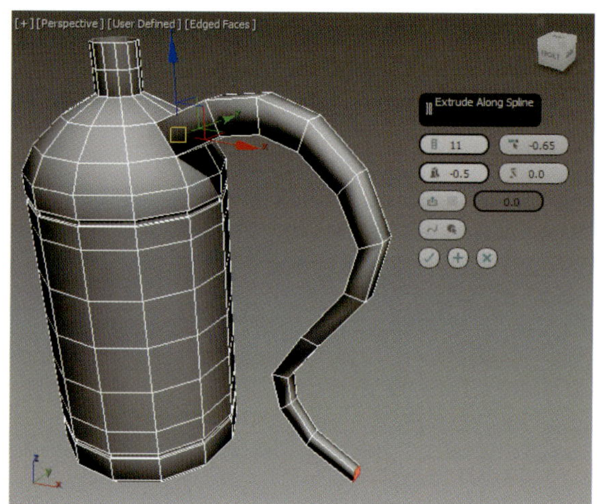

02 Polygon:Material IDs 롤아웃

선택한 면에 특정 재질 ID 번호를 지정하거나 ID에 해당하는 부분이 선택되도록 합니다.

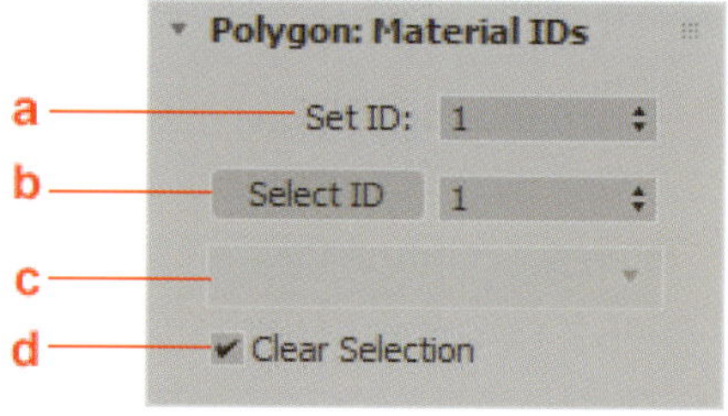

ⓐ **Set ID** : Multi/Sub-Object 재질과 기타 응용에서 사용하기 위해 선택한 면에 특정 재질 ID 번호를 할 당할 수 있습니다. 스피너를 사용하거나 키보드에서 숫자를 입력합니다.
ⓑ **Select ID** : 선택하고 싶은 ID를 입력하고 [Select ID] 버튼을 클릭하면 해당되는 면들이 선택됩니다.
ⓒ **[Select By Name]** : 이 드롭다운 목록은 오브젝트에 Multi/Sub-Object 재질이 할당된 경우 하위 재 질의 이름을 보여 줍니다.

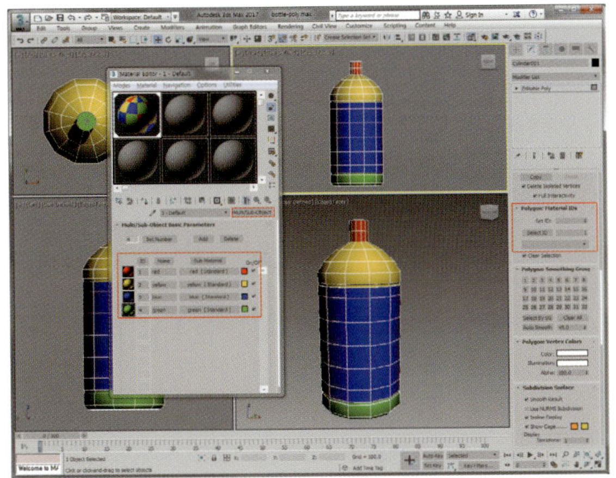 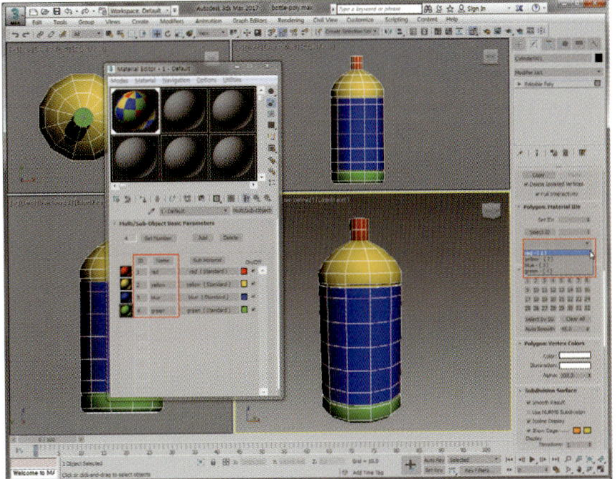

ⓓ **Clear Selection** : 설정하면 새 ID나 재질 이름을 선택할 경우 이전에 선택한 하위 오브젝트가 선택 취 소됩니다.

03 Polygon:Smoothing Groups 롤아웃

선택된 면을 부드럽게 보이도록 Smooth Group으로 만들어 둘 수 있으며 Smooth Group에 해당되는 면들을 선택할 수 있습니다.

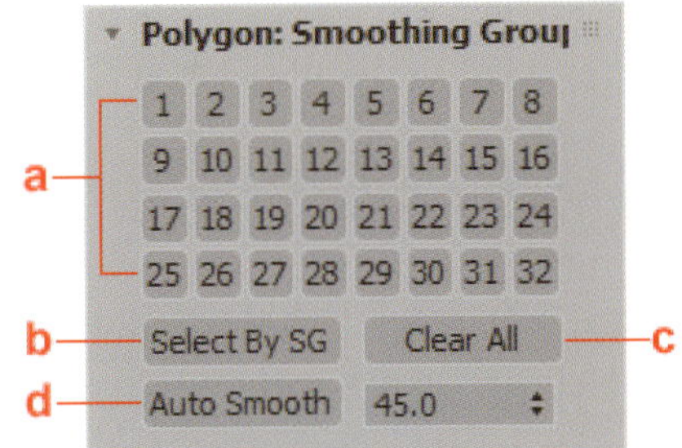

ⓐ **1-32** : 각 할당할 면을 선택하고 번호를 선택합니다.
ⓑ **Select By SG** : 현재 스무딩 그룹을 보여 주는 대화 상자를 표시합니다. 해당하는 숫자 버튼을 클릭하고 확 인을 클릭하여 그룹에 속하는 모든 면을 선택합니다.

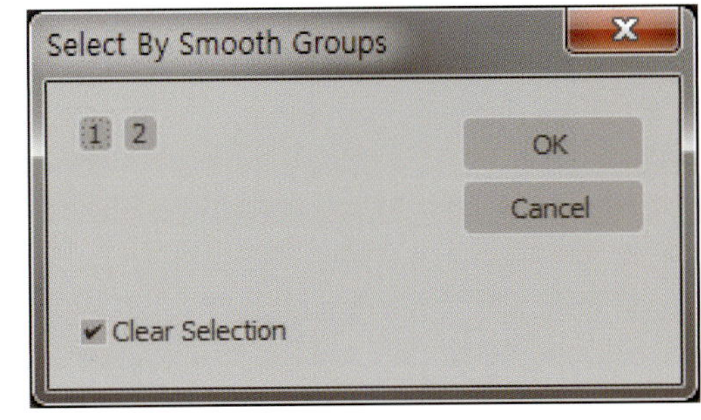

ⓒ **Clear All** : 선택한 면에서 스무딩 그룹 할당을 제거합니다.
ⓓ **Auto Smooth** : 면의 각도에 따라 스무딩 그룹을 설정합니다. 인접한 두 개 면의 법선 사이의 각도가 스 피너에서 설정한 임계 각도보다 작으면, 이들 면들은 동일한 스무딩 그룹에 있게 됩니다.

04 Polygon:Vertex Colors 롤아웃

이 옵션을 사용하여 선택한 Polygon 또는 Element의 정점에 대한 색상, 조명색(음영처리), 알파(투명도) 값을 할당할 수 있습니다.

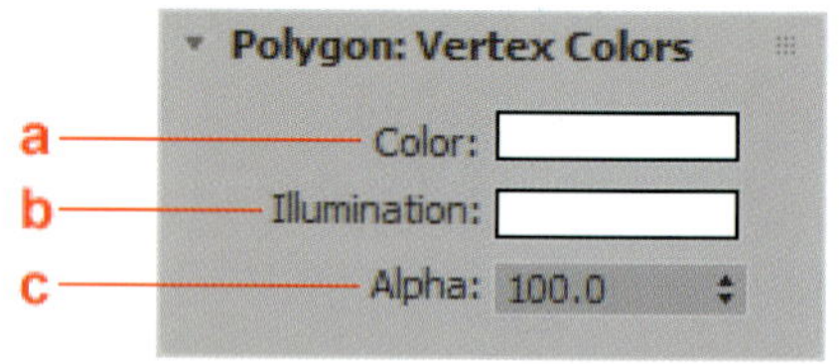

ⓐ **Color** : 선택한 Polygon 또는 Element의 정점에 대한 색상을 변경하려면 색상 견본을 클릭합니다.

ⓑ **Illumination** : 선택한 Polygon 또는 Element의 정점 조명 색상을 변경하려면 색상 견본을 클릭합니다. 이를 통해 정점 색상을 변경하지 않고도 조명을 변경할 수 있습니다.

ⓒ **Alpha** : 알파(투명도) 값을 선택한 Polygon 또는 Element의 정점에 할당할 수 있습니다. 스피너 값은 백분율로, 0은 완벽한 투명이고 100은 완벽한 불투명입니다.

Chapter

기본 실력 익히기

Lesson 01

Spline 활용하여 모델링하기 I

Spline은 면을 가지고 입체적으로 만들어내는 Poly 작업과는 달리, Line으로 만들어 낸 직선과 곡선을 이용하여 기본 형태를 만들고, 여기에 두께를 적용하여 입체적인 형상을 만들어 냅니다. 또한 Spline은 Poly 작업을 공부하기 전에 반드시 거쳐야 할 첫 번째 관문이라 할 수 있습니다. 기업을 대표하는 심벌마크나 로고, 엠블렘, 픽토그램, 단순한 2차원 이미지 등은 독특하고 간결한 이미지를 가지고 있기 때문에 초보자에게 있어서 이런 부류의 이미지들은 Spline을 연습하는데 충분한 효과를 발휘합니다. 필자도 강의시간에 이런 내용들을 이용하여, 학생들에게 Spline 연습에 적극적으로 활용하고 있습니다.

본 예제에서는 장애인과 화장실 픽토그램를 가지고 충분한 Line 연습을 하도록 할 것입니다.
참고로 픽토그램(Pictogram)이란 '그림(picto)'과 메시지라는 의미를 갖는 '전보(Telegram)'의 합성어로 주로 공공 안내 정보를 전달하는데 쓰입니다. 알아보기 쉽고 간결해서 미국 등의 선진국에서 1920년대부터 사용되어 왔습니다.

Section 01 | 장애인 픽토그램 만들기

장애인 픽토그램은 조금씩 차이가 있지만, KS 기준 픽토그램의 장애인 픽토그램을 선택했습니다. 본 예제는 Spline 옵션 중 Fillet과 Weld, Trim 등이 사용됩니다.
하단의 좌측 이미지는 픽토그램 원본 이미지이며, 우측은 두께를 적용한 이미지입니다.

01 상단 Menu Bar〉Customize〉'Units Setup…'을 실행합니다. Units Setup 대화상자가 나타나면 'System Unit Setup' 버튼을 클릭하여 'System Unit Scale' 항목에서 'Inches' 단위로 변경합니다.

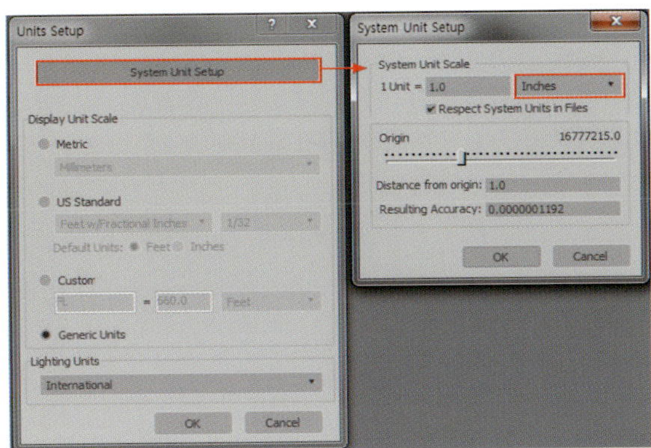

02 장면에는 도면으로 사용될 장애인 픽토그램 이미지가 필요합니다. 예전에는 모델링을 위해서 Viewport에 백그라운드 이미지를 활용했었지만 최신 버전들은 대부분 이 기능들을 없애고 Plane 오브젝트에 맵핑하여 작업합니다.

Front Viewport에 다음과 같은 설정 값으로 Create〉Geometry〉Plane 오브젝트를 생성합니다. Plane 사이즈는 사진의 크기를 참조하여 그대로 옮겨놓은 것입니다.

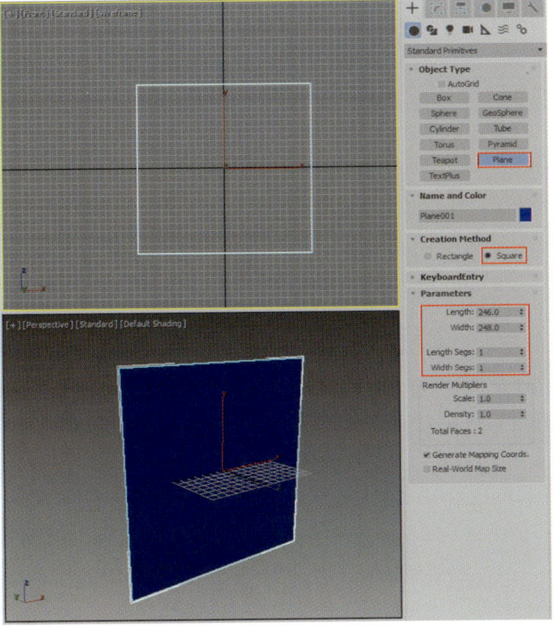

알아두기 | Unit 설정과 ViewCube 설정

1. **Unit 설정** : 단위를 먼저 설정하는 이유는 독자 여러분과 필자의 단위 환경을 일치시킴으로써 숫자에 대한 오차의 혼란을 사전에 없애기 위함입니다.

2. **ViewCube 설정** : 필자는 ViewCube를 잘 쓰지 않기 때문에 처음부터 Viewport에서 없애고 작업하는 편입니다.

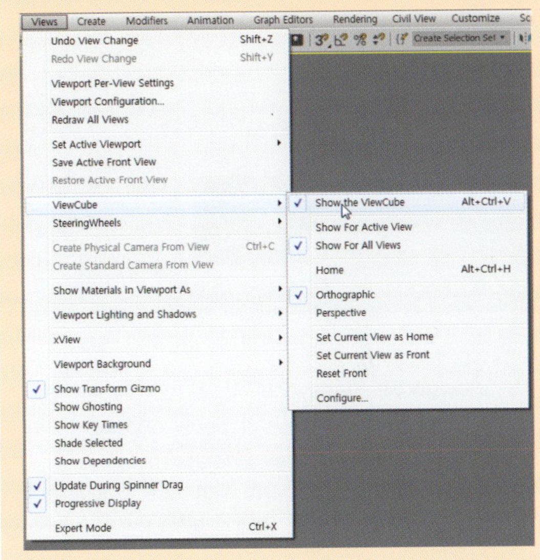

03 Material Editor(Compact Material Editor) 아이콘을 클릭하여 창을 불러냅니다. Material Editor 타입은 Compact 와 Slate Material Editor 2가지가 있습니다. 이어서 Diffuse Color의 None(작은 사각형)을 클릭한 후 Bitmap을 더블 클릭합니다.

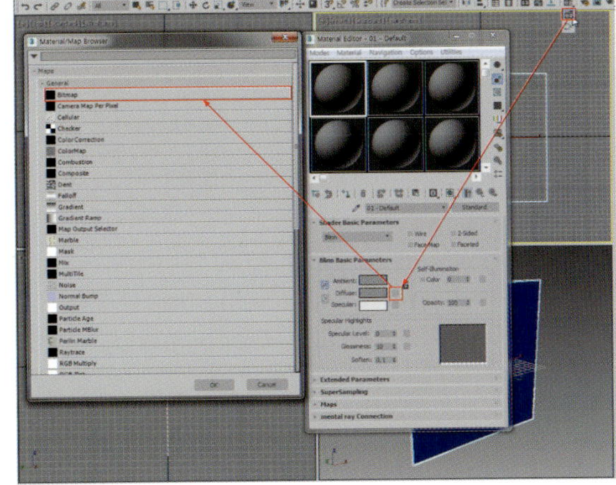

04 제공된 CD 부록에서 '장애인_pictogram.jpg' 파일을 불러들입니다.

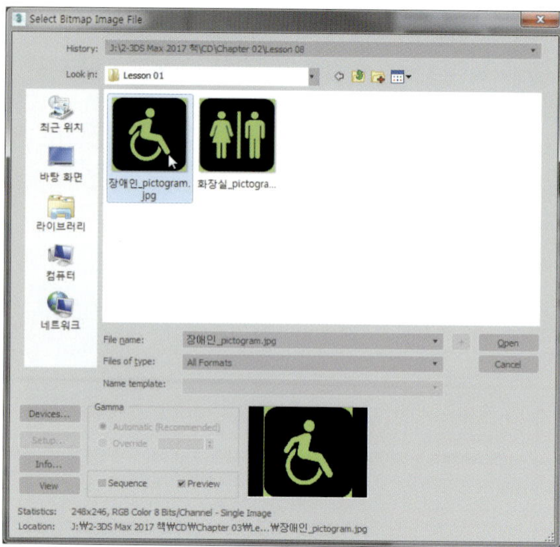

06 Viewport의 Plane 오브젝트를 선택한 후 Assign Material to Selection(A)과 Show Shaded Material in Viewport(B) 아이콘을 클릭합니다.
Viewport에서 맵핑된 이미지를 보기 위해서는 F3 키를 눌러주고, Grid를 없애기 위해서는 G 키를 눌러줍니다.

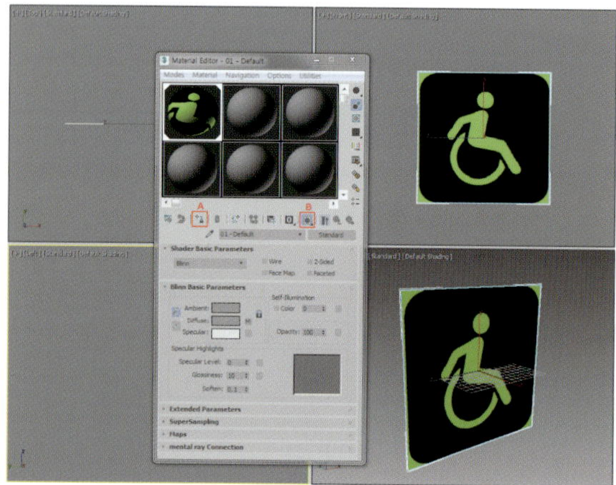

CD 제공 : 장애인_pictogram_blueprint.max

05 Go to Parent 아이콘을 클릭하여 상위 메뉴로 이동합니다.

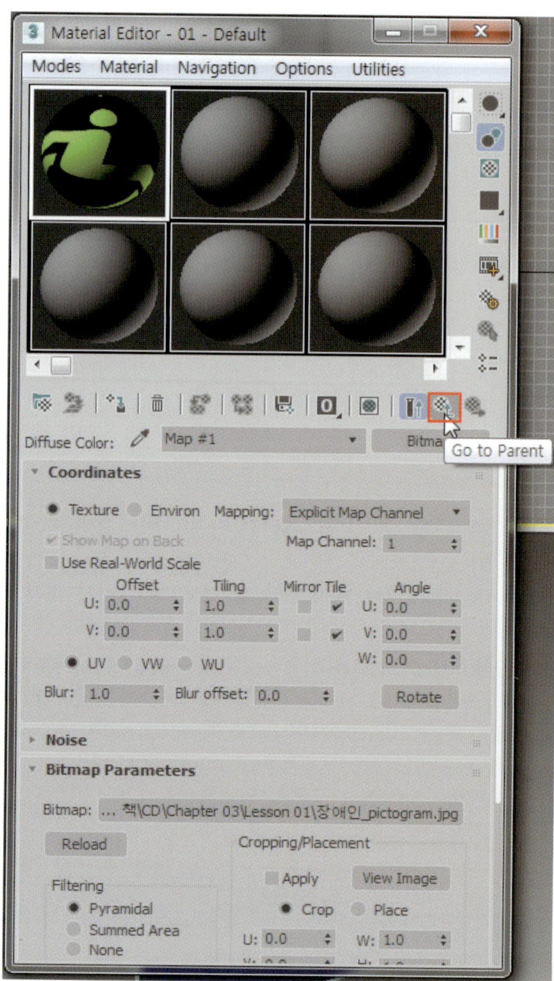

07 Front View를 선택한 후 Alt + W 키를 눌러 Viewport를 확대시켜줍니다. Create〉Shapes〉Circle을 선택하고 머리에 해당되는 원을 다음과 같이, a지점을 클릭한 후 b지점까지 드래그하여 그려주도록 합니다.

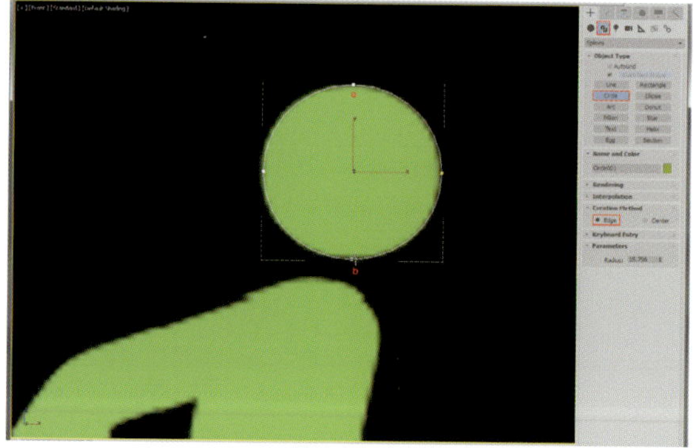

 **알아두기** | 작업 도중에 Plane 오브젝트가 자꾸 선택되어서 불편해요

도면으로 사용되고 있는 Plane 오브젝트가 자주 선택되면 작업에 많은 불편을 주기 때문에 선택되지 않도록 설정해서 작업해야 합니다.
다음과 같은 순서로 Plane 오브젝트를 선택되지 않도록 설정합니다.

❶ 해당 Plane 오브젝트를 선택한 후 마우스 오른쪽 버튼을 눌러 나오는 Quad Menu에서 'Object Properties'를 클릭합니다.

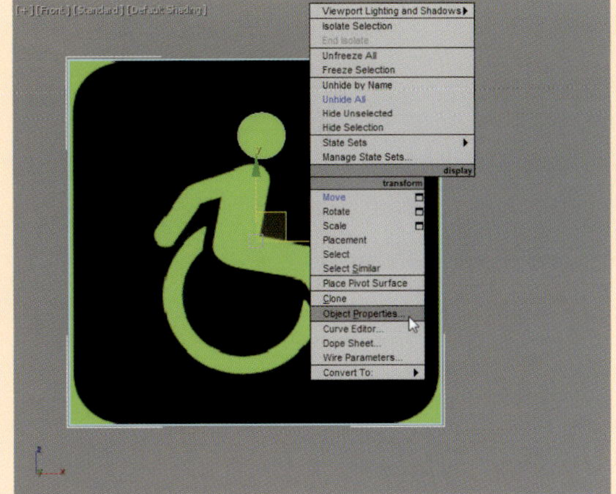

❷ 창이 나타나면 Interactivity 항목에서 'Freeze' 옵션의 체크박스를 체크하고, Display Properties 항목에서는 'Show Frozen in Gray' 옵션에는 체크박스를 해제합니다. 전자는 물체가 선택되지 않도록 얼리는 기능이며, 후자는 얼려진 물체가 그레이 색상으로 바뀌는 것에 대한 기능입니다.
추가적으로 'Backface Cull' 옵션에도 체크하여 반대편의 면이 보이지 않도록 합니다.

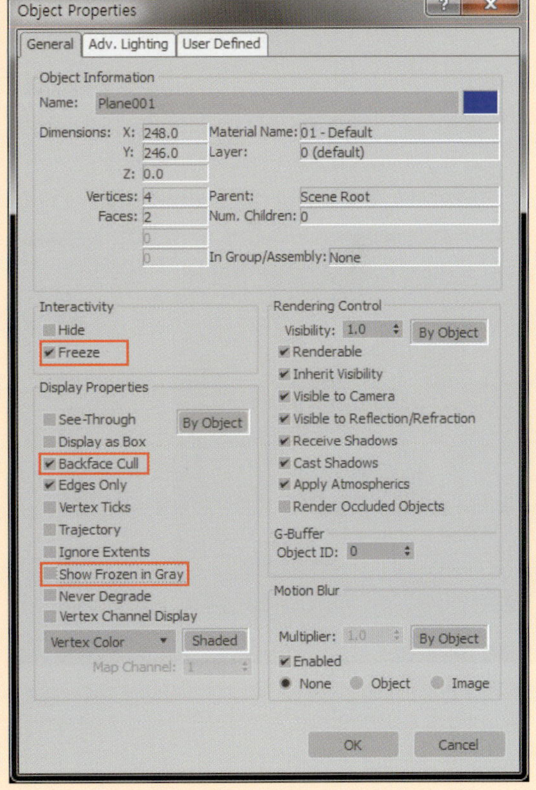

08 Create〉Shape〉Line 명령을 이용하여 팔 뒤꿈치부터 시작하여 다음과 같이 직선형태의 Line을 그려줍니다.

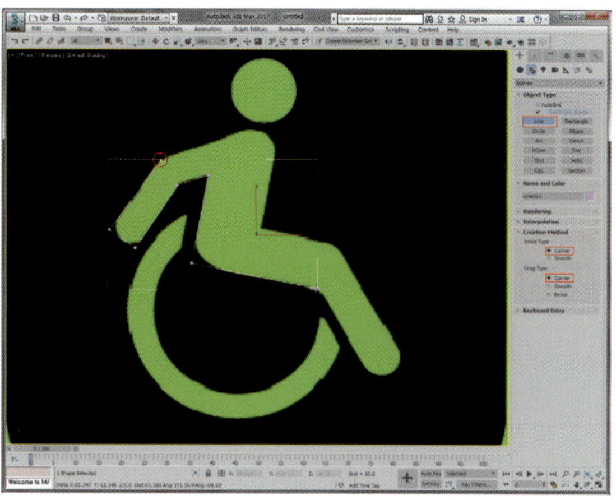

09 계속해서 그림과 같이 첫 번째에서 시작한 점까지 나머지 선을 그려줍니다. 'Close spline?' 물음에 '예' 버튼을 선택합니다.

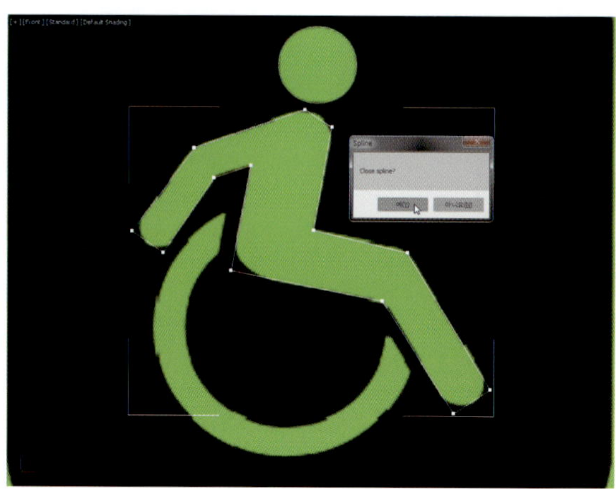

ⓘ 알아두기 | Line을 그리는 도중 뒤로 한 단계 Undo하려면…

Line을 그리는 작업을 하다가 뒤로 한 단계 취소하려면 Back Space 키를 사용합니다.

---

10 이제 각진 형태 부분을 부드러운 곡선으로 조정하도록 하겠습니다. Modify로 이동하여, Selection 항목에서 Vertex Sub−Object Level를 클릭합니다. Geometry 항목의 Fillet 버튼을 클릭합니다.

11 팔 뒤꿈치의 Vertex 위에서 마우스로 강하게 드래그하면 부드러운 곡선으로 바뀌게 됩니다.

12 계속해서 엉덩이 부분과 다리의 뒤꿈치, 무릎 쪽에도 Fillet 명령으로 조정해줍니다.

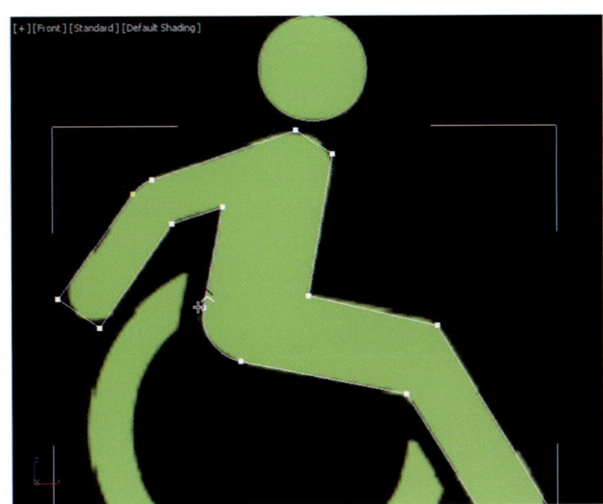

13 Move[W] 명령을 사용하여 그림과 어느 정도 일치하도록 곡선으로 만들어진 Vertex의 위치를 조정해 줍니다.

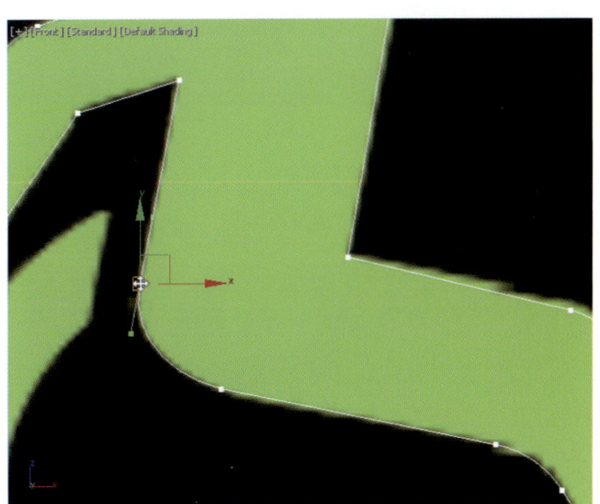

14 이제 손 부분을 만들기 위해 다음과 같이 두 개의 점을 선택한 다음 위쪽으로 드래그하여 곡선으로 만들어 줍니다.

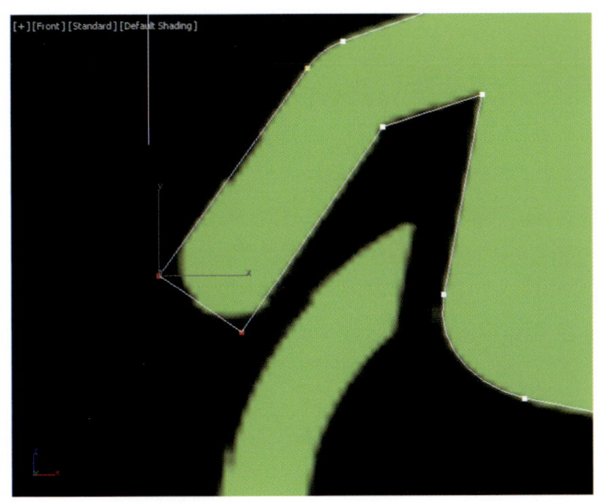

15 2개의 점(그림 A)를 선택한 후 Weld 버튼을 클릭하여 하나의 Vertex로 만들어 줍니다. Weld의 수치가 적으면 Weld가 되지 않으므로 넉넉히 "3.0"을 입력하고 Weld 버튼을 클릭하도록 합니다.

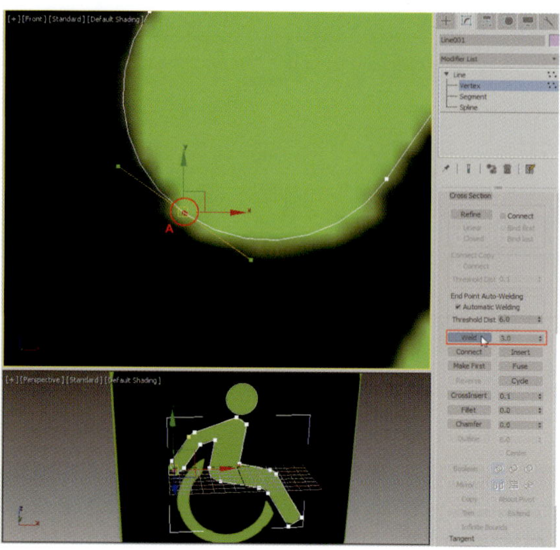

16 나중에 두께를 적용시켰을 때 스크래치가 발생될 수 있기 때문에 하나로 합쳐진 Vertex의 속성을 부드럽게 처리해야 합니다.
현재 하나로 합쳐진 Vertex의 속성은 Bezier Corner로 되어 있습니다. 마우스 오른쪽 버튼을 눌러 나오는 Quad Menu에서 Bezier로 선택해줍니다.

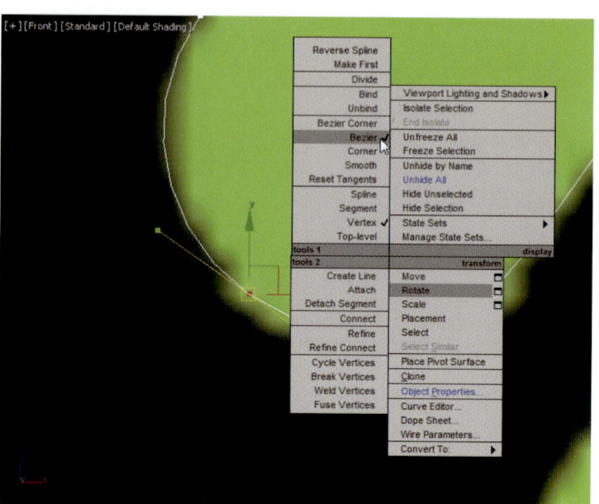

17 앞서 작업한 방법(14~16순)으로 목 부분과 발 부분에도 그림과 같이 조정해줍니다.

18 나머지 3군데도 그림과 같이 적은 곡선 값으로 둥글게 처리해줍니다.

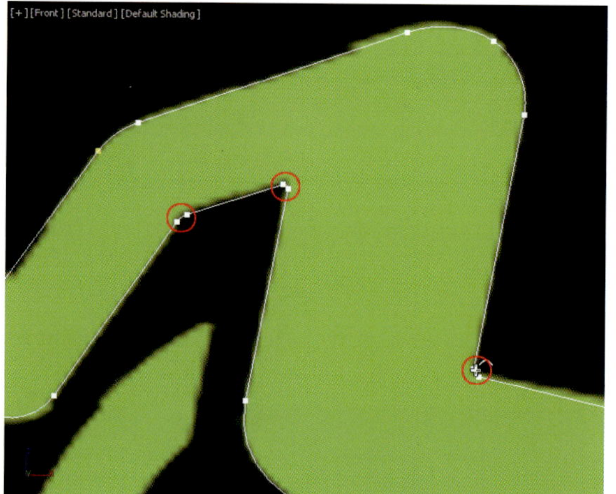

19 휠체어를 표현하기 위하여 다음과 같이 Create〉Shapes〉Donut 버튼을 클릭합니다. A 지점으로 부터 시작한 도넛 형태를 그려줍니다.

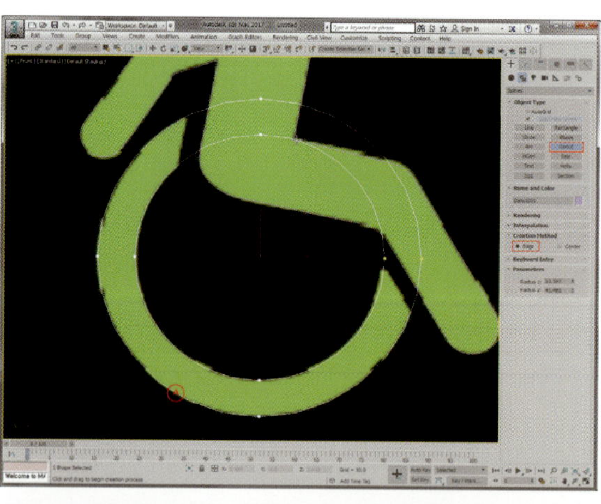

ⓘ 알아두기 | Bracket 없애는 방법

물체를 선택하면 자동으로 Viewport에 Bracket이 나타납니다. 이를 없애거나 표시하는 단축키는 J 키를 사용합니다.

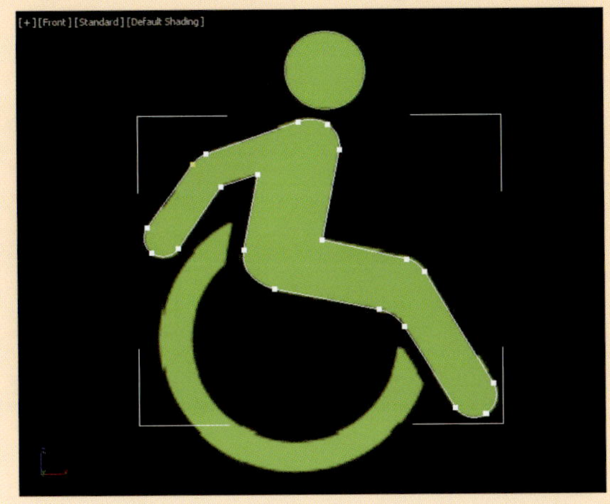

20 Modify로 이동한 후 Interpolation 항목의 Step 값을 "10"으로 올려줍니다. Interpolation 옵션은 Vertex 간의 곡선 Step을 의미하는데 수치가 올라갈수록 부드러워지고, 내려갈수록 거칠게 표현됩니다.

21 앞서 만든 Donut Spline을 선택합니다. Create〉Shapes〉Line을 클릭한 후 A와 B의 Line을 연속해서 그려줍니다. 이때 'Start New Shape'의 체크 박스를 해제하고 그려줘야 합니다. Start New Shape 옵션은 선택한 Spline과 만들 Spline을 하나의 Spline으로 만들어 주는 역할을 합니다. 이 기능은 Attach 기능과 같습니다.

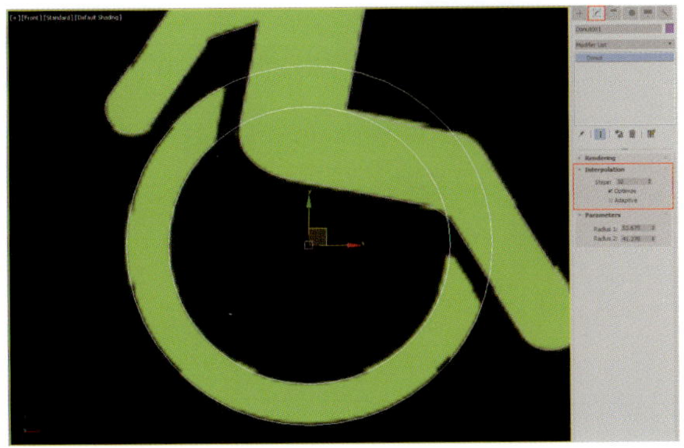

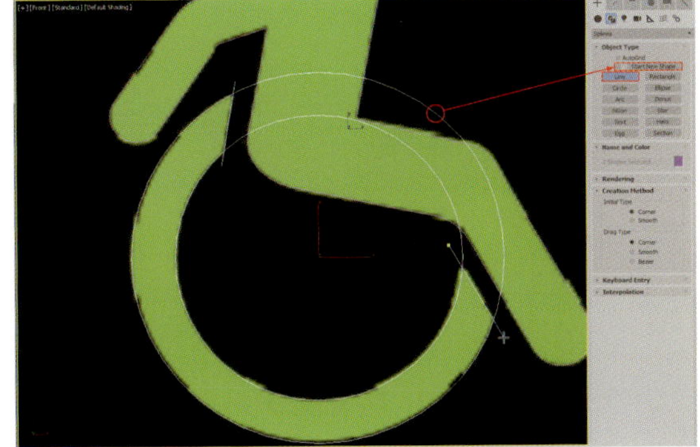

22 Modify로 이동한 후 Selection 항목의 Spline Sub-Object Level를 선택합니다. Trim 버튼을 클릭하고 필요 없는 부분을 '가지치기' 하듯이 지워나갑니다.

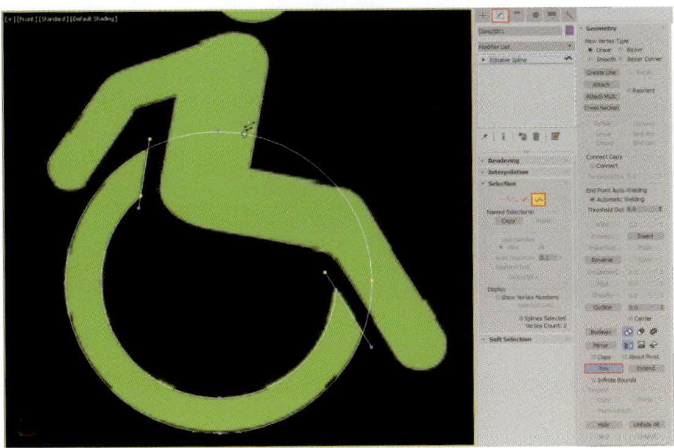

23 다음 이미지는 Trim 명령으로 모두 정리한 휠체어 모양입니다.

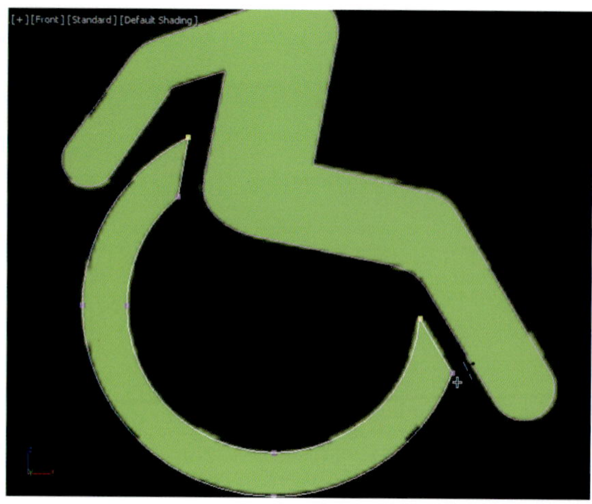

24 잘려진 부분의 Vertex들을 모두 선택한 후 Weld 버튼을 클릭합니다. Trim이 적용된 곳의 Vertex들은 끊어져 있기 때문에 반드시 Vertex들을 Weld 명령으로 붙여줘야 합니다.

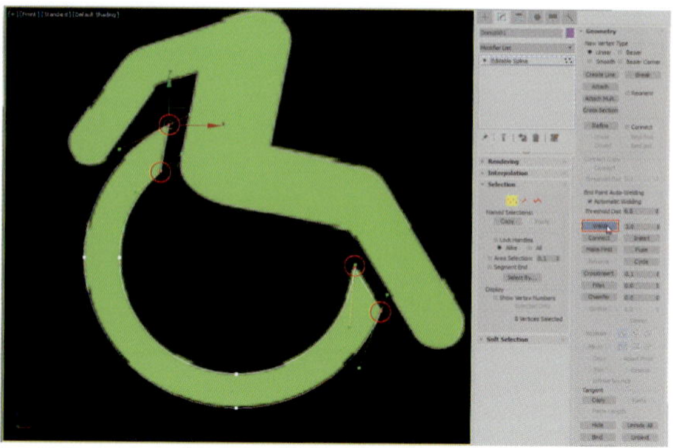

25 이제 최종적으로 Create〉Shapes〉Rectangle 명령으로 바깥쪽의 사각형에 맞추어 둥근 사각형을 그려줍니다.

26 Rectangle을 선택한 후 마우스 오른쪽 버튼을 눌러 나오는 Quad Menu에서 'Convert to Editable Spline'을 선택합니다.

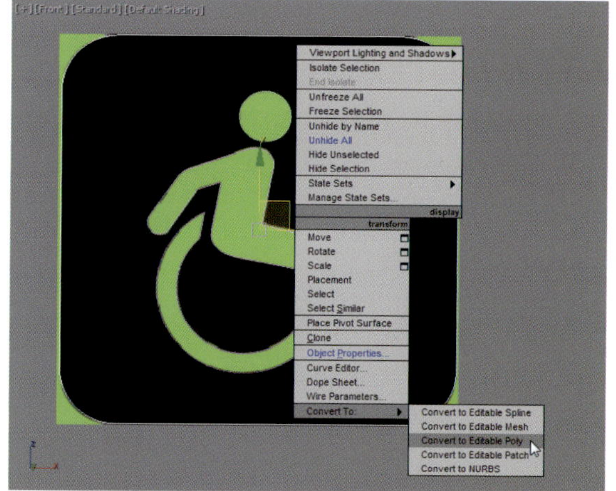

27 Attach 버튼을 클릭한 후 Viewport에 있는 A, B, C Spline을 선택합니다. Attach는 각각 분리되어 있는 Spline을 하나의 Spline으로 만들어 주는 기능입니다.

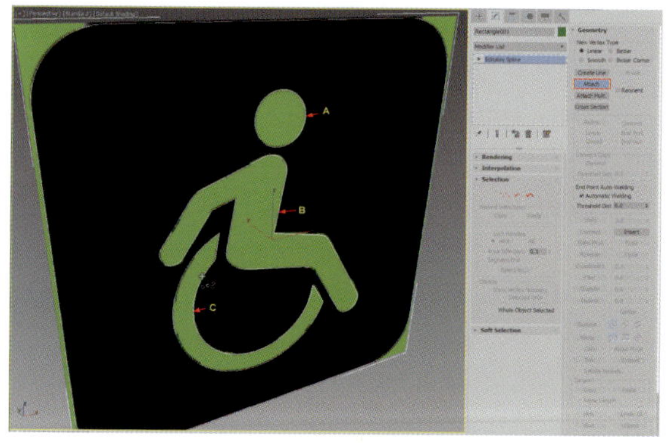

28 이제 도면으로 사용되었던 Plane 오브젝트는 필요 없습니다. 마우스 오른쪽 버튼을 눌러 나오는 Quad Menu에서 'Unfreeze All' 옵션을 선택합니다.

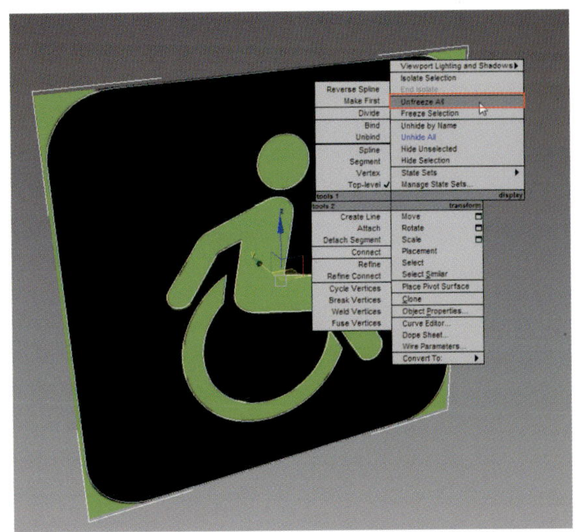

29 Plane 오브젝트를 선택한 후 Delete 키를 눌러 삭제합니다.

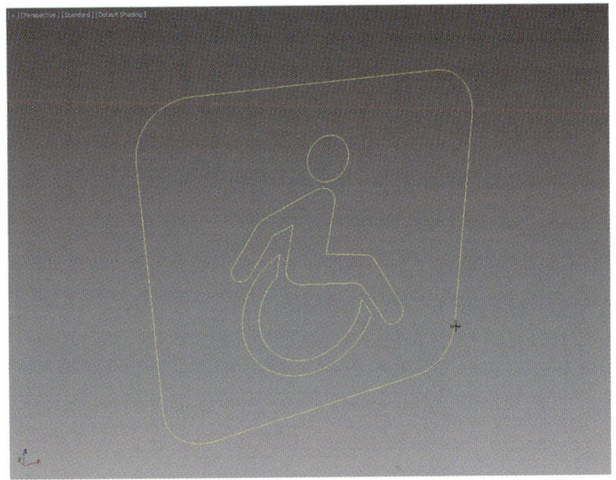

30 Modifier List 목록에서 Extrude 명령을 적용하고, Amount 값은 "10.0"으로 입력합니다.

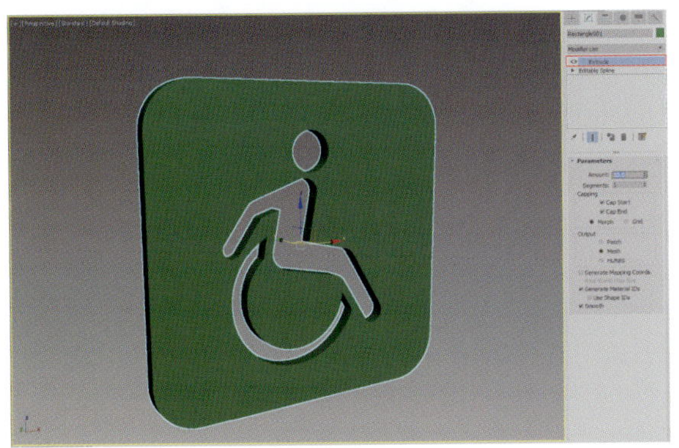

31 'Material Editor'에서 Diffuse Color를 변경한 후 'Assign Material to Selection' 아이콘을 클릭하여 오브젝트에 재질을 적용시켜 줍니다.

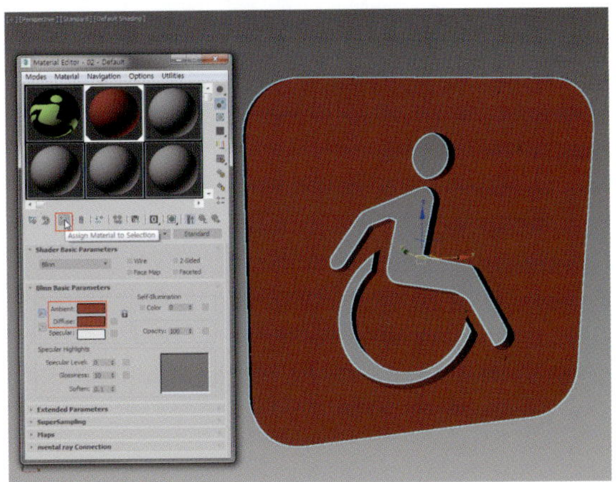

32 이제 장애인 픽토그램이 입체적으로 모두 완성되었습니다.

 CD 제공 : 장애인_pictogram.max

Section 02 | 화장실 픽토그램 만들기

이번에 만들게 될 화장실 픽토그램 예제도 앞서 만든 장애인 픽토그램과 만드는 방법이 거의 비슷합니다. 본 예제에서도 Spline 옵션 중 Fillet과 Weld, Trim 등이 사용됩니다.
본 예제는 앞서 만든 내용과 거의 비슷하기 때문에 '장애인 픽토그램' 예제를 충분히 익히고, 참조하여 만들기 바랍니다.

01 Front Viewport에 다음과 같은 설정 값으로 Create〉Geometry〉Plane 오브젝트를 생성합니다. Plane 사이즈는 사진의 크기를 참조하여 그대로 옮겨놓은 것입니다.

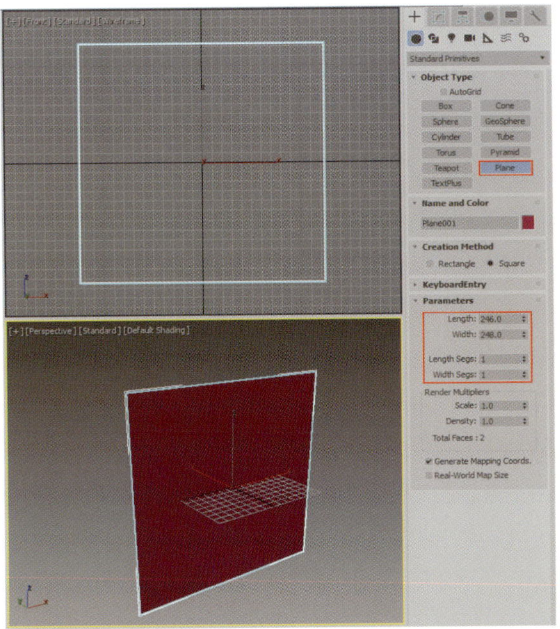

02 장애인 픽토그램 예제에서 작업했던 방법으로 Material Editor 창을 열고, '화장실_pictogram.jpg' 파일을 Plane 오브젝트에 맵핑하도록 합니다.
Front View에서도 맵을 표시하려면 F3 키를 사용합니다.

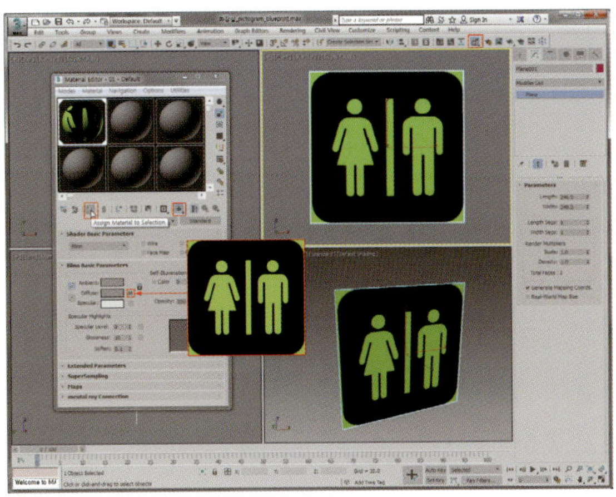

CD 제공 : 화장실_pictogram_blueprint.max

03 Create〉Shapes〉Line을 이용하여 중심선이 될 수직선을 2개 그려줍니다. 수직선이나 수평선을 그리기 위해 Shift 키를 같이 사용하면 쉽게 그릴 수 있습니다.

04 먼저 여성 픽토그램을 만들도록 하겠습니다. Create〉Shapes〉Circle을 이용하여 다음과 같이 A 지점에서 B 지점까지 원을 그려줍니다. Creation Method는 'Edge'에 체크해주고 작업해야 수월하게 그릴 수 있습니다. 또한 3D Snap[S 키] 아이콘 위에서 마우스 오른쪽 버튼을 누르고, 나오는 대화상자에서 'Edge/Segment'에 체크해주고 작업하도록 합니다.

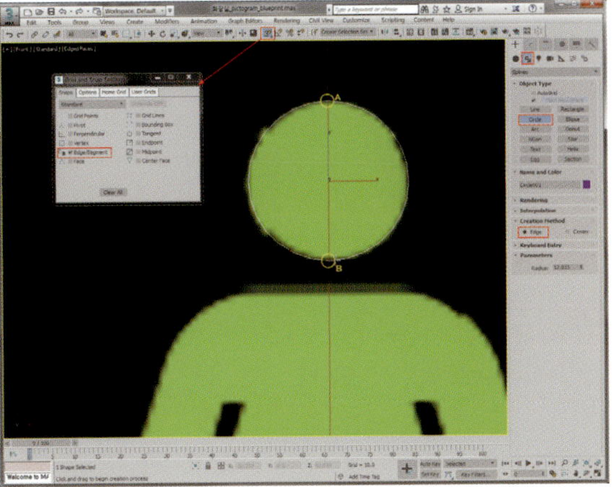

05 계속해서 Line을 사용해서 그림과 같이 A 지점부터 B 지점까지 그려줍니다. 3D Snap이 활성화되어 있기 때문에 A지점과 B지점은 어느 정도 확대해서 작업해야 합니다.

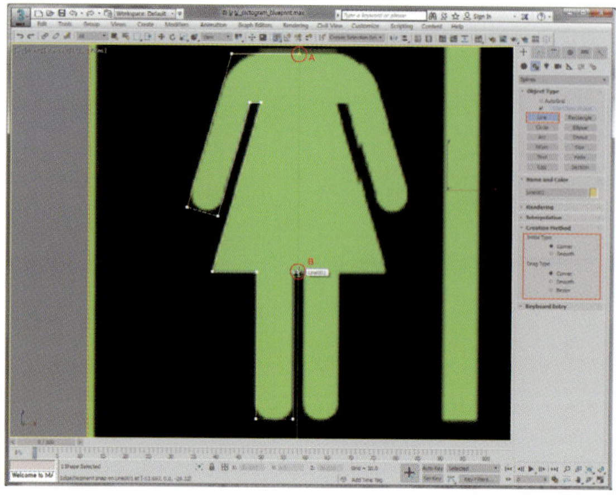

06 어깨 부분을 둥근 곡선으로 만들기 위해 Vertex Sub-Object Level의 Fillet을 사용 합니다. 해당 Vertex 위에서 마우스로 위쪽방향으로 드래그 하면 둥근 곡선으로 바뀝니다. Fillet 작업을 위해서 잠시 3D Snap[S]을 비활성화 시켜주고, 그림과 같이 비슷한 크기로 만들어 줍니다.

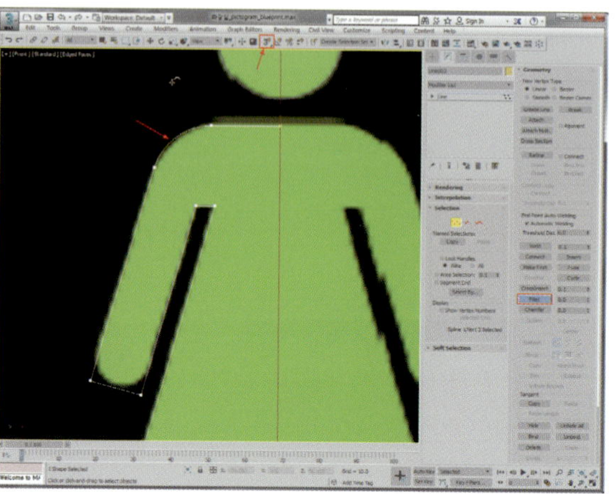

07 손 부분도 같은 방법으로 Vertex를 동시에 선택한 후 작업하도록 합니다. 작업이 어려우면 앞서 예제의 '장애인 픽토그램' 작업 방법을 다시 한번 참조바랍니다.

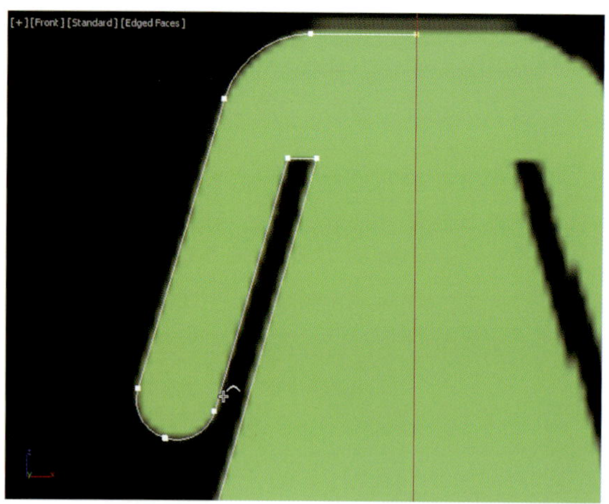

08 A 지점의 Vertex를 동시에 선택한 후 Weld 버튼을 클릭하여 하나의 점으로 만들어 줍니다.

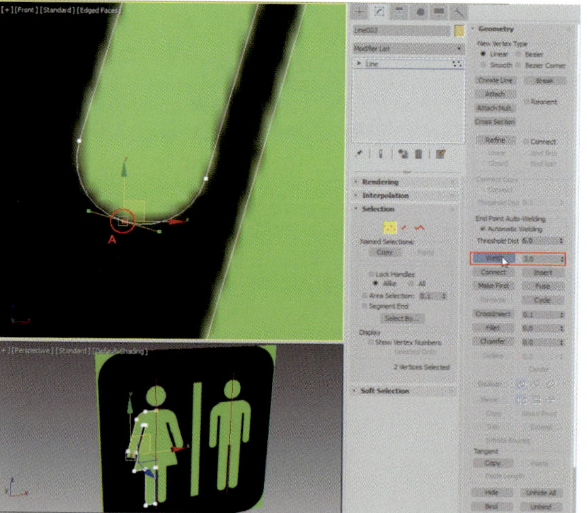

09 Weld된 Vertex를 선택한 후 마우스 오른쪽 버튼을 눌러 나오는 Quad Menu에서 Vertex의 속성을 Bezier로 바꾸어 줍니다.

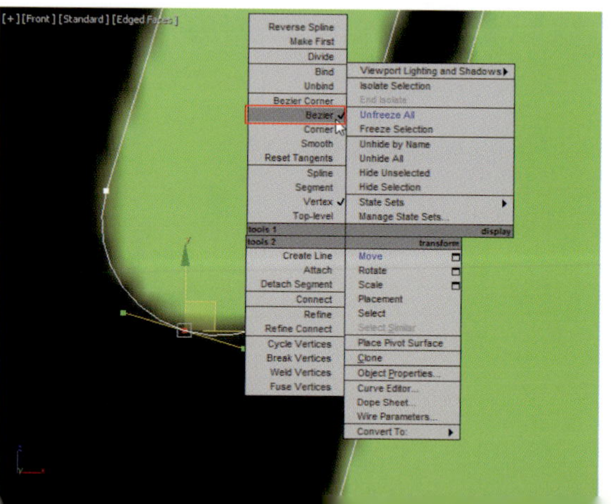

10 다리의 발부분도 같은 방법으로 둥근 곡선으로 만들어줍니다.

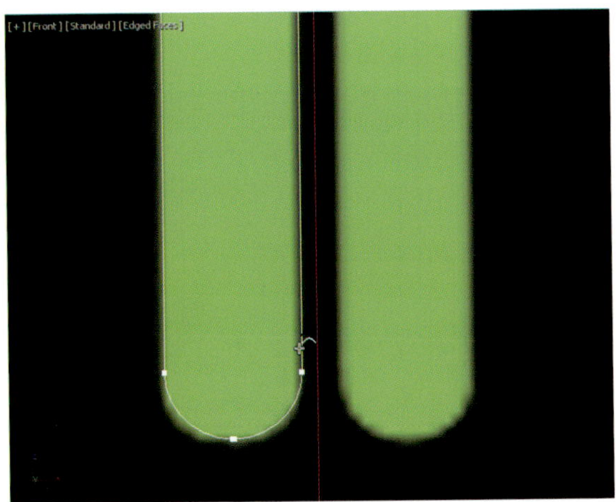

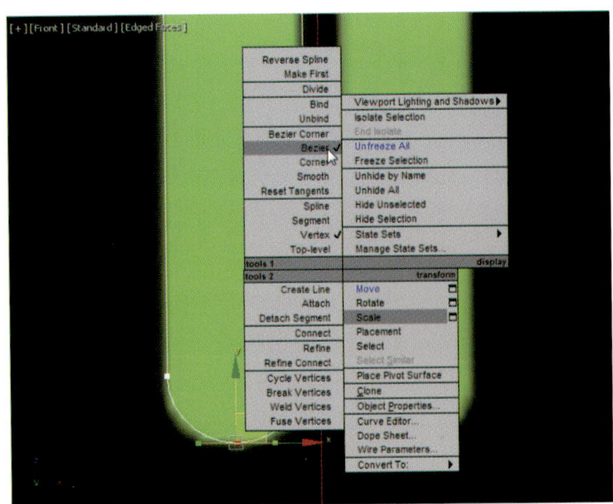

11 Spline Sub-Object Level(A)로 선택합니다. 앞서 만든 픽토그램의 Spline(B)을 선택하고, Mirror 버튼을 클릭합니다. 이때 'Copy'(C)에 체크가 되어 있어야 합니다.

12 복사된 Spline을 끝 점들이 일치하도록 조정하면 끝점이 자동으로 Weld가 됩니다. Weld가 자동으로 실행되기 위해서는 반드시 End Point Auto-Welding 항목의 'Automatic Welding'의 체크박스에 체크가 되어 있어야 합니다.

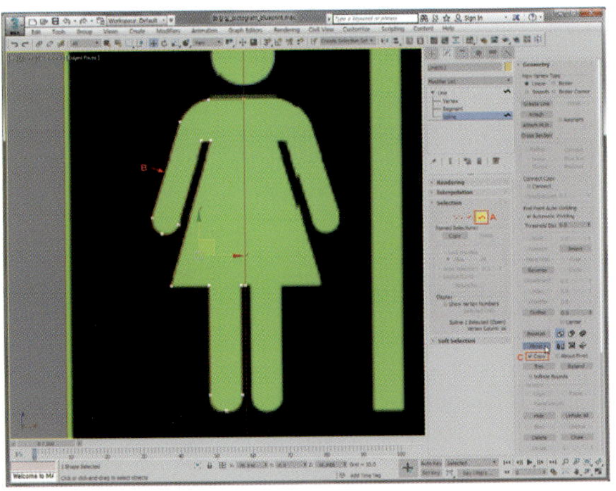

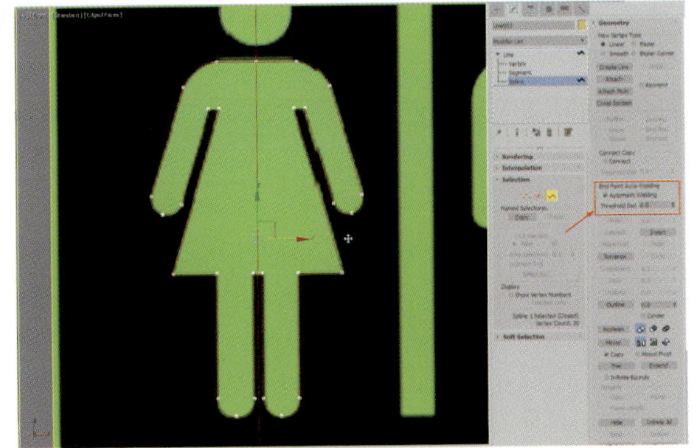

13 만일 양 끝점이 붙여지지 않았다면 Weld 명령으로 대신할 수도 있습니다.

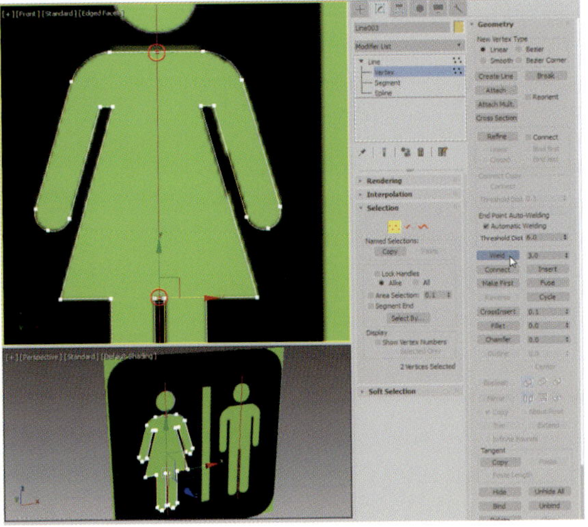

14 이제 남성 픽토그램을 만들기 위해 Spline Sub-Object Level를 비활성화 시켜줍니다.

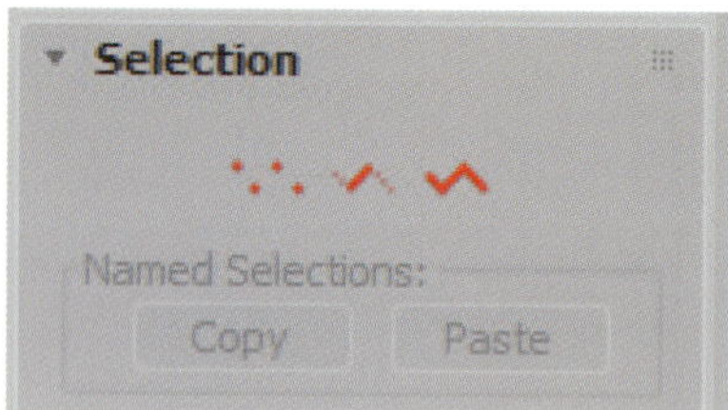

15 Move(W) 명령으로 여성의 머리인 원(A)을 선택합니다. [Shift] 키를 누른 채 남성의 머리쪽으로 이동시킨 후 마우스 손을 떼면 다음과 같이 B의 Spline이 복사가 되어 나타납니다.

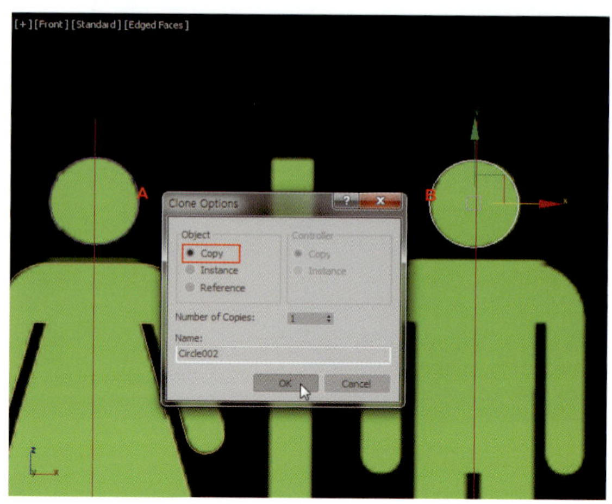

16 계속해서 앞서 작업했던 방법으로 Line을 이용하여 남성도 그림과 같이 외곽선을 그려줍니다. 처음에는 3D Snap[S]을 활성화한 후 작업하고, Line이 완성되면 3D Snap을 비활성화 시켜줍니다.

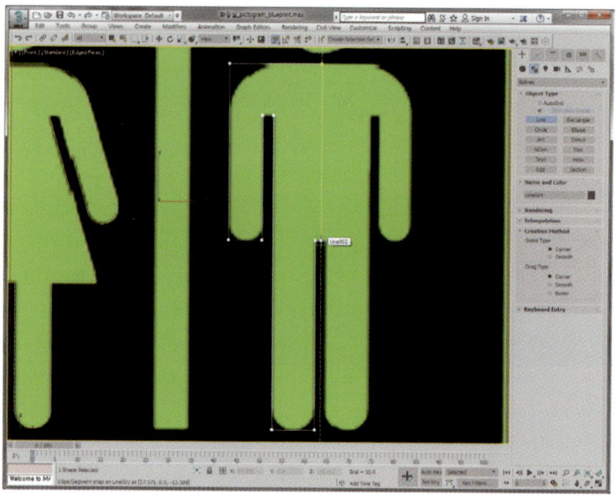

17 Vertex Sub-Object Level의 Fillet 명령으로 팔과 다리 부분을 둥근 모서리 형태로 만들어줍니다. 앞서 작업했던 방법으로 두 개의 Vertex를 선택한 후 Weld로 합쳐주고, Quad Menu에서 Bezier 속성으로 변경해줍니다.

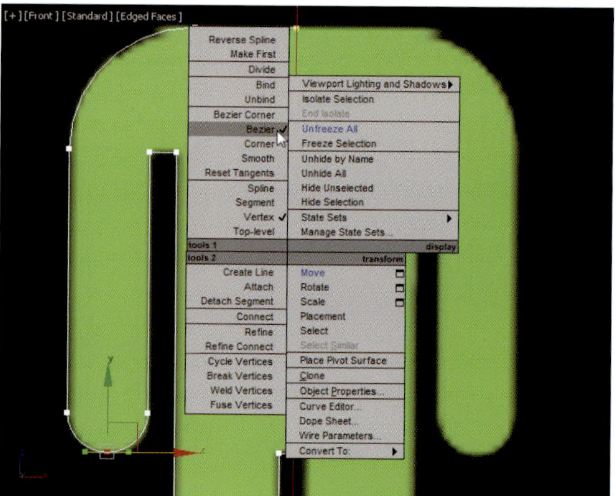

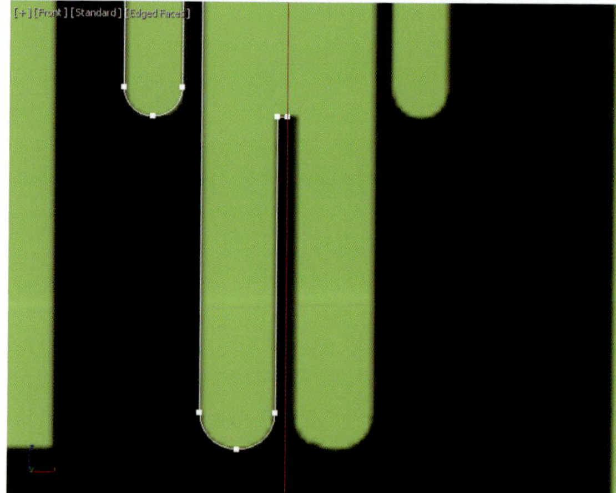

18 대칭 복사하기 위해 다음과 Spline Sub-Object Level로 변경한 후 앞서 만든 Spline을 선택합니다. Mirror 명령으로 다음과 같이 복사하여 줍니다.

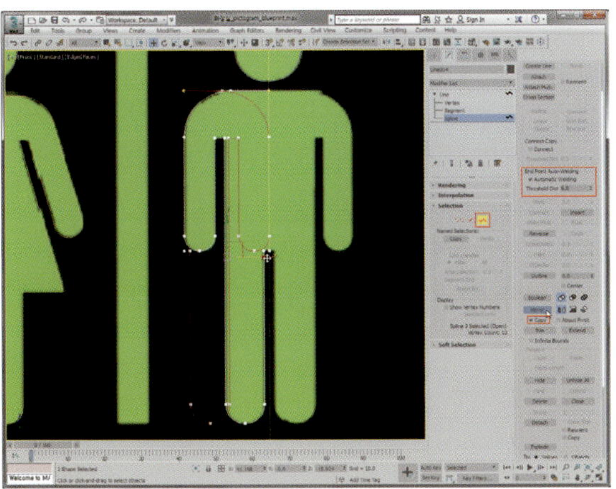

19 끝점을 붙이기(Weld) 위해 Move 명령으로 끝부분이 일치하도록 잘 조정해줍니다. 이때 반드시 Automatic Welding이 체크가 되어 있어야 합니다.

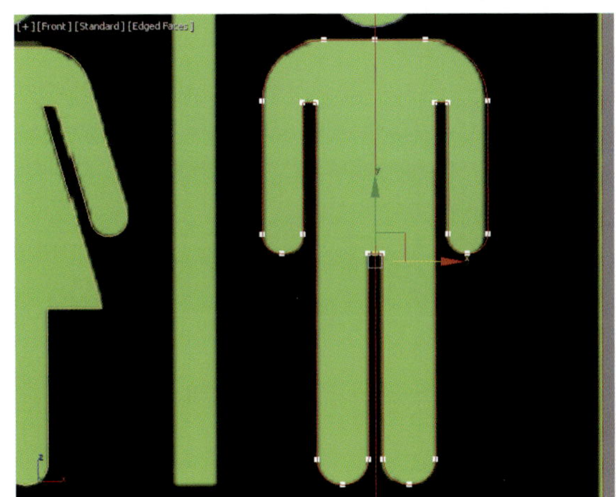

20 Create〉Shapes〉Rectangle 명령으로 그림에 맞추어 칸막이 부분의 사각형을 그려줍니다.

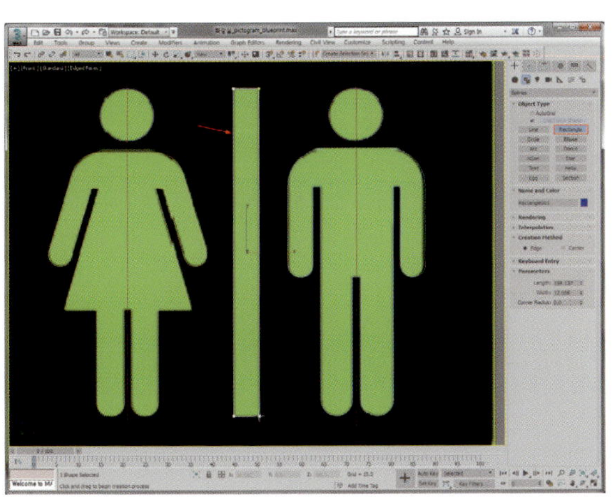

21 계속해서 그림과 같이 바깥 부분의 도면에 맞추어 둥근 사각형을 그려줍니다.

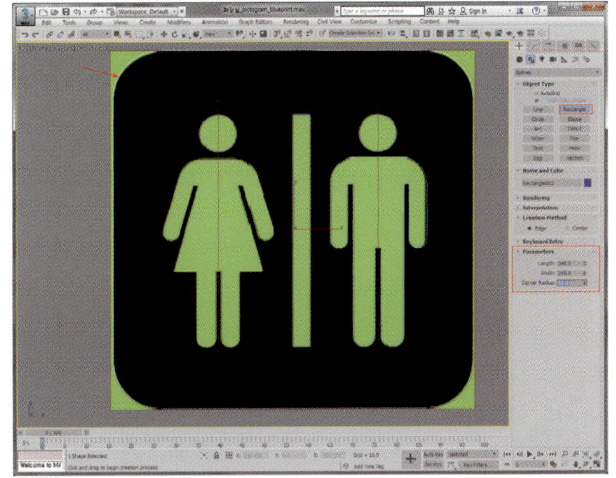

22 도면으로 사용된 Plane 오브젝트와 중심선으로 사용된 수직선 2개도 모두 Delete 키로 삭제해줍니다.

23 이제 모든 Spline을 모두 하나의 Spline으로 만들어야 합니다. 한꺼번에 Attach 하기 위해 우선 A Spline을 선택하고 Attach Mult. 버튼을 클릭합니다. 나타나는 대화상자에서 목록을 모두 선택해 준 후 Attach 버튼을 클릭합니다.
참고로 목록에 있는 오브젝트를 다중으로 선택하기 위해서는 Ctrl 키, 또는 Shift 키를 사용합니다.

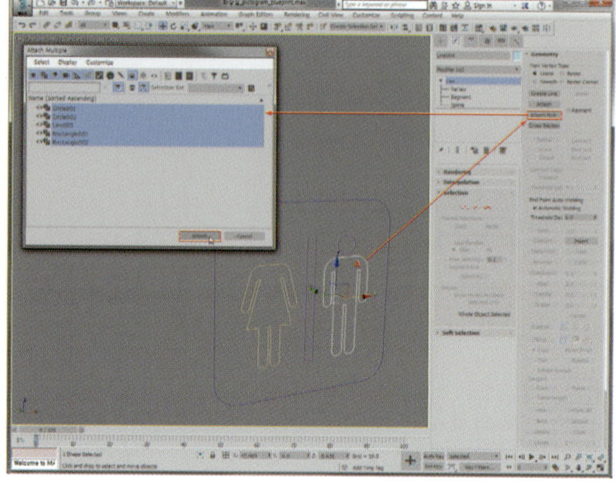

25 'Material Editor'에서 Diffuse Color를 변경한 후 'Assign Material to Selection' 아이콘을 클릭하여 오브젝트에 재질을 적용시켜 줍니다.

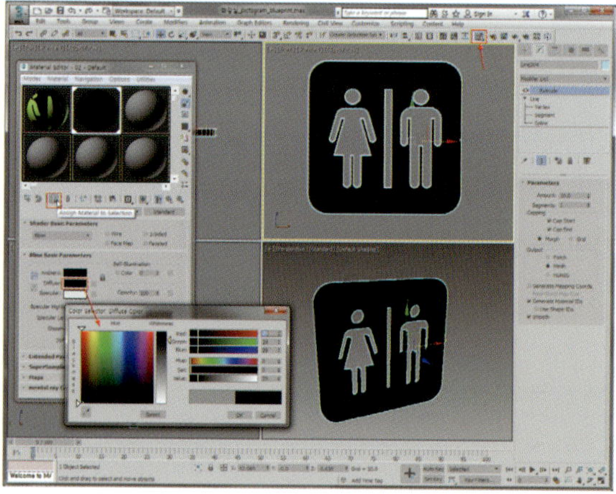

24 하나로 만들어진 Spline에 Modifier List에서 'Extrude'를 적용하고, 두께는 "10.0"으로 설정합니다.

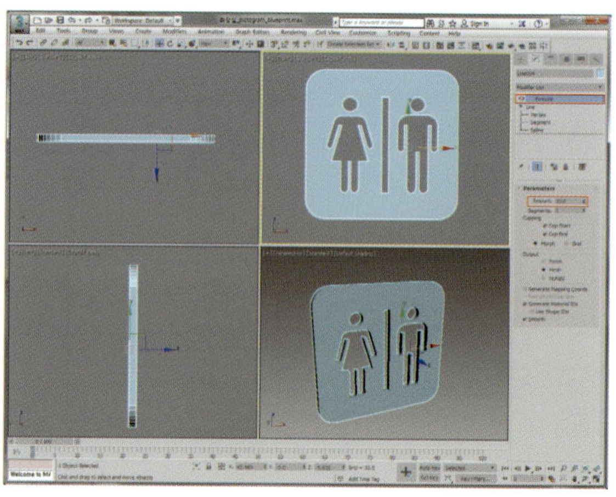

26 '화장실 픽토그램'이 모두 완성되었습니다. 다른 픽토그램을 검색하여 독자 여러분이 직접 작업해보도록 합니다.

◉ CD 제공 : 화장실_pictogram.max

Lesson 02

Spline 활용하여 모델링하기 II

Spline 활용하여 모델링하기 II 는 앞서 장애인과, 화장실 픽토그램 만들기를 기초로 하여 Spline 연습을 보다 진보적인 3D 모델링에 접근할 수 있도록 도와줍니다.

다람쥐 북엔드 예제는 직선과 곡선형태의 Spline을 편집하는 방법과 입체적으로 만들어 가는 과정을 배우며, 나무 재질로 매핑하는 방법에 대해 배웁니다.

Section 01 │ 다람쥐 북엔드 모델링하기

북엔드(Bookend)는 일렬로 세워 놓은 책들이 넘어지지 않도록 지지하거나 받쳐주는 버트레스 역할을 하도록 설계된 물건입니다. 북엔드는 대부분 금속제의 얇은 판을 이용하여 L자형 또는 역 T자형(ㅗ의 형태)의 형태가 일반적입니다. 본 예제에서는 귀여운 다람쥐 형태를 띄고 있는 목재로 만들어진 북엔드를 만들어 보도록 하겠습니다.

본 예제의 단위는 Customize〉Units Setup〉System Unit Setup〉Inches로 설정하여 작업하였습니다.

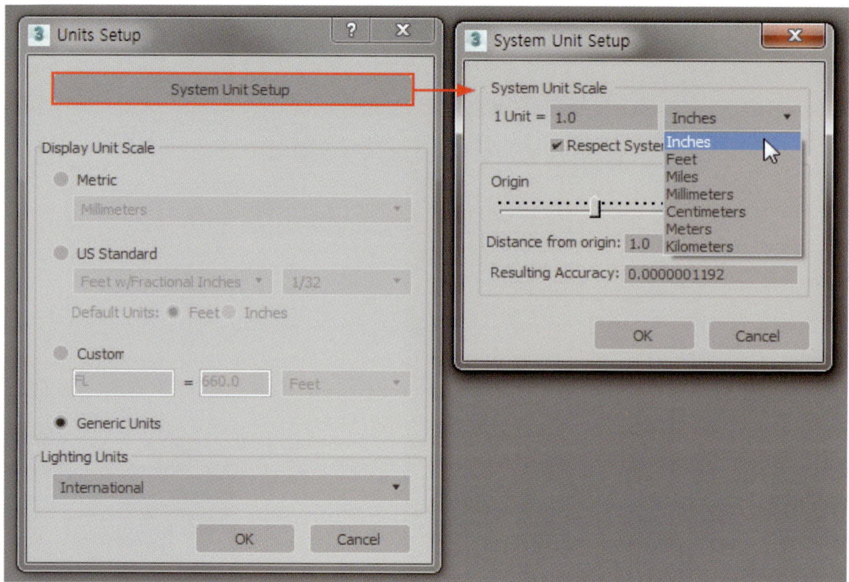

01 모델링을 하려면 먼저 도면이 될 Plane 오브젝트가 필요합니다. Front View에 다음과 같은 크기[482× 514]의 Create〉Geometry〉Plane 오브젝트를 만들어 줍니다.

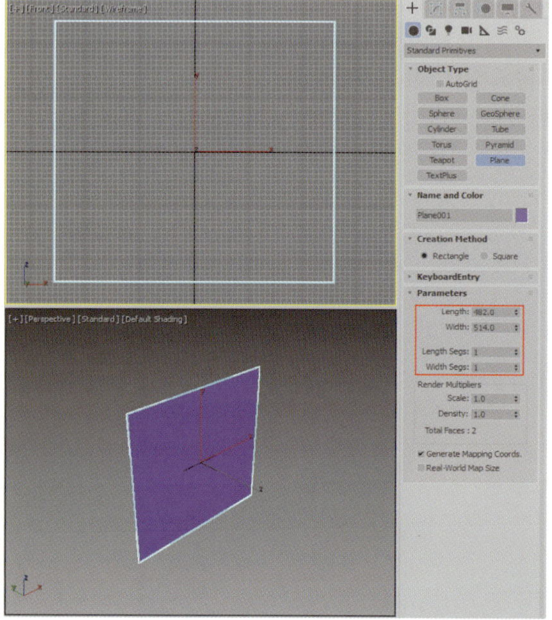

02 Material Editor[M] 창을 불러 낸 다음 Diffuse Color의 None(A)을 클릭합니다. 목록에서 Bitmap을 선택하고 제공된 CD 부록에서 '다람쥐_북엔드.jpg' 파일을 불러들여 선택된 Plane 오브젝트에 매핑합니다. 앞서 Lesson 01에서 연습했던 것처럼 Front View에서 F3 키를 눌러 맵이 보이도록 하며, G 키를 눌러 Grid가 화면에 보이지 않도록 합니다. 그리고 J 키를 눌러 Bracket을 사라지게 합니다.

03 현재 작업하고 있는 데이터를 Save[Ctrl + S] 명령으로 저장합니다.

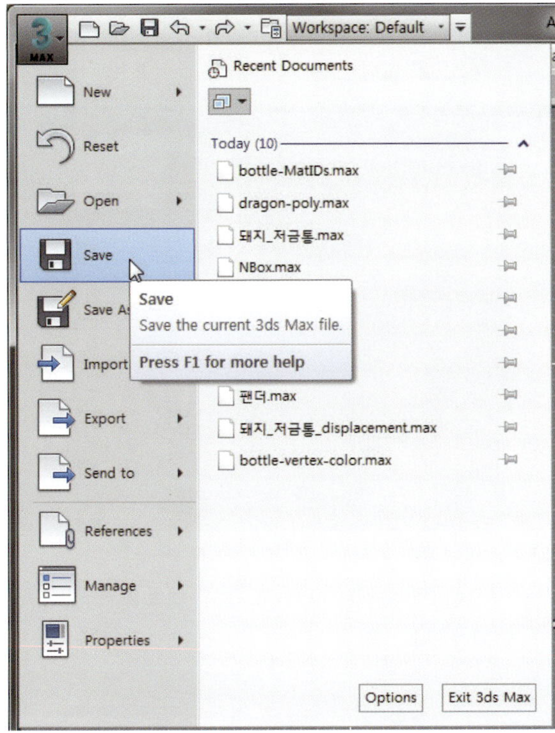

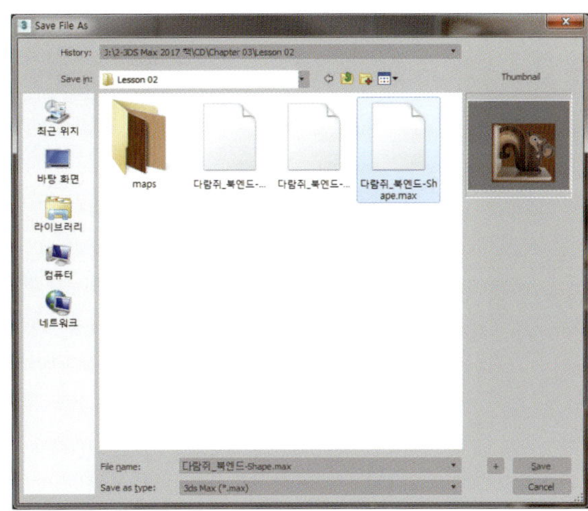

04 작업 과정에 도면이 선택되지 않도록 다음과 같이 설정해줍니다. Plane 오브젝트를 선택한 후 마우스 오른쪽 버튼을 눌러 나오는 Quad Menu에서 'Object Properties'를 선택합니다. 대화창에서 그림과 같이 설정해줍니다.

알아두기 | Backface Cull이란

'Backface Cull'은 오브젝트의 반대편에 있는 면을 보이지 않게 또는 면을 보이게 하는 옵션입니다. 즉 면의 안쪽과 바깥쪽의 디스플레이 여부를 결정하는 것으로, 도면의 Blueprint 설정에 많이 사용하며, 인테리어 장면 같은 경우는 Flip 명령과 함께 벽체의 내부를 보이게 할 때 주로 사용합니다.

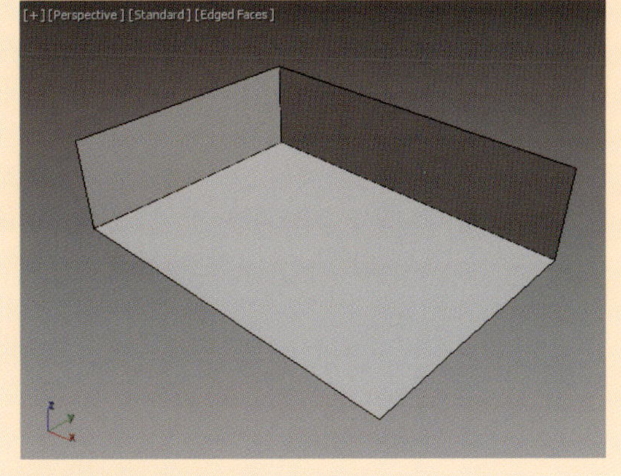

05 Front View를 선택한 후 Alt + W 키를 눌러 화면을 확대합니다. Create〉Shapes〉Line을 다음과 같이 설정하고 그림에 맞추어서 Line을 그려줍니다.

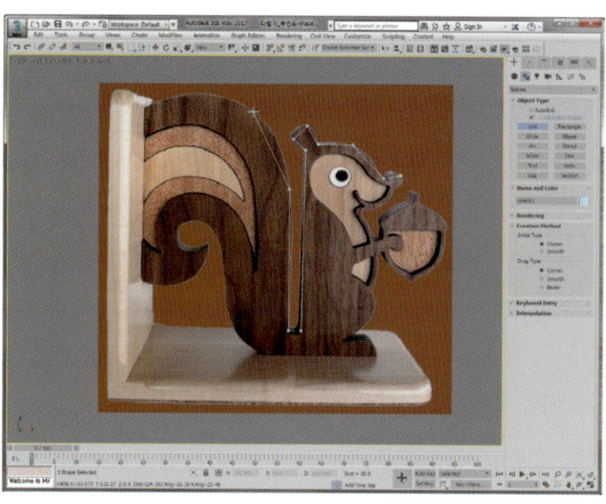

06 계속해서 그림에 맞추어 처음 시작했던 Vertex까지 작업을 해줍니다. 마지막에 Spline 대화창이 나타나면 '예'에 클릭해줍니다.
작업 도중 한 단계 취소하려면 Back Space 키를 사용하도록 합니다.

07 Vertex Sub-Object Level를 선택합니다. Vertex 속성을 변경하기 위해 방금 그렸던 모든 Vertex들을 모두 선택하고, 마우스 오른쪽 버튼을 눌러 나오는 Quad Menu에서 Smooth 속성으로 변경해줍니다.

08 그림과 같이 모든 직선 Line들이 둥근 곡선으로 바뀌었습니다.

09 다시 모든 Vertex들을 모두 선택한 후 마우스 오른쪽 버튼을 눌러 나오는 Quad Menu에서 Vertex 속성을 Bezier로 변경해줍니다.

알아두기 | Vertex 속성 변경할 때

Corner의 속성을 가진 Vertex에 Bezier 속성으로 바로 바꾸게 되면 Vertex 간의 Step이 불규칙적으로 나타나며, Bezier 핸들이 비대칭으로 나타나기 때문에 가능하면, Corner의 Vertex에 먼저 Smooth 속성을 적용한 후 Bezier를 적용하도록 합니다. 그러면 Vertex 간의 Step과 Bezier 핸들이 대칭으로 나타나게 됩니다. 즉, Corner→Smooth→Bezier 순으로 적용합니다.

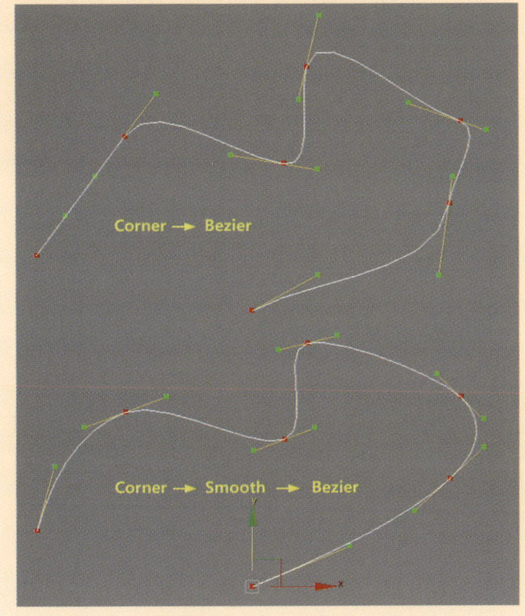

11 이제 각각의 Bezier 핸들을 이용하여 그림에 맞추어 조정해줘야 합니다. 곡선과 직선이 만나는 부분 또는 뾰족한 부분은 Move + Shift 키를 사용하여 핸들을 조정해주며, 곡선에 해당되는 부분은 Vertex의 위치를 도면에 맞추어 재 조절해주고, Bezier 핸들을 그림에 맞추어 조정해주도록 합니다.

10 다음과 같이 Bezier 핸들이 모든 Vertex에 나타납니다.

알아두기 | Bezier 핸들 조정하는 방법

곡선이 들어가는 부분은 Vertex의 위치와 핸들을 재조정해주고, 곡선과 직선이 만나는 부분 또는 뾰족한 부분은 Bezier Corner의 속성으로 변경해서 조정해야 합니다.

Bezier 속성에서 Shift 키를 누르고 Bezier 핸들을 조정하면, Bezier Corner 속성으로 변경되는데, 이때 핸들을 조정할 때에는 Move[W] 툴을 사용해야 합니다. 제약을 받지 않고 자유로운 방향으로 핸들을 조정하려면 Plane Handles의 X축과 Y축이 활성화되어 있어야하며, Center Box Handle을 활성화 시킨 후 핸들을 조정해야 합니다.

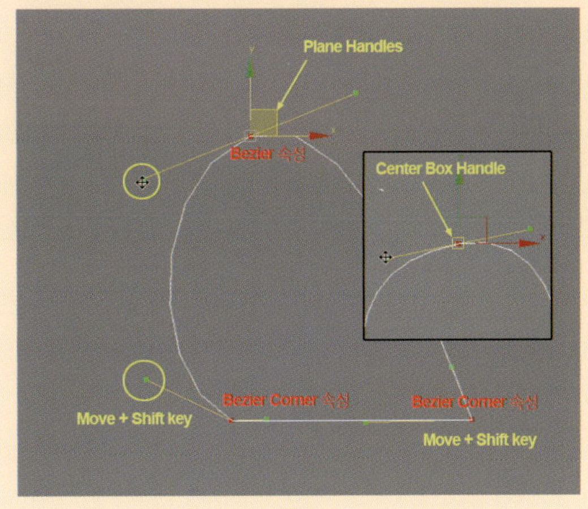

12 Vertex를 추가하기 위해서는 Refine 명령을 사용하며, 필요 없는 Vertex를 삭제할 때에는 Delete 키를 사용합니다.

13 다음과 같이 Bezier 핸들을 조정해줍니다.

14 계속해서 같은 방법으로 인내심을 가지고 모든 Vertex의 Bezier 핸들을 그림에 맞추어 조정해줍니다. 반드시 곡선부분에 해당되는 Vertex의 속성은 Bezier로 해줘야 합니다. 그렇지 않으면 두께를 적용했을 때 그 면에는 스크래치가 발생되니 유의해야 합니다.

15 그림과 같이 안쪽에도 Line을 그려주고, 하나의 커브로 만들기 위하여 Line(A, B, C)들을 모두 Attach 해줍니다.

16 앞서 작업했던 방법으로 Smooth→Bezier 속성으로 변경해주고, 그림에 맞추어 Bezier 핸들을 모두 조정해줍니다.

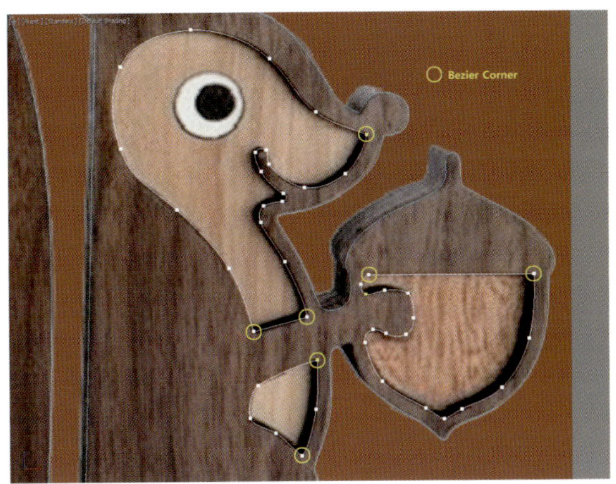

17 Snap[S]을 활성화시켜주고, Snap 아이콘 위에서 마우스 오른쪽 버튼을 눌러 나오는 대화상자에서 Vertex에 체크한 후 다음과 같이 A 지점에서 B 지점까지 Line을 그려줍니다.

18 Snap을 비활성화시켜주고 다음과 같이 Vertex의 속성을 동일한 방법으로 변경한 후 Bezier 핸들을 조정해줍니다.

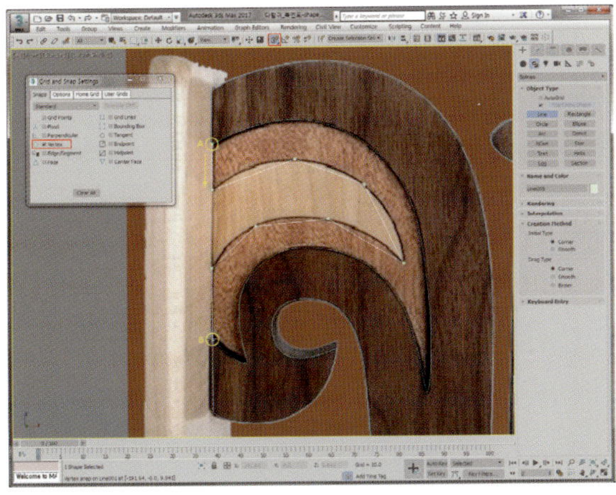

19 눈을 만들기 위해 Create〉Shapes〉Circle을 사용하여 그림도면에 맞추어 눈을 두 개 그려줍니다.

20 외곽 Spline A를 선택한 후 Attach를 클릭합니다. 안쪽의 Spline B를 선택하여 하나의 Spline으로 만들어줍니다.

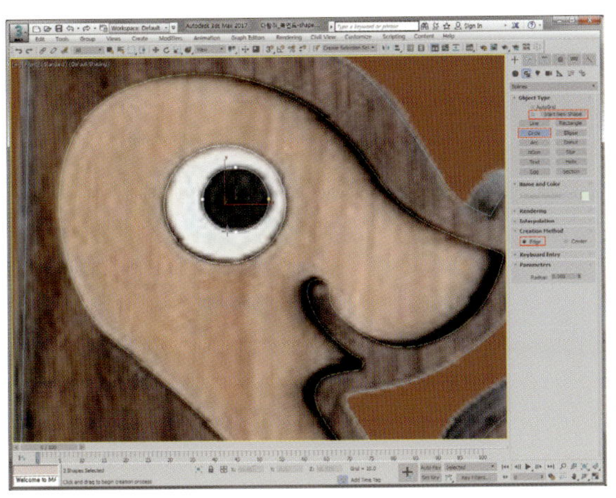

21 Name and Color의 입력란 이름을 "outside_curve"로 변경합니다.

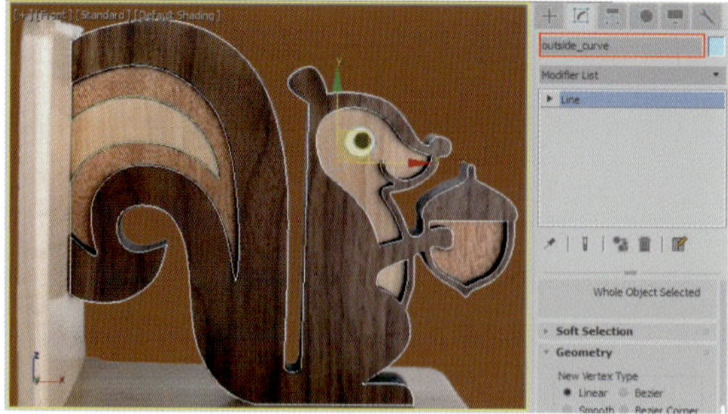

23 꼬리쪽 부분을 정리하고 넘어가도록 하겠습니다. 외곽 Spline을 선택한 후 Selection 항목의 Segment Sub-Object Level을 선택한 다음, 장면에 있는 Segment C를 선택(Ctrl 키와 함께)합니다. Detach의 Copy에 체크해주고 Detach 버튼을 클릭합니다. 이름을 "inside_curve_tail"로 변경해줍니다.

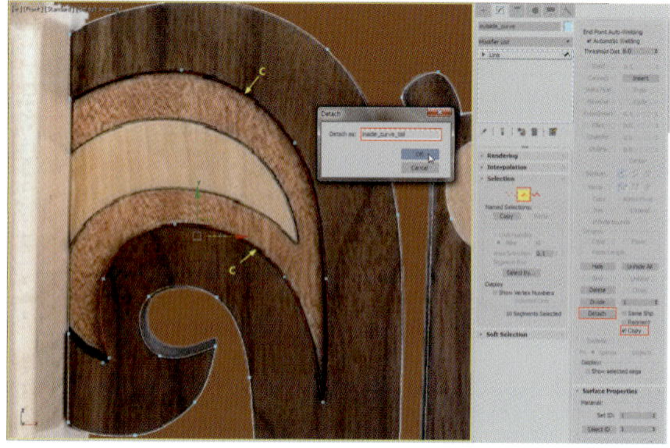

25 'inside_curve_tail' Spline이 선택된 상태에서 Attach 버튼을 클릭하고, 장면에 있는 Spline D를 선택합니다.

22 Selection 항목의 Spline Sub-Object Level에서 장면에 있는 Spline A, B, C를 선택합니다. Detach의 Copy에 체크해주고 Detach 버튼을 클릭합니다. Detach 대화상자에서 이름을 "inside_curve"로 변경해줍니다. 이것은 나중에 안쪽 부분의 면이 될 것입니다.

24 Main Menu에서 'Selection by Name'[H] 버튼을 클릭합니다. 대화창에 나오는 목록에서 'inside_curve_tail' 이름을 선택하고 OK버튼을 클릭합니다.

26 하나의 Spline으로 합쳐져 있지만 양 끝점들은 서로 연결되어있지 않습니다. 이를 해결하기 위해 다음과 같이 Vertex Sub-Object Level의 Selection으로 변경해주고, 끝에 있는 모든 Vertex들을 선택해줍니다.

28 계속해서 꼬리 부분을 정리하도록 하겠습니다. Selection 항목의 Segment Sub-Object Level을 선택한 다음, 장면에 있는 Spline E를 선택합니다. Detach의 Copy에 체크해주고 Detach 버튼을 클릭합니다.
이름을 "inside_curve_tail2"로 변경해줍니다.

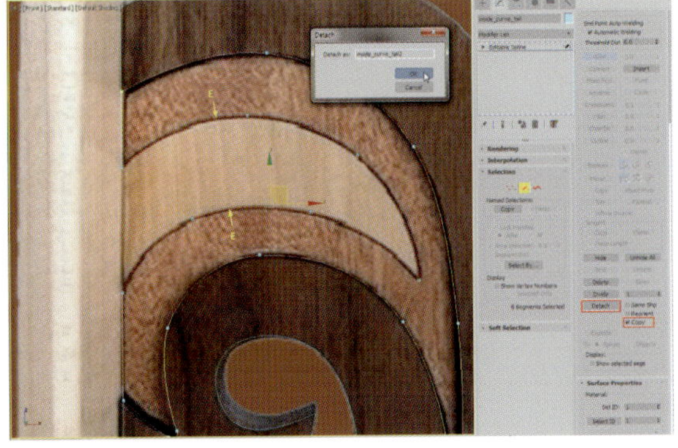

27 Weld 버튼을 클릭하여 끊어진 Vertex들을 연결된 형태의 Spline으로 만들어 줍니다.

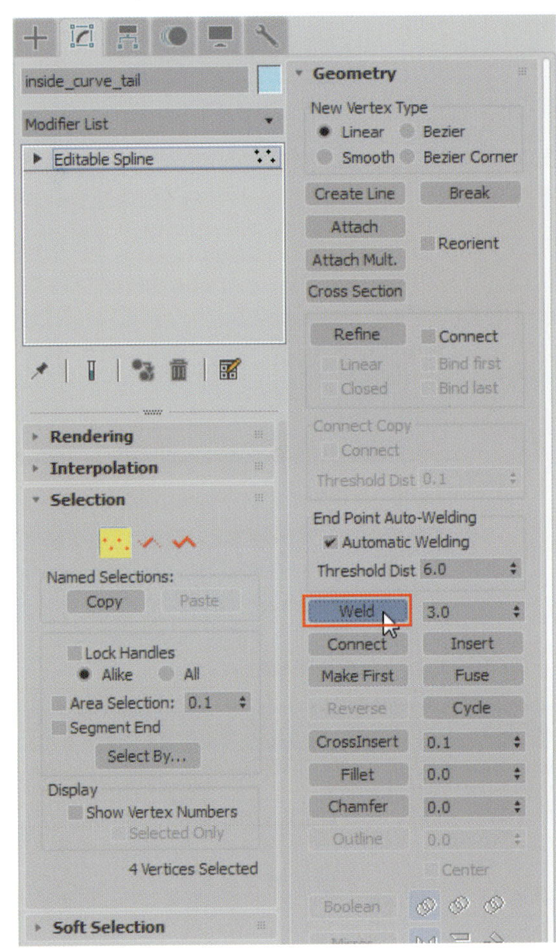

29 끊어진 'inside_curve_tail2' Spline을 연결하도록 하겠습니다. 먼저 Spline 'inside_curve_tail2'를 선택합니다. Create Line 버튼을 클릭하고 A 지점으로 다가가면 마우스 커서가 변경되는 것을 알 수 있습니다.
이때 반드시 End Point Auto-Welding[B] 항목의 'Automatic Welding'의 체크박스에 체크해줘야 합니다.

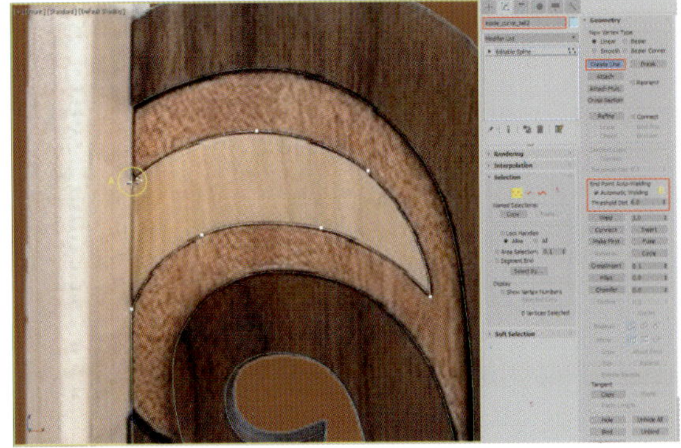

30 마우스를 클릭하여 a 지점에서 b 지점까지 연결되게 이어줍니다. 대화창에 '예'를 클릭해줍니다.

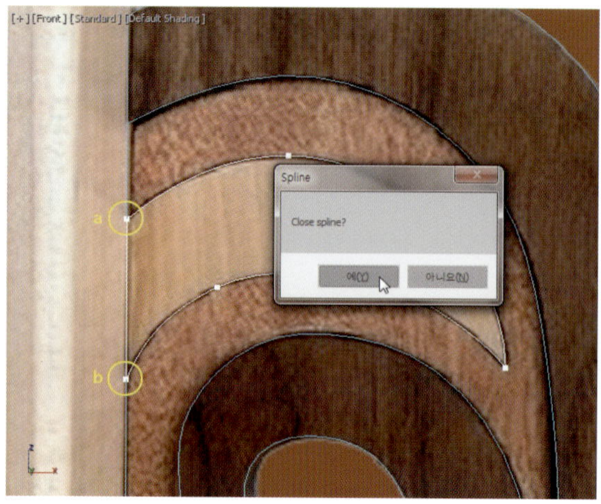

31 눈 부분의 흰자와 검은자를 정리하도록 하겠습니다. 일단 눈에 해당되는 Spline을 선택하고 이름을 다음과 같이 'eye_white'로 변경해줍니다.

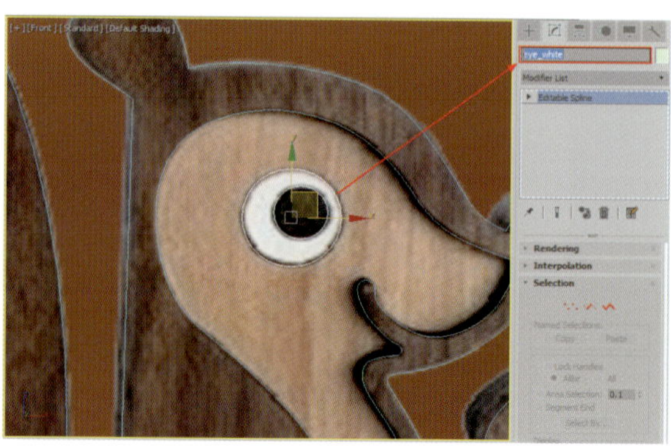

작업 장면에 복잡하게 얽혀져 있는 Spline 또는 오브젝트가 있을 경우 쉽게 선택을 하기 위해서는 Main Menu의 'Selection by Name'명령을 활용하도록 합니다. 단축키는 H 키를 사용합니다.

32 Selection 항목에서 Spline Sub-Object Level를 선택한 후 장면에 있는 검은자(A)에 해당되는 Spline을 선택합니다. Detach의 Copy에 체크한 상태에서 Detach 버튼을 클릭하고 이름을 "eye_black"으로 입력해주고 OK버튼을 클릭합니다.

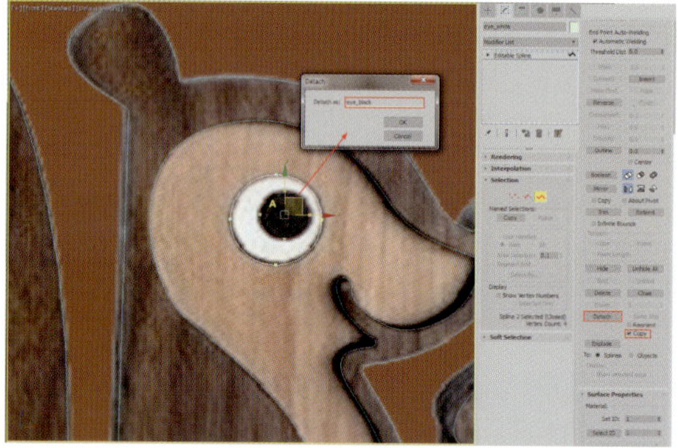

33 다람쥐 관련 Spline이 모두 정리가 되었습니다. 확인하는 차원에서 키보드에서 H 키를 누르면 장면 목록에 다음과 같은 이름들이 열거됩니다.

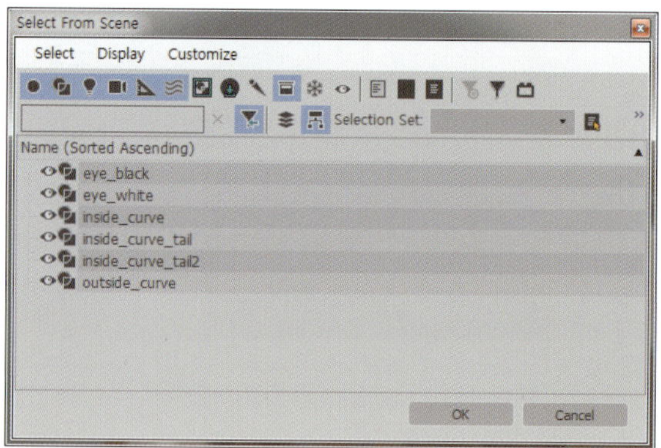

CD 제공 : 다람쥐_북엔드-Shape.max

'ㄱ'자 형태의 받침대와 지지대는 다람쥐가 어느 정도 완성된 후 마지막에 만들도록 하겠습니다. 이제 앞서 만든 Spline에 Extrude 명령으로 각각 다른 수치로 두께를 적용하도록 하겠습니다.

34 Viewport 상에서 마우스 오른쪽 버튼을 눌러 나오는 Quad Menu에서 'Unfreeze All'을 옵션을 선택합니다.

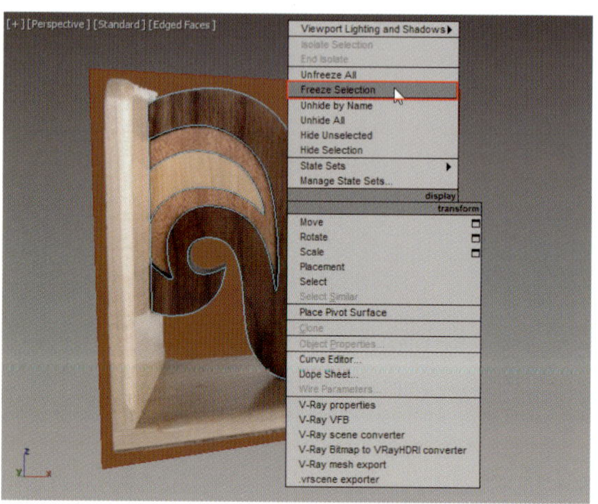

35 다람쥐 도면을 선택하고 Delete 키를 눌러 삭제합니다.

37 Main Menu 바의 'Select Object'[H]를 클릭한 후 'inside_curve'와 'inside_curve_tail', 'inside_curve_tail'2를 선택하고 OK버튼을 클릭합니다.
목록에서 다중으로 선택할 때에는 Ctrl 키를 같이 사용합니다.

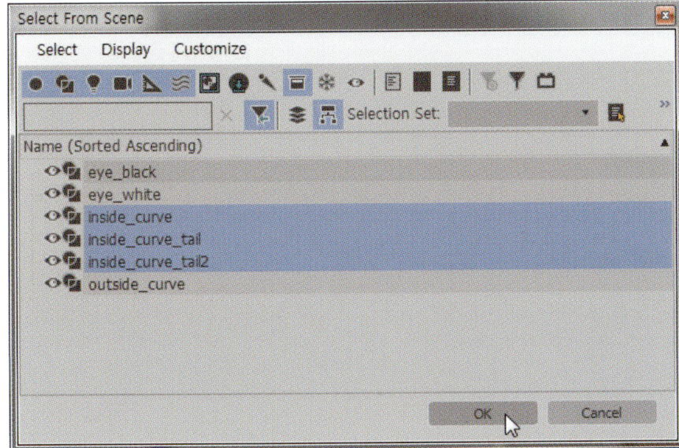

39 이제 눈 부분을 완성하도록 하겠습니다. 눈을 표현하기에 가장 좋은 방법은 매핑하는 방법이지만 이번 예제에서는 얇은 두께를 주는 방법으로 하겠습니다. 'eye_white' Spline과 'eye_black' Spline을 동시에 선택하고 Extrude를 적용합니다. Amount 값은 아주 얇게 "0.1"로 적용합니다.

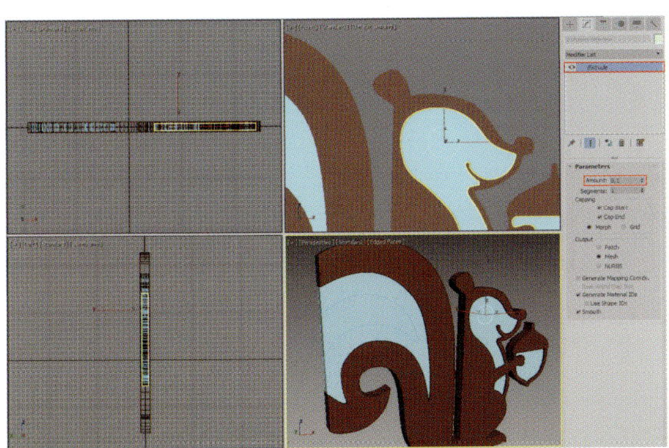

36 'outside_curve' Spline을 선택하고 Modifier List에서 Shell을 적용합니다. Inner Amount와 Outer Amount 값에 각각 "10"을 입력합니다. 오브젝트 색상을 진갈색으로 변경하였습니다.

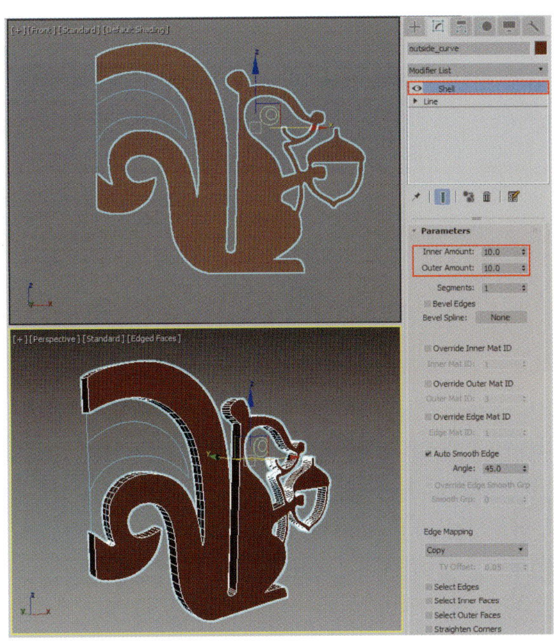

38 Modifier List에서 Shell을 적용하고, Inner Amount와 Outer Amount 값에 각각 "6"을 입력합니다.

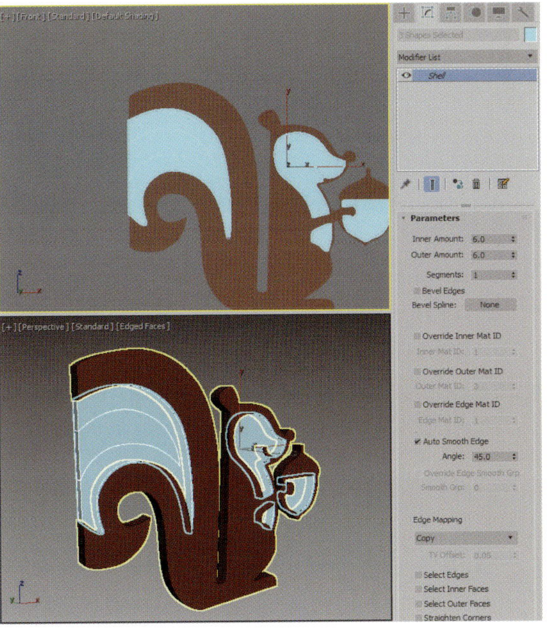

40 눈동자들을 앞면 쪽으로 이동시켜서 'inside_curve' 오브젝트 표면 위에 닿도록 배치시켜 줍니다.

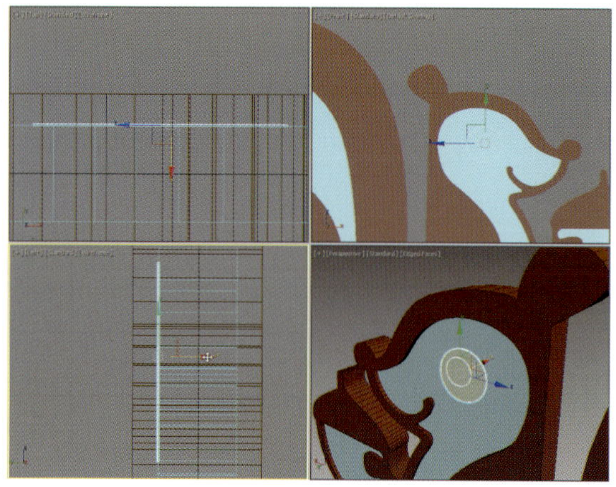

41 반대편에도 복사해줍니다. Left View에서 Move [Shift]+[W]] 키를 누른 후 우측으로 드래그한 다음 마우스에서 손을 떼면 복사가 됩니다.

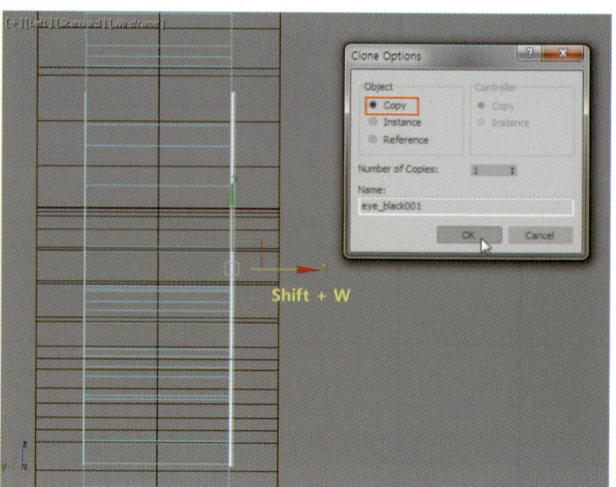

42 최대한 확대해서 우측의 눈동자를 표면위에 바짝 붙여주도록 합니다.

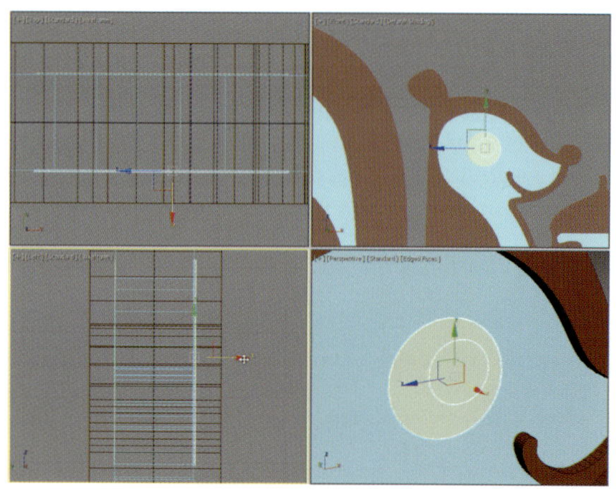

43 이제 지지대의 바닥부분을 만들도록 하겠습니다. Top View에서 다음과 같은 크기[360×470]의 사각형을 그려줍니다.

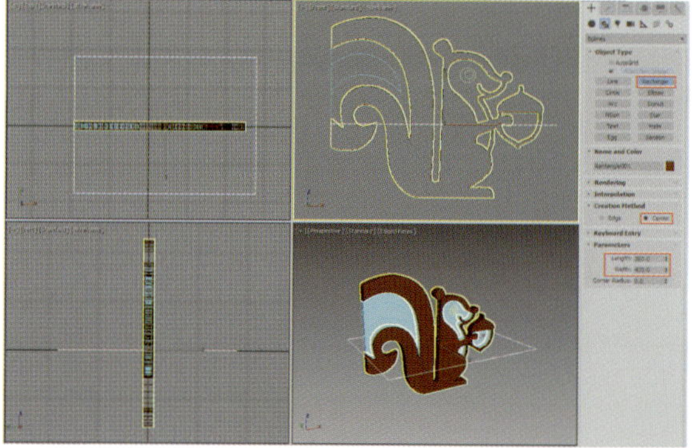

44 사각형을 선택한 후 마우스 오른쪽 버튼을 눌러 나오는 Quad Menu에서 'Convert to Editable Spline'을 적용합니다.

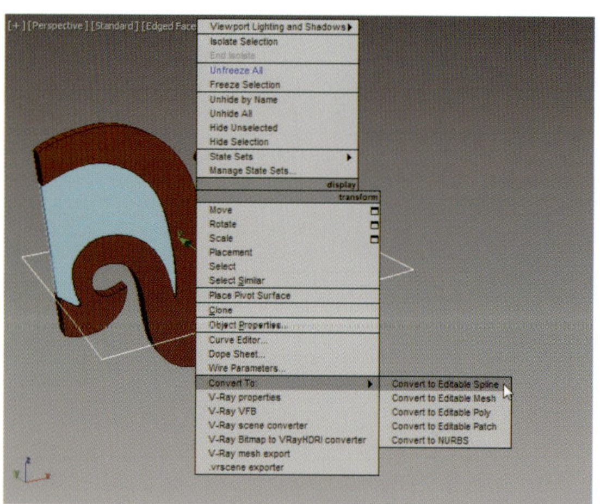

45 Selection 항목의 Vertex Sub-Object Level을 선택하고 그림과 같이 앞부분의 Vertex 2개를 선택합니다.

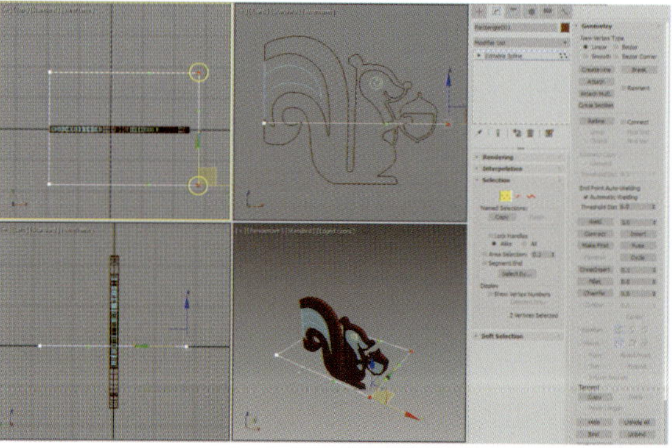

46 Fillet 값에 "50"을 입력하고 Enter 키를 누릅니다. 그 결과 모서리 부분이 둥근 곡선으로 바뀌었습니다.

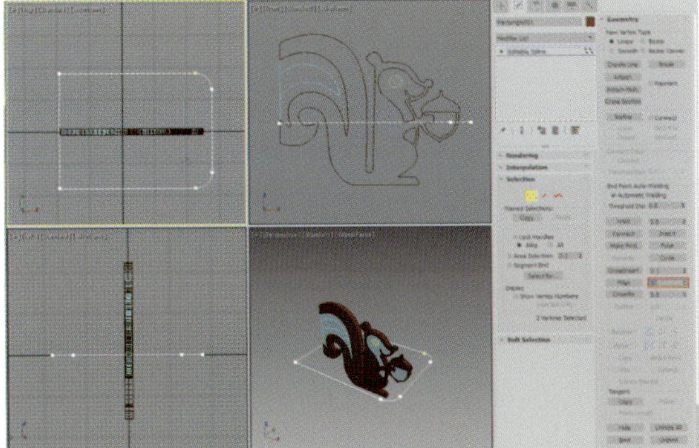

47 Modifier List에서 Extrude를 적용하고, Amount 값에 "25"를 입력합니다.

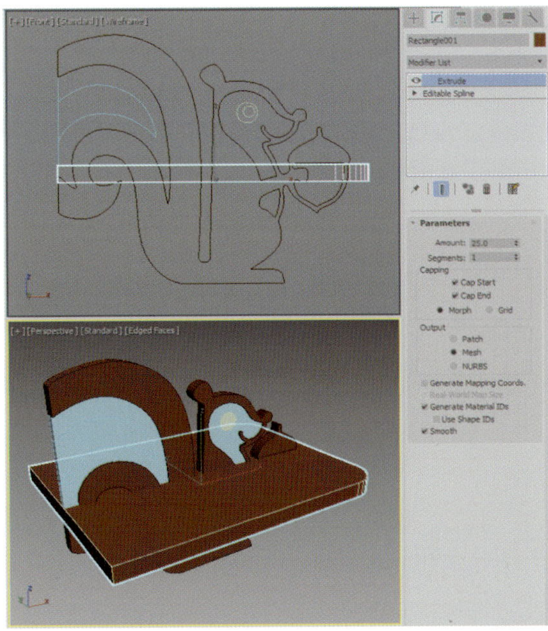

48 Move[M] 명령으로 다람쥐 오브젝트들을 모두 선택하고 받침대 표면위로 이동시켜줍니다.

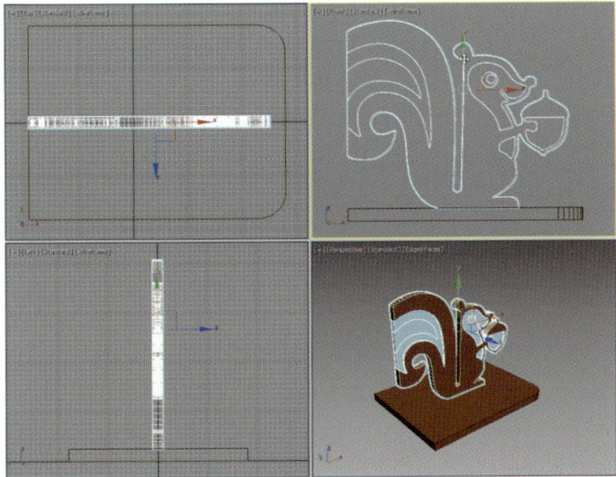

49 Left View에 다음과 같은 크기[425×360]의 사각형을 그려줍니다.

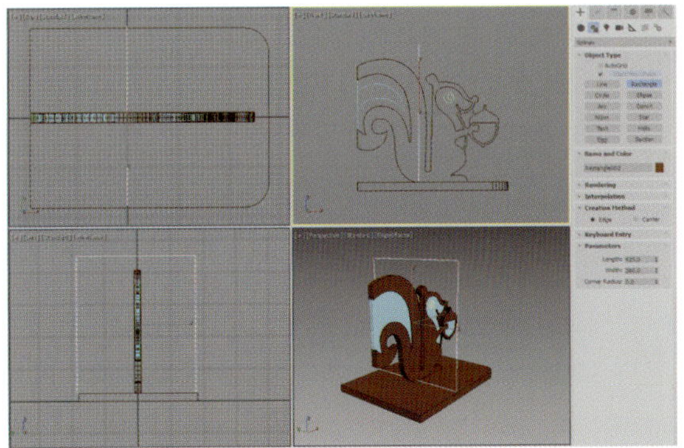

50 계속해서 마우스 오른쪽 버튼을 눌러 나오는 Quad Menu에서 'Convert to Editable Spline'으로 변경합니다.

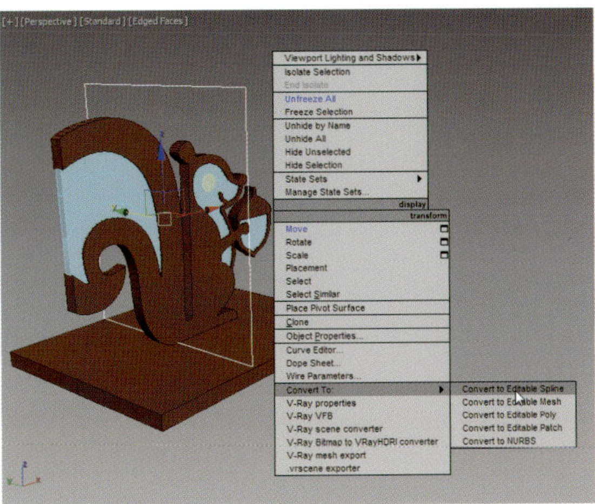

51 상단 쪽의 Vertex를 선택합니다. 앞서 작업한 동일한 방법으로 Fillet 값 "50"을 입력하고 Enter 키를 눌러 둥근 모서리로 만듭니다.

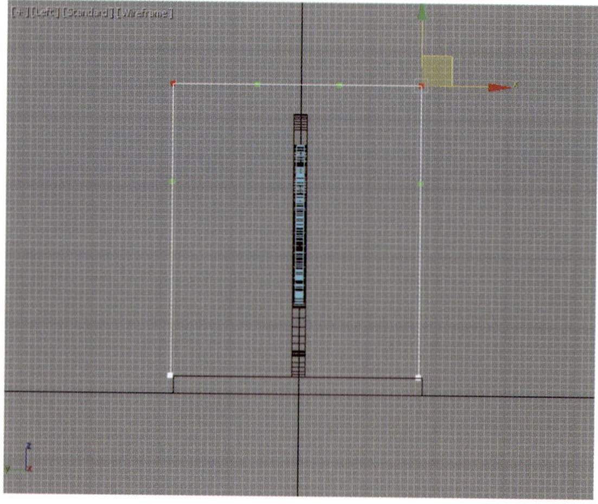

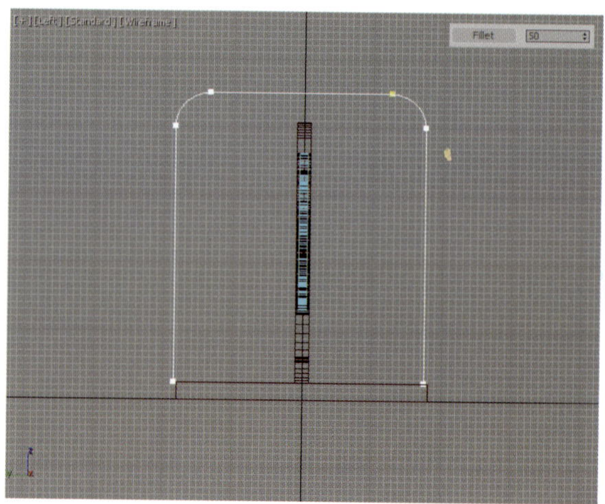

52 Modifier List에서 Extrude를 적용시켜 주고, Amount 값은 "25"를 적용합니다.

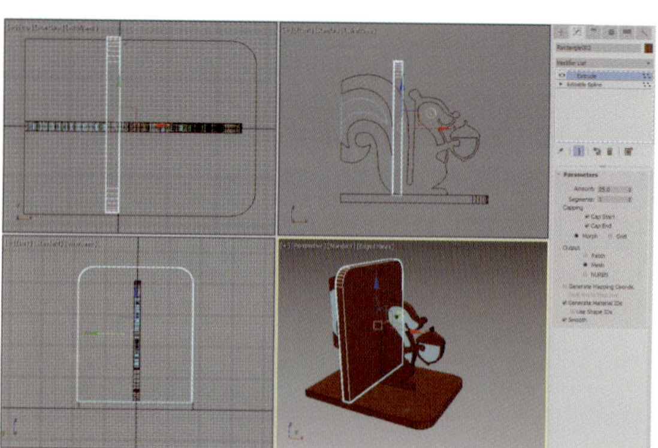

53 Move[W] 명령으로 그림처럼 받침대와 지지대를 배치시켜 줍니다.

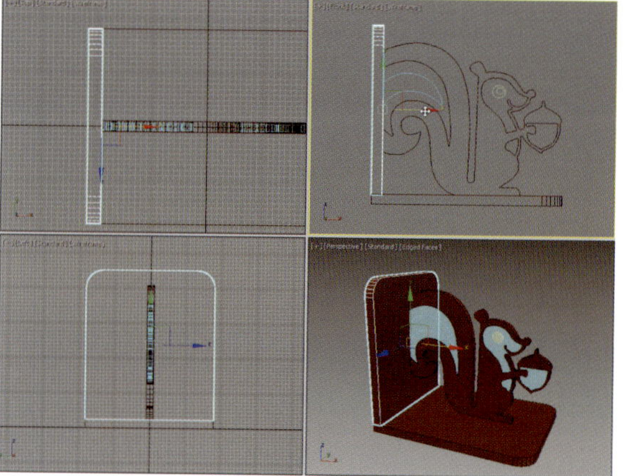

54 다람쥐 북엔드 모델링이 모두 완성되었습니다. 다음 파트에서는 본 모델링에 나무로 매핑하도록 하겠습니다.

CD 제공 : 다람쥐_북엔드—modeling.max

Section 02 | 다람쥐 북엔드 나무로 매핑하기

다람쥐 형태의 북엔드(Bookend)는 모두가 나무재질로 만들어져 있기 때문에 UVW Map 명령으로 쉽게 매핑할 수 있습니다.

인터넷의 구글에서 'Wood Texture' 검색어로 대량의 맵 소스를 쉽게 얻을 수도 있습니다.

01 이제 각각 다람쥐 오브젝트에 나무를 매핑하도록 하겠습니다. Material Editor[M] 창을 불러낸 다음 두 번째 슬롯에서 Diffuse Color 맵의 None(A)을 클릭합니다.

목록에서 Bitmap으로 선택하고 제공된 CD 부록에서 'wood_02.jpg' 이미지를 불러옵니다.

02 'Go to Parent' 아이콘을 클릭하여 상위 메뉴로 이동합니다.

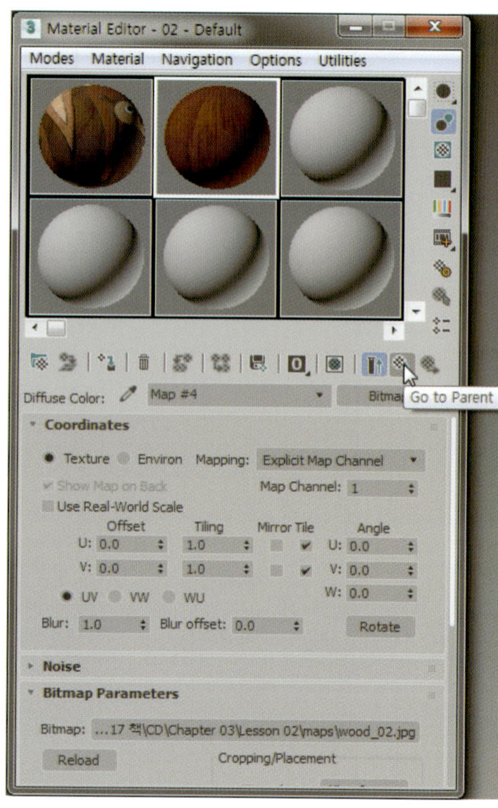

03 Viewport에 있는 다람쥐의 'outside_curve' 오브젝트(A)를 선택합니다. 'Assign Material to Selection'(B)을 클릭하여 선택된 오브젝트에 재질을 적용합니다.
이어서 Specular Highlights(C)를 조정해주고, 'Show Shaded Material in Viewport'(D)를 클릭하여 맵이 Viewport에서 보이게 합니다.

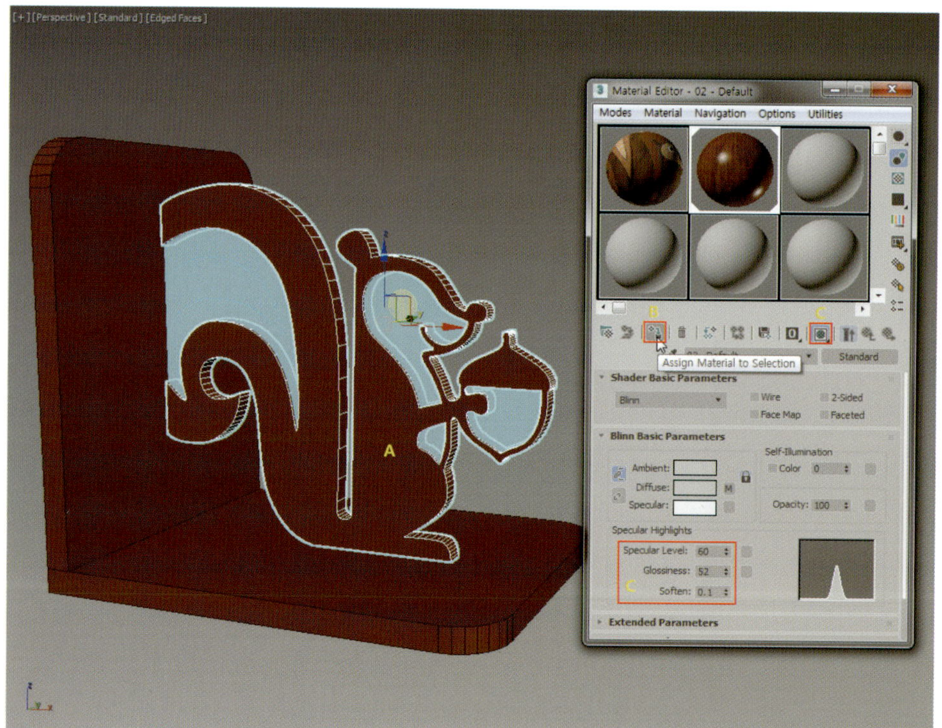

04 나무 재질을 적용했음에도 불구하고 Viewport에서 나무의 맵이 나타나지 않습니다. 여기에는 반드시 UVW Map이라는 수정인자를 적용해야 나무의 맵이 나타나게 됩니다.
Modifier List에서 UVW Map을 적용시켜주고, Mapping Type은 Box에, U Tile 값은 "4.0"을 입력합니다.

05 세 번째 슬롯을 선택하고 앞서 같은 방법으로 나무 재질(wood_03.jpg)을 불러들여 'inside_curve' (A)와 'inside_curve_tail' (B) 오브젝트를 선택하고 나무 재질을 적용시켜 줍니다.

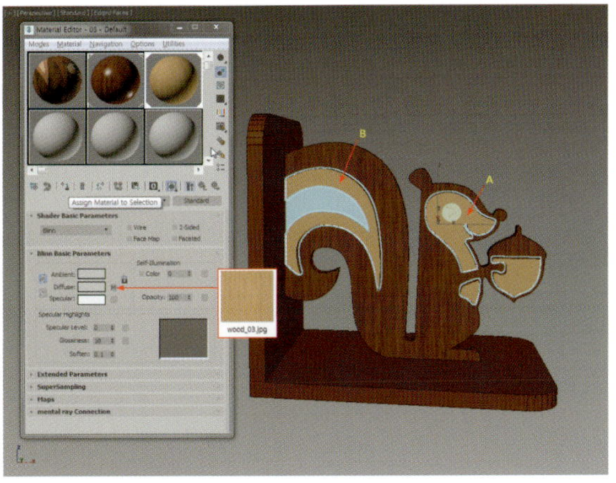

06 이번의 경우에도 Viewport에서 나무 맵이 보이지 않기 때문에 Modifier List에서 UVW Map을 적용시켜주고, U Tile 값에 "3.0"을 적용합니다.

07 계속해서 같은 방법으로 'inside_curve_tail2' 오브젝트에도 나무 재질(wood_01.jpg)로 매핑합니다. U Tile 값에 "2.0"을 적용합니다.

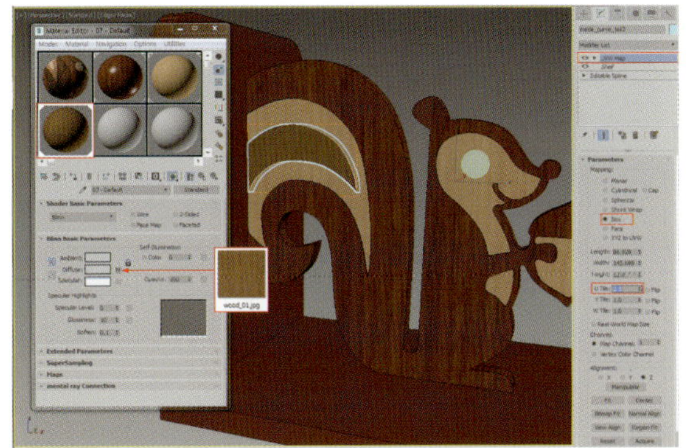

08 양쪽에 있는 흰자 'eye_white', 'eye_white001' 오브젝트에 흰 재질로 적용시켜 줍니다.

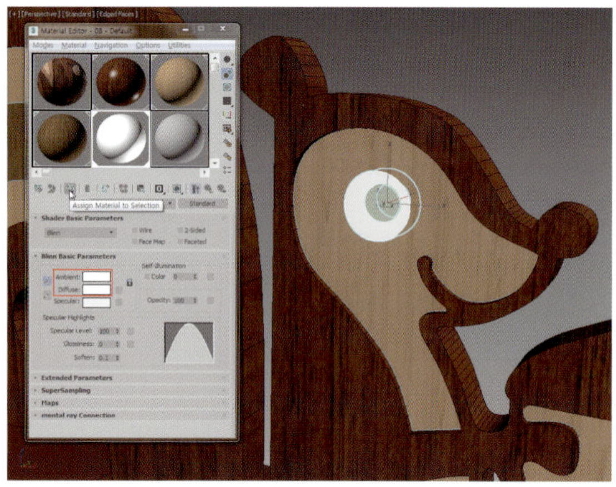

09 양쪽의 검은자 오브젝트를 선택하고, 검정색 재질로 적용시켜 줍니다.

10 이제 마지막으로 지지대와 받침대쪽에 나무 재질을 입혀주도록 합니다. 먼저 지지대(A) 오브젝트를 선택하고, 4번째 슬롯에 있는 나무 재질로 적용시켜 줍니다.

11 Modifier List에서 UVW Map을 적용시켜 주고, 다음과 같이 U Tile 값에 "2.0"을 적용합니다.

13 다람쥐 북엔드 모델링에 대한 매핑이 모두 완료되었습니다.

12 받침대 오브젝트에도 같은 재질과 UVW Map을 적용시켜줍니다. 나무의 결을 변경시키기 위해 Alignment는 X 축의 라디오 버튼에 체크해주고, 맵이 오브젝트의 크기에 정확하게 맞도록 Fit 버튼을 눌러 줍니다.

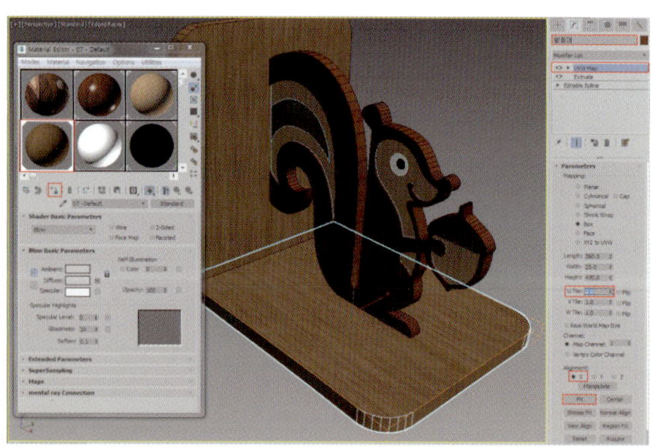

14 오브젝트의 Edge 색상을 통일시키기 위해 전체 오브젝트를 모두 선택합니다. 'Name and Color'의 컬러 박스를 선택하고 검정색상으로 변경해준 후 OK버튼을 클릭합니다.

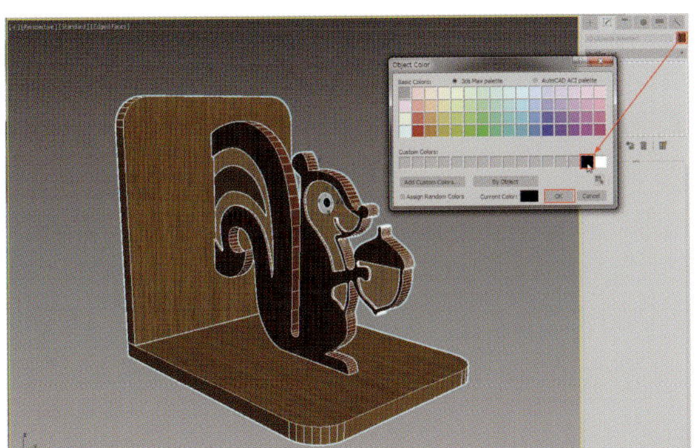

15 완성된 다람쥐_북엔드 작업 결과 이미지입니다.

◎ CD 제공 : 다람쥐_북엔드-mapping.max

Chapter 

Materials

재질은 오브젝트가 어떻게 빛을 반사하고 전달하는지를 설명합니다. 재질에서 맵은 텍스처(Texture), 적용된 디자인, 반사, 굴절 및 기타 이펙트를 시뮬레이션할 수 있습니다. 또한 재질은 기본적으로 제품 품목으로 본다면 플라스틱, 유리, 금속, 아크릴, 목재, 알루미늄 등이 대표적이라 할 수 있으며, 건축으로는 주로 유리, 메탈, 유리, 천, 대리석, 석재, 타일, 목재, 종이, 가죽, 벽돌, 물 등이 있습니다. 이렇듯 모든 물체는 저마다 고유 특성의 질감을 가지고 있는데 이를 통틀어 재질(Material)이라하고, 여기에 Texture(=Map Source)를 이용하여 물체에 입혀주는 것을 매핑(Mapping)이라고 합니다. 여기에 사용되는 Texture 같은 경우는 3ds Max에 기본적으로 제공되는 샘플 이미지를 사용할 수 있으며, 구글링을 통하여 방대한 데이터를 수집할 수 있습니다. 나아가서는 포토샵 프로그램을 이용하여 사용자가 직접 원하는 맵을 제작할 수도 있습니다.

Texture는 근본적으로 Bitmap의 의미를 가지고 있으며 모든 이미지나 동영상까지를 포함하고 있습니다.

최근에는 디지털 카메라의 보편화로 직접 사용자가 Texture를 직접 찍어 매핑에 직접 적용하기도 하며 자신만의 고유 라이브러리를 만들기도 합니다.

3ds Max 내에 있는 Material Editor는 위의 재질들을 제작 및 수정 등이 가능하며, 다양한 Shader를 이용하여 원하는 재질을 쉽게 만들고 적용할 수 있습니다.

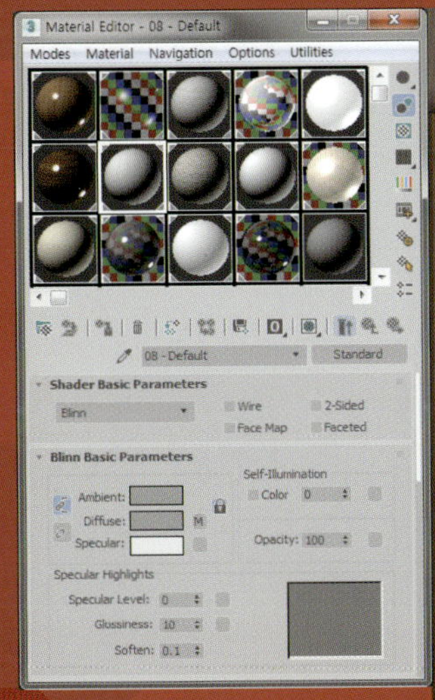

Lesson 01

Material Editor(재질 편집기)

Material Editor는 재질과 맵(Map)을 생성하고 편집하는 것으로 사용자가 원하는 어떤 재질이든지 다양하게 만들어 낼 수 있습니다. 3ds Max에서 기본적으로 제공하는 Mental Ray Sample 재질도 뛰어난 효과를 발휘하지만, 인터넷 웹사이트의 3D 관련 Cafe, 개인 블로그, 홈페이지 등에서 3ds Max User들이 공유하고 있는 *.mtl 소스 데이터를 직접 다운 받아 활용할 수 있으며, 구글링을 통한 Texture 검색으로 엄청난 양의 Texture 소스를 가지고 재질을 활용하는 방법도 있습니다.

최근에는 각종 Renderer의 발달로 다양한 고급 재질을 기본적으로 무료로 제공하고 있어 3ds Max User들이 재질 사용에 쉽게 접근할 수 있는 기회가 많아졌습니다.

Material Editor를 사용하기 위해서는 Main Toolbar의 Material Editor[ ] 아이콘을 클릭 하거나, 키보드의 M 키를 사용합니다. Material Editor의 방식은 크게 두 개의 인터페이스를 제공합니다. 기존의 'Compact Material Editor'와 넓게 사용할 수 있는 'Slate Material Editor'로 나누어지며, 아이콘[ ] 바로 위에서 선택할 수 있습니다.

■ **Compact Material Editor** : 3ds Max 2011 이전에 주로 사용했던 것으로 사용자에게 익숙한 인터페이스입니다. 다양한 재질을 신속하게 한눈에 미리 확인할 수 있으며, 디자인한 재질을 할당하는 경우 본 재질 편집기가 사용하기 수월합니다.

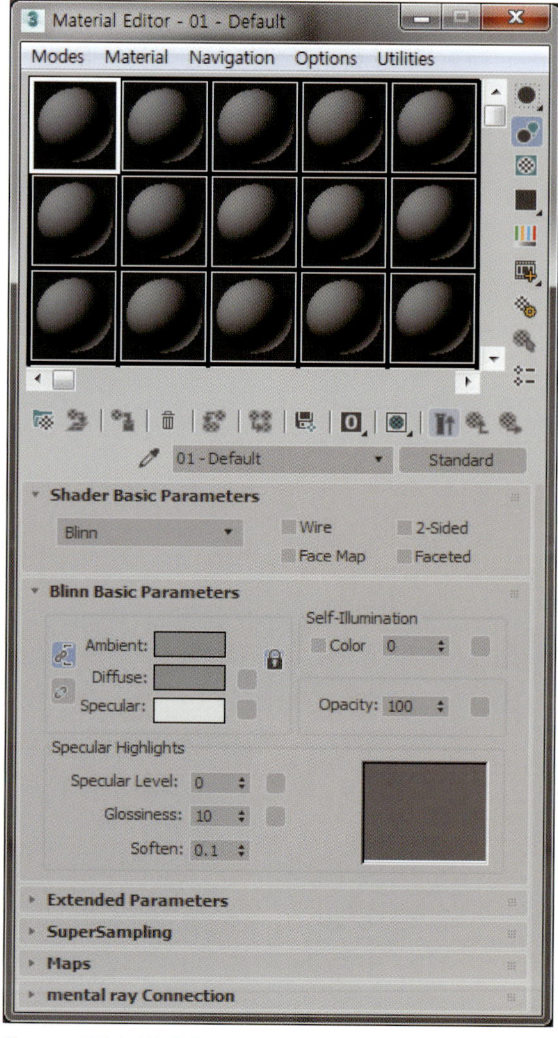

Compact Material Editor

■ **Slate Material Editor** : 재질과 맵이 노드 (Node)로 표시되는 큰 대화상자로, 이 노드를 함께 와이어링하여 'MetaSL Shader'에서 작성된 현상을 포함한 재질 트리를 만들 수 있습니다. 새로운 재질을 디자인하는 경우 Slate Material Editor가 특히 강력하며, 검색 도구가 포함되어 있어 많은 재질이 포함된 장면을 관리하는 데 도움이 됩니다.

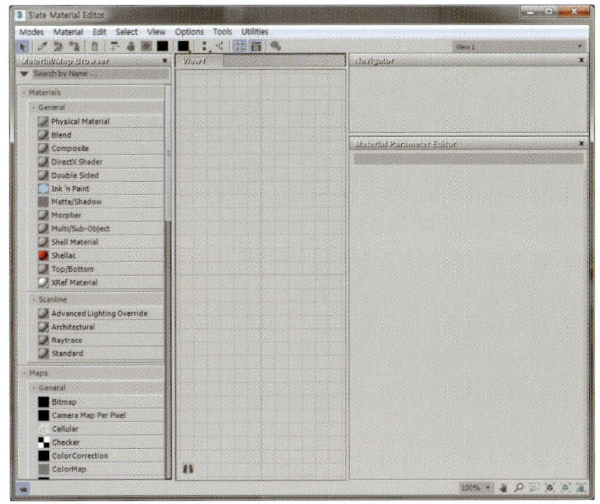

Slate Material Editor

Section 01 | Compact Material Editor 살펴보기

Compact Material Editor는 Slate Material Editor보다 작은 대화상자를 사용하는 인터페이스를 사용하며, 일반적으로 Slate 인터페이스는 재질을 디자인하는 경우 좀 더 다양하게 사용되며, Compact 인터페이스는 이미 디자인한 재질을 적용해야 하는 경우 더 편리합니다.

Compact Material Editor는 Main Toolbar에 있는 Material Editor 아이콘의 Fly Out[ ]에서 선택할 수 있으며, Rendering Menu에서도 불러올 수 있습니다.

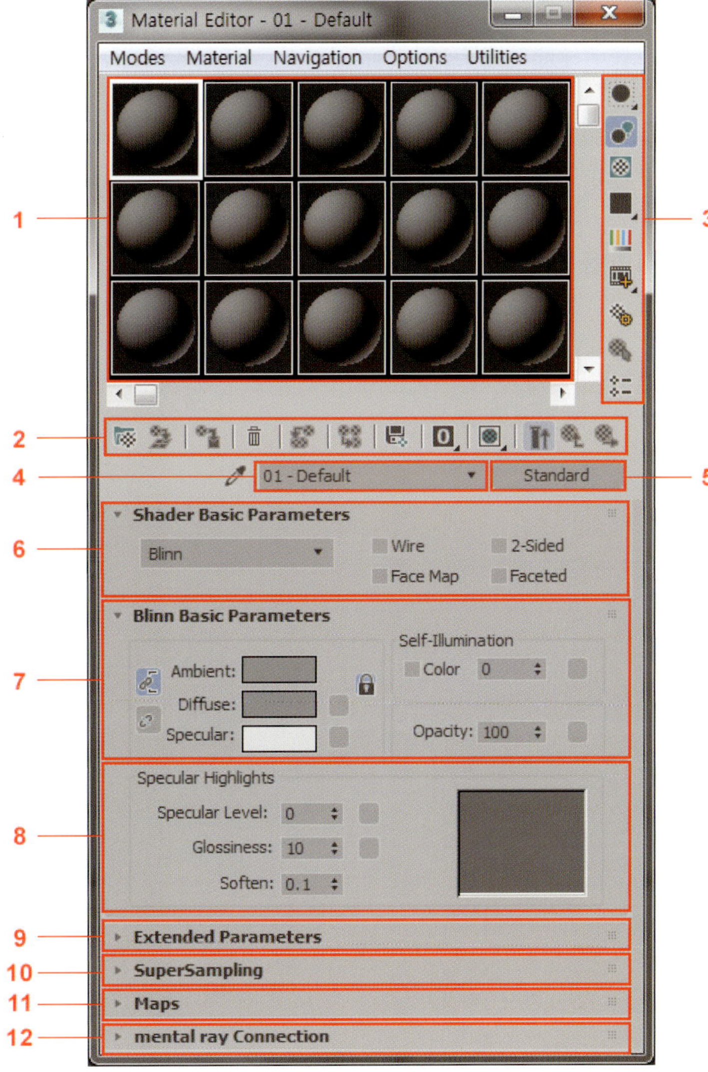

❶ **Sample Slot** : Shader를 사용한 재질이나 Map 을 미리 보기 형태로 보여주어 작업하는데 효율성 을 높여줍니다. 최대 24개의 슬롯을 디스플레이 해 줍니다. 마우스 우측 버튼을 누르게 되면, 다양한 Sample 개수로 배열할 수 있습니다.

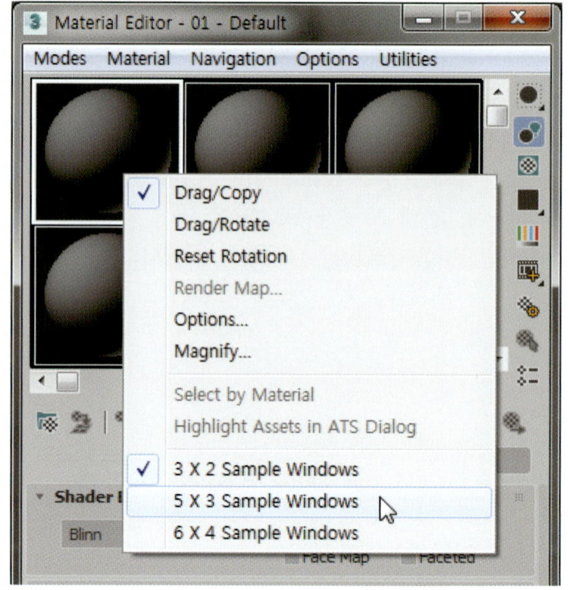

❷ **재질 적용 옵션 도구 모음** : 아이콘 순서대로 재질 가져오기, 장면에 재질 넣기, 선택사항에 재질 할당, 맵/재질을 기본 설정으로 다시 설정 재질 복사, 고유설정, 라이브러리에 넣기, 재질 ID 채널, 뷰포트에 음영 처리/사실적 재질 표시, 종료 결과 표시, 상위 부모메뉴로 이동, 앞쪽 동기 메뉴로 이동이 있습니다.

❸ **보기 옵션 도구** : 디스플레이 관련 옵션으로 애니메이션 미리 보기, 비디오 색상확인, 재질 편집기 옵션, 재질별 선택, 재질/맵 탐색기 등이 있습니다.

❹ **재질 이름 설정** : Name Field로 각 재질의 이름을 적용할 수 있습니다. 옆쪽의 스포이드 아이콘은 장면 의 오브젝트에서 재질을 선택할 수 있습니다.

❺ **재질 타입 설정** : 기본 Standard 재질부터 고급 재질 까지 불러들여 사용할 수 있습니다.

❻ **Shader 선택 및 면의 디스플레이 옵션** : 각 재질
에 맞는 Shader를 지정 및 렌더링할 때 면을 어떻게
디스플레이할 것인가에 대한 내용입니다.

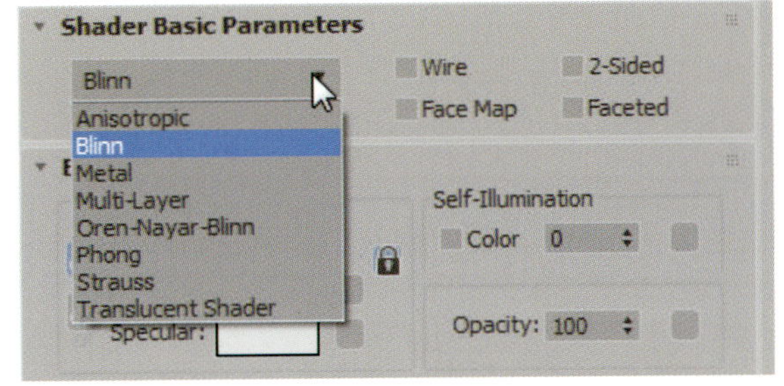

❼ **각 지정된 Shader 옵션** : 재질의 컬러와 발광, 투명도 등을 설정할 수 있습니다.

❽ **Highlight 설정** : 하이라이트의 세기, 광택, 반사광을 설정할 수 있습니다.

❾ **Extended 옵션** : 고급적인 투명도를 만들 수 있
으며, 굴절률, 반사 값 조절, Wire의 두께를 설정할
수 있습니다.

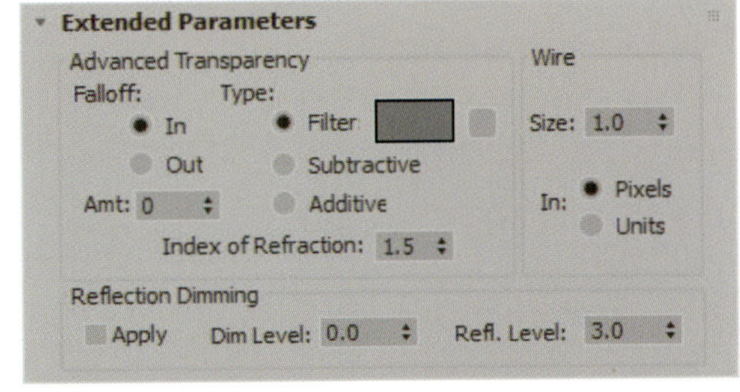

❿ **부드러움 지정 옵션** : Bump 맵에 노이즈 같은
복잡한 형태의 맵을 넣었을 때 거친 부분에 나타나
는 곳의 Highlight를 부드럽게 만들 수 있습니다.

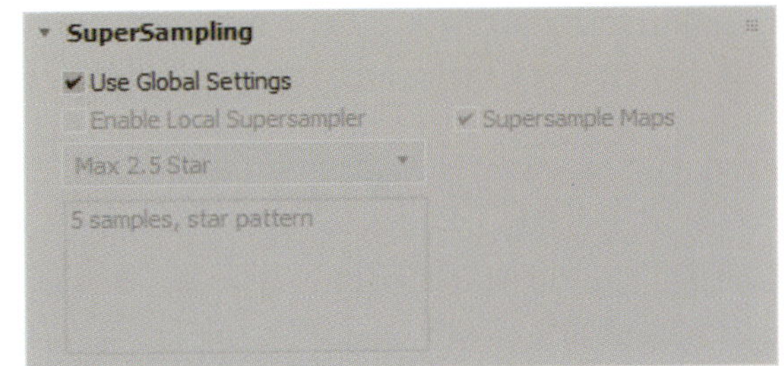

⓫ **맵 롤아웃** : 세부적으로 맵을 지정할 수 있습니다.

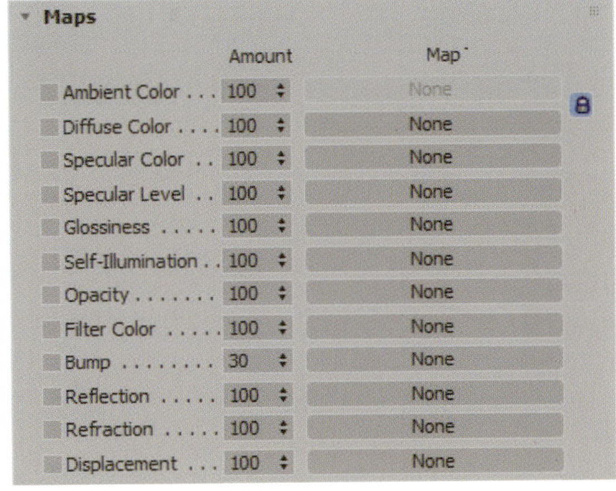

None을 클릭하면 Material/Map Browser 창이 뜨는데 다양한 2D Map과 3D Map을 사용할 수 있습니다.

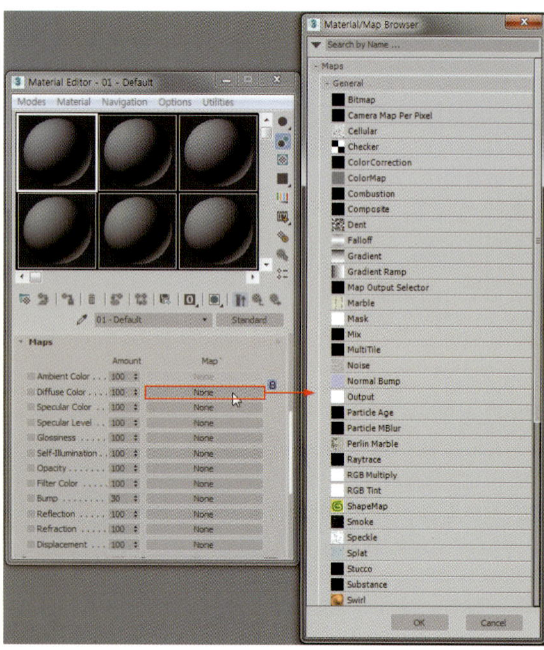

⓬ **Mental ray Connection** : 멘탈레이 렌더러를 사용하기 위한 멘탈레이 재질을 설정할 수 있습니다.

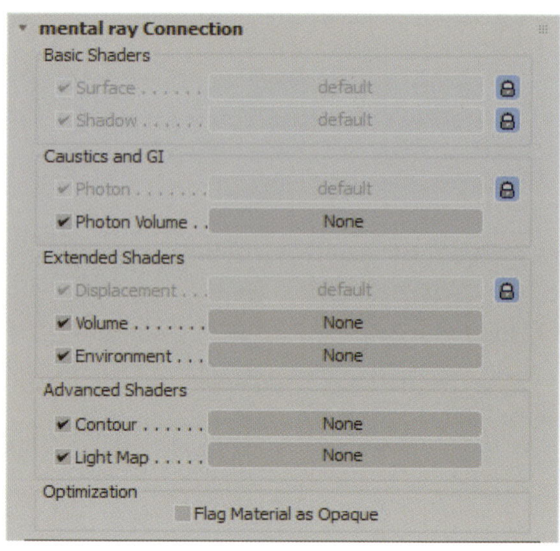

Section 02 | Material Editor의 Sample Slot

❶ **Sample Slot 배열** : 벌집처럼 형상화되어 있는 구의 하나 하나의 프레임을 Sample Slot이라 하고, 이것은 다양한 Sample Window 화면을 제공합니다. 하나의 Sample Slot에서 계속적으로 재질을 만들어내고 라이브러리에 저장할 수 있으며 다시 꺼내어 재사용할 수도 있습니다.

마우스 우측 버튼을 눌러 원하는 개수의 배열을 선택하면 됩니다.

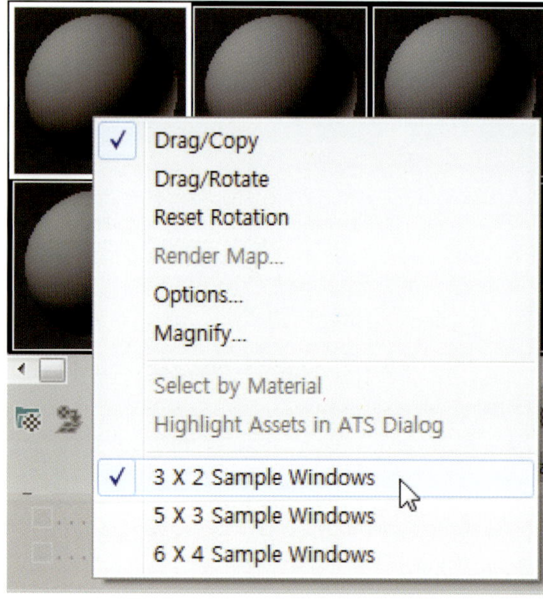

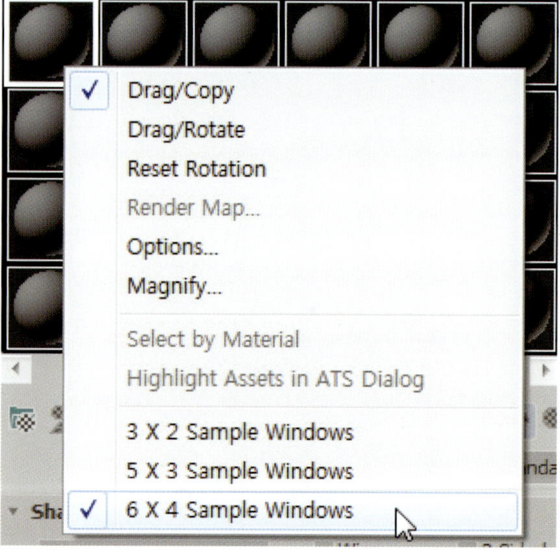

❷ Sample Slot 조정 : Sample Slot이 3×2, 5×3
의 배열의 경우, Slot의 경계라인에서 마우스로 드래
그하면 보이지 않는 재질이 나타납니다.

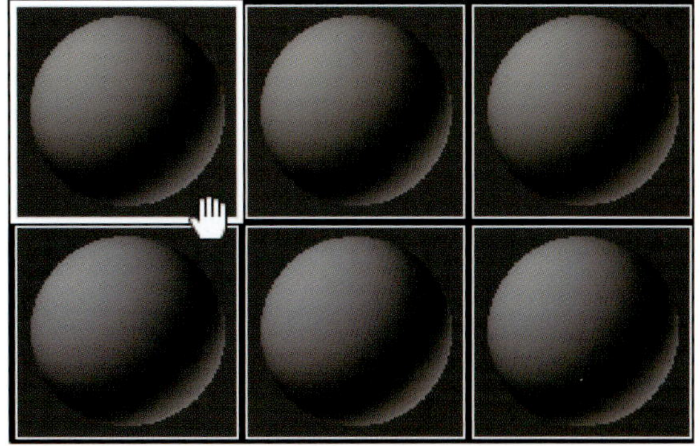

❸ Sample Slot 복사 : 복사할 Slot을 선택하여 주변의 빈 슬롯에 Drag & Drop 방식으로 드래그하여 복
사하여 주면 됩니다. 복사된 재질은 하나의 장면에 같은 재질이 존재할 수 없기 때문에 재질 명을 반드시 변
경해줘야 합니다.

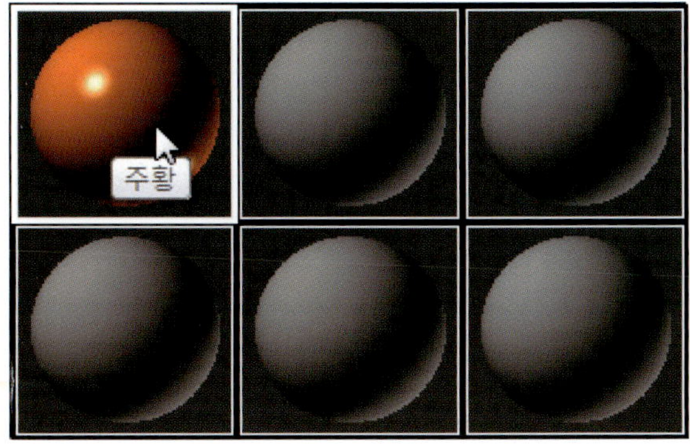

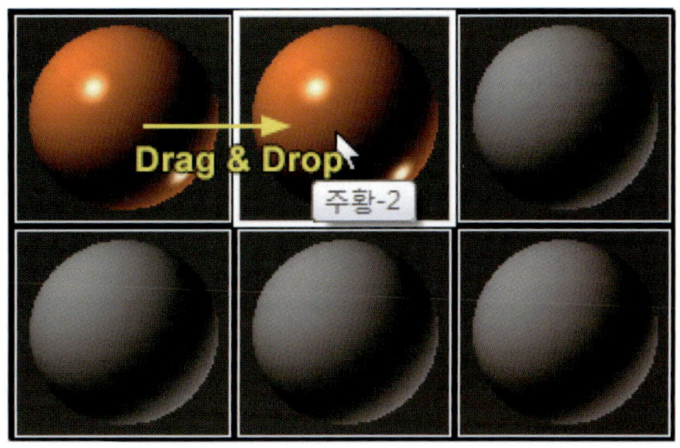

❹ Sample Slot 상태 확인 : 장면에 있는 물체에 재
질이 적용되면 Slot의 경계 모서리에 삼각형 띠가 나
타납니다. 해당되는 물체를 선택하게 되면 Sample
Slot 가장자리에 흰색 삼각형이 나타나게 되어, 사용
자가 어떤 재질이 적용되었는지 쉽게 알 수 있습니다.

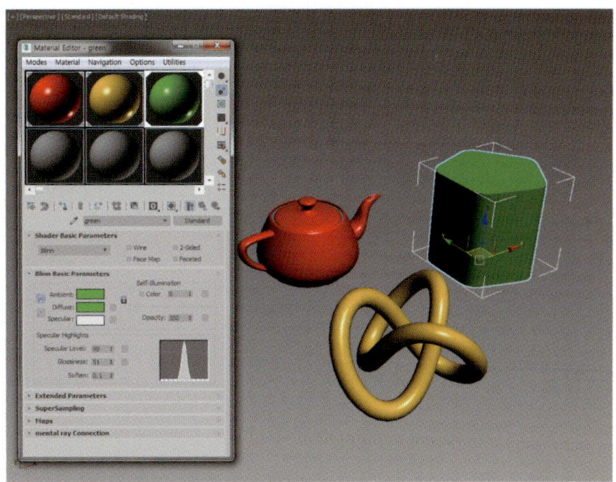

❺ Sample Type 설정 : Sphere가 아닌 Cylinder
나 Box 형태로 Slot을 구성할 수 있으며, Opacity
Map 같은 설정에는 Box 형태가 더 효과적으로 디
스플레이 됩니다.

❻ Sample Slot 확대 : Sample Slot 위에서 마우스를 더블 클릭하면 Slot을 독립적으로 분리하여 볼 수 있으며, 분리된 Slot의 크기를 늘릴 수도 있습니다.

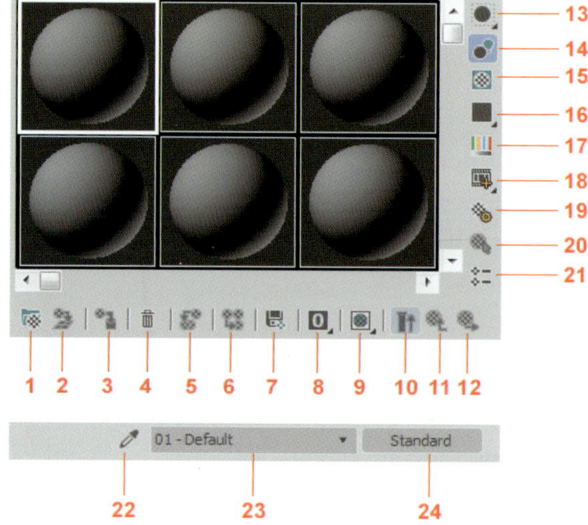 Section 03 | Material Editor의 Toolbar

Material Editor의 Toolbar는 Sample Slot 오른쪽과 아래쪽에 위치하고 있으며 다음과 같은 기능을 가지고 있습니다.

❶ Get Material : 저장되어 있는 장면이나 Library(*.mat)에서 재질을 가져올 수 있는 명령으로 Material / Map Browser를 보여주며 어떤 부분에서 재질을 가져올지를 선택할 수 있습니다.

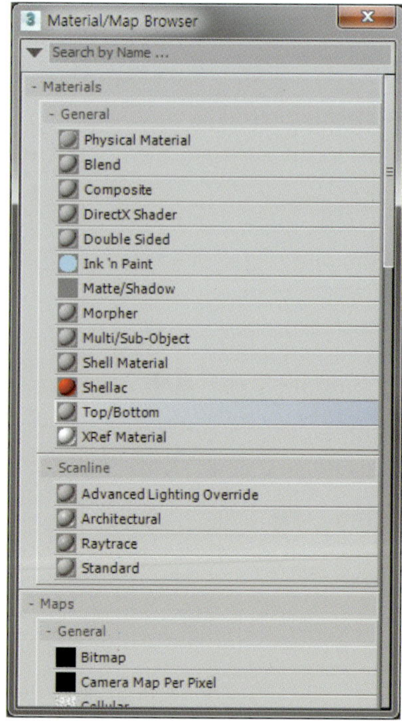

❷ **Put Material to Scene** : 현재 선택된 Sample Slot의 재질 이름이 다른 슬롯의 이름과 같거나 선택된 물체의 재질이 아니지만 장면에 적용된 재질일 경우에만 사용되는 명령으로 재질이 수정된 부분이 장면 속 물체에 적용되도록 합니다.

❸ **Assign Material to Selection** : 현재 선택된 오브젝트에 Sample Slot에서 만들어진 재질을 적용합니다.

❹ **Reset Map / Mtl to Default Settings** : 현재 Sample Slot의 재질을 만들지 않았을 때의 기본 상태로 되돌릴 수 있게 합니다.

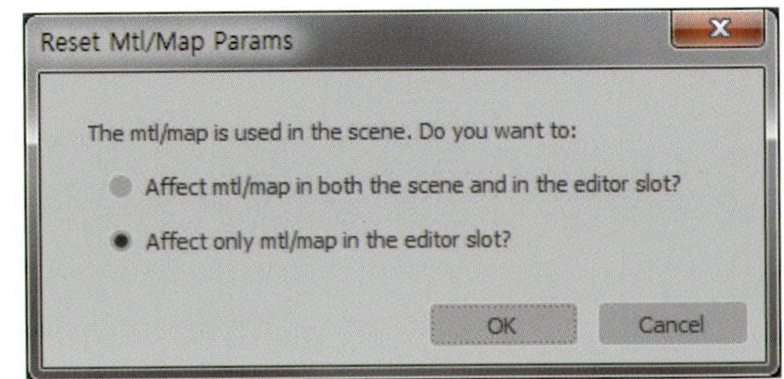

- **Affect mtl/map in both the scene and in the editor slot?** : 장면에 적용된 재질까지도 Slot의 초기화되는 값으로 적용합니다.
- **Affect only mtl/map in the editor slot?** : Sample Slot 만을 초기화합니다.

❺ **Make Material Copy** : 선택된 물체에 입혀진 재질 Slot이 선택되었을 경우 사용되는 명령으로 같은 재질을 현재 Slot에 복사해서 만들어 주지만 장면에 적용되지 않은 상태로 만들어 줍니다. 장면에 있는 새로운 Object에 재질을 적용할 경우에는 재질의 이름을 반드시 변경해주고 적용해야 합니다.

❻ **Make Unique** : Map이 Instance 상태로 복사될 경우 복사된 재질들을 같은 값으로 조정됩니다. 재질을 사용하다 보면 복사된 재질만 따로 조정해야 할 경우가 생기는데 이럴 때 재질이 독립적으로 만들어지도록 합니다.

❼ **Put to Library** : 현재 선택된 Slot의 재질을 저장할 수 있도록 하며 다음과 같이 재질이 저장될 때 갖게 될 이름을 지정해 줄 수 있습니다. 재질은 현재 선택되어 있는 Library에 추가됩니다.

❽ **Material ID Channel** : Rendering 메뉴의 Effect 또는 Video Post에서 Effect를 적용할 때, 여기에 사용될 재질 ID를 지정합니다.

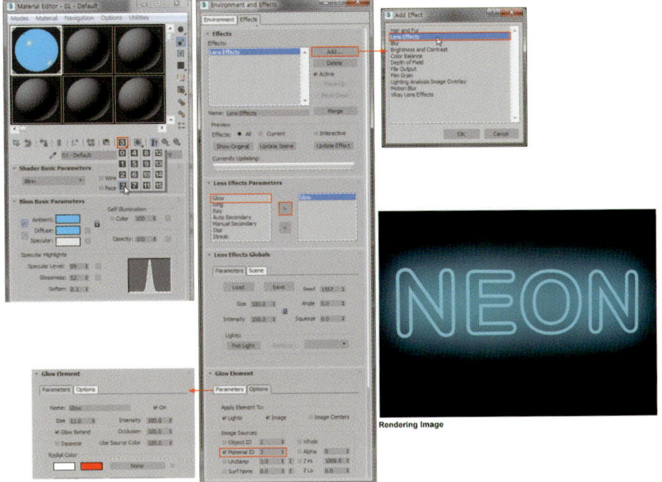

💿 CD 제공 : Material_ID_Channel.max

❾ Show Shaded Material in Viewport : Texture를 사용할 경우 적용된 오브젝트에 Viewport에서도 Texture가 보이도록 합니다.

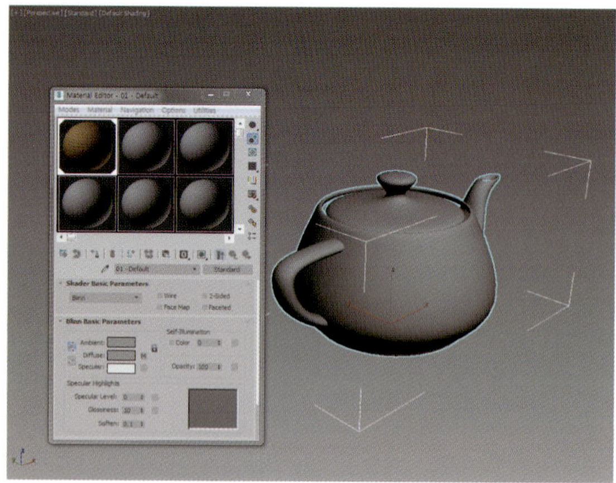 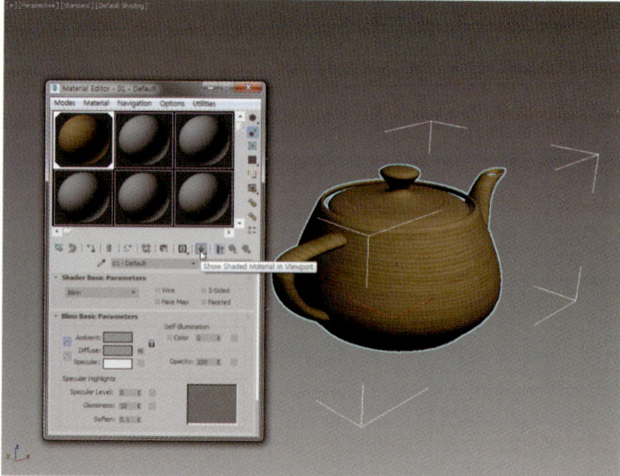

❿ Show End Result : 기본 값으로 선택되어 있는 기능으로 여러 가지 Map을 사용할 때 최종 결과 값이 보이도록 해줍니다.

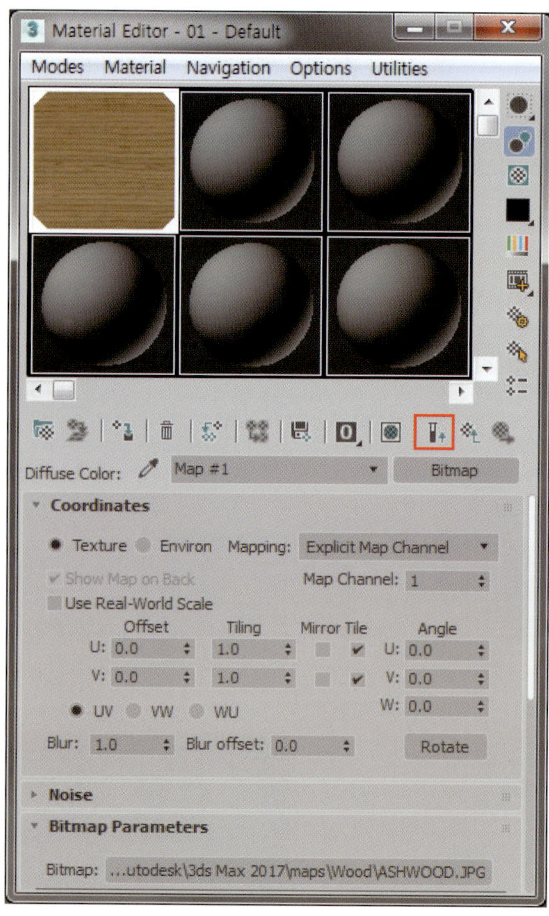 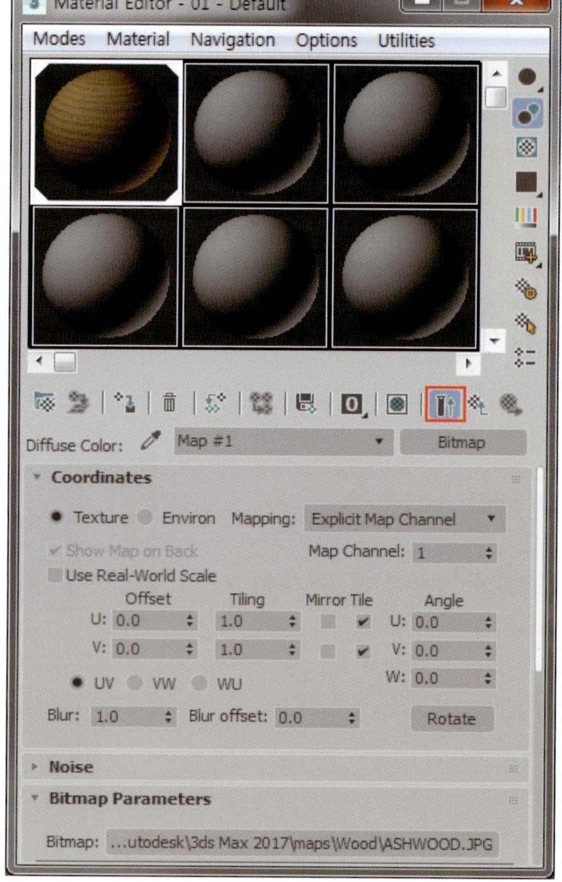

⑪ **Go to Parent** : 현재 Map 위치에서 바로 앞의 Map이나 Material로 되돌아 갈 수 있도록 합니다.

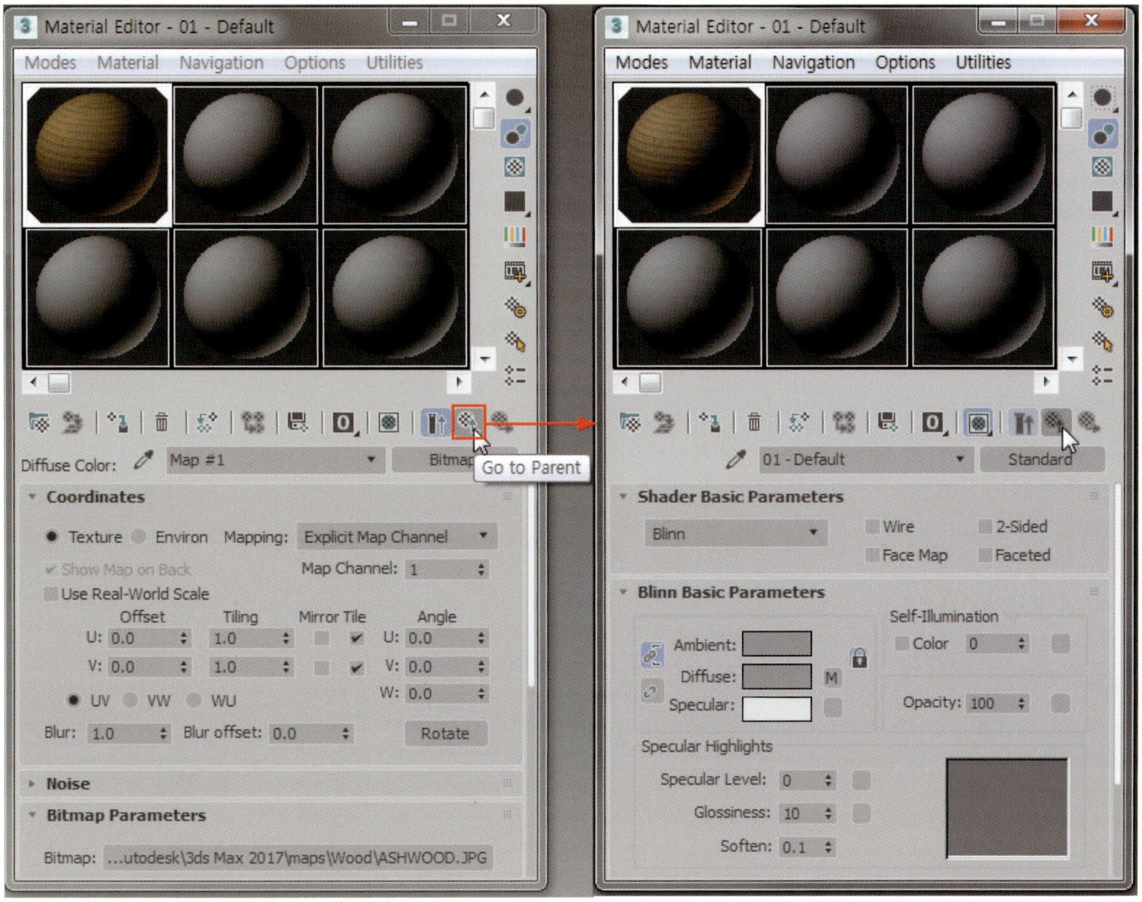

⑫ **Go Forward to Sibling** : 현재 Map 위치에서 같은 Level에 해당하는 Map이나 Material로 이동하게 해 줍니다. Diffuse Map, Specular Map, Bump Map등에 모두 재질이 지정되어 있을 경우 3가지 Map을 바꾸면서 조정할 수 있도록 합니다.

⑬ **Sample Type** : 기본 값으로 선택할 수 있는 Sample Slot의 Sample 형태 3가지를 선택할 수 있습니다.

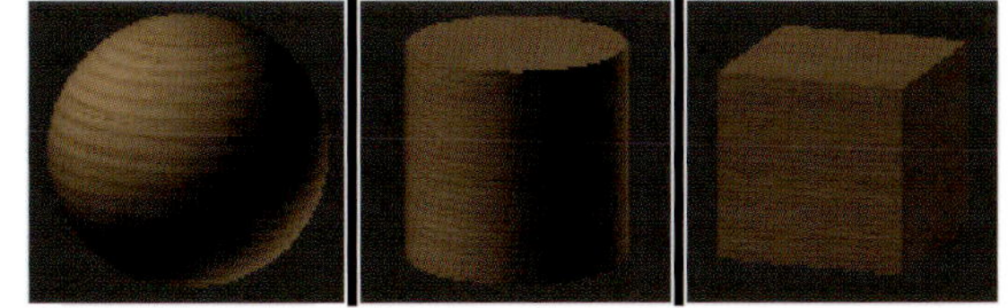

⑭ **Backlight** : 기본 값으로 선택되어 있으며 Sample Slot의 뒤에서 비치는 Light 효과를 만들어 줍니다.

⑮ **Background** : 투명한 재질을 만들고 있을 때 물체의 투명한 부분이나 투명도를 쉽게 알 수 있도록 Sample Slot에 배경이미지를 보이게 합니다.
또는 반사의 정도를 알고 싶을 때도 자주 사용하는 기능입니다.

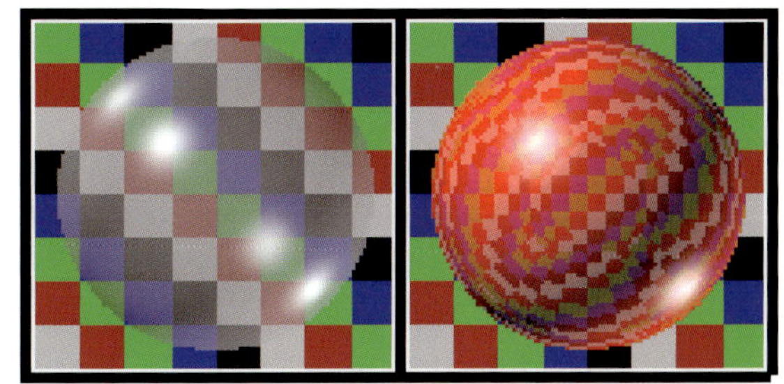

❶❻ **Sample UV Tiling** : 가로와 세로 방향으로 현재 Map을 반복합니다. 이 반복 값은 Sample Slot만 적용되면 실제 물체에는 적용되지 않습니다.

❶❼ **Video Color Check** : 비디오로 표현되는 색 범위에 따라서 NTSC나 PAL이 표현할 수 있는 안전한 색 범위를 벗어나는 색을 찾아서 검게 표현합니다.

❶❽ **Make Preview, Play Preview, Save Preview** : 재질이 Animation될 경우 재질이 Animation되는 것을 Preview 형태로 만들거나 볼 수 있도록 하며 저장할 수 있도록 합니다.

❶❾ **Options** : Material Editor의 전체적인 조정이 가능한 Option 창을 보여줍니다.

■ **Manual Update** : Sample Slot을 클릭할 때까지 Sample Slot의 옵션이 바뀌어도 Update 하지 않은 상태를 유지하게 됩니다.

■ **Don't Animate** : 이 옵션이 켜지면 Slot에서 Animation되는 재질이 Animation되는 것이 보이지 않게 됩니다.

■ **Animate Active Only** : 현재 선택된 Slot이 Animation되는 재질일 경우 현재 Slot에서만 재질의 Animation이 보이도록 합니다.

■ **Update Active Only** : 바뀌는 내용들이 현재 선택된 Slot에서만 자동으로 Update 되도록 합니다.

■ **Antialias** : Sample Slot의 경계를 부드럽게 처리해 줍니다.

■ **Progressive Refinement** : Sample Slot에 재질이 표현될 때 해상도가 작은 상태로부터 점차적으로 해상도가 좋아지는 형태로 표현되도록 합니다.

■ **Simple Multi Display Below Top Level** : Multi / Sub-Object 재질이 물체에 적용되었을 경우 가장 상위에만 Sample 구에 재질이 쪼개져서 보이도록 하고 나머지 하위재질로 들어가게 되면 해당되는 재질만 보이게 됩니다.

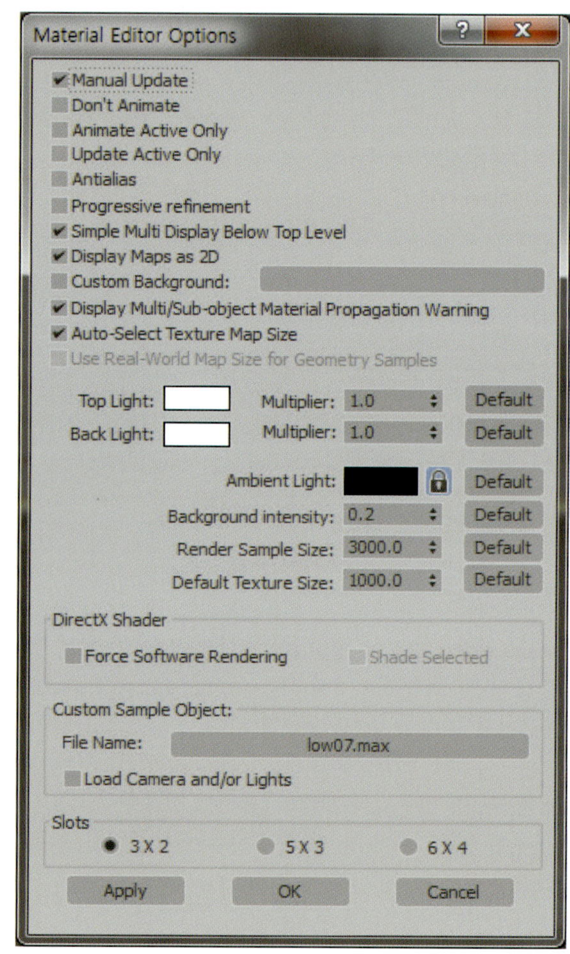

■ **Display Maps as 2D** : Sample Slot의 Map을 2차원적으로 표현해 줍니다.

■ **Custom Background** : Sample Slot의 배경이미지로 사용할 이미지를 선택할 수 있습니다.

■ **Display Multi / Sub-object Material Propagation Warning** : ADT 형식의 기본 물체에서 Multi / Sub-Object 재질을 적용할 때 경고 창을 보여주게 합니다.

■ **Auto-Select Texture Map Size** : 실제 배율 사용(Use Real-World Map Size)으로 설정된 텍스처 맵을 사용하는 재질이 있는 경우, 맵이 샘플 구에 제대로 표시되도록 해줍니다.

■ **Use Real-World Map Size for Geometry Samples** : 기본적으로 해제되어 있으며 사용되는 텍스처 좌표의 스타일을 수동으로 선택할 수 있는 전역 설정입니다. 켜져 있으면 실제 좌표가 샘플 슬롯 디스플레이에 사용되고, 그렇지 않으면 이전 스타일의 3ds Max 매핑 좌표가 활성화됩니다. 꺼져있는 경우 예상대로

샘플 구형을 표시하려면 맵의 좌표 롤아웃에서 실제 배율 사용을 켜야 합니다.

- **Top / Back Light** : Sample Slot에 비춰질 Light의 색상과 밝기 값을 조정할 수 있습니다.
- **Multiplier** : Top / Back Light의 세기를 정합니다.
- **Ambient Light Intensity** : Sample Slot에 적용될 Ambient Light의 밝기 값을 조정합니다.
- **Background Intensity** : Sample Slot에 보여 질 Background 이미지의 세기를 조정합니다.
- **Render Sample Size** : 샘플 구의 배율을 임의 크기로 설정하여 장면에서 텍스처가 설정된 오브젝트와 일치되도록 합니다.
- **Default Texture Size** : 새로 만든 실제 텍스처의 초기 크기(높이와 폭)를 제어합니다. 이 옵션을 변경한 결과는 재질에 새 텍스처를 만드는 경우에만 표시되며 변경 사항은 좌표 롤아웃에 나타납니다. 기본 값은 48.0(영국식 단위) 및 1.219m(미터법 단위)입니다.
- **Direct X Shader** : Direct X가 Driver로 선택되어 있을 때 사용됩니다.
- **Custom Sample Object** : Sample Object로 사용할 장면을 선택할 수 있으며 Load Camera and / or Lights 옵션을 이용해서 장면에 속한 Camera와 Lights를 가져올 수 있습니다.
- **Slots** : Slot의 개수를 선택할 수 있습니다.

❷⓿ **Select By Material** : 현재 선택된 Sample Slot 재질이 적용된 물체들을 선택해 줍니다.

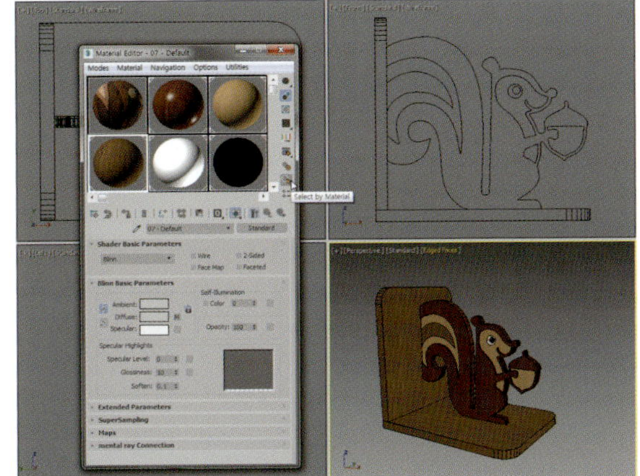

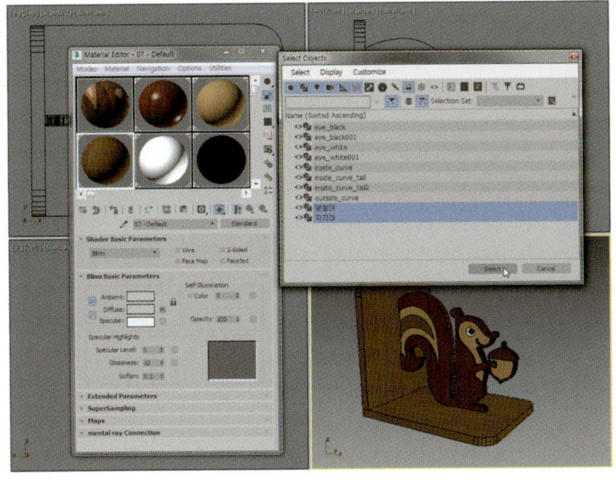

선택된 오브젝트

❷❶ **Material/Map Navigator** : 선택된 슬롯의 재질 구성 상태를 Material / Map Navigator를 통해서 볼 수 있으며 원하는 부분을 빠르게 이동하거나 복사할 수 있습니다.

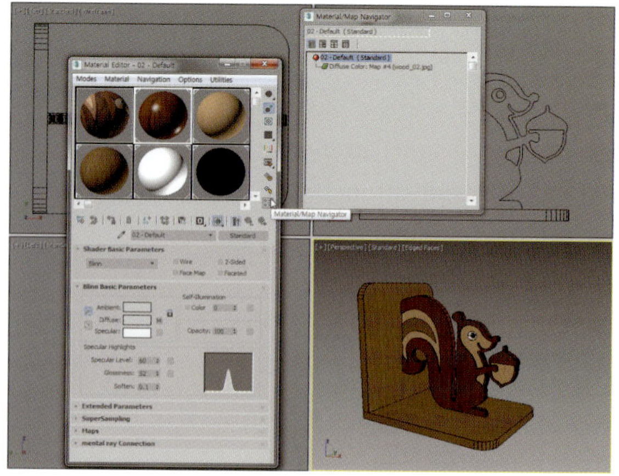

❷❷ **Pick Material from Object** : 장면의 Object에 만들어진 재질을 Slot으로 가져올 수 있습니다.

❷❸ **Name Field** : 재질의 이름을 변경하거나 재질 이름이 표시되는 곳입니다.

❷❹ **Material Type** : Material / Map Browser 창에서 다양한 스타일의 재질을 불러내서 사용할 수 있습니다.

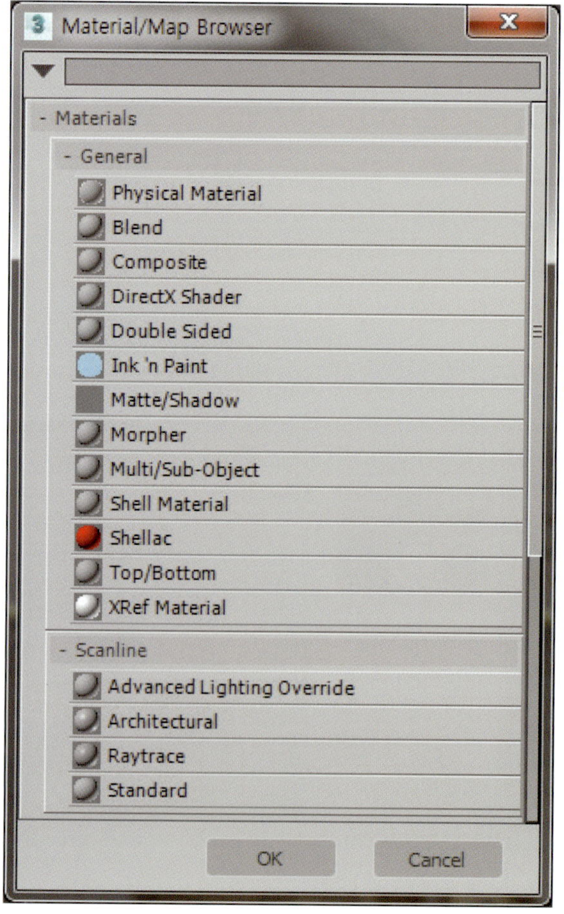

Section 04 | Shader Parameters 롤아웃

Shader Parameters는 재질에 필요한 Shader를 선택할 수 있으며, 모든 재질에 사용되는 옵션을 선택할 수 있습니다.

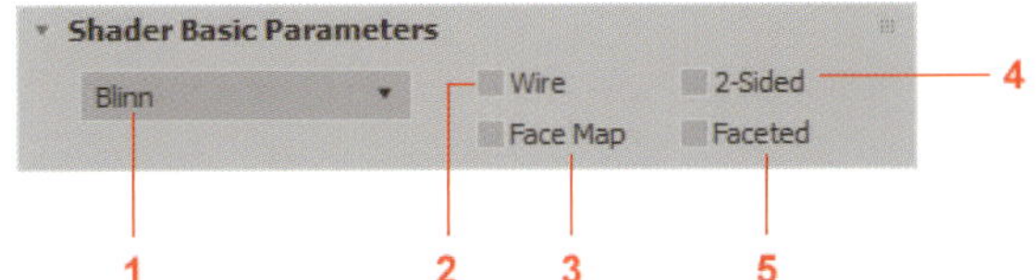

❶ **Shader** : 표준 및 레이트레이싱 재질을 사용하여 음영처리 유형을 지정할 수 있습니다. Shader는 표면이 광원에 반응하는 방법을 설명하는 알고리즘입니다. 각 Shader에서 가장 중요한 기능 중 하나는 반사광 강조 표시를 생성하는 방법에 대한 것입니다.

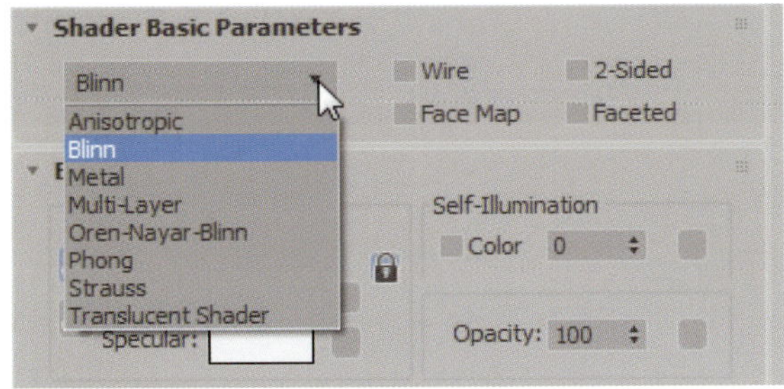

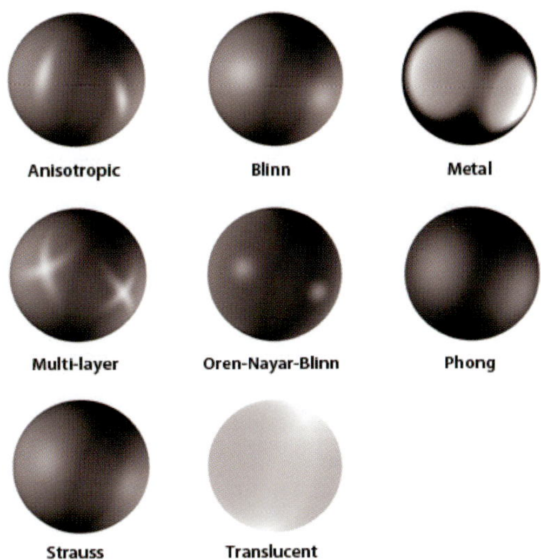

❷ **Wire** : 오브젝트에 존재하는 Edge들만 Rendering 되도록 하며, Wire 설정은 Extended Parameters 롤아웃에서 할 수 있습니다.

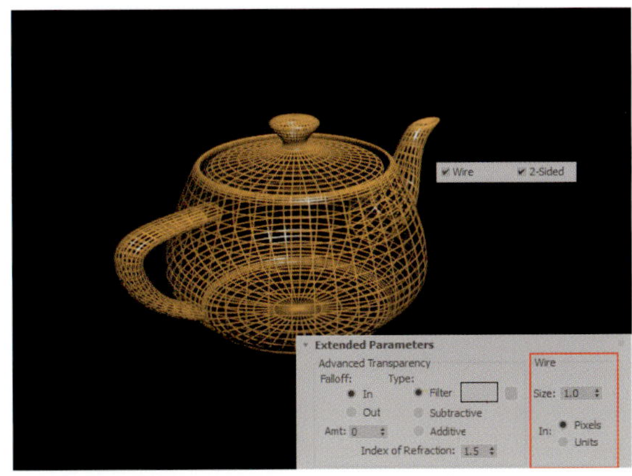

❸ **Face Map** : 물체가 가지고 있는 Face 단위로 Map이 적용되도록 하며 매핑을 필요하지 않습니다. 주로 연기나 화염을 사용한 파티클 시스템의 입자 매핑에 주로 사용합니다.

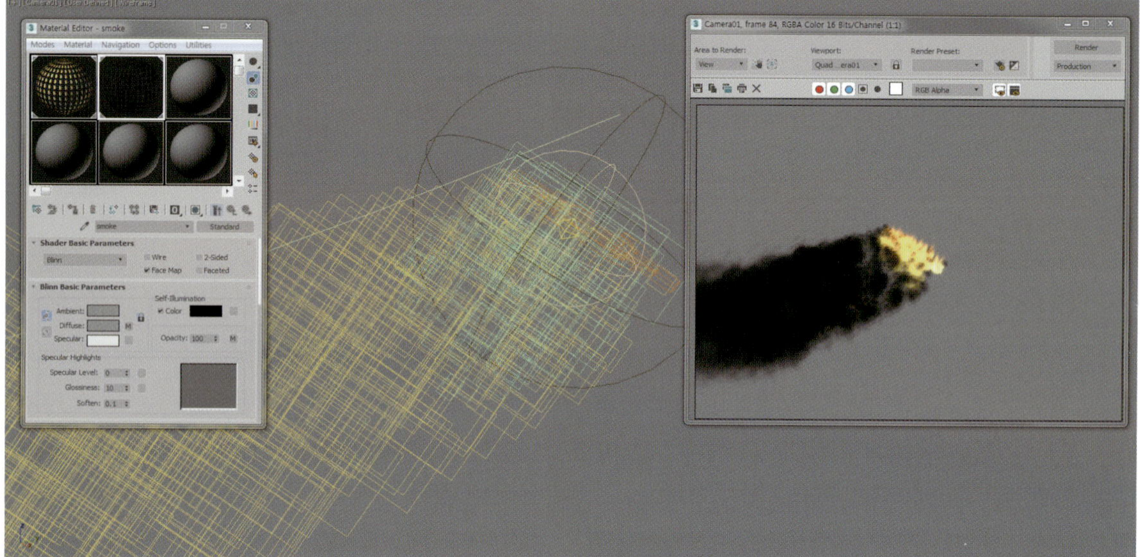

❹ **2-Sided** : 렌더링 했을 경우 물체가 가지고 있는 반대쪽 면이 보이지 않을 때 그 부분까지 렌더링되도록 합니다.
주로 Wire 구조나 투명한 오브젝트를 렌더링할 때 사용됩니다.

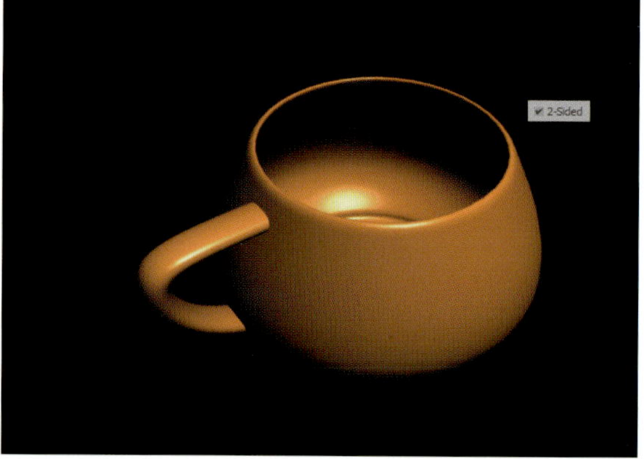

❺ Faceted : 렌더링 했을 경우 물체가 가지고 있는 표면들의 각진 면이 보이도록 합니다.

Section 05 │ Basic Parameters 롤아웃

기본 재질의 Basic Parameters 롤아웃은 재질의 색, 광택, 투명도 등의 기본 설정을 할 수 있으며 필요한 부분에 Map을 사용하여 좀 더 사실적인 표현을 가능하게 합니다.
Basic Parameters 롤아웃은 어떤 Shader를 선택했는가에 따라서 선택한 Shader의 옵션들을 보여줍니다.

01 Anisotropic

타원형으로 빛을 받는 Shader로 일반적인 원형 형태의 Specular를 표현하는 것이 아니라 빛을 받는 모양과 방향을 물체의 모양에 맞게 조정할 수 있습니다.
곡선형태의 모양을 갖는 Object에 Anisotropic을 설정해 준다면 Object가 갖는 특성을 제대로 표현해 줄 수 있습니다. 주로 머리카락, 유리 또는 결이 있는 금속을 모델링하는 데 적합합니다. 기본 파라메터는 Blinn 또는 Phong Shading 처리를 위한 것과 유사하고(Specular Highlight 파라메터 제외), Diffuse Level 제어는 Oren-Nayar-Blinn Shading 처리를 위한 것과 유사합니다.

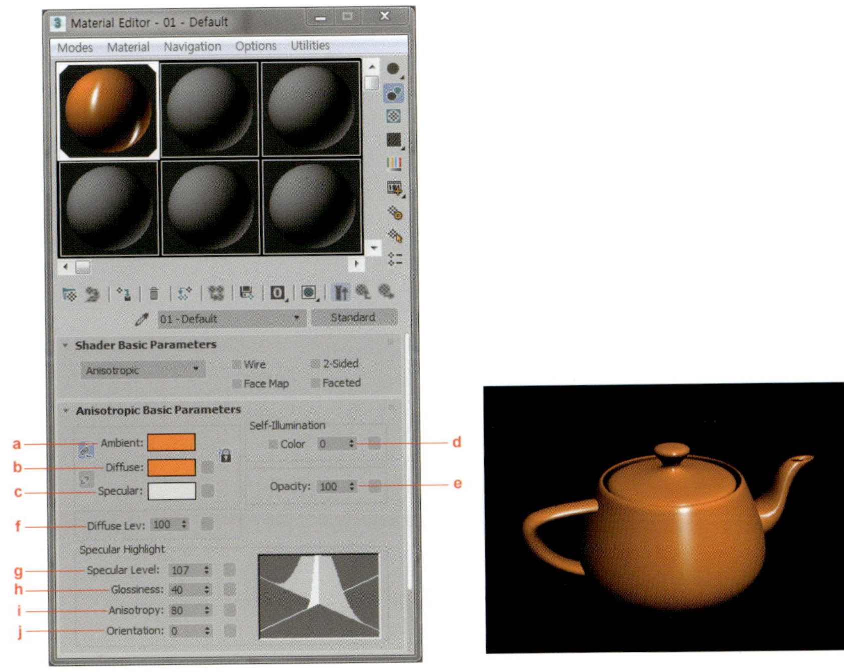

ⓐ Ambient : Object의 표면에 Light에 의해 만들어지는 음영 부분에 표현될 Color나 Map을 지정합니다. 일반적인 Direct Light에 의해서는 제대로 표현되지 않으며 상단 메뉴 바에 위치하고 있는 Rendering>Environment>Ambient Light가 Scene 내에 존재할 때 보이게 됩니다. Ambient Light에서 지정한 Color가 있더라도 Color를 무시하고 재질의 Ambient 부분에서 지정된 색이 표현됩니다.

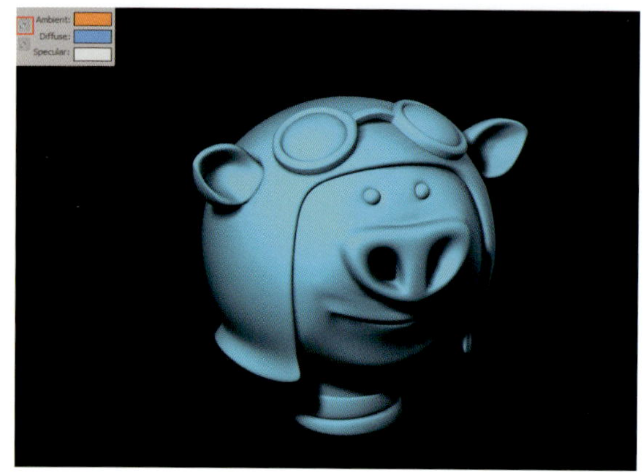
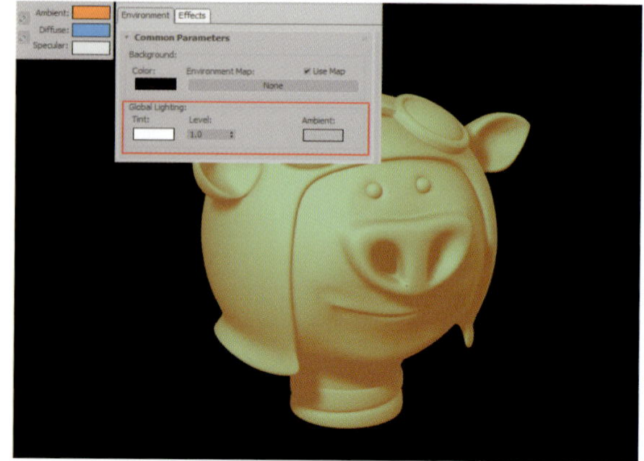

ⓑ Diffuse : 일반적으로 물체가 표현할 색상이나 Map을 말하며 기본적으로 이 부분을 이용해서 물체에 재질이나 색을 지정하게 됩니다.

ⓒ Specular : 빛이 물체에 비칠 때 생기는 하이라이트 부분에 표현될 Color나 Map을 지정할 수 있습니다. 그 결과를 보이기 위해서는 Specular Highlights 항목에 있는 Specular Level과 Glossiness 값을 적용해줘야 합니다.

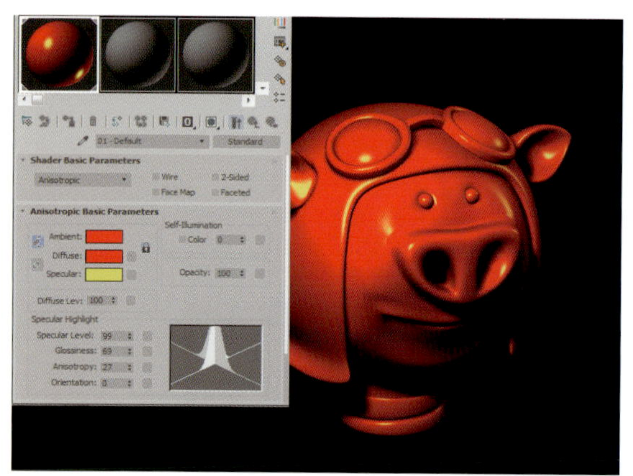
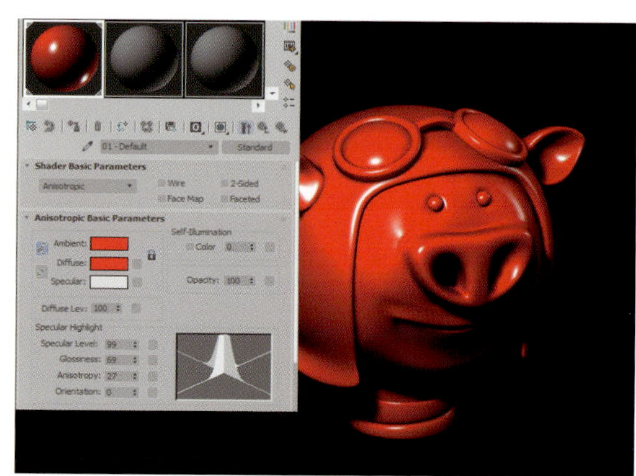

ⓓ Self-Illumination : 자체적으로 빛을 만드는 Object(전구나 하늘 재질 등과 같은)를 표현하고자 할 때 사용합니다.

기본 값은 Check Box가 선택되지 않았지만 수치를 증가시키게 되면 Diffuse Color나 Diffuse에 지정된 재질을 이용해 하늘과 같은 표현에 사용할 수 있습니다.

Color의 체크박스에 설정한 경우 재질은 특정 자체 조명 색상을 사용합니다.

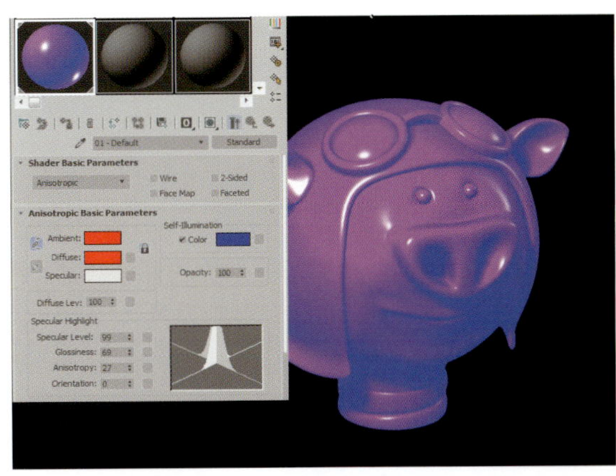

ⓔ Opacity : Object의 불투명도를 조정하며 100일 때 완전 불투명하고, 0에 가까울수록 투명하게 되며, 굴절률은 갖지 않고 투명도만 조절할 수 있습니다. 2-Sided와 같이 사용하여 보이지 않는 면까지 보이게 합니다.

ⓕ Diffuse Level : Diffuse Color 밝기를 조절합니다. Self-Illumination 값을 증가시키는 것과는 다르게 밝기만 조절됩니다.

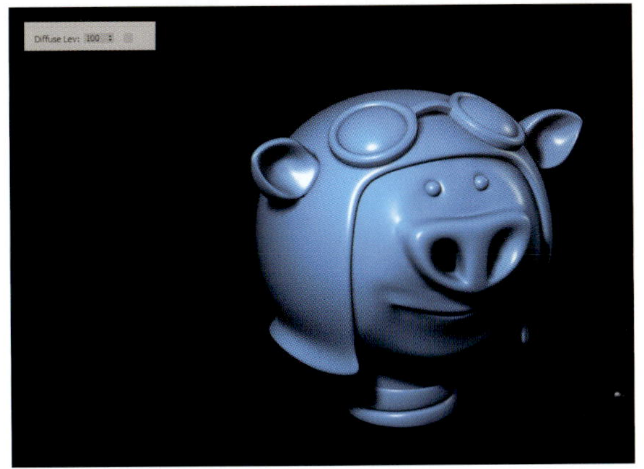

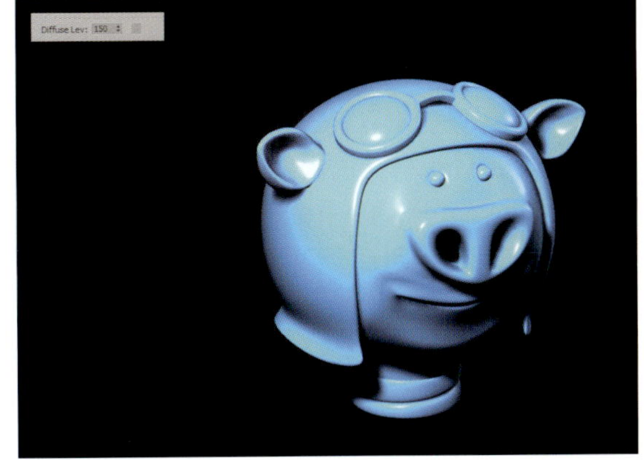

ⓖ Specular Level : Highlight의 강도를 지정하는 부분으로 값이 커지면 더 강한 Highlight가 표현됩니다.

ⓗ Glossiness : Highlight되는 부분의 폭을 지정하는 것으로 값이 커지면 Highlight의 폭이 넓어지게 됩니다.

ⓘ Anisotropy : Highlight되는 부분의 모양을 조정하는 것으로 값이 커질수록 Specular 부분의 모양이 세로 방향으로 바뀌는 것을 확인할 수 있습니다.

ⓙ Orientation : Anisotropy 값에 의해 변형된 Specular의 방향을 조정할 수 있습니다.

02 Blinn Shader

기본으로 값으로 지정된 Shader로 가장 흔하게 사용되고, 원형의 Specular 값을 갖게 되며 Phong Shader와 거의 비슷하지만 Specular의 형태가 Phong Shader에 비해 원형을 취하고 있어 좀 더 부드럽다는 점이 약간 다릅니다.

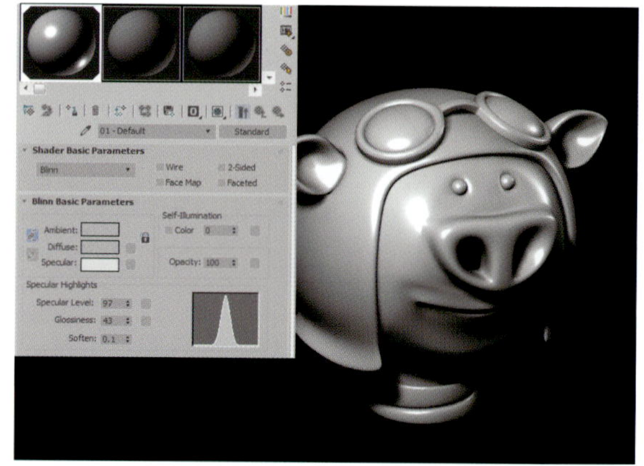

03 Metal Shader

금속의 질감을 표현해주는 Shader입니다. Specular Level 값을 증가시키면 지금까지 알아본 Shader와는 다른 Specular 값을 갖는 것을 알 수 있습니다. Specular 값을 수정해 보면 빛을 받는 부분이 중앙이 아닌 중앙 부분에서 조금 벗어난 위치에 생성되는 것을 확인할 수 있습니다.

주전자 렌더링 이미지는 Reflection Map에 'Raytrace'를 적용한 것입니다.

◉ CD 제공 : Metal_Shader.max

04 Multi-Layer Shader

Multi-Layer Shader는 Anisotropic Shader의 진보적인 형태로 Specular 값을 First Specular 와 Second Specular 두 개를 이용해 설정한다는 것을 제외한 나머지 부분들을 Anisotropic Shader의 설정과 같습니다.

두 개의 Specular가 존재하기 때문에 독특한 질감을 표현할 수 있는데 광택이 많이 나는 자동차 같은 표면, 특수효과, 카메라의 렌즈 등 코팅되어 있는 물체의 질감을 표현하는데 사용합니다.

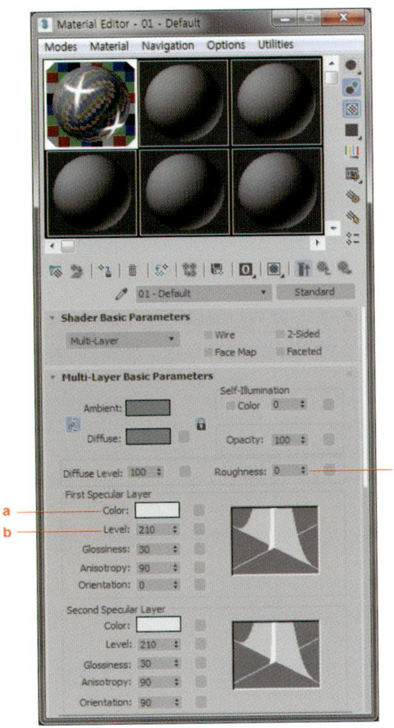

ⓐ **Color** : Specular의 Color나 Map을 지정합니다.

ⓑ **Level** : Specular의 강도를 조정할 수 있도록 합니다.

ⓒ **Roughness** : Ambient 값과 Diffuse 값을 섞어서 거친 표면의 질감을 표현할 수 있으며 빛의 반사가 거의 없는 물체를 표현할 때 주로 사용합니다.

05 Oren-Nayer-Blinn Shader

Oren-Nayar-Blinn Shader 는 Blinn Shader의 변형으로, 표면이 거칠고 빛의 반사가 거의 없는 질감을 표현하고자 할 때 사용하면 좋은 효과를 얻을 수 있습니다.

이 쉐이더는 직물, 테라코타 등과 같은 무광택 표면에 적합합니다.

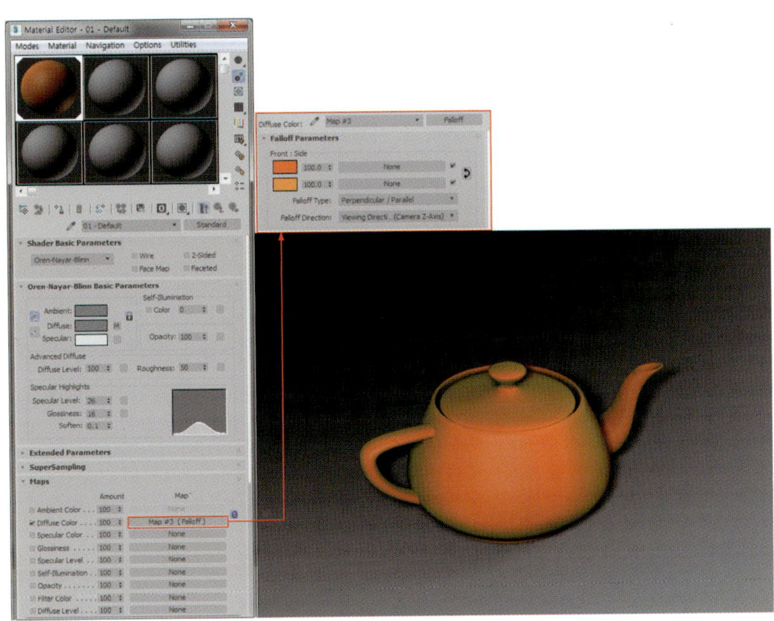

06 Phong Shader

Phong Shading은 면 사이의 가장자리를 부드럽게 하고 Highlight 표시를 사실적으로 렌더링하여 광택이 있는 규칙적인 표면을 만듭니다. Specular의 표현을 보면 Blinn에 비해 좀 더 길고 넓은 형태의 Specular의 표현을 볼 수 있으며 주로 딱딱한 반사나 굴절 물체에 사용됩니다.

CD 제공 : Phong_Shader.max

07 Strauss Shader

Metal Shader에 비해 좀 더 쉽게 금속의 느낌을 표현할 수 있는 Shader로 Specular와 Ambient 값을 가지고 있지 않습니다.

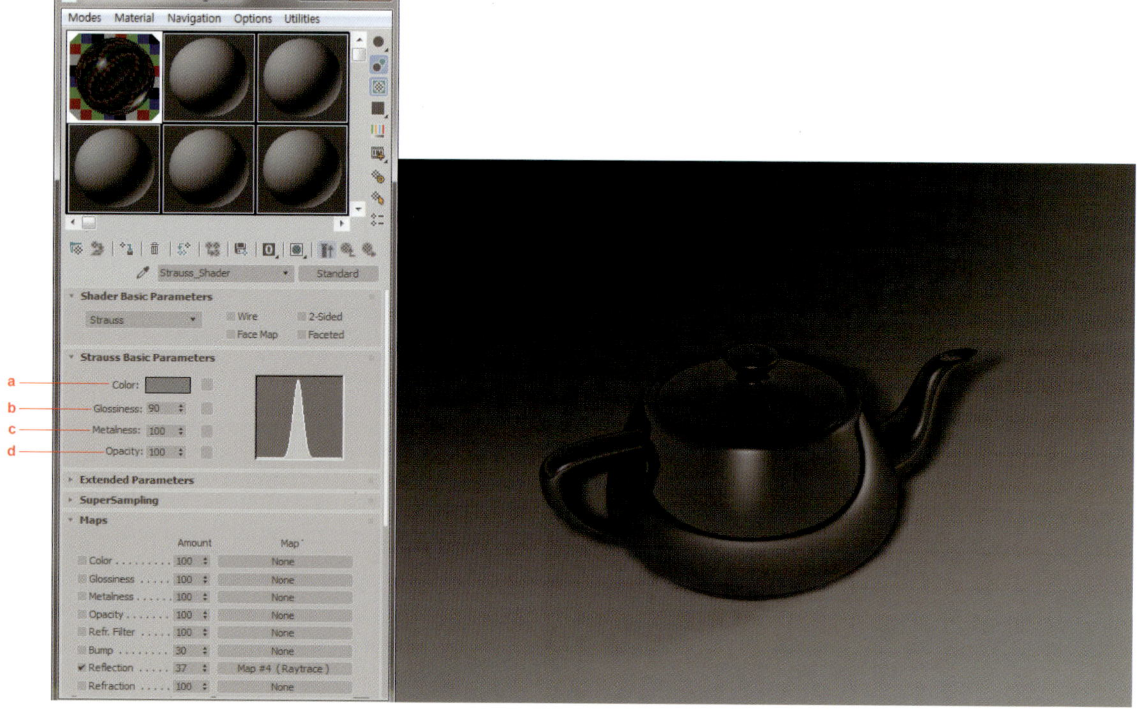

ⓐ **Color** : Object가 갖는 Diffuse Color와 Map을 설정합니다.

ⓑ **Glossiness** : Strauss Shader에서는 Glossiness 값으로 Specular 값의 폭과 강도를 한꺼번에 조절하게 되며 높은 값은 강하고 폭이 좁은 Specular 값을 만들어 줍니다.

ⓒ **Metalness** : 금속 같은 느낌을 표현하고자 할 때 값을 증가시키게 되며 값을 증가시키면 Specular 값이

약해지는 것을 볼 수 있습니다.
ⓓ Opacity : 재질의 불투명도를 조정합니다.

08 Translucent Shader

Raytrace Map에 있는 기능으로 독립적인 Shader로 분리되었습니다. Translucent Shader는 Blinn Shader와 비슷하지만, 반투명도도 지정할 수 있습니다. 반투명 재질의 설정에 사용되며 빛이 물체의 얇은 부분은 투과되고 두꺼운 부분은 투과하지 못하는 왁스나 양초, 커튼, 투영스크린 등의 표현이 가능합니다. 더불어 Light의 설정에 따라 표현이 크게 변하게 됩니다.
다음 렌더링된 이미지는 Object의 뒤쪽 부분에 Omni Light를 설치하고, Light 파라메터 중 Far Attenuation을 함께 사용하여 반투명 재질 느낌이 되도록 표현된 것입니다.

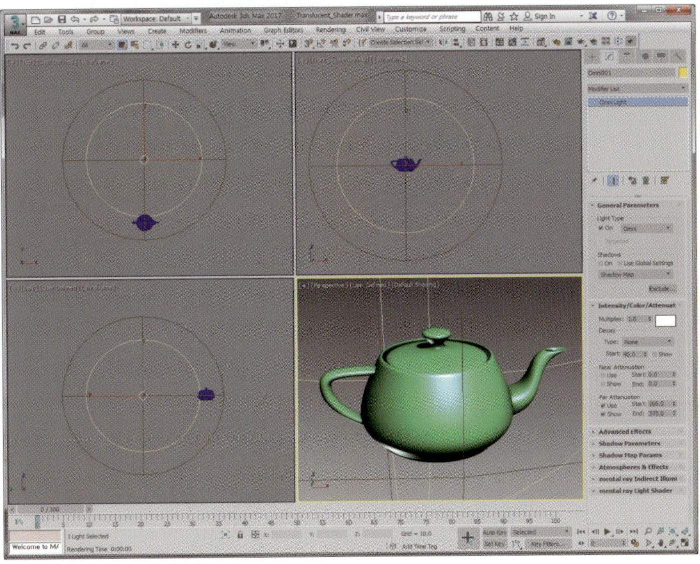

ⓐ Backside Specular : 설정되면 재질의 양면에 Specular Highlight 표시가 적용됩니다. 이 옵션이 꺼져 있으면 재질의 앞면에만 Highlight 표시가 적용됩니다. 반투명 플라스틱과 같은 재질을 모델링하려면 Backside Specular를 켜둡니다. 성에 낀 유리와 같은 재질을 모델링하려면 이 옵션을 끕니다.

ⓑ Translucent Color : 투과된 빛에 의해 Object가 표현되게 될 Color를 설정합니다.

ⓒ Filter Color : Opacity 값이 적용된 물체에 빛이 비칠 때 빛에 의해 Object가 갖게 될 Color를 지정합니다.

ⓓ Opacity : 재질이 갖게 될 불투명도를 설정합니다.

Section 06 | Extended Parameters

Extended Parameters 롤아웃은 Standard 재질의 모든 쉐이딩 유형과 같습니다. Wire 모드와 Transparency, Reflection의 관련된 옵션이 있습니다.

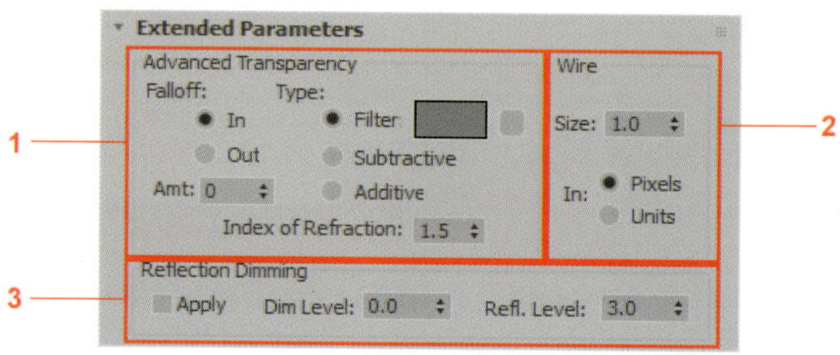

01 Advanced Transparency

투명도에 관한 세부항목을 조정합니다.

ⓐ Falloff

- **In** : 유리병처럼 오브젝트 내부 쪽으로 투명도를 늘립니다.
- **Out** : 연기처럼 오브젝트 외부 쪽으로 투명도를 늘립니다.
- **Amt** : 투명도 양을 조절합니다.

❸ Type

투명도가 적용되는 방법을 선택합니다.

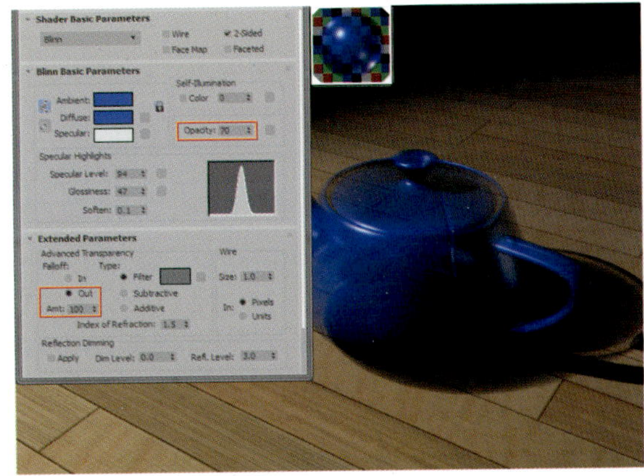

■ **Filter** : 투명한 표면 뒤의 색상과 곱하는 필터
색상을 계산합니다.

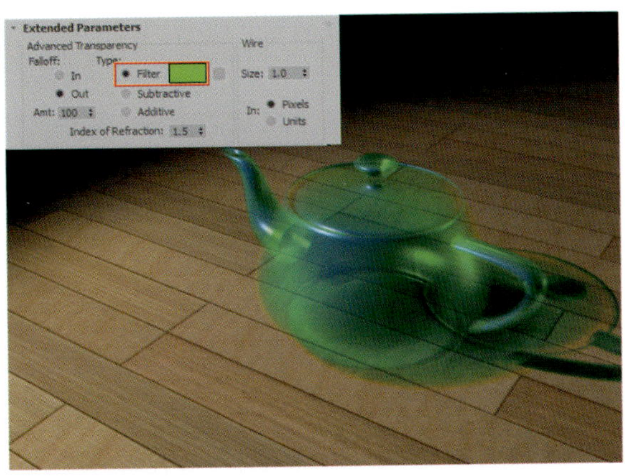

■ **Subtractive** : 투명한 표면 뒤 색상에서 뺍니다.

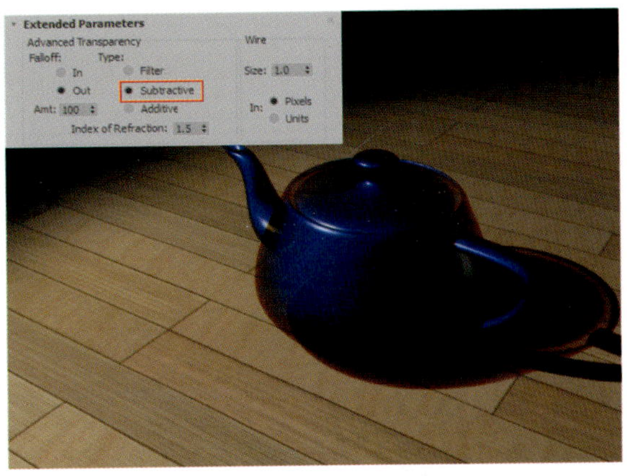

■ **Additive** : 투명한 표면 뒤 색상에 더합니다.

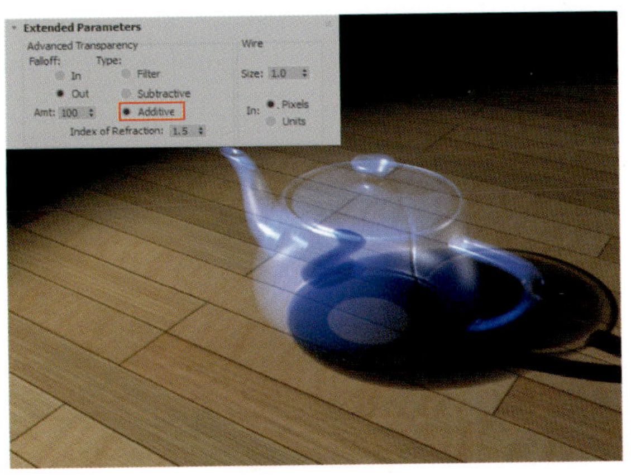

■ **Index of Refraction** : 굴절 맵 및 레이트레이
싱에서 사용하는 굴절 인덱스(IOR)를 설정합니다.
IOR은 재질이 투과된 광원을 굴절시키는 정도를
제어합니다.

재질	IOR 값
진공	1.0
공기	1.0003
물	1.333
유리	1.5(투명 유리) - 1.7
다이아몬드	2.418

02 Wire

- **Size** : Wire모드에서 와이어의 크기를 설정합니다.

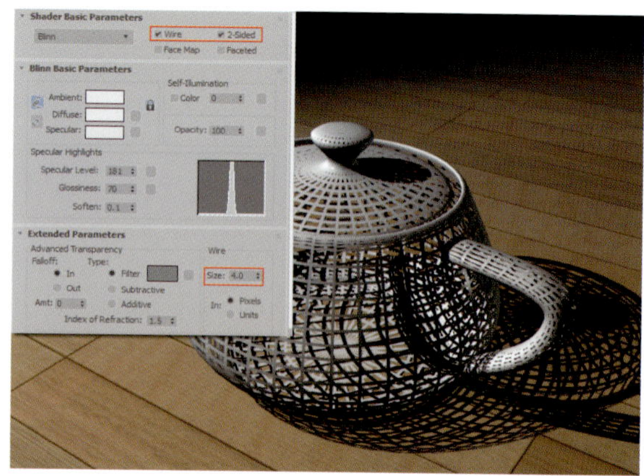

- **Pixel** : 픽셀 단위로 측정합니다.
- **Units** : 3ds Max 단위로 측정하며, 카메라에 가까이 있는 Wire는 두껍게 보이고, 멀리 있는 Wire는 가늘게 보입니다.

03 Reflection dimming

Strauss Shader는 Reflection Dimming 항목에 표시되지 않으며, 그림자 영역에 있는 반사 맵을 어둡게 만듭니다.

- **Apply** : 설정하면 반사를 어둡게 사용합니다.

- **Dim Level** : 그림자 영역에서 발생하는 어두운 정도입니다.
- **Refl. Level** : 반사에서 밝은 영역의 발광을 더하여 어둡기 정도를 보정합니다.

Section 07 | Maps 롤아웃

재질의 색상 Component(예: 확산 색상)의 맵을 사용하여 맵의 색상을 해당 Component에 적용합니다. 맵을 다른 종류의 재질 Component에 적용하면 재질이 울퉁불퉁하게 보이게 설정, 투명도 제어, Highlight의 표시된 모양 등 다양한 효과를 나타낼 수 있습니다. 또한 환경을 반사 및 굴절을 시뮬레이션하는 맵으로 사용하거나 배경을 장면에 제공할 수 있습니다.

01 Ambient Color

Bitmap 파일 또는 Procedural 맵을 사용하여 이미지를 재질의 주변 색상에 매핑할 수 있습니다. 이미지는 오브젝트의 어두운 부분에 나타나며, 자물쇠를 해제하면 활성화됩니다.
Ambient Color 맵을 보려면 Rendering>Environ ment 대화상자의 Ambient[그림 A부분]의 컬러를 조정해줘야 합니다.

CD 제공 : Maps-Ambient.max

ⓘ 알아두기 | Procedural Map(절차 맵)

모자이크처럼 컬러 픽셀의 고정 메트릭스로 생성된 이미지인 비트맵과 달리 절차 맵은 수학적 알고리즘에 의해 생성됩니다. 따라서 Procedural 맵에 대해 찾을 수 있는 컨트롤 유형은 절차의 기능에 따라 달라집니다.

Procedural Map 대표적 예

02 Diffuse Color

Bitmap 파일 또는 Procedural 맵을 사용하여 패
턴 또는 텍스처를 Diffuse Color 맵에 할당할 수 있
습니다. 가장 널리 사용되는 맵입니다.

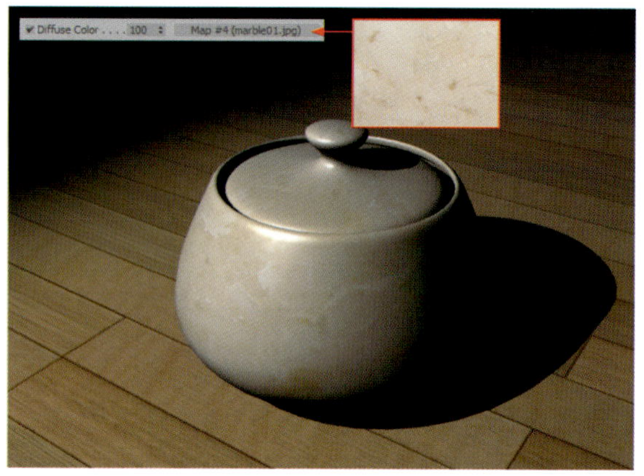

● CD 제공 : Maps.max

03 Specular Color

맵의 이미지가 오브젝트의 Highlight 영역에 나타
납니다.

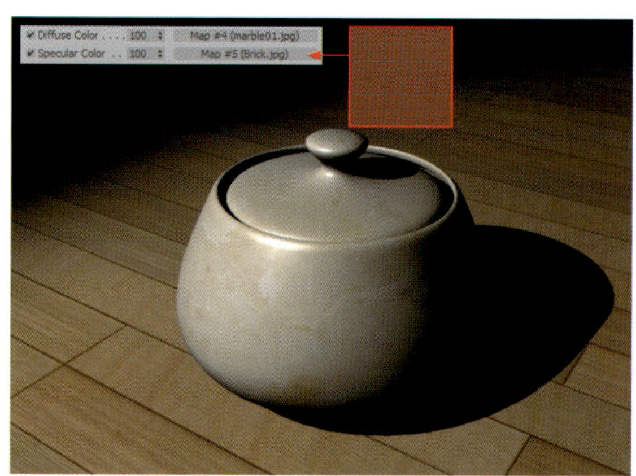

04 Specular Level

White와 Black을 이미지를 사용하여 Specular의
강도와 영역을 조절할 수 있습니다. 흰색영역은 반사
광의 하이라이트를 표시하고, 검은색 영역은 반사광
하이라이트 표시를 완전히 제거합니다. 중간 값은
반사광 하이라이트 표시를 적절하게 줄입니다.

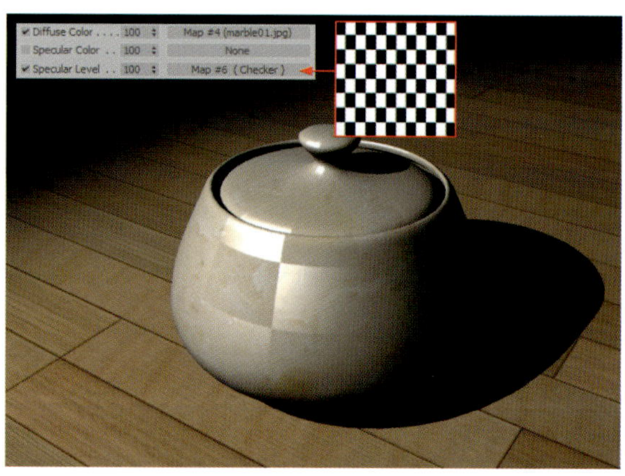

05 Glossiness

Specular Level과 마찬가지로 White와 Black을
이용해서 밝은 영역과 어두운 영역을 조절할 수 있
습니다.

그러나 Specular Level과 반대로 맵의 검은색 영역
은 전체 광택을 생성합니다. 흰색 영역은 광택을 완
전히 제거하고 중간 값은 하이라이트 표시의 크기를
줄입니다.

06 Self-Illumination

비트맵 파일 또는 절차 맵을 사용하여 자체 조명 값을 제어할 수 있습니다. 오브젝트의 일부를 빛나는 것처
럼 나타냅니다. White와 Black을 사용하며, 맵의 흰 구역은 완전히 자체 조명을 받는 것으로 렌더링합니다.
검은 구역은 자체 조명이 없이 렌더링합니다. 회색 구역은 회색 비율 값에 따라 부분적으로 자체 조명을 받는
것으로 렌더링합니다. 주로 자동차 헤드라이트나 어두운 도시의 빌딩, 우주선 같은 곳에 사용됩니다.

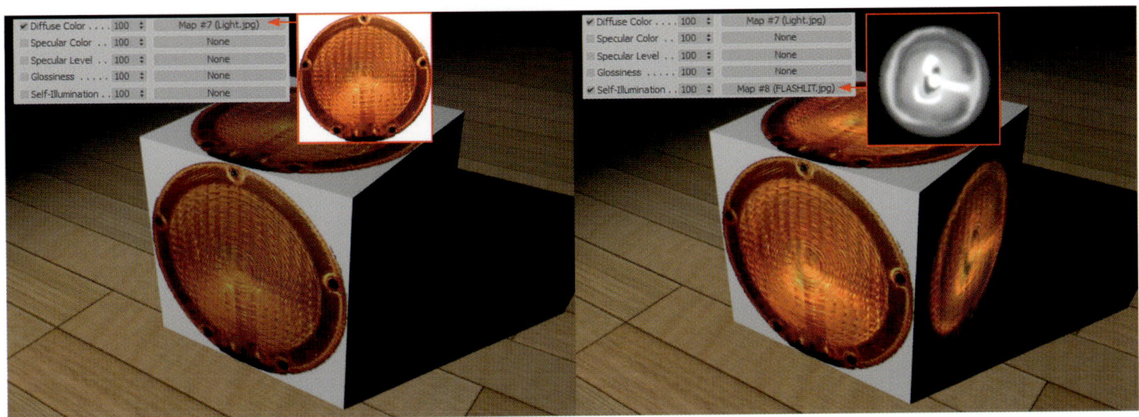

07 Opacity

White와 Black 색상을 가진 이미지를 사용하며, 이
것은 Mask와 같은 역할을 합니다. 맵에서 밝은 영
역은 불투명으로 렌더링되고, 어두운 영역은 투명으
로 렌더링되며, 중간 회색 값은 반투명이 됩니다.
Opacity Map을 사용할 때에는 하이라이트를 모
두 '0'으로 처리하여 반사광이나 광택을 모두 제거[그
림A 부분]해야 하며, 라이트의 그림자 방식은 'Ray
Traced Shadows'[그림 B 부분]로 해야 합니다.
인테리어 소품이나 건축용 렌더링에 사용되는 거리
의 사람들, 자동차, 거리의 가로수, 화분 등에 많이
사용됩니다.

08 Filter Color

유리와 같은 투명 또는 반투명 재질을 통과하는 색
상입니다. 스테인드 글라스 창을 통과하는 유색
광원과 같은 효과를 만들려면 Filter Color를 사
용합니다. 라이트의 그림자 방식은 'Ray Traced
Shadows'로 해야 합니다.

09 Bump

비트 맵 파일 또는 절차 맵을 오브젝트의 표면이 울퉁불퉁하거나 불규칙하게 나타나도록 합니다. 맵의 밝은
(흰색) 영역은 튀어나오고 어두운(검은색) 영역은 파인 것처럼 보입니다.

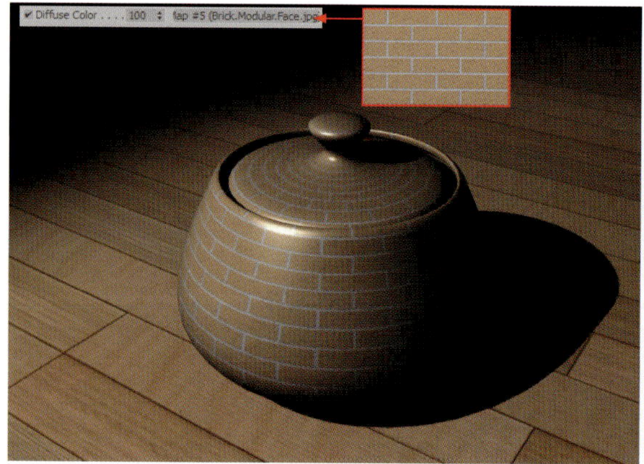
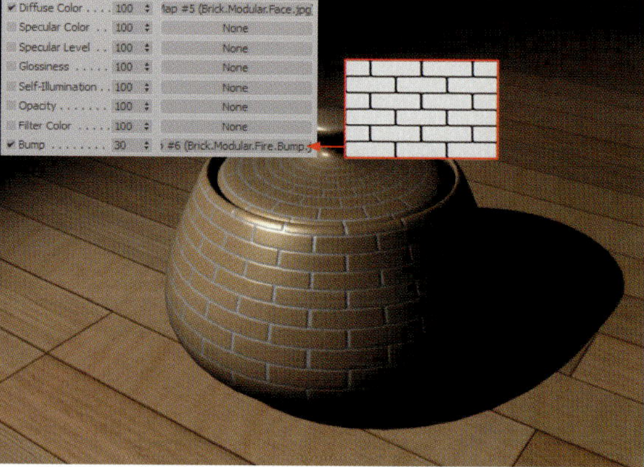

🔟 Reflection

비트맵 파일 또는 절차 맵을 사용하여 오브젝트 표면의 반사도를 제어할 수 있습니다. 금속 재질이나 유리, 유광의 플라스틱 같이 반사를 가지고 있는 물체에 사용됩니다.

맵은 Reflect/Refract, Raytrace, Flat Mirror, Falloff, Bitmap 등이 쓰입니다.

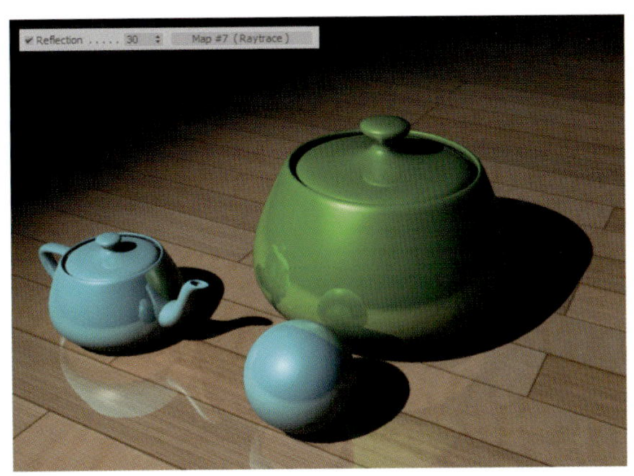

Raytrace Map을 사용한 경우
🌐 CD 제공 : Maps_Reflection.max

Reflection Map에 Bitmap을 사용하여 금속질감을 표현하기도 하며, Bitmap 이미지의 분위기에 따라 금속 느낌도 각각 다르게 느껴집니다.

Bitmap을 사용한 경우
🌐 CD 제공 : Maps_Reflection_Metal.max

1️⃣1️⃣ Refraction

비트맵 파일 또는 Reflect/Refract, Raytrace, Thin Wall Refraction 같은 맵을 사용하여 오브젝트의 굴절을 제어할 수 있습니다.

🌐 CD 제공 : Maps_Refraction.max

12 Displacement

Bump 맵과 달리 Displacement 맵은 실제로 표면의 형상을 변경하며, 맵의 그레이 스케일을 적용합니다.
2D 이미지에서 밝은 색은 어두운 색보다 강하게 밖으로 나오기 때문에 형상의 3D Displacement가 됩니다.
Displacement 맵의 결과는 Viewport에서는 보이지 않으며, 렌더링을 해야만 보입니다.

사용방법은 다음과 같은 수행 절차를 따릅니다.
① Plane 오브젝트를 만들어 주고, Segment를 많이 올려줍니다. Displacement 맵에 그레이스케일의 Bitmap 이미지를 넣어줍니다.

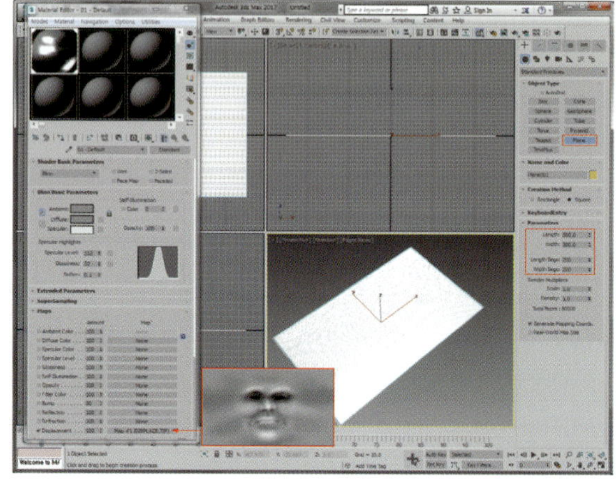

② Plane 오브젝트를 선택하고 마우스 오른쪽 버튼을 눌러 'Convert to Editable Poly'로 변환합니다. Subdivision Displacement 항목에서 다음과 같이 'High' 버튼을 클릭합니다. High Preset은 디테일하게 보여주지만 렌더링 시간이 오래 걸립니다.
이미지가 튀어나오는 정도의 값은 Displacement의 Amount 값을 "50"으로 조정합니다.

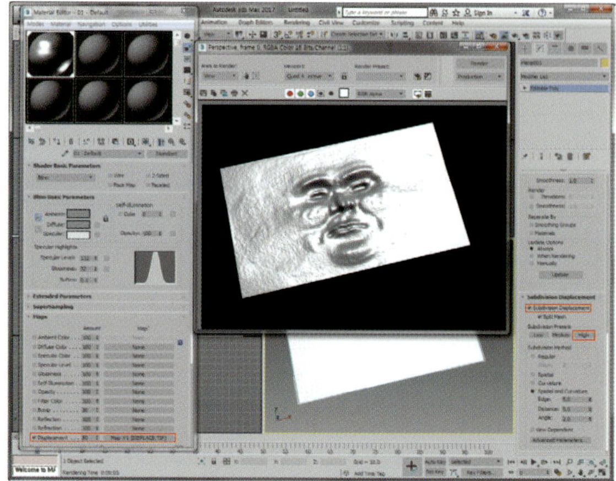

◉ CD 제공 : Map_Displacement.max

🔶 Section 08 | Slate Material Editor

Slate Material Editor는 Compact Material Editor의 대안으로 등장한 재질 편집기라 할 수 있습니다. 주로 노드와 와이어링 구조를 사용하는 인터페이스로 재질을 디자인하고 편집하는 동안 재질의 구조를 그래픽으로 표시합니다.
일반적으로 Slate 인터페이스는 재질을 디자인하는 경우 좀 더 다양하게 사용되며, Compact 인터페이스는 이미 디자인한 재질을 적용해야 하는 경우 더 편리합니다. Slate 인터페이스는 여러 개의 요소를 가진 그래픽적인 인터페이스입니다. 가장 주목할 만한 요소는 좌측 메뉴의 Material/Map Browser인데, 여기에서 재질(Material), 맵(Map), 기본 재질(Base Material) & 맵 유형(Map Type)을 한눈에 알아 볼 수 있도록 해놓았습니다.

현재 활성 상태의 뷰에서는 재질과 맵을 결합하고, Parameter Editor에서는 재질과 맵 설정을 변경할 수 있습니다.

Slate Material Editor를 열려면 Main Toolbar에서 Material Editor의 Slate[   ]를 클릭하거나 M 키를 누릅니다. Compact Material Editor 버튼이 표시되는 경우 Slate Material Editor 버튼에 액세스하려면 플라이아웃을 열어야 합니다. 또는 Compact Material Editor를 연 다음 Mode 메뉴에서 Slate Material Editor를 선택할 수 있습니다.

Slate Material Editor의 화면구성과 그 기능에 대해 간단히 살펴보겠습니다.

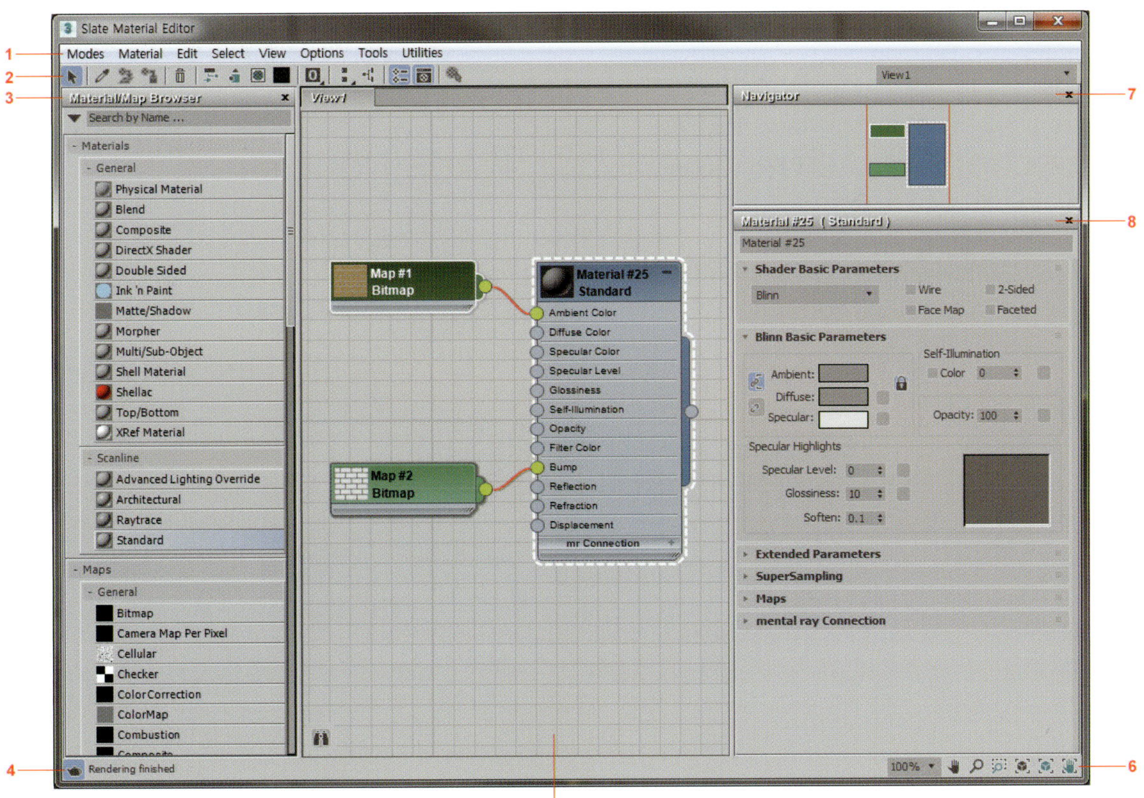

❶ **Menu Bar** : 다양한 선택 항목의 메뉴가 포함되어 있고, 장면의 재질을 만들고 관리하는데 사용합니다.

❷ **Toolbar** : Toolbar의 아이콘들을 사용하여 여러 가지 명령에 빠르게 액세스할 수 있으며, Named View 에서 선택할 수 있도록 하는 드롭다운 목록도 포함되어 있습니다.

❸ **Material/Map Browser** : 슬레이트 재질 편집기에서는 항상 기본적으로 표시되는 패널로 나타나며, 재질, 맵 또는 멘탈레이 Shader를 선택할 수 있습니다. 재질을 편집하려면 재질을 재질/맵 브라우저 패널에서 뷰로 드래그합니다. 새로운 재질과 맵을 만들려면 재질 그룹 또는 맵 그룹에서 드래그합니다. 재질/맵 브라우저 항목을 더블 클릭하여 해당 재질 또는 맵을 활성 뷰에 추가할 수도 있습니다.

❹ **Status** : Preview Window(미리보기 창)의 비트맵 렌더링을 토글합니다. 많은 재질을 사용하여 작업하는 경우 시간이 절약될 수 있습니다.

❺ **Active View(활성 뷰)** : 현재 활성 상태의 View에서는 Map 또는 제어기(Controller)를 재질 컴포넌트에 와이어링하여 재질 트리를 구성할 수 있습니다. 장면에 있는 재질에 대해 여러 개의 View 만들어 그 중 Active View를 선택할 수 있습니다.

❻ **View Navigation** : Active View를 어떻게 디스플레이를 할 것인지를 조절하는 부분입니다.

❼ **Navigator** : 기본적으로 탐색기 창은 슬레이트 재질 편집기 대화상자의 오른쪽 위 모서리에 나타나며, 활성 뷰의 맵을 표시합니다.

❽ **Parameter Editor** : Parameter Editor에서는 맵 및 재질에 대한 세부적인 설정을 조정할 수 있습니다. 재질 또는 맵에 대한 Parameter를 보려면 노드를 더블 클릭합니다. Parameter Editor에 Parameter가 표시됩니다.

Section 09 | Active View의 재질 및 노드(Node)

Active View에서 맵 또는 제어기를 재질 컴포넌트에 와이어링하여 재질 트리를 구성할 수 있으며, 여러 개의 View를 생성하여 Active View를 멀티로 사용할 수 있으며, 복잡한 장면이 있거나, 장면에 복잡한 재질이 있는 경우 사용하면 편리합니다.

01 재질 및 노드

재질과 맵을 편집할 경우 해당 재질과 맵이 함께 와이어링할 수 있는 'Node'로 'Active View'(활성 뷰)에 표시됩니다.

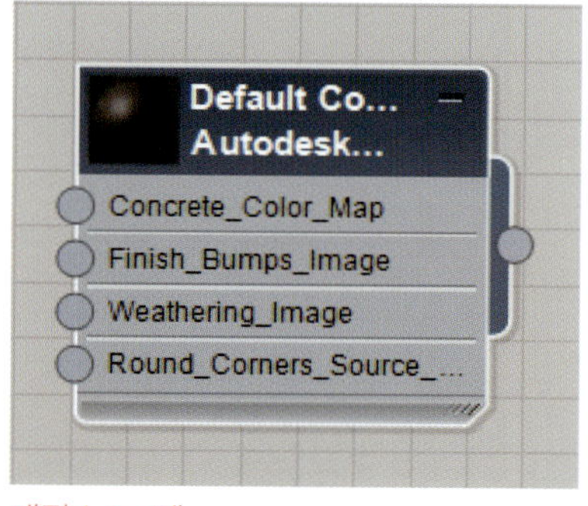

재질 노드 예

02 노드의 구성(Component) 살펴보기

① 제목 표시줄에는 작은 미리 보기 아이콘으로 재질의 현황이 표시되며 그 다음에 재질 이름과 맵의 이름 및 재질이나 맵의 유형이 차례대로 표시됩니다.
② 제목 표시줄 아래에는 재질이나 맵의 컴포넌트를 표시하는 슬롯이 있습니다. 기본적으로 슬레이트 재질 편집기에는 매핑할 수 있는 슬롯만 표시됩니다.
③ 각 슬롯의 왼쪽에는 입력용 원형 소켓이 있습니다.
④ 전체 노드의 오른쪽에는 출력용 원형 소켓이 있습니다.

Ⓐ 입력 및 출력 소켓

A는 재질의 슬롯에 대한 입력 소켓이며, B는 전체 재질에 대한 출력 소켓입니다.

Ⓑ 노드 표시 컨트롤

A 부분을 클릭하여 노드를 축소하거나 확장할 수 있으며, B 부분을 잡고 좌우로 드래그하여 노드의 크기를 수평으로 조정할 수 있습니다.

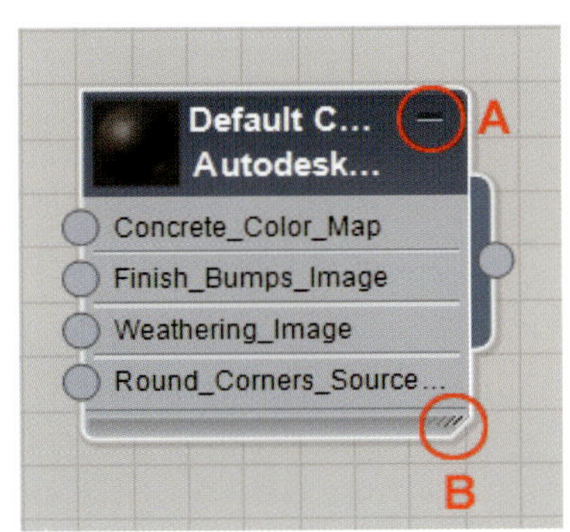

노드 표시 컨트롤

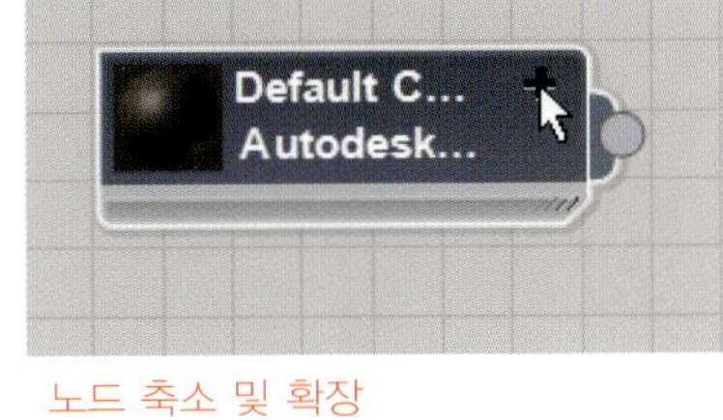

노드 축소 및 확장

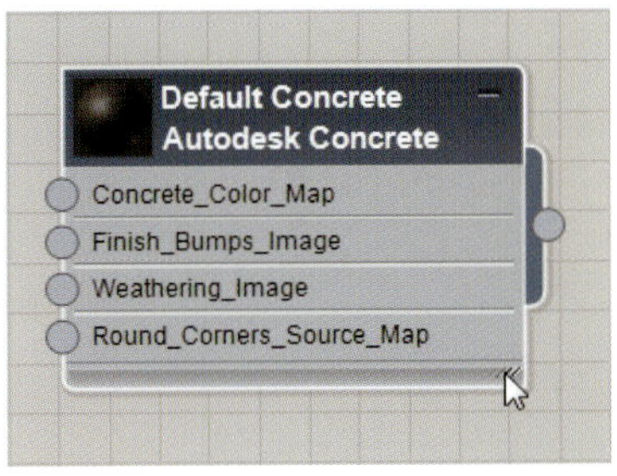

확장된 노드

알아두기 | NVIDIA mental ray Renderer

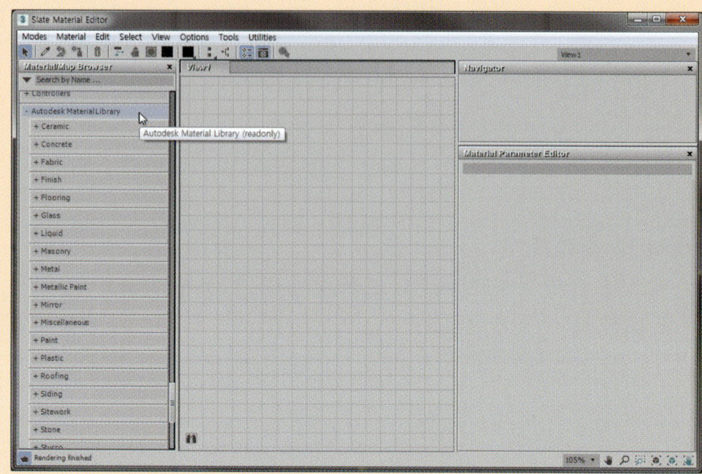

Slate Material Editor의 설명을 돕기 위해 Renderer를 'NVIDIA mental ray'로 변경하였습니다.

ⓒ 노드의 미리보기

노드의 상단 쪽의 미리 보기를 더블 클릭하여 미리
보기를 확장할 수 있습니다. 미리 보기를 줄이려면
미리 보기를 다시 더블 클릭합니다.

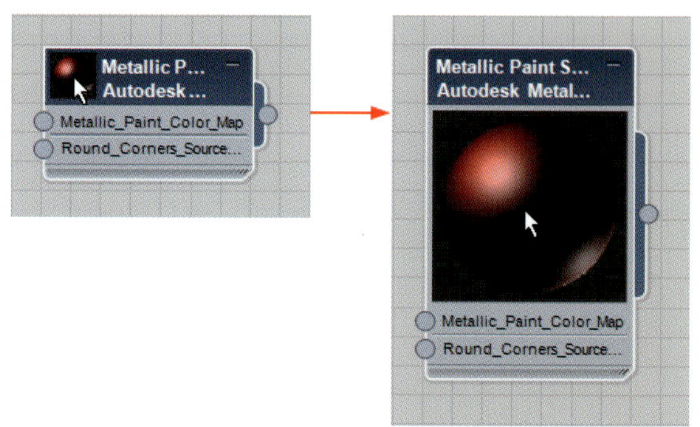

ⓓ Viewport에 맵 표시하기

재질이나 맵을 Viewport에 나타나게 할 때 상단의 Toolbar의 'Show Shaded Material in Viewport'이나
'Show Realistic Material in Viewport' 아이콘을 누르면 노드의 제목 표시줄[그림 A부분]에 빨간색 대각
선 모양이 나타납니다.
Navigator[그림 B부분]와 좌측 Material/Map Browser의 'Scene Materials' 라이브러리의 해당 재질 목
록에도 빨간색의 대각선 모양이 나타납니다.
[그림 C부분] 경우는 장면에 있는 오브젝트에 본 재질을 적용해야만 나타납니다.

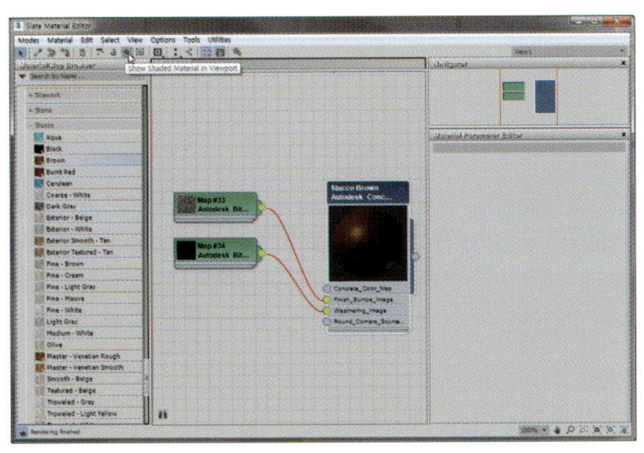 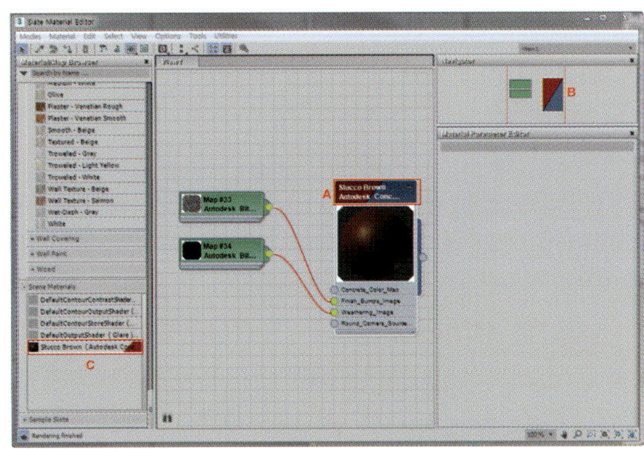

ⓔ Node 선택, 이동 및 복제

① 노드를 선택하려면 Select Tool[ ]이 활성 상태인지 확인한 다음 노드를 클릭합니다. 여러 개의 노드를 선택하려면 Ctrl 키를 누른 채 클릭(Alt 키를 누른 채 클릭하면 현재 선택 사항에서 노드 해제)하거나 직사각형으로 드래그하여 노드 주위를 감싸 선택합니다.

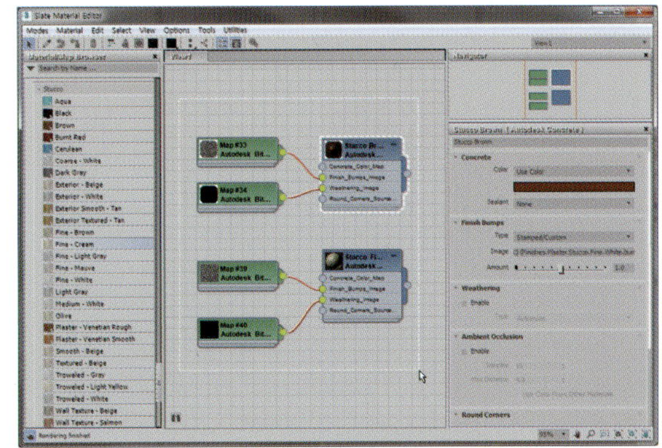

② 노드를 선택 취소하려면 View의 빈 영역을 클릭하며, 이동하려면 선택한 노드를 드래그하면 됩니다.
③ 선택한 노드를 Shift +드래그하면 해당 노드가 복제됩니다. Ctrl + Shift +드래그하면 노드와 노드의 모든 자식이 복제됩니다. 이러한 복제 방법은 여러 개의 노드를 선택했을 때와 마찬가지로 작동됩니다.

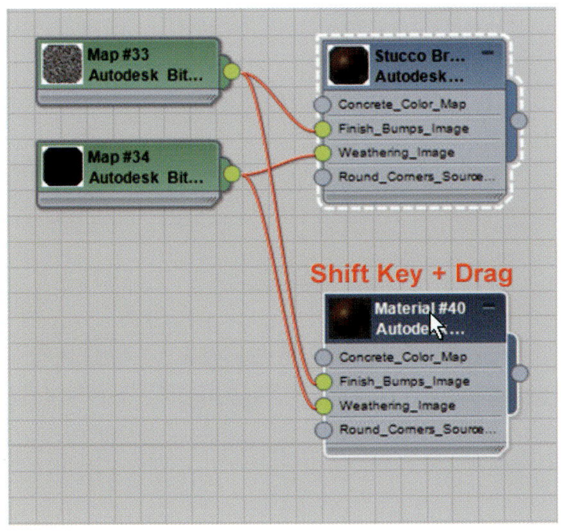

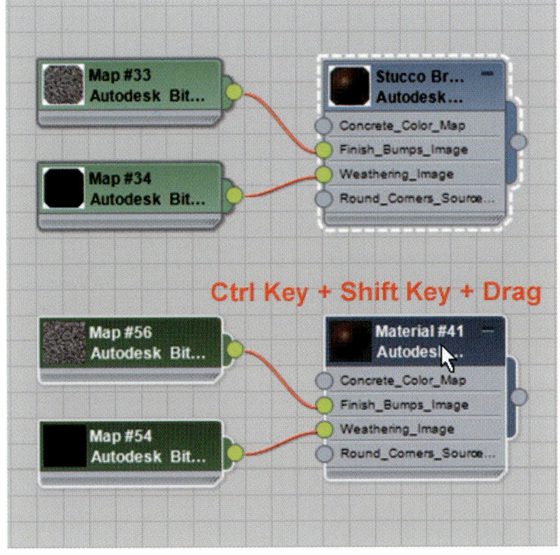

ⓕ 옵션 메뉴를 활용한 노드 이동 및 레이아웃

■ **Move Children[▦] :** 설정되어 있는 경우 노드를 이동하면 노드와 함께 노드의 자식 노드도 이동합니다. 해제되어 있는 경우 노드를 이동하면 해당 노드만 이동합니다.

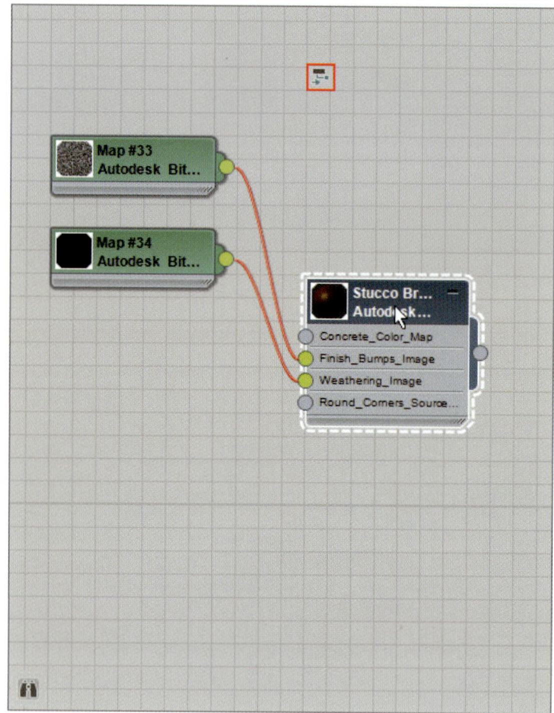
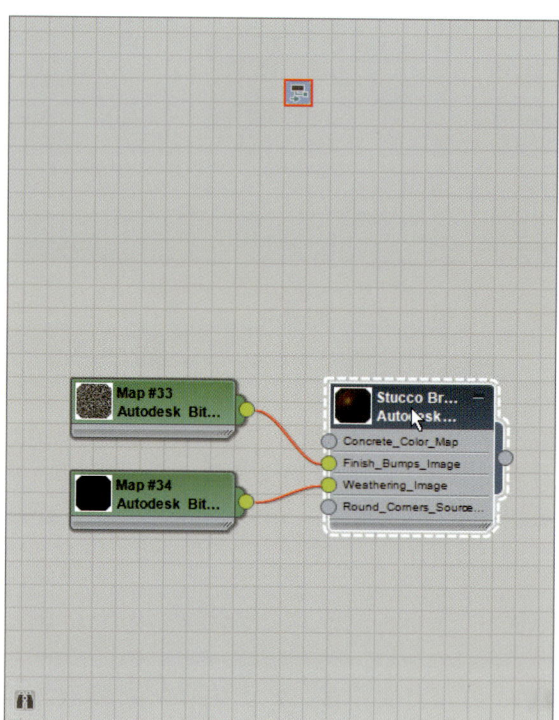

■ **Layout All − Vertical[▦] / Layout All − Horizontal[▦] :**
자동 레이아웃에 있는 모든 노드를 수직 또는 수평 축을 따라 정렬합니다.

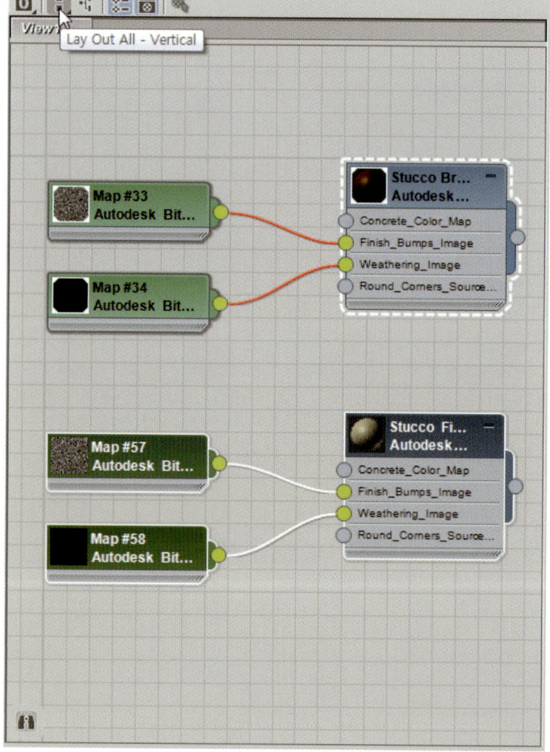

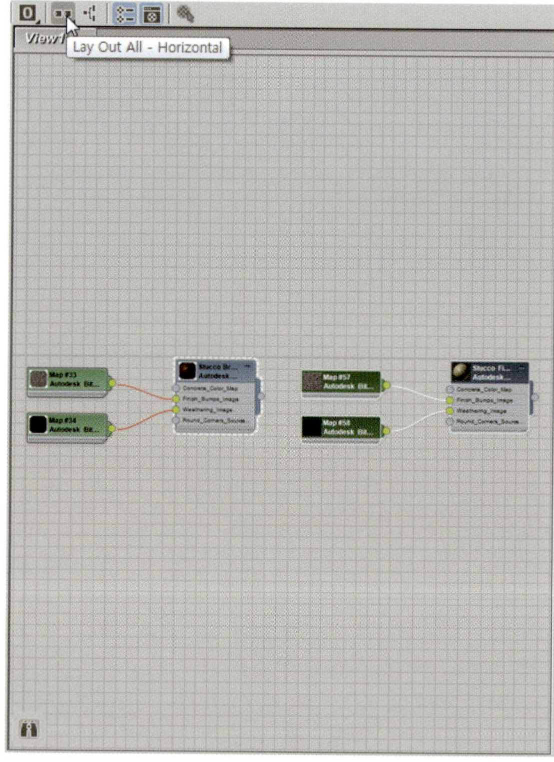

■ **Layout Children[ ]** : 선택한 노드의 자식을 자동으로 레이아웃합니다. 먼저 노드의 자식을 정리할 노드를 선택한 후 Layout Children 아이콘을 클릭합니다.

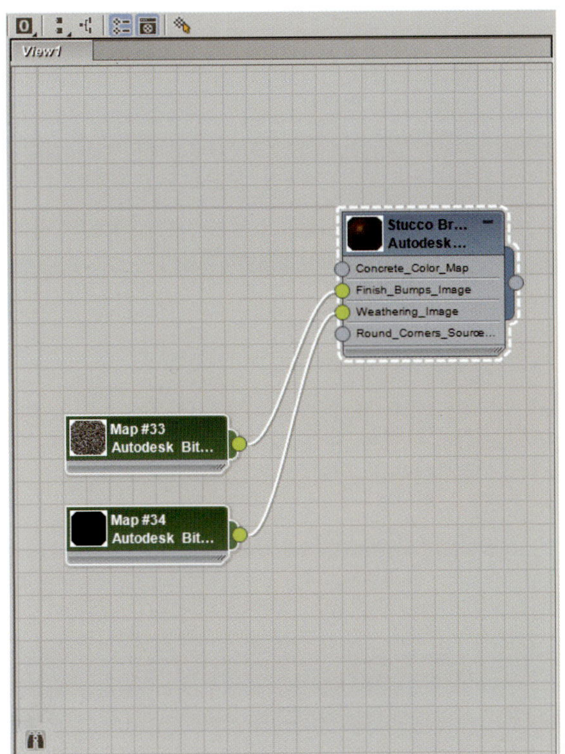 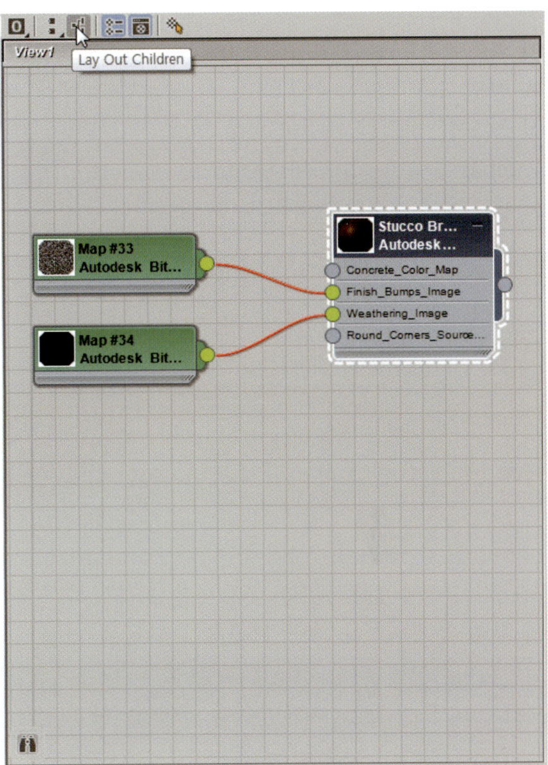

ⓖ 재질 또는 맵에 다른 이름 지정하기

■ Material/Map Browser의 Scene Materials 라이브러리에서 재질의 이름을 마우스 오른쪽 버튼으로 클릭하고 'Rename'을 선택합니다.[그림 A부분]

■ 활성 뷰에서 재질 노드를 마우스 오른쪽 버튼으로 클릭하고 'Rename'을 선택합니다. [그림 B부분]

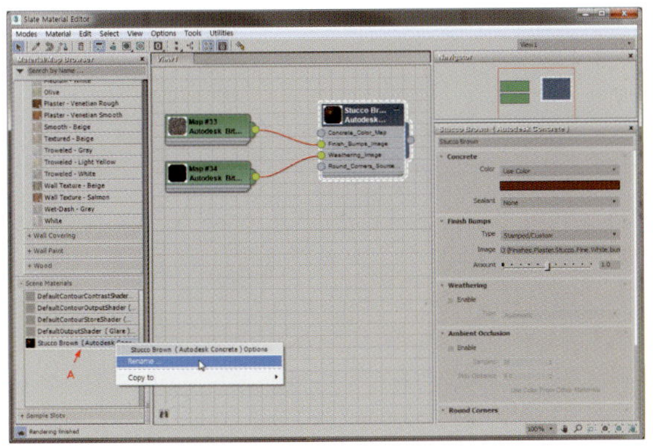 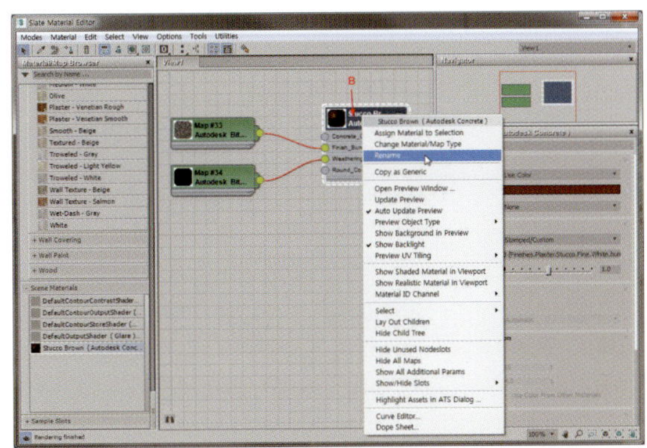

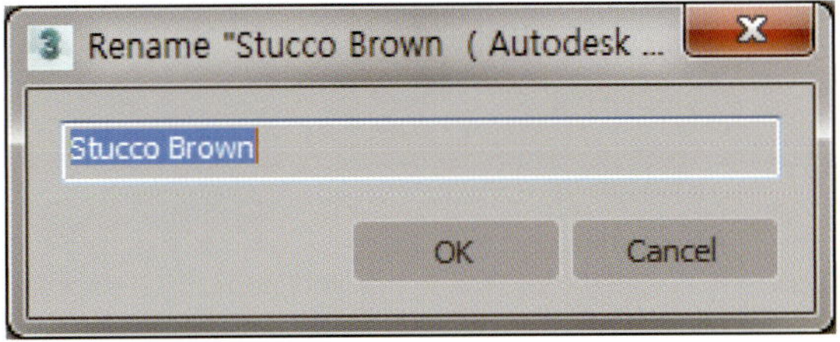

Ⓗ 장면의 오브젝트에 재질 입히기

■ Slate Material Editor에서 재질 노드의 출력 소켓을 뷰포트로 드래그한 다음 장면의 오브젝트 위에 와이어를 드롭합니다.

■ 장면 오브젝트를 선택하고, Active View에서 재질 노드를 선택한 다음 Slate Material Editor의 Toolbar에서 'Assign Material to Selection'[▦]을 클릭하여 재질을 적용할 수도 있습니다.

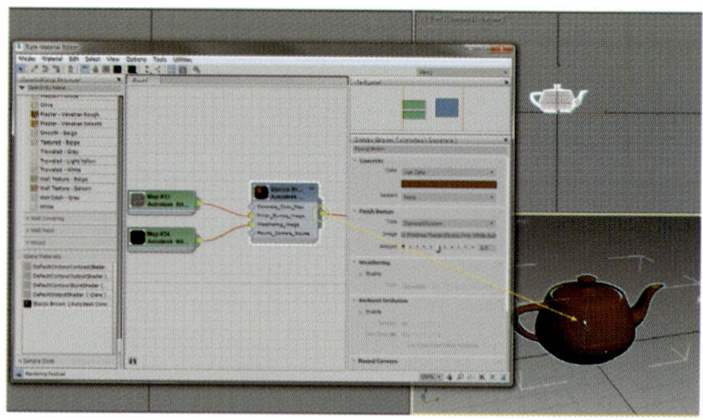

03 Controller Nodes

재질 및 맵 외에도 Material/Map Browser 패널에는 Controllers에 대한 항목이 있어 사용자가 재질을 애니메이션할 수 있습니다. 단일 애니메이션 값을 사용하여 다중 매개변수를 제어할 수 있습니다.

Controller Node를 사용하려면 Material/Map Browser에서 Controller Node를 드래그하여 활성 뷰에 추가하거나 해당 브라우저 항목을 더블 클릭합니다. 그런 다음 Controller를 애니메이션할 Material 또는 Map 매개변수에 와이어링합니다.

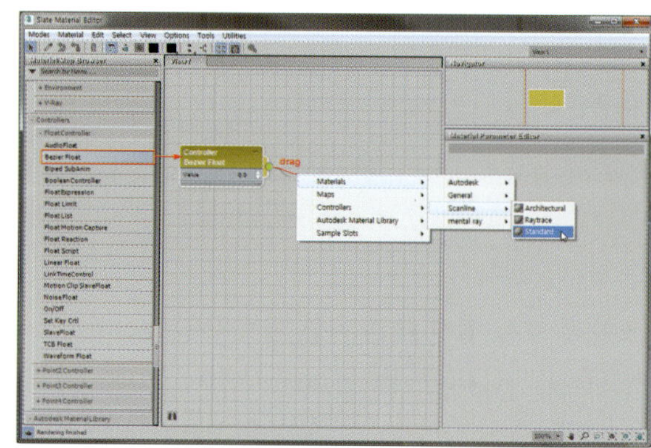

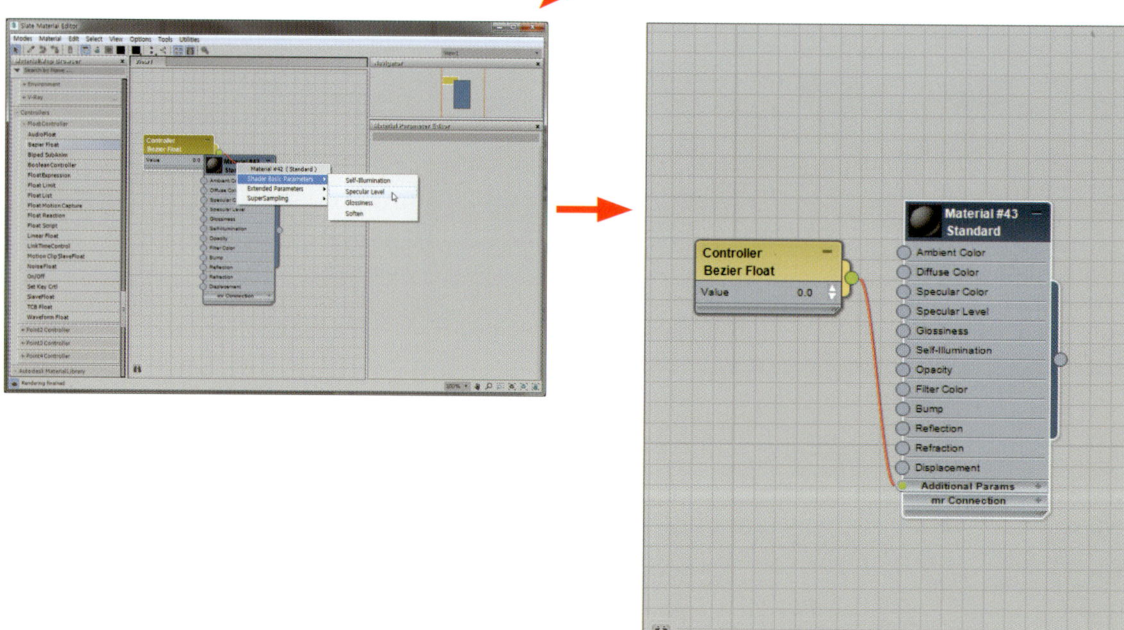

04 Parameter Editor(매개변수 편집기) : Material 및 Map 설정 변경

Material 및 Map에는 조정할 수 있는 다양한 파라메터를 가지고 있습니다. Material 및 Map에 대한 파라메터를 보려면 노드를 더블 클릭합니다. 우측 창에 Parameter Editor에 파라메터가 표시됩니다.

Parameter Editor의 롤아웃에 파라메터가 표시됩니다.

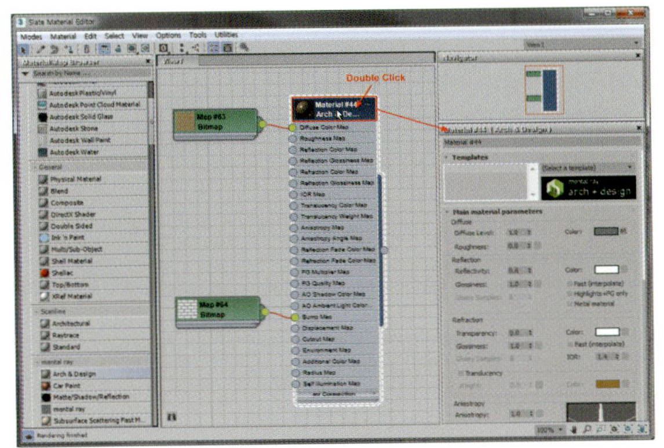

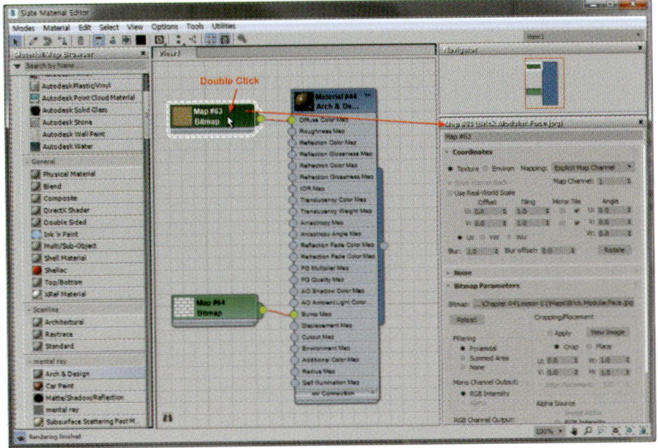

Parameter Editor의 Material Node에 대한 컨트롤   Parameter Editor의 Bitmap Node에 대한 컨트롤

- Child Node(자식 노드) 매개변수를 표시하는 또 다른 방법은 Child Node가 와이어링된 입력 소켓을 더블 클릭하면 됩니다.

- Slate Material Editor의 Toolbar에 위치한 Parameter Editor[ ]의 아이콘을 클릭하여 보이게 하거나 숨길 수 있습니다. 노드를 더블 클릭하면 숨김 여부에 상관없이 Parameter Editor가 열립니다.

05 Slate Material Editor의 View

Active View는 Slate Material Editor의 주요 부분입니다. 장면에 있는 재질에 대해 여러 개의 View를 만들어 그중에서 Active View를 선택할 수 있습니다.

Ⓐ View를 추가하는 방법

View1의 옆 빈 공간에서 마우스 오른쪽 버튼을 클릭하여 'Create New View' 명령으로 새로운 View를 생성할 수 있습니다. 새로 추가된 View는 'Named View'라 하며, 이것은 복잡한 장면이 있거나, 장면에 복잡한 재질이 있는 경우 사용하면 편리합니다.

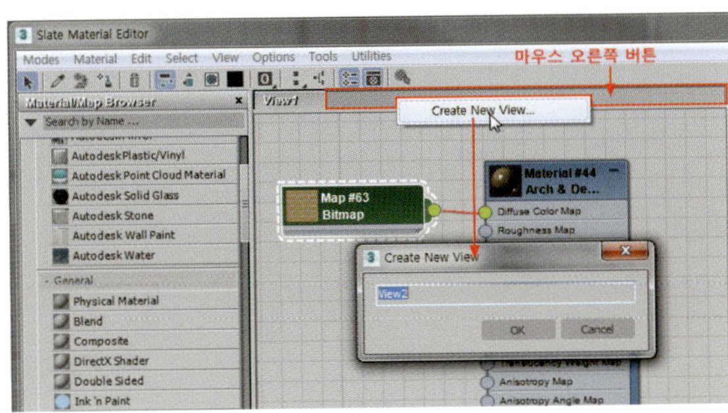

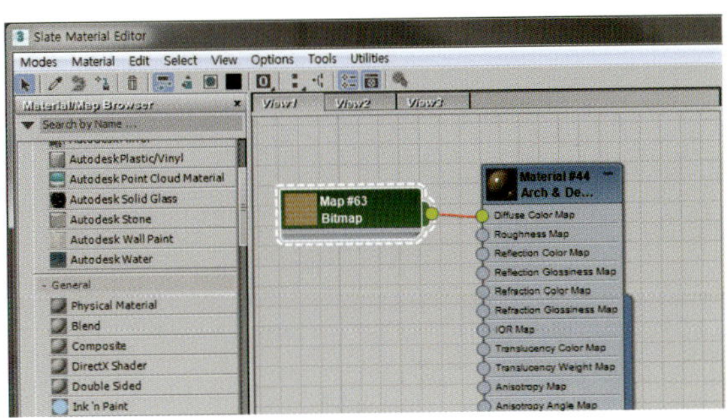

❸ 재질을 다른 View에 복사하는 방법

만든 재질은 다른 View로 이동시키거나 복사할 수 있습니다.

① 재질 출력 소켓에서 다른 View의 레이블로 드래
그합니다. 활성 뷰가 변경될 때까지 기다렸다가 새로
운 활성 View2의 바탕화면에 와이어를 드롭합니다.

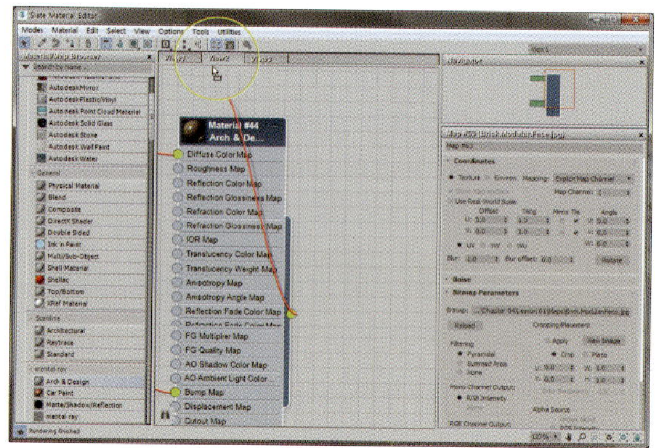

② 활성화된 View2에 Instance(Copy) 재질 대화
상자가 열립니다. Instance 또는 Copy를 선택한 다
음 OK 버튼을 클릭합니다.

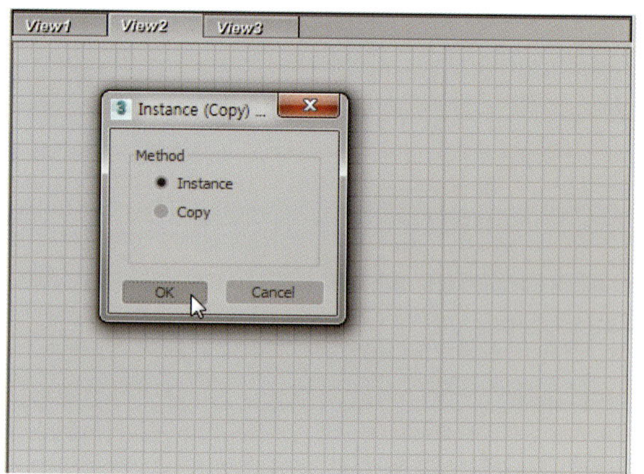

③ 새로 만들어진 View2에 같은 재질이 복사된 것
을 확인할 수 있습니다.

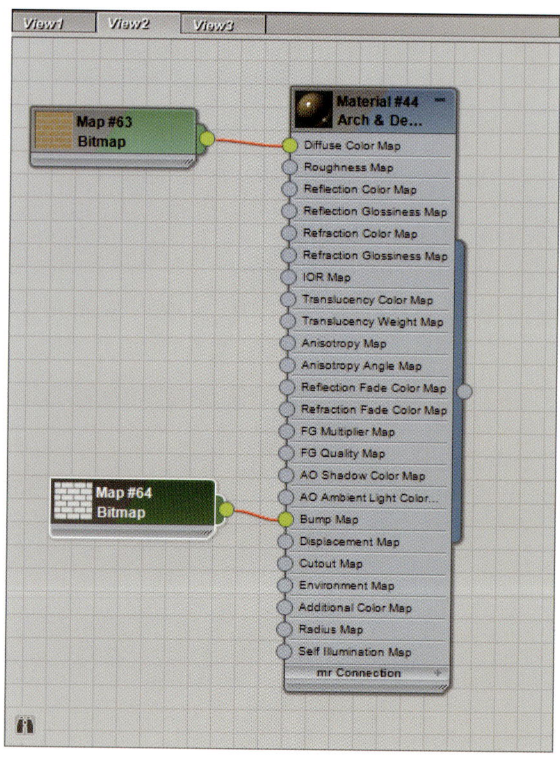

ⓒ 같은 Instance 재질의 다른 View 로 이동하기와 재질을 다른 View로 이 동시키기

재질 노드를 마우스 오른쪽 버튼 으로 클릭한 후 메뉴에서 Multiple Instances〉Pan To Instance On [View Name]을 선택합니다. Multiple Instances 옵션이 활성화 되려면 다른 View에 Instance로 복사가 되어 있어 야 합니다.

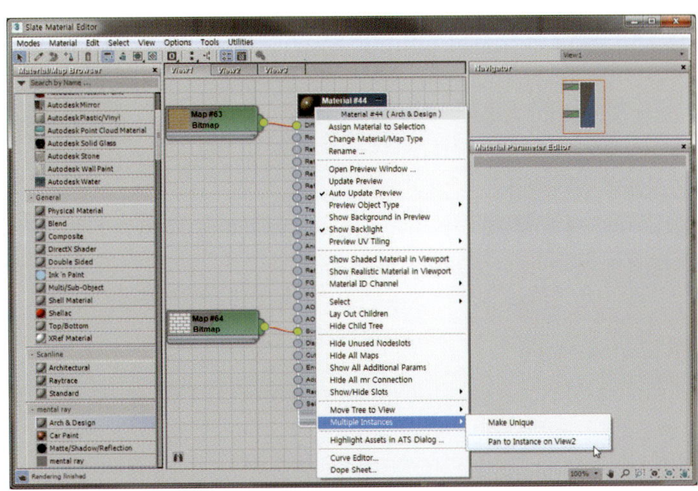

재질 노드의 Child Node(자식 노드) 한 개를 마우스 오른쪽 버튼으로 클 릭합니다. 메뉴에서 Move Tree to View〉[View Name]을 선택하여 다른 View로 이동할 수도 있습니다.

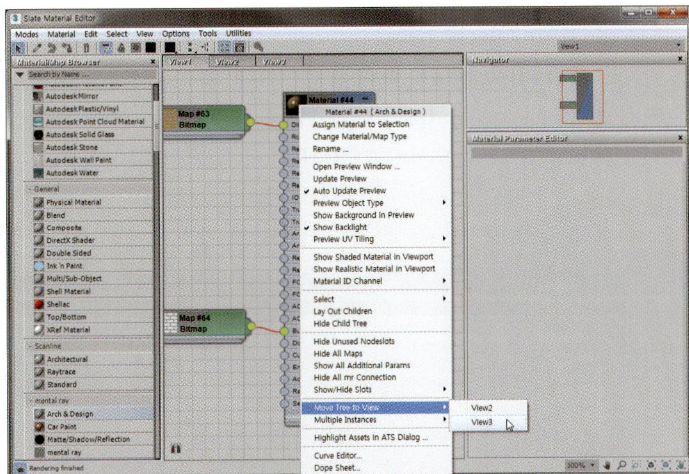

ⓓ 각 View의 Instance 재질을 고유 한 재질로 만들기

재질 노드를 마우스 오른쪽 버튼으로 클릭합니다. 메뉴가 나타나면 Multiple Instances〉Make Unique 선택하면 Instance 관계는 끊어집니다.

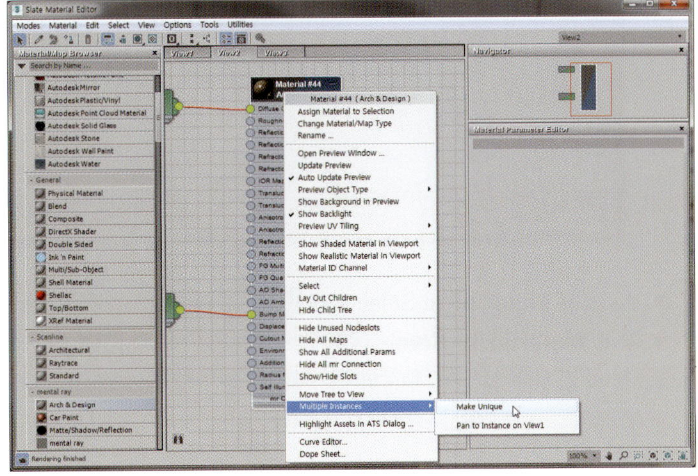

06 Slate Material Editor Menu Bar

Slate Material Editor Menu Bar에는 장면의 재질을 만들고 관리하는 다양한 선택 항목의 메뉴가 포함되어 있습니다.
메뉴 선택 항목 중 대부분은 Toolbar나 Navigation 버튼에서 액세스할 수도 있습니다.

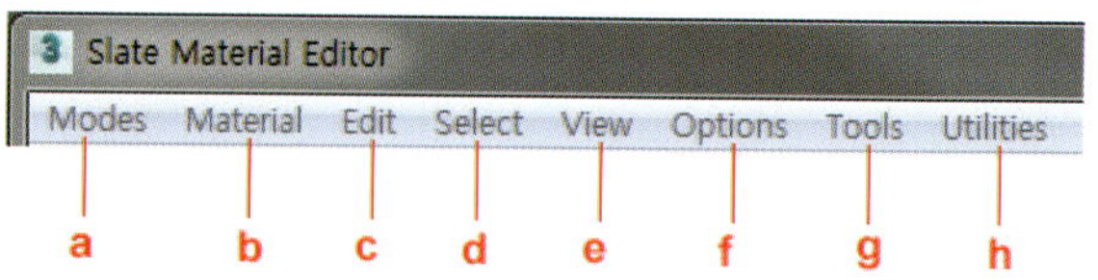

ⓐ Modes Menu

Compact Material Editor와 Slate Material Editor 중 하나를 선택하여 사용할 수 있습니다.

ⓑ Material Menu

재질을 만들고, 기존 재질을 선택하거나 재질을 오브젝트에 할당할 수 있습니다.

- **Pick from Object [ ]** : 뷰포트에서 현재 뷰에 재질을 표시할 오브젝트를 클릭합니다.
- **Get from Selected** : 장면에서 선택된 오브젝트에서 재질을 가져와 활성 뷰에 표시합니다.
- **Get All Scene Materials** : 현재 View에 모든 장면 재질을 표시합니다.
- **Highlight Assets in ATS Dialog** : 비트맵으로 사용되는 외부 파일의 상태를 보여주는 'Asset Tracking Dialog'를 엽니다. 비트맵 노드에 대해 이 옵션을 클릭하면 연관된 파일이 'Asset Tracking Dialog'에 강조 표시됩니다. (단축키: Shift + T)

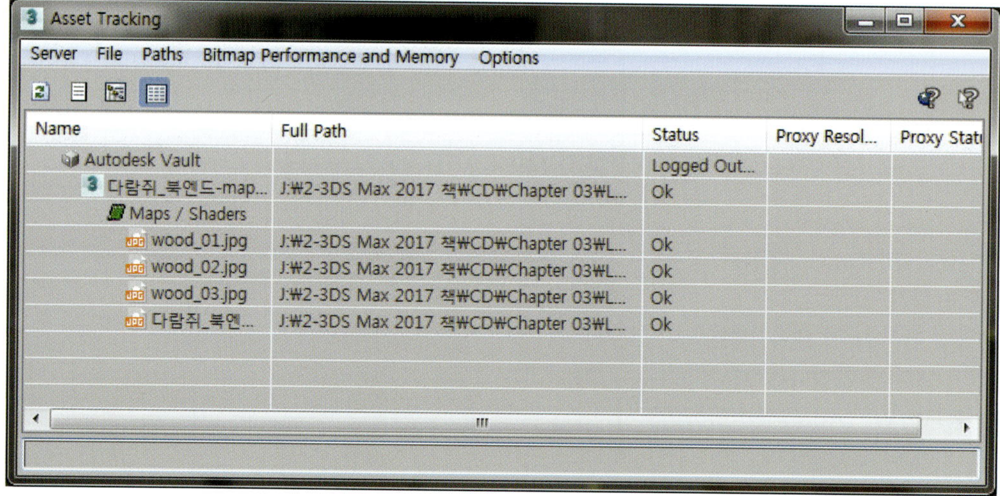

- **Assign Material to Selection [ ]** : 선택한 오브젝트에 현재 재질을 할당합니다.
- **Put Material to Scene [ ]** : 오브젝트에 적용된 재질과 동일한 이름을 가진 재질의 복사본이 있고, 복사본을 편집하여 재질의 속성을 변경한 경우에만 사용할 수 있습니다.
- **Export as XMSL File** : MetaSL(XMSL) 파일로 현재 재질을 내보낼 수 있는 파일 대화상자를 엽니다. 이 옵션은 'Map To Material Conversion node'를 선택한 경우에만 표시됩니다. 일반적으로 이 노드는 자식이 MetaSL Shader인 Shader 트리의 부모입니다.

ⓒ Edit Menu

편집 메뉴에는 현재 'Active View'를 편집하고 재질의 'Preview Window'를 업데이트하는 데 필요한 명령이 있습니다.

- **Delete Selected [🗑]** : Active View에서 선택한 노드 또는 와이어를 삭제합니다.[단축키: `Delete`]
- **Clear View** : Active View에서 모든 노드와 와이어를 삭제합니다.
- **Update Selected Previews** : 자동 업데이트가 해제되어 있으면 이 옵션을 선택하여 선택한 노드의 'Preview Windows'를 업데이트합니다. [단축키: `U`]
- **Auto Update Selected Previews** : 선택한 미리 보기 창의 자동 업데이트를 토글합니다. [단축키: `Alt` + `U`]

ⓓ Select Menu

선택 메뉴는 현재 View에서 선택 사항을 관리하는 데 필요합니다.

- **Select Tool [➤]** : 선택 도구를 활성화합니다. [단축키: `S`]
- **Select All** : 현재 뷰에 있는 모든 노드를 선택합니다. [단축키: `Ctrl` + `A`]
- **Select None** : 현재 뷰에 있는 모든 노드의 선택을 취소합니다. [단축키: `Ctrl` + `D`]
- **Select Invert** : 현재 선택을 반전합니다. [단축키: `Ctrl` + `I`]
- **Select Children** : 현재 선택한 노드의 모든 자식 노드를 선택합니다. [단축키: `Ctrl` + `C`]
- **Deselect Children** : 현재 선택한 노드의 모든 자식 노드의 선택을 취소합니다.
- **Select Tree** : 현재 트리에 있는 모든 노드를 선택합니다. [단축키: `Ctrl` + `T`]

ⓔ View Menu

View 메뉴는 현재 View를 탐색하는 데 필요합니다.

- **Pan Tool [✋]** : View가 이동하도록 이동 도구를 설정합니다. [단축키: `Ctrl` + `P`]
- **Pan to Selected [✋]** : View를 현재 선택한 노드로 이동합니다. [단축키: `Alt` + `P`]

- **Zoom Tool [🔍]** : View가 확대/축소되도록 확대/축소 도구를 설정합니다. [단축키: `Alt` + `Z`]
- **Zoom Region Tool [🔍]** : View에서 정사각형 영역을 드래그하여 해당 영역이 확대되도록 영역 확대/축소 도구를 설정합니다. [단축키: `Ctrl` + `W`]
- **Zoom Extents [🔍]** : View에 있는 모 노드가 표시되고 중심에 있도록 View를 확대/축소합니다. [단축키: `Ctrl` + `Alt` + `Z`]
- **Zoom Extents Selected [🔍]** : 선택한 모든 노드가 View에 표시되고 중심에 있도록 View를 확대/축소합니다. [단축키: `Z`]

- **Show Grid** : 그리드 표시를 View 배경으로 토글합니다. [단축키: `G`]
- **Show Scrollbars** : 필요에 따라 View의 오른쪽과 하단에 스크롤바 표시를 토글합니다.
- **Lay Out All** : 뷰에 모든 노드의 레이아웃을 자동으로 정렬합니다. [단축키: `L`]
- **Lay Out Children [📊]** : 현재 선택한 노드의 자식 레이아웃을 자동으로 정렬합니다. [단축키: `C`]

- **Open / Close Selected Nodes** : 선택한 노드를 확장하거나 축소합니다.
- **Auto Open Nodeslots** : 이 옵션을 설정하면 새로 만들어진 모든 노드가 확장됩니다. 이 옵션을 해제하면 새로 만들어진 노드가 축소됩니다.
- **Hide Unused Nodeslots [📊]** : 사용되지 않는 슬롯의 표시를 토글합니다. [단축키: `H`]

ⓕ Options Menu

옵션 메뉴에는 Slate Material Editor를 관리하는 데 사용되는 추가 선택 항목이 있습니다.

- **Move Children [🖊]** : 부모 노드가 이동하는 경우 부모와 함께 자식 노드도 이동합니다. [단축키:

Alt + C]]

- **Propagate Materials to Instances** : 설정하면 후속 재질 할당이 가져온 AutoCAD 블록 및 ADT 스타일 기반 오브젝트를 포함하여 장면에 있는 오브젝트의 모든 Instance로 전파됩니다. 이러한 오브젝트는 DRF 파일에서 일반적인 유형입니다.
- **Enable Global Rendering** : 미리 보기 창의 비트맵 렌더링을 토글합니다. 예를 들어 이 옵션이 설정되어 있으면 크기를 조정할 경우 'Preview Windows'가 자동으로 렌더링됩니다.
많은 재질을 사용하여 작업하는 경우 시간이 절약될 수 있습니다. [단축키: Ctrl + Alt + U]]
- **Preferences** : Slate Material Editor의 옵션 대화상자를 엽니다.

ⓖ Tools Menu

Tools Menu는 Slate Material Editor 인터페이스 컴포넌트 중 일부 표시를 토글합니다.
- **Material/Map Browser [⚏]** : Material/Map Browser의 표시를 토글합니다. [단축키: O]]
- **Parameter Editor [▦]** : 매개변수 편집기의 표시를 토글합니다. [단축키: P]]
- **Navigator** : 탐색기의 표시를 토글합니다. [단축키: N]]

ⓗ Utilities Menu

유틸리티 메뉴에서는 렌더링, 오브젝트 선택 및 재질 관리 옵션을 제공합니다.
- **Render Map** : 애니메이션 맵의 미리 보기를 렌더링할 수 있도록 'Render Map dialog'를 엽니다.
- **Select Objects by Material [⚐]** : 오브젝트에 적용된 재질이 있어야 작동됩니다. 즉, 활성화된 재질의 오브젝트를 대화상자를 통해서 해당 오브젝트를 선택할 수 있습니다.
이 옵션을 설정하면 'Select From Scene'처럼 'Select Object' 대화상자가 나타나며 목록에 해당 재질이 강하게 표시됩니다.
'Select Object' 대화상자의 'Select' 버튼을 클릭하면, 해당 오브젝트가 선택됩니다.

- **Clean MultiMaterial** : 장면에서 사용되지 않은 하위 재질을 제거할 수 있는 'Clean MultiMaterial' 유틸리티를 엽니다.
- **Instance Duplicate Map** : 중복 비트맵을 통합할 수 있는 'Instance Duplicate Maps' 유틸리티를 엽니다.

07 Slate Material Editor Toolbar

Slate Material Editor의 Toolbar를 사용하여 여러 가지 명령에 빠르게 접근할 수 있습니다. 명령 중 일부는 Slate Material Editor의 Menu에서도 사용할 수 있으며, 'Named View'의 드롭다운 목록에서 View를 선택할 수 있도록 같이 포함되어 있습니다.

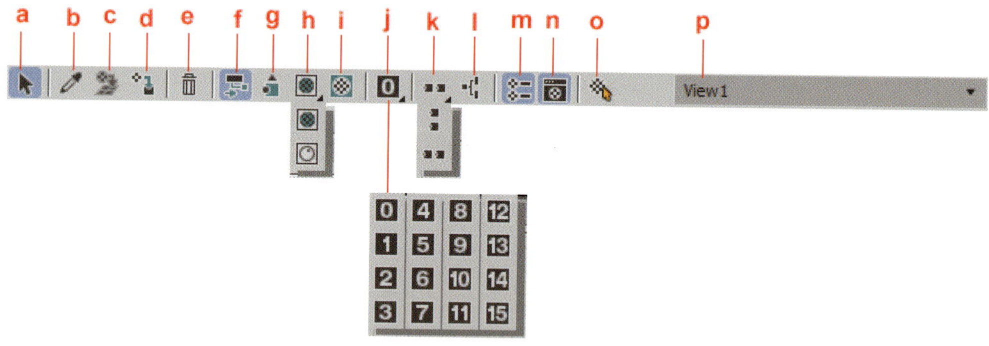

ⓐ Select Tool [▣] : Slate Material Editor Menu Bar 참조

ⓑ Pick Material from Object [▣] : Slate Material Editor Menu Bar 참조

ⓒ Put Material to Scene [▣] : Slate Material Editor Menu Bar 참조

ⓓ Assign Material to Selection [▣] : Slate Material Editor Menu Bar 참조

ⓔ Delete Selected [▣] : Slate Material Editor Menu Bar 참조

ⓕ Move Children [▣] : Slate Material Editor Menu Bar 참조

ⓖ Hide Unused Nodeslots [▣] : Slate Material Editor Menu Bar 참조

ⓗ Show Material in Viewport [▣] : Viewport에 Map을 표시합니다.

- **Show Shaded Material in Viewport [off/on] [▣]** : 3ds Max 소프트웨어 디스플레이를 사용하고 활성 재질에 대한 모든 맵의 뷰포트 표시를 활성화 / 비활성화합니다.
- **Show Realistic Material in Viewport [off/on] [▣]** : 하드웨어 디스플레이를 사용하고 활성 재질에 대해 모든 맵의 뷰포트 표시를 활성화 / 비활성화합니다.

ⓘ Show Background in Preview [▣] : Preview Window 다중 색상 체크 무늬의 배경이 추가됩니다. 주로 투명정도나 반사/굴절 정도를 보고자 할 때 유용합니다.

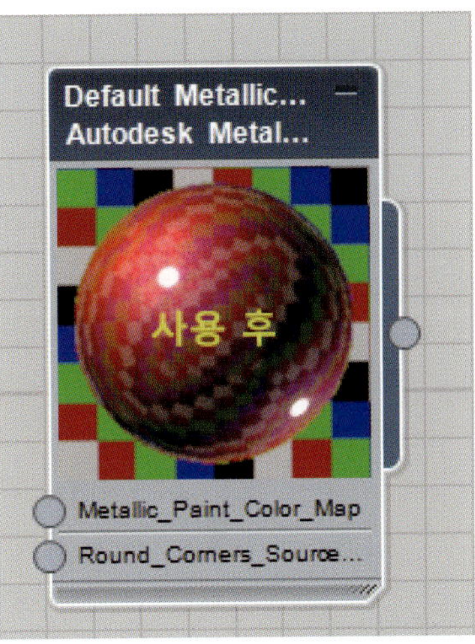

ⓙ Material ID Channel [▣] : '0'은 Material ID 채널이 할당되지 않았음을 의미하며, 1~15 사이의 Material ID는 Rendering 메뉴의 'Effect'나 'Video Post'를 이 재질에 적용한다는 의미입니다.

Material 또는 Map Node에서 마우스 오른쪽 버튼을 클릭해서 Material ID 값을 선택할 수도 있습니다.

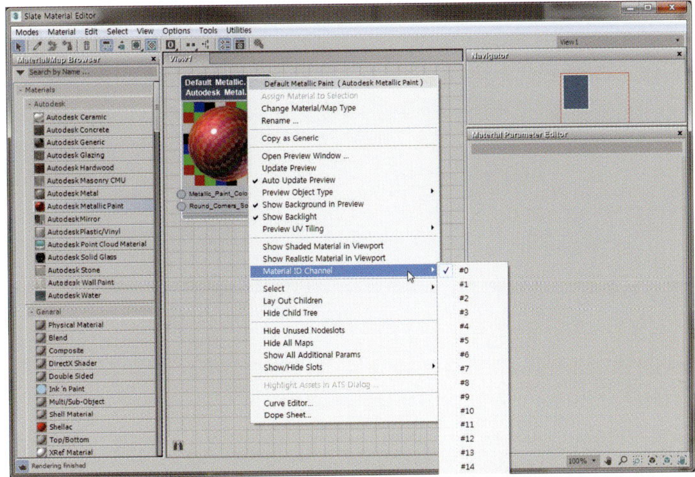

ⓚ Layout flyout : Acitve View에서 자동 레이아웃의 방향을 선택할 수 있습니다. 단축키는 [L] 키를 사용하지만 방향은 이 플라이아웃에서 활성 상태인 버튼에 따라 달라집니다.

■ **Lay Out All – Vertical [ ]** : 모든 노드를 수직 패턴으로 레이아웃합니다.

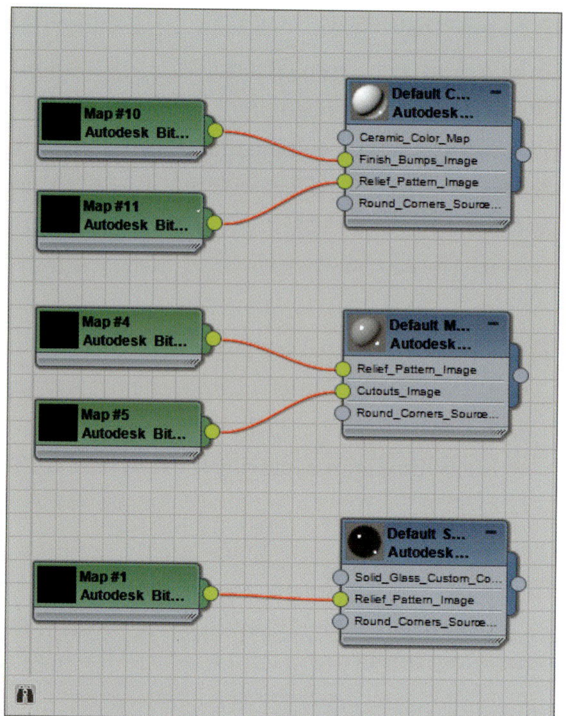

■ **Lay Out All – Horizontal [ ]** : 모든 노드를 수평 패턴으로 레이아웃합니다.

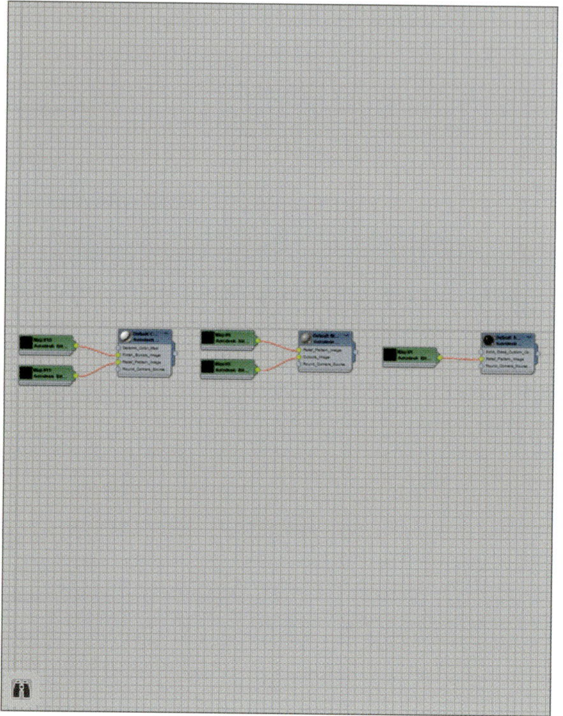

ⓛ Lay Out Children [⬚] : Slate Material Editor Menu Bar 참조

ⓜ Material/Map Browser [⬚] : Slate Material Editor Menu Bar 참조

ⓝ Parameter Editor [⬚] : Slate Material Editor Menu Bar 참조

ⓞ Select by Material [⬚] : Slate Material Editor Menu Bar 참조

ⓟ Named View Drop-Down List

[View1 ▾] : 이 드롭다운 목록을 사용하면 'Named View' 목록에서 Active View를 선택할 수 있습니다.

그림 A 부분에서 마우스 오른쪽 버튼을 클릭하여 'Create New View' 명령을 사용하여 새로운 View를 생성하고 이름을 지을 수 있습니다. 이름 지어진 각 View에는 탭이 있는데 이 탭을 클릭하여 View 사이를 이동할 수 있습니다.

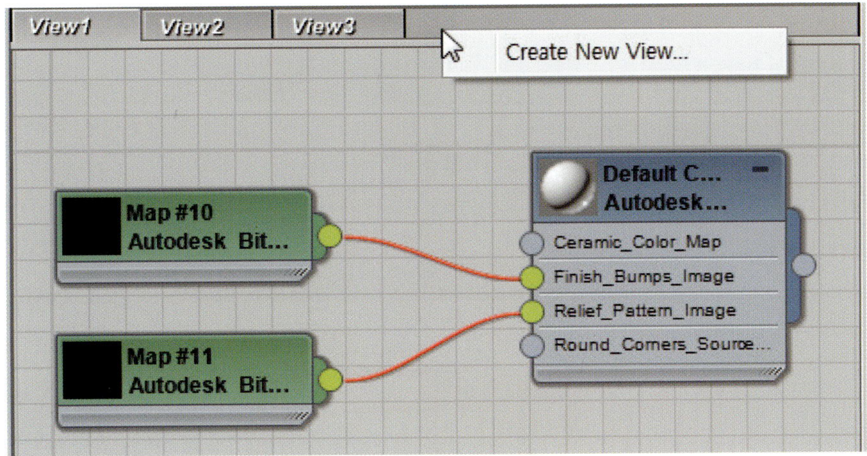

Lesson 02

UVW Map 이해하기

UVW Map 수정자는 오브젝트에 맵을 포함한 재질을 적용한 후 사용하는 것으로, 오브젝트에 매핑 좌표를 적용하여 오브젝트 표면에 표시되는 Mapping(매핑) 및 Procedural(절차) 재질을 제어합니다. 매핑 좌표는 비트맵이 오브젝트에 투영되는 방식을 지정합니다. UVW 좌표계는 XYZ 좌표계와 유사하여 비트맵의 U축은 X축, V축은 Y축에 해당합니다. Z축에 해당하는 W축은 일반적으로 절차 맵에 사용됩니다.

특히 인테리어 장면 곳에 많이 사용되며, 사용자가 맵의 재질이 적용된 각각의 오브젝트에 UVW Map을 적용하여 맵의 방향 및 위치, 매핑 타입, 매핑의 타일 개수와 크기 등을 조정해주어야 합니다.

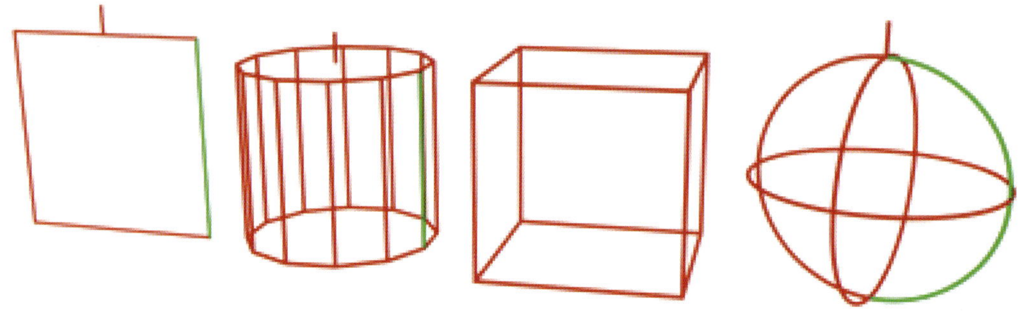

여러 투영 방식에 따른 Gizmo 형태

Section 01 | UVW Map 알아보기

UVW Map을 사용하려면, Modifier List 에서 찾아 적용시켜주면 됩니다.

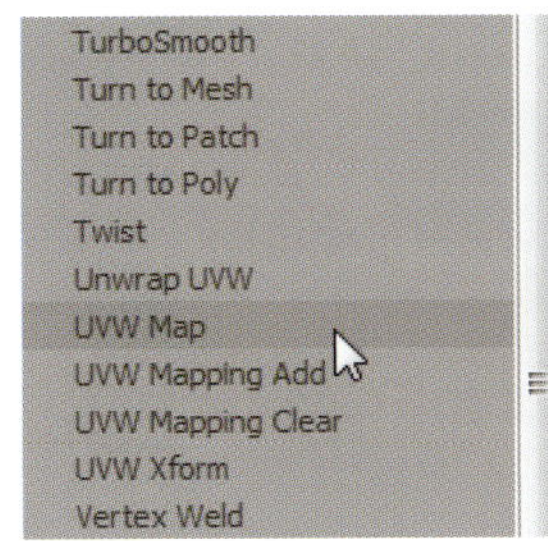

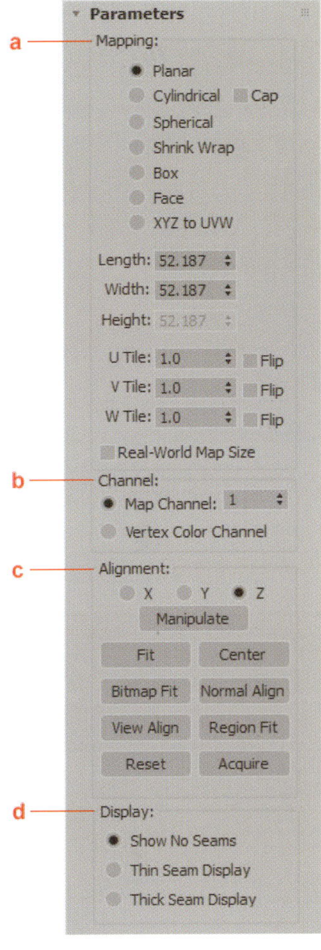

01 Parameters 롤아웃

ⓐ Mapping 항목

- **Planar** : 사각 평면 형태의 Map 좌표로 지정해줍니다. 오브젝트이 한 면만 매핑해야 할 경우 유용하며 주로 바닥이나 벽 같은 곳에 사용합니다.

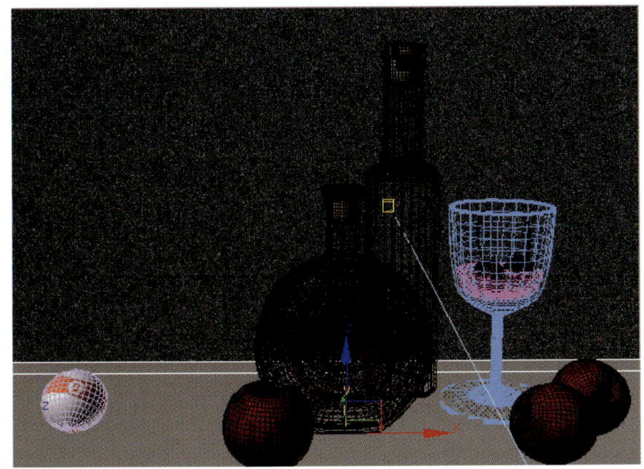

■ **Cylinder** : 원기둥 형태의 맵 좌표를 만들어 줍니다. Cap을 체크하면 오브젝트의 상단위에 Planar 좌표로 만들어 줍니다.

■ **Shrink Wrap** : Spherical 형태와 비슷하나, 마치 풍선처럼 이미지가 한 방향으로 모이는 형태 의 맵 좌표를 만들어 줍니다.

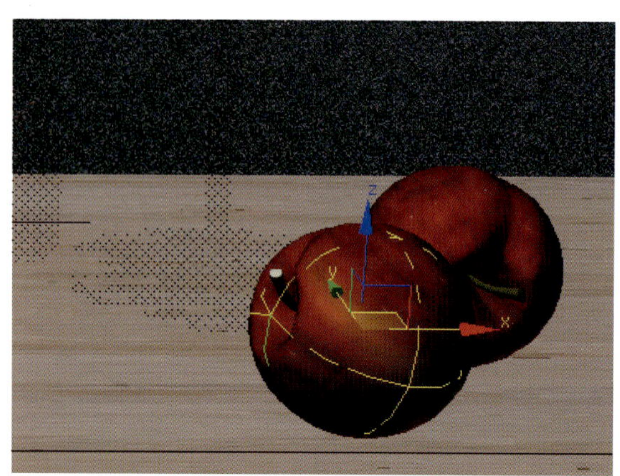

■ **Box** : 맵을 Box의 여섯 면에서 투영합니다. Box 형태로 맵 좌표를 만들어 줍니다.

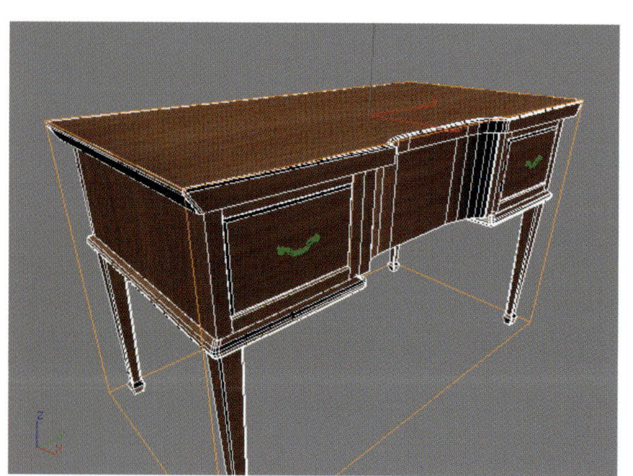

■ **Spherical** : Sphere 형태로 Map 좌표를 만들 어 줍니다. 주로 구 모양 오브젝트에 유용합니다.

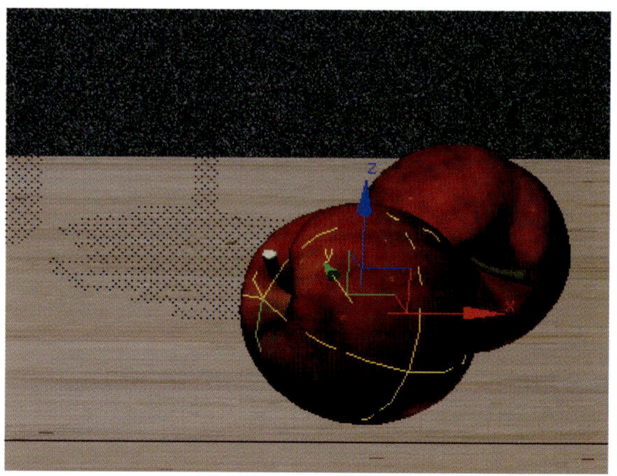

■ **Face** : 오브젝트의 각 면에서 맵의 복사본을 적용합니다.

■ **XYZ to UVW** : 3D 절차 좌표를 UVW 좌표로 매핑합니다. 이렇게 하면 절차 텍스처가 표면에 고정되고 표면이 확장되면 3D 절차 맵도 확장됩니다.

■ **Length / Width / Height** : UVW 맵 기즈모의 치수(길이, 너비, 높이)를 지정합니다.

■ **U/V/W Tile** : 각 방향으로 Map이 반복될 횟수를 조정해줍니다.

■ **Flip** : 지정된 축을 기준으로 대칭시킵니다.

■ **Real-World Map Size** : 설정한 경우 오브젝트에 적용되는 텍스처 매핑 재질에 대해 실제 매핑을 사용합니다. 배율 조정 값은 적용된 재질의 'Coordinates' 롤아웃에 있는 'Use Real-World Scale'을 통해 제어됩니다. 'Real-World Map Size'와 'Use Real-World Scale'을 동시에 모두 설정하거나 해제해야 합니다. 3ds Max에서는 기본 값이 해제되어 있고, 3ds Max Design에서는 기본 값으로 설정되어 있습니다. 설정된 상태에서는 Length, Width, Height와 Tiling 스피너를 사용할 수 없습니다.

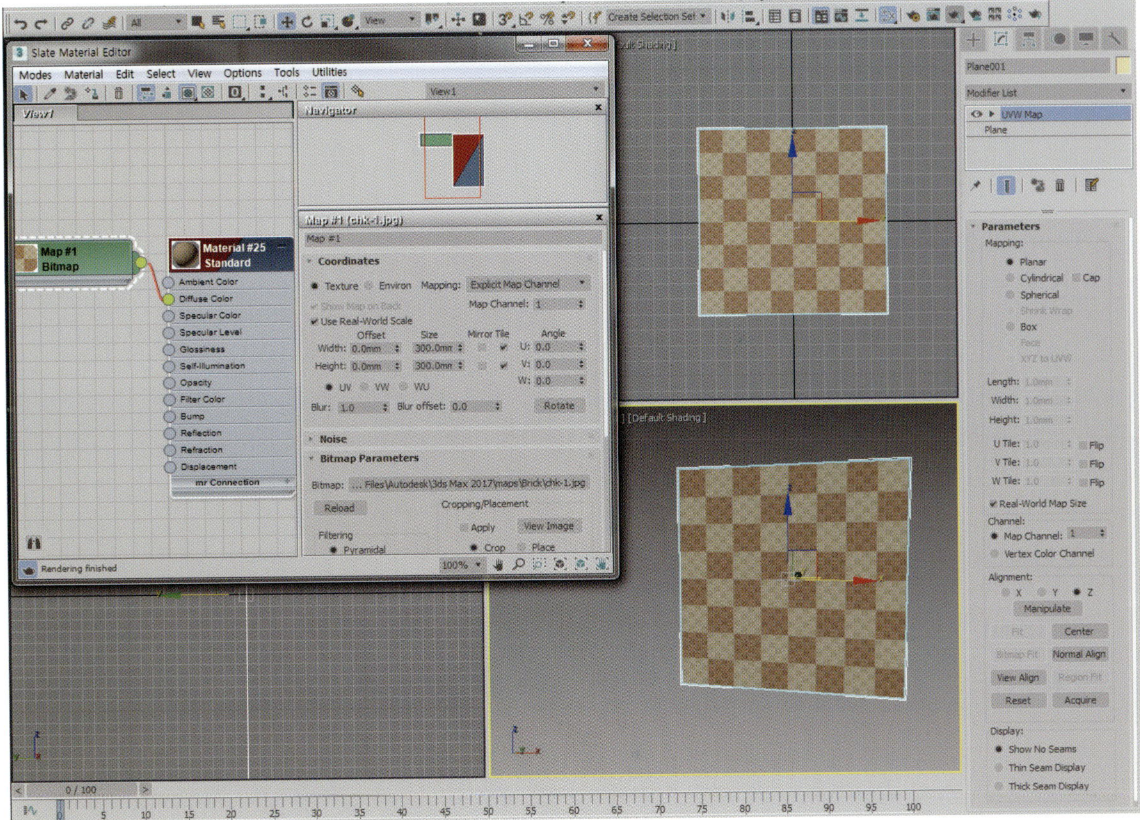

ⓑ Channel

■ **Map Channel** : Map 채널을 지정하여 사용할 수 있습니다. UVW 맵은 기본적으로 채널 1로 설정되므로 다른 채널로 명시적으로 변경하지 않을 경우 기본 매핑이 적용됩니다.

■ **Vertex Color Channel** : 옵션을 선택하면 채널을 정점 색상 채널로 정의합니다. 'Assign Vertex Colors Utility'를 사용하거나 좌표 롤아웃에서도 재질 매핑을 정점 색상으로 일치시켜야 합니다.

ⓒ Alignment

X/Y/Z축 방향으로 맵을 지정할 수 있습니다.

■ **Manipulate** : 설정하면 기즈모가 뷰포트에 파라메터를 변경할 수 있는 오브젝트에 나타나며, Main Toolbar의 'Select and Manipulate' [　] 아이콘이 자동으로 활성화됩니다.

■ **Fit** : Gizmo를 오브젝트의 범위에 맞추고 고정되도록 합니다.

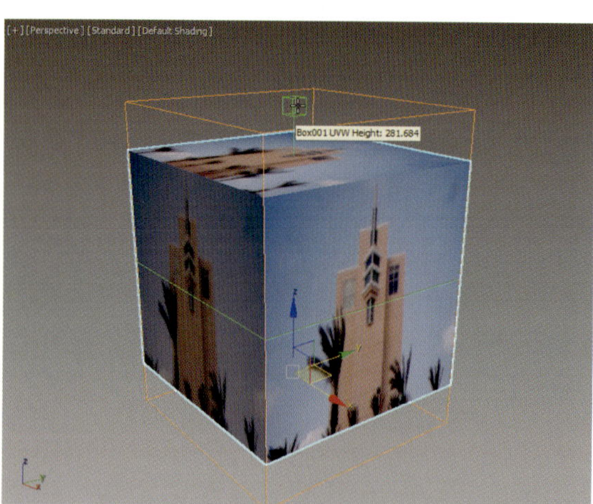

■ **Center** : 물체의 중심으로 Gizmo를 조정합니다.

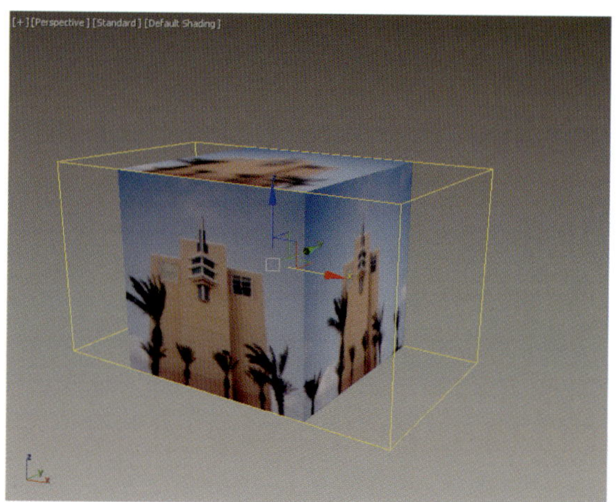

■ **Bitmap Fit** : 물체의 크기와 상관없이 맵이 가지고 있는 가로 세로 비율로 Gizmo를 설정합니다.

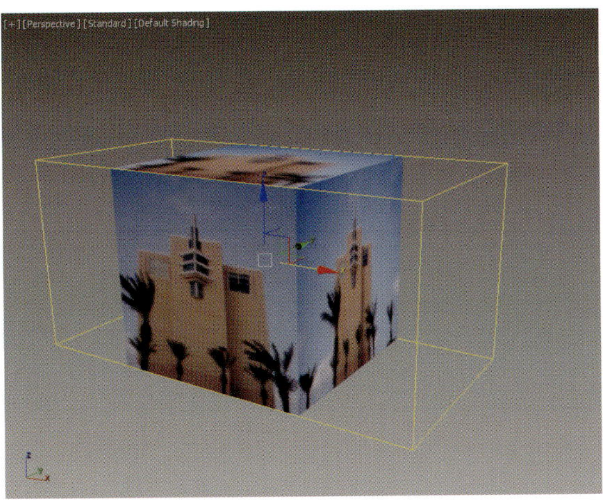

■ **Normal Align** : 수정자를 적용할 오브젝트의 표면을 클릭하고 드래그합니다. Gizmo의 XY 평면이 표면에 정렬되고 Gizmo의 X축이 오브젝트의 XY 평면에 놓입니다. 다음 이미지는 Normal Align을 설정하고 Perspective View에서 면을 선택한 후 Gizmo를 드래그한 이미지입니다.

■ **View Align** : View를 지정한 방향으로 Gizmo를 정렬합니다. 먼저 Viewport 선택하고 View Align을 설정하면 선택한 View를 기준으로 Gizmo가 조정됩니다.

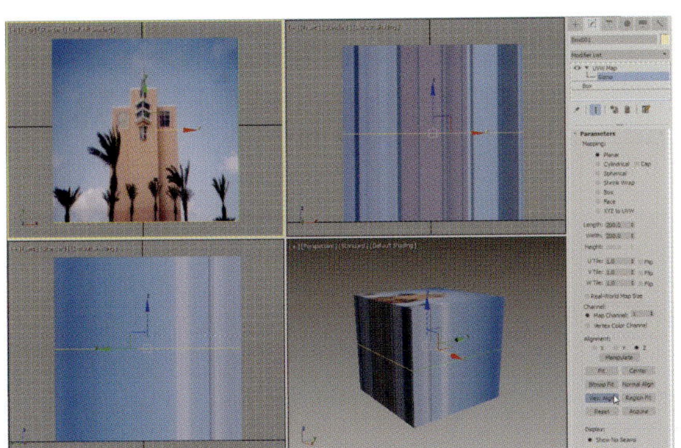

Top View를 선택한 후 View Align 실행

Perspective View를 선택한 후 View Align 실행

■ **Region Fit** : 마우스를 드래그하는 영역 범위만큼 Gizmo를 조절합니다.

■ **Reset** : Gizmo를 원래의 초기 값으로 되돌려 놓습니다.

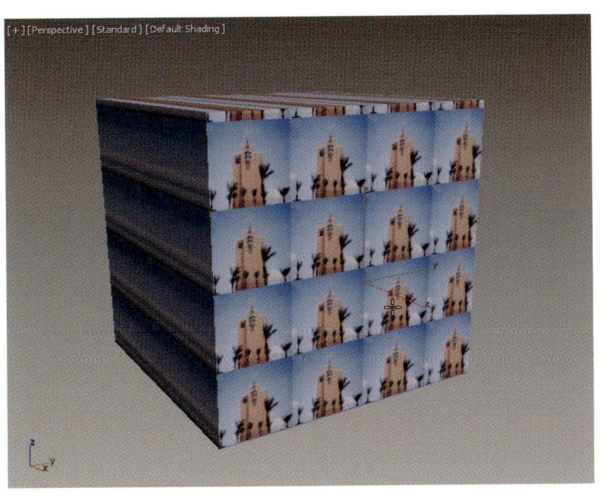

■ **Acquire** : 다른 오브젝트에서 UVW 좌표를 효율적으로 복사합니다. UVW를 가져올 오브젝트를 선택할 때 'Absolute' 또는 'Relative' 방식을 묻는 대화상자가 나타납니다.

Absolute를 선택하면 획득한 매핑 Gizmo가 선택한 매핑 Gizmo의 맨 위에 정확하게 배치되고, Relative를 선택하면 획득한 매핑 Gizmo가 선택한 오브젝트 위쪽에 배치됩니다.

사용방법은 다음과 같습니다.

① 간략히 형태가 다른 오브젝트 2개를 만들고, 모두 UVW Map Modifier를 적용합니다.

② Sphere를 선택한 후 UVW Map의 'Acquire' 버튼을 클릭 후 장면의 Box를 클릭합니다.

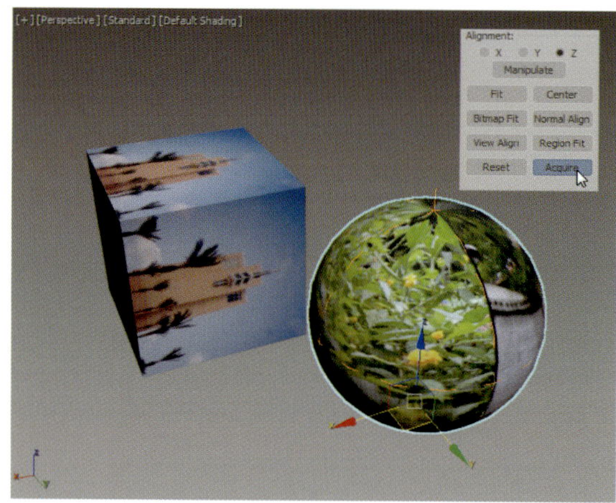
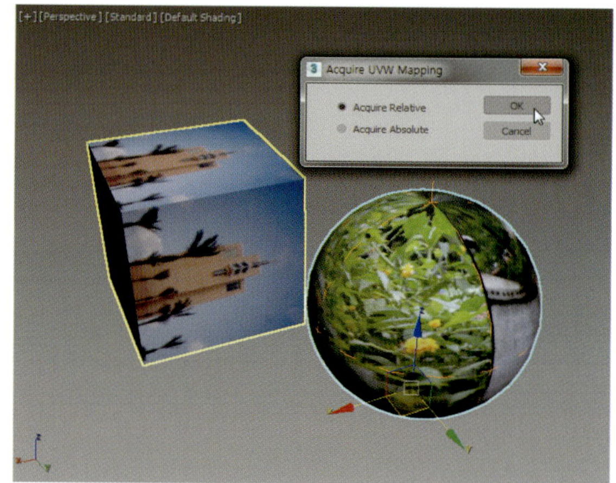

③ 다음 이미지는 Relative와 Absolute를 비교한 이미지입니다. Relative에 체크한 첫 번째 이미지는 Sphere쪽에 Gizmo가 배치되고, Absolute를 체크한 두 번째 이미지는 Box쪽에 Gizmo가 배치됩니다.

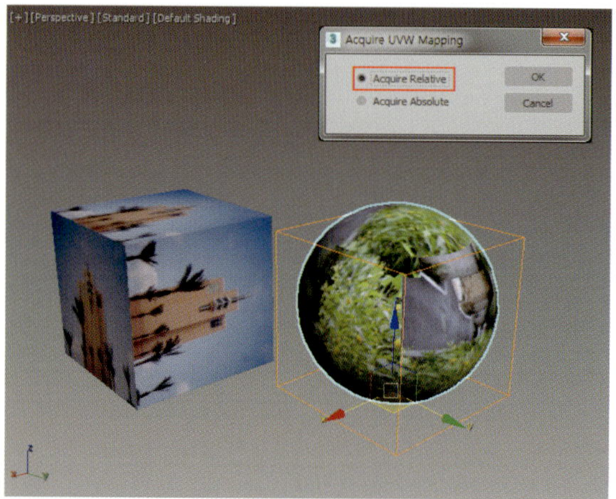
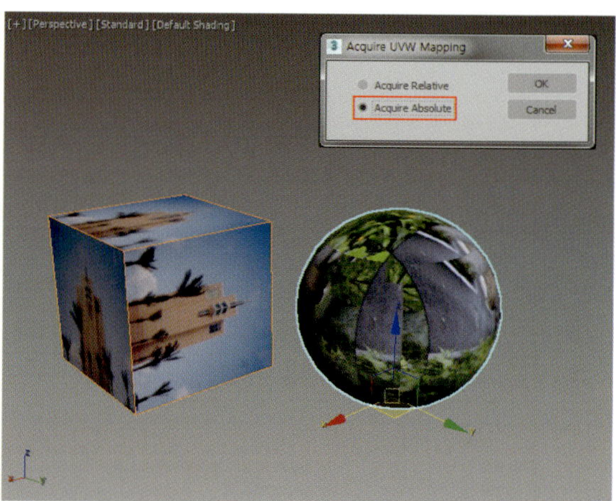

ⓓ Display

매핑 경계(이음새)를 어떻게 보여줄 것인지에 대한 Display 설정 방식입니다.

- **Show No Seams** : 매핑 경계를 뷰포트에 표시하지 않습니다.

- **Thin Seam Display** : 매핑 경계를 얇은 선을 기준으로 뷰포트에 표시합니다.

- **Thick Seam Display** : 매핑 경계를 두꺼운 선을 기준으로 뷰포트에 표시합니다.

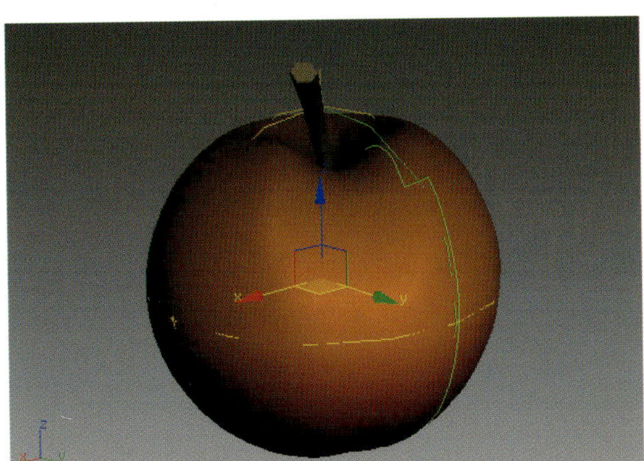
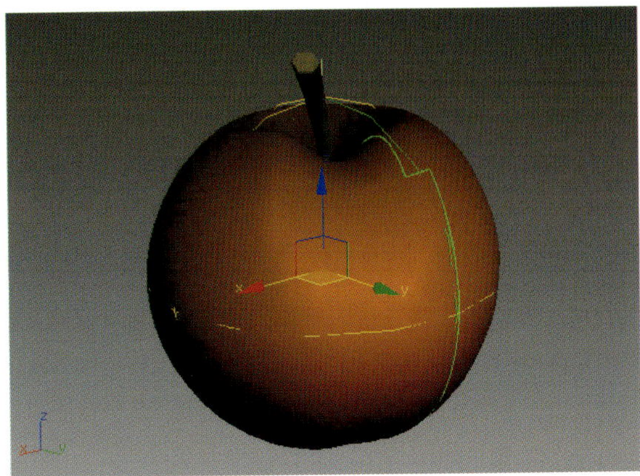

Lesson 03

Unwrap UVW이해하기

Unwrap UVW는 단순히 오브젝트에 쓰는 UVW Map과는 달리 복잡하고 유기체적인 형태에 쓰이는 Modifier로 캐릭터 제작에 있어 가장 중요한 명령 중 하나입니다. 펼친 맵 좌표를 기준으로 매핑을 하게 되는데 게임 그래픽 디자이너들에게 빠르게 Map을 모델에 적용할 수 있도록 해줍니다.

Unwrap UVW를 사용할 때는 대체로 오브젝트의 Texture 좌표를 Cluster라는 작은 그룹으로 나눕니다. 기본 Texture 맵의 여러 영역에 Cluster를 정확히 배치하여 매핑 정확도를 최적화할 수 있습니다. 이러한 Cluster 마다 오브젝트 위에 맵 이음새라는 윤곽이 있으며, 오브젝트 표면의 매핑 Cluster의 위치를 시각화 가능하며, Display Setting을 사용하여 이 기능을 토글하고 선 두께를 설정할 수 있습니다.

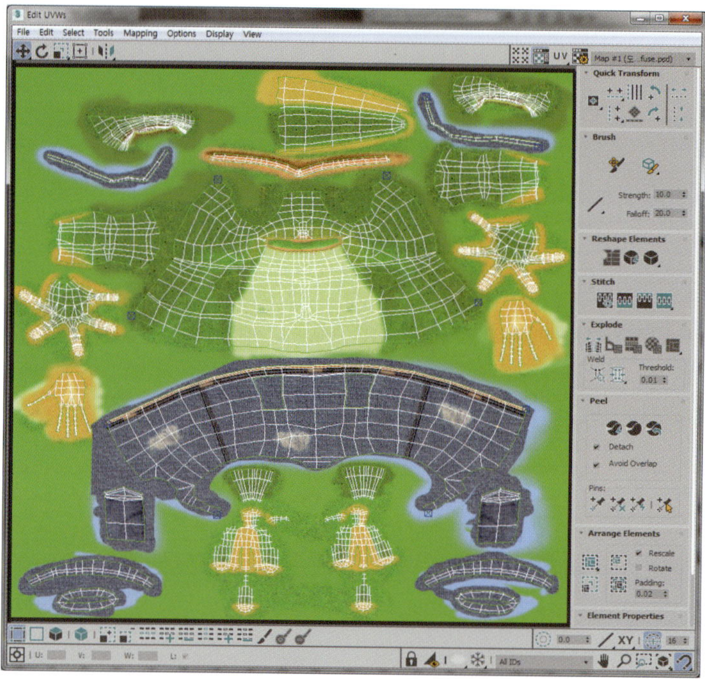

3ds Max 2012 버전 부터 업그레이드된 Unwrap UVW가 한층 향상되어 최적의 작업 흐름을 유지하고, 다양한 기능을 가지고 있는 도구 모음과 함께 편집기에 포함되어 있어 편리하게 매핑 작업을 도와줍니다.

여기에는 Texture 좌표를 편평화하는 기능과 UV Cluster를 Packing 및 Stitching하는 도구가 있으며, Texture 좌표를 정렬하기 위한 여러 가지 도구가 포함되어 있습니다.

특히 Peel 도구 세트를 사용하여 복잡한 모델의 둘러싸기를 간편하고 직관적인 방식으로 Unwrap할 수 있습니다.

Section 01 | Unwrap UVW의 Sub-Object Level

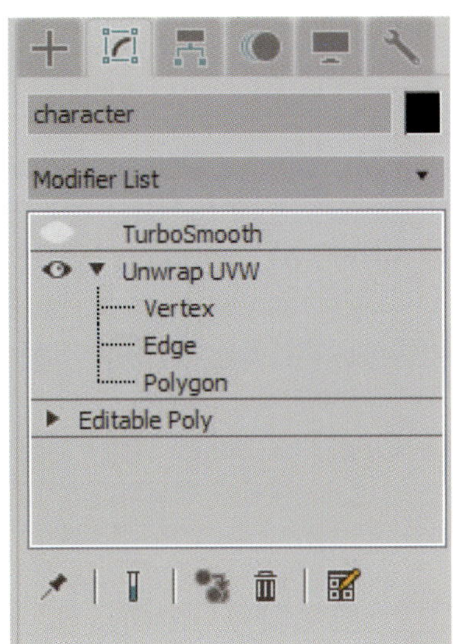

Unwrap UVW는 Modifier List 패널에 위치하고 있으며 Stack의 +
를 확장시키면 다음과 같은 롤아웃이 나타납니다.
일반적으로 오브젝트에 Unwrap UVW을 적용할 때 Stack에는
Vertex, Edge, Polygon인 3개의 Sub-Object Level을 제공합니다.

이 3가지 Level들은 'Open UV Editor' 창에서 동시에 빠르게 대응
할 수 있고 선택할 수 도 있습니다.
Vertex와 Edge Sub-Object Level은 Viewport의 UVW 정점과
Edge 선택을 하는 것에 대해 유용하며, 대상물 표면에 Texture를
매핑할 때 아주 쉽게 작업을 할 수 있도록 도와줍니다. 특히 Edge
Level은 나중에 Pelt나 Peel 도구와 함께 이음새로 변환 하고 나서 그
경계라인을 쉽게 선택할 때 유용하게 사용됩니다. Polygon은 떼어 낼
면들을 선택하는데 유용하며 각 면들마다 매핑을 할 수 있습니다.

Section 02 | Selection Parameters 롤아웃

이 롤아웃에는 Unwrap UVW의 다른 도구와 함께 조작하기 위
해 Texture 좌표를 선택할 수 있는 도구가 포함되어있습니다.

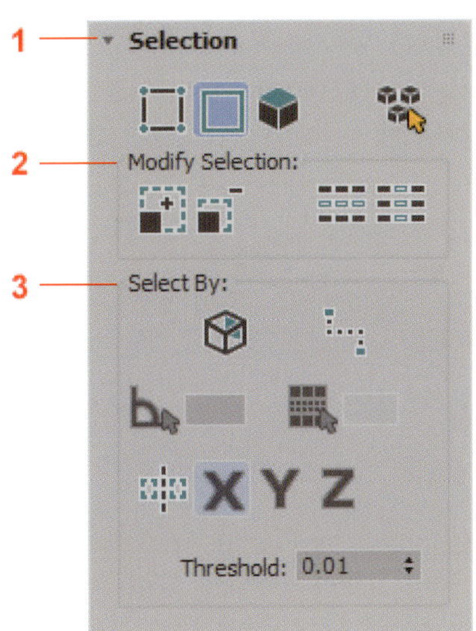

01 Selection Level

Ⓐ **Vertex** [ ] / **Edge** [ ] / **Polygon** [ ] : 각각의 Texture Sub-
Object Level(하위 오브젝트 수준)에서 선택을 설정합니다. 이러한 버튼은
Modifier Stack과 'Edit UVWs' 대화상자에 있는 Sub-Object Level에 해당합
니다.

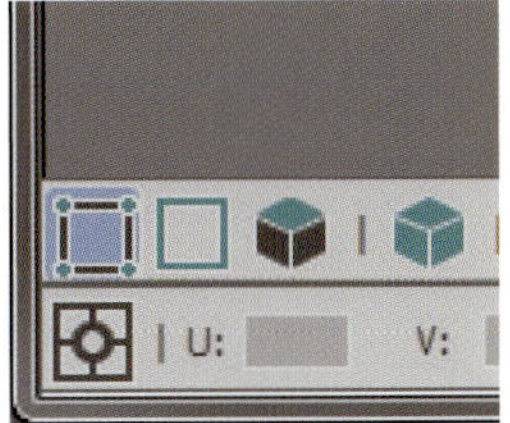

ⓑ Select By Element XY Toggle [ ] : 이 옵션을 설정하고 수정자의 Sub-Object Level이 활성 상태일 경우 수정된 오브젝트에서 Element를 클릭하면 해당 Element의 활성 수준에서 모든 Sub-Object가 선택됩니다.

02 Modify Selection Group

ⓐ Grow: XY Selection [ ] / Shrink: XY Selection [ ] : Editable Poly의 기능처럼 Vertex, Edge, Polygon의 선택된 영역을 확장하거나 줄입니다.

ⓑ Loop: XY Edges [ ] : 선택한 Edge와 함께 정렬하면서 가능한 멀리까지 선택을 확장합니다. Edge Level에서만 작동합니다.

ⓒ Ring: XY Edges [ ] : 선택한 Edge와 평행한 모든 Edge를 선택하여 Edge 선택을 확장합니다. Edge Level에서만 작동합니다.

03 Select By Group

ⓐ Ignore Backfacing [ ] : Polygon을 선택할 때 보이지 않는 뒷면은 무시하고, Viewport에 보이는 Face만 선택 되도록 합니다.

ⓑ Point-to-Point Edge Selection [ ] : 오브젝트의 연속된 정점을 클릭하여 가장자리 수준에서 연결된 가장자리를 선택할 수 있습니다. Edge Level에서 작동합니다.

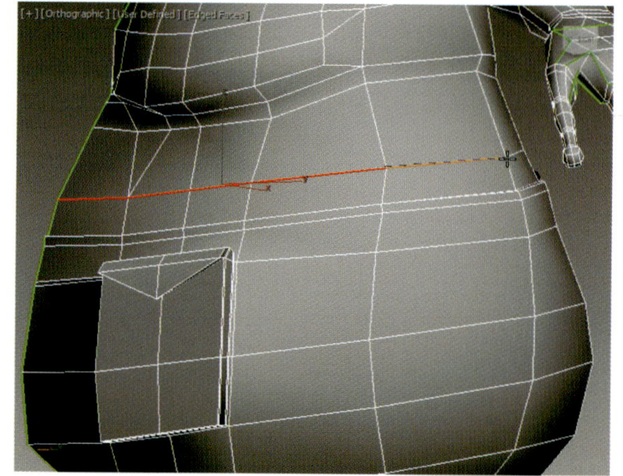

ⓒ Select by Planar Angle [ ] : 활성 상태이면 한 번 클릭하여 연속된 동일 평면 다각형을 선택할 수 있습니다. 이 옵션을 설정하고 숫자 설정을 사용하여 동일 평면인 다각형을 결정하는 임계값 각도의 값을 지정합니다.

Polygon Level에서만 작동합니다.

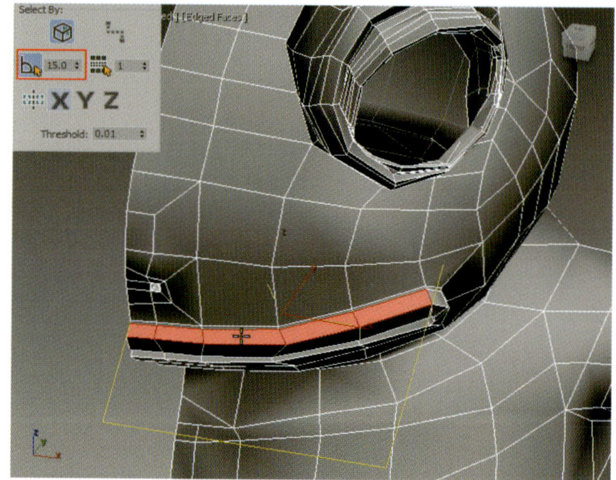

ⓓ Select by Smoothing Group: XY [▦] : 물체에 지정된 Smooth Group을 이용해서 Polygon을 선택할 수 있도록 합니다.

ⓔ Symmetrical Geometry Selection [▦ X Y Z] : 대칭 선택할 수 있습니다. X, Y 또는 Z를 클릭하여 원하는 대칭 평면을 지정합니다. 오브젝트에 파란색 경계 상자가 나타나며 현재 선택한 평면이 표시됩니다. 이 기능을 사용하기 위해 오브젝트가 완전히 대칭일 필요는 없습니다.

ⓕ Threshold : 대칭 선택을 만들기 위한 임계값을 설정합니다.

▰ Section 03 | Material IDs 롤아웃

Polygon에 대한 재질 ID를 설정할 수 있도록 합니다. ID 선택은 Polygon Sub-Object Level에서만 사용할 수 있습니다.
❶ Set ID : 선택한 다각형에 대한 재질 ID를 설정합니다.
❷ Select ID : 지정된 재질 ID와 일치하는 모든 Polygon을 선택합니다.

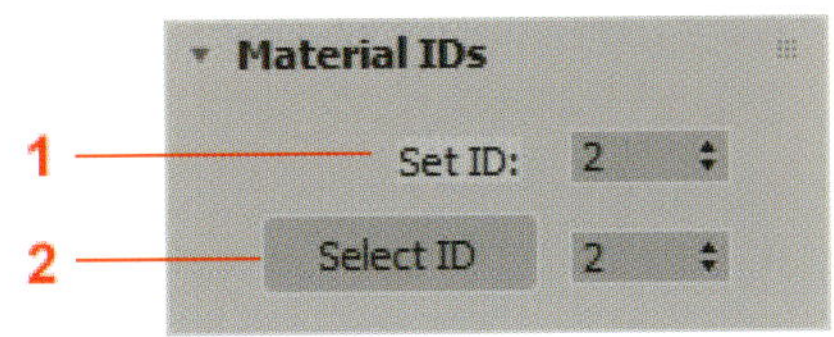

▰ Section 04 | Edit UVs 롤아웃

❶ Open UV Editor : Edit UVs 대화상자를 불러냅니다.
❷ Tweak In View : 뷰포트에서 모델의 정점을 드래그하여 Texture 정점을 한 번에 한 개씩 조정할 수 있습니다. 이렇게 하면 정점은 뷰포트에서 이동하지 않지만 편집기에서 정점이 이동한 결과로 매핑이 변경됩니다. 정점을 비틀 때 매핑 변경 사항을 확인하려면 오브젝트가 텍스처와 매핑되고 텍스처가 뷰포트에 표시되어야 합니다.
❸ Quick Planar Map [▴] : 빠른 맵 기즈모 방향을 기준으로 현재 Texture-Polygon 선택에 Planar Map을 적용합니다.
❹ Display Quick Planar Map [▴] : 빠른 평면 맵 도구에서만 사용할 수 있는 직사각형 평면 매핑 기즈모가 뷰포트의 면 선택 위에 나란히 표시됩니다.
❺ Align Quick Planar Map:(X, Y, Z, Normal) [▴] : 플라이아웃에서 오브젝트의 로컬 X, Y 또는 Z 축에 수직이거나 면의 Normal을 기준으로 하는 빠른 평면 맵 기즈모의 정렬을 선택합니다. 기본적으로 X 아이콘이 표시되지만 이 설정의 실제 기본 선택은 Normal입니다.

Section 05 | Channel 롤아웃

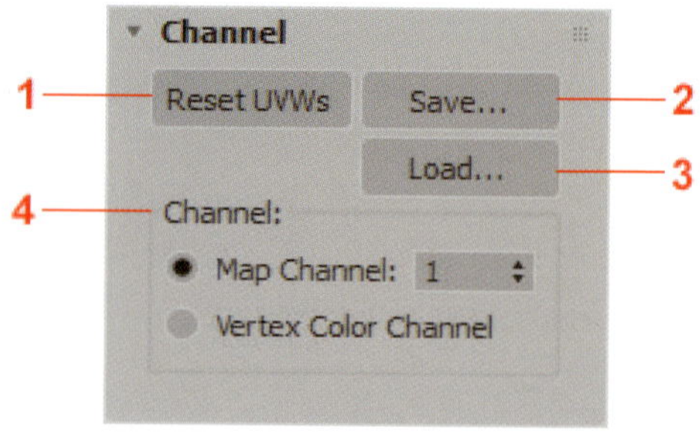

❶ **Reset UVWs** : 현재 수정된 모든 UVW Map 좌표를 초기화시켜줍니다.

❷ **Save** : UVW 좌표를 UVW(.uvw) 파일에 저장합니다.

❸ **Load** : 이전에 저장한 UVW 파일을 로드합니다.

❹ **Channel Group** : 각각의 오브젝트는 UVW 매핑 좌표 채널을 최대 99개까지 가질 수 있습니다.

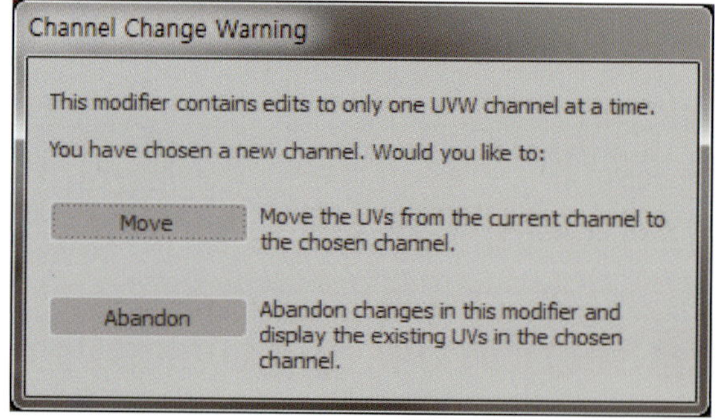

Ⓐ **Map Channel** : 이 수정자로 제어되는 Texture 좌표의 식별 번호를 설정합니다. 수정자의 맵 채널을 변경하면 기존 편집 내용을 새 채널에 복사하거나 편집을 취소하고 이 수정자가 변경하기 전 포함된 이 채널의 매핑을 사용하는 옵션이 있는 채널 변경 경고 대화상자가 열립니다.

Ⓑ **Vertex Color Channel** : 매핑 채널을 정점 색상 채널로 정의합니다. 'Assign Vertex Colors Utility'를 사용하거나 좌표 롤아웃에서도 재질 매핑을 정점 색상으로 일치시켜야 합니다.

Section 06 | Peel 롤아웃

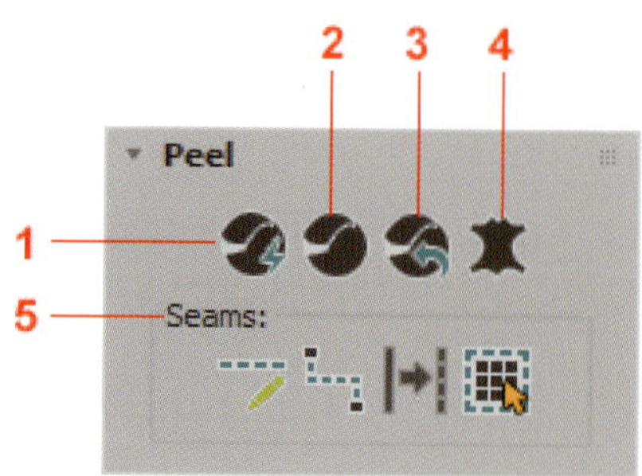

Peel 도구를 사용하면 Texture 좌표의 Unwrapping하는 LSCM(Least Square Conformal Maps) 방법을 구현하여 복잡한 표면을 편평화할 때 쉽고 직관적인 작업을 할 수 있습니다. 이 롤아웃을 통해 Texture 좌표의 Unwrapping하는 Pelt 방법에 액세스할 뿐 아니라 Peel 및 Pelt 도구로 사용할 이음새 도구에 액세스할 수 있다. 또한 Peel 기능의 핀과 함께 사용할 수 있는 도구도 제공하며, Peel을 사용할 때 고정된 정점이 제자리에 고정되고 나머지 정점은 이동합니다.

❶ **Quick Peel [ ]** : 기존의 다각형 모양을 유지하면서 평균 위치에 정점을 고르게 분포시켜 Texture 정점(고정된 정점 제외)에 대해 가장 이상적인 Peel 작업을 수행합니다.

❷ **Peel Mode [ ]** : Quick Peel을 적용하고 활성 상태를 유지하여 Texture 좌표 레이아웃을 대화식으로 조정할 수 있도록 합니다. UVW 편집 대화상자 창에서 Sub-Object를 드래그하면 됩니다. 여기서 클러스터의 모든 정점을 고정된 정점 주위에 고르게 분포시킵니다.

❸ **Reset Peel [ ]** : 기존 맵 이음새를 합치고, Peel 이음새를 새로운 맵의 이음새로 변환하며, 클러스터를 벗기고 정규화합니다. 아무 것도 선택하지 않은 상태에서 벗기기 다시 설정을 수행하면 모든 다각형이 영향을 받습니다. 다각형을 선택하면 선택 테두리가 다른 클러스터와 분리되고 새로운 맵 이음새가 됩니다.

❹ **Pelt [ ]** : 선택한 면에 펠트 매핑을 적용합니다. 이 버튼을 클릭하면 매핑을 조절하고 펠트 맵을 편집할 수 있는 펠트 모드가 활성화됩니다.

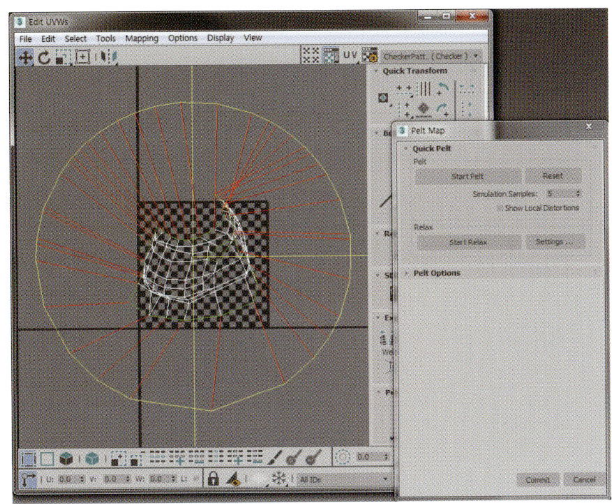 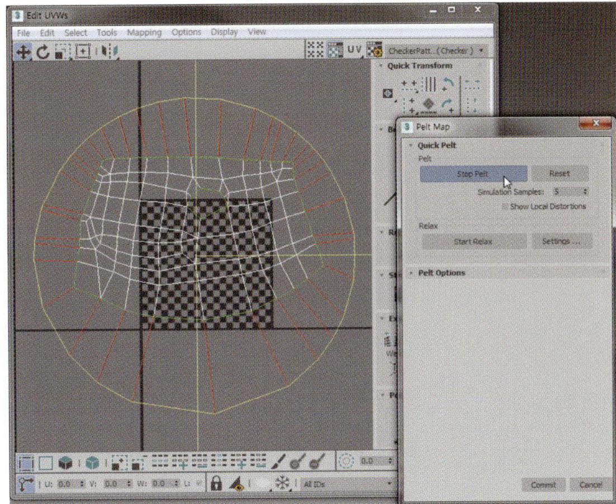

❺ **Seams Group** : 이음새를 사용하여 'Peel Mapping'과 'Pelt Mapping'뿐 아니라 'Spline Mapping'(수동 이음새를 사용할 경우)의 클러스터 윤곽을 지정합니다. Peel/Pelt 이음새는 파란색이며, 반대로 클러스터 테두리를 포함한 녹색 맵 이음새를 가지고 있습니다.

Ⓐ **Edit Seams [ ]** : 뷰포트에서 마우스로 Edge를 선택하여 Pelt/Peel 이음새를 만들 수 있습니다. Unwrap UVW의 모든 Sub-Object Level에서 있습니다. Unwarp UVW의 모든 Sub-Object Level에서 사용할 수 있습니다.
이음새에 Edge를 추가하기 위해 Ctrl 키를 사용하고, 현재 이음새에서 Edge를 제거하려면 Alt 키를 사용합니다.

Ⓑ **Point-to-Point Seams [ ]** :뷰포트에서 정점을 마우스로 선택하여 Pelt/Peel 이음새를 지정합니다.

Ⓒ **Convert Edge Selection To Seams [ ]** : 현재 가장자리 선택을 Pelt/Peel 이음새로 변환합니다. 이음새가 기존 이음새에 추가됩니다. Unwrap UVW의 Edge Sub-Object Level에서만 사용할 수 있습니다.

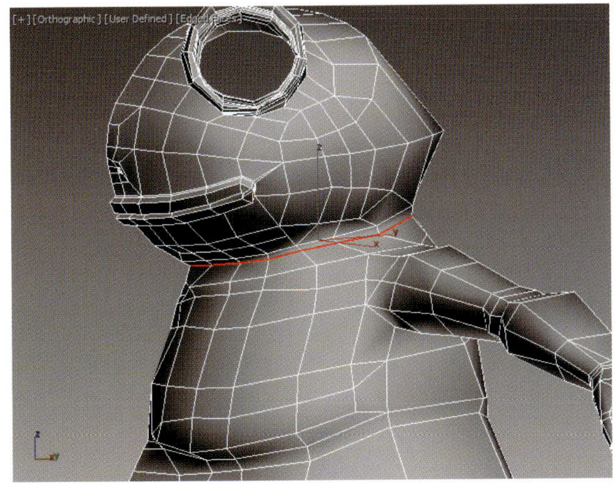

선택된 Edge

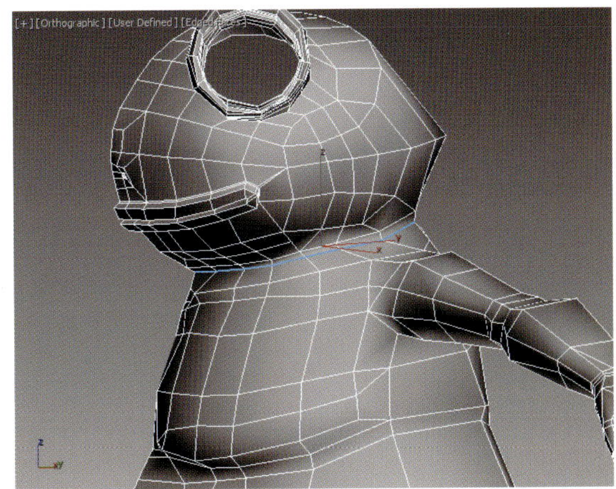

Convert Edge Selection To Seams 적용 후

ⓓ Expand Polygon Selection to Seams [▦] : 현재 선택된 면을 이음새의 가장자리와 만나는 부분까지 확장시켜 선택하게 합니다. 이음새 윤곽이 여러 개 있고 각각 선택한 다각형을 포함하는 경우 가장 높은 다각형 ID를 기준으로 윤곽 한 개에 대해서만 확장이 발생합니다.

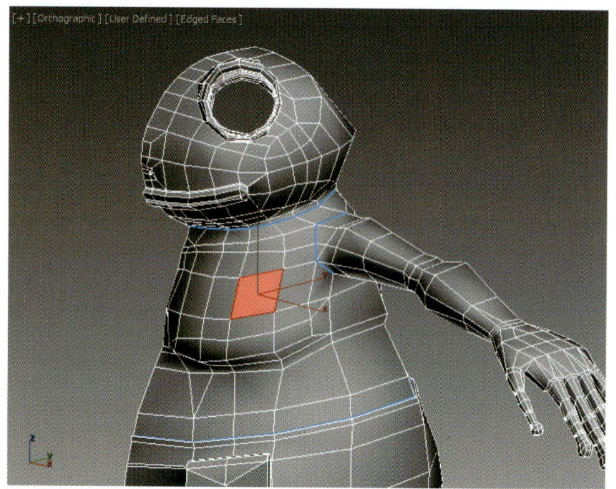

선택된 Polygon

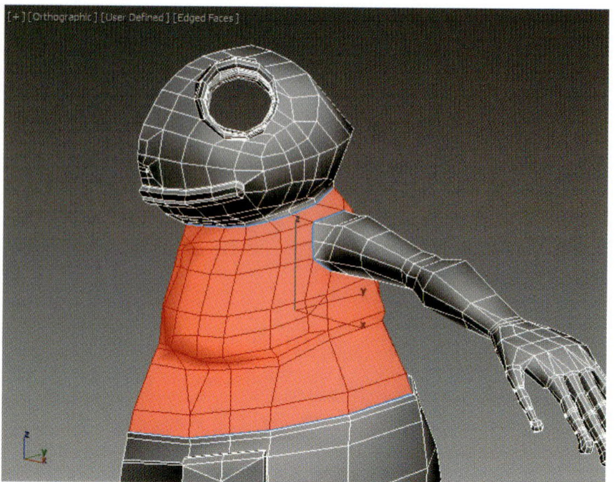

Expand Face Selection to Seams 적용 후

🟥 Section 07 | Projection 롤아웃

이 컨트롤을 사용하면 4개의 다른 매핑 기즈모 중 하나를 Polygon 선택에 적용 및 조정할 수 있습니다.

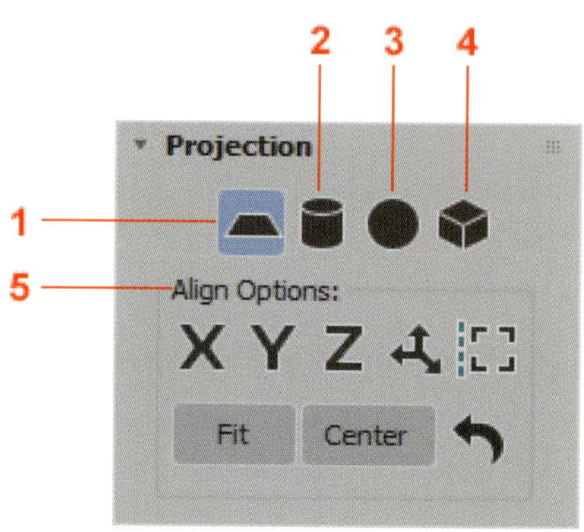

❶ Planar Map [▲] : 현재 선택된 면을 평면 매핑으로 적용합니다.

❷ Cylindrical Map [▮] : 현재 선택된 면을 원통형 매핑으로 적용합니다.

❸ Spherical Map [●] : 현재 선택된 면을 구형 매핑으로 적용합니다.

❹ Box Map [◈] : 재 선택된 면을 상자 매핑으로 적용합니다.

❺ Align Options Group

ⓐ X/Y/Z [X Y Z] : 선택한 매핑 Gizmo의 방향을 오브젝트 Local 좌표계의 X, Y, Z 축 방향으로 정렬시켜줍니다.

ⓑ Best Align [⚒] : 선택 범위와 평균 다각형 법선을 기준으로 다각형 선택에 맞도록 매핑 Gizmo의 위치, 방향, 스케일을 조정합니다.

ⓒ View Align [⌗] : 선택된 Viewport의 방향에 따라 Gizmo를 정렬합니다.

ⓓ Fit : 선택한 매핑 타입을 오브젝트의 크기에 맞게 Gizmo를 조정시켜 줍니다.

ⓔ Center : 선택된 오브젝트의 중심에 매핑 Gizmo을 정렬합니다.

ⓕ Reset Mapping Gizmo [↩] : 적용시켰던 매핑 Gizmo를 초기화시켜 줍니다.

Section 08 | Wrap 롤아웃

규칙적인 Texture 좌표를 불규칙한 오브젝트에 적용합니다.

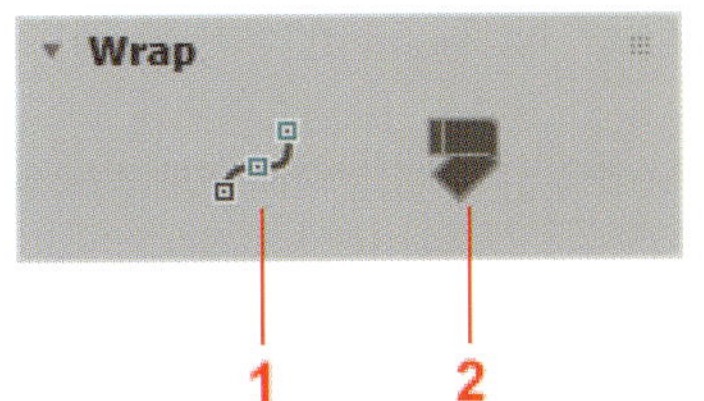

❶ **Spline Mapping** [ ] : 현재 선택한 면에 스플라인 매핑을 적용합니다. 이 버튼을 클릭하면 매핑을 조절하고 스플라인 맵을 편집할 수 있는 스플라인 모드가 활성화됩니다. Spline Mapping은 뱀 또는 촉수와 같이 원통형 횡단면이 있는 곡선 오브젝트와 휘어진 도로와 같은 평평한 곡선 표면을 매핑하는데 유용합니다.

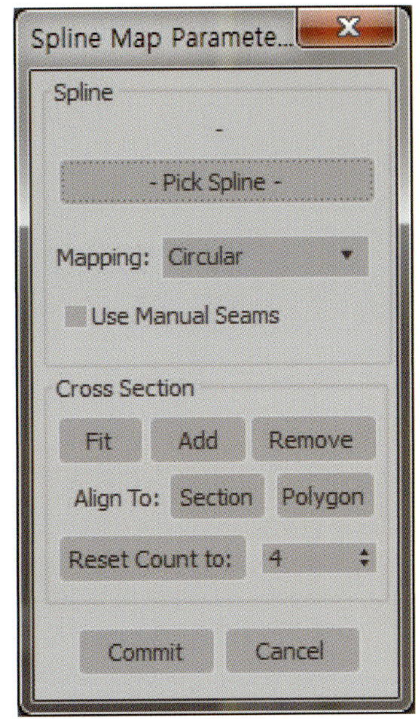

왼쪽 S오브젝트는 기본 Unwrap UVW를 사용한 것이며, 오른쪽 S오브젝트는 Unwrap UVW의 'Spline Mapping'을 적용한 것입니다.

Spline Mapping의 사용방법에 대해 간단히 알아보겠습니다.

01 장면에 S자 형태의 Line과 Circle을 준비합니다.

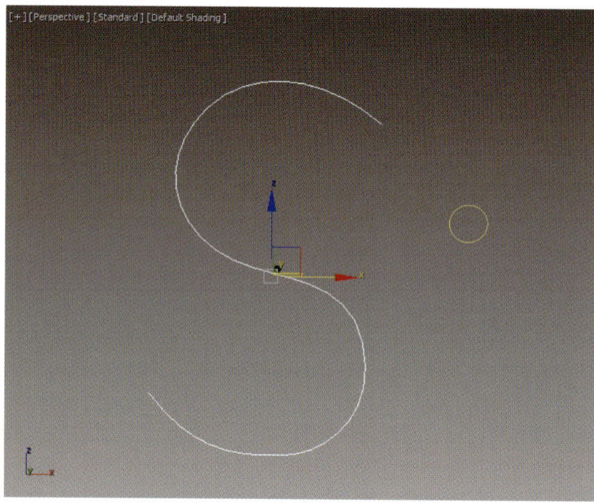

02 S자 Line을 선택하고 Command 패널〉Create〉Geometry〉Compound Objects〉Loft〉Creation Method의 'Get Shape' 버튼을 클릭하고 장면의 Circle을 선택합니다.

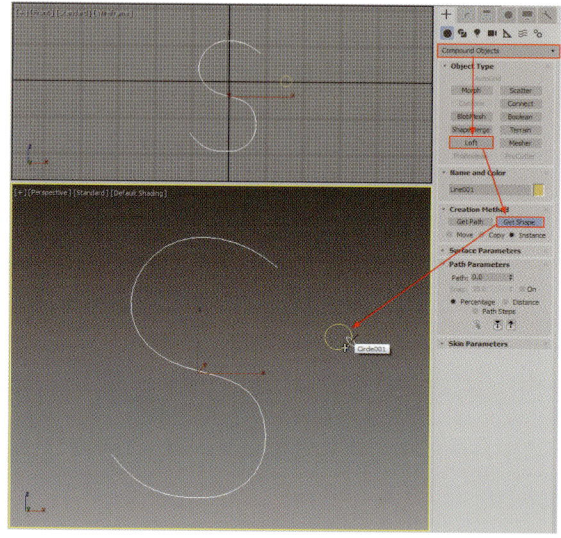

03 Circle이 S Line을 따라가는 파이프 형태의 오브젝트가 만들어졌습니다. Modify 패널로 이동한 후 Skin 파라메터의 Options 그룹의 'Shape Steps : 2' / 'Path Steps: 8'을 입력하여 곡선이 부드러운 오브젝트가 되도록 합니다.

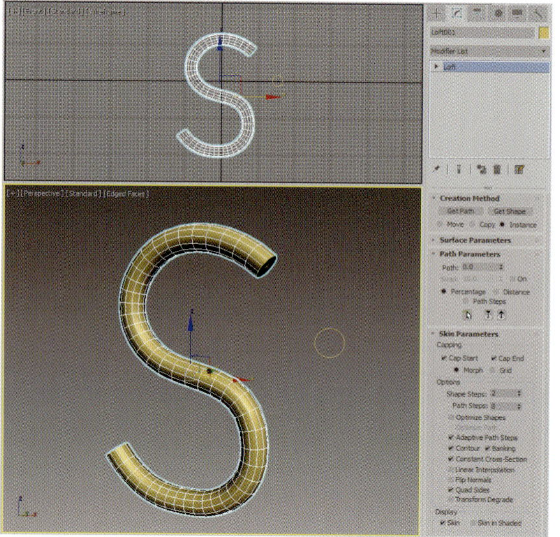

04 Unwrap UVW을 적용합니다. Selection 롤아웃에서 Polygon Sub-Object Level로 설정한 후 'Wrap' 롤아웃의 'Spline Mapping' 아이콘을 클릭합니다. 'Spline Map Parameters' 대화상자가 나타나면 Spline 그룹의 'Pick Spline' 버튼을 클릭한 후 장면의 S자 Line(Loft 오브젝트의 중심선)을 선택합니다.

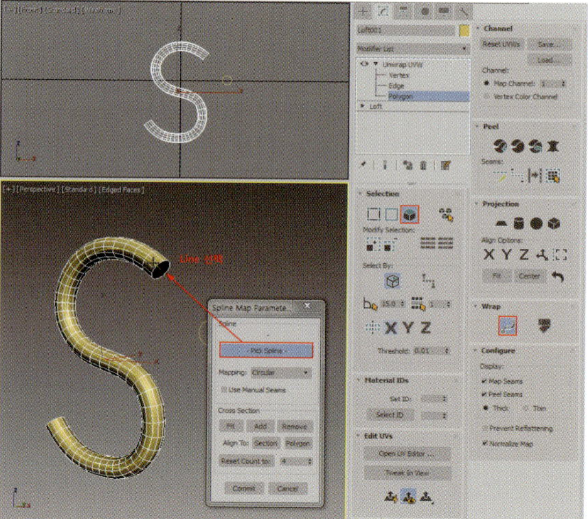

05 'Spline Mapping' 기즈모가 S자 오브젝트를 감싸는 형태로 표시됩니다. Commit 버튼을 클릭하여 창을 닫습니다.

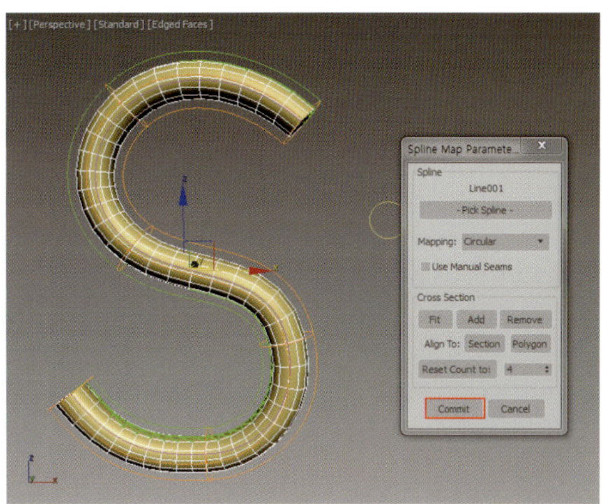

06 Edit UVs 롤아웃의 'Open UV Editor' 버튼을 클릭하여 Edit UVWs 대화상자를 불러들입니다.
상단 Toolbar에서 Texture 드롭다운 리스트에서 'Check Pattern(Check)'을 선택합니다. Viewport에 Checker Texture가 표시되어 나타납니다.
제공된 CD 부록 my_spline_mapping.max 참조하세요.

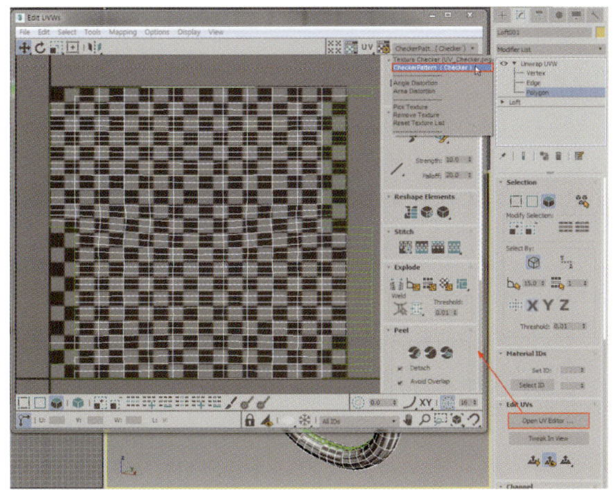

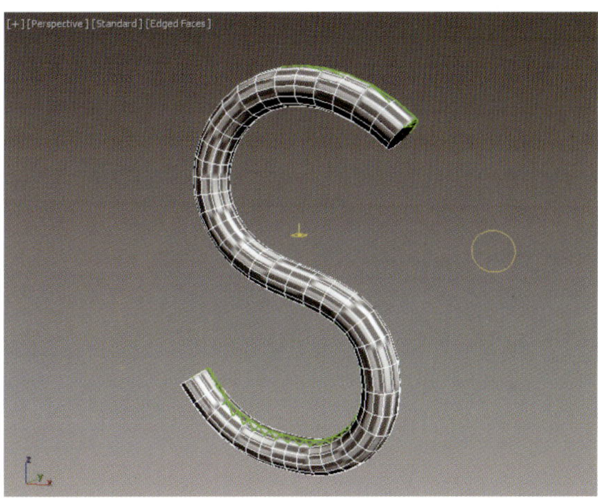

CD 제공 : my_spline_mapping.max

ⓘ 알아두기 | 'Check Pattern(Check)'

Viewport에 보이는 'Check Pattern(Check)'을 계속적으로 보이게 하려면 'Edit UVWs' 대화상자를 Close 하지 말고, 화면상에서 잠시 한쪽으로 옮겨놓거나 하단으로 내려놓으면 됩니다. 또는 'Check Pattern(Check)' 형태의 Texture 매핑으로 직접 처리해도 됩니다.

❷ **Unfold Strip from Loop [ ]** : 오브젝트의 토폴로지를 사용하여 직선 경로와 함께 형상의 Unwrap 를 신속하게 할 수 있습니다. 사용하려면 Unwrap할 면과 평행한 Edge Loop를 선택하고 버튼을 클릭합니 다. 그러면 Texture 좌표의 스케일이 크게 변경되므로 'Pack' 도구를 사용하여 다시 0에서 1까지의 표준 UV 범위로 되돌리는 것이 일반적입니다.

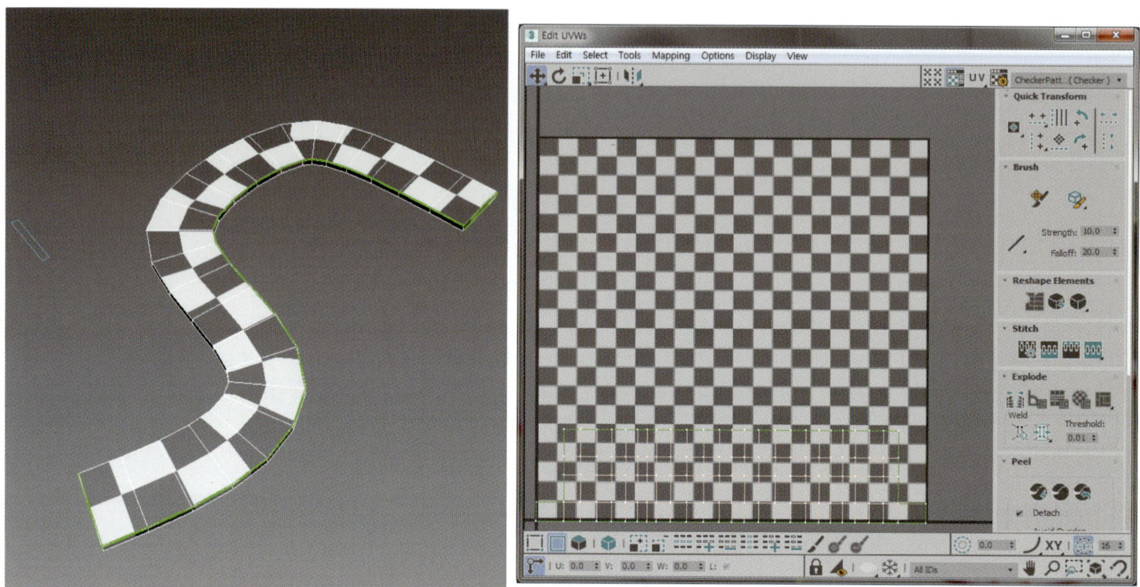

◉ CD 제공 : my_spline_mapping_com02.max

'Unfold Strip from Loop'의 사용방법에 대해 알아보겠습니다. 제공된 CD 부록 my_spline_mapping. max 파일을 Open합니다.

01 앞서 작업한 Wrap 롤아웃의 'Spline Mapping' 예제 파일입니다.

02 Edit UVs 롤아웃의 'Open UV Editor'를 클릭합니다. 펼쳐진 클러스터가 불규칙적인 Grid 형태로 나누어 진 것을 알 수 있습니다.

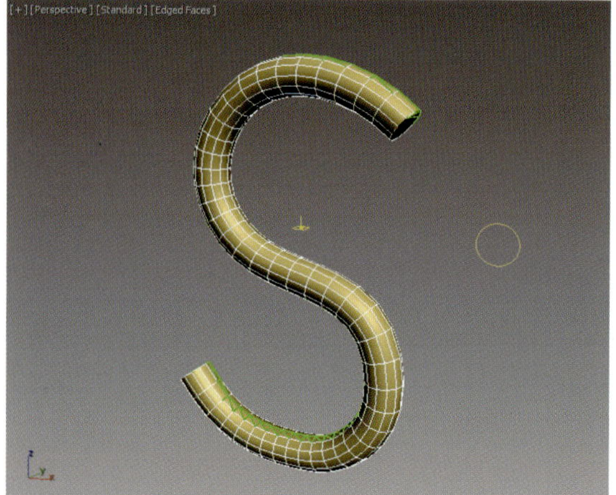

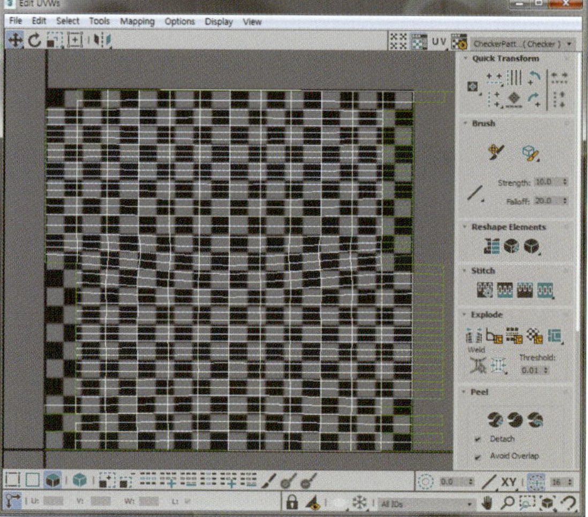

03 'Unfold Strip from Loop'를 사용하여 일정한 간격의 클러스터로 만들도록 하겠습니다. Unwrap UVW〉Selection 롤아웃의 Edge Sub−Object Level을 선택한 후 그림과 같이 오브젝트의 Edge를 선택합니다.

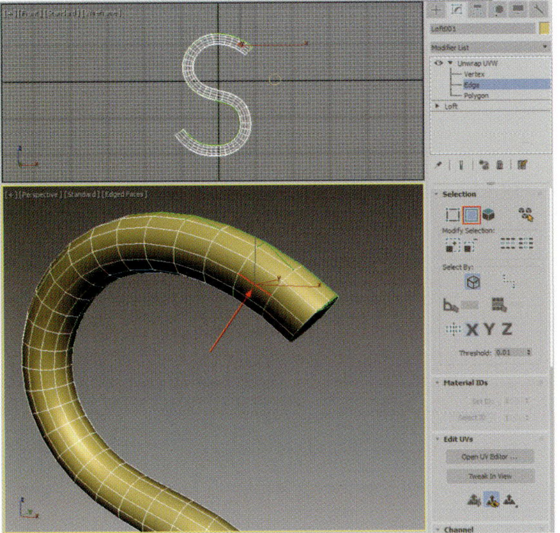

04 Selection 롤아웃〉Modify Selection 그룹의 'Loop: XY Edges'를 클릭합니다. Edge Loop 형식으로 Edge가 연장되어 선택됩니다.

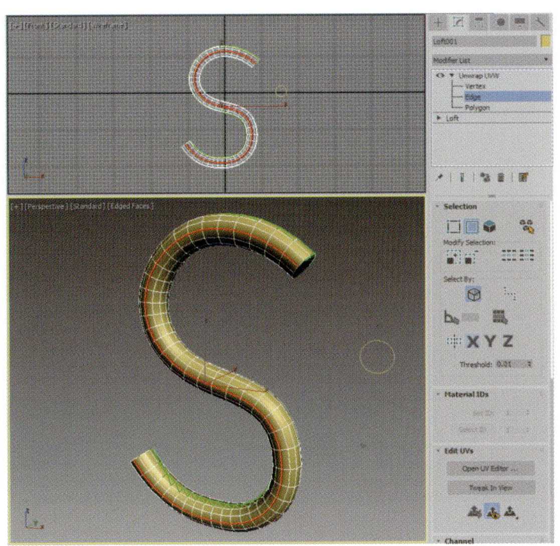

05 Wrap 롤아웃의 'Unfold Strip from Loop'을 클릭합니다.

06 Open UV Editor...〉Edit UVWs 대화상자의 클러스터를 확인해보면 수직 라인이 균등하게 펼쳐져 있습니다.

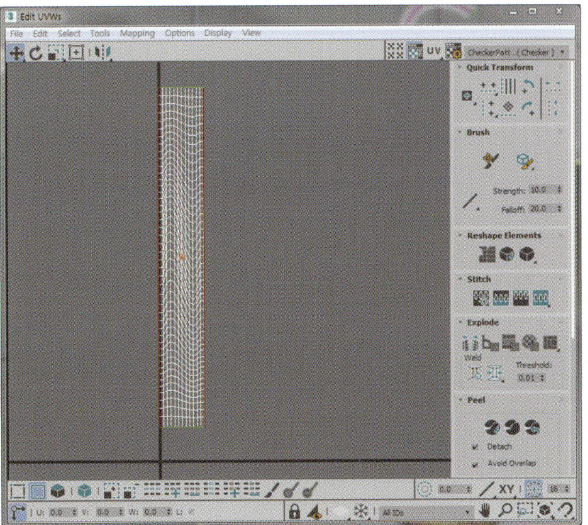

07 앞서 작업했던 방법으로 가로 방향의 Edge Loop를 선택 후 Wrap 롤아웃의 'Unfold Strip from Loop'을 클릭합니다.

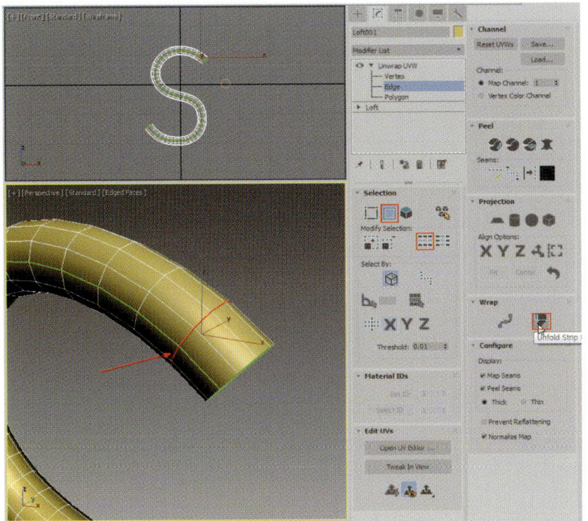

08 Edit UVWs 대화상자의 클러스터를 다시 확인해보면 수직과 수평 라인이 균등하게 펼쳐져 것을 알 수 있 습니다.

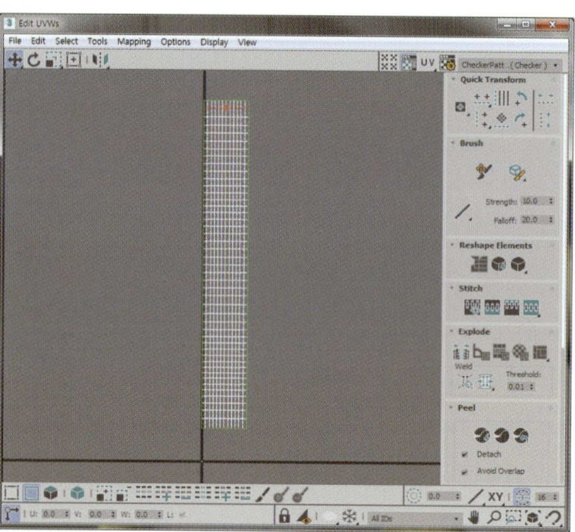

09 클러스터 전체를 선택한 후 'Arrange Elements' 롤아 웃의 'Pack: Custom'을 클릭합니다.

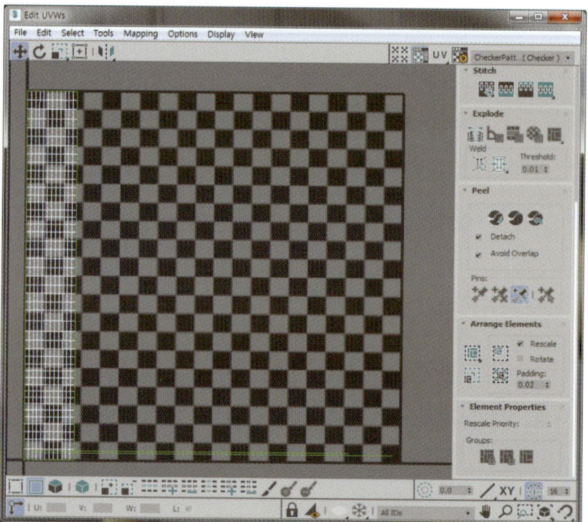

10 클러스터가 정확하게 0-1 UV 공간(진한 회색 정 사각형)에 맞도록 조정(정규화)합니다. Viewport의 'Check Pattern(Check)'도 오브젝트에 일정하게 입 혀진 것을 알 수 있습니다.

ⓘ 알아두기 | 'Pack Normalize'[▦]

Rescale, Rotate, Padding Setting을 반영하면서 0-1 UV 공간(진한 회색 정사각형)에 맞도록 모든 클러스터 스케일을 똑같이 자동 조정(정규화)합니다.

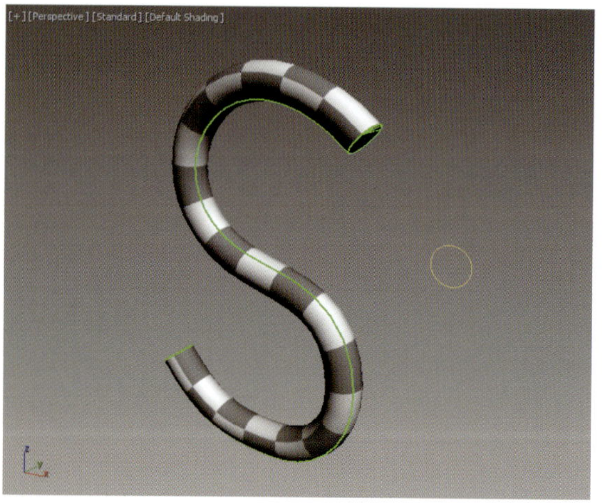

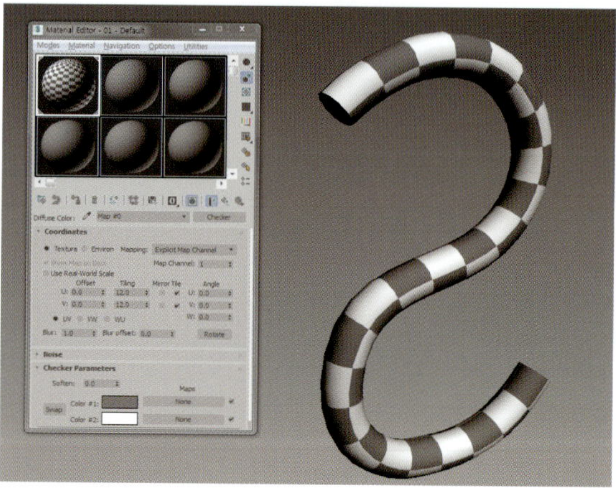

Diffuse Color에 Checker를 적용한 이미지

Section 09 | Configure 롤아웃

이 설정을 사용하여 이음새 표시 여부와 방법을 비롯한 수정자 기본 값을 지정합니다.

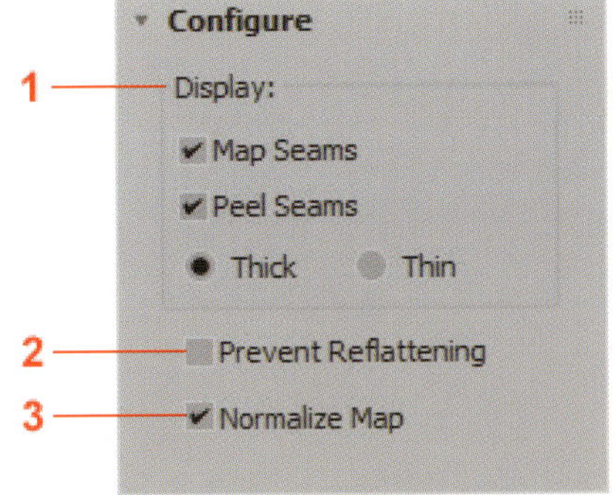

❶ **Display** : 뷰포트에 이음새가 나타나는지 여부와 나타나는 방법을 결정합니다.

> 🅐 **Map Seams** : 설정하면 매핑 클러스터 경계가 뷰포트에 녹색 선으로 표시됩니다. 'Unwrap Options' 대화상자에서 'Display Seams'를 조정하여 이 색상을 변경할 수 있습니다.

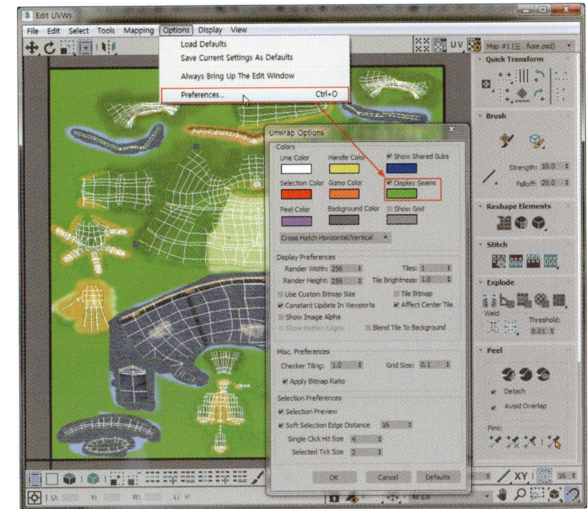

> 🅑 **Peel Seams** : 설정하면 Peel과 Pelt 경계가 파란색 선으로 표시됩니다.
> 🅒 **Thick/Thin** : 적용되는 Pelt 이음새와 Map 이음새 모두에 굵기 설정을 표시합니다.

❷ **Prevent Reflattening** : 이 옵션은 텍스처 적용에 주로 사용됩니다. 설정하면 Unwrap UVW의 버전이 'Render To Texture'로 자동 적용되고 이름이 지정되며 기본적으로 자동 Flatten UVs는 면을 다시 편평화 하지 않습니다.

❸ **Normalize Map** : 설정하면 표준 매핑 좌표 공간(0-1)에 맞도록 매핑 좌표를 스케일 조정합니다. 해제하면 매핑 좌표는 오브젝트와 같은 크기가 됩니다. 0-1 좌표 공간에 있으면 맵은 언제나 Tile이 되고 Offset 및 Tiling 값을 기준으로 맵 일부가 설정됩니다.

Section 10 | Edit UVWs 대화상자

Edit UVWs 대화상자는 Unwrap UVW의 모든 것을 조정할 수 있는 부분입니다. 오브젝트에 지정된 맵에 펼쳐진 면을 맞추거나 면을 펼쳐서 재질을 만들 때 기본 바탕으로 사용할 수 있도록 합니다.

Edit UVWs 대화상자에서 Sub-Object인 Vertex, Edge, Polygon으로 표시된 Texture 좌표를 표시하는 창입니다. 오브젝트의 Mesh와 매핑된 오브젝트의 형상과 일치하여 위치를 변경한 좌표의 편집이 가능하므로 Texture 맵을 모델에 맞추는 방법을 더 정확히 세분화해서 제어할 수 있습니다.

이 보기 창은 맵의 2D 이미지 공간에 UVW를 그리드 위에 겹쳐 표시합니다. Thicker 그리드 선은 Texture 맵의 경계를 이미지 공간에 표시되는 것처럼 보여줍니다.

창외에도 편집기 인터페이스는 Menu Bar, 3개의 Toolbar(위쪽에 한 개, 아래에 두 개), 오른쪽에는 여러 개의 롤아웃으로 구성되어 있습니다.

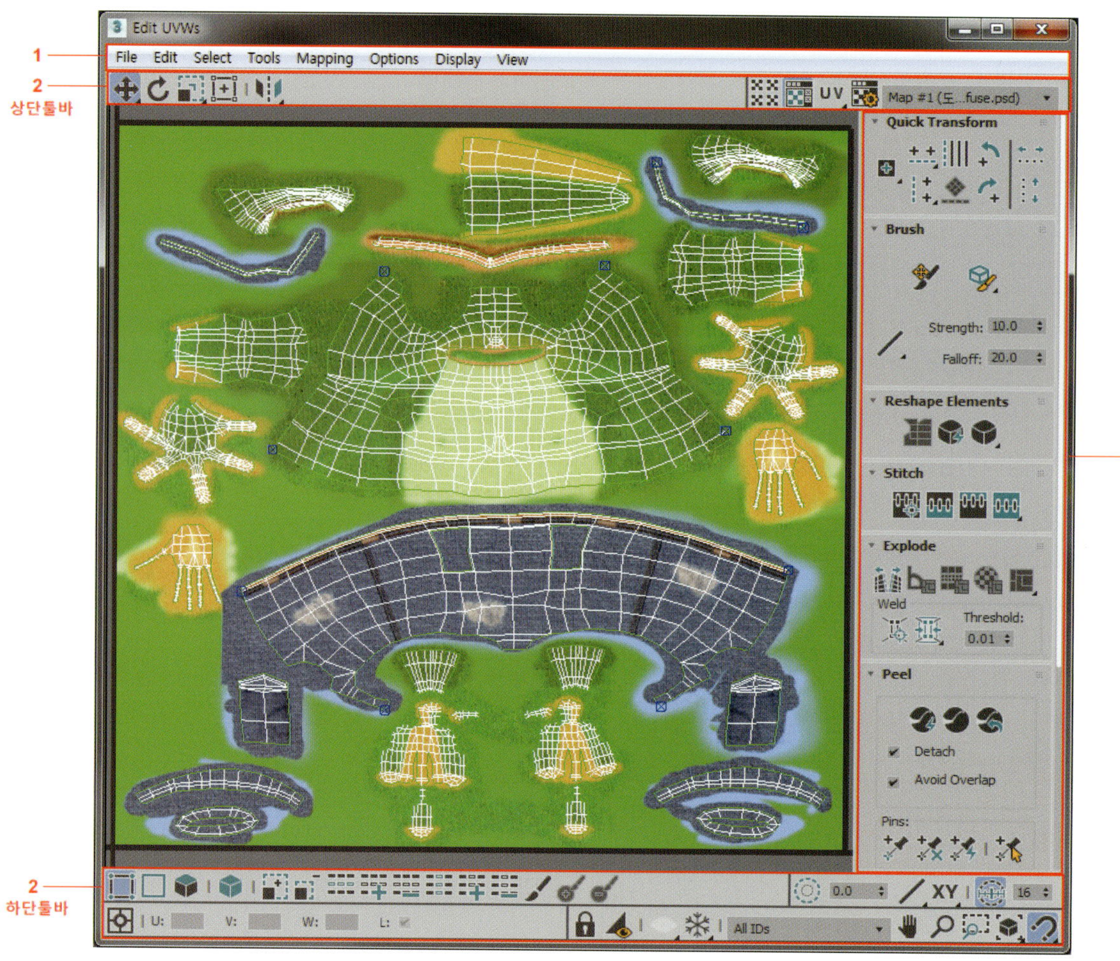

01 Edit UVWs Menu Bar

Edit UVWs Menu Bar는 많은 중요 편집 명령에 대한 액세스를 제공합니다. 명령 중 일부는 Toolbar 대화 상자와 Unwrap UVW 명령 패널에 중복되며 Mapping, Stitch 및 Sketch 등의 다른 명령은 해당 메뉴에서만 사용 가능합니다.

Ⓐ File Menu
- **Load UVs** : 이전에 저장한 UVW(Texture 좌표) 파일을 로드합니다.
- **Save UVs** : UVW 좌표를 UVW 파일에 저장합니다.
- **Reset All** : UVW 좌표를 원래 상태로 복원합니다.

Ⓑ Edit Menu
- **Copy** : 현재 선택된 Texture 좌표를 붙여넣기 버퍼에 복사합니다.
- **Paste** : 붙여넣기 버퍼의 Texture 매핑 좌표를 현재 선택에 적용합니다. 동일한 대상 좌표에 붙여넣기를 반복 사용하면 좌표가 매번 90도씩 회전합니다.
- **Paste Weld** : 붙여넣기 버퍼의 내용을 현재 선택에 적용한 다음 일치하는 정점을 Weld하여 효과적으로 원본과 대상 선택을 하나로 융합합니다.
- **Move Mode** : 하위 오브젝트를 선택하여 이동할 수 있습니다.
- **Rotate Mode** : 하위 오브젝트를 선택하여 회전할 수 있습니다.
- **Scale Mode** : 하위 오브젝트를 선택하여 스케일 조정할 수 있습니다.
- **Freeform Gizmo** : 드래그 지점에 따라 정점 이동, 회전 또는 스케일 조정을 선택할 수 있습니다.

Ⓒ Select Menu
- **Convert Vertex to Edge** : 현재 선택된 Vertex를 Edge 선택으로 변환하고 Edge Sub-Object 모드를 시작합니다.
- **Convert Vertex to Face** : 현재 선택된 Vertex를 Face 선택으로 변환하고 Face Sub-Object 모드를 시작합니다.
- **Convert Edge to Vertex** : 현재 선택된 Edge를 Vertex 선택으로 변환하고 Vertex Sub-Object 모드를 시작합니다.
- **Convert Edge to Face** : 현재 선택된 Edge를 Face 선택으로 변환하고 Face Sub-Object 모드를 시작합니다.
- **Convert Face to Vertex** : 현재 선택된 Face를 Vertex 선택으로 변환하고 Vertex Sub-Object 모드를 시작합니다.
- **Convert Face to Edge** : 현재 선택된 Face를 Edge 선택으로 변환하고 Edge Sub-Object 모드를 시작합니다.
- **Select Inverted Faces** : Face 선택모드에서만 사용 가능하며, 현재 선택된 매핑에서 반대쪽의 임의의 면을 선택합니다.
- **Select Overlapped Faces** : Face 선택모드에서만 사용 가능하며, 다른 면과 겹치는 모든 면을 선택합니다.

Ⓓ Tools Menu
- **Flip Horizontal/Vertical** : 자신의 경계 가장자리를 따라 선택한 Sub-Object를 분리한 다음 모드에 따라 수평 미러나 수직 미러를 적용합니다.

- **Mirror Horizontal/Vertical** : 선택한 Sub-Object의 방향을 표시된 축을 따라 반전하고 그에 따라 UV를 대칭 이동합니다.
- **Weld Selected** : Weld 임계값 설정에 따라 선택한 Sub-Object를 단일 정점으로 용접합니다.
- **Target Weld** : Vertex나 Edge 쌍을 용접합니다.
- **Break** : 3가지의 Sub-Object 모드에서 작동하며, 선택을 분할하여 구분하는 기능입니다.
- **Detach Edge Verts** : 현재 선택을 분리하여 새 요소를 만듭니다.
- **Stitch Selected** : 동일한 형상 정점에 할당된 모든 Texture 정점을 찾아 한 지점으로 용접합니다.
- **Pack UVs** : 여러 겹치는 클러스터를 분리하려는 경우에 유용합니다. Pack 대화상자에는 Edit UVWs 대화상자 창의 절차에 따라 Texture Cluster를 다시 정렬하기 위한 컨트롤이 포함되어 있습니다.

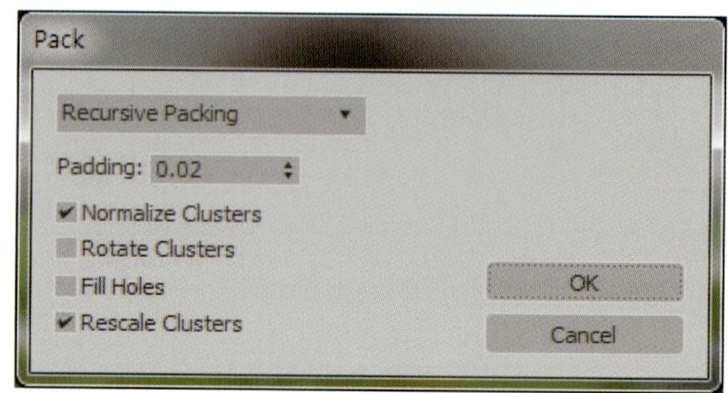

- **Rescale Clusters** : 서로의 비율에 따라 제자리에서 자동으로 클러스터 스케일을 조정합니다. 이 옵션은 각각 하나 이상의 Sub-Object를 선택한 두 개 이상의 클러스터에만 적용됩니다.
- **Sketch Vertices** : Vertex Sub-Object Level에서 사용 가능하며 마우스로 정점 선택의 윤곽을 그릴 수 있습니다. 해당 정점을 한 번에 드래그하는 대신 'Sketch Tool'을 사용하여 신속하게 작업을 수행할 수 있습니다.

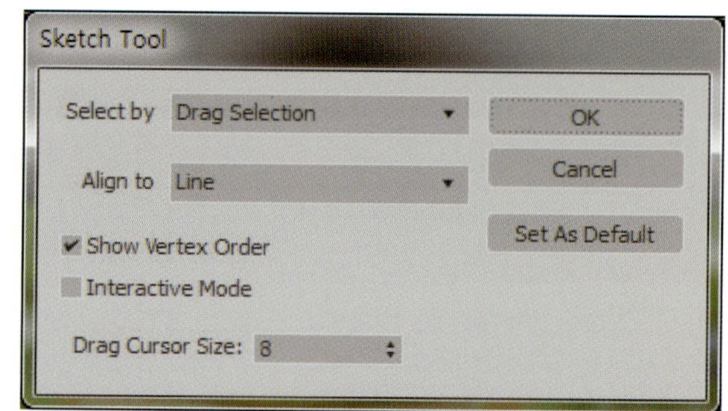

- **Relax Dialog** : Texture 정점을 느슨하게 하여 간격을 일정하게 만들고 간편한 Texture 매핑이 가능하도록 합니다.

'Relax Tool' 대화상자는 Texture 맵의 왜곡을 제거하거나 최소화하기 위해 선택된 Texture 좌표의 간격을 파라메트릭 방식으로 수정하는 고급 도구 세트를 제공합니다.

기본 방법은 'Relax by Polygon'이며, 일반적으로 이 방법을 사용하여 최상의 결과를 얻을 수 있습니다.

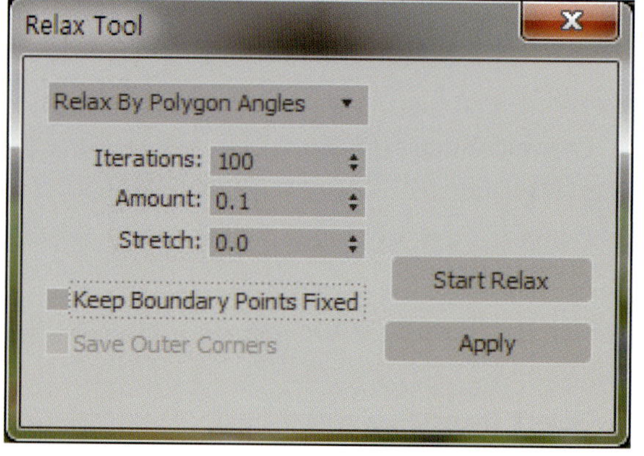

■ **Render UVW Template** : 'Render UVs' 대화상자를 사용하여 모델의 Texture 매핑 데이터를 비트맵 이미지 파일로 내보낼 수 있습니다. 2D 페인트 프로그램에서 작업한 다음 3ds Max로 다시 가져와 모델에 Texture 맵을 적용합니다.

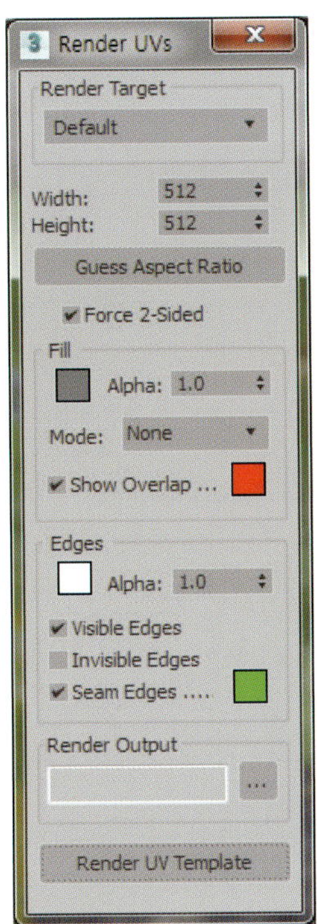
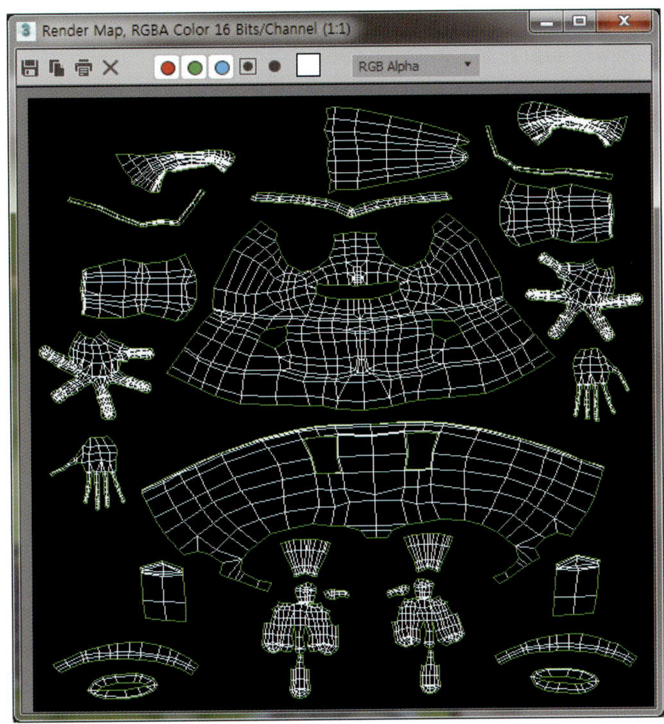

ⓔ Mapping Menu

■ **Flatten Mapping** : 지정된 각도 임계값 범위 안에 있는 인접한 면 그룹에 평면 맵을 적용합니다.

■ **Normal Mapping** : 다양한 Vector-투영 방법에 따라 평면 맵을 적용합니다.

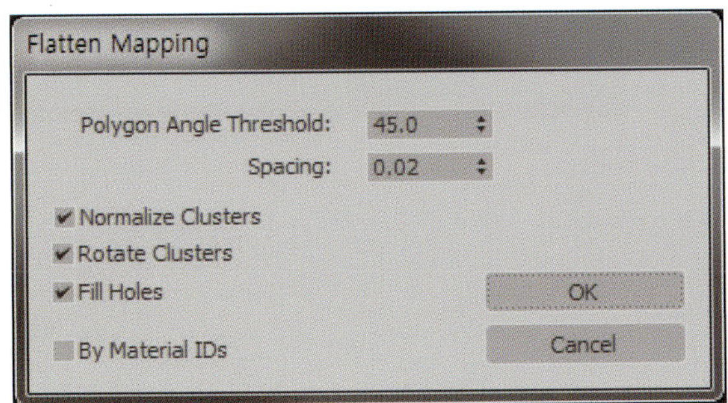

■ **Unfold Mapping** : 면 왜곡이 없도록 메시를 펼치기는 하지만, 해당 면이 겹칠 가능성도 있습니다.

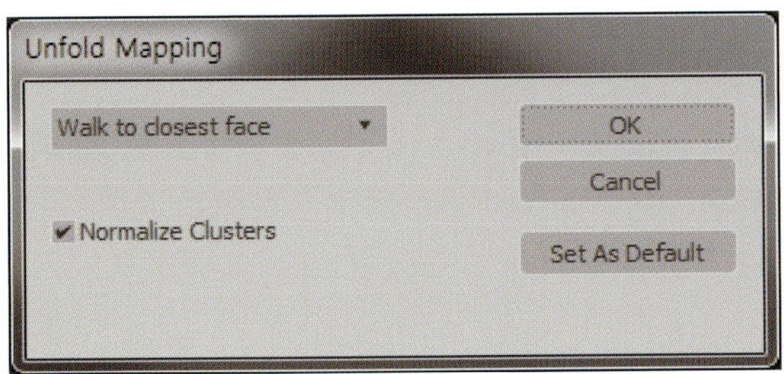

Ｆ Options Menu

- **Load Defaults** : plugcfg 디렉터리의 unwrapuvw.ini 파일에서 편집기 설정을 로드합니다.

- **Save Current Settings as Default** : plugcfg 디렉터리의 unwrapuvw.ini 파일에 편집기 설정을 저장합니다. 이런 방식으로 저장된 설정은 다른 세션에서도 유지됩니다.

- **Always Bring Up The Edit Window** : 설정하면 활성 Unwrap UVW 수정자가 있는 오브젝트를 선택할 경우 Edit UVWs 대화상자가 열립니다.

- **Preferences** : Unwrap Options 대화상자를 엽니다. Unwrap Option 대화상자의 컨트롤을 사용하여 Unwrap UVW 수정자 편집기에 대한 기본 설정을 지정합니다.

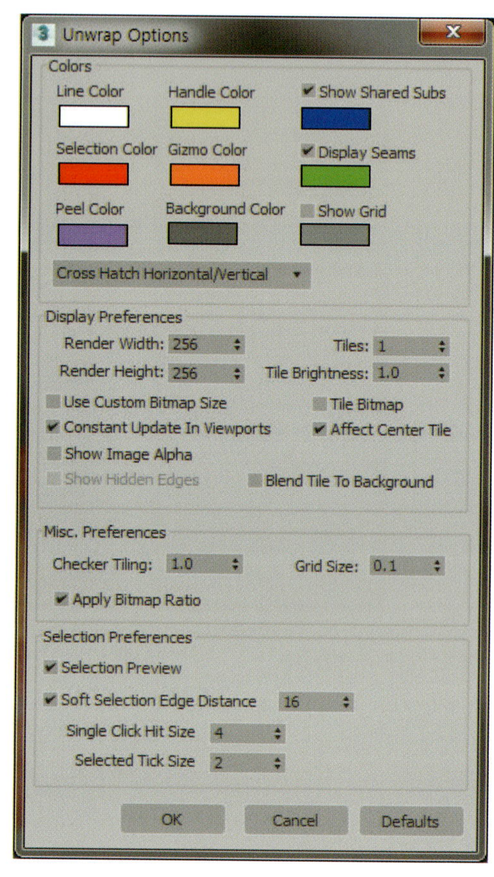

Ｇ Display Menu

- **Hide Selected** : 선택한 모든 Sub-Object와 연결된 면을 숨깁니다.

- **Unhide All** : 숨겨진 모든 Sub-Object를 표시합니다.

- **Unfreeze All** : 고정된 모든 Sub-Object를 고정 해제합니다.

- **Filter Selected Faces** : 설정하면 편집기가 수정자의 Face Sub-Object Level에서 뷰포트 선택의 UVW 정점을 표시하고 나머지는 숨깁니다.

- **Show Hidden Edges** : 숨겨진 Face Edge의 표시를 토글합니다.

- **Show Edge Distortion** : 녹색-빨간색 색상 범위를 사용하여 왜곡(Texture 가장자리가 해당 형상 가장자리에서 떨어진 거리)을 표시합니다. 길이 차이가 클수록(=왜곡이 클수록) Edit UVWs 대화상자 창에서 가장자리가 더 빨갛게 표시됩니다.

- **Show Vertex Connections** : Vertex Sub-Object 모드에서 선택한 모든 Vertex에 대해 숫자 레이블 표시를 토글합니다.

- **Show Shared Sub-objects** : 설정하면 현재 선택에 대해 공유 Vertex / Edge를 강조 표시합니다.

ⓗ View Menu

■ **Pan** : 마우스를 드래그하여 편집기 창의 화면을 이동하며, 가운데 마우스 버튼을 드래그하여 이동할 수도 있습니다.

■ **Zoom** : 편집기 창에서 축소하거나 확대합니다. 마우스의 휠을 사용하여 확대/축소할 수 있습니다.

■ **Zoom Region** : 편집기 창에서 사각형 형태로 드래그하여 특정영역을 확대/축소합니다.

■ **Zoom Extents** : 편집기 창의 모든 UVW 정점에 맞춰 자동으로 확대하거나 축소합니다.

■ **Zoom Extents Selected** : 편집기 창에서 선택한 모든 UVW 정점에 맞춰 자동으로 확대하거나 축소합니다.

■ **oom To Gizmo** : 활성 뷰포트를 현재 선택으로 확대/축소합니다.

■ **Show Grid** : 편집기 창 배경에 그리드를 표시합니다.

■ **Show Map** : 편집기 창 배경에 텍스처 맵을 표시합니다.

■ **Update Map** : 표시되는 Texture 맵이 타일링 설정이나 다른 비트맵 등과 같은 Texture 변경을 반영하도록 합니다.

02 Edit UVWs 대화상자 Toolbars

상단 Toolbar

보기 창의 텍스처 하위 오브젝트를 조작하고 옵션을 설정할 수 있는 컨트롤이 포함되어 있습니다. 회전과 배율 조정을 사용하여 변형할 때 Ctrl + Alt 키를 누르면 선택 중심이 아니라 마우스 클릭 지점으로부터 선택을 변환할 수 있습니다.

ⓐ **Move** : 선택한 맵 좌표를 이동시켜 줍니다. Flyout 옵션은 이동, 수평 이동 및 수직 이동이며 단일 축으로의 이동을 제한하려면 Shift 키를 누른 채 드래그합니다.

ⓑ **Rotate** : 선택한 맵 좌표를 회전시켜 줍니다. 기본적으로 선택 중심을 기준으로 회전이 발생합니다. 커서 위치를 중심으로 회전하려면 Ctrl + Alt 키를 누른 채 드래그합니다.

ⓒ **Scale** : 선택한 맵 좌표의 스케일을 조정합니다. Flyout 옵션은 스케일 조정, 수평 스케일 조정 및 수직 스케일 조정입니다. 커서 위치를 중심으로 스케일을 조정하려면 Ctrl + Alt 키를 누른 채 드래그합니다. 스케일 조정 시 Shift 키를 누르면 단일 축으로 제한할 수 있습니다.

ⓓ Freeform Mode : Move, Rotate, Scale 등을 고려하여 자유롭게 맵 좌표를 조정할 수 있습니다. Ctrl 키를 누른 채로 기즈모 밖의 정점을 하나 이상 선택하면 기즈모가 확장되며, 반대로 Alt 키를 사용하여 포함된 정점을 제외시키면 기즈모가 축소됩니다.

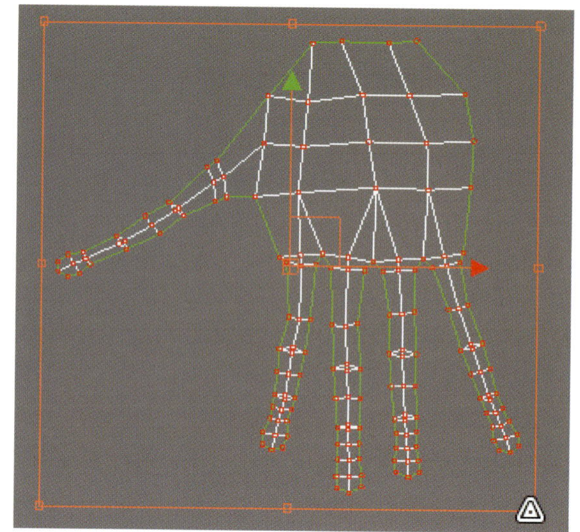

- **Move** : 이동을 수직 또는 수평 축으로 제한하려면 Shift 키를 누른 채로 드래그합니다.
- **Rotate** : Ctrl 키를 누른 채로 드래그하면 5도씩, Alt 키를 누른 채로 드래그하면 1도씩 회전합니다. Freeform의 회전은 'Angle Snap'상태를 따릅니다.
- **Scale** : Ctrl 키를 누른 채로 있으면 스케일 조정이 수직 및 수평 축에서 일정하게 됩니다. 드래그를 시작한 방법에 따라 스케일 조정을 수직 또는 수평 축으로 제한하려면 Shift 키를 누른 채로 드래그합니다. Pivot을 이동한 경우 Alt 키를 누른 채로 드래그하면 Pivot을 중심으로 크기가 조정됩니다.
- **Move Pivot** : 기즈모 중앙에 기본적으로 십자가 형태로 표시되며, Pivot을 드래그하여 이동할 수 있습니다. 회전은 항상 Pivot을 중심으로 수행되며 Alt 키를 누른 채로 드래그하면 Scale 조정도 Pivot을 중심으로 수행됩니다.

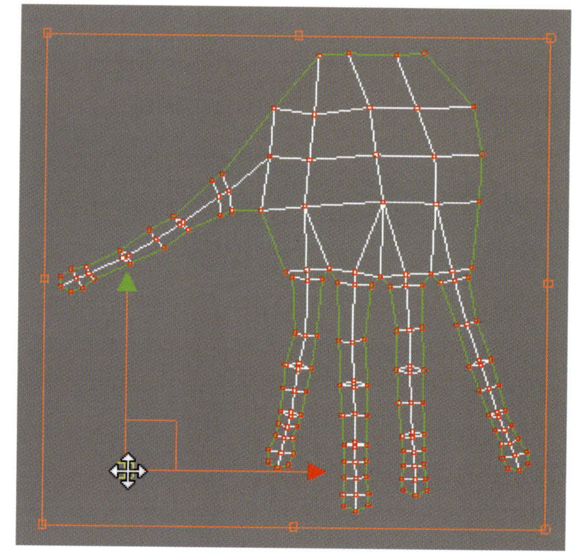

ⓔ Mirror : 선택한 Sub-Object의 위치를 반전하고 UV를 대칭 이동합니다. Flyout 옵션은 수직 미러, 수평 미러, 수평 대칭 이동 및 수직 대칭 이동입니다.

ⓕ Show the multi-tile in the dialog : 편집기 창에서 다중 타일 뷰 표시를 토글합니다. 다중 타일 UV를 사용하여 UV 레이아웃에서 그리드 타일에 해당하는 여러 개의 이미지로 구성된 텍스처를 렌더링, 로드, 미리 보기할 수 있습니다. 즉, 여러 UV 채널을 사용하는 대신 보다 효과적인 3D 페인팅 응용 프로그램으로 생성된 초고해상도 텍스처를 열고 표시할 수 있습니다.

ⓖ Show the active map in the dialog : 편집기 창에서 맵 표시를 토글합니다.

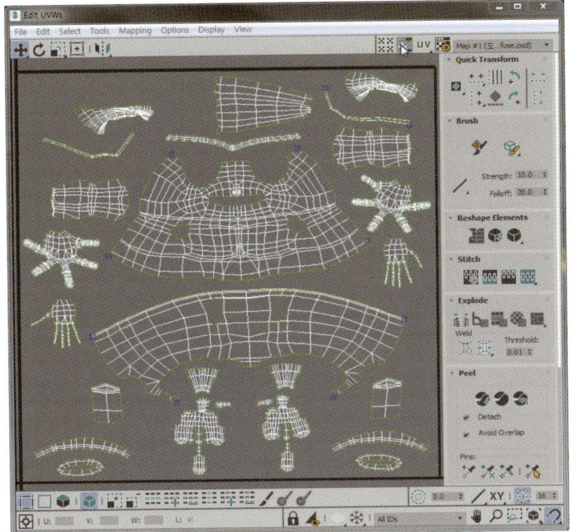 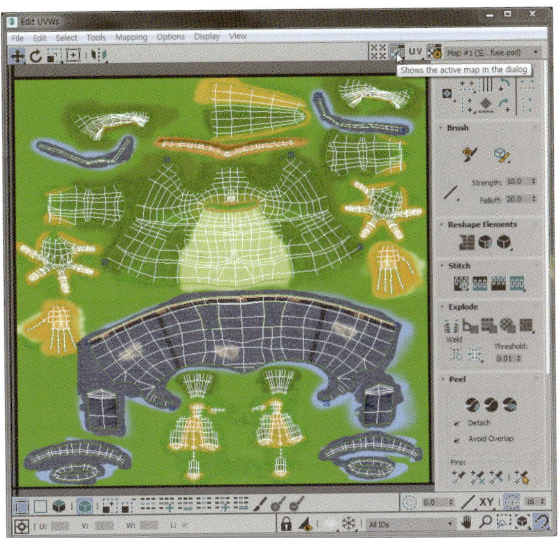

ⓗ UV/VW/UW : 기본적으로 UVW 좌표의 UV 부분은 보기 창에 표시됩니다. 그러나 표시를 전환하여 UW 부분이나 VW 부분을 편집할 수 있습니다.

ⓘ Brings up options dialog : Unwrap Options 대화상자를 엽니다.

ⓙ Texture List Drop-Down : 오브젝트에 할당된 모든 재질의 맵을 포함합니다.

- **Texture Checker(UV_Checker.png)** : UV 방향 및 법선 방향을 식별하는 데 유용합니다.
- **CheckerPattern(Checker)** : Checker Texture는 Texture 매핑의 왜곡된 부분을 확인하는데 유용하며 UVW 편집 대화상자에 구현됩니다.
- **Angle Distortion** : 각도에 대한 왜곡입니다.
- **Area Distortion** : 영역에 대한 왜곡입니다.
- **Pick Texture** : 적용될 Texture를 추가하고 표시할 수 있습니다.
- **Remove Texture** : 현재 표시된 Texture를 편집기에서 제거합니다.
- **Reset Texture List** : 원래 재질의 일부였던 제거된 Texture를 복원하며, 재질에서 새 맵을 추가하므로 UVW 편집기가 현재 재질 상태로 업데이트됩니다.

하단 Toolbar

아래쪽 Toolbar 두 개에는 Sub-Object를 선택 및 변환하고 디스플레이 속성을 설정하기 위한 기능이 있습니다.

① Sub-Object Selection Toolbar

주로 Sub-Object 모드를 설정하고, 절차 선택을 만들며, Soft 선택을 사용하기 위한 기능이 있습니다.

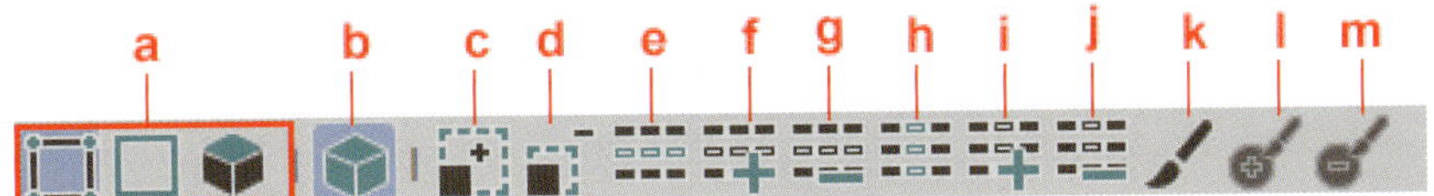

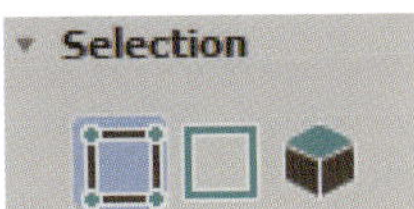

ⓐ Vertex / Edge / Polygon : 각 Texture Sub-Object Level에서 선택할 수 있으며, Unwrap UVW Modifier의 Selection 롤아웃에 해당합니다.

ⓑ Select by Element UV Toggle : 편집기 창에서 Sub-Object를 선택하면 Sub-Object가 속하는 전체 클러스터가 선택됩니다. Unwrap UVW Modifier의 Selection 롤아웃의 'Select By Element XY Toggle' 과 다릅니다.

ⓒ Grow: UV Selection : 인접한 Sub-Object를 선택하여 Texture 좌표 선택을 확장합니다.

ⓓ Shrink: UV Selection : 인접한 모든 Sub-Object의 선택을 해제하여 Texture 좌표 선택을 줄입니다.

ⓔ Loop UV : Texture Vertex, Edge 또는 Polygon Loop를 선택합니다.

- **Vertices/Polygons** : 하나 이상의 행 또는 열에서 둘 이상의 인접한 Vertex 또는 Polygon을 선택한 다음 Loop UV를 클릭합니다.
- **Edge** : 하나 이상의 Edge를 선택한 다음 Loop UV를 클릭합니다.

ⓕ Grow Loop UV : 선택한 양쪽 끝에서 Loop를 확장합니다.

ⓖ Shrink Loop UV : Loop의 양쪽 끝에서 Sub-Object의 선택을 해제합니다.

ⓗ Ring UV : Texture Vertex, Edge 또는 Polygon Ring을 선택합니다.

- **Vertices/Polygons** : 하나 이상의 행 또는 열에서 둘 이상의 인접한 Vertex 또는 Polygon을 선택한 다음 Ring UV를 클릭합니다.
- **Edge** : 하나 이상의 Edge를 선택한 다음 Ring UV를 클릭합니다.

ⓘ Grow Ring UV : 선택한 양쪽 끝에서 Ring을 확장합니다.

ⓙ Shrink Ring UV : Ring의 양쪽 끝에서 Sub-Object의 선택을 해제합니다.

ⓚ UV Paint Selection : 편집기 창에서 Sub-Object 선택을 페인트 하듯이 선택합니다.

ⓛ Enlarge Brush Size : 'UV Paint Selection' 사용 시 브러시 크기를 늘입니다.

ⓜ Shrink Brush Size : 'UV Paint Selection' 사용 시 브러시 크기를 줄입니다.

② **Soft Selection Tools**

'Soft Selection'을 사용하면 UV 정점 선택이 "자기장"으로 둘러 싸인 것처럼 동작합니다.

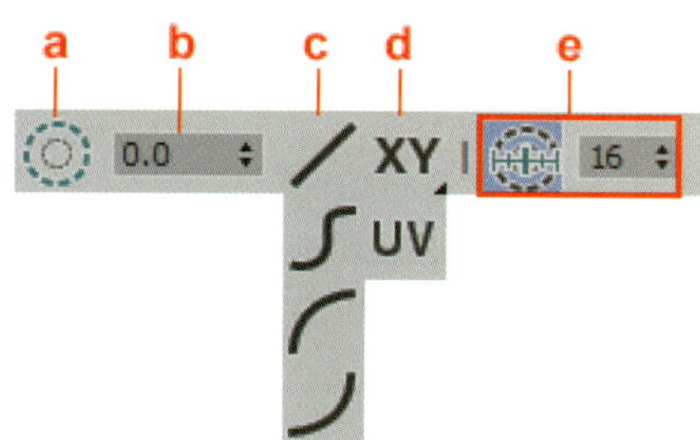

ⓐ Soft Selection : 소프트 선택 기능을 토글합니다.

ⓑ Falloff : 숫자 설정을 사용하여 Falloff 거리를 지정합니다. 값이 커지면 정점 색상으로 영향 범위를 반영합니다.

ⓒ Soft Selection Falloff Type : 소프트 선택으로 변환하면 Falloff 유형 설정에 따라 Falloff 영역 안의 선택되지 않은 정점에 영향을 줍니다.

ⓓ XY/UV : Falloff 거리에 대한 오브젝트나 Texture 공간을 지정합니다. XY는 오브젝트 공간을, UV는 Texture 공간을 선택합니다.

ⓔ Limit Soft Selection By Edges : 설정하면 선택 항목과 영향을 받는 정점 사이에 지정된 Edge 수에 따라 Falloff 영역을 제한합니다.

③ Transform/Display Toolbar

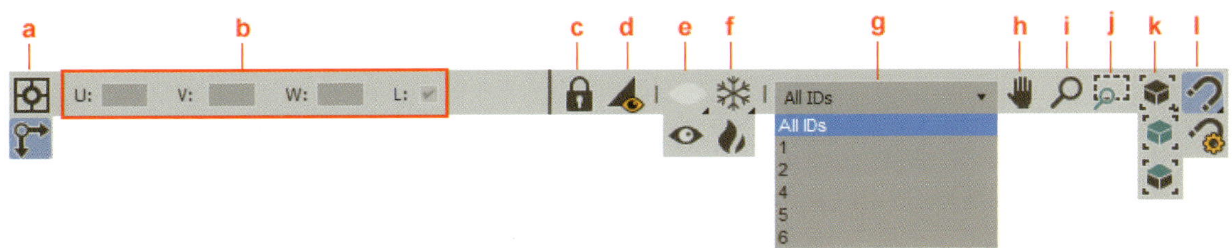

ⓐ **Absolute/Relative Type Ins** : 절대 모드에서는 U, V, W 필드에 입력한 값을 Texture 공간 내의 실제 좌표로 처리하며, 상대 모드에서는 오프셋으로 입력한 변환 값을 현재 값에 적용합니다.

ⓑ **U, V, W** : 이 필드는 현재 선택의 UVW 좌표를 표시하며, 키보드나 스피너를 사용하여 편집합니다.

ⓒ **Lock Selected Subobjects** : 선택에서 Sub-Object를 추가하거나 제거할 수 없습니다. 이 모드에서는 선택한 Sub-Object를 건드리지 않고 변환할 수 있습니다.

ⓓ **Display Only Selected Faces** : 설정하면 선택한 다각형만 편집기 창에 표시되고 나머지는 숨겨집니다.

ⓔ **Hide/Unhide Selected Sub-objects** : 선택한 Sub-Object를 숨기거나 숨겨진 모든 Sub-Object를 표시합니다.

ⓕ **Freeze/Unfreeze Selected Sub-objects** : 선택한 Sub-Object를 고정하거나 고정한 모든 Sub-Object를 고정 해제합니다.

ⓖ **All IDs (Drop-Down)** : 오브젝트의 재질 ID를 필터링합니다. 드롭다운 목록에서 선택한 ID와 일치하는 Texture 면을 표시합니다. 수정한 오브젝트에서 사용 가능한 ID만 목록에 표시됩니다.

ⓗ **Pan View** : 마우스를 드래그하여 편집기 창의 화면을 이동하며, 가운데 마우스 버튼을 드래그하여 이동할 수도 있습니다.

ⓘ **Zoom View** : 편집기 창에서 축소하거나 확대합니다. 마우스의 휠을 사용하여 확대/축소할 수 있습니다.

ⓙ **Zoom To Region** : 편집기 창에서 사각형 형태로 드래그하여 특정영역을 확대/축소합니다.

ⓚ **Zoom Extents** : 창의 Texture 좌표에 맞게 확대하거나 축소합니다. Flyout을 통해 모든 Texture 좌표, 현재 선택 및 선택한 Sub-Object가 들어 있는 모든 Cluster/Element 까지 확대하거나 축소할 수 있습니다.

ⓛ **Grid Snap / Pixel Snap**
- **Grid Snap** : Sub-Object를 이동할 경우 가장 가까운 그리드 선이나 교차점으로 Snap합니다.
- **Pixel Snap** : 배경에 비트맵이 있는 경우 가장 가까운 픽셀 모서리로 Snap합니다.

03 Edit UVWs 대화상자 롤아웃

Edit UVWs 대화상자에는 Texture 좌표 편집을 위한 여러 가지 도구를 제공하는 많은 롤아웃이 있습니다.

① Quick Transform 롤아웃

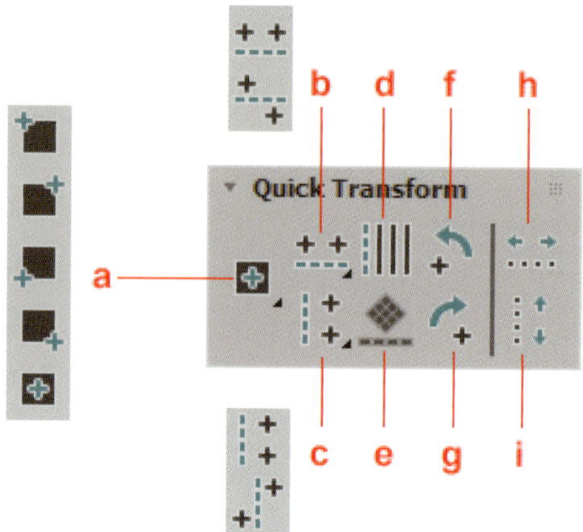

ⓐ Set Pivot : 선택 영역의 Pivot 중심을 설정하는 것으로, Flyout 옵션에 따라 경계 모서리 주변으로 Pivot을 배치합니다.

ⓑ Align Horizontal : 선택한 Vertex나 Edge를 수평으로 정렬합니다.
- **Align Horizontal to Pivot [++]** : 선택한 Sub-Object를 수평으로 정렬하고 Pivot 위치에 수직으로 이동합니다.

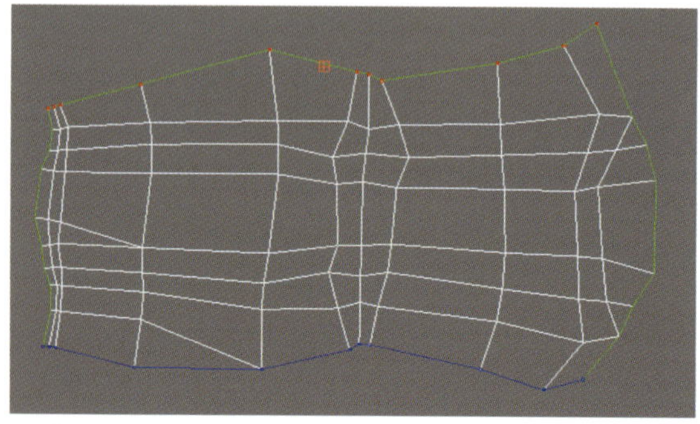

초기 Vertex를 선택

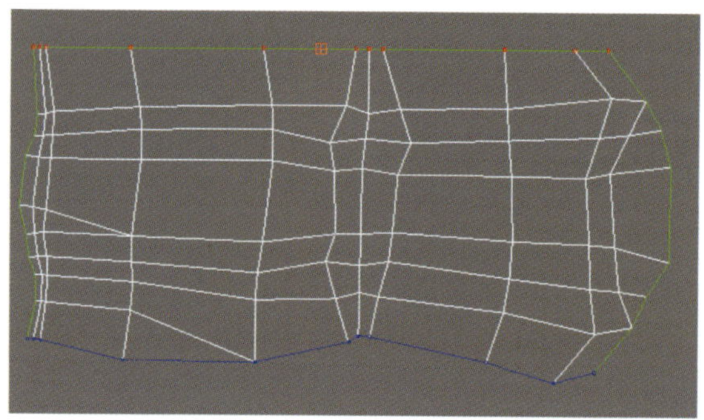

Align Horizontal to Pivot 적용 후

- **Align Horizontal in Place [++]** : 각각의 연결 및 선택된 Texture Vertex와 Edge 세트를 수평으로 정렬하고 해당 정점 위치의 평균으로 이동합니다.

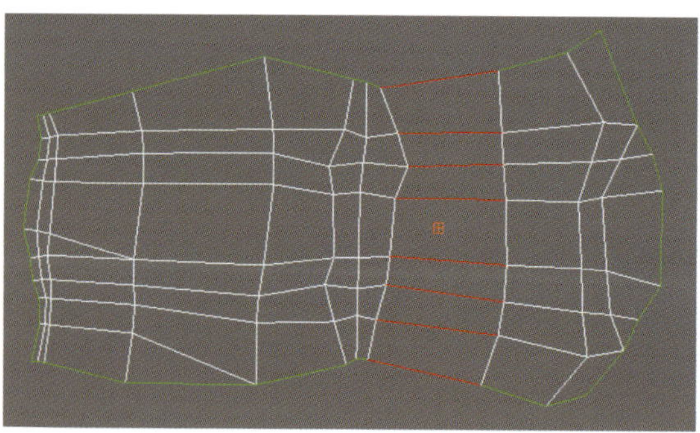

초기 Edge Ring 선택

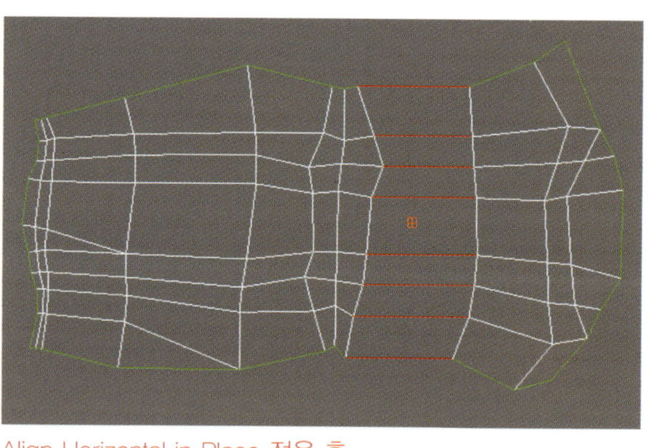

Align Horizontal in Place 적용 후

ⓒ Align Vertical

선택한 정점이나 가장자리를 수직으로 정렬합니다.

■ **Align Vertical to Pivot** [⊞] : 선택한 Sub-Object를 정렬하고 Pivot 위치에 수직으로 이동합니다.

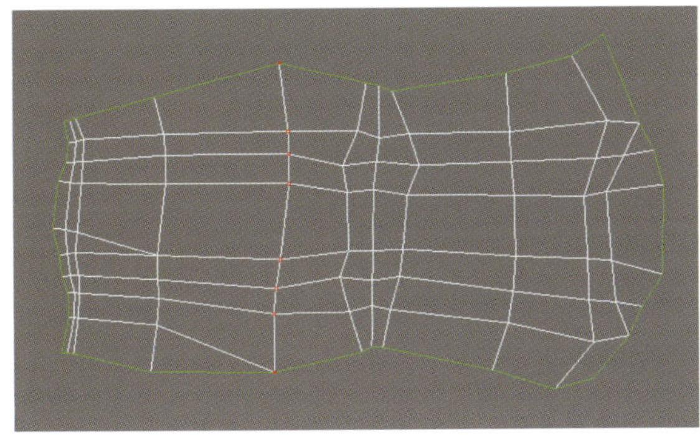

초기 가장자리 Vertex 선택

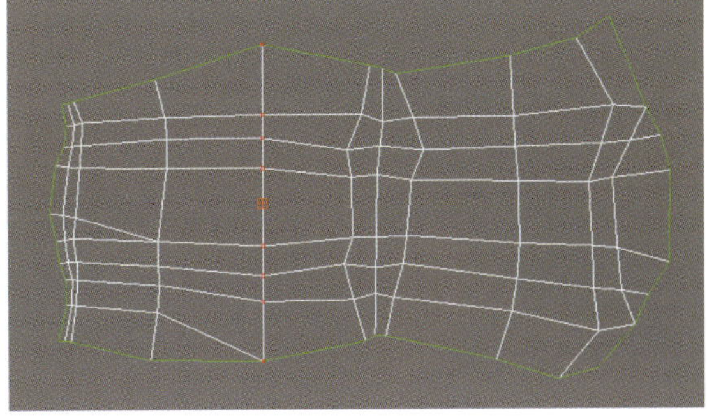

Align Vertical to Pivot 적용 후

■ **Align Vertical in Place** [⊞] : 각각의 연결 및 선택된 Vertex와 Edge 세트를 수직으로 정렬하고 해당 수평 위치의 평균으로 이동합니다.

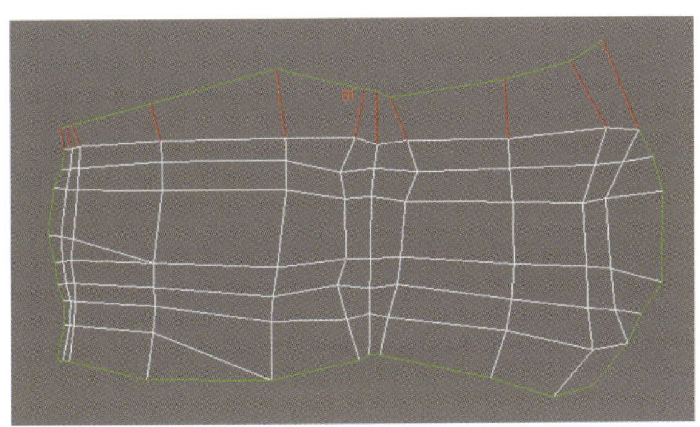

초기 Edge Ring 선택

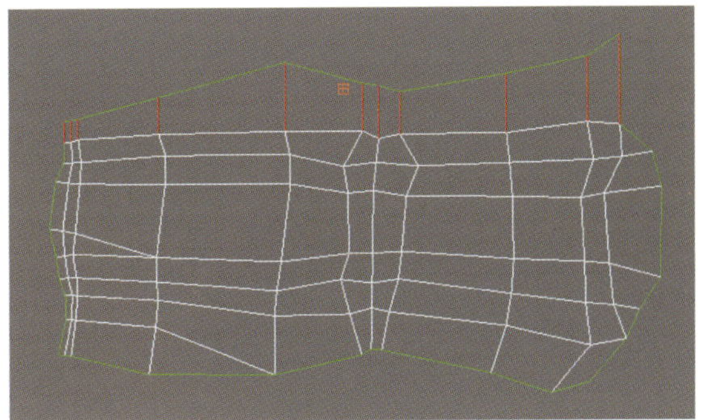

Align Vertical in Place 적용 후

ⓓ Linear Align : 선택된 Vertex와 Edge를 선형으로 정렬합니다.

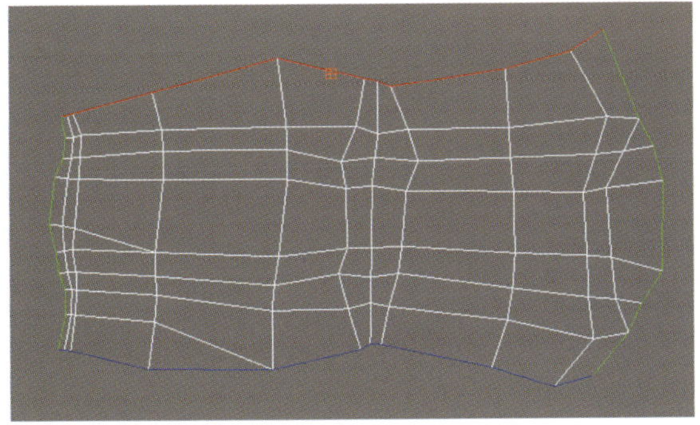

초기 Edge 선택

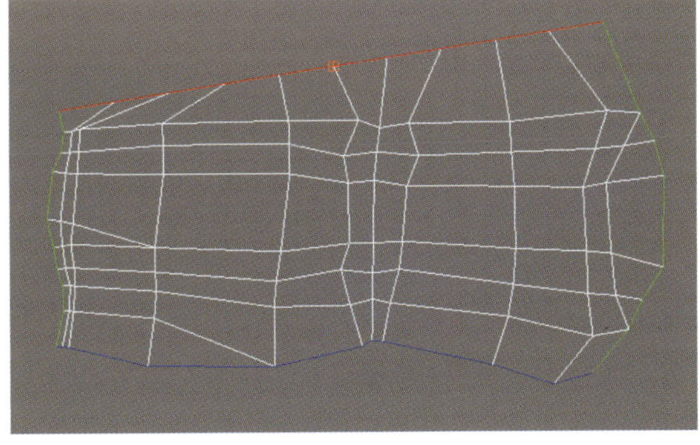

Linear Align 적용 후

ⓔ Align to Edge : 선택한 Edge를 기점으로 나머지 Edge가 같은 각도로 회전합니다.

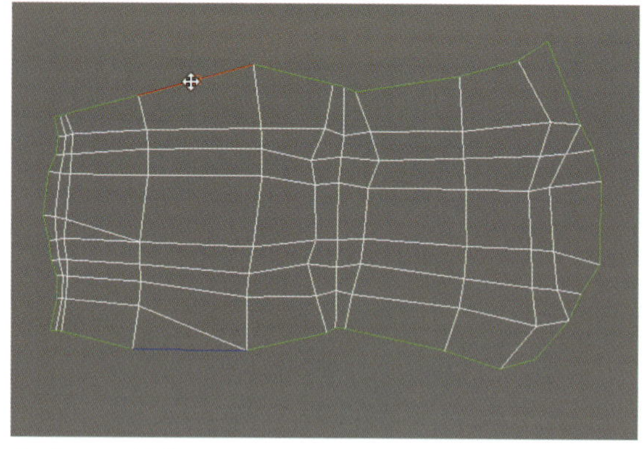

초기 Edge 선택

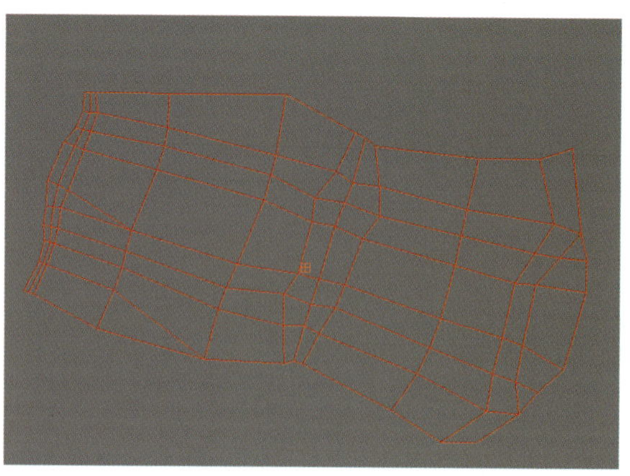

Align to Edge 적용 후

ⓕ Rotate −90 around Pivot : 선택 영역을 시계 반대 방향으로 Pivot 주변으로 90도 회전합니다.

ⓖ Rotate 90 around Pivot : 선택 영역을 시계 방향으로 Pivot 주변으로 90도 회전합니다.

ⓗ Space Horizontally : Edge Loop처럼 연결 및 선택된 여러 수평 Edge에 속한 정점을 같은 간격으로 배치합니다.

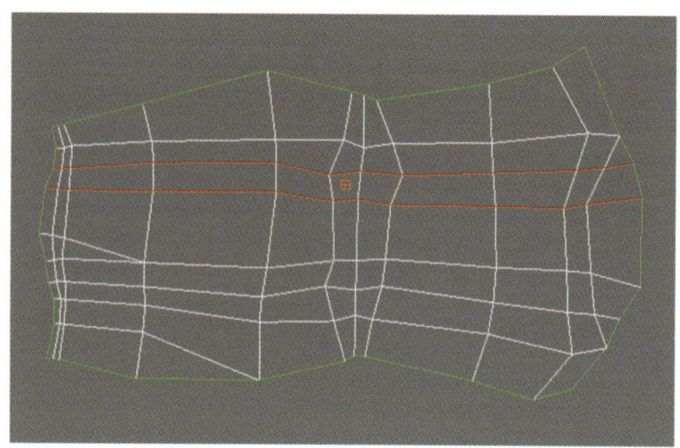

초기 Edge Loop 선택

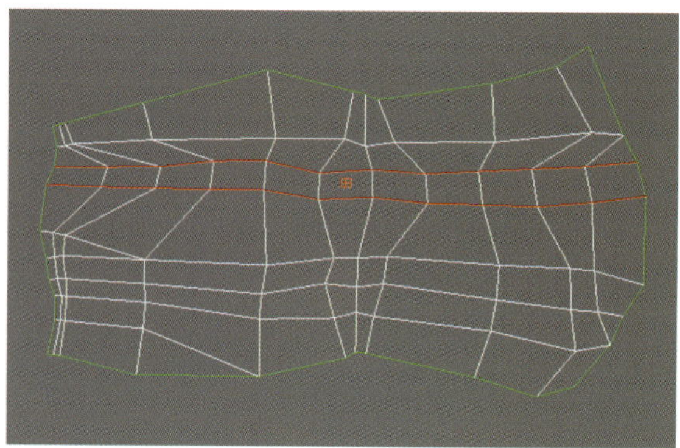

Space Horizontally 적용 후

ⓘ Space Vertically : Edge Loop처럼 연결 및 선택된 여러 수직 Edge에 속한 정점을 같은 간격으로 배치합니다.

② **Brush 롤아웃**

브러시 도구를 사용하여 특정 텍스처 좌표를 수정해 맵의 왜곡을 제거 또는 최소화합니다.

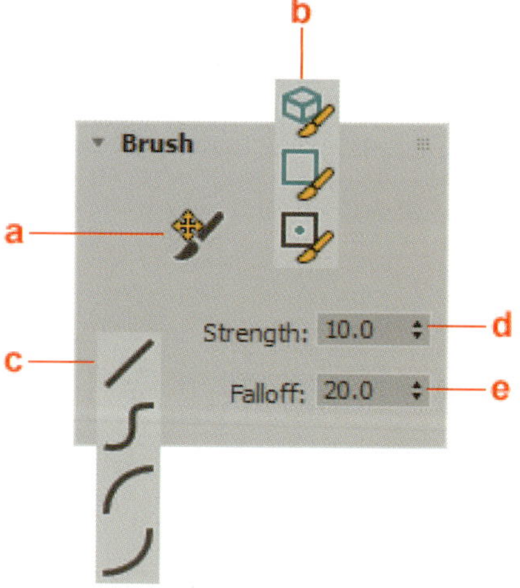

ⓐ **UV Paint Movement[ ]** : 소프트 선택 옵션을 사용하여 원형 브러시 영역 내로 정점을 이동합니다. Alt 키를 누르고 있으면 일시적으로 릴랙스 브러시로 전환합니다.

ⓑ **Relax** : Relax는 텍스쳐 맵의 왜곡을 제거하거나 최소화합니다.
- **Relax By Polygon Angles [ ]** : 선택한 영역을 별도의 다각형 각도로 릴랙스합니다.
- **Relax By Edge Angles [ ]** : 선택한 영역을 가장자리 각도로 릴랙스합니다.
- **Relax By Center [ ]** : 선택한 영역을 중심으로 릴랙스합니다.

ⓒ **Soft Selection** : 부드럽게 확장 선택하기 위한 다양한 타입을 제공합니다.
- **Soft Selection Linear Falloff[ ]** : 브러시 영역 외부의 자동 선택을 위해 폴아웃 방법을 선형으로 설정합니다.
- **Soft Selection Smooth Falloff[ ]** : 브러시 영역 외부의 자동 선택을 위해 폴아웃 방법을 스무딩으로 설정합니다.
- **Soft Selection Slow Out Falloff[ ]** : 브러시 영역 외부의 자동 선택을 위해 폴아웃 방법을 느리게로 설정합니다.
- **Soft Selection Fast Out Falloff[ ]** : 브러시 영역 외부의 자동 선택을 위해 폴아웃을 빠르게로 설정합니다.

ⓓ **Strength** : 영역이 솔리드 원으로 표시되는 브러시 크기를 설정합니다.

ⓔ **Falloff** : 영역이 파선 원으로 표시되는 브러시의 폴아웃 크기를 설정합니다.

③ **Reshape Elements 롤아웃**

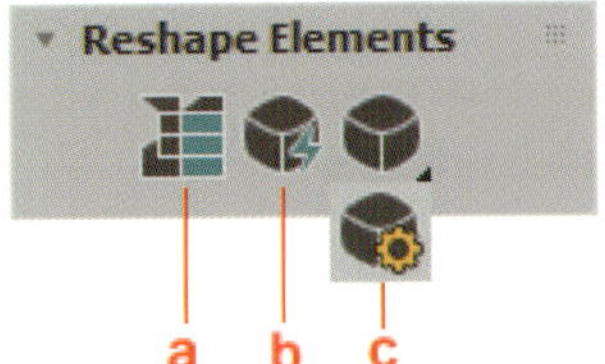

ⓐ **Straighten Selection** : 선택한 Polygon의 면을 가까운 절대 수직이나 수평으로 회전한 후 직사각형의 그리드로 표시합니다. 선택한 Texture Polygon에만 적용됩니다.

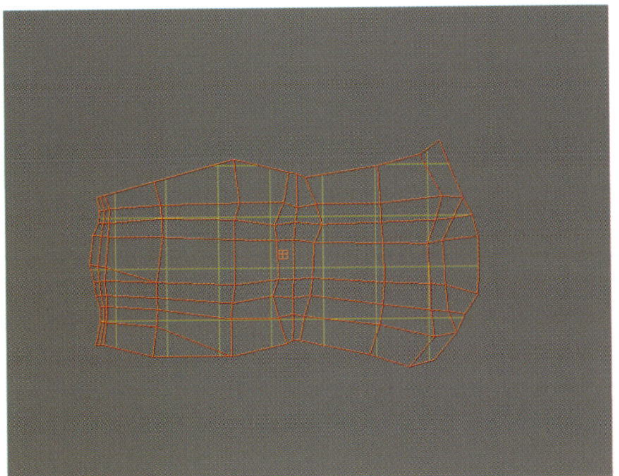

초기 레이아웃

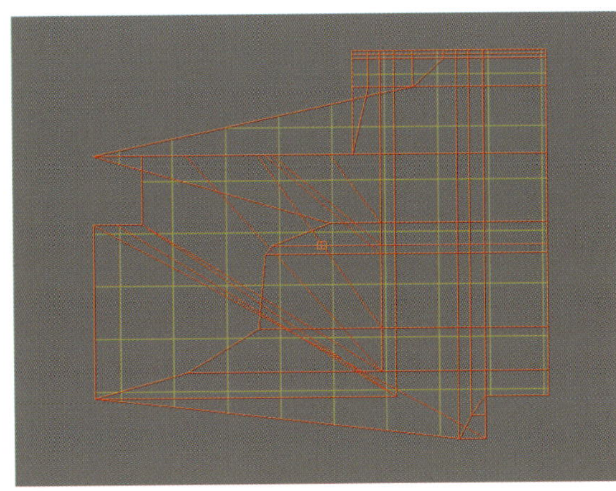

Straighten Selection 적용 후

ⓑ Relax Until Flat : 모든 Sub-Object Level에서 사용할 수 있으며, 편평해질 때까지 Relax를 적용합니다.

ⓒ Relax: Custom : Relax는 현재의 설정을 사용하는 Texture 정점입니다.

■ **Relax Settings** : 'Relax: Custom'의 Flyout에서 사용할 수 있으며 'Relax Tool' 대화상자를 엽니다.

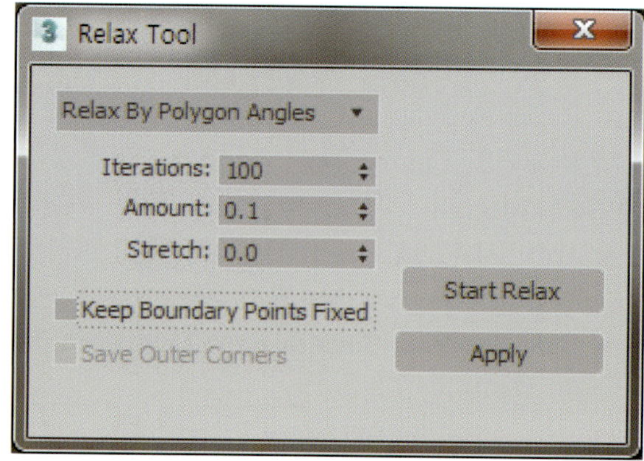

④ Stitch 롤아웃

클러스터 이음새, 즉 클러스터 바깥쪽 Edge에 있는 대부분의 UV Vertex와 Edge는 다른 클러스터 이음새에 공유 Sub-Object가 있습니다. Stitch 도구를 사용하여 클러스터 이음새에 있는 선택된 Sub-Object를 다른 클러스터 이음새에 있는 공유 Sub-Object에 연결합니다.

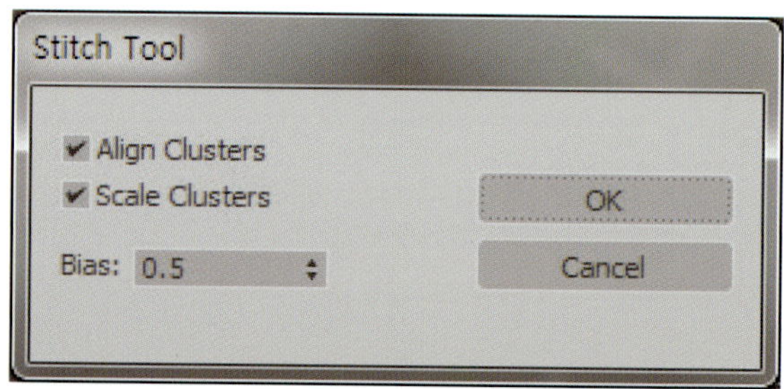

ⓐ Stitch to Target : 선택한 Sub-Object를 공유 Sub-Object로 이동합니다.

ⓑ Stitch to Average : 두 Sub-Object 세트를 모두 평균 위치로 이동합니다.

ⓒ Stitch to Source : 공유 Sub-Object를 선택한 Sub-Object로 이동합니다.

ⓓ Stitch: Custom : 현재 'Stitch Tool' 대화상자 설정에 따라 Sub-Object를 연결합니다.

■ **Stitch Settings** : 'Stitch: Custom' Flyout에서 사용할 수 있습니다. 'Stitch Tool' 대화상자를 엽니다.

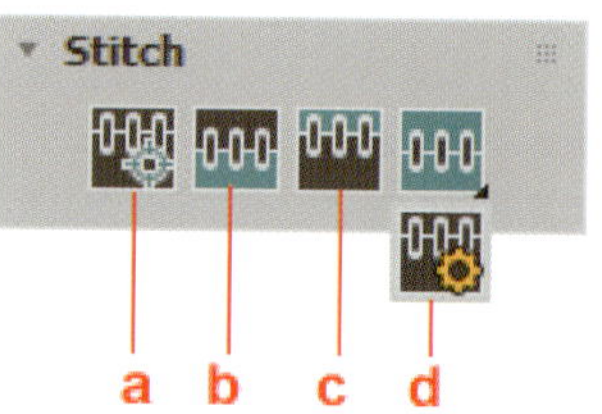

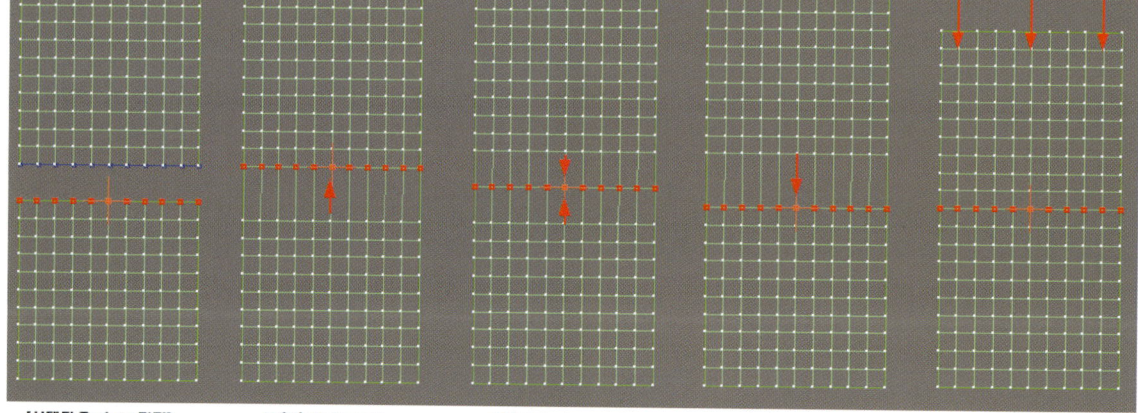

⑤ **Explode 롤아웃**

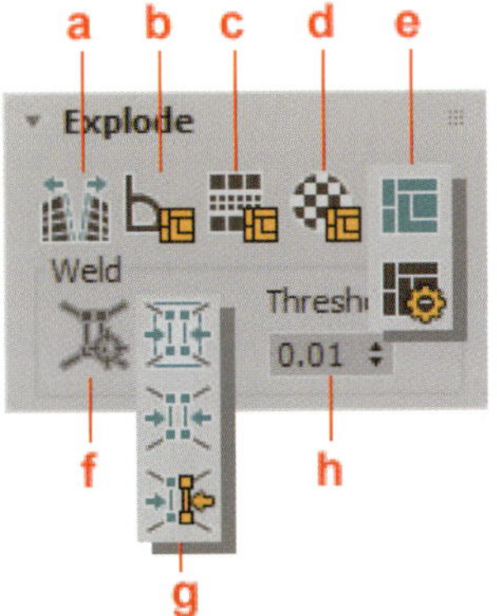

ⓐ **Break** : 3가지의 Sub-Object 모드에서 작동하며, 선택을 분할하여 구분하는 기능입니다.

ⓑ **Flatten by Polygon Angle** : 면의 각도에 의해 편평화하며, 다음과 같은 설정에 의해 Polygon을 분할합니다.

· Polygon Angle Threshold=60.0
· Spacing=0.02
· Normalize Clusters=on
· Rotate Clusters=on
· Fill Holes=off
· By Material IDs=off

다음 이미지는 정육면체에 Unwrap UVW의 'Flatten by Face Angle' 옵션을 적용한 결과입니다.

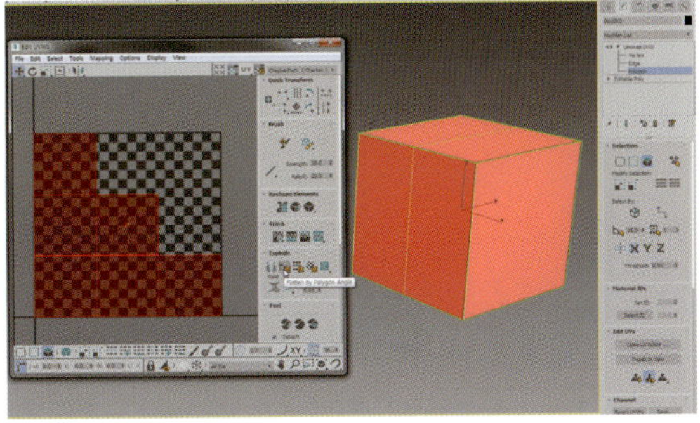

ⓒ **Flatten by Smoothing Group** : Smoothing Group ID를 사용하여 Texture Polygon을 분할합니다. 주변과 Smoothing Group ID를 공유하지 않는 Polygon이어야 합니다.

ⓓ **Flatten by Material ID** : 현재의 'Flatten Mapping' 대화상자 설정을 사용하여 Texture Polygon을 분할합니다. 편평화 후에는 재질 ID를 두 개 이상 포함하는 클러스터가 없도록 합니다.

ⓔ **Flatten: Custom** : 현재의 'Flatten Mapping' 대화상자 설정을 사용하여 Texture Polygon을 분할합니다.

■ **Flatten Settings (on Flatten: Custom flyout)** : Flatten: Custom 파라메터를 지정하기 위해 'Flatten Mapping' 대화상자를 엽니다.

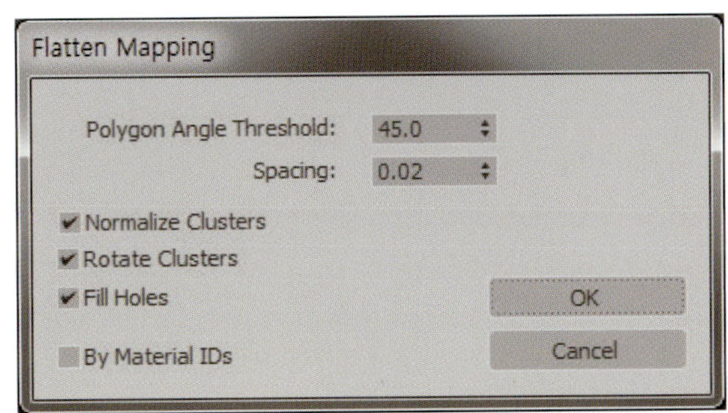

f **Target Weld** : 한 Vertex를 다른 Vertex로 또는 한 Edge를 다른 Edge로 드래그하여 단일 Sub-Object로 결합합니다. Vertex 및 Edge Sub-Object 수준에서만 사용할 수 있습니다.

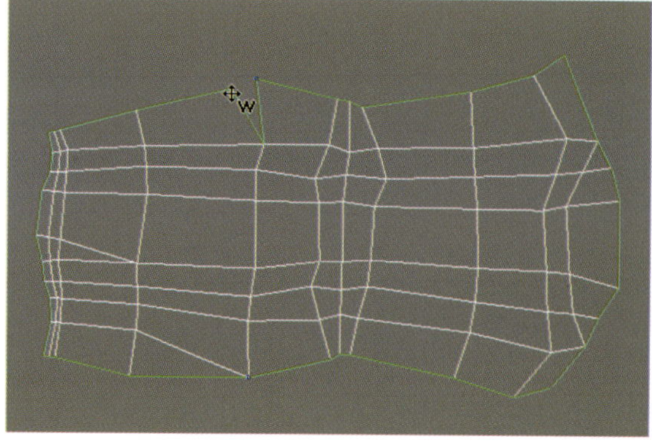
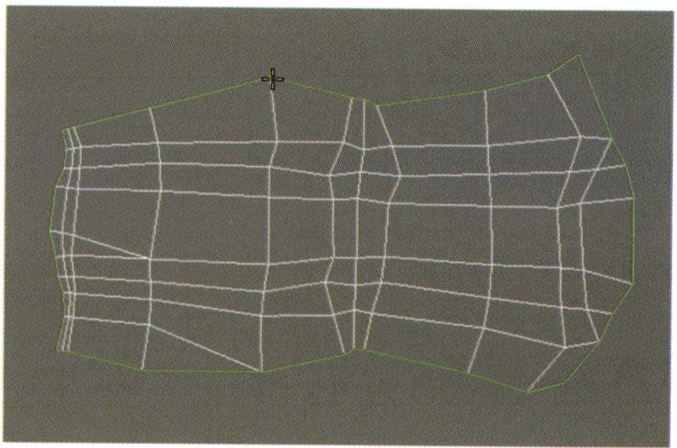

g **Weld Selected Subobject** : Weld의 'Threshold' 설정에 따라 선택한 Sub-Object를 단일 정점으로 결합합니다.

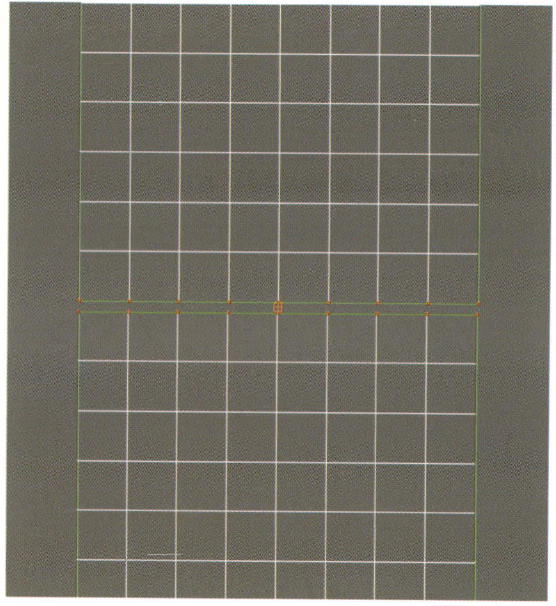
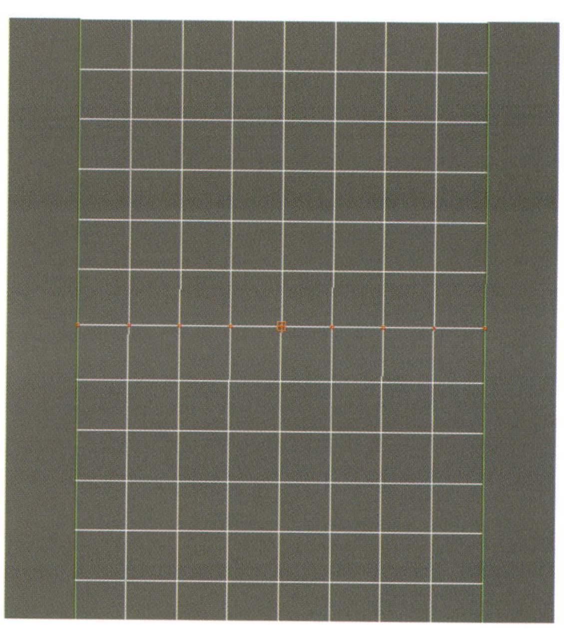

선택된 Texture Vertex

Weld Selected Subobject 적용 후

- **Weld All Selected Seams** : 선택한 이음새 Edge, 즉 녹색의 클러스터 윤곽인 Edge를 결합합니다.
- **Weld Any Match with Selected** : 해당 Edge를 먼저 선택할 필요 없이 다른 클러스터의 이음새와 선택한 이음새를 결합합니다.

h **Threshold** : 정점을 결합하기 위한 범위의 한계 수치를 정합니다.

⑥ Peel 롤아웃

Peel 도구는 Texture 좌표의 Unwrap하는 LSCM(Least Square Conformal Maps) 방법을 구현하여 쉽고 직관적인 작업 흐름으로 복잡한 표면을 편평화합니다. 여기에는 Peel 기능에 사용되는 핀을 제공하며, Peel을 사용할 때 고정된 정점이 제자리에 고정되고 나머지 정점은 이동합니다. 고정된 정점은 작은 파란색 정사각형 윤곽으로 표시되며, 고정된 정점을 이동할 수 있어도 고정 상태에 아무 영향을 주지 않습니다.

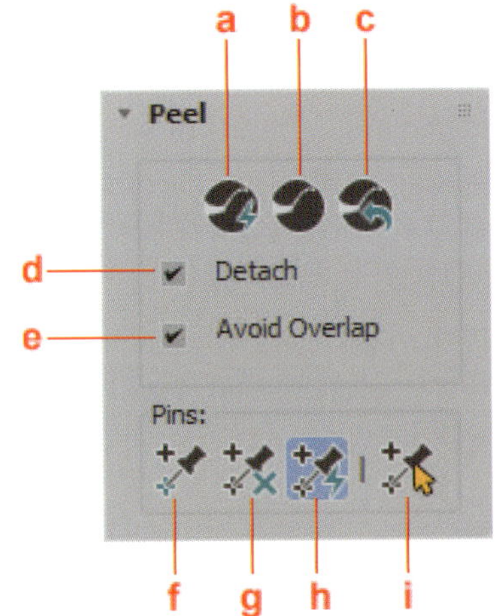

ⓐ **Quick Peel** : 기존의 다각형 모양을 유지하면서 평균 위치에 정점을 고르게 분포시켜 Texture 정점(고정된 정점 제외)에 대해 가장 이상적인 Peel 작업을 수행합니다.

ⓑ **Peel Mode** : 'Quick Peel'을 적용하고 활성 상태를 유지하여 Texture 좌표 레이아웃을 대화식으로 조정할 수 있도록 합니다. 선택한 Polygon의 Polygon 수준에서 'Peel Mode'를 활성화하면 'Peel Mode'가 활성 상태일 때 다른 Sub-Object로 전환해도 해당 Polygon만 Peel이 작동됩니다. 그렇지 않으면 모든 클러스터가 영향을 받습니다.

ⓒ **Reset Peel** : 기존 맵 이음새를 합치고, Peel 이음새를 새로운 맵의 이음새로 변환하며, 클러스터를 벗기고 정규화합니다. 아무 것도 선택하지 않은 상태에서 벗기기 다시 설정을 수행하면 모든 다각형이 영향을 받습니다. Reset Peel 설정을 사용하여 이전에 매핑된 형상의 맵 이음새를 다시 연결하거나 선택을 신속하게 분할하거나 Peel합니다.

ⓓ **Detach** : 선택된 면을 분리시킵니다.

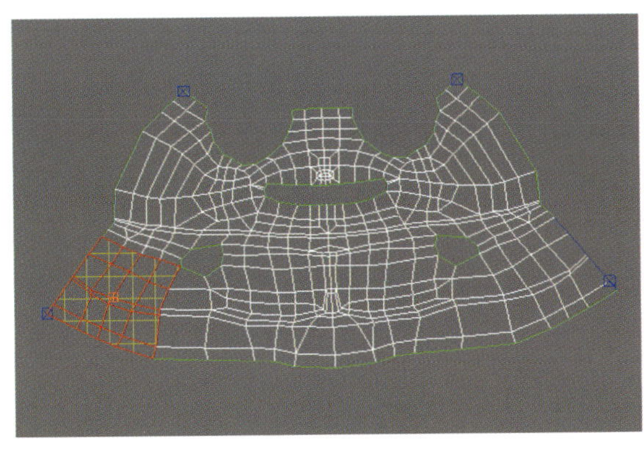 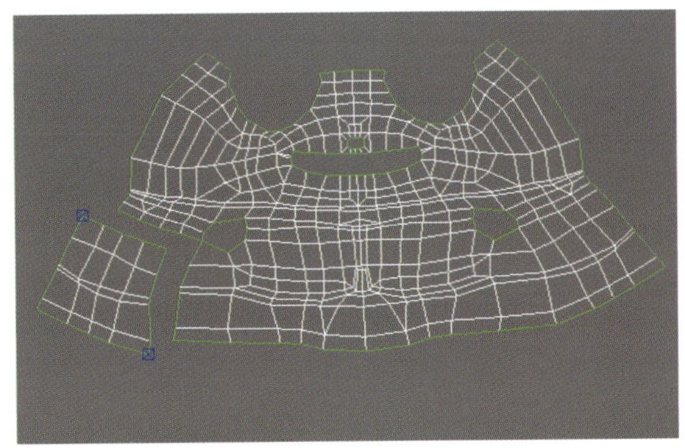

ⓔ **Avoid Overlap** : 면끼리의 겹침을 방지하도록 합니다.

ⓕ **Pin Selected** : 선택한 Vertex를 모두 고정합니다. Vertex Level에서만 작동합니다.

ⓖ **Unpin Selected** : 선택 및 고정된 Vertex 위치의 잠금을 해제하여 'Peel Mode' 프로세스에서 이동할 수 있도록 합니다.

ⓗ **Auto-Pin Moved Vertices** : 설정하면 'Peel Mode'를 활성화한 상태로 Sub-Object나 클러스터를 이

동하면 해당 Vertex도 이어서 고정됩니다. 해제하면 'Peel Mode'에서 고정한 Vertex만 이동할 수 있습니다.

❶ Select Pinned Verts : 설정하면 고정 Vertex만 선택할 수 있습니다.

⑦ Arrange Elements 롤아웃

이 도구는 자동으로 Elements를 다양한 방법으로 정렬합니다. 클러스터가 겹치지 않도록 레이아웃을 조정하는 데에는 'Pack'이 유용합니다.

하나 이상의 Sub-Object가 선택된 경우에는 'Pack' 도구가 선택한 클러스터에만 적용되며, 선택 항목이 없을 경우 모든 클러스터에 적용됩니다.

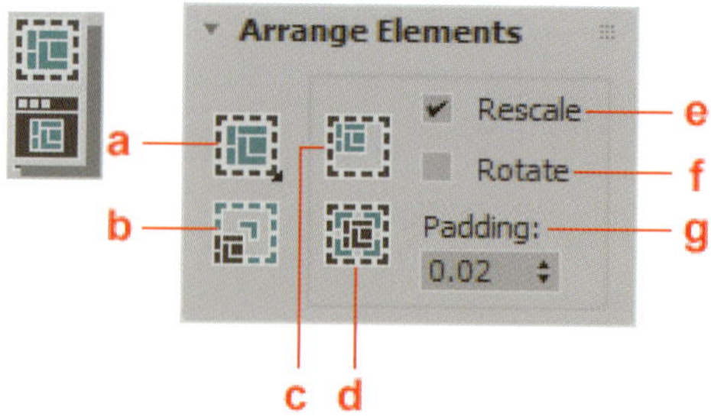

ⓐ Pack: Custom : 'Pack Setting'으로 지정한 파라메터를 사용하여 Texture 공간에 Texture 좌표 클러스터를 분산시킵니다. 이 기능은 여러 겹치는 클러스터를 분리하려는 경우에 사용됩니다.

■ **Pack Settings (Pack: Custom 드롭다운 시)** : 'Pack: Custom' 파라메터를 지정하기 위해 'Pack' 대화상자를 엽니다.

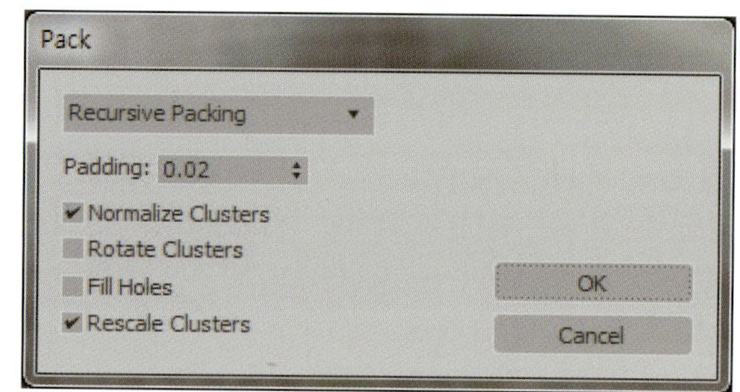

ⓑ Rescale Elements : 서로 비례하도록 모든 클러스터의 스케일을 자동으로 조정합니다.

ⓒ Pack Together : Rescale, Rotate, Padding Setting을 반영하는 동안 Normalize 하지 않고 0-1 UV 공간(진한 회색 정사각형)에 최대한 가까이 클러스터를 이동합니다.

ⓓ Pack Normalize : 'Pack Together'와 같지만 Rescale, Rotate, Padding Setting을 반영하면서 0-1 UV 공간(진한 회색 정사각형)에 맞도록 모든 클러스터 스케일을 똑같이 자동 조정합니다.

ⓔ Rescale : 설정할 경우 'Pack Together'나 'Pack Normalize'를 사용하는 경우 개별 클러스터 스케일이 조정되어 Texture Element 크기가 똑같아집니다.

ⓕ Rotate : 설정할 경우 'Pack Together'나 'Pack Normalize'를 사용하는 경우 가장 효율적으로 공간을 사용하기 위해 개별 클러스터를 회전합니다.

ⓖ Padding : 'Pack' 한 후 주변 Element 사이의 간격입니다. 최상의 결과를 얻으려면 비교적 낮은 값을 사용하도록 합니다.

⑧ **Element Properties 롤아웃**

Unwrap UVW 수정자의 'Group'을 사용하면 'Pack' 작업 중 특정 Texture 클러스터가 함께 있도록 지정할 수 있습니다. 그룹화된 클러스터 스케일을 상대적으로 다시 조정할 수도 있습니다.

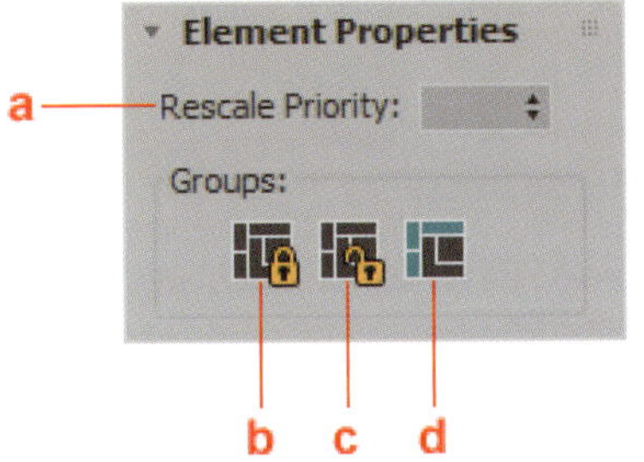

ⓐ **Rescale Priority** : 'Arrange Elements' 롤아웃 도구를 사용할 때 'Rescale Priority' 값을 사용하면 클러스터 스케일을 상대적으로 조정할 수 있습니다.

Rescale Priority 지정된 조건에서 이러한 도구에 적용됩니다.
· Rescale Clusters가 설정된 상태에서 Pack Custom
· Rescale Elements
· Rescale 옵션이 설정된 상태에서 Pack Together
· Rescale 옵션이 설정된 상태에서 Pack Normalize

ⓑ **Group Selected** : 새로운 그룹에 클러스터를 추가합니다. 사용 방법은 하나 이상의 Polygon을 선택한 후 'Group Selected'를 클릭합니다.

ⓒ **Ungroup Selected** : 기존에 만들어진 그룹을 삭제합니다.

ⓓ **Select Group** : 그룹에 속한 모든 클러스터를 선택합니다.

> ⓘ **알아두기** | Groups 항목
>
> Polygon Sub-Object Level에서만 Group 기능을 사용할 수 있습니다. 그룹화된 클러스터에 Pack Together나 Pack Normalize를 사용하면 각 그룹 구성원의 원래 공간 관계가 유지되고 그룹의 'Rescale Priority' 값과 'Rescale'의 상태에 따라 스케일 조정을 선택적으로 적용합니다.

Lesson 04

상어 Unwarp UVW로 매핑하기

상어 모델링은 Poly 모델링에 있어서 단골 소재로 많이 사용하고 있는 유기체적인 모델링입니다. 파팅이 있는 제품 모델링과는 달리 유기체적인 형태로 되어 있기 때문에 단순히 UVW Map으로 매핑하기 어렵습니다. 상어의 상부와 하부의 색상이 서로 다르고 거기에 옆 지느러미까지 붙어 있어서 Unwrap UVW로 매핑을 해야 합니다. 상어는 대칭적인 모양을 가지고 있으므로 한쪽만 매핑 작업을 한 후에 Symmetry 명령으로 반대쪽을 완성하여 줍니다. Symmetry 명령을 사용하는 대칭적인 매핑 작업할 때 유의사항은 붙여지는 이음새가 어색하지 않도록 만들어 주는 것이 가장 중요하다고 할 수 있겠습니다.

상어의 Unwrap UVW을 적용하는 과정은 생각보다 그렇게 어렵지 않기 때문에 독자 여러분들은 쉽게 따라할 수 있을 것이라 생각됩니다.

Section 01 | 상어모델링에 Unwrap UVW적용하기

작업할 상어 모델링은 'Chapter 06중·고급 모델링으로 실력 업그레이드하기'의 '상어 모델링' 예제에서 만든 데이터입니다. Editable Poly 단계에서 Unwrap UVW을 적용한 후 Map을 완성한 다음, Symmetry 명령으로 대칭으로 만들어 주면 됩니다.

참고로 Unwrap UVW에 의해 나누어진 각 부품을 클러스터라고 칭합니다.

01 제공된 CD 부록에서 'Shark_Start_Unwrap.max' 파일을 3ds Max 화면에 Open합니다.

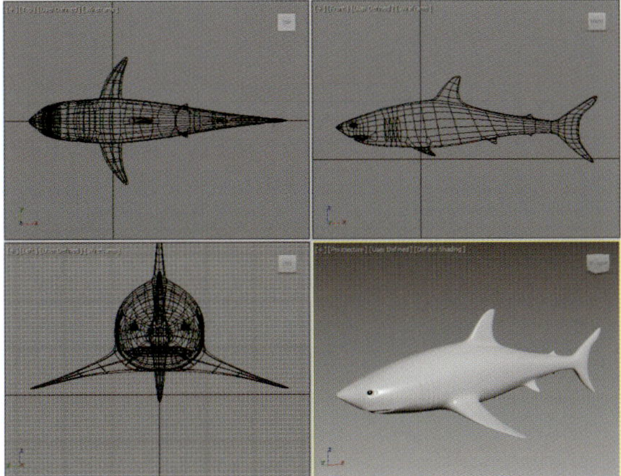

◉ CD 제공 : Shark_Start_Unwrap.max

02 Stack에 적용된 TurboSmooth와 Symmetry 명령을 'Remove modifier from the stack' 아이콘을 클릭하여 목록에서 제거합니다.

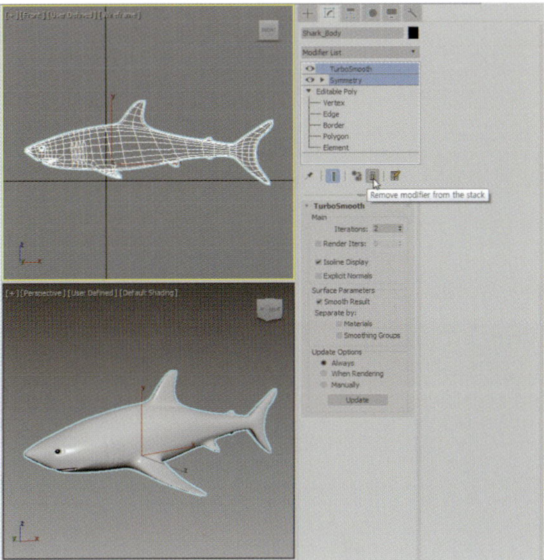

03 Perspective View에서 F4 키를 눌러 상어의 오브젝트에 Edge가 보이도록 합니다. 'Shark_Body'를 선택하고 Modifier List에서 'Unwrap UVW' 명령을 적용합니다.

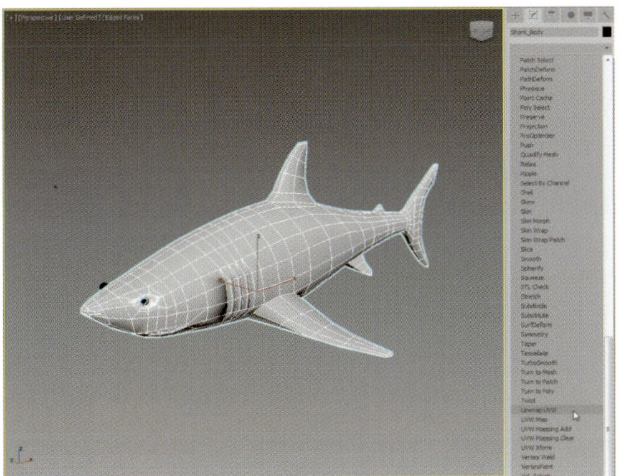

04 상어 주변에 녹색 라인이 보입니다. 이것은 Map Seam이라고 하며, 매핑 클러스터 경계가 뷰포트에 녹색 선으로 표시됩니다. 자동으로 계산되어 나타난 Map의 이음새입니다.

Configure 롤아웃의 Display 항목에서 Map Seams의 체크를 해제하여, 녹색 라인의 Seam을 화면에 표시하지 않도록 합니다.

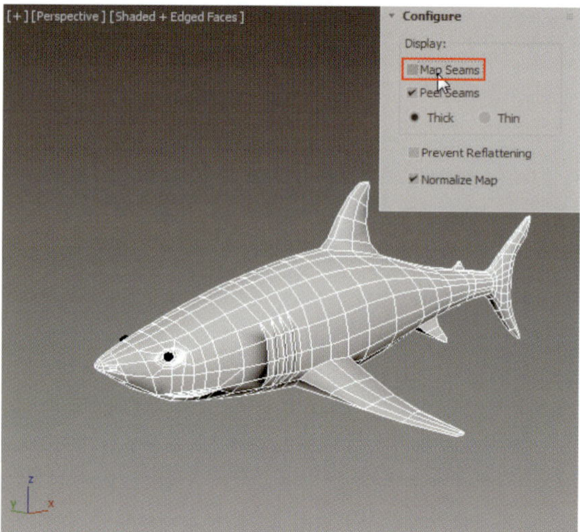

05 이제 상어 모델링에 Unwrap UVW를 적용하여 크게 3개의 클러스터로 만들도록 하겠습니다. 3개의 클러스터는 전체 바디와 가슴 지느러미, 입안 쪽입니다. Edge Sub-Object Level를 선택하고, Peel의 롤아웃의 'Point-to-Point Seams' 아이콘을 클릭합니다.

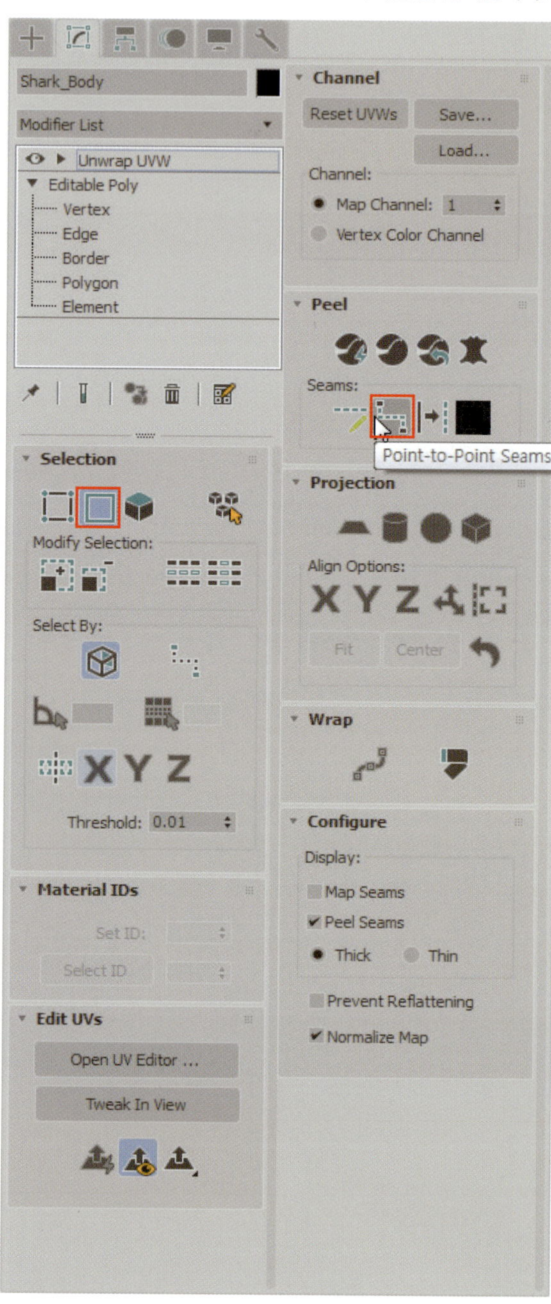

06 원근감이 있는 상태에서 클러스터 분리 작업을 하면 사용자가 많이 불편하기 때문에 Perspective View를 키보드 U 키를 눌러 Orthographic View로 전환합니다.
그림과 같이 가슴 지느러미의 경계부분의 Edge를 연속적으로 클릭하여 몸체로부터 분리시켜 줍니다. 파란색 라인으로 표시되고 있는 것은 'Peel Seam'이라고 합니다.

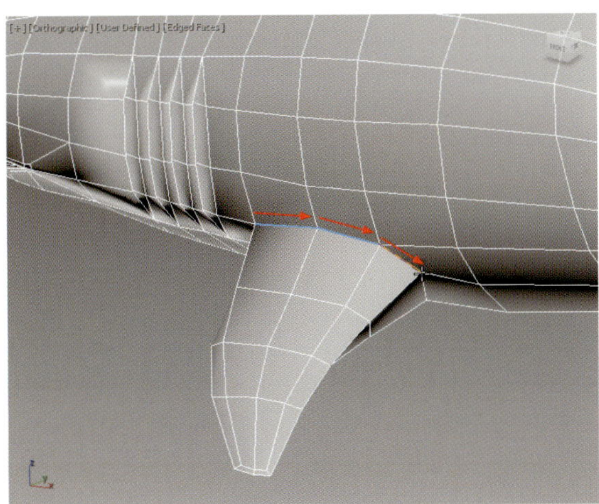
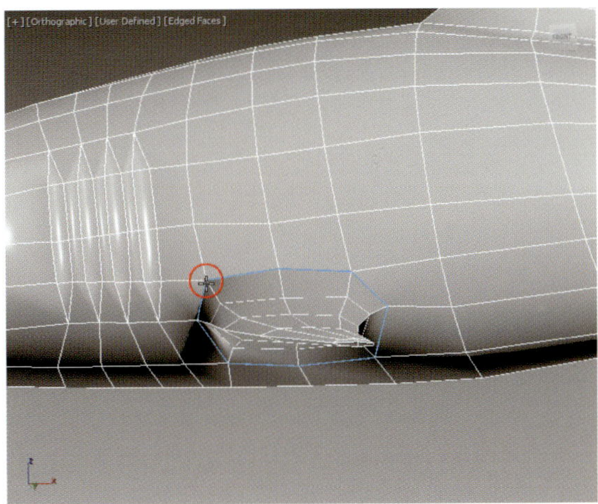

07 이번에는 가슴 지느러미의 상하의 클러스터로 분리하도록 하겠습니다. 계속해서 동일한 방법으로 가슴 지느러미의 중간 Edge에 Peel Seam을 표시해줍니다.
'Point-to-Point Seams' 옵션을 적용할 때 A 지점에서 B 지점까지 한 번에 적용할 수 있습니다.

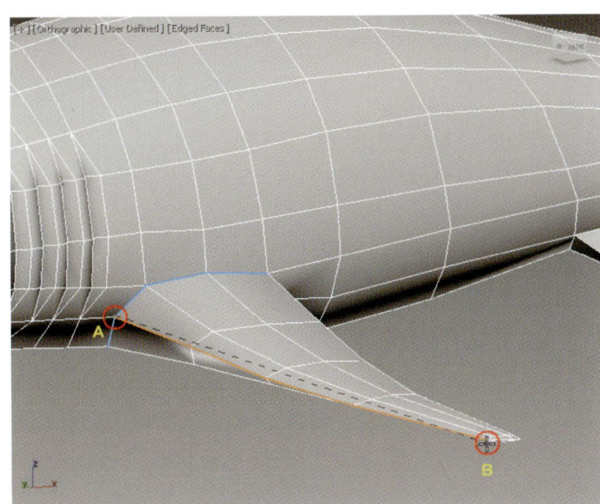
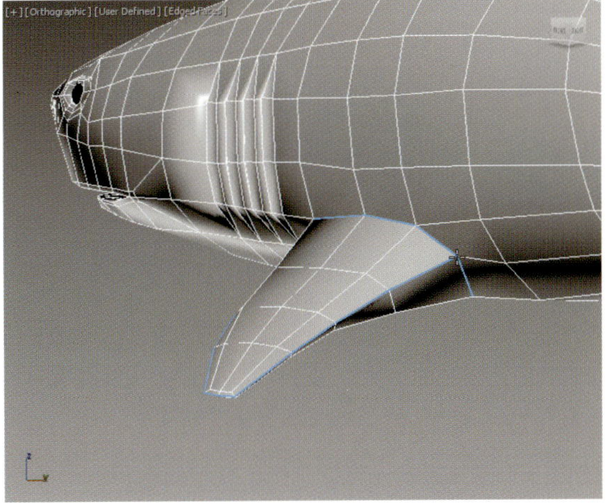

08 Polygon Sub-Object Level를 선택하고, 가슴 지느러미의 윗면 하나를 선택합니다. 바로 Seams 항목의 'Expand Polygon Selection To Seams' 아이콘을 클릭하여 윗면의 클러스터 전체가 선택되도록 합니다.

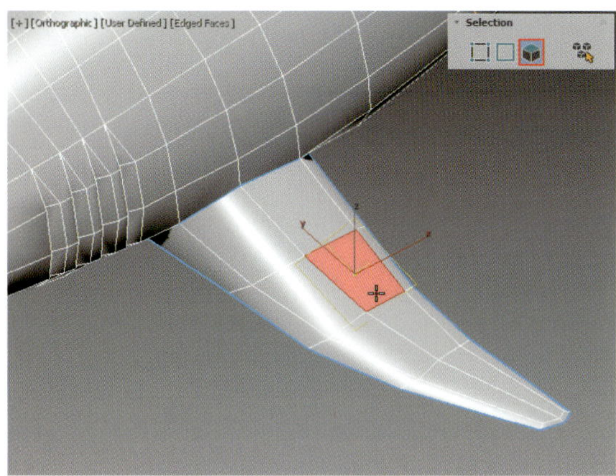
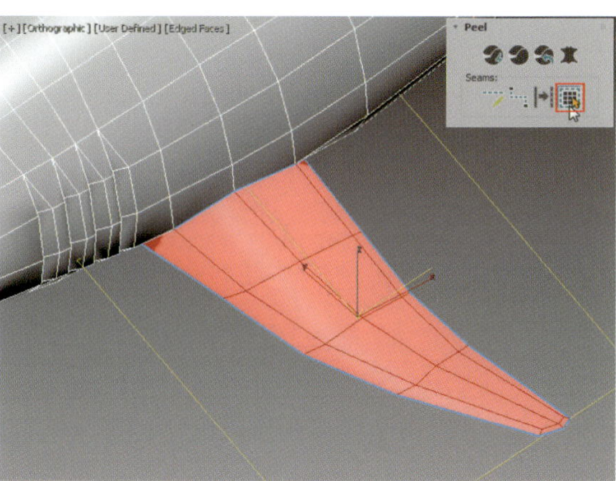

09 Projection 롤아웃의 'Planar Map' 아이콘을 클릭한 후 Align Options 항목의 'Best Align' 아이콘을 클릭합니다. 다시 Projection 롤아웃의 'Planar Map' 아이콘을 클릭하여 비활성화합니다.

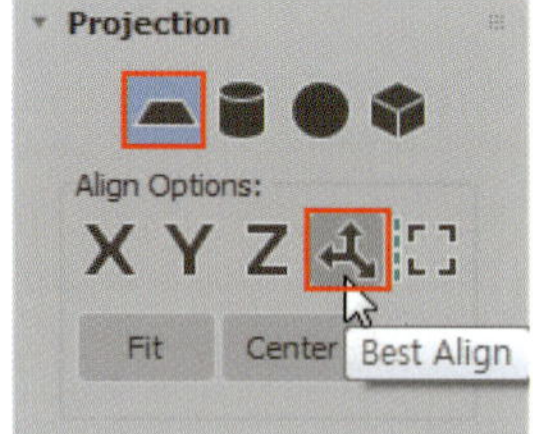
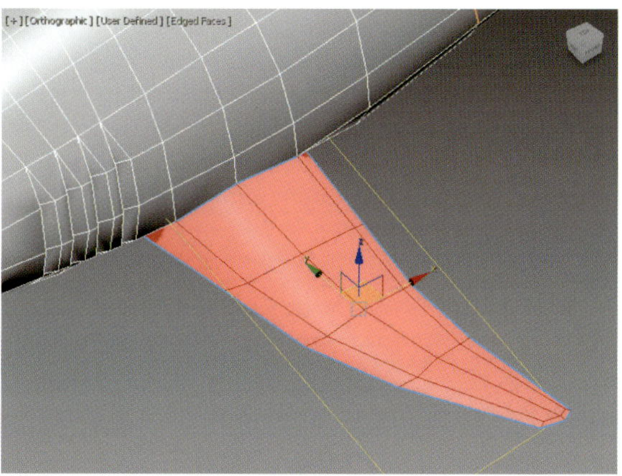

10 Edit UVs 롤아웃의 'Open UV Editor' 버튼을 클릭하여, 'Edit UVWs' 대화상자를 불러냅니다.

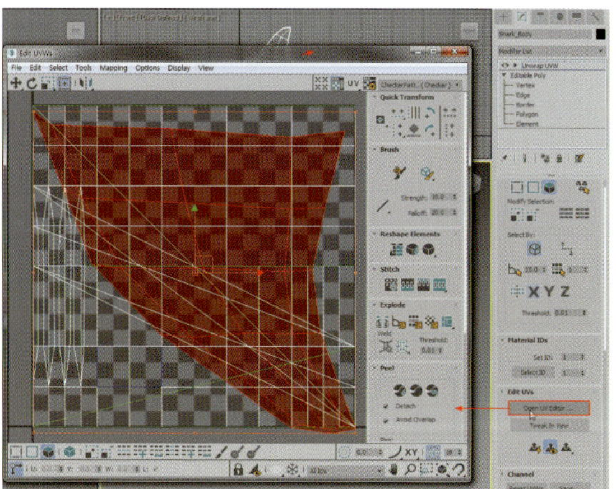

11 'Move Selected Subobject' 툴을 이용하여 한쪽으로 그림과 같이 옮겨줍니다. 참고로 'Selected Subobject' 툴을 사용할 때에는 반드시 Projection 롤아웃이 비활성화되어 있어야 작동됩니다.

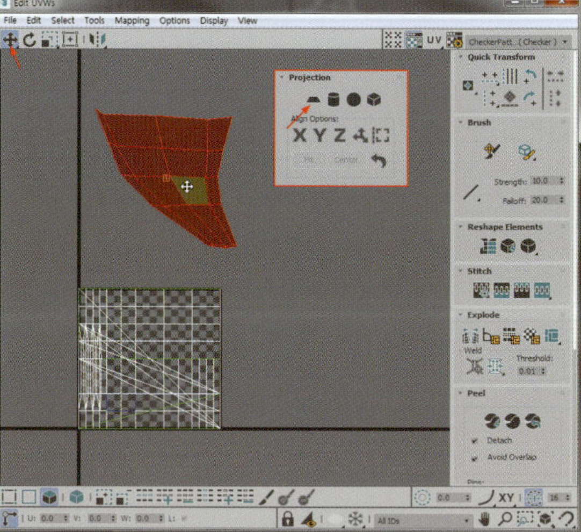

12 Reshape Elements 롤아웃의 Relax:Custom 아이콘(그림 A)을 클릭합니다. Relax Tool 창이 나타나면 'Relax By Polygon Angles' 타입으로 변경하고, 'Start Relax' 버튼을 클릭하여 클러스터를 편평화합니다.
어느 정도 클러스터가 펼쳐지면 다시 'Start Relax' 버튼을 클릭하여 진행을 종료한 후 Relax Tool 창을 닫아줍니다.

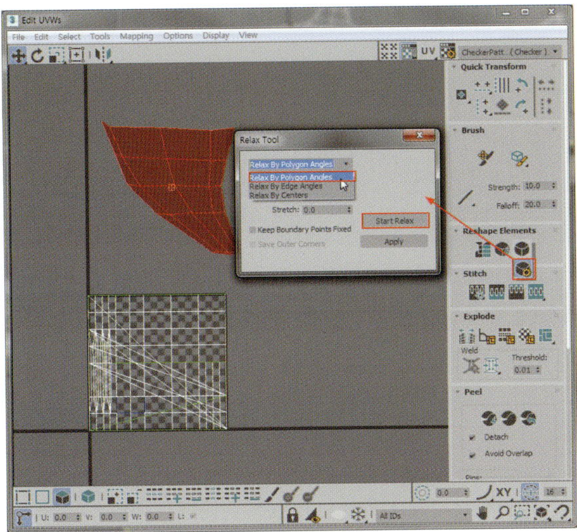

13 그 결과 그림과 같이 자연스럽게 가슴 지느러미의 클러스터가 자연스럽게 펼쳐져 있습니다.

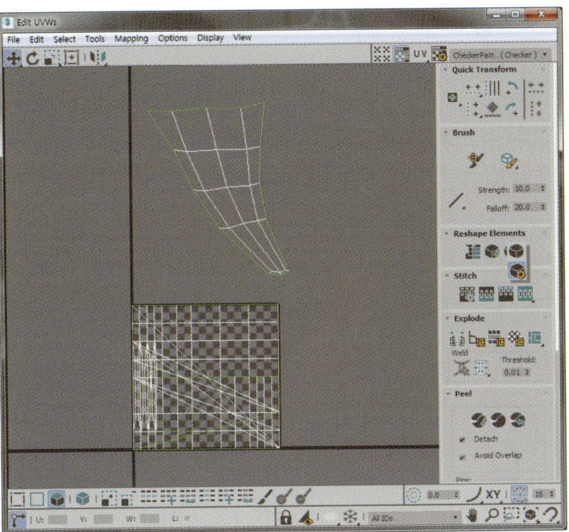

14 계속해서 앞서 작업했던 과정 순으로 가슴 지느러미의 아래쪽 부분을 작업을 한 후 그림과 같이 위치시켜 줍니다.

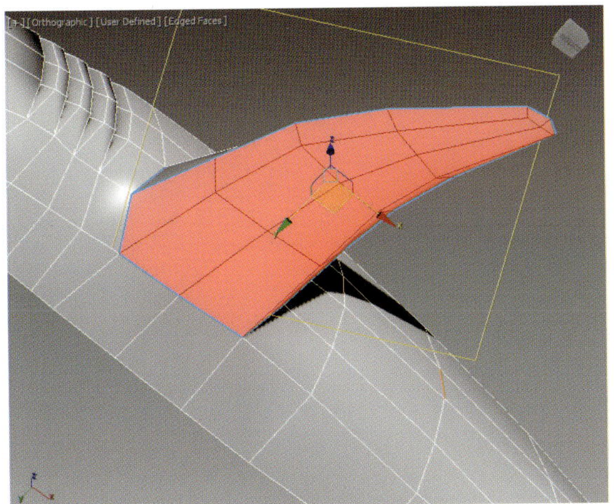

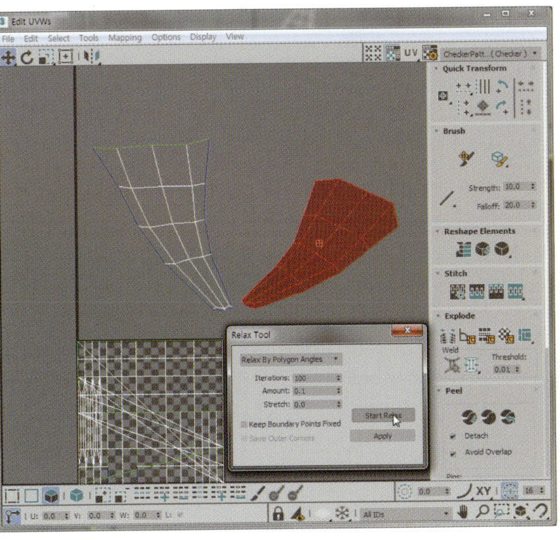

15 'Rotate Selected Subobjects' 툴을 이용하여, 그림과 같이 배치하여 줍니다. 'Select By Element UV Toggle' 아이콘을 클릭하면 한 번에 클러스터를 선택할 수 있습니다.

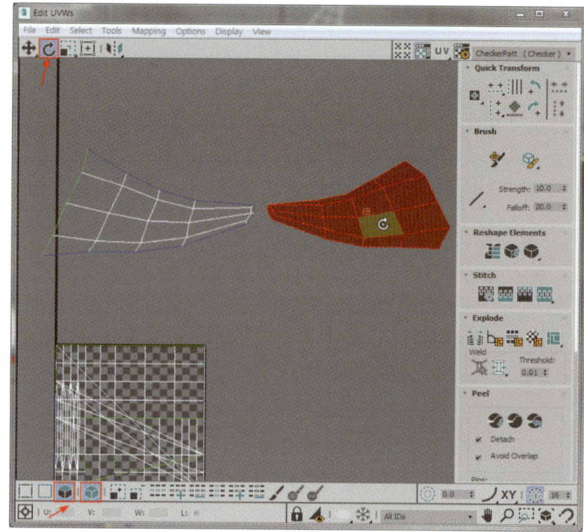

16 Edge를 그림과 같이 대칭적으로 선택한 후 'Stitch To Average' 아이콘을 클릭하여 두 개의 클러스터를 하나로 합쳐줍니다.

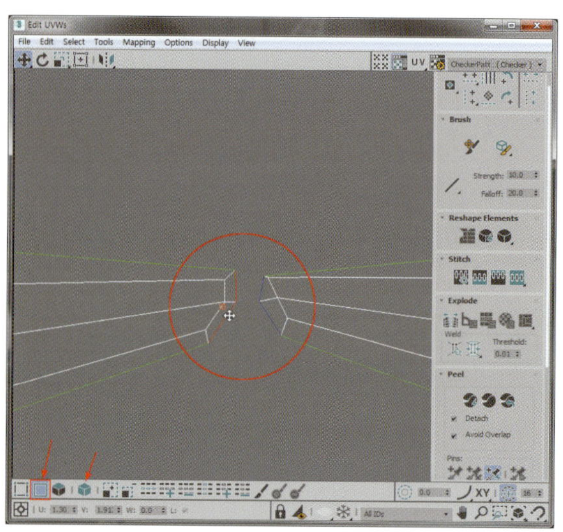
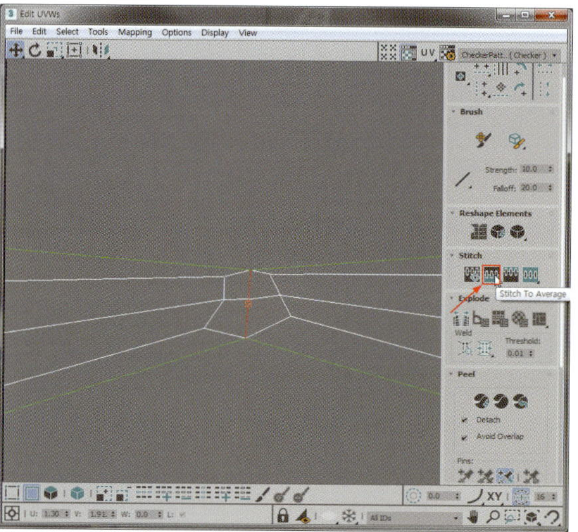

17 Reshape Elements 롤아웃의 Relax:Custom 아이콘을 클릭합니다. Relax Tool 창이 나타나면 'Relax By Polygon Angles' 타입으로 변경하고, 'Start Relax' 버튼을 클릭하여 자연스럽게 클러스터를 펴줍니다.

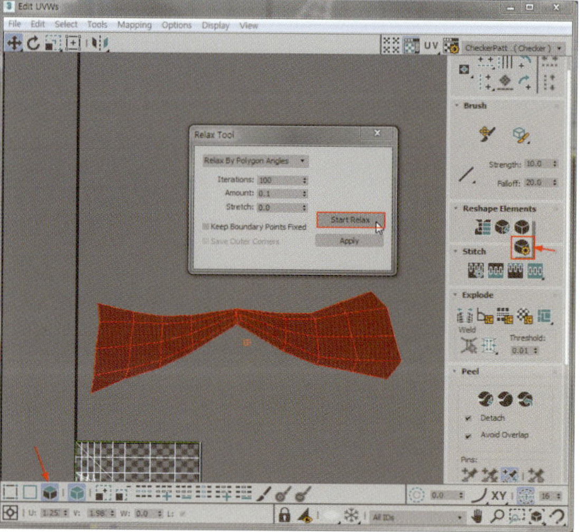

18 Seams 항목의 'Point-to-Point Seams' 아이콘을 클릭하고 A 지점에서 B 지점까지 Seam을 표시하여 상어의 몸체로 부터 입안 쪽을 분리합니다.

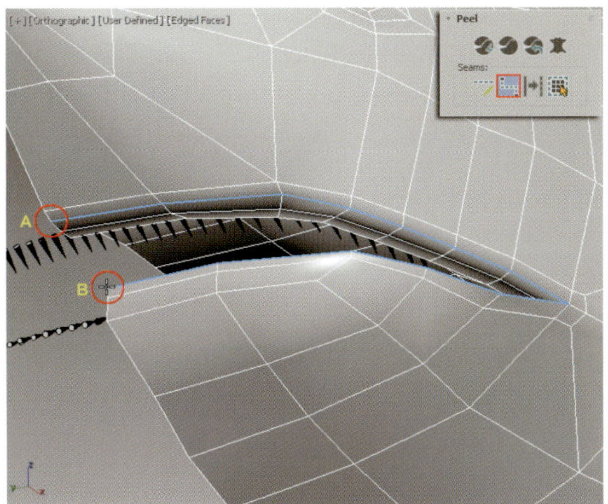

19 Polygon Sub-Object Level를 선택하고, 입 안쪽의 면을 선택합니다. 이어서 Seams 항목의 'Expand Polygon Selection To Seams' 아이콘을 클릭하여 입 안쪽 면의 클러스터 전체가 선택되도록 합니다.

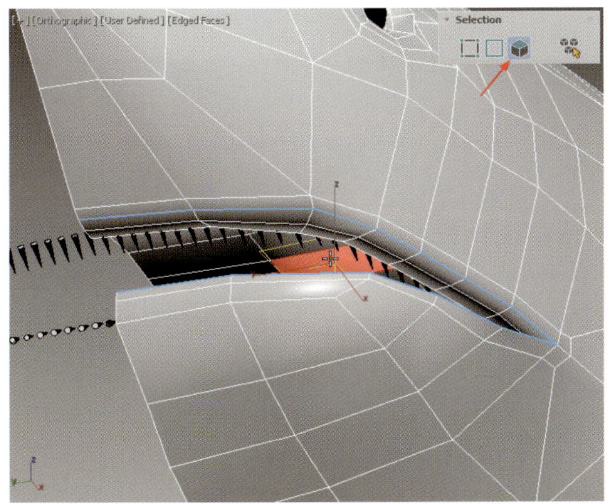

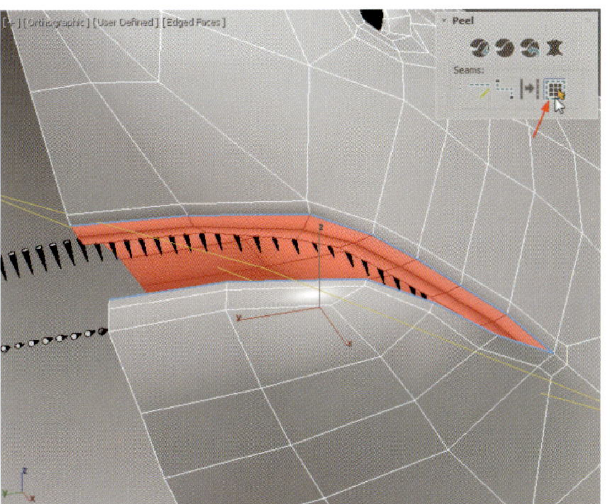

20 Peel 롤아웃의 'Pelt Map' 아이콘을 클릭하여 'Pelt Map' 창이 나타나게 합니다.

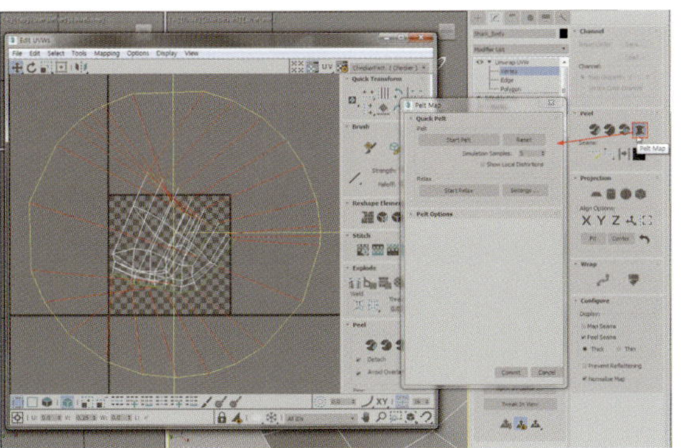

21 Pelt Map 창에서 Relax 항목의 'Start Relax' 버튼을 클릭합니다. 접혀져 있던 클러스터가 유연하게 펼쳐지면 Commit 버튼을 클릭하여 창을 닫습니다.

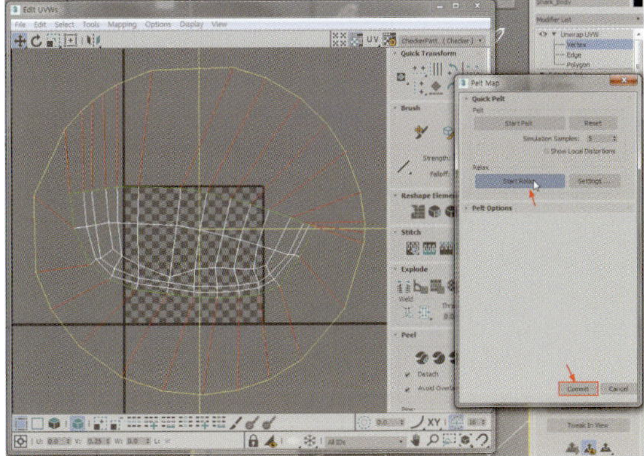

22 'Move Selected Subobject' 툴을 이용하여 한쪽으로 그림과 같이 옮겨줍니다.

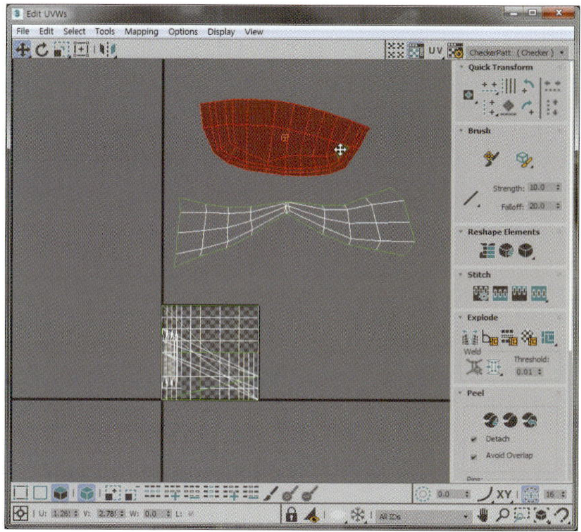

23 이제 상어에서 큰 비중을 차지하는 바디를 평편화하겠습니다. 앞서 작업한 동일한 방법으로 면을 선택해줍니다.

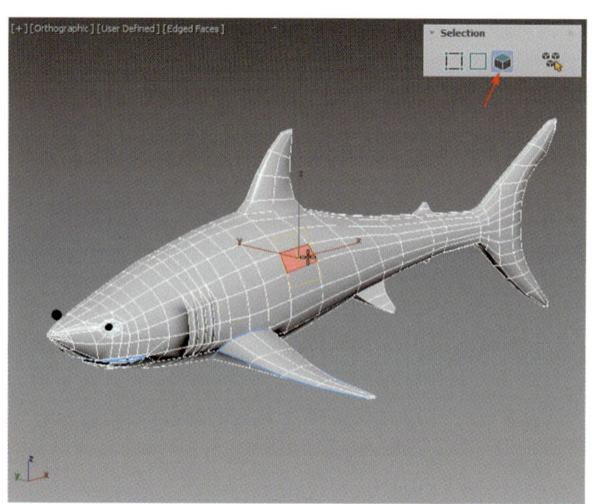

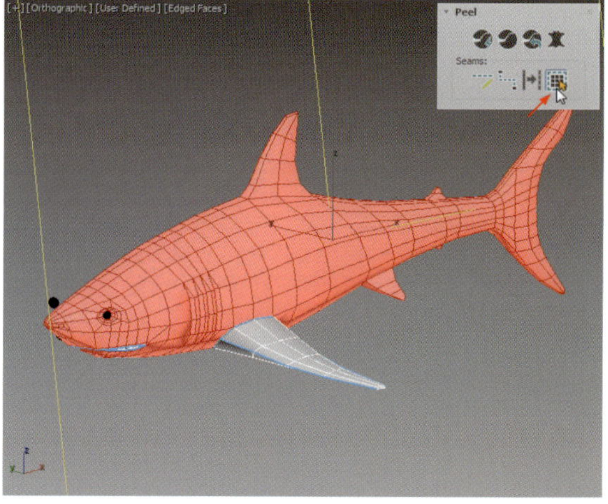

24 Peel 롤아웃의 'Pelt Map' 아이콘을 클릭하여 'Pelt Map' 창이 나타나게 합니다.

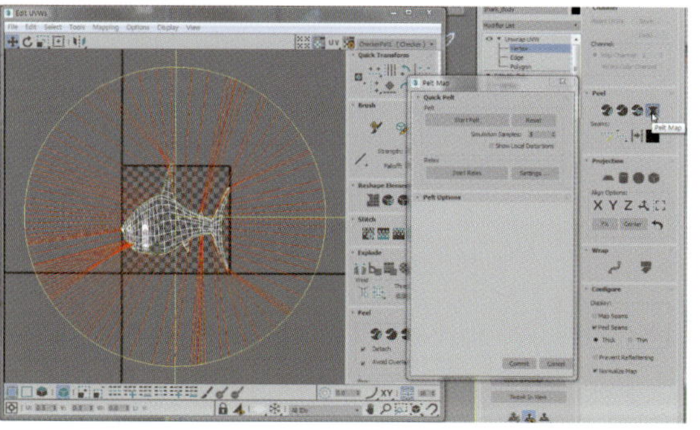

25 Start Pelt 버튼을 클릭하여 강하게 클러스터를 편평화합니다.

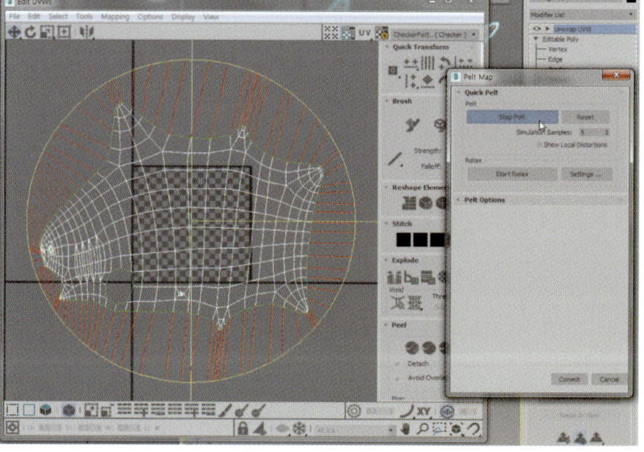

26 Relax 항목의 Settings 버튼을 클릭하여 창을 불러냅니다. Amount 값을 1.0까지 올려주고 'Start Relax' 버튼을 클릭하여 클러스터를 편평화합니다. 그 결과 그림과 같이 꼬리 부분 쪽이 잘 펼쳐지지 않습니다. 좀 더 세분화하여 자르도록 하겠습니다. 창을 모두 닫아줍니다.

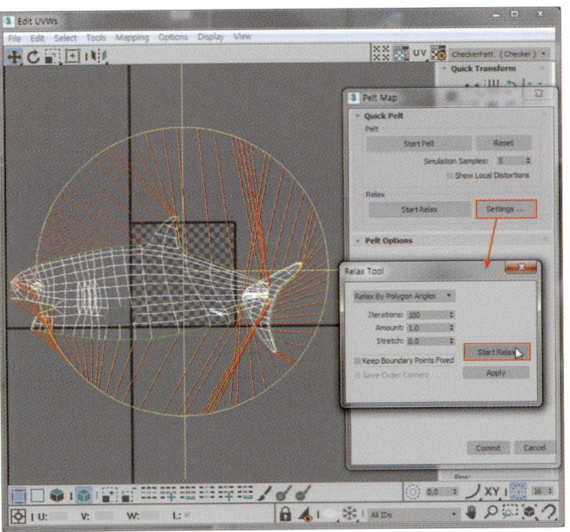

27 그림과 같이 'Point-to-Point Seams' 아이콘을 사용하여 꼬리 부분에 Seam을 만들어주고, 앞쪽의 면을 모두 선택해줍니다.

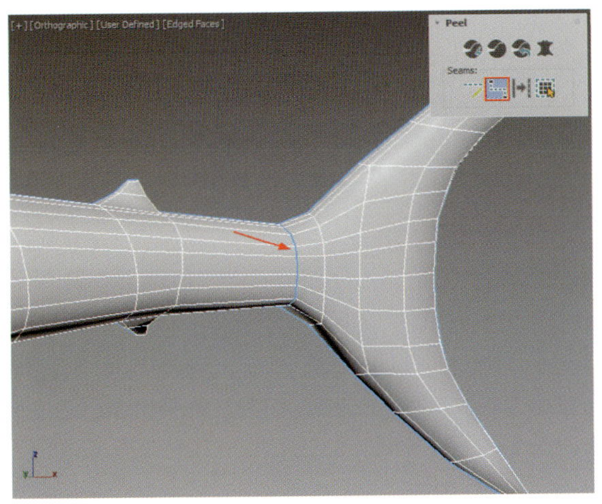

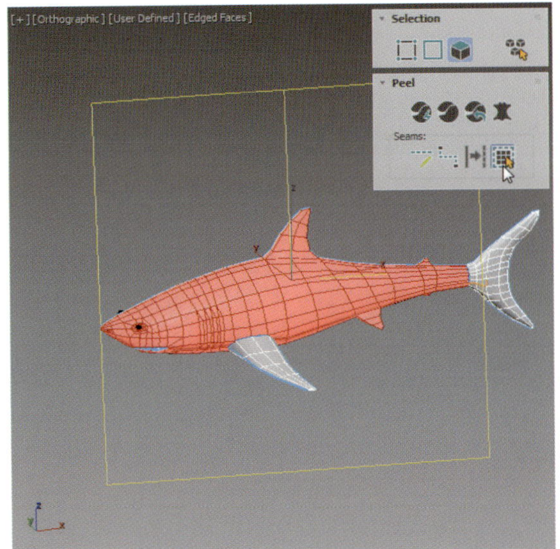

28 'Pelt Map' 창에서 'Start Pelt' 버튼을 클릭하면 그림과 같이 펼쳐집니다.

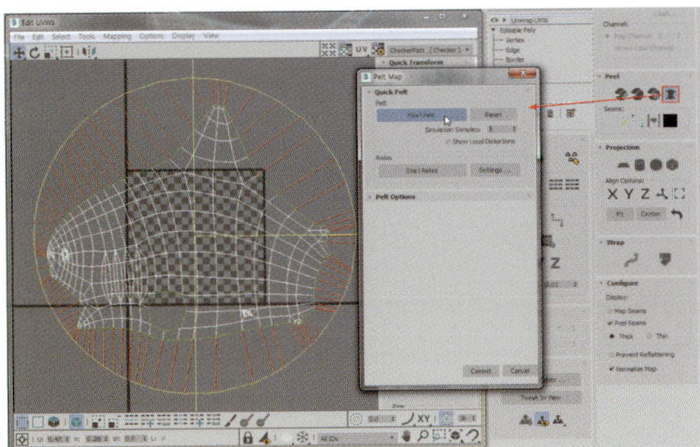

29 바로 이어서 Relax 항목의 Settings 버튼을 클릭하여 'Relax Tool' 창을 꺼냅니다. Amount 값에 "1.0"을 입력한 후 Start Relax 버튼을 클릭합니다.
그림과 같이 펼쳐지면 'Commit' 버튼을 클릭하여 창을 닫아줍니다.

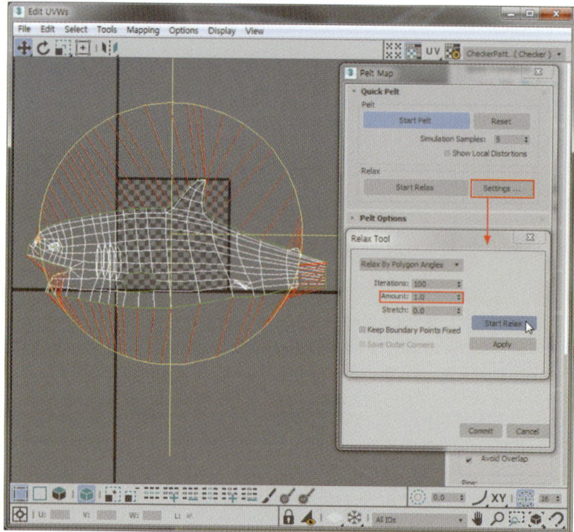

30 꼬리 부분은 Projection을 'Planar Map'으로 설정해 준 후 'Best Align'을 클릭해줍니다.

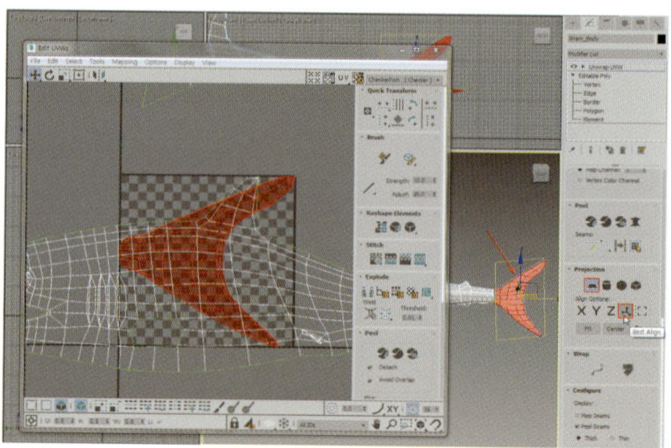

31 'Planar Map'을 비활성화 시켜준 후 다음과 같이 상어의 몸통과 꼬리 부분을 배치시켜 줍니다.

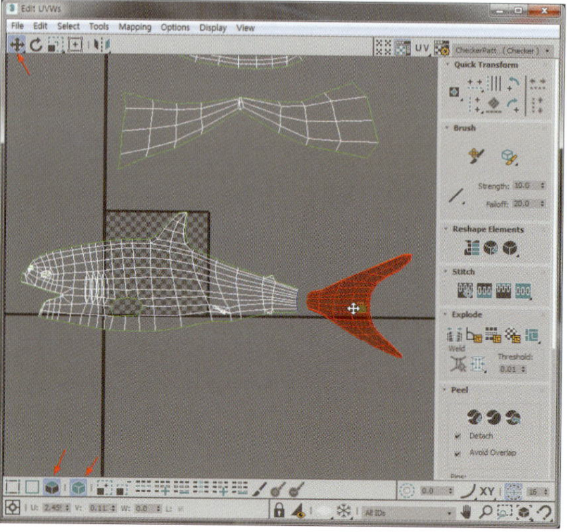

32 몸통과 꼬리를 모두 선택한 후 'Stitch To Average' 버튼을 클릭하여, 하나로 합쳐줍니다.

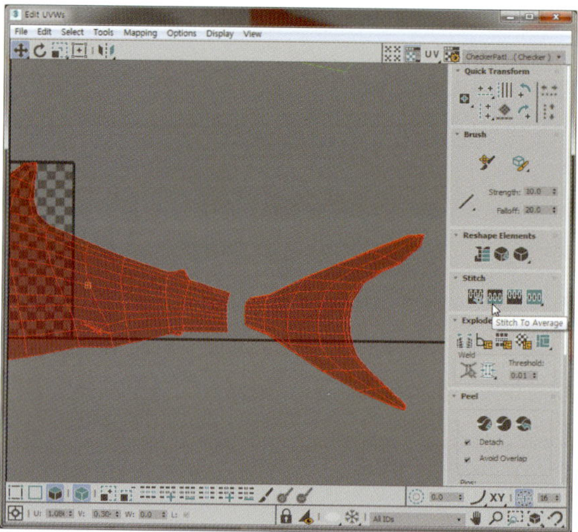

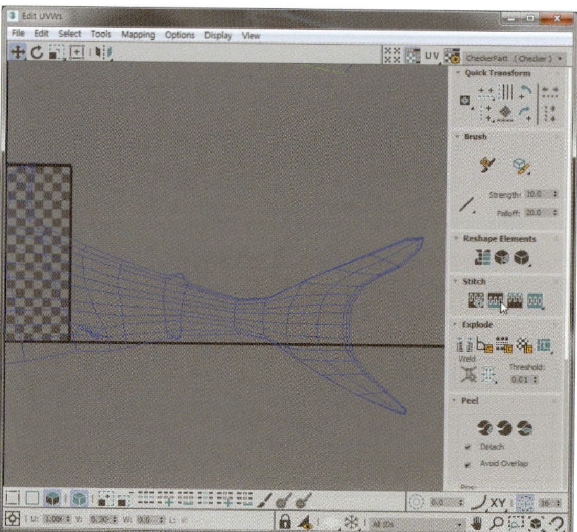

33 상어 몸통의 클러스터를 재정리하기 위해 'Relax Tool'을 사용하여 면을 다시 골고루 펼쳐줍니다.

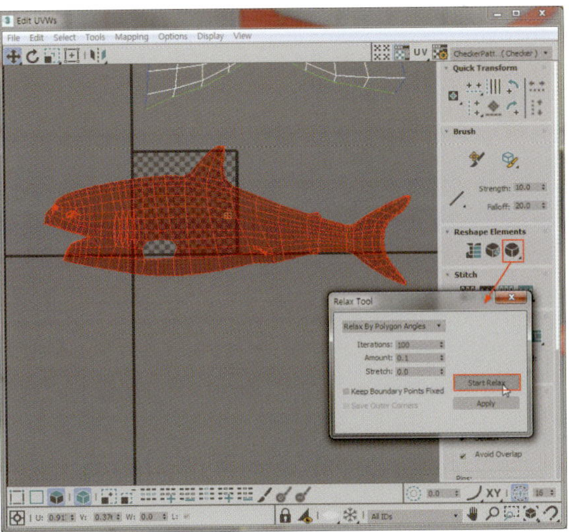

34 다음과 같이 각 클러스터가 놓인 있는 상태에서 'Arrange Elements' 항목에서 'Pack Custom' 아이콘을 클릭하면 사각좌표 안에 원래의 크기로 배치됩니다.

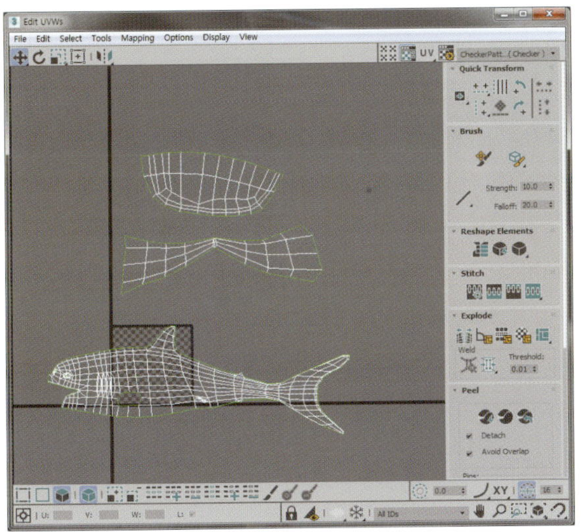

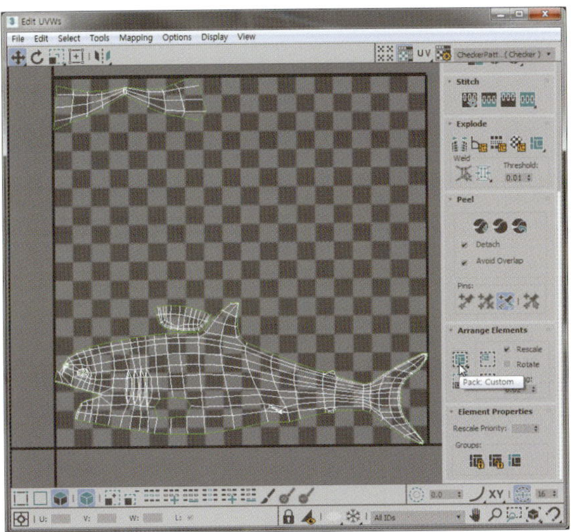

35 Photoshop에서 Texture 소스를 쉽게 작업할 수 있도록 다음과 같이 클러스터를 배치해줍니다. 필자와 똑같이 배치할 필요는 없습니다. 몸체 클러스터가 사각 좌표 밖으로 나가지 않도록 스케일을 조절하는 것이 중요합니다. 스케일을 조절할 때는 Ctrl 키를 누른 상태에서 조절하도록 합니다.

클러스터가 잘 보이도록 'Shows the active map in the dialog' 버튼을 클릭하여 모자이크 표시를 없애줍니다.

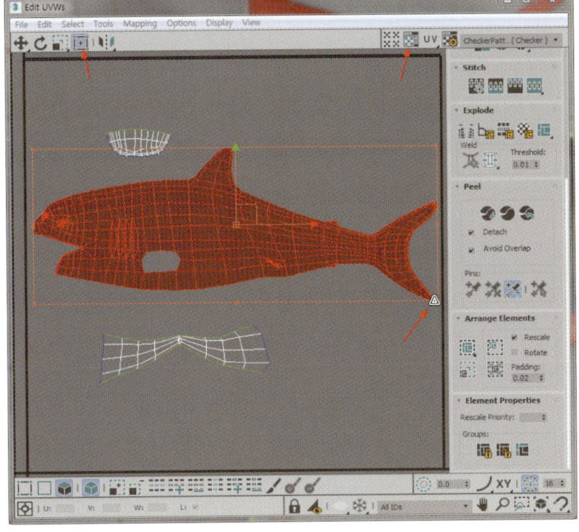

36 몸체의 클러스터를 확대해보면 코, 눈, 배지느러미가 엉켜져 있는 것을 확인할 수 있습니다. 이 부분을 수정하도록 하겠습니다.

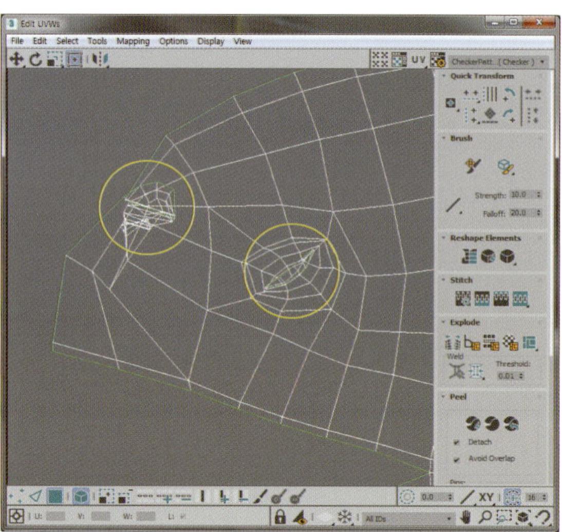

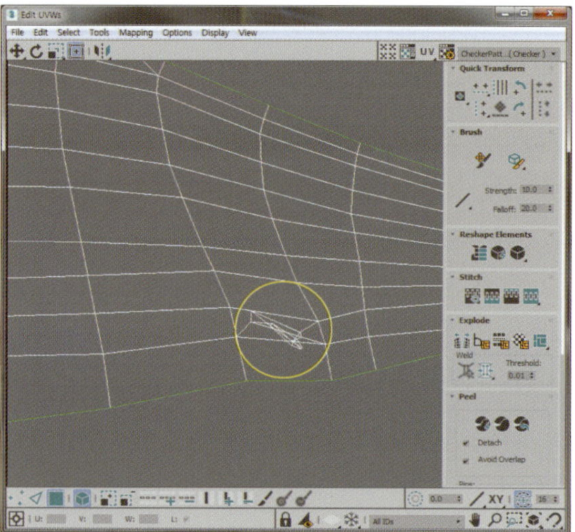

37 Vertex 레벨로 변경한 후 다음과 같이 엉켜져있는 코 부분의 Vertex들을 선택합니다. 상단 메뉴 바 Tools를 클릭하고 'Relax' 옵션을 클릭합니다.

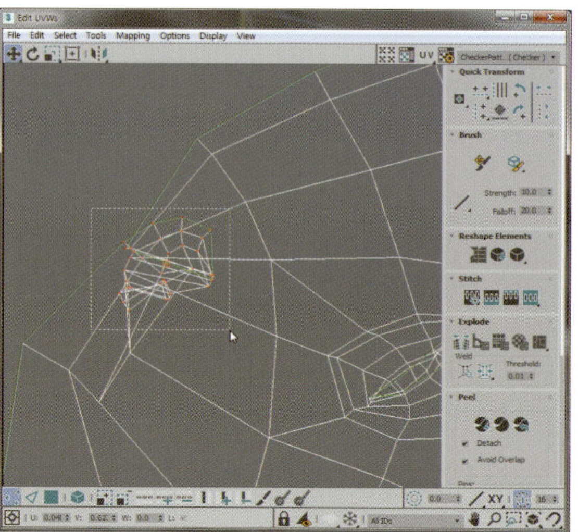

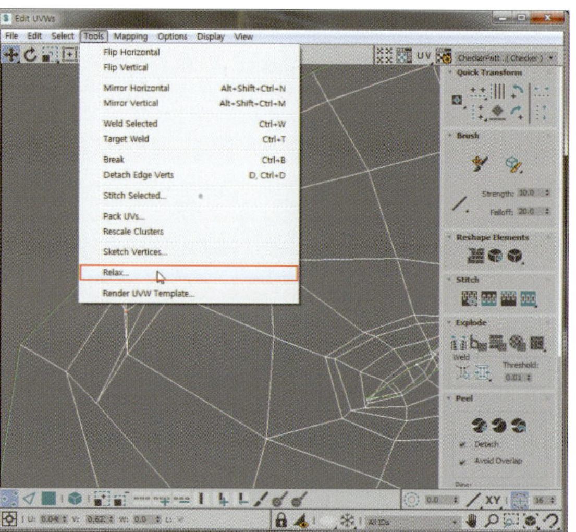

38 Relax 타입을 'Relax by Centers'로 변경해주고, 'Start Relax' 버튼을 클릭합니다. 이어서 Apply 버튼을 클릭합니다.
이제 눌린 형태의 코 부분을 다시 자연스럽게 펼쳐지도록 수정하도록 하겠습니다.

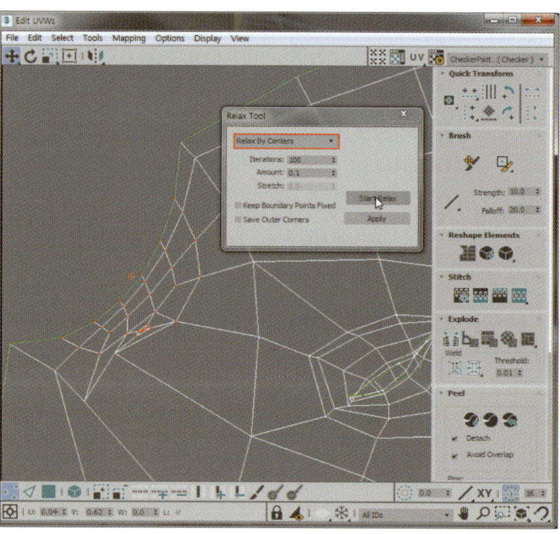

39 몸체의 전체 클러스터를 선택한 후 'Relax By Polygon Angles' 타입으로 변경하고, 'Start Relax' 버튼을 클릭하여 클러스터를 편평화합니다. 펼쳐졌으면 Apply 버튼을 클릭합니다.

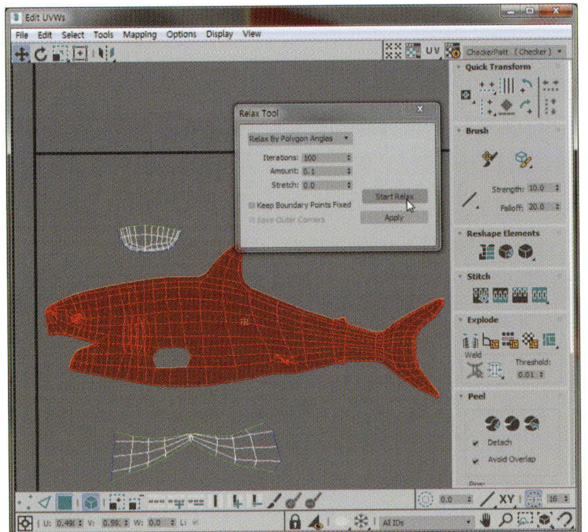
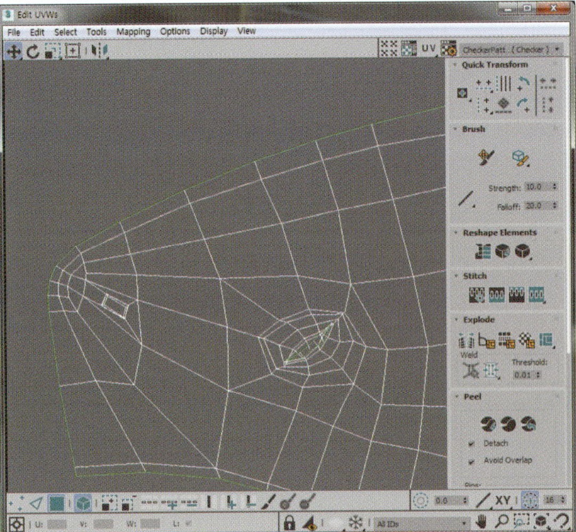

40 이제 눈 부분을 펼쳐주도록 하겠습니다. 앞서 작업했던 동일한 방법으로 눈 부분의 Vertex들을 선택합니다. Relax 타입을 'Relax by Centers' 타입으로 변경한 후 클러스터를 펼쳐준 다음, 다시 'Relax By Polygon Angles' 타입으로 변경하여 그림과 같이 꼬여져 있는 부분을 펼쳐줍니다.

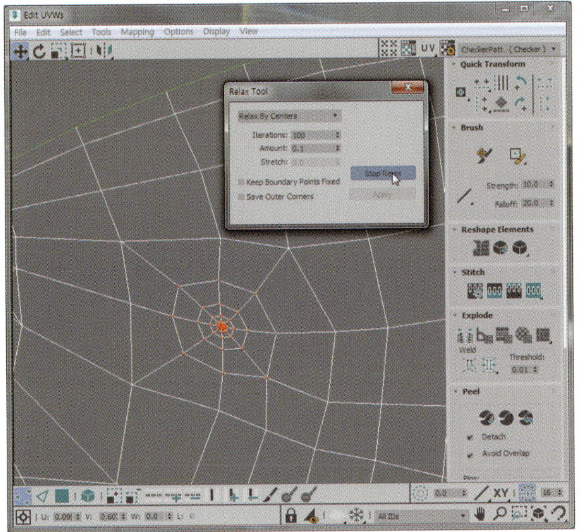
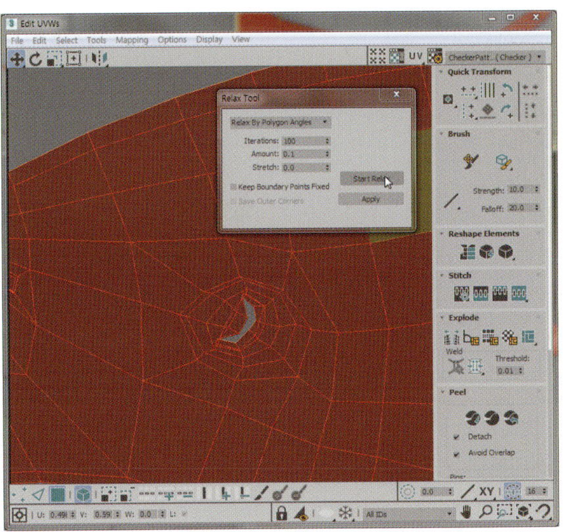

41 그 결과 아직도 엉켜져 있는 부분이 남아 있습니다. 수고스럽지만 Vertex를 일일이 선택하여 다음 그림과 같이 Vertex들을 정리하여줍니다.

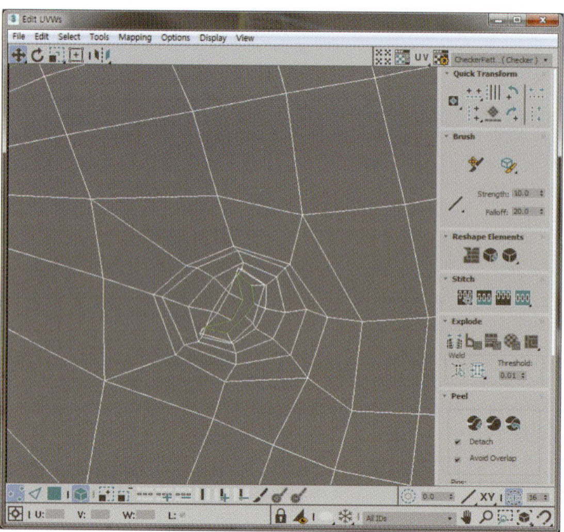

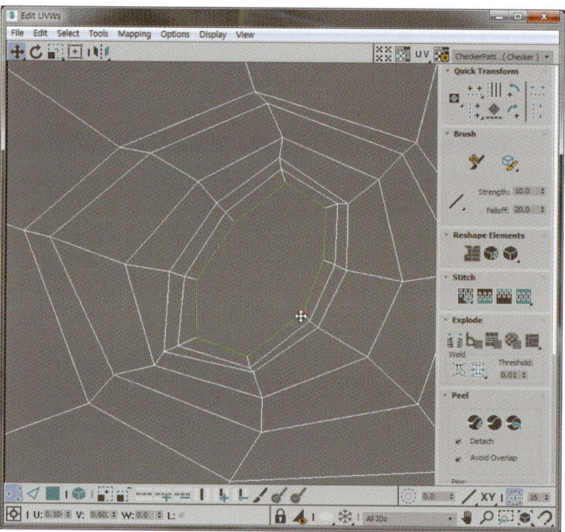

42 배지느러미의 부분은 Vertex들을 그림과 같이 하나씩 선택하고 조정하여 그림과 같이 완성합니다.

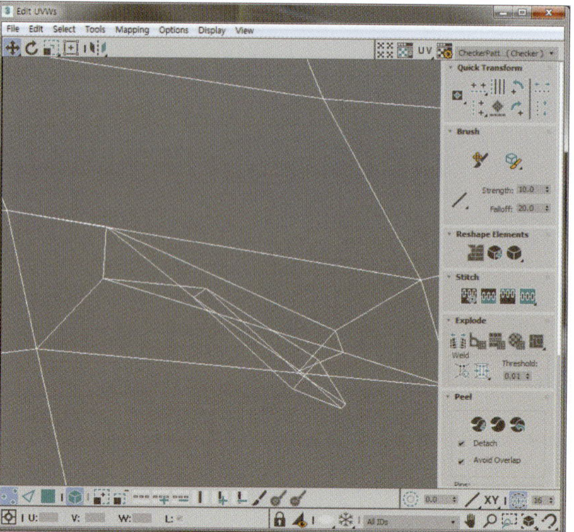

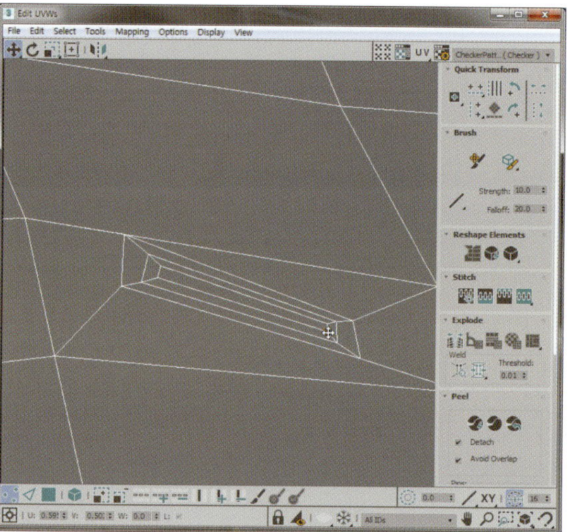

43 상어 몸체의 클러스터가 보기 좋게 모두 정리되었습니다.

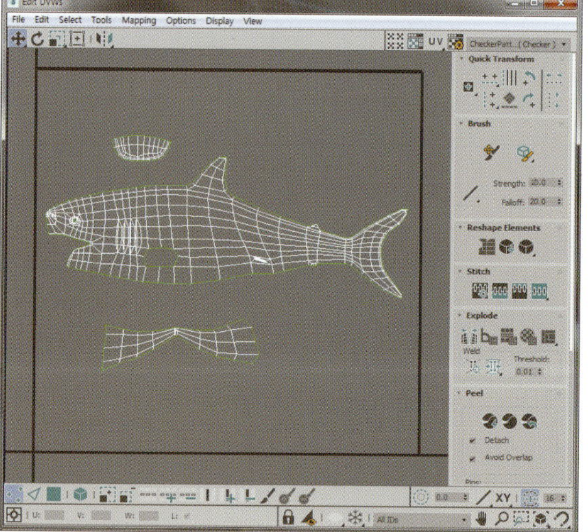

44 이제 마지막으로 눈동자 부분을 정리하도록 하겠습니다. Viewport에서 'Eye_L'의 왼쪽 눈동자를 선택한 후 Modifier List에서 'Unwrap UVW'를 적용합니다. Configure 롤아웃에 있는 Display 항목의 'Map Seams' 체크를 해제합니다.

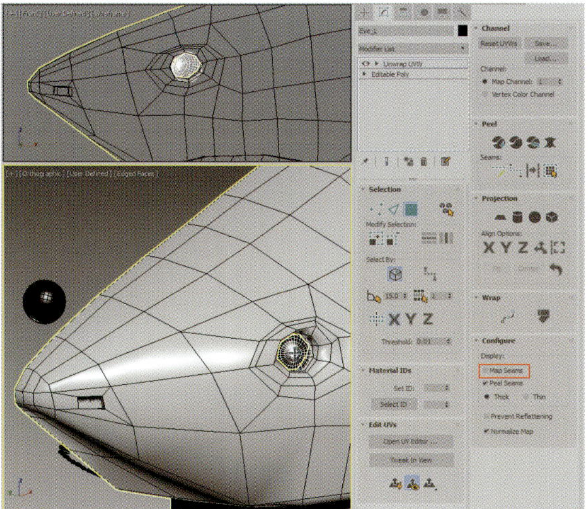

45 Polygon Sub-Object Level를 활성화시켜주고 눈동자 전체를 선택합니다. 눈동자 면을 선택할 때에는 'Ignore Backfacing'은 비활성화 시켜줘야 합니다. Projection 롤아웃의 'Planar Map' 아이콘을 클릭합니다.
Open UV Editor를 클릭하여 'Edit UVWs' 대화상자를 불러냅니다.

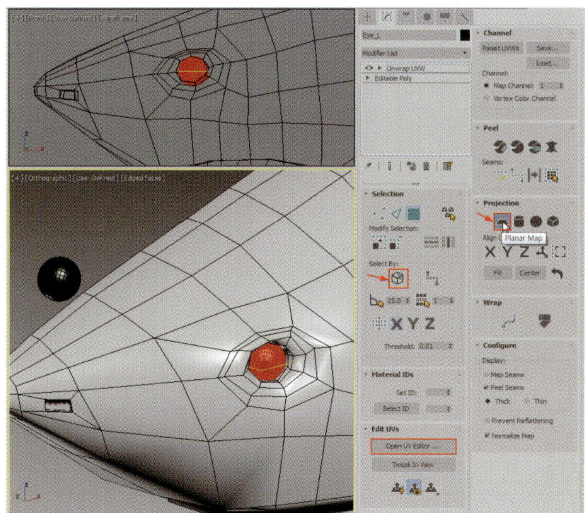

46 메뉴 바의 'Mapping'을 클릭하고 나오는 메뉴에서 'Normal Mapping' 옵션을 클릭합니다.

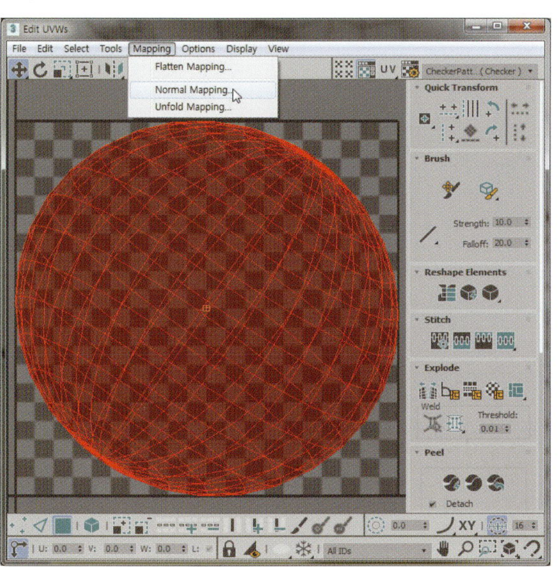

47 Normal Mapping 타입을 'Top/Bottom Mapping'으로 변경해주고, OK버튼을 클릭합니다.

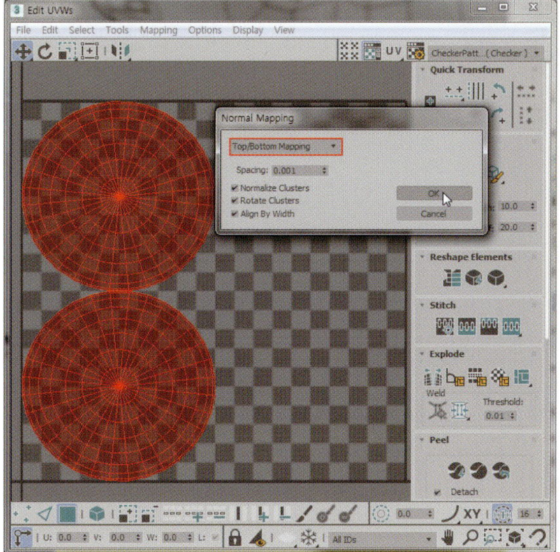

48 Projection 롤아웃의 'Planar Map' 아이콘을 클릭하여 비활성화 시켜줍니다. Freeform Mode를 사용하여 다음과 같이 위치와 크기를 조정합니다.

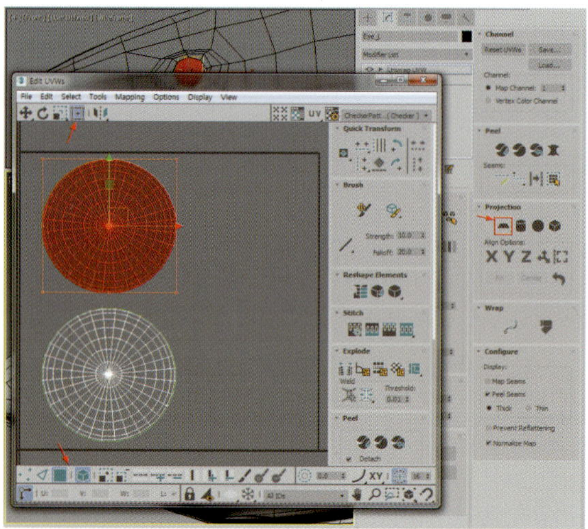

49 위쪽 부분의 클러스터를 선택해보면, Perspective View에서 정면의 눈동자임을 알 수 있습니다.

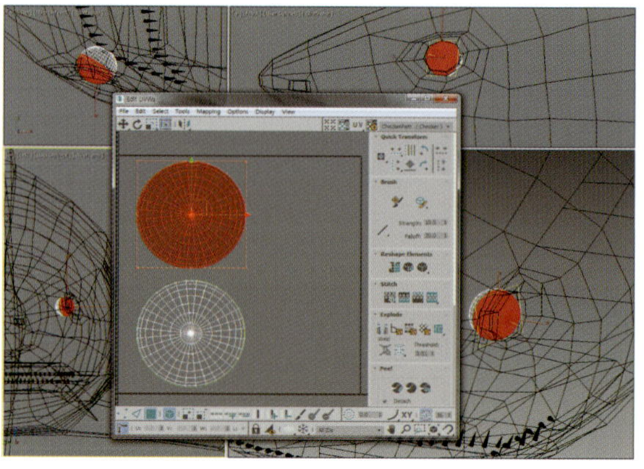

50 메뉴 바에서 Tools〉'Render UVW Template'를 클릭합니다.

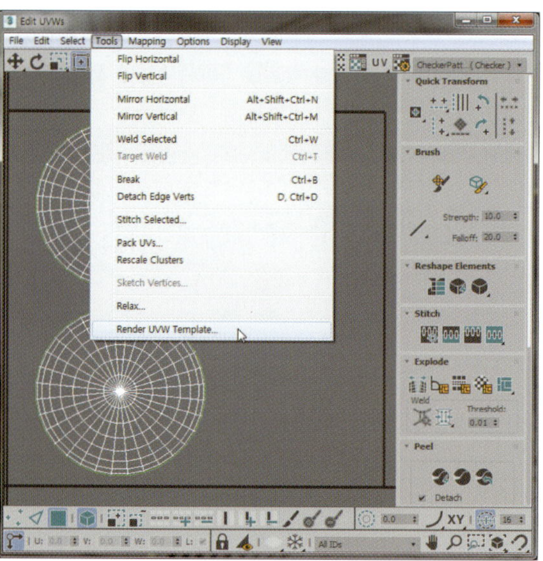

51 Width와 Height 크기를 "500"으로 수정해준 후 'Render UV Template' 버튼을 클릭합니다. 그 결과 렌더링되어 나타납니다.

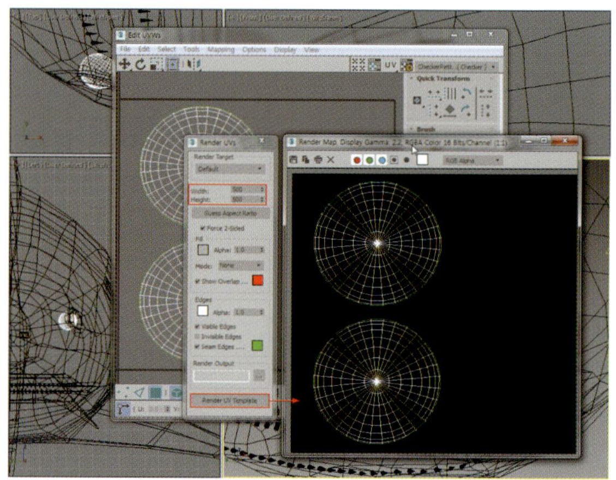

52 렌더링된 창에서 'Save Image'(디스켓 모양) 아이콘을 클릭하여 jpg' 포맷으로 저장합니다.

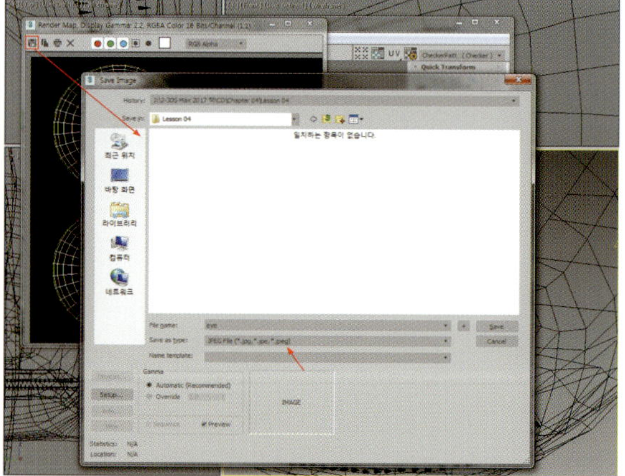

53 JPEG Image Control 창이 나타나면 다음과 같이 옵션들을 설정하고, OK 버튼을 클릭합니다. 나머지 모든 대화상자도 모두 닫아줍니다.

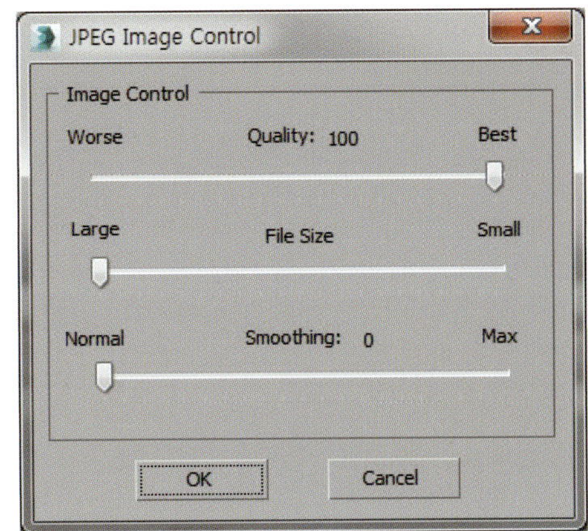

54 'Shark_Body'를 선택하고 'Unwrap UVW'의 'Open UV Editor' 버튼을 클릭하여 Edit UVWs 대화상자를 불러냅니다.

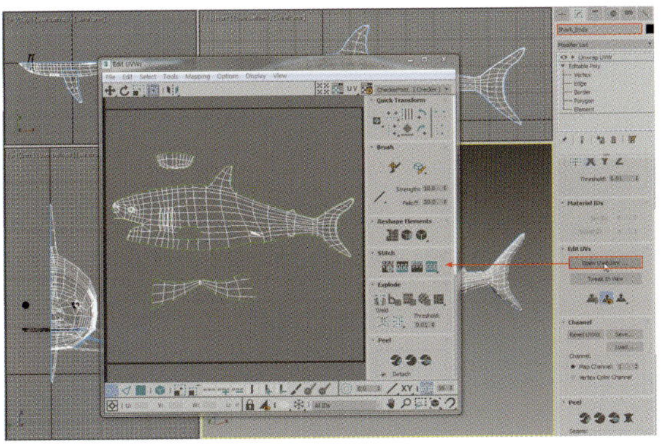

55 동일한 방법으로 Tools〉Render UV Template 버튼을 클릭합니다.

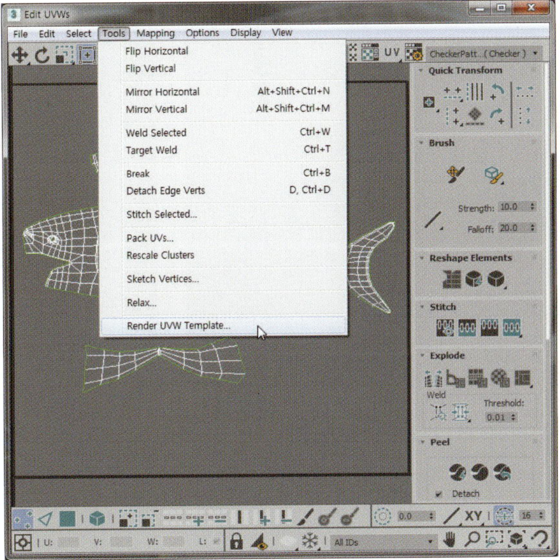

56 'Render UVs' 창에서 1024 사이즈 상태로 'Render UV Template' 버튼을 클릭하여 렌더링합니다.

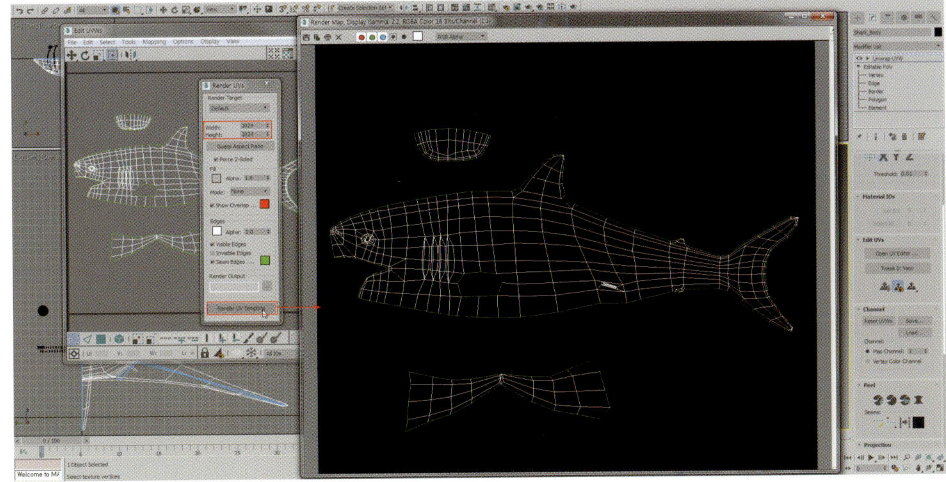

57 Save Image 아이콘을 클릭하여 'shark_body.jpg' 파일로 저장합니다.

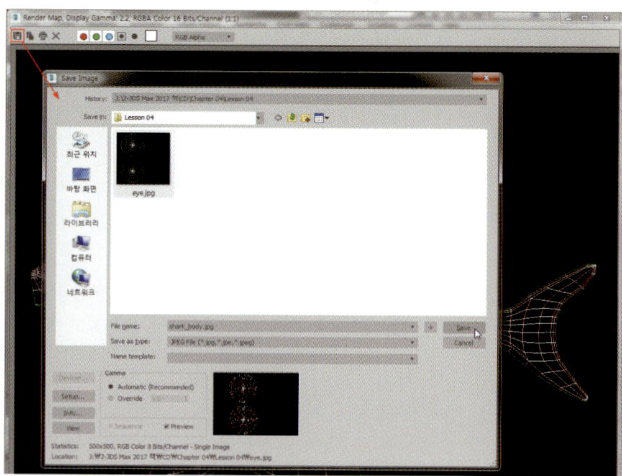

58 지금까지 상어의 눈동자와 몸체에 Unwrap UVW가 모두 적용되어. 각 jpg 이미지로 저장되었습니다. 이제 포토샵에서 상어의 Texture 소스를 만들도록 하겠습니다.

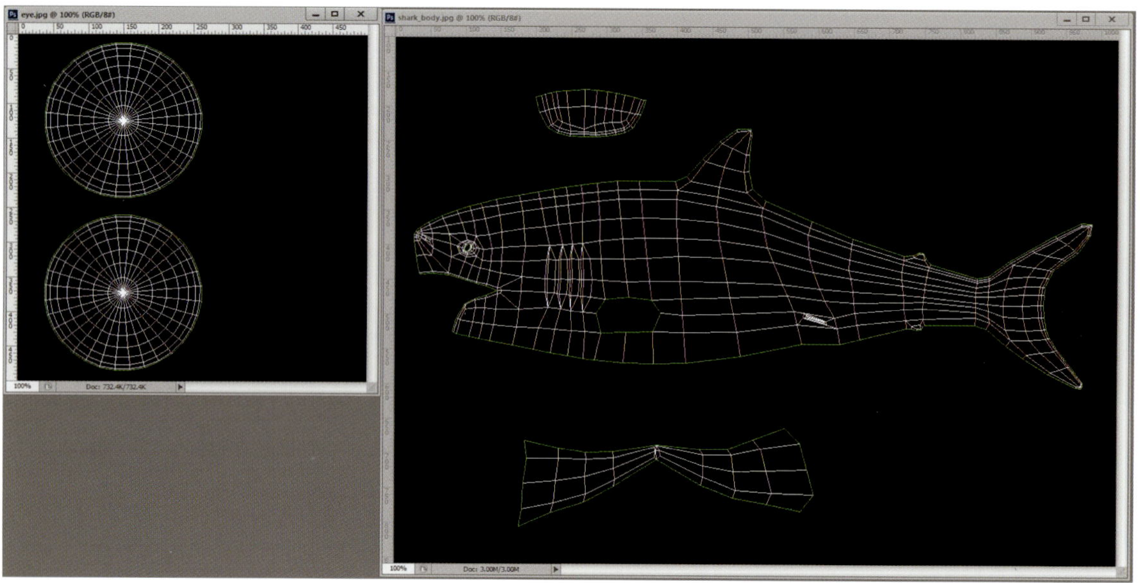

알아두기 | 상어 눈동자와 몸체를 하나의 이미지를 만들려면?

Unwrap UVW 명령을 적용하기 전에 먼저 상어의 몸체를 선택한 후 Editable Poly에서 Attach 명령으로 눈을 선택하여 하나의 오브젝트로 만들어서 Unwrap UVW을 적용하면 됩니다.

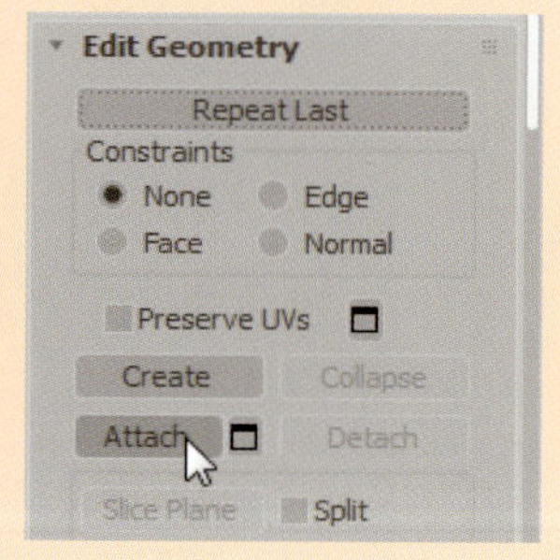

◆ Section 02 | Photoshop에서 Texture 제작하기

3ds Max에서 Unwrap UVW로 생성된 클러스터의 Texture 작업은 Photoshop 프로그램을 사용합니다. Texture 작업은 클러스터 위에 새로운 레이어를 생성한 후 소스를 직접 제작하거나 기존의 Texture를 불러와 합성 및 편집으로 제작을 하기도 합니다.

상어의 Texture 작업은 기존의 소스를 불러와 클러스터의 위치에 맞게 작업하는 것이 훨씬 유리합니다. 상어에 대한 관련 소스는 구글링을 통해 쉽게 구할 수 있습니다.

여기서는 필자가 2시간 가까이 타블렛을 사용하여 직접 Texture를 작업하였습니다. 필자가 작업한 Photoshop의 작업 내용을 간단히 소개해 드리겠습니다.

01 먼저 눈부터 Texture 소스를 만들도록 하겠습니다. Photoshop에서 그림과 같이 소스를 불러와서 새로운 레이어로 불러들인 후 클러스터 사이즈에 맞게 조절하여 주면 됩니다.

02 정 가운데에 눈동자가 위치하도록 'Move Tool'과 'Clone Stamp Tool'을 사용합니다. 불필요한 이미지는 'Eraser Tool'를 이용하여 지워주고, 아래쪽의 클러스터는 'Clone Stamp Tool'를 그냥 흰색으로 메꾸어 줍니다. 완성이 되었으면 File)Save As로 'eye.psd' 파일로 저장합니다. jpg 포맷 방식 보다는 psd 포맷으로 저장하는 것이 좋습니다. psd 파일은 레이어가 존재하기 때문에 언제든지 재 수정할 수 있는 장점이 있습니다.

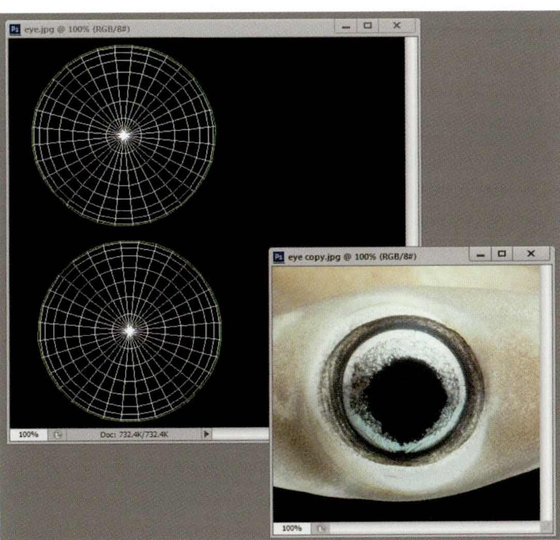

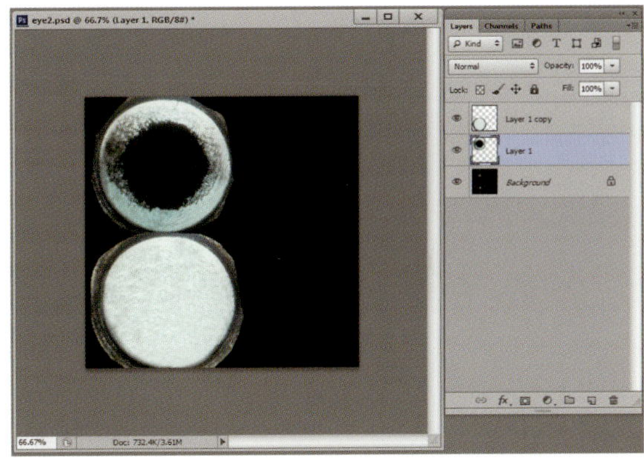

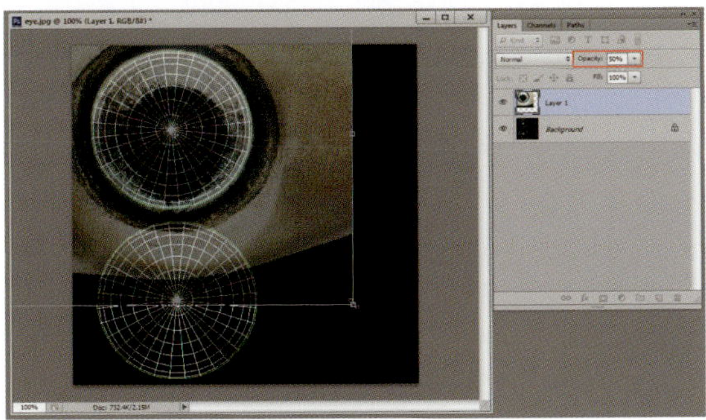

03 이제 몸체의 Texture 소스를 만들도록 하겠습니다. 구글링을 통한 상어 Texture를 불러들이거나 실제 상어 사진을 참조하여 작업하면 훨씬 더 리얼한 소스를 만들 수 있습니다.

04 Background 레이어를 더블 클릭하여 일반 레이어로 변환시켜 줍니다. 하단 쪽에 새로운 레이어를 추가한 후 상어의 메인 색상으로 메꾸어 줍니다.
Background 레이어(Layer0)는 Difference 합성모드로 하고, Opacity 값도 25% 정도 내려주어 아래쪽의 색상이 보이도록 합니다.

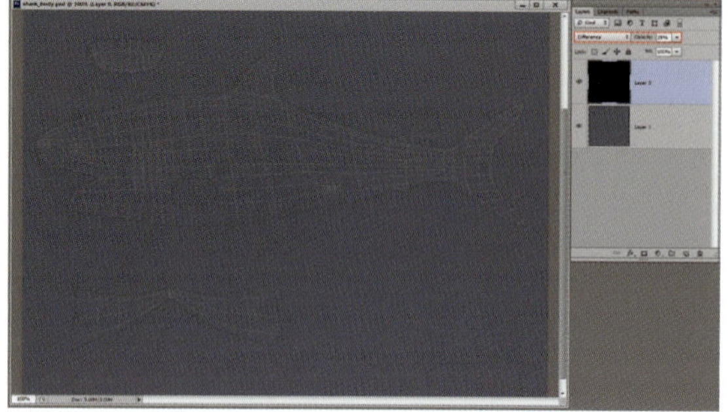

05 아래쪽에 추가한 레이어의 Fill Color입니다. Fill Color의 색상은 크게 중요하지 않으며, 'Paint Bucket Tool'을 사용하여 색상을 메꾸어 줍니다.

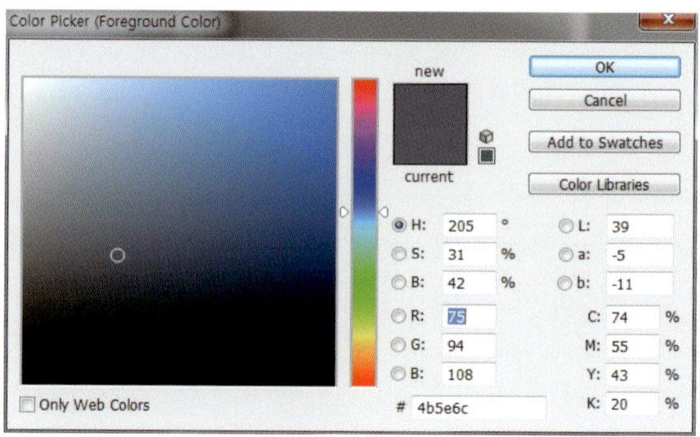

06 중간 부분에 레이어를 추가한 후 Brush Tool을 사용하여 Texture 소스를 작업합니다. 필자는 마우스가 아닌 타블렛으로 Texture 소스를 작업하였습니다.

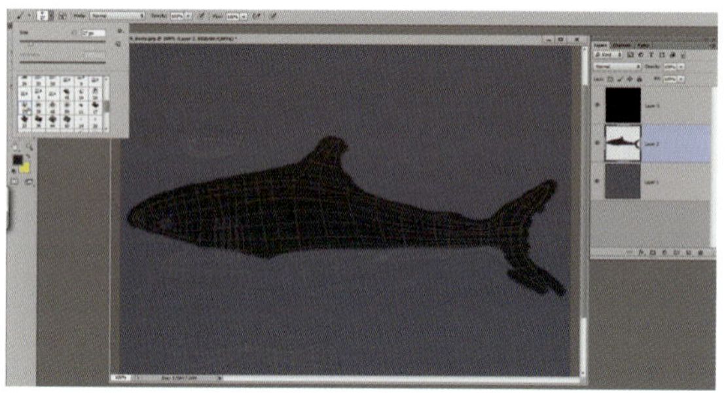

07 계속해서 기본 색상으로 색을 칠해줍니다.

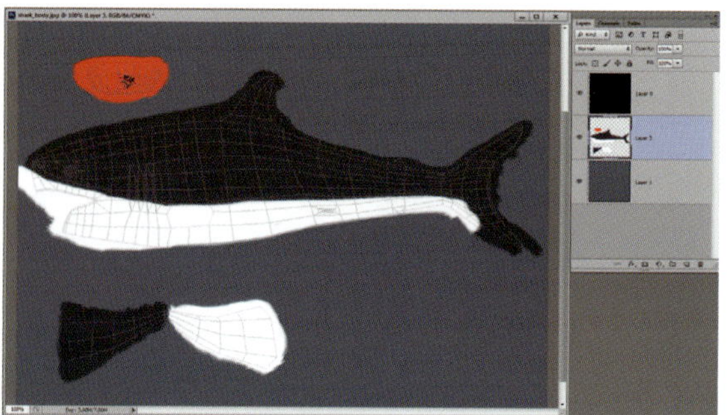

08 클러스트의 위치에 맞게 색상을 추가 및 변경하여 자연스럽게 색상이 잘 혼합이 되도록 작업해줍니다. 혹시 마우스를 사용하여 Brush를 사용할 경우에는 Brush의 Opacity 값을 10~20% 정도로 조정하여 작업하도록 합니다.

09 다음 이미지는 클러스터의 Wireframe에 맞추어 완성된 상어의 Texture 소스 이미지입니다.

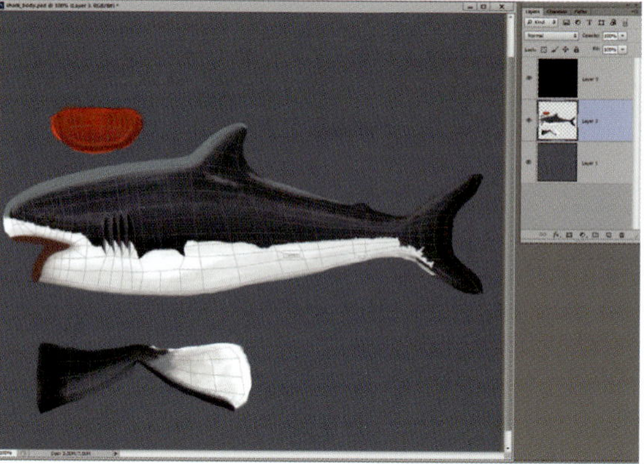

10 Background 레이어(Layer0)의 'Indicates layer visibility'(눈동자 아이콘)을 비활성화시켜 준 후 'shark_body.psd' 파일로 저장합니다.

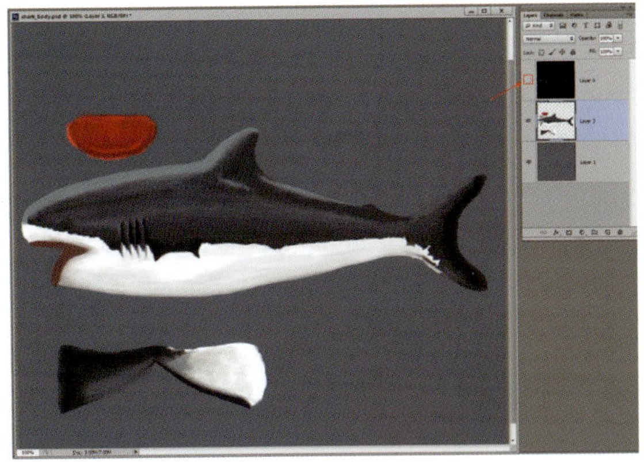

Section 03 | 상어에 매핑적용하고 완성하기

Photoshop에서 만들었던 Texture를 상어에 매핑을 한 후 Symmetry로 대칭 복사합니다. 매핑된 오브젝트의 결과에 문제가 발생하면 다시 Texture를 수정하여 완성하도록 합니다.

01 3ds Max를 실행시켜줍니다. 우측의 눈동자(Eye_R) 오브젝트를 선택하고 Delete 키를 눌러 삭제합니다.

02 Material Editor[M]를 실행하고, shark_body의 샘플슬롯을 선택합니다. Diffuse Color 맵에 Bitmap으로 설정한 후 'shark_body.psd' 파일을 불러들입니다.

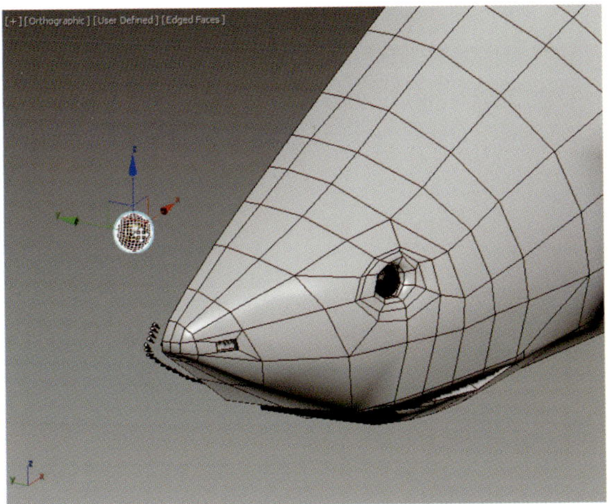

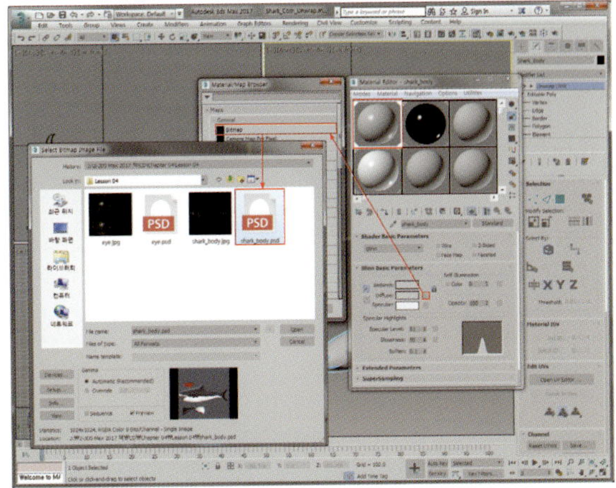

03 PSD Input Options 창이 나타나면 Collapsed Layers에 체크하고 OK 버튼을 클릭합니다.

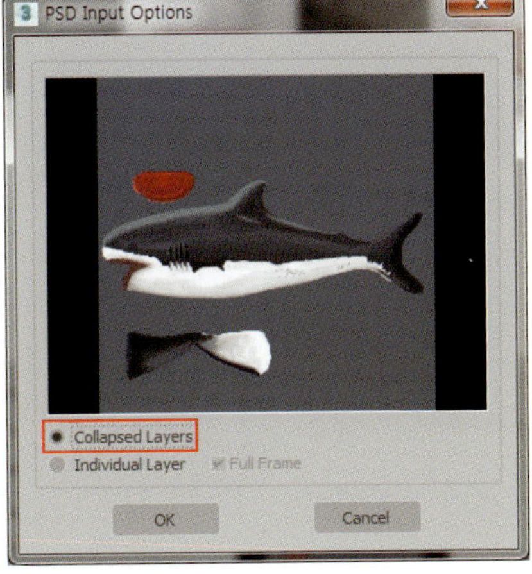

04 'Show Shaded Material in Viewport' 아이콘을 클릭하여 Viewport에서도 맵이 보이도록 해주고, 'Specular Highlights' 항목의 수치를 조정해줍니다.

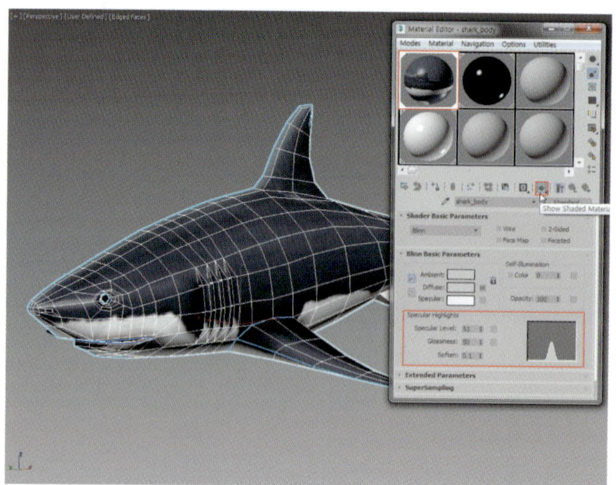

05 Modifier List에서 Symmetry를 적용시켜 대칭 복사가 되도록 합니다.

06 이어서 TurboSmooth를 적용하여 부드러운 몸체로 만들어 줍니다. F4 키를 클릭하여 상어 오브젝트에 Edge가 보이지 않도록 합니다.

07 눈동자도 동일한 방법으로 매핑 해준 후 Mirror 복사하여 배치하여 줍니다. 맵이 없는 상태 즉, 검정색상 그대로 사용해도 무방합니다.
Specular Highlights 값도 그림과 같이 수정하여 강하게 줍니다.

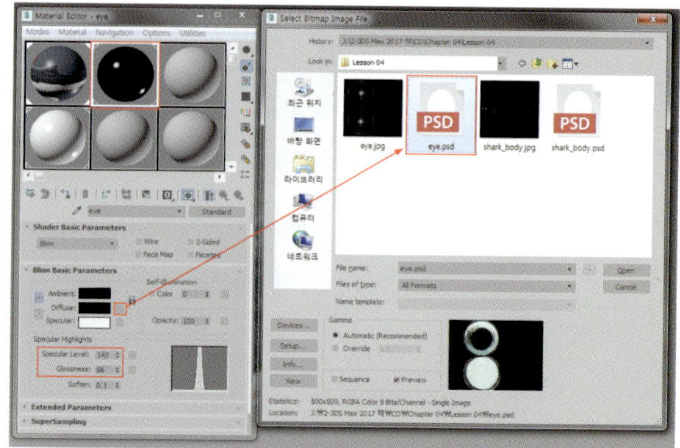

08 'Show Shaded Material in Viewport' 아이콘을 클릭하여 Viewport에서도 맵이 보이도록 합니다.

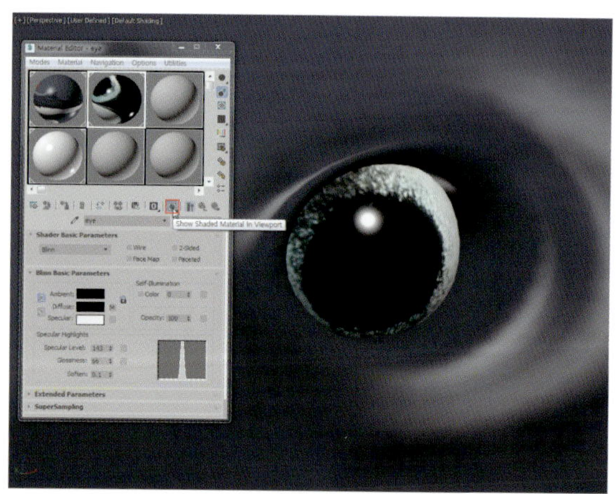

09 Main Toolbar에서 Mirror 아이콘을 클릭하여 대칭 복사하여 줍니다.

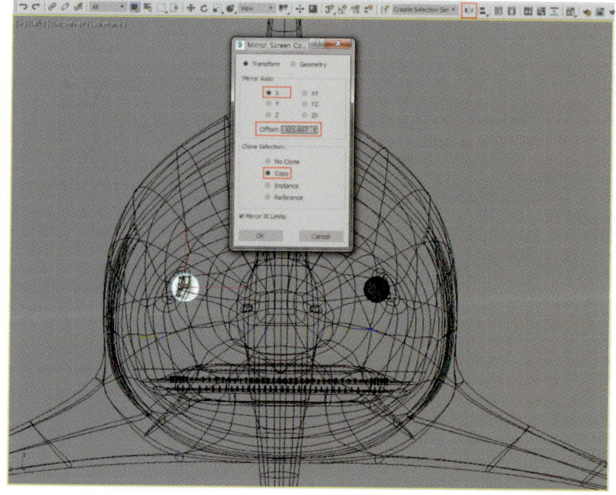

10 상어 바디의 Unwrap UVW가 잘 적용되었는지 확인하고 넘어가도록 하겠습니다. Stack의 Unwrap UVW Map을 클릭하고, Edit UVs 롤아웃의 'Open UV Editor' 버튼을 클릭합니다. 목록에서 'Pick Texture'를 클릭하고 Bitmap으로 선택합니다.

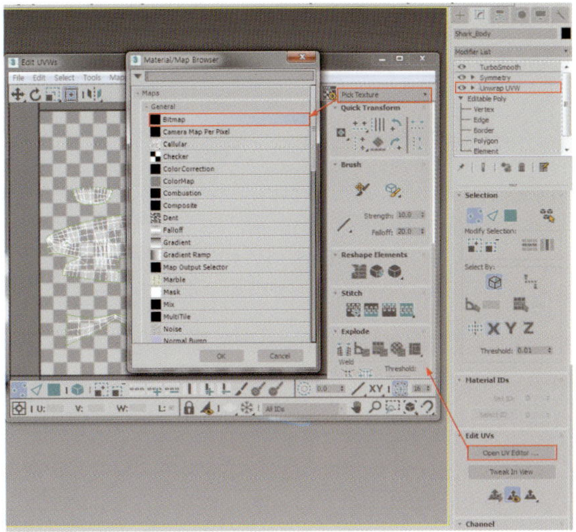

11 'shark_body.psd' 파일을 선택합니다. 'Show the active map in the dialog' 아이콘을 클릭하면 Texture가 클러스터에 표시됩니다.

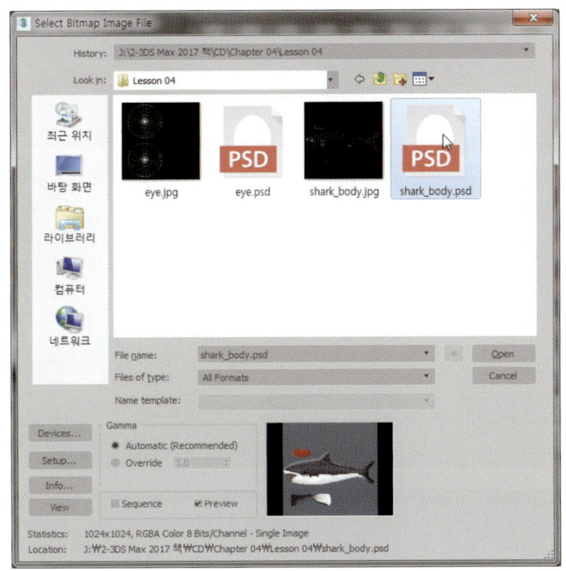

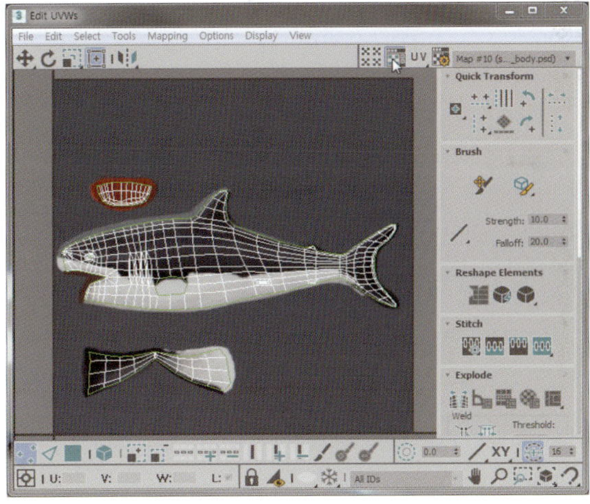

12 Unwrap UVW로 Texture가 적용된 상어의 최종 결과물입니다.

● CD 제공 : Shark_Com_unwrap.max

12 다음은 V-Ray 렌더러를 이용하여 렌더링하였으며, Environment〉Atmosphere〉VRayEnvironmentFog를 적용한 렌더링 이미지입니다.

 MEMO

Chapter 5

Light & Camera

Lesson 01

Light의 이해

조명은 렌더링 장면과도 깊은 관련이 있는데 이것은 Light의 설치 방법이나 조건에 관련하여 매우 사실적으로 표현해주기도 하며 다양한 분위기로 연출할 수도 있습니다.

3ds Max에서 제공하는 조명은 크게 Photometric과 Standard로 나뉘며 Photometric Light는 실제 세계의 조도 값을 그대로 적용한 조명입니다. 여기에 mental ray 렌더러와 실제 라이트의 광도를 데이터화한 IES (Illuminating Engineering Society)파일을 같이 사용하면 인테리어 렌더링에 사실적인 표현이 가능합니다.

그러나 Standard Light는 3ds Max에서 기본적으로 제공하는 Light로서 GI(Global Illumination) 렌더러가 활성화되기 전에 많이 사용했던 LI(Local Illumination) 방식의 조명으로 결과가 사실적이지 못하지만 작가의 의도에 따라 개성있게 표현이 가능하며 렌더링 타임도 절약할 수 있는 장점이 있습니다.

Standard Light는 초급자가 사실적인 렌더링으로 표현하기에는 많은 어려움이 뒤따르므로 많은 경험과 훈련을 필요로 합니다.

현재는 다양한 외부 Plugin GI 렌더러(V-Ray, Maxwell, Brazil R/S, KeyShot 등)가 업데이트하면서 초급자들도 간단한 설정만으로 공간 디자인이나 제품 디자인에 쉽게 사실적인 장면으로 만들어 낼 수 있습니다. 하지만 많은 시간의 렌더링 타임을 요하기 때문에 고사양의 컴퓨터 장비가 필요합니다.

최근에는 초급자들도 GI 렌더러를 접하면서 기초 Light 부분을 무시한 채 곧바로 외부 렌더러에 치중하는 것을 필자는 많이 보아 왔습니다.

먼저 기초적인 Photometric과 Standard Light의 전반적인 매뉴얼이나 세팅 방법 등을 충분히 이해하고 외부 렌더러에 접근하길 필자는 당부합니다.

디자인 PROVE 김정화 작

Section 01 | 빛과 조명

01 빛

빛이란 우리가 일반적으로 눈으로 관측 가능한 가시광선을 의미하며, 자외선과 적외선의 사이에 있는 파장의 광선입니다. 빛에 의해 사물의 모양이나 색상을 눈으로 볼 수 있으며, 3가지 색상(Red, Green, Blue)의 조합에 의해서 모든 사물의 색상을 표현합니다.

일반적으로 빛을 만들어 내는 광원은 크게 자연광과 인공광으로 나누어지는데, 자연광은 주로 태양이나 달, 번개 등처럼 자연적으로 만들어지는 광을 의미하며, 인공광은 인간이 인위적으로 만들어낸 조명으로 형광등, 백열등, 네온사인, 할로겐 등이 있습니다.

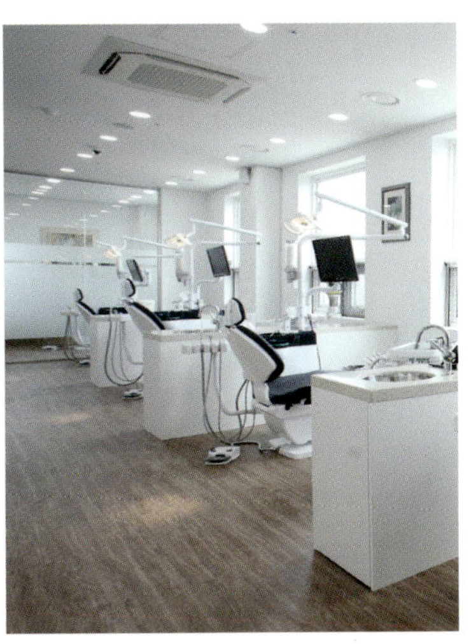

02 조명의 역할

3D 그래픽을 하는데 있어서 인공광인 조명의 역할은 상당히 중요한 위치에 있습니다. 조명에 따라서 3D의 최종 결과 이미지는 천차만별로 다양한 느낌을 주고, 리얼한 분위기로 압도할 수도 있습니다.

조명 배치에 따른 렌더링 결과 비교

이렇듯 조명의 효과는 3D 장면에 다양한 연출 효과와 사물의 모양이나 색상의 형태를 볼 수 있게 하고 사물에 원근감, 공간감을 주어 더욱 더 입체적이고 사실적인 표현을 할 수 있게 합니다.

조명의 크기나 세기, 기울기, 감쇠 효과에 의해서 다양한 연출을 표현할 수 있으며, 조명의 위치에 의해 음산한 분위기, 밝은 분위기, 무드있는 분위기 등도 연출할 수 있습니다.

프루부 김정화 작

Section 02 | 조명의 특성과 설치

01 조명의 특성

A 빛의 감쇠효과

3ds Max에서의 조명은 Attenuation이라는 옵션이 존재하는데, 빛의 감쇠 효과를 의미하며 이것은 빛이 시작(Near)되어서 소멸(Far)되기까지의 과정을 의미합니다. 주로 실내 투시도나 제품 모델링을 표현하는데 있어서 중요한 역할을 합니다.

대부분 실무에서는 Near Attenuation을 제외하고, 오직 Far Attenuation을 단독적으로 사용하며, Start와 End 값을 설정하여 조명이 오브젝트에 닿는 부분의 영역에 대한 밝기를 조정합니다.

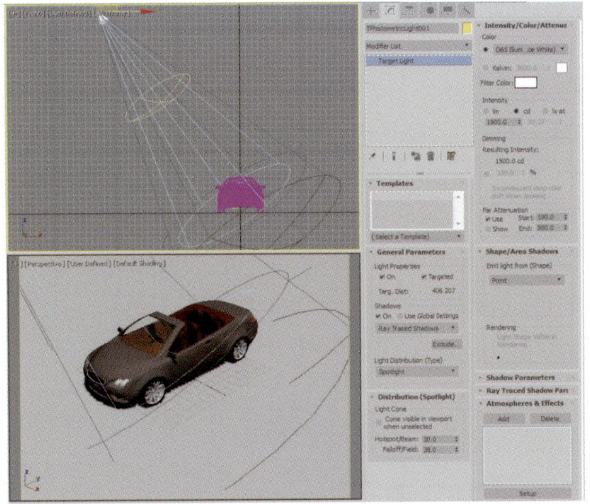
Far Attenuation 설정 화면

Far Attenuation 적용 전

Far Attenuation 적용 후

B 빛의 양

빛의 세기에 의해 결정되기도 하며 빛의 방향성에 의한 Hot Spot과 Falloff로 표현됩니다. Hot Spot은 오브젝트를 향해 비추는 조명 안쪽 부분의 가장 밝은 영역을 의미하고, Falloff는 바깥 부분의 점점 어두워지는 영역을 의미합니다.

02 조명의 설치

만들고 있는 장면이 무엇이냐에 따라서 다양한 스타일의 조명 설치와 기법이 있게 됩니다. 또한 외부투시도, 실내투시도, 제품 디자인, 카툰, 애니메이션 등에 따라 조명의 설치 숫자나 색상, 세기 등이 달라집니다. 사진을 위한 조명이라면 여러 종류의 조명 설치기법이 있지만, 3D 그래픽에서의 조명 설치기법은 대표적으로 Key, Fill, Back Light 등이 있습니다.

Ⓐ Key Light

Key Light는 오브젝트를 비추는 Main Light(주광)로 오브젝트의 왼쪽 상단이나 오른쪽 상단의 45도 방향에 위치하여, 오브젝트의 질감이나 양감을 뚜렷하게 표현하고, 오브젝트의 가장 진한 그림자를 가지고 있습니다. 주로 3ds Max에서는 Spot Light나 Direct Light를 사용하며 세기(Multiplier)를 1.0으로 설정합니다.

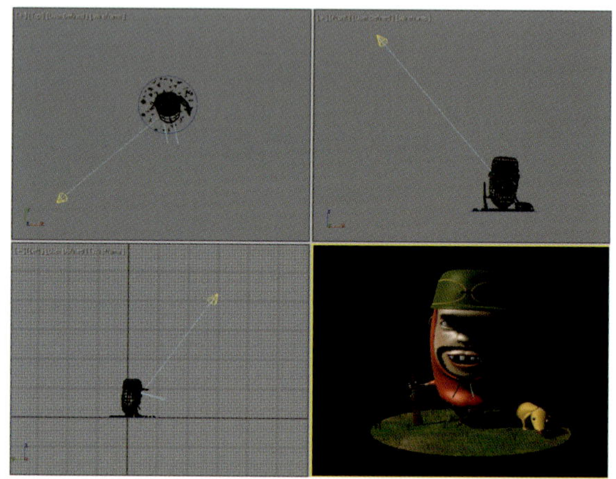

Ⓑ Fill Light

주광에 의해서 생긴 그림자를 밝게 하여 오브젝트의 Contrast를 줄여주는 광원이나 조명을 의미합니다. 그리고 오브젝트의 음영부분이나 그림자의 어두운 부분을 밝게 해주는 반사광 역할도 합니다. 주로 Key Light의 반대편에 설치하고, 주로 빛의 세기가 약한 Omni Light를 사용합니다.

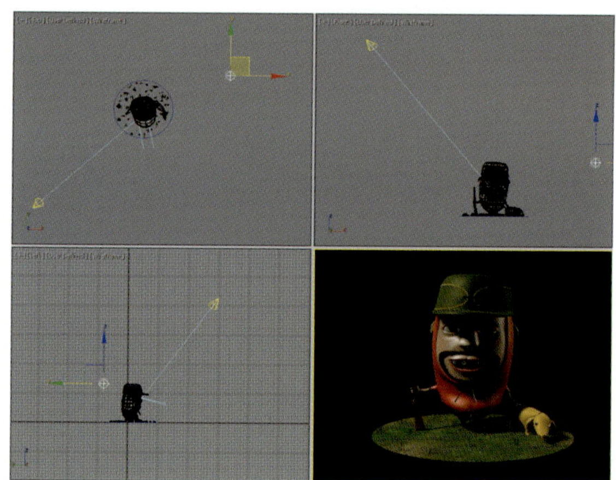

Ⓒ Back Light

오브젝트의 뒤쪽에 위치하여 비추는 조명입니다. Key Light의 반대편에 만들며 배경과 분리하여 윤곽(실루엣)을 만들거나 유리 같은 투명도를 표현할 때 사용합니다.

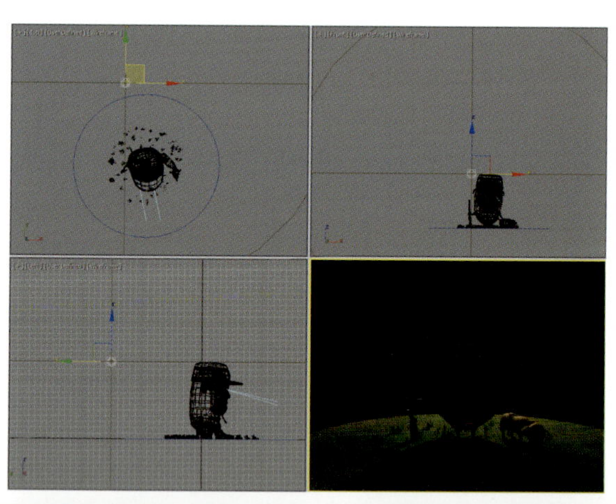

Lesson 02

Light의 종류 및 옵션

3ds Max에서 제공하는 Light는 크게 일반적으로 사용하는 Standard Light와 사실적인 조명을 위한 Photometric Light가 있으며, 외부 Light를 위한 System의 Sunlight와 Daylight가 있습니다. 여기에 외부 렌더러를 설치하게 되면 라이트의 수는 늘어나게 됩니다.
Light의 종류와 각 옵션에 따른 기능들을 살펴보도록 하겠습니다.

Section 01 | Standard Light

Standard Light는 집이나 사무실의 등, 무대나 필름 작업에 사용되는 조명 기기, 태양 자체와 같은 조명을 시뮬레이션하는 컴퓨터 기반 오브젝트입니다. 다양한 종류의 조명 오브젝트는 여러 방법으로 빛을 투사하여 다양한 조명을 시뮬레이션합니다. Photometric Lights와는 달리 Standard Light에는 물리적인 강도 값이 없습니다.
Standard Light는 3ds Max에서 기본적으로 제공하는 Light로서 크게 Spot Light, Omni Light, Directional Light, Skylight로 나눌 수 있으며, mr Area Omni, mr Area Spot는 mental ray 렌더러의 전용 라이트입니다.

01 Spot Light

Spot Light는 'Target Spot'과 'Free Spot'으로 나눌 수 있는데, 'Target Spot'은 Target이 있는 조명으로 특정부분을 비출 때나 방향성을 가진 조명 효과를 만들 때 사용합니다.
무대 조명이나 가로등 등에 사용할 수 있습니다. 'Free Spot' Target이 없는 조명으로 방향을 제어하기가 불편하여서 Rotate 툴을 사용하여 방향을 제어합니다. 자동차의 헤드라이트 등에 사용하는 애니메이션용 조명이라 할 수 있습니다.

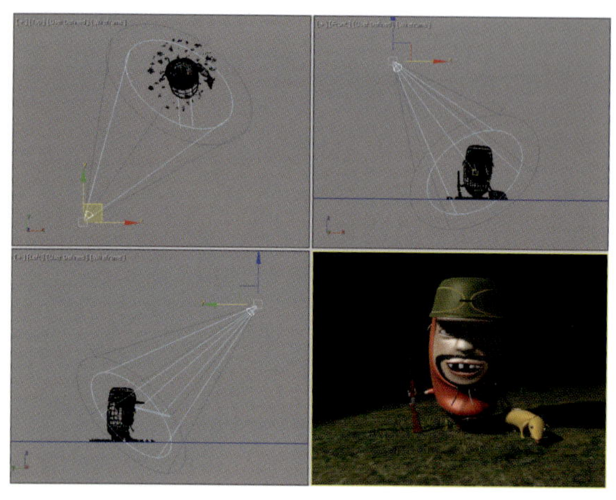

02 Directional Light

Directional Light는 'Target Directional'와 'Free Directional Light'로 나눌 수 있으며, 앞서 언급한 Spot Light와 비슷한 구조를 띠고 있습니다. 그러나 Directional Light는 갈수록 퍼지는 Spot Light에 비해 일정한 크기로 투사되는 직진형 조명이라 할 수 있습니다.
외부투시도에 자주 사용되는 태양광선에 사용되며, 레이저 빔 같은 조명에 사용합니다. 광원의 색상 및 위치를 조정하고 광원을 3D 공간에서 회전할 수 있습니다.

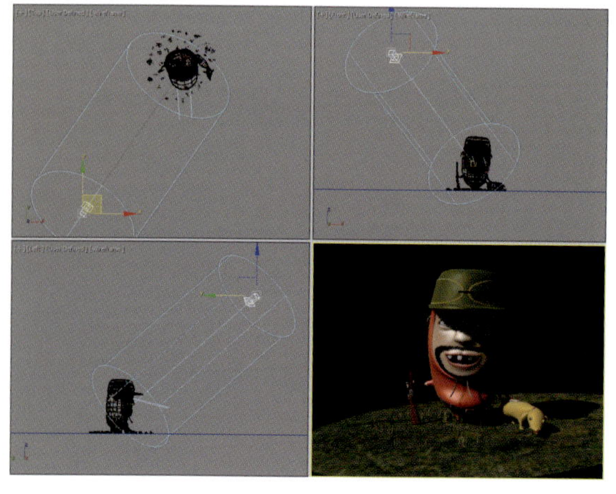

03 Omni Light

Omni Light는 단일 광원에서 모든 방향으로 광선을 투사합니다. 옴니 라이트는 장면에 'Fill Light'를 추가하거나 포인트 광원을 시뮬레이션하는 데 유용하며, 백열전구나 스탠드 같은 조명에 사용합니다.

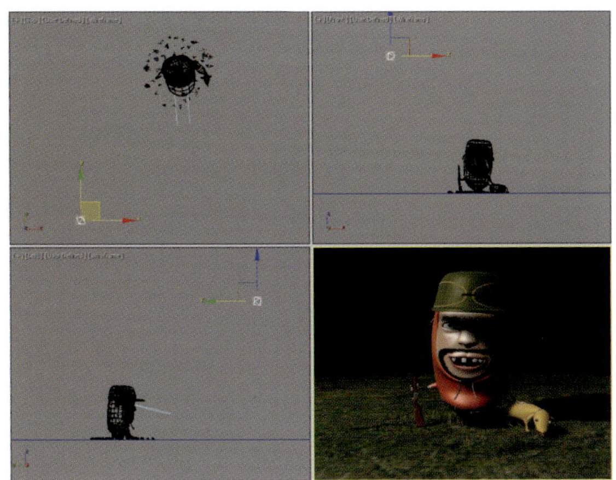

04 Skylight

Skylight는 하늘이 가지고 있는 그 자체의 Light로 물체 전체에 골고루 비추어 마치 GI(Global Illumination)효과 같은 느낌으로 만들어 낼 수 있는 조명입니다. 하늘색을 설정하거나 맵에 할당할 수 있으며, 하늘은 장면 위의 돔으로 모델링됩니다. Skylight는 Rendering>Light Tracer와 함께 사용해야 합니다.

05 mr Area Omni / mr Area Spot

mental ray 렌더러 전용 라이트로써 이 렌더러를 이용해 장면을 렌더링할 경우 영역 Omni 라이트는 구형 또는 실린더형의 체적으로부터 빛을 발산하며, Area Spot Light는 사각형 또는 디스크 모양의 영역으로부터 빛을 발산합니다.

Section 02 | Light의 공통 Parameters

대표적인 Spot, Omni, Directional Light의 조명 형태는 서로 다르지만 대부분 공통적인 옵션을 가지고 있습니다.

여기서는 우선 Omni Light를 기준으로 설명합니다.

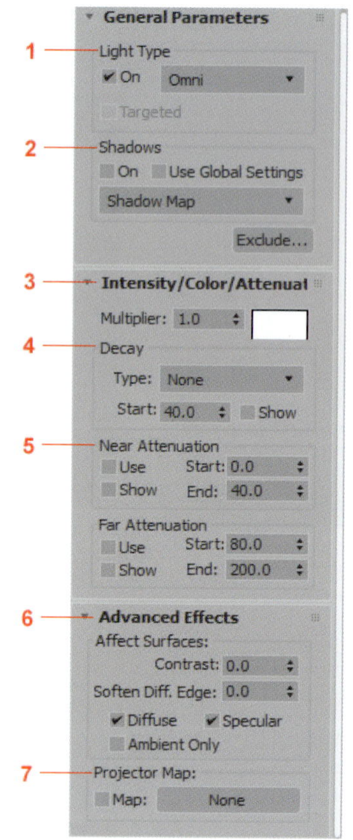

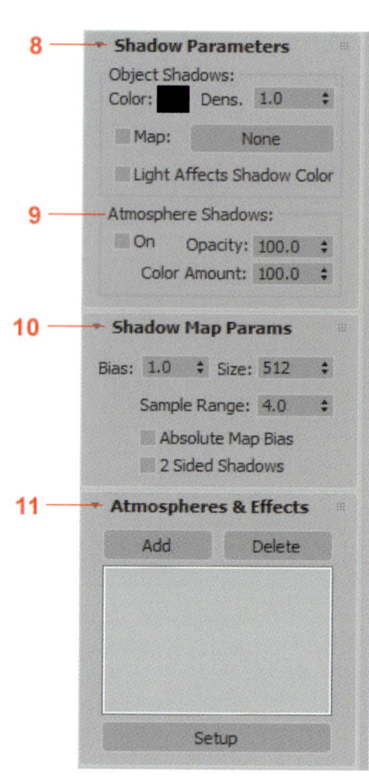

❶ **General Parameters 롤아웃〉Light Type**

Ⓐ **On** : Light를 켜거나 끌 수 있습니다.

Ⓑ **Type** : Light 종류를 변경할 수 있습니다.

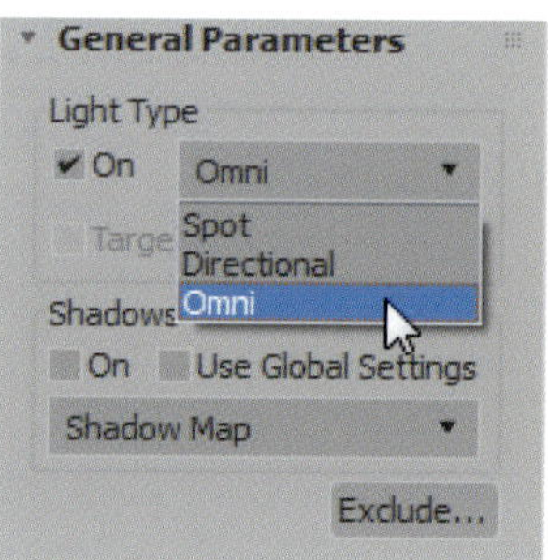

Ⓒ **Targeted** : Light의 Target 거리를 보여줍니다.

❷ Shadow

그림자를 지정하는 것으로, 다양한 그림자 유형들이 있습니다.

Ⓐ Area Shadows : 거리 값에 의해서 그림자의 선명도가 다르며, 물체에 가까이 있는 그림자는 선명하고 멀리 갈수록 흐려지게 만듭니다. 투명과 불투명 매핑을 지원합니다.

렌더링 이미지
CD 제공 : Standard Light_Dolce Vita_omni.max

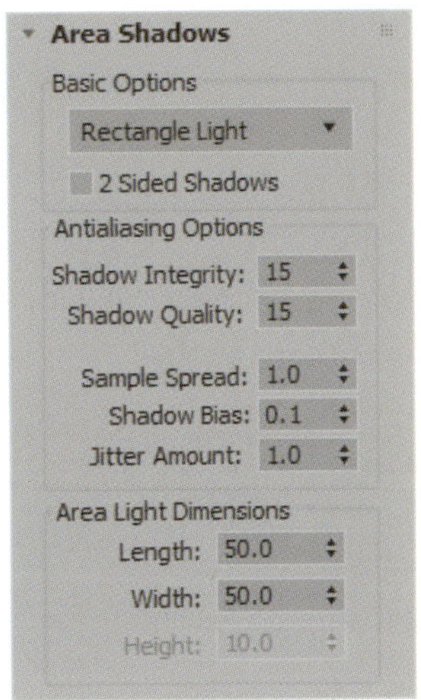

Area Shadows 옵션

Ⓑ Adv. Ray Traced : 진보된 Ray Trace 그림자로 Transparency와 불투명 매핑을 지원합니다. 많은 빛과 면을 가진 복잡한 장면에서 사용할 수 있고, 경계가 뚜렷한 그림자를 만들어 줍니다.

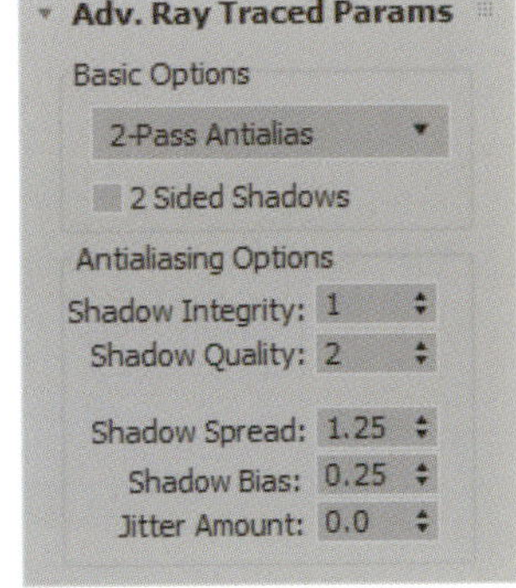

ⓒ Shadow Map : 기본적으로 가장 많이 사용하는 그림자 방식으로, 그림자의 경계가 부드럽게 만들어 지도록 합니다.

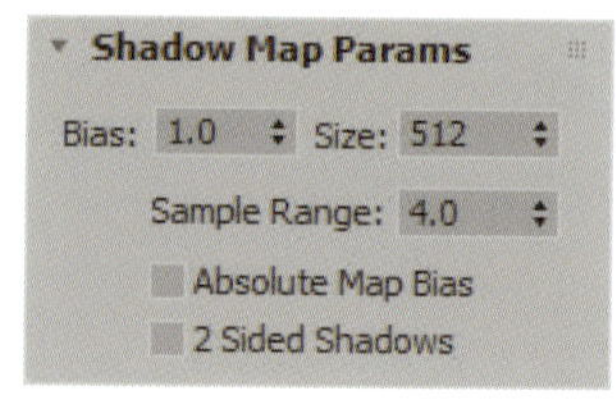

ⓓ Ray Traced Shadow : Transparency와 불투명 매핑을 지원하며 물체의 경계와 재질의 불투명 정도 그리고 불투명 맵을 추적해서 그림자를 표현하게 됩니다.

ⓔ Use Global Settings : 장면에 존재하는 Lights 중에서 이 옵션이 켜진 Light 들과 같은 값이 되도록 합니다.

ⓕ Exclude : 빛에서 물체를 제외시키거나 포함시킬 때 사용합니다. Illumination은 Diffuse 색상을 안 보이게 하고, Shadow Casting은 그림자를 사라지게 합니다. Both는 위의 둘을 포함해서 빛에서 제외시켜줍니다.

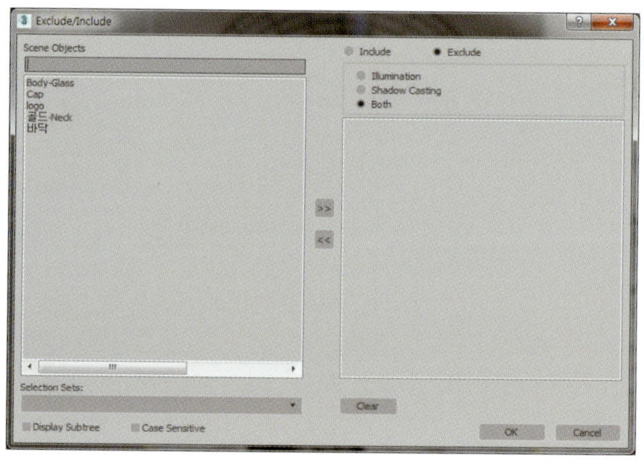

❸ Intensity/Color/Attenuation 롤아웃

ⓐ Multiplier : 빛의 강도를 조정합니다.

ⓑ Color Box : 빛의 색상을 변경합니다.

❹ Decay

Decay는 거리가 멀어짐에 따라 빛의 강도를 줄입니다. 빛의 감쇠 유형은 3가지 방법을 사용합니다. 일반적인 조명에도 사용 가능하지만 Volume Light에 유용합니다. Start 옵션을 설정하여 빛의 감쇠효과를 조정합니다.

Ⓐ Type

① **None** : Decay가 적용되지 않습니다.

일반 라이트에 적용 시 Decay : None

Volume Light 적용 시 Decay : None

② **Inverse** : 2배 정도 빛이 어두워집니다.

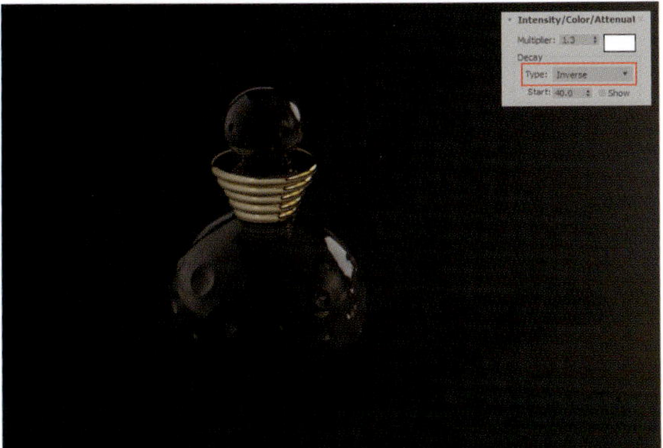

일반 라이트에 적용 시 Decay : Inverse

Volume Light 적용 시 Decay : Inverse

③ **Inverse Square** : 4배 정도 빛이 어두워지며, Volume Light를 사용했을 때의 적절한 옵션입니다.

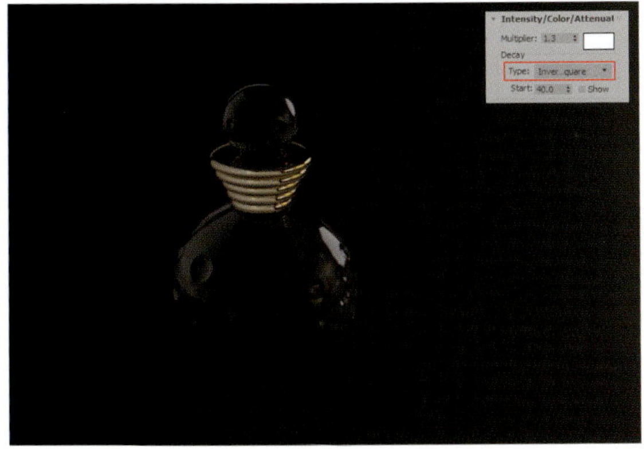

일반 라이트에 적용 시 Decay : Inverse Square

Volume Light 적용 시 Decay : Inverse Square

B Start : Decay가 시작되는 범위 값을 지정합니다.
C Show : Decay가 적용되는 범위를 보여줍니다.

⑤ Attenuation

A **Near Attenuation** : Near는 빛이 시작되는 곳을 의미하며, Start와 End로 나눕니다. Start와 End 사이엔 빛이 약하게 존재하며 End 지점부터 비로소 빛이 밝아집니다.

B **Far Attenuation** : 빛이 소멸되는 부분을 의미하며 Start와 End로 나눕니다. Start에서 빛이 소멸이 시작되고, End에서 빛이 완전히 소멸됩니다.
일반적으로 Near 보다는 Far Attenuation 옵션을 더 많이 사용하고, Far의 Start 값을 보통 "0"으로 주어 부드러운 효과를 표현합니다.

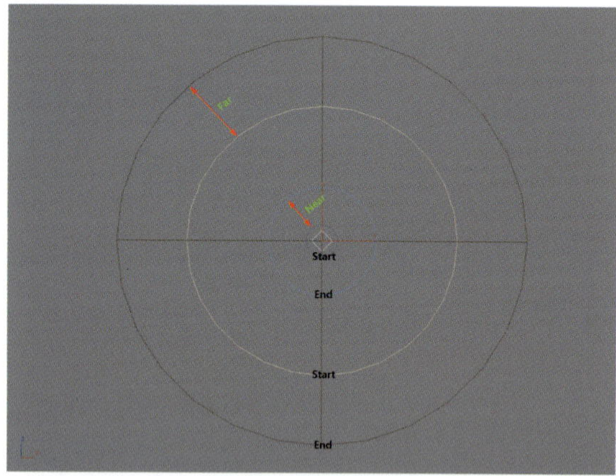

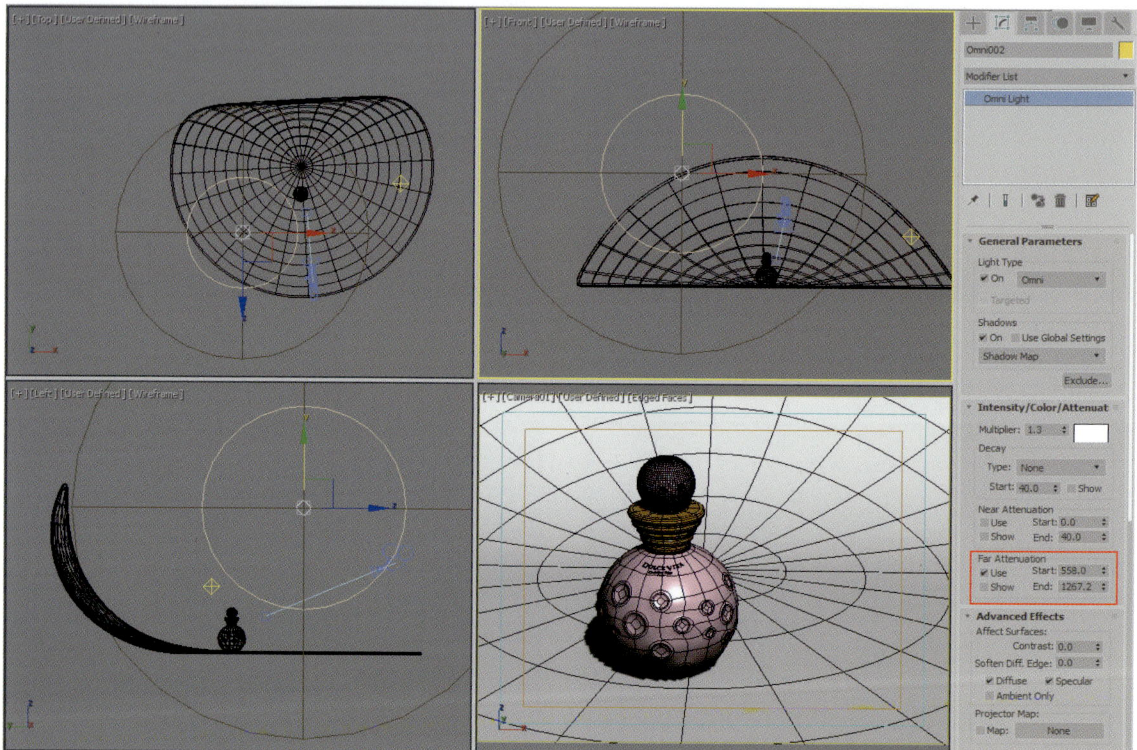

❻ Advanced Effects 롤아웃〉 Affect Surface

ⓐ Contrast : 물체의 음영 대비 효과의 정도를 조정할 수 있습니다.

ⓑ Soften Diff. Edge : 물체의 Diffuse 부분과 Ambient 부분의 경계 부분을 부드럽게 표현할 때 사용합니다.

ⓒ Diffuse : 물체 표면의 Diffuse(확산) 부분에 대한 표현 방법입니다. 체크하지 않으면 빛을 받지 못하여 어둡게 되며 그림자가 표현되지 않게 됩니다.

ⓓ Specular : 물체가 빛을 받을 때 나타나는 하이라이트(반사광)의 Display의 여부를 결정짓습니다.

ⓔ Ambient Only : 설정하면 빛이 조명의 주변 컴포넌트에만 영향을 줍니다. 설정하면 Contrast, Soften Diffuse Edge, Diffuse 및 Specular를 사용할 수 없습니다.

❼ Projector Map

라이트에 Bitmap 이미지를 투영시켜 마치 영사기와 같은 효과를 줄 수 있습니다. 예를 들면 장면에 실제 나무 그림자가 없지만 이 Projector 맵에 나무 잎사귀 관련 맵을 사용하여 마치 나무가 있는 것처럼 효과를 줍니다.

사용하려면 Map을 클릭하면 'Material/Map Browser'가 표시됩니다. Browser를 사용하여 맵 유형을 선택한 다음 해당 버튼을 'Material Editor'로 드래그하여 'Material Editor'에서 맵을 선택하고 조정할 수 있습니다.

Projector Map의 효과는 Omni Light 보다는 Spot Light가 더 효과적입니다.

❽ Shadow Parameters 롤아웃〉Object Shadows

ⓐ Color : 그림자의 색상을 조정 가능하며, 그림자 색상을 애니메이션할 수 있습니다.

ⓑ Dens : 그림자의 농도를 조정합니다.

ⓒ Map : 그림자 부분에 단순한 색상이 아닌 맵으로 지정 가능합니다.

ⓓ Light Affect Shadow Color : Light 색과 그림자로 지정한 색이 혼합하여, 그 결과를 표현합니다.

❾ Atmosphere Shadows

Environment에서 지정한 Effect 효과에 대한 그림자를 만들 수 있습니다.

Ⓐ **Opacity** : 그림자의 투명도를 지정할 수 있습니다.

Ⓑ **Color Amount** : Atmosphere의 색과 Light의 그림자 색이 혼합되는 정도를 조정할 수 있습니다.

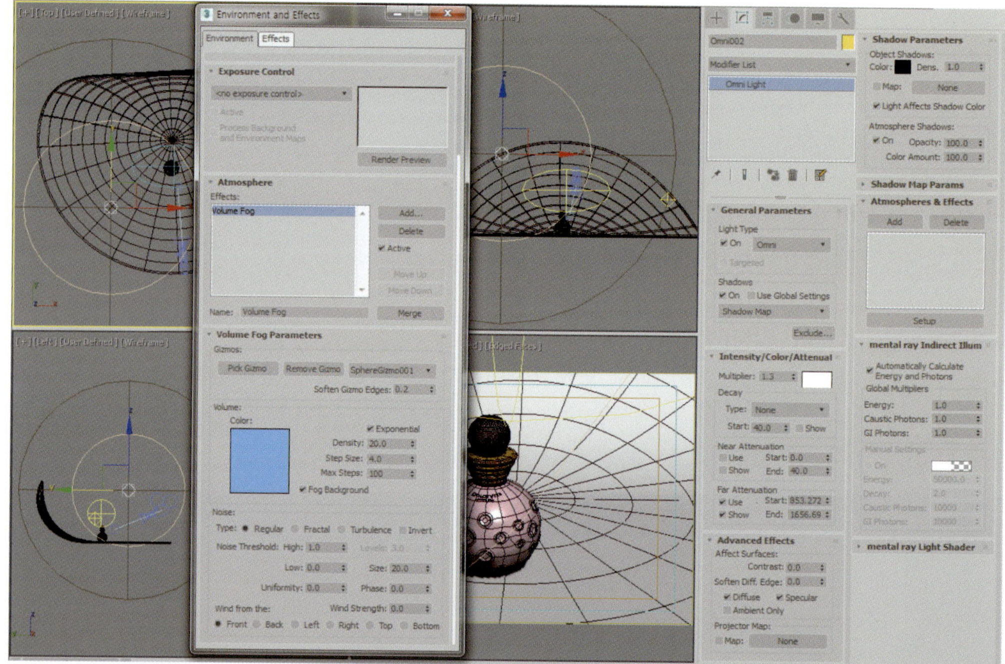

❿ Shadow Map Params 롤아웃

'Shadow Map'의 설정에 대한 것으로 부드러운 그림자를 만듭니다.

Ⓐ Bias : 그림자가 물체에서 치우치는 값으로 값이 커질수록 물체에서 그림자가 멀어지게 됩니다.

Ⓑ Size : 그림자의 선명도 및 해상도를 조절하는 기능입니다.

Ⓒ Sample Range : 그림자의 경계를 부드럽게 표현하게 될 범위를 지정합니다. 값이 커질수록 많이 부드러워지게 됩니다.

Ⓓ Absolute Map Bias : Bias에 의해서 그림자를 오브젝트로부터 이동시킬 때 맥스의 절대 값에 기초하여 이동시켜줍니다.

Ⓔ 2 Sided Shadows : 한쪽 면만 있는 오브젝트에도 그림자를 표현해줍니다.

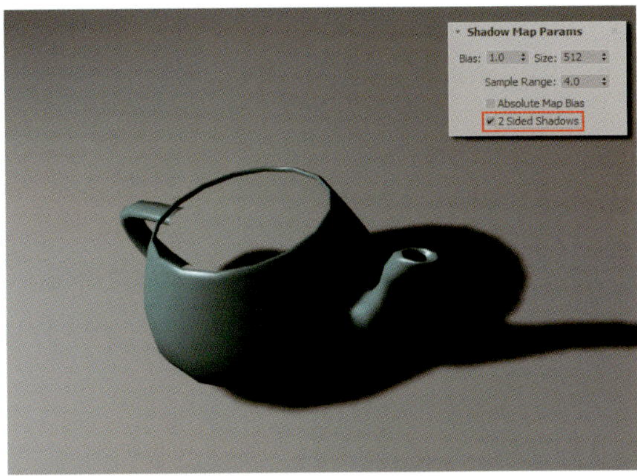

⓫ Atmospheres & Effects 롤아웃

Atmospheres & Effects(대기 및 효과) 롤아웃은 대기에 대한 매개변수와 Light와 연동된 렌더링 효과를 할당, 제거, 설정합니다. 이 롤아웃은 수정 패널에서만 나타납니다.

Ⓐ Add : Add Atmosphere or Effect 대화상자를 표시합니다. 여기서 Atmosphere 또는 Rendering Effect를 Light에 추가할 수 있습니다.

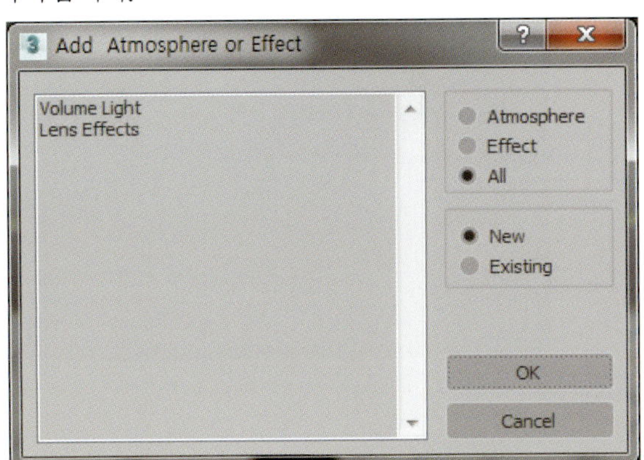

Ⓑ Delete : 목록에서 선택한 Atmosphere 또는 Effect를 삭제합니다.

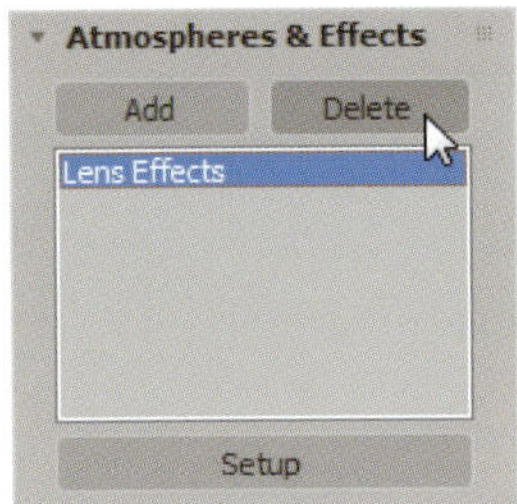

ⓒ Setup : 목록에서 선택한 Atmosphere 또는 Rendering Effect를 설정할 수 있습니다. 아이템이 Atmosphere일 경우 'Setup'을 클릭하면 'Environment' 패널을 표시합니다. 아이템이 Effect일 경우 'Setup'을 클릭하면 'Effects' 패널을 표시합니다.

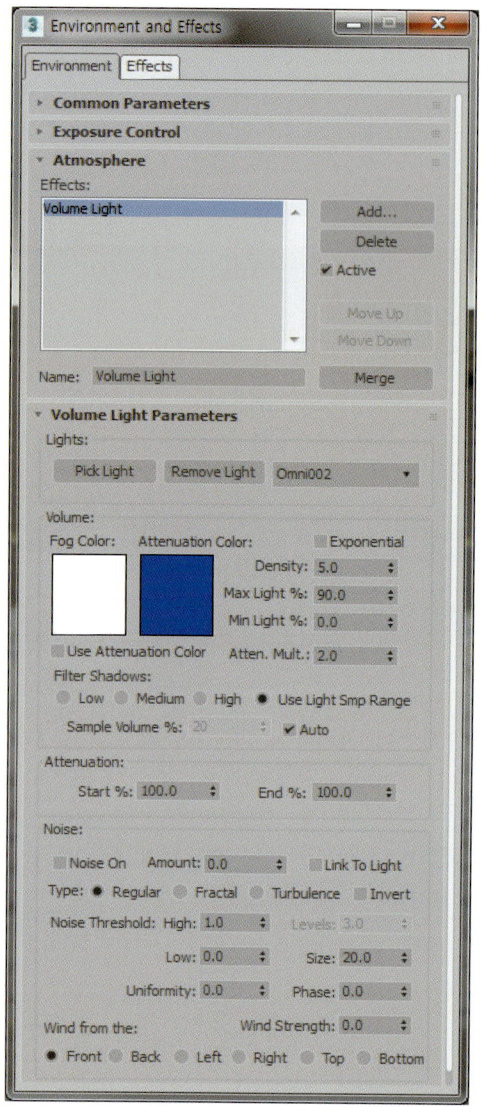
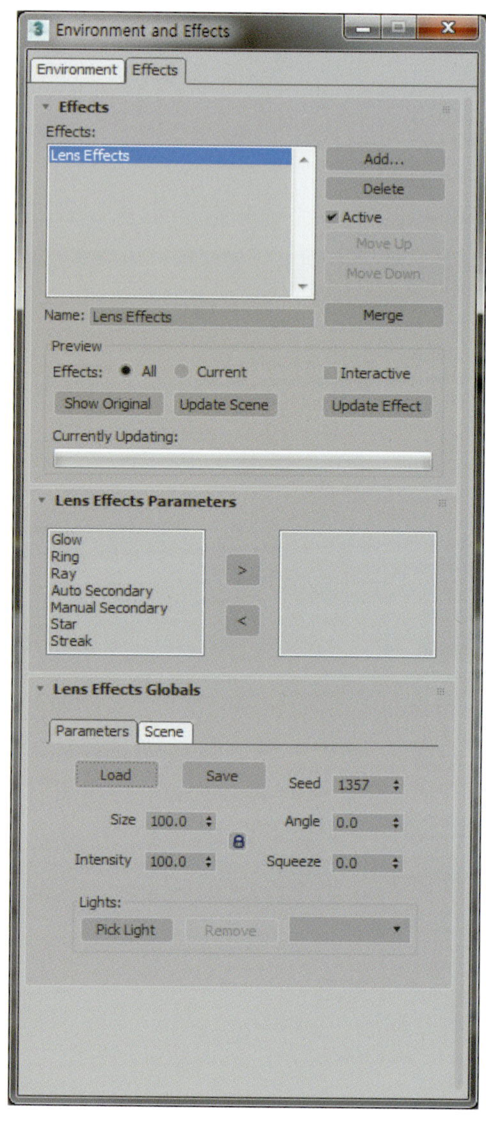

Environment 패널과 Effects 패널

Section 03 | Spot Light / Directional Light Parameters 롤아웃>Light Cone

Spot Light와 Directional Light의 Parameters는 서로 같습니다.

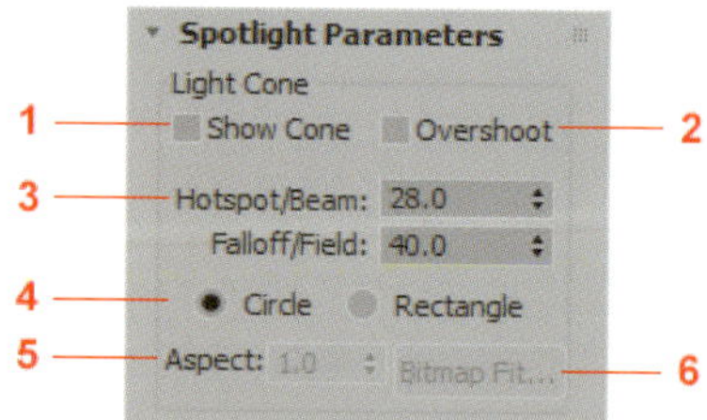

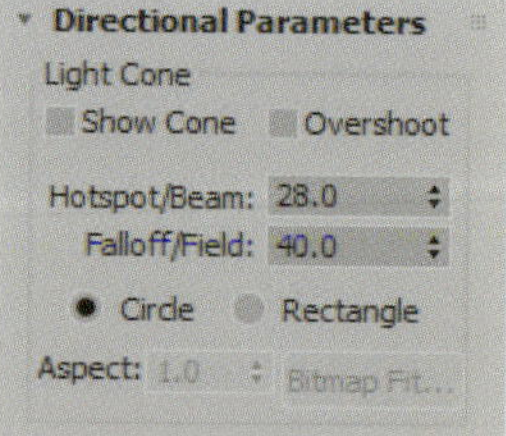

❶ **Show Cone** : Light의 원뿔(원기둥)모양을 Viewport에 표시를 설정하거나 해제합니다.

❷ **Overshoot** : Overshoot를 설정하면 광원이 모든 방향으로 빛을 투사합니다. 그러나 투영과 그림자는 Falloff Cone에서만 발생합니다.

❸ **Hotspot/Beam & Falloff/Field** : 두 개의 옵션을 설정하여 빛의 가장 밝은 영역과 어두운 영역의 크기를 지정할 수 있습니다.
   Ⓐ **Hotspot/Beam** : 조명 원뿔(원기둥)의 각도를 조정합니다. Hotspot 값은 각도로 측정됩니다. 기본 값은 43.0입니다.
   Ⓑ **Falloff/Field** : Light의 Falloff 각도를 조정합니다. Falloff 값은 각도로 측정됩니다. 기본 값은 45.0입니다.

CD 제공 : Standard Light_Dolce Vita–Spot.max

❹ **Circle / Rectangle** : Hotspot 및 Falloff 영역의 모양을 결정합니다. Standard 원형 조명의 경우 원을 설정합니다. 창이나 현관문을 통해 투사되는 빛과 같은 직사각형 광빔의 경우 직사각형을 설정합니다.

❺ **Aspect** : 빛의 형태를 Rectangle로 선택했을 경우 직사각형의 광빔의 가로 세로 비율을 설정합니다.

❻ **Bitmap** : 조명의 투영 가로 세로 비율이 직사각형인 경우 특정 비트맵에 맞는 가로 세로 비율을 설정합니다. 이 옵션은 조명을 Projector 조명으로 사용하는 경우에 유용합니다.

Section 04 | Photometric Light

Photometric Light는 실측에 의해 만들어진 공간에 실제와 같이 정확하게 정의할 수 있게 하는 Photometric(Light Energy) 값이 사용됩니다. 다양한 분산(distribution) 및 색상 특징이 있는 광원을 만들거나 조명 생산업체에서 제공하는 특정 Photometric 파일을 가져올 수 있습니다. 그것은 실제 라이트의 광도를 데이터화한 IES (Illuminating Engineering Society)파일을 사용할 수 있어 인테리어 렌더링에 사실적인 표현이 가능합니다. 이 파일 안에는 실제 사용되는 조명의 강도나 빛이 퍼져나가는 파장의 모양 등이 같이 포함되어 있습니다.

조명의 단위는 방사 에너지라고 하는 물리량을 표준 비시감도(標準比視感度) 특성으로 평가한 것을 기준으로 하고 있습니다. 밝기를 결정하는 주요한 요소로서 다음과 같은 것이 있습니다. 광속(lumen) 기호 : Lm, 광도(candela) 기호 : Cd, 조도(lux) 기호 : Lx, 휘도(nit) 기호 : Nt 가 있으며, Photometric Light에서는 lm, cd, lx를 사용합니다.

3ds Max에서 제공하는 Photometric Light는 Target Light, Free Light, mr Sky Portal의 3가지 유형이 있으며 mr Sky Portal은 mental ray 렌더러와 깊은 관련이 있습니다.

Sun Positioner는 Daylight System의 간소화된 대안인 새로운 Sun Positioner(Physical Sky 포함)는 현대적인 물리적 기반 렌더러 사용자를 위한 조합된 작업 흐름을 제공합니다.

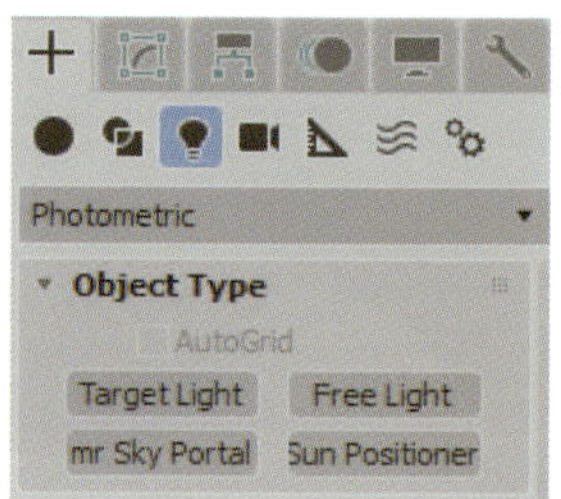

01 Target Light

Target Light에는 Light를 조준하는 Target Sub-Object가 있어 Light를 생성하거나 Light를 조정하는데 용이합니다.

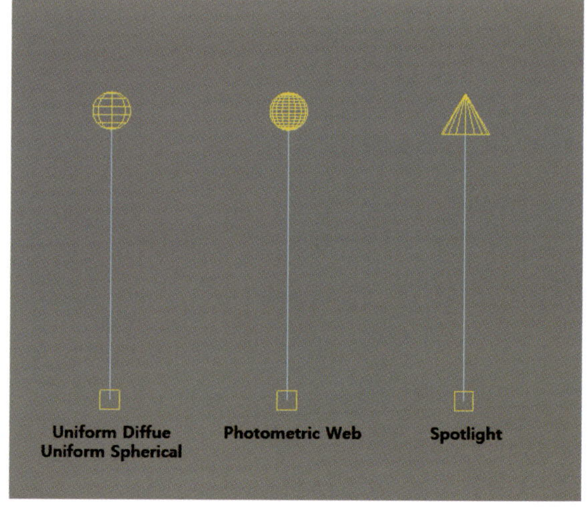

02 Free Light

Free Light에는 Target Sub-Object가 없습니다. Transform(Move, Rotate, Scale)을 사용하여 Light를 조준합니다.

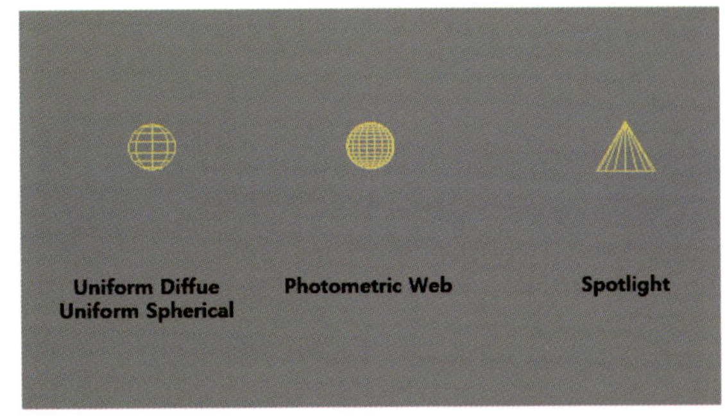

03 mr Sky Portal

mr(mental ray) Sky Portal 오브젝트에서는 렌더링 시간이 지나치게 오래 걸리는 높은 Final Gather 또는 Global Illumination 설정 없이도 실내 장면에 기존의 하늘 광원을 'Gathering'하는 효율적인 방법을 제공합니다. 효과 면에서 Portal은 환경에서의 밝기 및 색상 지정을 제공하는 영역 조명 역할을 하며, Daylight와 함께 구성을 이루어 효과를 발휘합니다. mr Sky Portal이 올바르게 작동하려면 장면에 Skylight 구성요소가 포함되어 있어야 합니다. 이 구성요소는 IES Sky light, mr Sky light 또는 Skylight일 수 있습니다.

mr Sky Portal 오브젝트 사용하는 방법에 대해 간단히 알아보겠습니다.
[CD 제공 : photometric_light-mr Sky Portal-start.max]

01 Render Setup[F10] 창에서 Renderer가 NVIDIA mental ray 렌더러로 설정되어 있는지 확인합니다.

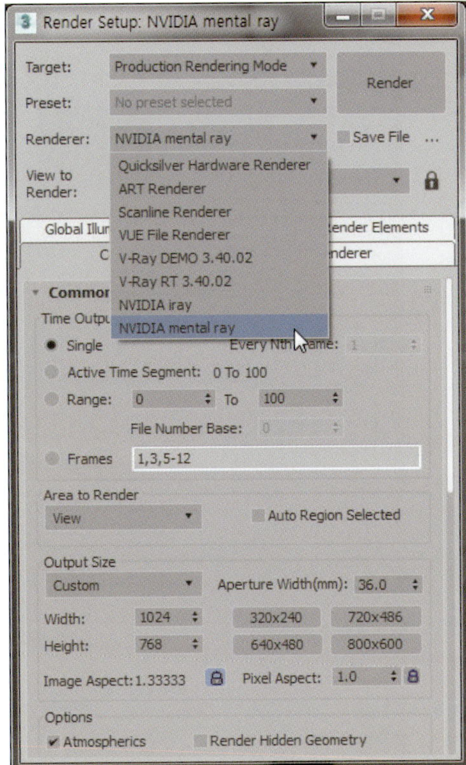

02 장면에는 현재 카메라가 설치되어 있는 것을 확인할 수 있습니다.

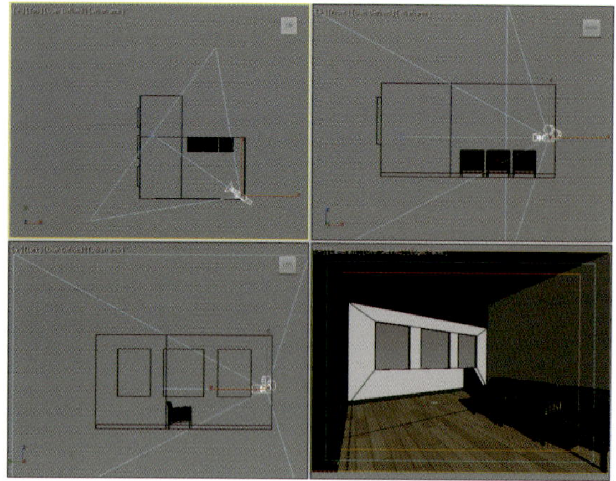

03 Command 패널의 Create〉Systems〉Daylight 버튼을 클릭합니다. 이때 'Daylight System Creation'의 mr Photographic Exposure Control 관련 창이 나타나면 'Yes'에 클릭합니다.

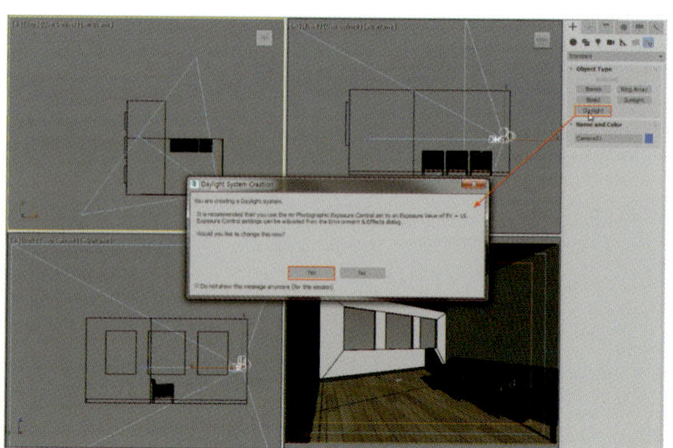

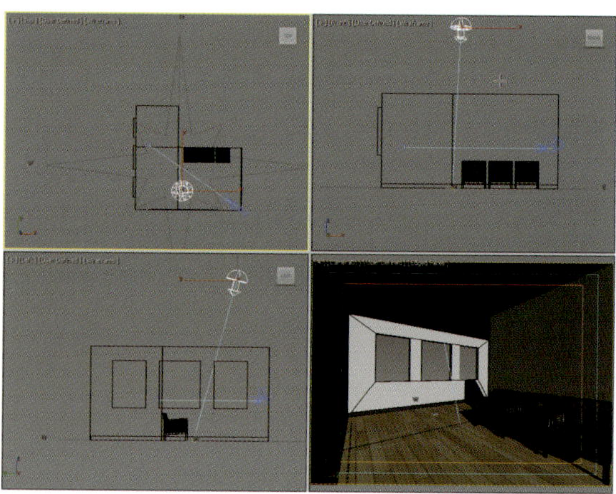

04 Environment and Effect[8] 창을 열고, 'mr Photographic Exposure Control' 롤아웃에서 'Physically Based Lighting, Indoor Daylight'으로 설정한 후 Exposure와 Image Control 항목을 그림과 같이 조정합니다.

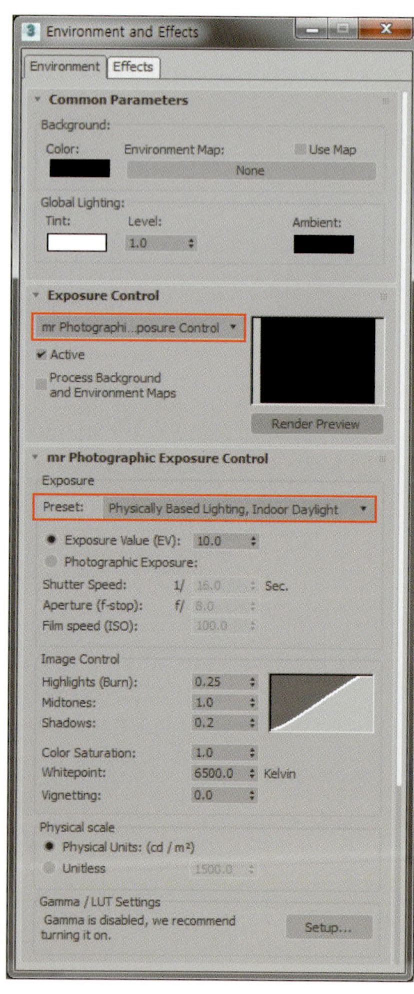

05 Daylight 파라메터에서 Sunlight 오브젝트를 'mr Sun', Skylight를 'mr Sky'로 변경합니다. 이때 Environment map에 'mr physical Sky'를 추가하겠느냐 물음에 "예"에 체크해주도록 합니다.

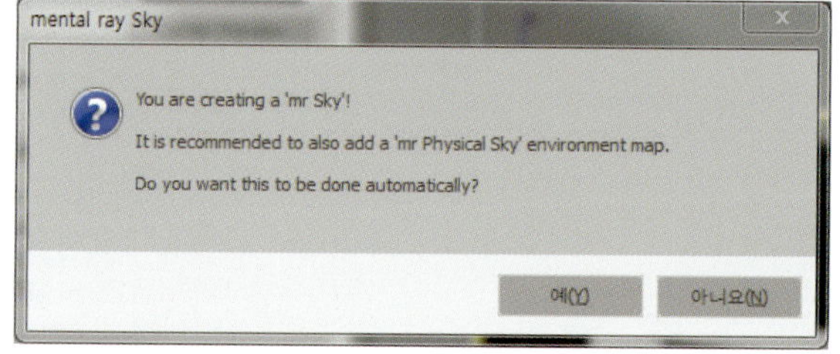

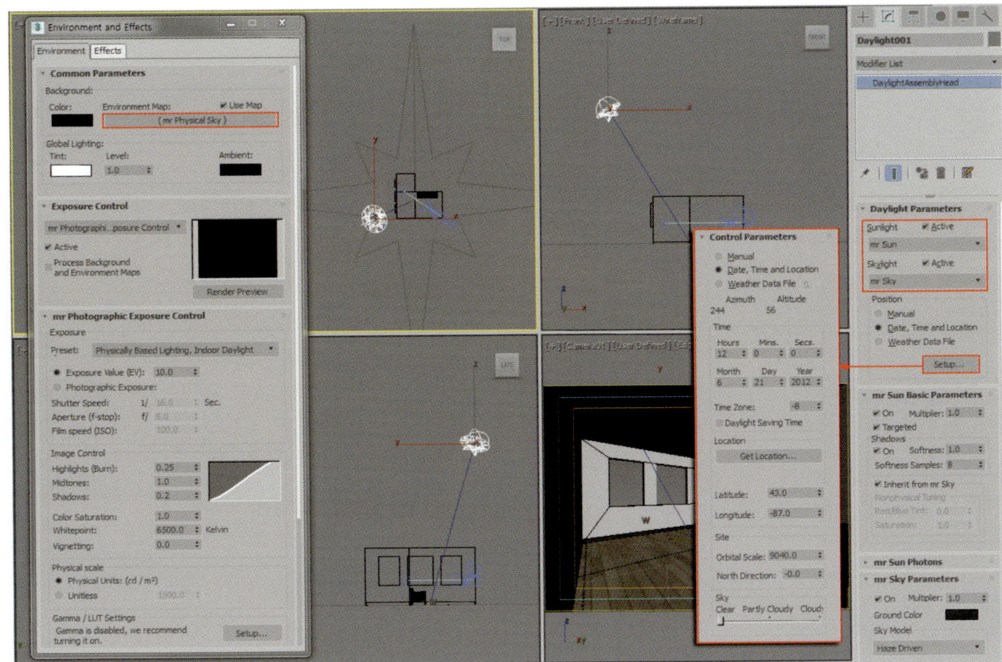

06 'mr Sky Portal' 오브젝트를 장면에 있는 개구부(유리창)보다 조금 크게 만들어 그림과 같이 외부에 배치합니다. 'mr Sky Portal'에 있는 중앙의 수직 화살표는 실내 쪽으로 향하게 조정합니다.

07 1차 렌더링 결과를 확인합니다. 'FG Bounce 값은 "0"으로 설정하도록 합니다.

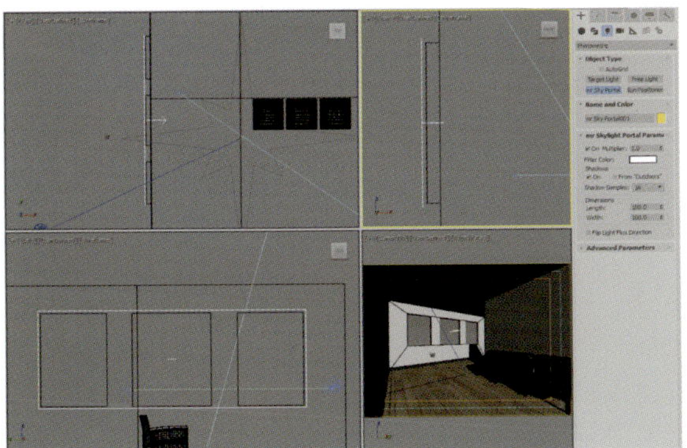

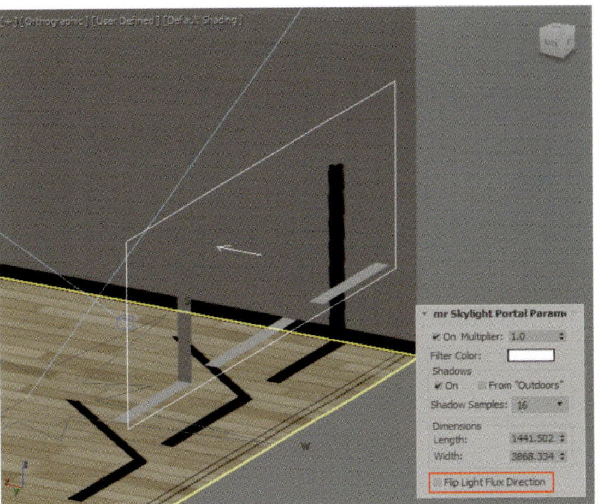

08 최종적으로 그림과 같이 Render Setup 창과 Environment and Effect 창에서 다음과 같이 설정합니다.

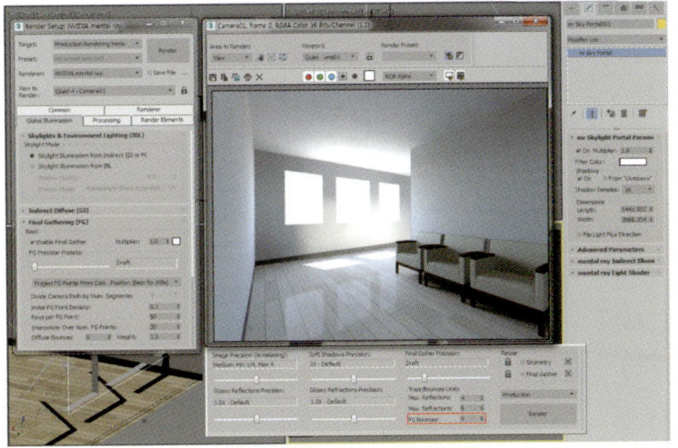

09 최종적으로 그림과 같이 Render Setup 창과 Environment and Effect 창에서 다음과 같이 설정합니다.

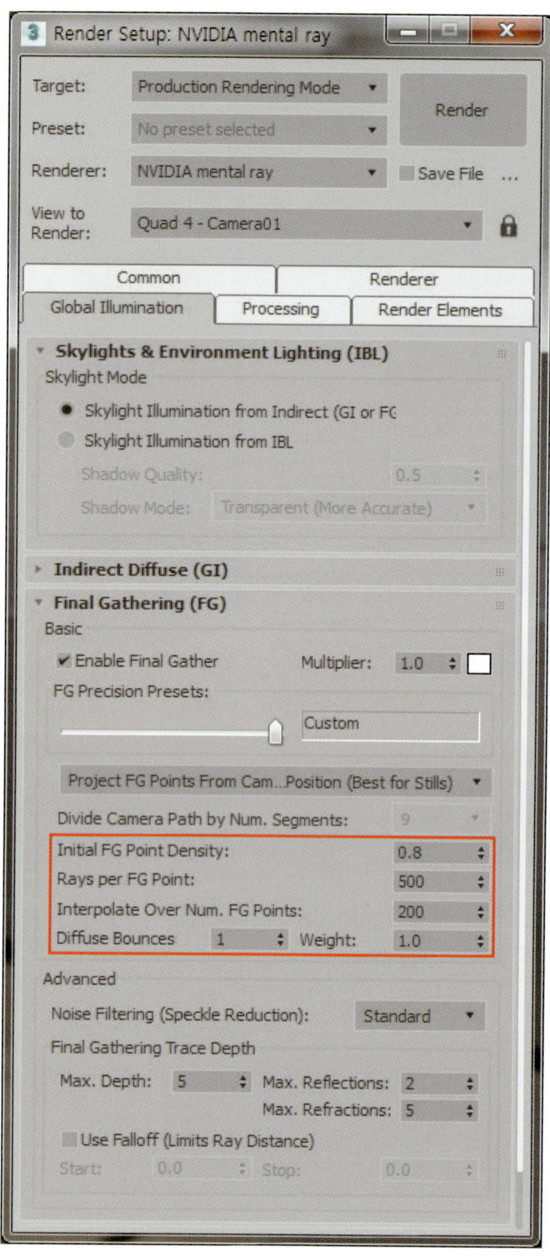

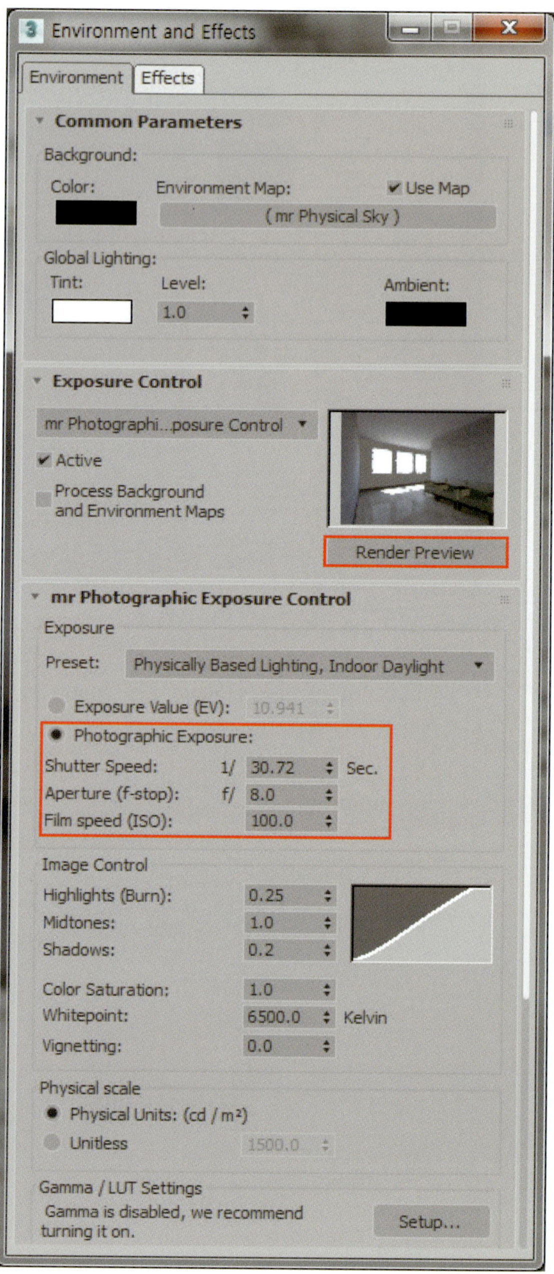

06 mental ray 렌더러의 'Final Gather'와 'mr Sky Portal'를 사용하여 렌더링한 최종 결과 이미지입니다.

⊙ CD 제공 : photometric_light-mr Sky Portal-com.max

04 Sun Positioner(Physical Sky)

Sun Positioner 및 Physical Sky의 기본 장점은 기존의 Sunlight 및 Daylight System에 비해 효율적이고 직관적인 작업 흐름입니다.

태양 포지셔너 및 물리적 하늘은 지구의 특정 위치 위에서 지리적으로 올바른 태양의 각도 및 이동을 따르는 라이트를 사용하며, 위치, 날짜, 시간 및 나침반 방향을 선택할 수 있습니다. 날짜와 시간을 애니메이션 할 수도 있고, 제안된 연구 및 기존 구조의 그림자 조사에 적합합니다. 또한 위도, 경도, 북쪽 방향 및 선회 배율을 애니메이션할 수 있습니다.

어떠한 렌더러에 구애를 받지 않으며, Scanline 음영 처리 기능을 구현하므로 Scanline 렌더러에서 조명에 대해서가 아니라 환경 맵으로 완전한 기능을 발휘합니다. 타사 렌더러에서도 이 기능을 사용하여 셰이더를 실제로 구현할 필요 없이 태양/하늘 셰이더를 손쉽게 지원할 수 있습니다.

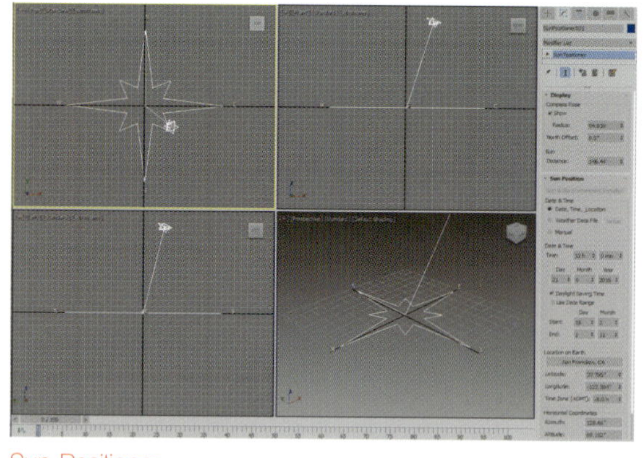

Sun Positioner

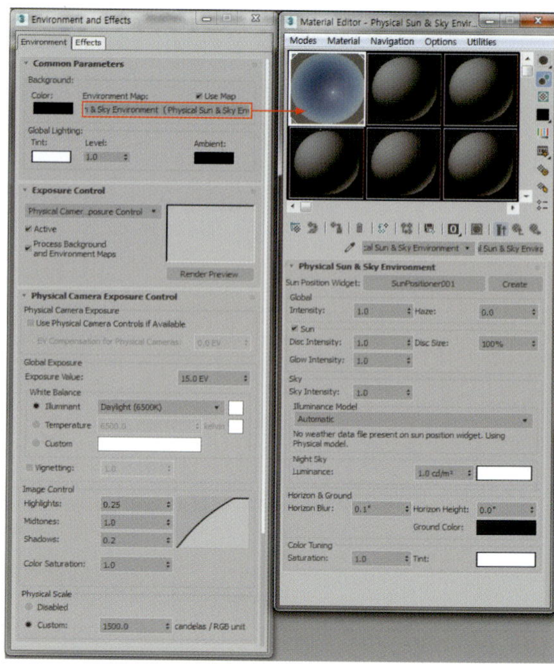

Physical Sky

Section 05 | Photometric Light 롤아웃

이번 섹션에서는 Photometric Light와 관련된 롤아웃에 대한 설명입니다. Shadow에 대한 롤아웃은 Standard Light와 모두 같습니다.

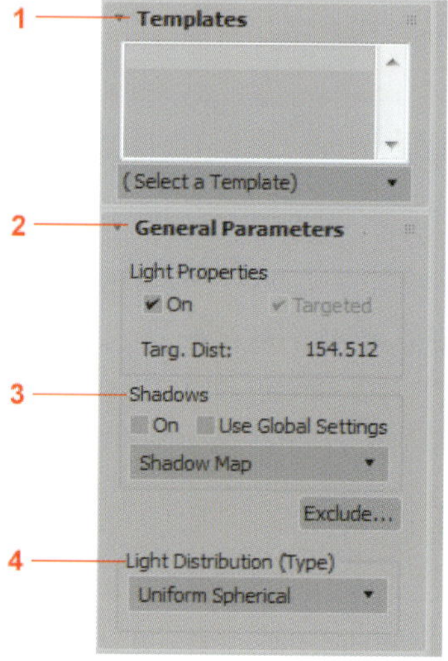

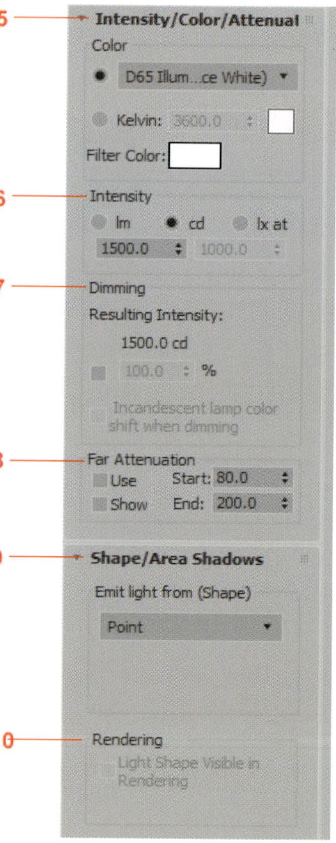

❶ Template 롤아웃

템플릿 롤아웃을 사용하여 다양한 사전 설정의 Light 유형을 선택할 수 있습니다.

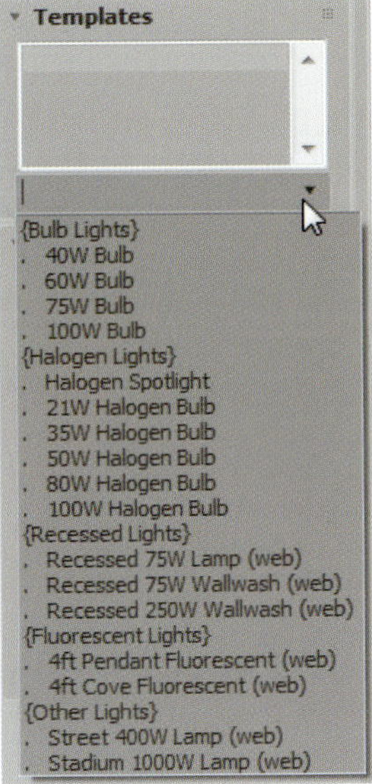

ⓐ Select a Template : 드롭다운 목록을 사용하여 사용할 Light 종류를
선택합니다. 템플릿을 선택하면 Light 파라메터가 해당 Light의 값을 사용
하도록 업데이트되고 목록 위의 텍스트 영역에 Light에 대한 설명이 표시됩
니다.

❷ General Parameters 롤아웃〉Light Properties

이 General Parameters 롤아웃은 Photometric Light에 대해 표시됩니다. 이 컨트롤은 Light를 설정하
거나 해제하며 장면에서 오브젝트를 제외하거나 포함합니다.

ⓐ On : Light를 설정하고 해제합니다.

ⓑ Targeted : 설정하면 Light를 조정하는 Target이 나타나며, Free Light를 Target Light로 변환할
때 사용합니다.

ⓒ Target Distance : Target과 Light의 거리를 표시합니다.

❸ Shadows

ⓐ On : 그림자를 설정하고 해제합니다.

ⓑ Use Global Settings : 이 Light의 그림자 투사에 전역 설정을 사용하려는 경우 설정합니다.

ⓒ Shadow Method Drop-Down List : 그림자를 지정하는 것으로, 다양한 그림자 유형들이 있습니다.
Standard Light의 파라메터를 참조하세요.

ⓓ Exclude : Light에서 선택된 오브젝트를 제외합니다. 이 버튼을 클릭하면 Exclude/Include 대화상자
가 표시됩니다.

❹ Light Distribution (Type)

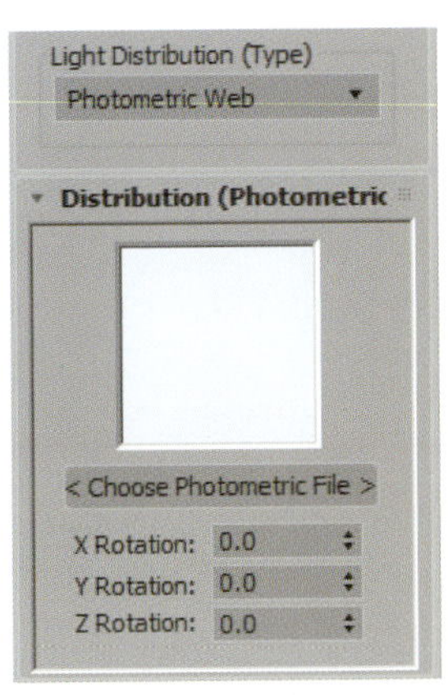

Light Distribution 드롭다운 목록을 사용하여 Light Distribution 유형을
선택할 수 있습니다. 다음 네 가지 옵션이 있습니다.

ⓐ Photometric Web : Distribution(Photometric Web) 롤아웃은
Photometric Web Distribution을 사용하여 Photometric Light를 만
들거나 선택할 때 수정 패널에 나타납니다. 이러한 파라메터를 사용하면
Photometric Web 파일을 선택하고 웹의 방향을 조정할 수 있습니다.

■ **Web diagram** : Photometric 파일을 선택하면 이 축소판에 Light Distribution 패턴의 도식적 다이어그램이 표시됩니다.

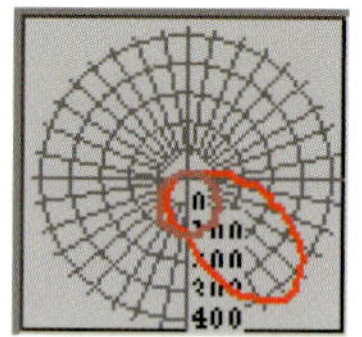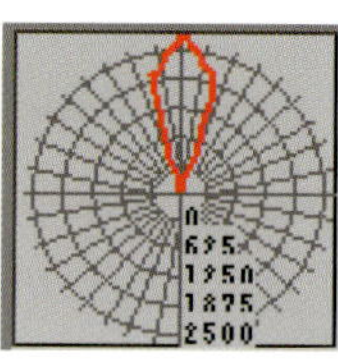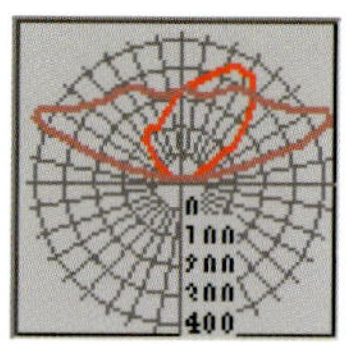

■ **Choose Photometric File** : Photometric Web으로 사용할 파일을 선택하려면 클릭합니다. 파일은 IES, LTLI 또는 CIBSE 형식일 수 있습니다. 파일을 선택하고 나면 이 버튼에 .ies, .ltli 또는 .cibse 이름 확장명 없이 파일 이름이 표시됩니다.

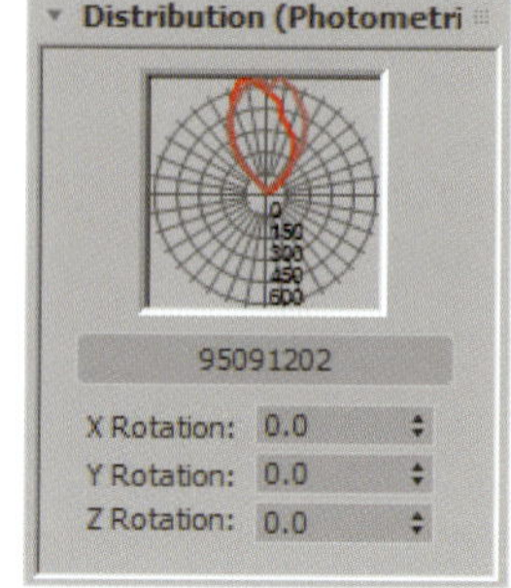

■ **X Rotation/ Y Rotation / Z Rotation** : Photometric Web을 X축, Y축, Z축을 중심으로 회전합니다. 회전의 중심은 Photometric Web이며, 범위는 180도에서 180도 사이입니다

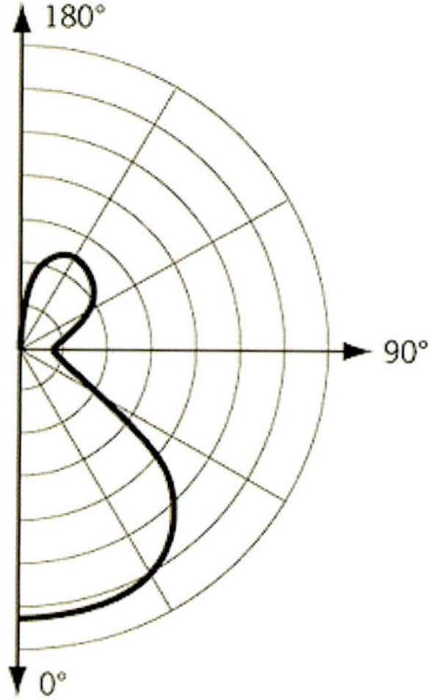

Web Distribution의 Goniometric Diagram(웹 분산의 각도 측정 다이어그램)

B **Spotlight** : Spotlight Distribution은 플래시라이트, 극장의 이동식 집중 조명기 또는 헤드라이트처럼 집중된 광범을 투사합니다.

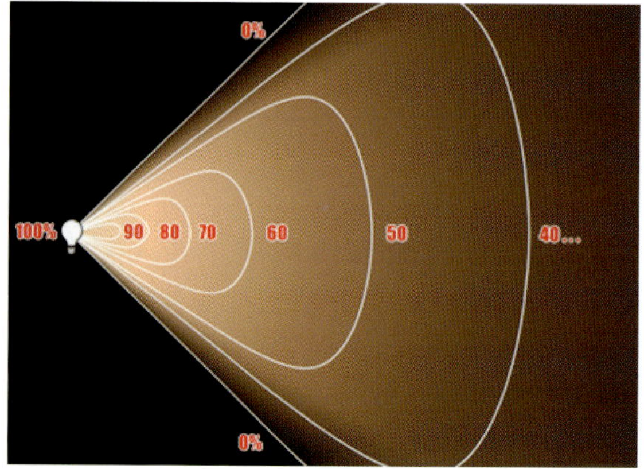

Spotlight Distribution

ⓒ **Uniform Diffuse** : Uniform Diffuse Distribution은 광원이 표면에서 방사된 것처럼 한 개의 반구에서만 Uniform Diffuse을 투사합니다. Uniform Diffuse Distribution은 Lambert의 코사인 법을 따릅니다. 어떤 각도에서 보더라도 광원이 외관상 동일한 강도를 유지합니다.

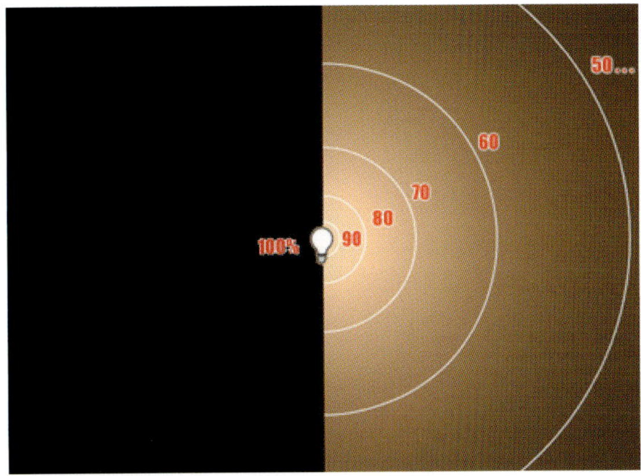

Uniform Diffuse Light Distribution

ⓓ **Uniform Spherical** : Uniform Spherical Distribution은 모든 방향으로 균일하게 광원을 투사합니다.

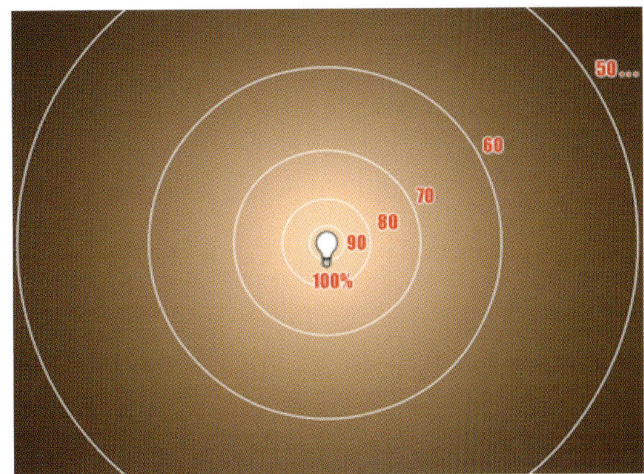

Uniform Spherical Light Distribution

❺ **Intensity/Color/Attenuation 롤아웃〉Color**

Intensity/Color/Attenuation 롤아웃을 사용하면 Light의 색과 강도를 설정할 수 있습니다.

ⓐ **Light** : Light의 스펙트럼 특징에 근접하기 위해 일반 램프 사양을 선택합니다. 선택한 광원을 반영하기 위해 Kelvin 파라메터 옆의 색상 견본이 업데이트됩니다.
Light 드롭다운 목록을 사용하여 색상을 지정할 때의 옵션은 다음과 같습니다. HID는 High-Intensity Discharge의 약어입니다.

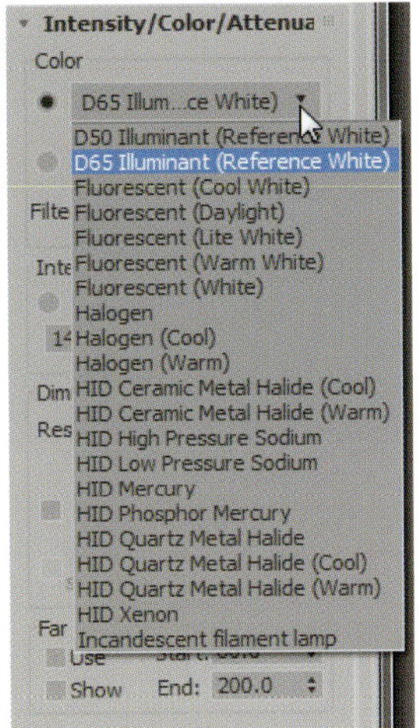

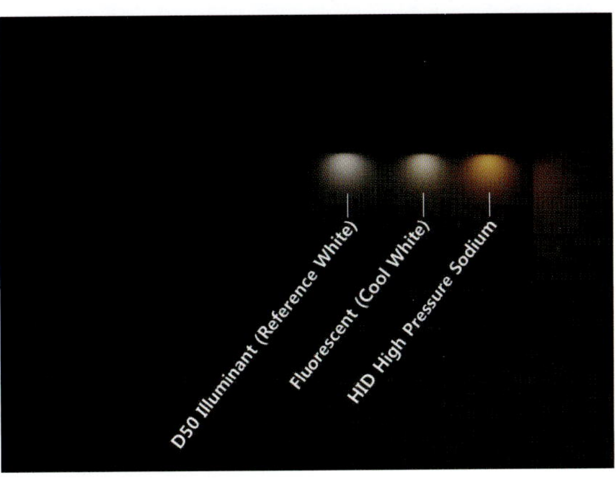

 **알아두기** | D65 Illuminant (Reference White)

기본 선택 사항인 D65 Illuminant (Reference White)는 서부 또는 북부 유럽의 정오 태양에 가깝게 표현합니다. "D65" 는 국제 광원 위원회(International Lighting Commission)인 Commission Internationale de l'Eclairage(CIE)에서 정의된 흰색 값입니다.

Ⓑ Kelvin : 빛의 절대온도 값을 입력해서 조명색상을 지정할 수 있습니다.

Ⓒ Filter Color : Light 위에 배치되는 색상 필터의 효과를 시뮬레이션하기 위해 'Filter Color'를 사용합니다.

❻ Intensity

Photometric Light의 강도나 밝기를 물리적 기반의 수량으로 지정합니다.

Ⓐ lm (lumen 루멘) : 광원의 전반적인 출력 강도(광속)를 측정합니다. 100W 범용 전구는 약 1750lm의 광속을 가집니다.

Ⓑ cd (candela 칸델라) : 일반적으로 조준 방향을 따라 광원의 최대 광도를 측정합니다. 100W 범용 전구의 광도는 약 139cd입니다.

Ⓒ lx at (lux 럭스) : 거리에서 표면을 비추고 소스의 방향을 향하는 광원에 의해 발생하는 조도를 측정합니다. 럭스는 평방 미터당 1루멘에 해당하는 국제 장면 단위입니다

❼ Dimming

Ⓐ Resulting Intensity : Intensity 그룹과 동일한 단위를 사용하여 Dimming에 의한 강도를 표시합니다.

Ⓑ Dimming Percentage : Light의 강도를 흐리게 하는 'multiplier'를 지정합니다.

Ⓒ Incandescent lamp color shift when dimming : 설정하면 광원이 어두워질 때 색상이 더 노란색으로 변해 백열광 광원을 시뮬레이트합니다.

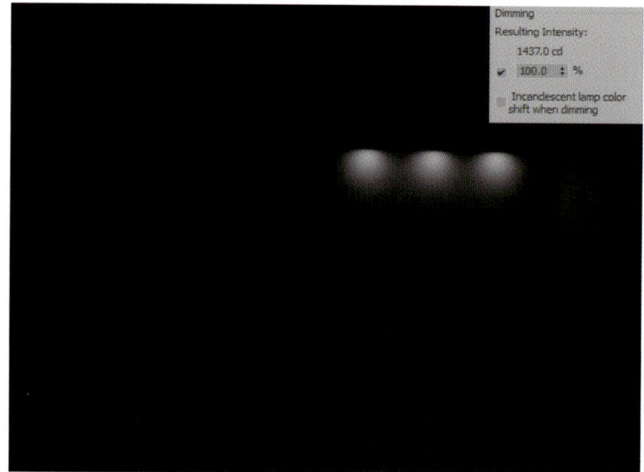

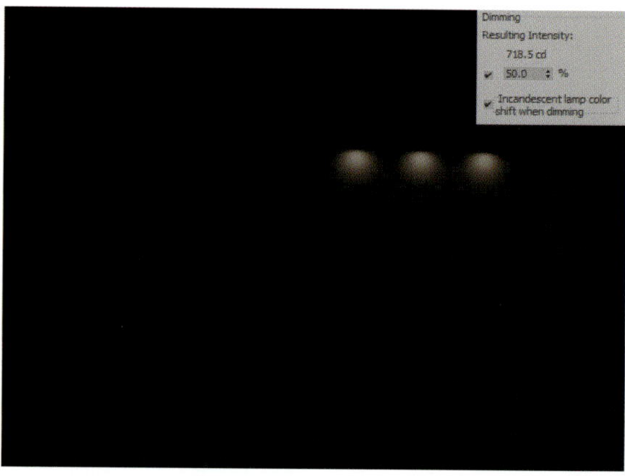

❽ Far Attenuation

Photometric Light의 감쇠 범위를 설정할 수 있으며, mental ray 렌더러에서만 작동합니다. 이것은 실제 광원이 동작하는 방식이 아니지만 감쇠 범위를 설정하면 렌더링 시간이 훨씬 향상될 수 있습니다.

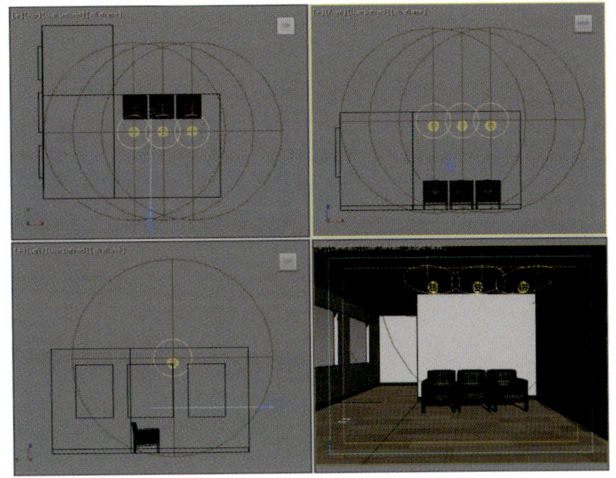

Ⓐ Use : Light에 대한 원거리 감쇠를 활성화합니다.

Ⓑ Show : 뷰포트에서 원거리 감쇠 범위(Far Attenuation Range) 설정을 표시합니다.

Ⓓ Start : Light가 Fade Out되기 시작하는 거리를 설정합니다.

Ⓒ End : Light가 0으로 Fade된 거리를 설정합니다.

❾ Shape/Area Shadows 롤아웃〉Emit light from(Shape)

Shape/Area Shadows 롤아웃을 사용하면 그림자를 생성하는 데 사용할 Light 모양을 선택할 수 있습니다.

Ⓐ Drop-down list : 목록을 사용하여 그림자 생성 모양을 선택합니다. 'Point'가 아닌 Shape을 선택하면 치수 컨트롤이 'Emit Light' 그룹에 나타나고, Shadow Samples 컨트롤이 'Rendering' 그룹에 나타납니다.

- **Point** : 점에서 방사된 것처럼 그림자를 계산합니다. Point 모양에는 다른 컨트롤이 없습니다.
- **Line** : 선에서 방사된 것처럼 그림자를 계산합니다. Line 모양에는 Length 컨트롤이 있습니다.
- **Rectangle** : 직사각형 영역에서 방사된 것처럼 그림자를 계산합니다. Area 모양에는 Length 및 Width 컨트롤이 있습니다.
- **Disc** : 원판에서 방사된 것처럼 그림자를 계산합니다. 원판 모양에는 Radius 컨트롤이 있습니다.
- **Sphere** : 구에서 방사된 것처럼 그림자를 계산합니다. 구 모양에는 Radius 컨트롤이 있습니다.
- **Cylinder** : 원통에서 방사된 것처럼 그림자를 계산합니다. 원통 모양에는 Length 및 Radius 컨트롤이 있습니다.

❿ Rendering

Ⓐ Light Shape Visible in Rendering : 설정하면 Light 오브젝트가 뷰 필드 내에 있는 경우 Light 모양이 Self-Illumination(빛나는) 모양으로 렌더링에 표시됩니다.

Ⓑ Shadow Samples : 영역이 있는 Light에 대해 전체 그림자 품질을 설정합니다. 렌더링한 이미지가 거칠게 나타나는 경우 이 값을 늘립니다.

Section 06 | Sun Positioner 롤아웃

Sun Positioner 롤아웃에는 태양광
시스템을 사용자로 하여금 정의하기
위한 설정이 포함되어 있습니다.

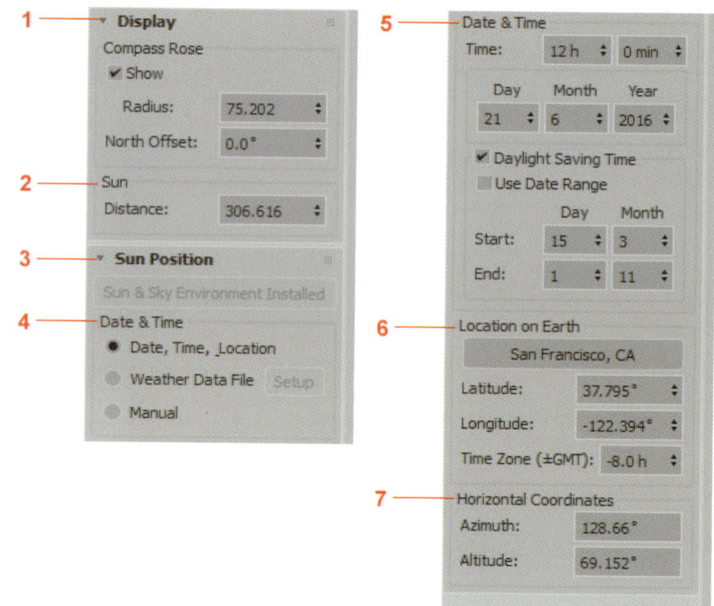

❶ Display 롤아웃

Ⓐ Compass Rose

- **Show** : 뷰포트에 나침도 표시 여부를 토글합니다.
- **Radius** : 뷰포트에 표시되는 나침도의 반지름입니다.
- **North Offset** : 나침도를 회전하여, 날짜 및 시간에 따라 태양의 위치를 지정하는 데 사용되는 기본 방향을 바꿉니다.

❷ Sun

Ⓐ Distance : 뷰포트에 표시되는 나침도에서 태양까지의 거리입니다.

❸ Sun Position 롤아웃

- **Sun&Sky Environment Installed** : 현재 환경 맵을 물리적 태양 및 하늘 환경으로 바꿉니다.

❹ Date & Time

- **Date, Time, Location** : 날짜, 시간 및 위치 정보에 따라 태양을 배치합니다.
- **Weather Data File** : 날씨 데이터를 사용하여 태양의 위치를 지정하고 태양 조명을 정의합니다.
- **Setup** : 날씨 데이터 구성 대화상자를 엽니다.
- **Manual** : 변환/회전 또는 방위각/고도를 사용하여 태양의 위치를 수동으로 지정합니다.

❺ Date & Time

- Ⓐ **Time** : 시간과 분으로 표현하는 하루의 시간입니다.
- Ⓑ **Day, Month, Year** : 일, 월 및 연도입니다.
- Ⓒ **Daylight Saving Time** : 일광 절약 시간 사용을 토글합니다.
- Ⓓ **Use Date Range** : 사용할 연속되는 일 범위를 지정된 시작 날짜와 끝 날짜로 정의하여 설정합니다.

❻ Location on Earth

Ⓐ Location(San Francisco, CA) : 사용자가 구성 가능한 데이터베이스에서 위치를 설정합니다. 기본 위치는 미국 캘리포니아 샌프란시스코입니다

Ⓑ Latitude : 위치의 위도 좌표입니다.

Ⓒ Longitude : 위치의 경도 좌표입니다.

Ⓓ Time Zone(±GMT) : GMT에서 오프셋된 표준 시간대입니다.

❼ Horizontal Coordinates

Ⓐ Azimuth : 북쪽 방향을 기준으로 하늘에 있는 태양의 방위각입니다.

Ⓑ Altitude : 수평선을 기준으로 하늘에 있는 태양의 고도입니다.

Section 07 | Sunlight와 Daylight System

System에서는 Sunlight와 Daylight를 제공하여 시간과 위치, 날짜, 나침반 방향 등에 맞게 정확한 빛의 위치와 값으로 좀 더 정확한 태양 효과를 만들 수 있습니다. 또한 위도, 경도, 북쪽 방향 및 선회 배율을 애니메이션할 수 있습니다.

Sunlight와 Daylight의 인터페이스는 비슷하며, Sunlight는 Directional Light를 사용합니다. 반면에 Daylight는 Sunlight와 Skylight와 결합합니다.

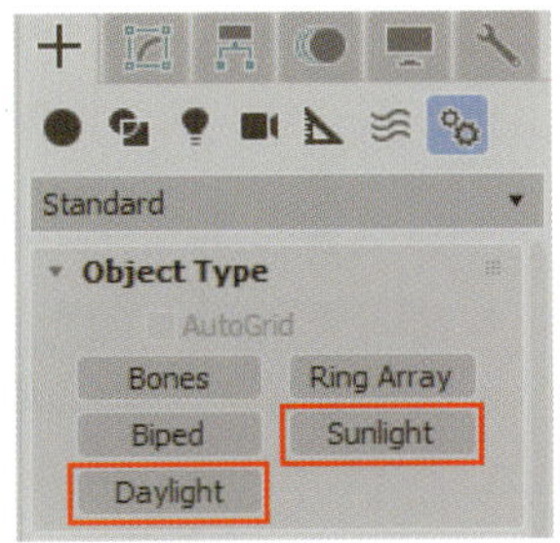

01 Sunlight

Sunlight는 Directional Light의 옵션을 Modifier 패널에서 그대로 사용하게 됩니다. 위치, 날짜, 시간, 방향 등을 조정하기 위해서는 Command 패널 〉Motion으로 이동하여야 합니다.

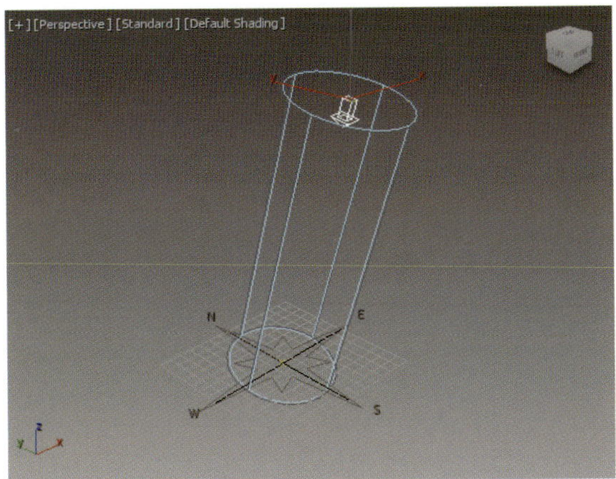

02 Daylight

Daylight는 Sunlight와 Skylight를 결합합니다. Sunlight의 구성은 IES Sun, mr Sun, Standard(Target Direct Light)이며, Skylight 구성은 IES Sky, mr Sky, Skylight입니다.

mental ray 렌더러와 함께 같이 사용하려면 Daylight를 사용하는 것이 좋고, 주로 실외 지역에 사용됩니다.

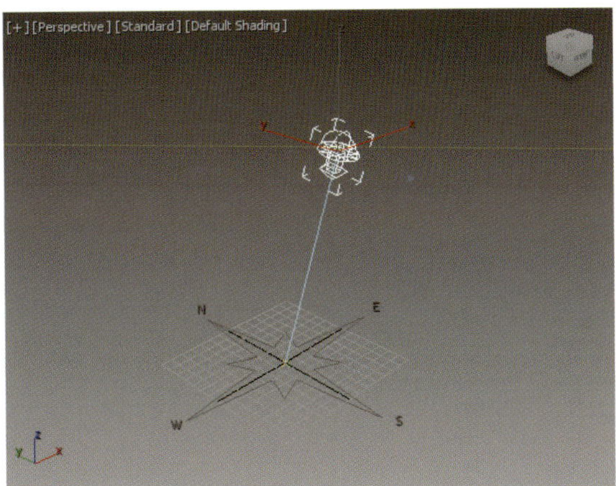

 **알아두기** | Sunlight와 Skylight는

❶ IES Sun과 IES Sky는 Photometric Light입니다. Radiosity에 Exposure Control 사용하여 렌더링을 만드는 경우 사용하는 것이 좋습니다.
❷ mr Sun과 mr Sky는 Photometric이지만 mental ray Sun 및 Sky 솔루션에 사용됩니다.
❸ Standard와 Skylight는 Photometric이 아니며, 장면에서 Standard(Directional Light)나 Light Tracing을 사용하는 경우 이런 Light를 사용합니다.

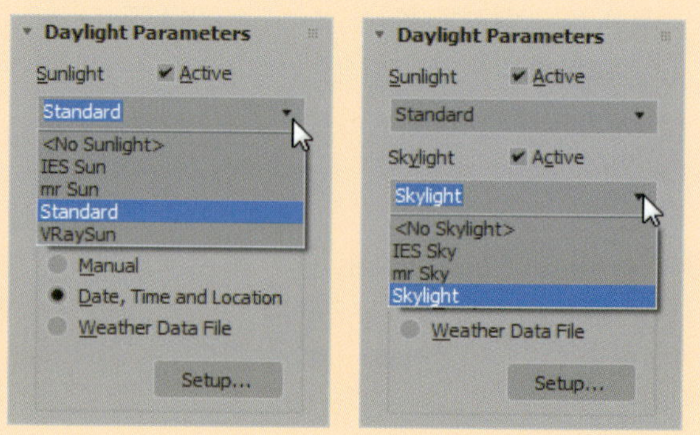

03 Control Parameters 롤아웃

이 롤아웃은 Sunlight와 Daylight 시스템의 Light 구성요소가 선택된 경우 Create 패널과 Motion 패널에 나타납니다. 앞에서 언급한 Sun Positioner 롤아웃 내용과 거의 비슷합니다.

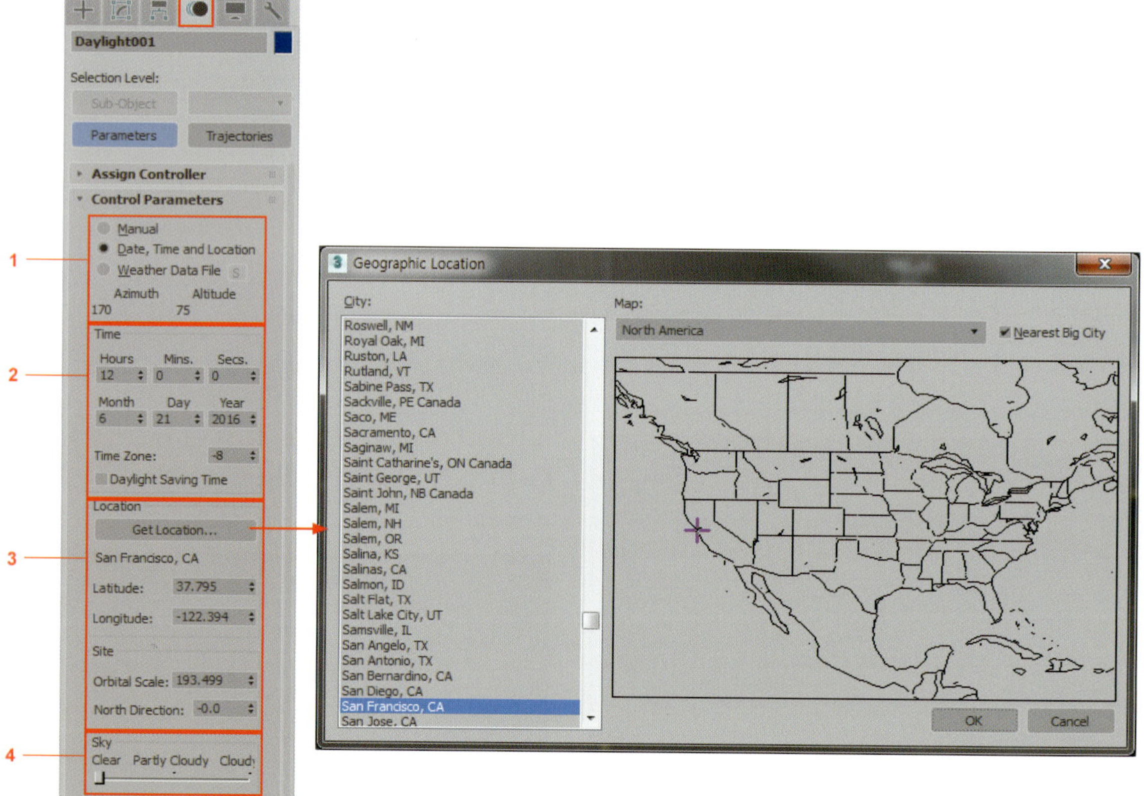

❶ **Control source radio buttons(Daylight 해당)**
   ■ **Manual** : 태양 오브젝트의 위치와 강도 값을 수동으로 조정합니다.
   ■ **Date, Time and Location** : 지리상 지구의 지정된 위치에서 태양의 올바른 각도와 움직임을 사용합니다.

- **Weather Data File** : 날씨 데이터 파일을 사용합니다.
- **Azimuth/Altitude** : 태양의 방위각 및 고도를 표시합니다.

❷ Time

시간, 날짜 및 표준 시간대 설정을 제공합니다.

- **Hours/Mins./Secs.** : 시간을 지정합니다.
- **Month/Day/Year** : 날짜를 지정합니다.
- **Time Zone** : 표준 시간대 범위는 −12에서 12 사이입니다.
- **Daylight Savings Time** : 설정하면 여름(월) 중에 방위각과 고도를 조정하여 일광 절약 시간을 계산합니다.

❸ Location

실제 세계에서 장면 위치를 설정하기 위한 컨트롤을 제공합니다.

- **Get Location** : 지리적 위치 대화상자를 통해 도시 목록이나 지도에서 위치를 선택하여 경도 및 위도 값을 설정할 수 있습니다.

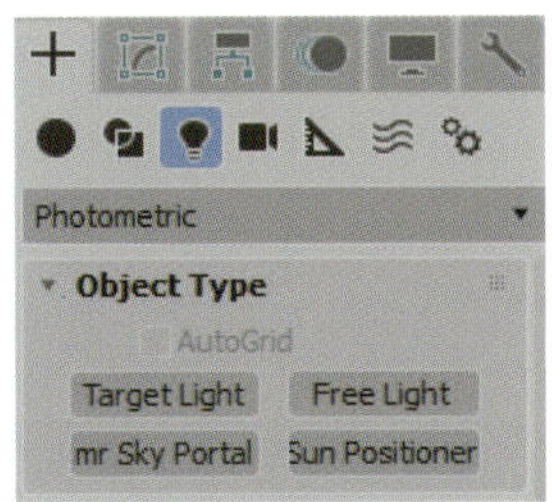

- **Latitude/Longitude** : 위도 및 경도를 기준으로 한 위치를 지정합니다.
- Site
① **Orbital Scale** : Compass Rose에서 태양의 거리를 설정합니
② **North Direction** : Compass Rose의 위치 방향을 조정합니다.

❹ Sky : 빛이 하늘을 통해 분산되는 범위를 선택합니다. 기본적으로 Clear로 설정되어 있으며, 우측으로 갈수록 구름이 많습니다.

Lesson 03

Camera 이해

카메라를 만든 후 뷰포트를 설정하게 되면 카메라에서 바라보는 특정 시점의 장면을 연출할 수 있으며, 렌즈를 통해 보는 것처럼 카메라를 조절할 수 있습니다.

카메라 뷰포트는 형상 편집 및 렌더링할 장면 설정에 유용하며, 동일한 장면에서 여러 개의 카메라를 설치하여 각기 다른 뷰를 제공해줍니다.

카메라 오브젝트는 실제 Still Image, Motion Picture 또는 Video Camera를 시뮬레이션합니다. 카메라의 시점이나 카메라의 위치를 애니메이션이 가능하며, 카메라를 사용한 장면 확대 및 축소 또한 애니메이션이 가능합니다.

카메라의 설정은 라이트 설정과 관련이 많기 때문에 카메라에 대한 학습은 배제할 수 없습니다.

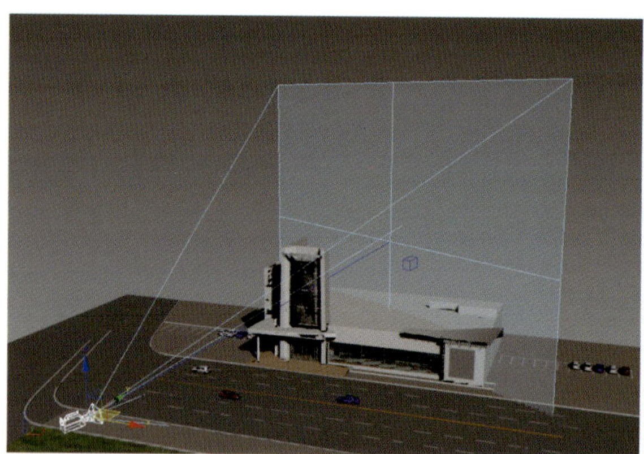

Section 01 | Camera의 종류

3ds Max 2017에는 다음과 같은 2가지의 종류의 카메라가 있습니다. 실제 카메라(Physical Cameras)와 기존 카메라(Legacy Cameras)가 있는데, 실제 카메라는 노출 컨트롤 및 기타 효과와 장면 프레임을 통합하여 실제 카메라를 모델링합니다. 기존 카메라는 컨트롤이 거의 없는 단순한 인터페이스가 있습니다.

기존 카메라 중 Target Camera은 Sill Image나 Animation 용에 쓰이고, Free Camera는 움직이는 물체에 부착되어 사용되거나 경로를 따라 애니메이션되는 경우 사용합니다.

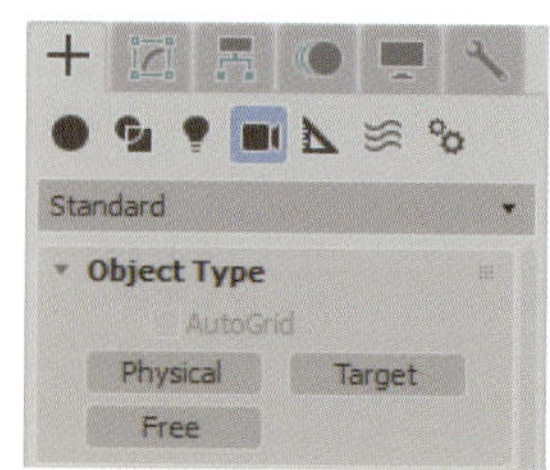
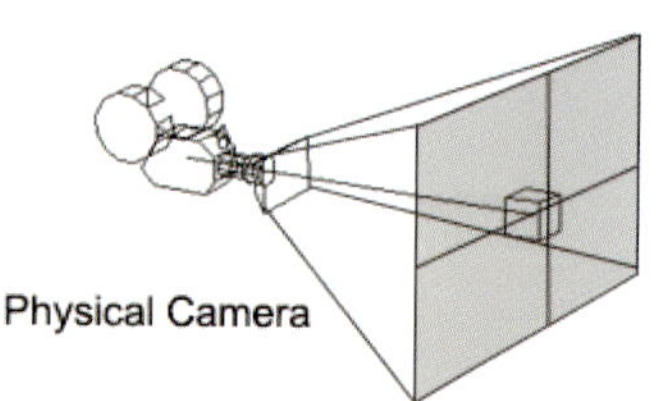

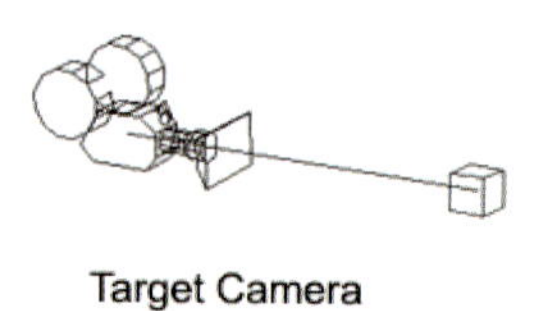

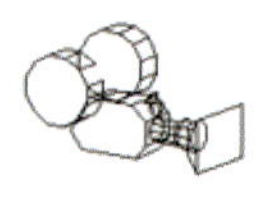

❶ **Physical Camera** : 물리적 기반의 사실적 렌더링에 사용할 수 있는 최상의 카메라로 사용하고 있는 렌더러에 따라 기능에 대한 지원 수준 내용은 달라집니다. Perspective View에서 원하는 구도로 설정한 다음 Ctrl + C 키를 누르면 카메라가 생성되며, 해당 카메라 뷰포트로 유지됩니다.

Ⓐ 기본 스캔라인 렌더러
다음을 제외한 실제 카메라 설정을 지원합니다.

- Distortion
- Depth of field
- Motion blur

투시 컨트롤은 지원되지만 일부 설정이 특정 장면에 응답하지 않을 수 있습니다.

ⓑ mental ray 렌더러

실제 카메라 설정을 모두 지원합니다.

ⓒ iray 렌더러

다음을 제외한 실제 카메라 설정을 지원합니다.

- Distortion
- Depth of field
- 투시 컨트롤 → 기울기 보정
- Near/far clip planes
- Environment ranges

ⓓ Quicksilver 하드웨어 렌더러

다음을 제외한 실제 카메라 설정을 지원합니다.

- Distortion
- Motion blur
- Bokeh → 조리개 모양

Quicksilver 렌더러는 장면의 bokeh 영역에 항상 원형 조리개를 사용하며, 투시 컨트롤(Perspective Control)은 지원되지만 일부 설정이 특정 장면에 응답하지 않을 수 있습니다.

ⓔ 타사 렌더러

Chaos Group의 V-Ray® 렌더러는 실제 카메라 설정을 모두 지원합니다.
기타 타사 렌더러는 실제 카메라를 지원하도록 명시적으로 코딩되지 않는 한 기본 스캔라인 렌더러와 동일한 제한이 있습니다.

ⓕ 뷰포트 지원

- **Distortion** : 뷰포트에는 올바르게 표시되지 않지만 Cubic Distortion은 최종 결과에서 힌트가 되는 뷰포트 그리드를 생성합니다.
- **Depth of Field** : 뷰포트에 bokeh 모양이 표시되지 않습니다.
- **Motion Blur** : 뷰포트에 모션 블러가 표시되지 않습니다.
- **Perspective Correction(투시 보정)** : 뷰포트에 투시 보정의 근사치만 표시되며 렌더링된 결과는 다를 수 있습니다.

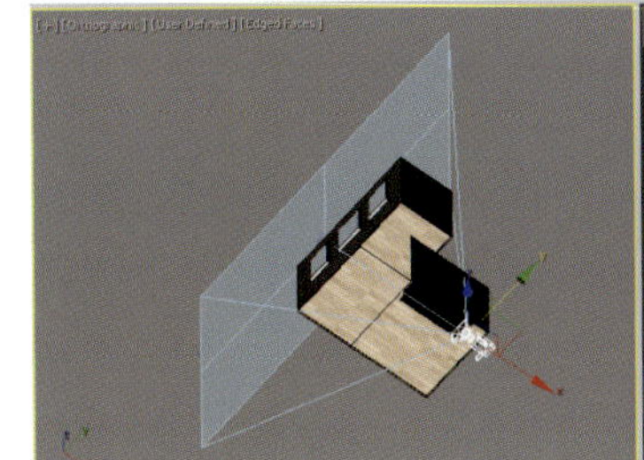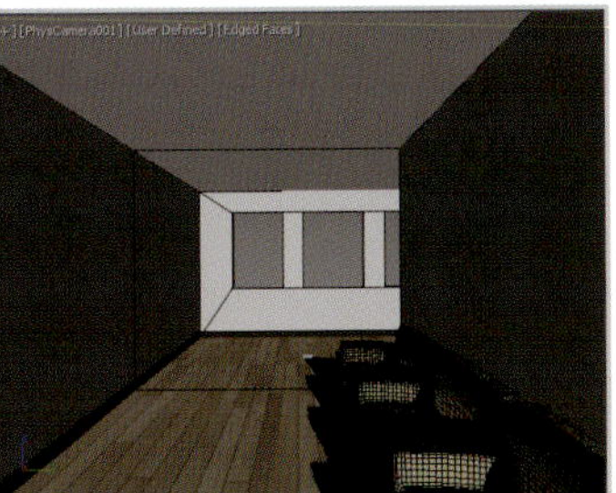

❷ **Target Camera** : 카메라를 만들 때 배치하는 Target 아이콘 둘레의 영역을 봅니다. Camera와 Camera의 Target을 독립적으로 애니메이션할 수 있으므로 카메라가 경로를 따라 이동하지 않는 경우 Target Camera를 사용하는 것이 더 쉽습니다.

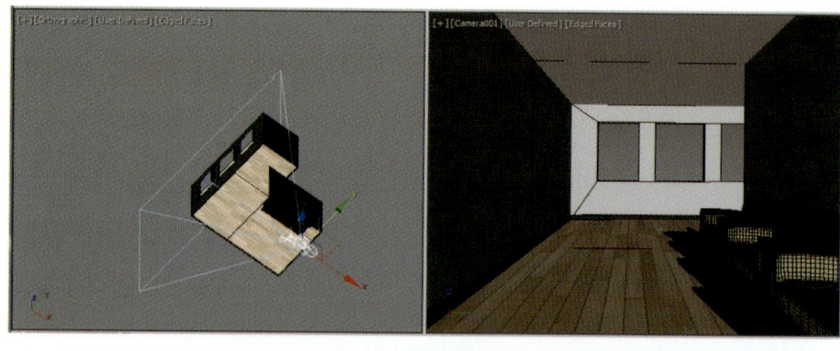

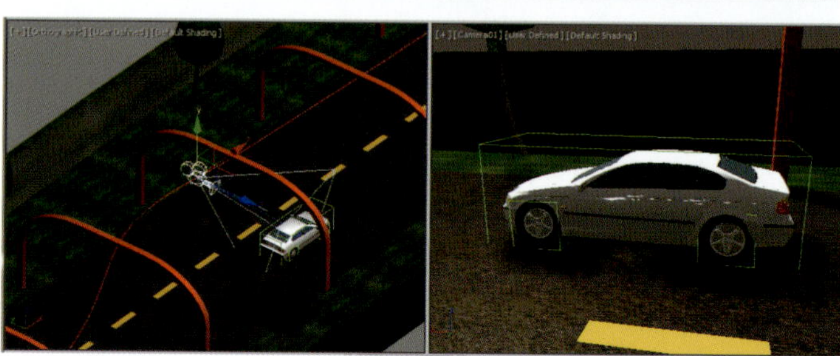

❸ **Free Camera** : 카메라가 가리키는 방향의 영역을 봅니다. Free Camera는 Target이 없기 때문에 Transform(Move, Rotate, Scale) 툴을 사용하여 위치나 방향등을 조정합니다. 경로(Path)를 따라 애니메이션 되는 경우 Free Camera를 사용하는 것이 더 편리합니다.

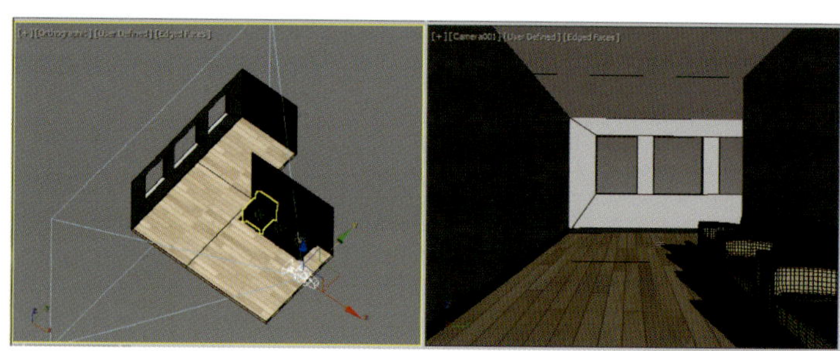

Section 02 | Physical Camera의 Parameters

01 Basic 롤아웃

3ds Max 뷰포트에서 카메라가 동작하는 방법을 설정합니다.

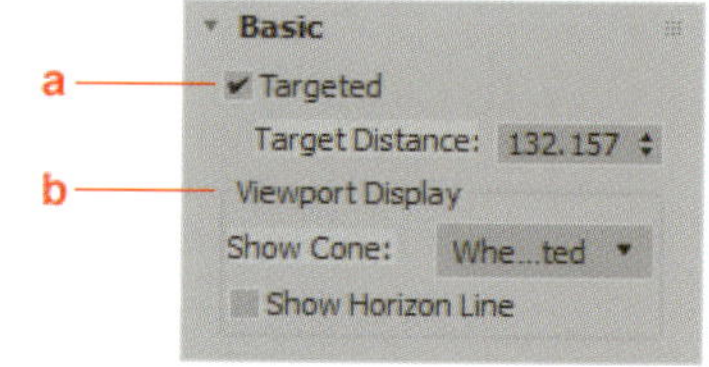

❶ **Targeted** : 설정하면 카메라에 Target Object가 포함되며 Target Camera처럼 동작합니다. Target을 이동하여 카메라를 맞출 수 있으며, 해제하면 Free Camera처럼 동작합니다.
■ **Target Distance** : Target과 Focal Plane(초점 평면)사이의 거리를 설정합니다. Target Distance 는 Focusing, Depth of Field 등에 영향을 줍니다.

❷ **Viewport Display** : 카메라의 원뿔과 수평선의 표시여부를 설정합니다.
■ **Show Cone** : 카메라의 원뿔이 표시됩니다. When Selected, Always, Never의 옵션에 따라 원뿔이 표시되거나 표시되지 않습니다.

■ **Show Horizon Line** : 카메라의 눈높이가 수평선으로 카메라 뷰포트에 표시됩니다.

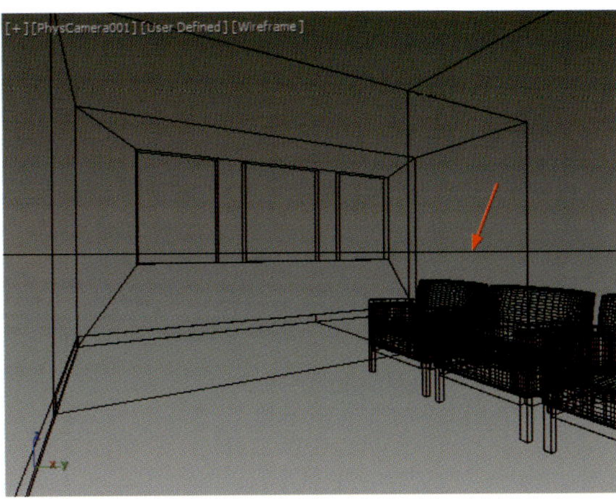

02 Physical Camera 롤아웃

카메라의 기본 물리적 속성을 설정합니다.

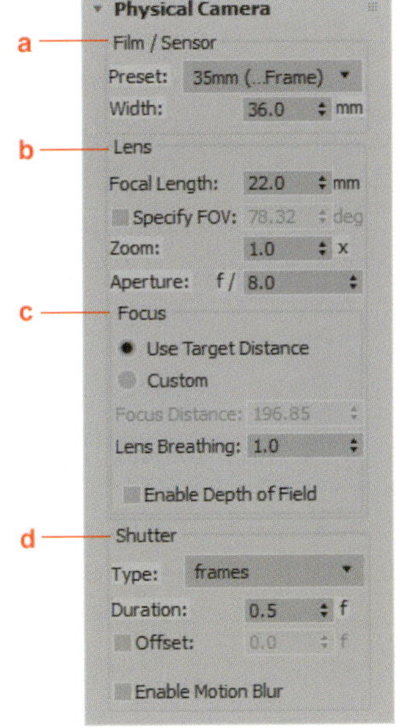

ⓐ Film / Sensor

■ **Preset** : 필름 또는 전하 결합 센서 모델을 선택합니다. 35mm(전체 프레임) 필름(기본 값) 및 다양한 산업 표준 센서 설정을 선택할 수 있습니다. 35mm, APS-C(Canon), APS-C(Nikon, Sony 등), APS-H(Canon), Four Thirds가 있으며, 설정에 따라 프레임 폭 값이 변경됩니다.

PhysicalCameraFilmPresets.ini를 편집하여 새 사용자의 정의 사전 설정을 추가할 수 있습니다.

■ **Width** : 프레임 폭을 수동으로 조정할 수 있습니다.

ⓑ Lens

■ **Focal Length** : 렌즈의 초점 거리를 설정합니다. 기본 값은 40.0mm 입니다.

■ **Specify FOV** : 설정하면 새 FOV(뷰필드) 값(도)을 설정할 수 있습니다. 기본 FOV 값은 선택한 Film/Sensor의 사전 설정에 따라 다릅니다.

ⓘ 알아두기 | Specify FOV 설정

FOV 지정을 설정하면 초점 길이 컨트롤이 사용되지 않습니다. 그러나 이러한 컨트롤 중 하나의 값을 변경하면 다른 값도 변경됩니다.

■ **Zoom** : 카메라 위치를 변경하지 않고 렌즈를 확대 또는 축소합니다. Zoom(확대/축소)는 다른 모든 카메라 효과를 변경하지 않고 렌더링된 이미지를 자르는 방법을 제공합니다. 예를 들어 초점 길이를 변경하면 조리개 크기가 변경되어 bokeh 효과도 변경되지만 확대/축소 값을 변경하면 변경되지 않습니다.

■ **Aperture** : 조리개를 f-넘버 또는 "f-스톱"으로 설정합니다. 이 값은 노출과 Depth of Field 둘 다에 영향을 줍니다. f-넘버 값이 작을수록 조리개가 크게 열리고 필드 깊이가 좁아집니다.

ⓒ Focus

■ **Use Target Distance** : 대상 거리를 초점 거리로 사용합니다.

■ **Custom** : 대상 거리가 아닌 다른 초점 길이를 사용합니다.

■ **Focus Distance** : 사용자 정의를 선택한 경우 초점 거리를 설정할 수 있습니다.

■ **Lens Breathing** : 렌즈를 초점 거리 쪽이나 초점 거리에서 먼 쪽으로 이동하여 뷰 필드를 조정합니다. Lens Breathing 값이 0.0이면 이 효과가 비활성화합니다.

■ **Enable Depth of Field** : 설정하면 카메라가 초점 거리와 다른 거리에서 블러링을 생성합니다. DOF 효과의 강도는 조리개 설정을 기반으로 합니다.

ⓓ Shutter

■ **Type** : 셔터 속도를 측정하는데 사용할 단위를 선택합니다. Frames는 일반적으로 컴퓨터 그래픽에서 사용되고, 1/Seconds 또는 Seconds는 일반적으로 스틸 사진에서 사용되며, Degrees는 일반적으로 활동사진에 사용됩니다.

■ **Duration** : 선택한 단위의 Type의 기반으로 셔터 속도를 설정합니다. 이 값은 노출, Depth of Filed, Motion Blur에 영향을 줄 수 있습니다.

■ **Offset** : 설정하면 각 프레임의 시작에 상대적으로 셔터가 열리는 시점을 지정합니다. 이 값을 변경하면 Motion Blur가 영향을 받을 수 있습니다

■ **Enable Motion Blur** : 설정하면 카메라에서 Motion Blur를 생성합니다.

03 Exposure 롤아웃(Physical Camera)

카메라의 노출을 설정합니다.

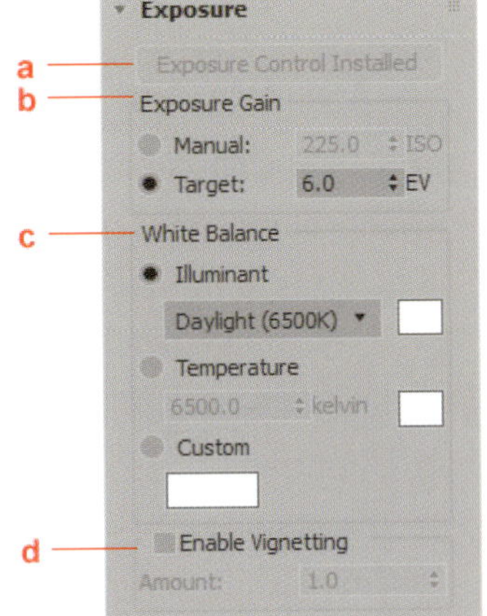

ⓐ Exposure Control Installed : 실제 카메라 노출 컨트롤을 클릭하여 활성 노출 컨트롤로 설정합니다. 실제 카메라 노출 컨트롤이 이미 활성화된 경우에는 이 버튼이 비활성화되어 있고 해당 레이블이 "Exposure Control Installed"로 표시됩니다.

다른 노출 컨트롤이 활성 상태이면 이 롤아웃의 나머지 컨트롤이 비활성화되어 있습니다. 기본적으로 이 롤아웃의 설정은 실제 카메라 노출 컨트롤에 대한 전역 설정을 재정의합니다. 개별 카메라 노출 설정을 재정의하도록 실제 카메라 노출 컨트롤을 설정할 수도 있습니다.

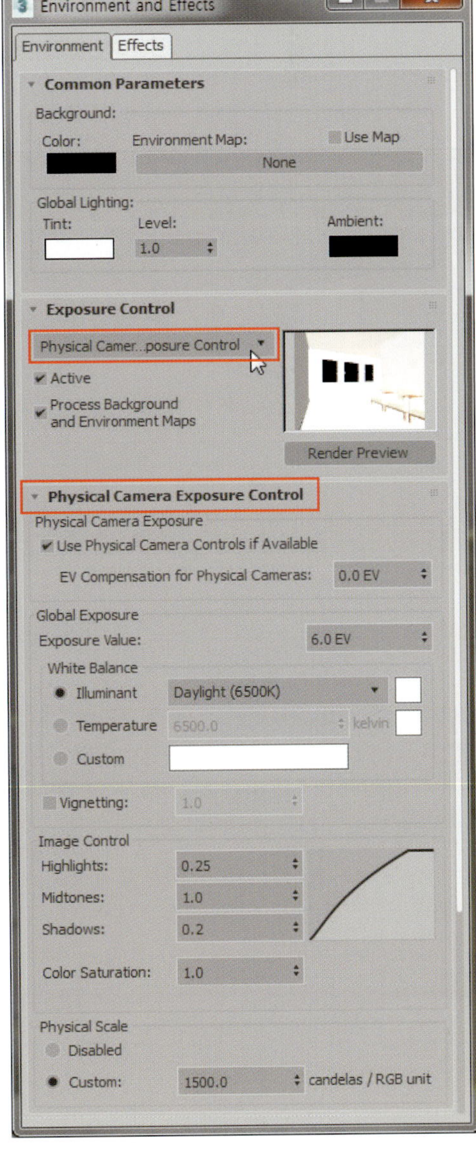

ⓑ **Exposure Gain** : 필름 속도(또는 해당 디지털)를 모델링합니다.
- **Manual** : ISO 값을 통해 노출 게인을 설정합니다. 이 옵션을 활성화하면 값, 셔터 속도 및 조리개 설정을 통해 노출이 계산됩니다. 이 값이 클수록 노출도 더 큽니다.
- **Target** : 사진 노출 값 세 개의 조합에 해당하는 단일 노출 값 설정을 지정합니다. EV 값의 증가 또는 감소는 셔터 속도 값의 결과 변경 사항에 나타난 바와 같이 각각 효과적인 노출의 절반이나 두 배에 해당합니다. 따라서 값이 높을수록 이미지가 어두워지고 값이 낮을수록 이미지가 밝아집니다. 기본 값은 6.0입니다. 예를 들어, 셔터 속도 1/125초, f/16 및 ISO 100의 조합의 EV는 15가 됩니다. 셔터 속도를 1/250초로 절반으로 줄이고 조리개의 크기를 f/11로 2배로 늘려도 동일한 EV 값을 얻습니다.

ⓒ **White Balance** : 색상 균형을 조정합니다.
- **Illuminant** : 표준 라이트 소스의 관점에서 색상 균형을 설정합니다. 기본 값은 일광(6500K)입니다.
- **Temperature** : 켈빈 도로 측정되는 색상 온도의 관점에서 색상 균형을 설정합니다.
- **Custom** : 임의 색상 균형을 설정합니다.

ⓓ **Enable Vignetting** : 설정하면 렌더링 시 필름 평면의 가장자리에서 발생하는 어두워지는 효과가 시뮬레이션됩니다. 비네팅을 사실적으로 보다 정확하게 시뮬레이션하려면 Bokeh(Depth of Field) 롤아웃에서 광학 비네팅(Cat Eye) 컨트롤을 사용합니다.
- ① **Amount** : 양을 늘려 비네팅 효과를 높일 수 있습니다.

04 Bokeh(Depth of Field) 롤아웃(Physical Camera)

Depth of Field와 함께 사용할 Bokeh 효과를 설정합니다. Depth of Field가 이미지에 적용된 경우(이 설정은 Physical Camera 롤아웃에 있음) 초점이 맞지 않는 이미지 영역에 나타나는 패턴을 Bokeh 효과라고 하며, 이 효과를 "Circle of Confusion"(혼동의 원)이라고도 합니다. Physical Camera에서는 렌즈의 모양이 Bokeh 패턴에 영향을 줍니다.

ⓘ **알아두기** | Bokeh 효과

> Bokeh 효과는 장면의 초점을 벗어난 영역에 고대비의 작은 점이 있는 경우에
> 가장 명확하며, 일반적으로 라이트 소스나 다른 밝은 오브젝트에서 나타납니다.

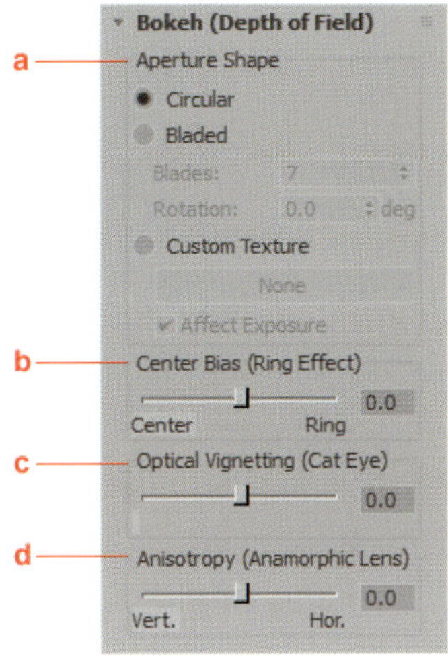

ⓐ Aperture Shape

- **ICircular** : Bokeh 효과가 원형 조리개를 기반으로 합니다.
- **IBladed** : Bokeh 효과는 Edge와 함께 조리개를 사용합니다.
- ① **Blades** : 블레이드 값을 사용하여 각 혼동의 원에 대한 Edge의 수를 설정합니다.
- ② **Rotation** : 각 혼동의 원에 대한 회전 각도를 설정할 수 있습니다.

Circular(Default)   Bladed : 5

- **ICustom Texture** : 맵을 사용하여 각 혼동의 원을 패턴으로 바꿉니다. 검은색 배경을 채우는 흰색 원인 맵은 표준 혼동의 원에 해당됩니다. 텍스처는 렌즈의 가로 세로 비율과 일치하는 직사각형에 매핑됩니다. 텍스처의 초기 가로 세로 비율은 무시됩니다
- **IAffect Exposure** : 설정하면 사용자 정의 텍스처가 장면의 노출에 영향을 줍니다.

ⓑ Center Bias(Ring Effect) : 조리개의 투명도를 Center(음수 값) 또는 가장자리(양수 값) 쪽으로 치우침 합니다. 양수 값은 초점을 벗어난 영역의 블러링 양을 늘리고, 음수 값은 블러를 줄입니다.
Center Bias 설정은 Bokeh 효과를 보여 주는 장면에서 특히 두드러지게 나타납니다.

Ring effect, Center Bias : 50.0   Center effect, Center Bias : −50.0

ⓒ Optical Vignetting(Cat Eye) : 일부 광각 렌즈에서 생성할 수 있는 "캣츠아이" 효과를 시뮬레이션하여 프레임을 비네팅합니다. 음수 비네팅 값은 양수 값과 유사한 결과를 제공합니다.

Vignetting : 1.0   Vignetting : 2.0

ⓓ Anisotropy(Anamorphic Lens) : 조리개를 수직(음수 값) 또는 수평(양수 값)으로 늘려 아나모픽 렌즈를 시뮬레이션합니다. 중심 바이어스와 마찬가지로 비등방성 설정은 Bokeh 효과를 보여 주는 장면에서 가장 두드러지게 나타납니다.

Horizontal Anisotropy : 0.5   Vertical Anisttropy : -0.5

05 Perspective Control 롤아웃(Physical Camera)

카메라 뷰의 투시를 조정합니다.

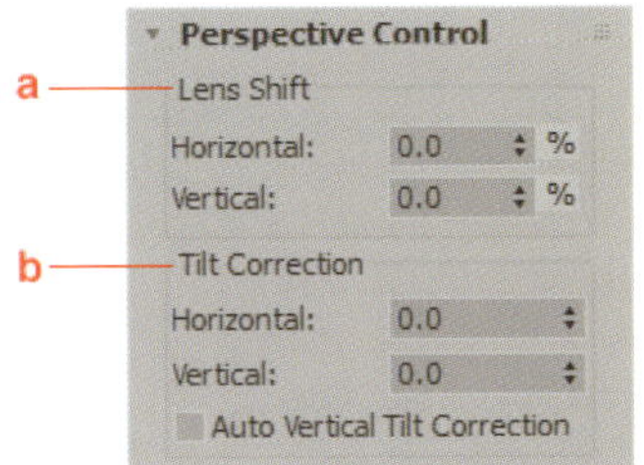

ⓐ **Lens Shift** : 카메라를 회전하거나 기울이지 않고도 카메라 뷰를 수평 또는 수직으로 이동합니다. 이러한 설정은 X축과 Y축 모두에서 필름/프레임 폭(이미지 가로 세로 비율 무시)의 백분율로 표현됩니다.

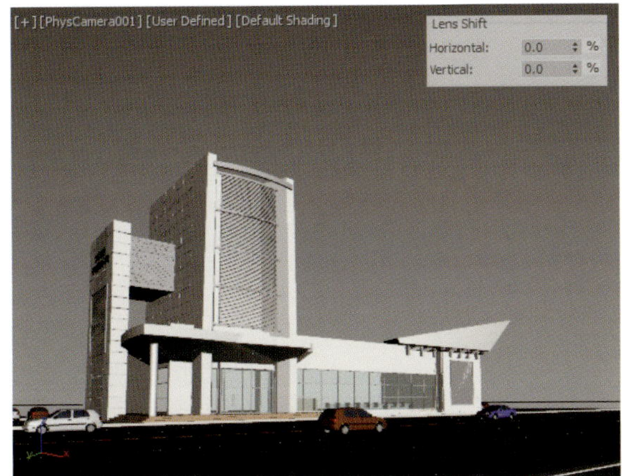
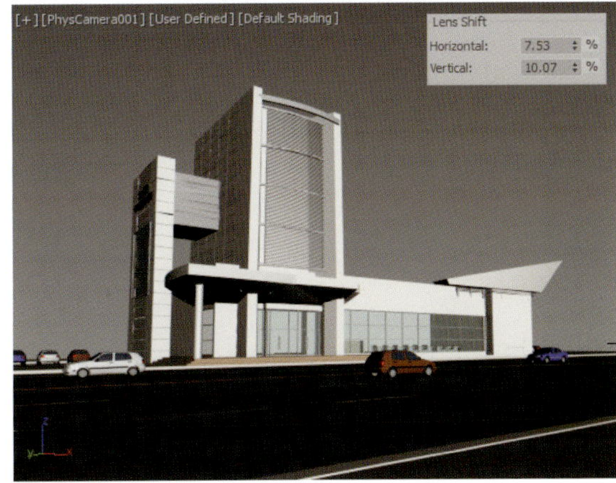

ⓑ **Tilt Correction** : 카메라를 수평 또는 수직으로 기울입니다. 이러한 설정을 사용하여 투시를 보정할 수 있으며, 특히 카메라가 위 또는 아래로 이미 기울어진 장면에서 사용할 수 있습니다.

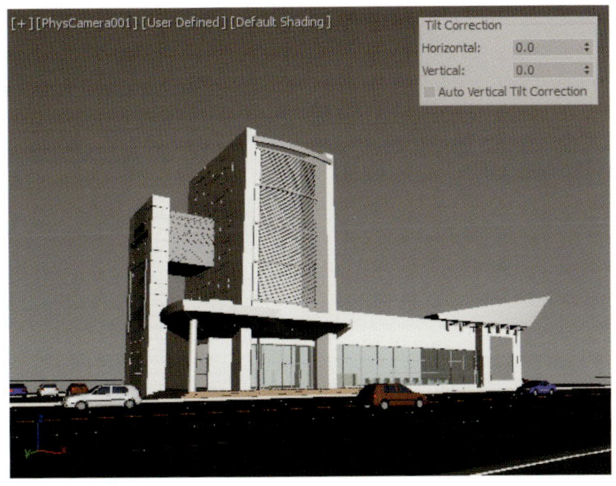
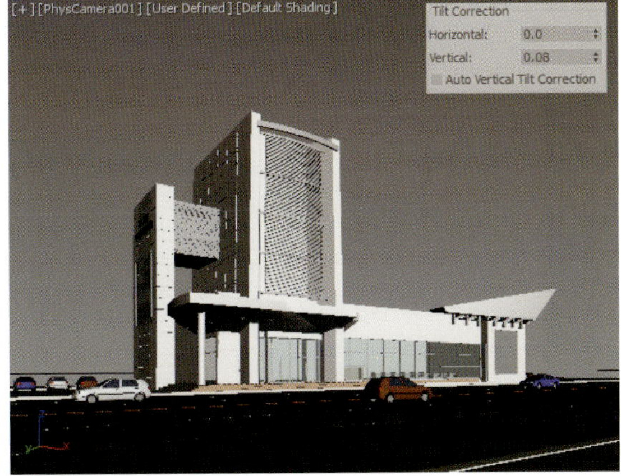

■ **Auto Vertical Tilt Correction** : 자동으로 수직 값을 설정하여 Z축을 따라 투시를 정렬합니다.

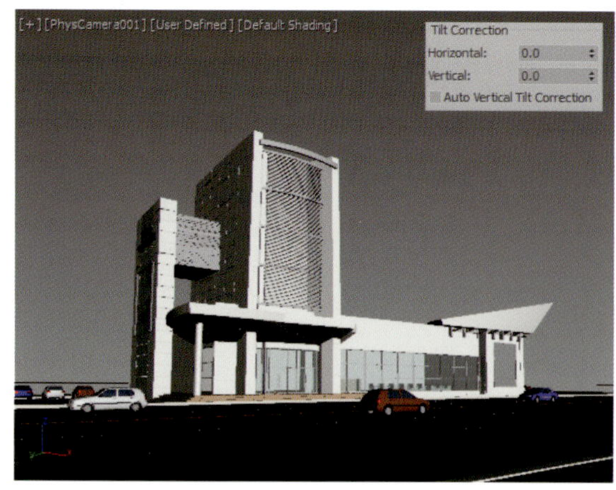 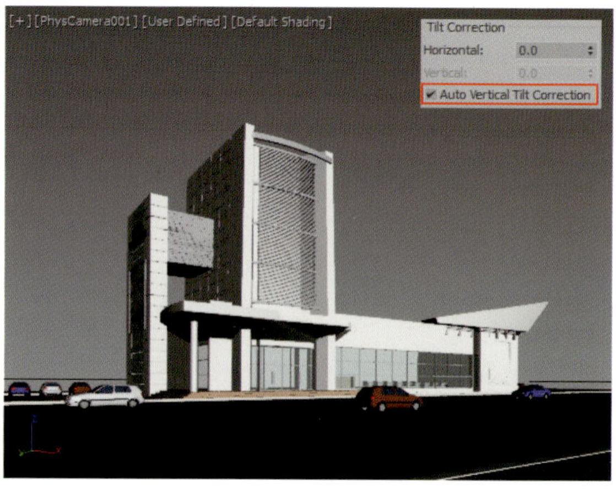

06 Perspective Control 롤아웃(Physical Camera)

카메라 뷰의 투시를 조정합니다.

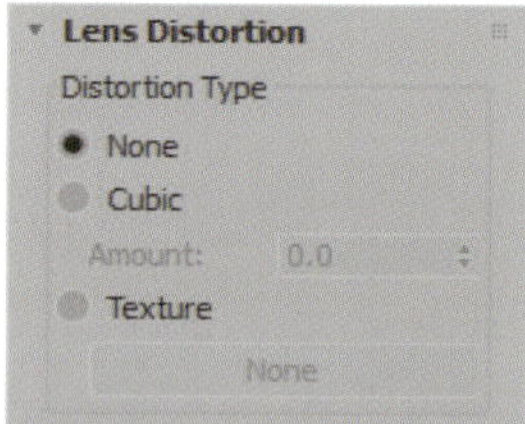

Ⓐ Distortion Type

■ **None** : 왜곡이 적용되지 않습니다.

■ **Cubic** : 0이 아닌 경우 이미지가 왜곡됩니다. 양수 값은 핀쿠션 왜곡을 적용하고, 음수 값은 배럴 왜곡을 적용합니다.

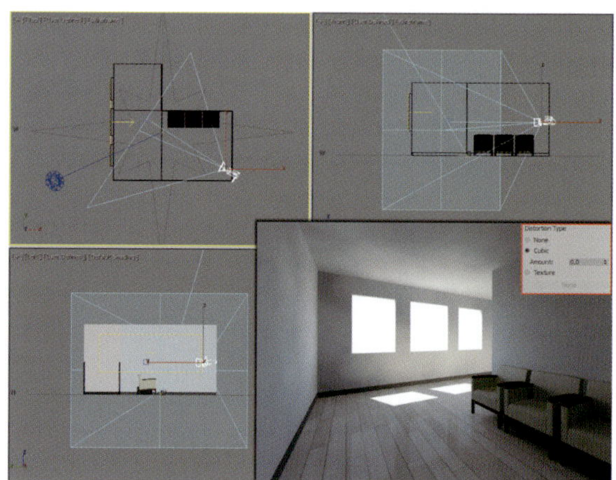

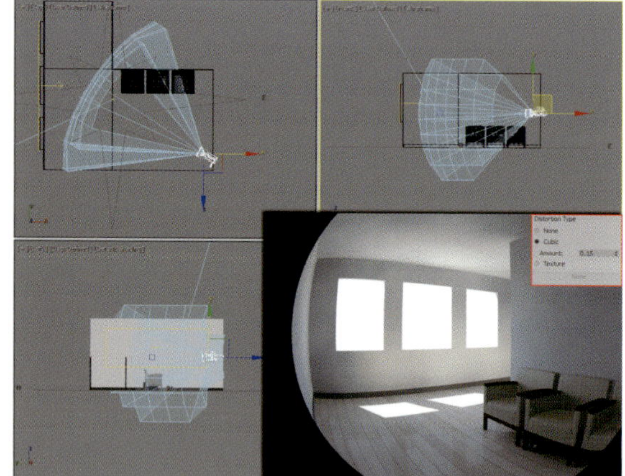 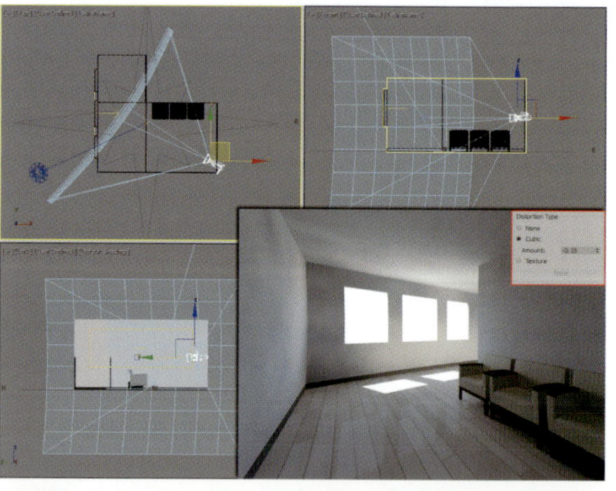

- **Texture** : 텍스처 맵에 기반한 이미지를 왜곡합니다. 버튼을 클릭하여 재질/맵 브라우저를 열고 맵을 할당합니다. 이미지의 빨간색 구성요소는 X축을 따라 이미지를 왜곡하고, 녹색 구성요소는 Y축을 따라 이미지를 왜곡하며, 파란색 구성요소는 무시됩니다.

07 Miscellaneous 롤아웃 (Physical Camera)

클리핑 평면 및 환경 범위를 설정합니다.

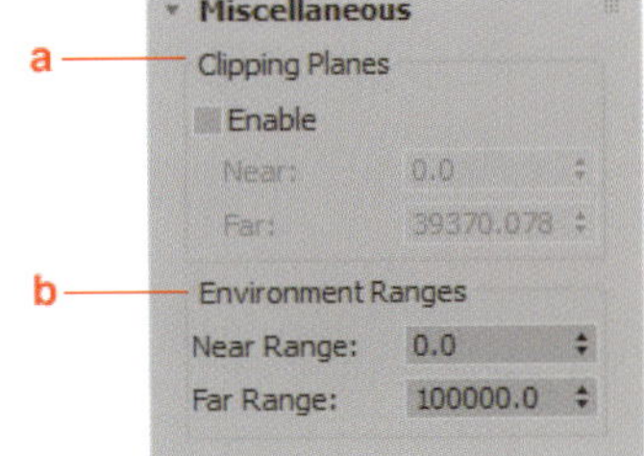

ⓐ Clipping Planes

Camera View의 Z축을 기준으로 앞쪽이나 뒤쪽 부분을 잘라서 필요한 부분을 보일 수 있도록 합니다. 예를 들면 카메라 앞부분에 벽체 같은 장애물이 있을 때 사용하면 좋습니다.

① **Enable** : 이 기능을 사용하려면 켭니다. 뷰포트에서 클리핑 평면은 카메라의 원뿔 내에 빨간색 그리드로 표시됩니다.

- **Near** : Camera가 시작되는 앞쪽의 시점의 영역을 잘라서 보여줍니다.
- **Far** : Camera의 시야에서 끝나는 뒤쪽 영역을 잘라서 보여줍니다.

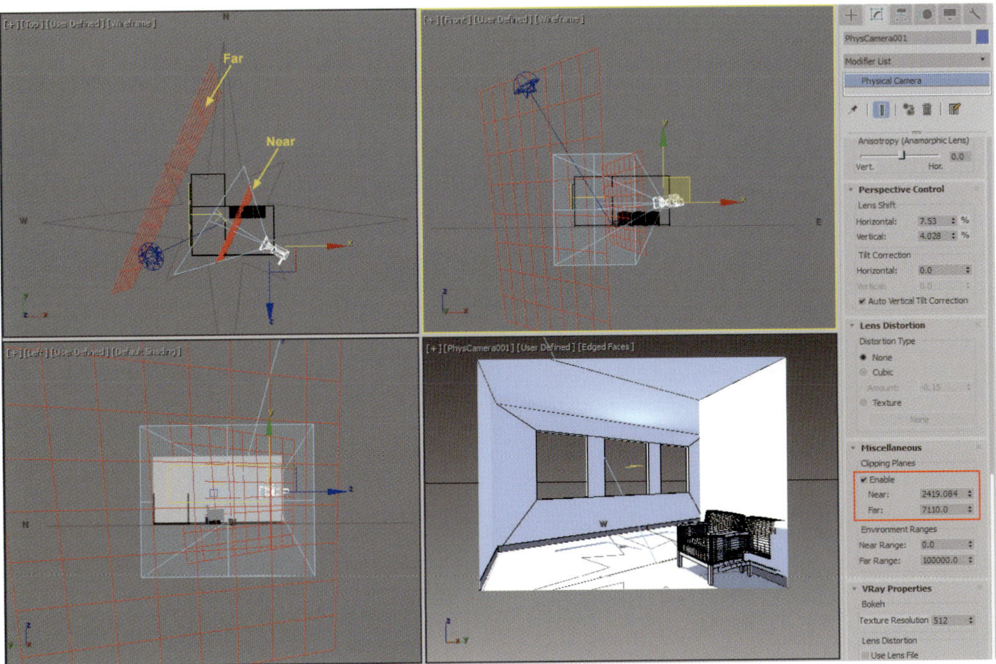

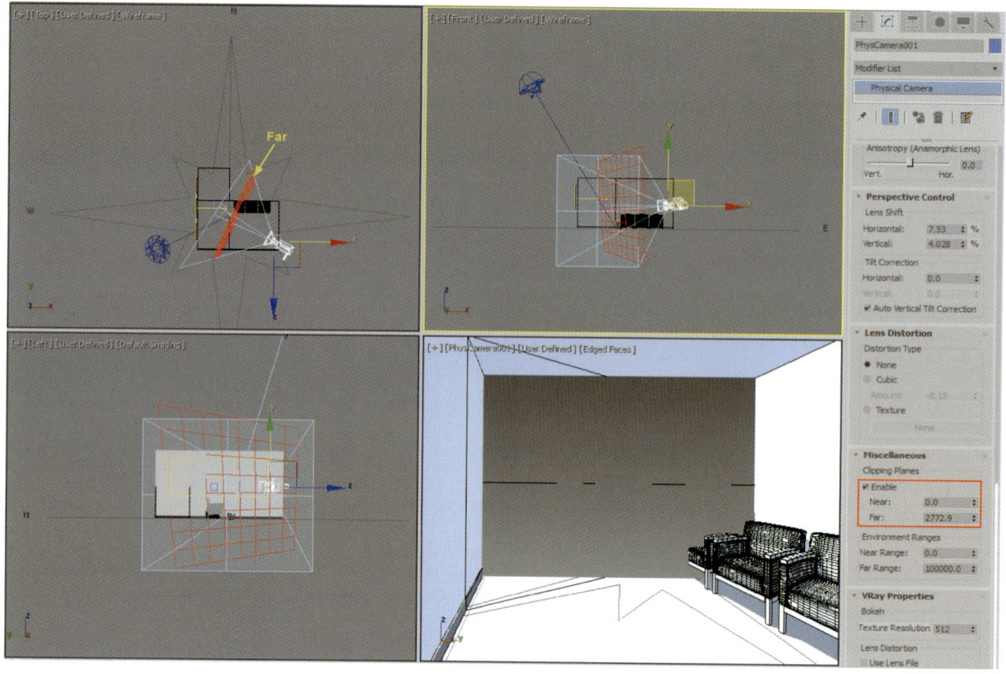

ⓑ Environment Range : 환경 패널에서 설정된 대기 효과의 근거리 및 원거리 범위 한도를 결정합니다.
- **Near Range** : Camera가 시작되는 시점의 Atmospheric Effects 영역을 지정합니다.
- **Far Range** : Camera의 시야에서 끝나는 Atmospheric Effects 영역을 지정합니다.
※ 다음 장의 Environment Ranges 부분을 참조바랍니다.

Section 03 | 기존 Camera의 Parameters

대부분의 카메라 컨트롤은 두 종류의 카메라에 공통됩니다.

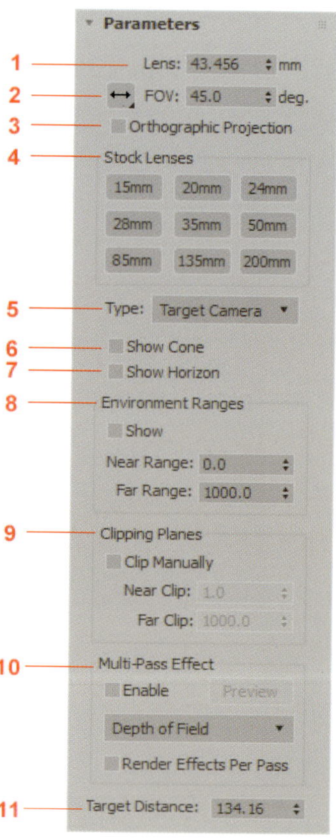

❶ **Lens** : 카메라의 초점 거리(밀리미터)를 설정합니다.

❷ **FOV Direction / FOV**

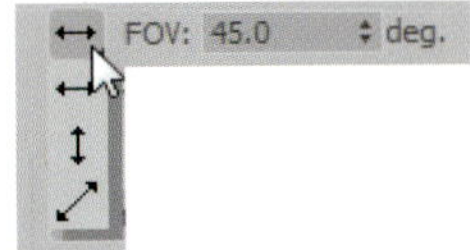

Ⓐ **FOV Direction** : 뷰 필드(FOV) 값 적용 방법을 선택할 수 있습니다. 수평, 수직, 대각선 방향의 3가지 방식이 있습니다.

Ⓑ **FOV(Field of View)** : 카메라에 표시되는 영역의 넓이(뷰 필드)를 결정합니다.

❸ **Orthographic Projection** : Camera View를 Orthographic View(=User View)처럼 보이도록 만들어 주며, 원근감이 전혀 없는 View로 바뀝니다.

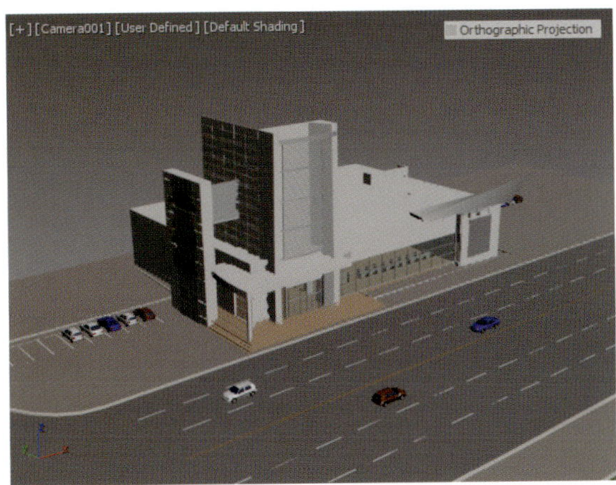
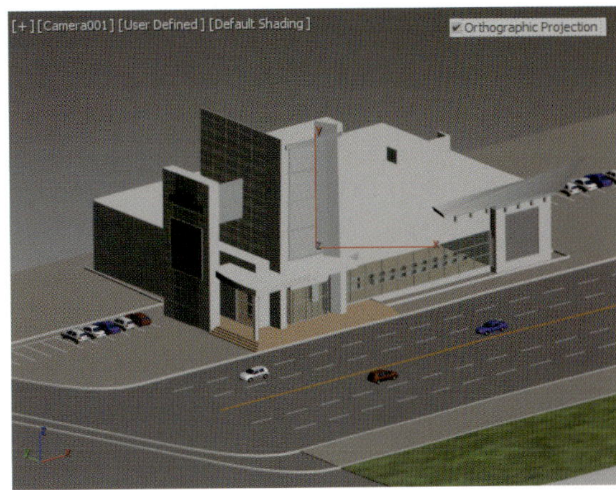

❹ **Stock Lenses** : 미리 설정되어 있는 렌즈 군을 선택해서 사용할 수 있습니다.

❺ **Type** : 카메라 유형을 Target Camera에서 Free Camera로 변경하거나 그 반대로 변경합니다.

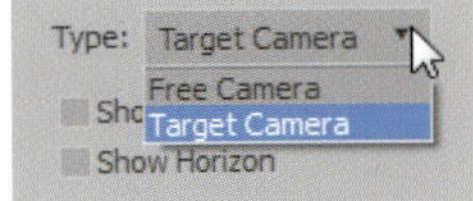

❻ **Show Cone** : Camera의 범위(피라미드 형태)를 Viewport에 표시합니다.

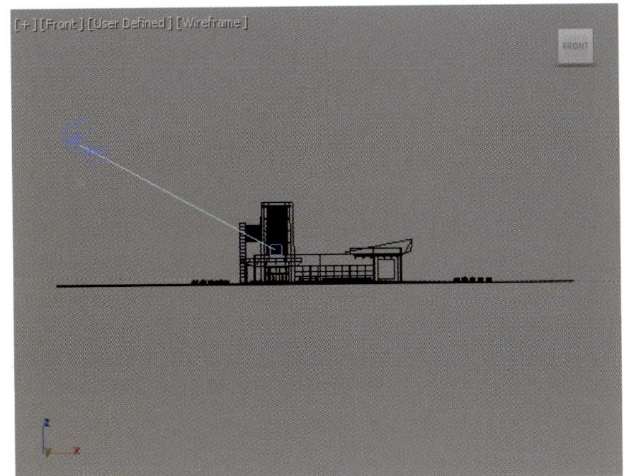
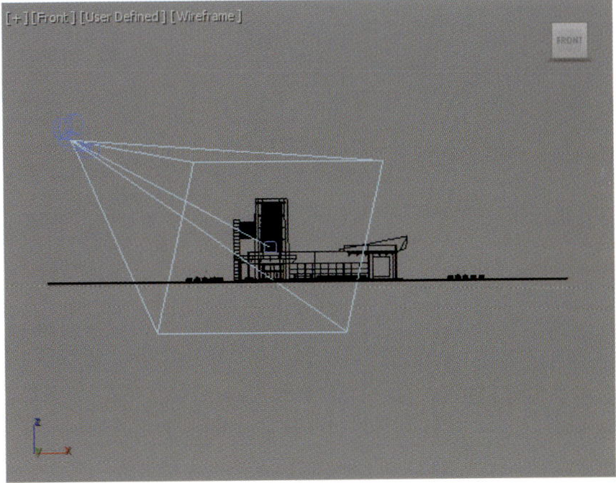

❼ **Show Horizon** : 수평선이 Camera View에 보이도록 합니다. 이 수평선은 안개를 설치했을 때 기준 역할을 표시하며 외부투시도의 눈높이가 됩니다.

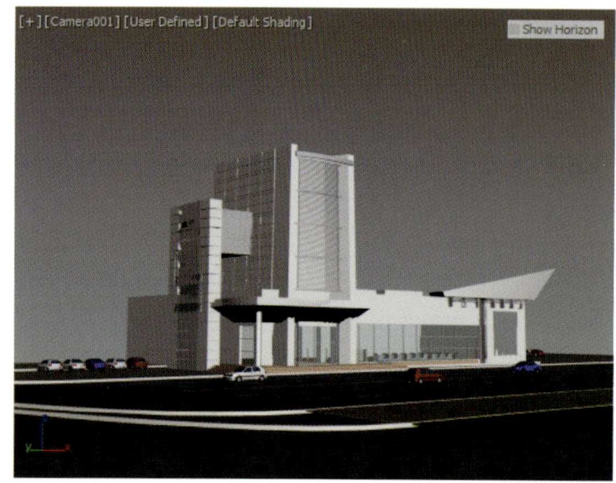

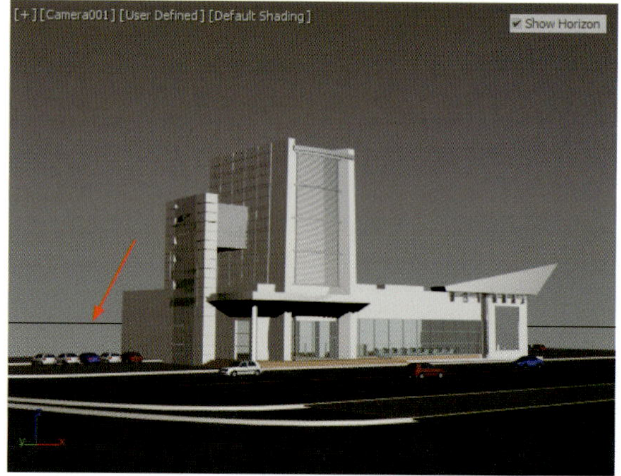

❽ **Environment Ranges** : Environment에서 지정한 Atmospheric Effects(대기 효과)에 Camera를 설치할 경우 Near(근거리)와 Far(원거리)의 영역 지정 값으로 농도를 조정할 수 있습니다.

장면에 안개를 설치했을 경우 Camera의 Near 부분에 있는 오브젝트들은 모두 선명하게 보이며, Far 부분에 있는 오브젝트들은 흐릿하게 보입니다.

Environment 영역을 응용하면 멋진 바닷속 풍경을 연출할 수 있습니다.

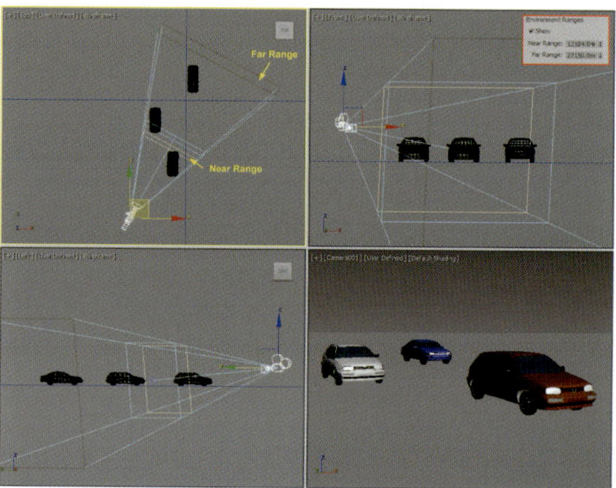

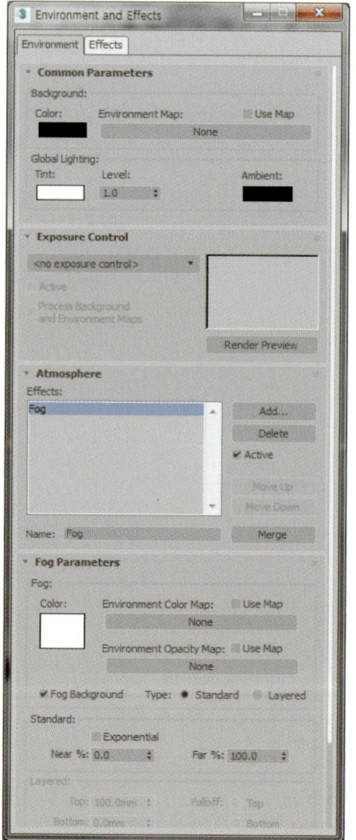

Ⓐ Show : Camera의 Environment Ranges 값이 View에서 보이도록 합니다.

Ⓑ Near Range : Camera가 시작되는 시점의 Atmospheric Effects 영역을 지정합니다.

Ⓒ Far Range : Camera의 시야에서 끝나는 Atmospheric Effects 영역을 지정합니다.

❾ Clipping Planes : Camera View의 Z축을 기준으로 앞쪽이나 뒤쪽 부분을 잘라서 필요한 부분을 보일 수 있도록 합니다.

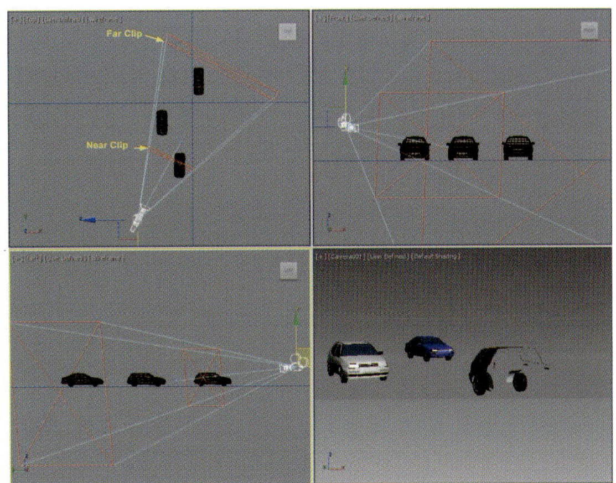

Ⓐ Clip Manually : Camera View의 Clipping을 사용할 때 체크합니다.

Ⓑ Near Clip : Camera가 시작되는 앞쪽의 시점의 영역을 잘라서 보여줍니다.

Ⓒ Far Clip : Camera의 시야에서 끝나는 뒤쪽 영역을 잘라서 보여줍니다.

❿ Multi-Pass Effect : Object의 Depth of Field와 Motion Blur 효과를 낼 수 있도록 합니다.

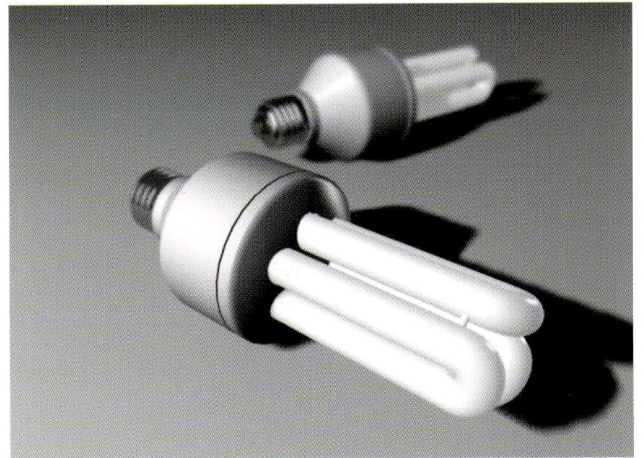

Depth of Field

Motion Blur

Ⓐ Enable : Multi-Pass Effect를 사용하고 싶을 때 체크합니다.

Ⓑ Preview : Camera View에 적용되어진 Effect 효과를 미리 보기 형식으로 보여줍니다.

Ⓒ Render Effect Per Pass : Render Effect에서 적용한 Effect가 있을 때 Multi-Pass에서 지정한 개수만큼 Rendering 될 때 Effect 효과도 하나의 이미지마다 계산되도록 합니다.

⓫ Target Distance : Camera의 Target의 거리 값을 조정할 때 사용합니다.

Section 04 | Depth of Field Parameters

Depth of Field는 카메라 초점(해당 대상 또는 대상 거리)으로부터의 거리에서 프레임 영역을 흐리게 만들어 카메라의 Depth of Field를 시뮬레이션합니다. 실제 카메라의 조리개 개방에 따른 In/Out Focus 효과를 표현한 것으로 제품 렌더링에 이 방법을 사용하면 사실적인 장면을 연출할 수 있습니다.

Depth of Field Parameters의 롤아웃에 대해 알아보겠습니다.

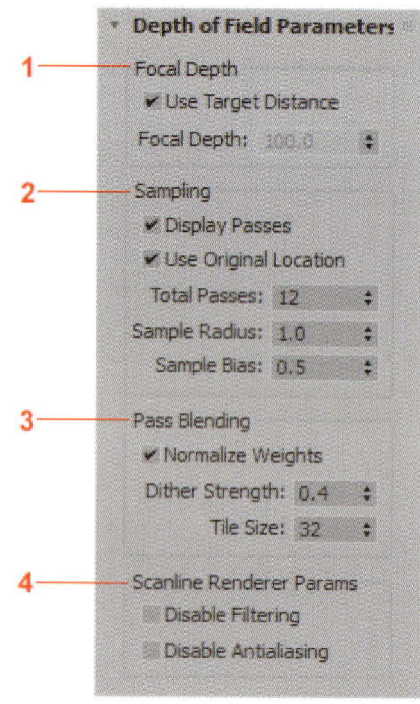

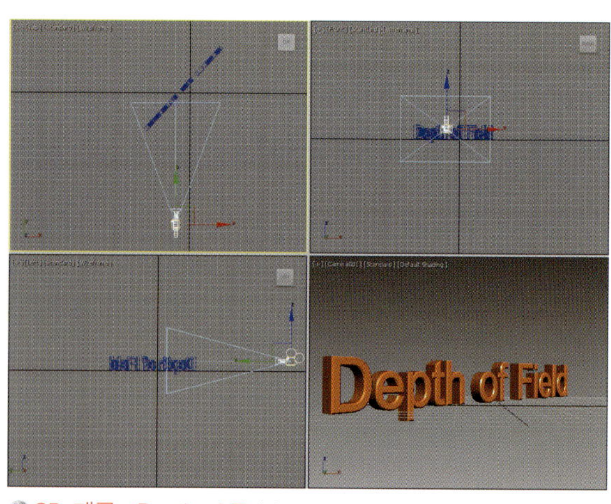

CD 제공 : Depth of Field.max

01 Focal Depth

Ⓐ Use Target Distance : 카메라의 Target 거리 값을 사용하여 Depth of Field를 적용합니다.
Ⓑ Focal Depth : Use Target Distance를 체크하지 않았을 때 사용자가 직접 지정하여 적용합니다.

02 Sampling

Ⓐ Display Passes : 렌더링된 프레임 창에 Multiple Rendering Passes 과정을 보여줍니다.
Ⓑ Use Original Location : Camera가 가지고 있는 첫 번째 Rendering Passes를 바탕으로 다른 Passes가 겹쳐지도록 하며 이 옵션을 끄게 되면 모든 Passes가 겹쳐진 상태로 보입니다.
Ⓒ Total Passes : 몇 개의 Passes를 만들 것인지를 결정합니다. 장면에 따른 알맞은 값을 설정하는 것이 좋습니다.
Ⓓ Sample Radius : 이미지가 흔들릴 때 갖는 반지름 값으로 값이 클수록 흔들림이 커집니다.

 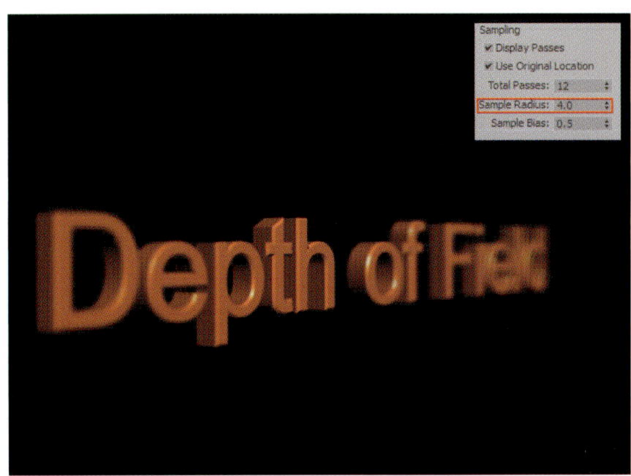

E **Sample Bias** : 기준 이미지에 Focal Depth로 렌더링되는 Passes를 얼마나 치우치게 할 것인지를 결정합니다.

03 Pass Blending

A **Normalize Weights** : 각각의 Passes의 영향력을 조정하여 좀 더 부드러운 Image를 만들 수 있도록 합니다.

B **Dither Strength** : 렌더링된 패스에 적용되는 디더링의 양을 제어합니다. 이 값을 늘리면 디더링 양이 증가하고 특히 오브젝트의 에지에서 효과가 더 거칠어질 수 있습니다.

 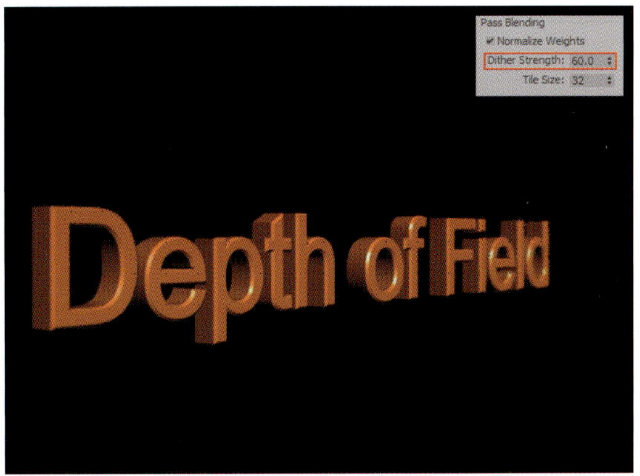

C **Tile Size** : 혼합될 Pattern 크기를 지정합니다.

04 Scanline Renderer Params

A **Disable Filtering** : Scanline Render의 Filter를 사용하지 않도록 합니다.
B **Disable Antialiasing** : Antialiasing을 사용하지 않도록 합니다.

Section 05 | Motion Blur Parameters

움직이는 물체에 대한 Blur를 주는 효과로, 주로 속도감 있는 Animation에 많이 사용하여 사실적인 장면을 만들어 줍니다.

Motion Blur Parameters의 롤아웃에 대해 알아보겠습니다. 'Sampling' 그룹 외에 'Pass Blending' 그룹과 'Scanline Render Params' 그룹은 Depth of Field Parameters의 롤아웃의 내용과 같습니다.

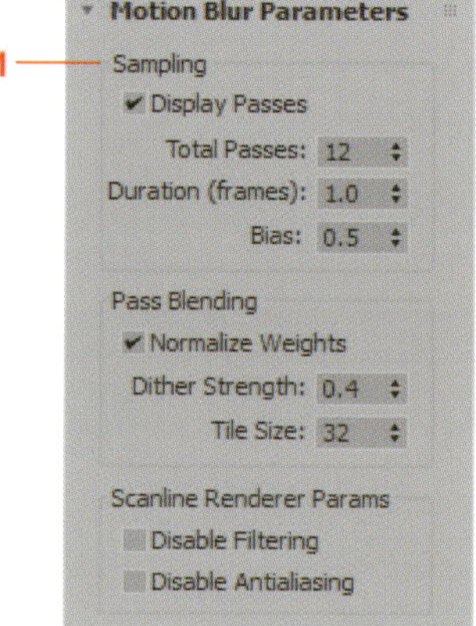

01 Sampling

ⓐ Display Passes : 설정하면 렌더링된 프레임 창에 Multiple Rendering Passes가 표시됩니다.

ⓑ Total Passes : 효과를 생성하는 데 사용되는 패스 수입니다. 이 값을 늘리면 효과의 정확도가 증가하지만 렌더링 시간도 함께 증가할 수 있습니다.

ⓒ Duration [Frames] : Motion Blur 효과가 적용되는 애니메이션의 프레임 수입니다.

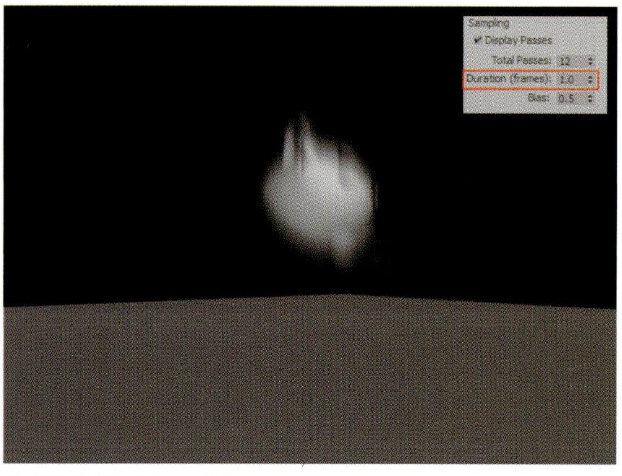

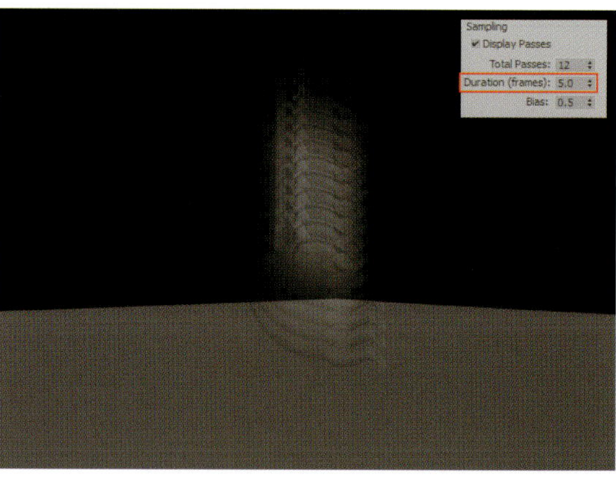

CD 제공 : Motion Blur.max

ⓓ **Bias** : 현재 물체가 위치하고 있는 Frame을 기준으로 Duration에서 지정한 간격 안에서 어떤 쪽으로 치우칠 것인지를 결정합니다.

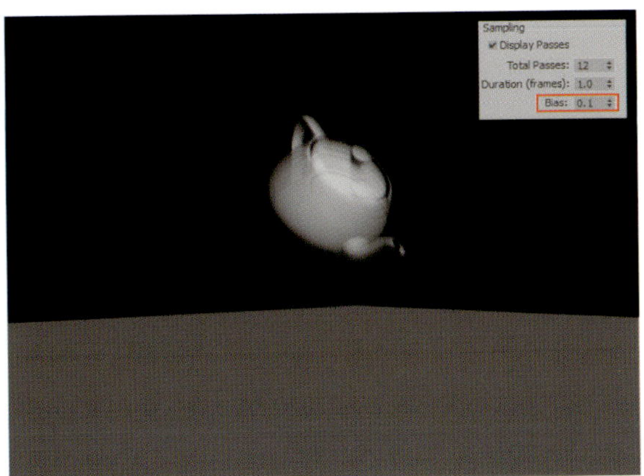

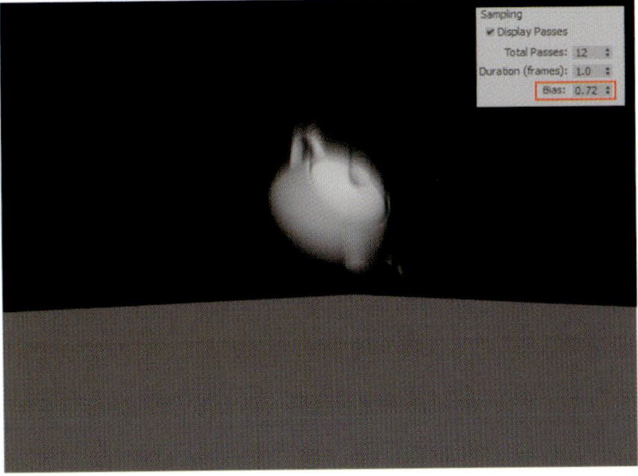

Section 06 | Camera Correction Modifier

Camera Correction Modifier는 2점 투시 효과를 카메라 뷰에 적용합니다. 보통 외부투시도 장면을 작업할 때 지면 수준에서 높은 빌딩의 꼭대기를 올려다보는 카메라는 수평을 바라보는 카메라보다 더 많은 교정이 필요합니다.

Camera를 선택한 후 Quad Menu에서 'Apply Camera Correction Modifier'로 왜곡되어진 건물을 조정할 수 있습니다.

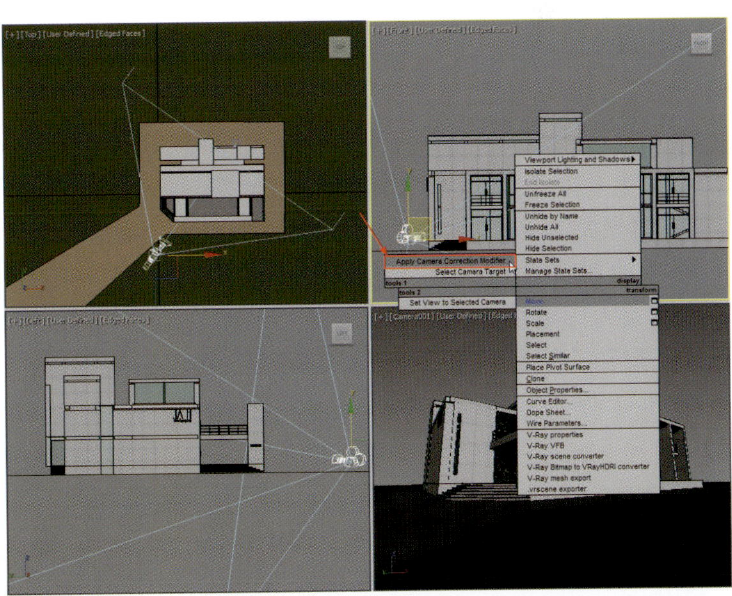

Camera Correction 적용 전

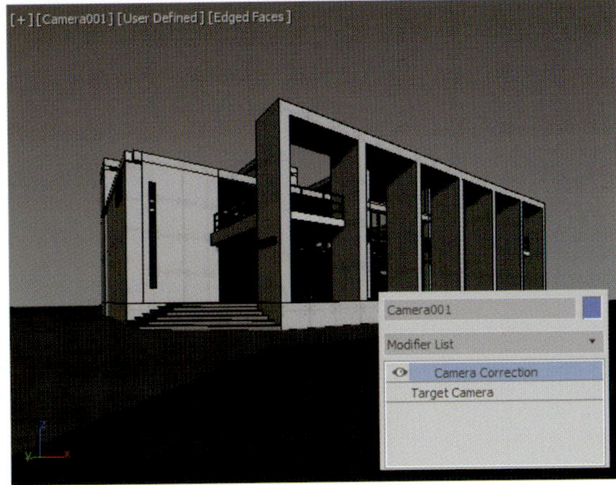

Camera Correction 적용 후

❶ **Amount** : 두 점 투시에 대한 보정 양을 설정합니다

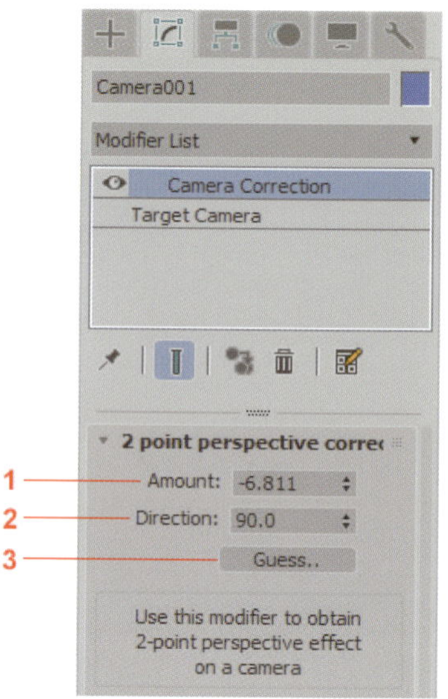

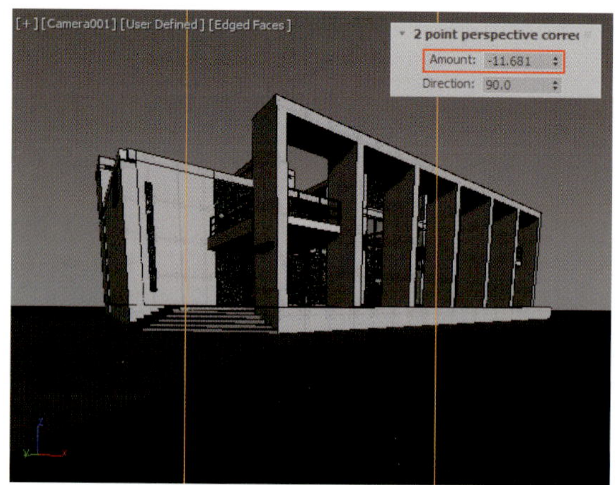

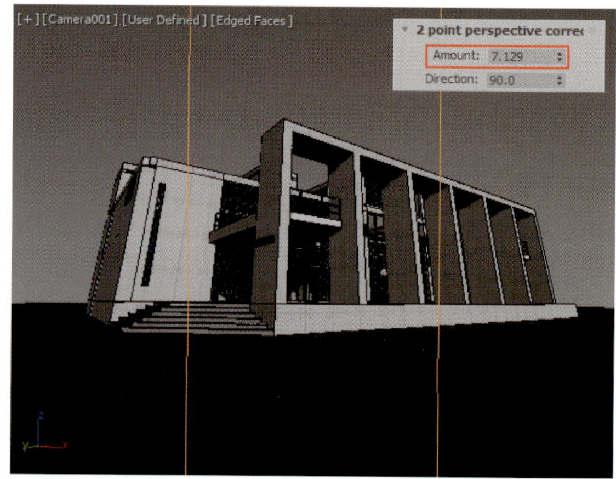

❷ **Direction** : 보정을 한 쪽으로 치우치게 합니다. 기본 값은 90.0입니다.

❸ **Guess** : Camera Correction Modifier가 첫 번째 예상 양 값을 설정하도록 하려면 클릭합니다.

Chapter 6

중·고급 모델링으로 실력 업그레이드하기

3ds Max에서 모델링할 때 보통 많이 사용하는 툴은 주로 Loft, Surface와 Patch, Polygon 방식이 있습니다. Loft는 오브젝트의 Shape(단면)과 Path(경로)의 Z축을 이용하여 만드는데 기존에는 이 방식을 많이 사용하였지만 최근에는 꼭 필요할 때만 사용하며, 대부분 사용하지 않습니다. Loft를 활용한 고급 모델링 방법은 Deformations 롤아웃에 있는 Scale과 Twist, Fit의 명령을 사용하여 모델링합니다.

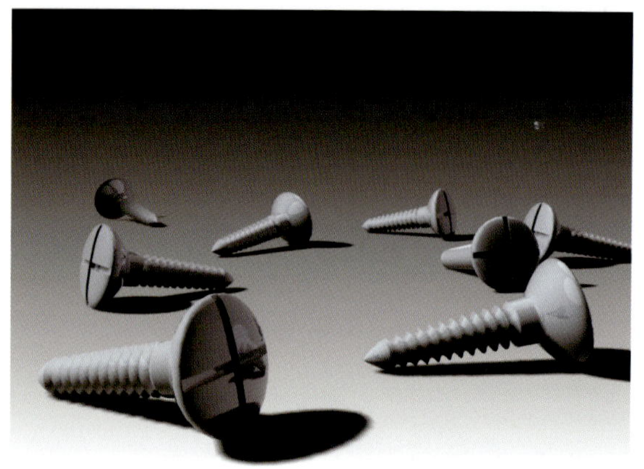

Loft의 Scale & Twist

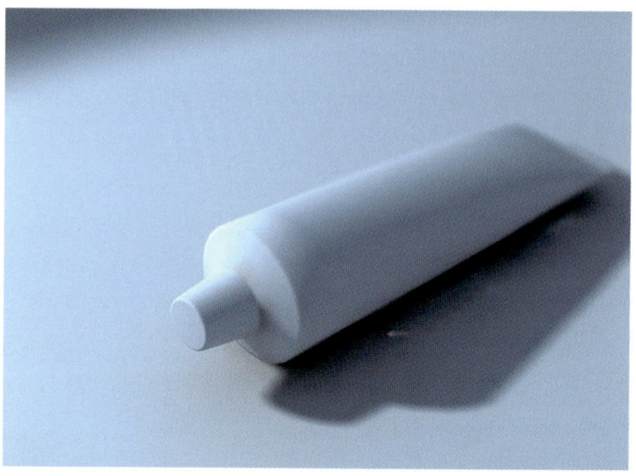

Loft의 Fit

Surface와 Patch는 CrossSection과 같이 쓰는 Modifier로 초기 3ds Max 2.5 버전에는 Surface Tool의 이름으로 사용된 상용플러그인이었습니다. 주로 곡선 형태의 모델링이나 캐릭터 모델링에 유용하지만, 사용방법이 복잡하고 어렵기 때문에 최근에는 거의 사용하지 않은 모델링 방식입니다.

Creature_Rig

그리고 마지막으로 Polygon 모델링 방식은 기본 오브젝트 도형을 이용하여 'Editable Mesh'와 'Editable Poly'로 Convert한 다음, 각 레벨(Vertex, Edge, Face, Polygon, Element)에 따른 해당 옵션을 병행하여 오브젝트의 형태를 변형시켜 만듭니다.

Editable Mesh로 변환하여 모델링하는 대부분들은 주로 삼각형 면을 포함하고 있기 때문에 전에는 게임에 주로 사용되었던 Low Polygon 모델링에 많이 사용되었습니다. 면을 계속해서 분할하는 방법으로 모델링하는 Subdivision 방식인 Editable Poly가 등장하면서 최근에는 사용빈도가 거의 적으며 특별한 경우가 아니면 이제는 잘 사용하지 않습니다.

현재에는 까다로운 삼각형 형태의 Mesh 구조의 모델링 보다는 모델링에 용이하게 접근할 수 있는 사각형 구조의 Polygon 모델링을 많이 선호하고 있으며, 다른 3D 프로그램에도 Poly 구조를 주로 사용하고 실무에 활용되고 있습니다. 여기에 'Graphite Modeling Tools'까지 더해져 Polygon 오브젝트를 편집하는데 있어서 더욱 더 막강한 힘을 발휘하고 있습니다.

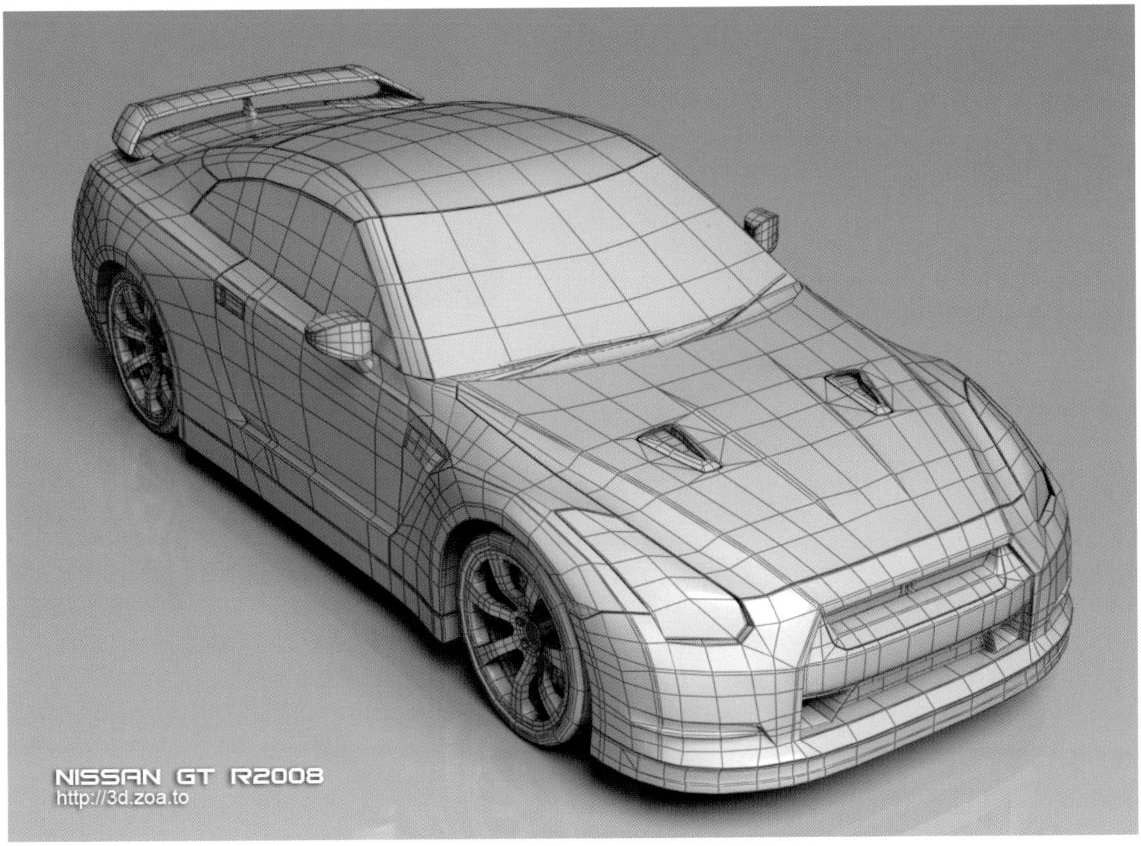

NISSAN GT R2008
http://3d.zoa.to

Lesson 01

기초 Polygon 모델링 - Hole

Polygon 모델링 부분에서 가장 어려운 부분은 아마도 오브젝트의 둥근 모서리와 원형 구멍을 뚫는 일이 아닐까 싶습니다. 특히 이 두 가지 요소는 제품 모델링에서 많이 볼 수 있는데, 부품간의 조합으로 이루어져있기 때문에 Parting Line(분리선)을 표현하는 것이 가장 어렵습니다. 예를 들면 자동차의 헤드라이트 부분이나 Door, 제품에 존재하는 다양한 모양의 버튼들, 마우스, 리모컨의 키패드 등이라 할 수 있습니다.

Polygon 모델링에 있어서 Boolean이나 Pro Boolean 같은 명령어를 사용하여 구멍을 뚫게 되면, 삼각형 스타일의 면이나 필요 없는 이상의 면이 발생되기 때문에 Polygon 모델링 방식에서는 쓰지 않는 것이 좋습니다.

단순한 인테리어 가구나 공간 모델링 같은 경우는 Boolean 명령어를 사용해도 되지만, 복고풍의 앤틱 가구나 복잡한 소품, 제품디자인 관련으로 모델링 하려면 4각, 6각, 8각형 형태로 Cut을 사용하여 구멍을 만들어야합니다.

Boolean을 사용하여 구멍을 만드는 자체가 Polygon 모델링 방식에서 용납이 되지 않기 때문에 nPower_Software사의 'Power_Booleans'이라는 상용 플러그인을 3ds Max 8.0 버전에 Extension 형태로 출시하였고, 3ds Max 9.0 부터 기본적으로 'Pro Booleans'과 'Pro Cutter'를 탑재하여 보다 향상되고 유연성있는 모델링으로 도와주고 있습니다.

하지만 Pro Boolean을 사용한 결과물은 불필요한 면이 추가되기 때문에 실제 Polygon 모델링 방식에 많이 사용되지 않습니다. 만일, 불필요한 면을 감수하더라도 빠른 시간 내에 결과물을 얻고자 한다면 Pro Boolean을 사용하는 것이 좋지만 이 방법도 권장하지 않습니다. 왜냐하면 모델링 실력향상에 크게 도움이 되지 않기 때문입니다. 다소 시간이 걸리더라도 사용자가 직접 'Cut'을 사용하여 구멍을 만드는 것이 정확한 구멍 표현에 적합하며, 모델링의 응용력이나 실력향상에 도움이 됩니다.

앞으로 배울 이 Cut 방식은 복잡한 제품 디자인 관련 모델링과 캐릭터 모델링, 그리고 Hard Surface 형태의 메카닉, 인테리어 집기나 가구, 소품 등 다양하게 응용력을 발휘할 수 있으리라 기대해봅니다.

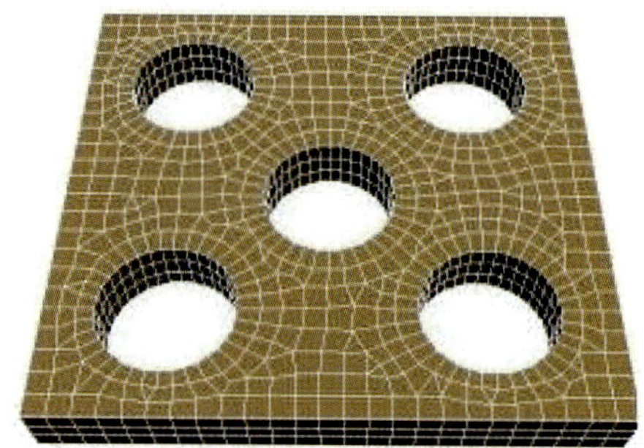

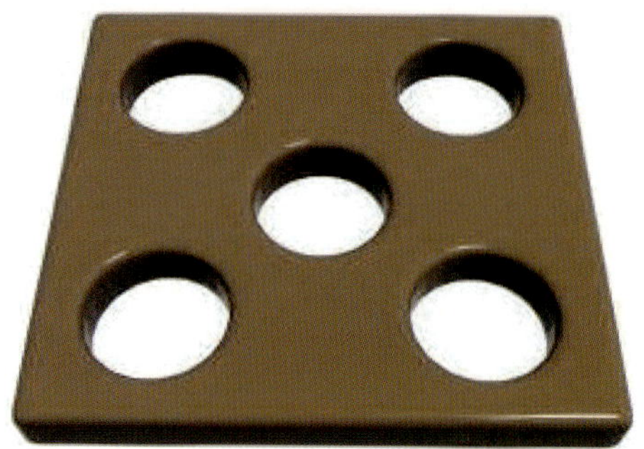

Pro Boolean으로 만든 결과물

Section 01 | Polygon 오브젝트에 Hole 만들기

High Polygon 모델링의 최종 상위 단계는 'MeshSmooth'나 'TurboSmooth' 이기 때문에 오브젝트에 둥근 모서리를 표현하는 것도 어렵지만, 복잡한 구조에 구멍을 만들어 낸다는 것은 정말 어렵고 힘든 일입니다. 특히 3ds Max를 처음 배우는 초보자, 또는 인테리어나 건축 모델링을 일을 해온 독자들도 위의 내용은 상당히 어려운 부분이기 때문에 본 예제를 더욱 관심을 가지고 공부해야 할 것입니다.

Polygon 모델링에 있어서 구멍을 만드는 것은 가장 기초적인 부분이고 자주 등장하기 때문에 절대로 간과해서는 안 될 것입니다.

Polygon 오브젝트에 원형스타일의 구멍을 만들기 위해서는 대표적으로 두 가지 방법을 사용합니다.

첫째, 작은 사이즈의 구멍일 경우 오브젝트의 Vertex에 Chamfer 기능을 사용하여 만듭니다.

둘째, NGon Shape(6각형, 8각형)을 오브젝트에 투영하듯이 Edge를 Cutting하여 만듭니다.
위의 2가지 방법을 충실히 익힌다면 Polygon 방식의 오브젝트에 구멍을 표현하는 일에는 전혀 어려움이 없을 것입니다.

01 첫 번째 방법 : 사각형을 이용한 작은 사이즈의 구멍 만들기 - Chamfer 명령

사각형을 이용하여 원형 구멍을 만드는 것은 아주 쉬운 방법이며, 작은 구멍을 만들 때 사용하면 좋습니다.

01 다음과 같이 Top View에 Plane 오브젝트를 생성한 후 마우스 오른쪽 버튼을 눌러 'Editable Poly'로 Convert합니다.

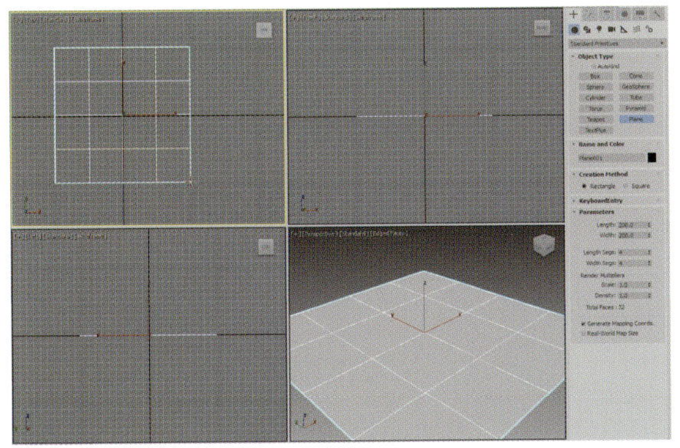
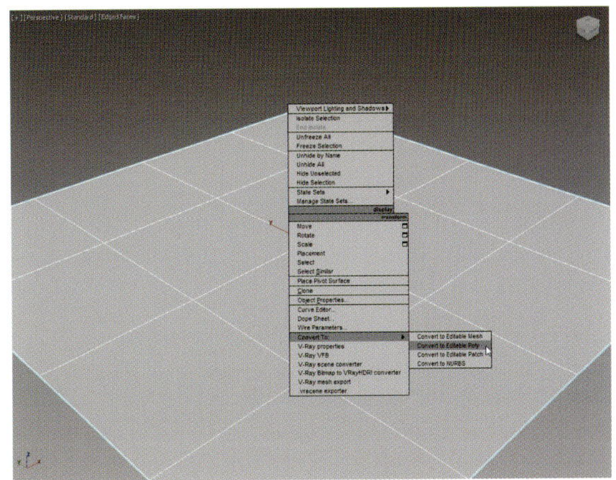

02 오브젝트의 Edge를 화면에 표시하기 위해 Perspective View에서 키보드의 F4 키를 눌러줍니다.

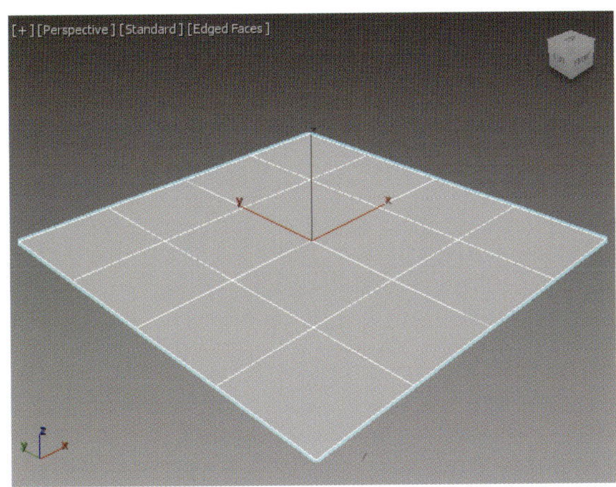

ⓘ 알아두기 │ 모델링의 작업 전의 준비 단계

Subdivision 방식 모델링 같은 경우는 항상 Shade 모드에서 F4 키를 눌러 오브젝트의 Edge가 항상 보이게 하며, G 키를 눌러 모델링에 방해가 되지 않도록 Grid를 사라지게 합니다.

03 다음과 같이 Vertex Sub-Object Level을 선택한 후 Plane 오브젝트의 해당 Vertex들을 선택합니다.
Edit Vertices 항목에서 'Chamfer Settings'를 클릭하고, Vertex Chamfer Amount 값에 "10"을 입력합니다.

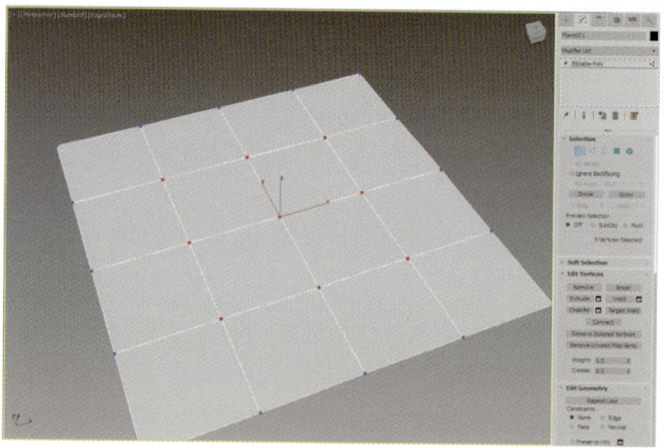 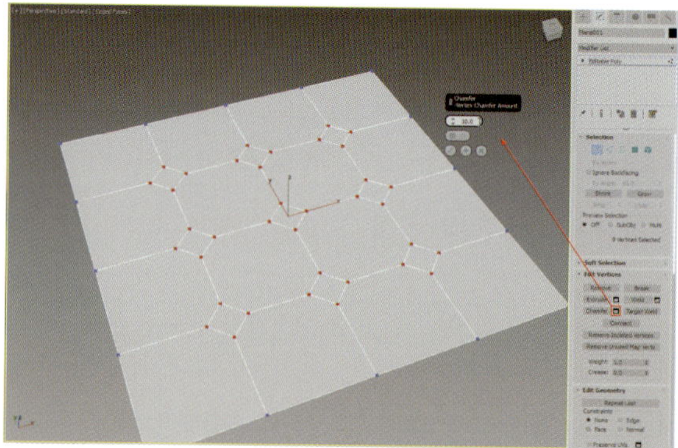

04 Polygon Sub-Object Level에서 Ctrl 키를 누르고,
4각 면들을 선택합니다.

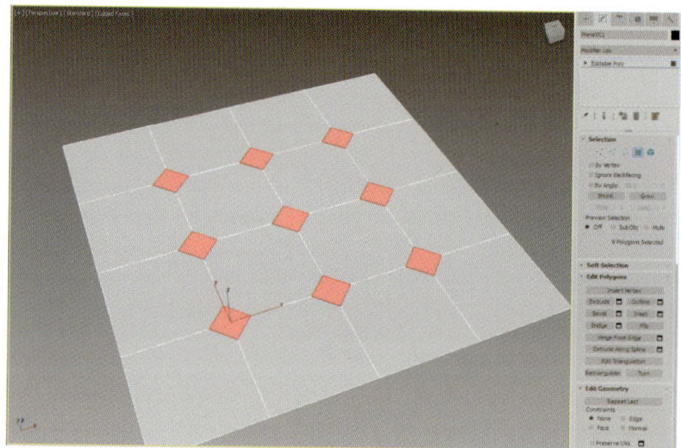

05 Edit Polygons 항목에서 'Extrude Settings'를 클릭하고, Height 값에 "-1.0"을 입력해줍니다. 바로 Apply and
Continue 버튼을 누른 다음, Height 값에 "-5.0"을 입력해주고 OK버튼을 클릭합니다.

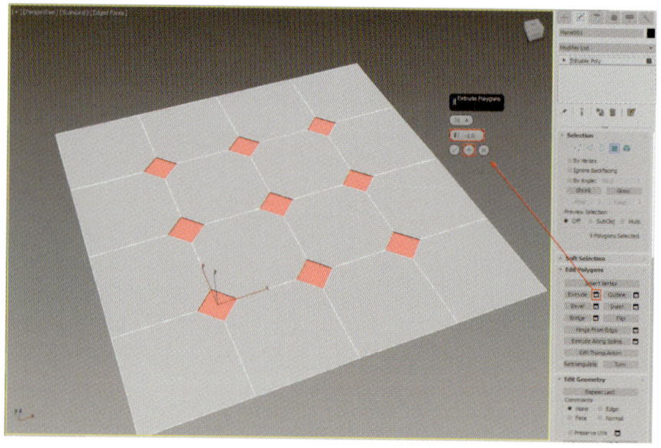 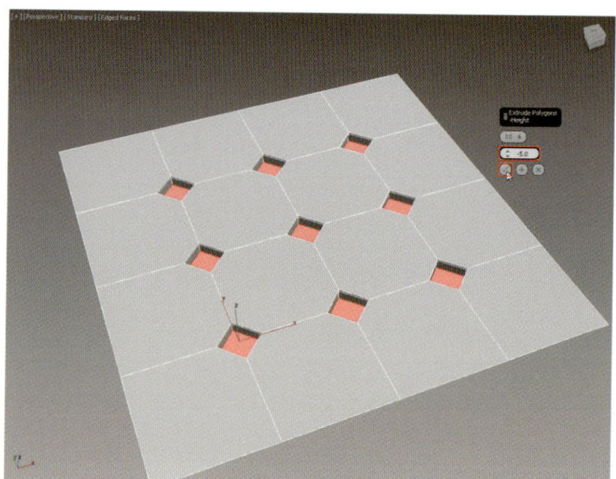

06 Delete 키를 눌러 선택된 면들을 모두 삭제한 후 Polygon Sub-Object Level을 비활성화합니다. Modifier List에서 다음과 같이 'TurboSmooth'를 적용해줍니다. 결과물을 확인하기 위해서는 F4 키를 눌러 Edge 표시를 해제하도록 합니다.

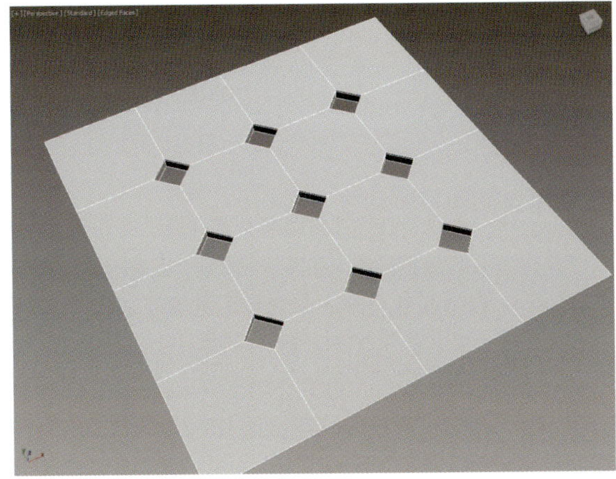

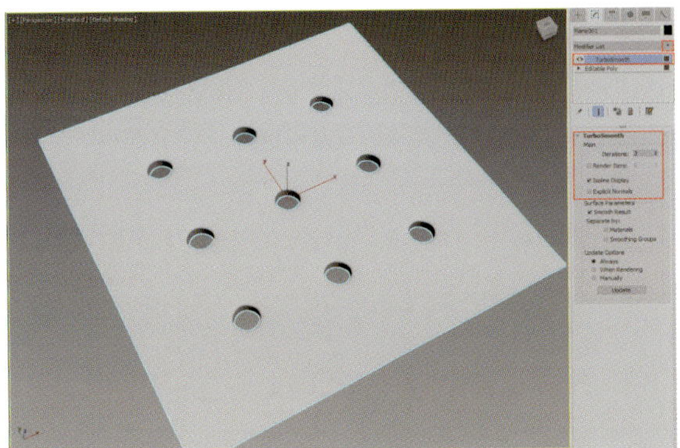

07 Material Editor 창을 열고, 재질색상과 하이라이트 값을 조정해줍니다. Viewport에 있는 Plane 오브젝트를 선택한 후 'Assign Material to Selection' 아이콘을 클릭하여 재질을 적용시켜줍니다.
그 결과 모서리 부분에 하이라이트가 맺히는 것을 확인할 수 있습니다.

08 지금까지 Vertex에 Chamfer를 적용하여 작은 사이즈의 구멍을 만드는 법에 대해 살펴보았습니다. 작은 크기의 구멍을 만들기 위해서는 사각형을 활용하지만, 중·대형 사이즈 구멍에는 적합하지 않으니 유의하도록 합니다.

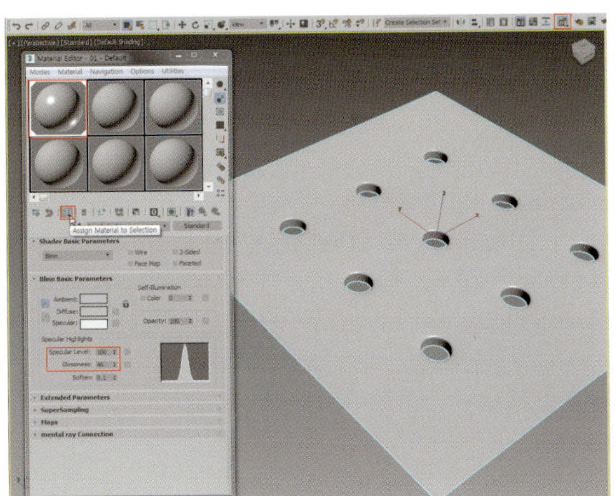

◉ CD 제공 : Polygon_hole_01.max

02 두 번째 방법 : NGon을 사용하여 중·대형 사이즈의 구멍 만들기 - 방사형 Cut 명령

중·대형 사이즈의 구멍을 만들려면 앞서 배운 4각형이 아닌 그 보다 큰 6각형, 8각형, 12각형 이상으로 만들어야 합니다.

중·대형 사이즈의 구멍을 만들기 위해서는 NGon의 6각형, 또는 8각형을 만들어 주고, 이를 바탕으로 오브젝트 면에 투영시키듯이 Cut 명령을 사용하여 직접 Edge를 추가합니다.

본 예제에서는 8각형과 Cut을 사용하여 구멍 만드는 방법에 대해 살펴보도록 하겠습니다.

01 앞서 작업했던 방법으로 다음과 같이 Top View에 Plane 오브젝트를 생성합니다.

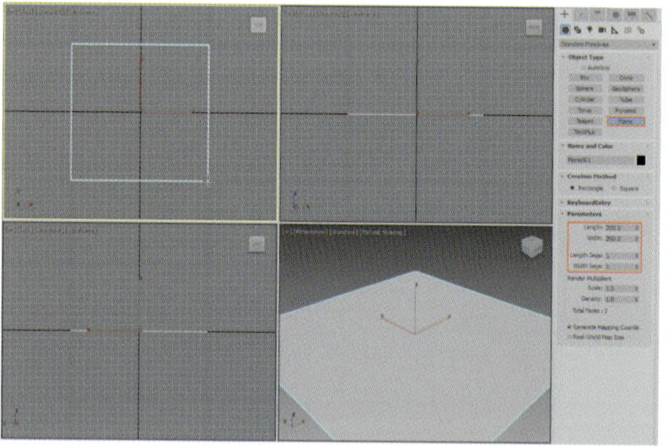

02 Top View에서 Plane 오브젝트 중앙에 NGon을 이용하여 8각형의 Shape을 그려줍니다. 정중앙이 아니어도 상관없습니다.

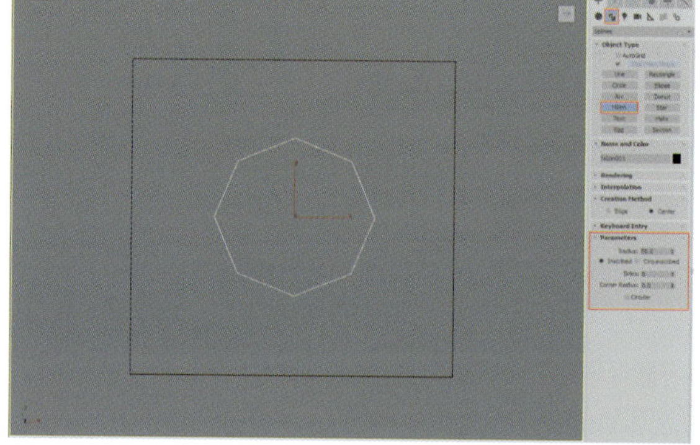

03 Plane 오브젝트를 선택하고 마우스 오른쪽 버튼을 눌러 'Quad Menu'에서 Editable Poly로 Convert 시켜줍니다.

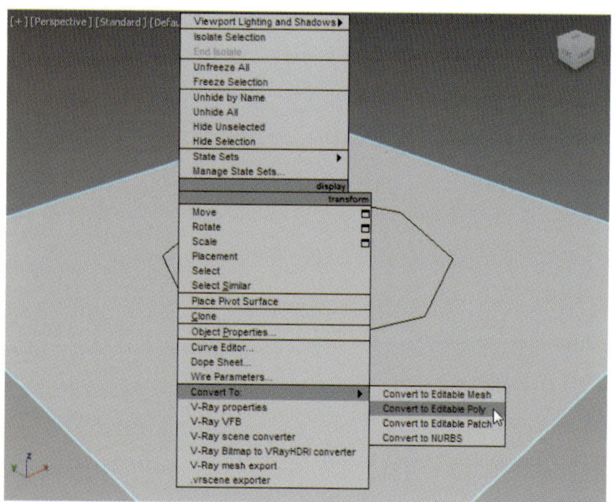

04 Plane 오브젝트를 선택하고, Vertex Sub-Object Level의 Edit Geometry 롤아웃에 있는 Cut[Alt + C]을 클릭합니다. 작업을 위해서는 잠시 G 키를 눌러 화면에서 Grid 표시를 없애주고 작업하는 것이 좋습니다.

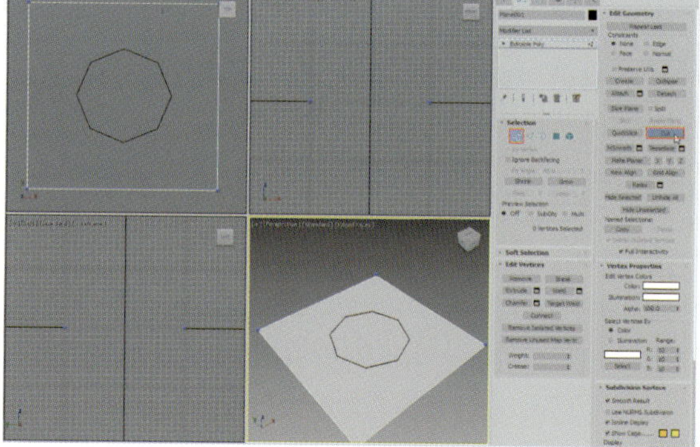

05 Cut을 실행할 때에는 3D Snap[S]을 활용하는 것이 좋습니다. Main Toolbar의 3D Snap에 아이콘 위에서 마우스 오른쪽 버튼을 클릭하여 'Grid and Snap Settings' 대화상자에서 'Vertex'로 설정해줍니다.

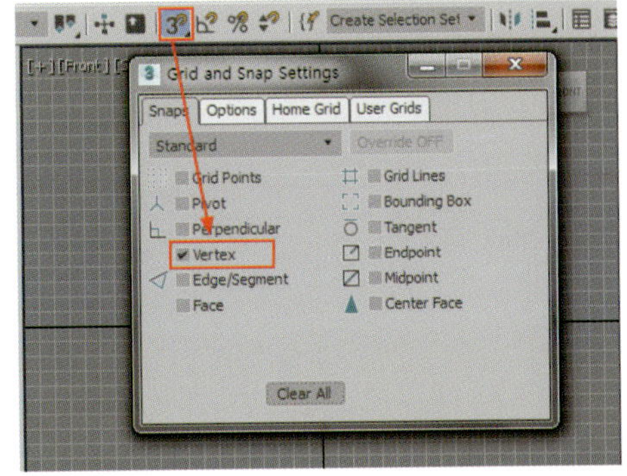

06 8각형의 Shape을 따라 마우스를 클릭하며 Cut을 실행합니다. 첫 Cut의 시작 위치는 아무데에서 실행하여도 상관없으며, Cut을 종료할 때에는 마우스 오른쪽 버튼을 클릭합니다.
A의 Edge는 저절로 생겨나며 지울 수 없는 Edge이니 그대로 놔둡니다.

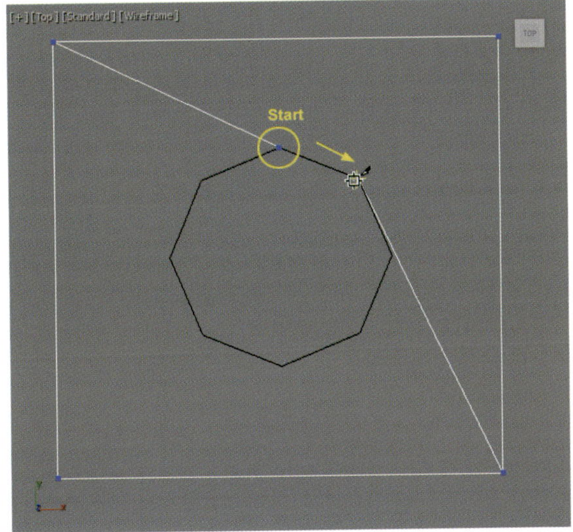

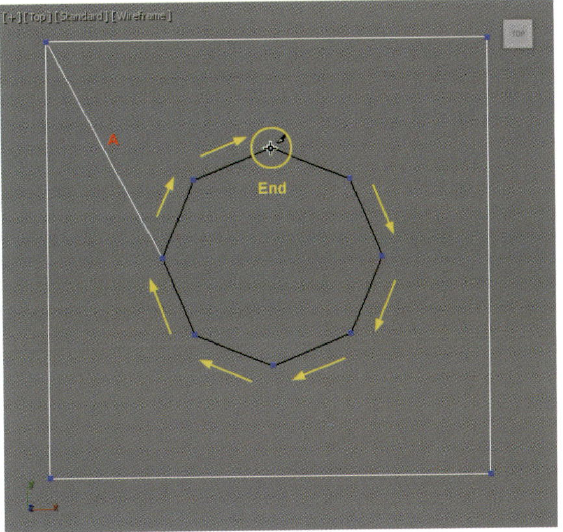

07 계속적으로 Cut을 한 번에 하나씩 실행하여, 그림과 같이 만들어 줍니다.

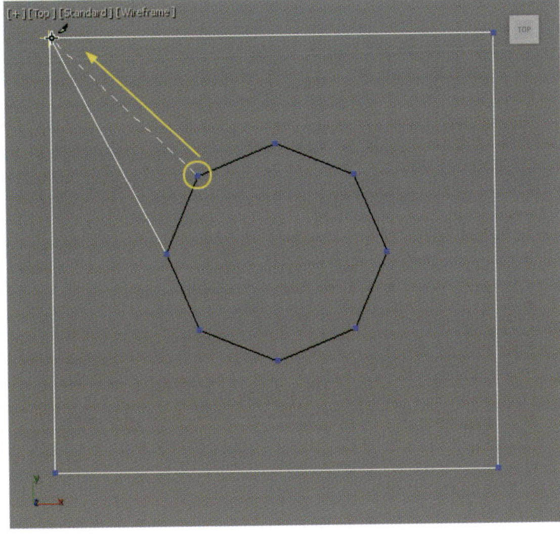

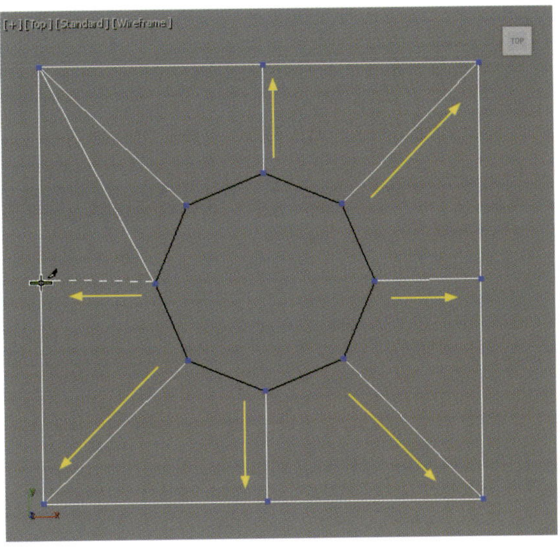

08 Edge Sub-Object 레벨로 이동합니다. 이제 불필요한 Edge를 선택하고 Remove[Back Space] 버튼을 클릭하여 Edge를 제거합니다. Edge Sub-Object 레벨을 해제한 후 처음에 그렸던 8각형 NGon을 선택하고 Delete 키를 눌러 삭제합니다.

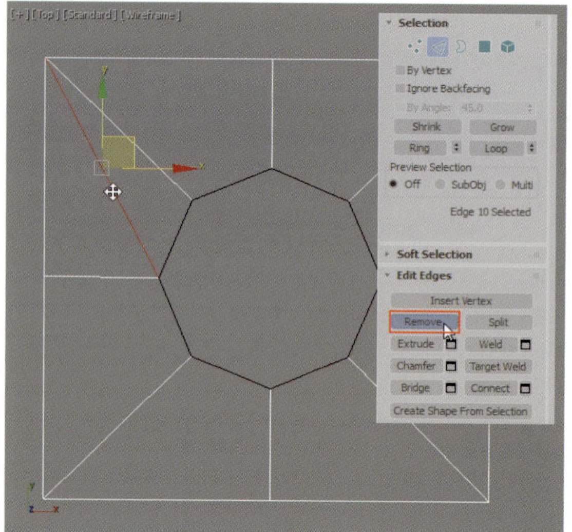
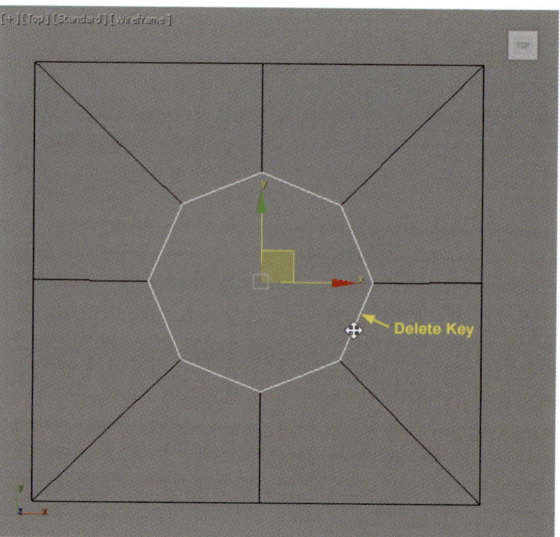

09 키보드의 S 키를 눌러 Snap은 비활성화시켜줍니다. Polygon Sub-Object Level로 변경한 후 위쪽의 면을 선택한 후 Delete 키로 삭제합니다.

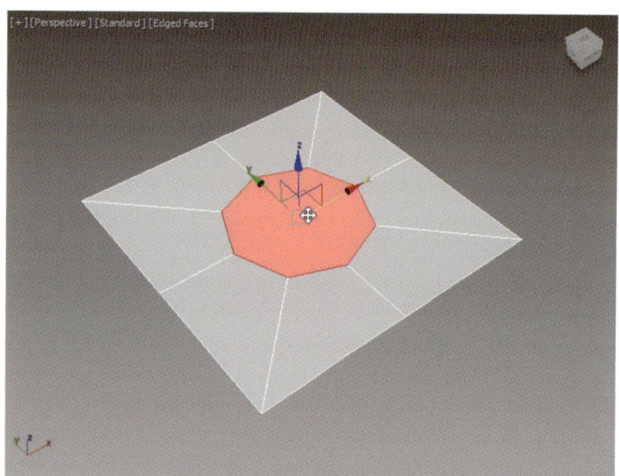
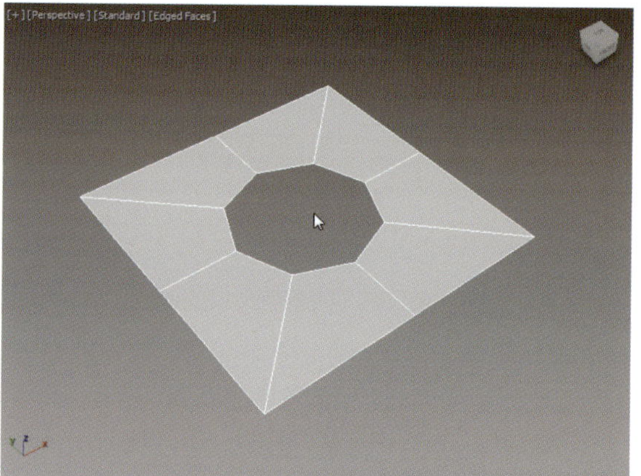

10 Border Sub-Object 레벨에서 열려있는 곳의 Edge를 선택한 후 Shift +Move 툴을 이용하여 하단 쪽으로 드래그하여 구멍의 깊이를 만들어 줍니다.
그림과 같이 처음에는 짧게, 두 번째는 길게 드래그 하도록 합니다.

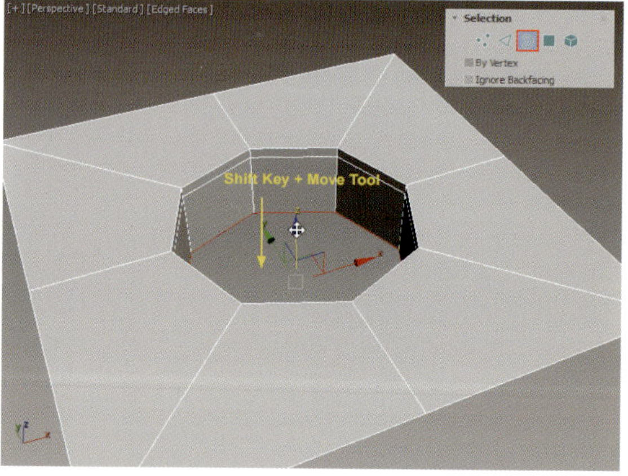

11 다음은 Modifier List에서 TurboSmooth와 재질을 적용한 결과입니다.

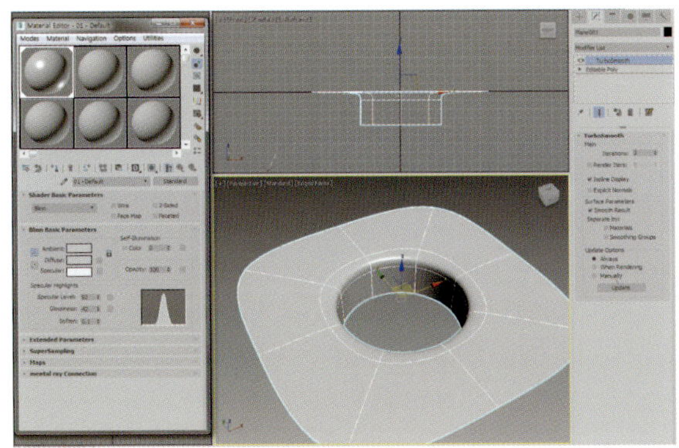

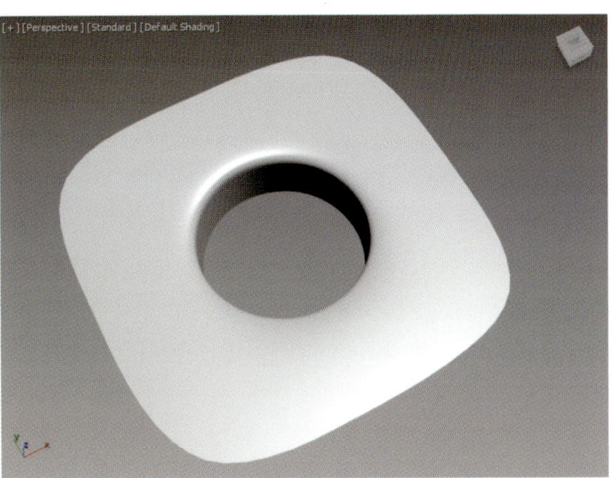

 CD 제공 : Polygon_hole_02_방사형.max

03 세 번째 방법 : NGon을 사용하여 중·대형 사이즈의 구멍 만들기 - 직선형 Cut 명령

Polygon 오브젝트에 원형 스타일의 Cut을 할 때에는 대부분 대각선 방향으로 처리하였지만 이번 예제는 대각선이 아닌 수직과 수평방향으로 Cut하는 방법입니다. 구멍 옆에 'ㄱ'자로 구부려져 있는 경우 자연스러운 오브젝트로 만들어 낼 수 있습니다.

01 앞서 배운 작업 방법대로 Top View에 다음과 같이 Plane 오브젝트와 정 가운데에 8각형의 Shape을 만들어 줍니다.

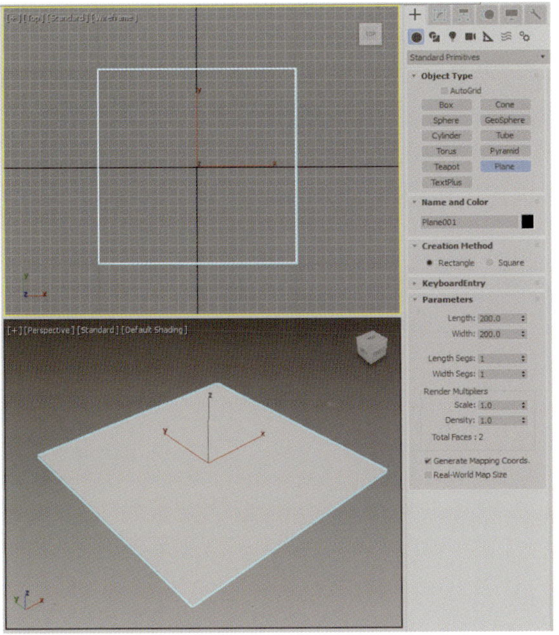

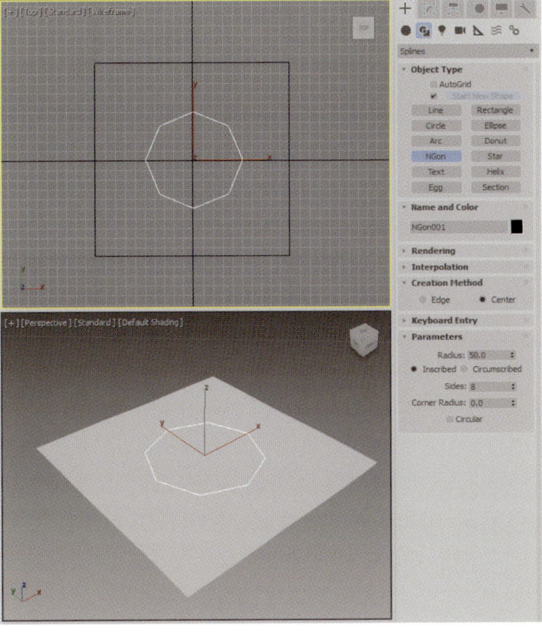

02 Plane 오브젝트를 선택한 후 'Editable Poly'로 Convert합니다. Vertex Sub-Object 레벨에서 Cut[Alt+C] 버튼을 클릭하여 Top View에서 8각형 Shape 모양대로 Cut을 실행합니다. 작업의 편의를 위해 3D Snap의 Vertex를 활성화하고 작업하도록 합니다.

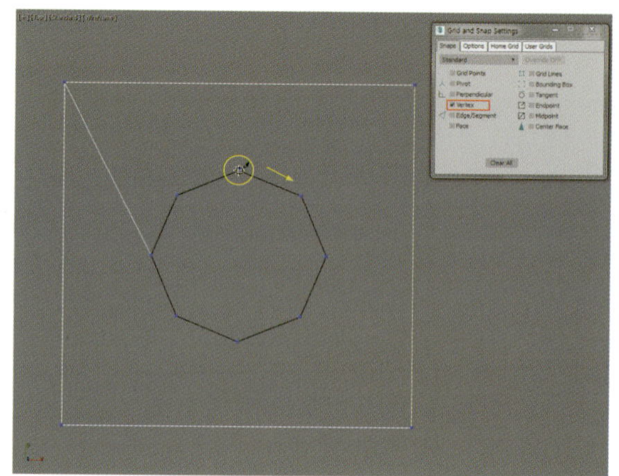

03 계속해서 그림과 같이 Cut을 수직 또는 수평방향으로 사용하여 Edge를 추가하고, 불필요한 Edge A부분은 Remove[Back Space] 명령으로 삭제합니다.

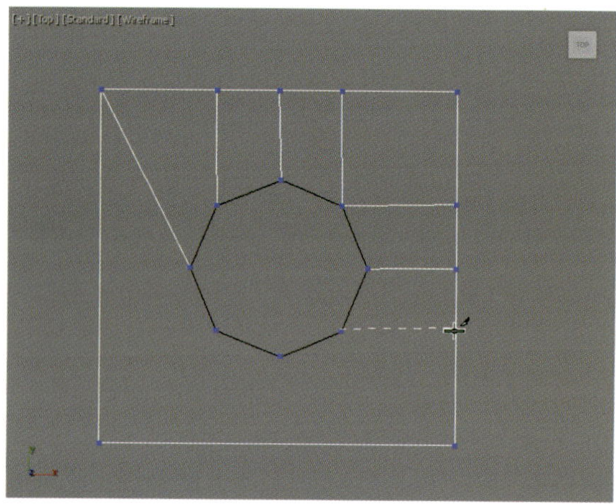
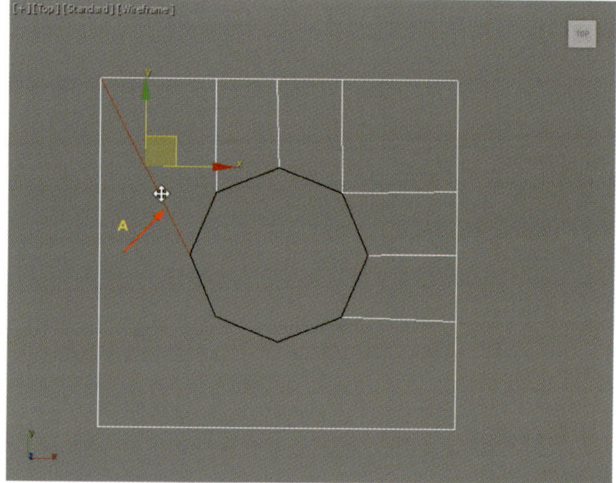

04 계속해서 Cut을 실행하여 Edge를 추가하여 완성합니다. Snap[S]은 비활성화시켜주고, 사용되었던 8각형 NGon은 Delete 키로 삭제합니다.

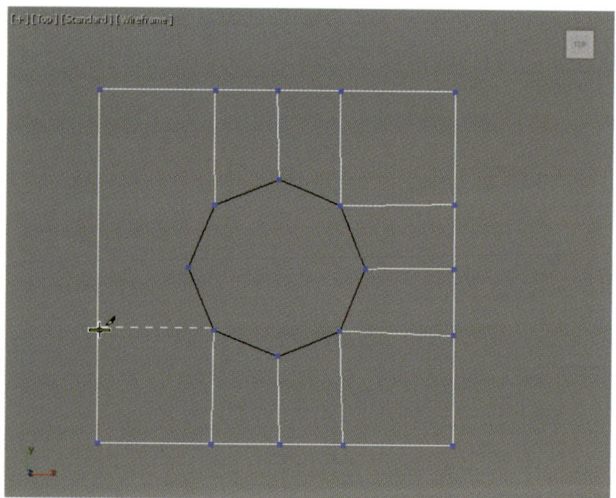
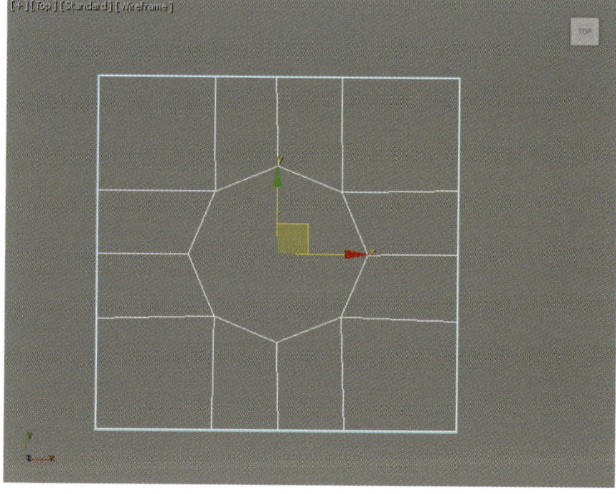

05 Polygon Sub-Object Level로 변경한 후 'Inset Settings'를 클릭하여 캐디 창을 불러냅니다. Amount 값에 "5"를 입력하고 OK 버튼을 클릭합니다.

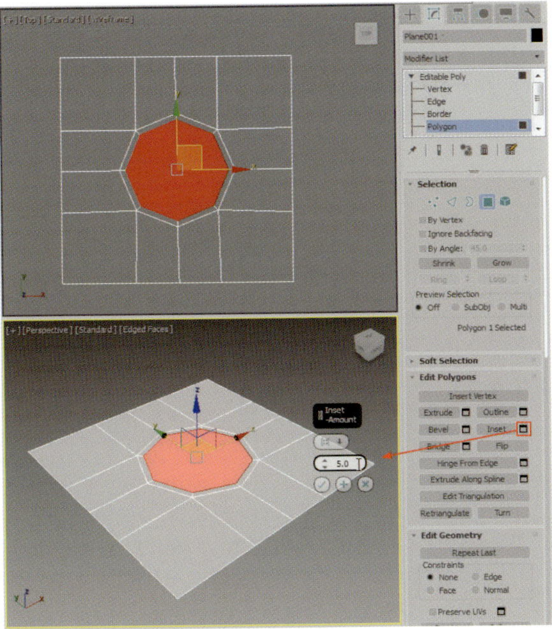

06 'Bevel Settings'를 클릭한 후 캐디 창에 'Height' 값에 "-20"을 입력하고, 'Outline' 값에 "-10"을 입력하여 아래쪽으로 경사진 돌출 면을 만들어 줍니다.

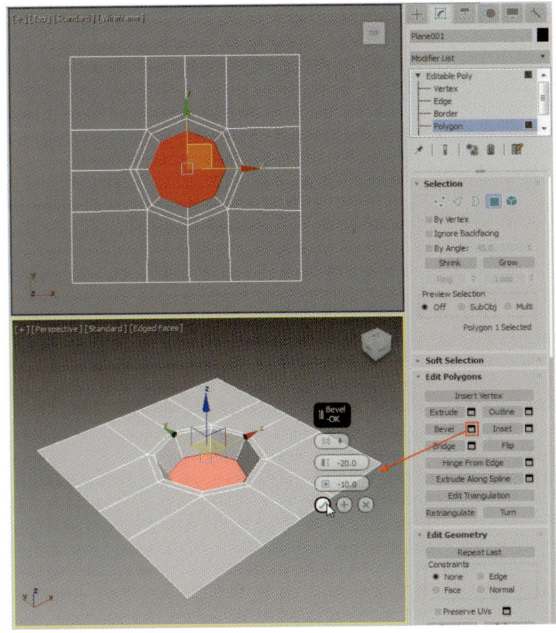

07 다시 Inset을 실행한 후 "5" 값을 적용합니다.

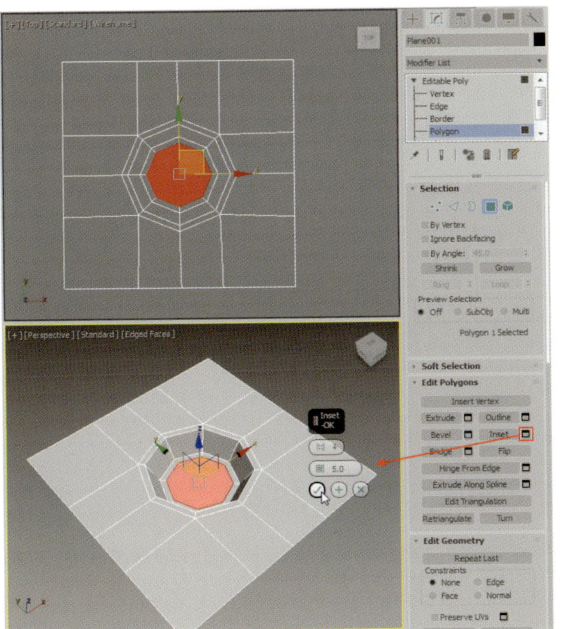

08 Cut[Alt + C]을 실행하여 다음과 같이 마무리합니다.

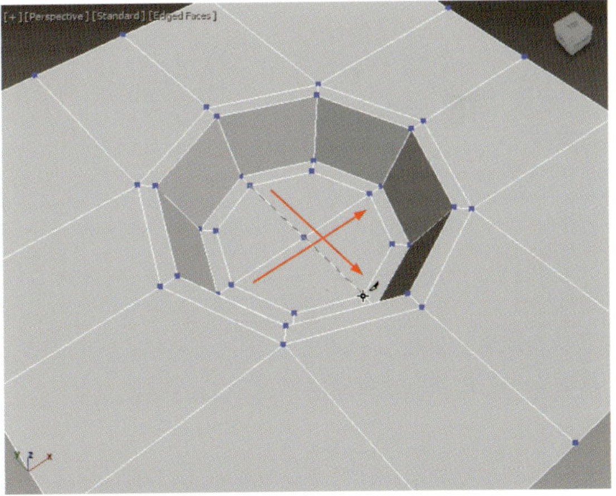

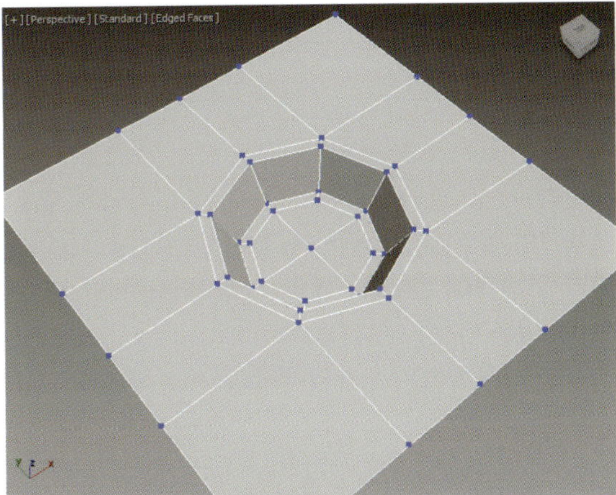

09 Edge Sub-Object Level로 변경한 후 우측의 Edge를 그림과 같이 좌측으로 이동시켜줍니다.

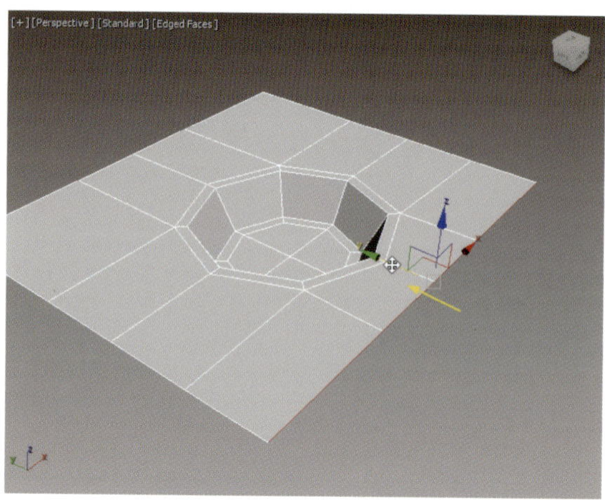

10 Edge가 선택된 상태에서 Shift 키를 누른 상태에서 Move툴로 드래그하여 그림과 같이 3번 정도 면을 확장 복사 시켜줍니다.

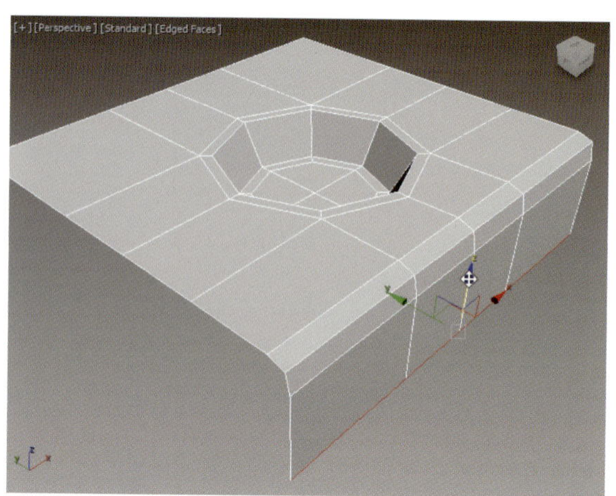

11 Modifier List에서 'TurboSmooth'와 함께 재질도 적용하여 결과를 확인합니다.

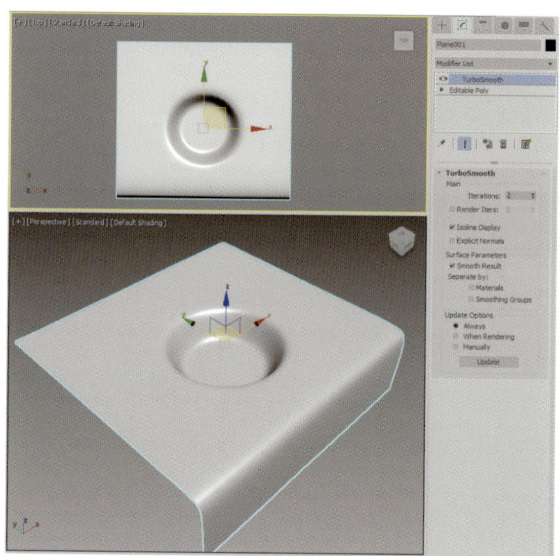

◉CD 제공 : Polygon_hole_03-직선형.max

12 다음 이미지는 방사형 타입과 직선형 타입의 Polygon 오브젝트를 비교한 것입니다. 첫 번째 직선형 타입의 Polygon 오브젝트가 방사형 타입보다는 확실히 구부러진 부분의 면에서 안정된 각을 보여줍니다.

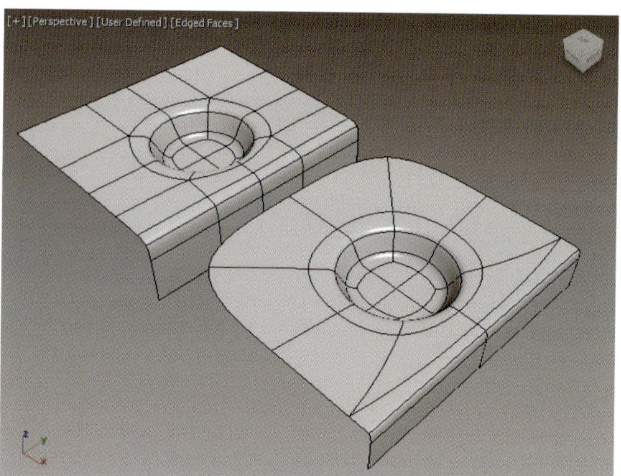

◉CD 제공 : Polygon_hole_04_All.max

04 네 번째 방법 : 스크립트를 사용하여 구멍 만들기- Create Holes

3ds Max의 스크립트(Scripts)는 자체 내부에 없는 기능을 만들어서 추가해주거나 복잡한 작업을 단순한 절차로 자동으로 만들어 줍니다. 맥스 스크립트는 프로그래밍 언어이기 때문에 사용자가 직접 작성하여 사용하기 어렵지만 해외 사이트에서 맥스 작업에 필요한 스크립트를 쉽게 다운로드할 수 있습니다. 스크립트는 플러그인 못지않게 강력하게 힘을 발휘하여 3ds Max에 추가하여 많이 사용합니다.

여기서 소개할 'Create Holes' 스크립트는 단 몇 번의 클릭으로 앞서 공부한 구멍 만들기를 손쉽게 만들어 낼 수 있습니다.

자세한 사용방법은 아래의 주소로 이동하여 동영상을 참조하고, 실제 작업에 적용하도록 합니다.

01 먼저 인터넷 주소에 'http://bodyulcg.com/'로 입력하여 해당사이트로 이동합니다. 상단 메뉴에서 Scripts〉Create Holes를 클릭합니다.

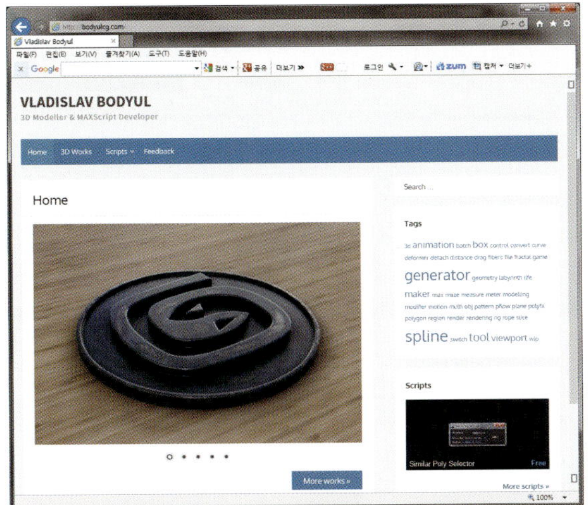

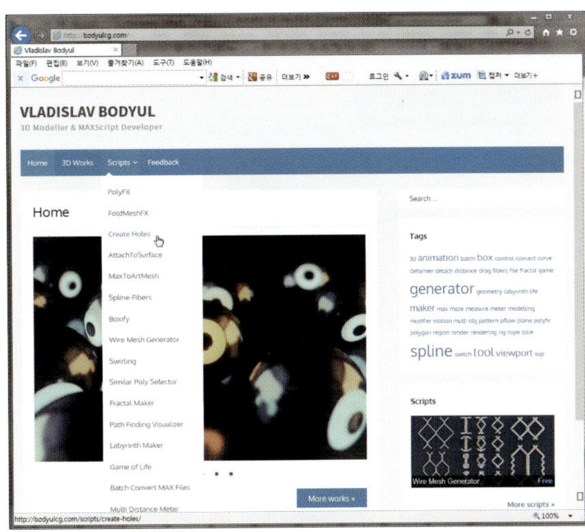

02 Create Holes에 대한 소개를 간단히 그림으로 보여 주고 있습니다.

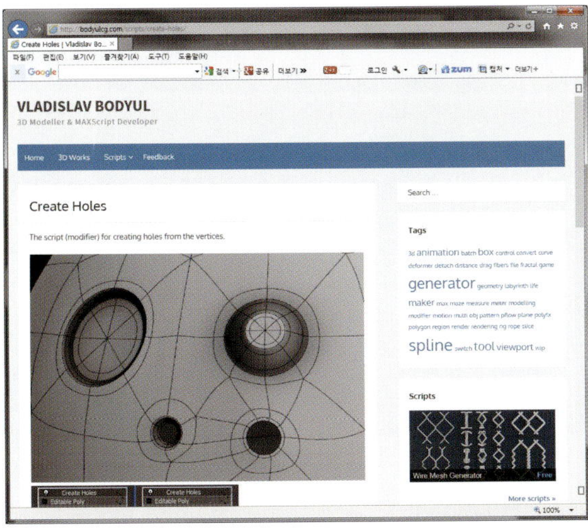

03 Create Holes 스크립트는 2가지 버전이 있습니다. Lite 버전은 Pro 버전에 비해 주요기능이 빠져 있지만 무료버전으로도 충분히 그 효과를 발휘할 수 있으며, 또한 무제한으로도 사용 가능합니다.

04 그림과 같이 Download(Lite Version) 버튼을 클릭하여 내 컴퓨터에 저장하고, 압축을 풉니다.

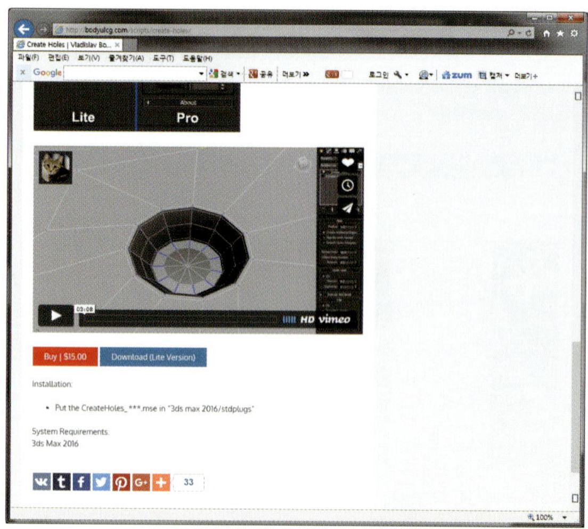

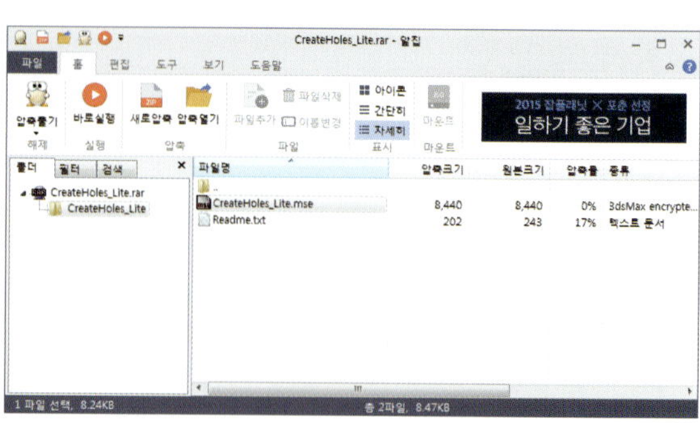

05 'CreateHoles_Lite.mse' 파일을 복사하여 'C:\Program Files\Autodesk\3ds Max 2017\stdplugs' 경로에 붙여넣기 해줍니다.

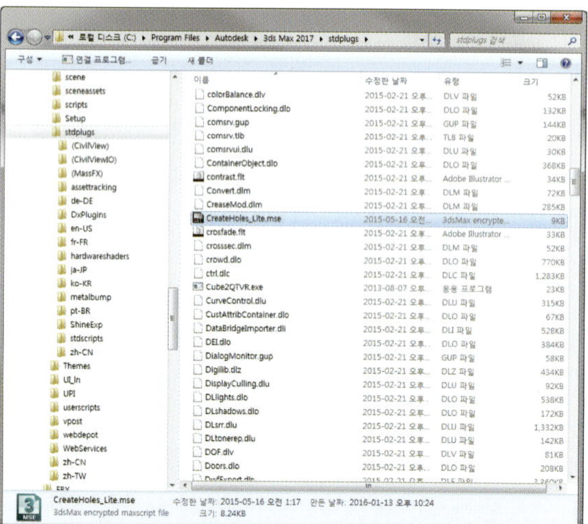

◉ CD 제공 : CreateHoles_Lite\CreateHoles_Lite.mse

06 플러그인이나 스크립트를 복사한 후 반드시 3ds Max 2017을 재실행해야 합니다. 3ds Max가 켜지면 다음과 같이 Viewport에 간단한 Box를 생성합니다.

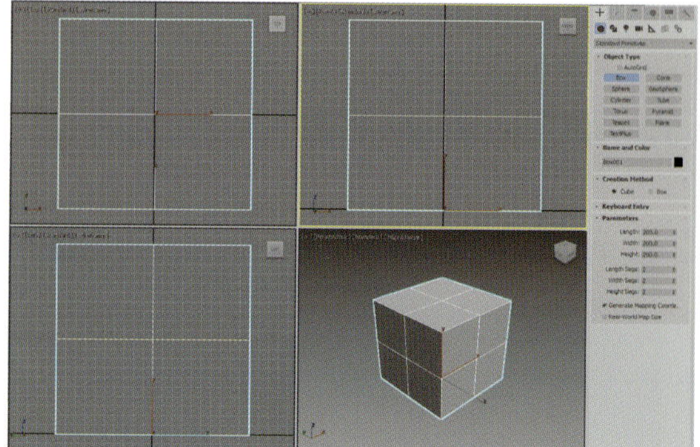

07 Box를 마우스오른쪽 버튼을 클릭하여 나오는 Quad Menu에서 'Editable Poly'로 Convert합니다.

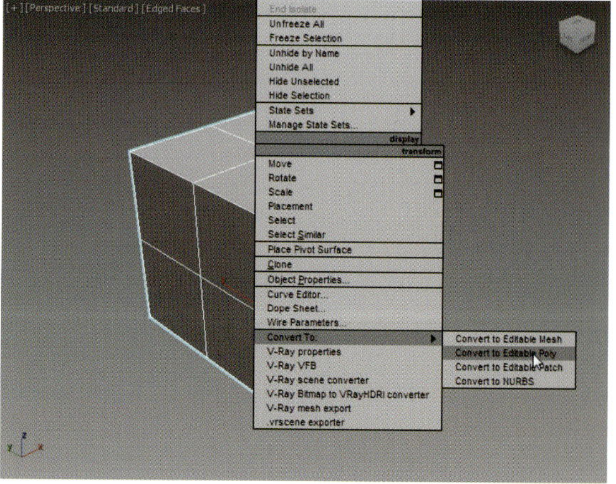

08 Vertex Sub-Object Level에서 그림과 같이 6군데의 Vertex들을 선택해줍니다.

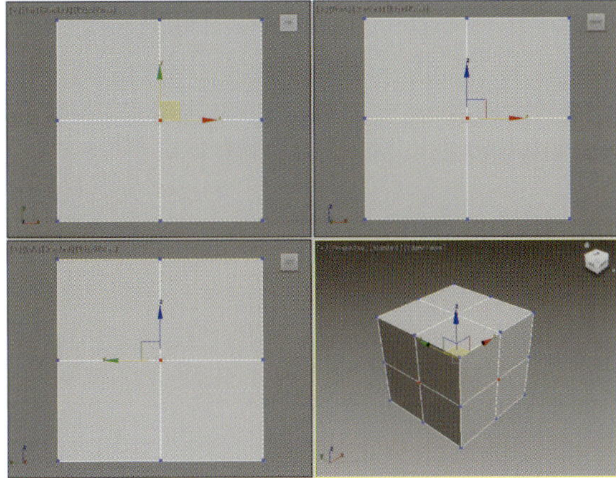

10 필자가 'Tube'와 'Create Holes' 스크립트를 응용하여 다음과 같이 만들어 본 결과물입니다.

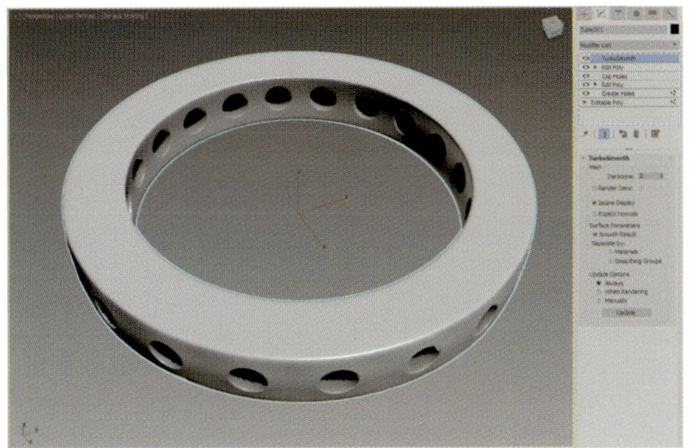

🔘CD 제공 : Polygon_hole_06_Tube.max

09 Modifier List에서 'Create Holes' 수정인자를 적용시켜 주고, 독자 여러분이 직접 옵션들을 설정해봅니다. 아쉽게도 'Extrude And Bevel'과 'Cap' 기능이 빠져있지만, 앞에서 작업했던 방사형 스타일의 Cut 기능을 단 몇 초 만에 Hole을 만들어 줍니다.

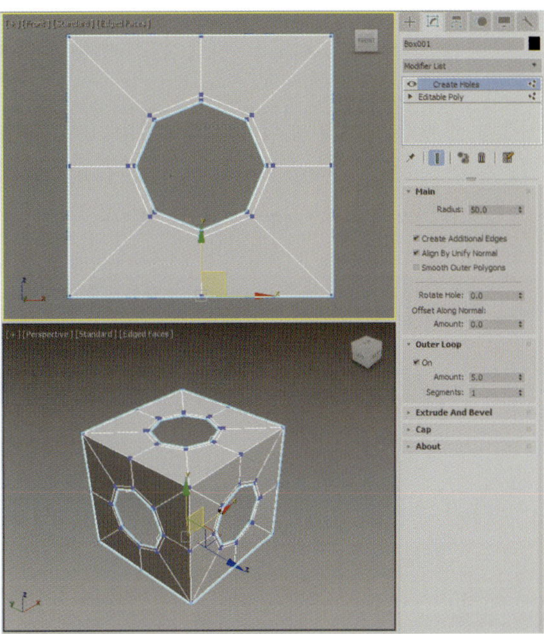

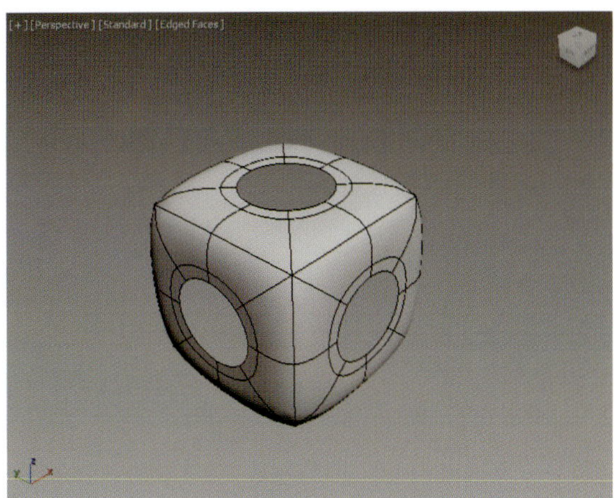

🔘CD 제공 : Polygon_hole_05_Scripts.max

Section 02 | 타원형과 사각형 모양의 구멍 만들기

사각형 모양의 구멍은 원형처럼 복잡하지 않기 때문에 쉽게 만들 수가 있지만, 모서리가 둥근 사각형이라면 좀 어려울 수도 있습니다.

모서리가 둥근 사각형이나 타원형 구멍 같은 경우는 주변의 제품에서 많이 볼 수 있는데, 주로 전자제품이나 휴대폰, 액정화면, 리모컨, 제품 관련 버튼 등에서 볼 수 있습니다.

예제를 통하여 타원형과 사각형 모양의 구멍 만드는 방법에 대해 알아보도록 하겠습니다.

01 Top View에 Plane 오브젝트를 생성합니다.

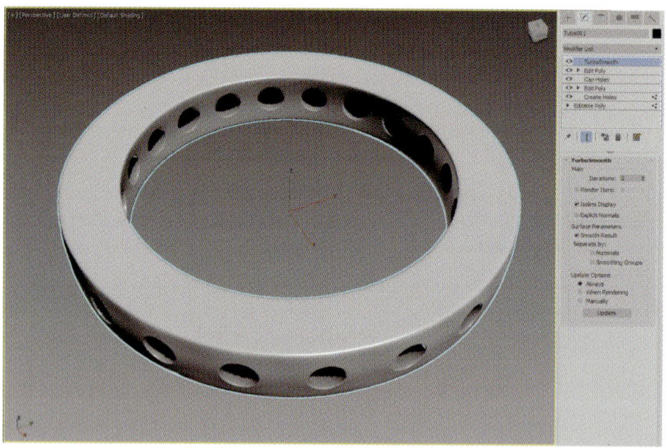

02 Top View에 Command 패널의 Create>Shapes>Ellipse를 다음과 같이 설정하여 적당한 크기의 타원형 Shape을 그려줍니다.
Interpolation 롤아웃의 Steps 값에 "1"로 변경하도록 합니다.

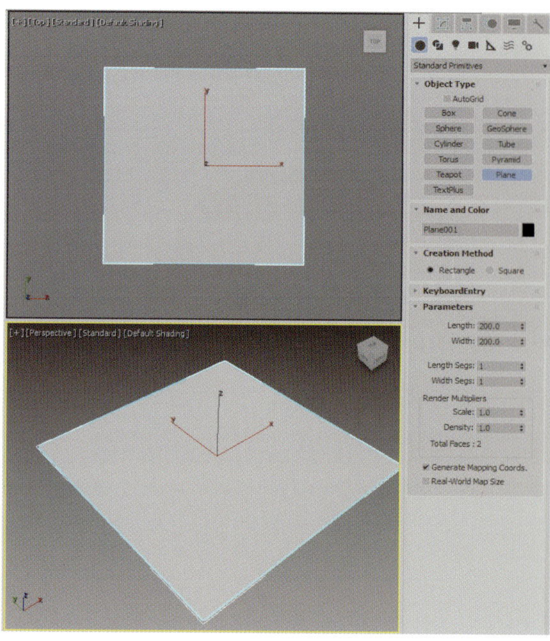

03 마찬가지로 Top View에 Create>Shapes>Rectangle를 다음과 같이 설정하여, 중앙 하단에 사각형 Shape을 그려줍니다. Corner Radius 값에 "10"을 적용합니다.

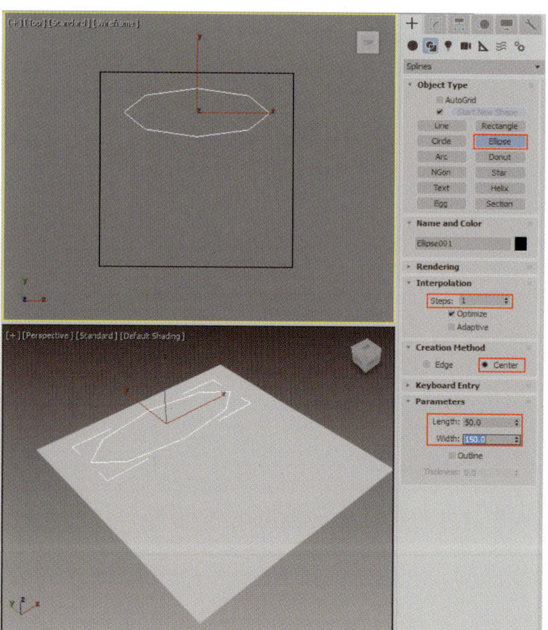

04 Plane 오브젝트를 Editable Poly로 Convert합니다. Vertex Sub-Object 레벨에서 Cut[Alt + C]을 실행합니다.
3D Snap의 Vertex도 활성화합니다.

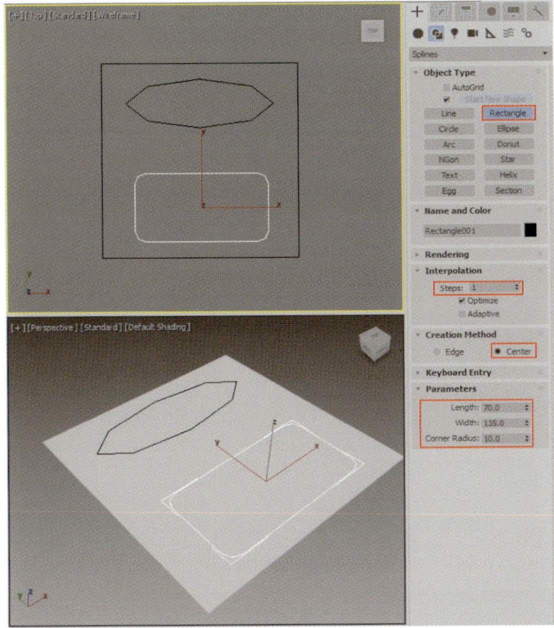

05 앞서 배웠던 방법대로 타원형과 사각형의 Shape에 맞게 Cut을 실행하여 Edge를 추가합니다. 동그라미 친 부분은 Cut의 시작 정점을 의미합니다. 그러나 여기에서 시작점의 위치는 매우 중요하지 않습니다.

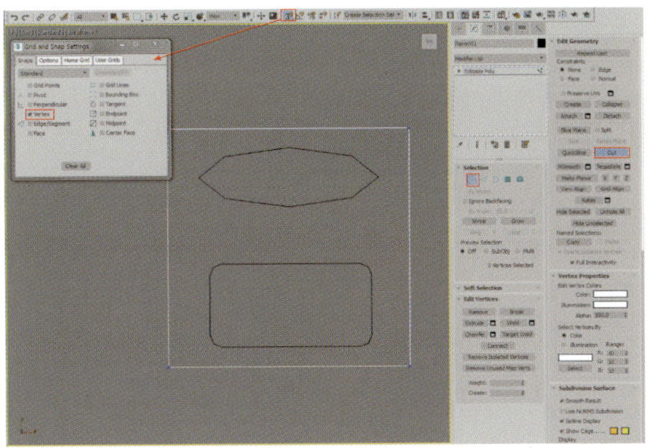

06 그림과 같이 타원형 부분의 Cut을 실행하여 Edge을 만들어 줍니다.

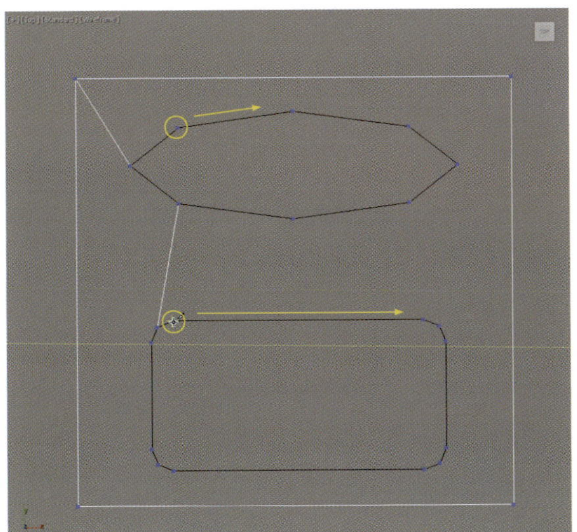

07 그림을 참조하여 사각형 부분도 계속적으로 Cut을 실행하여 Edge를 추가합니다.

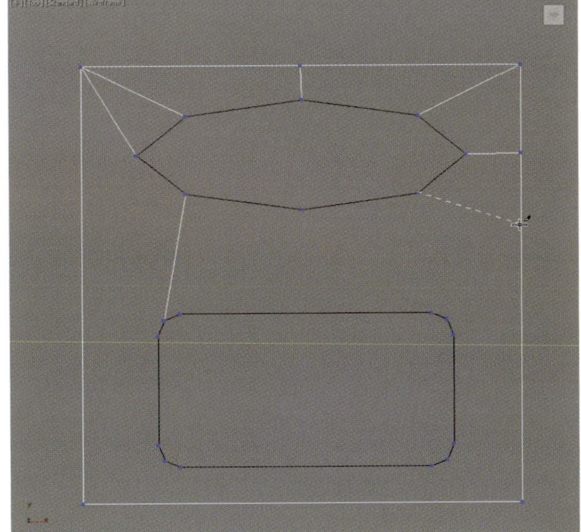

08 Edge Sub-Object 레벨로 이동한 후 불필요한 Edge를 선택한 후 Remove(Back Space) 명령을 실행하여 삭제합니다. Cut을 실행하여 Edge를 하나 더 추가시켜줍니다.

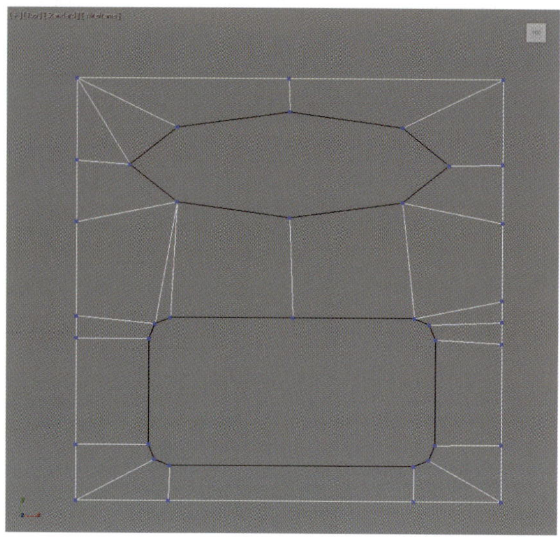

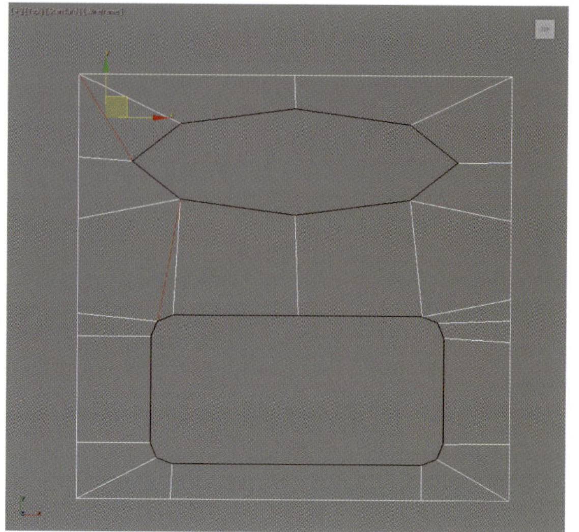

09 계속해서 그림과 같이 Cut 명령으로 타원형과 사각형의 경계라인이 될 Edge를 추가하고, 하단 쪽에도 하나 더 Edge를 추가시켜줍니다.

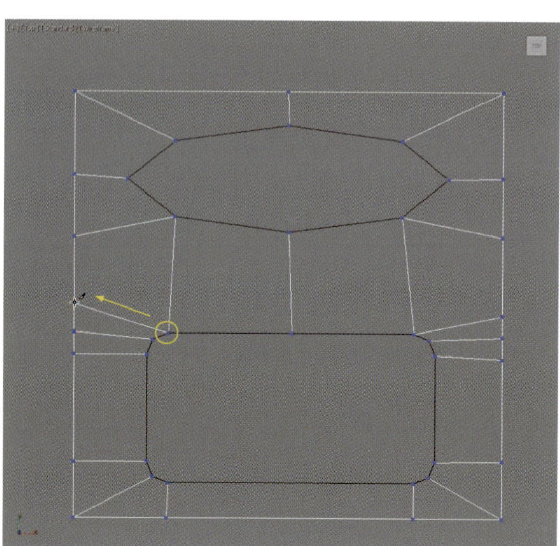

10 Polygon Sub-Object 레벨로 이동합니다. 그림과 같이 안쪽의 면을 선택하고 Delete 키로 삭제합니다.

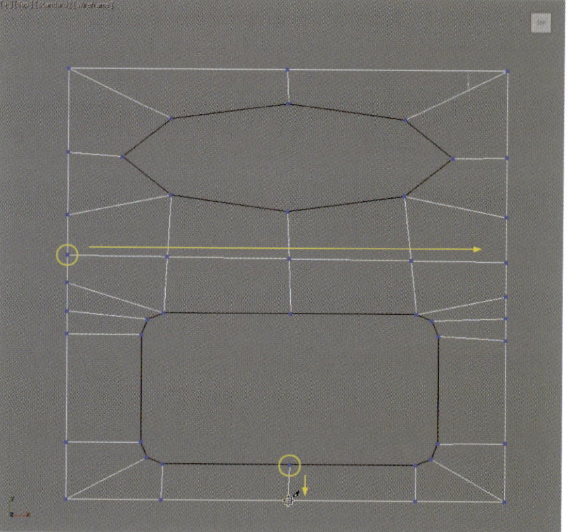

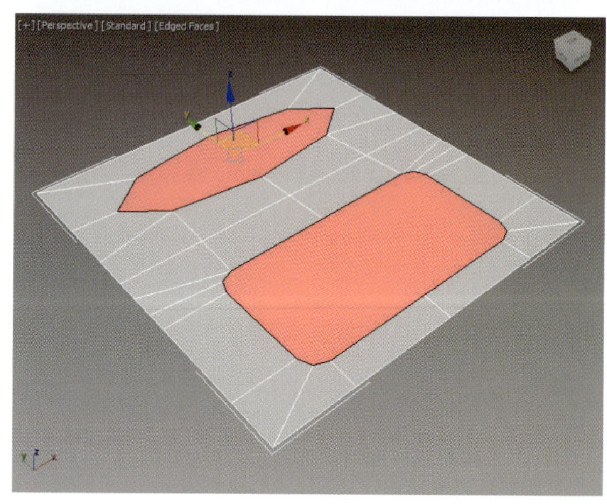

11 도우미로 사용되었던 타원형과 사각형을 선택하고 Delete 키로 삭제합니다. Snap[S]도 비활성화합니다.

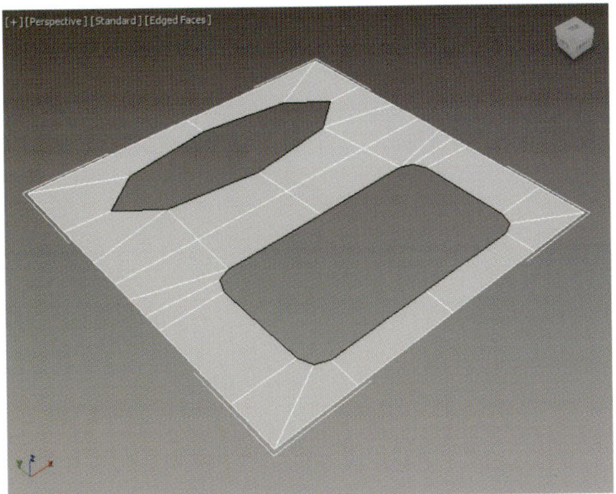

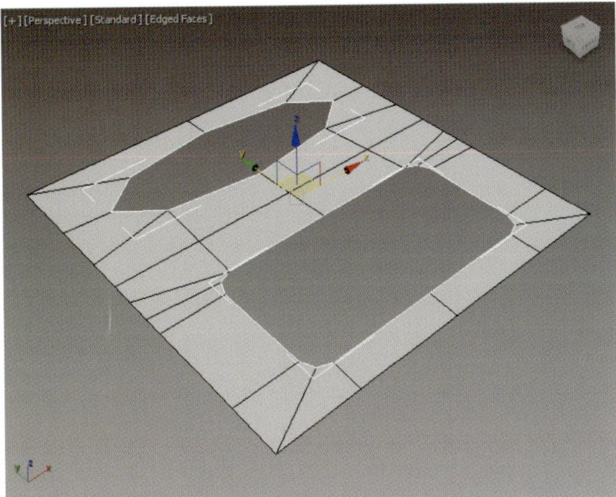

12 Border Sub-Object 레벨에서 Shift +Move 툴로 Edge를 드래그하여, 적은 값의 면을 확장 복사 시켜 줍니다. 이렇게 하는 이유는 모서리 부분에 Edge를 더해줌으로써 'TurboSmooth' 적용 시 각진 형태의 둥근 모서리를 만들기 위함입니다.

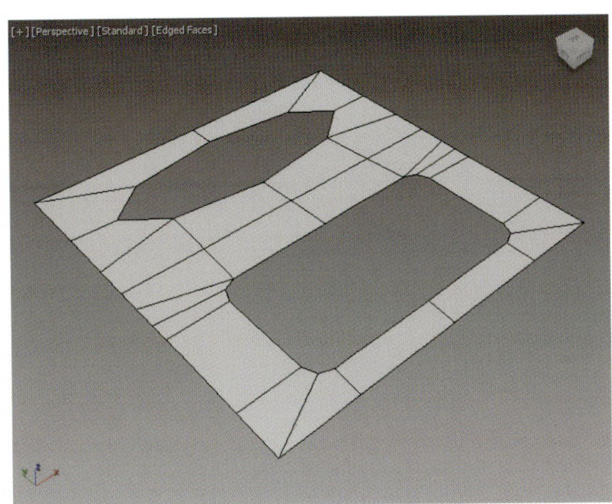

13 계속해서 Shift +Move Tool로 그림과 같이 Edge를 더 드래그하여 구멍의 깊이를 표현합니다.

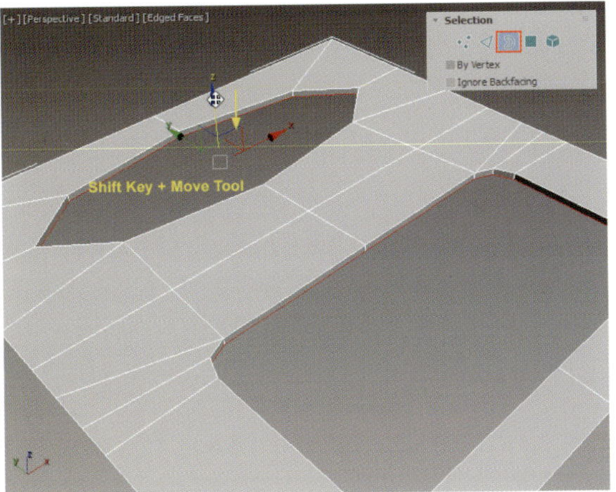

14 Modifier List에서 'TurboSmooth'를 적용한 후 결과를 확인합니다. 그 결과 사각형의 변이 약간 둥근 형태를 가지고 있습니다. 이를 수정해보도록 하겠습니다.

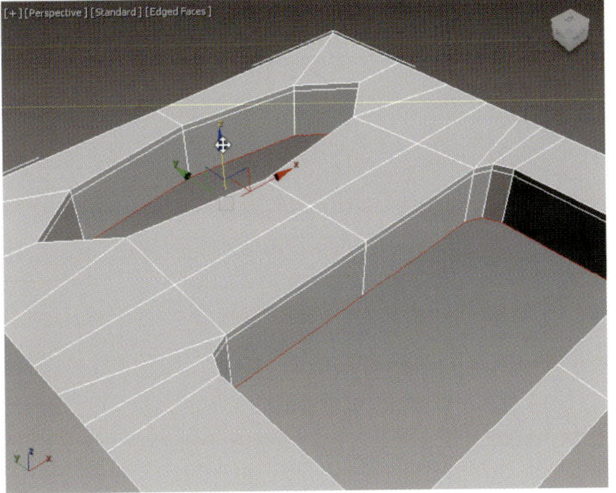

15 확실하게 직선 형태의 사각형을 만들기 위해 그림과 같이 Cut[Alt + C] 또는 Connect 명령으로 Edge를 더 추가 시켜줍니다.

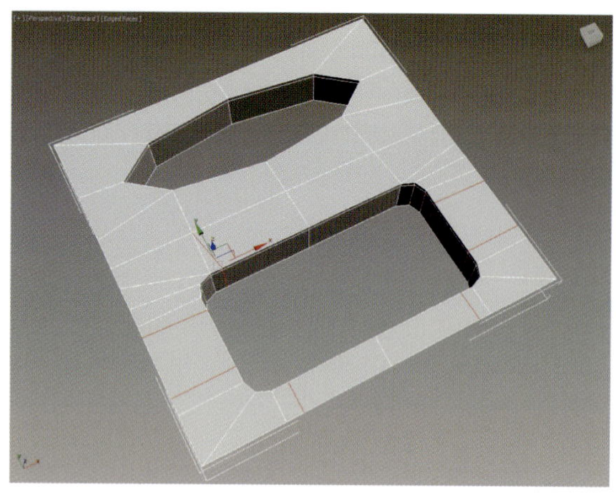 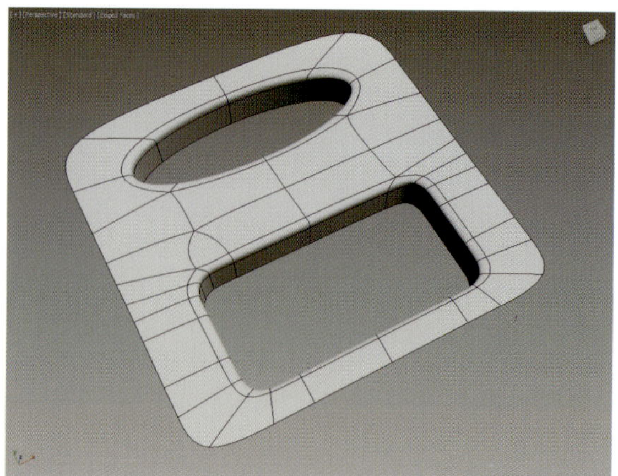

◉CD 제공 : Polygon_hole_07_Ellipse_Rec.max

Lesson 02

기초 Polygon 모델링 - 둥근 모서리, 파팅라인

Polygon으로 이루어진 모델링을 자유자재로 구현 하기위해서는 가장 기초적인 방법을 익혀야 합니다. 그 기초적인 방법은 앞서 배운 원형 스타일의 Cut과 구멍 뚫기, 오브젝트와 오브젝트와의 결합, 각진 모서리의 Fillet 처리, Parting Line(파팅 라인), 삼각 면이 아닌 사각 면의 표현 등이라 할 수 있습니다.

본 예제에서는 원기둥과의 결합 표현, 각 오브젝트의 모서리 표현, Parting Line 표현 등에 대해 설명합니다.

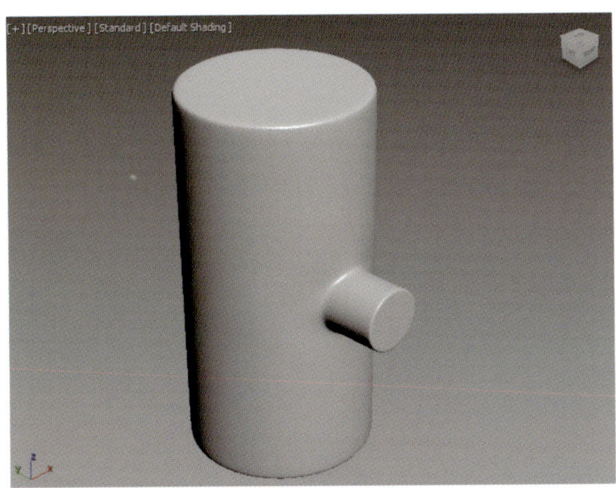
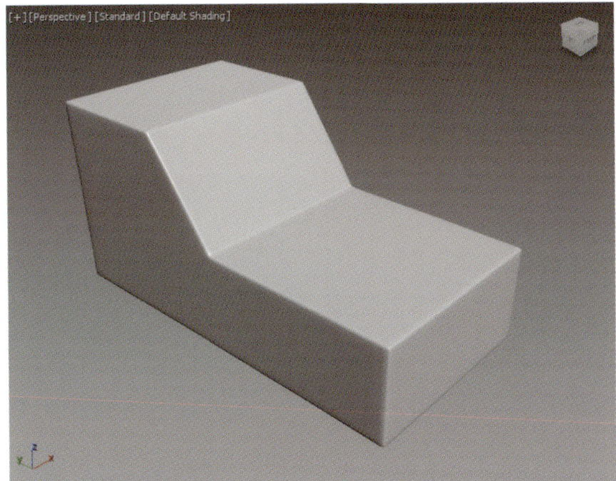

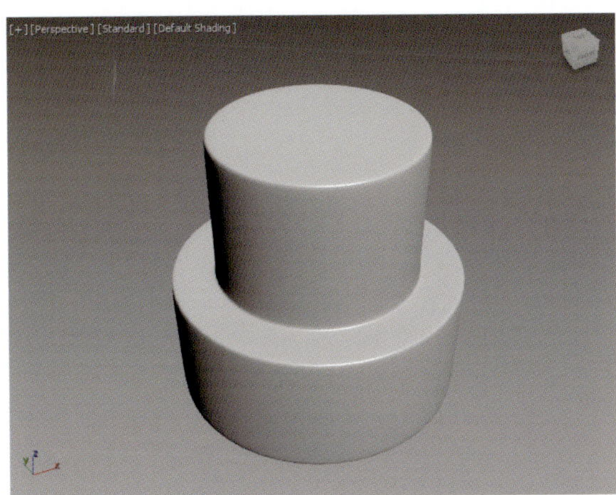

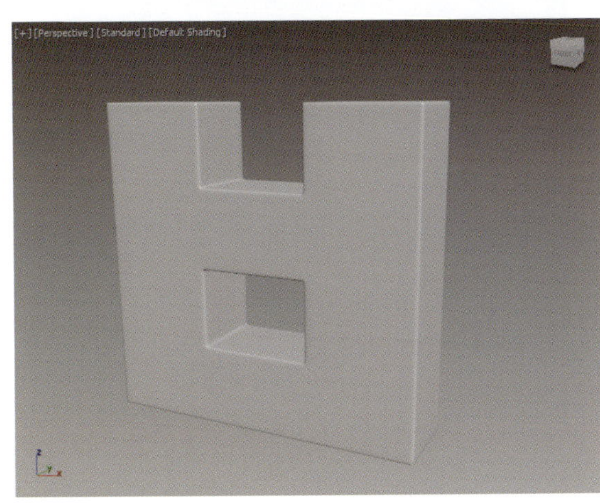
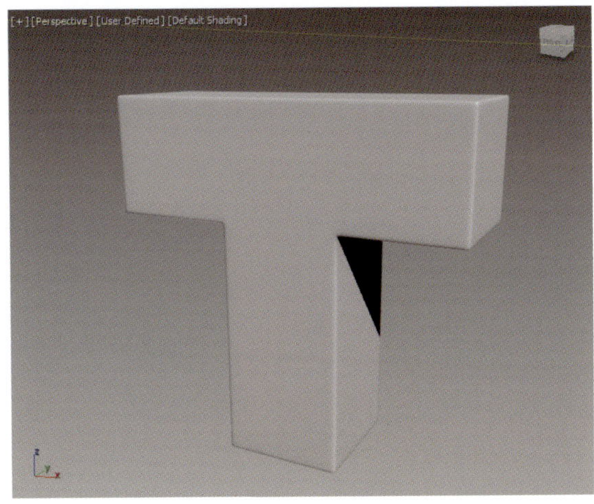

Section 01 | 기초 모델링 : 원기둥과의 결합 표현

보통 우리 주변에서 흔히 볼 수 있는 제품 관련 디자인 등을 살펴보면, 하나의 덩어리 자체에서 시작하여 그것을 디테일하게 여러 개의 부품으로 쪼개져 만들어진 디자인도 있고, 그 덩어리에서 가지치기 형식으로 파생되어 만들어진 디자인도 있습니다. 또한 다른 오브젝트끼리 결합되어 또 다른 형태로 탄생된 디자인 등도 있습니다.

3ds Max 모델링에서도 위의 3가지 형태로 작업이 진행되기 때문에 본 예제에서는 가장 기초적으로 원기둥에서 또 다른 원기둥이 만들어지는 모델링을 진행할 것입니다.

원기둥과 원기둥이 만나는 부분의 둥근 모서리 부분의 결합부분을 어떻게 표현할 것인지를 배우게 됩니다.

01 Top View에 다음과 같이 Create〉Geometry〉 Standard Primitives〉Cylinder를 생성합니다.

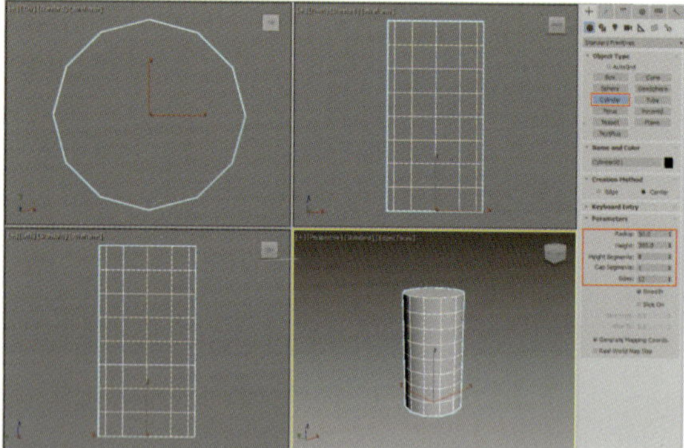

02 Command 패널의 Create〉Shapes〉Spline〉NGon을 클릭하여 Cylinder 중앙에 적당한 크기의 8각형 Shape을 그려주고, Cylinder 앞쪽으로 이동시켜줍니다.

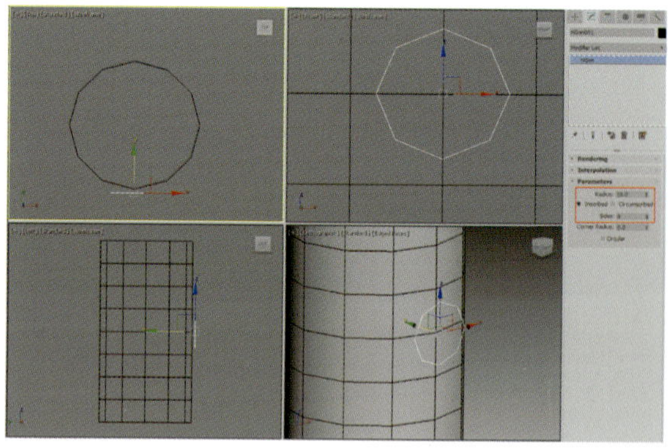

알아두기 | Polygon 모델링에 도움을 주는 단축키

Polygon 모델링에 도움을 주는 단축키는 F4 , J , G 키로 주로 Viewport에서 설정하고 작업하도록 하며, Perspective View는 키보드의 U 키를 눌러 Orthographic View로 변경하여 작업합니다.

F4 : 오브젝트면의 Edge 표시 여부
J : 선택된 오브젝트의 브라켓 표시 여부
G : Grid 표시 여부

알아두기 | NGon 8각형 대신 Circle로 8각형 만들기

NGon 대신 Circle의 Interpolation의 Steps 값을 "1"로 설정하면 8각형 형태의 원을 Polygon 오브젝트에 Helper로 사용할 수 있습니다.

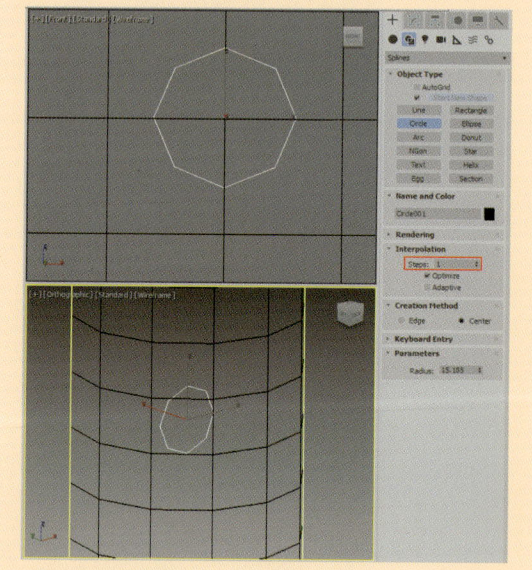

03 Cylinder 오브젝트를 선택하고 마우스 오른쪽 버튼을 누릅니다. Quad Menu에서 'Convert to Editable Poly'를 적용합니다.

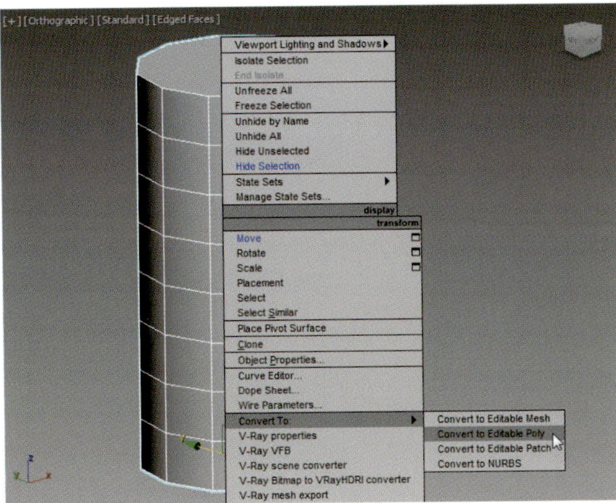

04 Front View에서 Vertex Sub-Object Level의 Cut[Alt+C]을 실행하여 동그라미 친 부분부터 시작하여 NGon Shape에 맞추어 잘라줍니다. 가능하면 Cut을 실행할 때에는 Vertex Sub-Object Level과 3D Snap의 Vertex를 설정하고 작업합니다. 이 내용들은 앞의 예제의 '기초 Polygon 모델링-Hole'에서 다루었던 내용입니다.

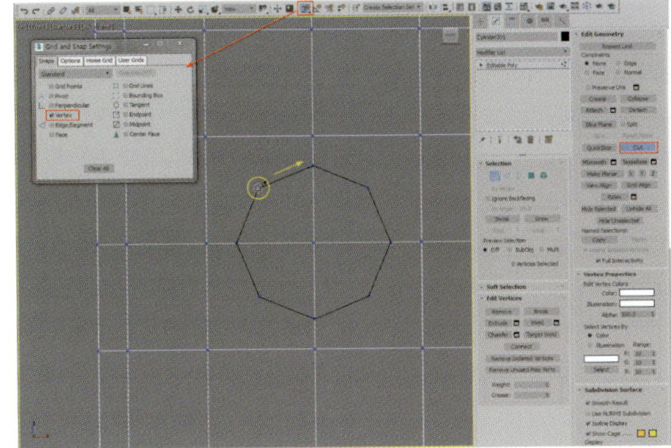

05 계속해서 그림과 같이 4군데에 Cut을 사용하여 주변의 Vertex에 Edge를 연결해줍니다.

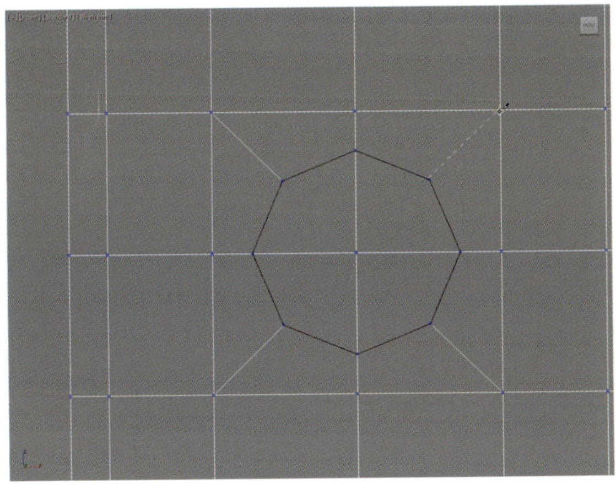

06 정 가운데의 Vertex를 선택하고 Delete 키로 삭제합니다. 이어서 NGon의 8각형 쉐입도 Delete 키로 삭제해줍니다.

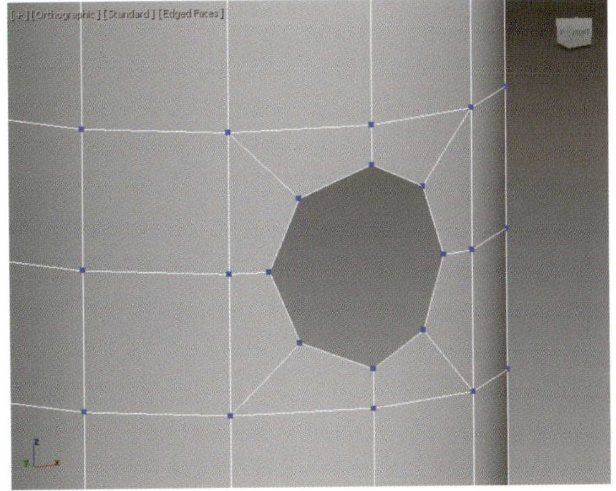

07 Border Sub-Object Level로 변경한 후 열려 있는 Edge를 선택합니다. Move[W] 툴이 선택된 상태에서 Shift 키를 누르고 Y축 방향으로 2번 드래그하여 그림과 같이 만듭니다.
이때 직선형으로 면을 돌출시키기 위해서는 반드시 3D Snap[S]을 비활성화해야 합니다.

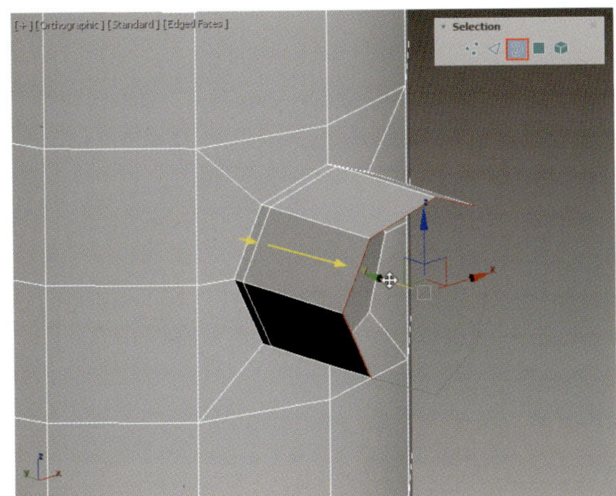

08 Make Planar의 Y 버튼을 클릭하여 선택된 Edge를 평면화시켜줍니다.

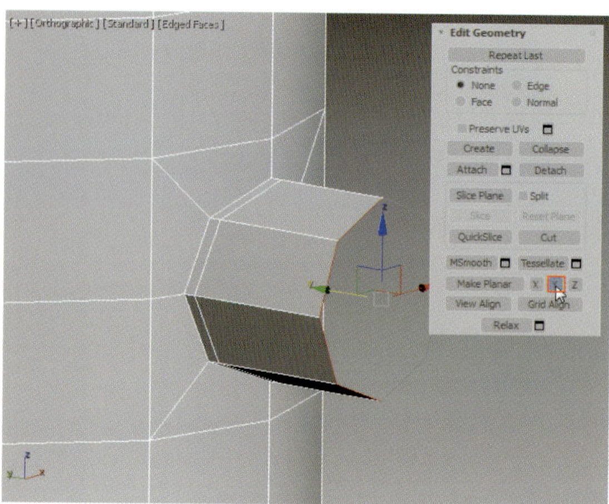

09 계속해서 앞서 사용했던 Shift +Move Tool의 드래그 방법을 사용하여 Y축 방향으로 면을 돌출시켜줍니다.

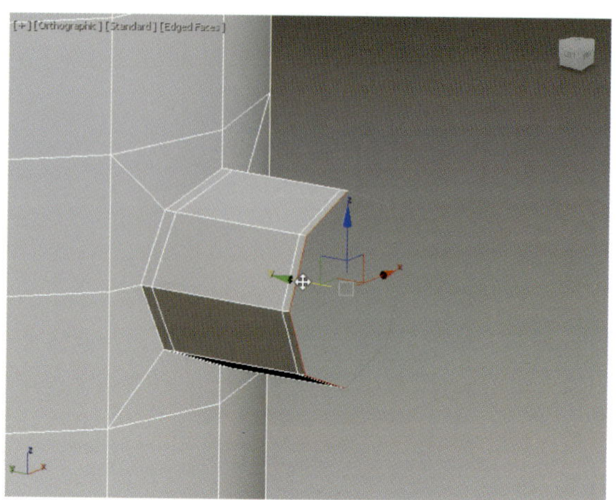

10 Move[W]툴에서 Scale[R] 툴로 변경합니다. 그림과 같이 3D Scale이 적용된 상태에서 Shift +Scale 드래그 방법으로 안쪽 방향으로 면을 확장 복사해줍니다.

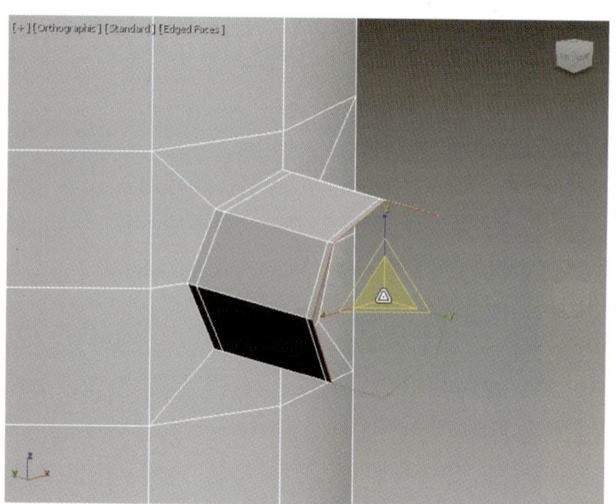

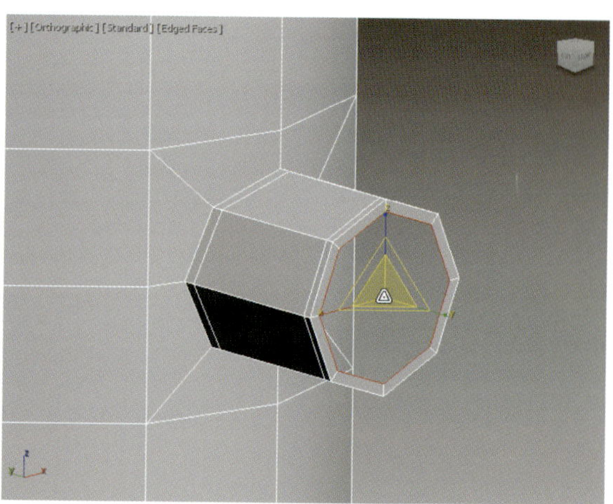

11 Edit Borders 롤아웃의 'Cap' 버튼을 클릭하여 구멍을 막아줍니다.

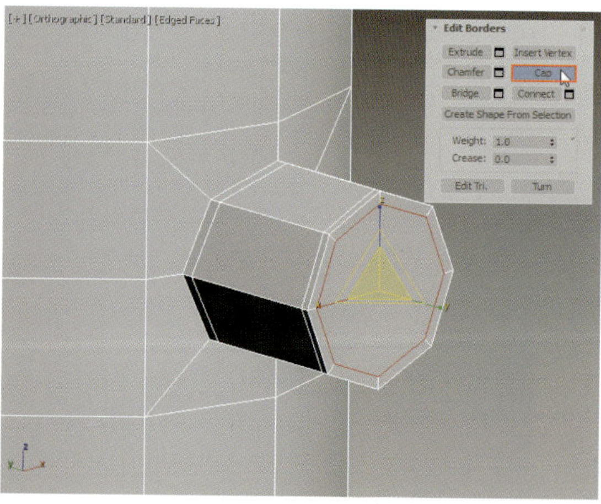

12 Cut[Alt + C] 명령을 실행하여 면을 4등분으로 분할하여 정리합니다.

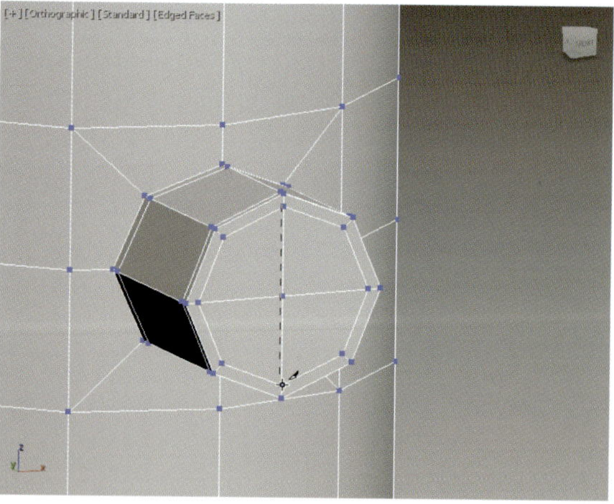

13 Editable Poly의 Sub-Object Level을 모두 해제한 후 'Modifier List' 목록에서 'TurboSmooth'를 적용합니다.

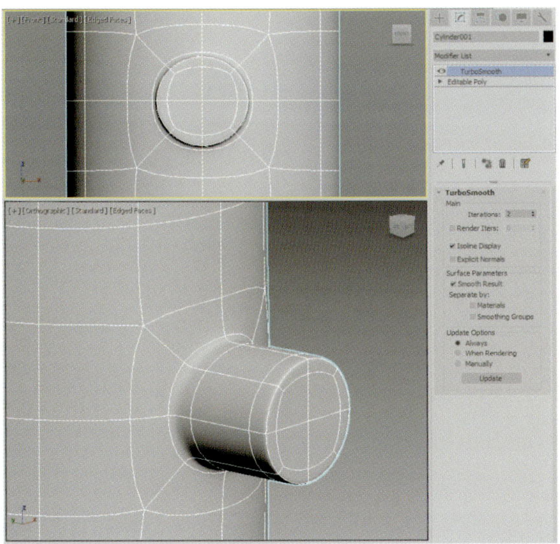

14 F4 키를 눌러 'Edged Faces' 설정을 해제합니다. 원기둥이 만나는 이음새 부분에 고르지 못한 면을 발견할 수 있습니다.

15 Modifier Stack의 Editable Poly의 Vertex Sub-Object Level을 선택합니다. 네 귀퉁이의 Vertex들을 모두 선택한 후 그림과 같이 Y축 방향으로 조금 이동시켜줍니다.

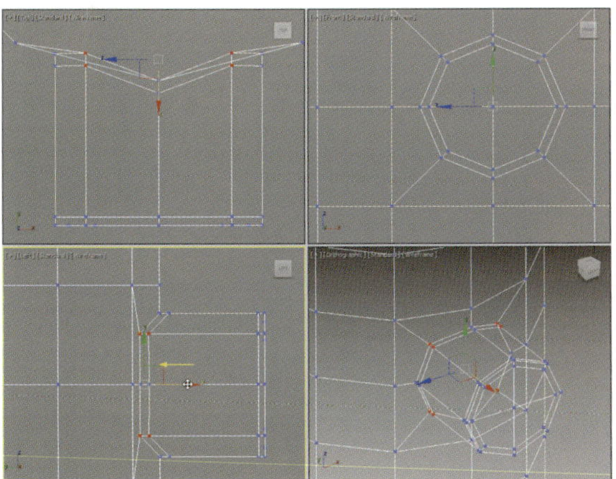

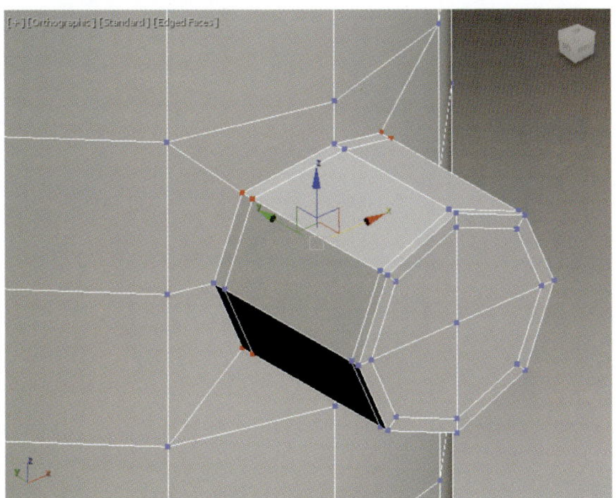

16 동그라미 친 부분의 2개의 Vertex를 선택한 후 X축의 좌우측 방향으로 Scale[R]을 적용합니다. Vertex가 오브젝트의 Edge로 부터 이탈되지 않도록 Edit Geometry 롤아웃〉'Constraints' 항목에 있는 'Edge'의 라디오 버튼에 체크하고 작업해야 합니다.

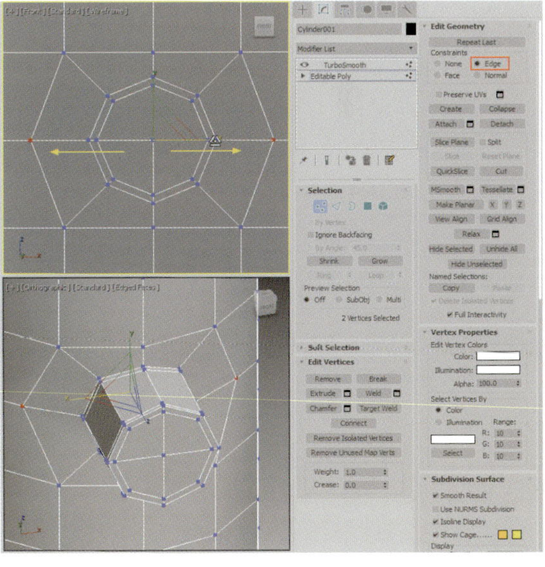

17 계속해서 그림과 같이 상하의 Vertex 2개를 선택한 후 Z축 방향으로 Scale을 적용합니다.

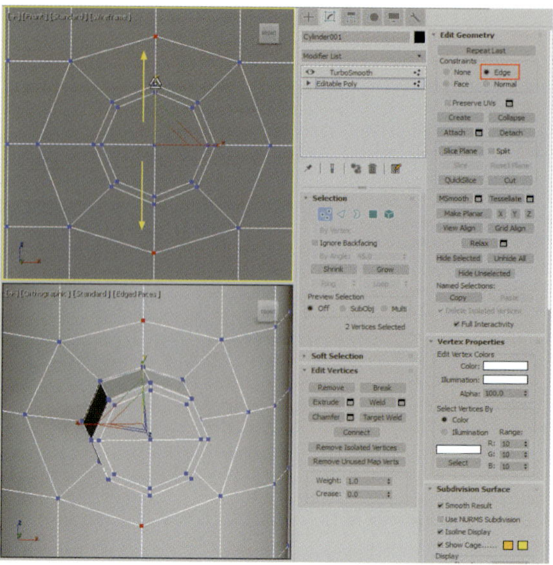

18 완성된 최종 결과 이미지입니다.

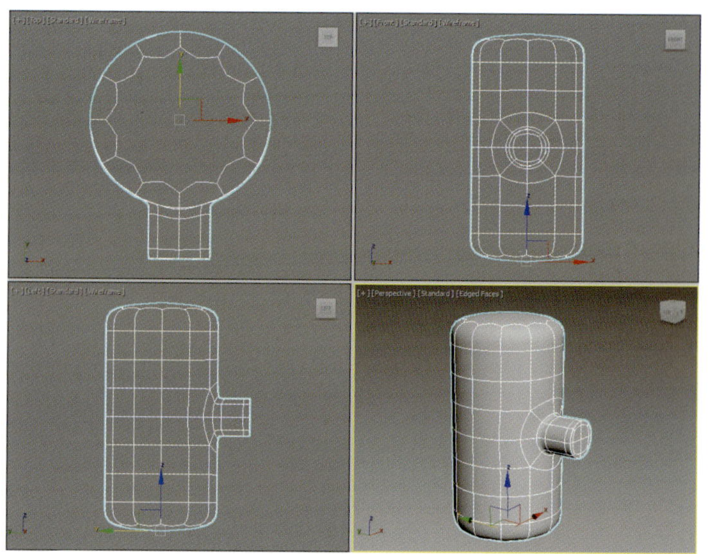

19 다음 이미지는 필자가 메인 실린더의 상하 부분에 캡을 만들어 주고, 모서리에는 Chamfer를 적용하였습니다.

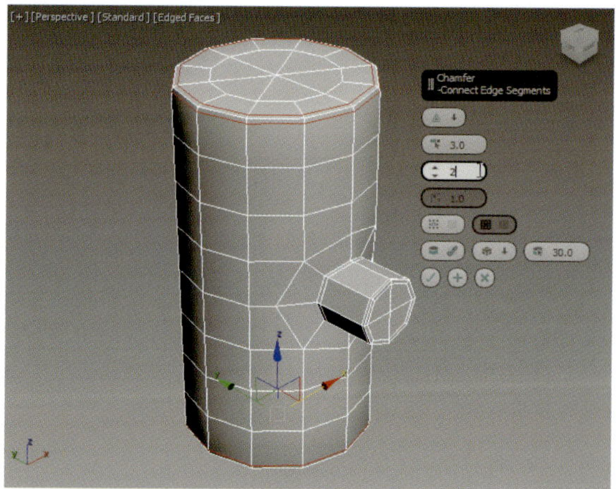

CD 제공 : Polygon 01 Cylinder+Cylinder.max

Section 02 | 기초 모델링 : Box 형태의 모서리 표현

제품 모델링할 때 가장 어려운 부분은 앞에서 언급했던 구멍 만들기나 둥근 형태의 모서리를 표현하는 것입니다. 그중에서 'ㄱ', 'Y', 'T'자 모양들이 그것인데 'Y'자 같은 경우는 각기 다른 Fillet 값을 가진 3개의 모서리가 만나는 부분을 표현할 때가 가장 어려워하는 부분이라 할 수 있습니다.

가장 기본이 되는 Box 형태의 둥근 모서리 표현 방법을 통해 기초적인 실력을 쌓아가길 기대합니다.

01 다음과 같은 크기의 Box를 Top View에 생성합니다.

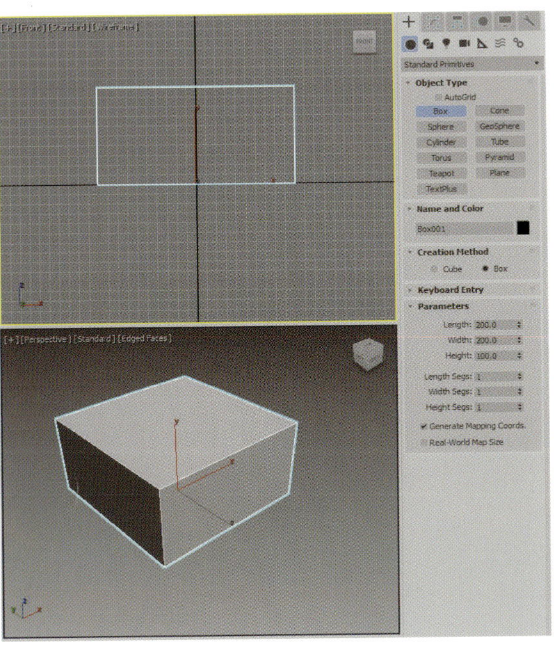

02 'Editable Poly'로 Convert합니다. Polygon Sub-Object Level로 변경한 후 상단 면에 "100" 정도의 Extrude 값을 적용합니다.

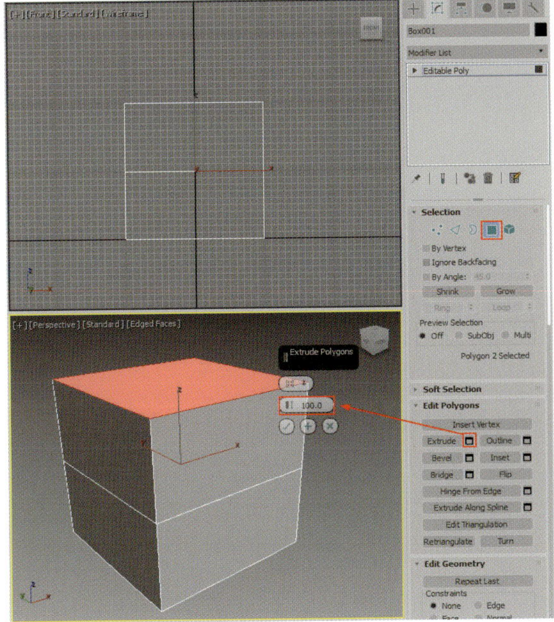

03 계속해서 앞쪽 방향으로도 "200" 만큼 Extrude 값을 적용합니다.

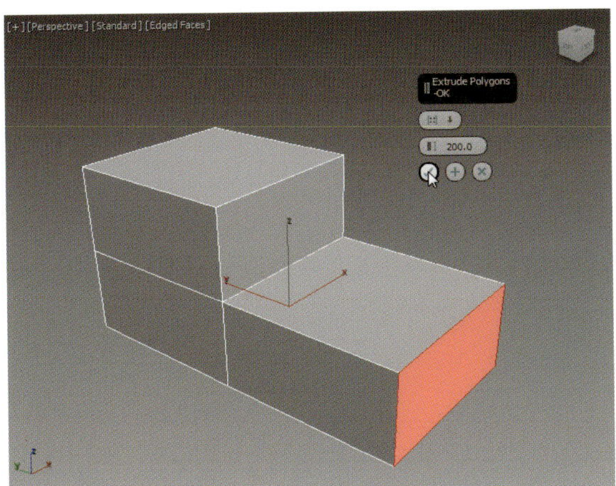

04 Vertex Sub-Object Level로 변경한 후 다음과 같이 Vertex 2개를 선택하고 뒤로 옮겨줍니다.

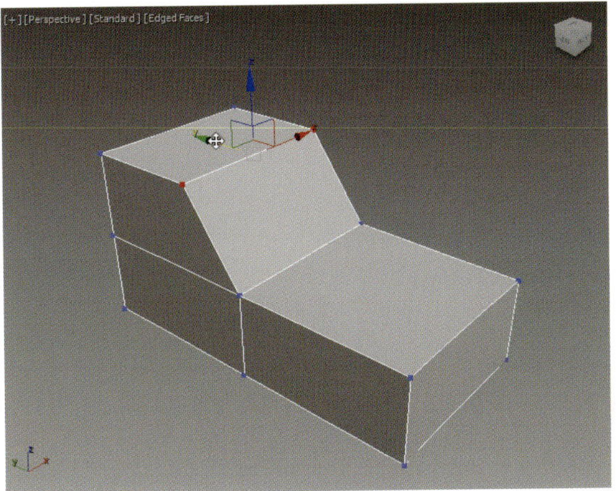

05 Edge Sub-Object Level로 변경합니다. Ring 형태의 Edge를 모두 선택하기 위해 먼저 A 부분의 Edge를 선택합니다. Shift 키를 누른 상태에서 B의 Edge를 선택하거나 Ring 버튼을 클릭하여 Edge들을 모두 선택합니다.

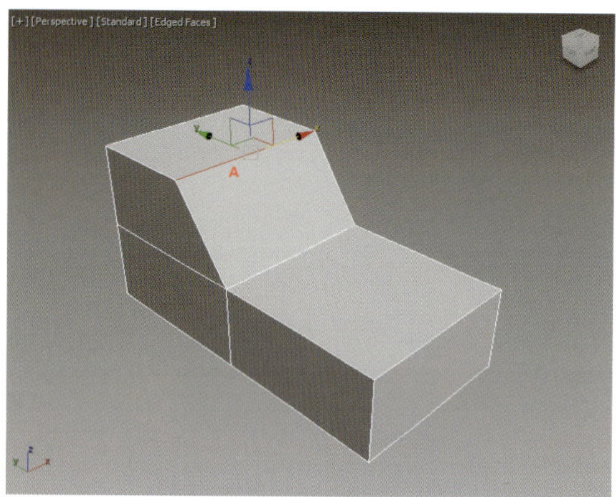
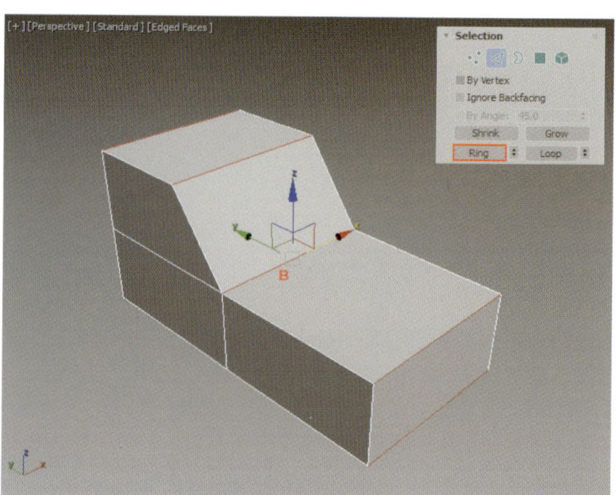

06 Connect Settings를 클릭하여 캐디 창에 Segment 에 "2" 값을 입력하고, Pinch에 "95" 값으로 설정한 후 OK 버튼을 클릭합니다.

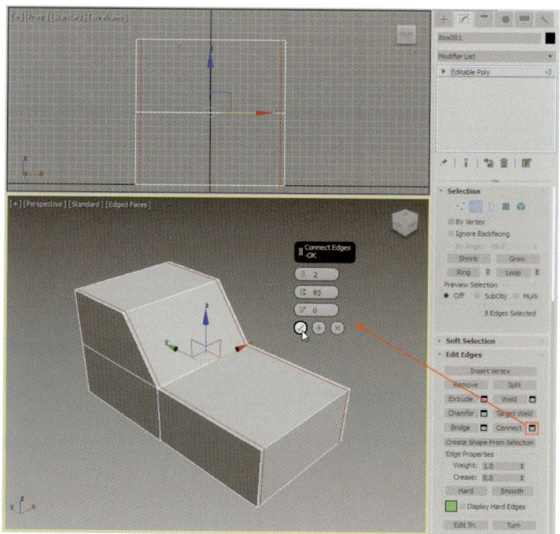

07 계속해서 같은 방법으로 옆쪽의 Edge들을 Ring 형태로 선택한 후 Connect Settings를 이용하여 Edge를 추가합니다.

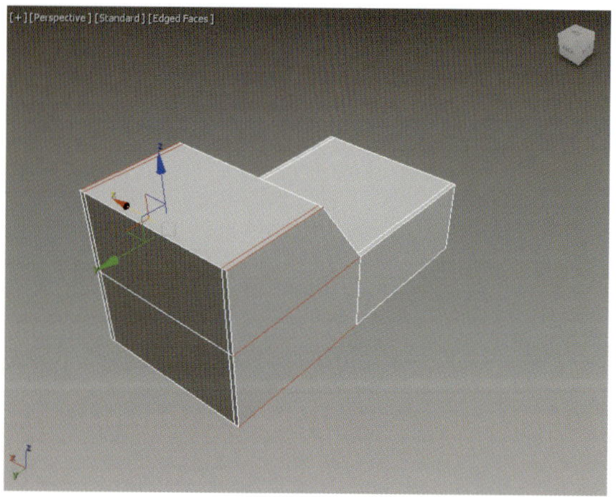
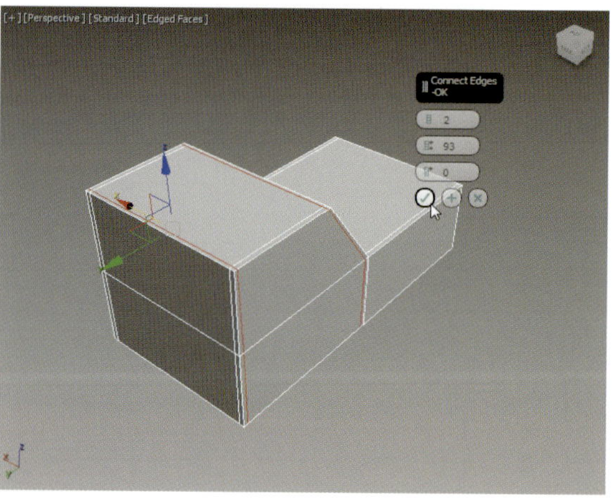

08 그림과 같이 계속해서 Edge를 선택한 후 Connect 버튼을 클릭하여 Edge를 추가합니다.

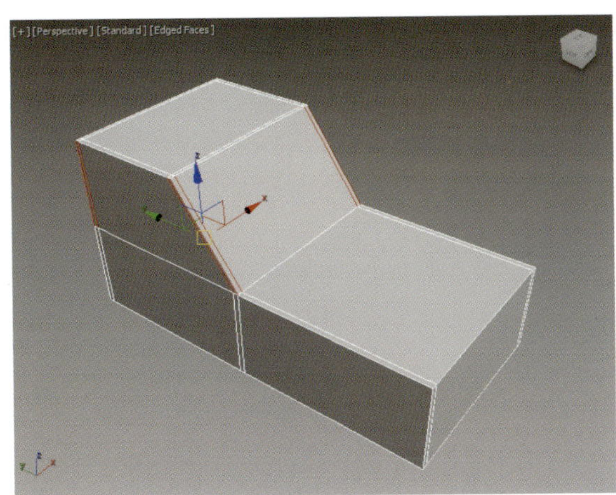 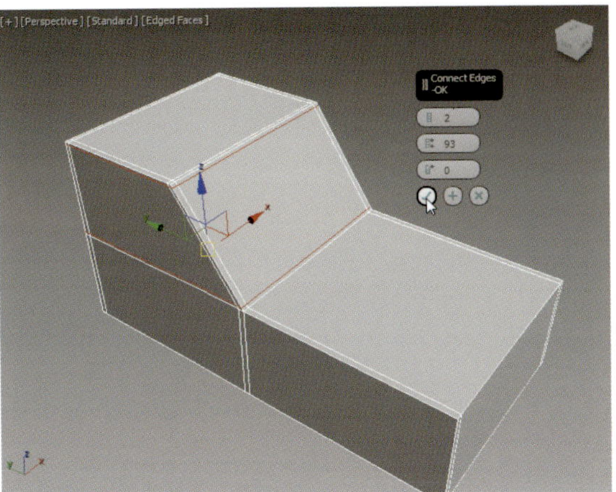

ⓘ 알아두기 | 각 옵션의 Settings에 대하여

각 옵션의 Settings 값을 한번 설정해놓으면 그 다음 작업에 Settings 값들을 설정할 필요 없이 해당 옵션의 버튼만 클릭하면 Settings의 값이 그대로 적용됩니다.

09 같은 방법으로 길이 방향의 Edge를 추가합니다.

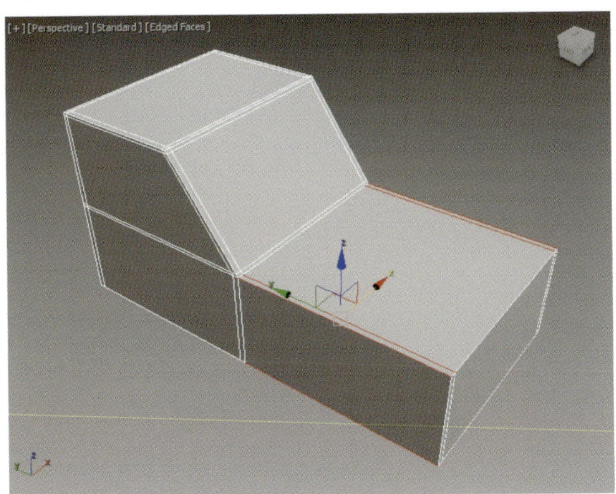 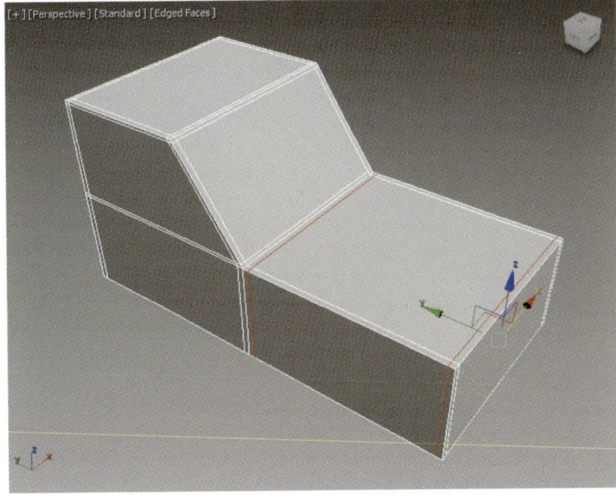

10 같은 방법으로 아래쪽에도 Edge를 추가합니다.

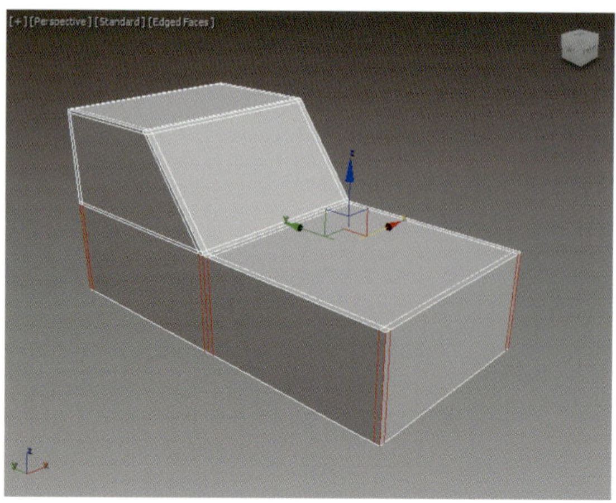
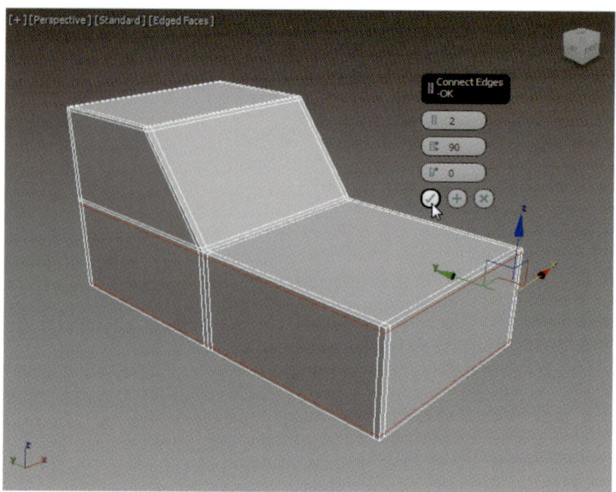

10 Sub_Object Level를 해제하고 Modifier List에서 'TurboSmooth'를 적용하여 결과를 확인합니다.

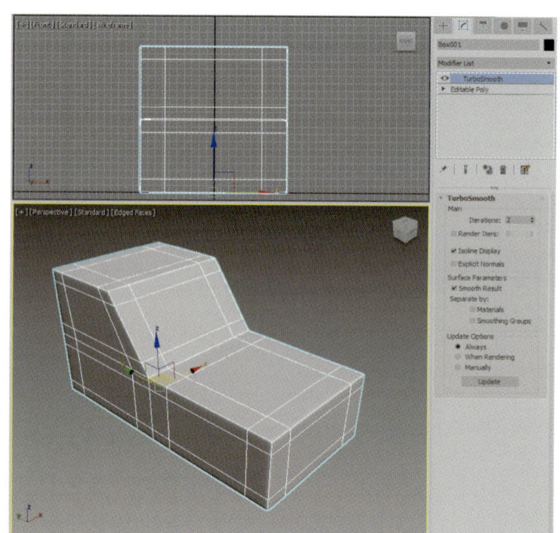
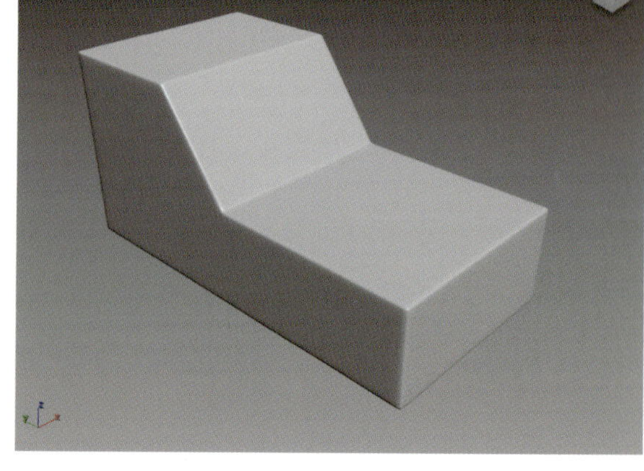

◉ CD 제공 파일 : Polygon 02 Box_Corner.max

Section 03 │ 기초 모델링 : 원기둥 모서리와 양쪽 뚜껑 표현

원기둥 형태의 모서리 표현 방법과 원기둥의 뚜껑을 어떻게 마무리하는지 간단한 예제를 통해서 알아보도록 하겠습니다.

01 장면에 다음과 같은 크기의 Cylinder를 생성합니다.

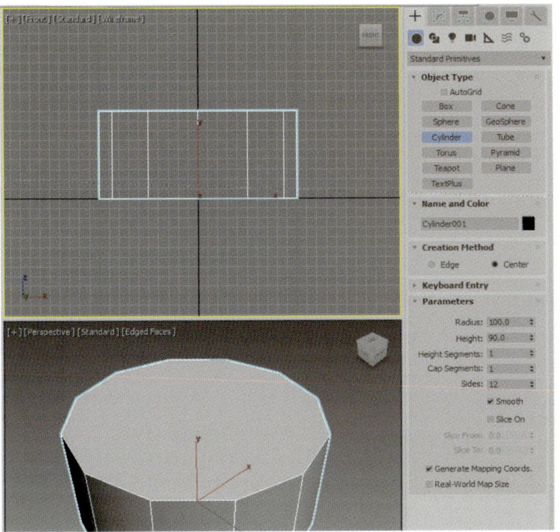

02 마우스 오른쪽 버튼의 Quad Menu에서 Editable Poly로 변환합니다. Polygon Sub-Object Level 로 변경한 후 위쪽의 뚜껑 면을 선택하고 "30" 값의 'Inset'을 적용합니다.

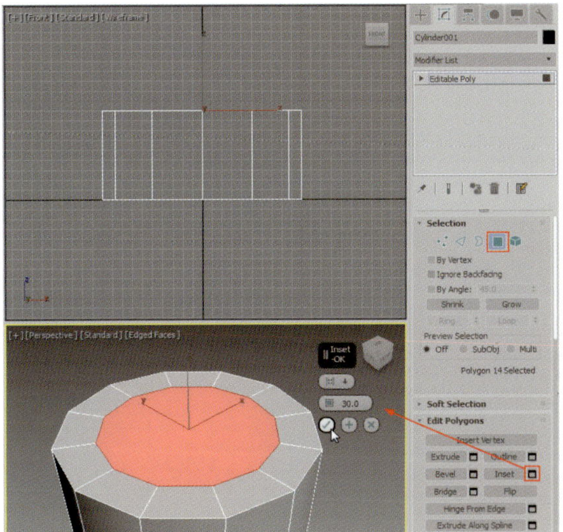

03 Extrude Settings를 클릭하여 "100"의 값으로 면을 돌출시킵니다.

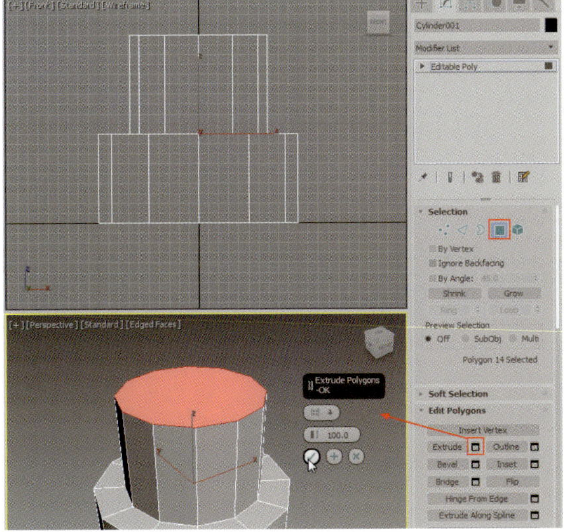

04 Inset Settings를 적용한 후 Amount 값에 "15"를 입력합니다. 'Apply and Continue'[➕] 버튼을 클릭한 후 OK[✔] 버튼을 클릭하여 캐디 창을 닫습니다.

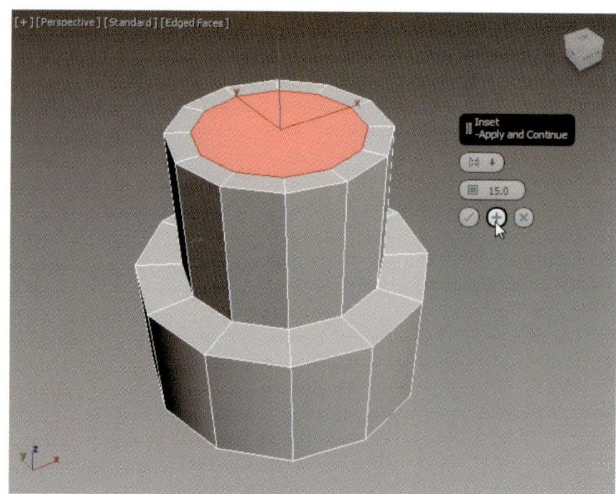
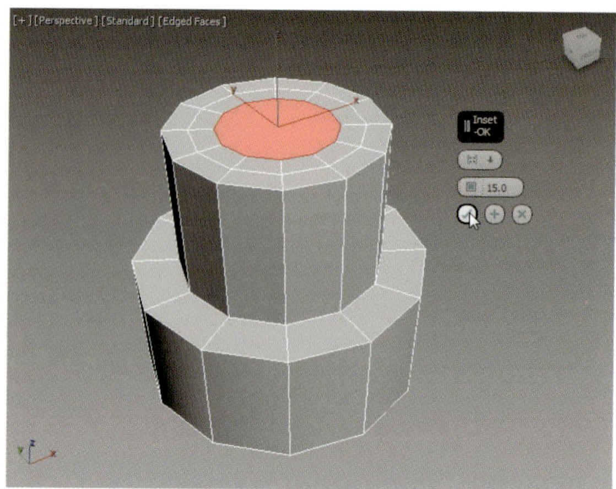

05 Edit Geometry 항목의 'Collapse'를 적용하여 Vertex 들을 하나의 Vertex로 합칩니다.

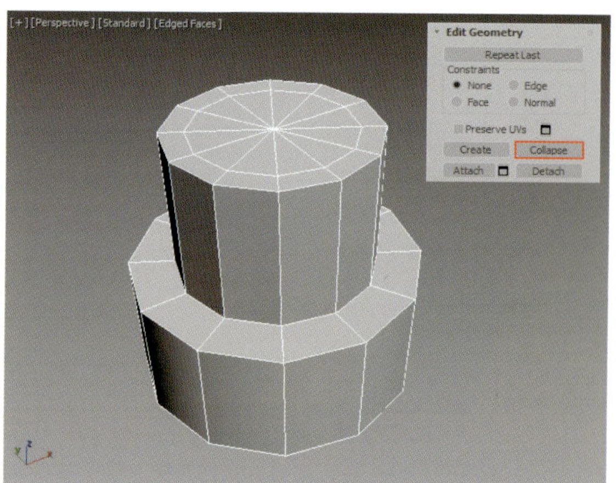

06 앞서 했던 방법으로 오브젝트의 하단 면에도 'Inset'과 'Collapse'를 적용하여 그림과 같이 만듭니다.

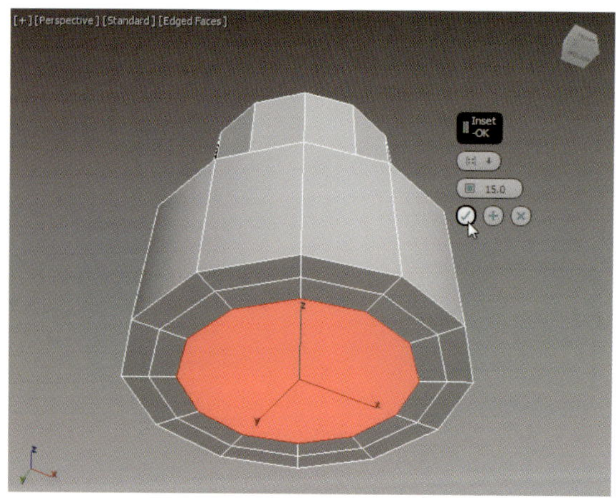
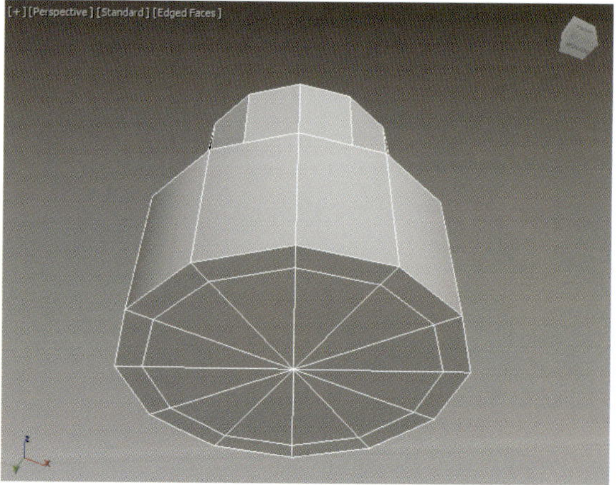

07 Edge Sub-Object Level로 변경한 후 4군데의 Edge를 선택합니다. Loop를 클릭하여 연장된 Edge로 만들어 줍니다.

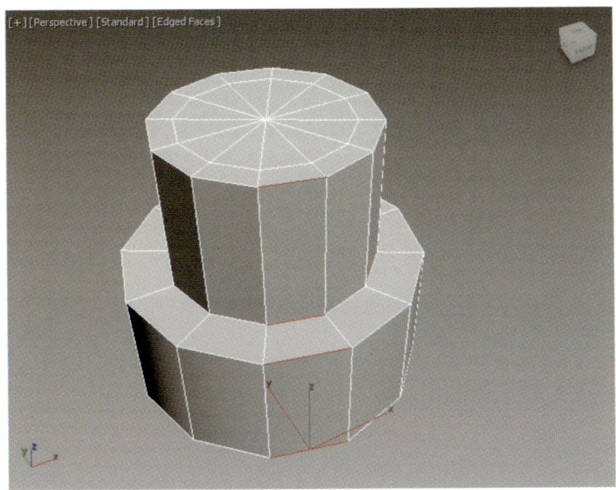

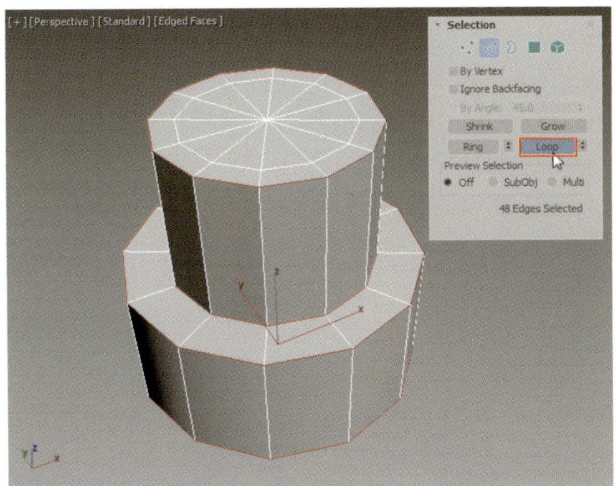

08 직각에 가까운 둥근 모서리를 만들기 위해 Chamfer Settings를 클릭하고, Edge Chamfer Amount에 다음과 같이 입력해줍니다.

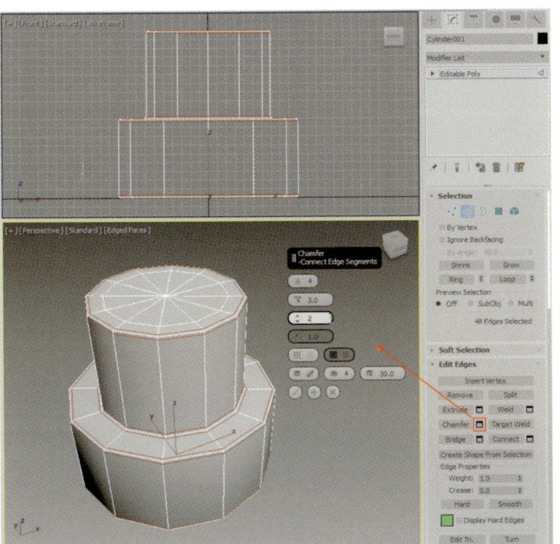

09 Modifier List에서 'TurboSmooth'를 적용하여 결과를 확인합니다.

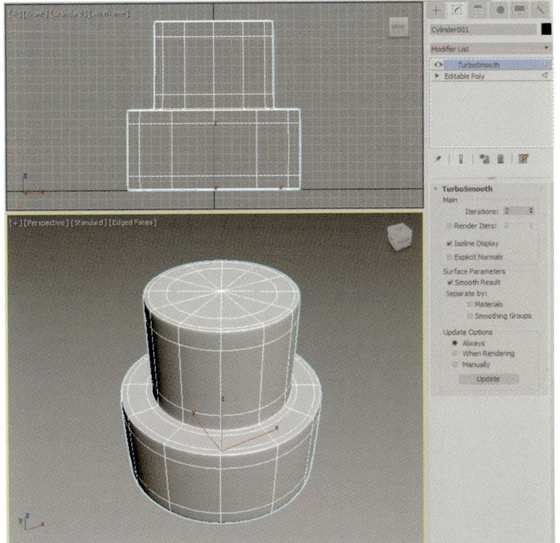

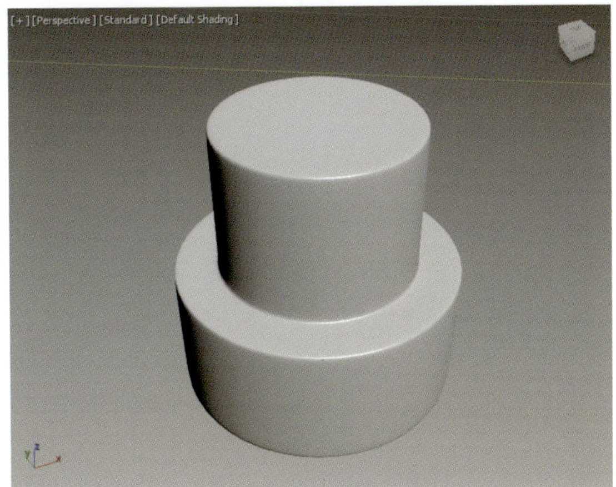

◉CD 제공 파일 : Polygon 03 Cylinder_Corner.max

Section 04 | 기초 모델링 : Parting Line(파팅 라인) 표현

금형의 Parting Line은 충진된 성형품 및 게이트를 이형 시키려면 상·하 원판을 열어 성형품의 어느 위치가 기준이 되어 금형이 열리느냐 하는 문제가 대두됩니다. 이때의 그 기준이 되는 선을 말한다. 그러나 모델링에서의 Parting Line은 오브젝트간의 분할 위치의 경계라인을 의미합니다. 유기체 형태나 캐릭터 모델링 같은 곳에서는 크게 Parting Line을 볼 수 없으나 조립으로 이루어진 제품 모델링이나 인테리어 소품 등에서 많이 볼 수 있습니다. 제품 모델링의 꽃이라 할 수 있는 자동차 모델링에서는 정교한 Parting Line이 존재하는 것을 확인할 수 있습니다.

Parting Line이 어떻게 만들어지는지에 대해 간단히 설명하겠습니다.

01 Edge Sub-Object Level의 Parting Line 표현

01 장면에 다음과 같은 사이즈로 정육면체를 생성합니다.

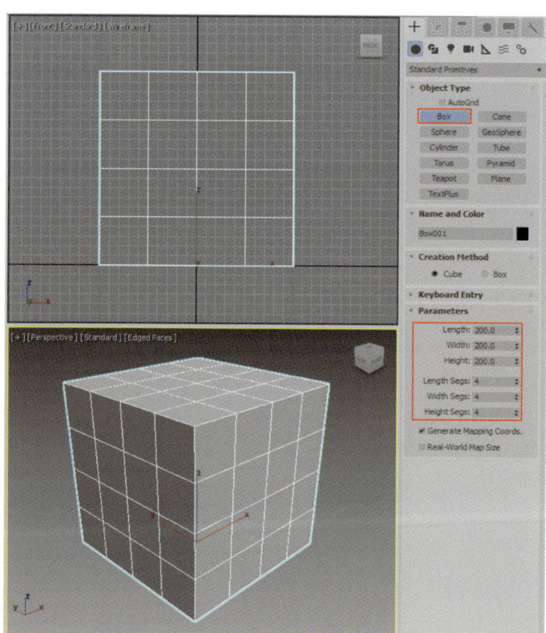

02 Box 오브젝트를 Editable Poly로 Convert합니다. Edge Sub-Object Level로 변경한 후 중간 부분의 Edge를 선택합니다.

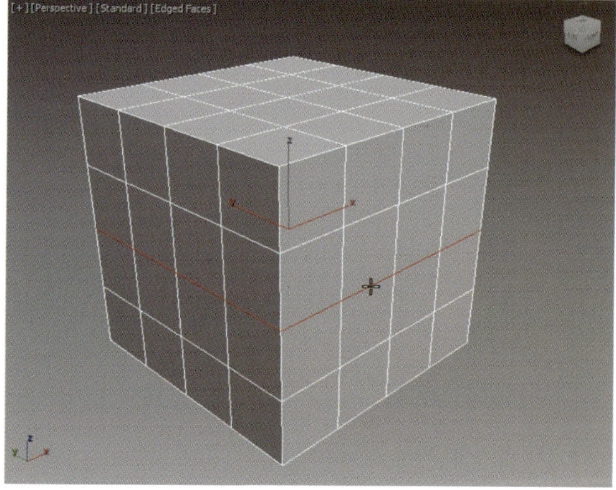

03 Edges 패널의 Extrude Settings를 클릭하여 캐디 창에서 다음과 같이 값을 설정합니다.

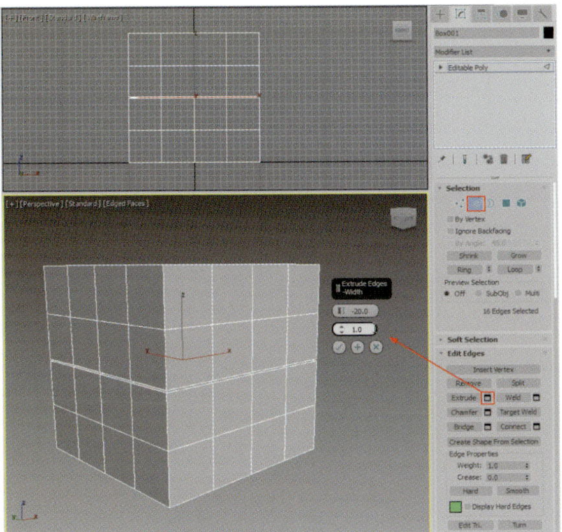

04 그림과 같이 Edge를 Loop 형태로 선택합니다.

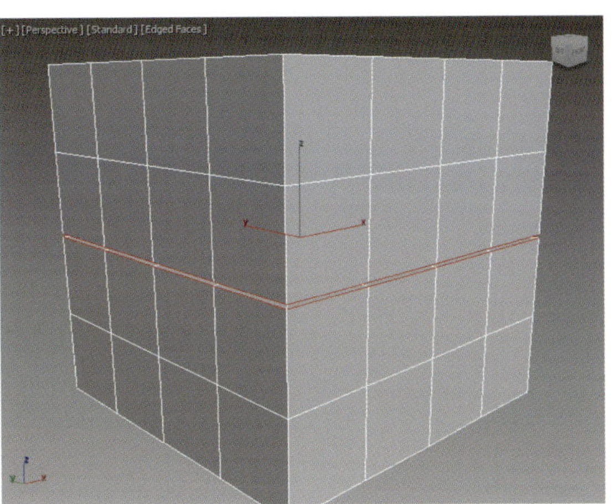

05 Edges 패널의 Chamfer Settings의 캐디 창을 열고, 'Connect Edge Segments' 값에 "2"를 입력합니다.

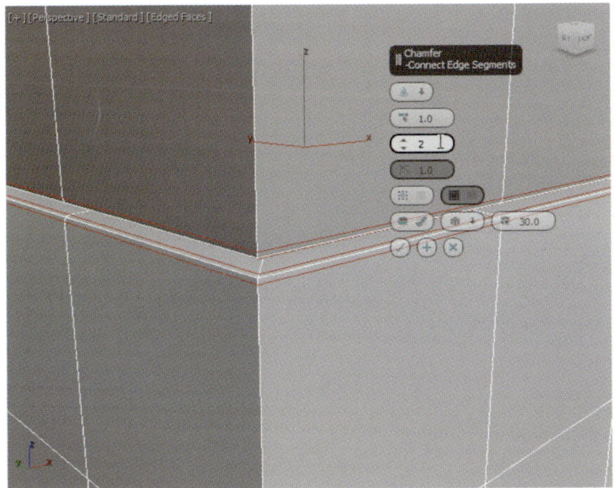

06 Modifier List에서 'TurboSmooth'를 적용하여 결과를 확인합니다.

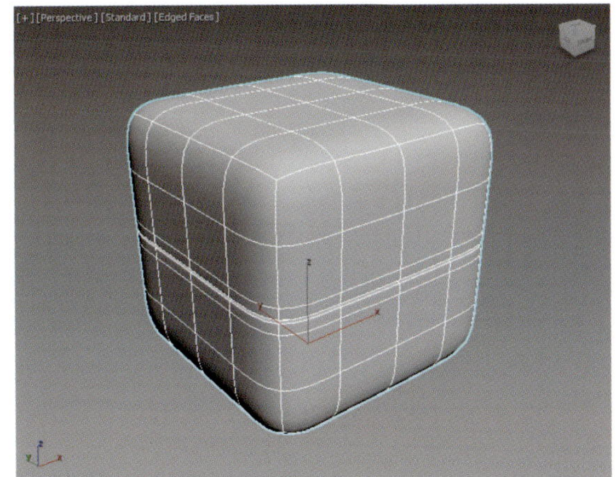

CD 제공 파일 : Polygon 04 Parting Line—Edge.max

02 Polygon Sub-Object Level의 Parting Line 표현

01 장면에 다음과 같은 사이즈로 정육면체를 생성합니다.

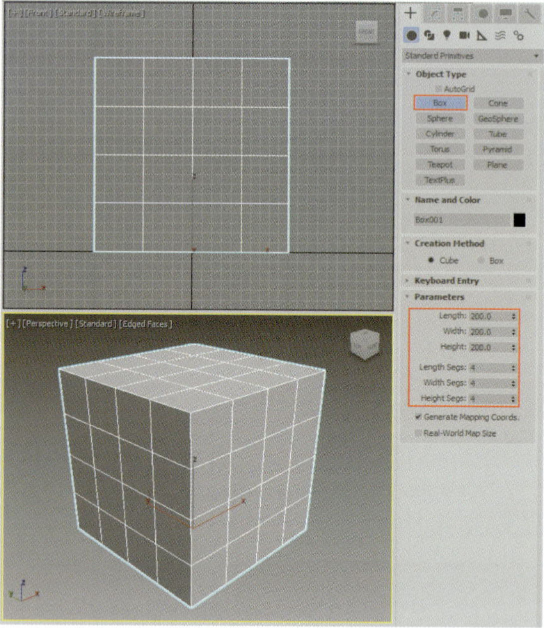

02 Box 오브젝트를 Editable Poly로 Convert합니다. Edge Sub-Object Level로 변경한 후 Box 중간 부분의 Edge를 Loop 형태로 선택합니다.

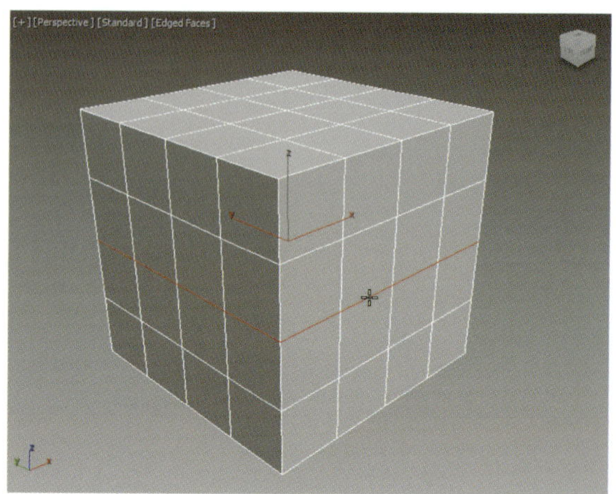

03 Edges 패널의 Chamfer Settings를 실행한 후 캐디 창에서 기본 값으로 설정한 후 OK버튼을 클릭합니다.

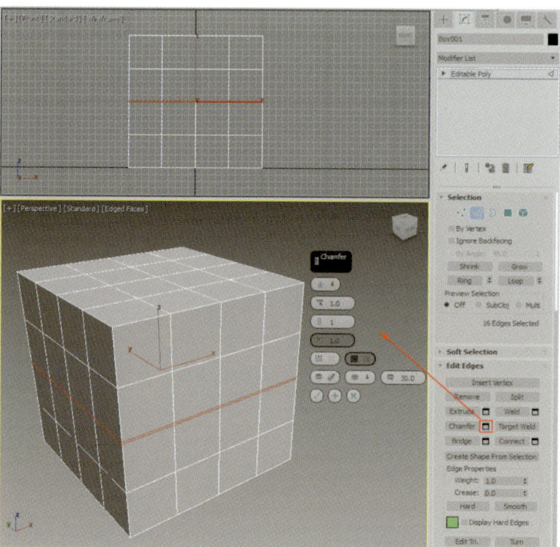

04 Polygon Sub-Object Level로 변경한 후 그림과 같이 한 면을 선택합니다.

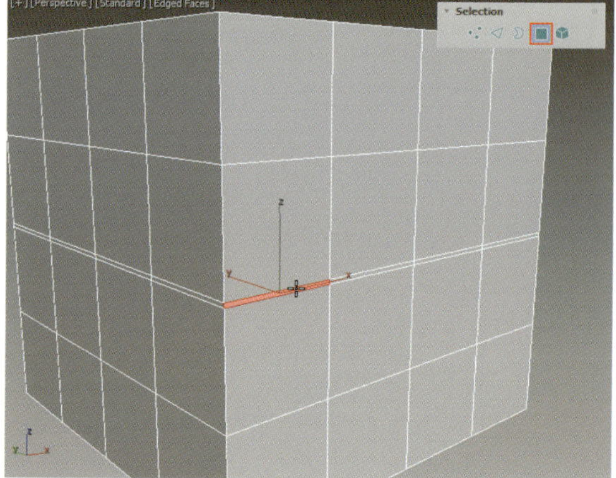

05 [Shift] 키를 누른 상태에서 바로 옆면을 선택하면 Loop 형태로 면이 모두 선택됩니다.

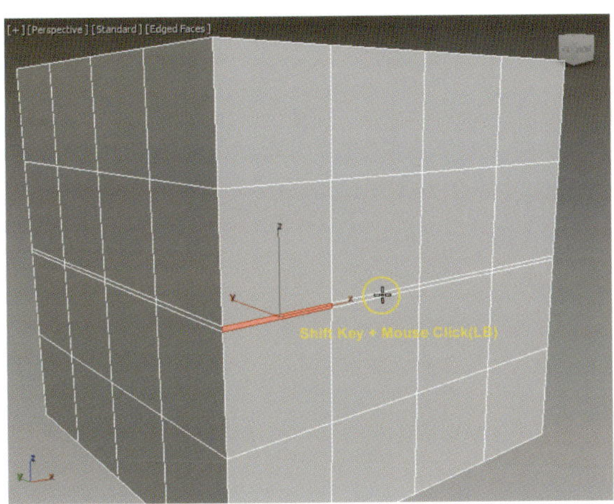

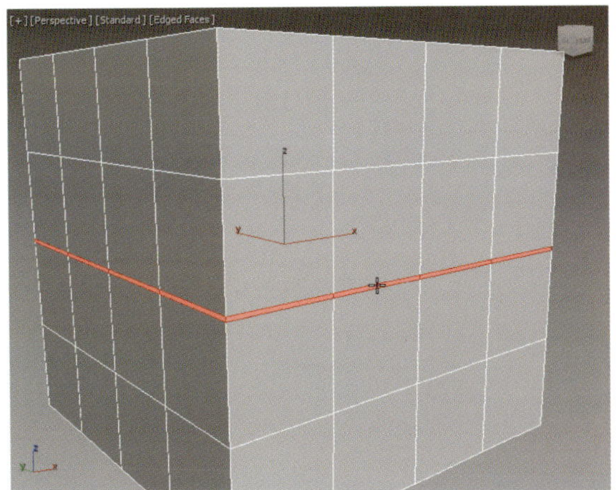

06 Polygons 패널에서 Extrude Settings를 적용합니다. Extrude Type을 'Local Normal'로 설정하고, "–10"을 입력합니다. Local Normal은 선택된 각 Polygon의 법선(Normal)을 따라 돌출이 수행됩니다.

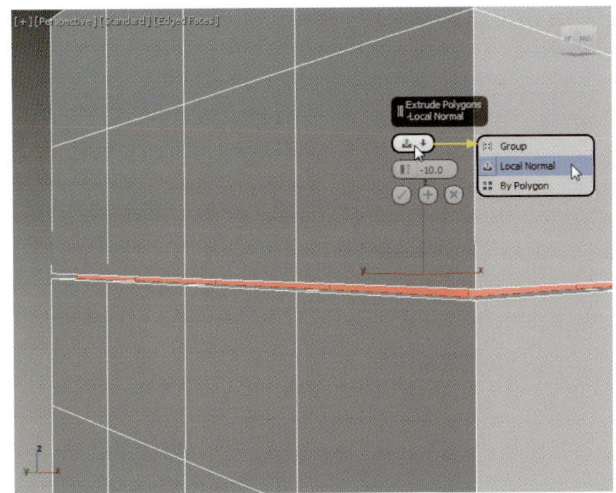

07 [Delete] 키를 눌러 선택된 면들을 삭제합니다.

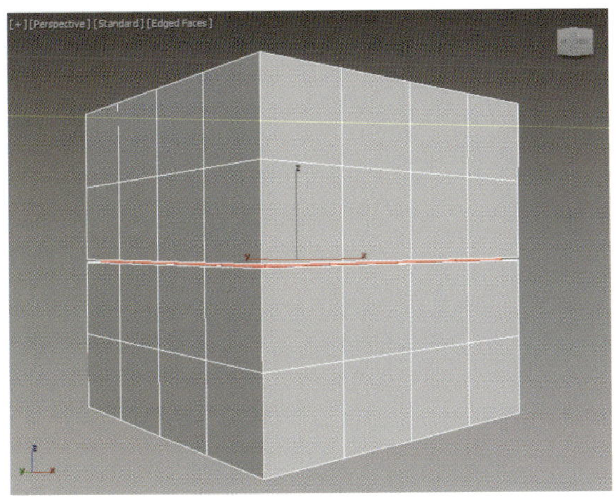

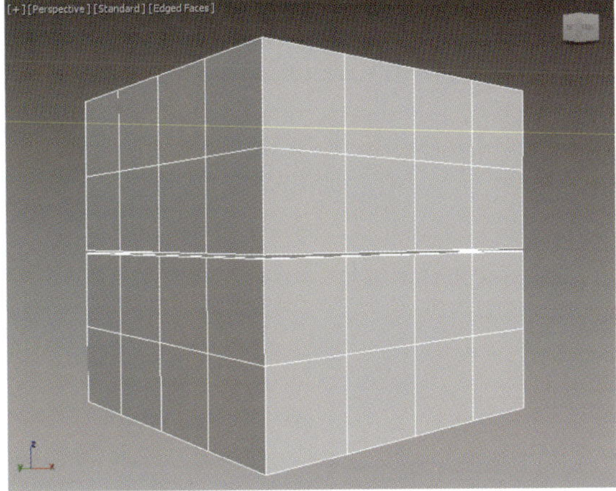

08 앞서 작업했던 방법으로 Edge Loop 형태로 Edge를 선택합니다.

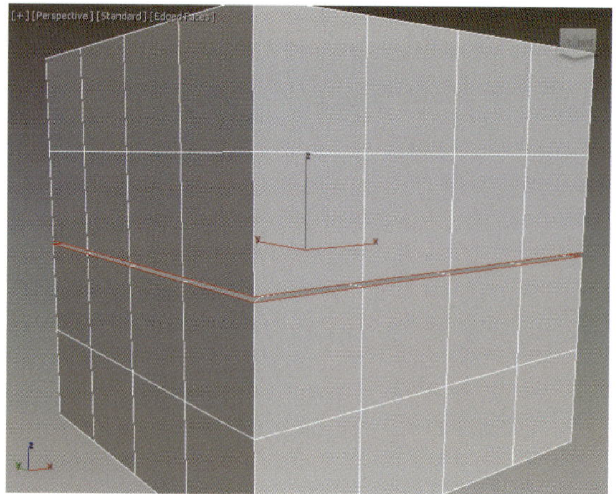

09 Chamfer Settings를 적용하고, 다음과 같이 'Connect Edge Segment' 값에 "2"를 입력합니다.

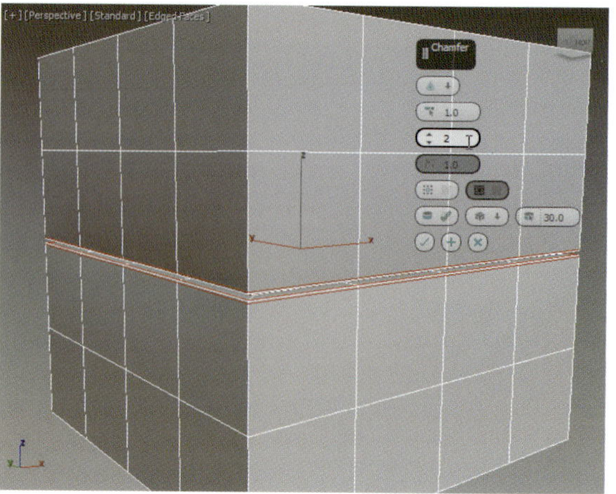

10 이제 마지막으로 Modifier List에서 'TurboSmooth'를 적용하여 결과를 확인합니다.

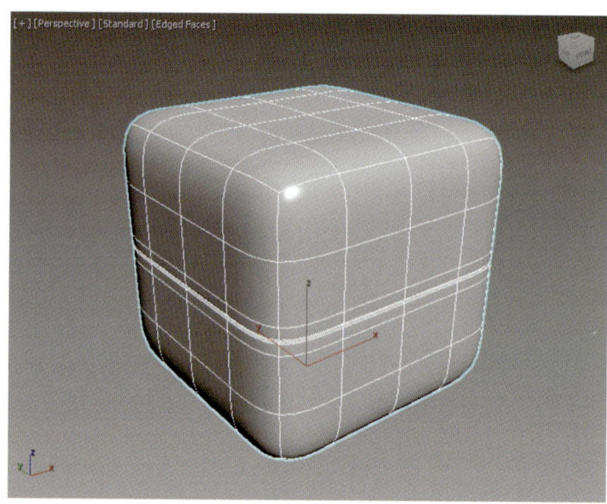

CD 제공 파일 : Polygon 05 Parting Line–Polygon.max

03 Border Sub-Object Level의 Parting Line 표현

Border Sub-Object Level은 Shift +Drag 방법과 함께 일반적으로 모델링할 때 가장 많이 사용하는 Level이며, Parting Line도 신속하고 쉽게 표현할 수 있습니다.

앞에서 설명한 내용들과 중복되는 내용이 많으므로 간략히 설명하겠습니다.

01 준비된 Box에 Edge Sub-Object Level의 Chamfer를 적용합니다. Chamfer Settings의 캐디 창에서 'Open Chamfer' 옵션을 적용하여 Chamfer된 곳에 면을 Open시켜줍니다.

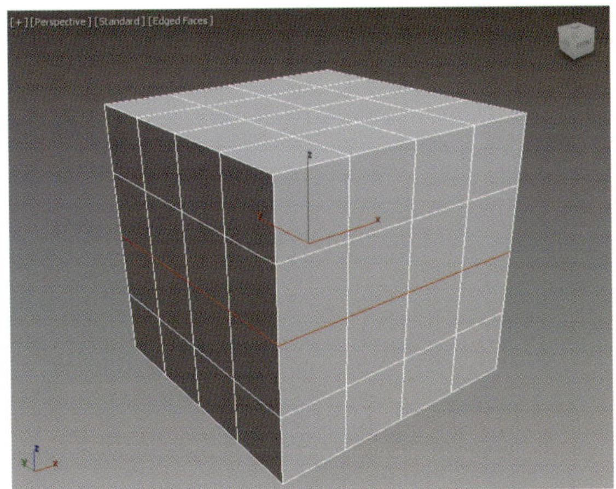 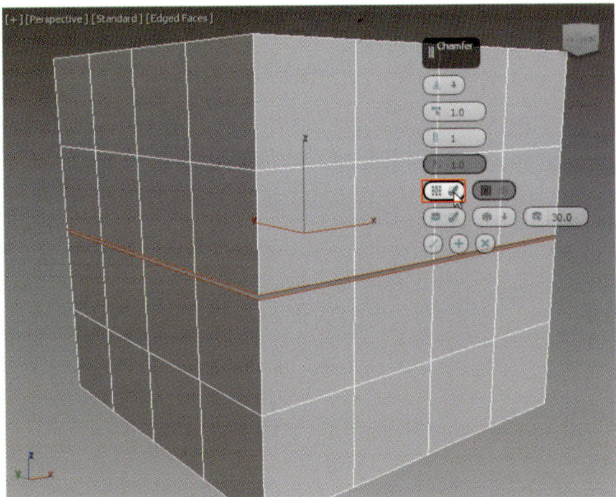

◉ CD 제공 파일 : Polygon 06 Parting Line-Start.max

02 Border Sub-Object로 변경한 후 Scale(R) 툴을 사용하여 다음과 같이 Shift +드래그와 함께 짧게 두 번, 길게 한번 으로 면을 늘려줍니다.
참고로 짧게 두 번 Edge를 추가하는 이유는 강한 둥근 모서리를 표한하기 위해서입니다. 그리고 Scale을 사용할 때 는 X/Y/Z축을 모두 만족하는 3D Scale(=Uniform Scale)을 사용해야 합니다.

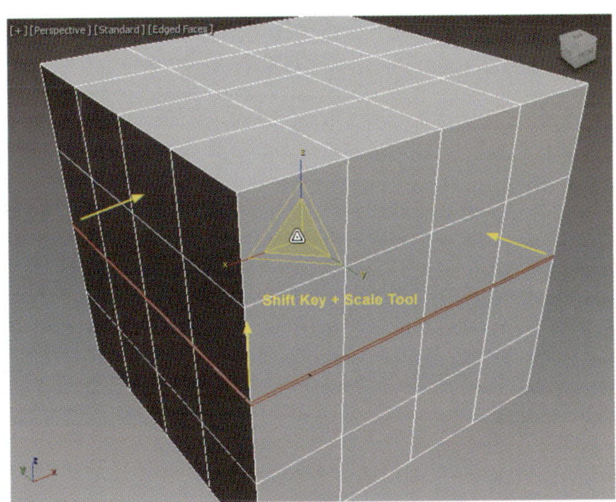

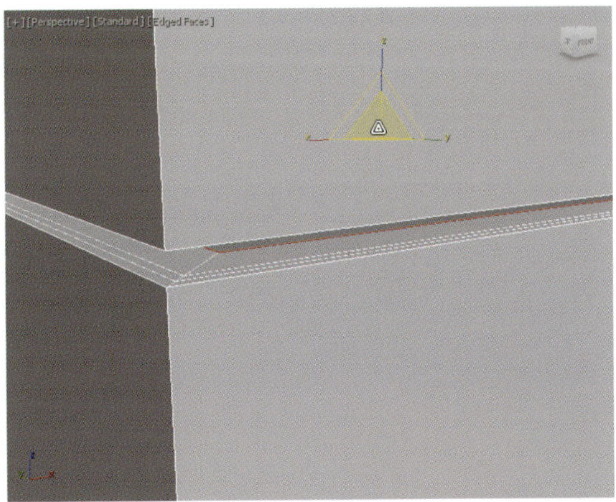

03 Modifier List에서 'TurboSmooth'를 적용합니다.

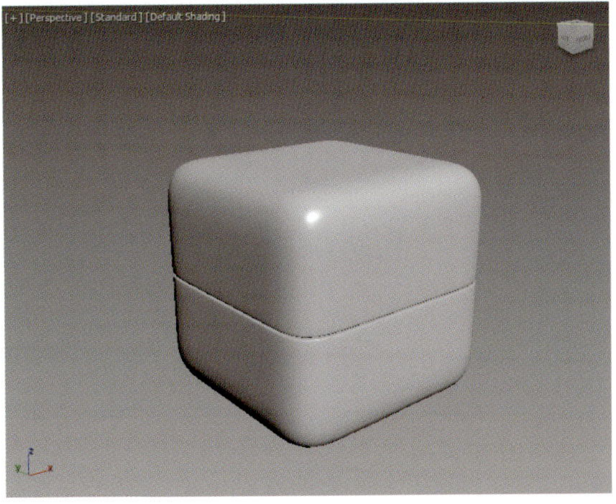

◉ CD 제공 파일 : Polygon 06 Parting Line-Border.max

Section 05 | 기초 모델링 : 'ㅂ'자 모양의 표현

Box 형태를 응용하여 'ㅂ'자 모양으로 둥근 모서리를 표현하도록 하겠습니다.

01 Top View에 다음과 같은 크기의 Box를 생성합니다. 이어서 마우스 오른쪽 버튼을 누르고 Quad Menu에서 Editable Poly로 Convert합니다.

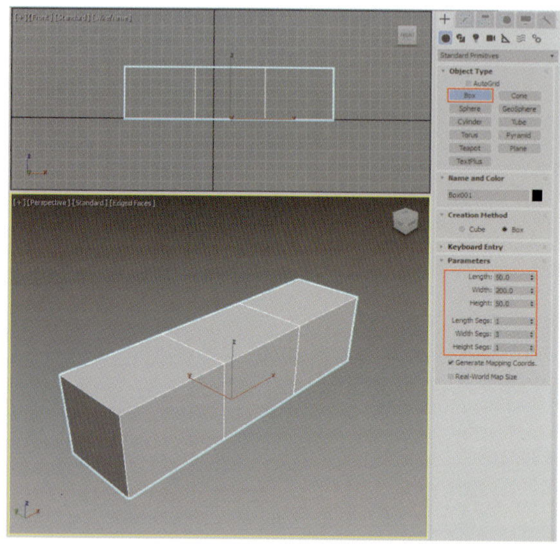
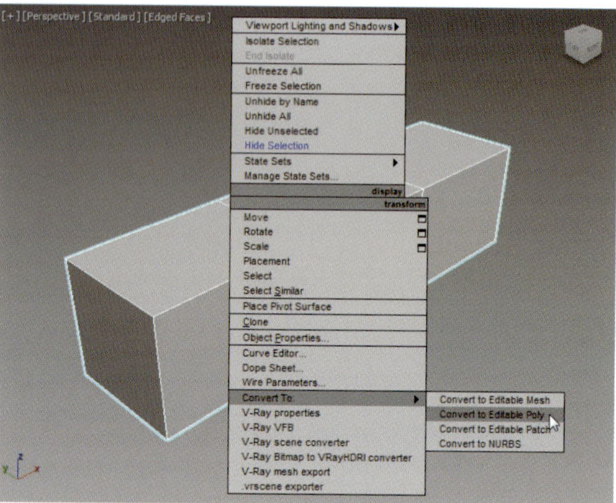

02 Polygon Sub-Object Level로 변경한 후 위쪽의 두 군데의 면을 선택합니다. Extrude Setting을 클릭하여, 높이 값에 "50"을 입력하고 'Apply and Continue' 버튼을 두 번 클릭합니다.

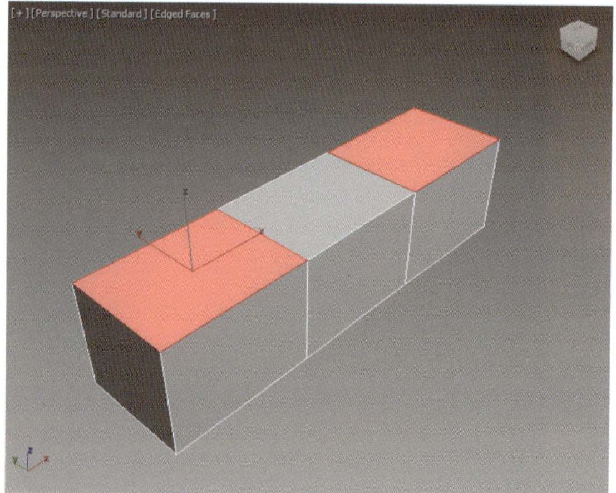
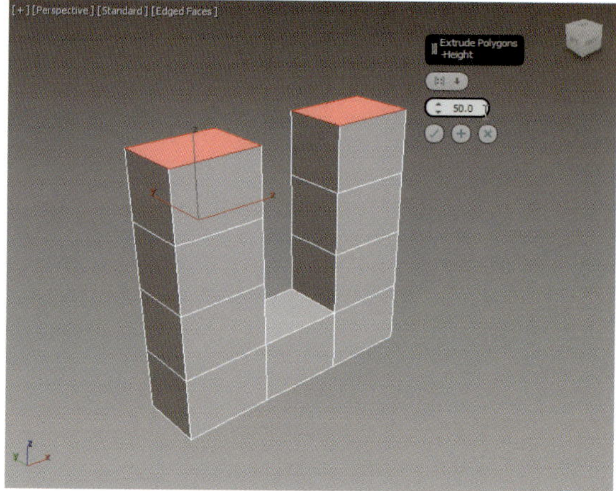

03 그림과 같이 양쪽의 면을 선택합니다. 면을 다중으로 선택하려면 Ctrl 키를 누르고 면을 선택해야 합니다.

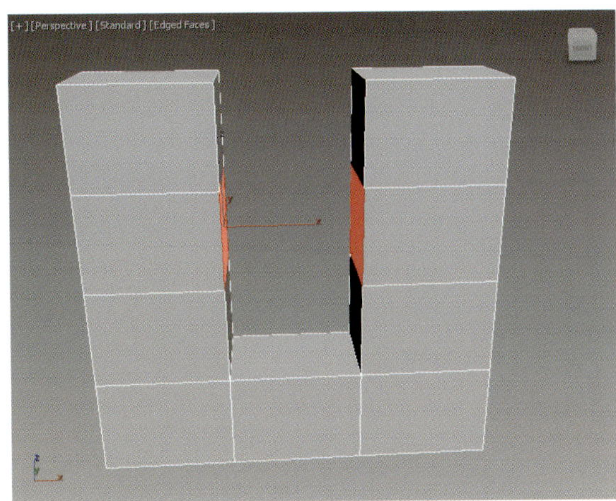
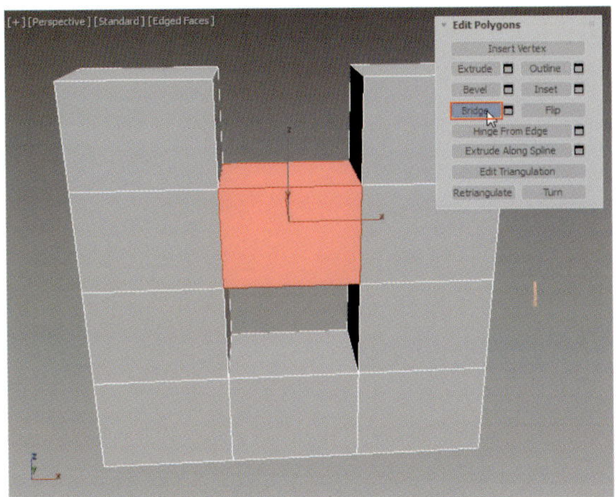

04 Edge를 Ring 형태로 선택한 후 Connect Setting을 다음과 같은 값으로 2열 Edge를 적용합니다.

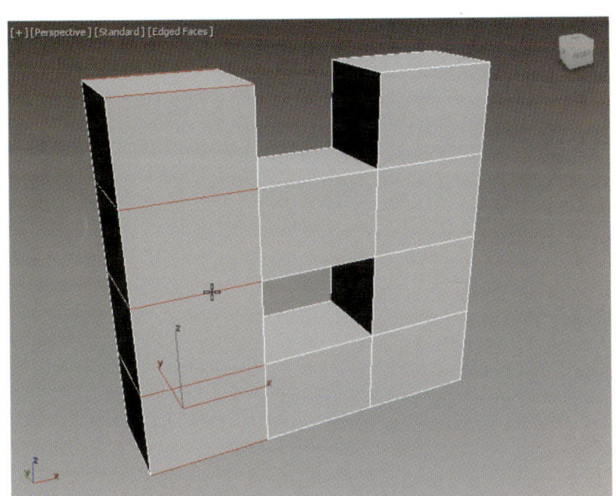
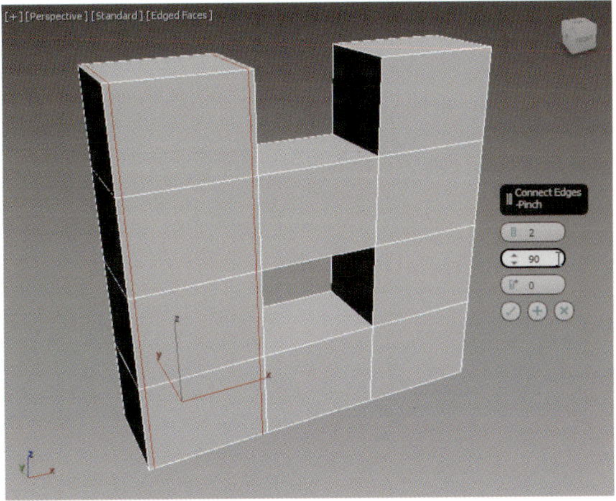

05 계속해서 같은 방법으로 반대편과 중앙에도 Connect 명령으로 Edge를 2열 추가합니다.

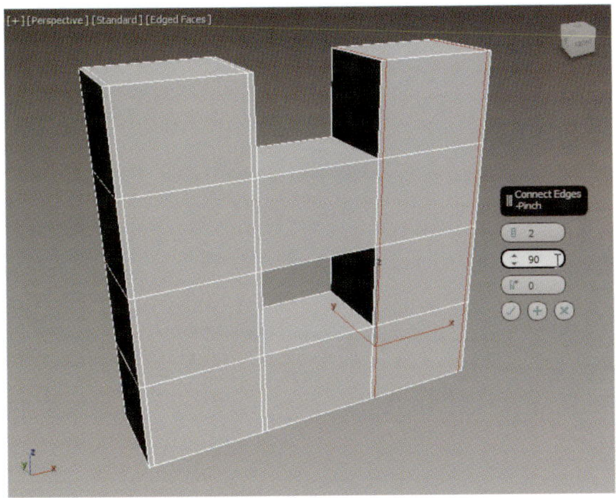
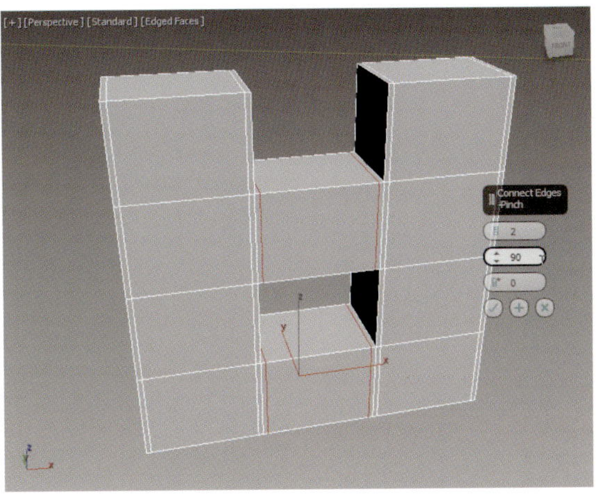

06 위쪽 부분에도 Edge를 선택하고, 값은 값으로 Connect 명령을 적용합니다.

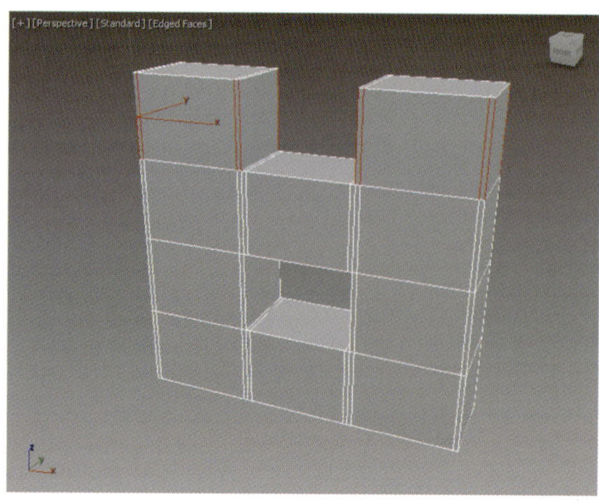 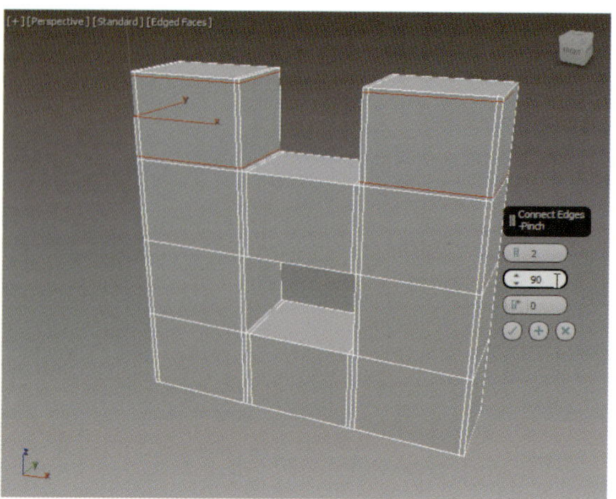

07 같은 방법으로 중앙 부분에도 Connect 명령으로 Edge를 추가시켜줍니다.

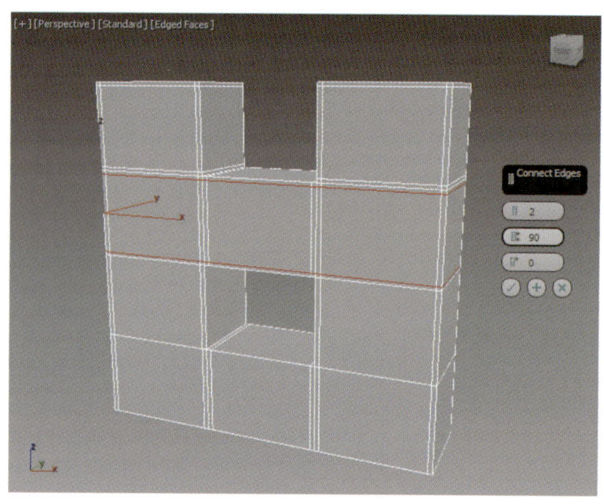 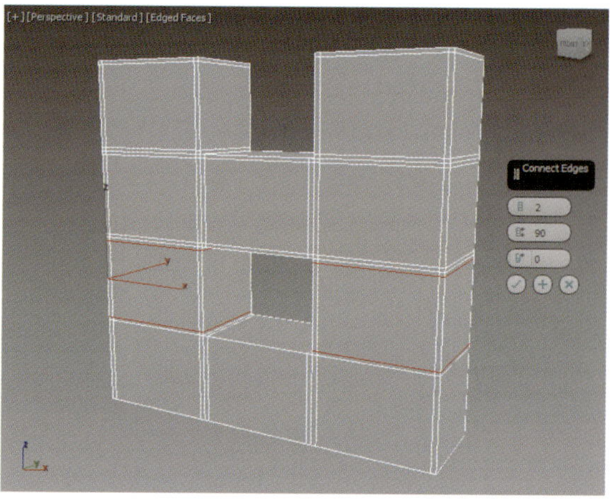

08 하단 쪽에도 Edge를 추가시켜줍니다.

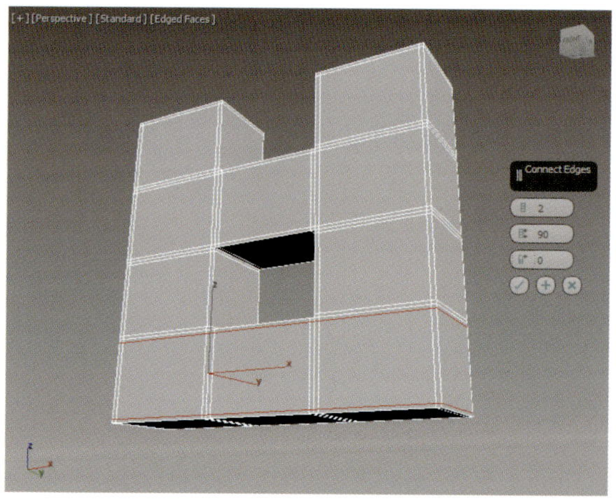

09 이제 마지막으로 측면의 Edge들을 모두 선택한 후 Edge 2열을 추가시켜줍니다.

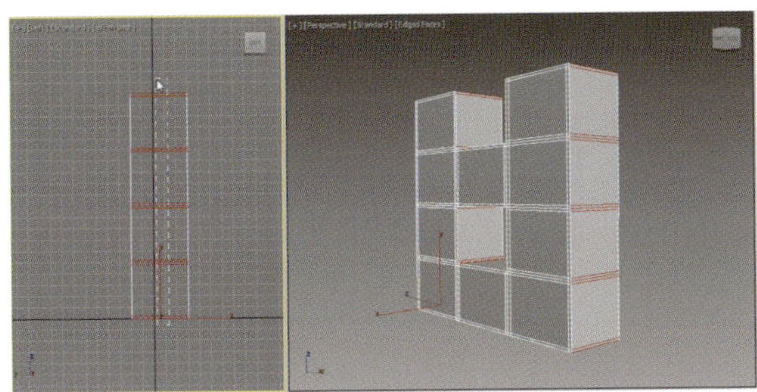
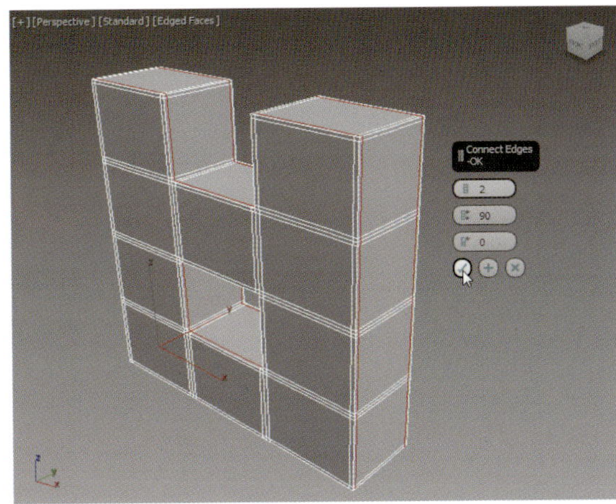

10 Modifier List에서 'TurboSmooth'를 적용하고 마무리합니다.

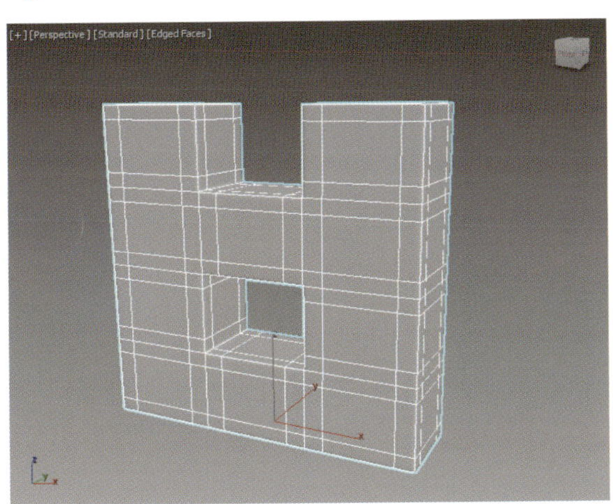
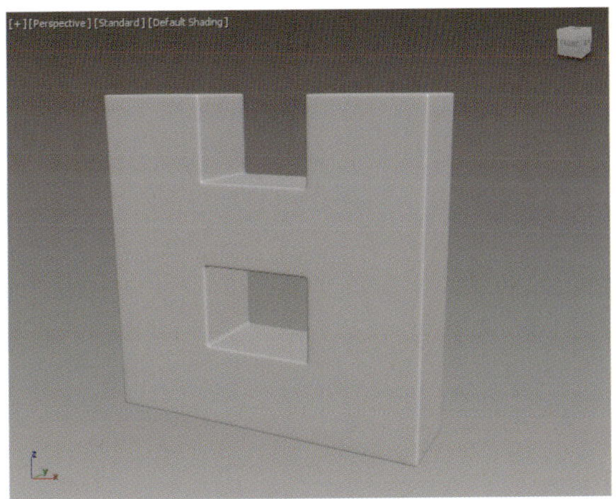

◉ CD 제공 파일 : Polygon 07_ㅂ.max

11 독자여러분이 이제 스스로 'T'자 모양의 오브젝트를 만들고, 둥근 모서리로 적용해보길 바랍니다.

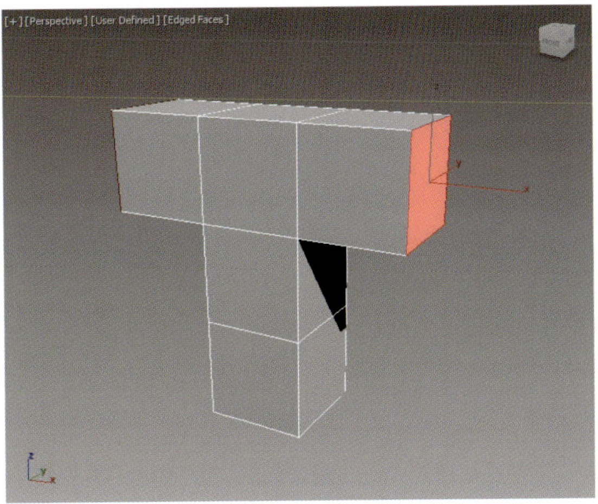

12 'T'자 모양의 최종 결과물입니다.

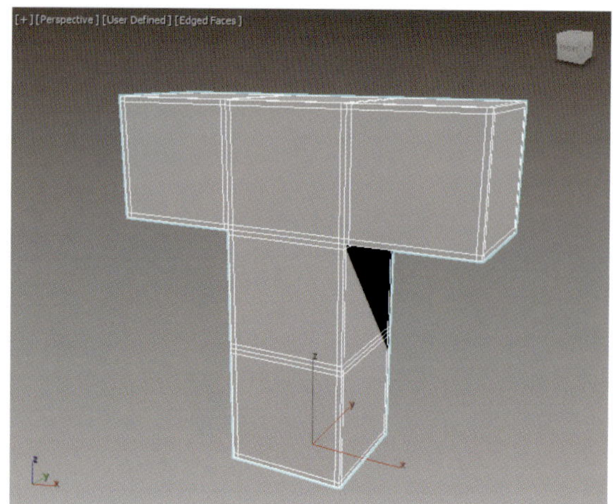
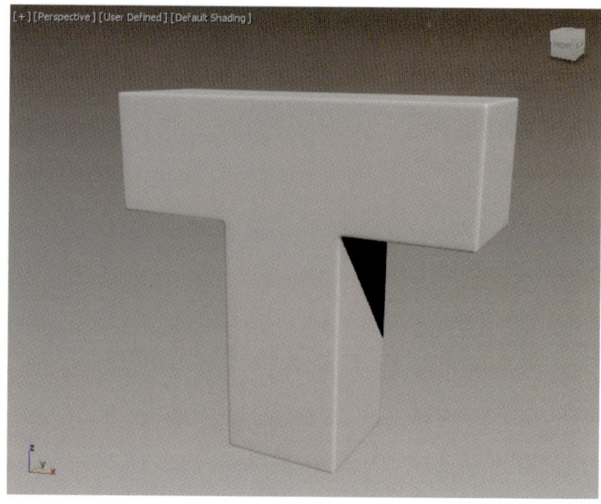

◎CD 제공 파일 : Polygon 08_T.max

Lesson 03

크리머 우유 잔 모델링

3ds Max의 Polygon 모델링에 있어서 가장 기초적으로 다루는 소재는 머그컵입니다. 그 이유는 형태가 매우 단순하여 초보자가 쉽게 접근할 수 있으며, Vertex의 모양을 설정하거나 짧은 시간 내에 만족할 만한 완성물을 기대할 수 있기 때문입니다. 필자는 가르치는 학생들에게 기본 Editable Poly 메뉴를 익힌 후 학생들에게 첫 과제로 머그컵으로 선택합니다. 하지만 본서에서는 다른 서적에서 머그컵을 많이 다루었기 때문에 좀 더 진보적인 젖소 모양을 가진 크리머 우유 잔을 만들도록 하겠습니다. 크리머 우유 컵의 브랜드명은 Fred & Friends이며 투명한 이중유리로 되어 있으며 컵에 우유를 따르면 젖소 모양이 보입니다. 젖소 모양의 크리머 우유 잔은 머그컵과 모양만 조금 다를 뿐 모델링 과정은 대부분 비슷합니다.

V–Ray Renderer

Section 01 | 크리머 우유 잔 몸통 만들기

전체 모델링의 대략 순서는 먼저 젖소 모양 우유 잔의 도면 이미지를 화면에 불러온 후 실린더 도형을 가지고 외곽부분을 Vertex Sub-Object Level에서 모양을 잡아줍니다. 그 다음 안쪽 내부의 면을 확장 복사해가며 모양을 설정한 후 두께 설정을 Shell 명령으로 지정합니다. 마지막으로 도면에 맞추어 손잡이 부분을 생성하여 결과물을 완성합니다.

01 3ds Max를 실행한 다음 Open 명령으로 제공된 CD 부록에서 준비된 'creamer_milk_mug_blueprint. max' 파일을 불러오도록 합니다. 필자가 미리 Plane 오브젝트에 우유 잔의 도면 이미지를 매핑 해놓았습니다.

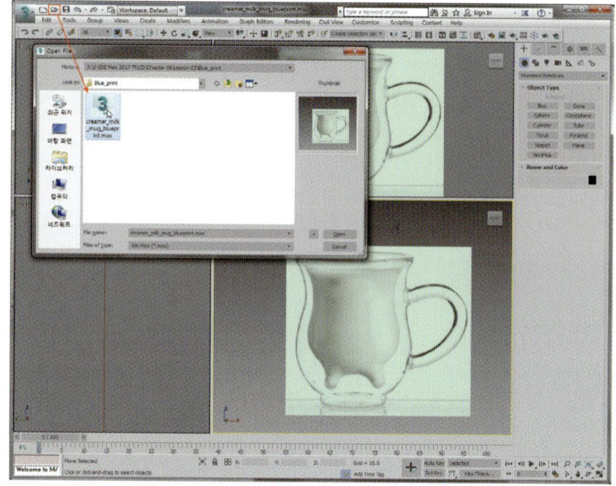

💿 CD 제공 : creamer_milk_mug_blueprint.max

03 실린더를 선택하고 Alt+X 키를 눌러 투명하게 만들어 줍니다. 그리고 마우스 오른쪽 버튼을 눌러 나오는 Quad Menu에서 Editable Poly로 Convert 시켜줍니다.

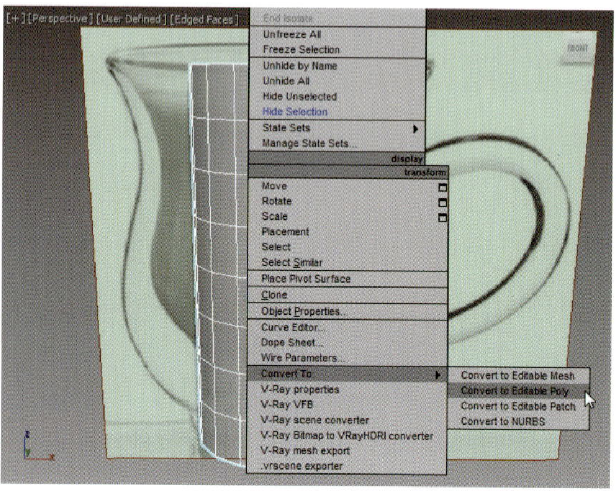

02 Top View에 Command 패널의 Create〉Geometry〉Standard Primitives〉Cylinder 버튼을 클릭한 후 다음과 같은 크기의 Cylinder를 생성합니다. Move[W] 툴을 실행한 후 도면의 가운데로 대략 위치를 설정합니다.

04 Vertex Sub-Object Level로 이동한 후 상단 쪽의 Vertex를 선택합니다. 3D Scale[R](=Uniform Scale)을 사용하여 다음과 같이 도면 이미지에 맞추어 스케일을 조정해줍니다.

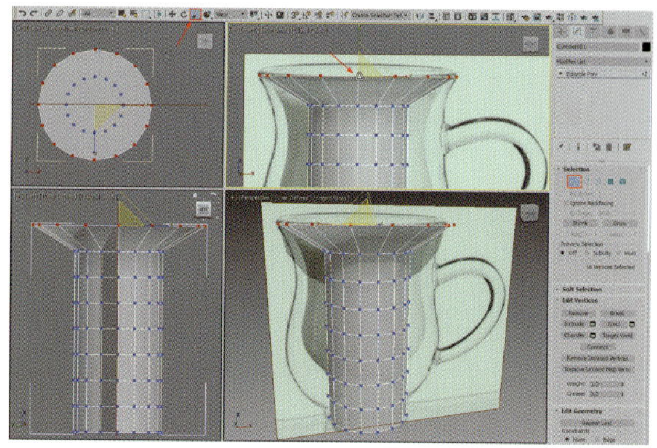

05 계속해서 그림과 같이 Vertex를 Scale[R]과 Move[W] 명령을 사용하여 외곽에 맞추어 반경을 조정해줍니다.

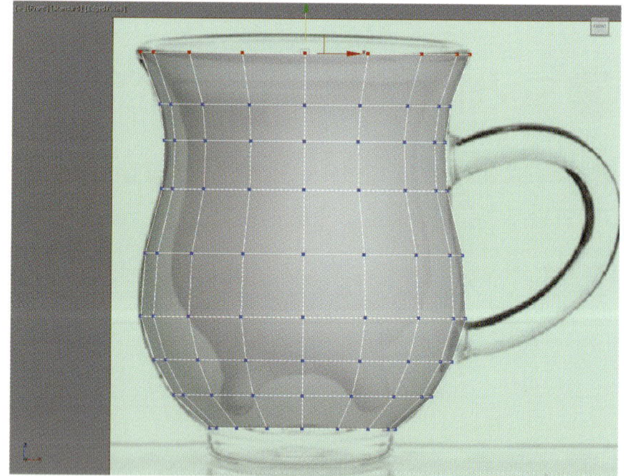

알아두기 | 2D Scale(Non-uniform Scale)과 3D Scale(=Uniform Scale)의 작업 결과물 비교

유리잔과 같이 대칭적인 오브젝트들은 그림과 같이 Vertex를 스케일을 조정하는데 있어서 대부분 사용자들이 실수하는 부분이 Scale의 사용방법입니다.
3D Scale이 아닌 2D Scale을 사용하게 되면 좌측 결과물처럼 타원형 형태가 되므로 유의해야 합니다.

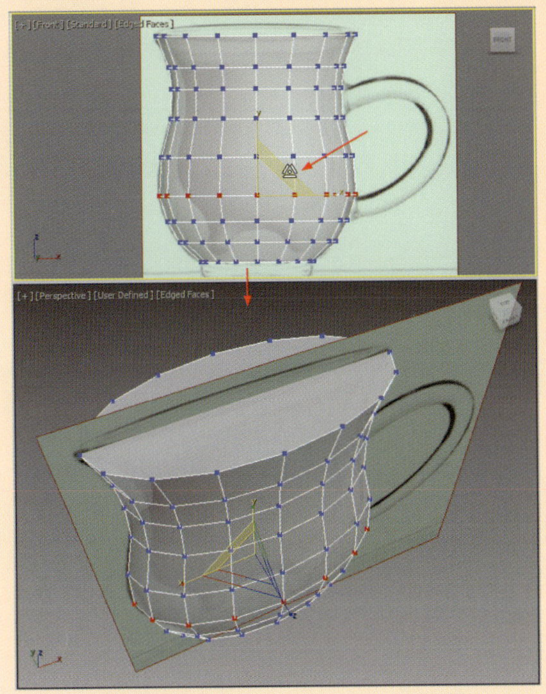

2D Scale 작업결과

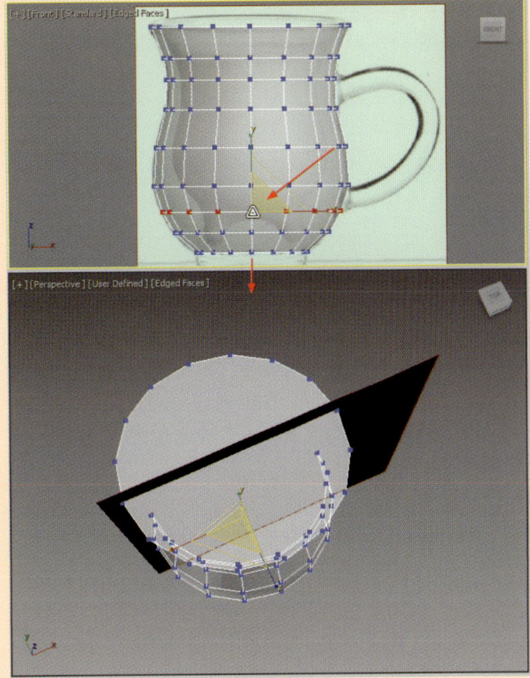

3D Scale 작업결과

06 하단 쪽의 면을 선택하고, Extrude Setting을 클릭하여 다음과 같이 값을 설정합니다.

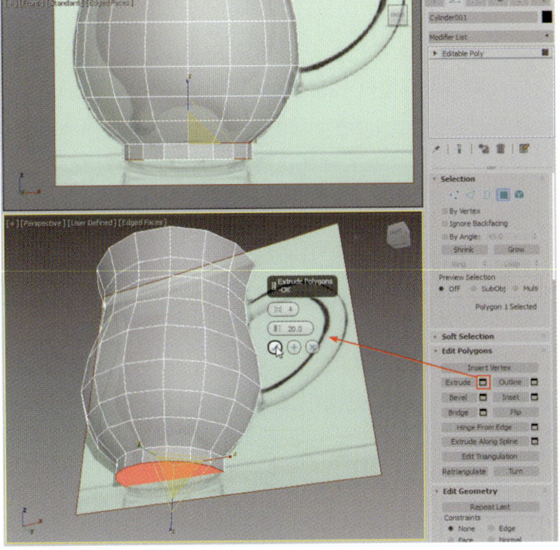

07 하단 쪽과 상단 쪽의 면을 선택하고 Delete 키를 눌러 삭제합니다.

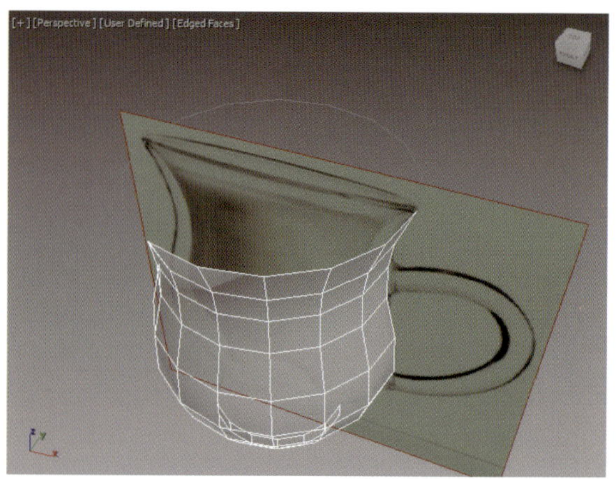

08 이제 안쪽 부분을 만들도록 하겠습니다. Shift 키를 누른 상태에서 3D Scale[R]을 사용하여 다음과 같이 안쪽으로 드래그하여 면을 조금만 확장 복사해 줍니다.

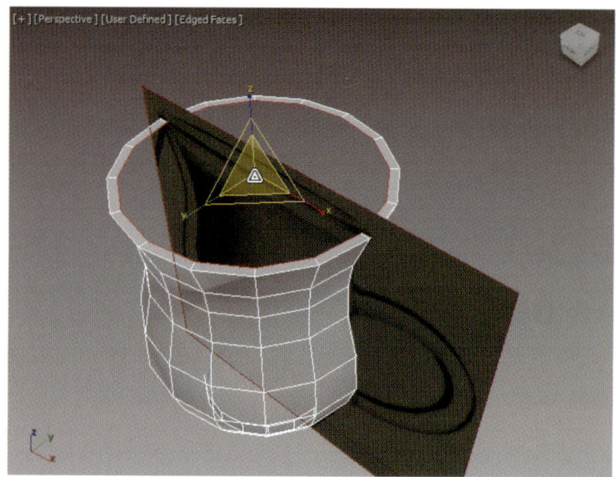

09 이제 안쪽 부분을 만들도록 하겠습니다. Shift 키를 누른 상태에서 3D Scale[R]을 사용하여 다음과 같이 안쪽으로 드래그하여 면을 조금만 확장 복사해줍니다.

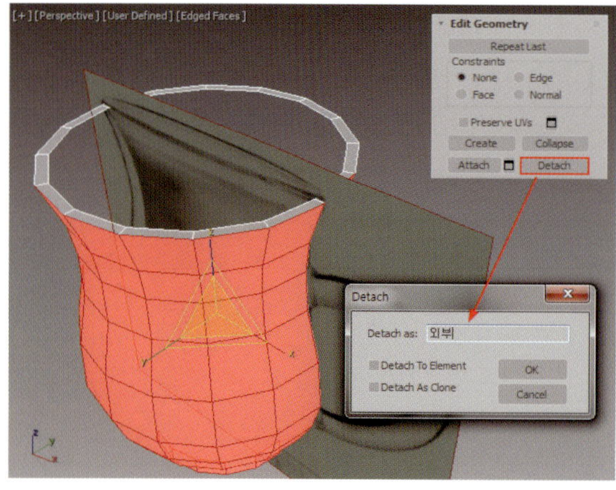
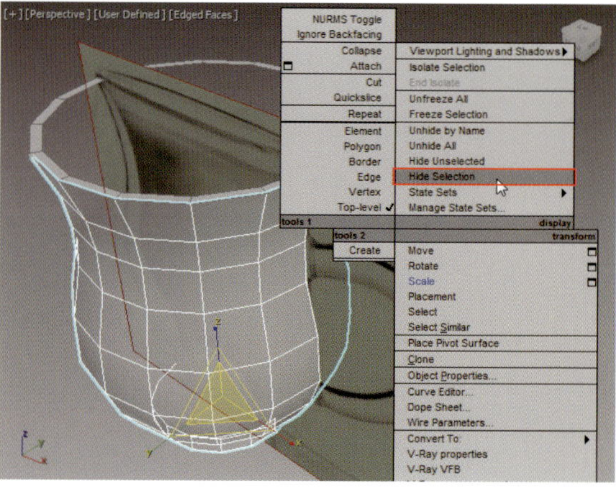

10 그림과 같이 Border Sub-Object Level로 이동한 후 안쪽 의 Edge를 선택합니다. Shift 키를 누른 상태에서 Move 툴로 아래쪽으로 드래그하여 면을 확장 복사해줍니다.

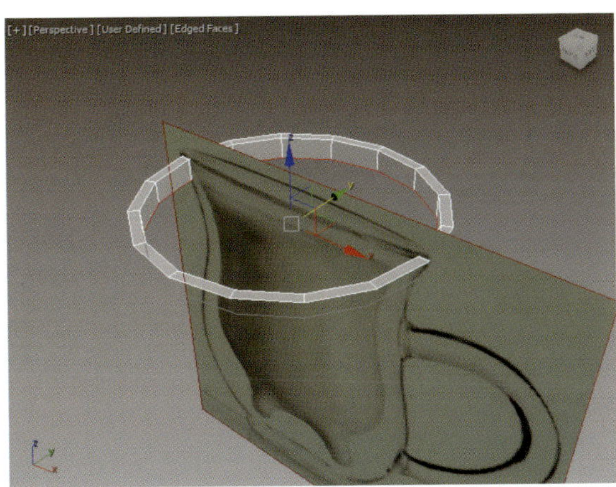

11 3D Scale을 사용하여 다음과 같이 안쪽으로 드래그하여 반경을 조정해줍니다.

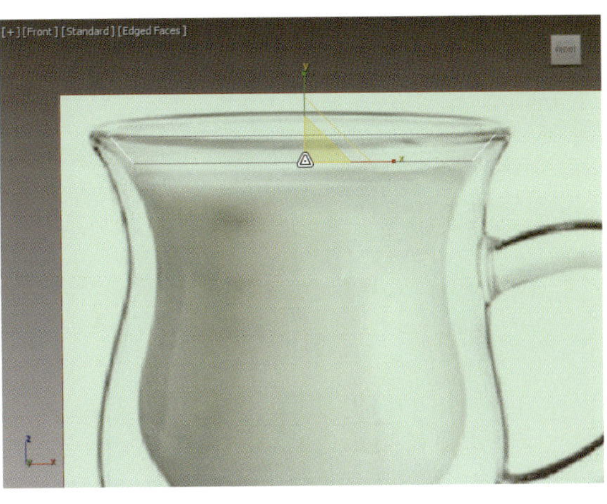

12 계속해서 같은 방법으로 Border Sub-Object Level에서 Shift 키와 함께 Move 명령으로 면을 확장 복사하여 주고, 3D Scale 명령으로 반경을 조정해줍니다.

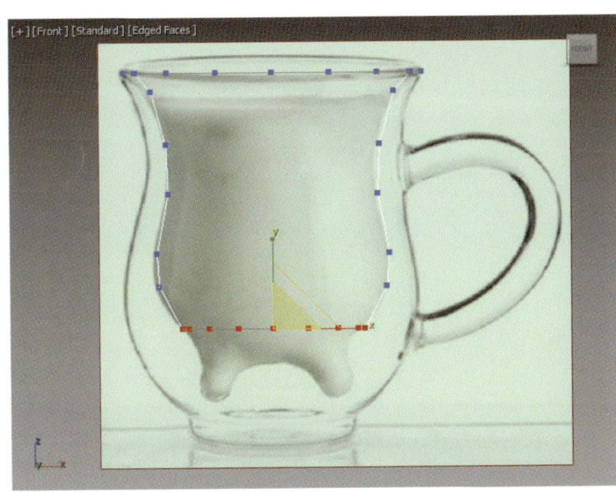

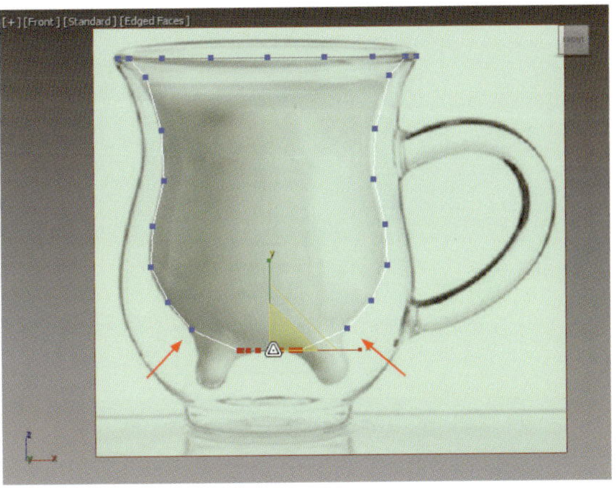

13 하단 쪽에서 두 번 더 Shift 키와 함께 3D Scale을 사용하여 드래그하여 면을 확장 복사해줍니다. 그 다음 Edit Geometry 항목에서 Collapse 버튼을 클릭하여 Edge를 하나의 Vertex로 만들어 줍니다.

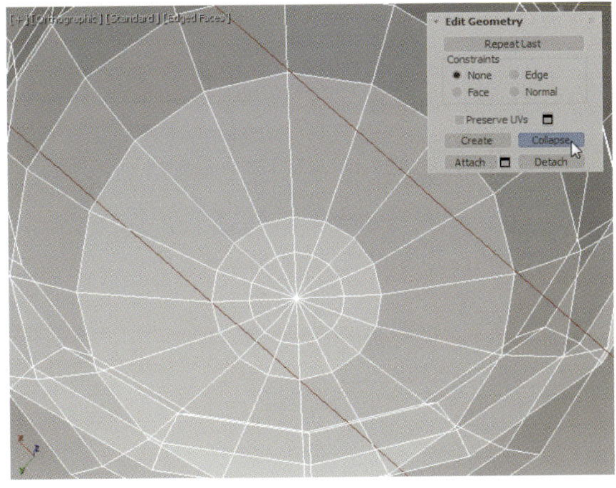

14 일단 실린더의 축을 확인하고 넘어가도록 하겠습니다. Command 패널의 Hierarchy〉'Affect Pivot Only' 와 'Center to Object' 버튼을 차례로 클릭해줍니다. 축이 정 가운데로 옮겨졌으면 'Affect Pivot Only' 버튼을 다시 클릭하여 비활성화합니다.

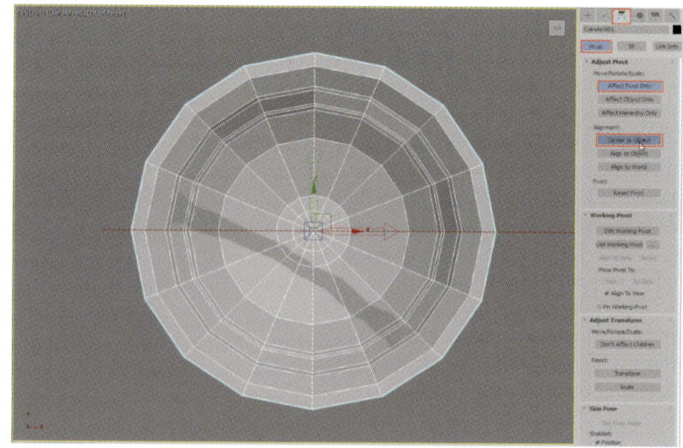

15 이제 젖소의 4개의 유방을 표현하기 위해 Vertex Sub-Object Level에서 다음과 같이 Vertex들을 선택하고 Delete 키로 모두 삭제합니다. 이것은 하나의 샘플을 만들어서 나머지 3개를 복사할 것입니다.

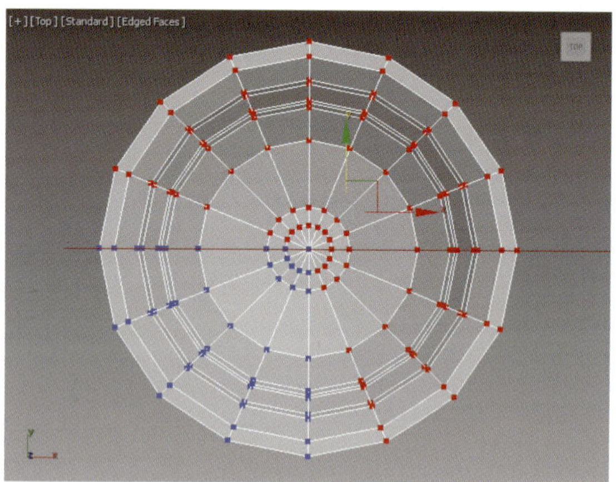
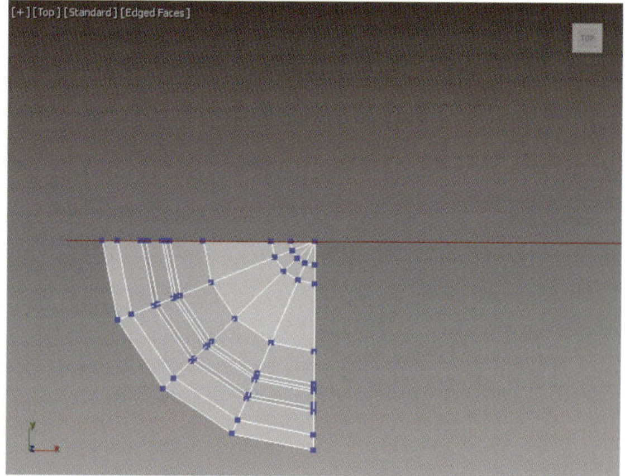

16 다음과 같이 Ring 형태로 Edge들을 선택한 후 Connect Setting을 클릭하여 Edge 1열을 추가합니다.

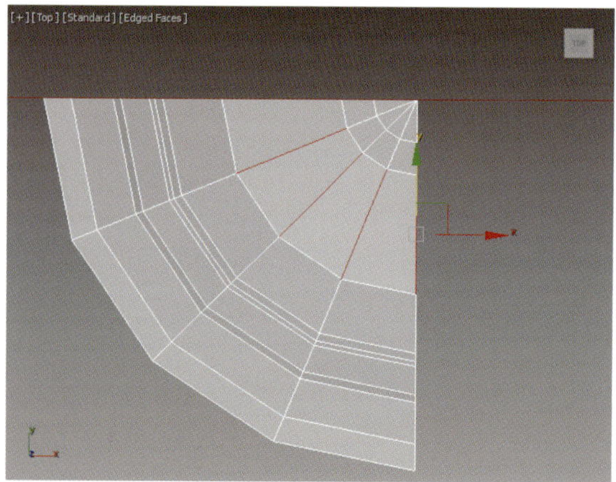
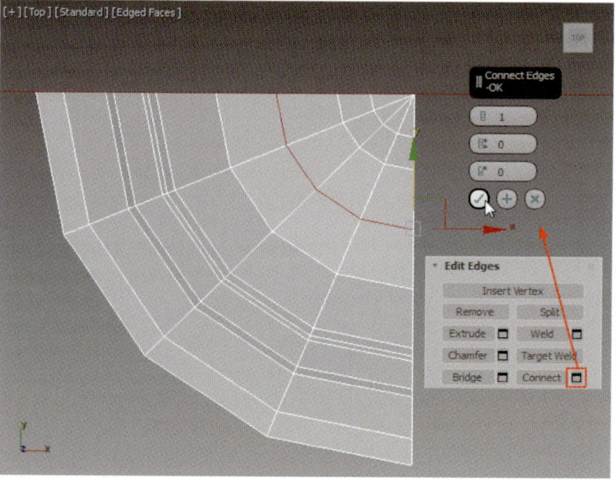

17 Top View에 다음과 같이 8각형의 NGon을 생성합니다.

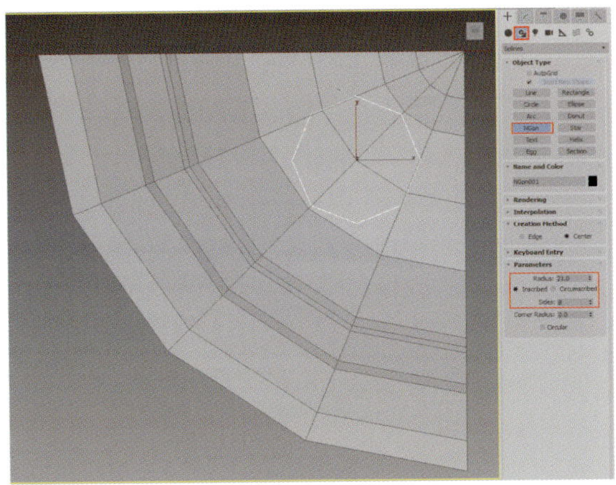

18 Main Toolbar의 2.5 Snap을 활성화시켜주고, Snap 아이콘 위에서 마우스 오른쪽 버튼을 눌러 Vertex에 체크해줍니다. 주변의 Vertex들을 선택하여 NGon의 점으로 이동시켜줍니다.
작업이 완료되었으면 2.5 Snap을 비활성화합니다.

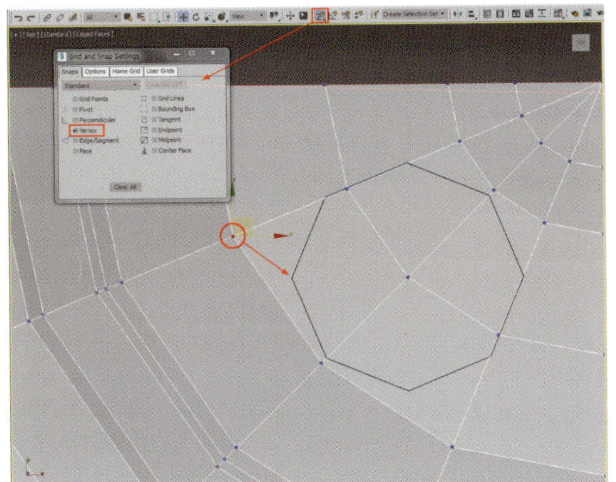

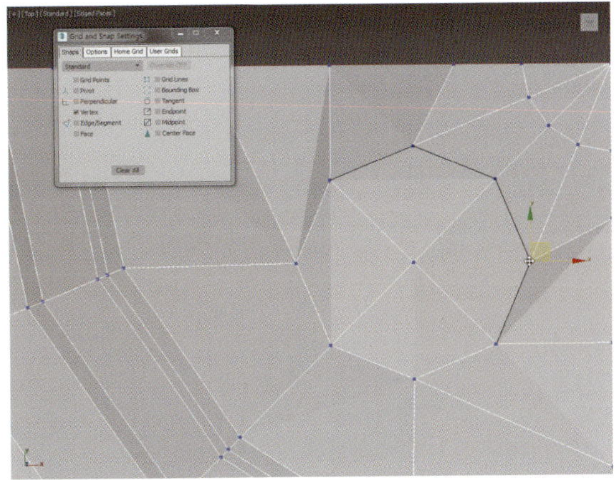

19 8각형의 면을 선택하고 Bevel Setting을 적용시켜줍니다.

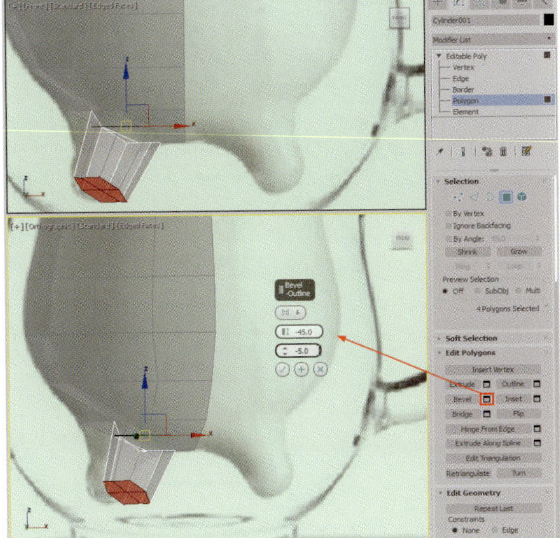

알아두기 | 오브젝트 면이 뒤집혀서 Edge가 잘 안 보일 경우에는

❶ 해당 오브젝트를 선택한 후 마우스 오른쪽 버튼을 누르면 나오는 Quad Menu에서 'Object Properties' 옵션을 실행합니다.

❷ Display Properties 항목의 Backface Cull 옵션에 체크를 해제합니다.

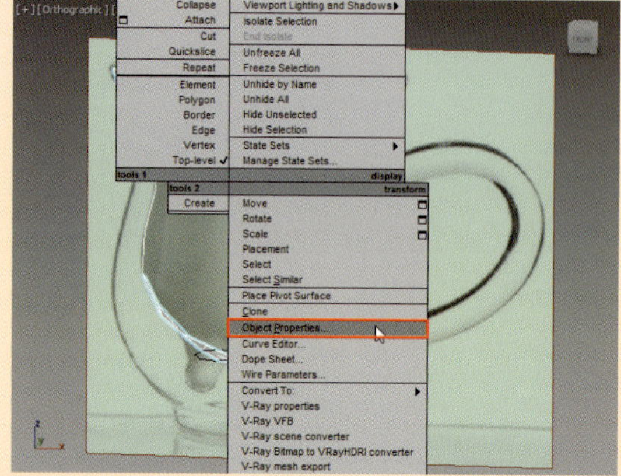

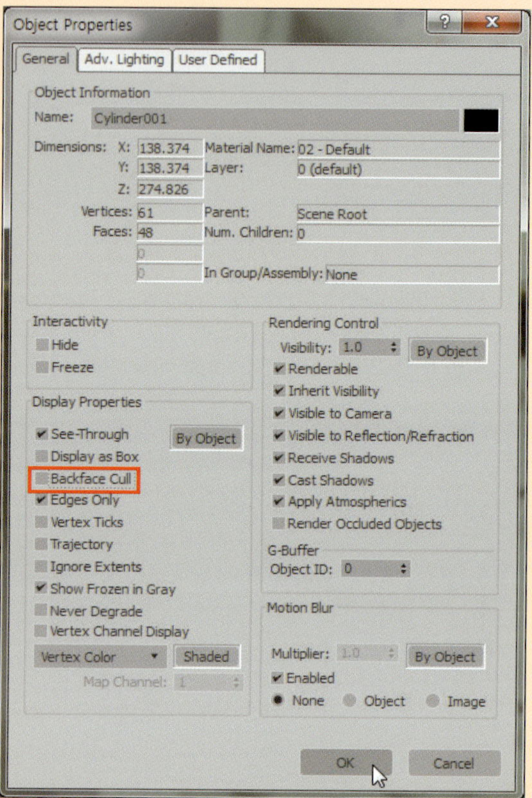

❸ 오브젝트의 Edge가 잘 보이는 것을 확인할 수 있습니다. 작업의 상황에 따라 'Backface Cull'의 옵션을 잘 활용하도록 합니다.

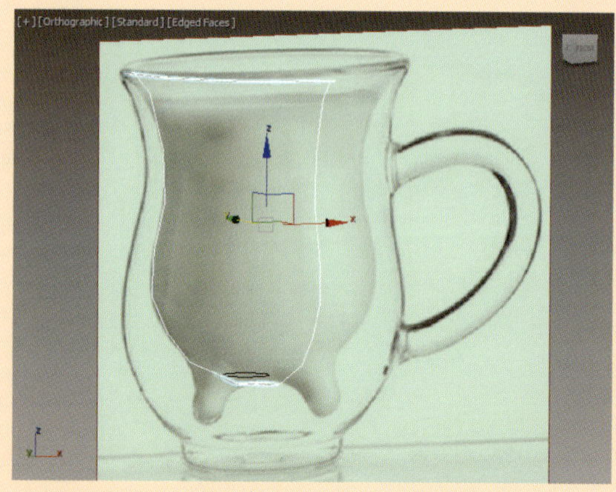

Backface Cull 체크 했을 경우

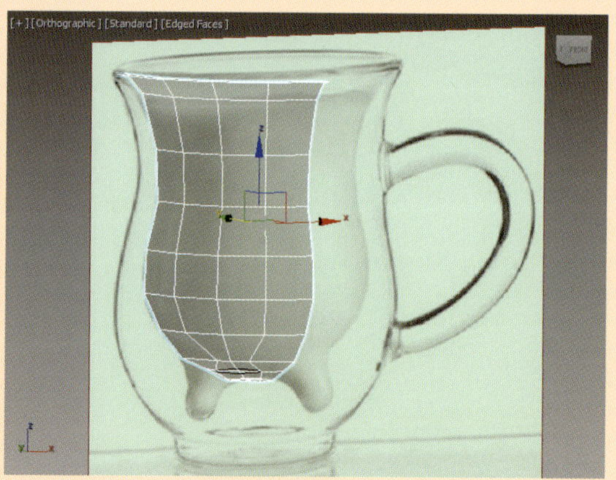

Backface Cull 체크 해제 했을 경우

20 3D Scale과 Move 툴을 사용하여 그림과 같이 크기와 위치를 재 조종해줍니다. 정확하지 않아도 됩니다.

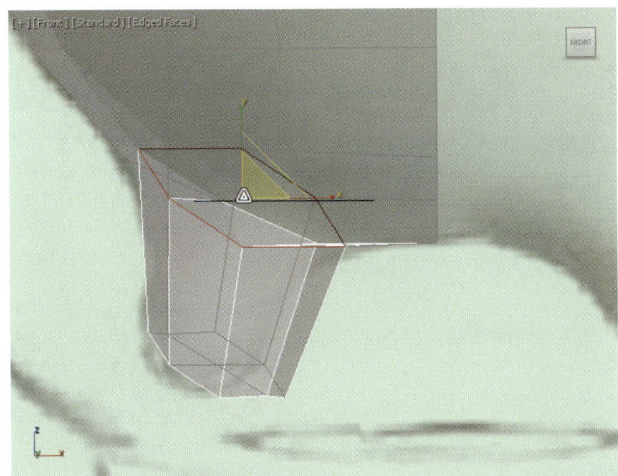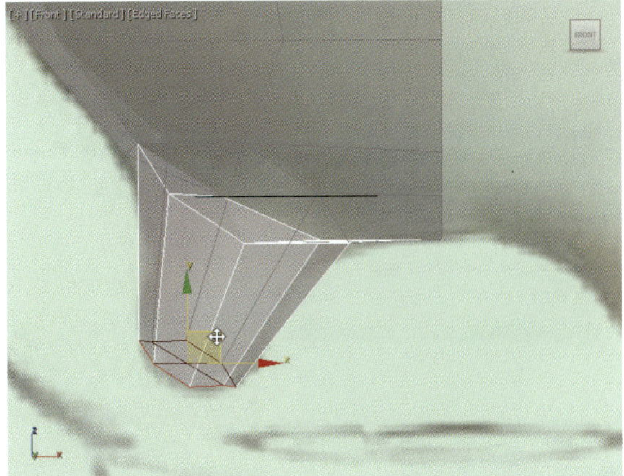

21 Edge Sub-Object Level로 이동하여 다음과 같이 Connect Setting으로 Edge 3열 추가시켜줍니다.

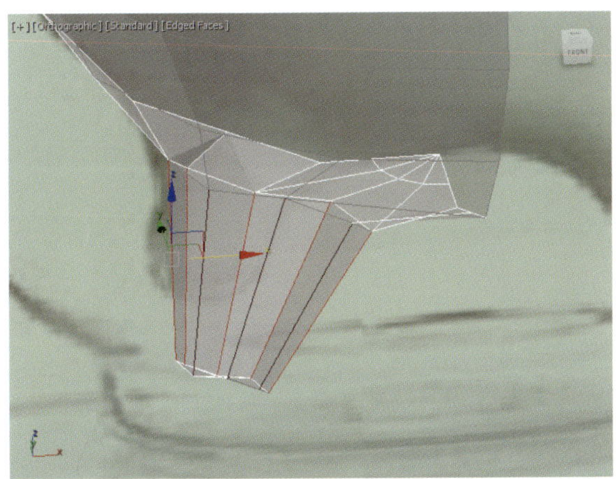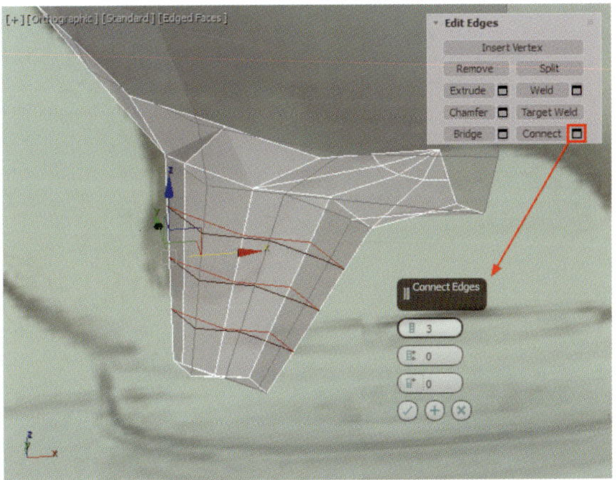

22 그림과 같이 Edge들을 조정하여 3D Scale로 젖소의 유방형태를 만들어 줍니다. Alt + X 키를 수시로 눌러가며 도면과 비교해보고, Shade 형태로 모델링 해봅니다.

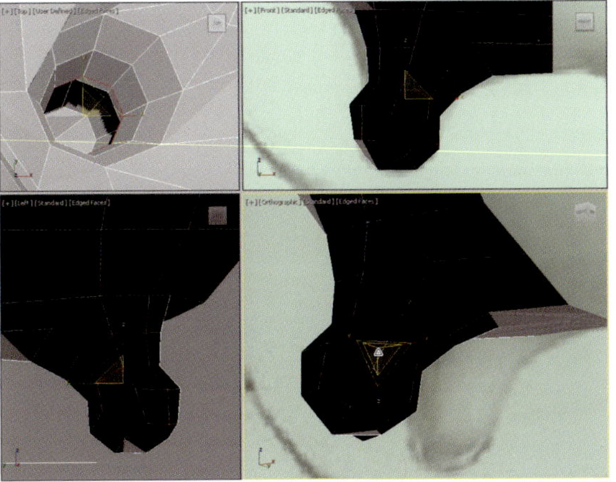

23 Subdivision Surface 항목의 'Use NURMS Subdivision'에 잠시 체크한 후 젖소의 유방 모양을 조정하면 쉽게 조정이 가능해집니다.

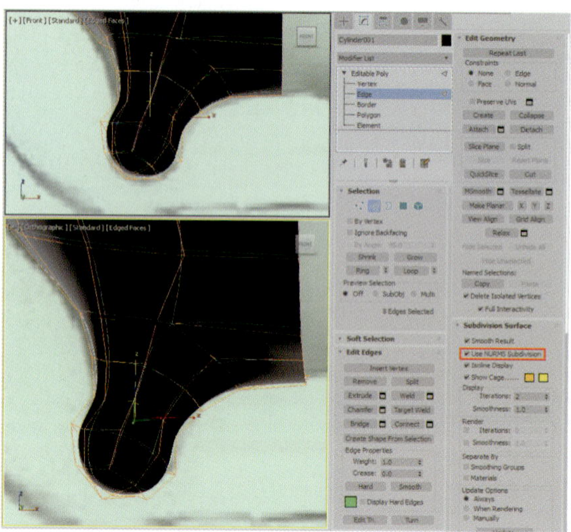

24 오브젝트를 선택하고 Main Toolbar에서 'Mirror'를 클릭합니다. 대화상자에서 X축과 Copy의 라디오 버튼에 체크해줍니다.

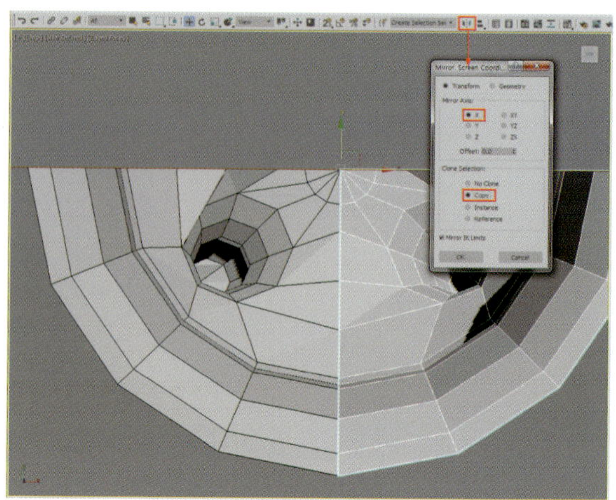

25 계속해서 복사된 오브젝트까지 모두 선택하고, 다시 'Mirror'를 클릭해서 총 4개를 만들어 줍니다.

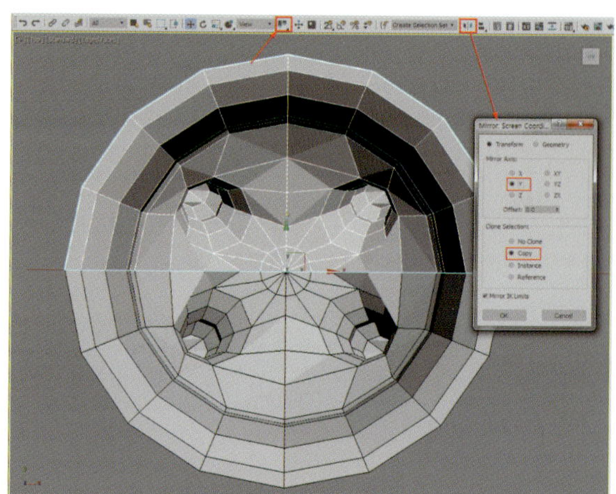

26 다음과 같이 내부의 젖소의 유방형태가 만들어 졌습니다. 오브젝트를 모두 합치기 위하여 4개 중 1개의 오브젝트를 선택하고 Edit Geometry 항목의 Attach 버튼을 클릭합니다.
나머지 오브젝트를 차례대로 클릭해주면 하나의 오브젝트로 합쳐지게 됩니다.

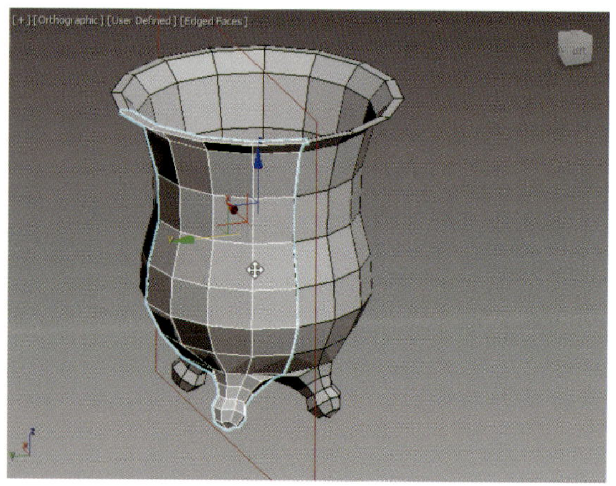

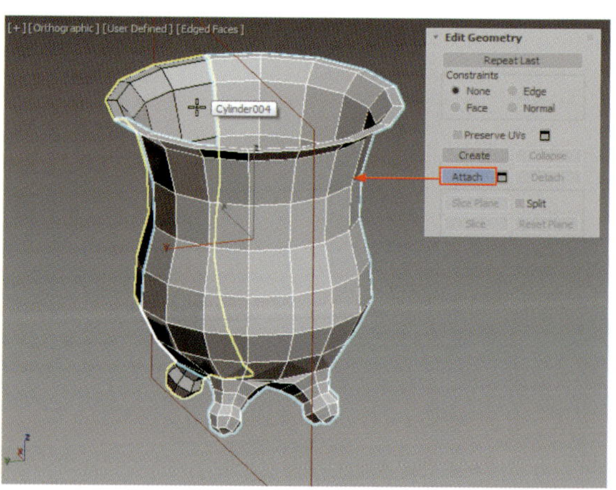

27 하나의 오브젝트로 만들어졌지만 이음새 부분의 Vertex 부분은 용접이 되어 있지 않습니다. Vertex Sub-Object Level로 이동한 후 오브젝트의 Vertex를 모두 선택합니다.
Weld Setting을 클릭하여 떨어져 있는 이음새 부분의 모든 Vertex들을 하나로 붙여줍니다.

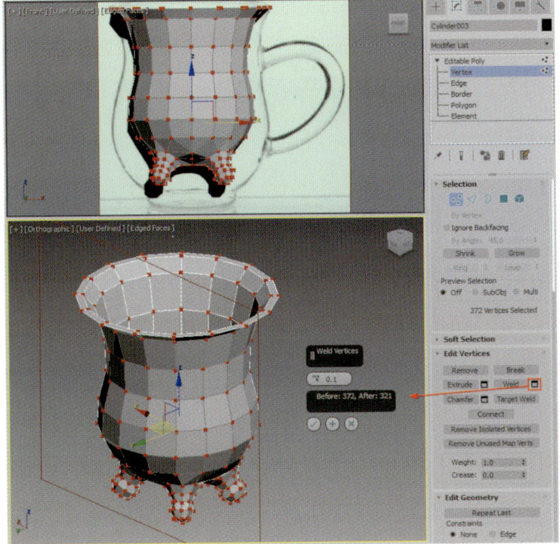

28 Edge Sub-Object Level로 이동한 후 그림과 같이 맨 아래쪽의 Edge들을 지그재그로 선택합니다. Remove[Back Space] 버튼을 클릭하여 선택한 Edge들을 제거합니다.

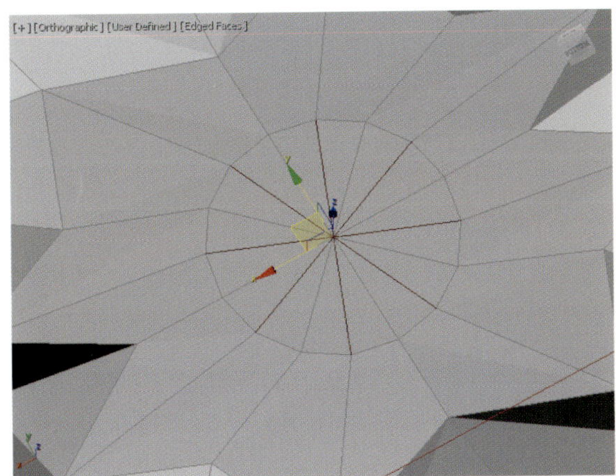

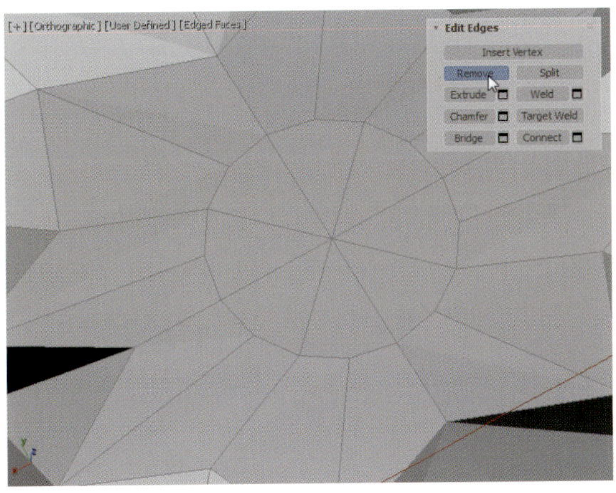

29 Edge Sub-Object Level로 이동한 후 그림과 같이 맨 아래쪽의 Edge들을 지그재그로 선택합니다. Remove[Back Space] 버튼을 클릭하여 선택한 Edge들을 제거합니다.

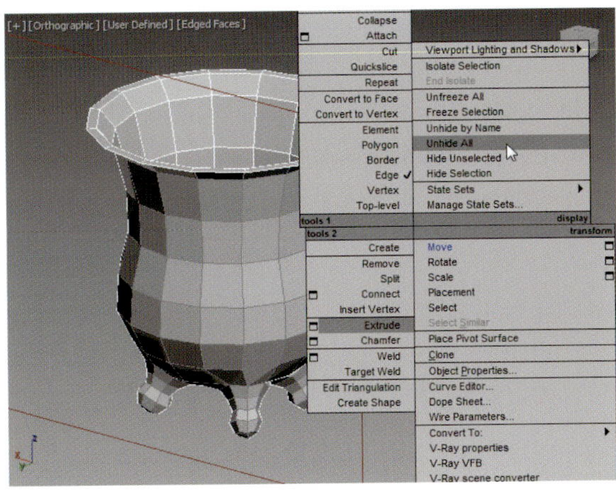

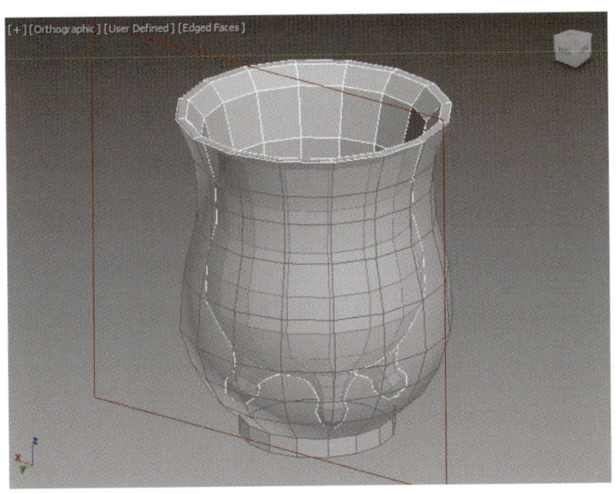

30 외부 오브젝트를 선택하고 Alt + X 키를 눌러 투명도를 해제합니다. 앞서 작업했던 방법으로 Edit Geometry 항목의 Attach 버튼을 클릭한 후 내부 오브젝트를 클릭하여 하나의 오브젝트로 만들어 줍니다.

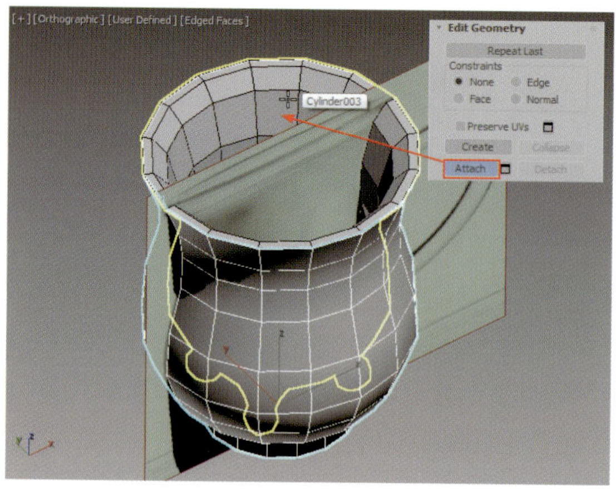
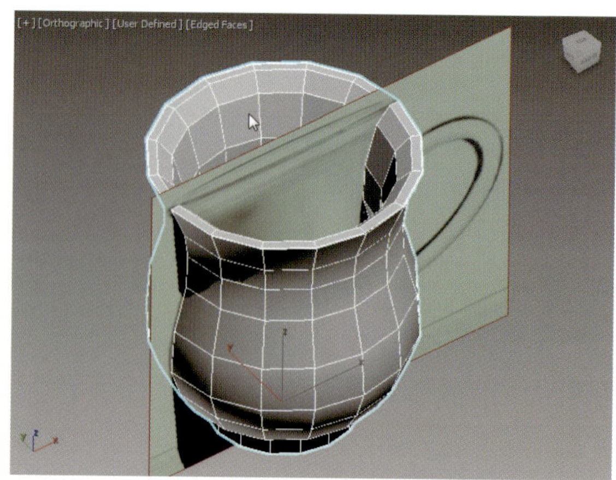

31 Vertex Sub-Object Level로 이동한 후 그림과 같이 상단 쪽의 Vertex들을 선택하고 Weld를 적용해줍니다. Editable Poly의 Sub-Object Level을 모두 해제합니다.

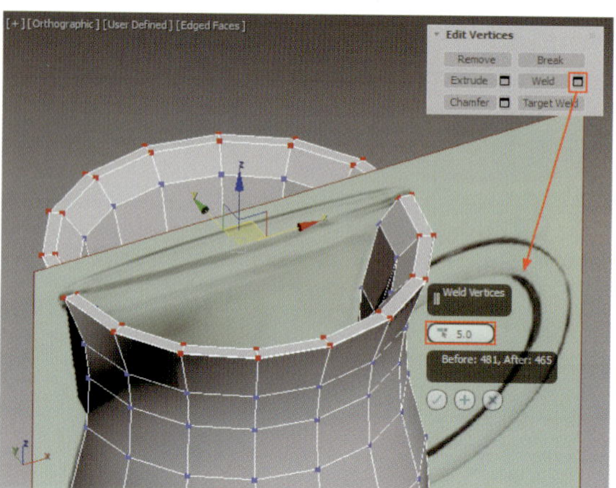

32 오브젝트에 유리의 느낌을 주기위해 두께를 적용하도록 하겠습니다. Modifier List에서 'Shell'을 적용해주고, Inner Amount 값에 "3.0"을 입력합니다.

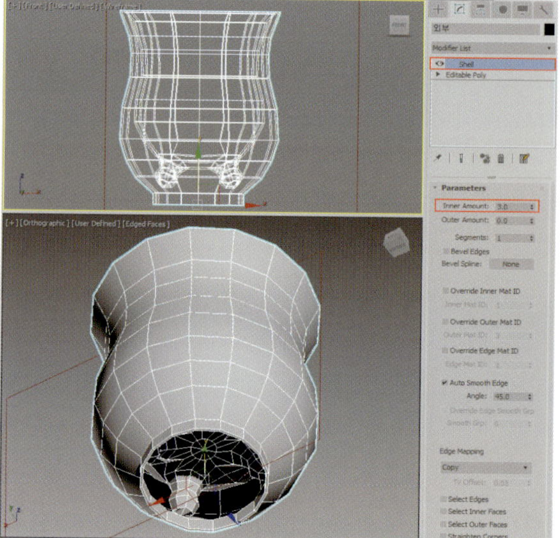

33 마우스 오른쪽 버튼을 누른 후 Quad Menu에서 'Editable Poly'로 Convert합니다.

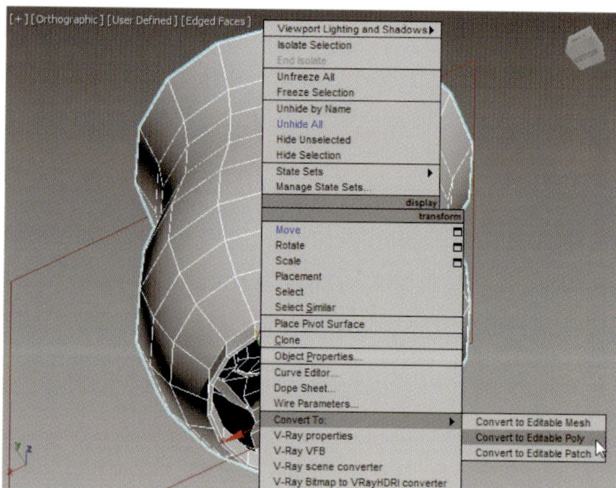

34 바닥 쪽의 모서리를 만들기 위해 그림과 같이 Edge를 선택하고, 적은 값으로 Chamfer를 적용합니다.

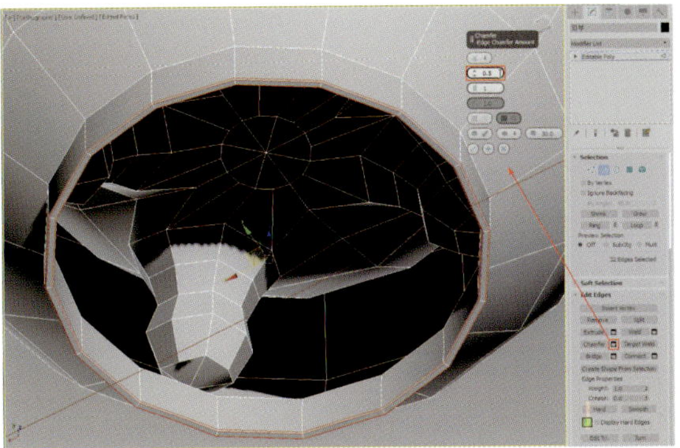

35 그림과 같이 두 군데의 바깥쪽과 안쪽의 Edge들을 Loop 형태로 선택하고, Chamfer를 적용합니다.

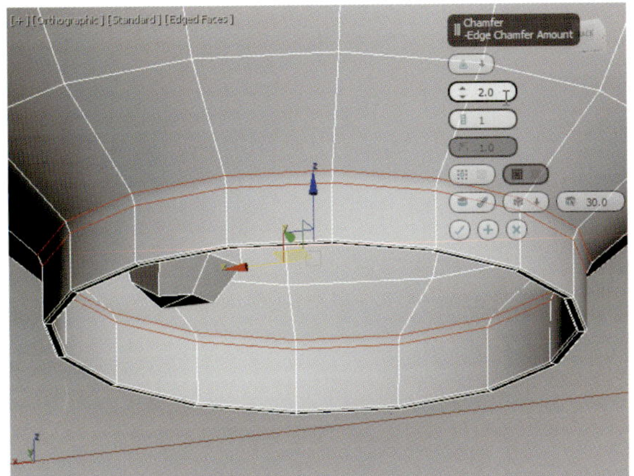
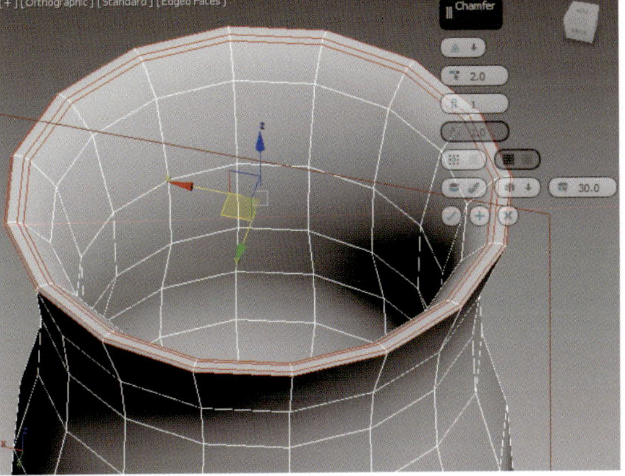

36 이제 크리머 우유 잔의 몸통이 완성되었습니다. Modifier List에서 'TurboSmooth'를 적용하여 결과를 확인합니다.

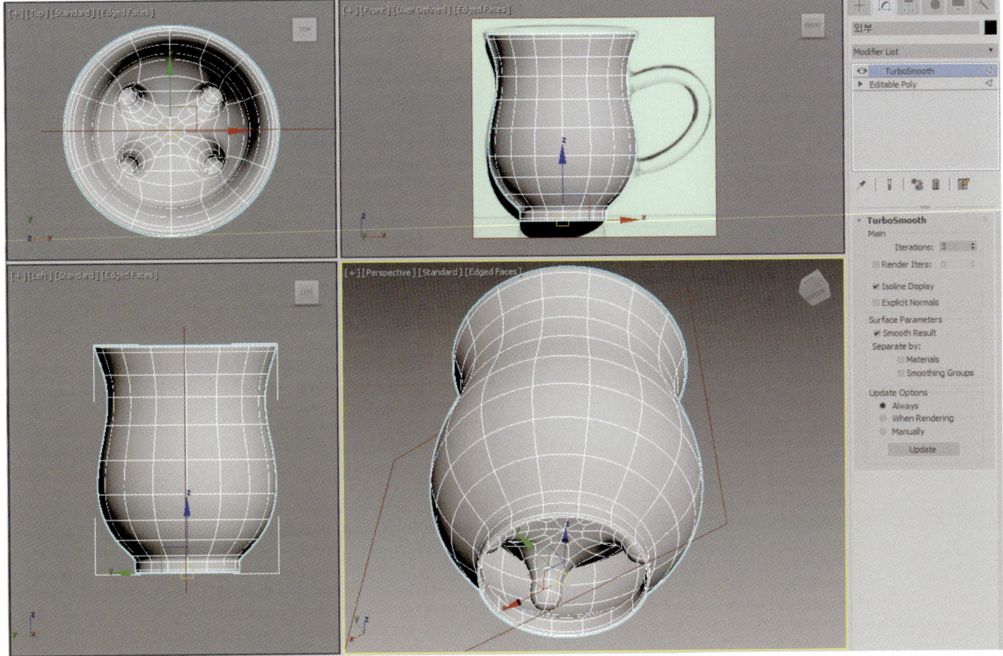

 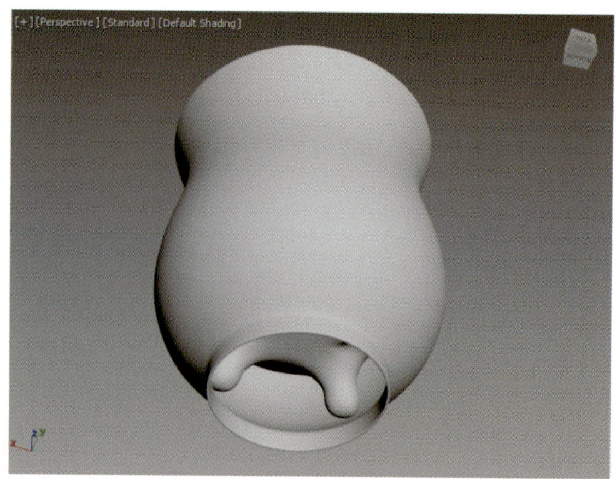

완성된 크리머 우유 몸통
◉ CD 제공 : creamer_milk_mug—몸통.max

Section 02 | 크리머 우유 잔 손잡이 만들기

크리머 우유 잔의 손잡이를 모델링하도록 하겠습니다. 손잡이는 앞서 배웠던 'Lesson 01의 기초 Polygon 모델링 – Hole / 네 번째 방법 : 스크립트를 사용하여 구멍 만들기'와 같이 스크립트를 사용하여 상하 두 개의 구멍을 만들고 손잡이를 만들도록 하겠습니다.
스크립트 사용법에 대한 자세한 내용은 이 부분의 단원을 다시 한 번 참고하세요.

01 앞서 만들었던 크리머 우유 잔의 몸통을 가지고 이어서 작업하도록 하겠습니다. Stack View의 목록에 있는 TurboSmooth를 선택하고, 휴지통 아이콘을 클릭하여 이를 제거합니다.

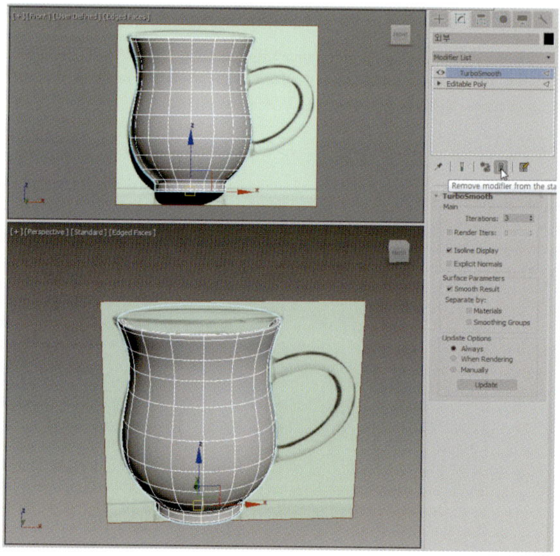

02 손잡이를 만들기 위해 그림과 같이 외부의 Edge의 위치와 간격을 조정해줍니다. 머그컵의 외곽선에 맞추어 스케일도 조정해줍니다. 참고로 Edge를 더블 클릭하면 Loop 형태로 선택됩니다.

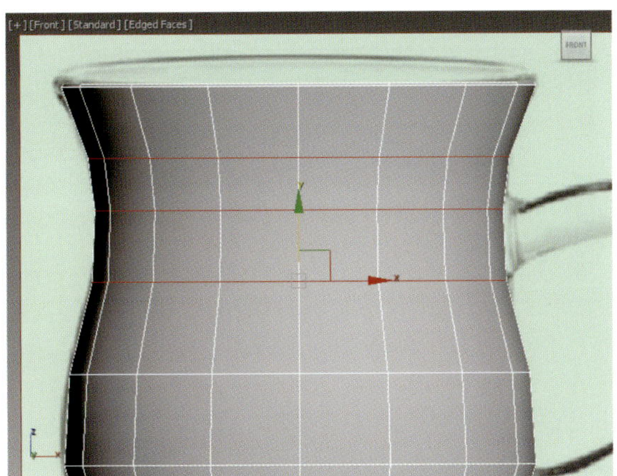 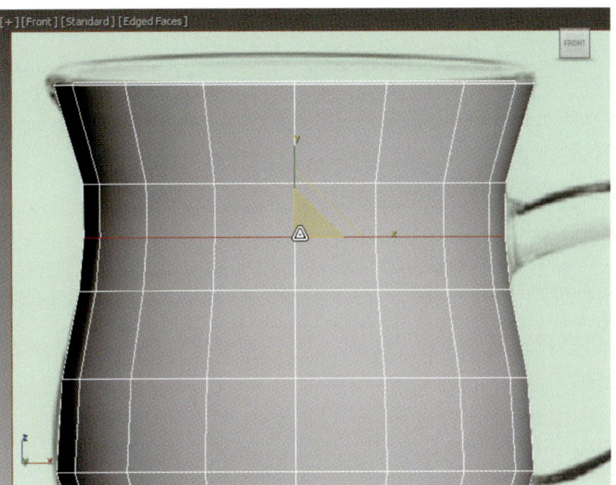

03 Connect 명령을 사용하여 상단 쪽에 Edge 1열을 추가시켜 주고, 3D 스케일로 반경을 조정해줍니다.

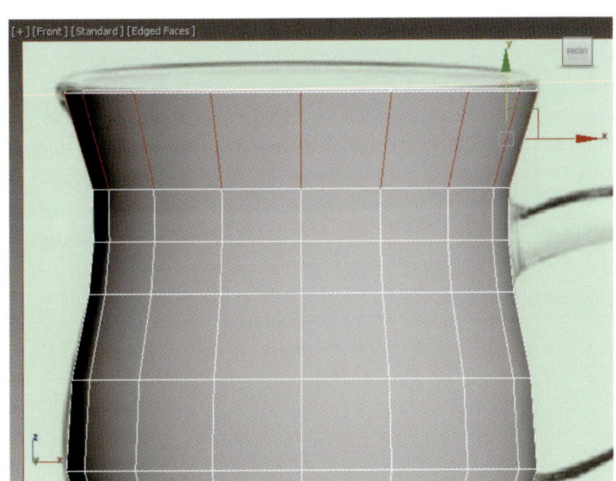 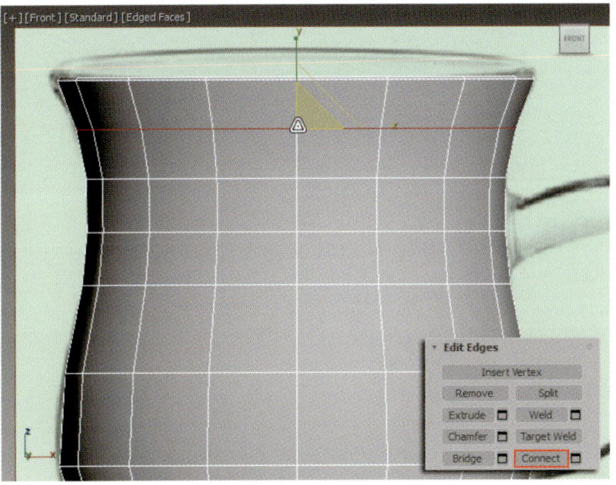

04 아래쪽에도 그림과 같이 Edge의 위치를 재조정해주고, Connect 명령으로 Edge 1열을 추가시켜 주고 3D 스케일로 반경을 조정합니다.

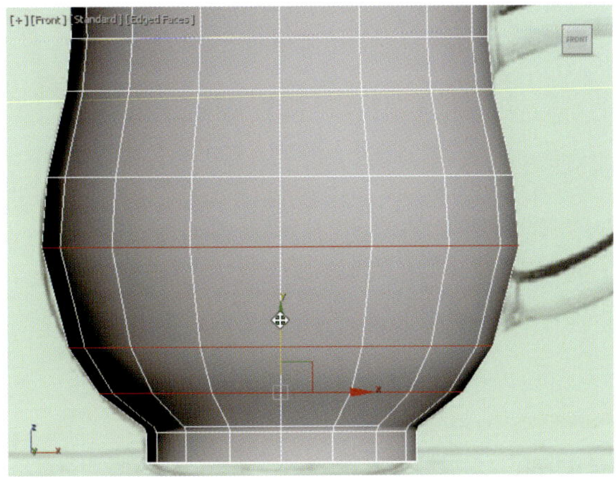 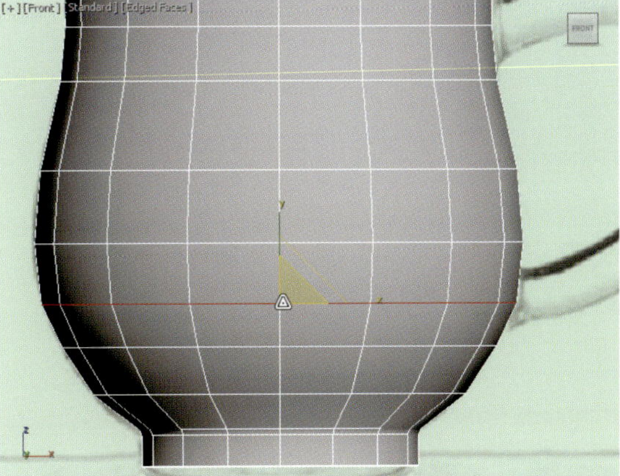

05 손잡이의 구멍을 만들기 위해 두 개의 Vertex를 선택합니다.

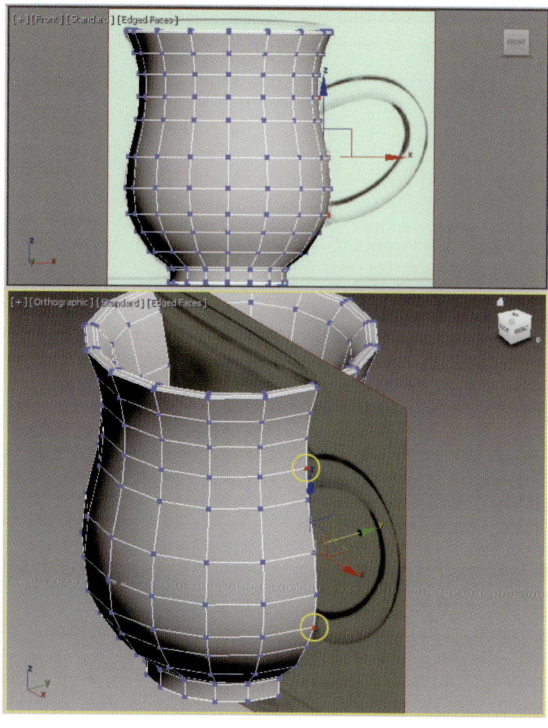

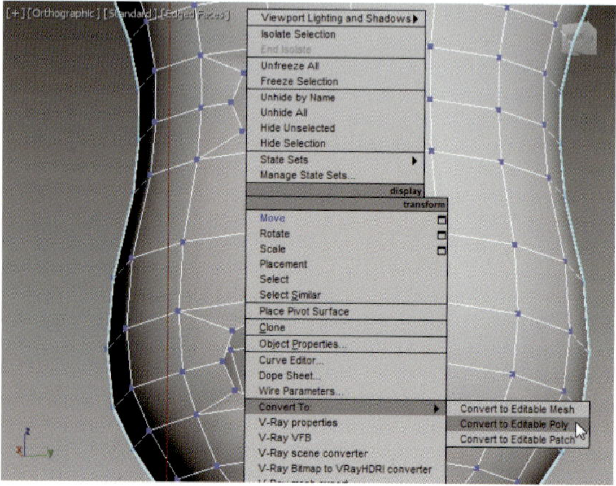

07 마우스 오른쪽 버튼을 눌러 나오는 Quad Menu에서 Editable Poly로 Convert시켜줍니다.

06 Vertex가 선택된 상태에서 Modifier List에서 Create Holes를 적용하고, 'Create Additional Edges'와 'Smooth Outer Polygons'에 체크해줍니다.

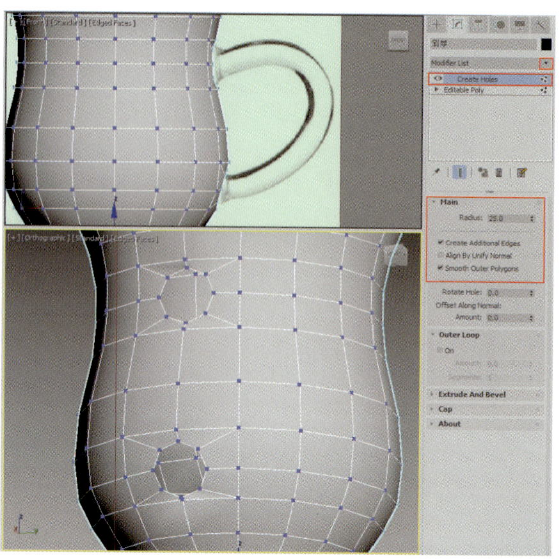

08 Border Sub-Object Level로 변경한 후 구멍 쪽의 Edge를 선택합니다. Shift 키를 누른 상태에서 Move 툴로 드래그하여 면을 확장 복사합니다.
바로 이어서 3D Scale로 그림과 같이 크기를 조정해줍니다.

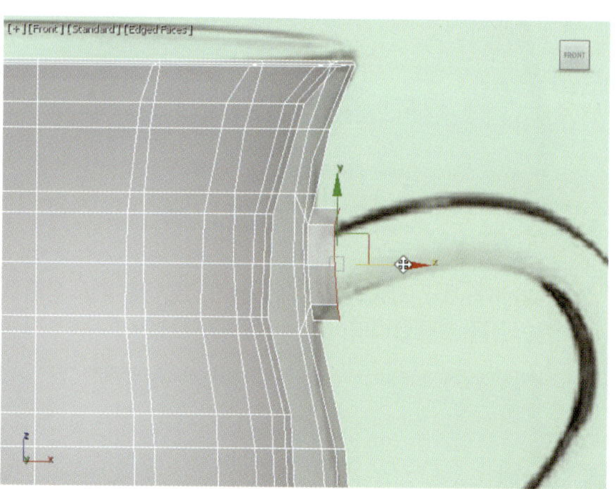

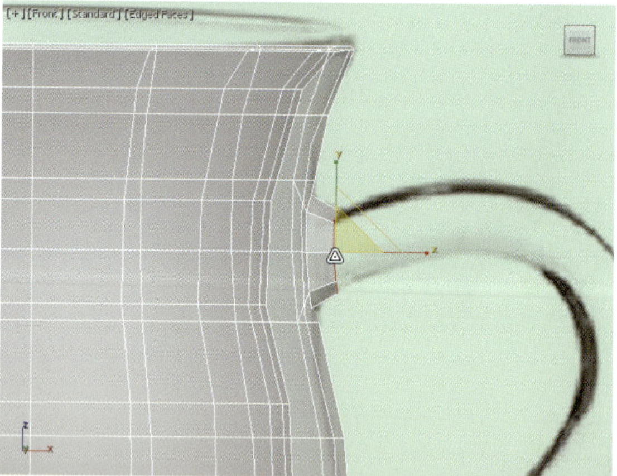

09 선택된 Edge를 수직으로 만들기 위해 Make Planar 의 X 버튼을 클릭해줍니다.

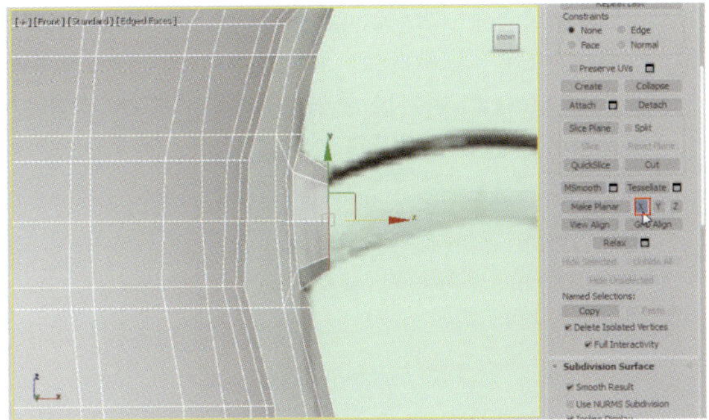

10 계속해서 Shift +Move 툴로 드래그하여 면을 확장 복사해주고, 그림과 같이 Rotate[E]와 Scale[R]을 사용하여 손잡이의 두께와 Edge의 위치와 간격에 주의하며 작업하도록 합니다.

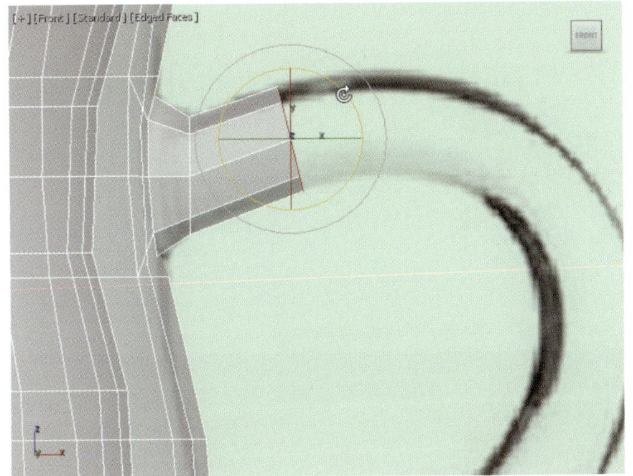
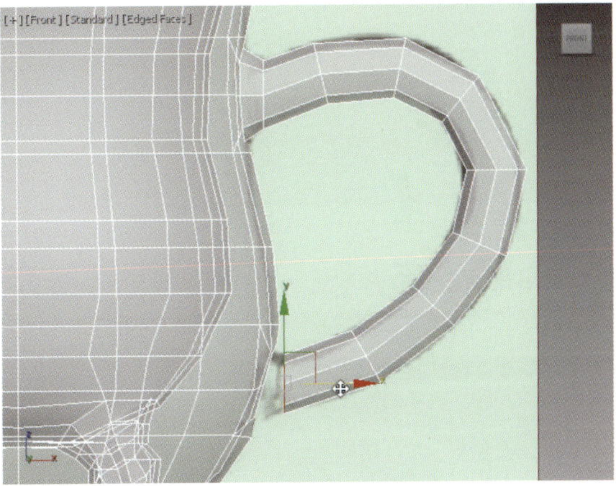

11 양쪽의 Border를 선택하고 Bridge 버튼을 클릭하면 면이 연결됩니다.

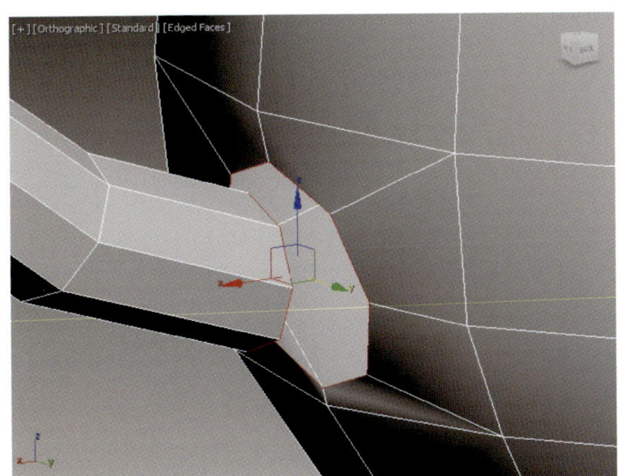
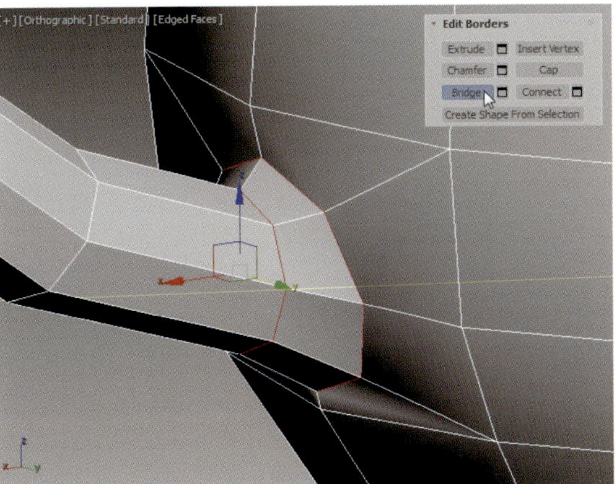

12 Element Sub-Object Level로 변경한 후 오브젝트를 선택합니다. Polygon:Smoothing Groups 항목의 Auto Smooth 버튼을 클릭하여 전체적으로 면을 부드럽게 만들어 줍니다.

13 Modifier List에서 'TurboSmooth'를 적용하여 결과를 확인합니다.

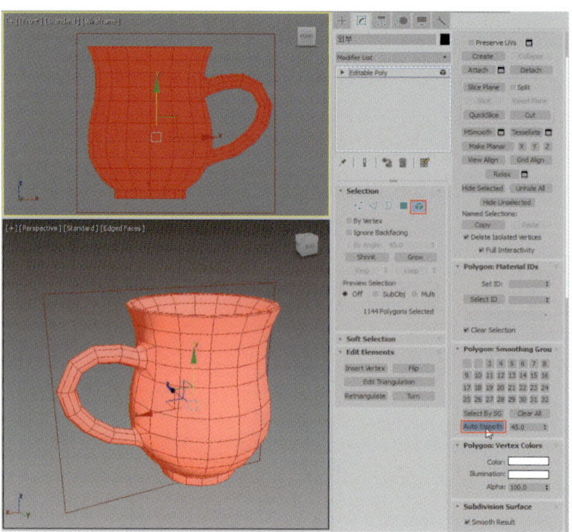

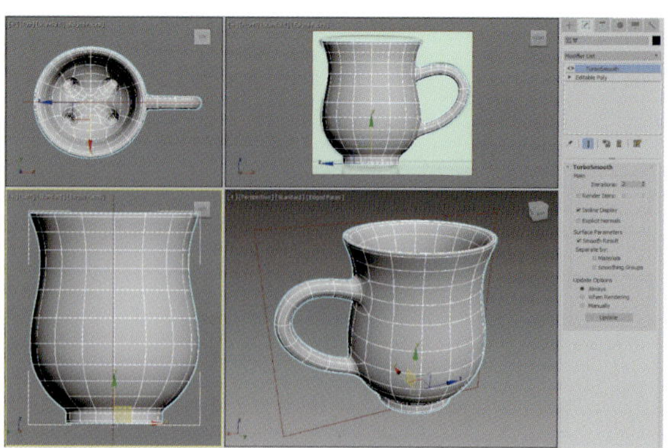

13 이제 크리머 우유 잔의 손잡이가 모두 완성되었습니다.

CD 제공 : creamer_milk_mug-손잡이.max

Lesson 04

1인용 엔틱 소파 모델링

많은 인테리어 가구 중에 절대로 빠질 수 없는 가구는 소파입니다. 다양하고 여러 종류의 소파들 중에 고풍스럽고, 홀 장식이 세련된 깊이 감을 더해주는 일명 '뽕뽕이' 소파라 불리는 1인용 엔틱 소파를 만들도록 하겠습니다. 엔틱 소파는 실내 인테리어를 고급스럽고 중후한 분위기로 바꾸어 주는 역할을 합니다. 엔틱 소파를 모델링하는데 있어서 가장 어려운 부분은 등받이에 있는 작은 홀 장식들과 이를 연결하는 주름입니다.

즉 엔틱 소파의 모델링은 Vertex들이 만나는 곳곳에 원형의 홀 형태로 만들어 줘야 하고, 홀과 홀끼리 Edge를 연결하여 주름으로 만들어야 하기 때문에 매우 까다로운 작업입니다. 그리고 나머지 Vertex 들을 일일이 위치를 조정하여 푹신한 느낌의 볼륨을 만들어 줘야 합니다. 그러므로 이 소파 모델링 작업은 많은 인내를 필요로 하며, 3ds Max 유저라면 한번쯤은 도전해 볼만한 모델링이라 할 수 있습니다.

Section 01 | 엔틱 소파 기본 등받이 만들기

등받이에는 작은 홀 장식들과 이를 연결해주는 주름들이 존재합니다. 복잡한 과정의 모델링이기 때문에 처음부터 끝까지 인내심을 가지고 차근차근 따라 해보기 바랍니다.

먼저 기본적이고 단순한 등받이 부분부터 만들도록 하겠습니다.

01 3ds Max를 실행한 다음 메뉴 바의 Customize〉Units Setup을 클릭합니다. Units Setup창이 나타나면 System Unit Setup 버튼을 클릭하고, System Unit Scale를 'Centimeters'로 변경해주고 OK버튼을 눌러 창을 모두 닫아 줍니다.

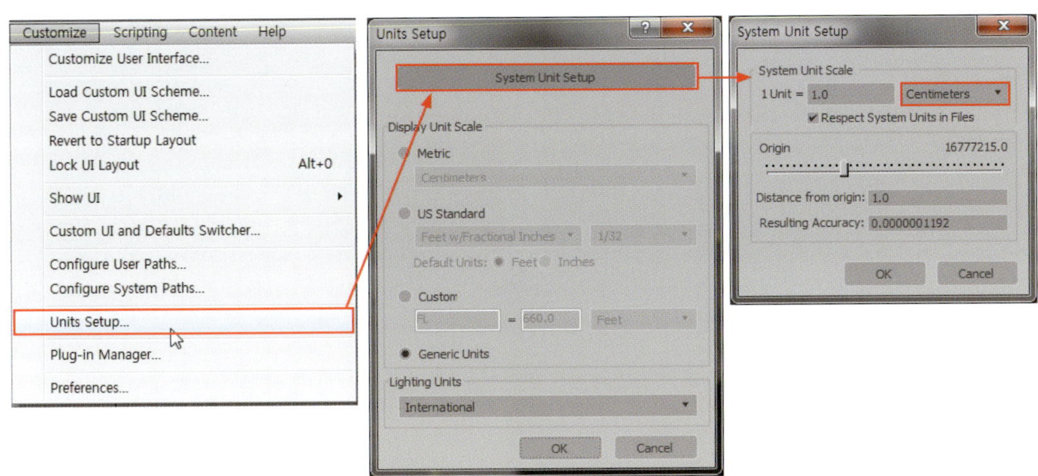

02 Top Viewport에 가로, 세로가 "70"인 Rectangle을 그려줍니다.

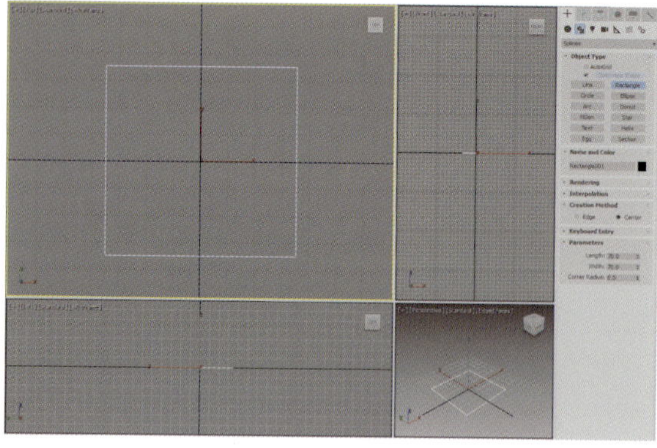

03 마우스 오른쪽 버튼을 누르고 나오는 Quad Menu에서 Editable Spline으로 Convert합니다.

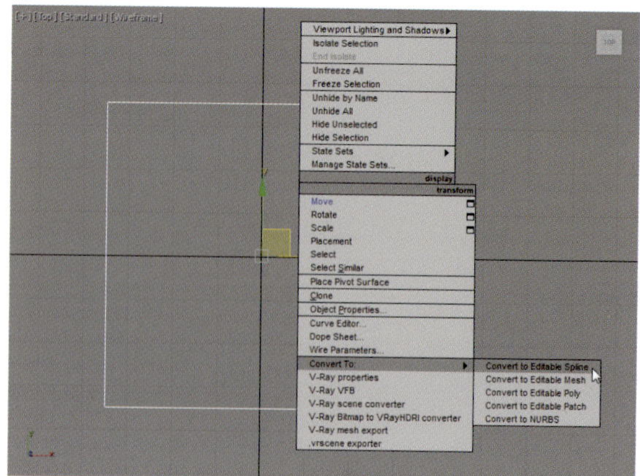

04 Vertex Sub-Object Level에서 다시 마우스 오른쪽 버튼을 누르고 'Corner'로 변경해줍니다.

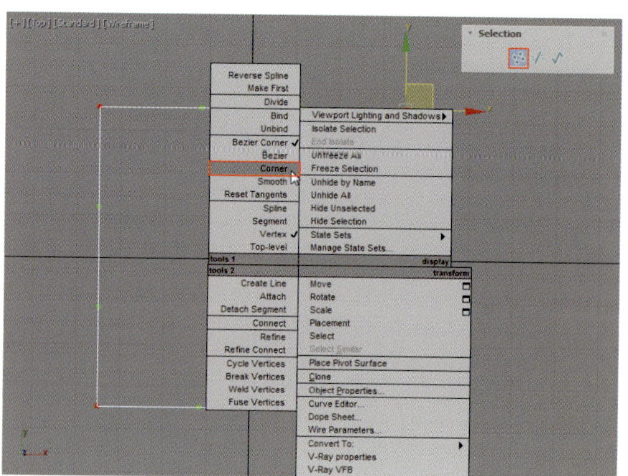

05 Segment Sub-Object Level에서 아래쪽의 Segment를 선택하고, Delete 키를 눌러 삭제합니다.

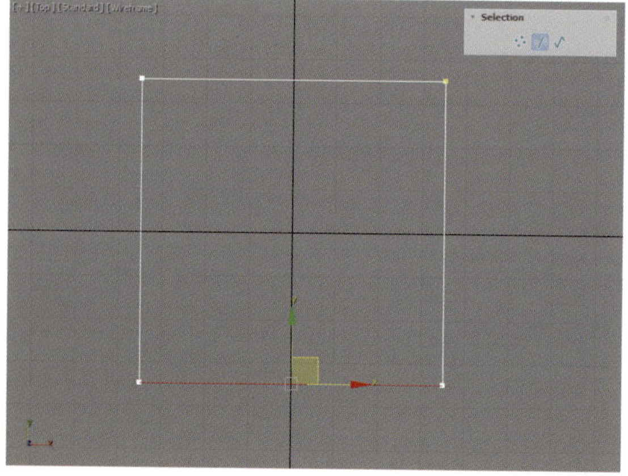
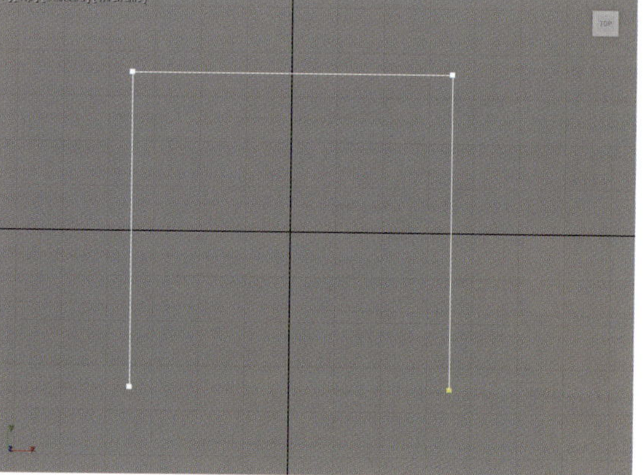

06 Vertex Sub-Object Level의 Fillet 명령을 사용하여 위쪽의 Vertex 2개를 선택한 후 드래그하여 둥글게 만들어 줍니다.

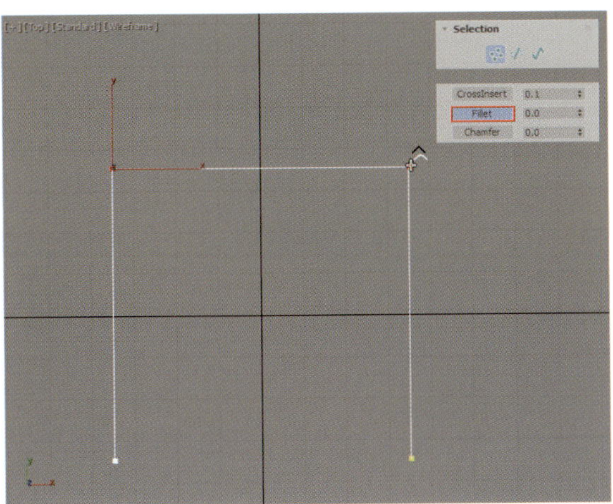
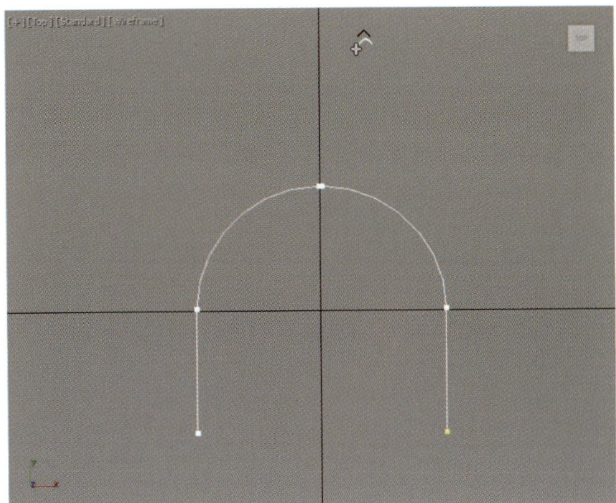

07 위쪽의 Vertex 2개를 선택합니다. Weld 값에 "3.0"을 입력한 후 Weld 버튼을 클릭합니다. 그 결과 2개의 Vertex가 하나의 Vertex로 바뀝니다.

08 아래쪽의 Vertex 2개를 선택하고 Move 툴로 조금 이동시켜줍니다.

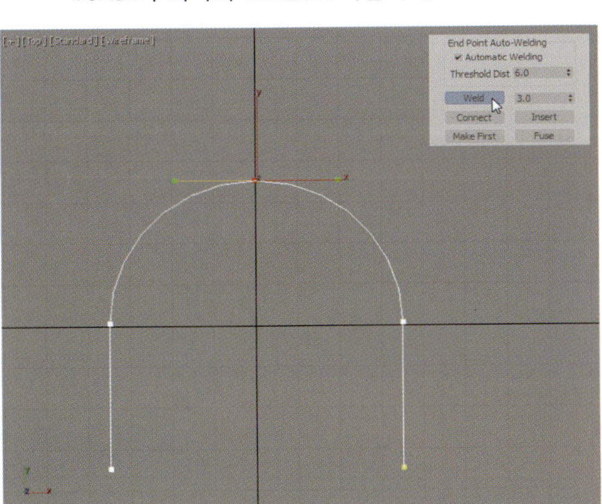
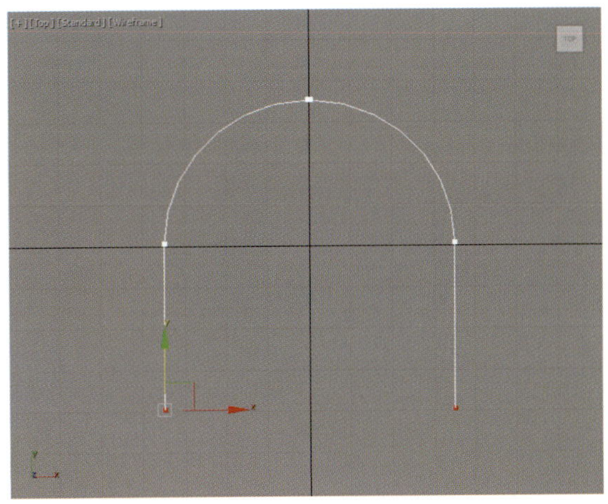

09 Modifier List에서 Extrude를 적용하고, Amount 값에 "80"을 입력합니다.

10 이어서 Modifier List에서 'FFD 2×2×2'를 적용해줍니다.

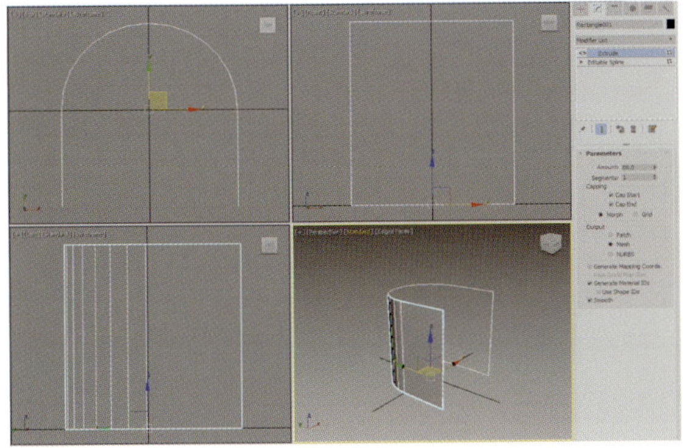
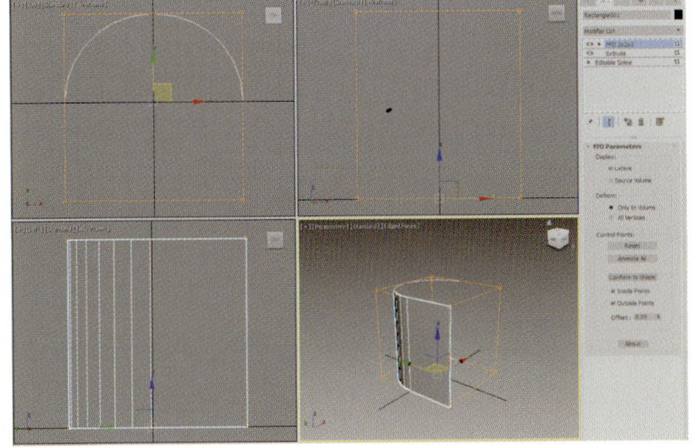

11 Stack View에서 FFD 2×2×2 하위 메뉴의 'Control Points'를 클릭하여 Point를 활성화시켜줍니다. 그림과 같이 상단에 있는 Point 2개를 선택하고 X축 방향으로 조금만 넓혀줍니다.

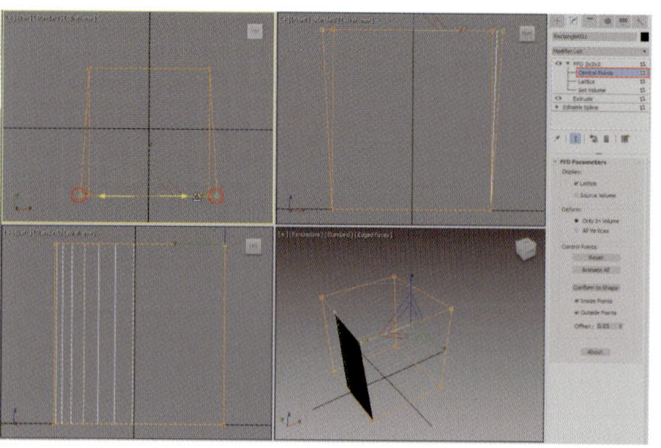

12 Left View에서도 Move 툴로 Point들을 조정하여 그림과 같이 소파 모양을 조정해줍니다.

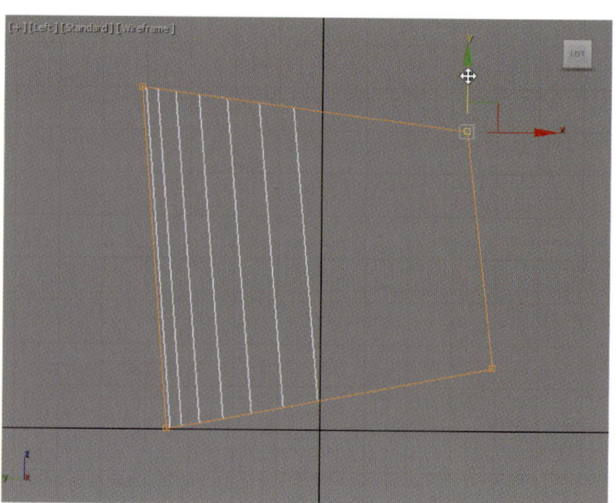

13 마우스 오른쪽 버튼을 누르고 Quad Menu에서 Editable Poly로 Convert 시켜줍니다.

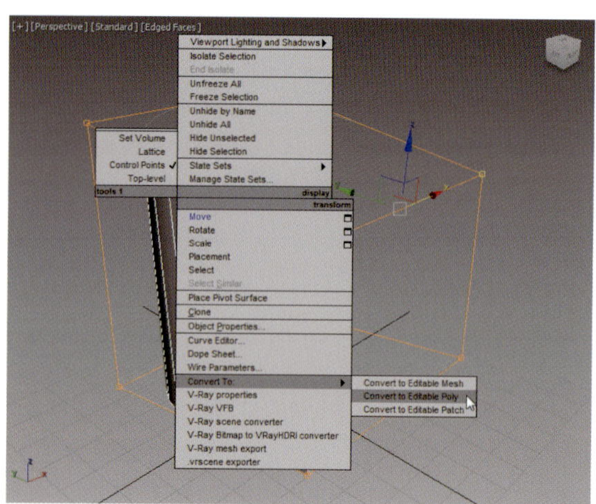

14 Modifier List에서 'Shell'을 적용하고, 각각 Amount 값에 "1.0"과 "5.5"를 입력합니다.

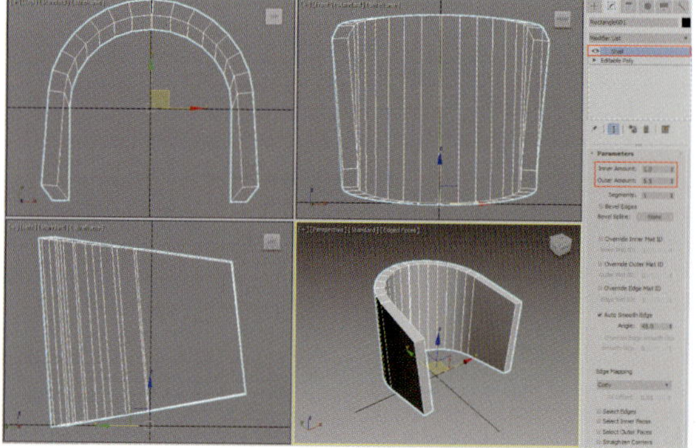

15 마우스 오른쪽 버튼을 눌러 Quad Menu에서 Editable Poly로 Convert 시켜준 후 반쪽의 Vertex를 선택하고, Delete 키로 삭제시켜줍니다. 정 가운데 부분의 Vertex들을 그림과 같이 Y축에 수직으로 정렬해줍니다.

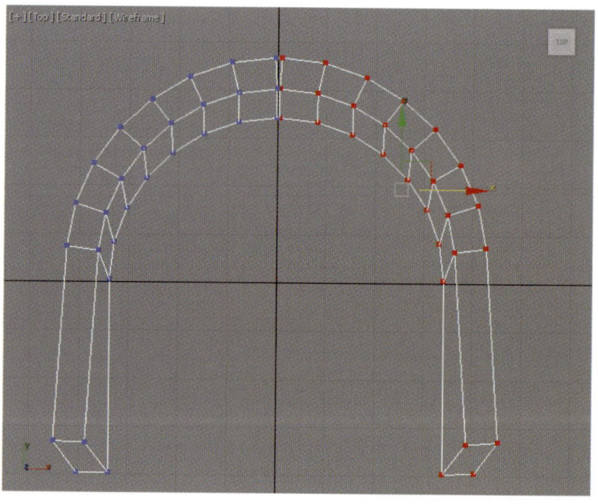

16 Edge Sub–Object Level로 이동한 후 다음과 같이 Connect 명령으로 Edge 2열을 추가시켜줍니다.

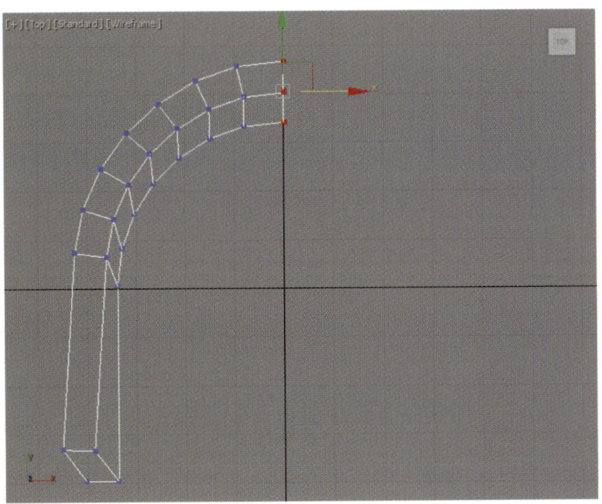
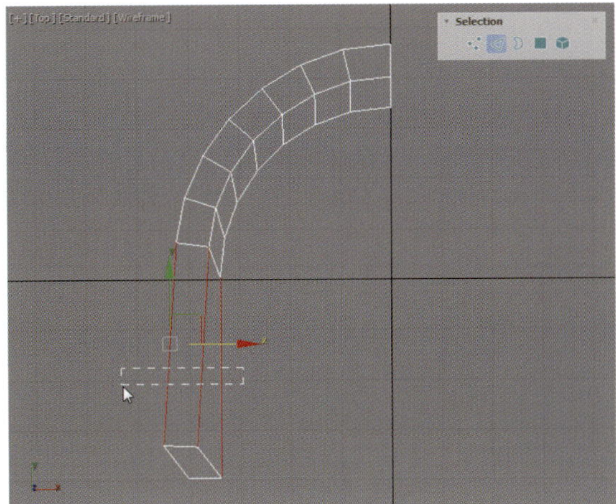

17 그림과 같이 Edge를 Ring 형태로 선택합니다.

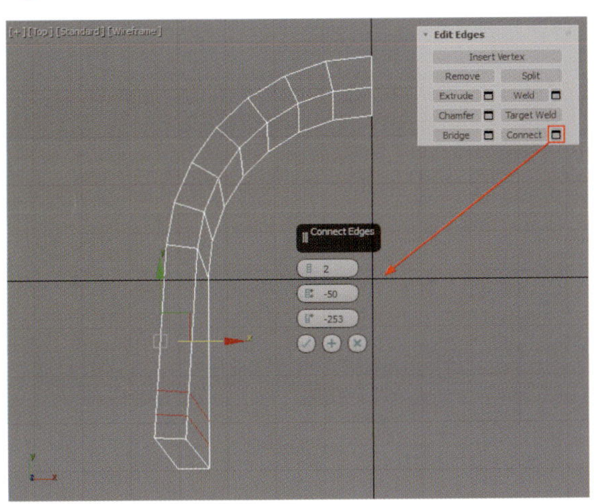
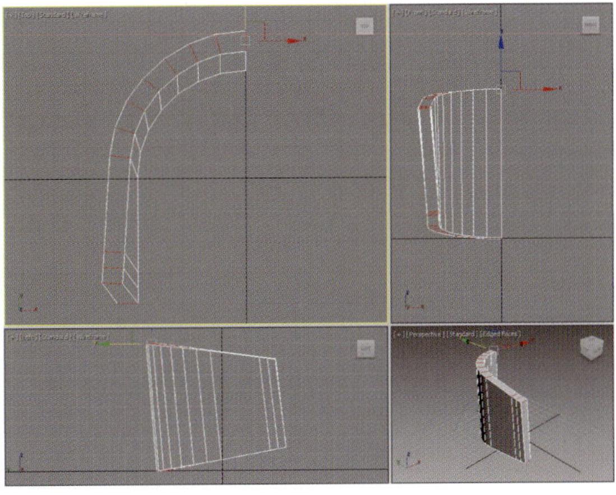

18 Connect 명령으로 1열을 추가시켜줍니다.

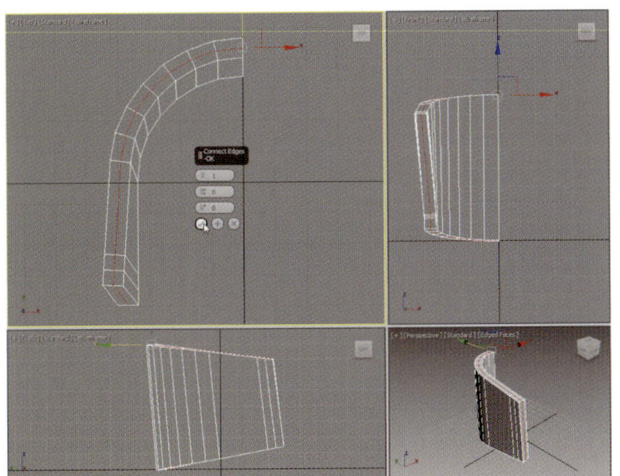

19 Vertex 또는 Edge를 선택하여 그림과 같은 모양으로 조정하여 줍니다.

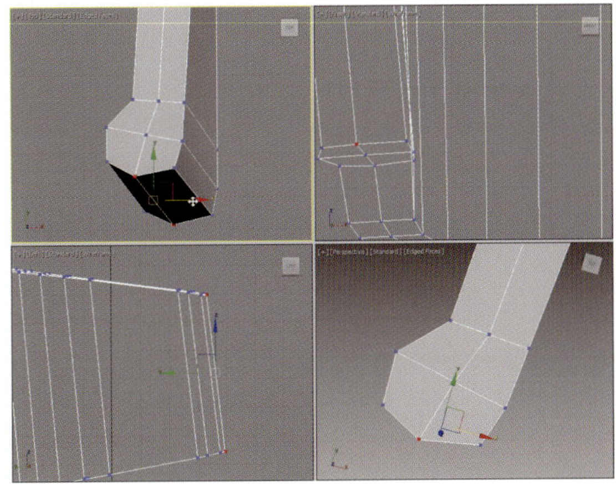

20 각진 모서리를 만들기 위해 Connect 명령으로 Edge를 1열 추가시켜주고, 중간부분에도 1열 Edge를 추가시켜줍니다.

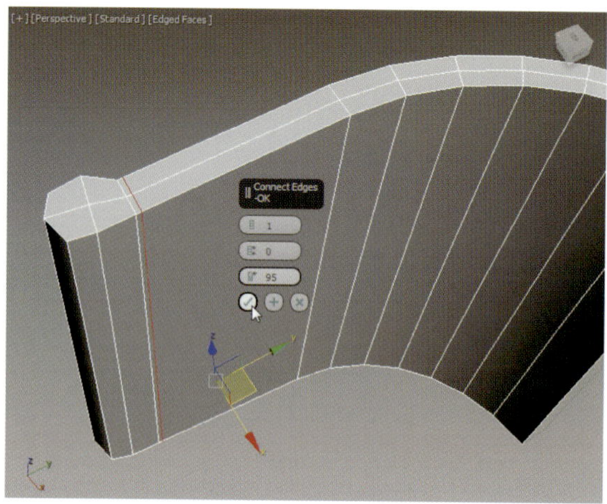
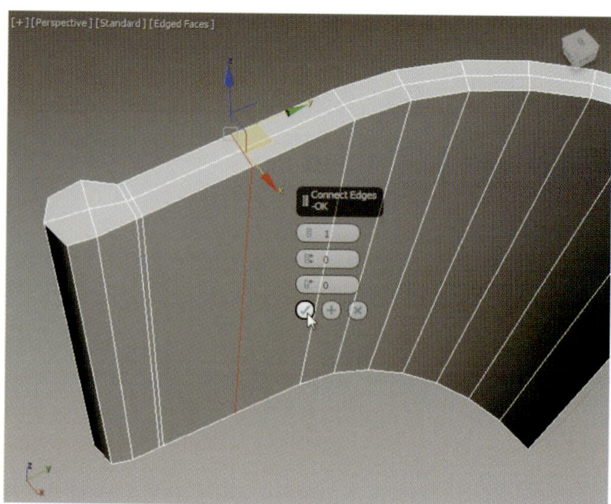

21 선택된 Edge를 조금 앞쪽으로 이동시켜 주고, Vertex도 조금 조정해줍니다.

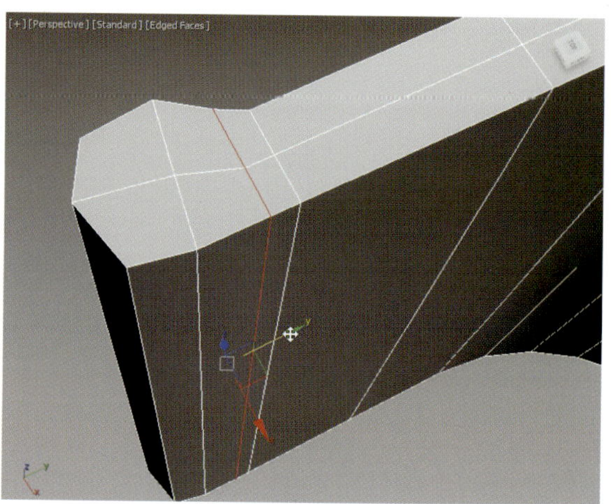

22 Polygon Sub-Object Level로 이동한 후 상단 쪽의 면들을 모두 선택해준 다음, 'Inset Setting'을 클릭하여 기본 값으로 적용합니다.
Inset을 실행하는 이유는 상단 쪽의 모서리를 만들기 위함입니다.

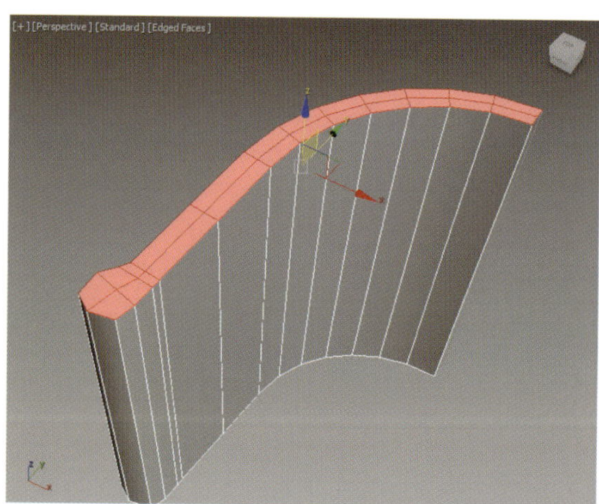
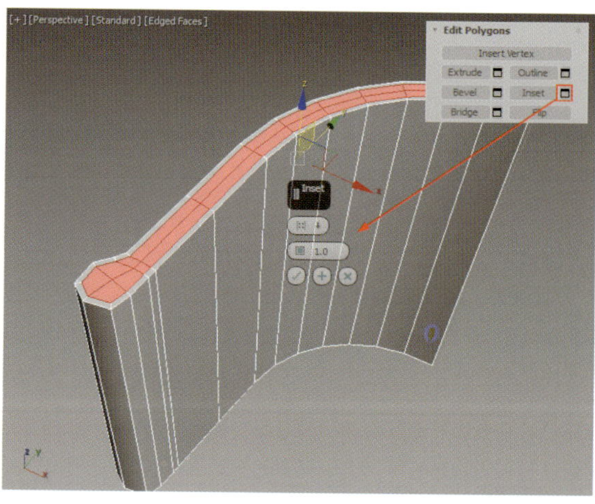

23 끝부분의 2개의 면을 선택한 후 [Delete] 키로 삭제합니다. 이어서 끝부분의 Vertex를 수직으로 조정해줍니다.

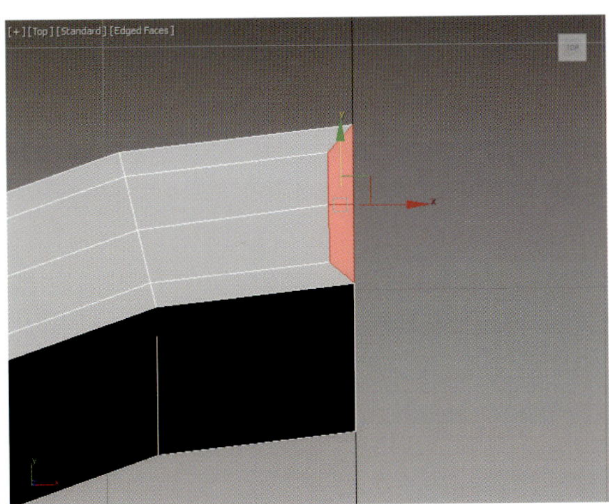 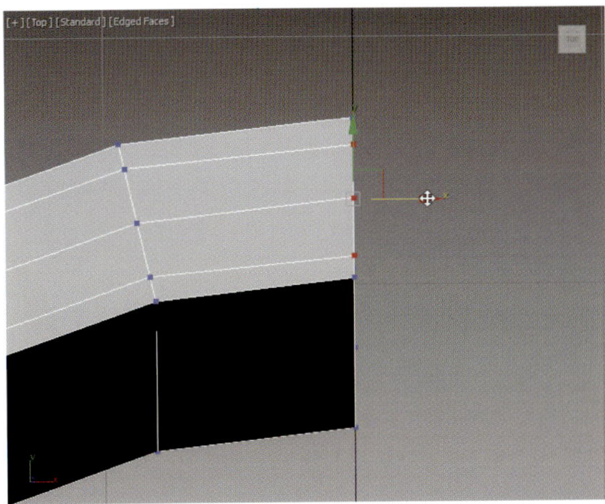

24 하단에 세로 Edge들을 모두 선택한 후 Connect 명령을 사용하여 1열의 Edge를 추가시켜줍니다.

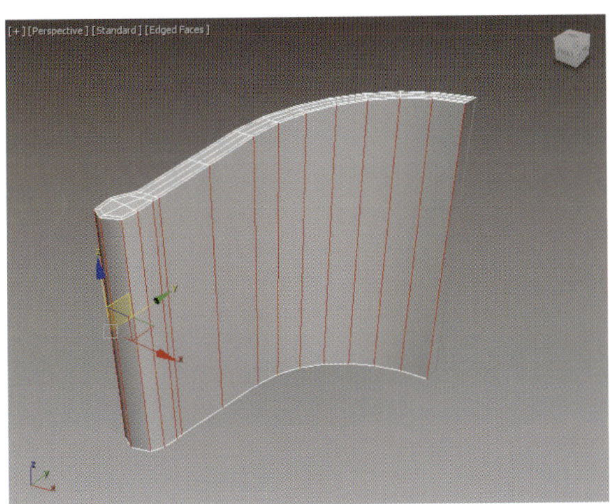 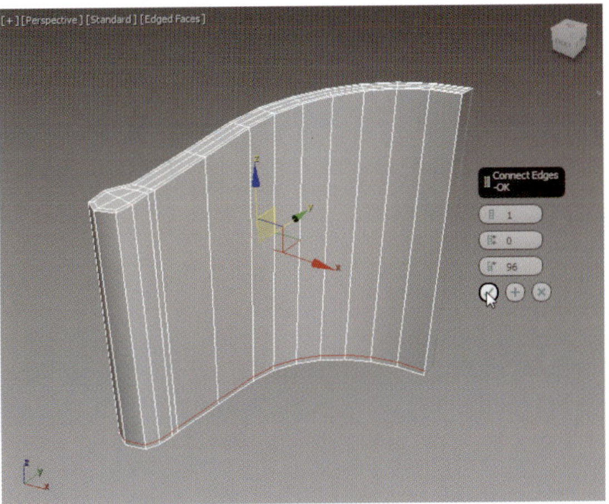

25 동일한 방법으로 중앙 부분에 Edge를 1열 추가시켜 줍니다.

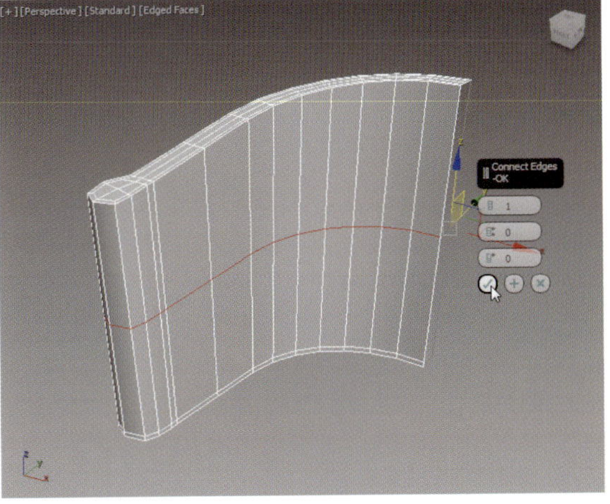

26 계속해서 그림과 같이 상단 쪽의 Edge들을 모두 선택하고, Connect 명령을 사용하여 4열의 Edge를 추가 적용합니다.

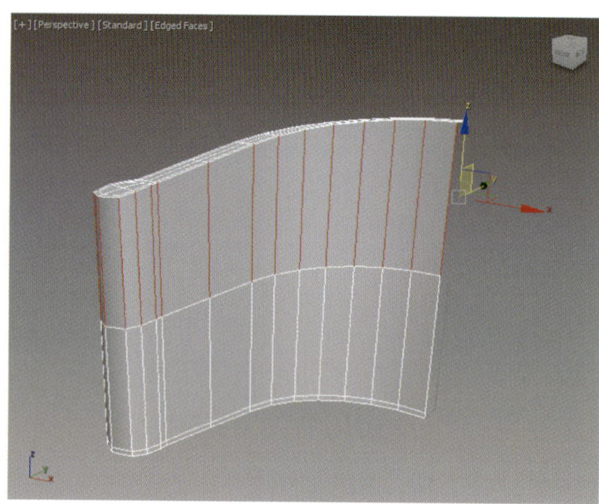
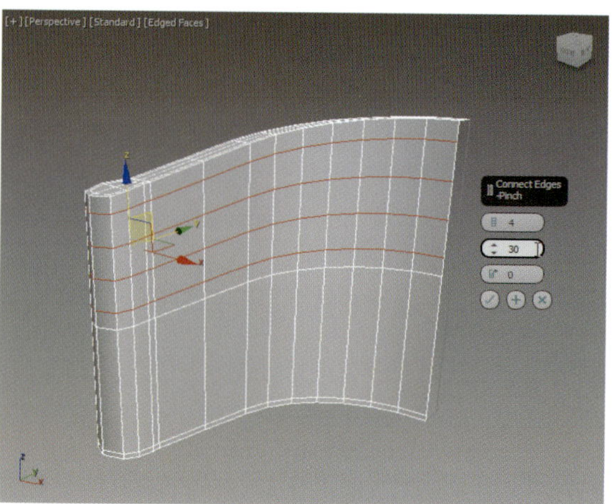

27 하단에 세로 Edge들을 모두 선택한 후 Connect 명령을 사용하여 1열의 Edge를 추가시켜줍니다.

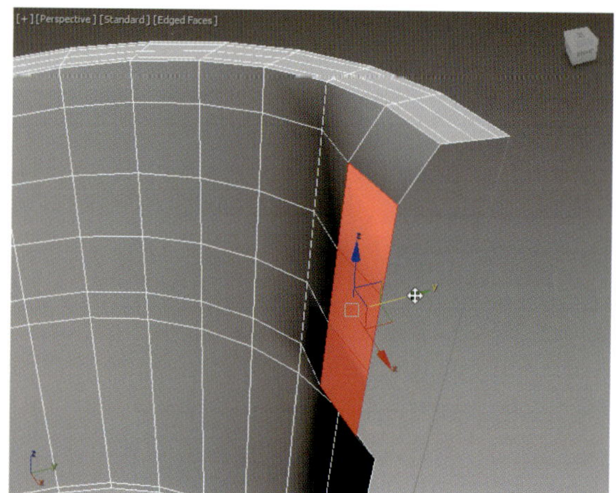

28 계속해서 그림과 같이 3개의 면을 선택한 후 XY축의 앞쪽 방향으로 조금씩 이동시켜줍니다.

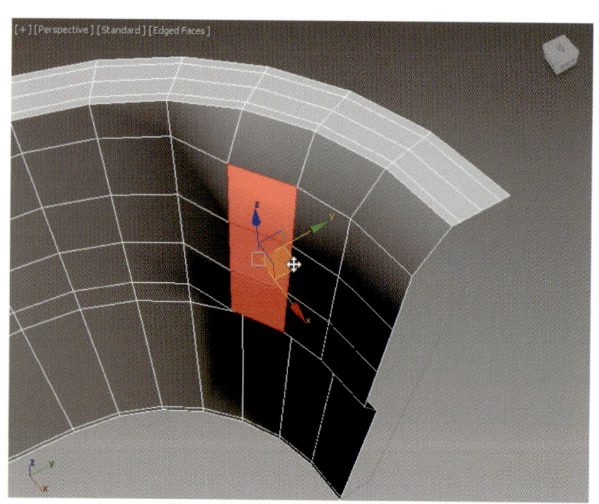
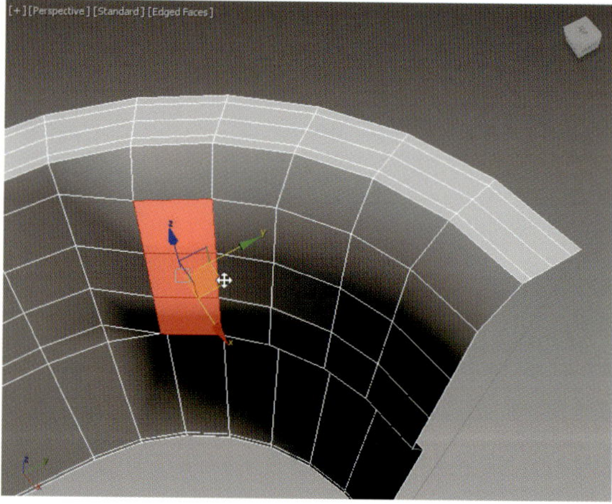

29 동일한 방법으로 Y축 방향으로 이동하여 볼륨감을 줍니다.

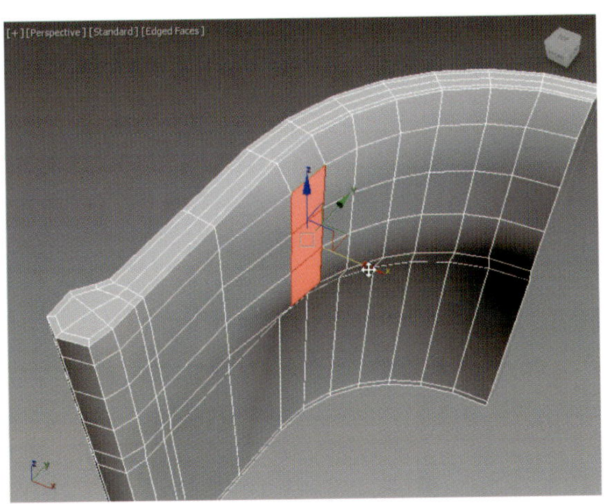 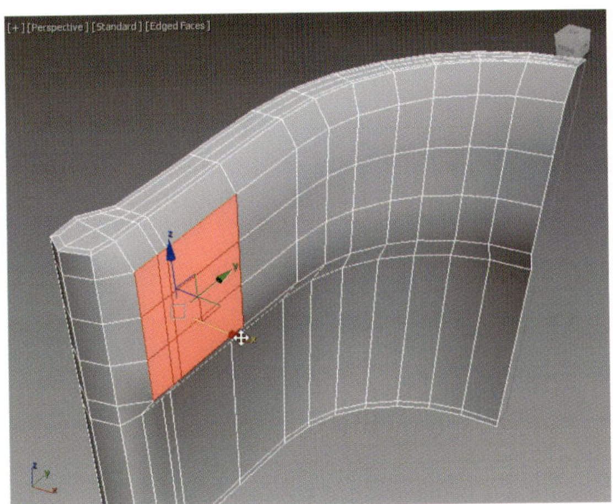

30 중간부분의 면들을 선택한 후 앞쪽으로 조금 이동시켜줍니다.

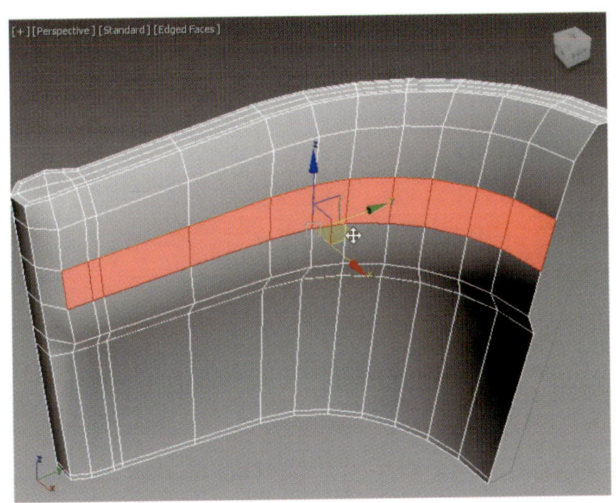 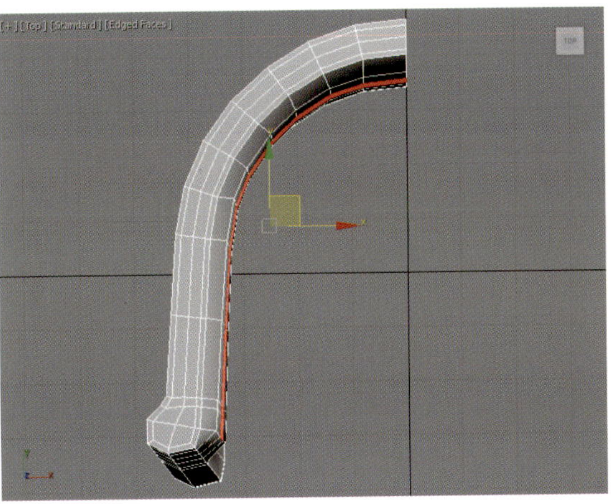

31 삐뚤어진 Vertex들을 찾아서 원래의 위치로 재조정해줍니다. Vertex들을 수정할 때에는 가능하면 Constraints 항목의 Edge의 라디오 버튼을 체크하고 작업하도록 합니다. Vertex의 수정 작업이 완료되면 다시 None으로 놓습니다.

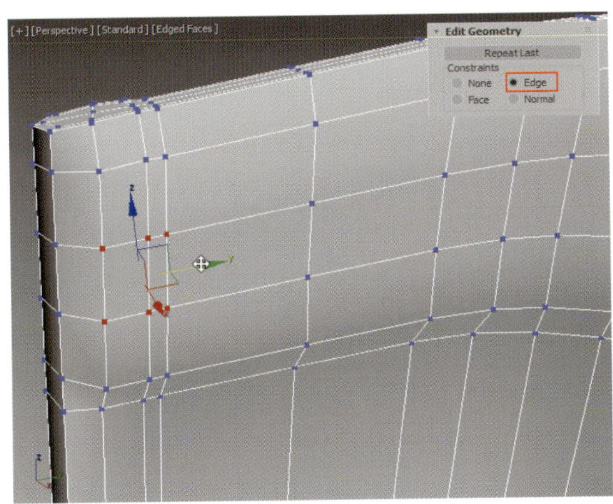 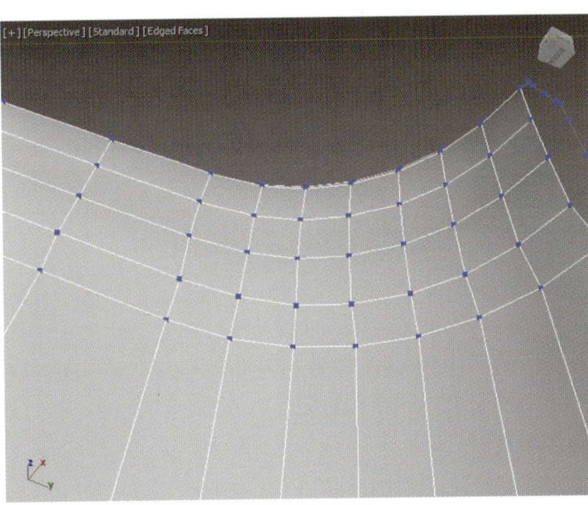

32 상단 쪽의 Edge들을 Ring 형태로 선택하고, Connect 명령을 사용하여 Edge를 1열 추가시켜줍니다.

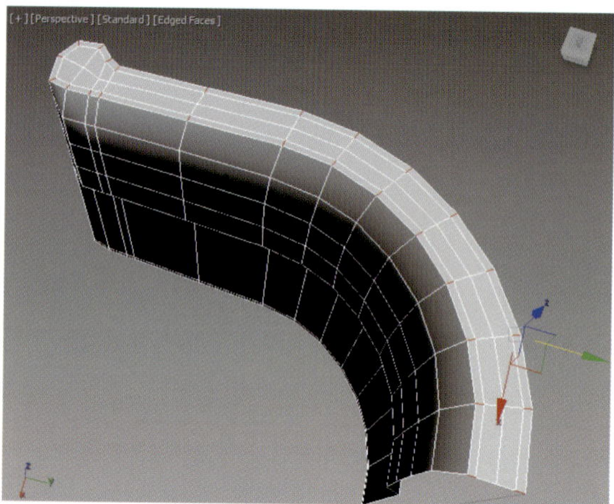

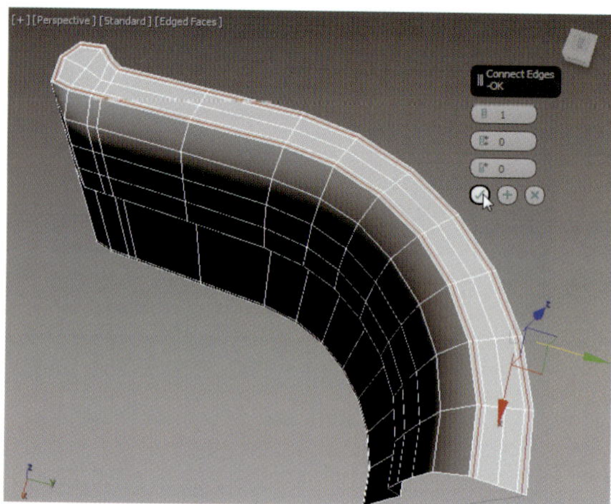

35 Modifier List에서 Symmetry를 적용시켜줍니다.

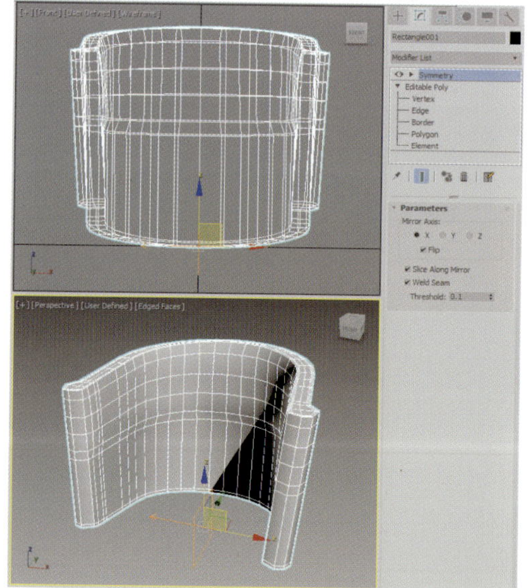

33 대칭으로 복사하기 위해 먼저 우측의 Vertex들을 선택하고, Make Planar의 X버튼을 클릭하여 일렬로 정렬해줍니다.

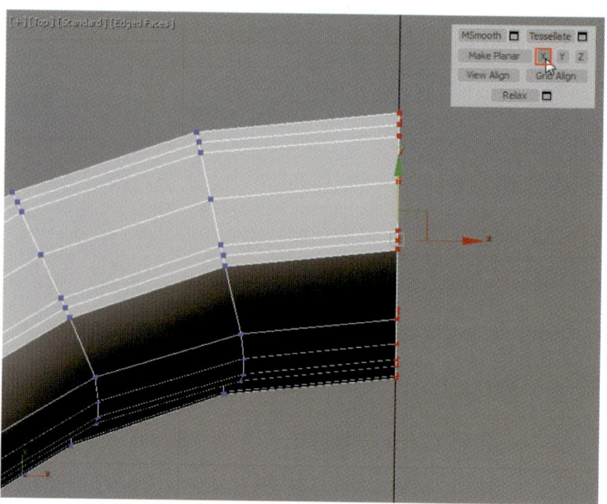

34 Hierarchy〉Pivot〉Affect Pivot Only 버튼을 클릭한 후 화면 중앙 하단의 절대 좌표 값에 모두 "0.0"을 입력하여 Pivot을 정중앙으로 옮겨 줍니다.
'Affect Pivot Only' 버튼을 다시 클릭하여 비활성화합니다.

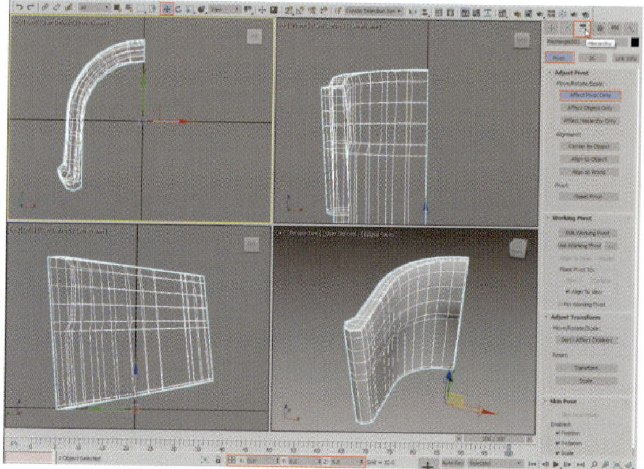

36 마우스 오른쪽 버튼을 누르고 Quad Menu에서 Editable Poly로 Convert 시켜줍니다.

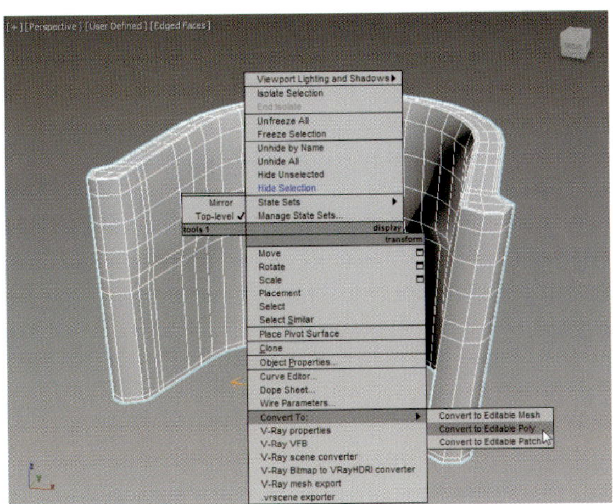
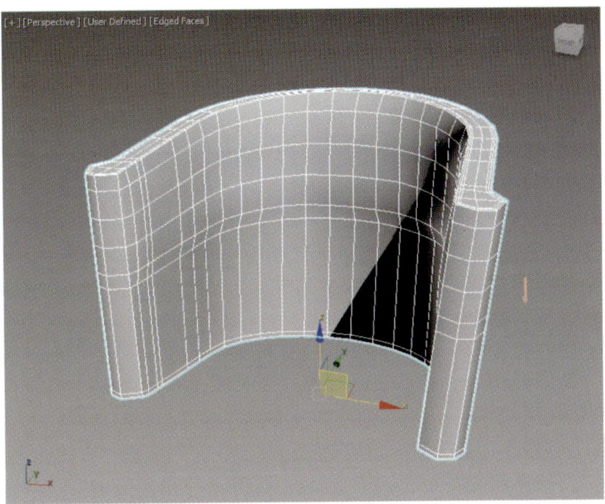

37 상단 면들을 선택하고, Detach 버튼을 클릭하여 선택된 면들을 분리시켜줍니다.

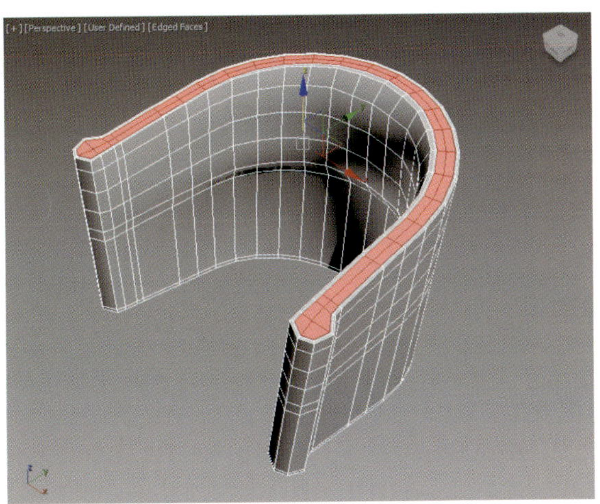
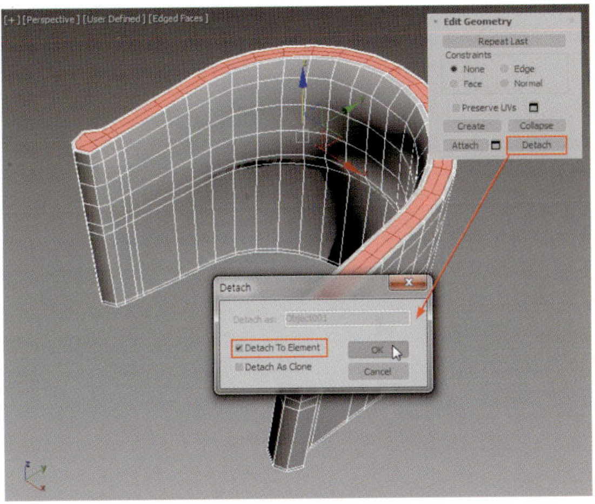

38 Detach된 상단 면을 선택하고, Hide Selected 버튼을 클릭하여 잠시 면을 숨겨줍니다.

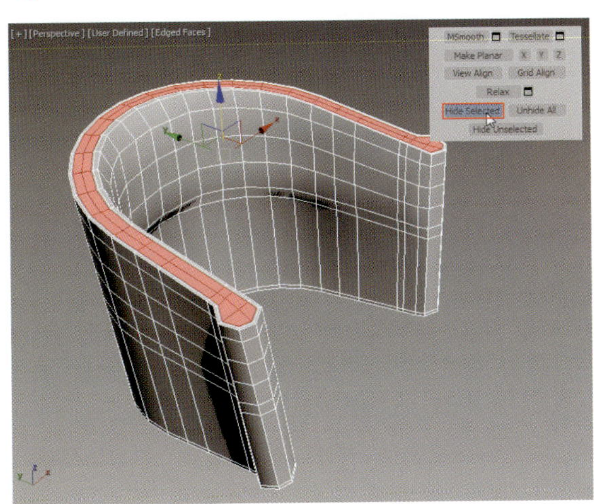
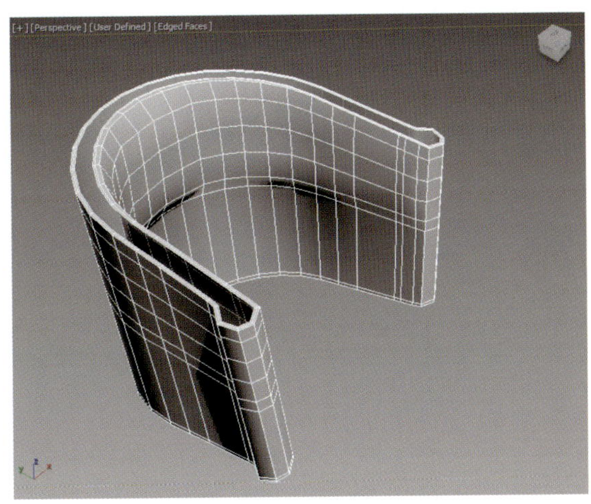

39 Border Sub-Object Level로 변경해줍니다. 상단 쪽의 Edge를 선택하고 Shift 키를 누른 채 Move 툴로 드래그하여 면을 확장 복사시켜줍니다.

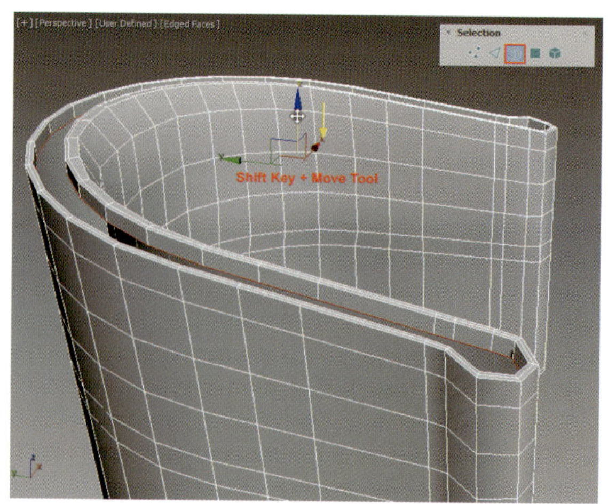

40 Edge Sub-Object Level로 변경합니다. 그림과 같이 A의 Edge를 선택하고 아래쪽으로 조금만 이동시켜줍니다. B의 Edge는 위쪽으로 조금 이동시켜줍니다. 참고로 Edge를 Loop 방식으로 선택할 때에는 해당 Edge를 더블 클릭하여 선택합니다.

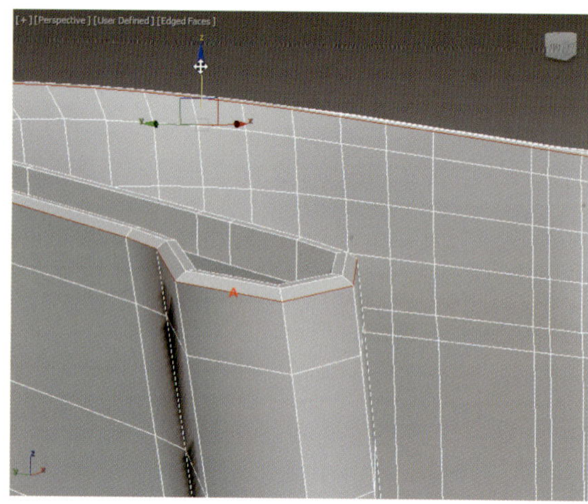

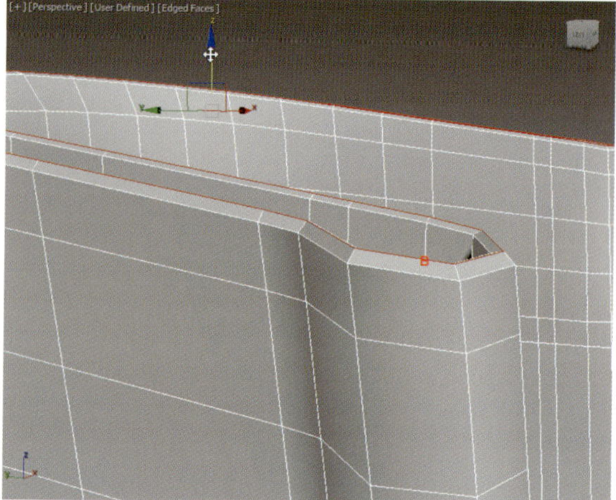

41 뒤쪽 부분의 Edge 또는 Vertex들을 조금씩 조정하여 자연스러운 볼륨이 되도록 만들어줍니다.

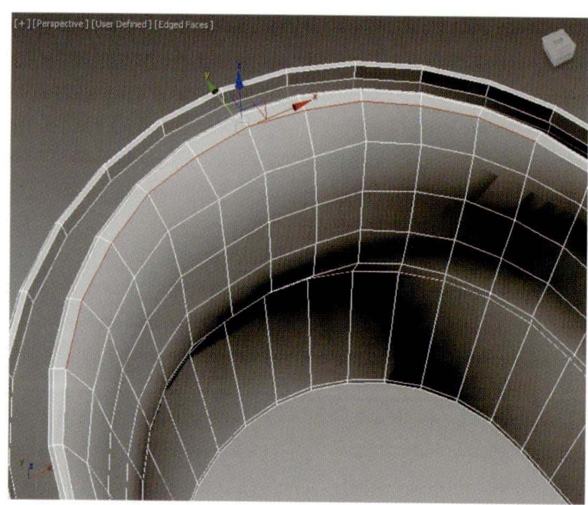

42 반쪽의 Vertex들을 모두 선택하고 Delete 키를 눌러 삭제시켜줍니다.

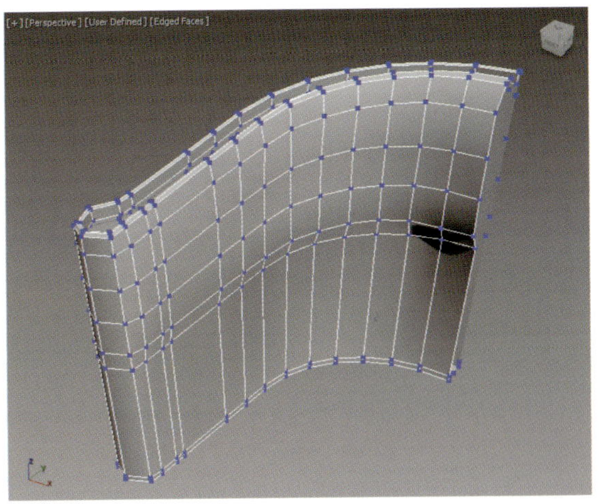

43 계속해서 Edge 또는 Vertex들을 조정하여 전체적으로 자연스러운 볼륨감이 되도록 만들어 줍니다.

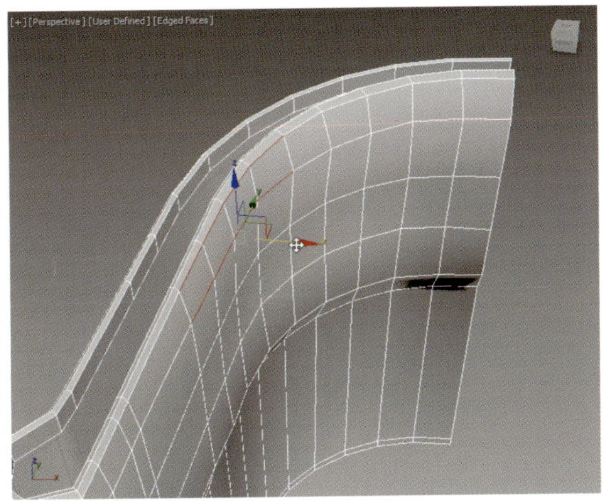

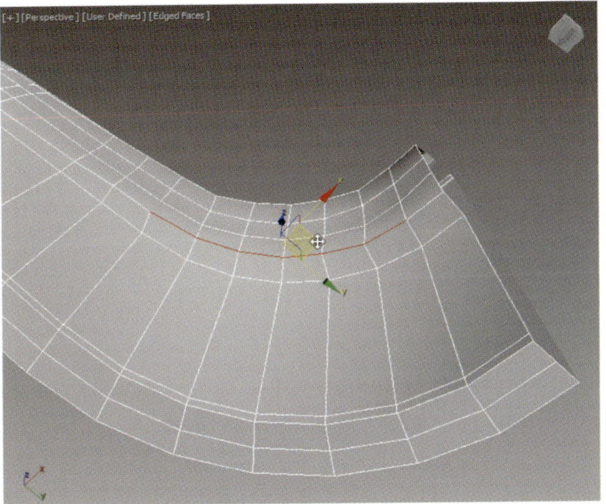

44 Modifier List에서 Symmetry를 적용시켜 주고, 이어서 Editable Poly로 Convert 시켜줍니다.

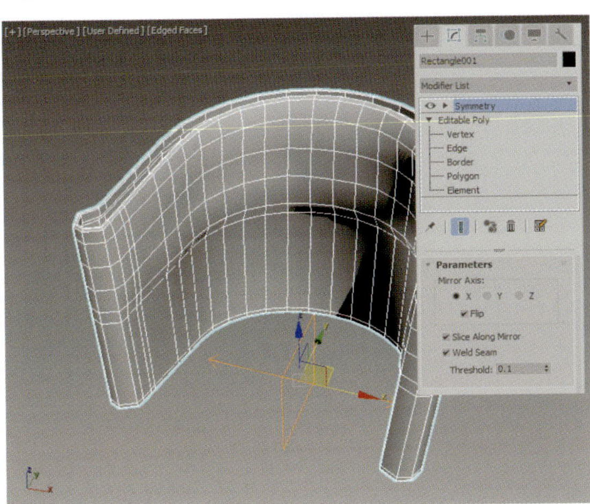

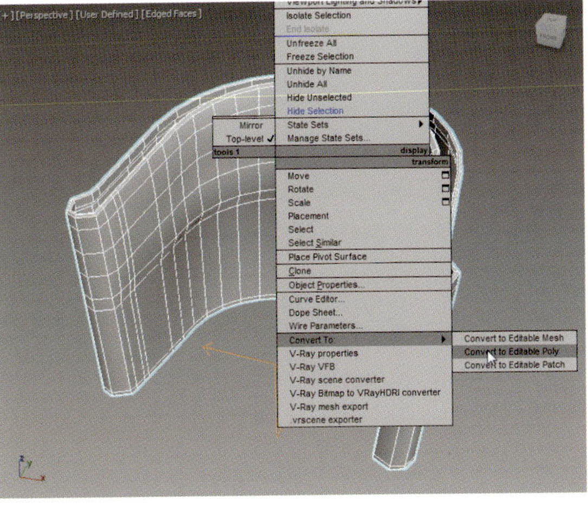

45 그림과 같이 Connect 명령을 사용하여 Edge를 1열 추가시켜줍니다. 지금까지의 결과물은 CD에서 제공하고 있으니 참조하세요.

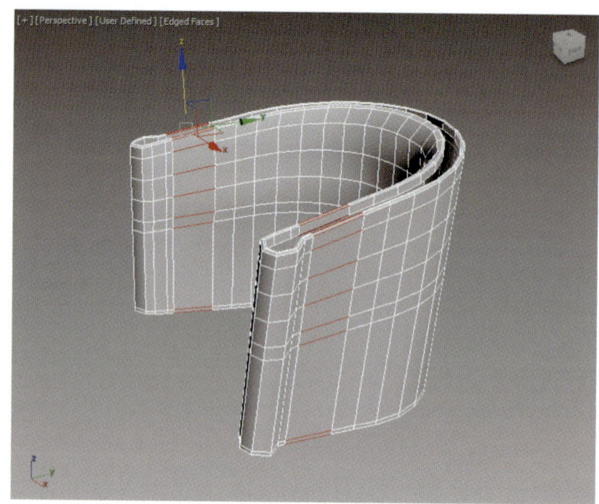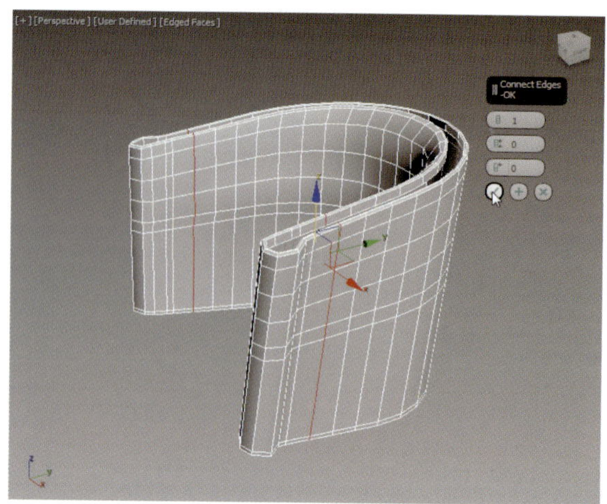

CD 제공 : sofa-등받이.max

Section 02 | 엔딕 소파 홀 장식 만들기

등받이 부분에 위치하고 있는 홀 장식을 만들어 줌으로써 엔틱 가구의 느낌을 살려 보도록 하겠습니다. 홀 장식을 만드는 방법은 가운데를 기준으로 지그재그 형태로 Vertex를 선택한 후 이를 연결하여 원형으로 만들어 주고, Bevel 명령을 사용하여 홀 부분을 만들어 줘야 합니다. 그리고 이를 연결하고 있는 각 Edge들을 선택하여 주름을 만들어야 합니다.

01 이제 일명 '뽕뽕이'라 불리는 홀 장식을 만들도록 하겠습니다. 먼저 그림과 같이 정 가운데의 Vertex 3개를 선택합니다.

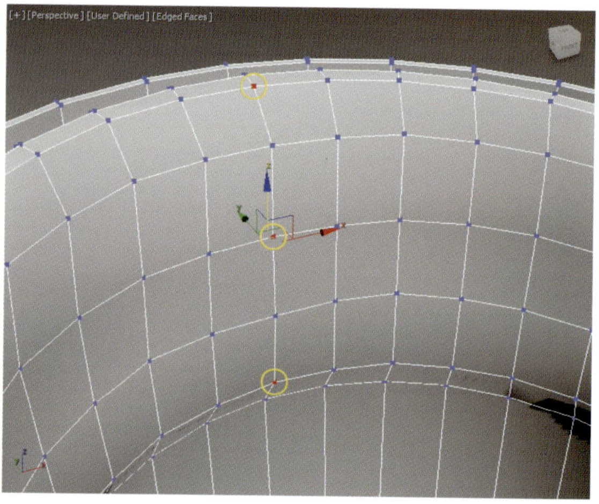

02 앞서 선택한 3개의 점을 기준으로 지그재그 형태로 그림과 같이 모든 Vertex들을 선택해줍니다.

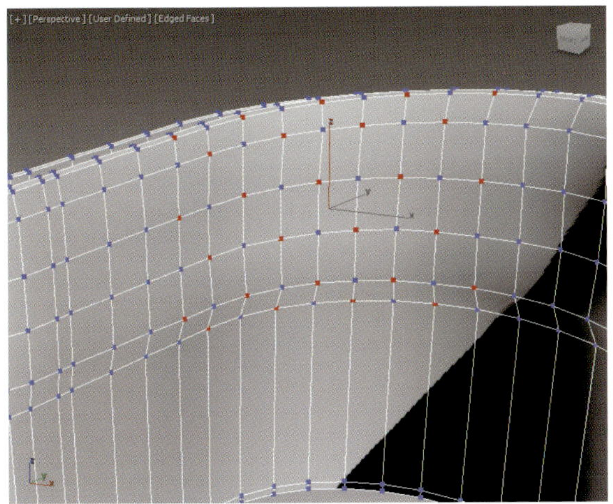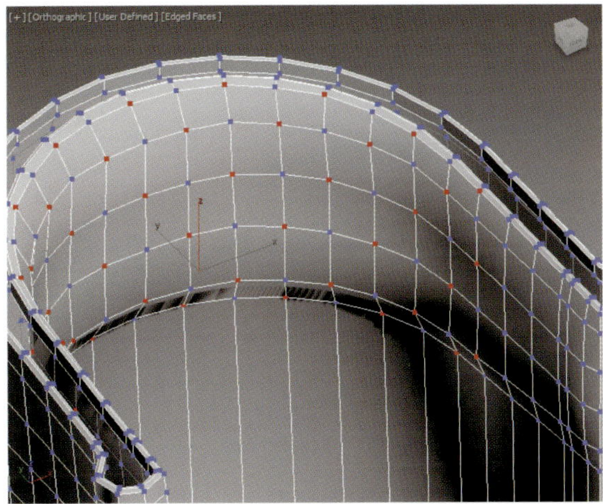

03 Connect 명령을 클릭하여 선택된 점들을 모두 연결해줍니다.

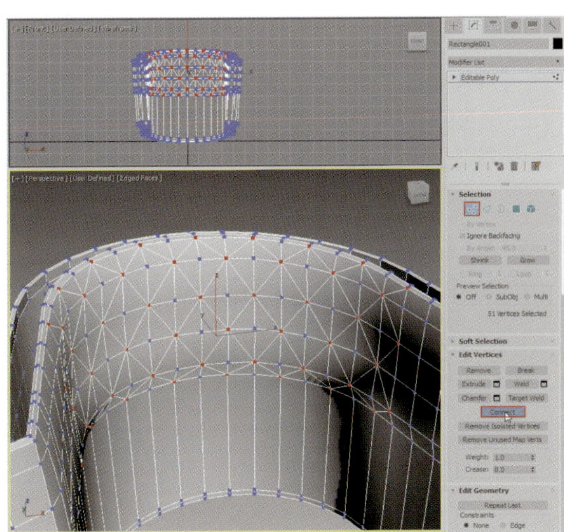

04 그림처럼 7개의 점을 선택하고 위쪽 방향으로 조금만 이동시켜줍니다.

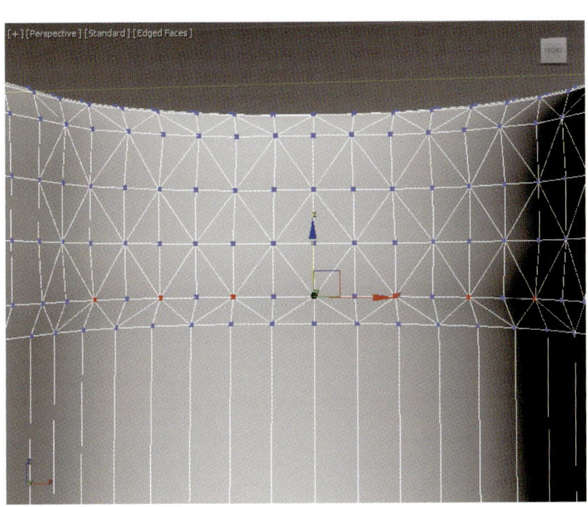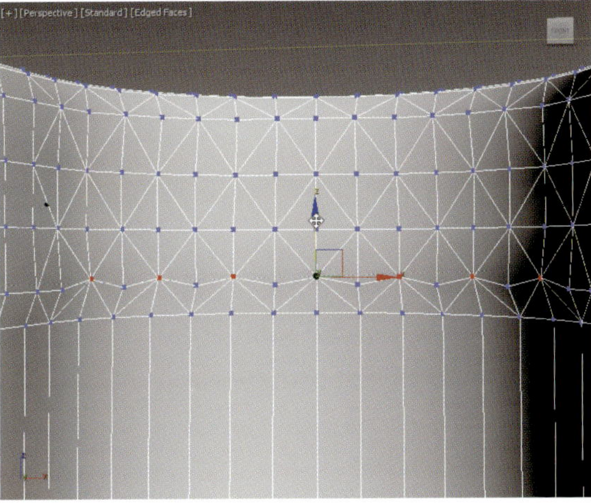

05 그림과 같이 왼쪽 부분의 Vertex를 선택합니다. 지금 선택한 점들은 후에 홀 장식이 될 것이며, 반대편은 대칭 복사로 만들 것입니다.

06 Extrude 버튼을 클릭하여 8각형 형태로 만들어 줍니다.

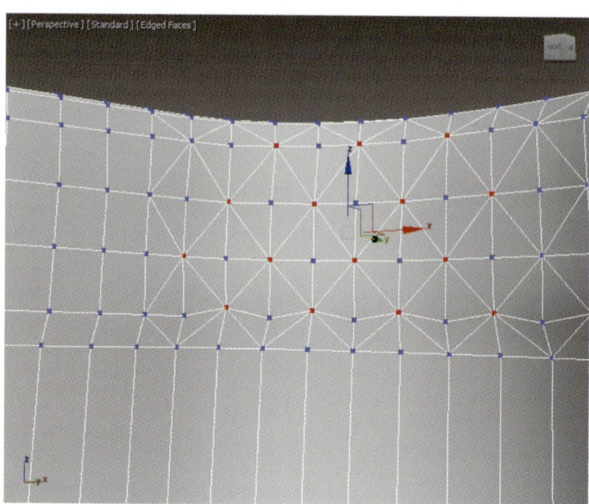

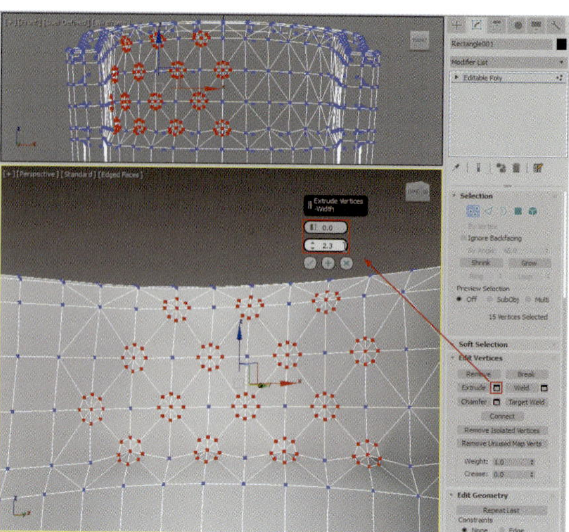

07 사선 방향의 4개의 Vertex들을 조정하여 정8각형에 가까운 형태로 만들어 줍니다. 나머지도 모두 동일한 방법으로 조정해줍니다. Vertex를 조정할 때에는 Constraint의 'Edge' 또는 'Face' 라디오 버튼에 체크하고 작업하도록 합니다. 정8각형 형태로 만드는 이유는 정원에 가까운 홀을 만들기 위함입니다.

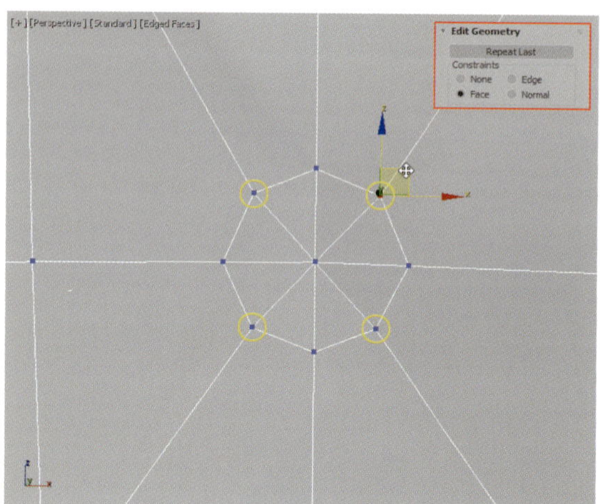

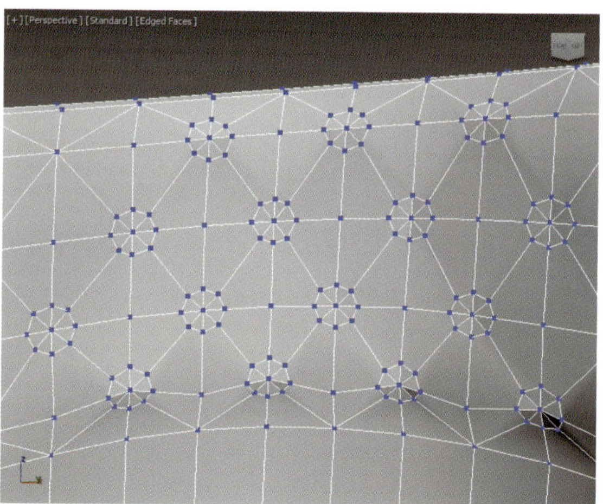

08 다시 홀 장식이 될 Vertex들을 선택한 후 마우스 오른쪽 버튼을 눌러 Quad Menu에서 'Convert to Face'를 적용시켜 줍니다.

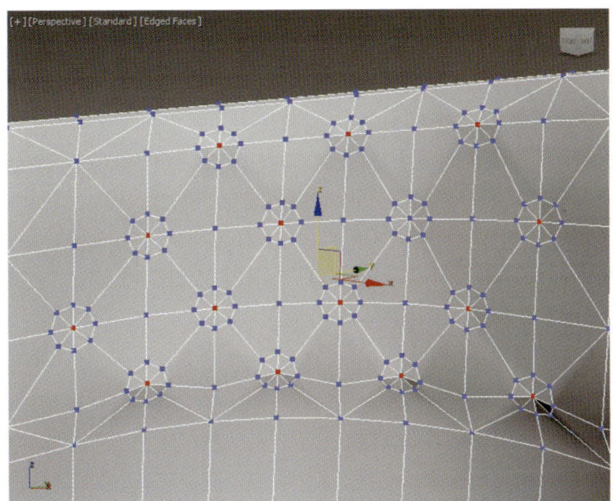

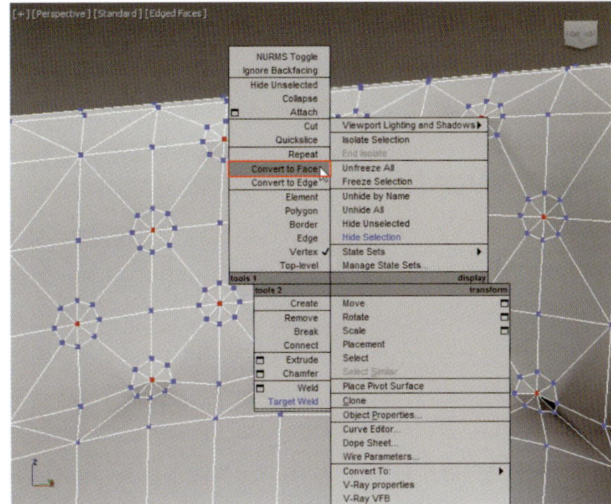

09 그림과 같이 선택된 Vertex들이 Polygon으로 바뀌게 됩니다.

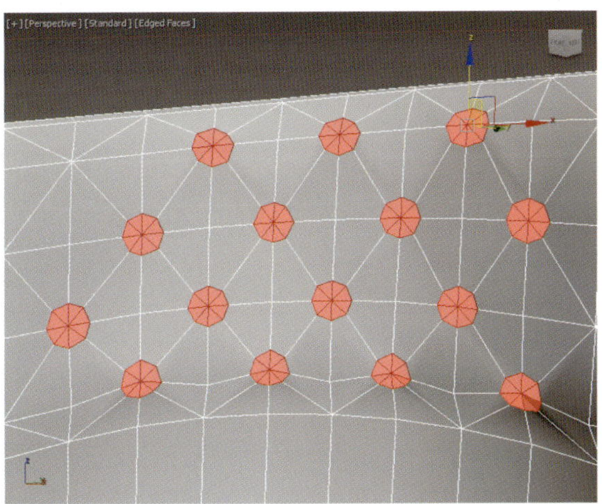

10 Polygon Sub-Object Level에서 Bevel를 적용합니다.

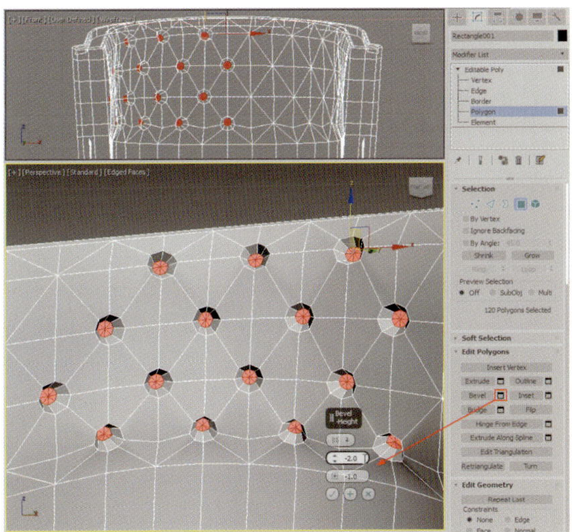

11 면이 선택된 상태에서 Detach 명령을 적용하고, 'Detach as' 입력란에 "단추" 이름으로 적용합니다. 'Detach As Clone' 옵션은 선택된 면을 별도로 떼어내어 복사하는 옵션입니다.
방금 떼어낸 복사한 면은 후에 홀 장식의 단추가 됩니다.

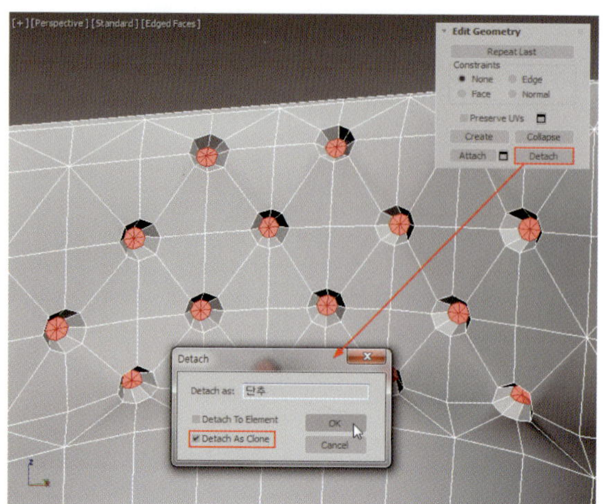
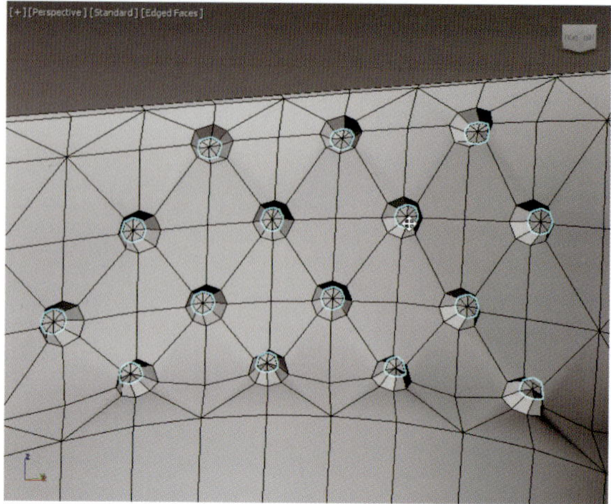

12 떼어낸 단추 오브젝트들은 마우스 오른쪽 버튼의 Quad Menu에서 'Hide Selection' 명령으로 잠시 화면에서 숨겨둡니다.

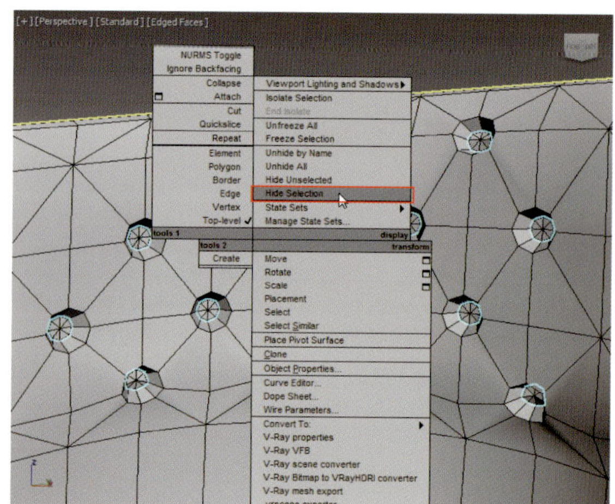

13 선택된 4개의 Edge는 Remove[Back Space] 버튼을 클릭하여 제거합니다.

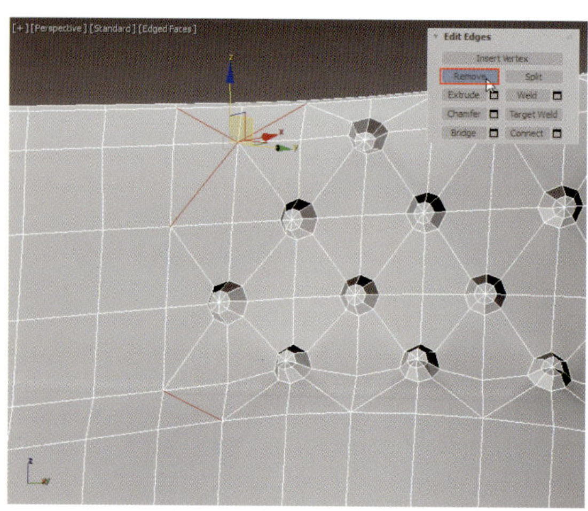
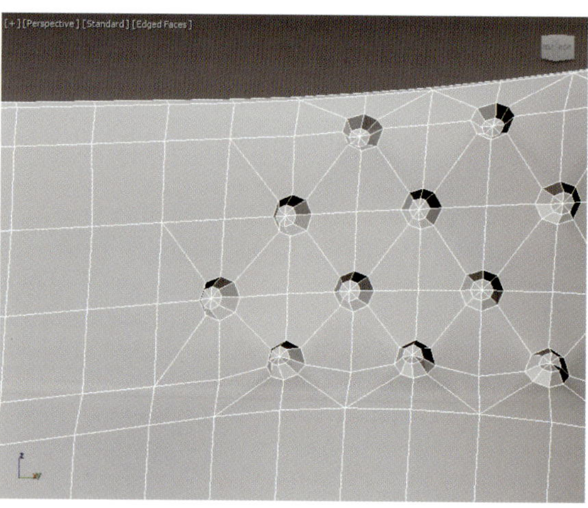

14 정확하게 반쪽의 Vertex들을 선택하고 키보드의 [Delete] 키를 눌러 삭제시켜줍니다.

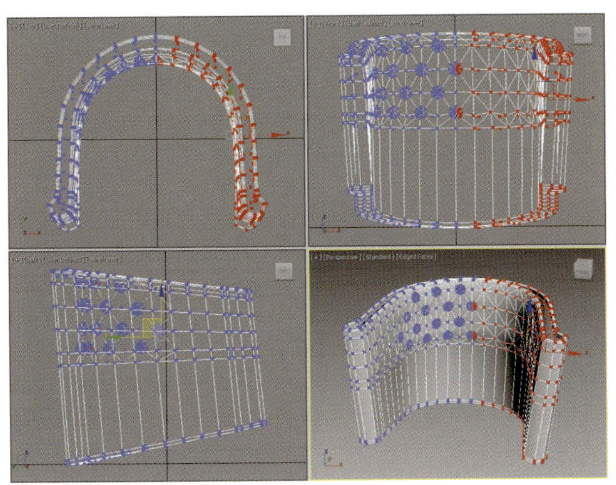

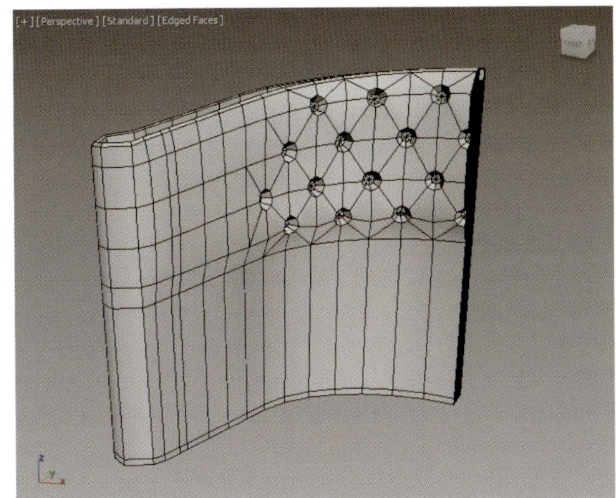

CD 제공 : sofa-hole-01.max

15 이제 홀 장식을 연결하는 주름을 만들도록 하겠습니다. 그림과 같이 Edge Sub-Object Level에서 주름이 만들어질 Edge들을 선택합니다. 참고로 Edge를 Loop 모드로 계속적으로 선택하는 방법은 [Ctrl] 키를 누른 상태에서 Edge를 더블 클릭하면 됩니다.

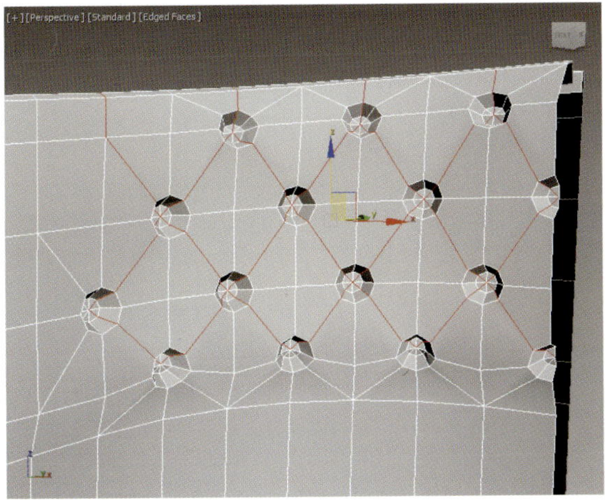

알아두기 | Ring / Loop 모드로 쉽게 선택하기

■ **Ring** : Edge Sub-Object Level에서 [Shift] 키를 누른 상태에서 같은 레벨의 Edge를 선택합니다.

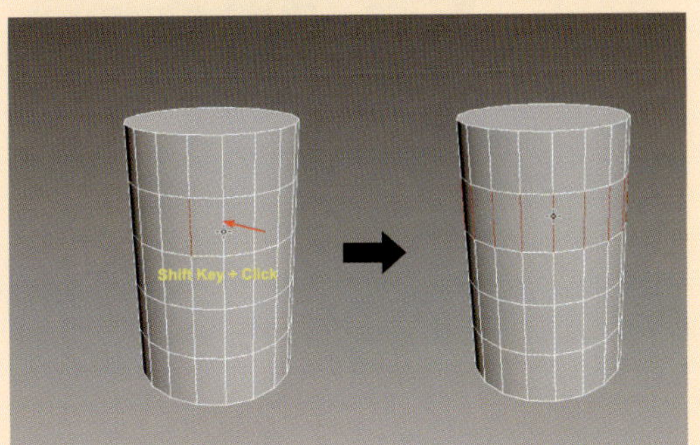

■ **Loop** : Edge Sub-Object Level에서 Edge 위에서 더블 클릭합니다. 연속으로 Edge를 계속 선택하려면 [Ctrl] 키를 누른 상태에서 Edge를 더블 클릭합니다. Polygon Sub-Object Level에서는 [Shift] 키를 누른 상태에서 같은 레벨(바로 옆)의 Polygon을 클릭하면 됩니다.

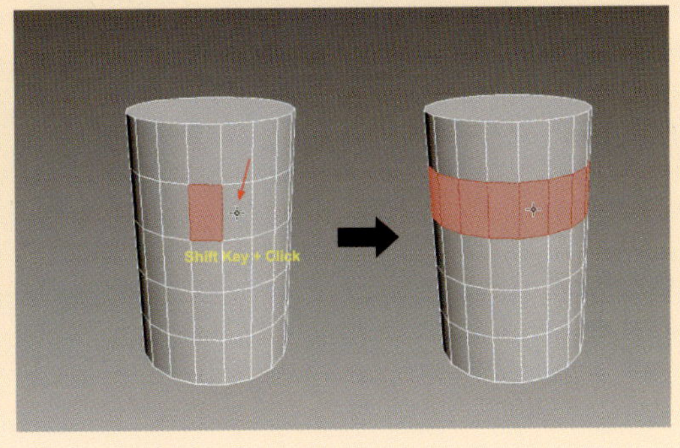

16 Extrude Setting을 클릭하여 캐디 창에서 다음과 같이 값을 설정합니다.

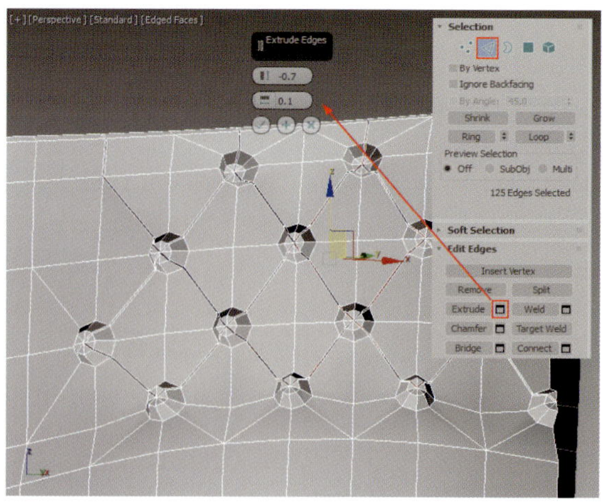

17 홀의 가운데 있는 Vertex들을 모두 선택해 준 후 Collapse 버튼을 클릭하여 모두 하나의 점으로 만들어 줍니다.

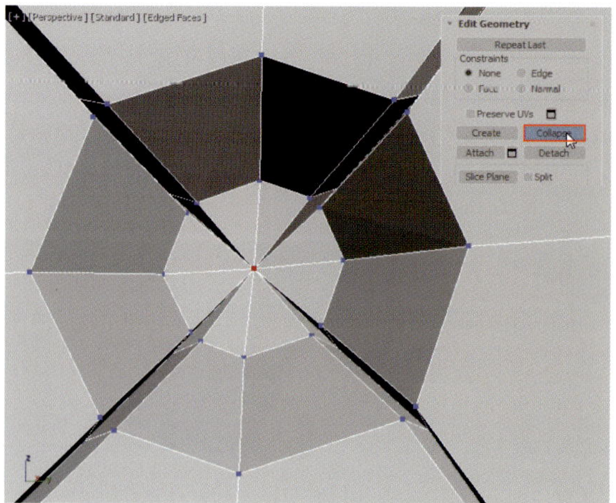

18 모서리를 만들어 주기 위해 그림과 같이 Edge를 Ring 모드로 선택한 후 Connect 명령을 적용합니다.

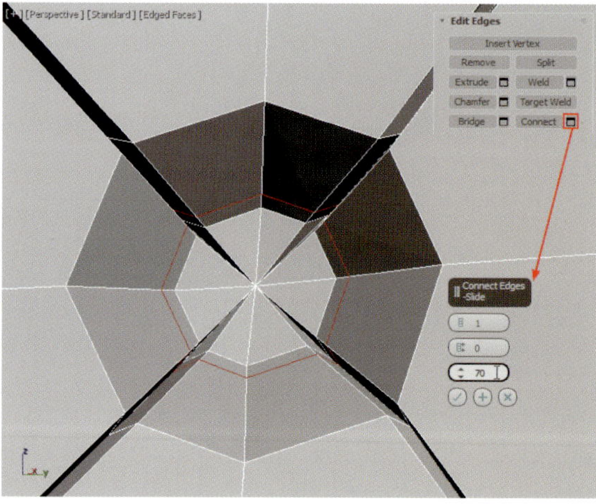

19 동일한 방법으로 Collapse와 Connect 명령을 나머지 홀 부분에도 적용시켜줍니다. Front View로 이동한 후 중앙 부분의 Vertex는 수직으로 정렬시켜줍니다. Vertex Sub-Object를 비활성화합니다.

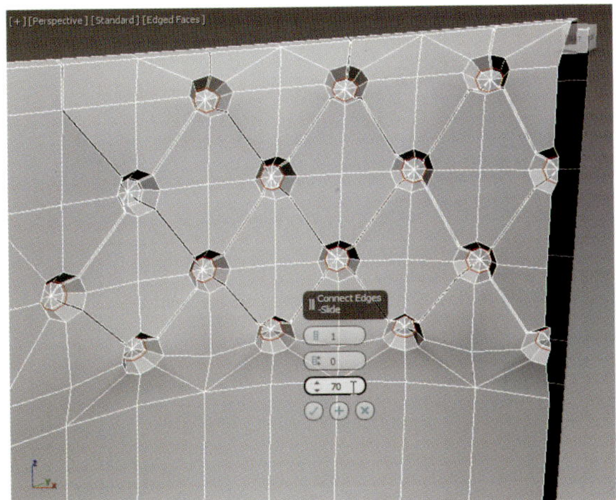

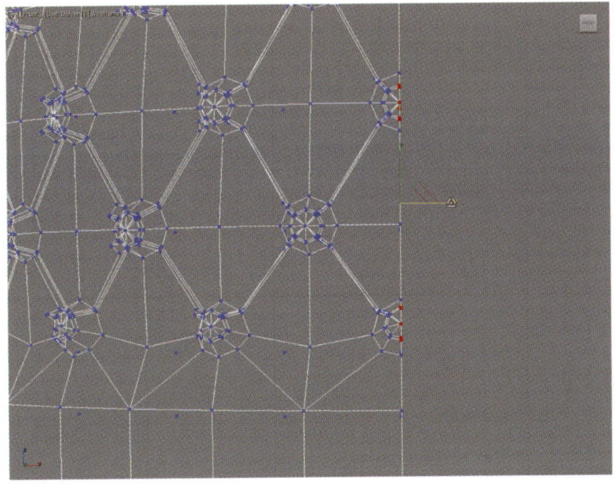

20 Modifier List에서 Symmetry와 TurboSmooth를 적용하여 결과를 확인합니다. 자세한 결과를 확인하기 위해서는 F4 키를 눌러 'Edged Face' 디스플레이 모드를 해제하도록 합니다.

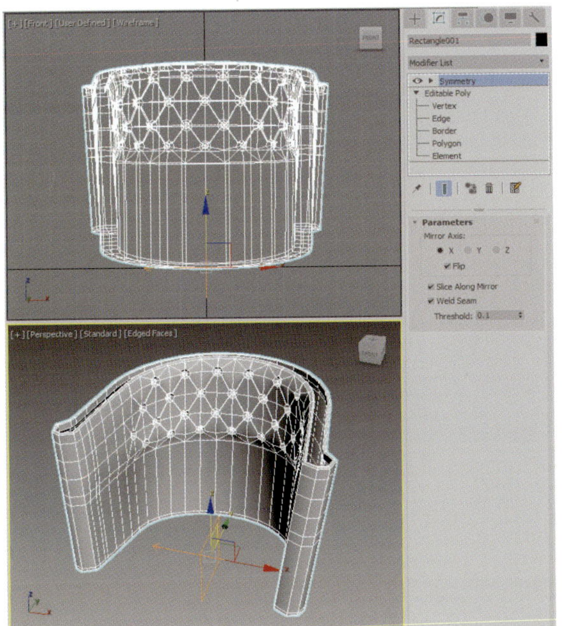

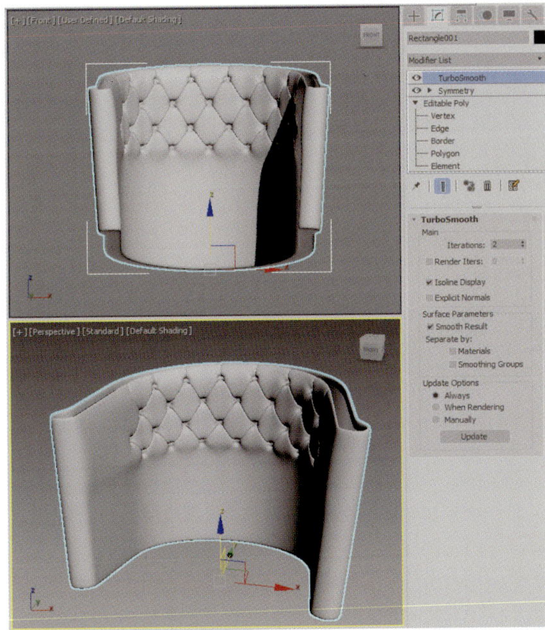

21 등받이 부분에 볼륨감을 주기 위해 다음과 같이 Vertex들을 선택하고, 앞쪽으로 조금만 이동시켜줍니다. Vertex를 앞쪽으로 이동시키기 위해서는 Constraint 항목의 'Normal'의 라디오 버튼에 체크합니다.

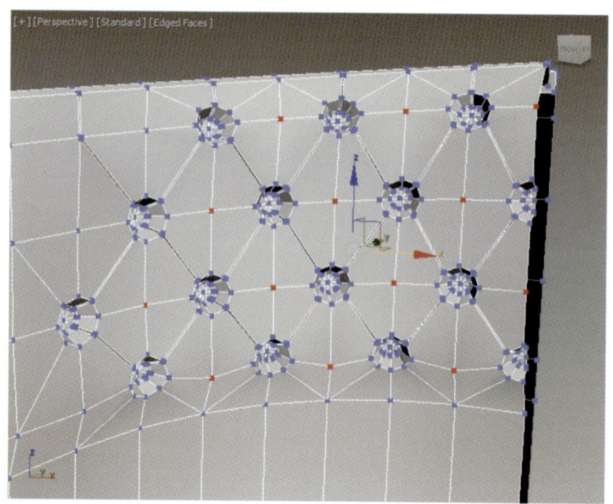
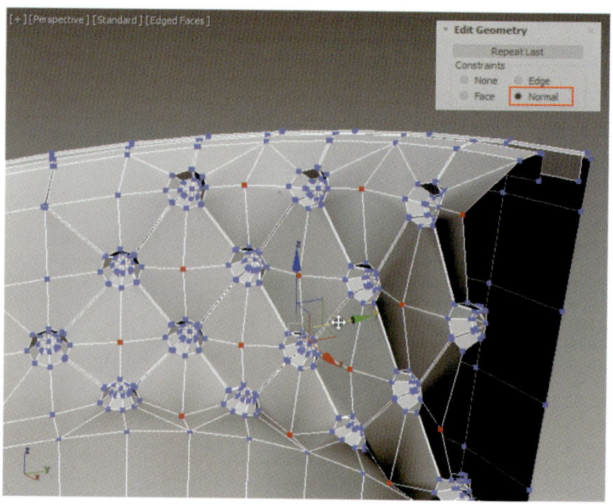

22 5개의 Vertex들을 선택하고 뒤쪽으로 조금 이동하여 볼륨감을 낮추어 줍니다..

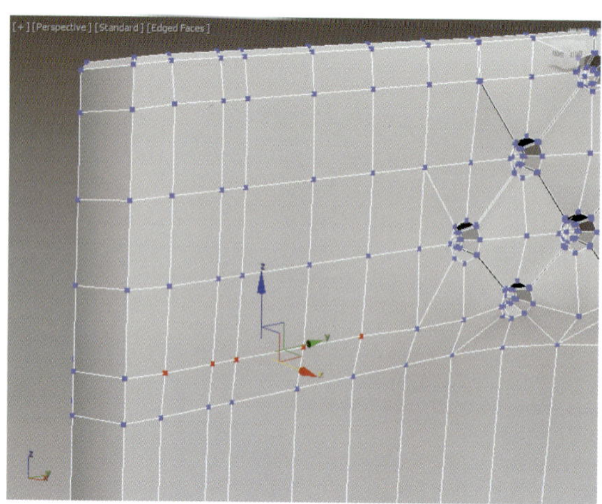
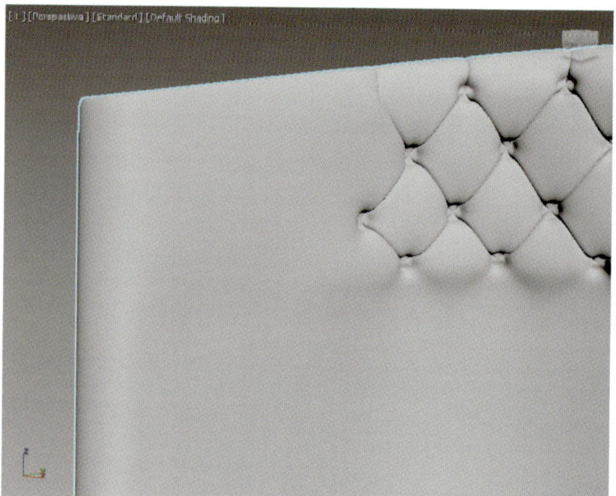

23 등받이의 뒤쪽 부분도 Vertex를 조정하여 볼륨감을 넣어줍니다.

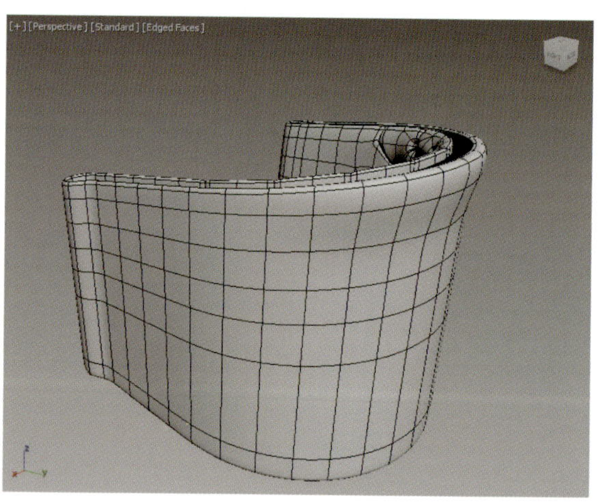

24 계속해서 Edge의 위치를 그림과 같이 수정해줍니다.

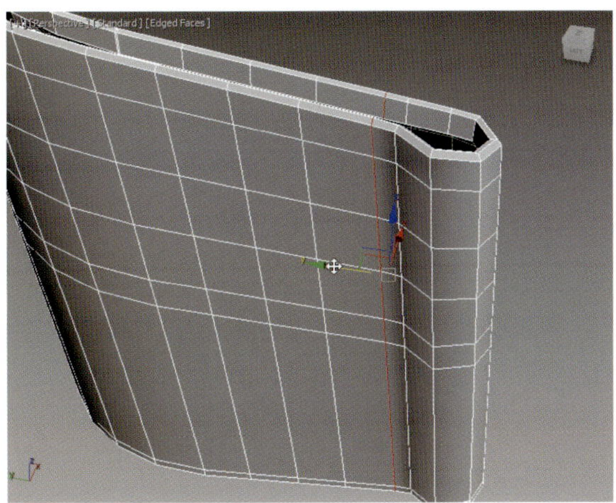
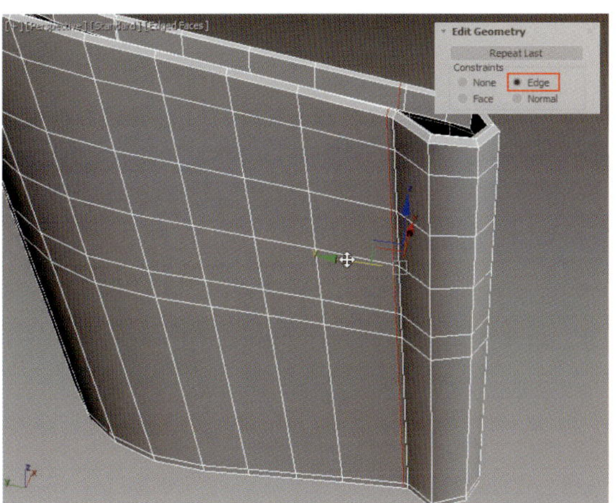

25 Element Sub-Object Level로 이동한 후 'Unhide All' 버튼을 클릭하여 숨겨두었던 오브젝트를 화면에 불러냅니다. 바로 이어서 Detach 버튼을 클릭하여 면을 분리합니다.
Detach 대화상자의 Detach as 입력란에 "top"으로 입력해줍니다.

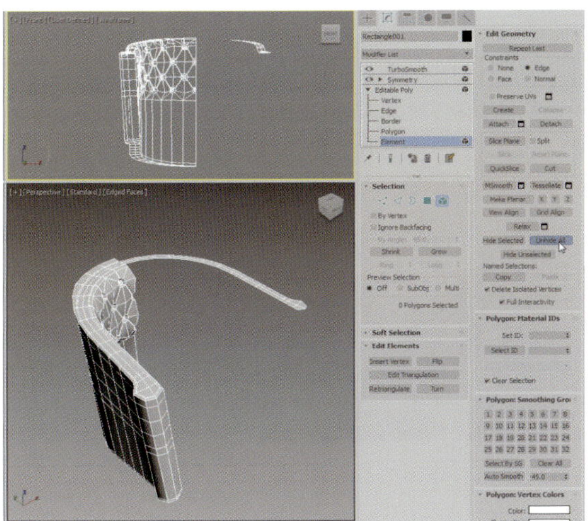
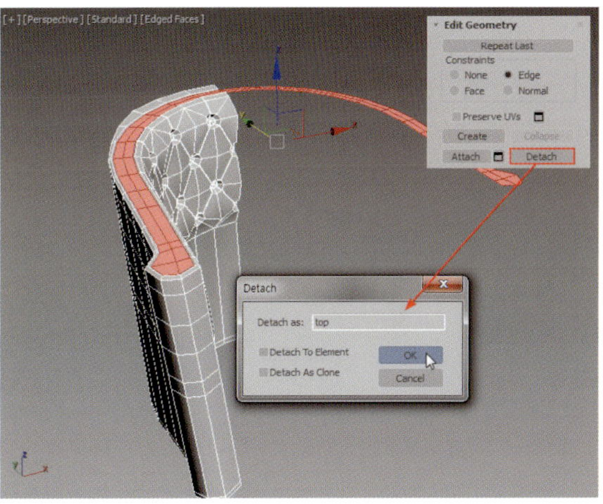

26 작업의 편의를 위하여 잠시 Stack View의 TurboSmooth의 전구 아이콘을 Off 시켜줍니다.

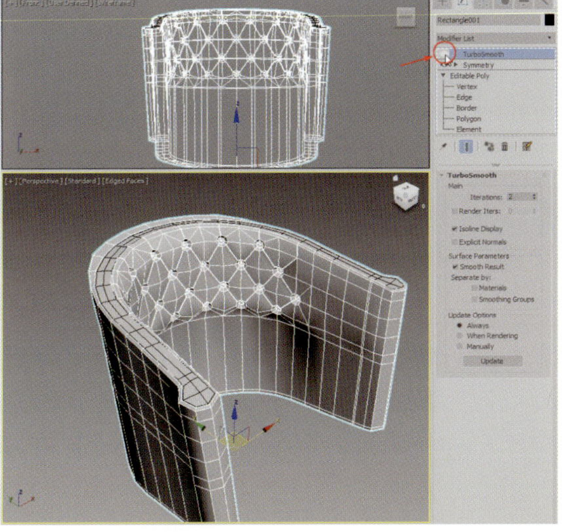

27 그림과 같이 'Top' 오브젝트의 Vertex의 위치를 수정해줍니다. 반대편도 동일한 방법으로 수정해줍니다.

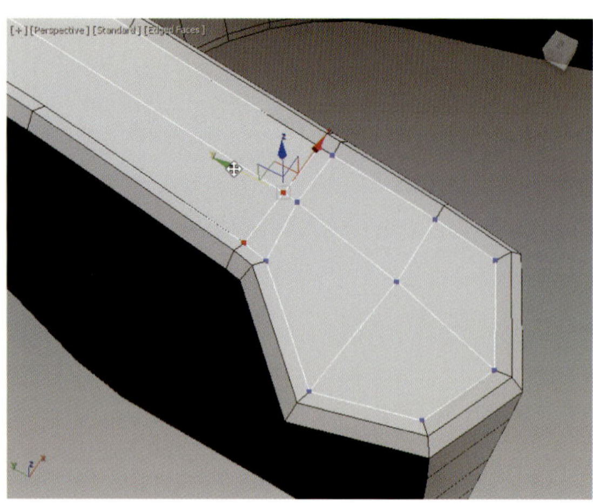
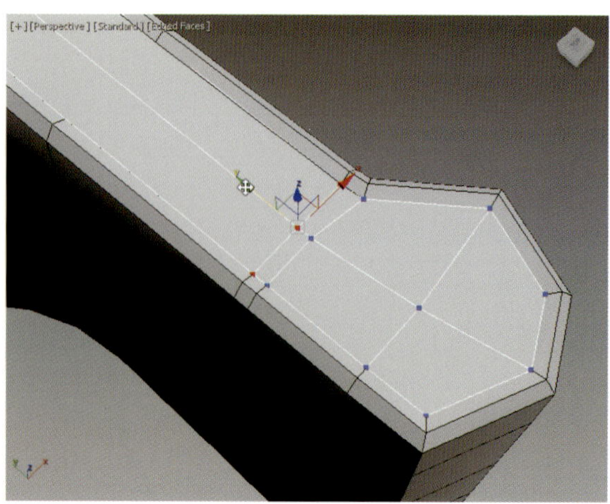

28 계속해서 Edge를 1열 추가시켜 주고, Vertex의 위치를 조정해줍니다.

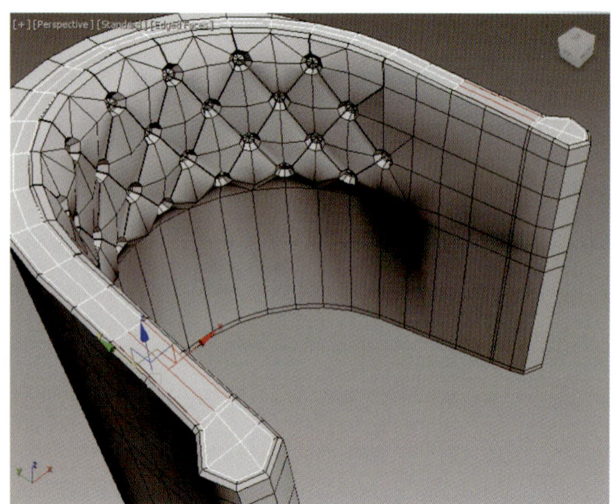
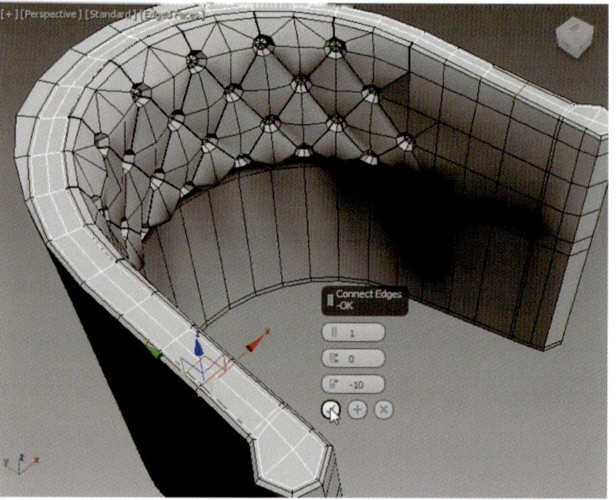

29 단축키 Alt + Q 를 눌러 'Top' 오브젝트만 화면에 나타나게 합니다. Border Sub-Object Level로 변경한 후 Shift 키를 누른 상태에서 Z축 방향으로 2번 드래그하여 면을 확장 복사시켜줍니다. 바로 이어서 Modifier Liste에서 TurboSmooth를 적용시켜 결과를 확인합니다.

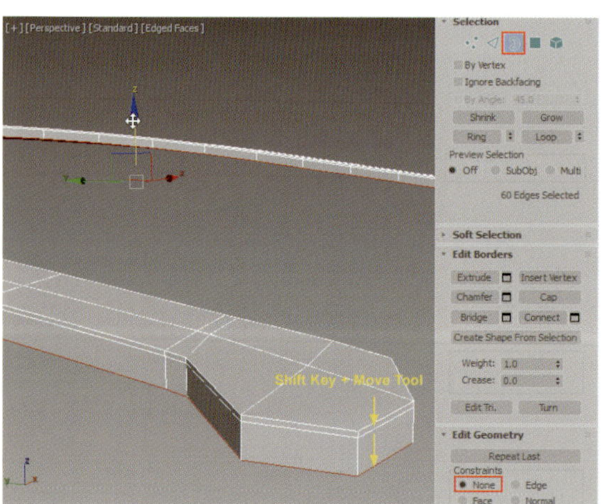

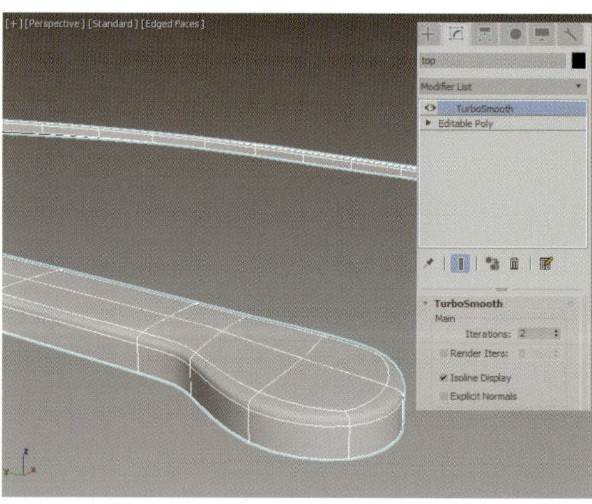

 **알아두기** | Isolate Selection Toggle

Isolate Selection Toggle은 선택된 오브젝트를 화면에만 표시하고 나머지 오브젝트들은 화면에 사라지게 하는 기능입니다. 단축키로는 Alt + Q 를 사용합니다.
사라진 오브젝트를 다시 불러오려면 Isolate Selection Toggle 버튼을 다시 클릭하면 됩니다.

30 마우스 오른쪽 버튼을 누르고 Quad Menu에서 'Unhide All' 옵션을 클릭하여 전에 숨겨두었던 소파를 불러냅니다.

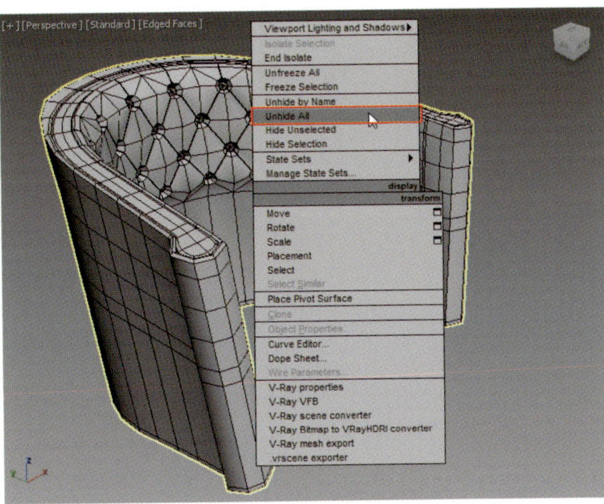

31 Stack View의 TurboSmooth의 전구 아이콘을 On으로 바꾸어 줍니다.

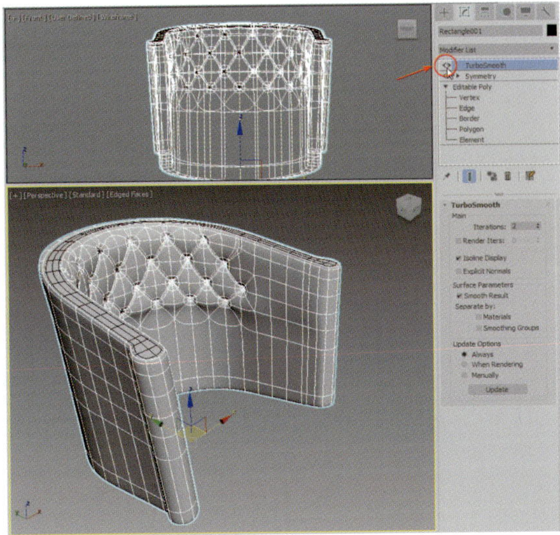

32 지금까지의 등받이 결과물입니다.

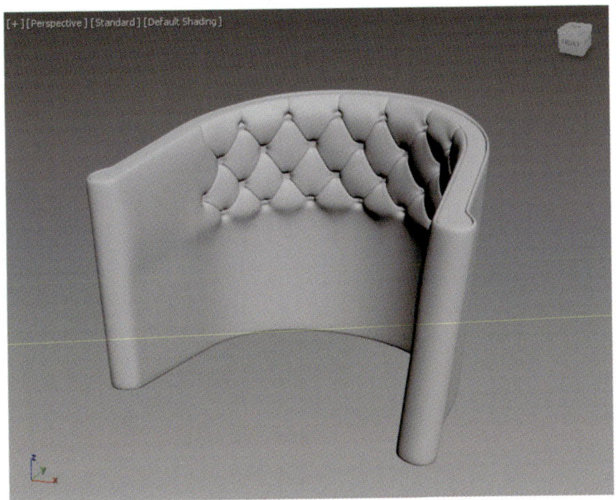

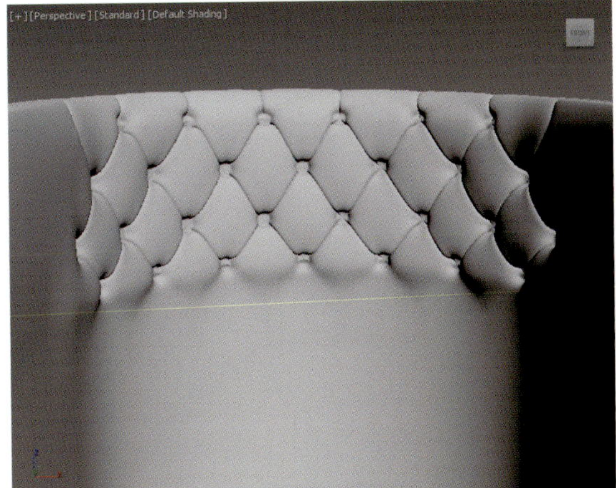

CD 제공 : sofa-hole-02.max

33 하단 쪽도 앞서 작업했던 방법으로 독자 여러분이 직접 만들어서 완성해봅니다. 자세한 내용은 앞 부분을 참조하세요. 앞서 만든 작업과 동일하므로 그 과정을 간단히 소개하겠습니다.

① 아래쪽의 면을 선택한 후 Inset과 Detach를 적용하여 완전히 면을 분리시켜줍니다.

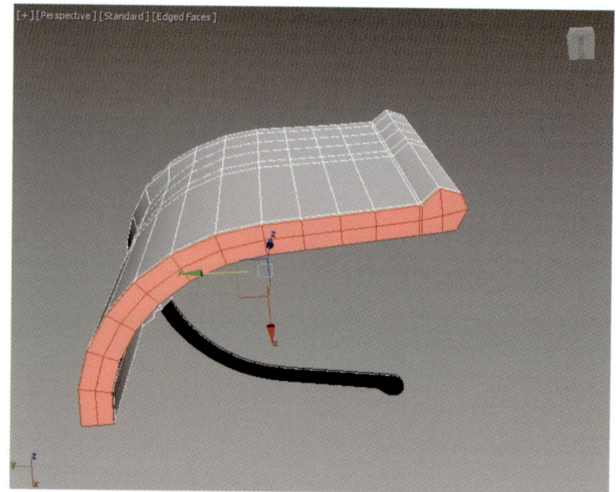

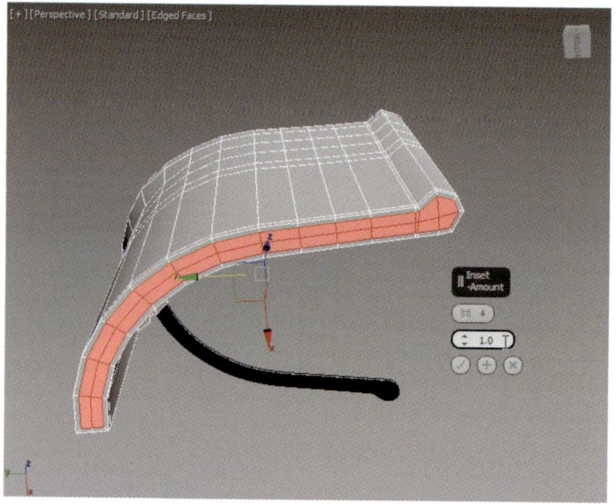

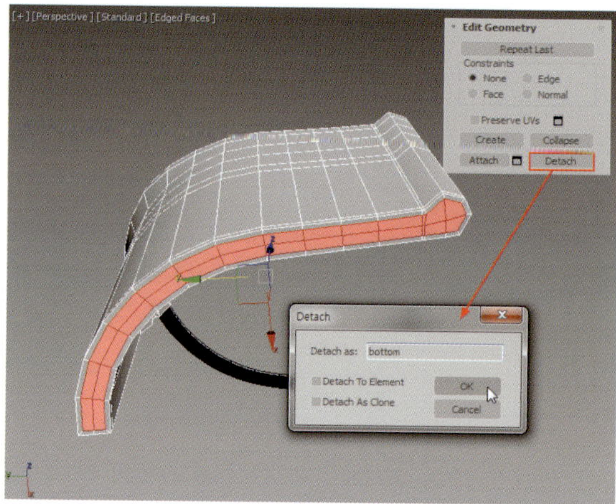

② 맨 끝 쪽의 면은 삭제한 후 Vertex는 중간으로 옮겨줍니다.

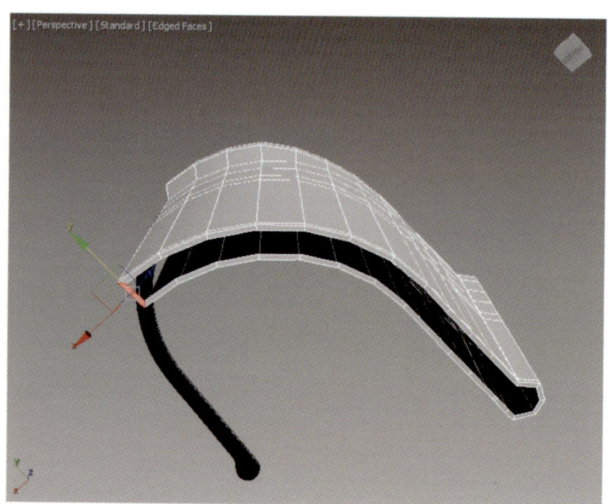

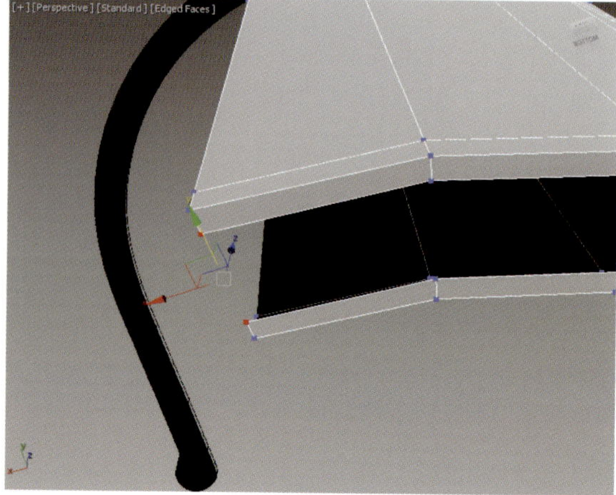

③ Border Sub–Object Level에서 Edge를 Shift +Move 툴을 사용하여 면을 확장 복사하여 모서리를 생성시켜 주면 됩니다.

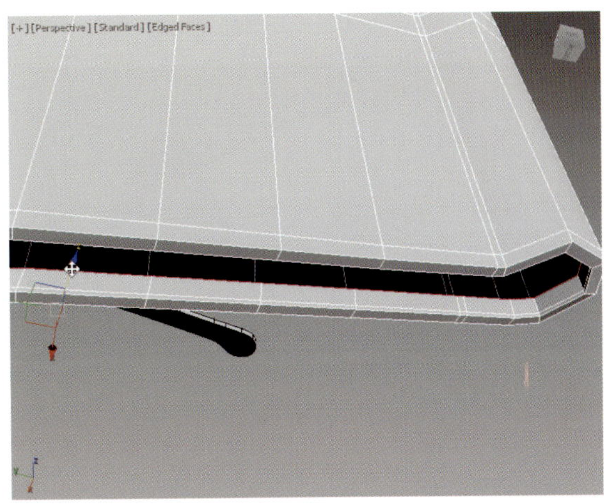

④ 마찬가지로 'bottom' 오브젝트에도 Shift +Move 툴을 사용하여 두께를 적용시켜줍니다. Symmetry Modifier를 적용시키기 위해서는 가운데 부분(동그라미 친 부분)의 면은 삭제시켜줍니다.

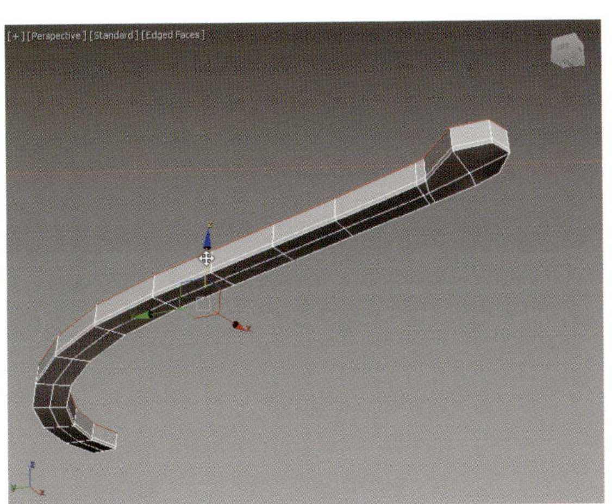

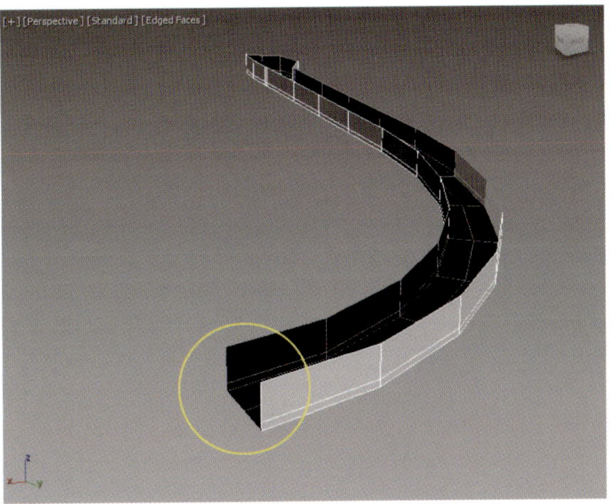

⑤ 지워진 부분의 Vertex를 가운데로 조정하고, Symmetry를 적용합니다. 완성되었으면 Editable Poly로 Convert 시켜줍니다.

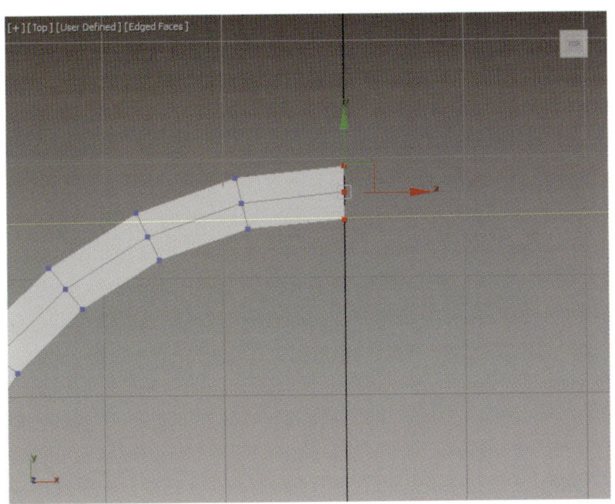

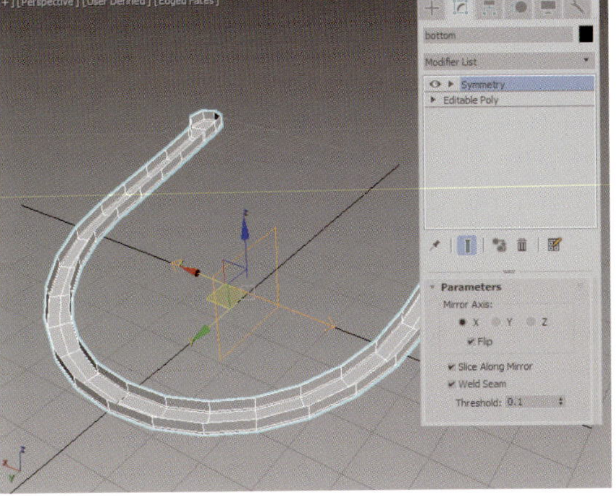

⑥ TurboSmooth를 적용시켜 결과물을 완성합니다.

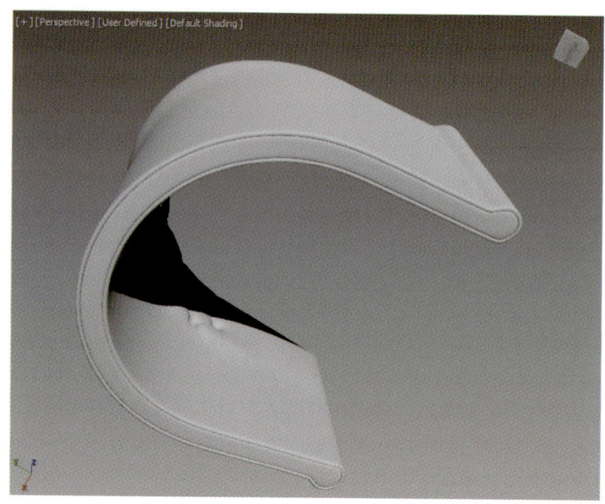 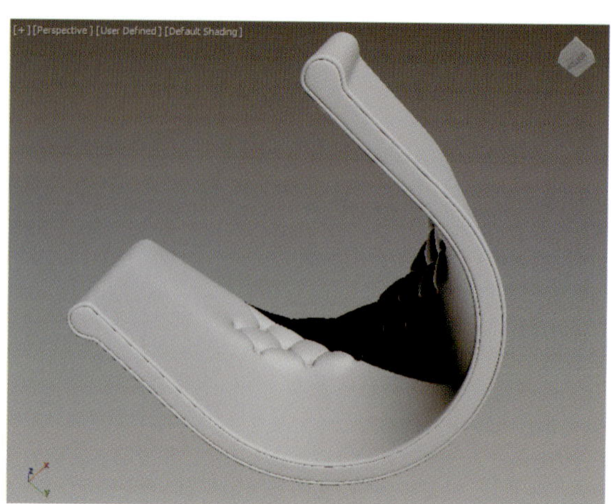

CD 제공 : sofa-hole-03.max

34 숨겨두었던 '단추' 오브젝트를 수정하여 완성하도록 하겠습니다.

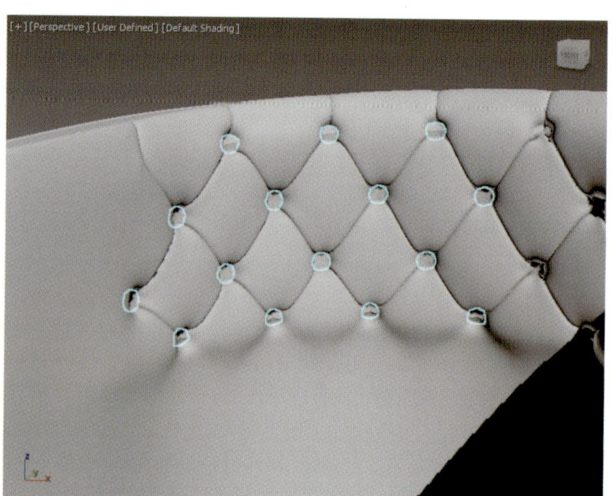

35 단추가 선택된 상태에서 Alt + Q 를 눌러 단추 오브젝트만 화면에 표시합니다. Polygon Sub-Object Level에서 그림과 같이 반쪽의 면을 선택하고 Delete 키를 눌러 삭제시켜줍니다.

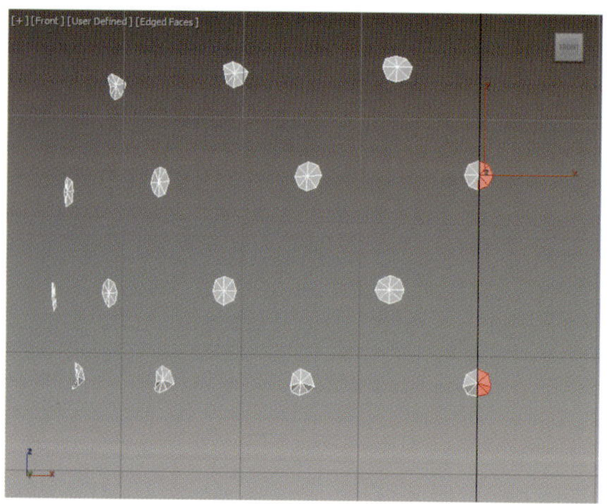 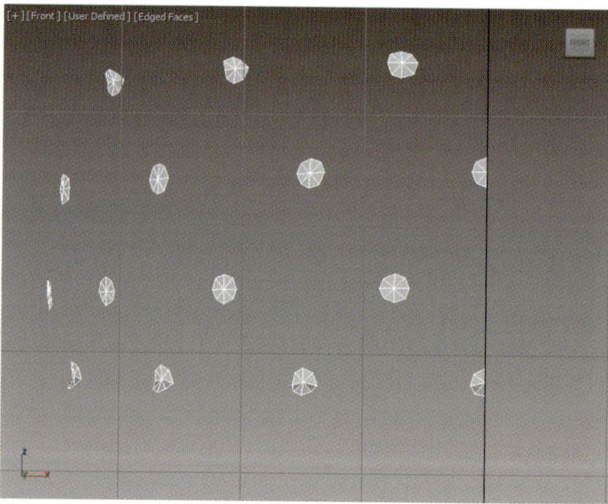

36 단추 하나를 선택한 후 Make Planar 명령을 적용하여 평편하게 만들어 줍니다. 나머지 14개의 단추도 동일한 방법으로 적용해줍니다.

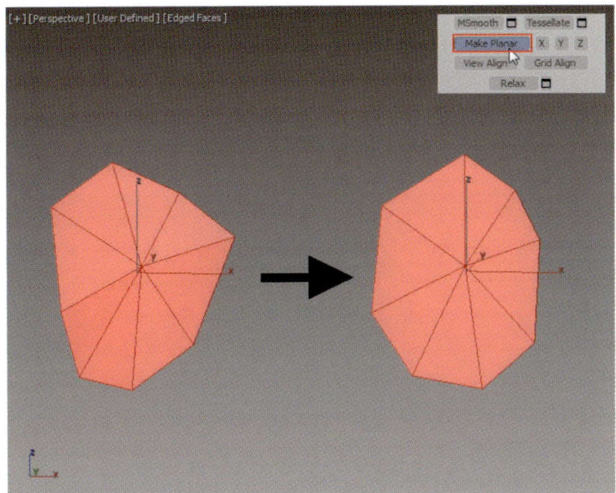

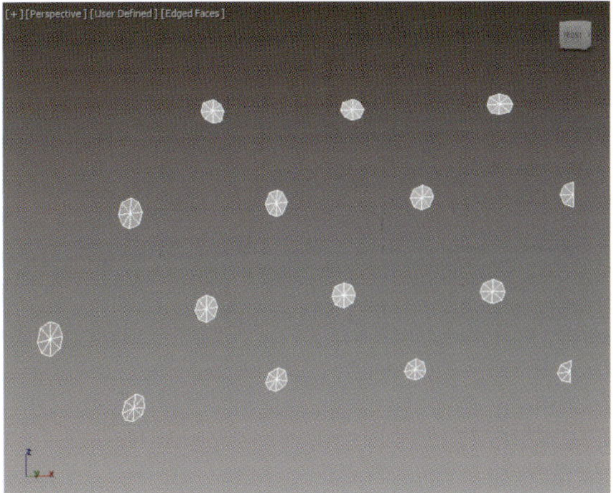

37 Modifier List에서 Symmetry를 적용시켜 반대편의 단추도 만들어 줍니다.

38 계속해서 Modifier List에서 Shell을 추가로 적용시켜주고, Outer Amount 값에 "0.3"을 입력해줍니다.

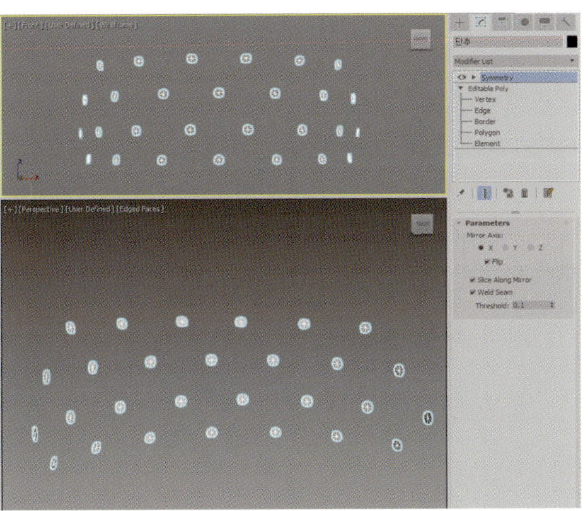

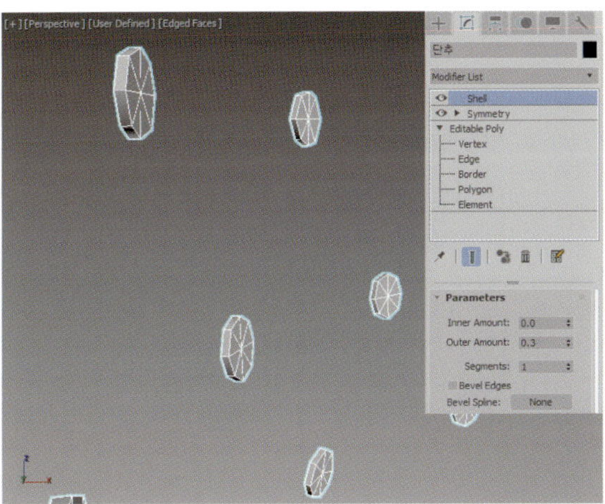

39 마우스 오른쪽 버튼을 누르고 Quad Menu에서 'Editable Poly'로 Convert 시켜준 후 Modifier List에서 'TurboSmooth'를 적용합니다.

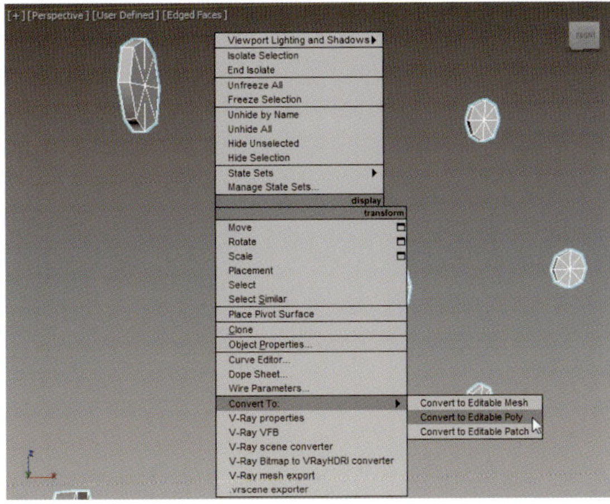

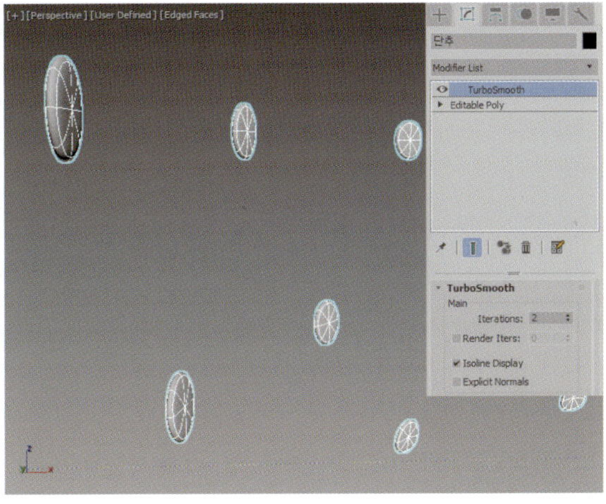

40 마우스 오른쪽 버튼을 누르고 Quad Menu에서 Unhide All 버튼을 눌러 숨겨놓은 오브젝트를 화면에 불러냅니다.

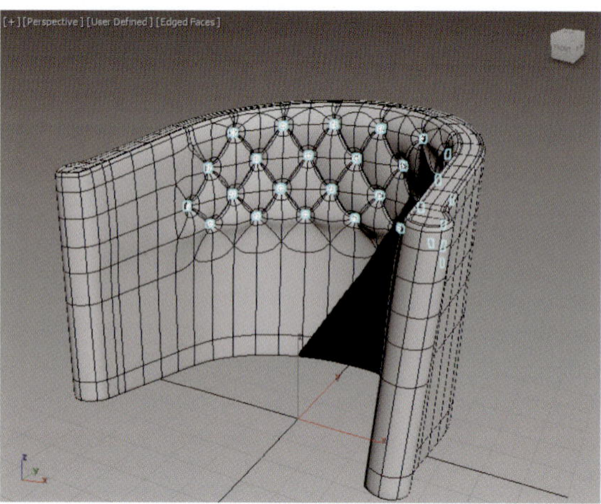

40 Stack View의 Editable Poly로 역행하여 Element Sub-Object Level로 이동합니다. 단추와 등받이의 홀과 간섭이 없는지 확인하고, 간섭이 있는 단추가 있으면 위치를 재조정하여 줍니다.
이때 Stack View의 Show end result on/off toggle[▯ / ▯]버튼을 켜주고 작업해야 위치를 조정하기가 쉽습니다.

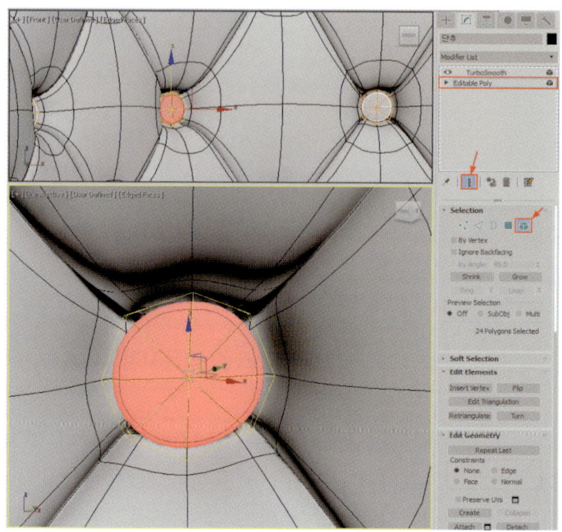

40 찌그러진 단추들을 찾아 Vertex를 수정하여 원형에 가깝게 모두 수정하여줍니다.

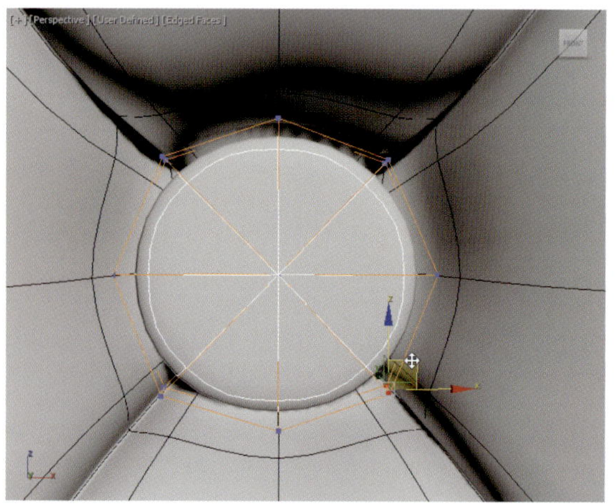

40 홀 장식의 단추 부분이 모두 완성되었습니다. 오브젝트를 구분하기 위해 임시로 색상을 적용하였습니다.

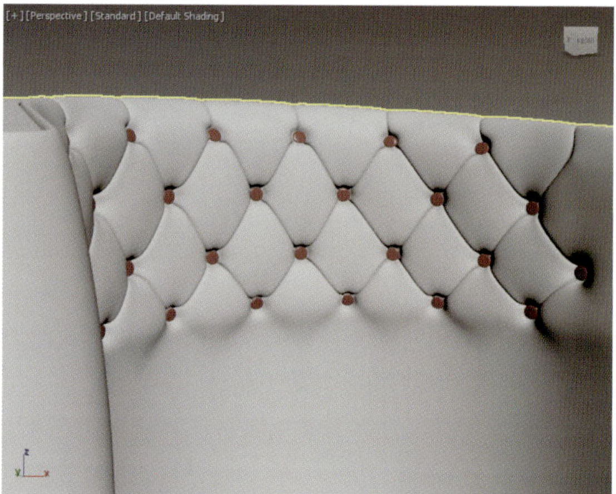

◉ CD 제공 : sofa-hole-04.max

ⓘ 알아두기 | 홀 장식의 단추 쉽게 만들기

홀 장식의 단추는 홀 크기 정도의 Sphere를 생성한 후 1D Scale을 이용하여 바둑알 모양으로 만든 다음, 홀 부분의 방향에 유의하여 복사 배치합니다.
한쪽 부분만 모든 단추를 복사하여 만들어준 후 Attach를 적용하고, 반대편으로 Mirror 명령으로 복사해주면 됩니다.

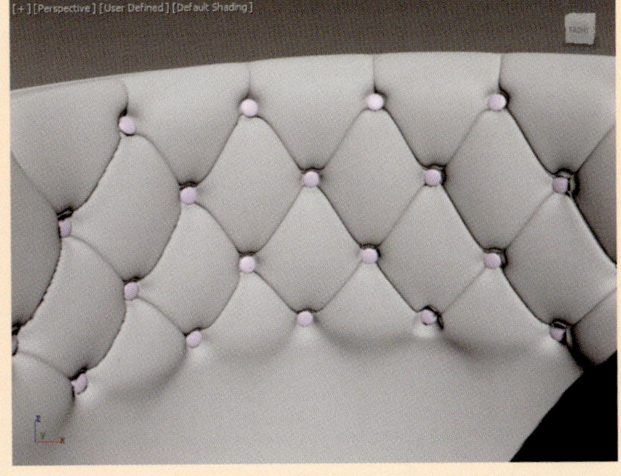

⊙ CD 제공 : sofa—hole—05—sphere.max

🔶 Section 03 | 엔틱 소파 다리와 시트 만들고 완성하기

소파 다리는 Cylinder를 이용하여 만들어 주고, 시트는 Plane 오브젝트에 두께를 적용하여 만들어 줍니다.

01 '등받이', 'Top', 'Bottom' 오브젝트에 각각 적용된 TurboSmooth를 모두 제거합니다.

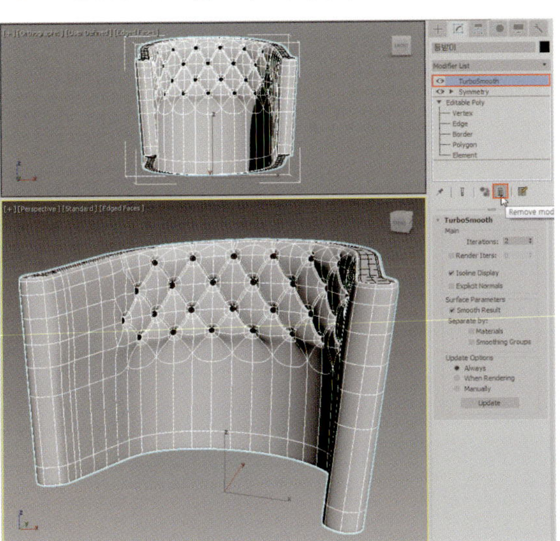

02 '등받이' 오브젝트를 선택하고, 마우스 오른쪽 버튼의 Quad Menu에서 Editable Poly로 전환합니다.

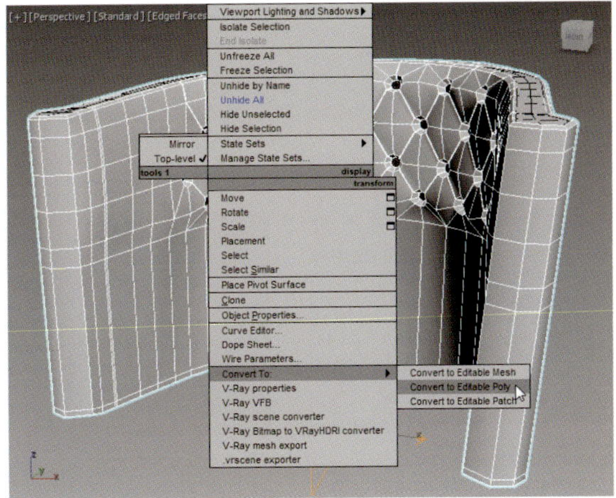

03 Attach 명령을 사용하여 'Top', 'Bottom' 오브젝트를
선택해주어 하나의 오브젝트로 만들어 줍니다.

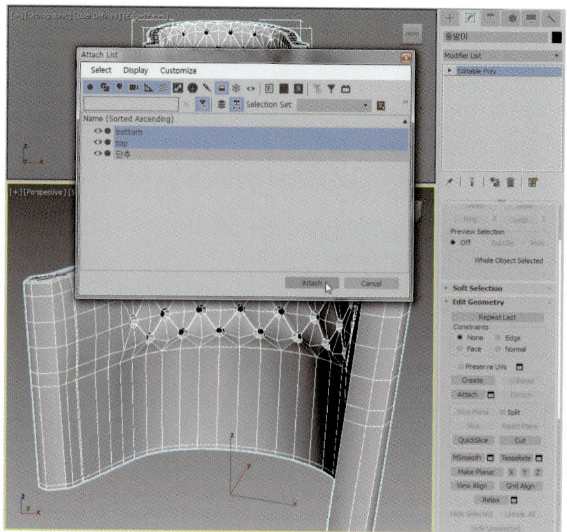

04 그림과 같이 아래쪽의 Vertex들을 모두 선택해준 후, 바닥으로부터 조금 이동시켜 주고, Modifier List에서
TurboSmooth를 다시 적용시켜줍니다.

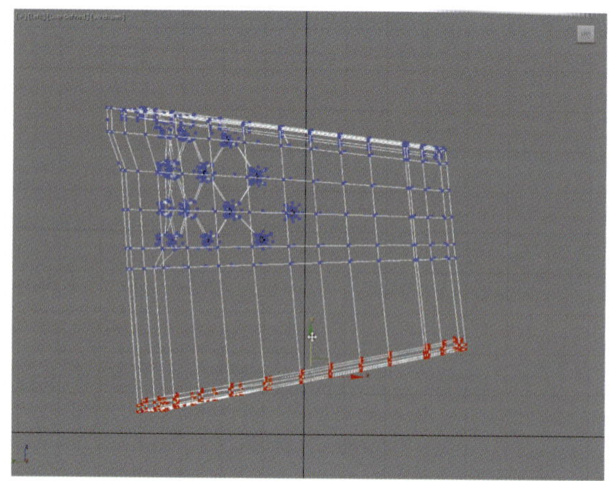

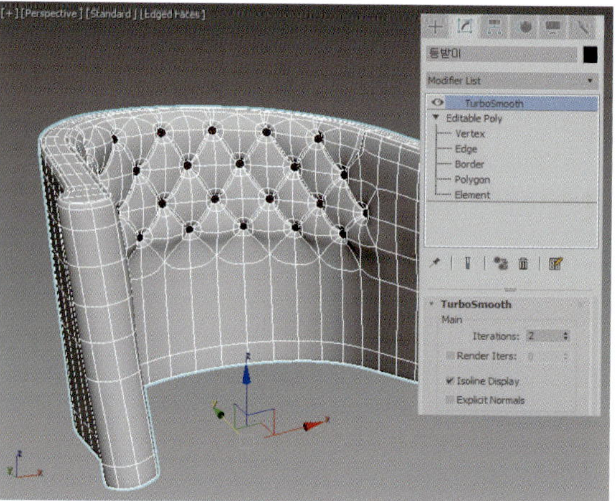

05 Top View에 다음과 같
은 크기의 실린더를 만
들어 줍니다.

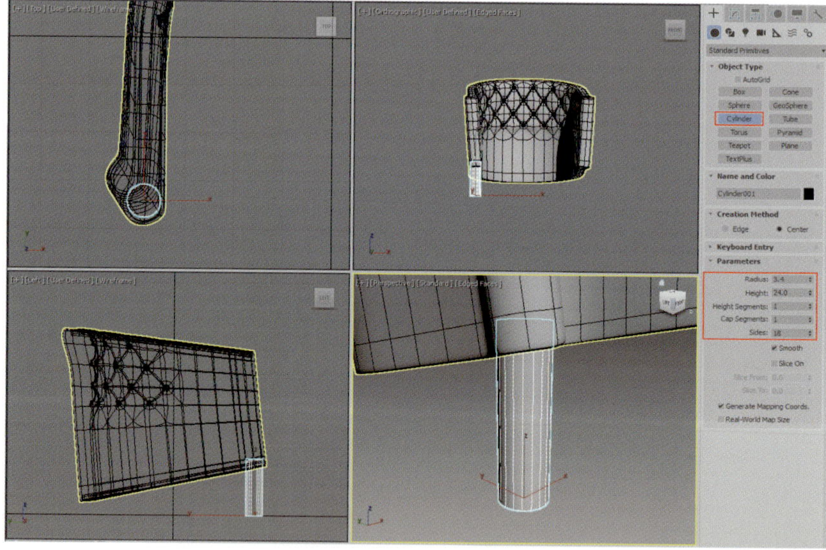

06 마우스 오른쪽 버튼을 누르고 Quad Menu에서 Editable Poly로 Convert 시켜줍니다. 그림과 같이 맨 아래쪽의 Vertex를 3D Scale로 조정해주고, Move 툴로 X축 방향으로 이동시켜줍니다.

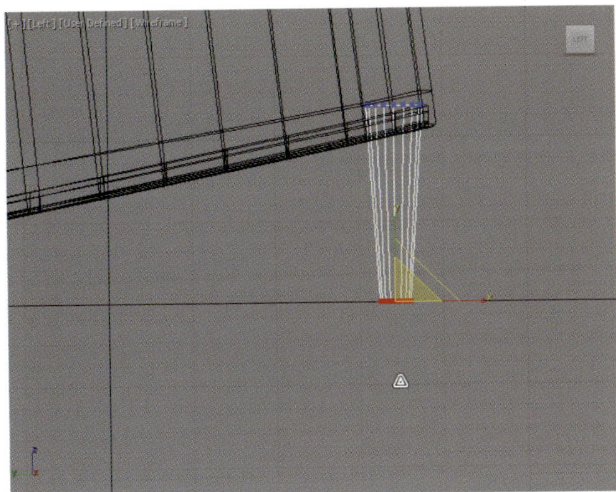 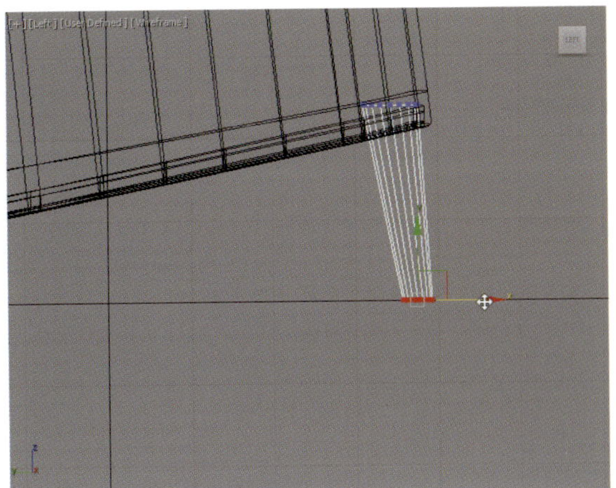

07 Rotate 툴을 사용하여 Z축 방향으로 회전시켜주고, Move 툴로 아래쪽으로 이동시켜줍니다.

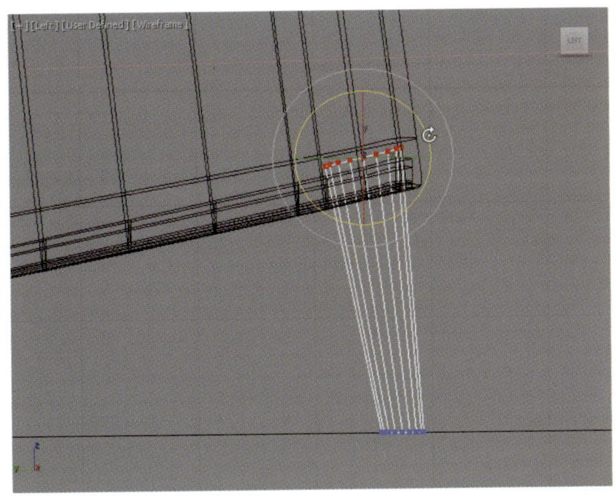 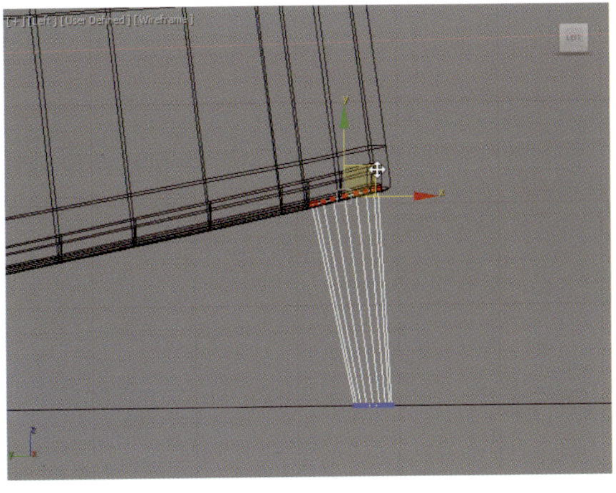

08 Front View에서도 X축 방향으로 Vertex를 수정해줍니다.

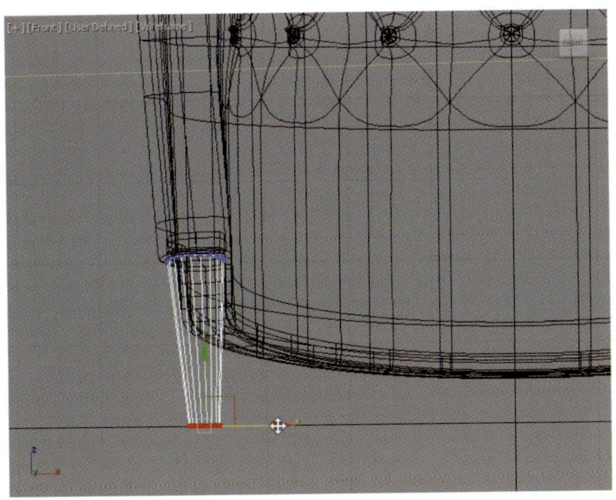

09 Main Toolbar에서 Mirror를 클릭하여 반대편에도 대칭 복사해줍니다.

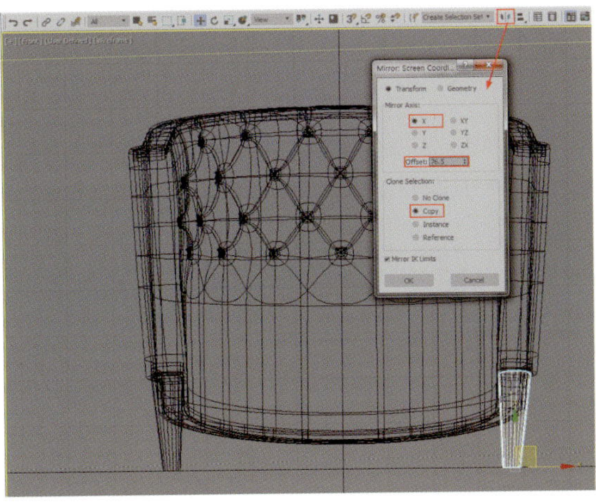

10 소파의 다리가 모두 완성되었습니다.

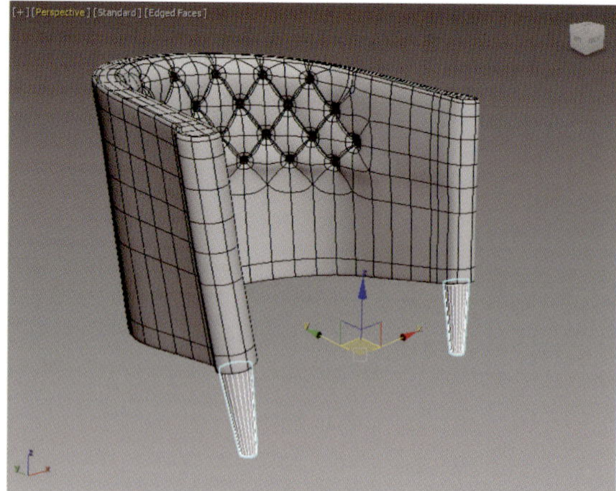

💿 CD 제공 : sofa-06-leg.max

11 이제 이어서 소파의 시트를 만들도록 하겠습니다. Top View에 다음과 같은 크기의 Plane 오브젝트를 생성하고, Quad Menu에서 Editable Poly로 전환합니다.

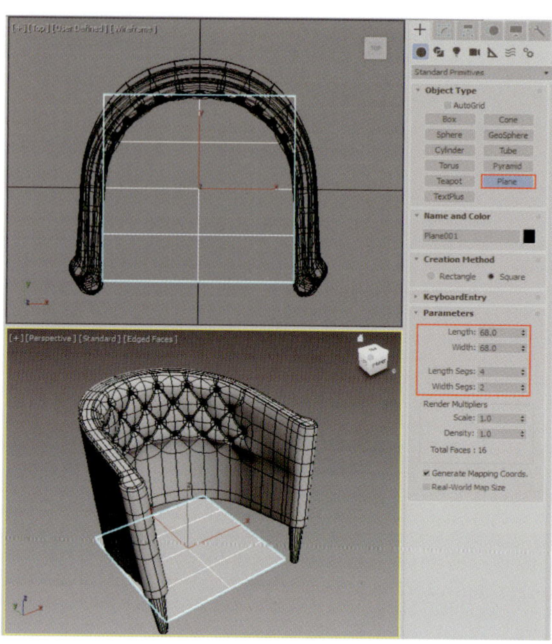

12 우측의 Vertex를 Delete 키로 삭제한 후 다음과 같이 Vertex를 조정해줍니다.

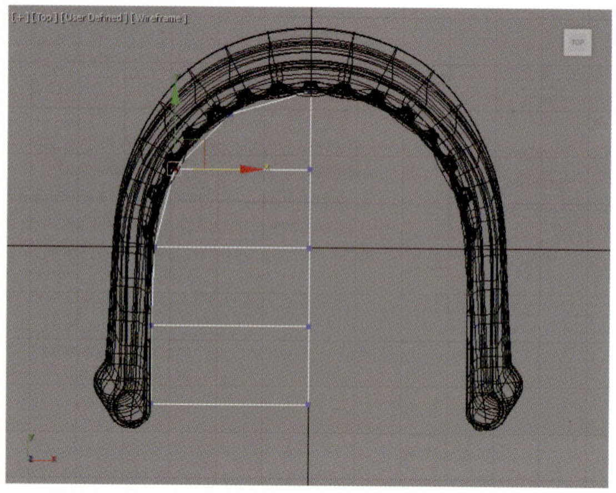

13 Cut[Alt + C]을 실행하여 Edge를 추가시켜줍니다.

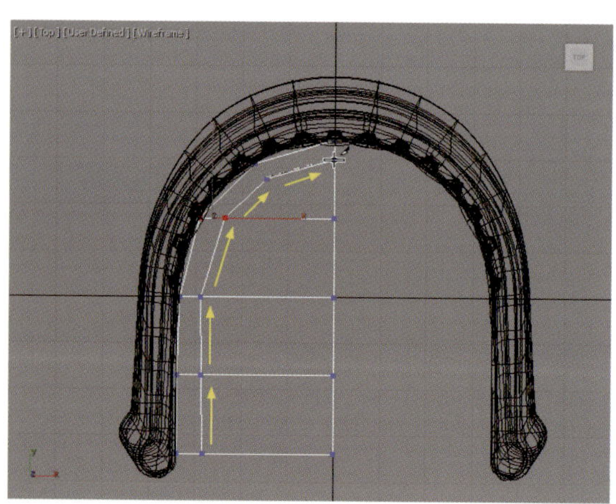

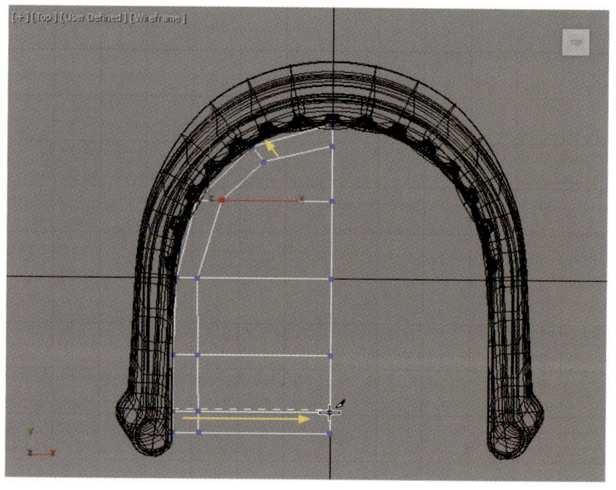

14 Modifier List에서 Symmetry를 적용합니다. 이어서 Alt + Q 키를 눌러 단독적으로 소파의 시트만 남겨 놓습니다.

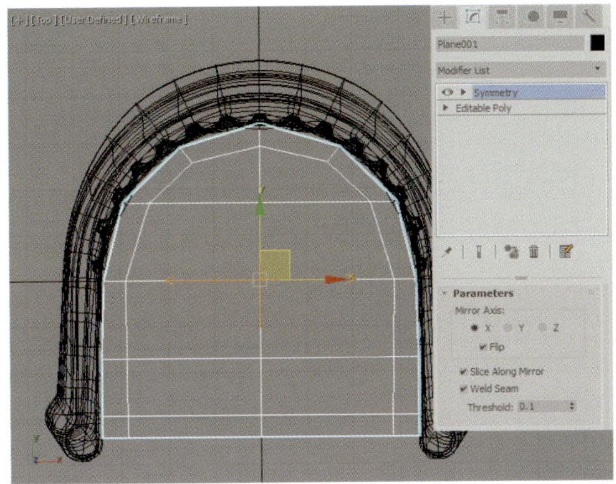

15 계속해서 Modifier List에서 Shell을 적용하고, Editable Poly 전환합니다.

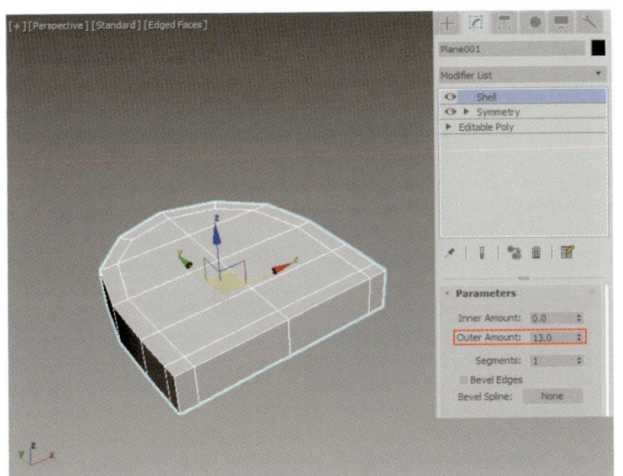

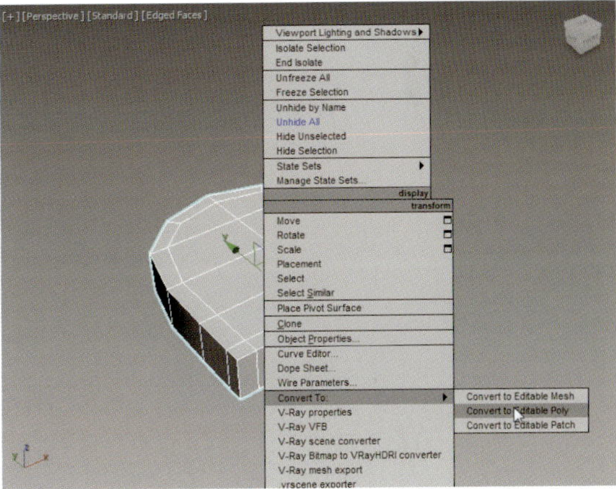

16 세로의 Edge들을 모두 선택한 후 Connect 명령을 적용합니다.

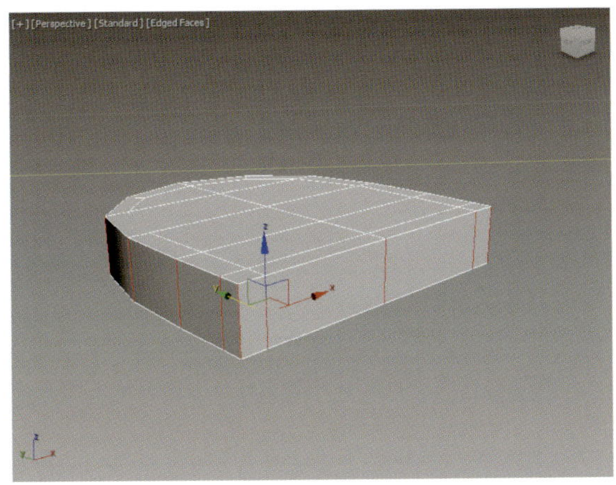

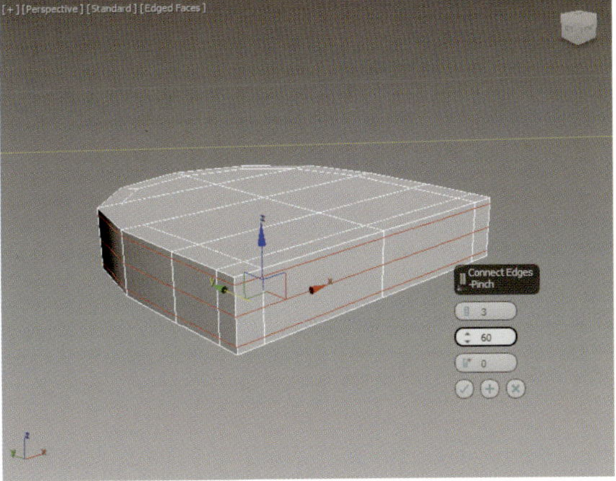

17 세로의 Edge들을 모두 선택한 후 Connect 명령을
적용합니다.

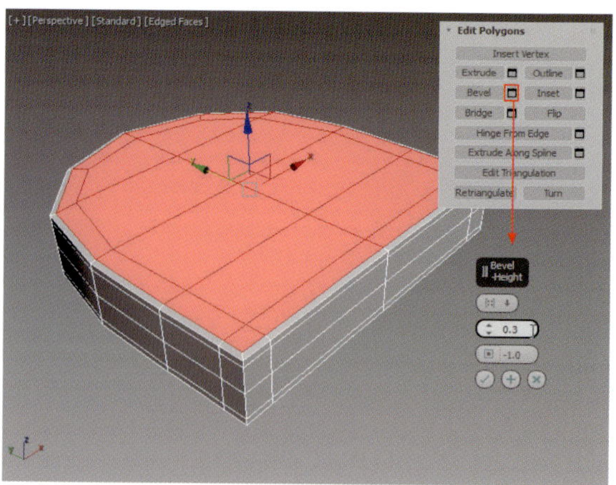

18 모서리에 해당되는 상하단의 Edge를 Loop 모드로 선택합니다. Extrude를 적용하여 봉제선의 느낌을 만들어 줍니다.

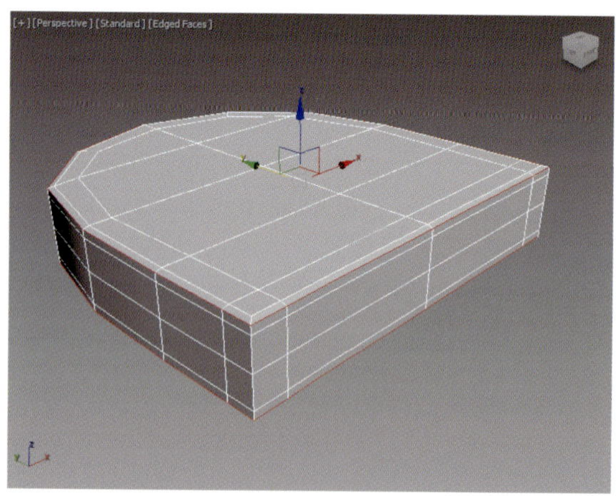

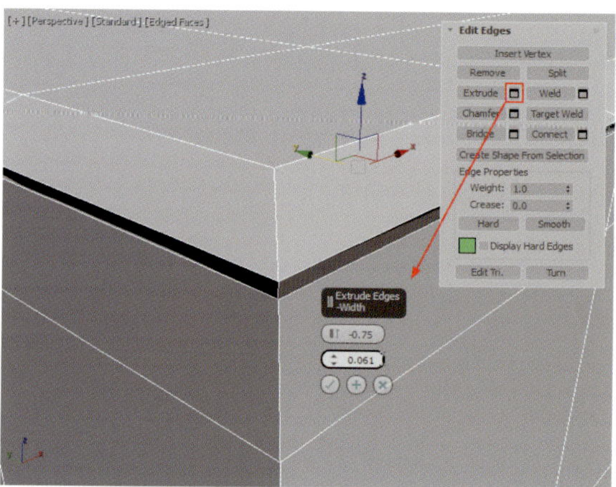

19 디테일한 모서리를 만들기 위해 Loop 모드로 상하의 Edge를 선택합니다. 연속적으로 Loop 모드로 Edge를 선택할
때에는 Ctrl 키를 누른 상태에서 Edge를 더블 클릭합니다.
이어서 Chamfer 명령을 적용합니다. 소수 값을 미세하게 조절하려면 Alt 키를 누른 상태에서 스피너 값을 조절하면
됩니다.

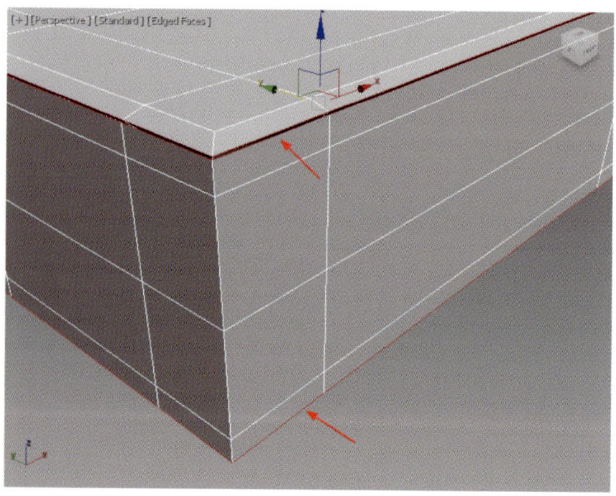

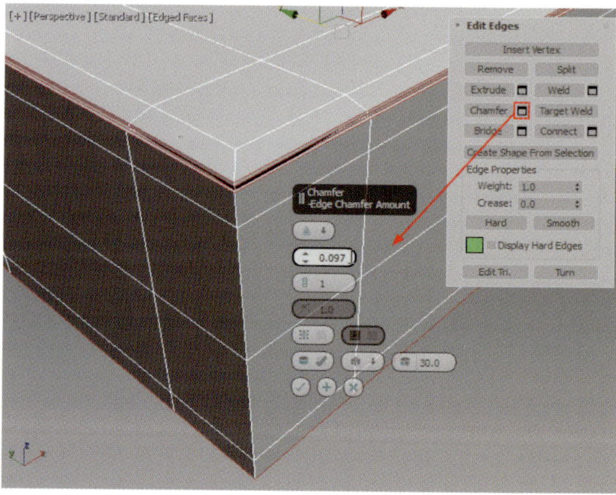

20 그림과 같이 Front View에서 시트의 위치를 조정해줍니다.

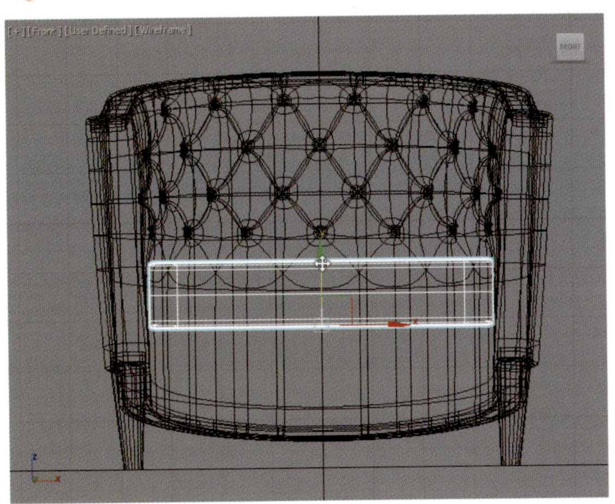
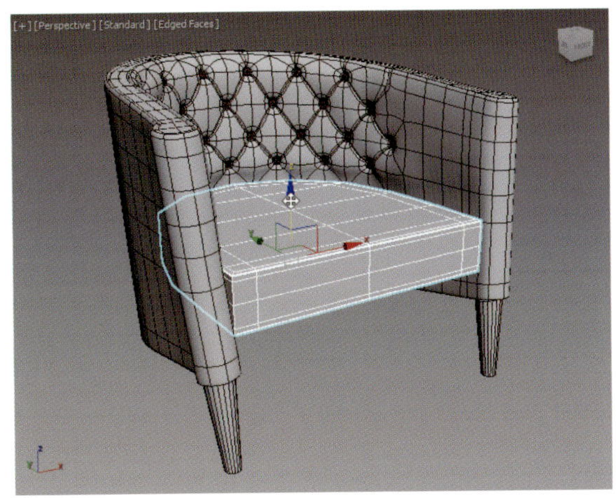

21 Top View에서 Use NURMS Subdivision에 체크한 후 Vertex를 시트와 등받이와의 틈이 없이 없도록 조정하여 줍니다. Perspective View에서도 확인하면서 빈틈이 없도록 작업하도록 합니다.

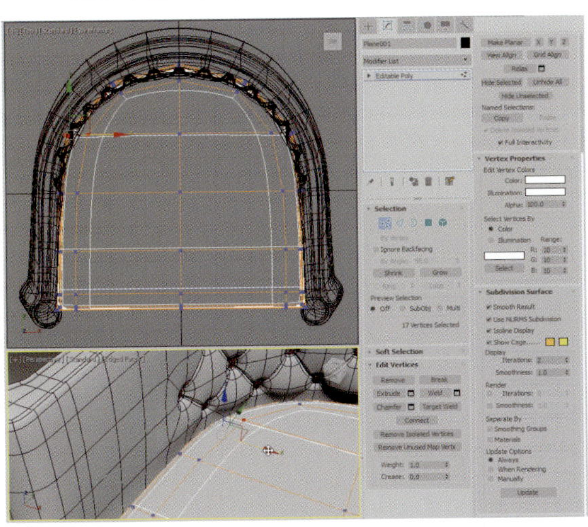

22 Front View에서도 X축 1D Scale을 사용하여 크기를 조정해줍니다.

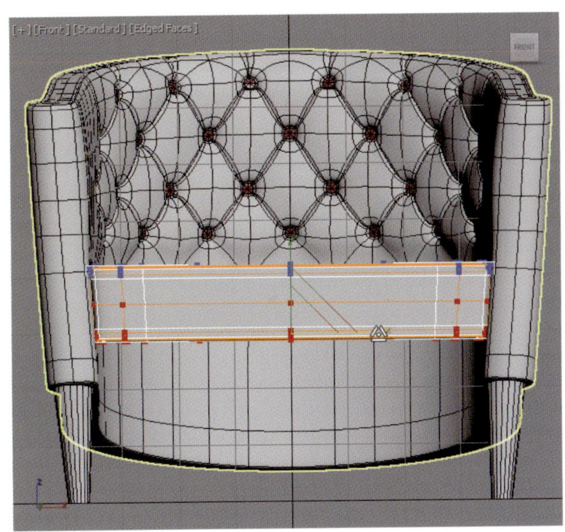

23 Shift 키를 누른 상태에서 아래쪽으로 드래그하여 하나 더 복사하여 주고, 등받이의 크기에 맞게 상하좌우의 Vertex를 수정해줍니다.

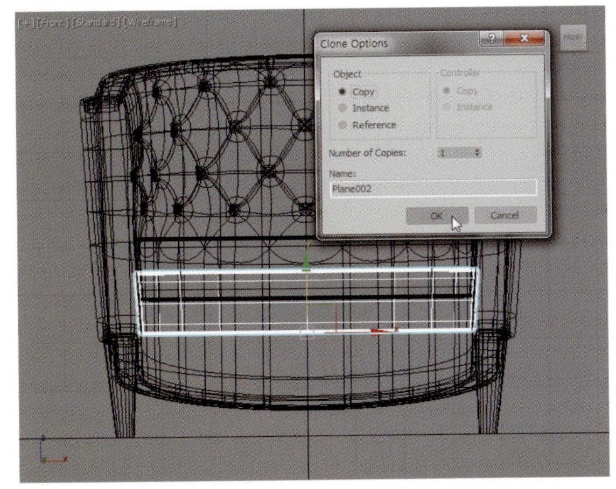
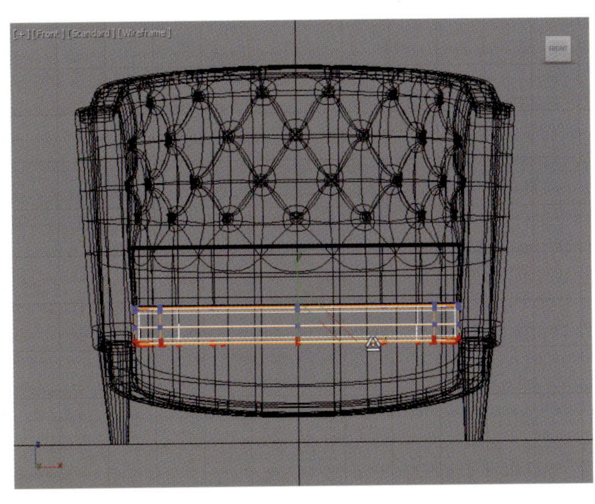

24 시트의 볼륨감을 주기위해 가운데 쪽의 면을 선택하고, Move 툴로 위쪽으로 조금만 이동시켜줍니다.

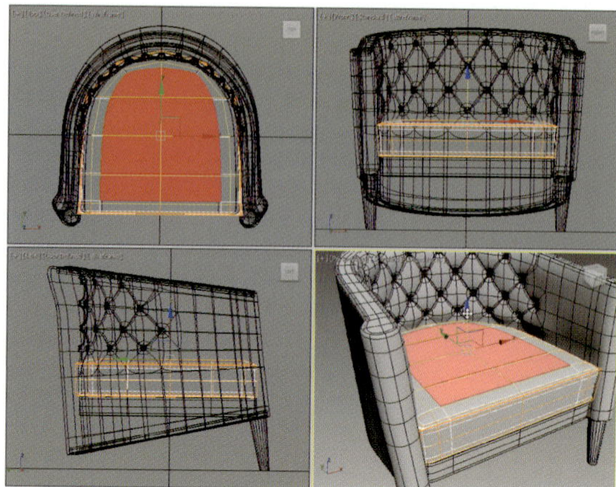

26 Detach 버튼을 클릭합니다. Detach 창이 나타나면 입력란에 "지지대"로 입력해줍니다.

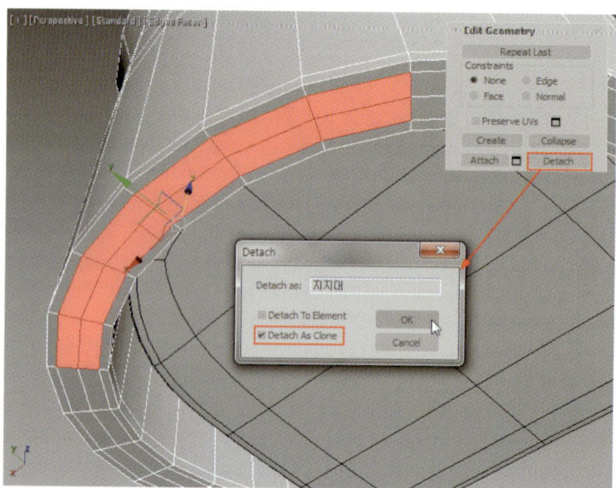

28 바로 이어서 Make Planar 옆의 Z버튼을 클릭하여 평편하게 만들어줍니다.

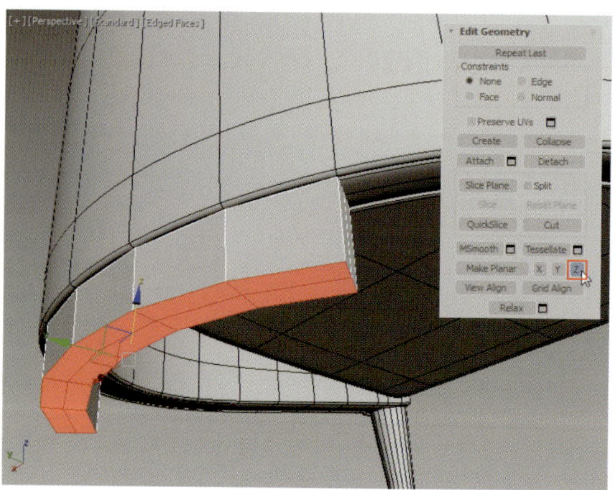

25 이제 최종적으로 소파의 지지대를 만들도록 하겠습니다. 등받이의 하단의 면을 그림과 같이 선택해줍니다.

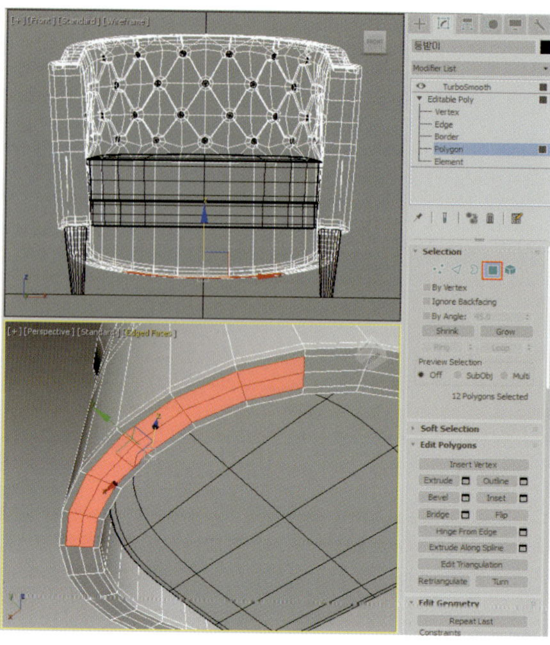

27 '지지대' 오브젝트를 선택하고, Polygon Sub-Object Level에서 Extrude를 적용해줍니다.

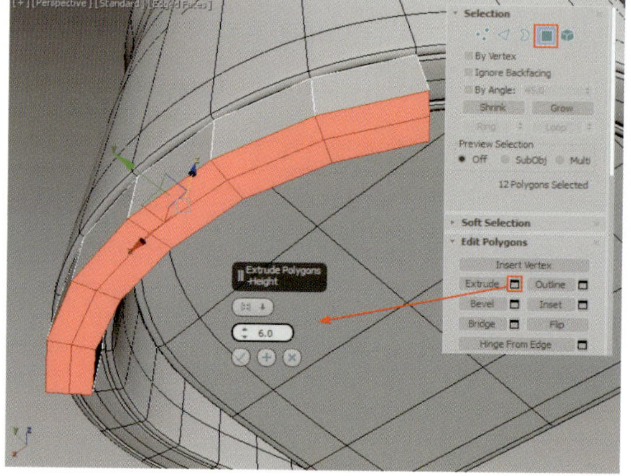

29 Move 툴을 이용하여 X축 방향으로 그림과 같이 수직으로 만들어 줍니다.

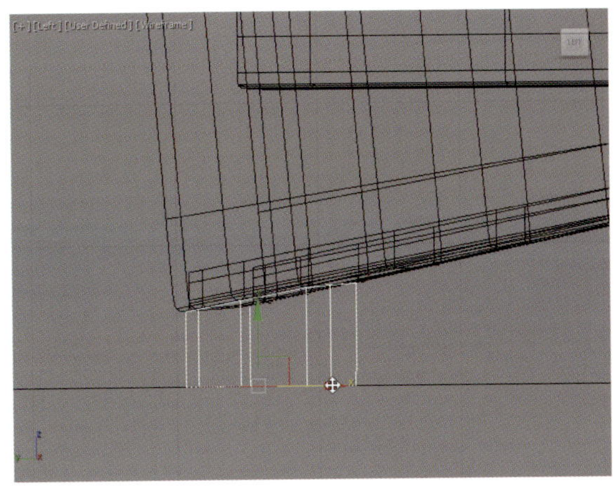

30 Edge를 Ring 형태로 선택하고, Connect 명령을 적용하여 하단 쪽에 Edge 1열을 추가시켜줍니다.

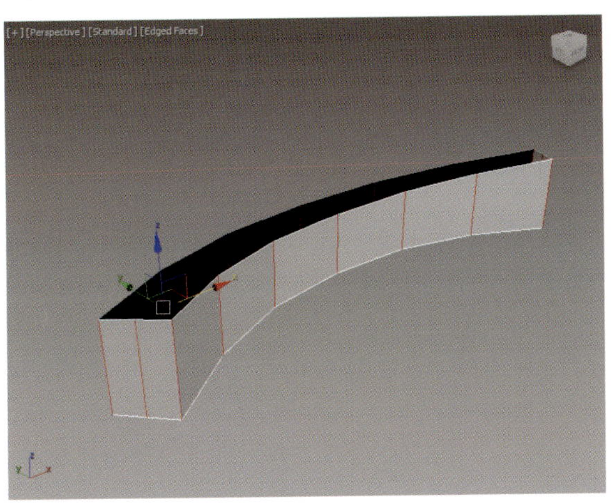

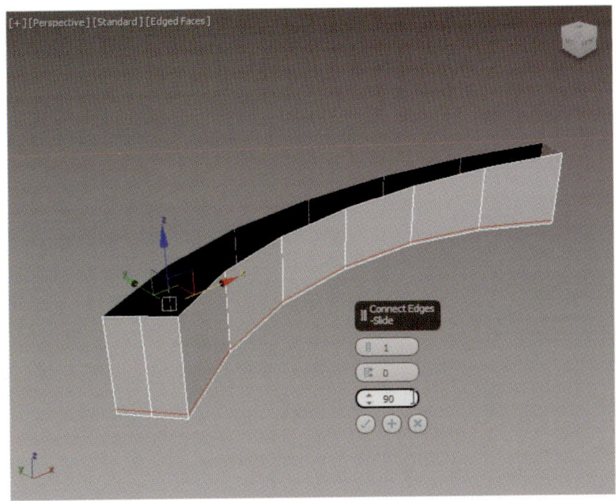

31 동일한 방법으로 Edge 1열 추가시켜줍니다.

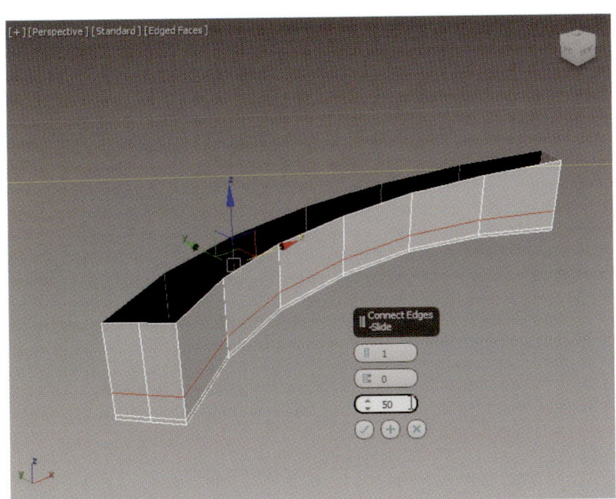

32 Modifier List에서 TurboSmooth를 적용함으로써 '지지대' 모델링을 완성합니다.

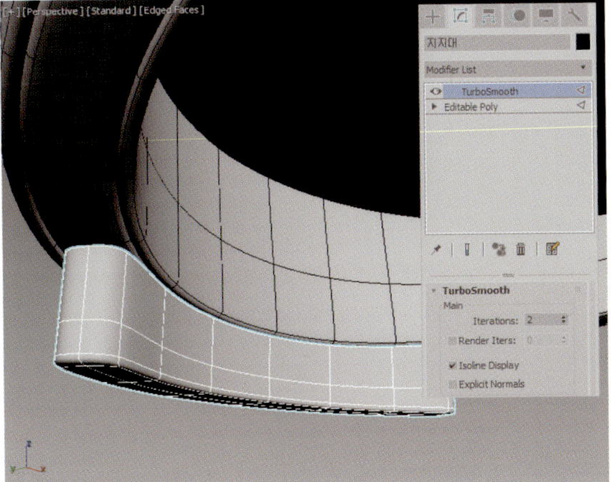

33 Move 툴로 시트 앞쪽 부분의 Vertex를 선택하고 앞쪽으로 조금 이동시켜 모든 모델링을 마무리합니다.

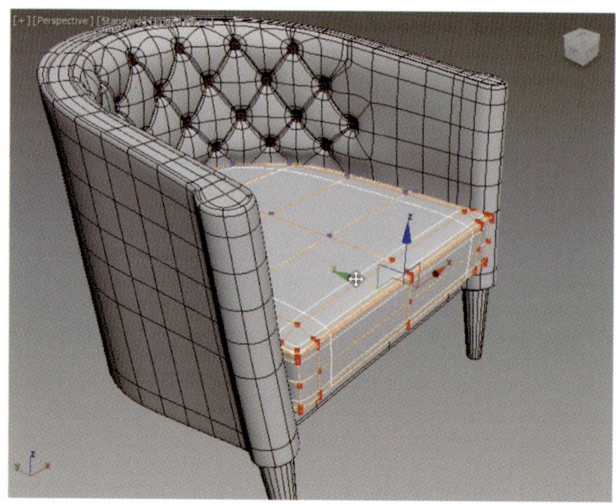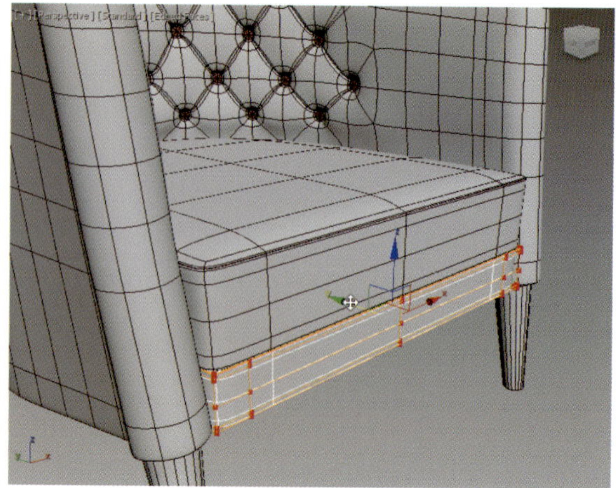

34 이제 엔틱 소파의 모델링이 모두 완성되었습니다.

◉ CD 제공 : sofa-07-seat.max

35 다음은 간단히 Standard 재질을 적용한 이미지와 렌더링 결과입니다.

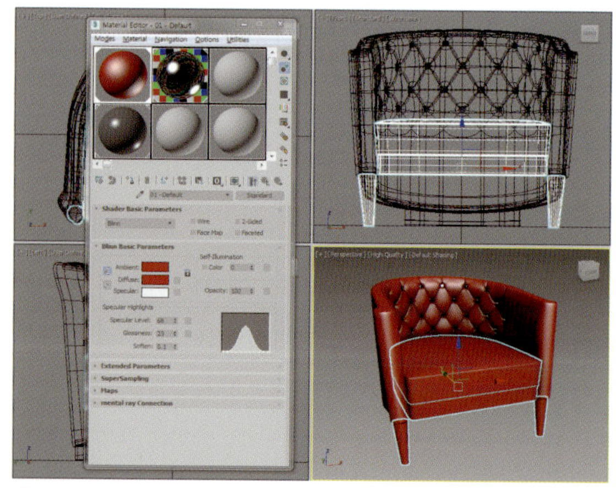

◉ CD 제공 : sofa-08-color.max

Lesson 05

상어 모델링

상어는 전체적으로 유기체와 단순한 대칭 형태를 가지고 있기 때문에, 초보자가 Poly 모델링이나 매핑, 애니메이션을 배우는데 있어서 가장 적합한 소재중의 하나입니다. 전체적으로 상어 모델링은 먼저 몸통 외형을 만들어 준 후 지느러미, 아가미, 눈, 코, 입 등 순으로 만들어주도록 합니다.

Section 01 | 상어 도면 준비하기

상어를 모델링하기 위해서는 각 뷰의 상어 도면이 필요합니다. 필자가 준비해 놓은 간략화한 도면을 불러와 모델링하도록 하겠습니다.

01 제공된 CD 부록에서 Shark_Blueprints\shark_blueprint.max 파일을 Open합니다.

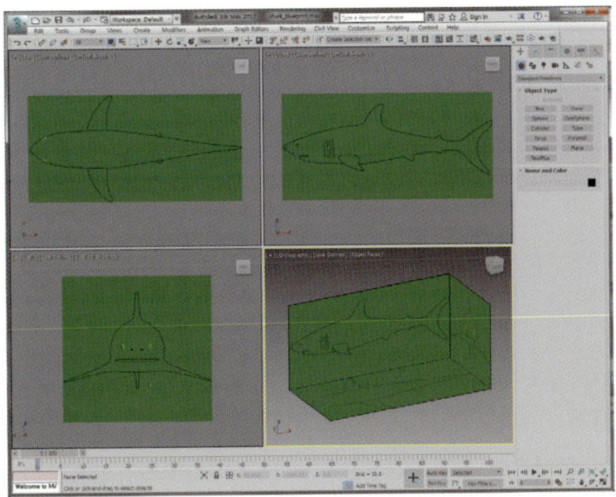

02 도면 오브젝트를 모두 선택한 후 마우스 오른쪽 버튼을 눌러 나오는 Quad Menu에서 Object Properties를 선택합니다.
Object Properties에서 다음과 같이 옵션을 설정합니다.

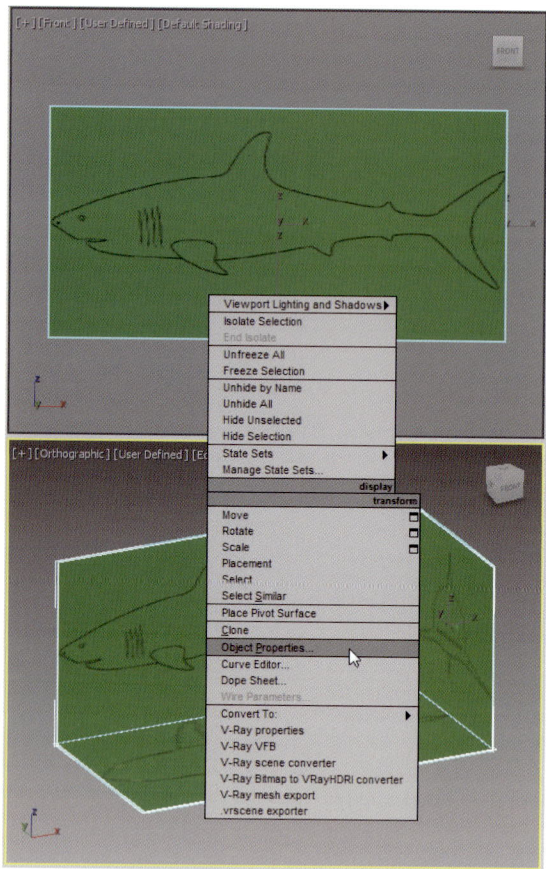

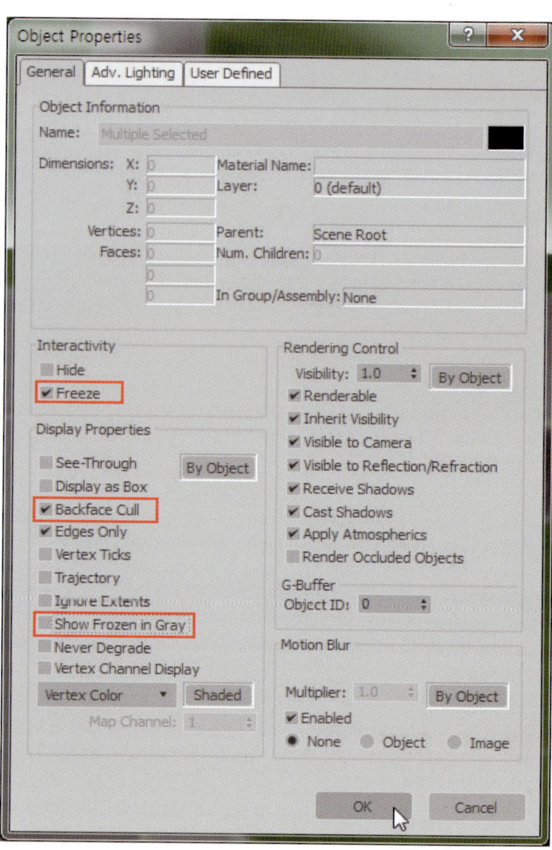

03 그 결과 도면이 선택되지 않고, 반대편의 도면 이미지
는 화면에서 보이지 않게 됩니다.

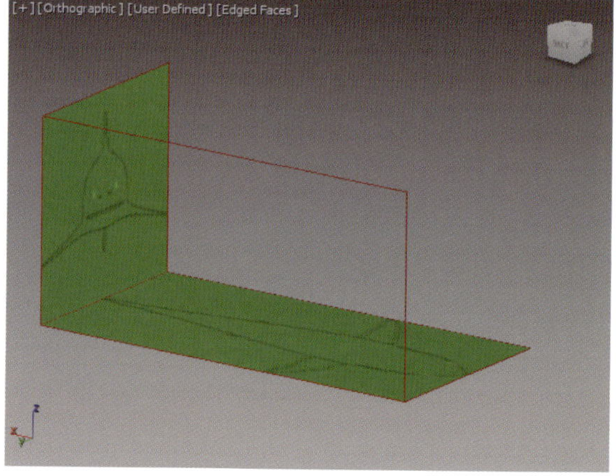

Section 02 | 상어 몸통 만들기

상어 몸통은 초기에 Cylinder나 Box를 이용하여 전체적인 모양을 만들어 가는 것이 중요합니다. 특히 지느러미가 나오는 부분을 유의하면서 면 분할을 해주어야 합니다.

01 Top View에 다음과 같은 크기의 Create〉Geometry〉Standard Primitives〉Box를 생성합니다. 각 뷰에 Edge가 보이도록 단축키 F4 키를 누르도록 합니다.

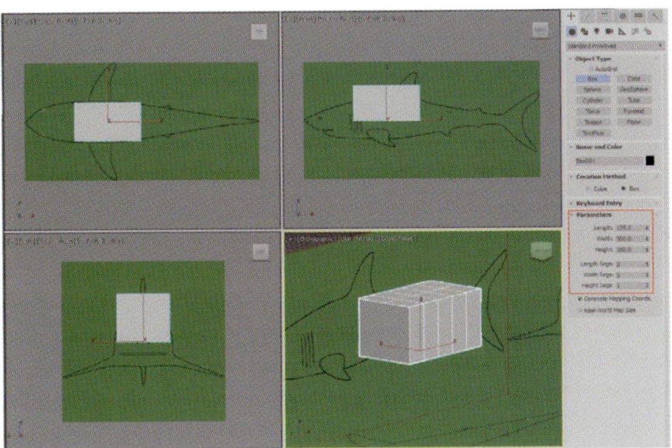

02 Box를 선택한 후 마우스 오른쪽 버튼을 눌러 나오는 Quad Menu에서 Convert to Editable Poly로 변환시켜줍니다.

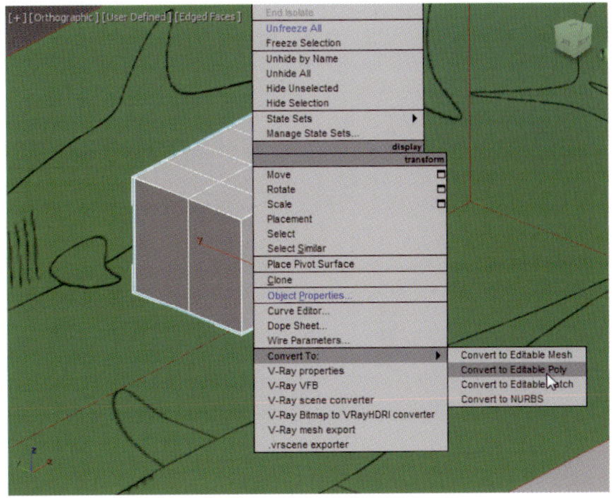

03 Front View에서 상어 도면 이미지의 외곽선에 맞추어 Vertex의 위치를 조정해줍니다. Box 오브젝트를 투명(X-Ray Mode)하게 만들기 위해서는 단축키 Alt + X 키를 사용합니다.

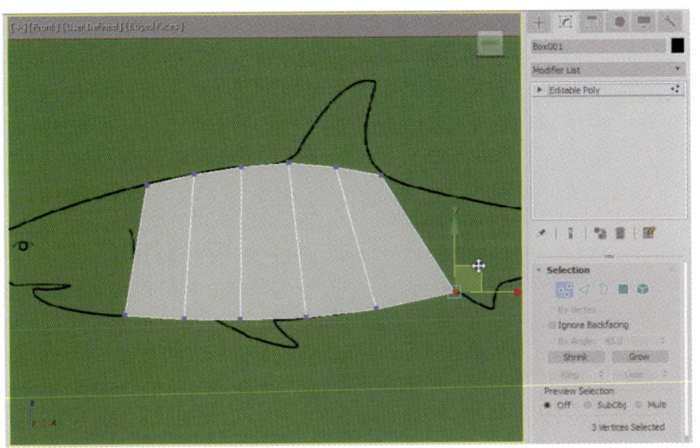

04 Edge Sub-Object Level로 이동한 후 Box의 세로 Edge들을 모두 선택해줍니다.

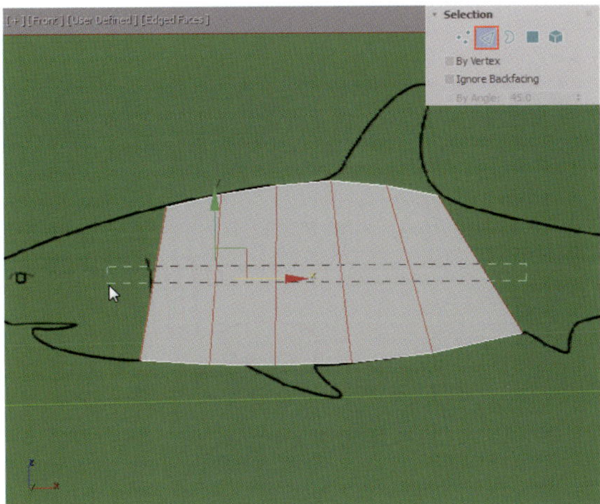

05 Connect Edge의 Segment 값에 "3"으로 설정합니다.

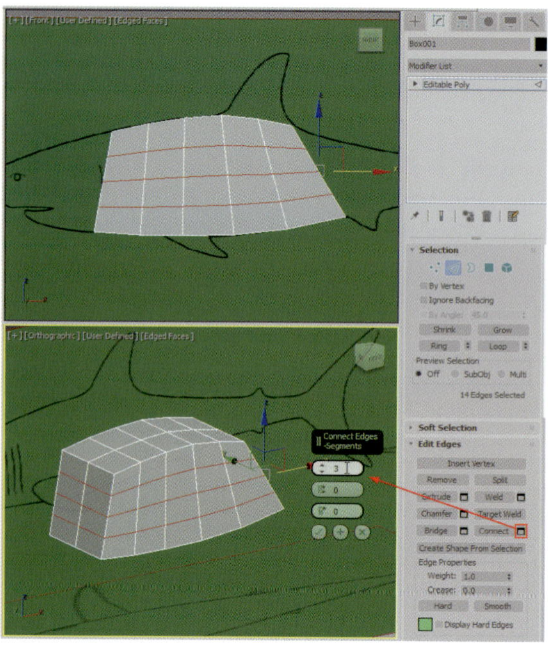

06 대칭 오브젝트를 생성하기 위해 그림과 같이 왼쪽 부분의 Vertex들을 모두 선택한 후 Delete 키를 눌러 삭제해줍니다.

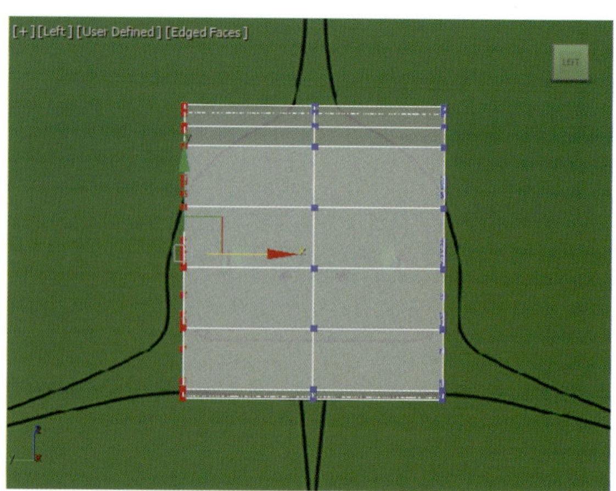

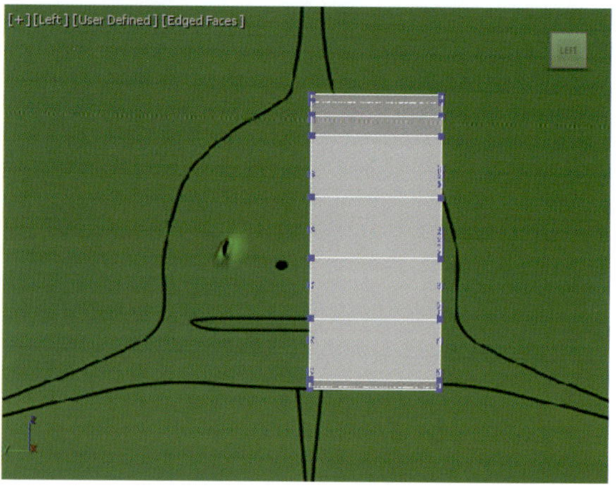

07 Vertex-Sub Object Level를 비활성화시켜주고, Modifier List에서 Symmetry를 적용해줍니다. 옵션에서 Y축 방향 설정과 Flip에 체크해줍니다.

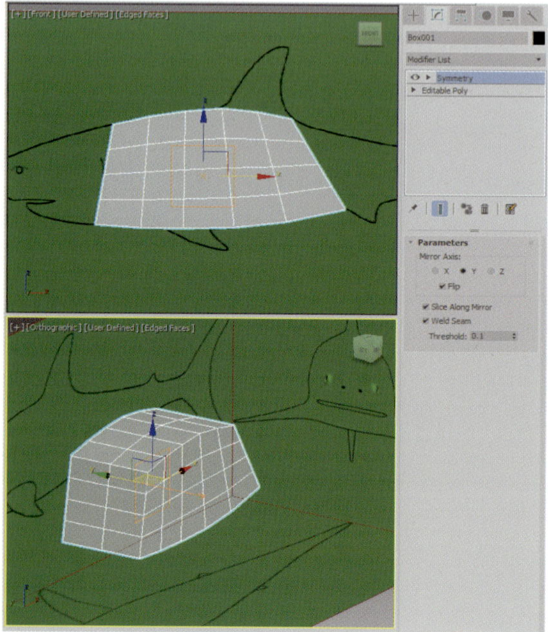

08 바로 아래 단계의 Editable Poly를 선택하고, 'Show end result on/off toggle'을 클릭하여 Symmetry의 수정인자를 미리 보면서 작업할 수 있게 합니다.

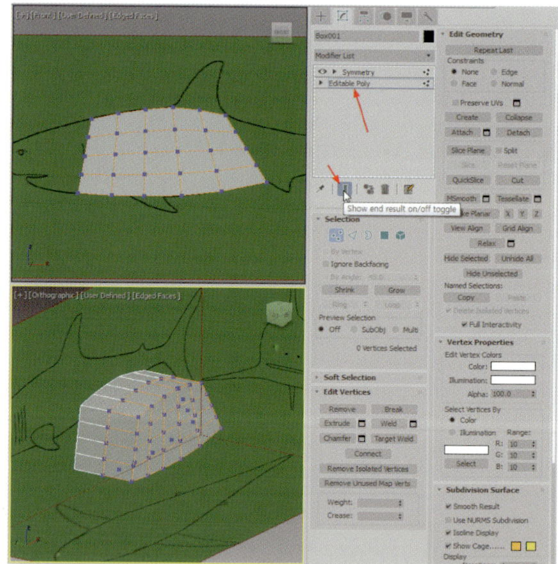

09 Top View로 이동한 후 Move[W] 툴로 도면 이미지에 맞추어 Vertex의 위치를 조정해줍니다.

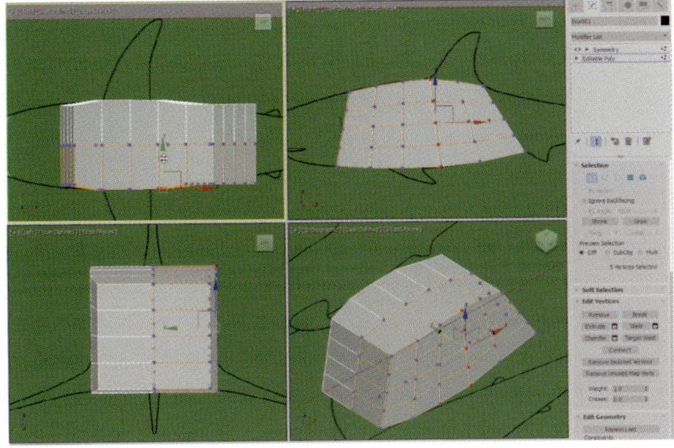

10 같은 방법으로 Vertex들을 조정해주고 기울어져 있는 Vertex들은 Rotate[E] 툴을 사용하여 조정하도록 합니다.

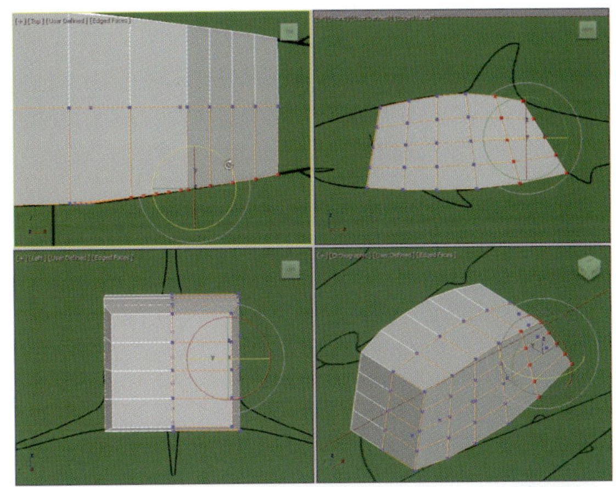

11 이번에는 Left View로 이동하여 다음 그림과 같이 Vertex들을 상어 외곽에 맞추어 조정해줍니다.

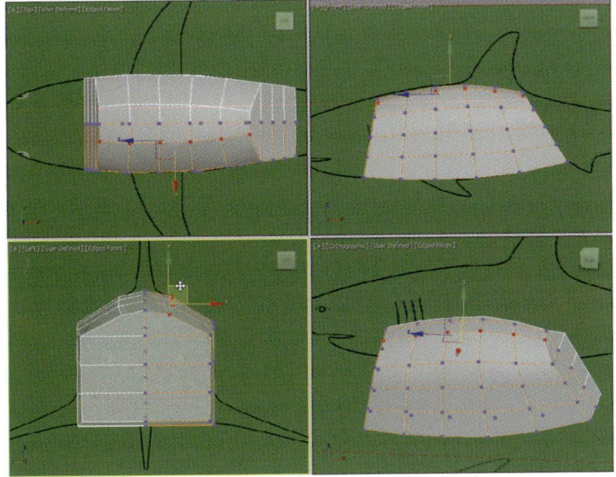

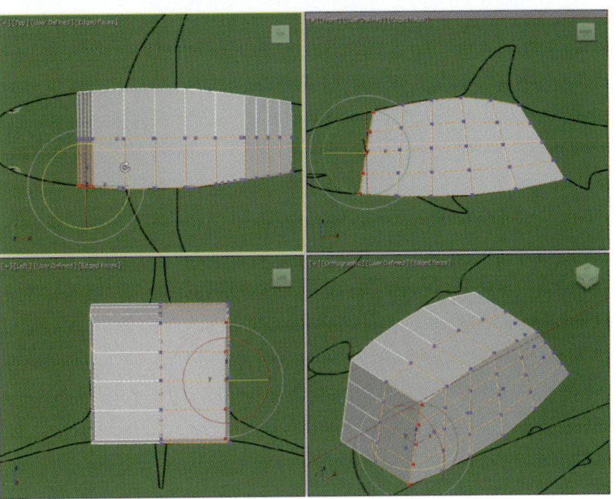

12 나머지도 그림과 같이 Vertex들을 조정해줍니다.

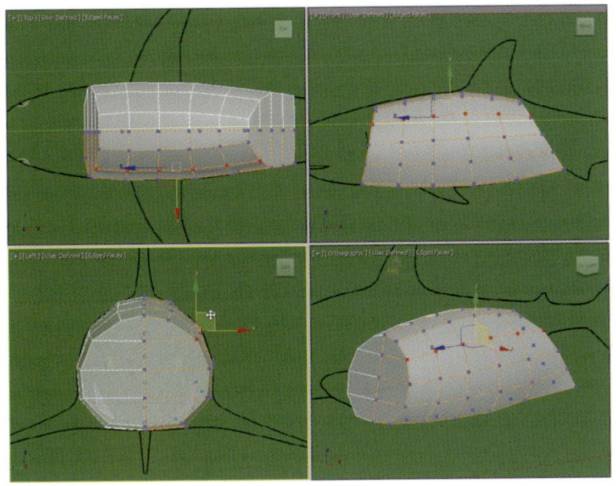

13 뚜껑에 해당되는 앞, 뒤쪽의 면들을 모두 선택한 후 Delete 키를 눌러 모두 삭제해줍니다.

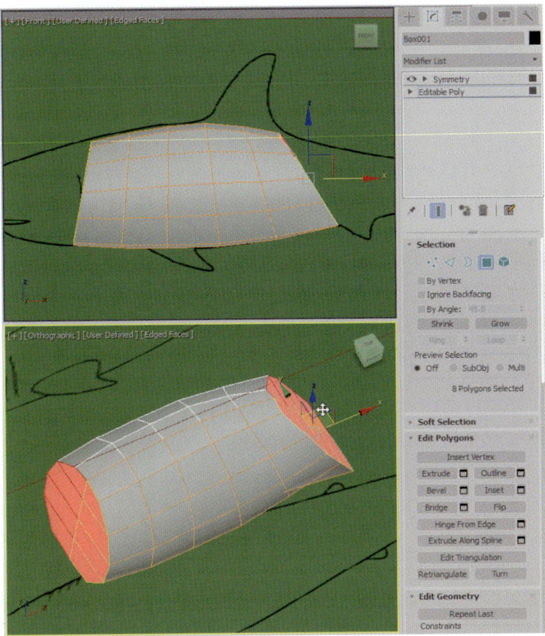

14 꼬리 쪽을 만들기 위해 Front View에서 뒤쪽의 Edge들을 모두 선택합니다.

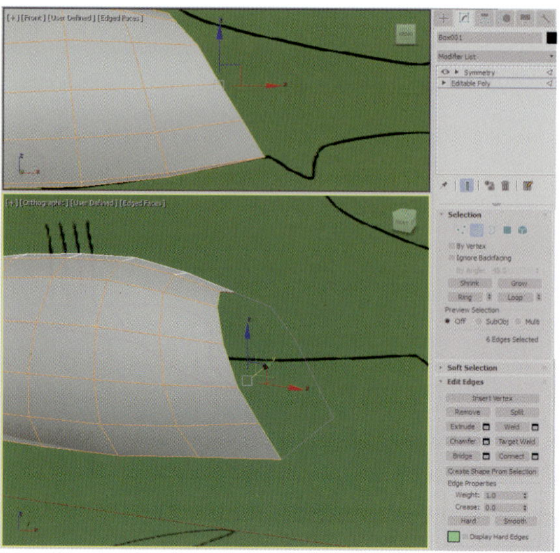

15 Shift 키를 누른 상태에서 우측방향으로 5번 드래그하여 면을 복사해줍니다. 경우에 따라서 'Show end result on/off toggle' 아이콘을 눌러가며 작업하도록 합니다.

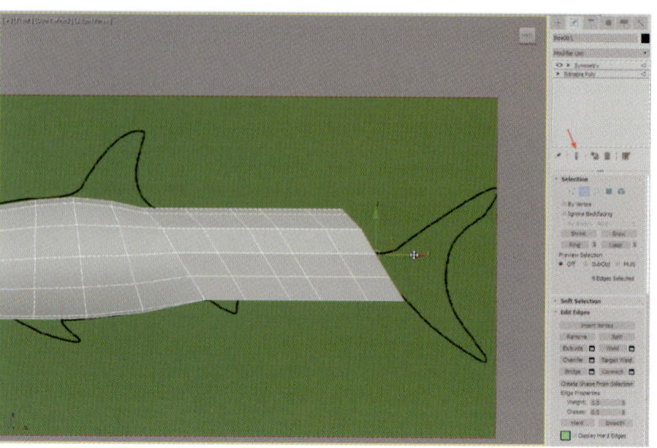

16 1D Scale[R] 툴을 사용하여 그림과 같이 Y축 방향으로 축소시켜준 다음 Move[W] 툴로 정리해줍니다. 경우에 따라서 Rotate[E] 도 같이 사용합니다.

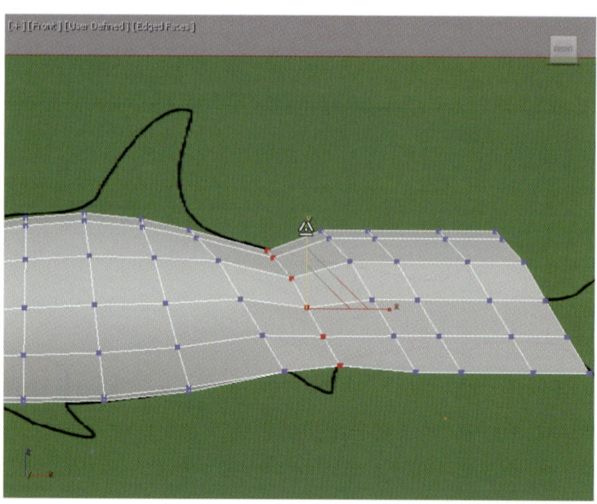

17 나머지도 같은 방법으로 그림과 같이 지느러미 위치에 맞추어 Vertex들을 정리하여줍니다. Vertex를 정리할 때에는 면의 흐름을 고려하며 작업해야 합니다.

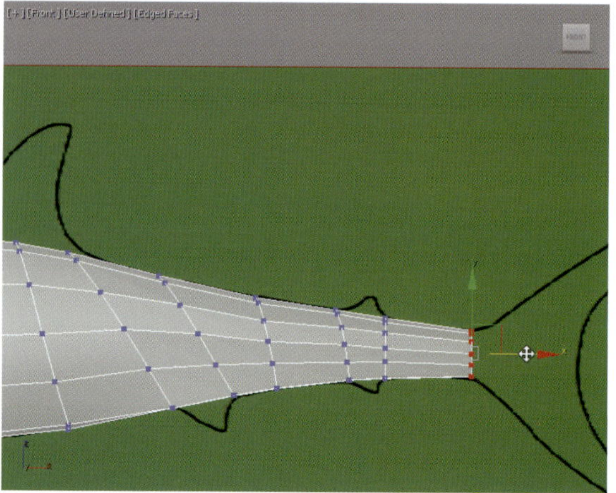

18 Top View에서도 도면에 맞추어 Vertex들을 정리 해줍니다. 정 가운데의 Vertex들을 선택하지 않도록 유의합니다.

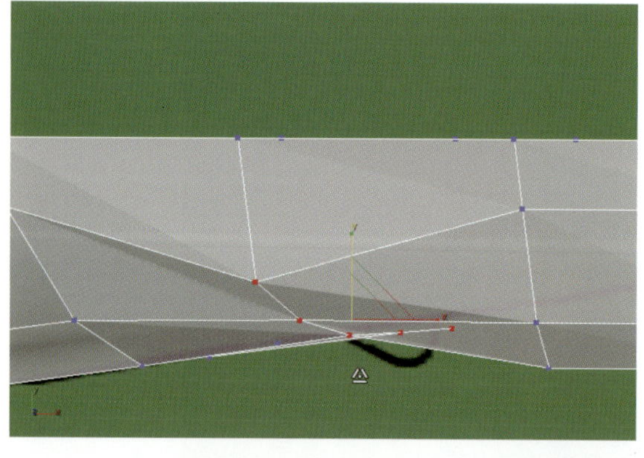

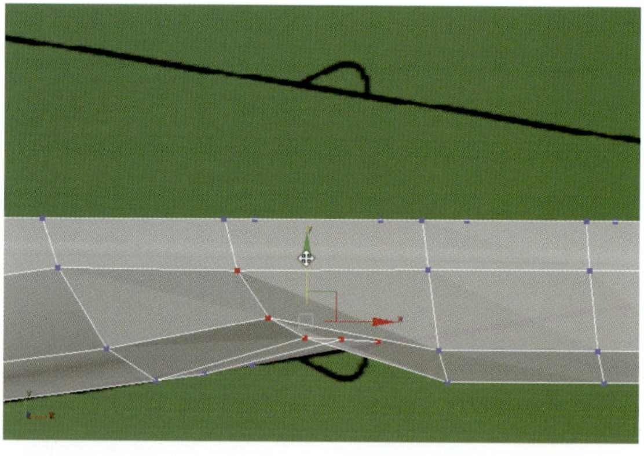

19 그림과 같이 면이 정리되어 보이도록 Vertex들을 정리합니다.

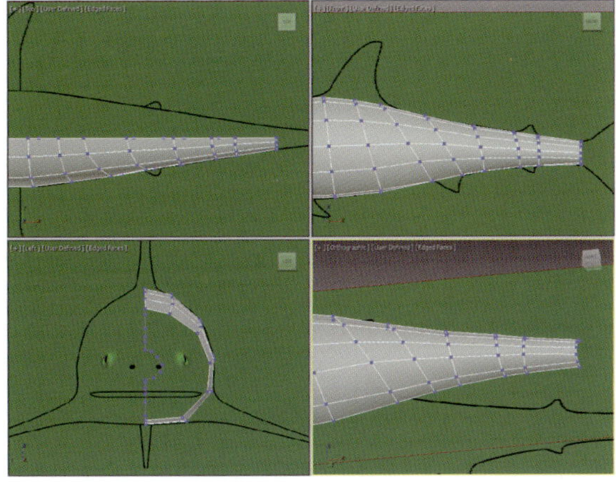

20 앞부분을 Vertex를 다음과 같이 수정해줍니다.

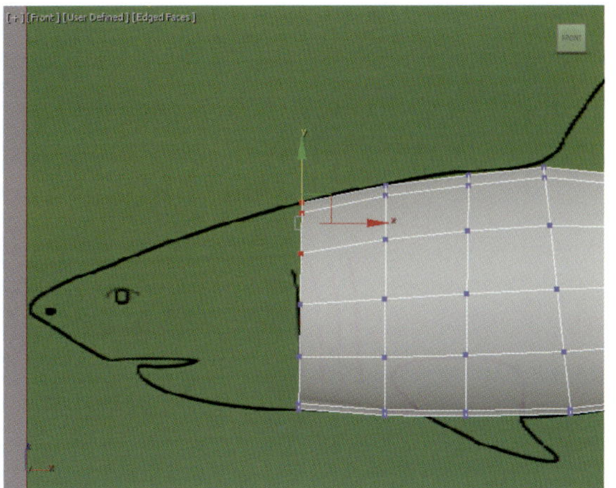

21 같은 방법으로 앞부분도 Edge를 Shift+Move 툴로 드래그하여 면을 확장 복사해주고, Vertex들을 정리해줍니다.

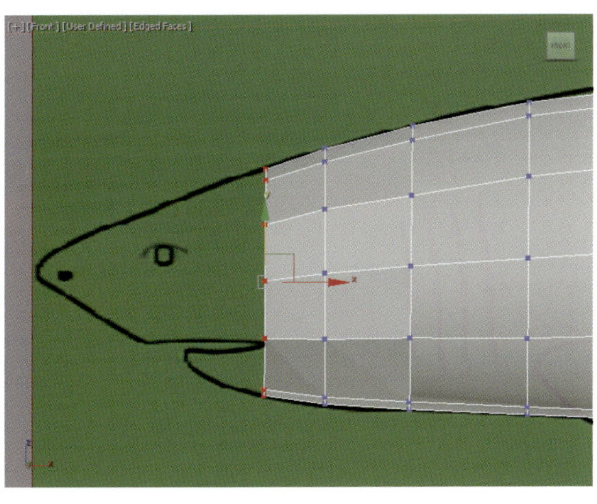

22 계속해서 Shift+Move 툴을 사용하여 Edge를 선택한 후 입 부분을 만들어 줍니다.

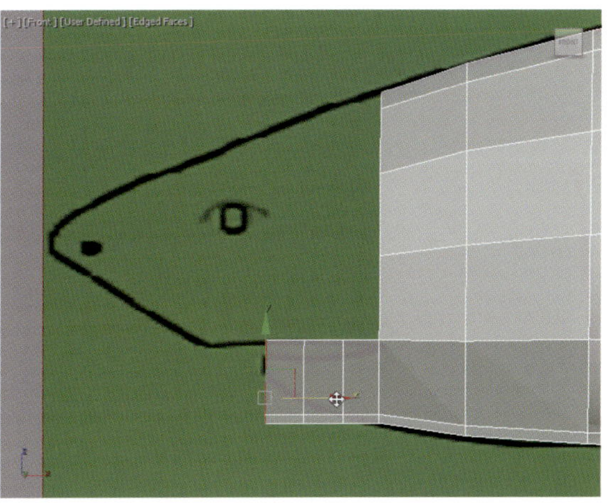

23 그림과 같이 도면에 맞추어 Vertex들을 정리하여 줍니다.

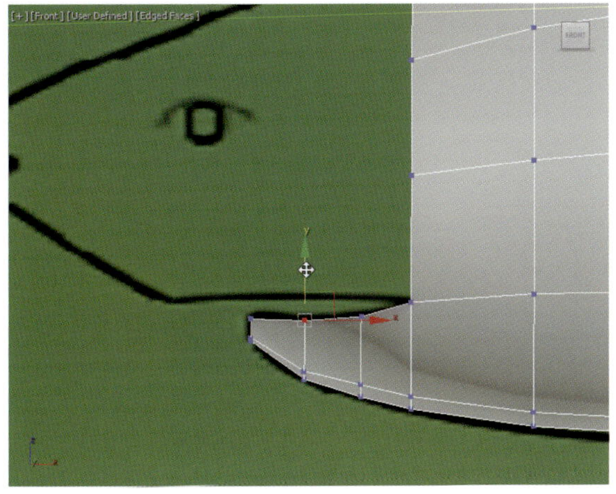

24 Top View에서도 도면 이미지에 맞추어 Vertex들을 정리합니다.

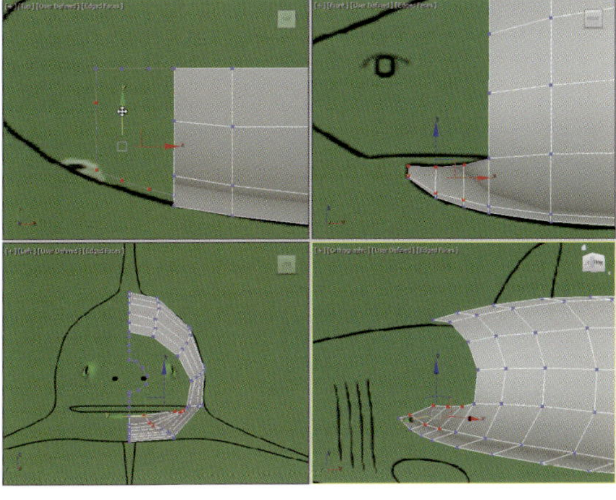

25 계속해서 Shift +Move 툴을 사용하여 Edge를 선택한 후 그림과 같이 6번 정도의 면을 뽑아냅니다.

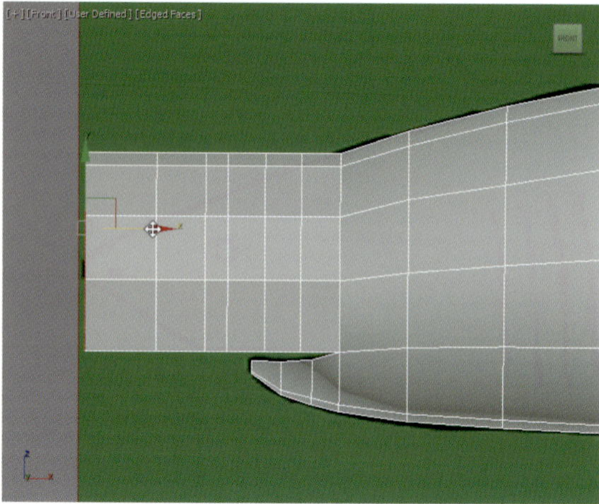

26 계속해서 도면 이미지에 맞추어 Vertex들을 정리합니다.

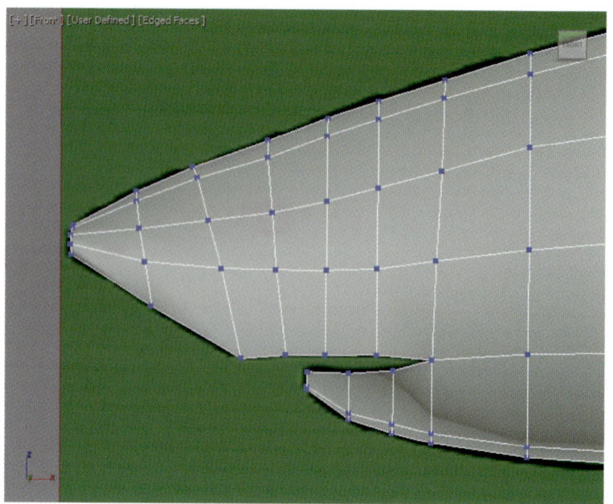

27 Top View에서도 Vertex들을 정리하여 줍니다.

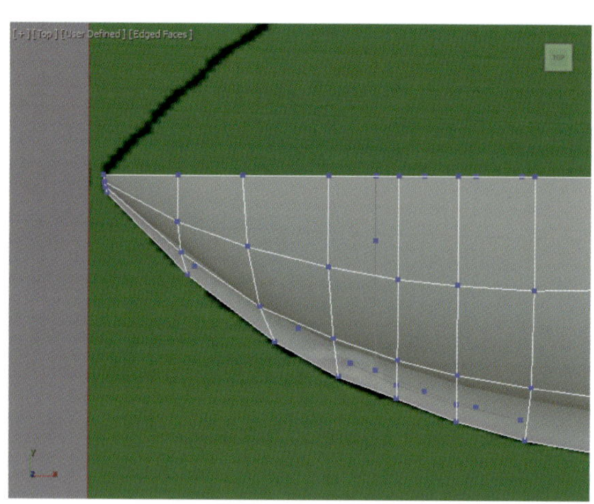

28 Orthographic View[U]로 이동한 후 아래 턱 부분의 Vertex들을 선택한 후 그림과 같이 위치를 조정해줍니다.

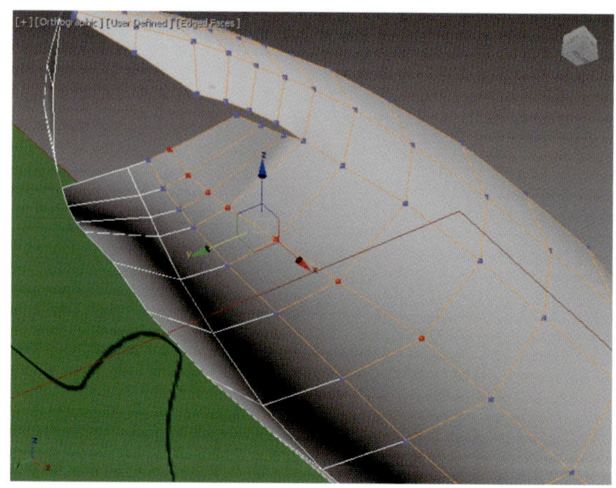

29 Orthographic View [U]로 이동한 후 아래 턱 부부분의 Vertex들을 선택한 후 그림과 같이 위치를 조정해줍니다.

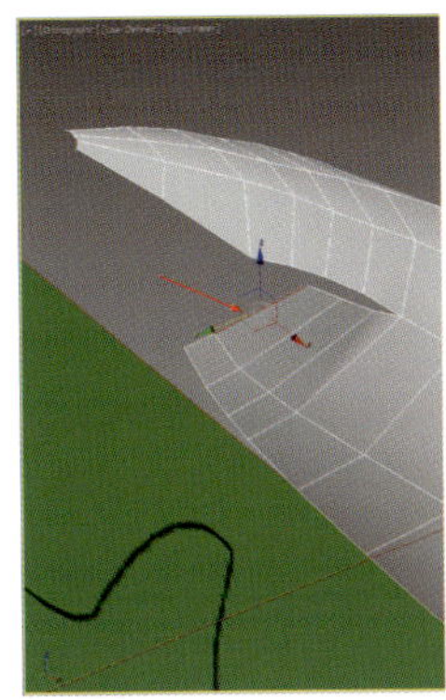 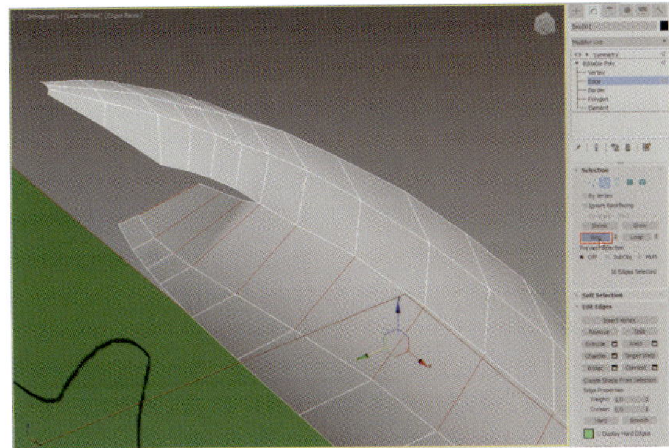

ⓘ 알아두기 | Ring 단축키 활용하기

같은 행의 Edge 하나를 미리 선택해 놓은 후 바로 옆의 Edge를 Shift 키를 누른 상태에서 마우스 커서를 올려놓으면 노랗게 표시됩니다. 그때 클릭하면 Ring 타입으로 모든 Edge가 선택됩니다.

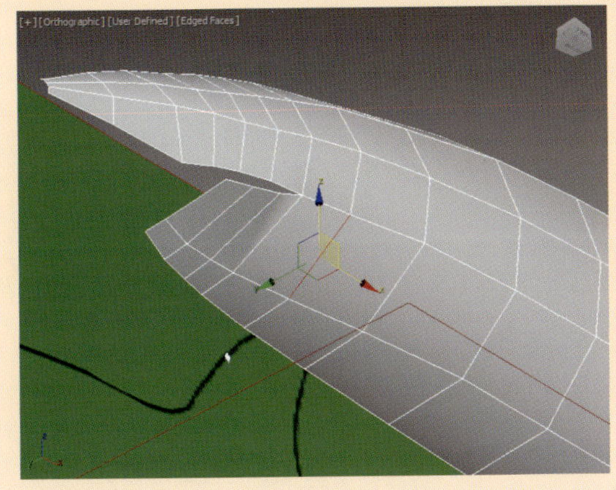 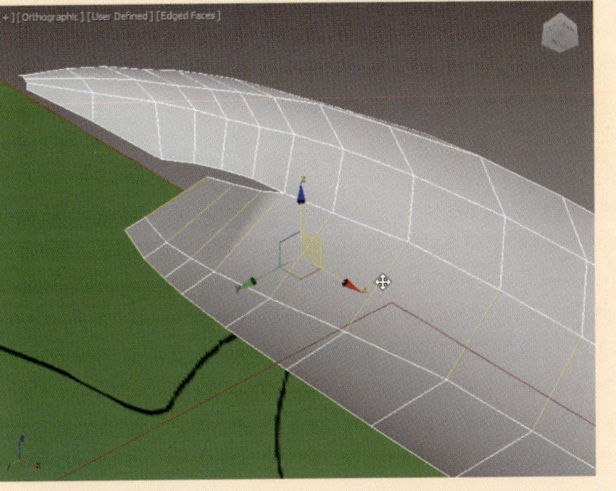

30 Connect Setting 아이콘을 클릭하여 Edge 1 열을 추가합니다.

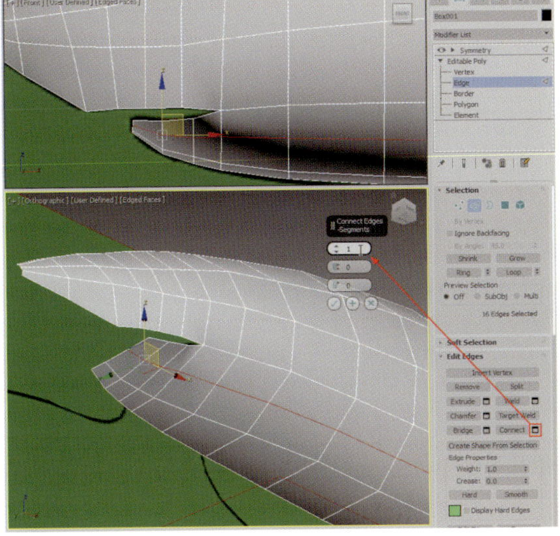

31 Front View에서 Edge들을 둥근 형태가 되도록 조금만 오른쪽 방향으로 조정해줍니다. 뒤쪽 방향도 확인하여 Vertex 가 골고루 퍼지도록 정리해줍니다.

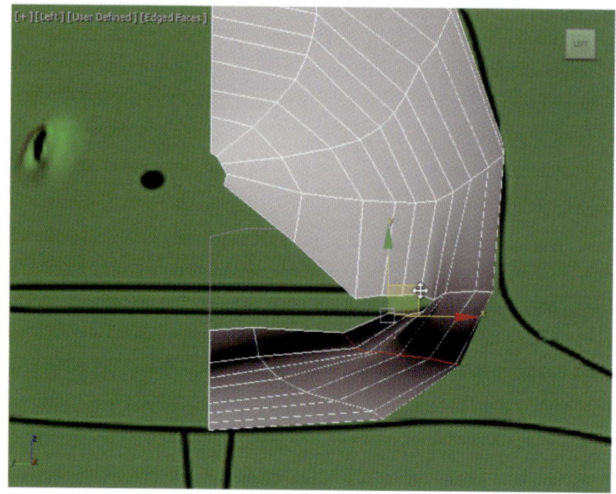
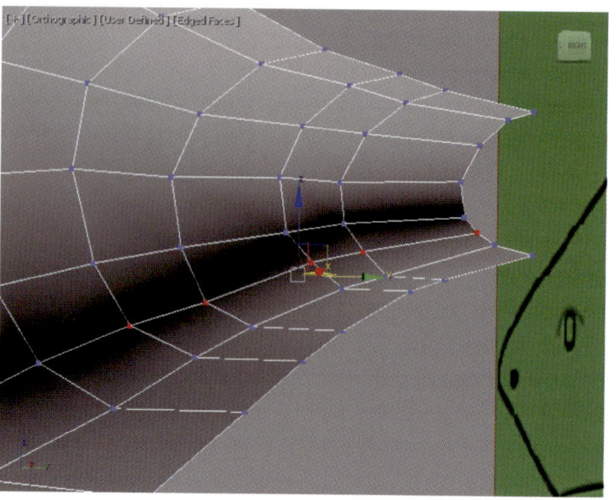

32 Top View와 Front View에서 그림과 같이 Vertex 들을 조정해줍니다.

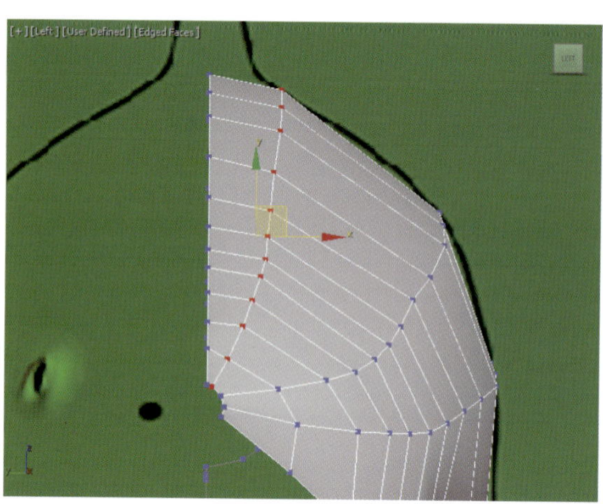
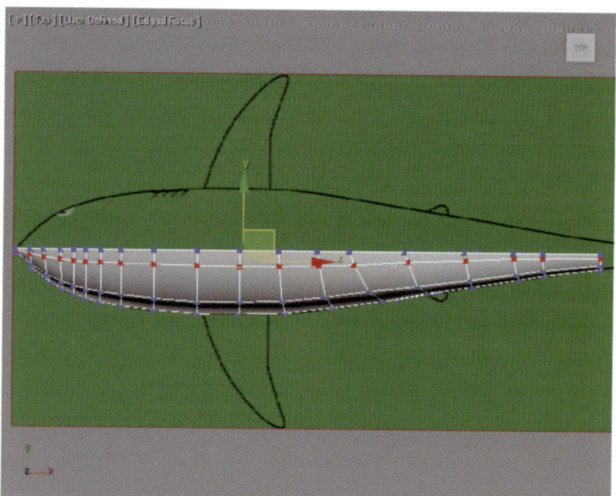

33 앞서 같은 방법으로, Connect 명령으로 Edge 1열을 추가합니다.

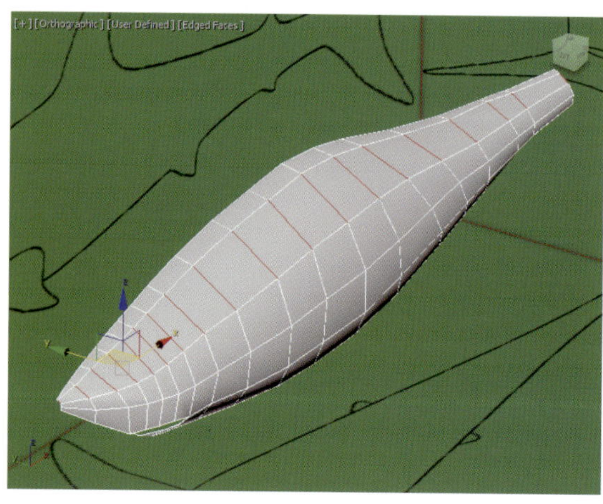
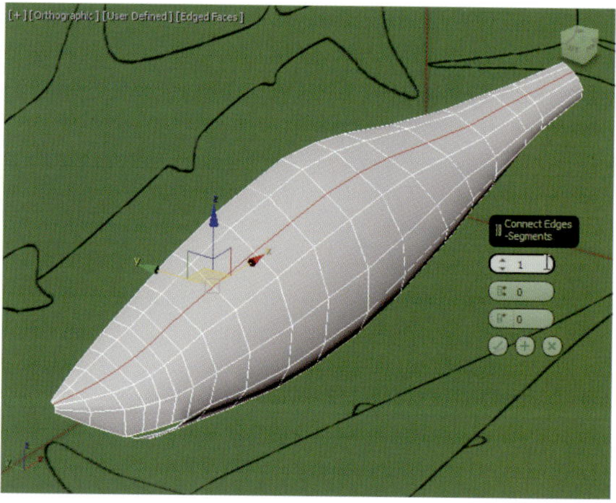

34 Edge가 새로 추가되거나 Vertex의 위치가 조정이 되면, 면의 흐름에 따라 그 옆 부분의 Vertex까지 조정하는 것이 중요합니다.
둥근 형태의 몸통이 되도록 Vertex의 위치를 조정합니다.

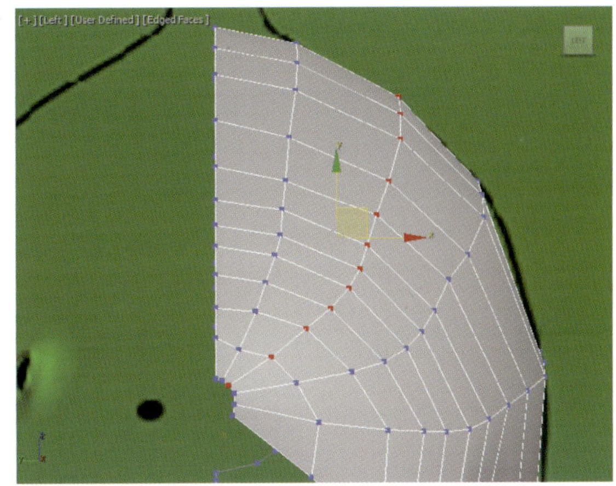

35 Edge 4개를 선택하고 Shift +Move 툴을 이용하여 가운데 방향으로 드래그합니다.

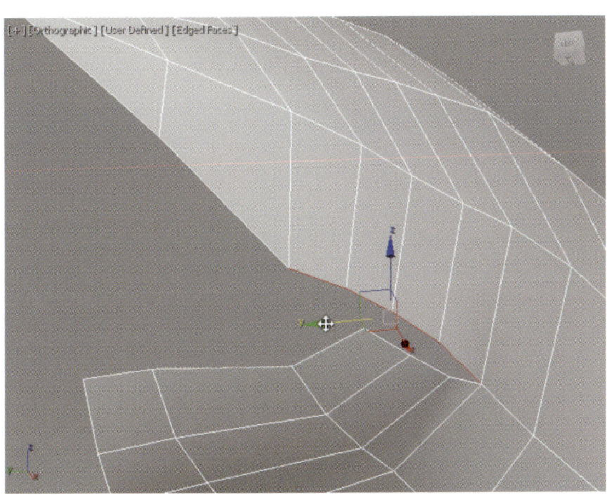

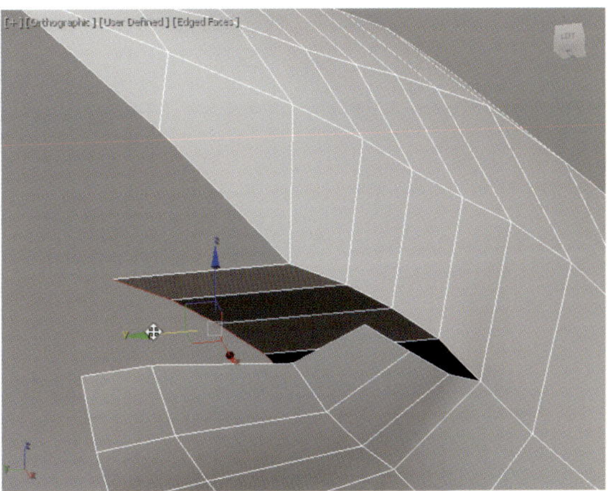

36 그림과 같이 정 가운데의 일렬방향으로 정렬시켜줍니다.

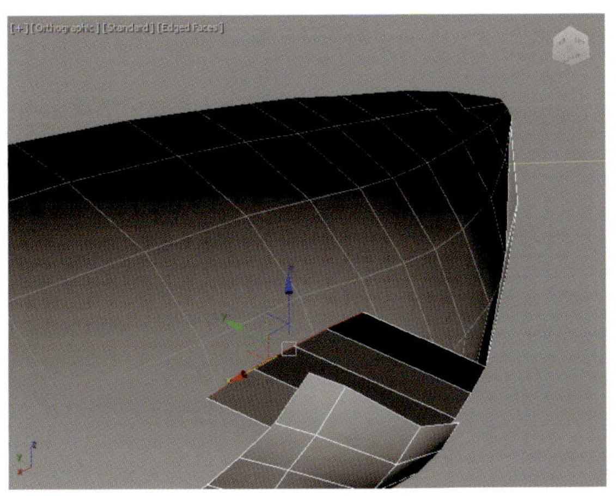

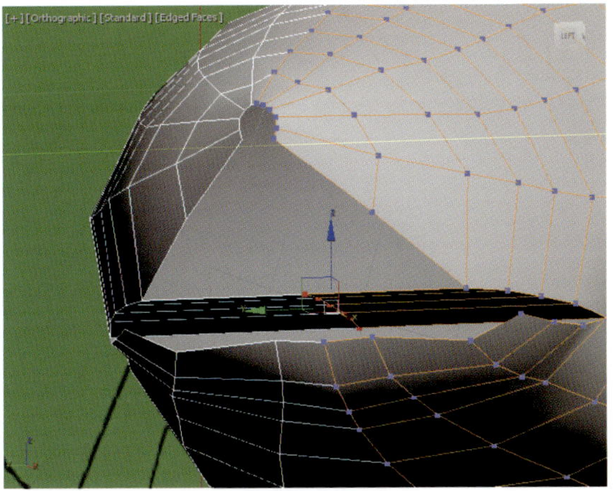

37 앞부분도 같은 방법으로 2개의 Edge를 선택하고, 면을 확장시켜 정 가운데로 정렬시켜줍니다.

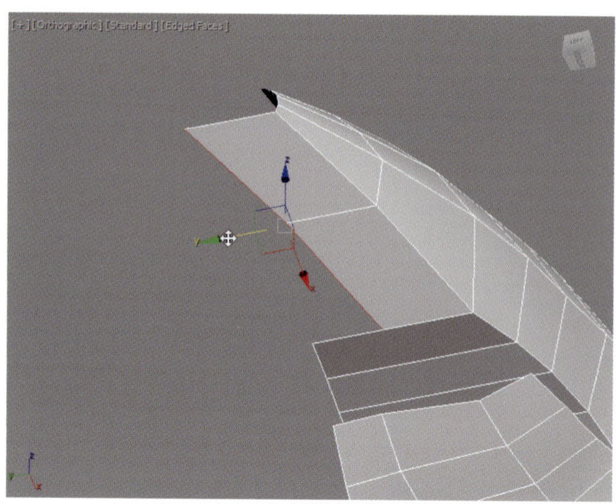

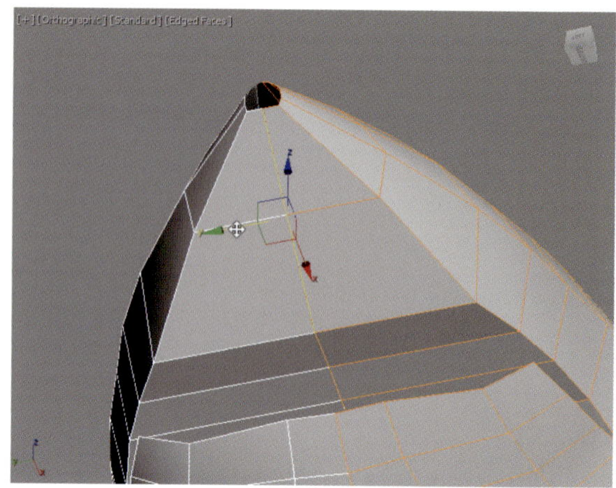

38 동그라미 친 부분의 Vertex 2개를 선택하고 Collapse 버튼을 클릭하여, 하나의 점으로 만듭니다.

39 이제 거의 마무리되어 갑니다. 그림과 같이 위쪽 Edge를 선택하고 확장시켜줍니다.

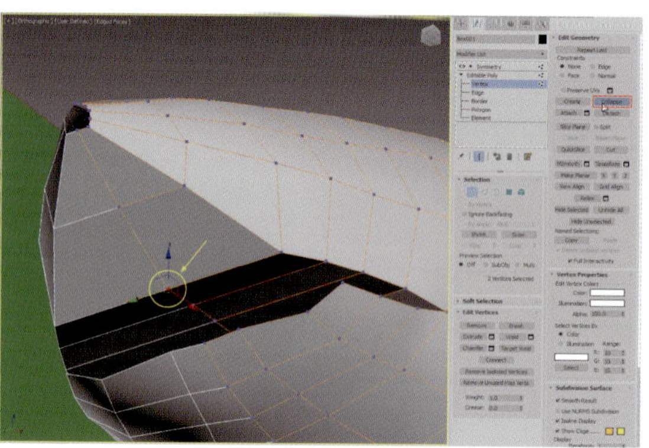

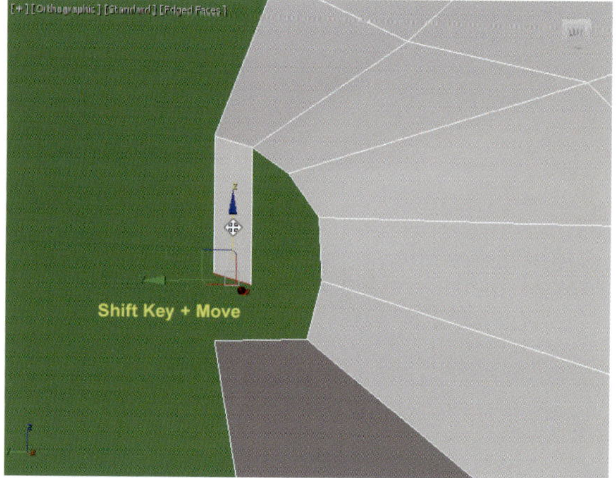

40 Target Weld 명령을 사용하여 동그라미 친 부분의 Vertex를 아래쪽의 Vertex에 붙여줍니다.

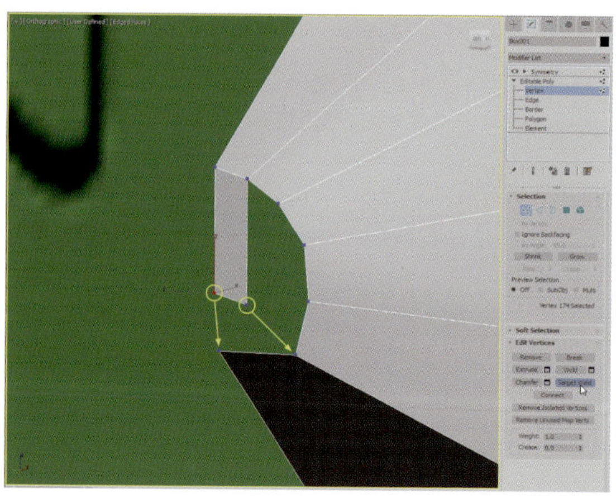

41 양쪽 Edge를 선택한 후 Connect Setting 버튼을 클릭하여 Segments 값에 "3"으로 설정합니다.

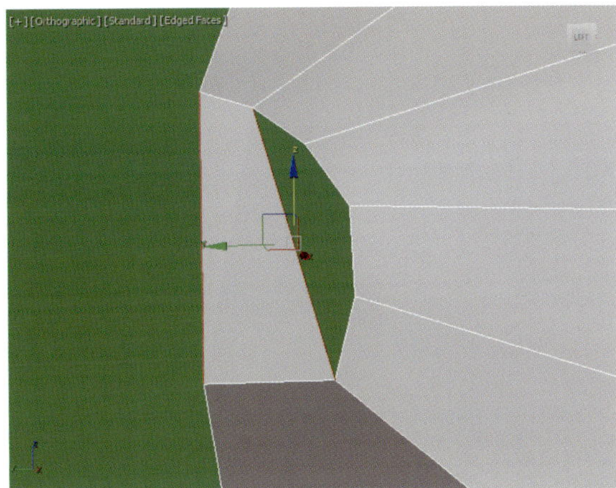
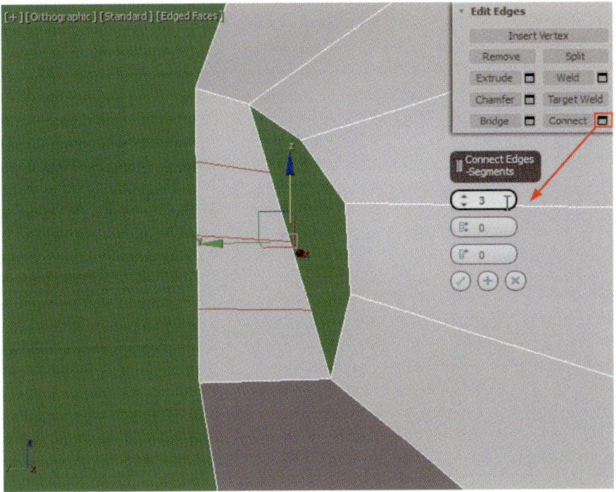

42 Border Sub-Object Level을 선택하고 열려있는 Edge를 선택합니다. Cap 버튼을 클릭하면 막힌 면으로 바뀝니다.

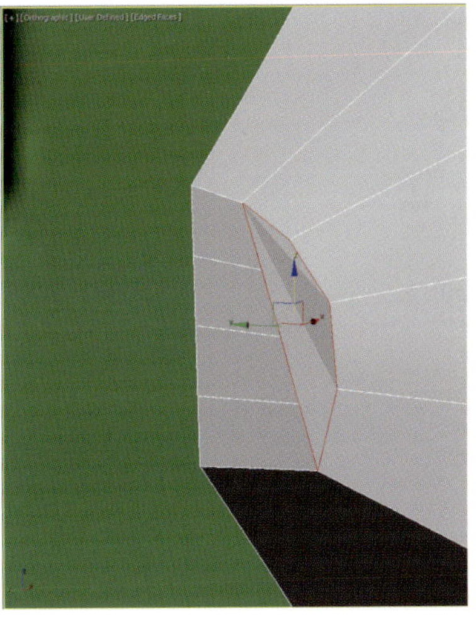

43 마주보고 있는 Vertex를 동시에 선택한 후 Connect 버튼을 클릭하여 Edge로 연결해줍니다.

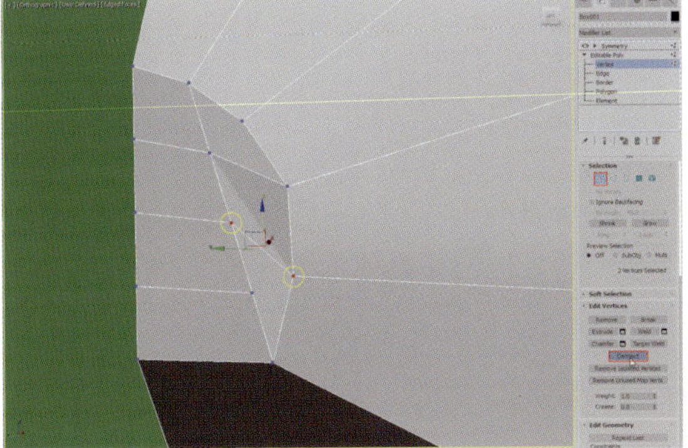

44 둥근 형태가 되도록 그림과 같이 보기 좋게 Vertex의 위치를 조정해줍니다.

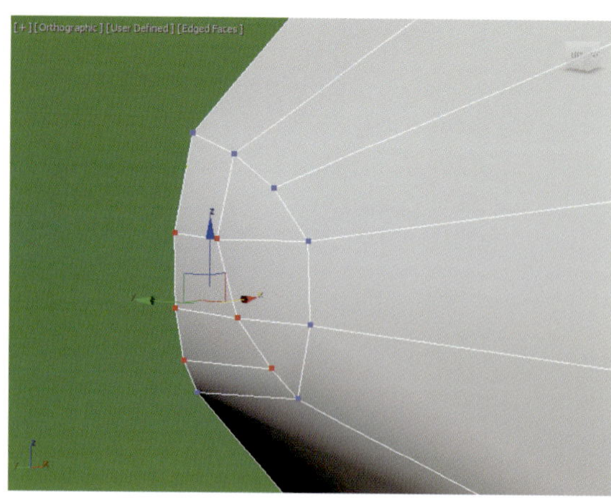
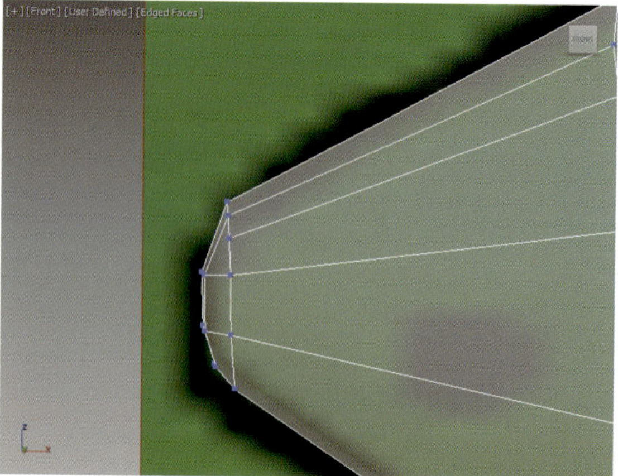

45 Edge를 다음과 같이 Ring으로 선택한 후 Connect 명령으로 Edge를 1열로 추가합니다.

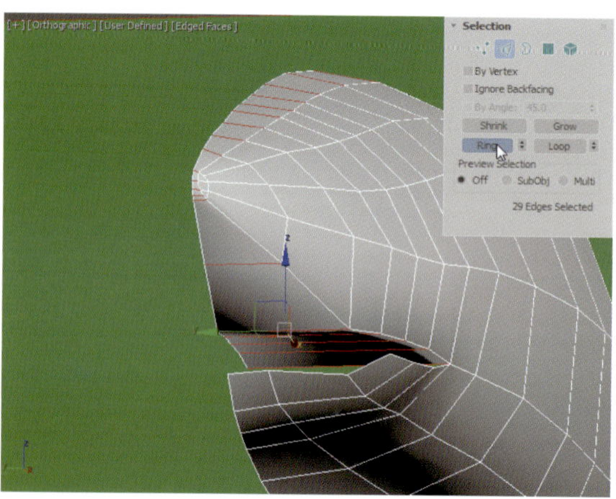
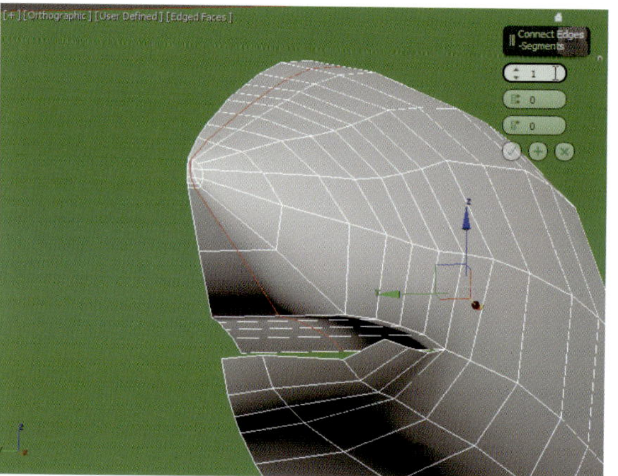

46 그림과 같이 Edge를 선택한 후 Shift+Move 툴로 면을 돌출 시켜줍니다.

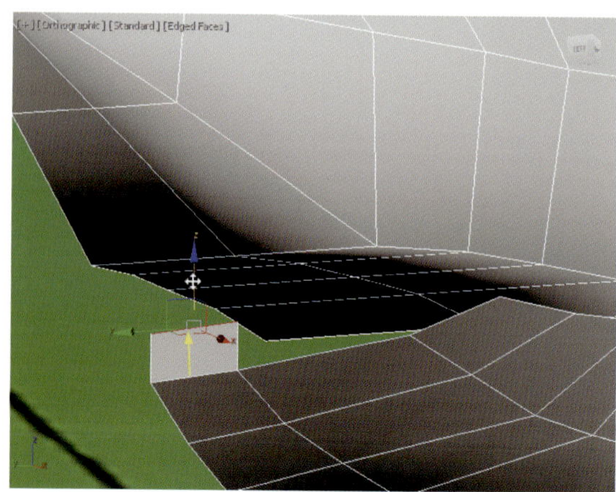
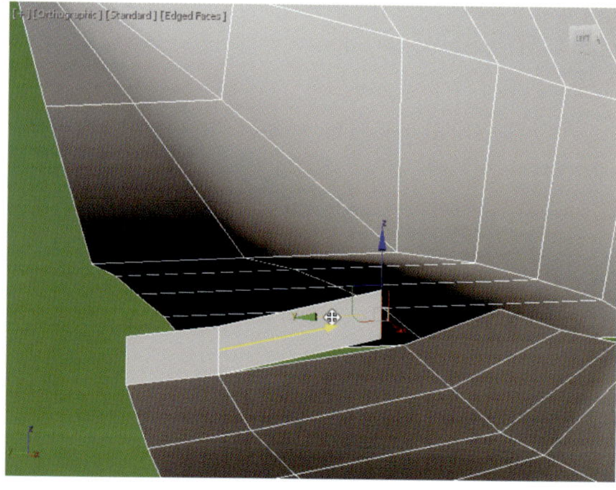

47 Vertex Sub-Object Level에서 Target Weld 명령으로 Vertex를 정리해줍니다.

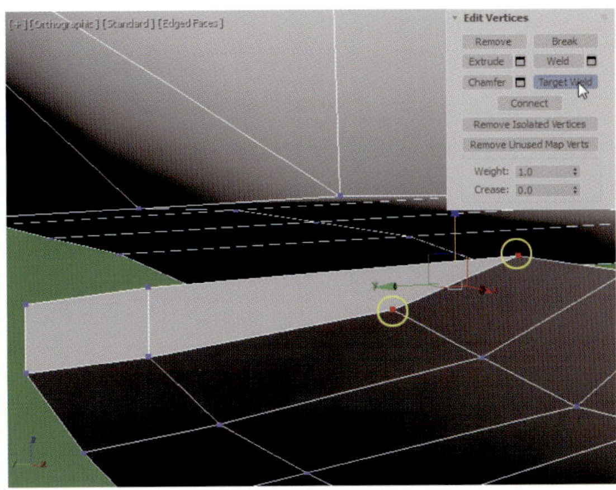

48 선택된 Vertex들을 대략적으로 정리해줍니다. 동그라미 친 부분에 Vertex의 위치를 특히 유의하도록 합니다. 동그라미 친 부분은 아래턱과 만나는 부분입니다.

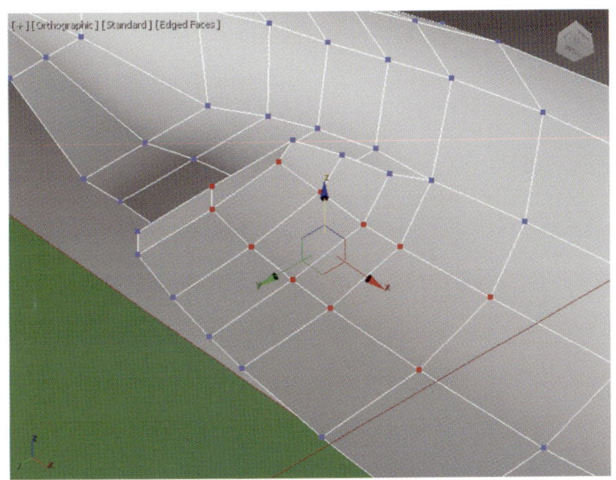

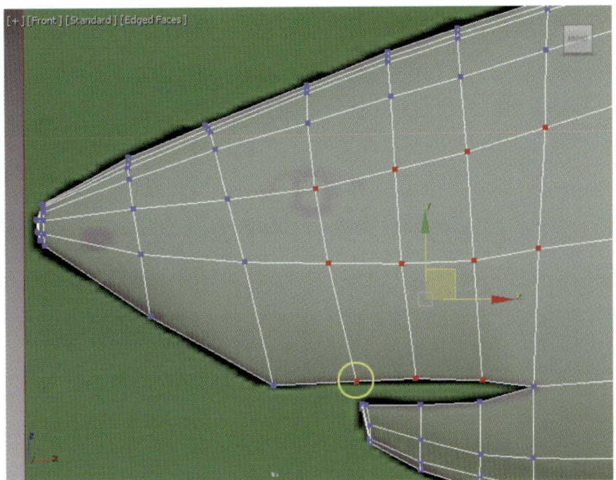

49 입 안쪽을 정리하도록 하겠습니다. 아래쪽의 턱을 선택하고 편집을 위해 잠시 아래쪽으로 이동시켜줍니다. 이어서 왼쪽 방향으로 그림과 같이 회전시켜줍니다.

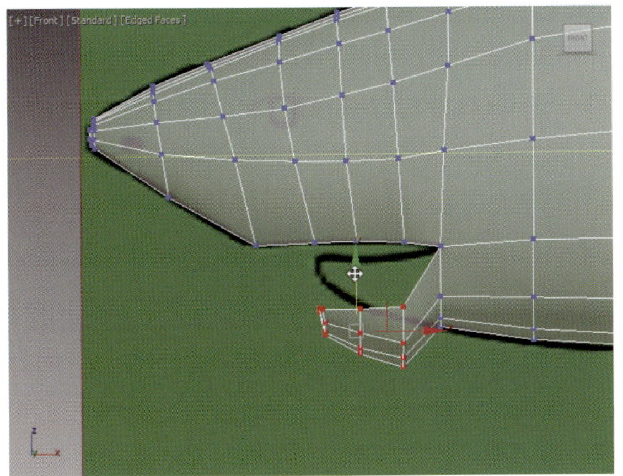

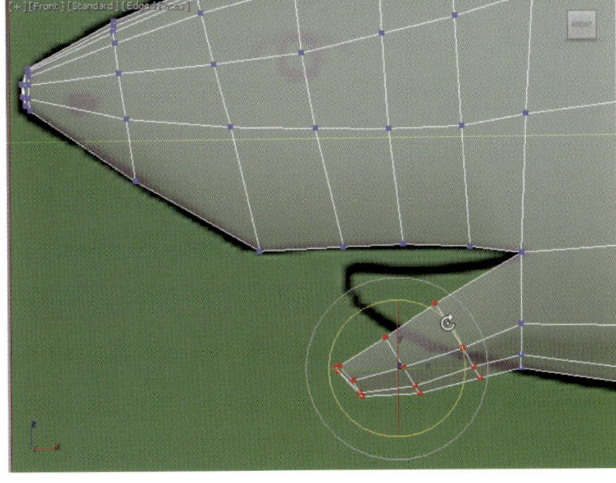

50 턱 쪽의 Edge들을 선택한 후 Shift +Move 툴을 사용하여 면을 확장 복사해줍니다. 동그라미 친 4 군데는 Target Weld 명령으로 합쳐주고, 나머지 Vertex들은 면의 흐름에 맞게 정리합니다.

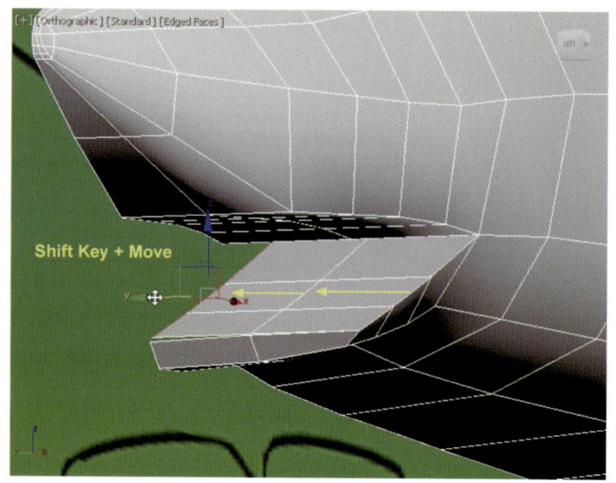

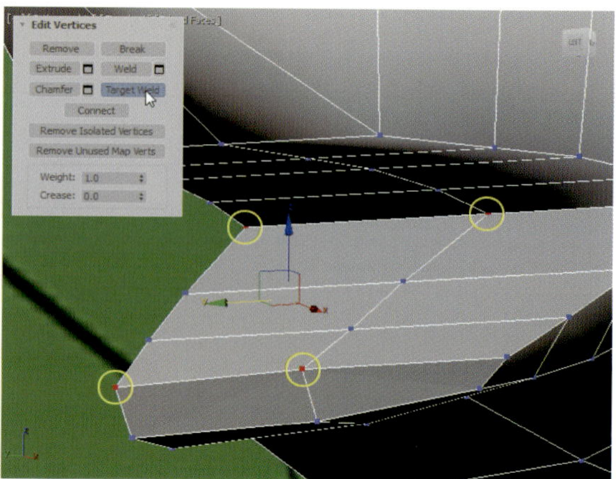

51 계속해서 입 안쪽의 면을 모두 선택해주고, Inset 명령을 2번 적용합니다.

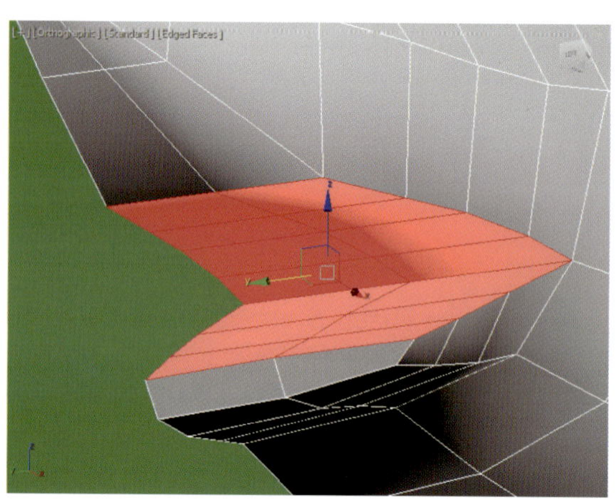
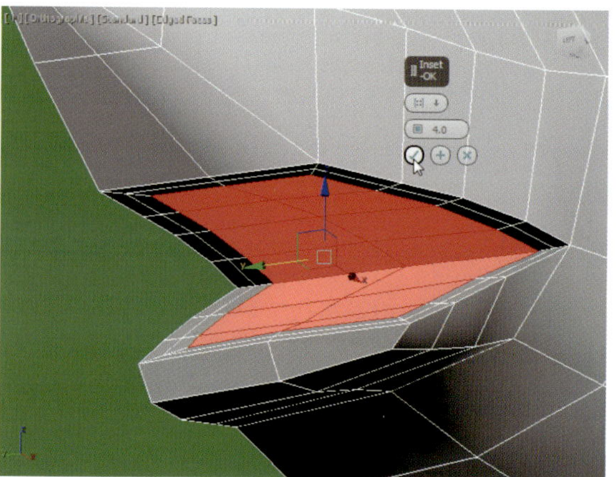

52 왼쪽 부분의 면들을 모두 선택하고, Delete 키로 삭제시켜줍니다.

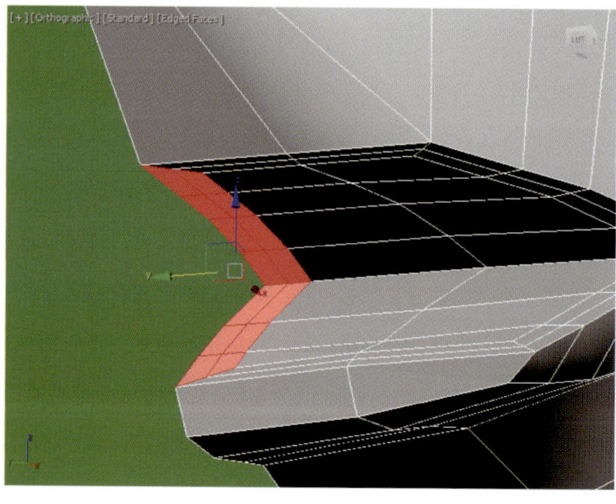

53 지웠던 부분의 Vertex들을 모두 선택한 후 가운데로 정렬시켜줍니다.

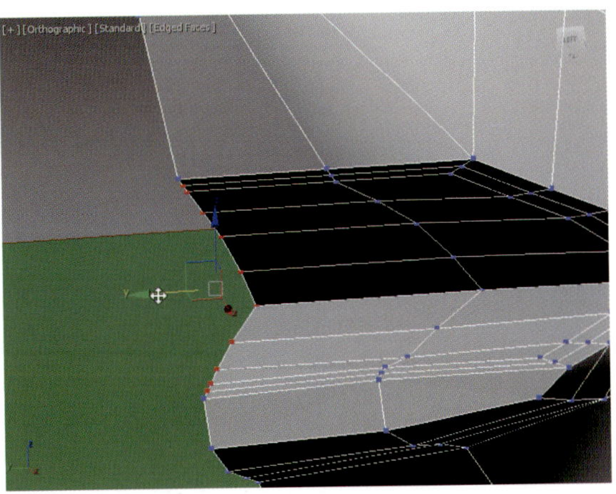

54 입 안쪽을 좀 더 정리하도록 하겠습니다. 다음과 같이 안쪽의 면들을 모두 선택하고 Extrude Setting을 적용합니다. Local Normal Type으로 변경하고, Height 값은 "-4"로 합니다.

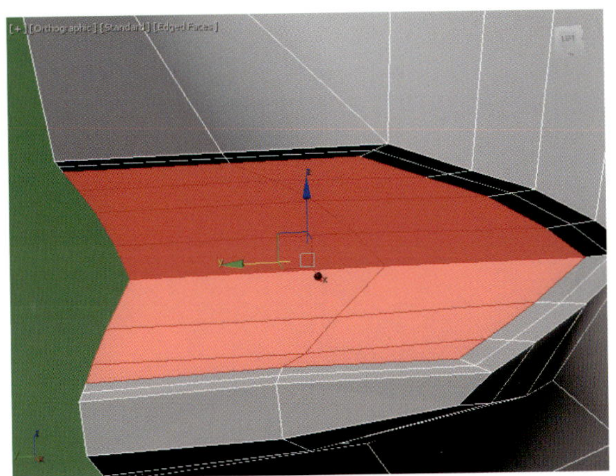
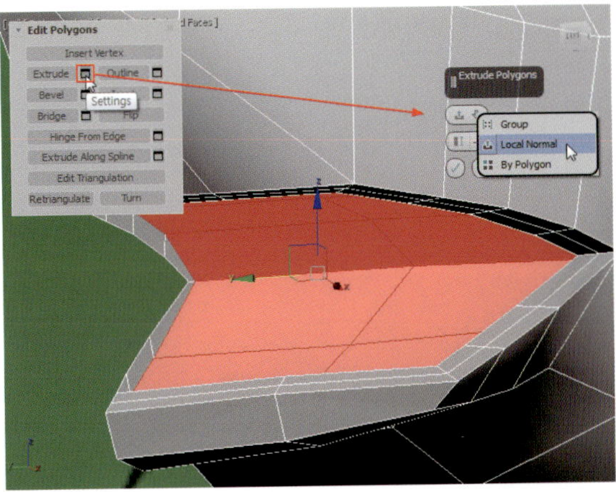

55 Extrude로 생성된 가운데 부분의 면은 선택해서 삭제해주고, 입 안쪽의 Vertex들은 그림과 같이 둥근 모양으로 정리해줍니다.

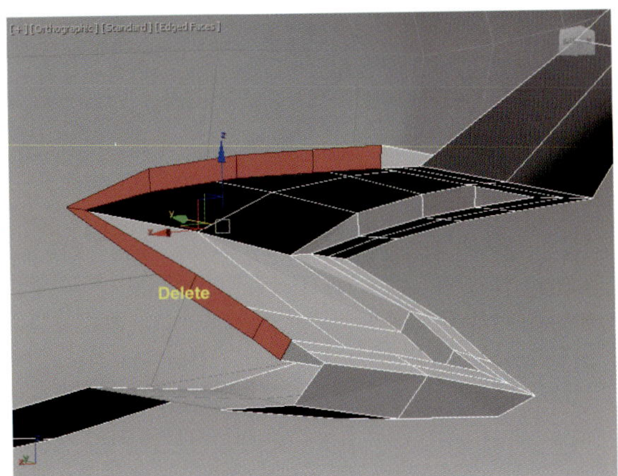

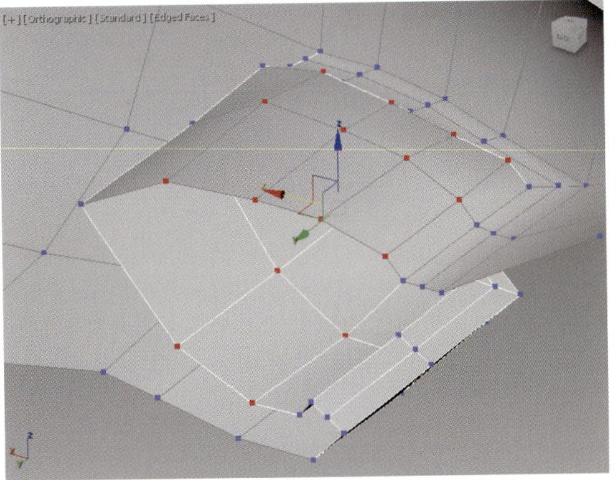

56 정리가 끝났으면 아래턱의 Vertex들을 원래대로 위치 시켜줍니다.

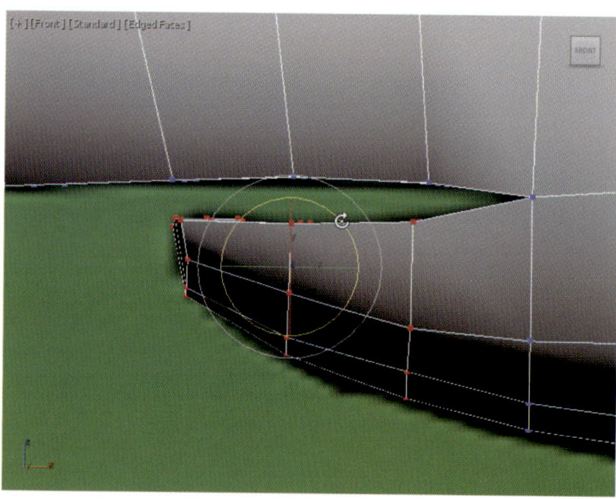

57 Cut[Alt+C] 명령으로 입술주변에 Edge를 추가 합니다.

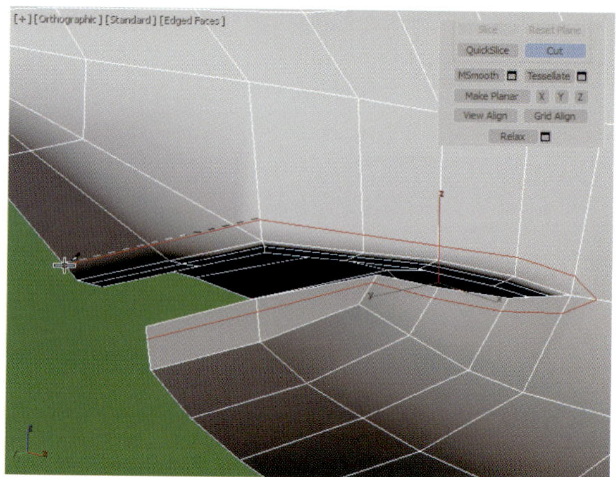

58 계속해서 Target Weld 명령으로 Vertex를 그림과 같이 붙여줍니다.

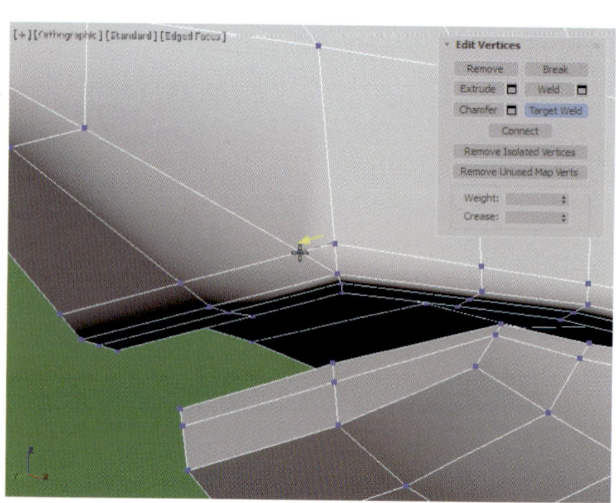

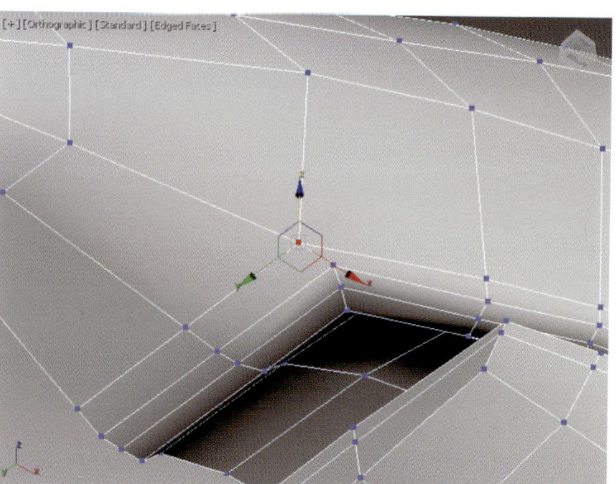

59 계속해서 Cut 명령으로 입가 주변에 Edge를 추가시켜주고, Vertex를 정리합니다.

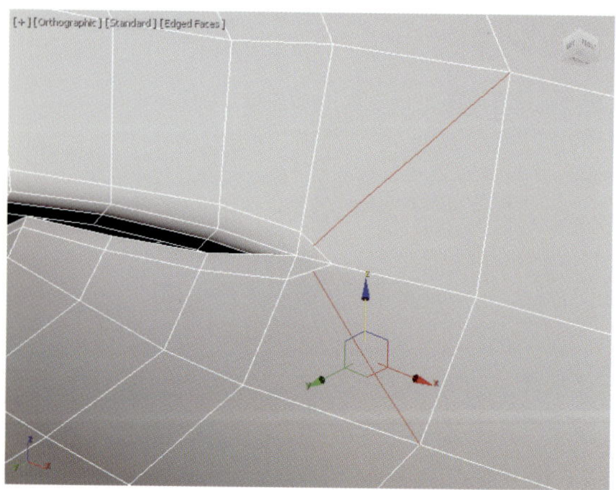

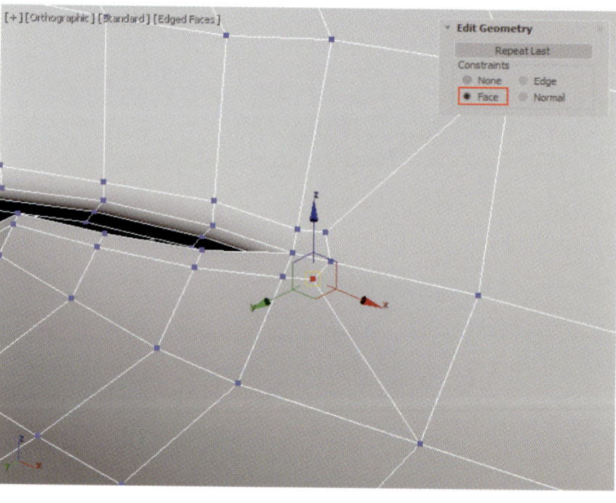

60 아래 위의 입 부분의 Vertex를 조정하여 그림과 같이 둥글게 수정해줍니다.

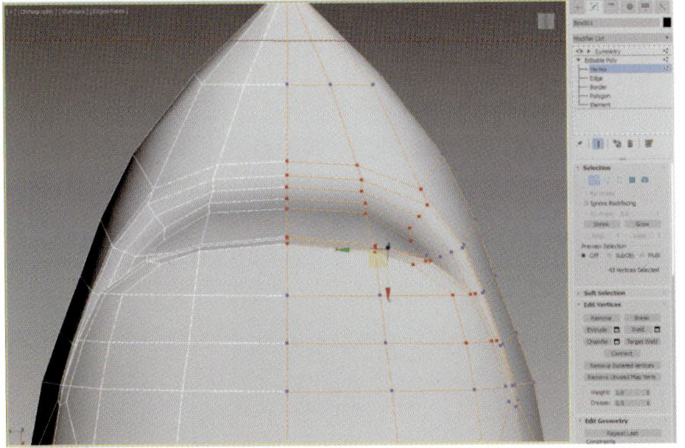

61 Selection 항목에서 Element Sub-Object Level를 선택합니다. 몸통을 선택하고 Auto Smooth 버튼을 클릭해서 전체적으로 각진 면을 부드럽게 처리해줍니다.
대부분 Extrude를 적용한 면들은 각이 져 있기 때문에 수시로 'Auto Smooth'를 적용시켜 면들을 부드럽게 만들도록 합니다.

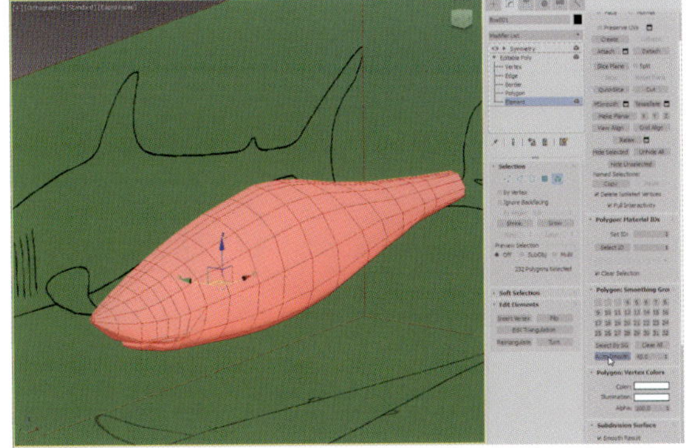

62 기본적인 상어의 몸통 형태가 완성되었습니다.

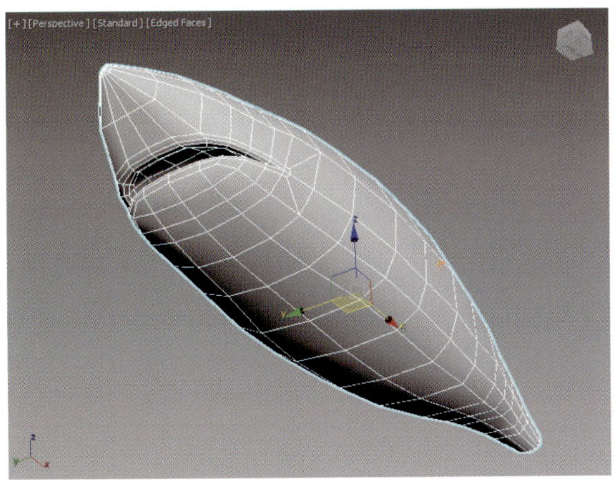

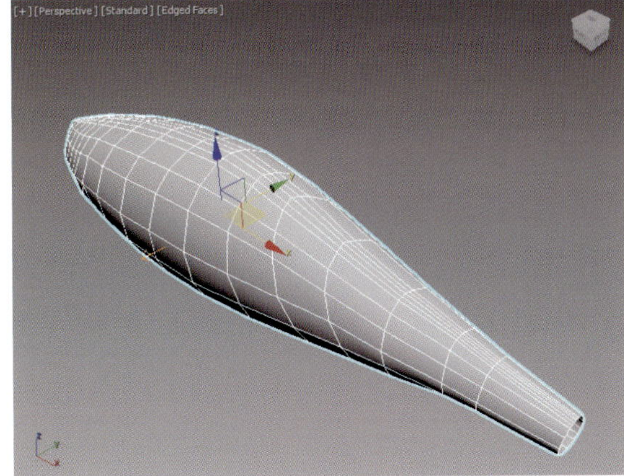

⊕ CD 부록 : Shark-Body_01.max

Section 03 | 상어 지느러미 만들기

상어지느러미는 일부 면을 선택해서 두께를 준 다음, 모양을 정리하면 쉽게 만들 수 있습니다.

01 먼저 등지느러미를 만들도록 하겠습니다. 그림과 같이 면을 선택합니다.

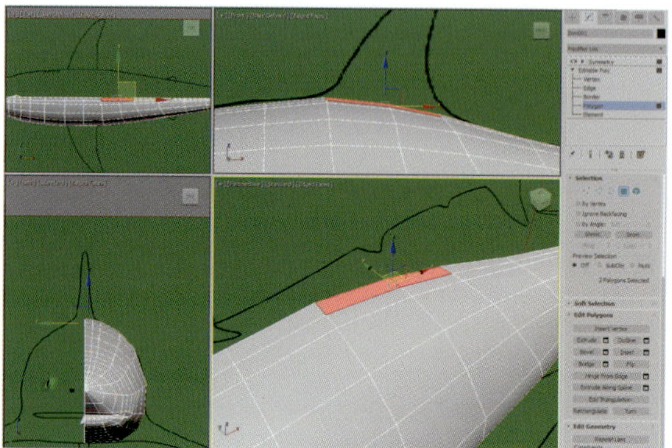

02 Extrude Setting 캐디 창을 불러낸 다음, 적당한 크기로 면을 돌출시켜줍니다.

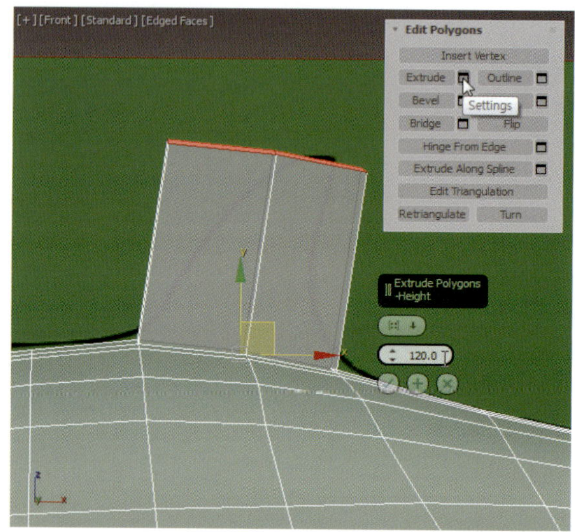

03 필요 없는 안쪽 면을 선택한 다음 삭제시켜주고, 상단 Vertex들을 선택하고 중앙 중심점으로 이동시켜줍니다.

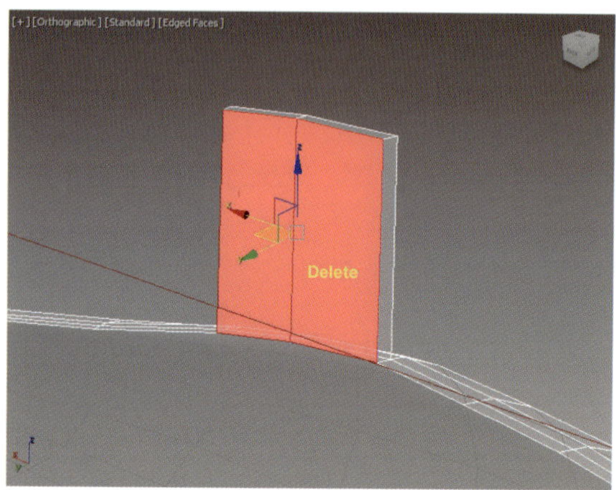

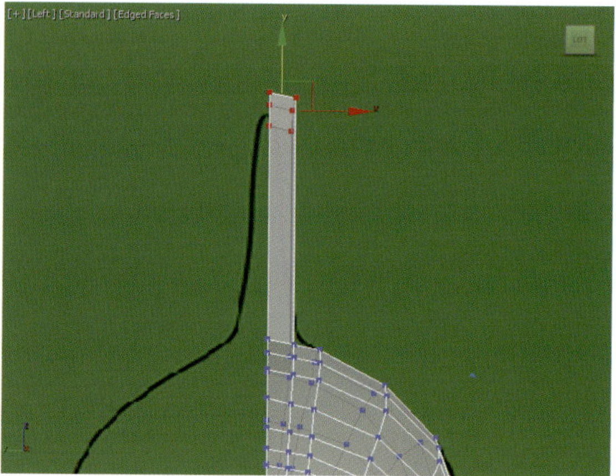

04 Ring 형태로 Edge들을 선택한 후 Connect Setting 값을 적용합니다.

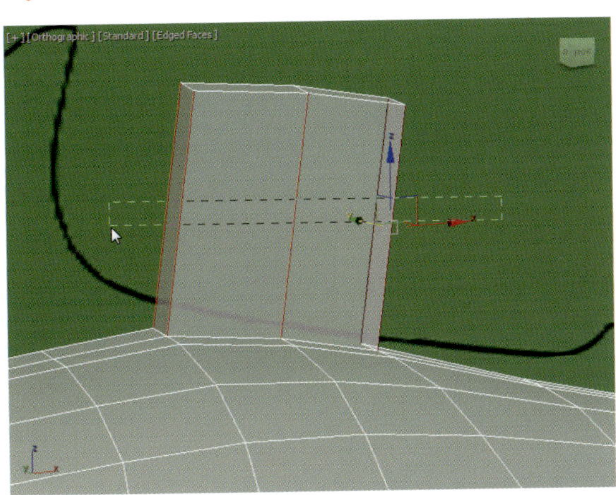
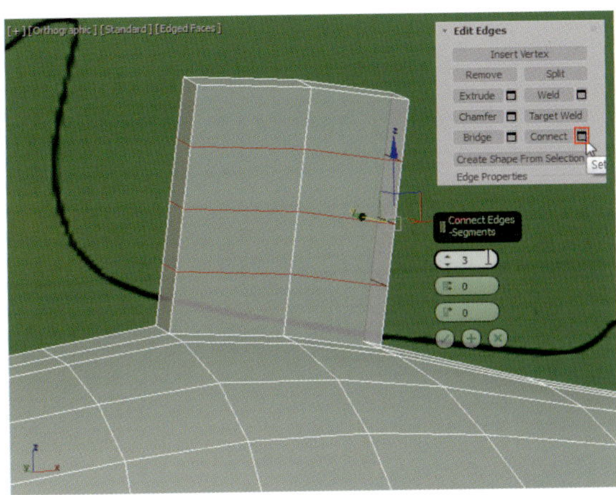

05 등지느러미 도면 이미지를 참조하여 Vertex의 위치를 조정합니다.

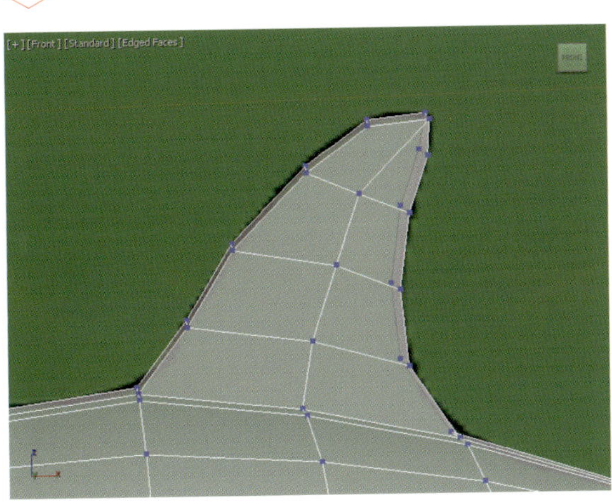
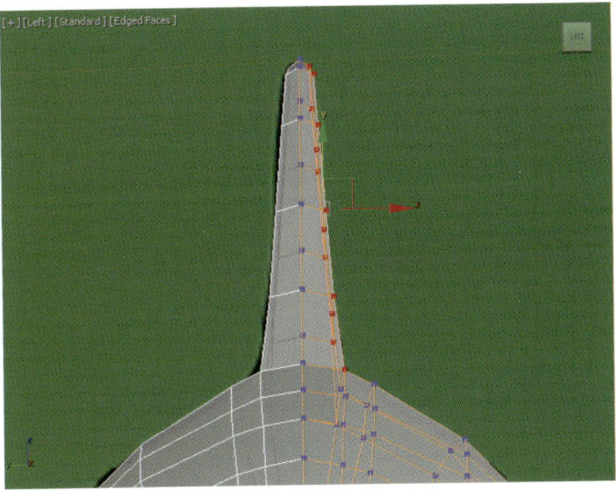

06 이번에는 가슴지느러미를 만들기 위해 다음과 같이 면 2개를 선택하고, Extrude를 적용합니다.

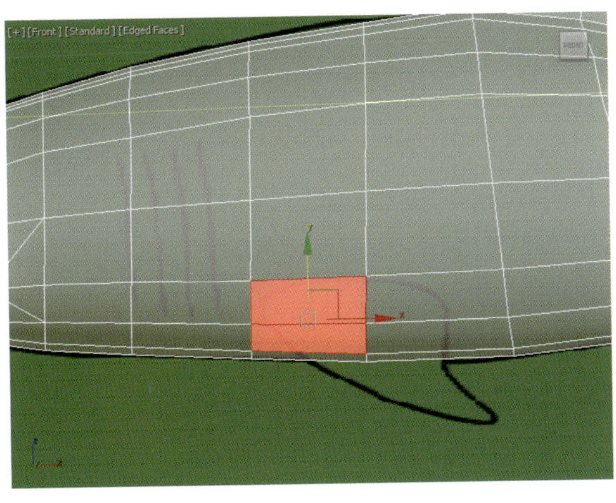
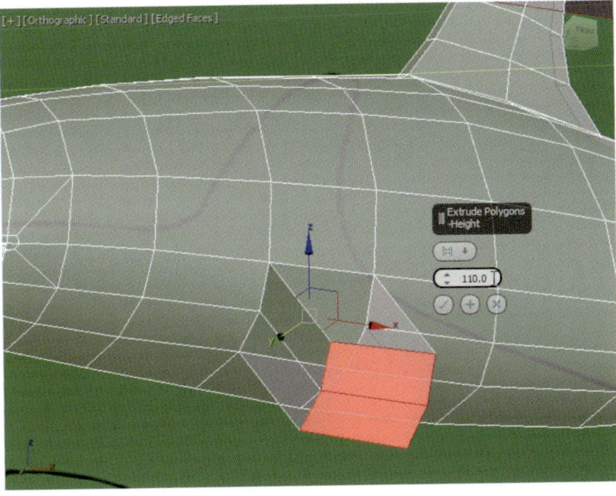

07 정면과 측면에서도 도면 이미지에 맞추어 Vertex의 위치를 조정해줍니다.

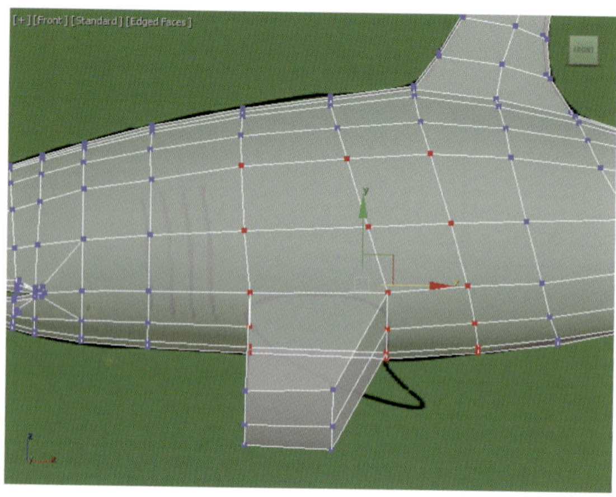
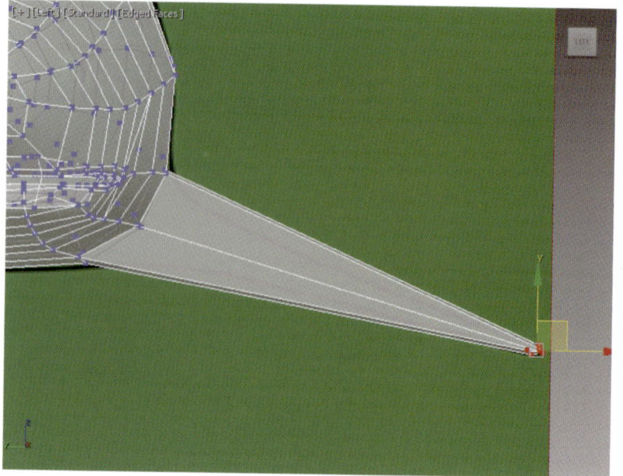

08 가슴지느러미에 Edge 3열을 추가해주고, Top View에서 도면 외곽에 맞추어 Vertex를 조정해줍니다.

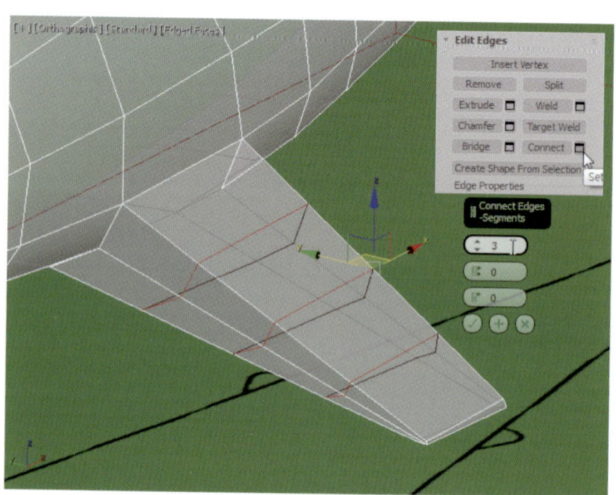

09 전체적으로 볼륨감 있게 가슴지느러미를 계속해서 수정해줍니다.

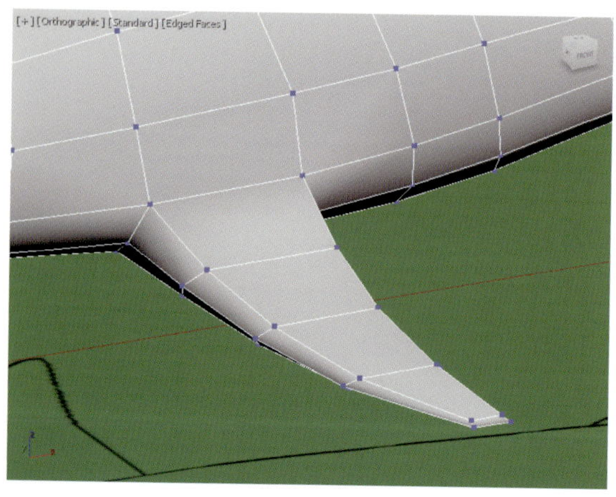
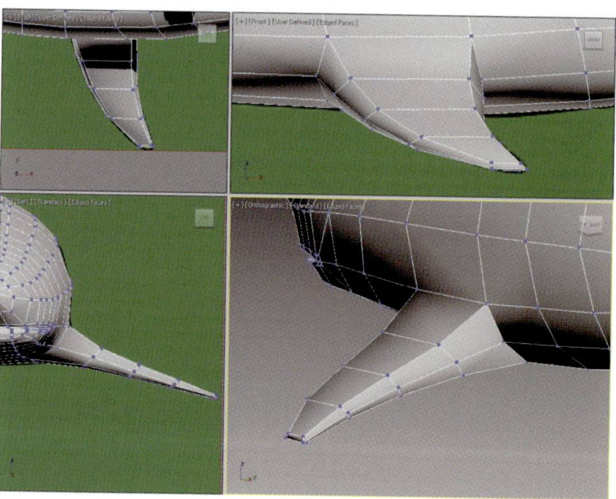

10 가운데 부분에 그림과 같이 Connect 명령으로 Edge 1열 추가해주고, 모양을 정리해줍니다.

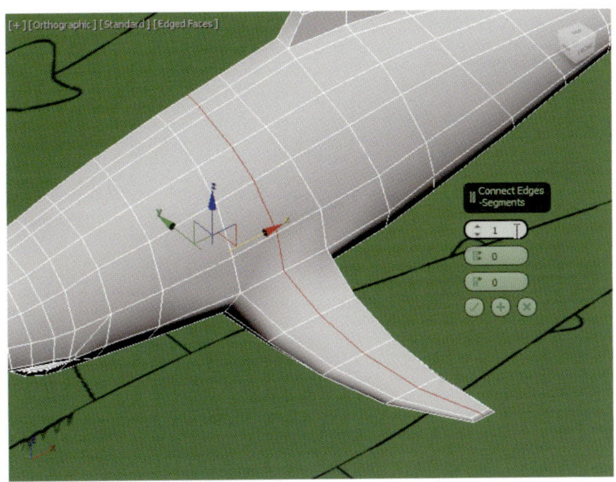
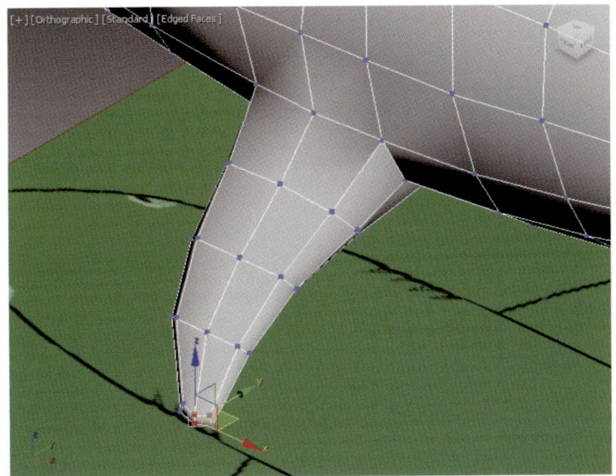

11 배지느러미 만들기 위해 다음과 같이 면을 선택하고, 적당한 값으로 돌출시켜줍니다.

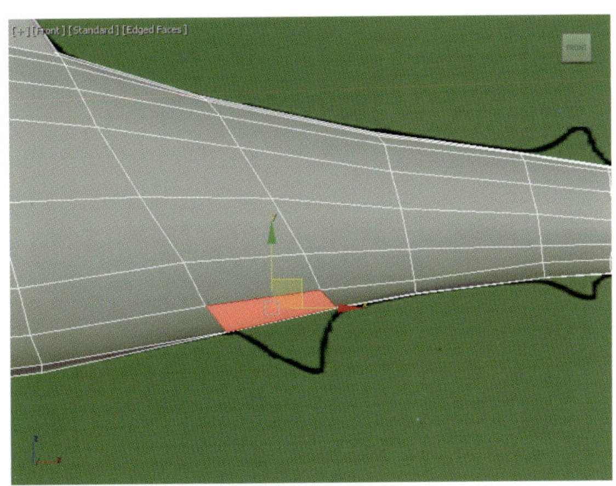
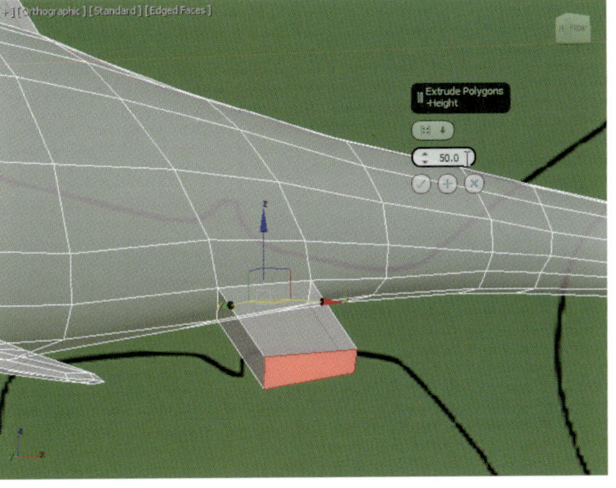

12 끝 쪽의 Vertex들을 도면 이미지에 맞추어 조정해줍 니다.

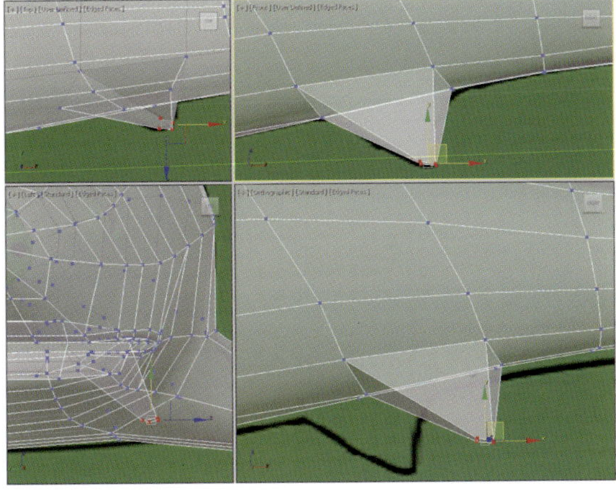

13 계속해서 Edge 2열을 추가해주고, Vertex의 모양을 조정합니다.

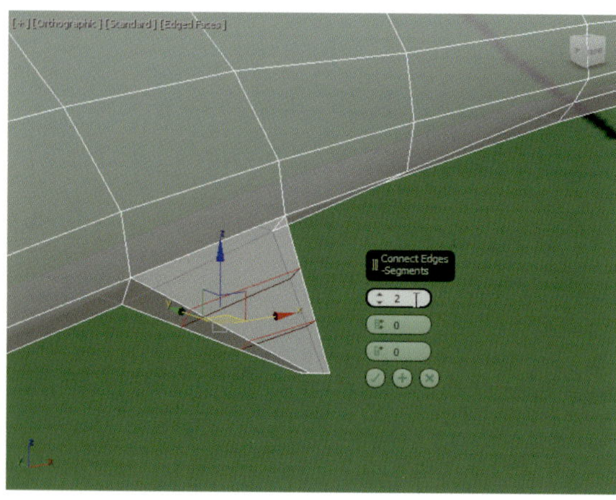
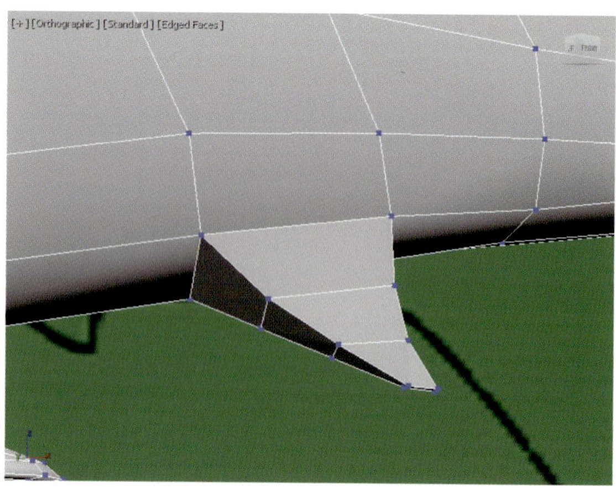

14 계속해서 같은 방법으로 뒤쪽의 등지느러미를 그림을 참조하여 만들어 줍니다.

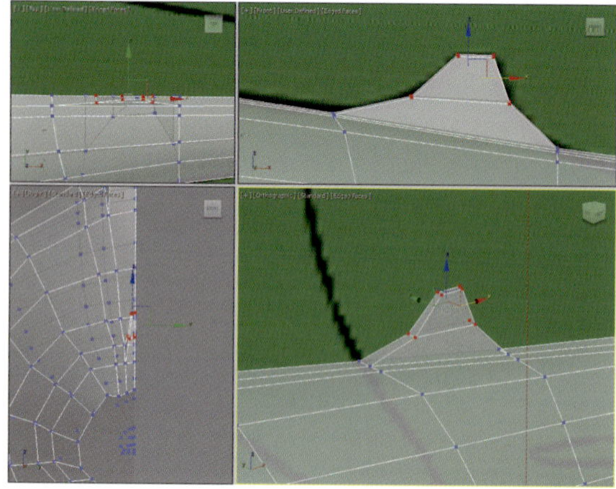

15 계속해서 배 아래쪽의 뒷지느러미도 만들어 줍니다.

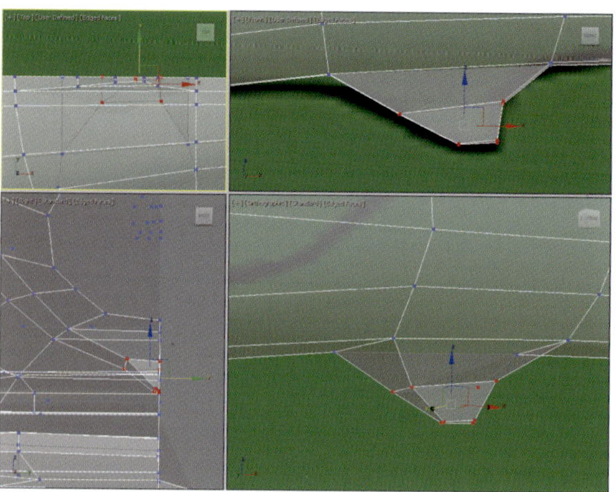

16 후에 Symmetry 명령을 적용하기 위해 지느러미의 안쪽 면을 선택하고 Delete 키로 삭제해줍니다.

17 이제 마지막으로 꼬리지느러미를 만들도록 하겠습니다. Selection 항목에서 Edge Sub-Object Level로 선택합니다. 뒷부분의 Edge를 선택하고 Shift +Move 툴로 우측 방향으로 4번 드래그하여 면을 확장 복사하여 줍니다. 그림과 같이 꼬리 도면에 맞추어 Vertex를 조정합니다.

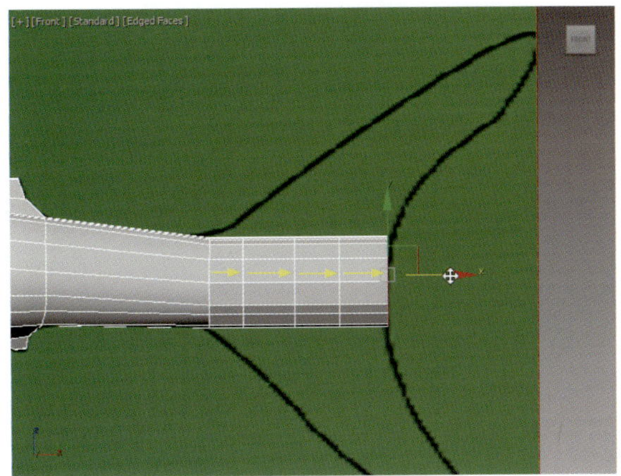
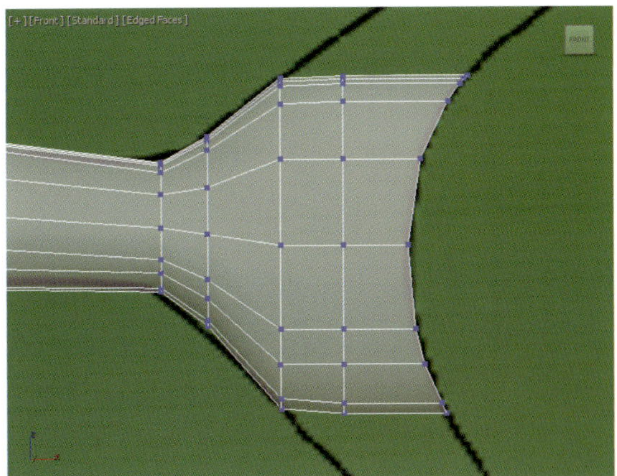

18 위쪽의 면을 선택합니다.

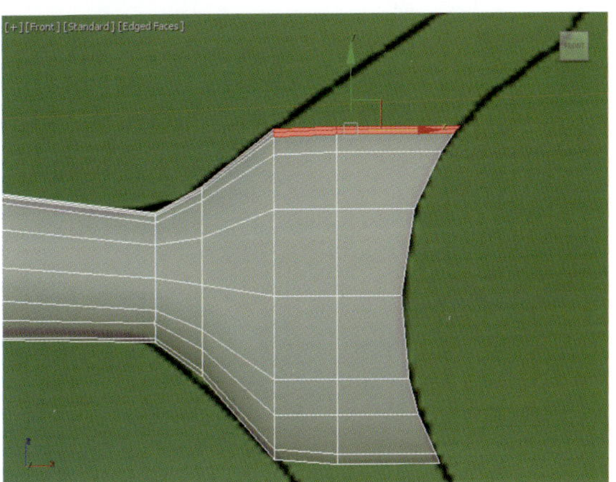

19 Extrude Setting 캐디 창을 열고 적절한 값으로 면을 돌출시켜줍니다. 아래쪽 부분도 같은 방법으로 면을 돌출시켜줍니다.

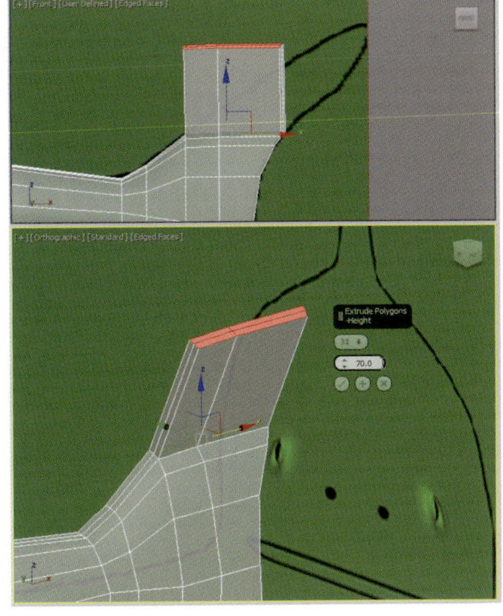
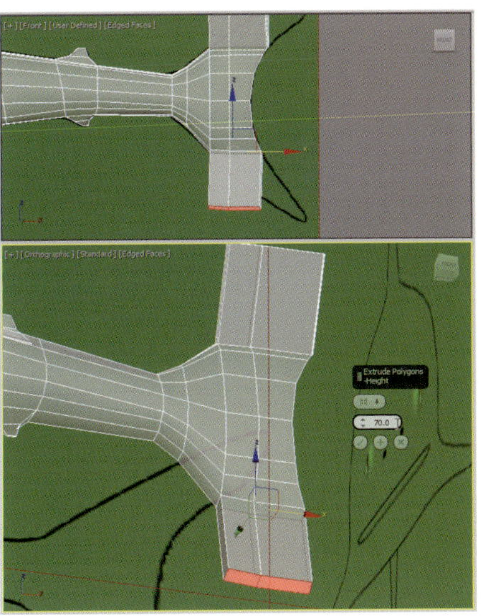

20 도면 이미지에 맞추어 끝 부분의 Vertex 위치를 조정 합니다.

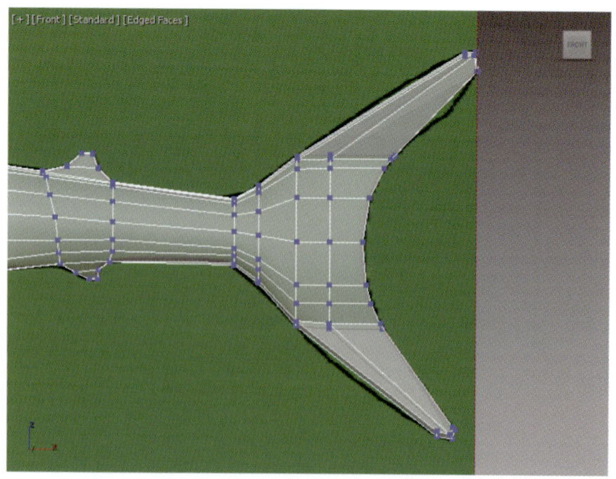

21 Edge를 위쪽과 아래쪽에 2열씩 추가하고, 도면 이미지에 맞추어 Vertex를 정리합니다.

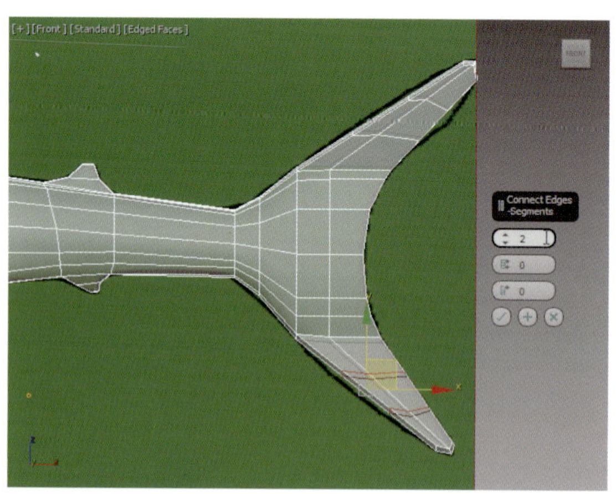

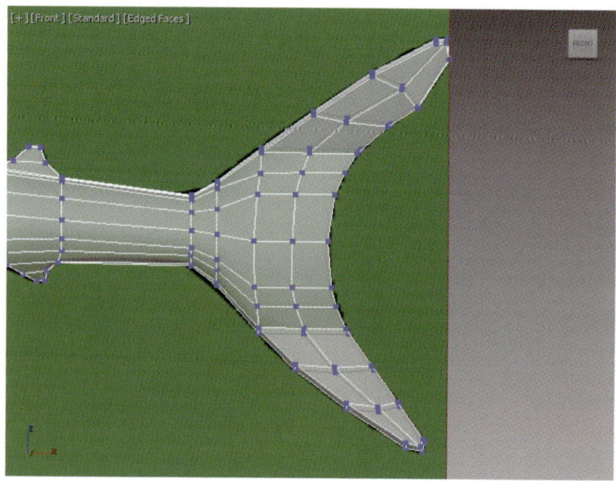

22 안쪽 면을 선택하고 Delete 키로 삭제해줍니다.

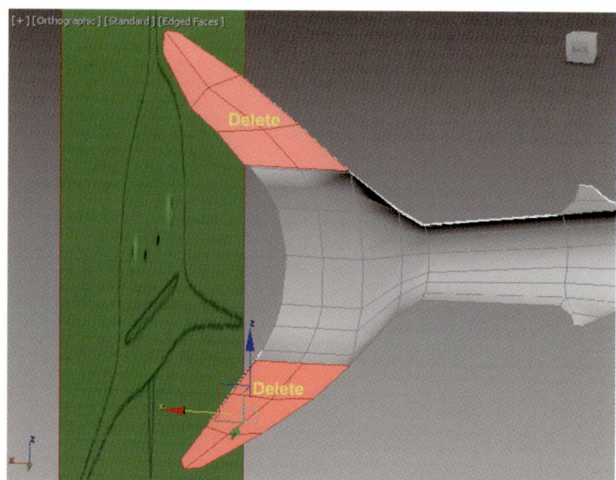

23 지워진 쪽의 Vertex의 위치를 정중앙 쪽으로 이동시 켜주고, 나머지 Vertex들도 도면 이미지의 흐름에 맞 추어 그림과 같이 정리하여 줍니다.

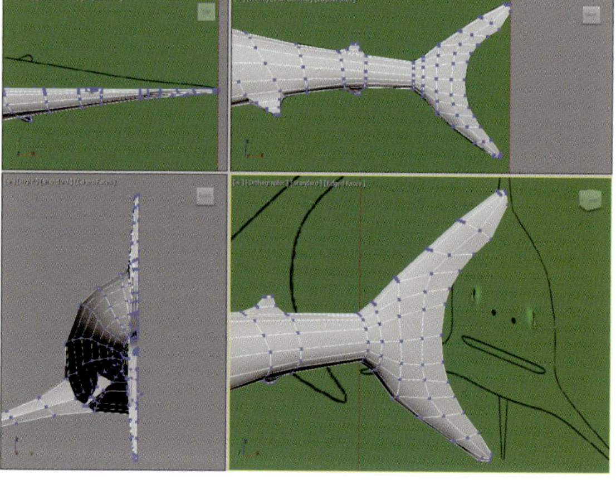

24 Shift +Move 툴로 드래그하여 면을 돌출시켜줍니다.

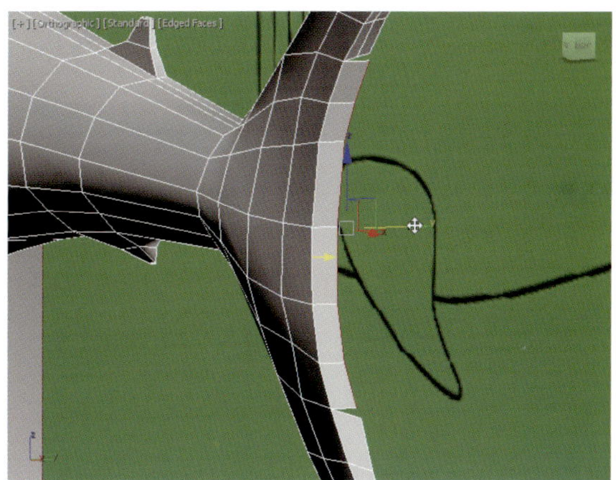

25 Target Weld 명령으로 아래쪽의 Vertex를 붙여줍니다.

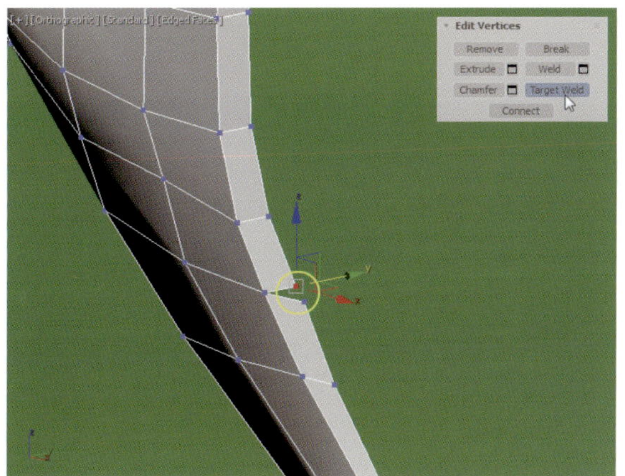

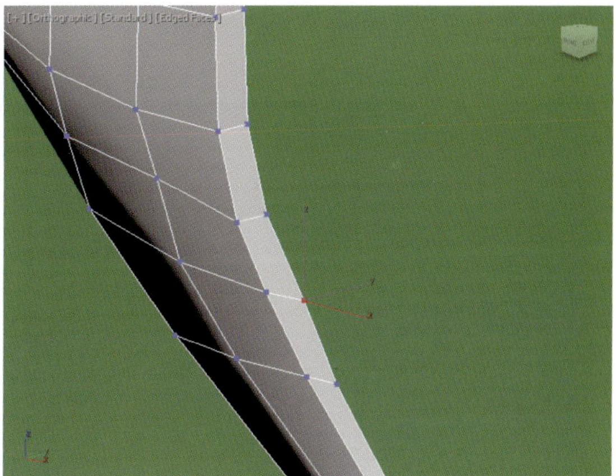

26 Connect Edge 명령으로 1열 Edge를 추가시켜 주고, Target Weld로 Vertex 두 군데를 붙여줍니다.

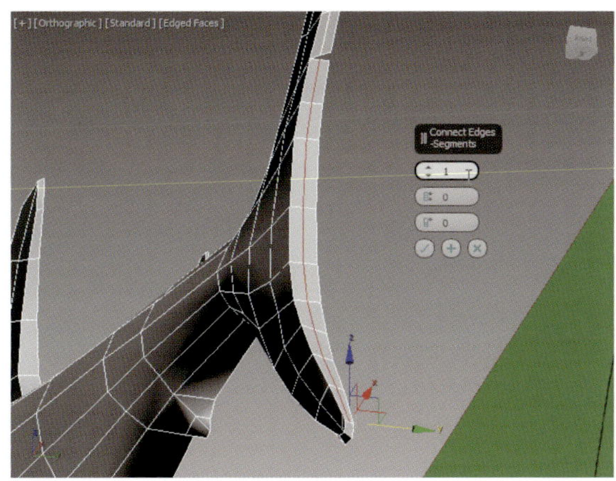

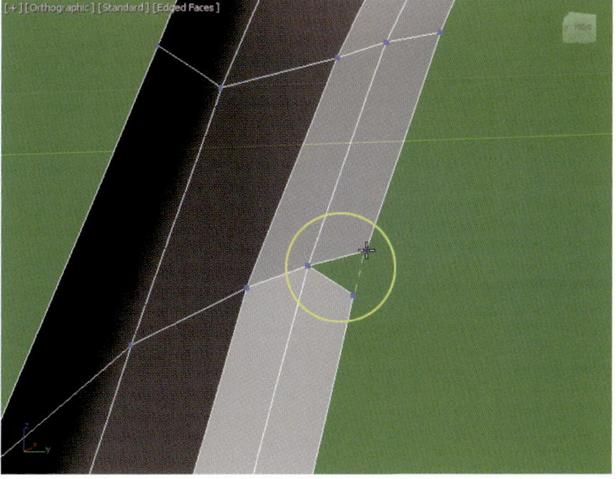

27 하단 쪽은 Cut[Alt + C] 명령으로 Edge를 추가하여 마무리 짓습니다.

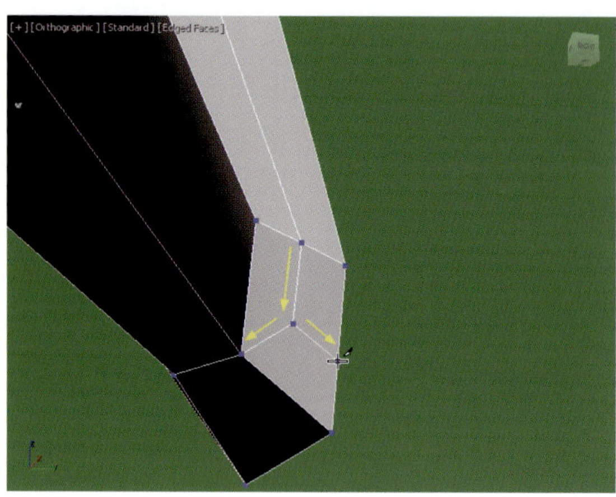

28 꼬리의 뒷부분을 날렵한 느낌이 들도록 Vertex들을 재조정해줍니다.

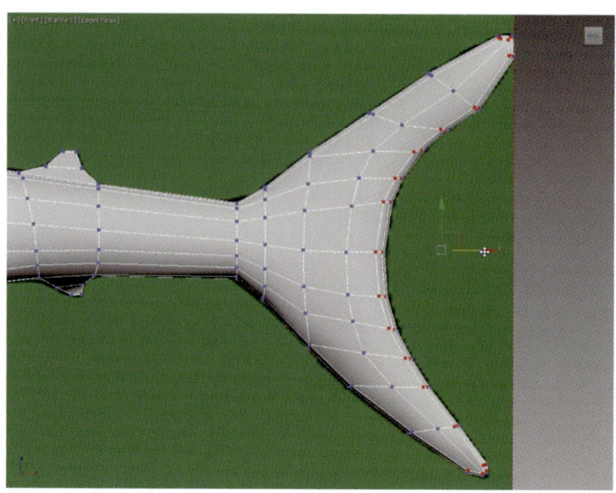

29 상어의 지느러미가 모두 완성되었습니다.

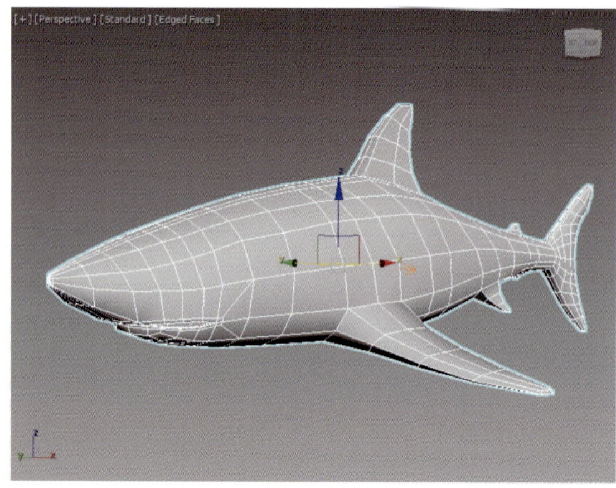

CD 제공 : Shark-Fin_02.max

Section 04 | 상어 눈과 콧구멍 만들기

이제 상어 눈알이 들어갈 소켓 부분과 콧구멍을 만들도록 하겠습니다. 눈알이 들어갈 소켓부분은 8각형 모양으로 설정해야 원에 가까운 형태가 나옵니다.

01 눈 부분의 Vertex를 선택합니다. Chamfer Setting 캐디 창을 불러 낸 후 적당한 수치와 Open Chamfer를 적용합니다.

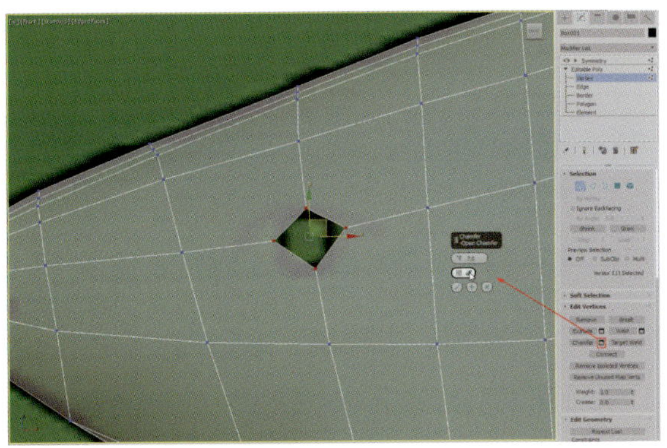

02 Cut[Alt + C] 명령으로 그림과 같이 8각 점이 되도록 Edge를 추가시켜줍니다.

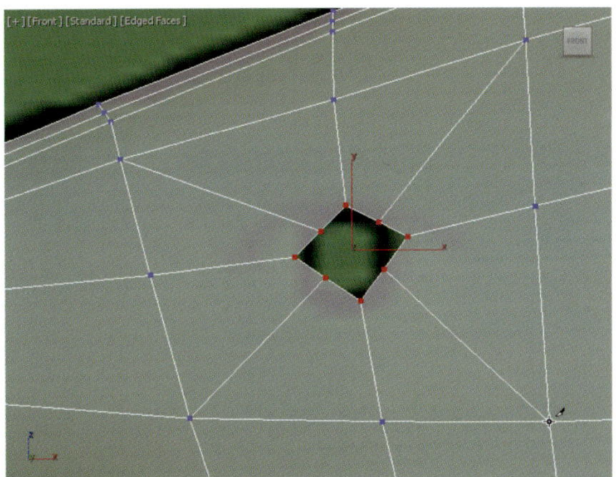

03 Vertex의 위치를 대략적으로 둥근 원이 되도록 조정해줍니다.

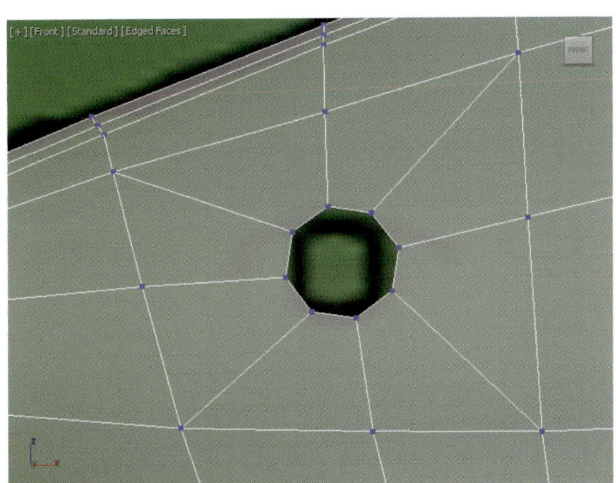

04 Edge를 Ring 형태로 선택한 후 Connect 명령으로 2열의 Edge를 적용시켜줍니다.

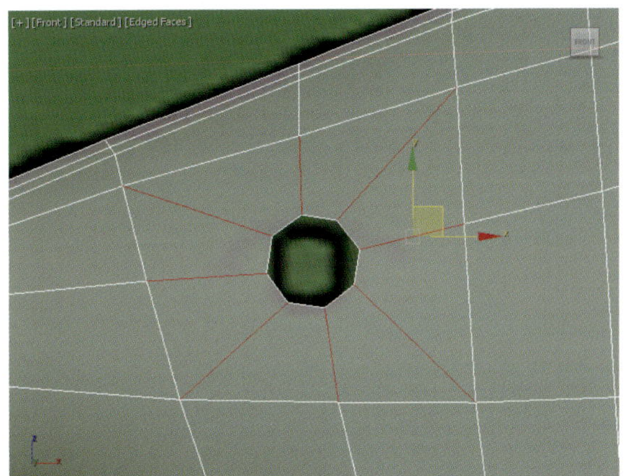

05 Vertex의 위치를 그림과 같이 대략적으로 조정해줍니다. 눈두덩이나 눈꺼풀 같은 경우는 후에 눈알을 심은 다음 Edge를 추가하거나 Vertex의 위치를 조정하여 좀 더 자세하게 만들 것입니다.

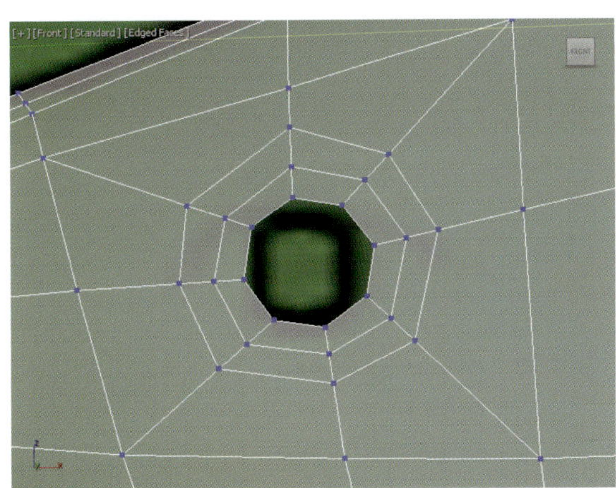

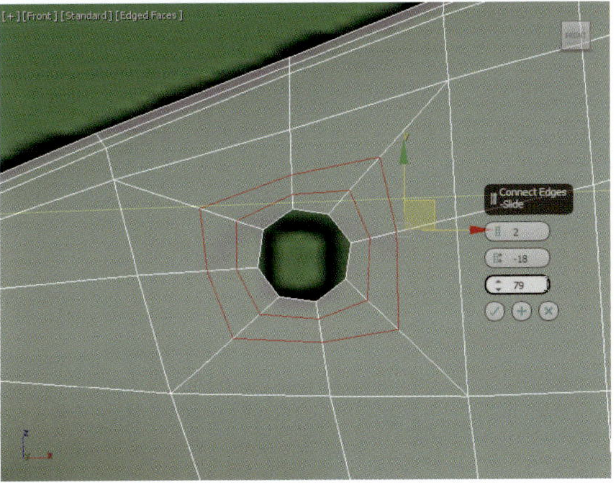

06 이제 콧구멍을 만들도록 하겠습니다. 콧구멍에 해당되는 면을 선택한 후 Inset 명령으로 적당한 값을 부여합니다. Constraints 항목의 Edge에 체크하고, 콧구멍의 위치에 맞게 Vertex들을 조정해줍니다.

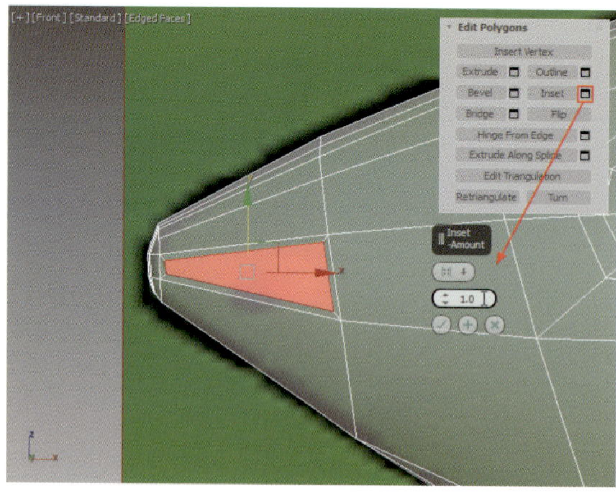
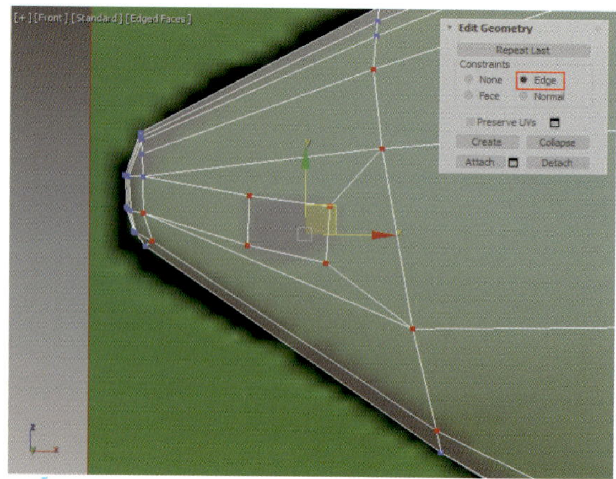

07 Extrude 명령을 적용하여 안쪽 방향으로 면을 돌출시켜줍니다.

08 Extrude 명령을 한 번 더 추가합니다.

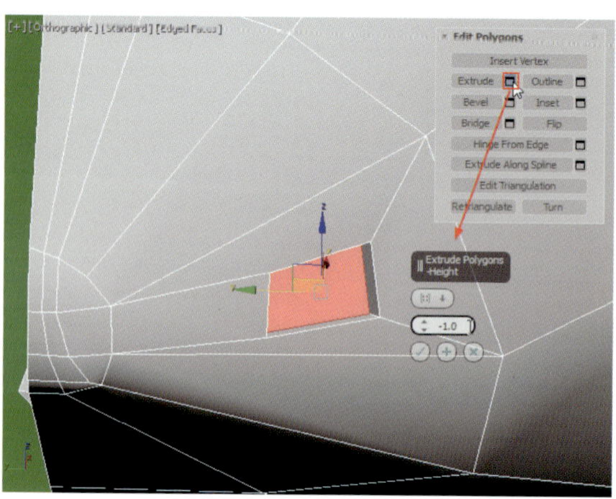
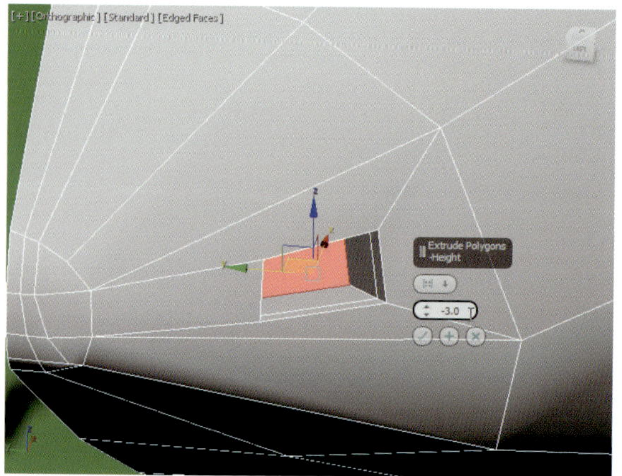

09 이제 눈알을 심고, 눈두덩이를 만들도록 하겠습니다. Front View에 눈알이 될 Sphere(R:7.0, Seg:32)를 생성합니다.

10 마우스 오른쪽 버튼을 누르고 Convert to Editable Poly로 변환시켜줍니다.

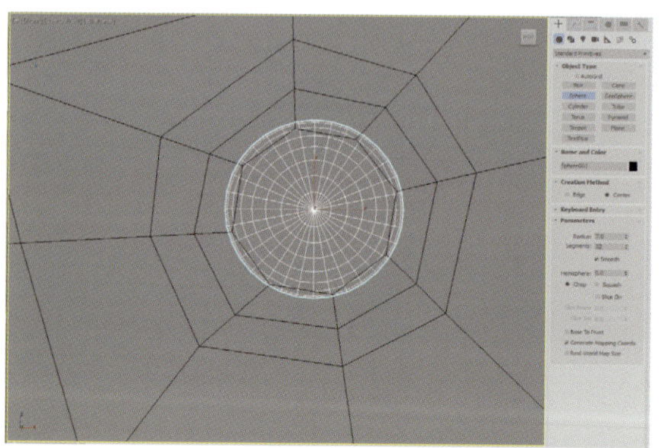
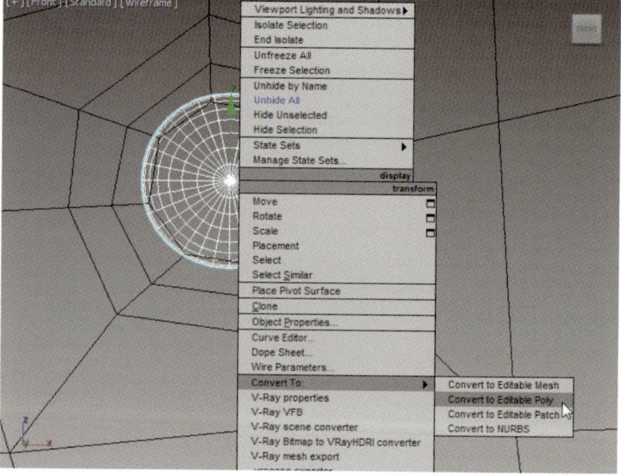

11 눈알에 검은자와 흰자가 될 재질을 적용하도록 하겠습니다. 먼저 검은자가 될 면을 선택하기 위해 그림과 같이 By Vertex 옵션에 체크하고 정중앙의 Vertex를 클릭합니다.

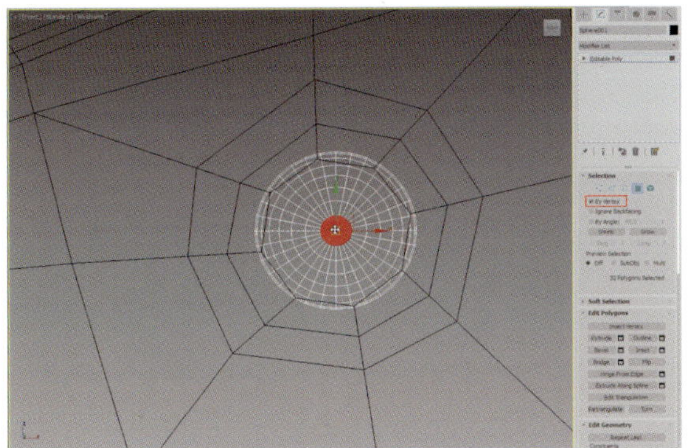

12 Grow 버튼을 3번 클릭하여 면을 확장시켜줍니다.

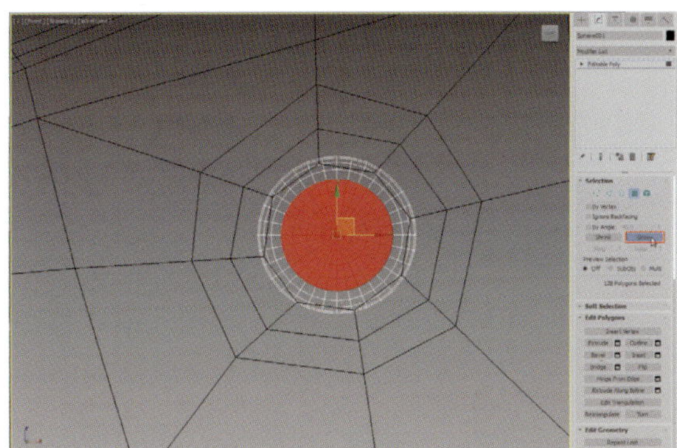

13 재질을 만들기 위해 Material Editor[M] 창을 불러냅니다. 검정 색상과 하이라이트 값을 지정하고 재질을 적용합니다.

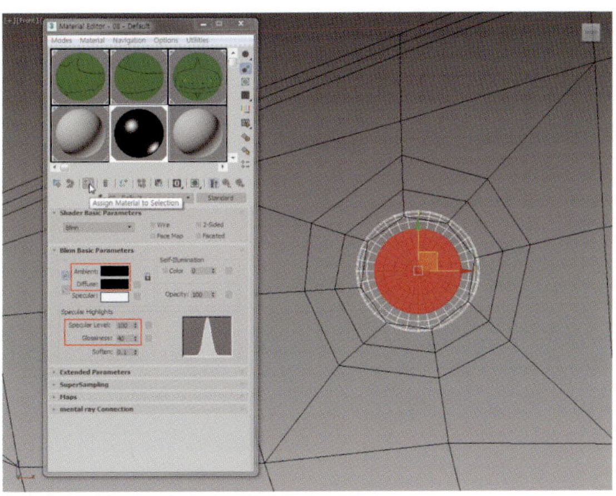

15 Edit〉Select Invert를 적용시켜주면 면이 반전되어 선택됩니다. 다른 샘플 슬롯에서 흰 색상으로 지정한 후 재질을 적용시켜줍니다.

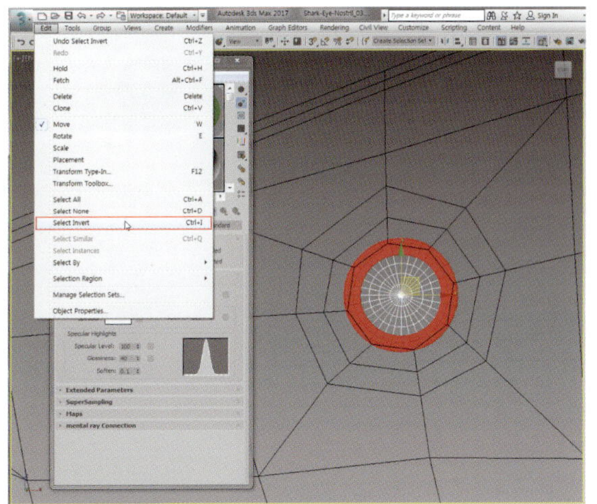

16 눈알을 다음과 같이 배치합니다.

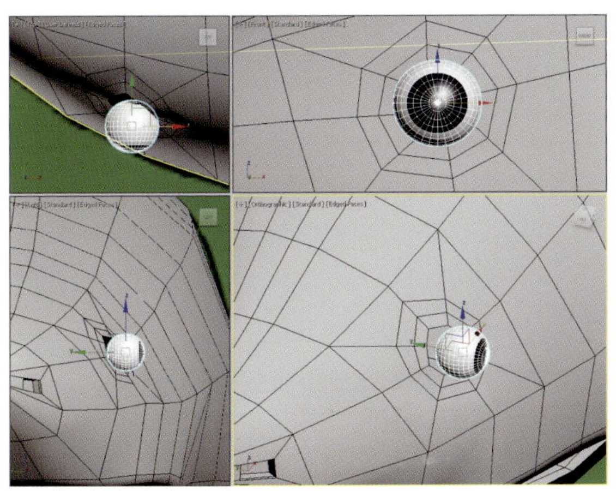

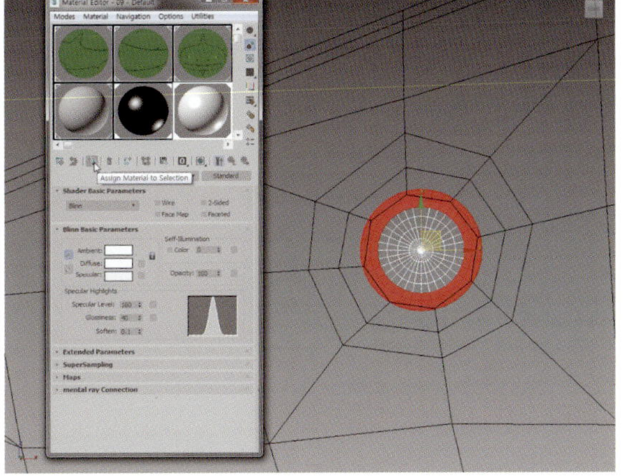

17 눈두덩이를 만들기 위해 Vertex의 위치를 1차적으로 그림과 같이 눈알을 감싸는 형태로 조정해줍니다.

18 계속해서 Vertex의 위치를 그림과 같이 조정 해줍니다.

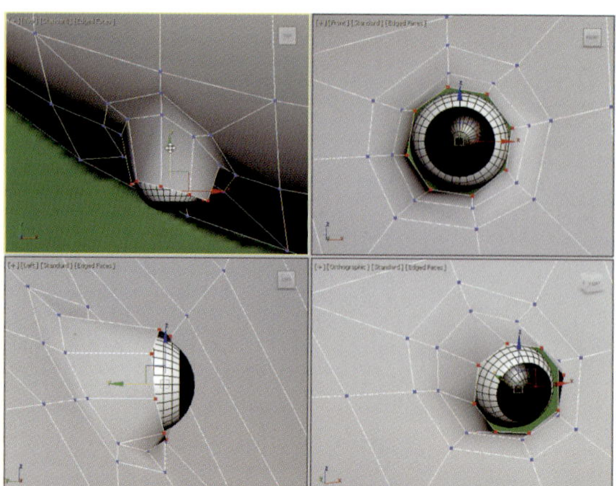

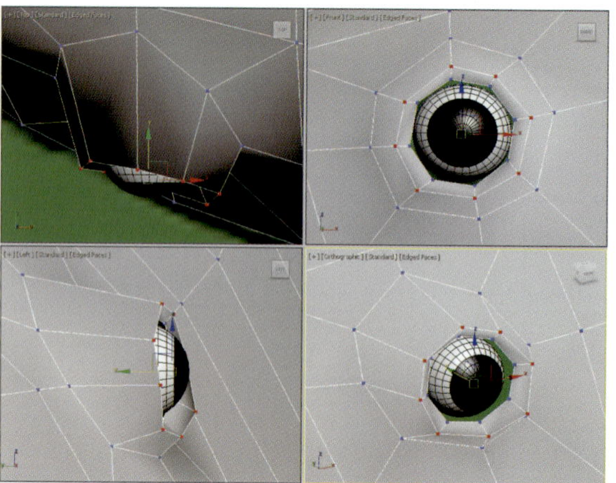

19 Vertex의 위치를 계속해서 눈두덩이를 조정해주고, 경우에 따라서 Edge를 추가시켜줍니다.

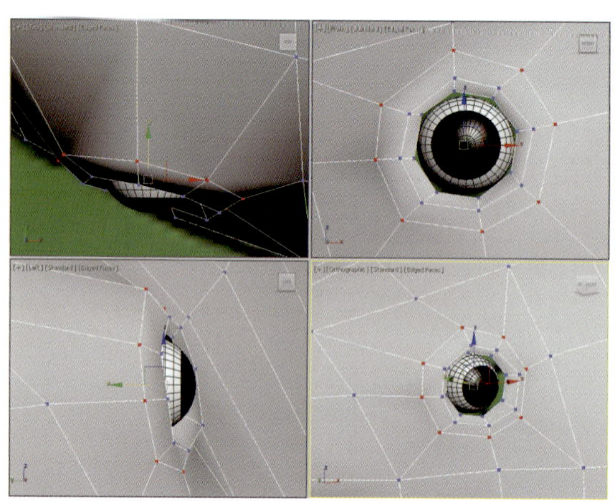

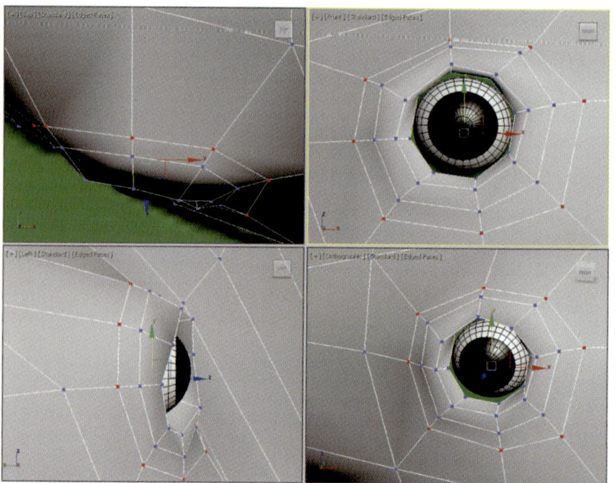

20 안쪽에도 Edge를 추가한 후 Vertex를 정리합니다.

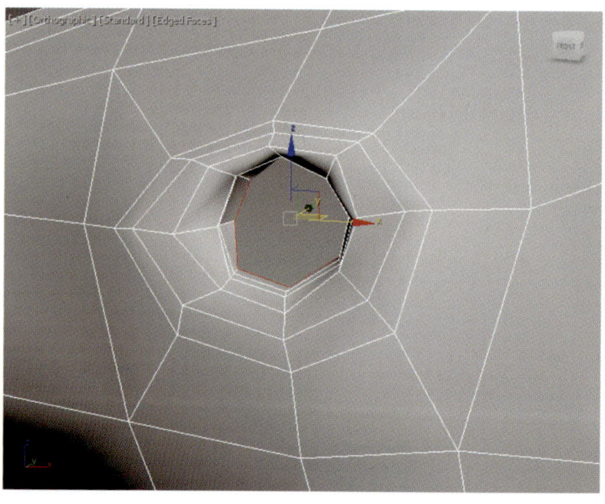

21 눈알의 방향과 위치를 적절히 조정해주고, 주변의 Vertex의 위치를 눈두덩이 주변으로 어색하지 않게 인내를 가지고 조정해줍니다.

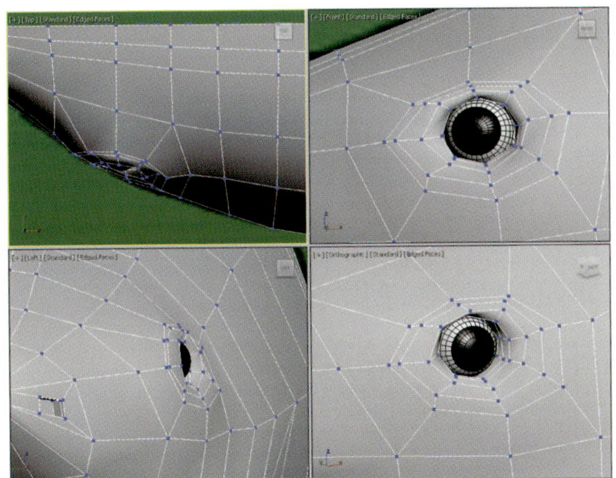

22 Left View에서 방금 만들었던 눈알을 선택하고, Mirror를 적용시켜 반대편에도 눈알을 복사합니다.

23 다음 이미지는 Modifier List에서 TurboSmooth를 적용한 결과입니다.

CD 제공 : Shark—Eye—Nostril_03.max

Section 05 | 상어 아가미 만들기

보통의 물고기들은 입을 뻐끔거리며 아가미로 물을 통과시킬 수 있지만, 대개의 상어는 아가미에 운동 기능이 없기 때문에 쉴 새 없이 앞으로 움직여서 물이 아가미를 통과해 아가미가 산소를 섭취할 수 있도록 한다고 합니다.

아가미의 모델링은 아가미 개수에 맞게 Edge를 추가해주고, Cut 명령으로 모양을 조정해준 다음 깊이를 만들어 주면 됩니다.

01 먼저 그림과 같이 Edge를 Ring 형태로 선태해준 후 Connect Setting의 캐디 창에서 Segment 값을 "3"으로 설정합니다.

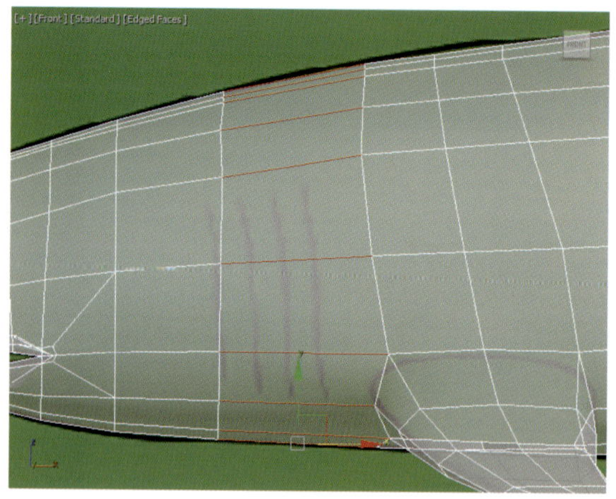
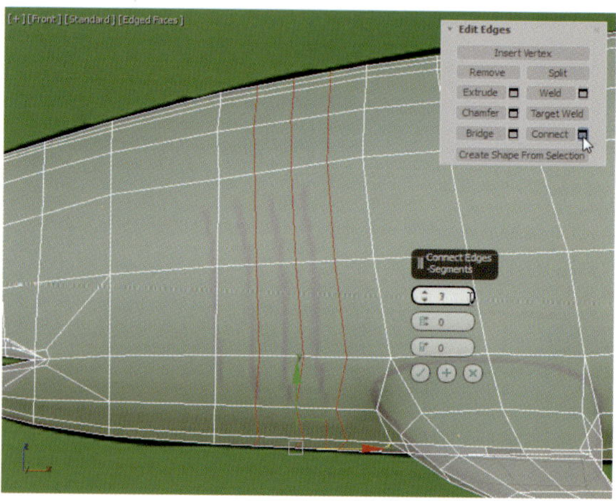

02 다음과 같이 Edge를 1열 추가시켜줍니다.

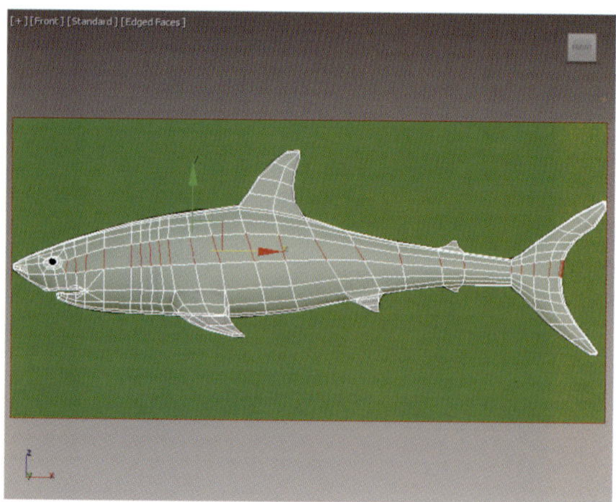
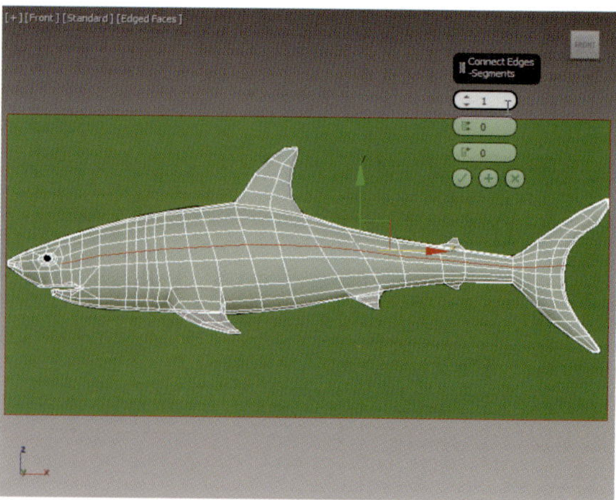

03 추가시켜준 1열의 Vertex와 아래쪽의 Vertex들을 선택한 후 그림과 같이 둥근형태가 될 수 있도록 Vertex의 위치와 서로간의 간격을 재조정해줍니다.

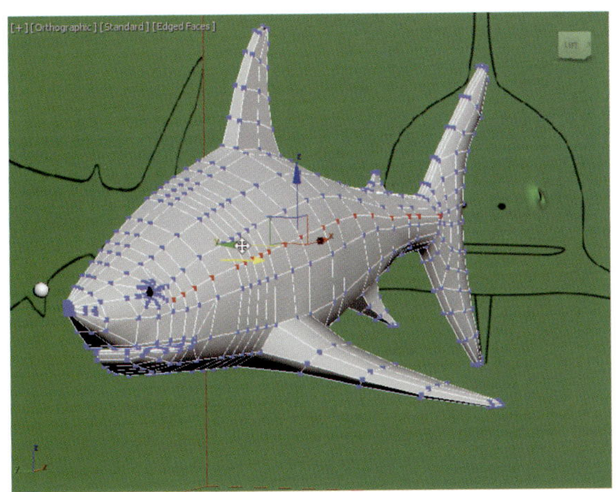
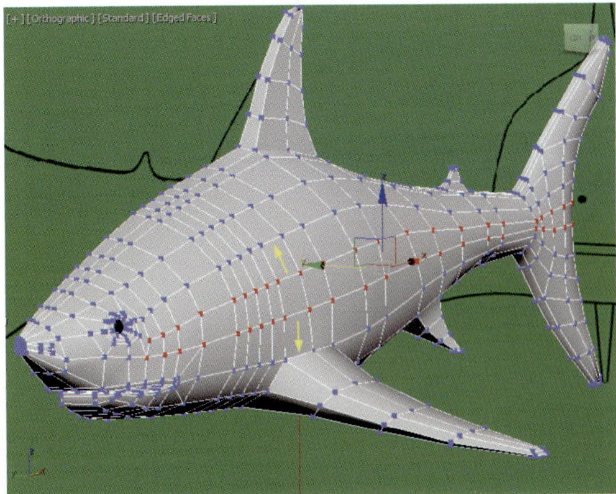

04 Cut 명령으로 Edge[Alt + C]를 추가해주고, 필요 없는 Edge는 Remove[Back Space] 명령으로 제거합니다.

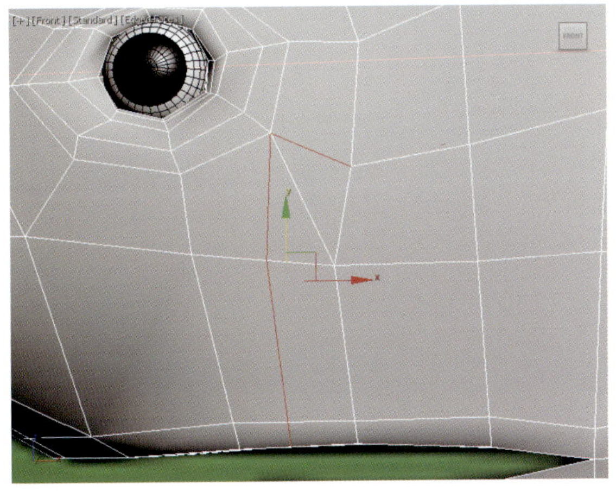
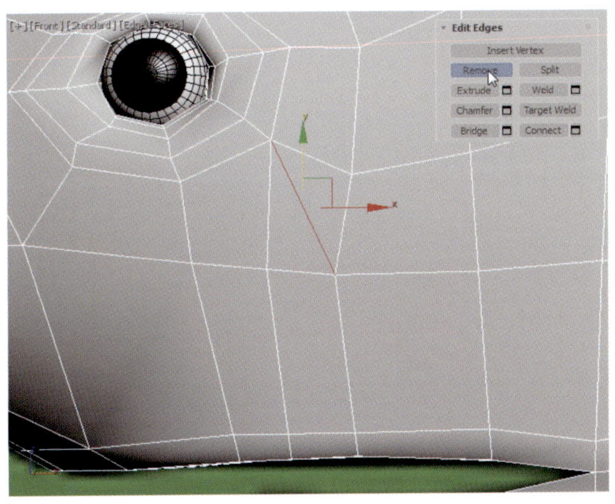

05 Edge가 추가되거나 삭제되는 경우에는 그 주변의 Vertex들의 간격과 위치를 재조정해주는 것이 좋습니다. 다음과 같이 그림을 참조하여 Vertex의 위치를 재조정해줍니다.

06 상어의 아가미 위치에 Vertex의 위치를 수정해주고, 주변의 Vertex의 위치도 조정해줍니다.

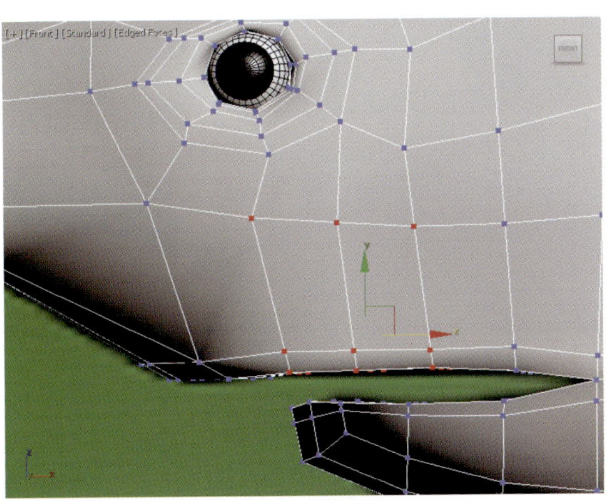
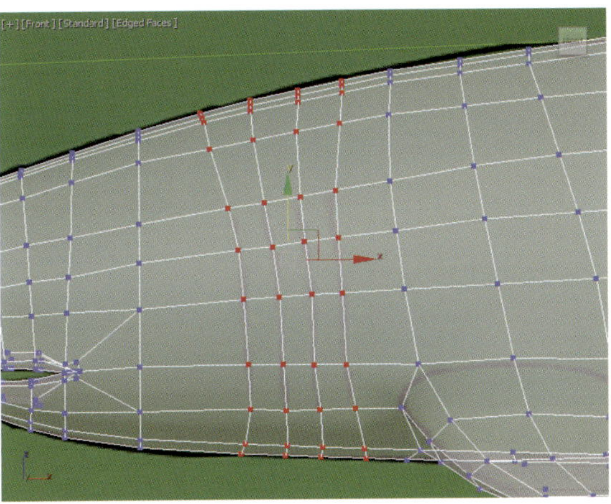

07 이제 아가미 형태를 만들기 위해 Cut 명령으로 그림과 같이 잘라주고, Vertex의 위치를 조금 수정해줍니다.

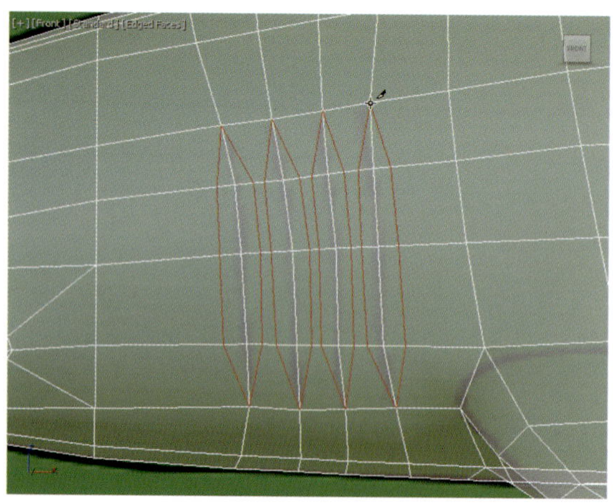
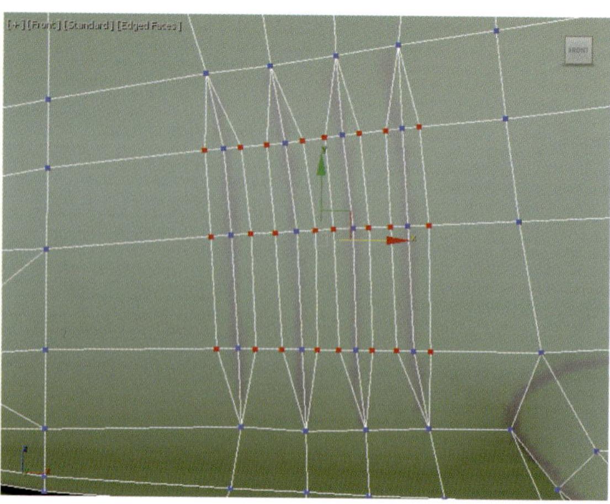

08 Move 툴 명령으로 가운데에 해당되는 Vertex들을 모두 선택합니다.

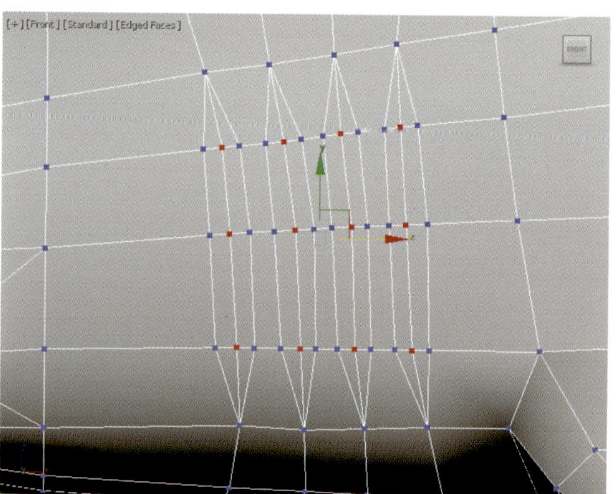

09 안쪽 방향으로 깊이 이동시켜 주고, 바로 이어서 앞쪽으로 이동시켜줍니다.

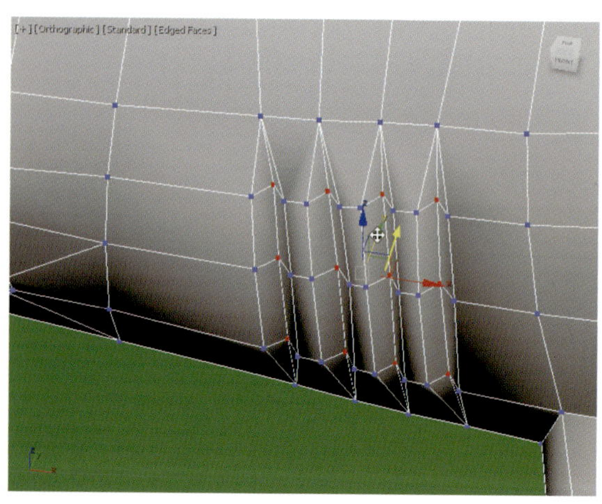
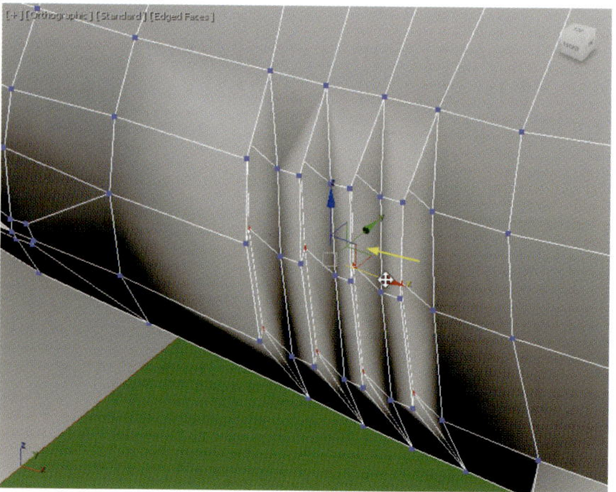

10 다음 이미지는 TurboSmooth를 적용한 결과 이미지입니다.

CD제공 : Shark-Gill_04.max

Section 06 | 상어 이빨 만들고 완성하기

상어 이빨은 간단히 콘 형태로 만들고 나란히 배열해주면 됩니다.

01 장면에 Create>Standard Primitives>Cone을 생성해주고, 다음과 같은 크기의 값을 설정해줍니다.

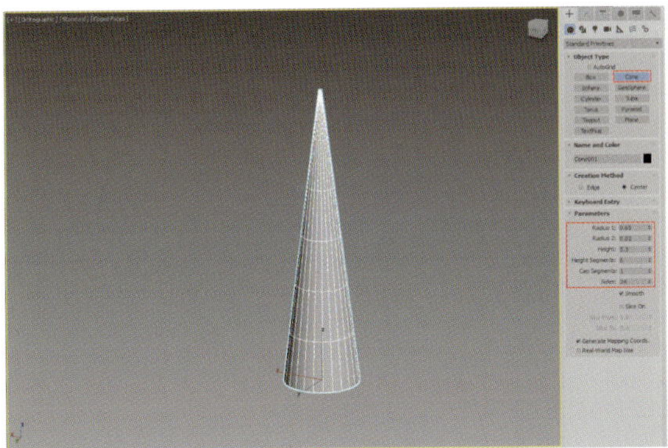

02 이빨이 될 Cone을 선택하고 Shift +Move 툴을 사용하여 안쪽 라인에 맞추어 복사 및 배열해줍니다. Scale과 Rotate 명령으로 크기와 방향을 설정해주고 위치를 설정합니다. 반대편의 이빨 생성은 Mirror 명령을 사용하도록 합니다.

 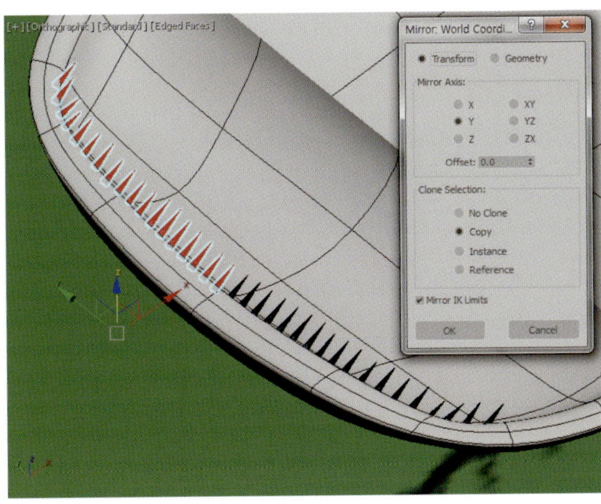

알아두기 | 이빨을 쉽게 배치하려면

작업에 방해되는 일부 면을 선택한 후 Hide Selected 버튼을 클릭하면 잠시 숨겨놓고 작업할 수 있습니다. 숨겨놓은 면을 다시 불러내려면 Unhide All 버튼을 클릭합니다.

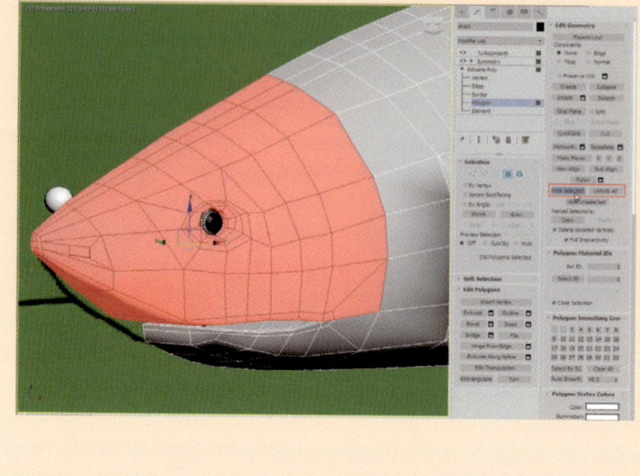

03 Attach 명령을 사용하여 모든 이빨을 하나의 오브젝트로 만들어 줍니다.

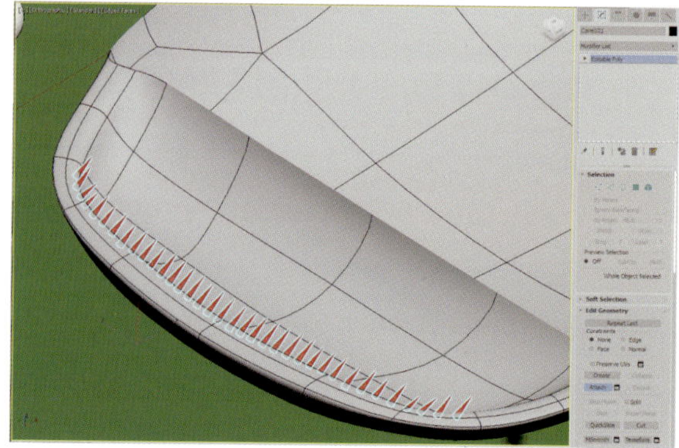

04 위쪽 이빨도 같은 방법으로 복사하고 위치를 설정합니다. 마지막으로 Attach 명령으로 위쪽 이빨과 아래쪽의 이빨을 하나의 오브젝트로 만들어 주고, 이빨을 완성하도록 합니다.

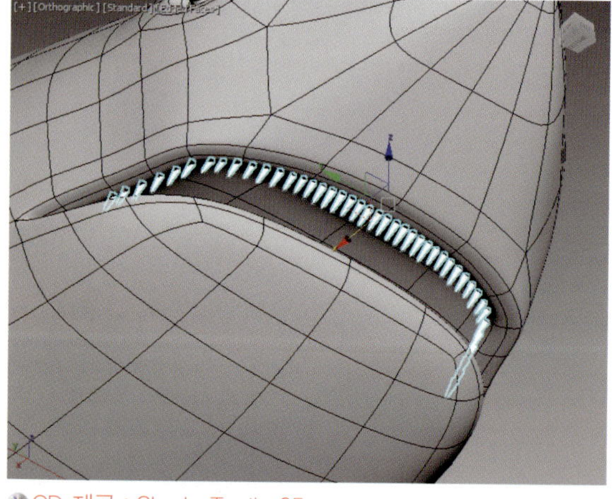

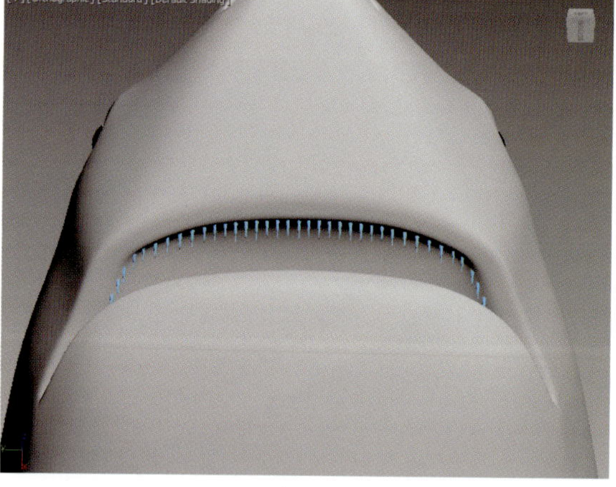

CD 제공 : Shark-Teeth_05.max

05 위쪽 이빨도 같은 방법으로 복사하고 위치를 설정합니다. 마지막으로 Attach 명령으로 위쪽 이빨과 아래쪽의 이빨을 하나의 오브젝트로 만들어 주고, 이빨을 완성하도록 합니다.

CD 제공 : Shark-com.max

Lesson 06

백열전구 모델링

백열전구(백열등)는 높은 온도를 이용해서 빛을 내는 전기적인 조명 장치로, 토머스 에디슨에 의해서 발명되었습니다. 형광등, LED 등과 같은 다른 대체 대체재에 비해 에너지 낭비가 제일 심하기 때문에 많은 환경단체들이나 국가들에서 사용을 지양하고 있습니다. 우리나라는 2014년 1월부로 백열전구에 대한 생산 및 수입을 전면 금지하였다고 합니다.

백열전구의 모델링은 Poly Modeling 방식과 Spline 방식을 함께 사용하여 모델링을 완성하도록 합니다.

Section 01 | 백열전구 도면 불러 오고, 유리구 만들기

백열전구 도면은 필자가 이미 도면 이미지를 구하여 Plane 오브젝트에 매핑하여 준비하였으니, 독자 여러분은 맥스 데이터를 그대로 불러와서 작업하도록 합니다. 유리구 부분의 모델링은 Spline을 사용하여 기본 아웃라인을 작업한 후 Lathe 수정인자를 적용하여 모델링이 가능하며, Sphere를 편집하여 모델링할 수도 있습니다.

01 제공된 CD 부록에서 'blueprint_light_bulb.max' 파일을 Open 명령으로 불러옵니다. 혹시 Viewport에 Grid가 표시되면, **G** 키를 눌러 Grid 표시를 화면에 없애도록 합니다.

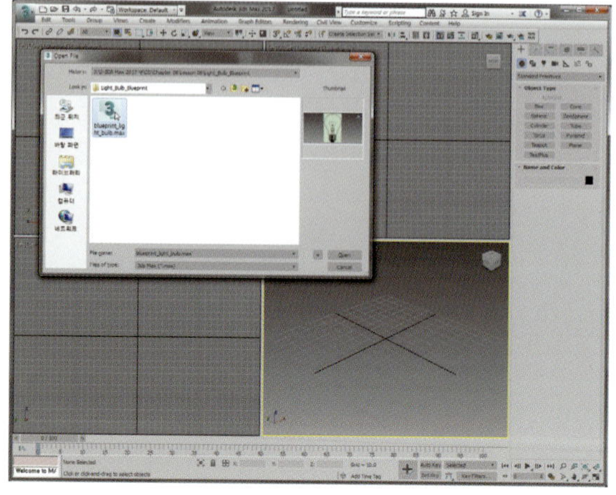

ⓘ 알아두기 | ViewCube에 대해

ViewCube는 3D 탐색 컨트롤로 현재 뷰포트 방향의 시각적 피드백을 제공하며, 뷰 방향으로 조정하고 표준 뷰와 등각 뷰를 전환할 수 있도록 합니다.
필자는 ViewCube 사용을 크게 선호하지 않기 때문에 대부분 작업할 때는 ViewCube를 끄고 작업합니다.

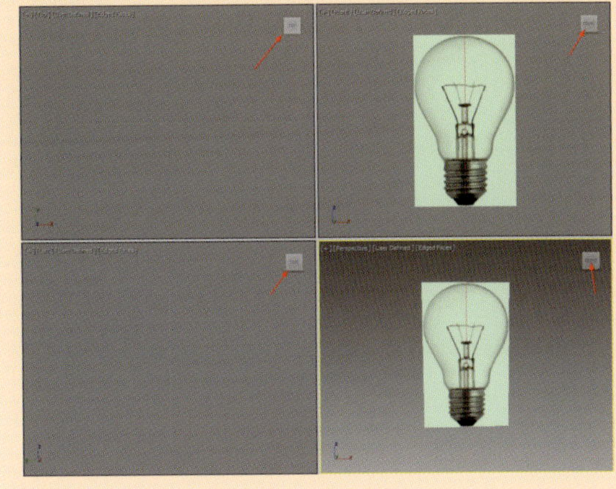
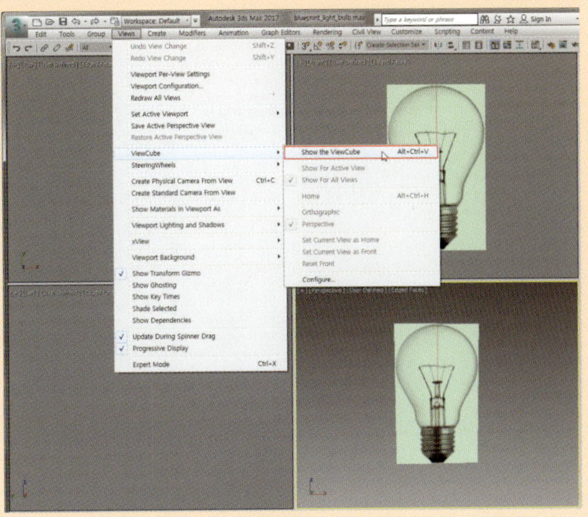

02 Front View에 다음과 같이 Sphere를 생성시켜 주고, 바로 Left View에서 그림과 같이 좌측으로 90도 회전시켜줍니다. 오브젝트를 회전시켜 줄 때에는 가능하면 Angle Snap[A]을 활성화시키고 합니다.

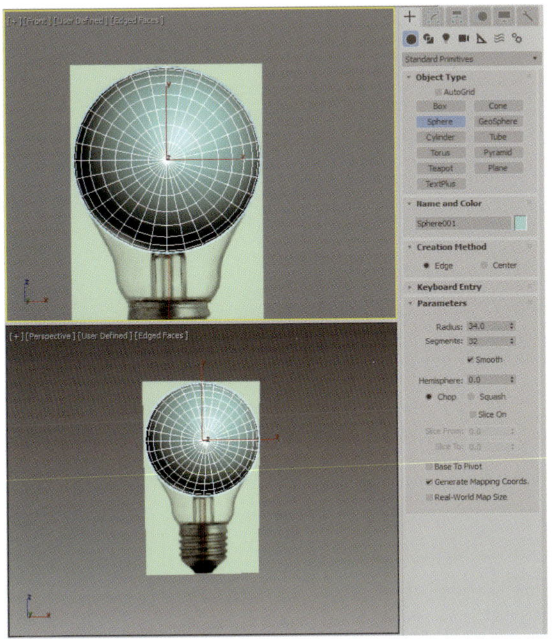
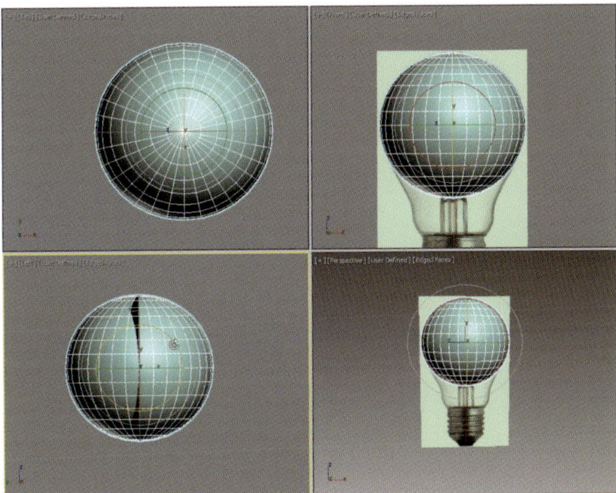

03 Modify로 이동하여 Radius : 34.0 / Segment : 20으로 변경해줍니다. 중앙 하단의 좌표를 참조해서 위치를 설정해줍니다.
오브젝트를 투명하기 위해서는 Alt + X 키를 사용합니다.

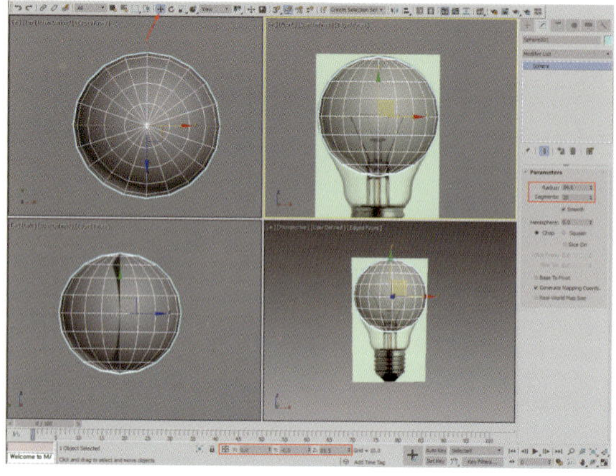

04 Sphere를 선택한 후 마우스 오른쪽 버튼을 눌러 나오는 Quad Menu에서 Editable Poly로 변환해줍니다.

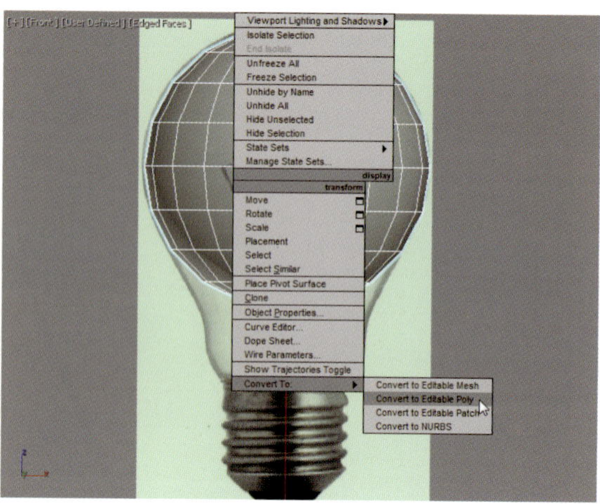

05 Vertex Sub-Object 레벨에서 아래쪽 부분의 Vertex들을 선택하고 Delete 키로 삭제해줍니다. Scale[R] 명령으로 다음과 같이 Vertex를 도면에 맞추어 조정해줍니다.

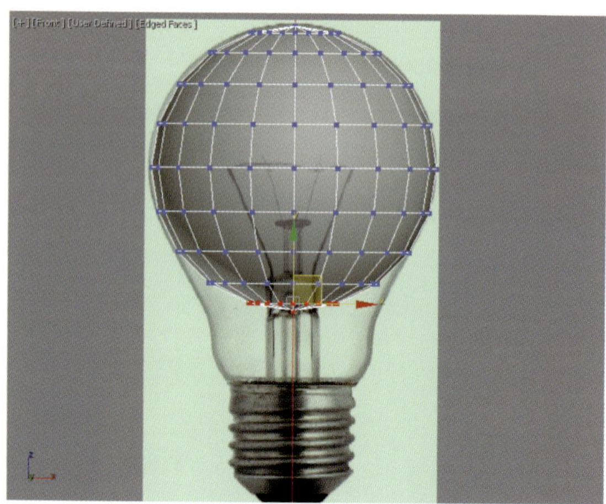

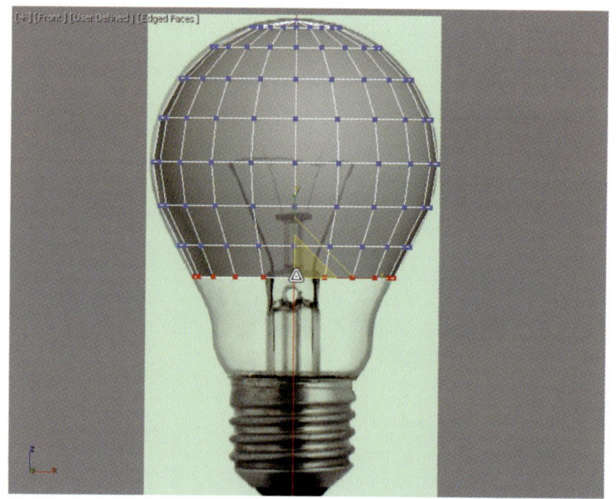

06 Border Sub-Object Level을 선택한 후 Shift +Move 툴을 이용하여 Y축 방향으로 드래그하여 면을 확장시켜줍니다. 그다음 Scale 툴로 그림과 같이 도면에 맞추어 조정해줍니다.

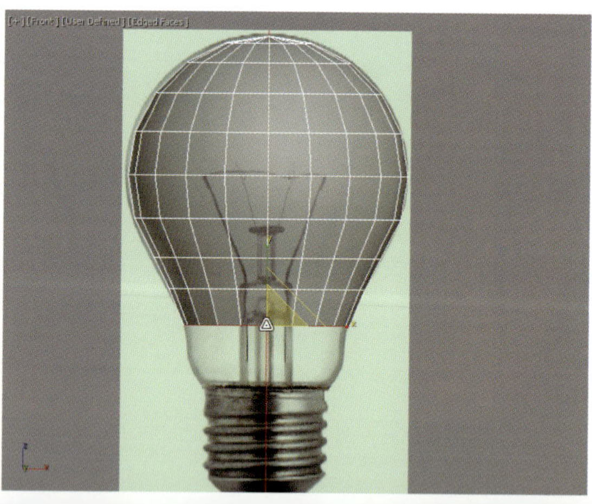

07 앞서 같은 방법으로 우측 유리구의 외곽선을 참조하여 그림과 같이 면을 확장하여, 유리구의 기본 형태를 만들어 줍니다.

08 Vertex Sub-Object Level로 선택한 후 조금씩 Vertex의 위치를 디테일하게 조정하여 줍니다.

09 대부분 면을 확장한 곳은 면이 각 져 있기 때문에 가능하면, Auto Smooth를 적용시켜 면을 부드럽게 처리합니다.

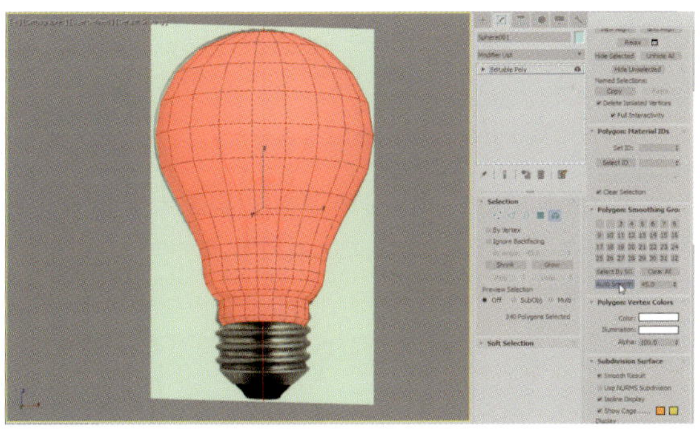

10 Modifier List에서 'TurboSmooth'와 'Shell' 수정인자를 차례대로 적용시켜 주고, 다음과 같이 값을 설정해줍니다.

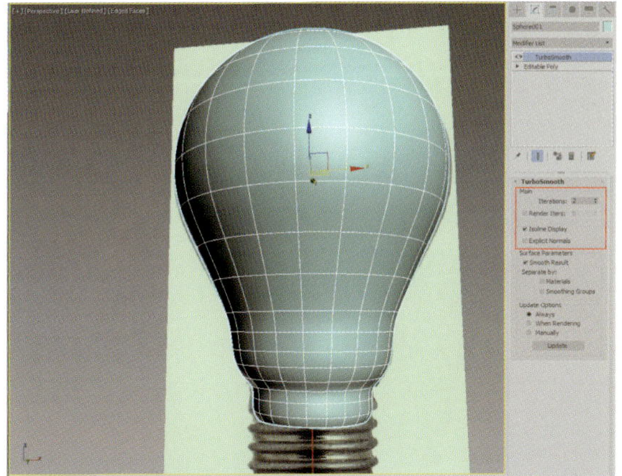

11 다음은 유리구가 완성된 모델링 이미지입니다.

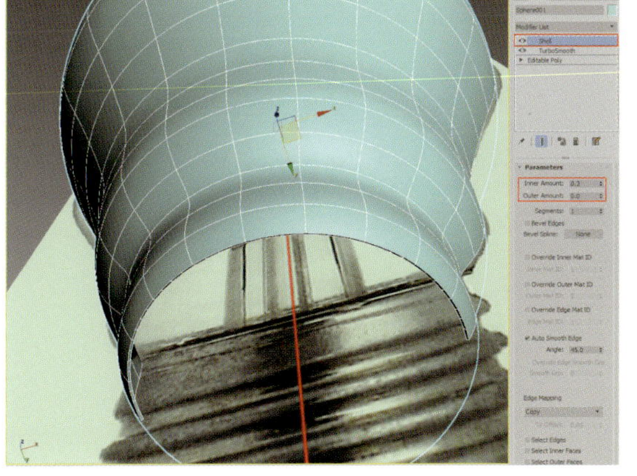

12 이제 최종적으로 Save As로 'light_bulb—유리구.max' 파일 이름으로 저장합니다.

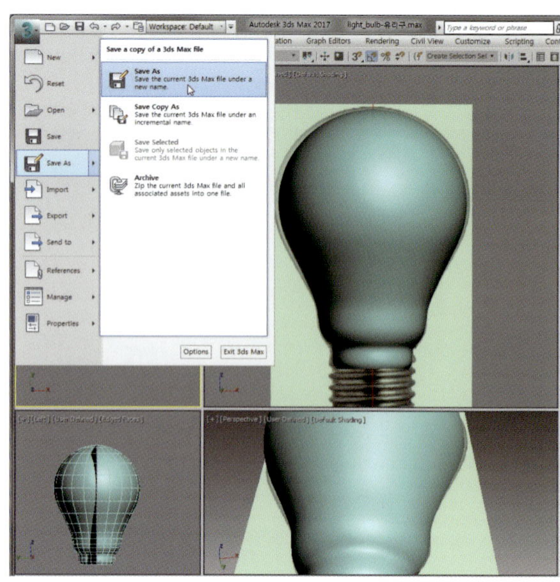

◉ CD 제공 : light_bulb—유리구.max

Section 02 | 백열전구 나사 베이스(Screw Base) 만들기

백열전구의 나사 베이스는 나선형의 금속부분으로 이루어져 있으며, 매우 복잡한 구조를 가지고 있습니다. 인내를 가지고 순서대로 잘 따라해 보면 어렵지 않게 만들어 낼 수 있습니다.

01 Front View에 다음과 같은 크기의 Plane 오브젝트를 만들어 줍니다.

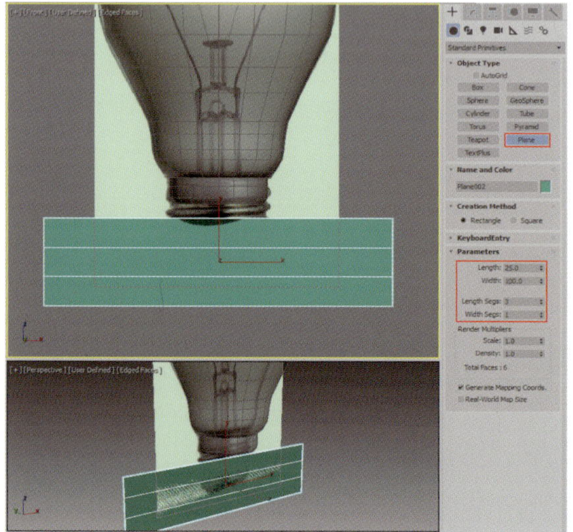

02 Plane 오브젝트를 선택한 후 마우스 오른쪽 버튼을 눌러 나오는 Quad Menu에서 Editable Poly로 변환해줍니다.

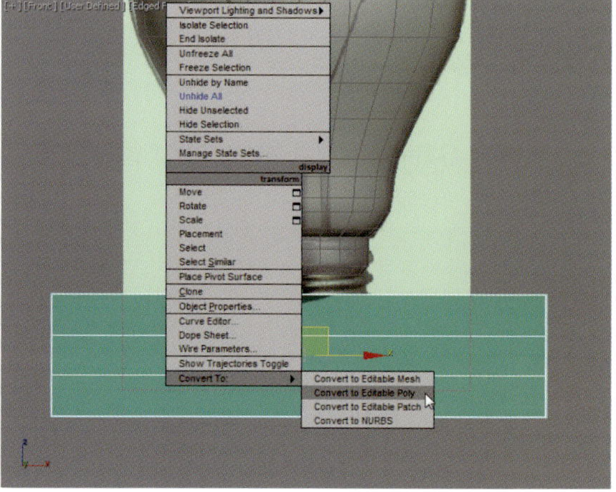

03 우측의 Vertex들을 선택한 후 Y축 위쪽 방향으로 조금 이동시켜줍니다. 이미지의 A와 B의 Vertex의 위치를 참조해서 이동시켜줍니다. 숨겨두었던 Grid[G]를 화면에 잠시 표시해서 작업하면 정확하게 이동시킬 수 있습니다.

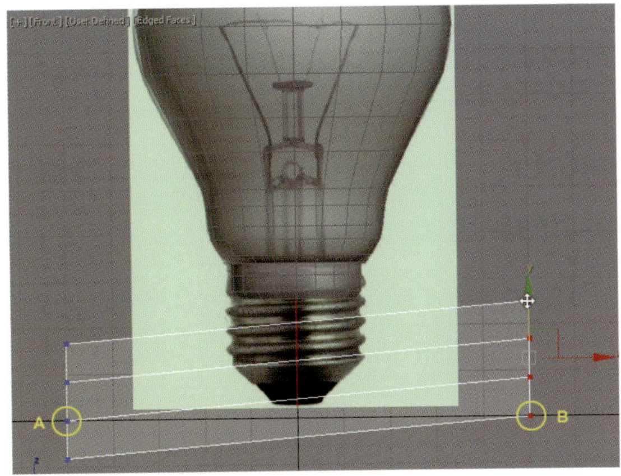

05 Modifier List에서 Bend를 적용시켜 둥근 형태가 되도록 합니다. 오브젝트가 도면에 가려 잘 안보이니 Top View에서 도면 앞쪽으로 그림과 같이 이동시켜줍니다. Bend를 적용하기 전에는 반드시 Edge Sub-Object 레벨을 해제시켜줘야 합니다.

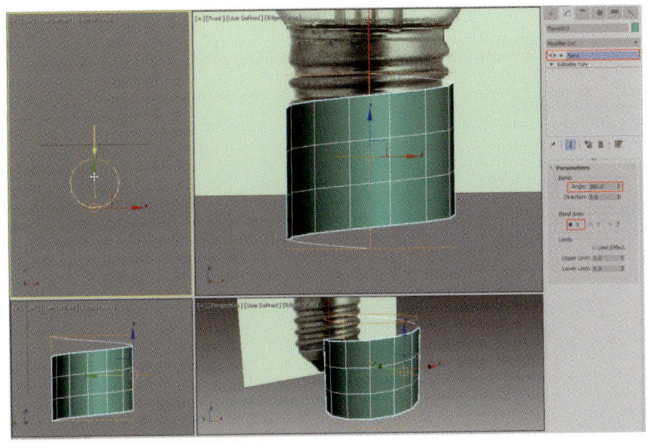

06 오브젝트를 편집하기 위해 다시 Editable Poly로 변환시켜줍니다.

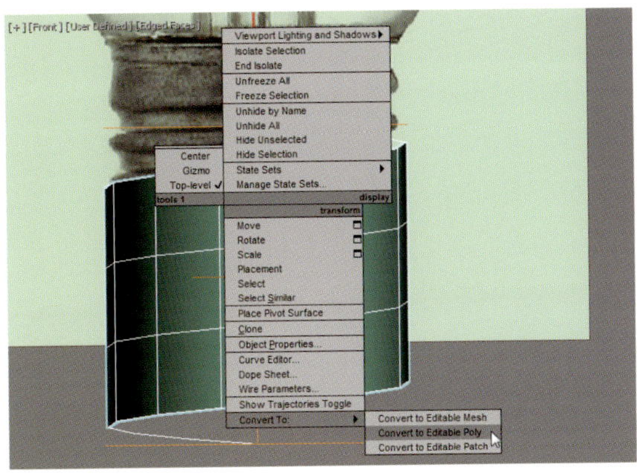

04 그림과 같이 Edge를 선택하고, Connect 명령으로 Edge를 12개 추가시켜줍니다.

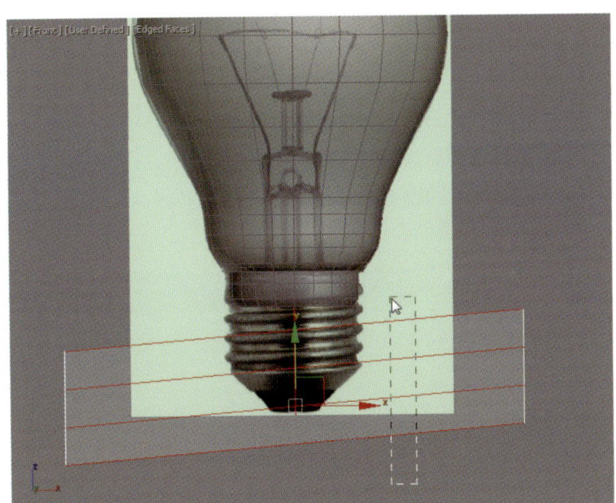

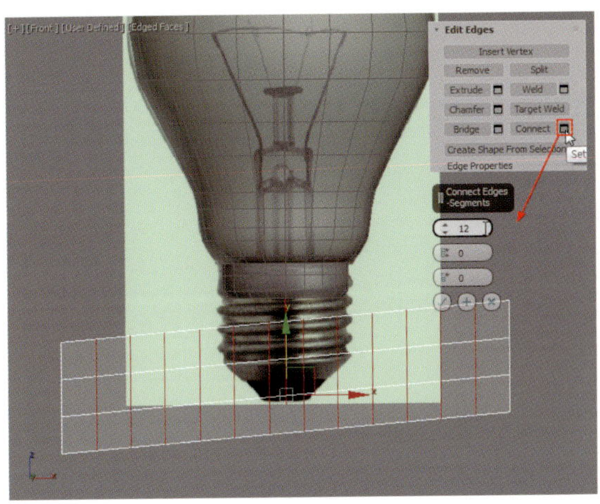

07 Vertex 전체를 선택한 후 Weld 명령을 적용하여 떨어진 3군데의 점을 붙여줍니다.

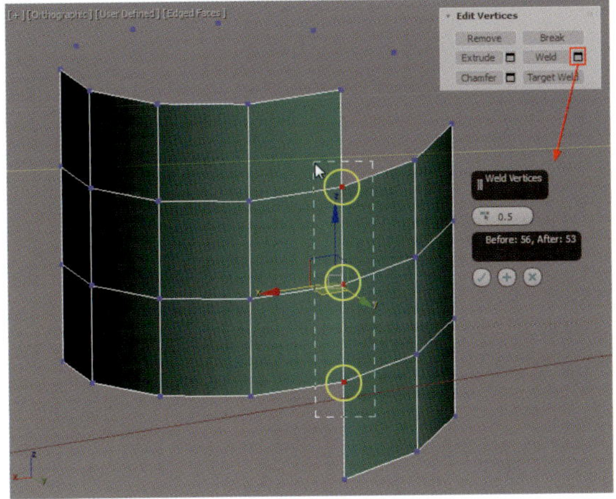

알아두기 | Backface Cull

Backface Cull은 2-Sided와 관련이 있으며, 이 옵션은 오브젝트의 안쪽 면을 디스플레이 해줍니다. 사용방법은 해당 오브젝트를 선택하고 마우스 오른쪽 버튼을 눌러 나오는 Quad Menu에서 Object Properties 옵션을 실행합니다. Display Properties 항목에서 Backface Cull 옵션에 체크를 해제합니다.

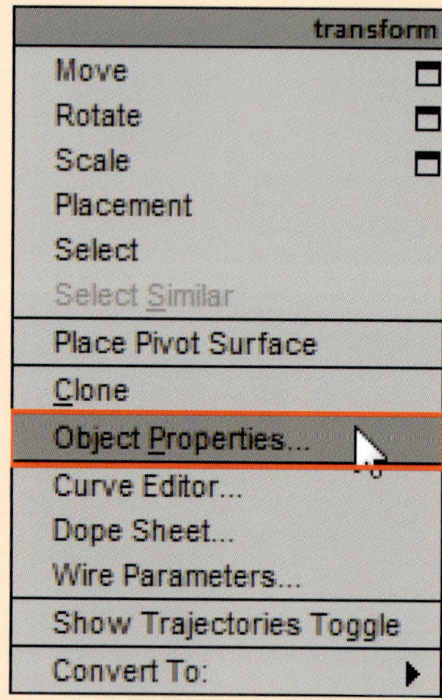

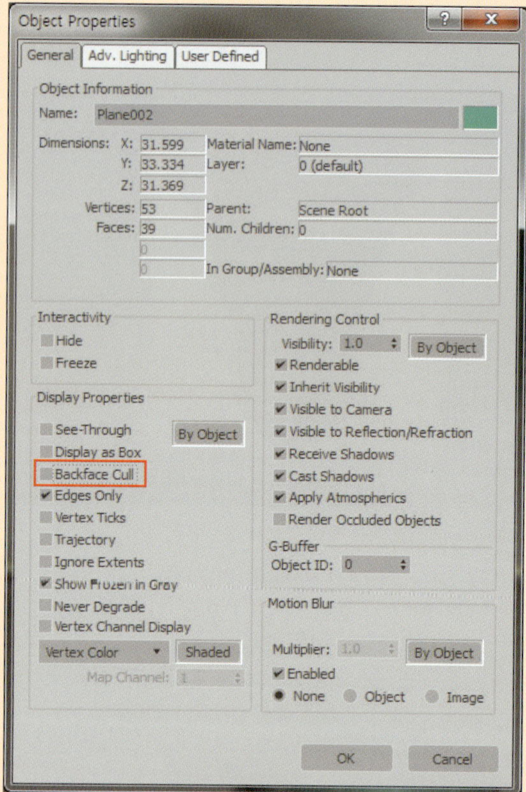

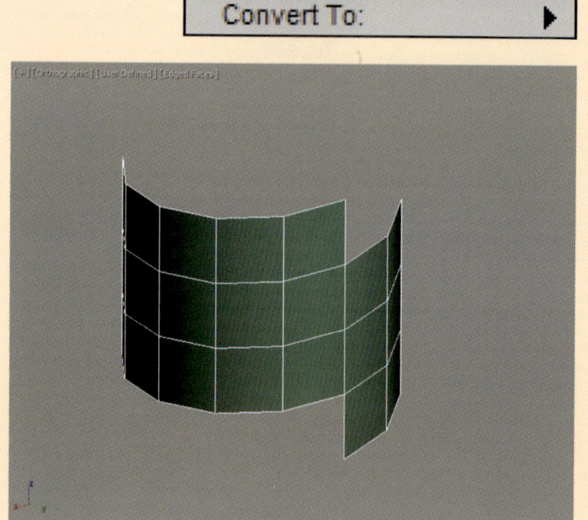

Backface Cull : On

Backface Cull : Off

08 세로열의 Edge들을 선택하고 Connect 명령으로 Edge 1열을 추가시켜줍니다.

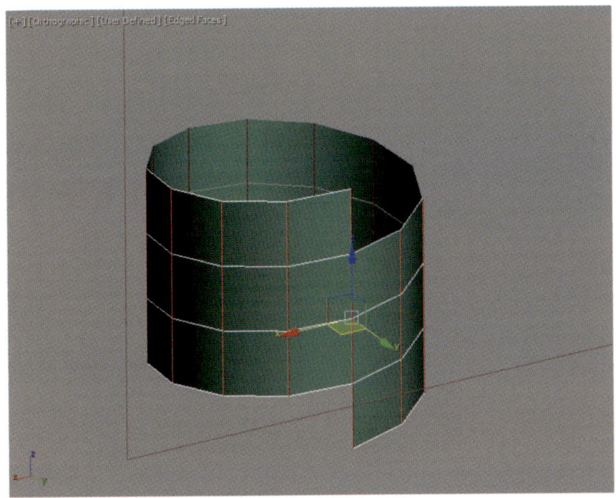
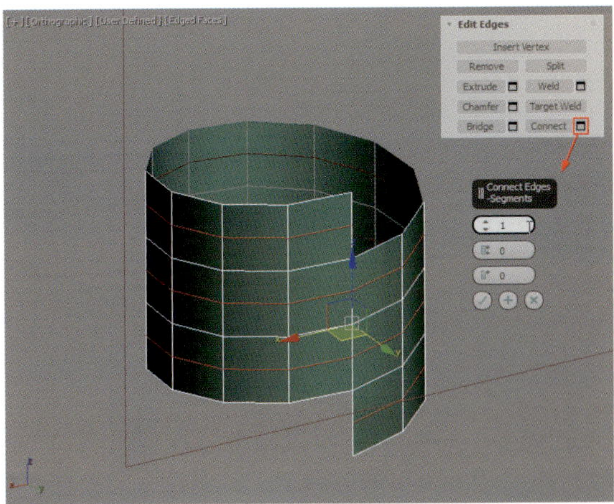

09 그림과 같이 XY축을 선택하여, 안쪽 방향으로 적당하게 그림과 같이 Scale[R]을 적용합니다.

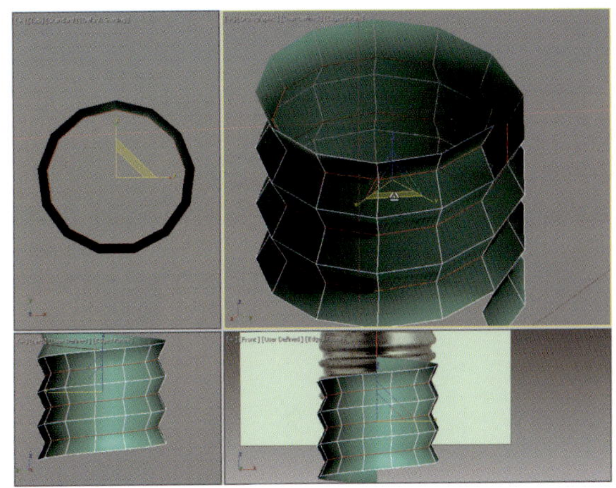

10 상단 쪽의 Edge들을 모두 선택한 후 Shift +Move 드래그하여 면을 확장 복사시켜줍니다.
이때 X자로 표시된 Edge는 선택하지 않도록 합니다.

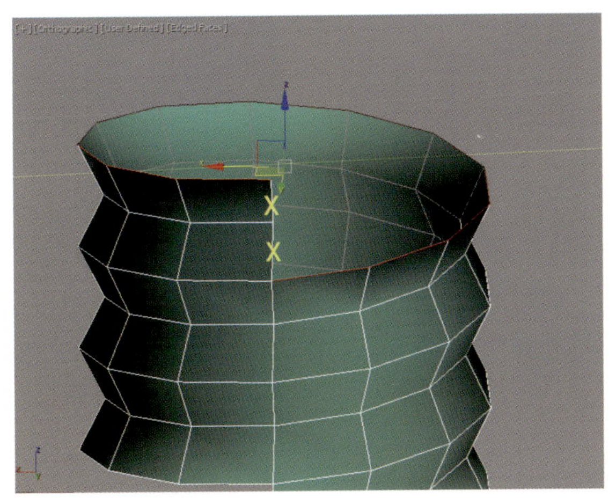
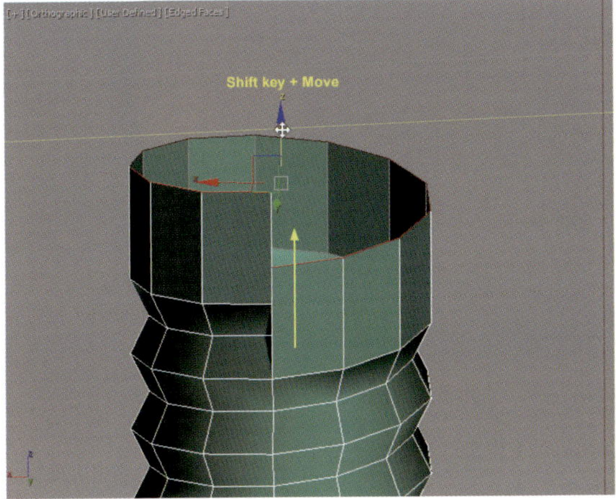

11 마찬가지로 하단 쪽의 Edge들을 선택한 후 면을 확장시켜줍니다.

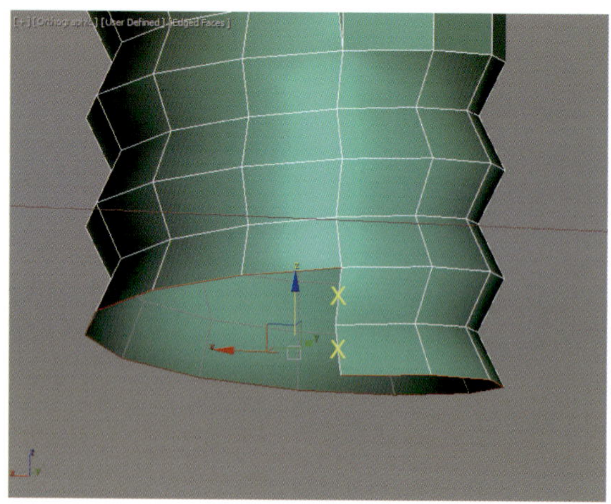
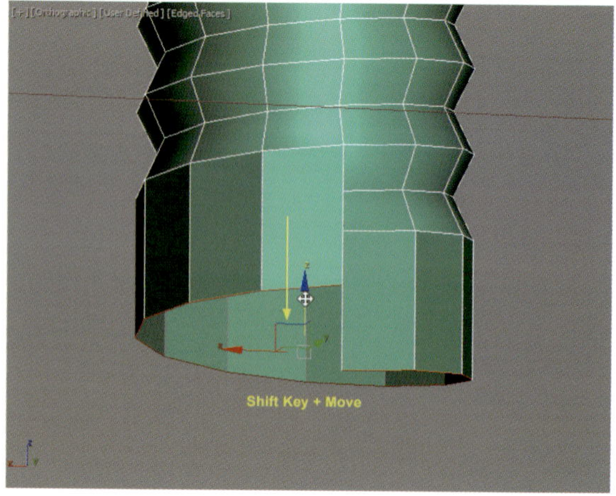

12 상단 쪽의 Edge들을 모두 선택한 후 Make Planar의 'Y' 버튼을 클릭하여 수평으로 만들어 줍니다.

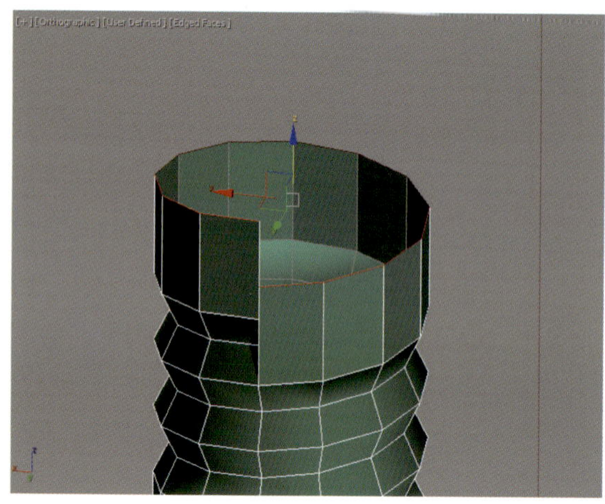
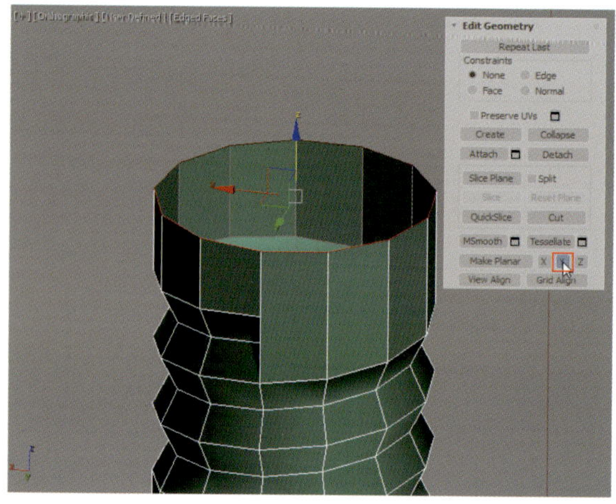

13 하단 쪽도 같은 방법으로 수평으로 만들어 줍니다.

14 상단 쪽의 Vertex들을 선택하고, 3D Snap을 활성화시켜줍니다. Snap 아이콘위에서 마우스 오른쪽 버튼을 누르면 대화상자가 나타나는데 이때 Vertex 스냅에 체크해줍니다.
Move 툴로 동그라미 친 A 지점을 선택하고 B 쪽으로 이동시켜줍니다.

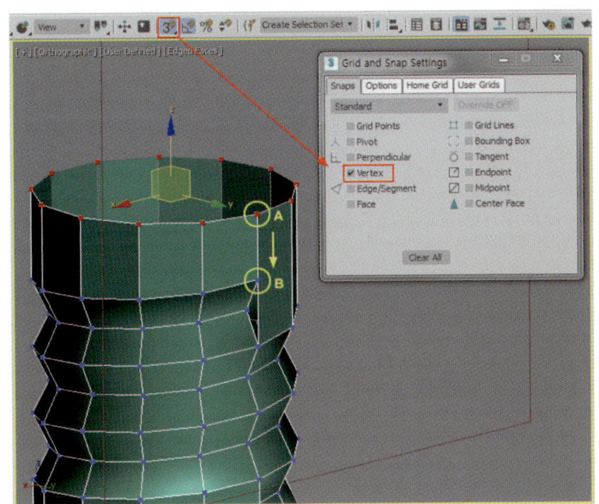
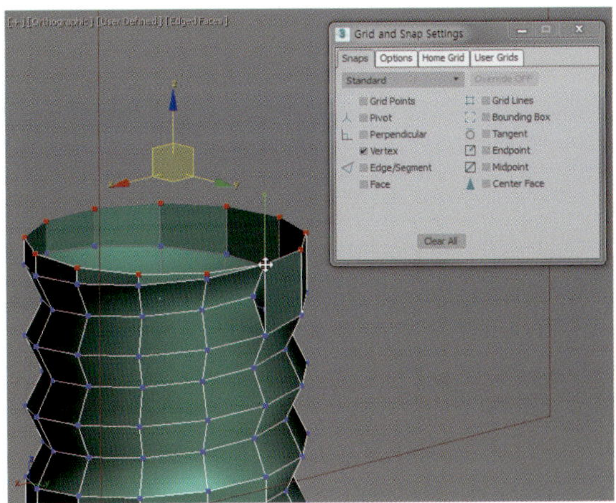

15 아래쪽에도 같은 방법으로 Vertex들을 이동시켜 준 후 Snap[S]을 비활성화시켜줍니다.

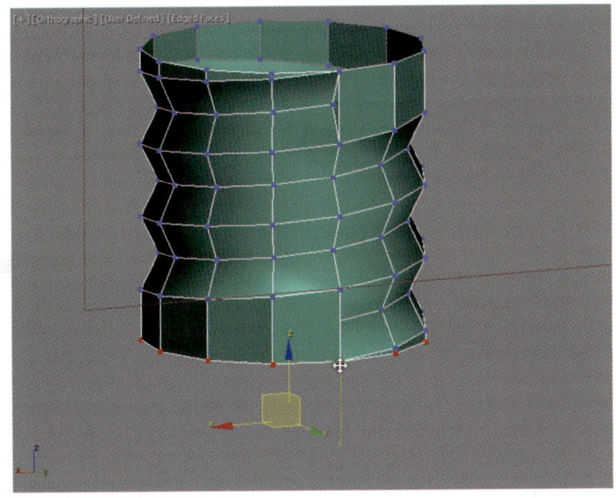

16 A와 B지점의 Vertex들을 선택하고, Weld 명령을 적용하여 하나의 점으로 만들어 줍니다.

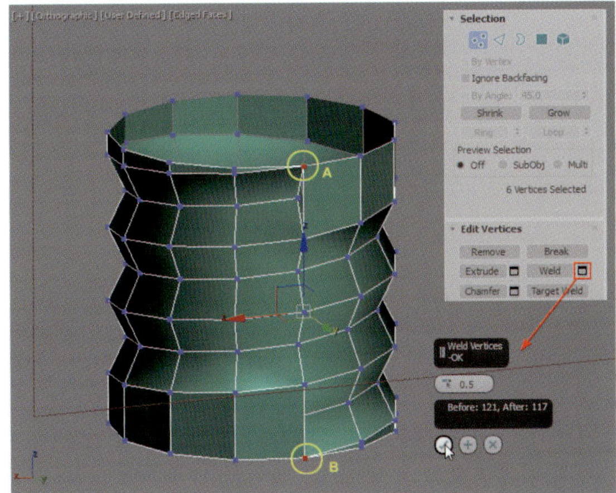

17 다음과 같이 Connect 명령으로 Edge 1개를 추가시켜줍니다.

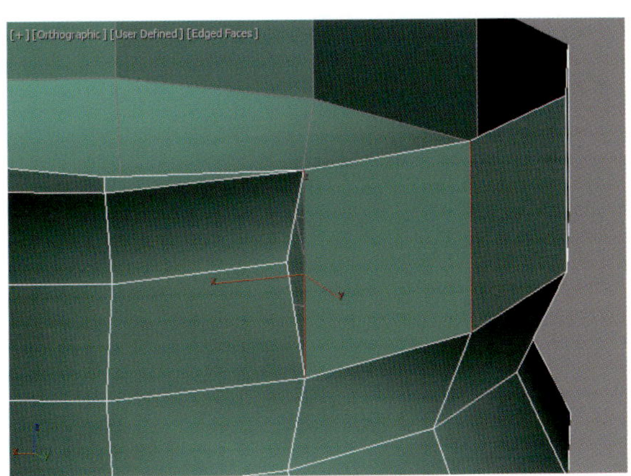
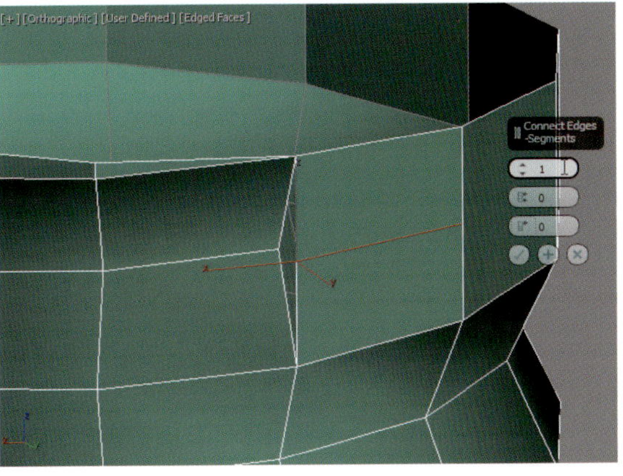

18 Target Weld 명령으로 A 지점에 Vertex를 붙여줍니다.

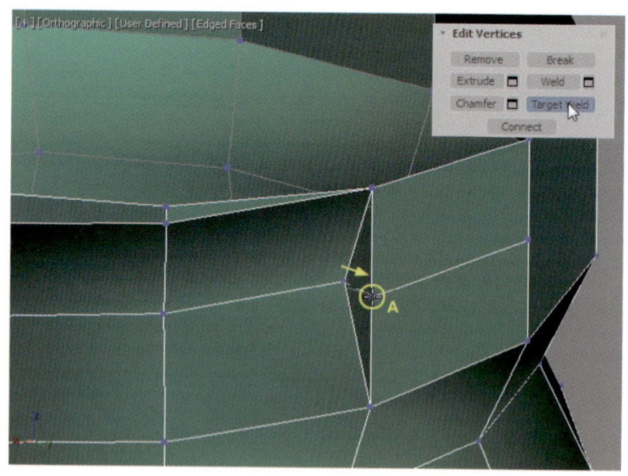
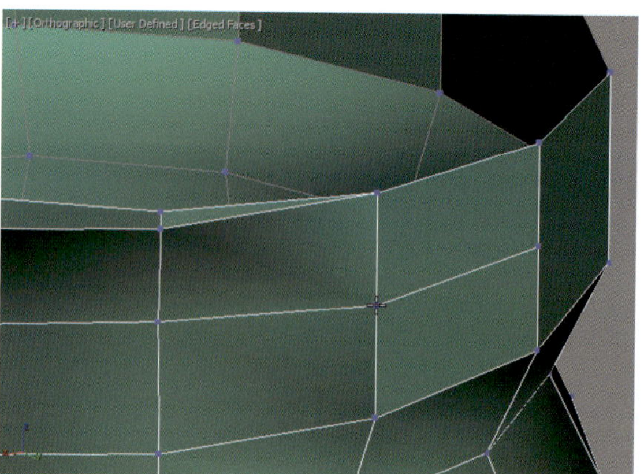

19 같은 방법으로 하단 부분도 Vertex를 붙여줍니다.

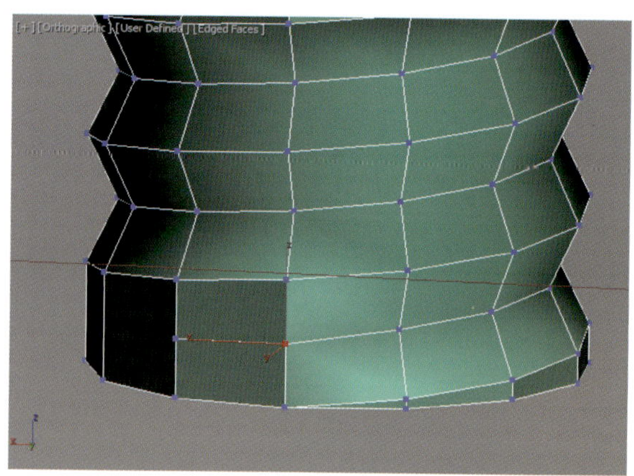

20 Weld된 2개의 점을 선택하고 Top View로 이동하여, 그림과 같이 아래쪽으로 조금만 이동시켜줍니다. Wireframe과 Shade 모드로 전환하기 위해서는 F3 키를 사용하여 토글할 수 있습니다.

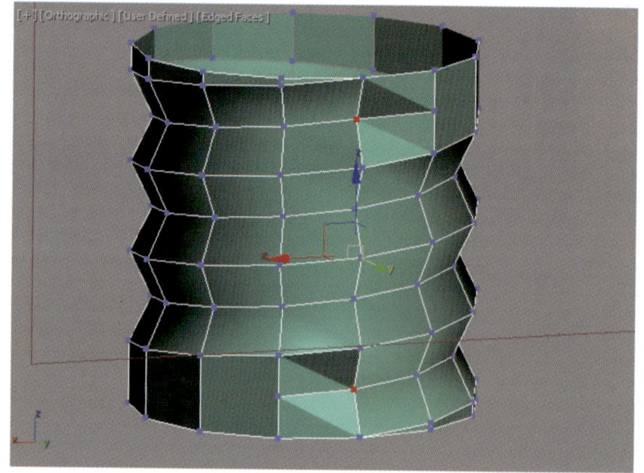
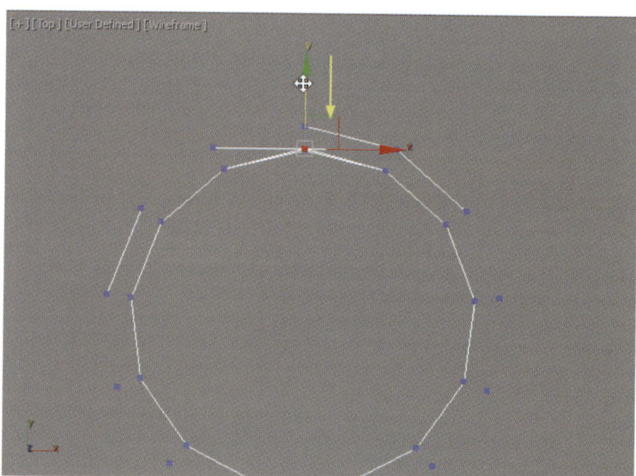

21 모서리를 만들어내기 위하여 먼저 동그라미 친 부분의 Edge를 하나 선택해줍니다. Loop를 클릭하면 그림과 같이 모든 Edge가 연결되어 선택됩니다. (또는 해당되는 Edge를 더블 클릭하여 선택할 수도 있습니다)

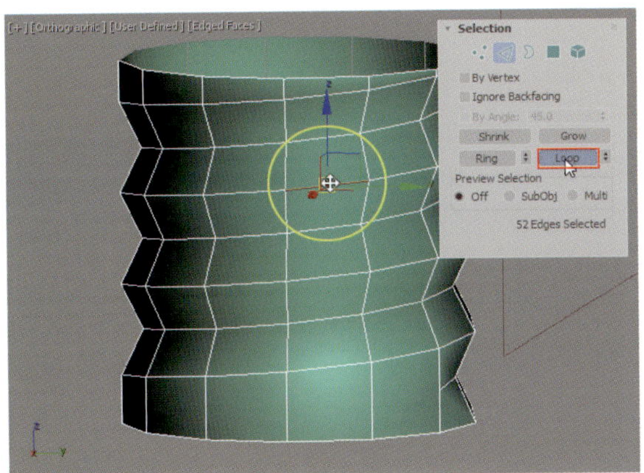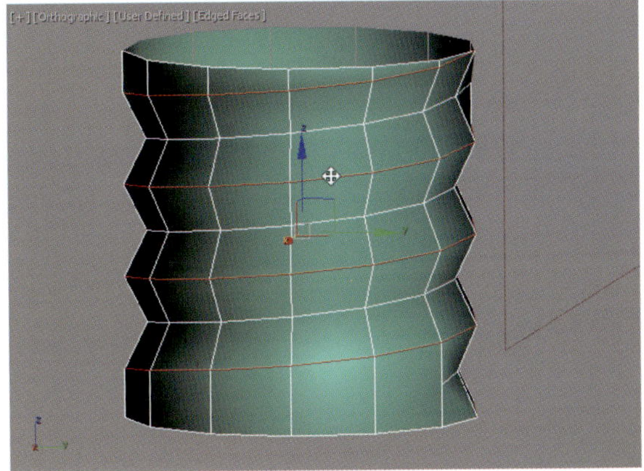

22 Chamfer Setting을 다음과 같은 값으로 적용시켜줍니다.

23 Target Weld 명령으로 동그라미 친 부분의 Vertex를 붙여줍니다.

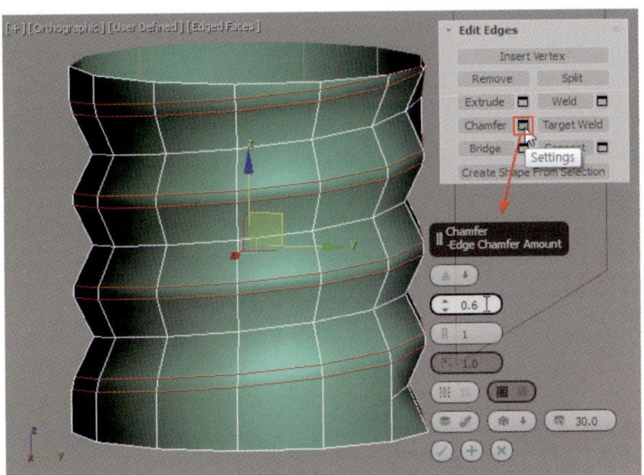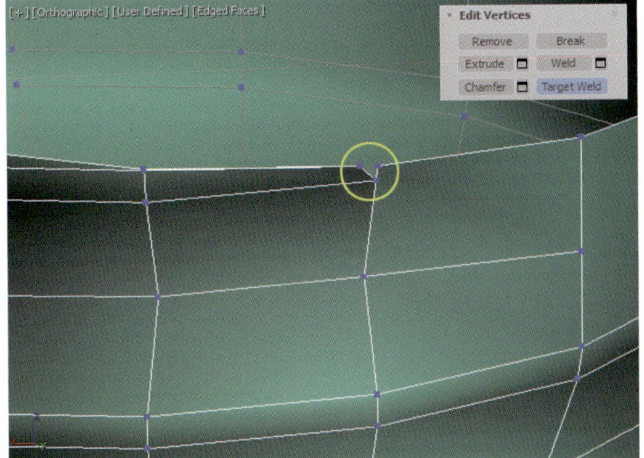

24 아래쪽의 Vertex도 같은 방법으로 붙여줍니다.

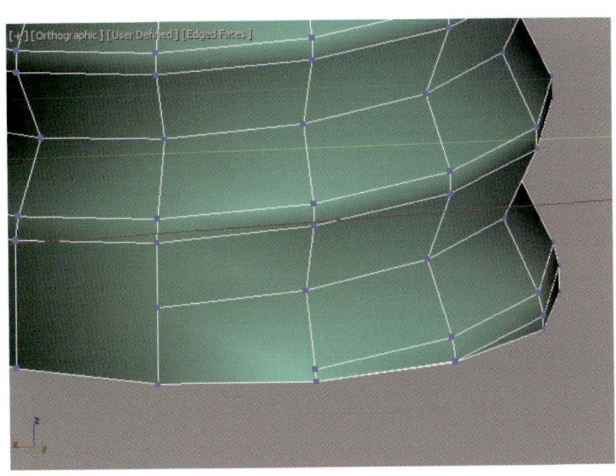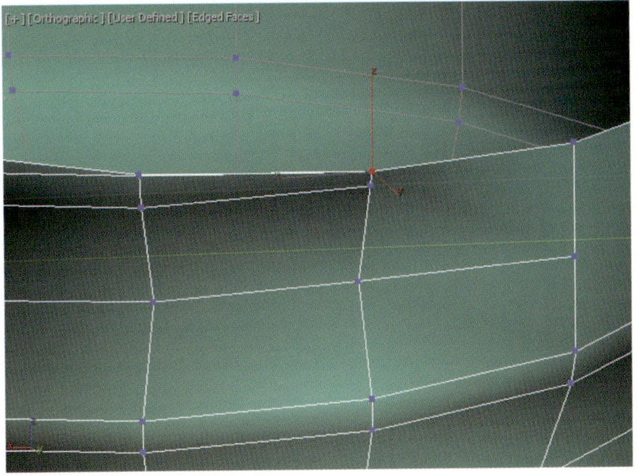

25 그림과 같이 Vertex를 선택하고 이동시켜 보면 점이 떨어져 있는 것을 확인할 수 있습니다. 이를 해결하기 위해 Edge Sub-Object Level에서 Insert Vertex 명령으로 Vertex를 하나 추가해줍니다.

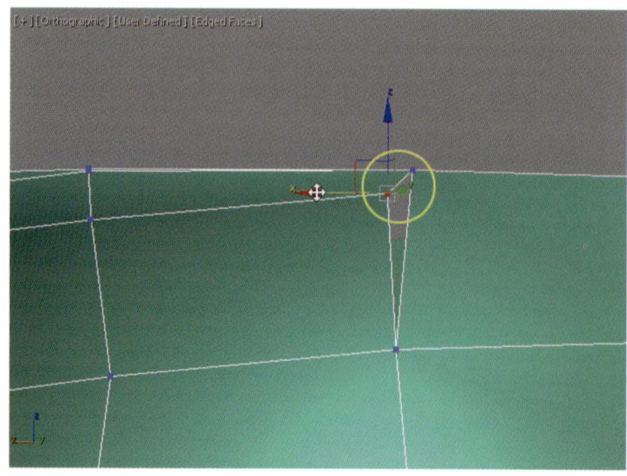
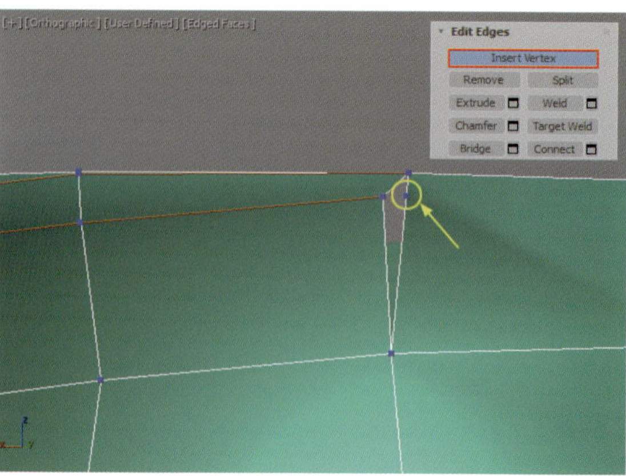

26 Target Weld 명령으로 그림과 같이 Vertex를 붙여줍니다. 아래쪽의 Vertex도 동일한 방법으로 'Insert Vertex'와 'Target Weld' 명령으로 붙여줍니다.

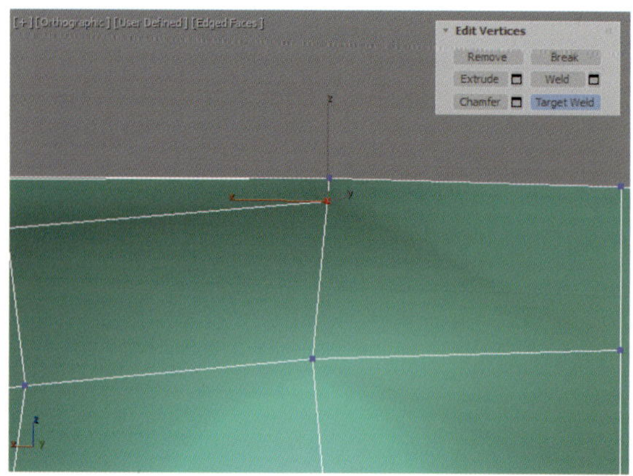
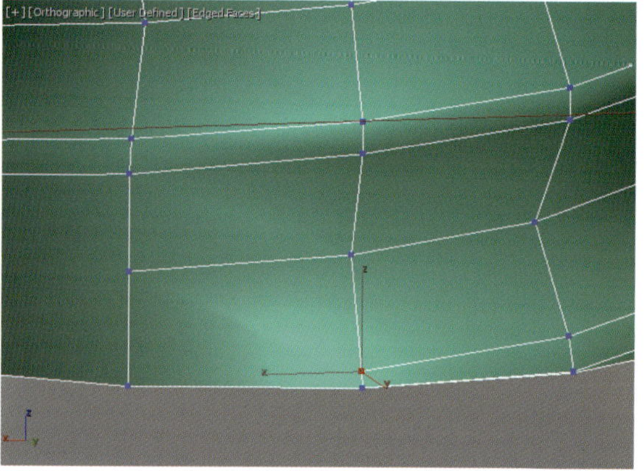

27 전체 Vertex들을 모두 선택한 후 Weld를 적용시켜줍니다. 그것은 화살표로 표시된 부분의 Vertex들이 합쳐지는 결과가 됩니다.

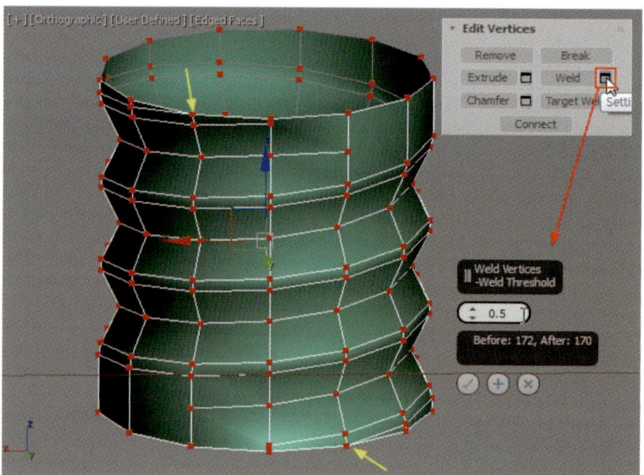

28 Front View에서 다음과 같이 도면 이미지에 맞추어 Y축 스케일을 조정해줍니다. 그림과 같이 Edge들을 선택하고 좀 더 아래쪽으로 이동시켜 간격을 넓게 만들어 줍니다.

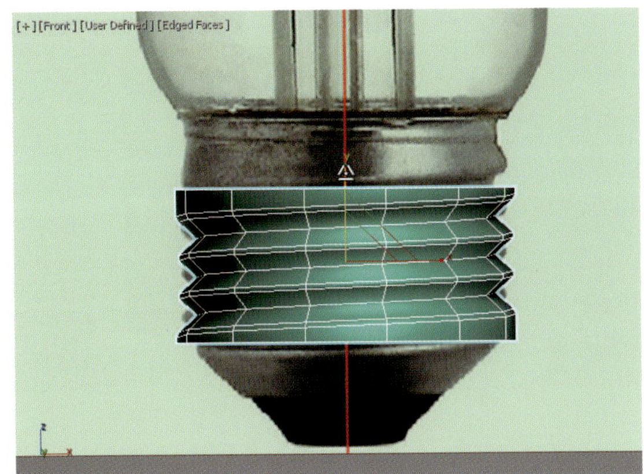
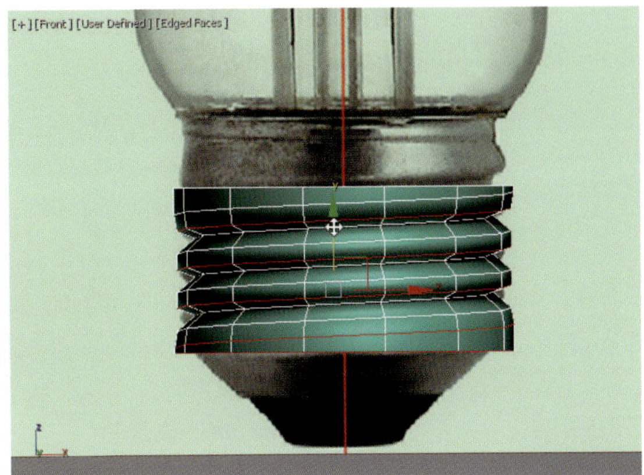

29 Border Sub-Object Level로 변경한 후 맨 하단의 Border를 선택합니다. Shift+Move 툴을 드래그하여 면을 확장 복사 시켜준 후 3D Scale로 크기를 조정해줍니다.

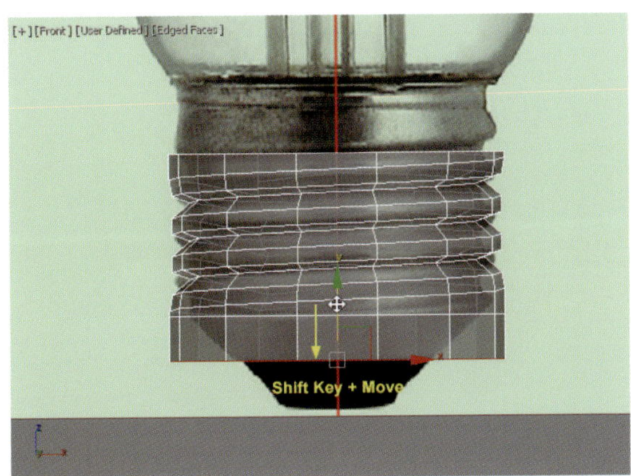

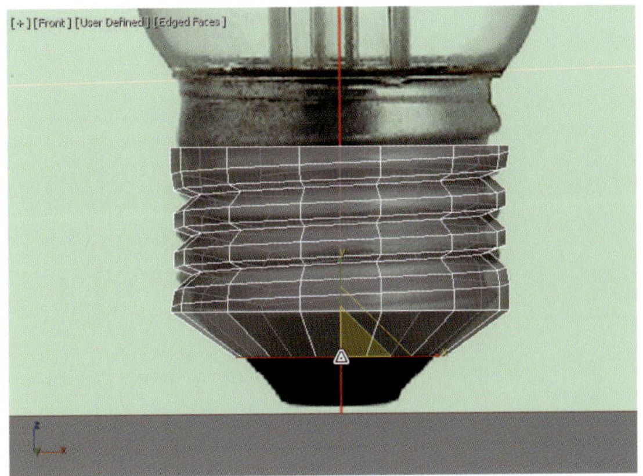

30 그림과 같이 안쪽 방향으로 Shift+Scale 툴을 사용하여 면을 확장시켜주고, 계속해서 위와 같은 방법으로 아래쪽 방향으로 면을 확장 복사시켜주고 크기를 조정해줍니다.

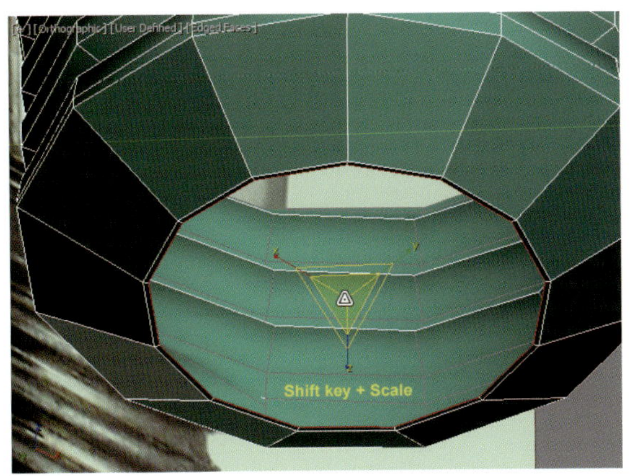

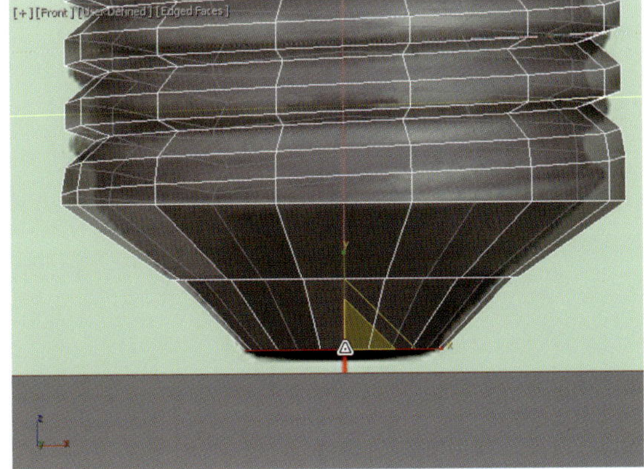

31 계속해서 안쪽 방향으로 두 번 연속 Shift+Scale 툴을 사용하여 면을 확장 복사시켜줍니다.

32 Edit Borders 항목의 Cap 버튼을 클릭하여 뚫린 구멍을 막아줍니다.

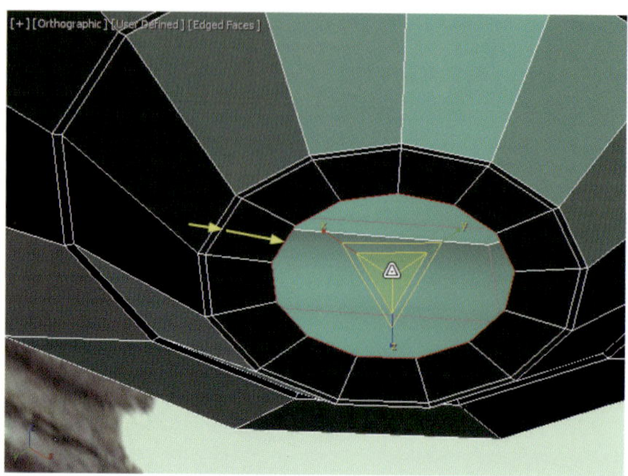

33 Edge들을 Ring 형태로 선택한 후 Connect 명령을 사용하여 Edge 2열을 추가시켜주고, 다음과 같이 설정해줍니다.

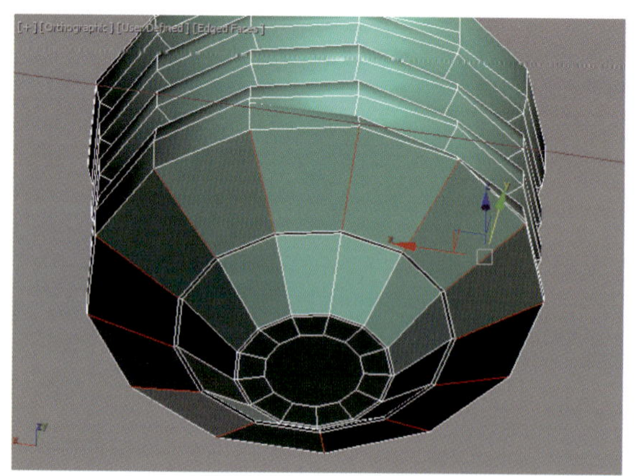

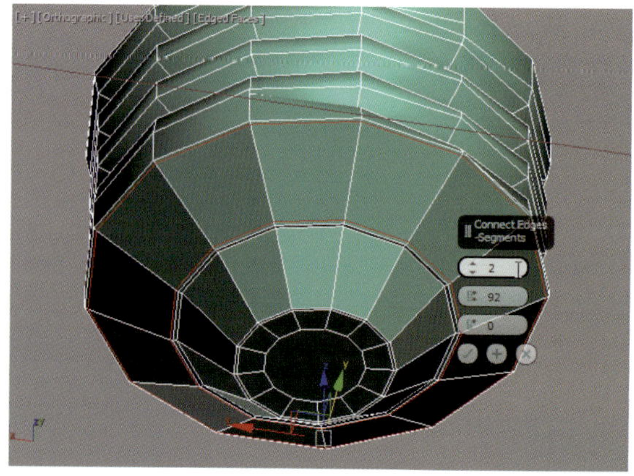

34 계속해서 Edge를 1열 추가시켜줍니다.

35 이번에는 접속단자의 꼭지를 만들겠습니다. Polygon Sub−Object Level 바꿔준 후 아래쪽의 면을 선택하고 Extrude Setting 명령을 적용합니다.

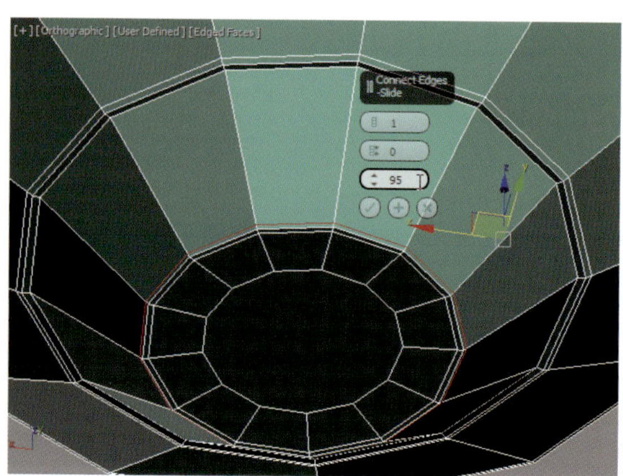

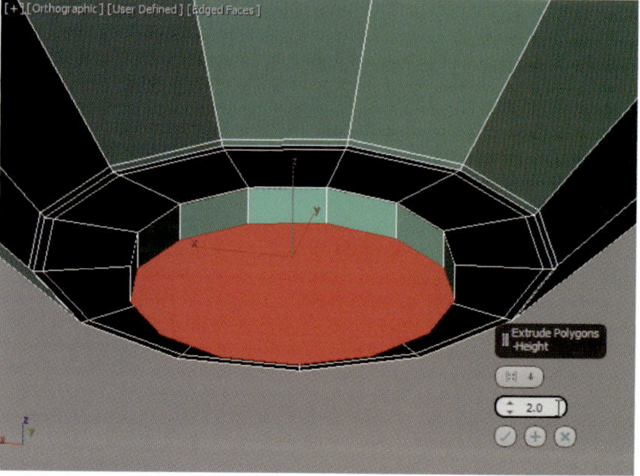

36 Edit Geometry 항목에서 Collapse를 적용시켜, 하나의 Vertex로 만들어 줍니다.

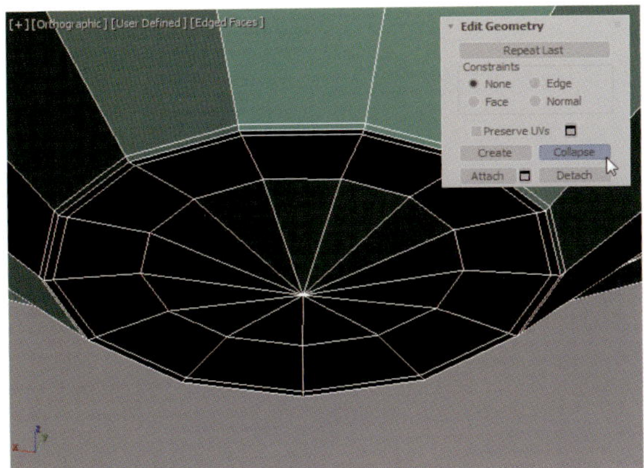

37 모서리가 될 Edge를 Loop 형태로 선택하고, Chamfer Setting을 적용시켜줍니다.

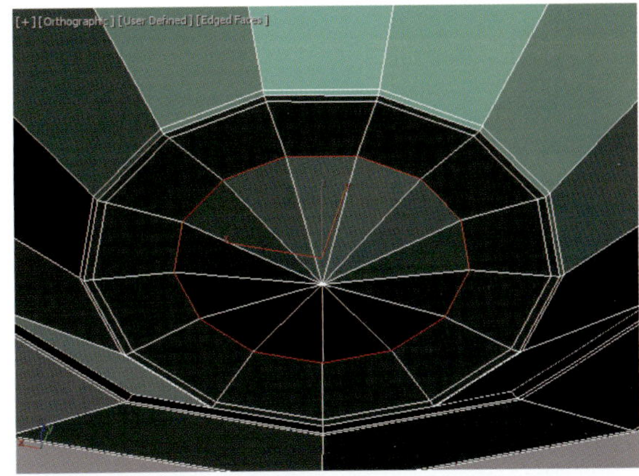

38 그림과 같이 Edge를 Connect 명령으로 3열 추가시켜줍니다.

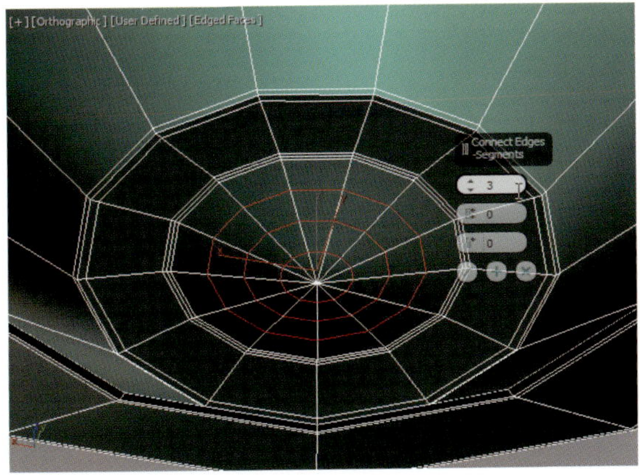

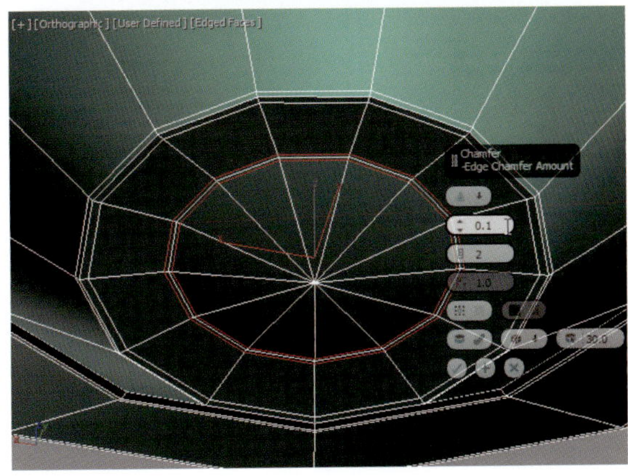

40 상단 쪽의 소켓 부분도 Border Sub-Object Level에서 Shift+Move 툴, Shift+Scale 툴을 사용하여 그림과 같이 만들어주고 조정해줍니다. 필자와 똑같이 만들 필요 없으니 독자 여러분의 센스를 발휘하여 비슷하게 만들어 주세요.

39 접속 단자를 3D Scale로 조정하여 그림과 같이 둥글게 처리해줍니다.

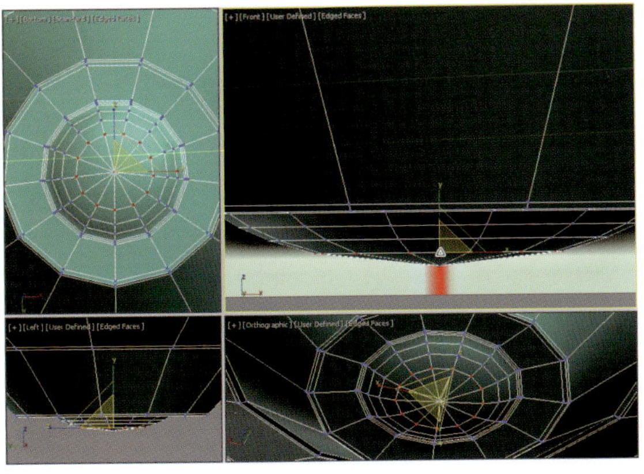

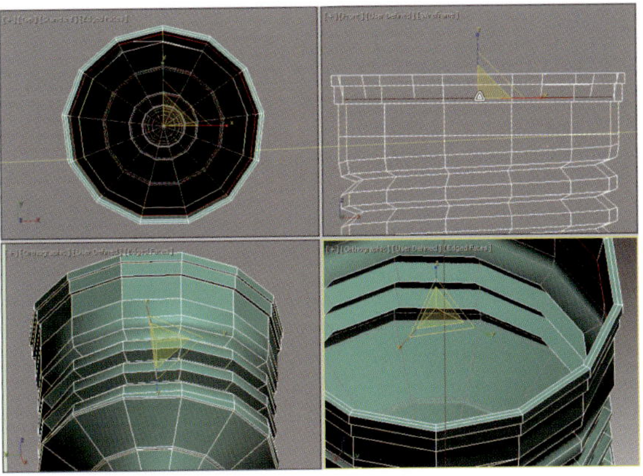

41 이제 금속부분의 나사 베이스가 모두 완료되었습니다. 유리구와 센터를 일치시키기 위해 'Hierarchy' 패널에서 나사 베이스의 축을 센터로 옮겨줍니다. 축이 센터로 옮겨졌으면 'Affect Pivot Only'를 비활성화시켜줍니다.

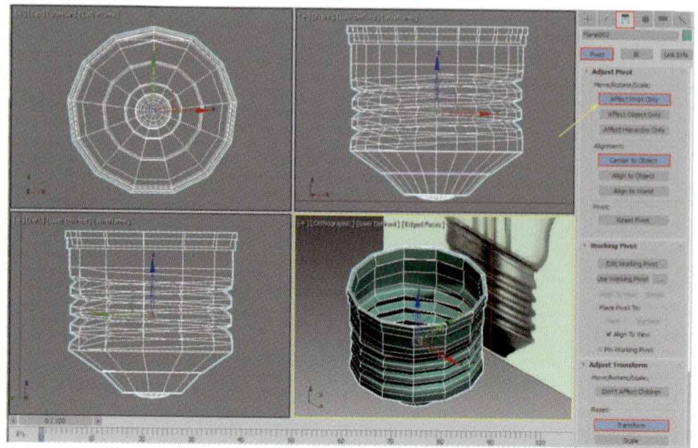

42 유리구와 나사 베이스를 센터로 일치시키도록 하겠습니다. 나사 베이스 오브젝트를 먼저 선택하고 Main Toolbar에서 Align 명령을 실행합니다.
마우스 커서 모양이 바뀌면 유리구 오브젝트를 선택해줍니다. 곧바로 대화상자가 나타나면, 다음과 같이 옵션을 설정해주고 OK버튼을 클릭합니다.

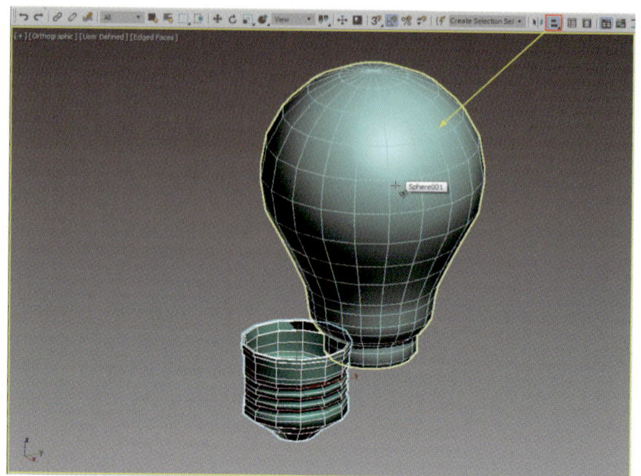

43 Modifier List에서 TurboSmooth를 적용시켜주고, 옵션을 설정해줍니다.

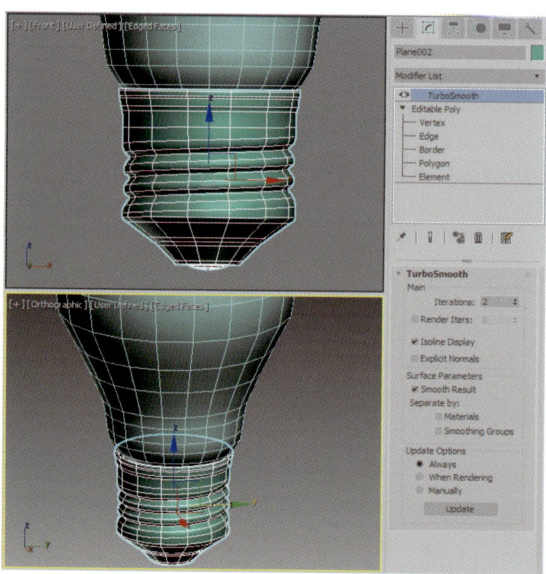

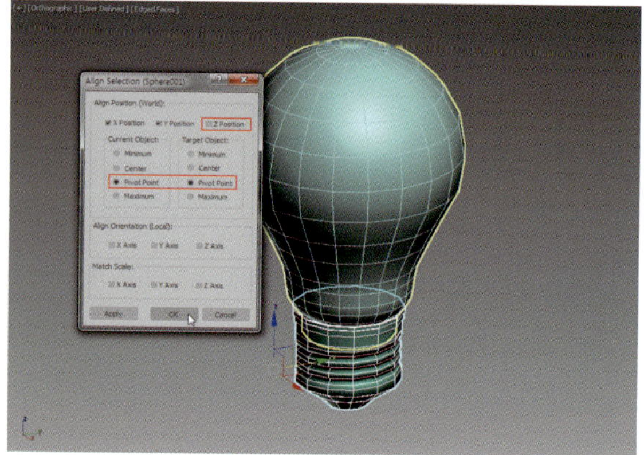

44 유리구와 나사베이스간의 틈이 없도록 Non-uniform Scale(XY방향)을 활용하여 사이즈를 조정해줍니다.

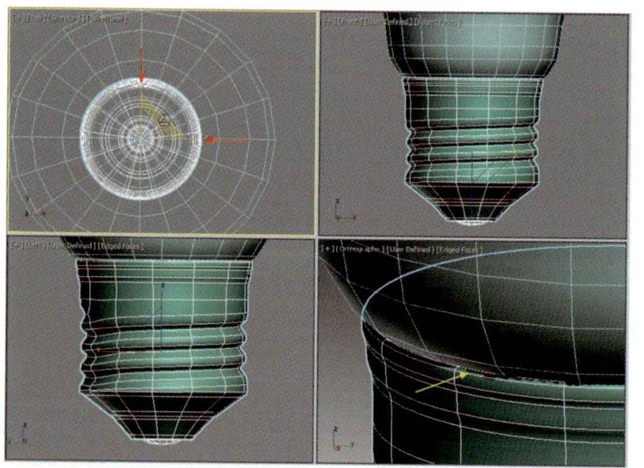

45 위쪽의 꼭지는 Sphere를 이용하여 생성한 후 1D Scale로 조정하여 모양을 만들어 줍니다.

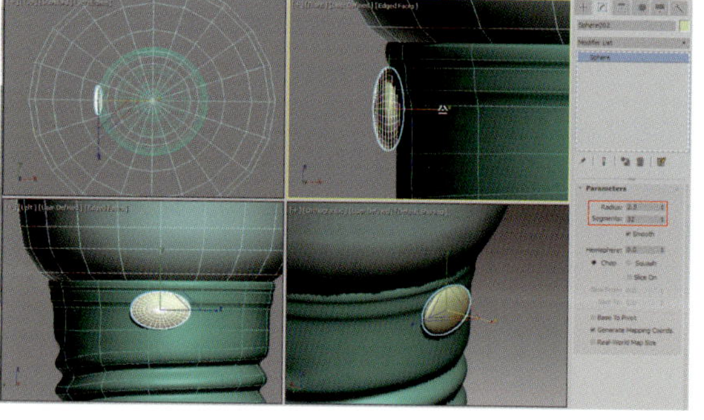

46 Modifier List에서 'FFD(box) 4×4×4'를 적용시켜주고, Control Points를 활성화시켜 Point들을 선택하여 나사베이스의 외형에 맞게 조정해줍니다.

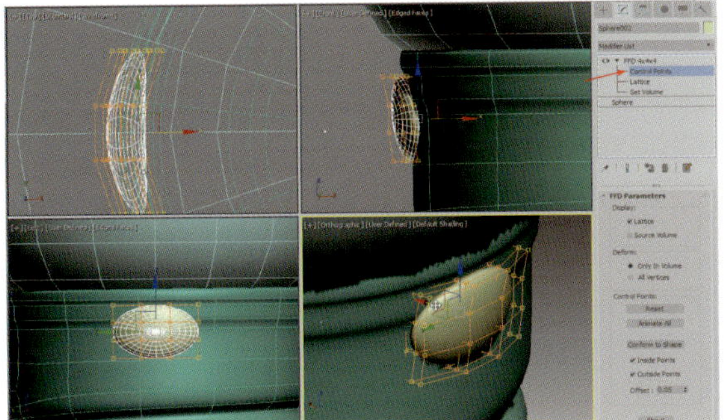

47 자연스러운 모양이 되도록 꼭지 오브젝트에 Noise를 적용시켜주고, 적당한 값을 넣어줍니다.

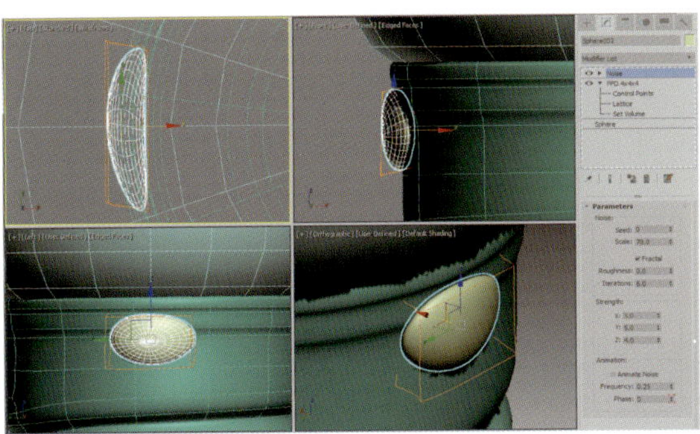

48 백열전구의 유리구와 나사 베이스, 꼭지가 모두 완성되었습니다.

49 각 오브젝트의 이름을 유리구, 베이스, 꼭지로 입력하고 저장합니다.

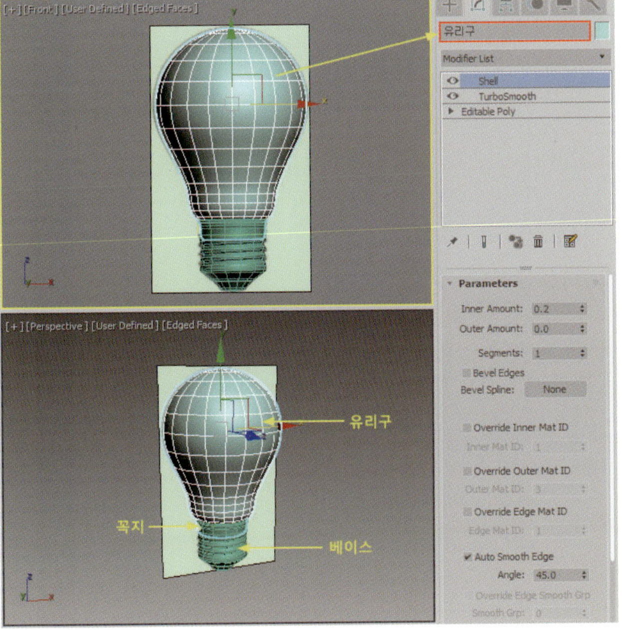

CD 제공 : light_bulb-나선형 금속.max

Section 03 | 백열전구 배기관 만들기

백열전구의 배기관은 유리구에서 공기를 비운 다음, 밀봉하기 전에 비활성 기체를 채우는데 사용되는 유리
관을 이야기합니다. 모델링 방법은 처음에 8각 형태의 Cylinder를 이용하여 기본 형태를 만들고 세부적으
로 면을 확장하여 만들어 줍니다.

01 앞서 작업한 유리구, 배기관, 꼭지 오브젝트를 선택하고 Hide Selection을 이용하여 화면에 잠시 숨겨둡니다.

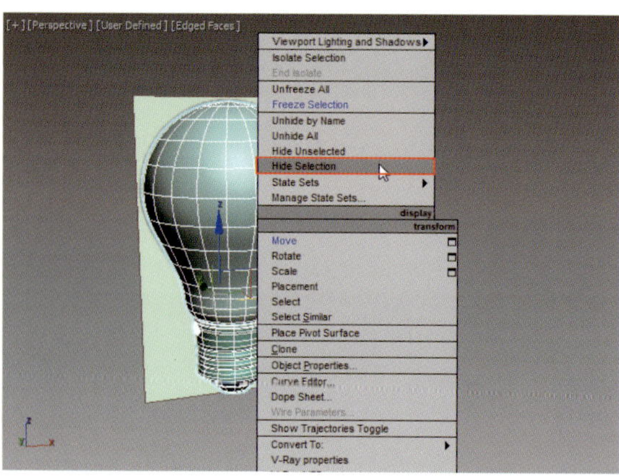

02 Create〉Standard Primitives〉Cylinder를 Front View 에 다음과 같은 크기로 생성합니다.

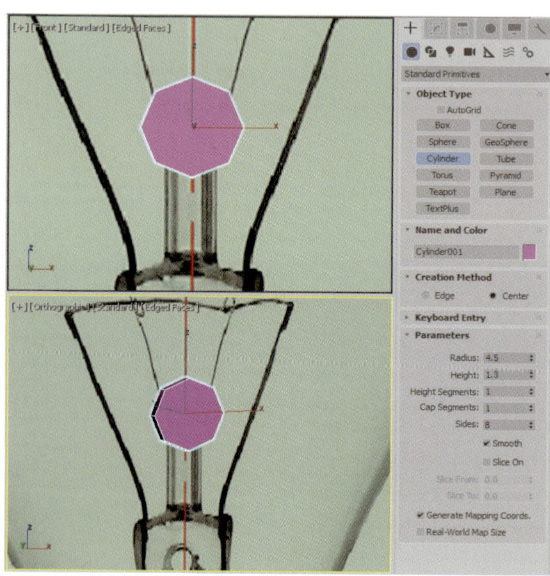

03 Rotate[E] 명령을 이용하여 X축 방향으로 90도 회전시켜 주고, 위치도 조정해줍니다. 이어서 Alt + X 키를 이용 하여 오브젝트를 투명하게 만들어 주고, Editable Poly로 Convert 시켜줍니다.

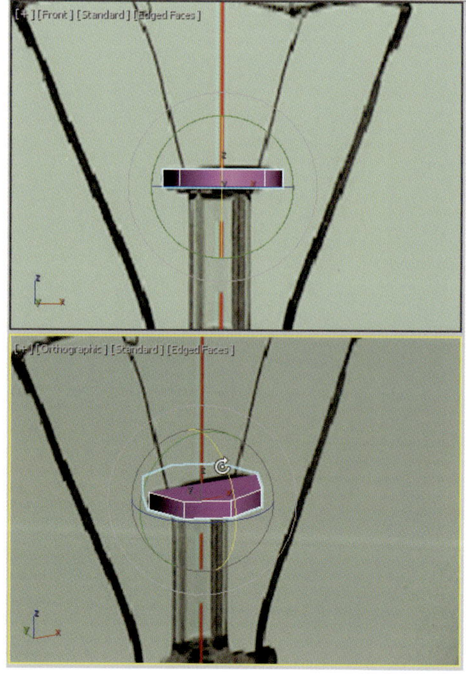

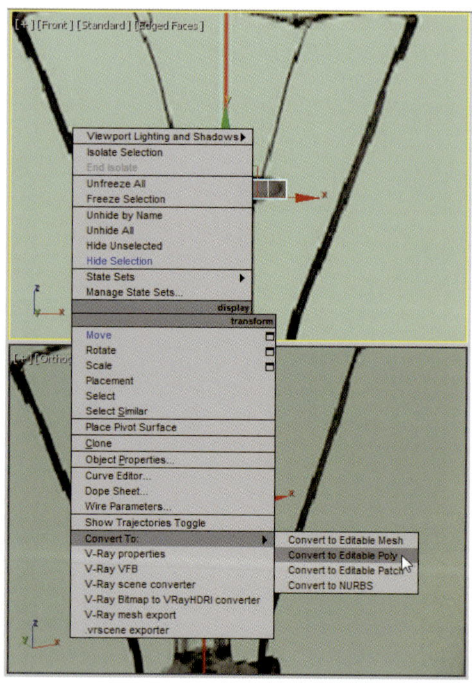

04 Polygon Sub-Object Level에서 아래쪽의 면을 선택하고 Delete 키를 이용하여 삭제해줍니다.

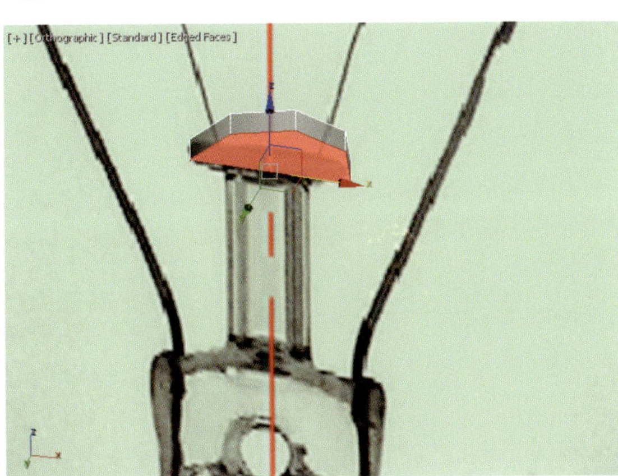
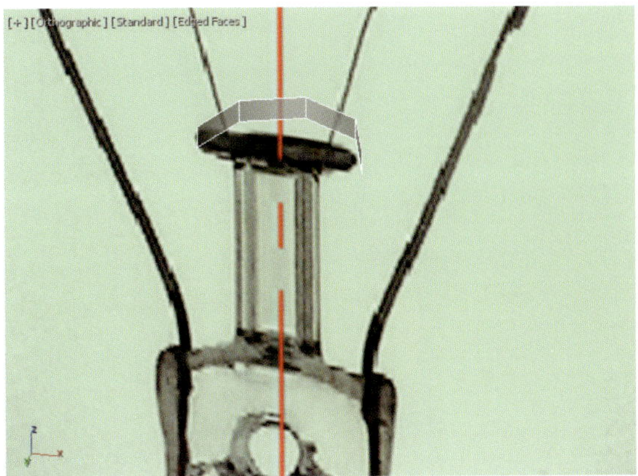

05 Border Sub-Object Level로 이동합니다. Scale[R] 툴을 이용하여 Shift 키를 누른 채 정 가운데로 드래그하여 면을 확장 복사해줍니다. Scale 툴을 이용하여 드래그할 때 그림과 같이 X, Y, Z 축을 모두 선택해야 합니다.

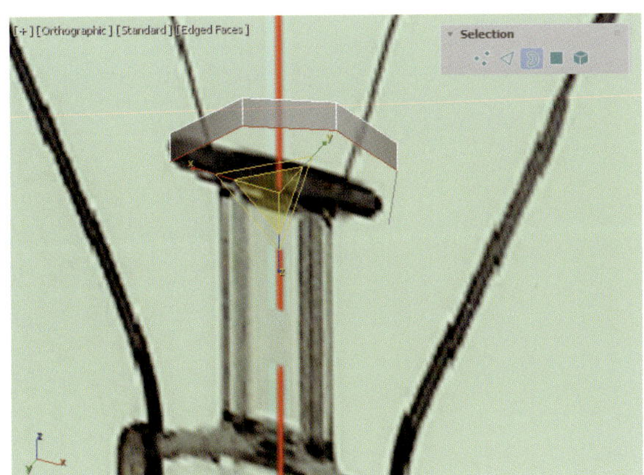

06 계속해서 동일한 방법으로 Move 툴을 이용하여 Shift +드래그하여 면을 확장 복사하여 주고, Scale 툴을 이용하여 Shift +드래그하여 면을 확장 복사하여 줍니다.

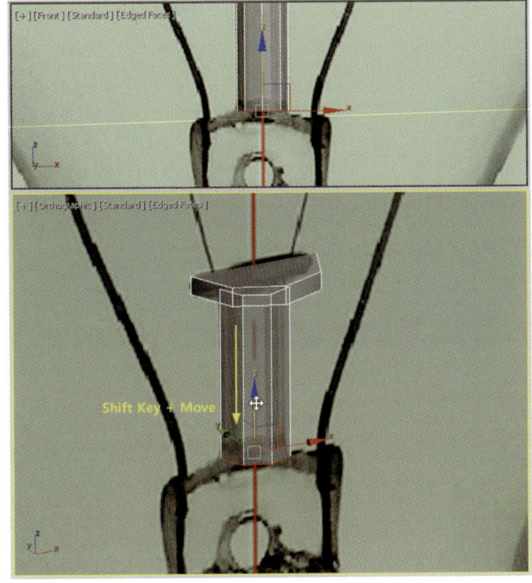

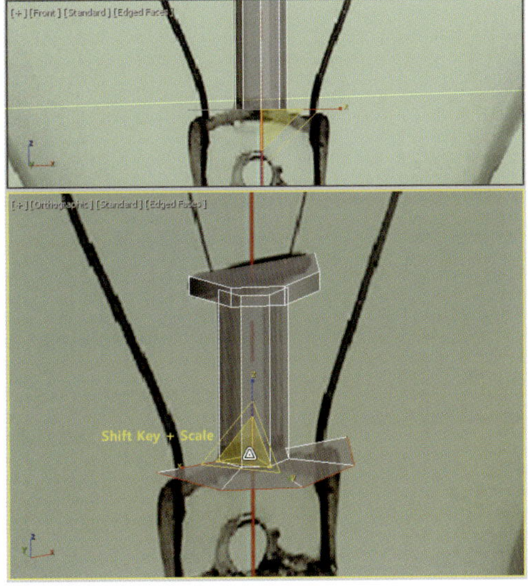

07 Move 툴을 이용하여 그림 A처럼 아래쪽으로 이동시켜 주고, 그림 B처럼 Shift +드래그하여 3번 정도 면을 확장 복사하여 줍니다.

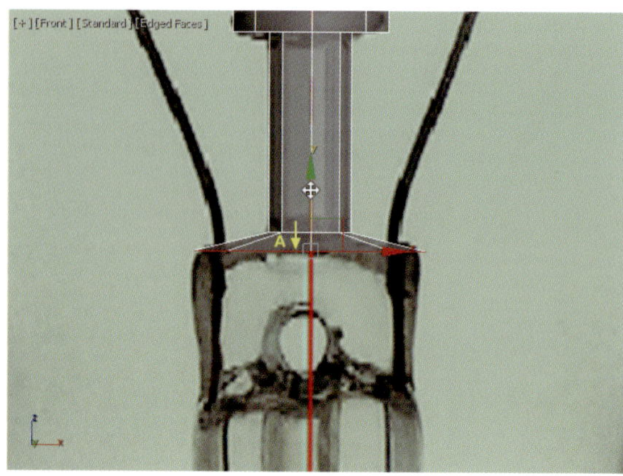
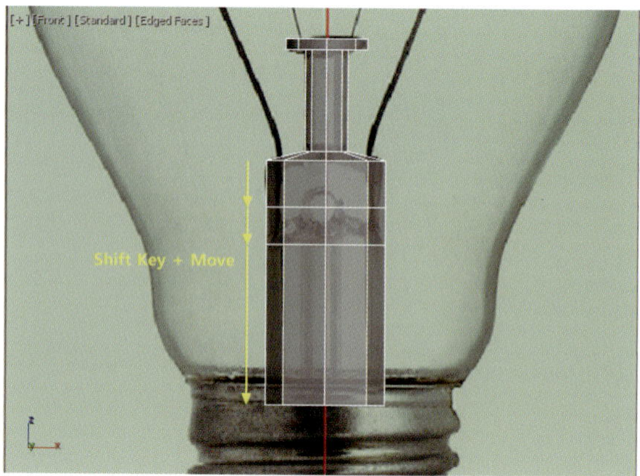

08 맨 위쪽의 면을 선택하고, Bevel을 적용합니다. 바로 이어서 Inset을 적용합니다.

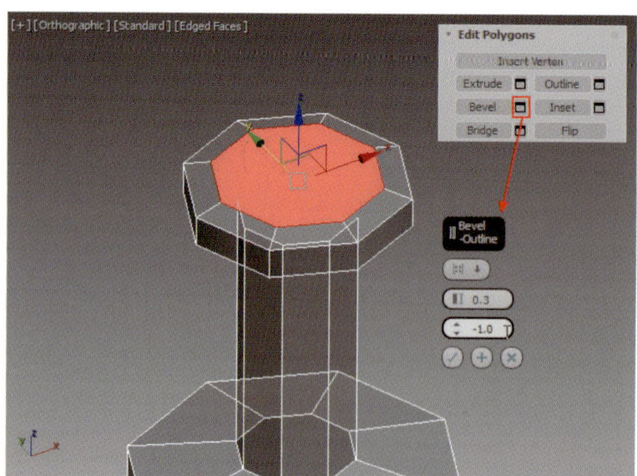
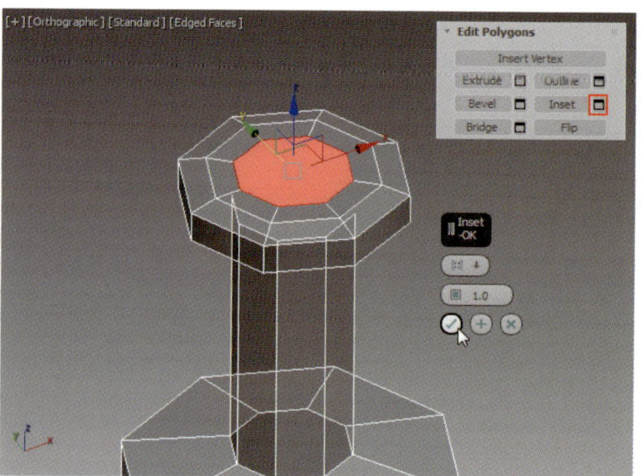

09 윗면이 선택된 상태에서 Edit Geometry 롤아웃의 Collapse 버튼을 클릭하여 하나의 점으로 만들어 줍니다.

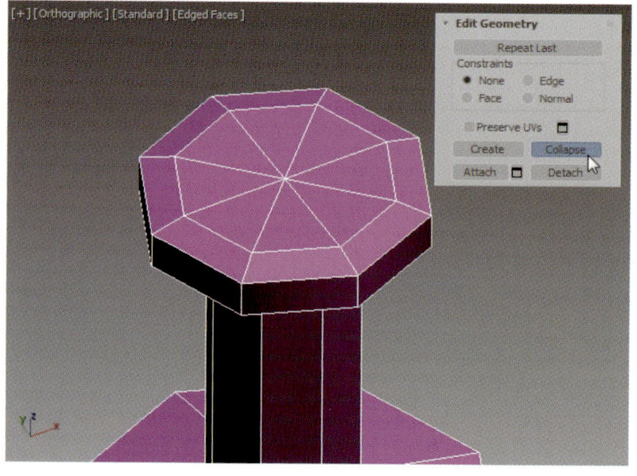

10 Edge Sub-Object Level로 이동한 후 다음과 같이 Edge를 지그재그 형태로 선택합니다. Remove[Back Space]버튼을 클릭하여 Edge를 제거합니다.

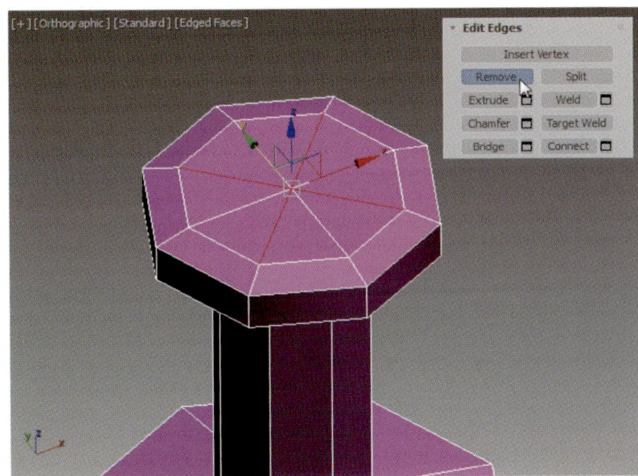

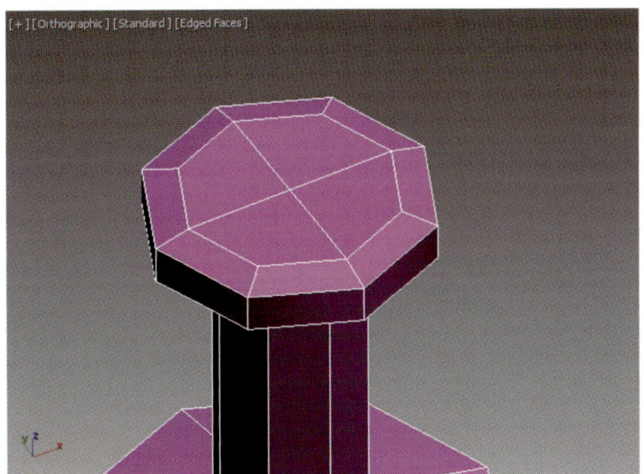

11 Left View에서 다음과 같이 1D Scale을 이용하여 X축 방향으로만 크기를 조절해줍니다.

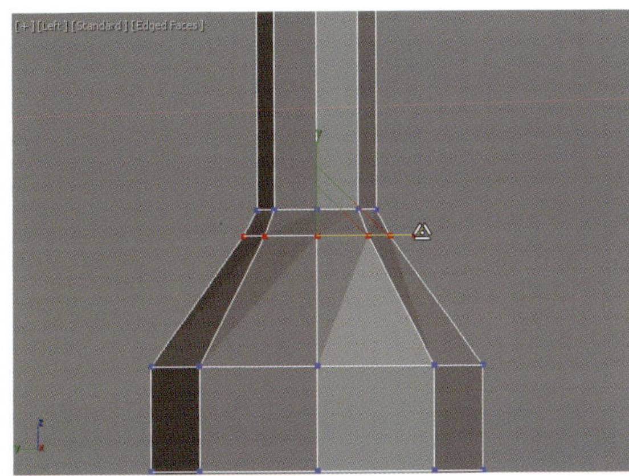

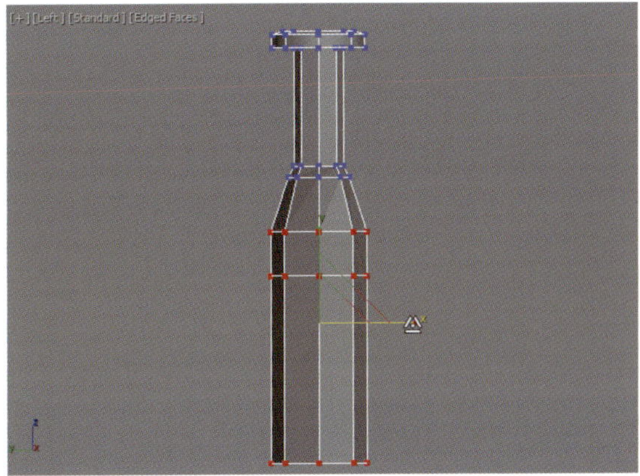

12 배기관의 홀을 만들기 위해 맨 앞쪽의 Vertex를 선택하고, Chamfer를 적용합니다.

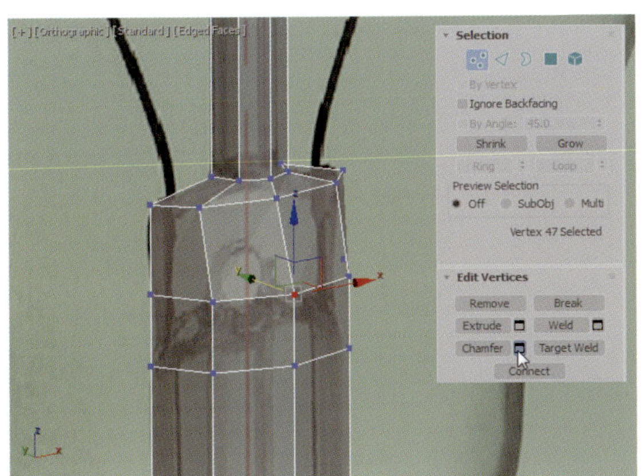

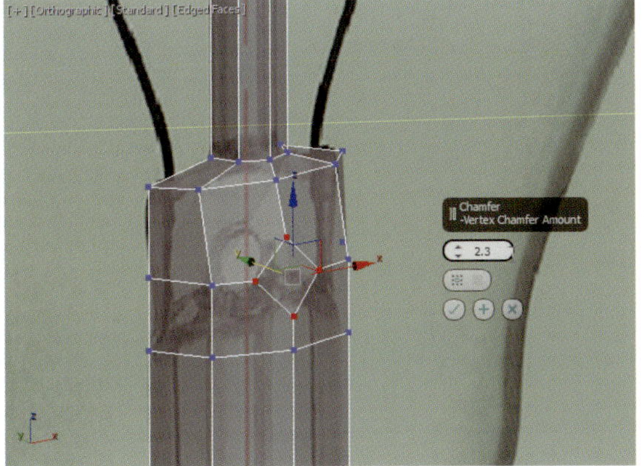

13 Chamfer 나누어진 면을 선택합니다. Tessellate Setting을 클릭하고 기본 값으로 OK 버튼을 클릭합니다.

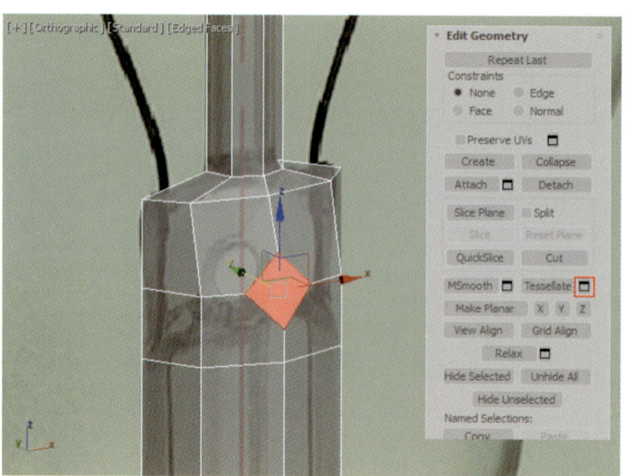

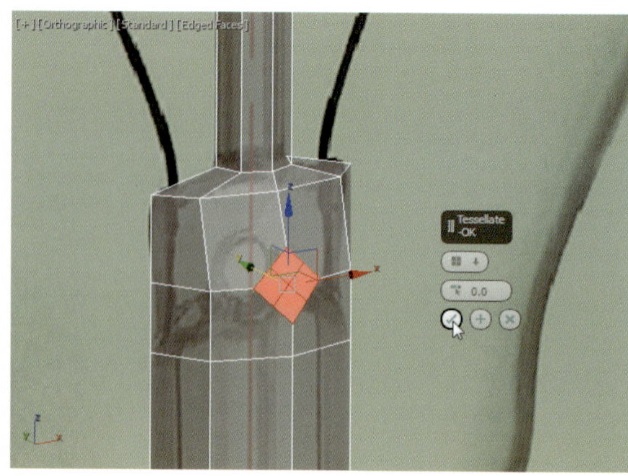

14 선택된 면을 Delete 키를 이용하여 삭제하여 줍니다.

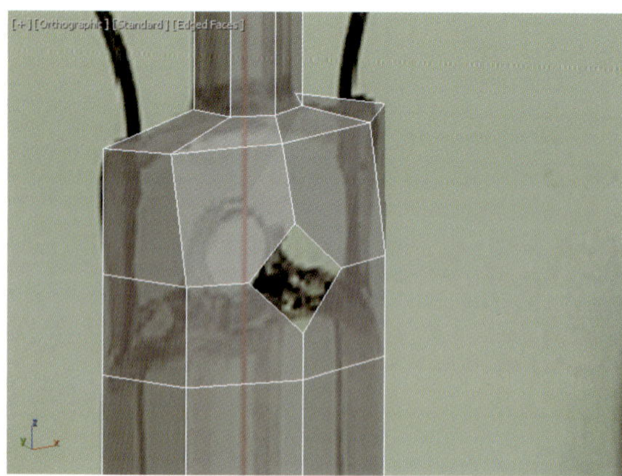

15 Front View로 이동합니다. 4개의 Vertex를 선택하고 XY축 방향으로 Scale을 이용하여 다음과 같이 둥근 형태가 되도록 조정해줍니다.
이어서 Cut[Alt + C]을 이용하여 Vertex 사이에 Edge를 추가시켜줍니다.

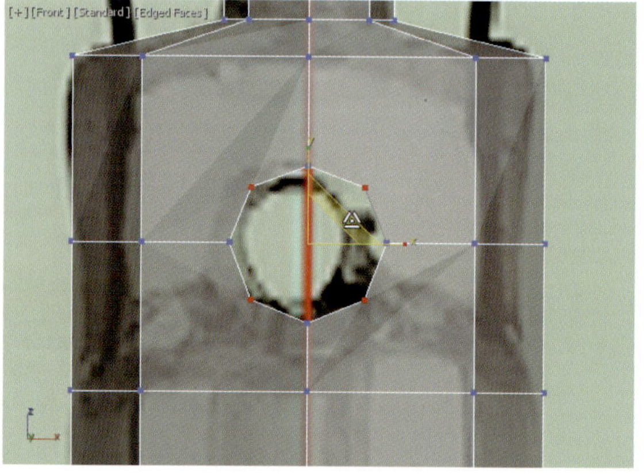

16 Border Sub-Object Level로 이동한 후 Scale[R] 툴을 선택합니다. Shift 키를 누른 채로 정 가운데로 드래그하여 면을 확장 복사합니다.

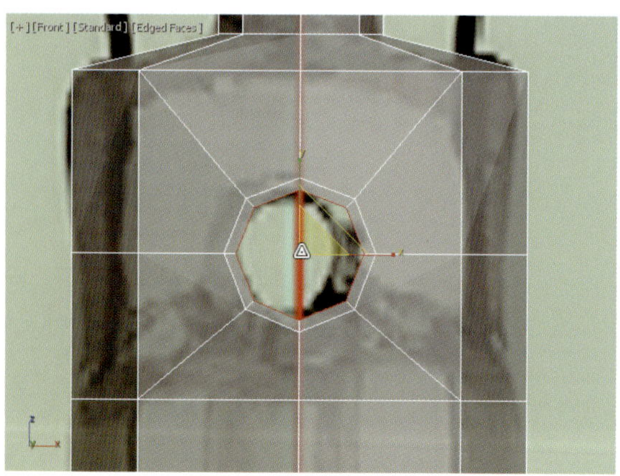

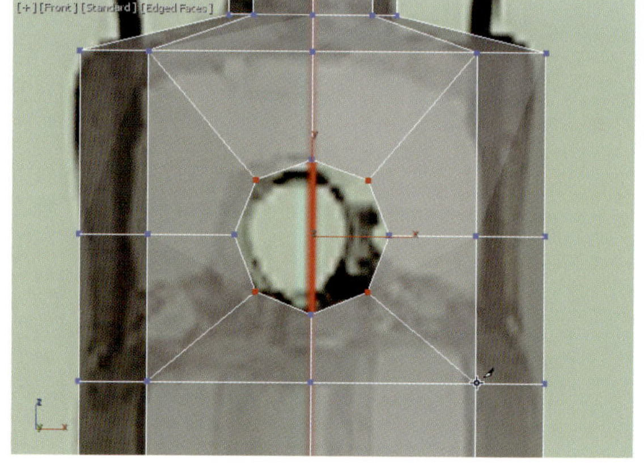

17 이번에는 Move 툴을 이용하여 Left View에서 Shift 키를 누른 채 드래그하여 파이프 형태의 홀을 만들어 줍니다. 면을 확장 복사할 때마다 Rotate[E] 툴을 이용하여 방향을 잡아 주면서 드래그하도록 합니다.

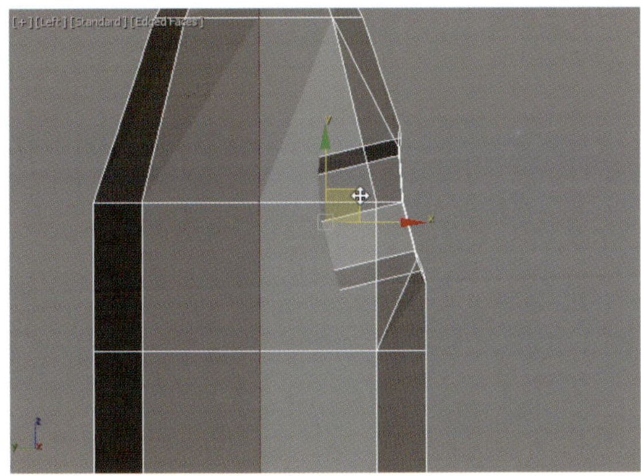
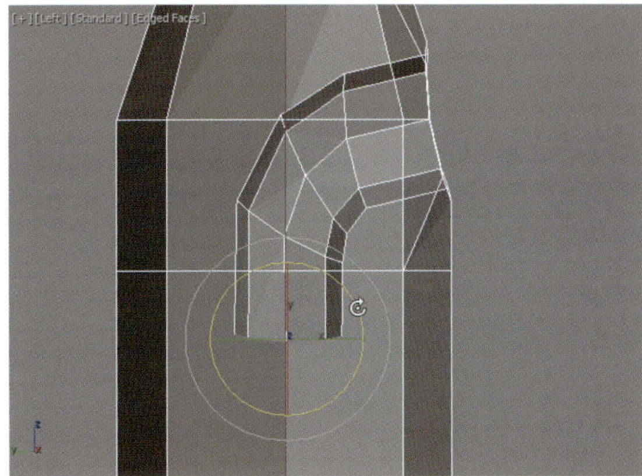

18 그림과 같이 배기관의 홀과 배기관의 외부 형태를 조정해줍니다.

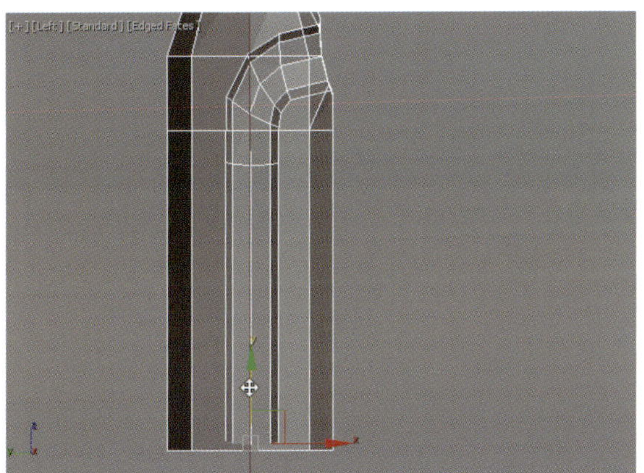
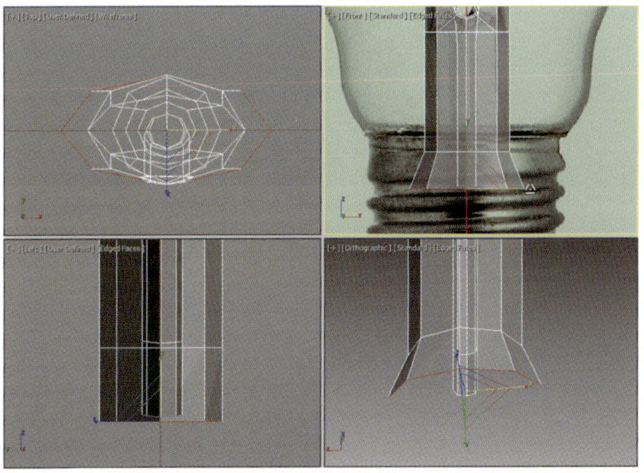

19 Edge Sub-Object Level에서 모서리에 해당되는 Edge를 Loop 형태로 선택해 주고, Chamfer Setting을 적용합니다.

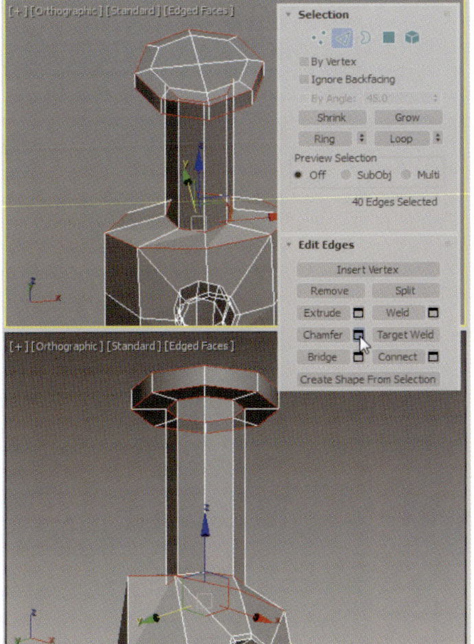
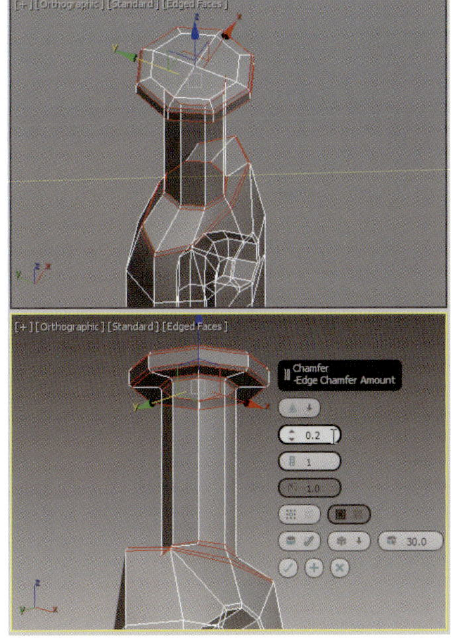

20 배기관의 외부형태를 좀 더 조정하도록 하겠습니다. 그림과 같이 Edge를 Ring 형태로 선택한 후 Connect Setting을 적용합니다.

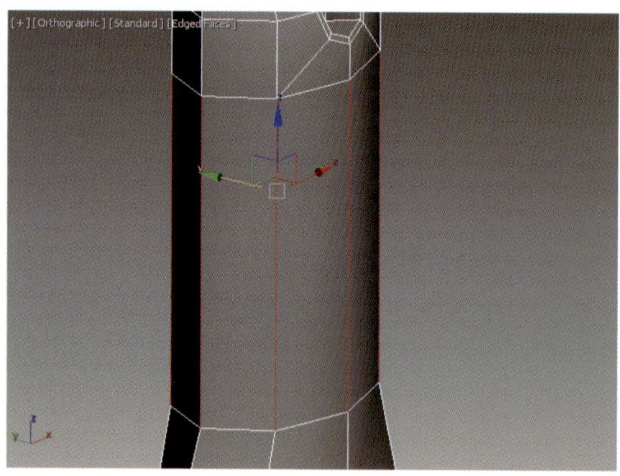
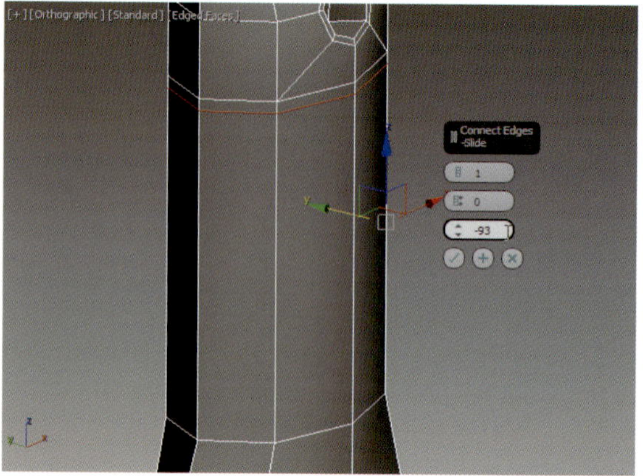

21 그림과 같이 X축 방향으로만 Scale을 적용하여 모양을 잡아줍니다.

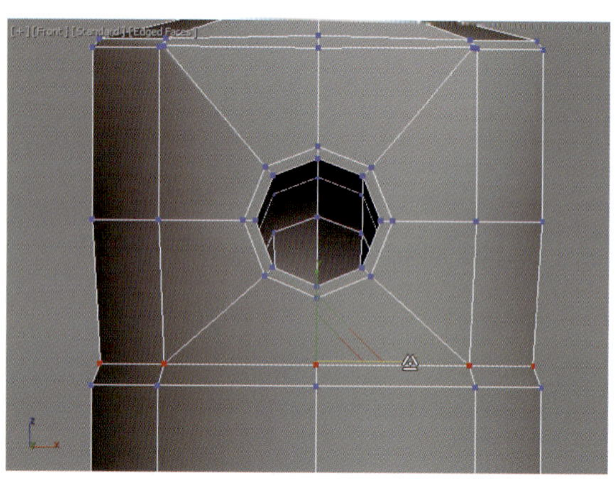
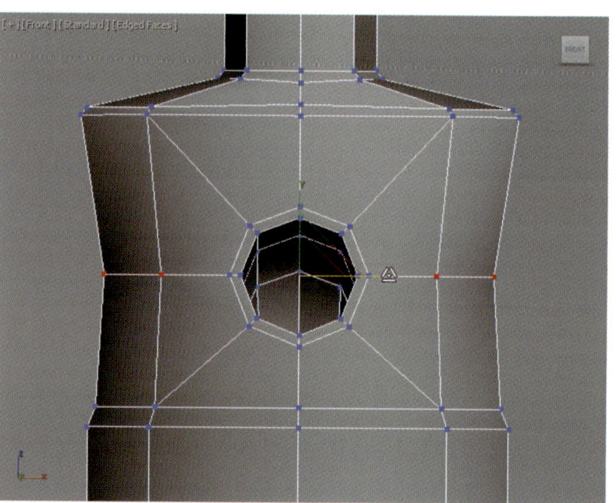

22 삼각형으로 만들어진 두 군데의 Vertex들을 선택한 후 Weld를 적용하여 하나의 점으로 만들어 줍니다.

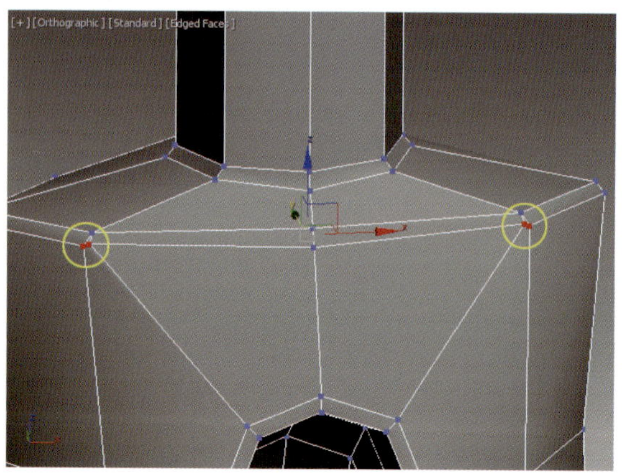
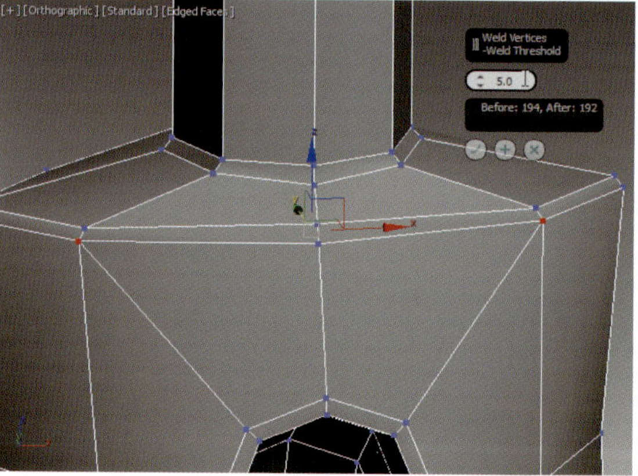

23 배기관의 모델링이 모두 완성되었습니다. 결과를 확인하기 위하여 Modifier List에서 TurboSmooth를 적용합니다.

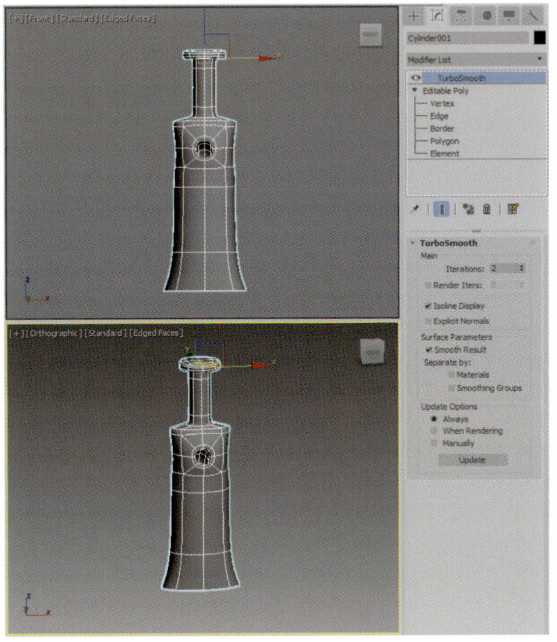

⊙ CD 제공 : light_bulb-배기관.max

Section 04 | 백열전구 필라멘트 만들기

필라멘트는 텅스텐으로 만들어진 아주 가는 금속선으로 전류가 이 선을 통과하면서 광선을 배출합니다. 필라멘트나 이를 지지하는 지지선, 도입선 등의 모델링 방법은 Spline으로 도면에 맞추어 기본 형태를 만들어 주고, Rendering 롤아웃의 Enable In Renderer와 Enable In Viewport 옵션으로 모델링합니다.

01 필라멘트를 작업하기 위해 앞서 화면에 도면과 배기관 오브젝트만 남겨 놓고 나머지는 Quad Menu에서 'Hide Selection'으로 모두 숨겨둡니다.

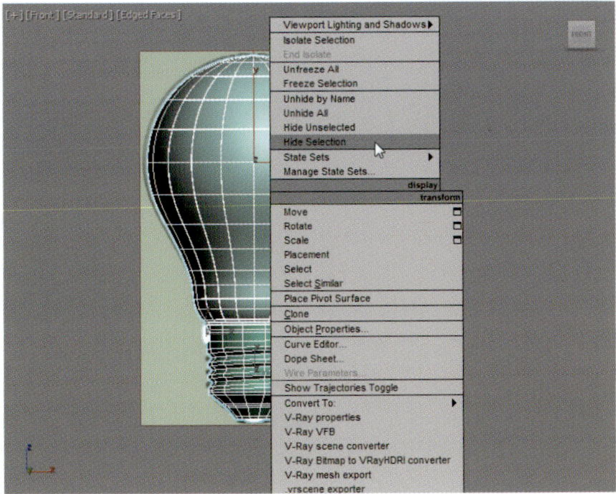

02 Create〉Splines〉Line을 클릭하여 다음과 같이 도입선의 도면에 맞추어 라인을 그려줍니다. 곡선을 만들려면 라인을 그리는 도중 드래그 하면 됩니다.

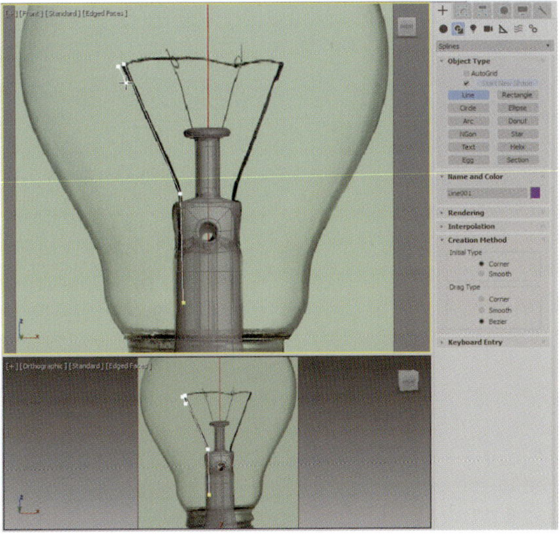

03 Modify 패널로 이동합니다. Left View에서 위쪽의 Vertex들을 선택한 후 우측으로 조금만 이동시켜줍니다.

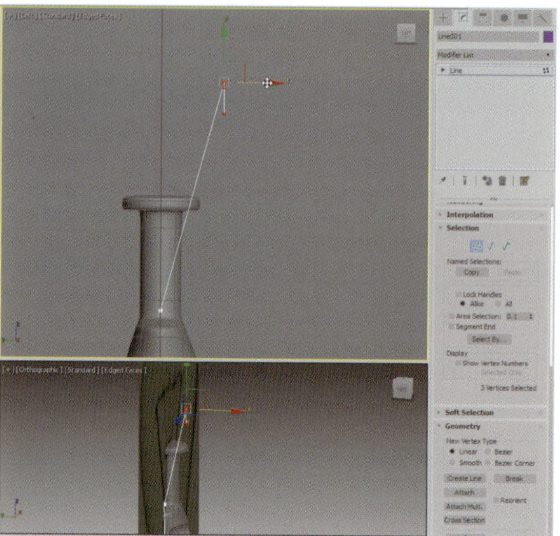

04 Vertex를 그림과 같이 수정해줍니다.

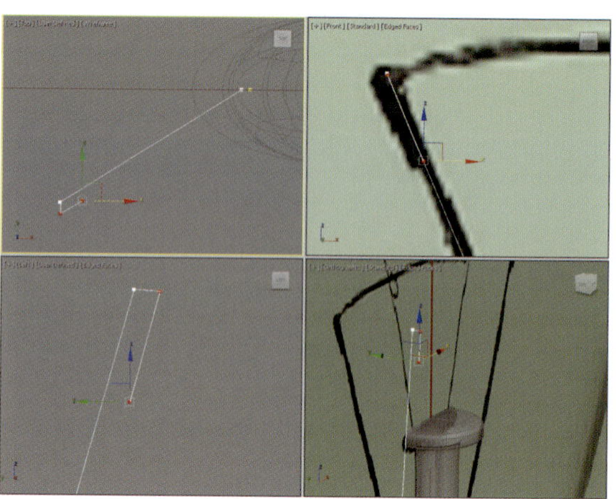

05 Rendering 롤아웃의 Enable In Renderer와 Enable In Viewport에 체크하여 도입선을 입체적인 모양으로 만들어 줍니다. Thickness 값은 "0.6"으로 변경해줍니다.

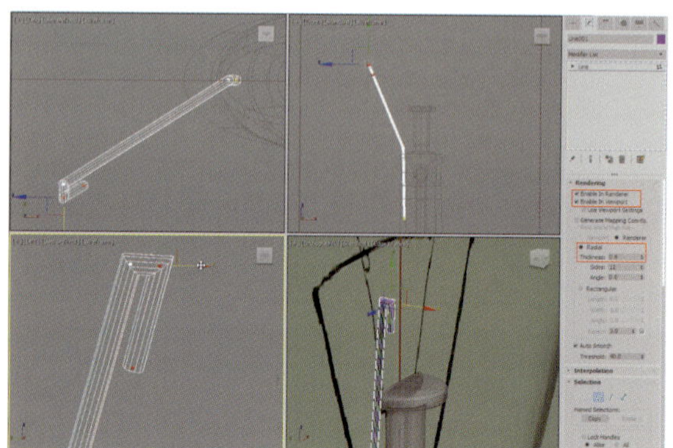

06 Front View에서 Mirror를 이용하여 반대편에 필라멘트 도입선을 복사하여 줍니다.

07 필라멘트의 지지선을 만들기 위해 앞서 만들었던 방법으로 Line으로 그려줍니다.

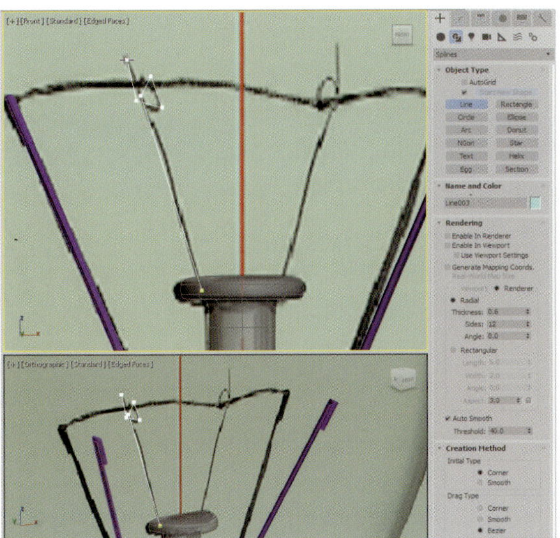

08 Vertex들을 모두 선택한 후 마우스 오른쪽 버튼을 눌러 나오는 Quad Menu에서 Bezier 속성으로 변경해줍니다.

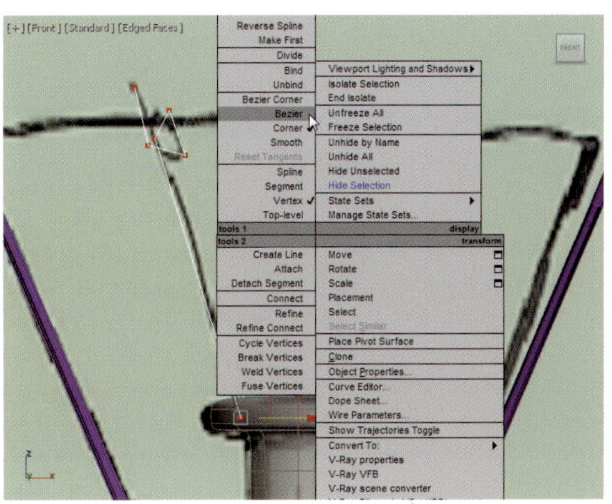

09 Move 툴과 Bezier 핸들을 이용하여 다음과 같은 모양으로 조정해줍니다.

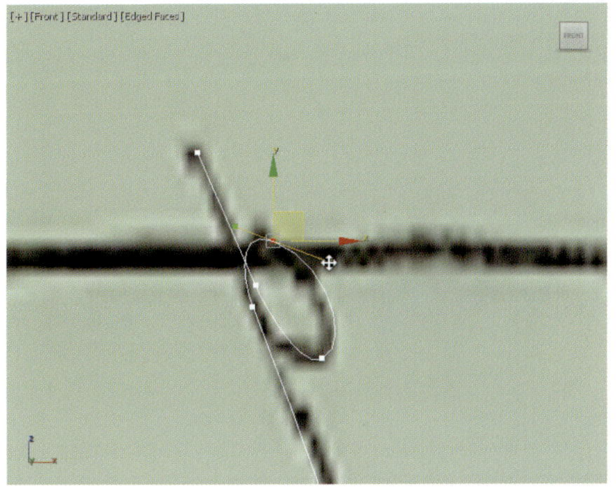

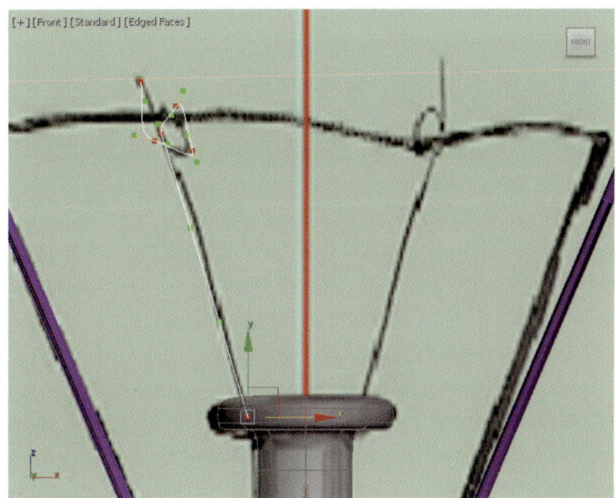

10 Rendering 롤아웃의 Enable In Renderer와 Enable In Viewport에 체크하여 지지선을 입체적인 모양으로 만들어 줍니다. Thickness 값은 "0.2"로 변경해줍니다.
Top View에서 Rotate 툴을 이용하여 Z축 방향으로 회전시켜줍니다.

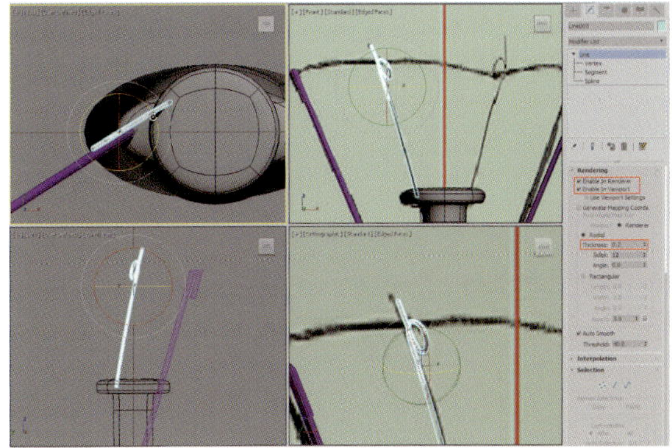

11 각 View에서 Rotate와 Move툴을 이용하여 도면에 맞게 각도와 위치를 조정해 줍니다.

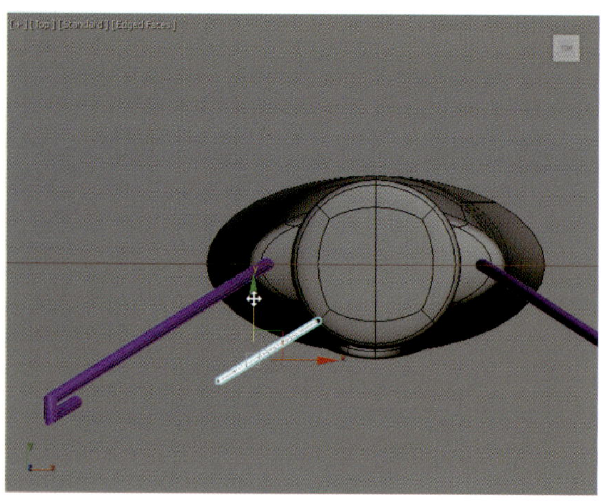
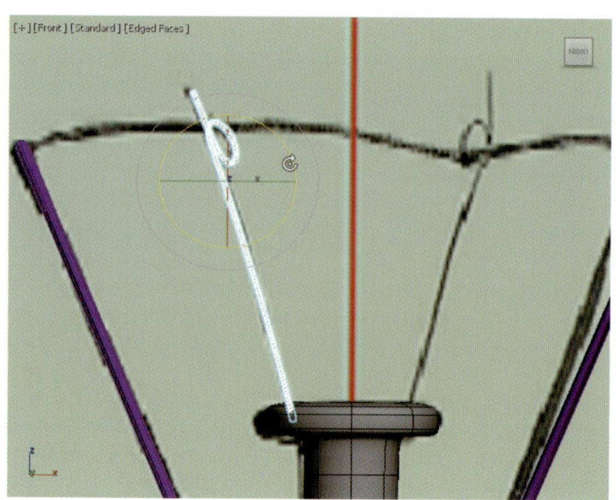

12 Vertex의 Bezier 핸들을 이용하여 그림과 같이 자연스러운 형태가 되도록 수정해줍니다.

13 Mirror를 이용하여 반대편에 필라멘트의 지지선을 복사하여 줍니다.

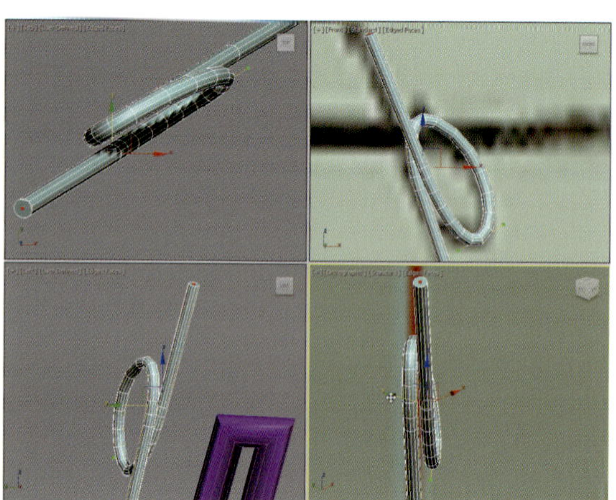
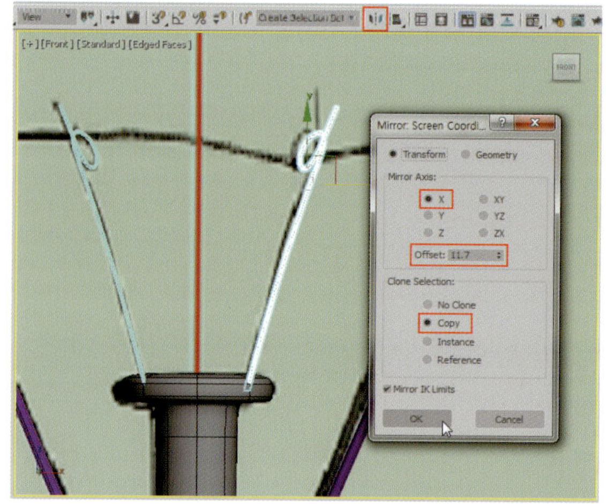

14 필라멘트를 만들도록 하겠습니다. Front View에서 Line을 지지선의 위치에 맞추어 그려줍니다. Line을 초기에 생성할 때에는 Rendering 항목의 옵션들을 체크해제하고 작업하도록 합니다.

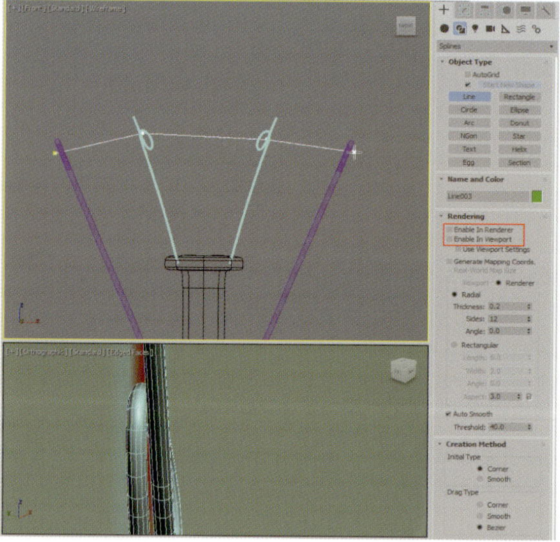

15 Rendering 롤아웃의 Enable In Renderer와 Enable In Viewport에 체크하여준 후 Top View에서 다음과 같이 Vertex의 위치를 조정해줍니다.

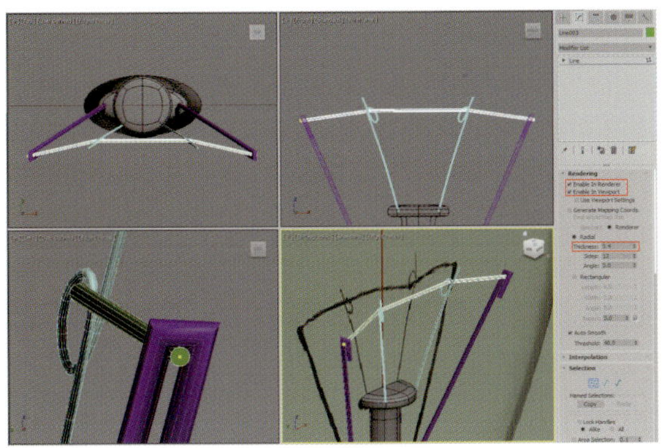

16 둥근 곡선을 만들기 위하여 Refine 명령으로 3군데에 Vertex를 추가합니다.

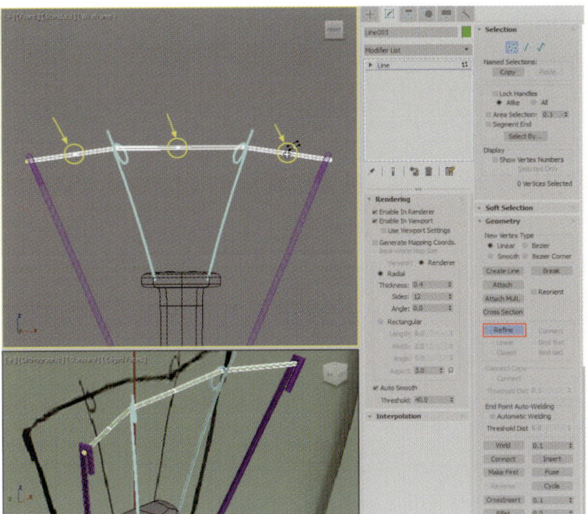

17 방금 추가한 Vertex 3개를 선택한 후 마우스 오른쪽 버튼을 눌러 나오는 Quad Menu에서 Smooth 속성으로 변경해줍니다.

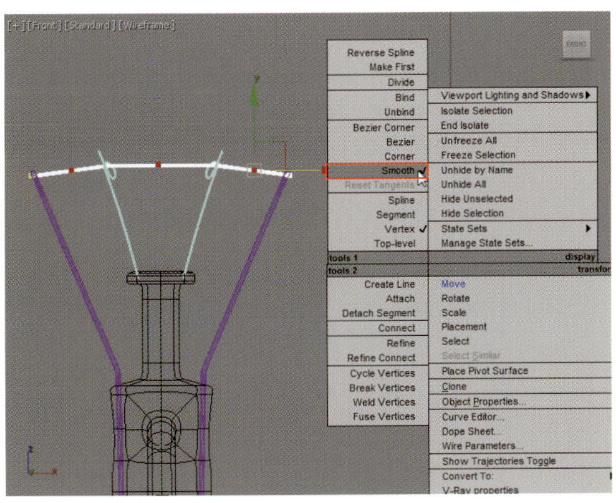

18 Move 툴을 이용하여 3개의 Vertex를 그림과 같이 조정하여 줍니다.

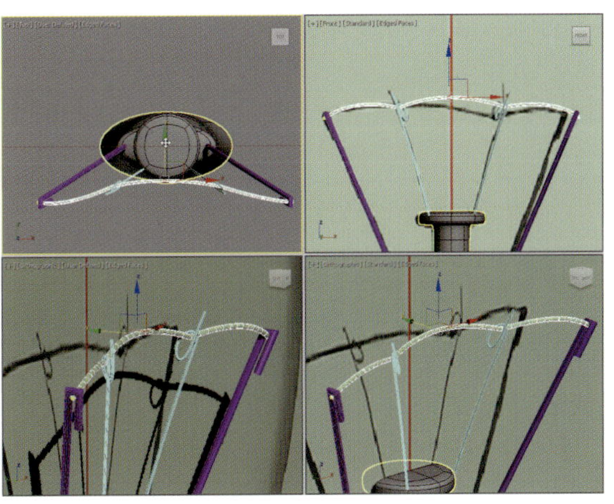

19 필라멘트와 지지선의 간섭이 없도록 Vertex를 조정해줍니다. 이제 마지막으로 도입선의 끝 부분을 다음과 같이 길게 수정해주고 마무리합니다.

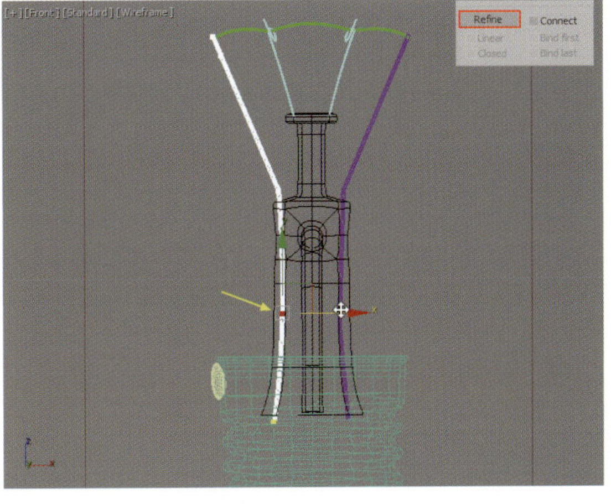

20 Move 툴을 이용하여 3개의 Vertex를 그림과 같이 조정하여 줍니다.

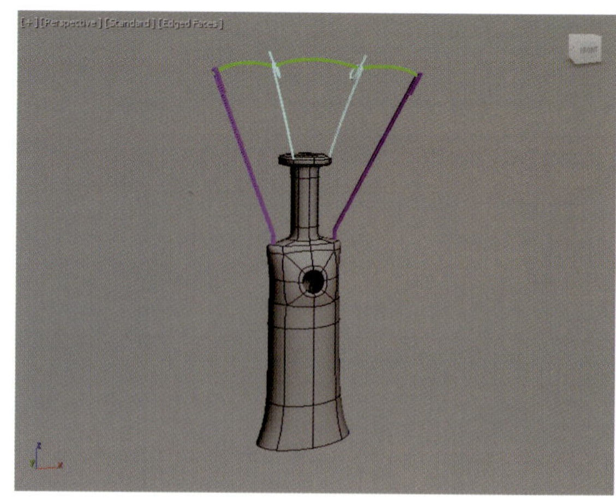

◉ CD 제공 : light_bulb-필라멘트.max

Section 05 | V-Ray Renderer로 완성하기

V-Ray Renderer를 활용하여 백열전구를 멋지게 결과물을 완성하도록 하겠습니다. 여기서는 V-Ray Renderer를 위한 V-Ray 재질과 조명 설정, Renderer 옵션 등에 간략히 소개하면서 그 과정을 설명하도록 하겠습니다. 본 예제와 관련된 자세한 내용은 'V-Ray와 mental ray를 이용한 고품질 렌더링' 장의 제품을 위한 Studio 렌더링 V-Ray를 참조바랍니다.

01 Plane 오브젝트를 생성한 후 Editable Poly로 전환하여 그림과 같이 모양을 만들어 줍니다.

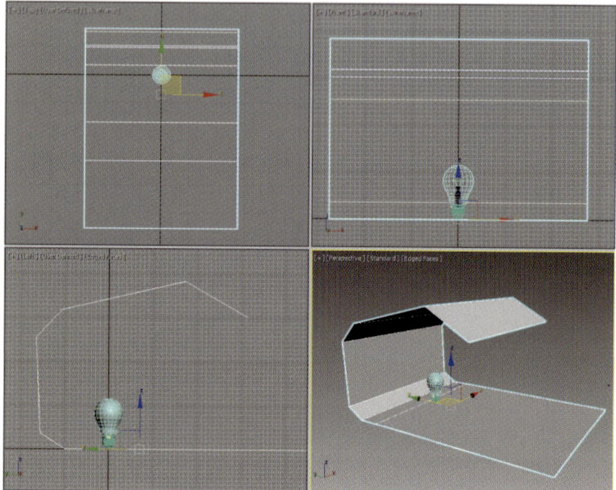

알아두기 | V-Ray DEMO버전 다운로드하기

http://www.chaosgroup.com에서 3ds Max 버전에 맞게 각 V-Ray DEMO 버전을 무료로 다운로드하여 설치할 수 있습니다. 데모버전은 재질창이나 렌더링 시 V-Ray의 스템프가 표시되며, 렌더링 사이즈는 600×450 이상을 초과할 수 없습니다.

02 Render Setup[F10] 창을 불러낸 후 Renderer를 V-Ray로 설정합니다. V-Ray Renderer의 버전에 따라 조금씩 UI가 차이가 날 수 있습니다.

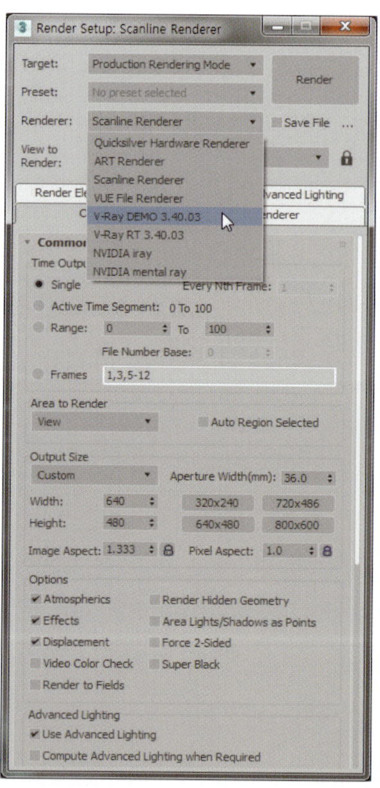

03 Material Editor[**M**] 창을 불러냅니다. 'Standard' 버튼을 클릭하고 'V–RayMtl' 재질로 변경해줍니다.

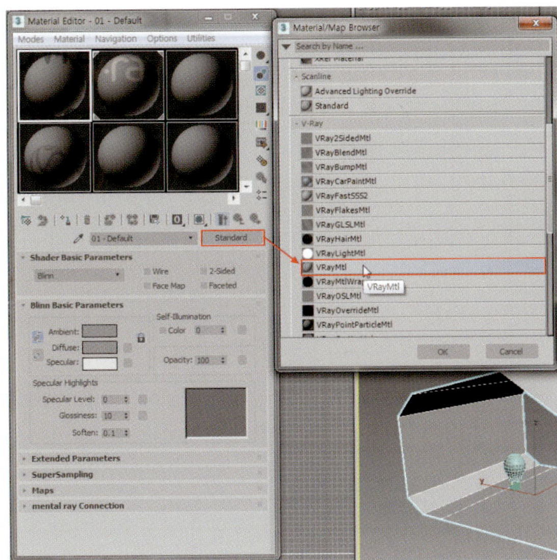

04 Diffuse Color의 색상을 밝은 회색으로 변경 해줍니다. 바닥 오브젝트를 선택하고 'Floor' 재질을 적용시켜줍니다.

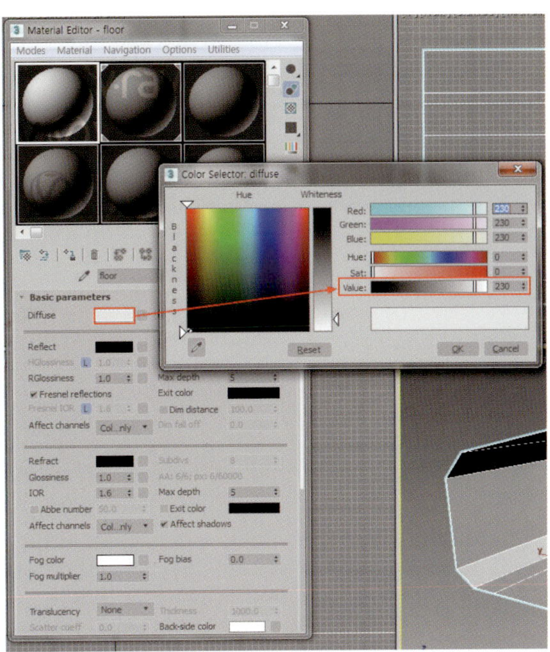

05 Modifier List에서 TurboSmooth를 적용시켜 부드럽게 만들어 줍니다.

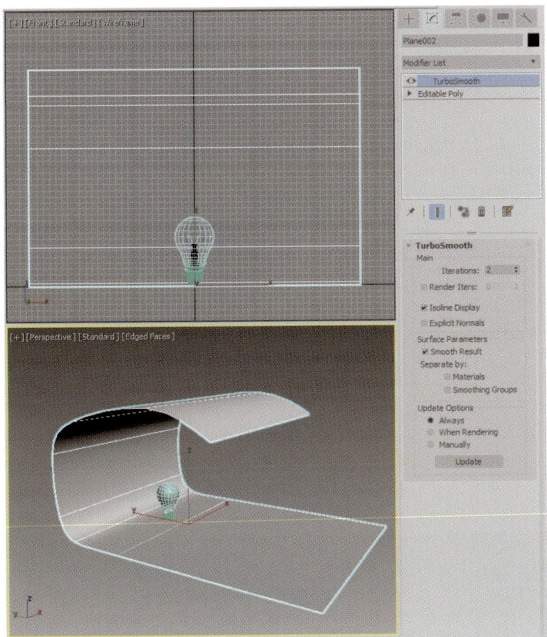

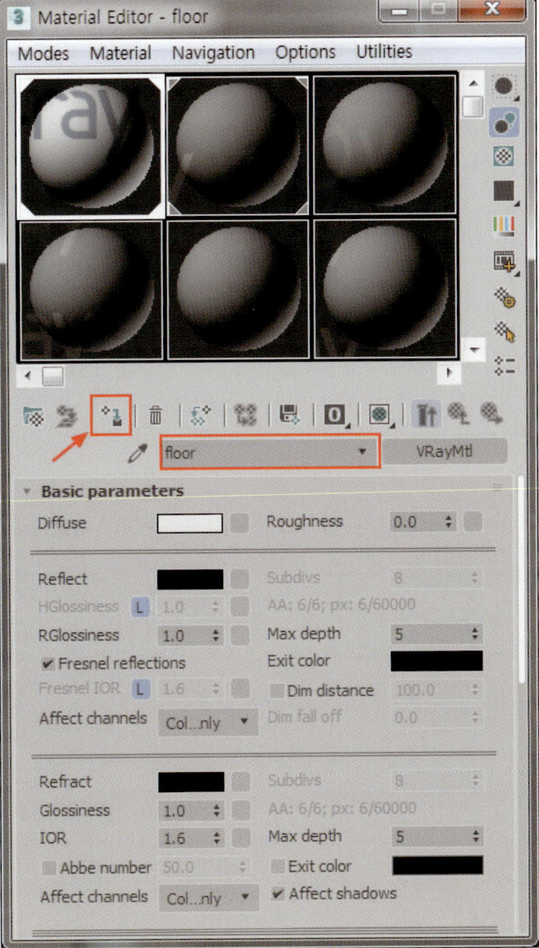

06 동일한 방법으로 재질을 'V-RayMtl'로 변경한 후 그림과 같이 Reflect와 Refract 색상을 흰색으로 변경하여 유리재질로 만들어 줍니다. '유리구'와 '배기관' 오브젝트에 재질을 적용합니다.

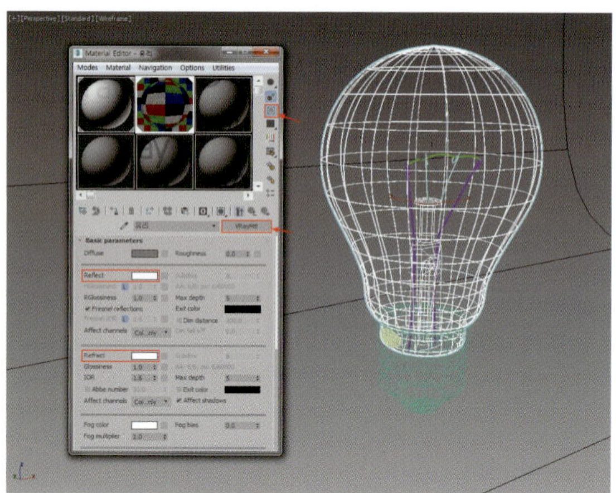

07 'V-RayMtl'을 사용하여 금속재질을 만들어 주고, 지지선, 도입선, 베이스, 꼭지 오브젝트에 금속재질을 적용시켜줍니다.

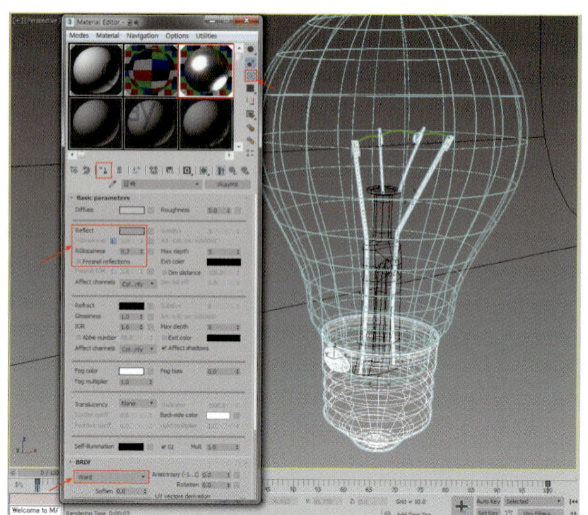

08 필라멘트 재질은 'V-RayMtl' 대신 'VRaylightMtl'로 적용합니다. 'VRaylightMtl' 재질은 주로 조명이나 액정 화면에 많이 사용되는 V-Ray 재질입니다. 필라멘트 오브젝트에 '필라멘트' 재질을 적용시켜줍니다.

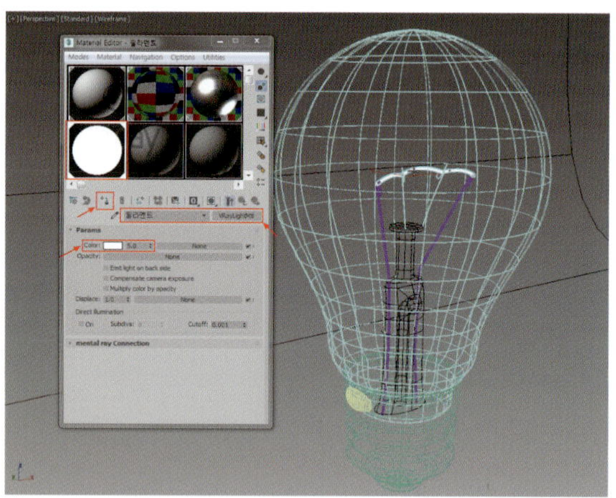

09 베이스 오브젝트의 하단 부분의 면을 선택하고, 다음과 같이 재질로 설정하여 '검정' 재질을 적용시켜줍니다.

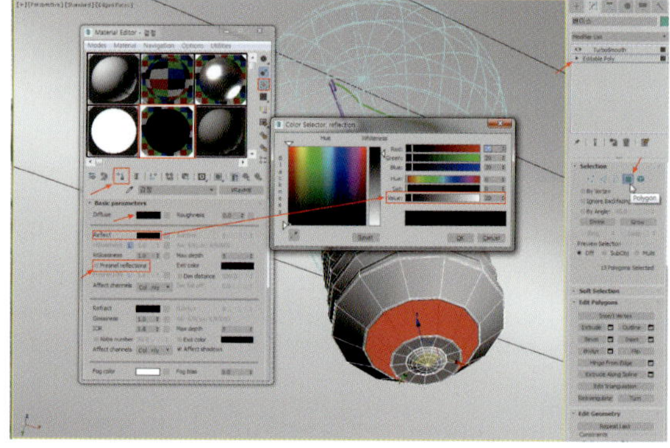

10 Create〉Lights〉VRaylight 버튼을 클릭하고 Left View에서 다음과 같은 크기의 V-Ray 조명을 설치합니다.

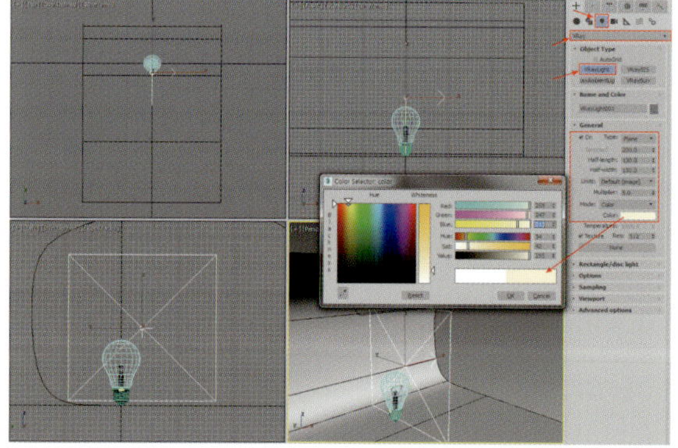

11 VRaylight의 위치를 좌측으로 옮겨준 후 메인 툴바에서 Mirror를 클릭하여 반대편에 VRaylight를 복사합니다.

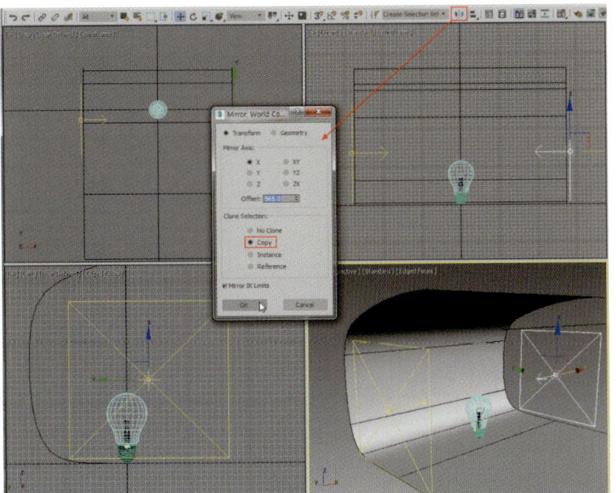

12 복사된 우측의 VRaylight를 선택한 후 Modify에서 조명의 세기와 색상 등을 변경해줍니다.

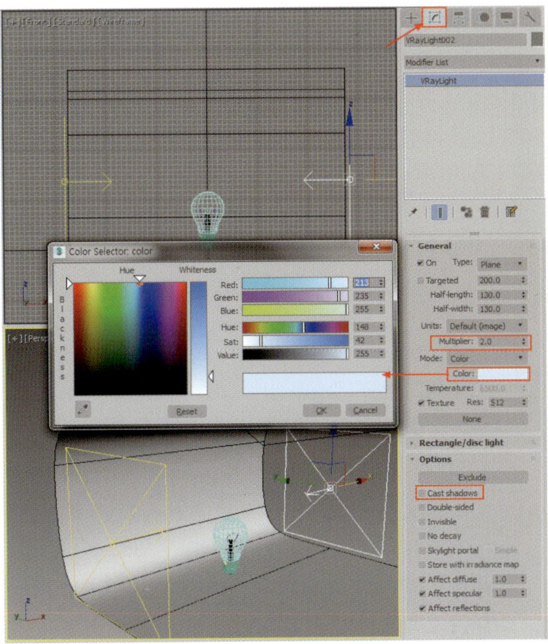

13 Perspective View에서 Ctrl + C 키를 눌러주면 'Physical Camera'가 생성됩니다. 구도를 그림과 같이 정면을 볼 수 있도록 설정합니다.

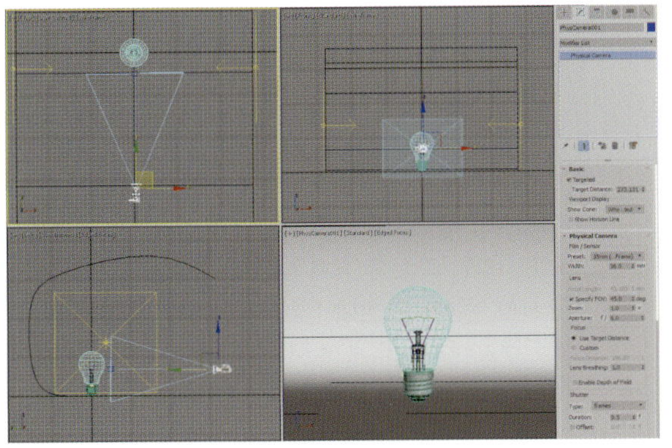

14 Render Setup[F10]에서 사이즈를 정해주고 렌더링 해봅니다. 왼쪽 부분이 상당히 밝아 보이지만 나중에 수정해보도록 해보겠습니다.

15 백열전구를 하나 더 복사하여 그림과 같이 연출해주고, 구도를 연출해줍니다. 참고로 백열전구를 메뉴바의 Group〉Group으로 설정하면 이동하거나 회전하기 쉽습니다.
PhysCamera View에서 Shift + F 키를 눌러 렌더링 범위를 확인합니다.

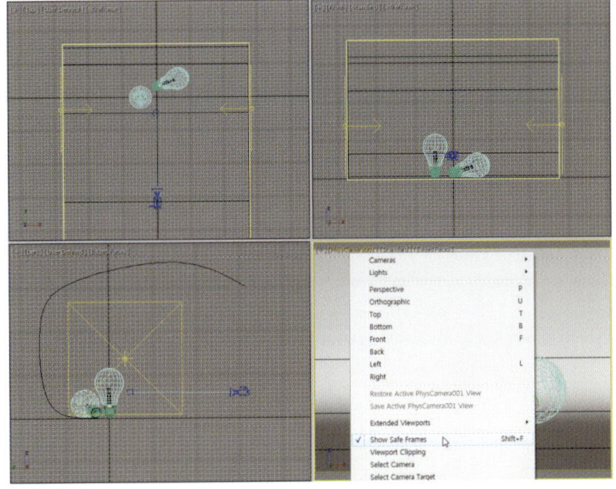

16 렌더링 결과입니다.

18 GI 탭을 선택합니다. Global illumination 롤아웃과 Irradiance map 롤아웃의 옵션을 설정합니다.

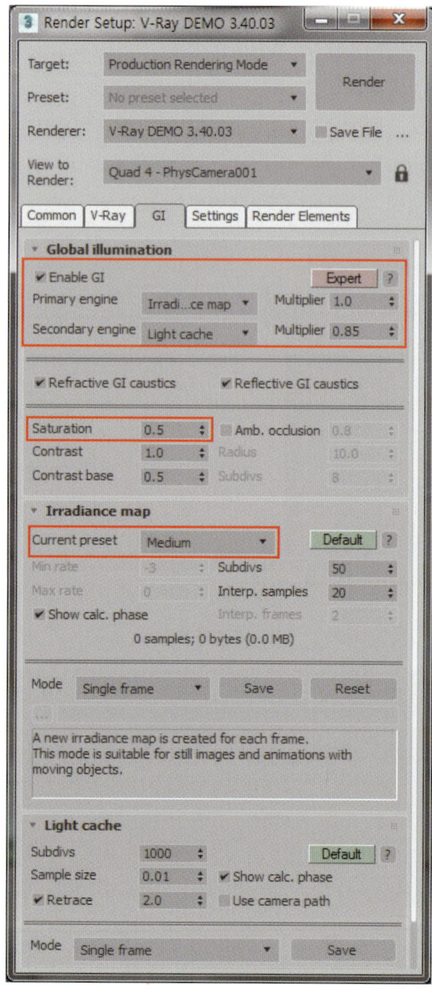

17 V-Ray 탭을 선택합니다. Environment 롤아웃의 GI environment에 체크하고, "0.3"으로 수정하여 보조조명의 역할로 전체적 약간 밝게 만들어 줍니다.

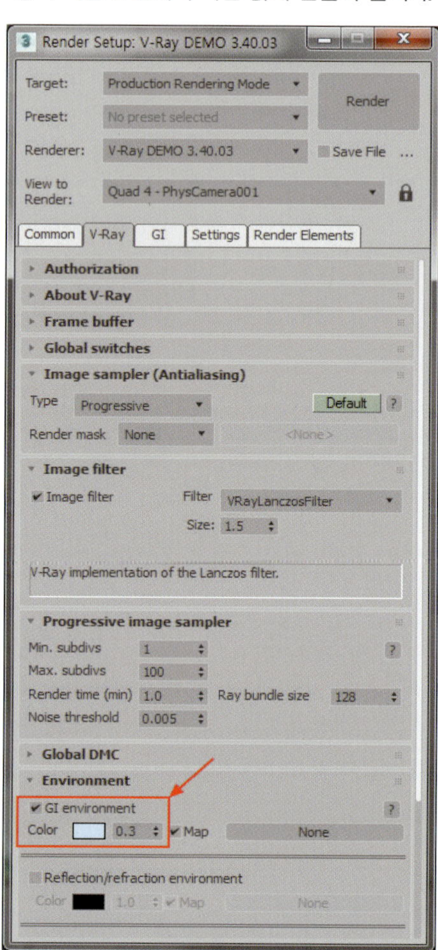

19 렌더링 결과 아직도 좌측 부분이 밝은 것을 알 수 있습니다. 이렇게 조명에 의해서 물체가 밝게 타는 현상을 Burn Out이라고 합니다. 이 부분을 수정해보도록 하겠습니다.

20 V-Ray 탭을 선택하고, Color mapping 롤아웃의 Type을 Exponential로 변경합니다.

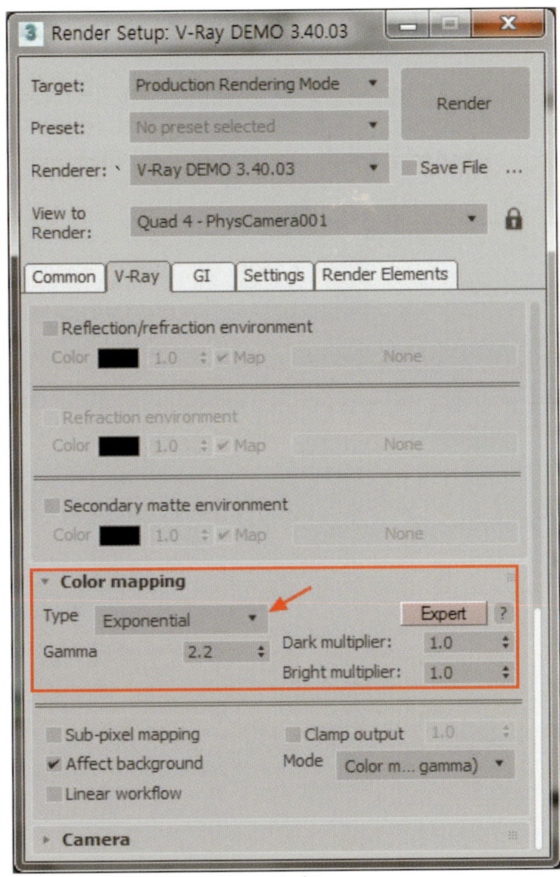

21 렌더링 결과 밝게 탔던 부분이 안정적으로 나옵니다.

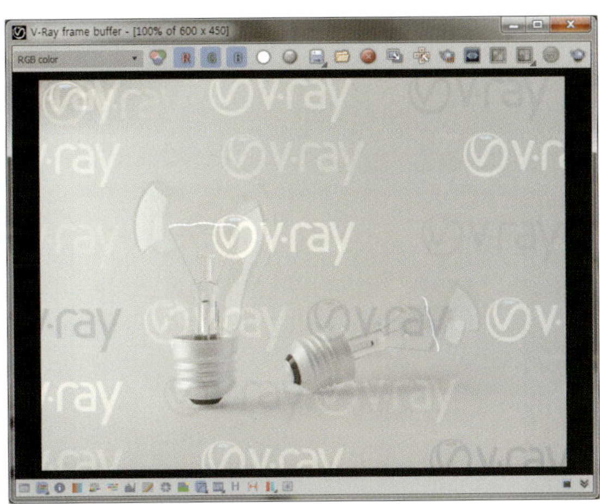

22 렌더링 이미지의 Bright와 Contrast를 보정하도록 하겠습니다. 'Show corrections control'(그림 A지점) 아이콘을 클릭하여 Levels 값과 Curve의 그래프를 수정합니다.

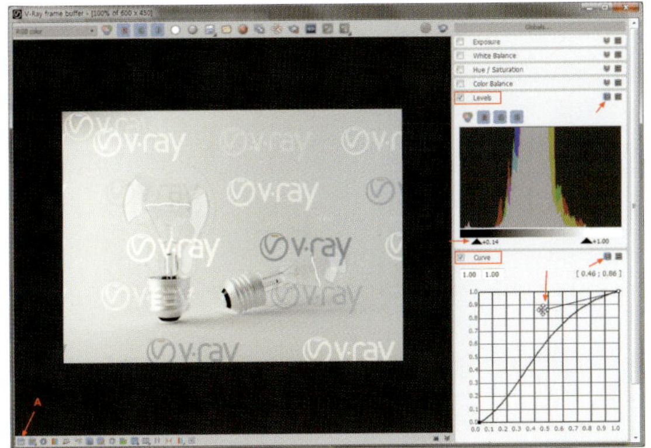

23 렌더링 이미지를 저장하려면 반드시 환경설정에서 감마를 설정해야 합니다. 메뉴 바에서 Customize〉 Preference...를 클릭합니다. 창이 나타나면 'Gamma and LUT' 탭을 선택하고 Enable 'Gamma/LUT Correction'에 체크합니다.

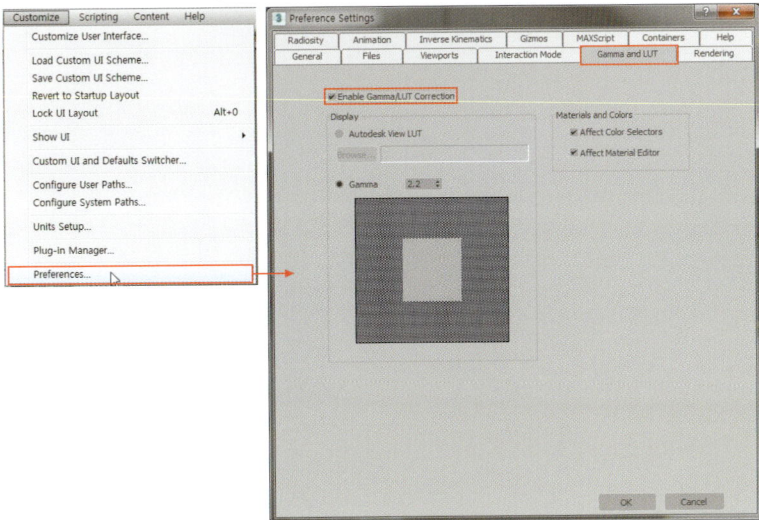

24 감마에 대한 렌더링 결과를 확인하기 위해서는 다음과 같이 'Display colors in sRGB space'의 아이콘을 활성화시켜야 확인할 수 있습니다.

25 다음은 감마가 적용된 전과 후의 이미지입니다.

Gamma and LUT 적용 전

Gamma and LUT 적용 후

26 지금까지의 최종 렌더링 결과 이미지입니다.

CD 제공 : light_bulb-VRay-완성.max

Lesson 07

리얼한 잔디 만들기

장면에 잔디나 풀 같은 식물을 표현하기 위해서는 보통 알파채널을 Opacity Map에 활용하여 표현하였으나 최근에는 'Hair and Fur'라는 Modifier를 사용함으로써 사실감 있는 표현이 가능해졌습니다. 또한 Hair and Fur에 'Wind' 등을 추가하여 바람에 움직이는 실제 같은 잔디 표현이나 다른 물체와의 물리적 충돌도 가능합니다.

Section 01 | 지형에 잔디 생성하기

잔디를 표현하기 위해서는 먼저 잔디가 생성될 기본 면이 필요합니다. 간단한 지형은 Plane 오브젝트로 표현하겠습니다.

01 Top Viewport에 Create〉Standard Primitives〉Plane 오브젝트를 다음과 같은 값으로 생성합니다.

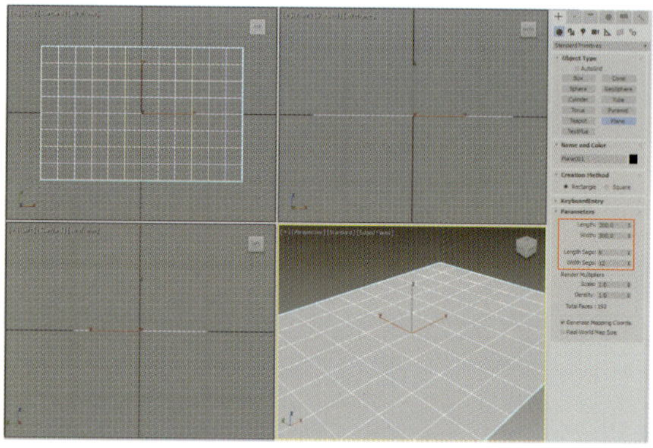

02 마우스 오른쪽 버튼을 누르고 Quad Menu에서 Editable Poly로 전환합니다.

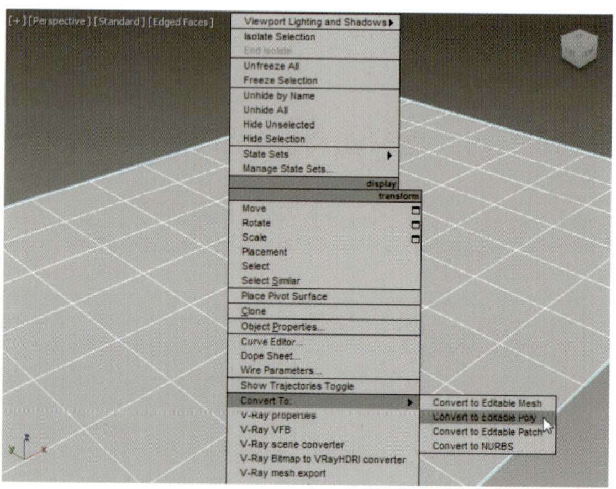

03 지형을 표현하기 위하여 Paint Deformation 롤아웃의 Push/Pull 버튼을 클릭합니다. 마우스 커서의 모양이 원형으로 파랗게 표시됩니다. Ctrl+Shift 키를 누른 상태에서 마우스 왼쪽 버튼을 드래그하면 바로 브러시 사이즈를 조절할 수 있습니다.

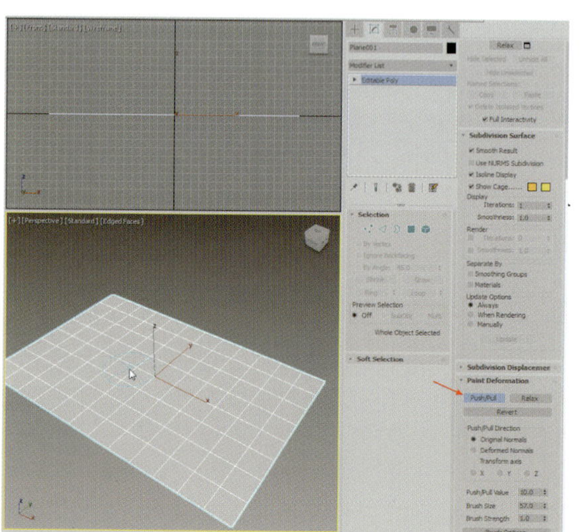

04 해당되는 면 위에서 마우스를 클릭할 때마다 돌출됩니다. 그림과 같이 기본 지형을 만들어 줍니다. 움푹 들어가는 형태로 만들려면 Alt 키를 누른 상태에서 마우스를 클릭합니다.

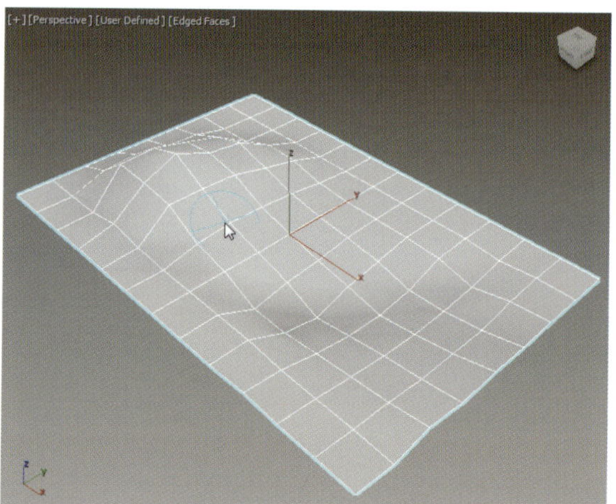

CD 제공 : grass-ground.max

ⓘ 알아두기 | Paint Deformation

마우스를 오브젝트 표면 위로 드래그하여 Mesh 형상을 직관적으로 변형하여 원하는 모양으로 만들어 줍니다.
- **Push / Pull** : 브러시를 드래그하여 Vertex를 바깥쪽으로 잡아당기거나, Alt +드래그하여 Vertex를 안쪽으로 밀어냅니다.
- **Relax** : 거칠게 만들어진 면을 부드럽게 펴줍니다.
- **Revert** : 원래의 면 상태로 복원시켜줍니다.

05 Plane 오브젝트가 선택된 상태에서 Modify 패널의 Modifier List에서 'Hair and Fur(WSM)'를 적용합니다.

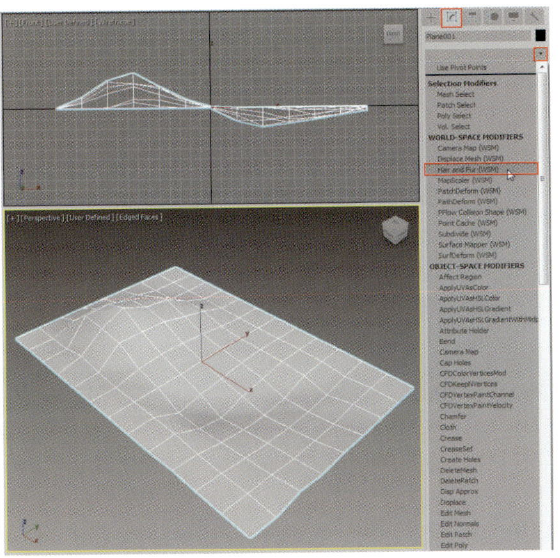
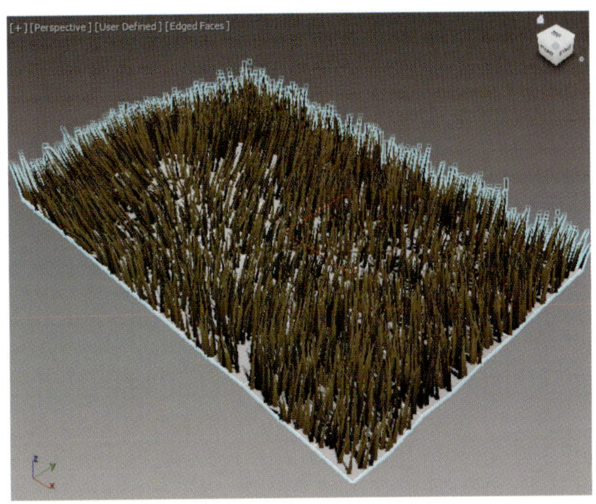

06 Selection 롤아웃에서 'Guides'로 선택하고, Styling 롤아웃에서 'Style Hair / Finish Styling' 버튼을 클릭합니다. Viewport에 있는 주황색의 Guide를 머리카락 빗어주듯이 스타일을 만들어줍니다.

07 원하는 형태가 나오면 'Finish Styling' 버튼을 클릭하여 해제합니다. 이번에는 이미 설정되어 있는 잔디 데이터를 가져오도록 하겠습니다. Tools 롤아웃〉Presets 항목에서 Load 버튼을 클릭하고, Hair and Fur presets 대화상자에서 'Tall Grass(breeze).shp' 파일을 더블 클릭합니다.

08 다음은 잔디 데이터가 적용된 이미지입니다.

09 불러온 잔디 데이터를 조금씩 수정하여 결과물을 완성하도록 하겠습니다. General Parameters 롤아웃을 열고 'Hair Count' 값을 "15,000"으로 변경합니다.

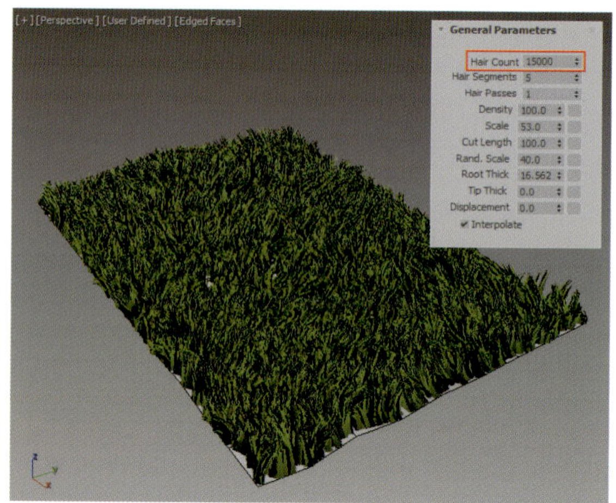

10 Specular 값을 다음과 같이 변경해줍니다.

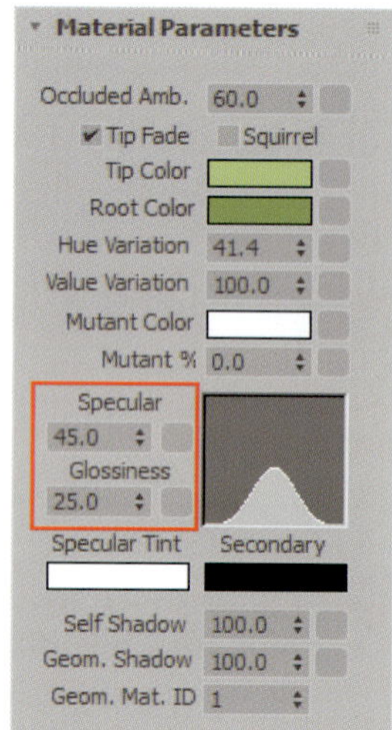

11 메뉴 바에서 Customize〉Preferences...클릭한 후 대화상자의 Gamma and LUT 탭을 클릭합니다. 'Enable Gamma/LUT correction' 옵션을 체크 해제합니다.

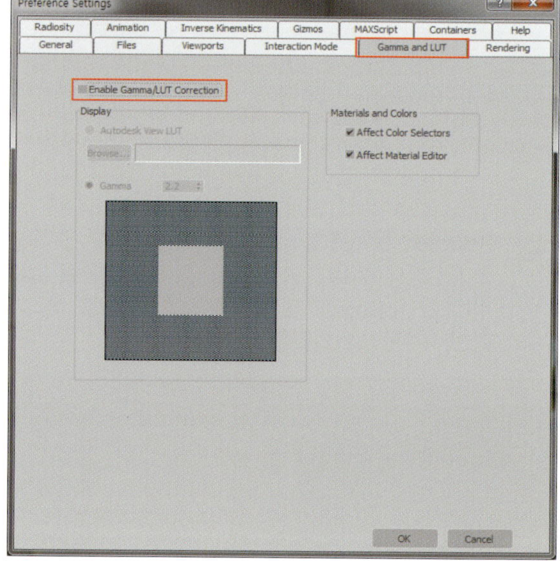

12 그 결과 Tip Color와 Root Color의 색상이 진하게 바뀐 것을 확인할 수 있습니다.

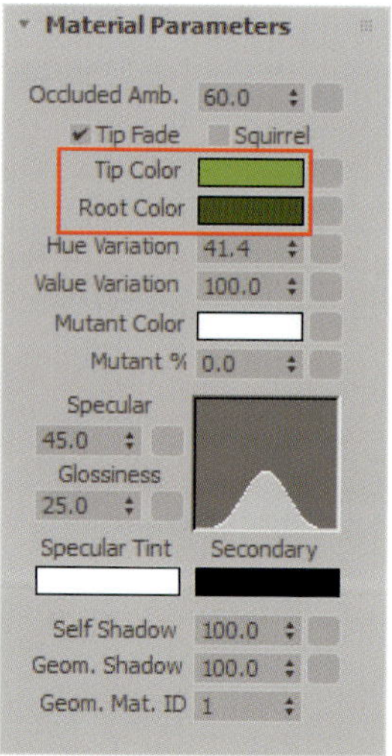

13 장면에 Create)Standard)Omni 라이트를 Front 상단 위에 생성시켜주고, 'Shadow Map'으로 그림자를 설정합니다.

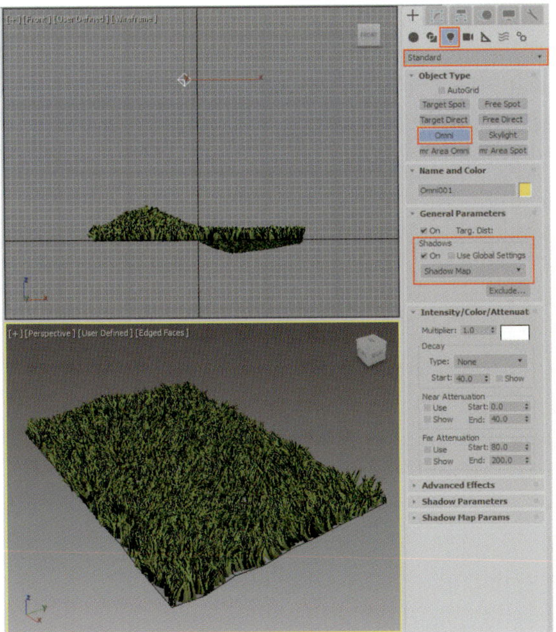

14 Scanline Renderer로 렌더링한 결과입니다. 너무 어둡게 보입니다.

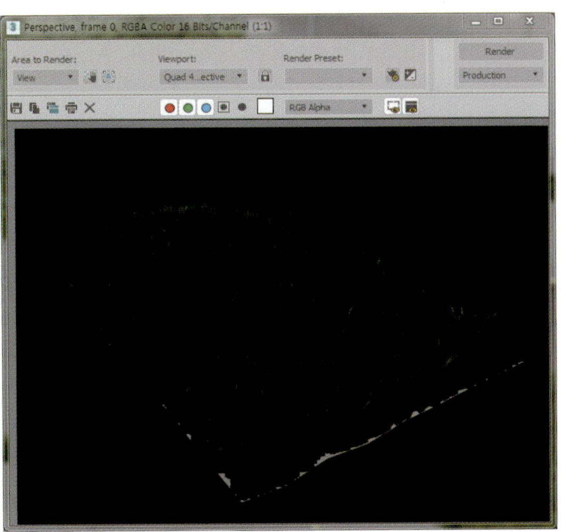

15 Omni 라이트를 보조 조명으로 하나 더 추가시켜 주고, 그림자는 사용하지 않습니다. 독자 여러분이 라이트의 위치를 변경하여 렌더링 하도록 합니다.

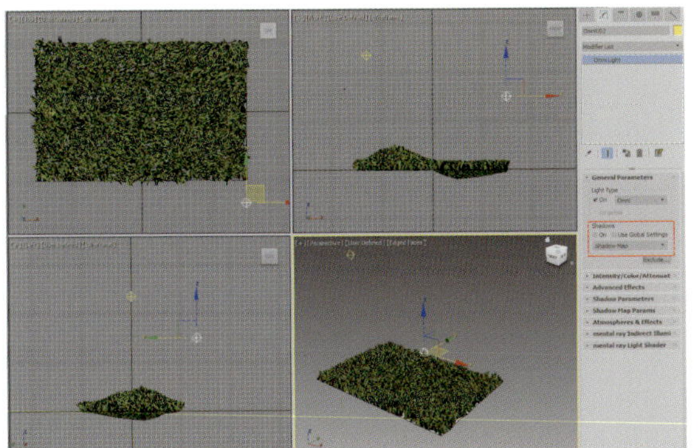

16 렌더링 결과입니다.

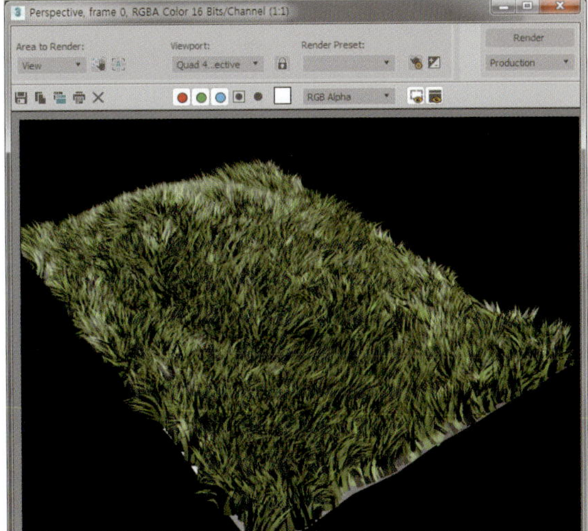

17 Material Editor[M] 창을 불러냅니다. Plane 오브젝트에 다음과 같이 Diffuse Color를 변경한 후 Plane 오브젝트를 선택하고, 'Assign Material to Selection' 아이콘을 클릭하여 재질을 적용합니다.

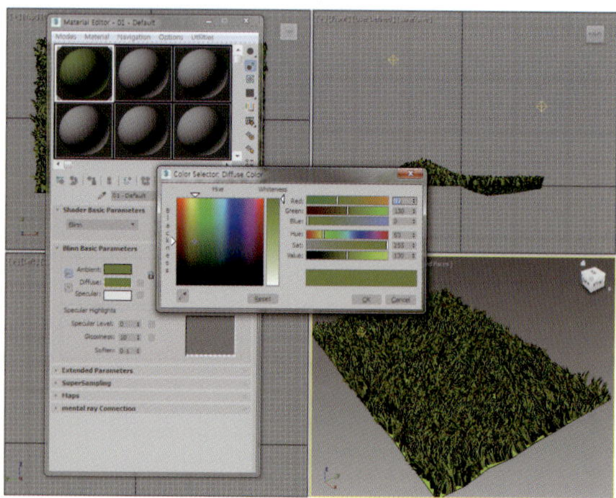

18 완성된 렌더링 최종 결과입니다.

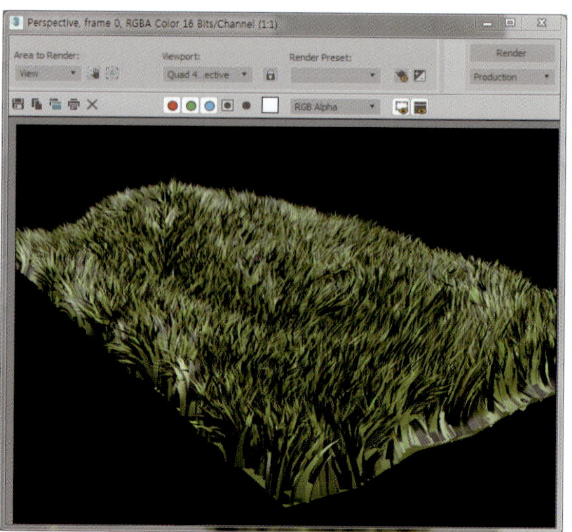

CD 제공 : grass—com.max

Section 02 | 장면에 바람 추가하기

장면에 바람을 추가하여 잔디가 바람에 흔들리는 장면을 만들 수도 있습니다. 이를 위해서는 동영상으로 제작해야 흔들리는 모습을 볼 수 있고, 렌더링 타임도 많이 소요되므로 바람에 의해 한쪽으로 기울여진 장면으로 간단히 연출하도록 하겠습니다.

01 Create〉Space Warps〉Wind 버튼을 클릭한 후 Top View에 바람이 될 아이콘을 생성합니다.

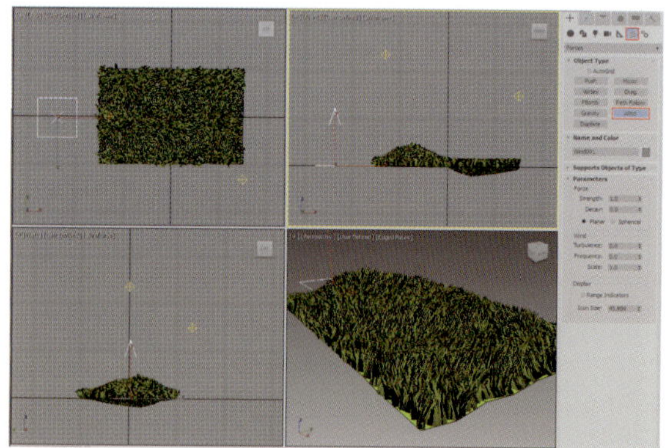

02 화살표의 방향이 바람의 방향을 의미합니다. 그림과 같이 화살표의 방향을 Rotate 툴을 이용하여 다음과 같이 수정해줍니다.

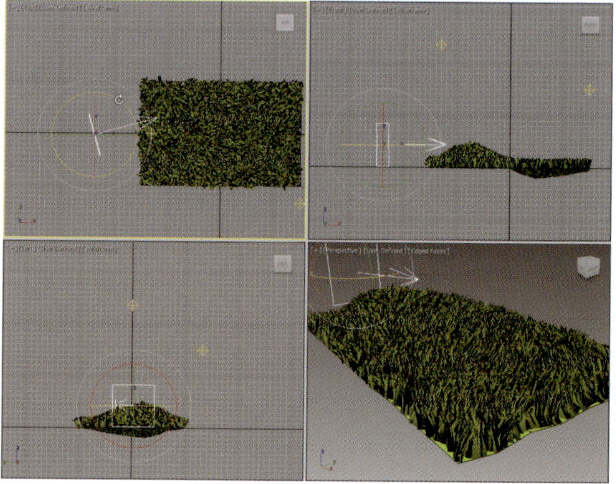

03 중앙 하단의 Auto Key를 클릭하여 애니메이션 준비 상태로 만듭니다. Time Slider를 30프레임으로 옮긴 후 바람의 방향을 오른쪽으로 조정해줍니다.

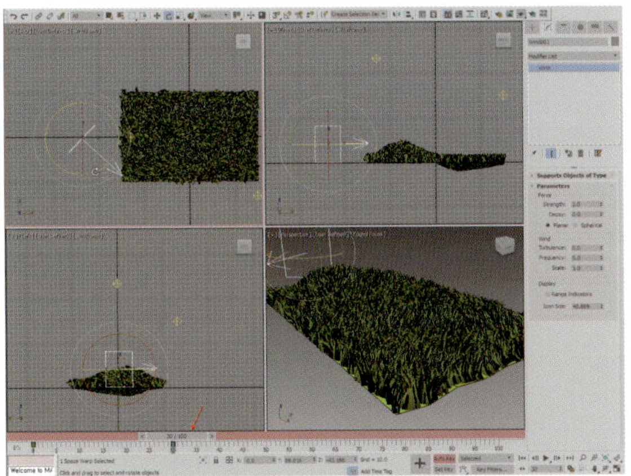

04 계속해서 Time Slider를 60프레임으로 옮긴 후 바람의 방향을 왼쪽으로 조정해줍니다.

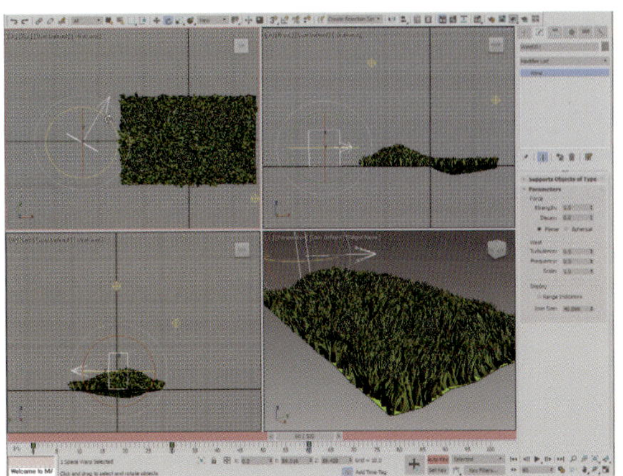

05 마지막으로 Time Slider를 100프레임으로 옮긴 후 다시 바람의 방향을 오른쪽으로 향하게 합니다. 작업이 완료되면 Auto Key를 클릭하여 비활성화합니다.

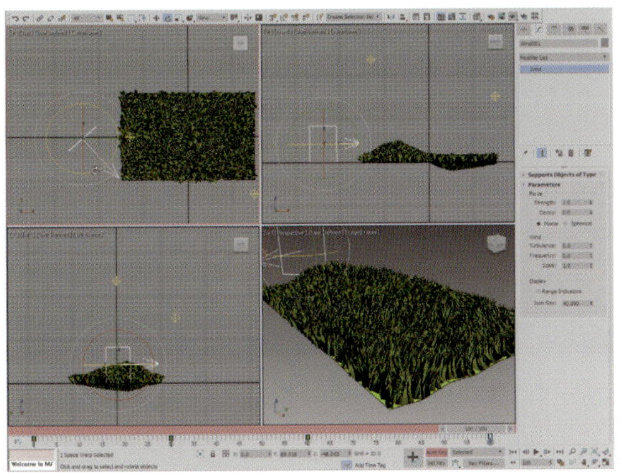

06 이제 잔디에 바람과 연결 지어 바람에 의해 흔들리는 형태로 만들도록 하겠습니다. 잔디를 선택하고 Modify 패널의 Dynamics 롤아웃을 확장시켜줍니다. External Forces 항목의 Add 버튼을 클릭하고 장면의 바람의 아이콘을 선택하면 목록에 추가되는 것을 확인할 수 있습니다.

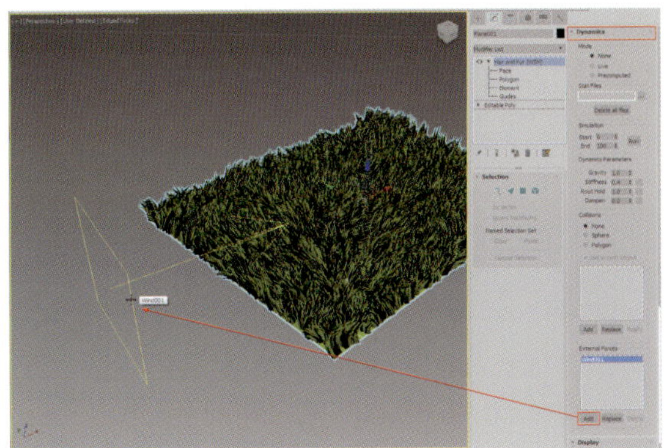

07 결과를 확인하기 위해 'Play Animation' 버튼을 클릭합니다.

08 바람에 의해 흔들리는 잔디가 다소 약해보입니다. Wind의 수치 값을 다음과 같이 조정해줍니다.

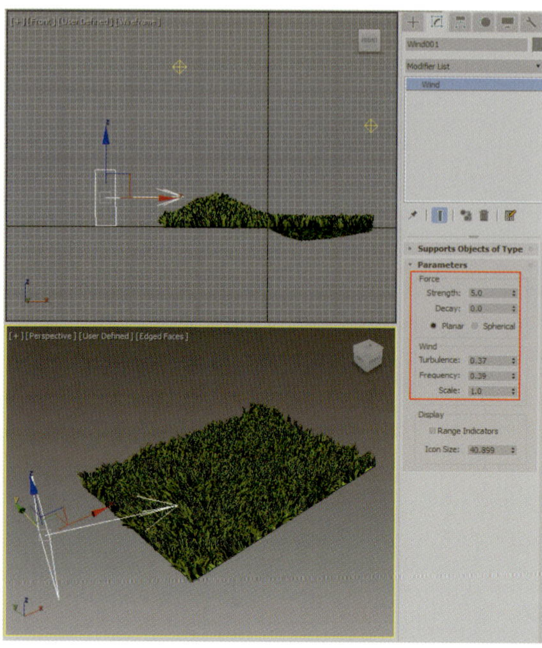

10 Perspective View에서 멋지게 구도를 설정한 후 Ctrl + C 키를 누르면 자동으로 카메라가 생성됩니다. 장면에 카메라가 설치되었을 때는 PhysCamera View에서 Shift + F 키를 눌러 렌더링의 범위를 반드시 표시하도록 합니다.

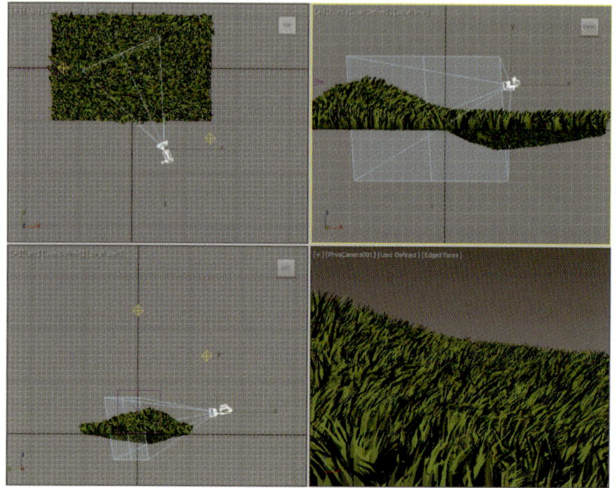

09 Dynamics 롤아웃의 Mode 항목에서 Live 라디오버튼을 체크합니다. 'Play Animation' 버튼을 클릭하면 더욱 생생한 애니메이션 결과를 확인할 수 있습니다.

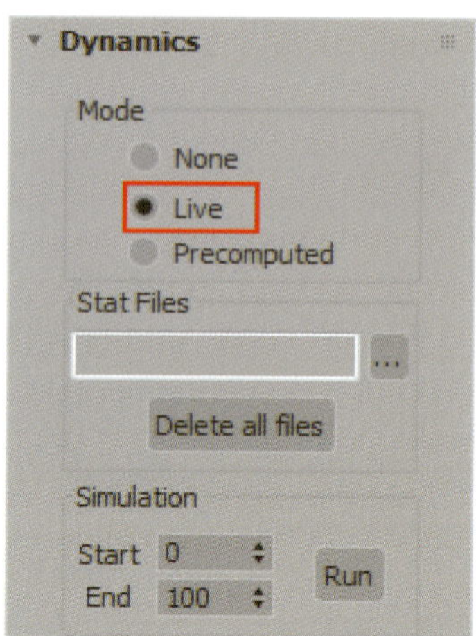

11 장면에 하늘 배경을 추가하도록 하겠습니다. 메뉴 바의 Rendering〉Environment[8] 옵션을 클릭합니다.

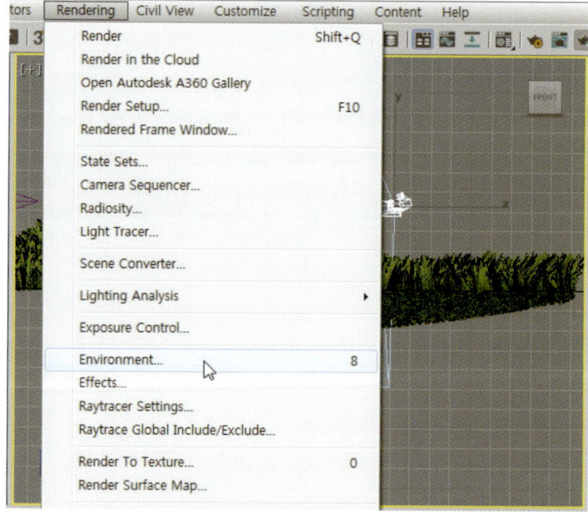

12 Background 항목의 Environment Map의 None 버튼을 클릭한 후 Bitmap으로 설정합니다. 배경으로 사용될 하늘 이미지를 불러옵니다. 하늘 이미지는 구글링을 통해서 쉽게 구할 수 있습니다.(CD 부록에는 하늘 배경이 포함되어 있지 않습니다.)

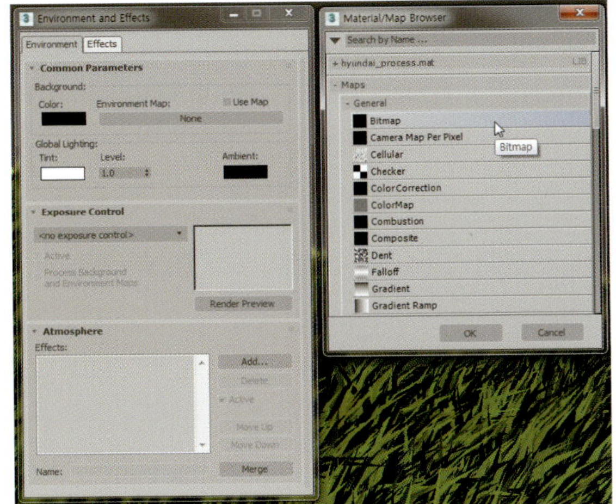

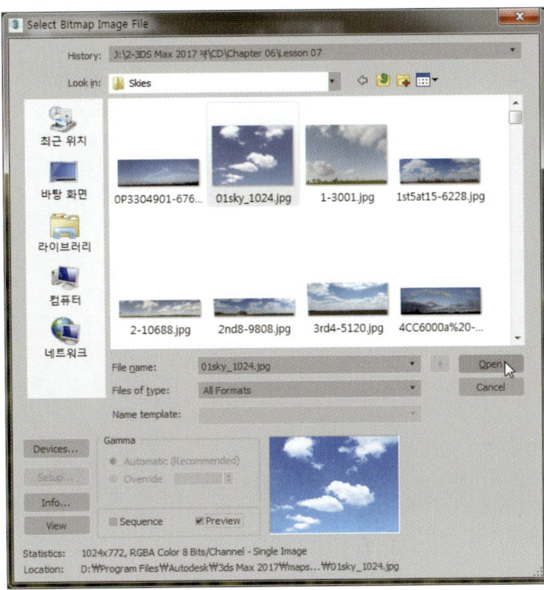

13 재질 창[M]에 Instance로 Drag & Drop하여 Mapping 방식을 Screen 모드로 변경해줍니다.

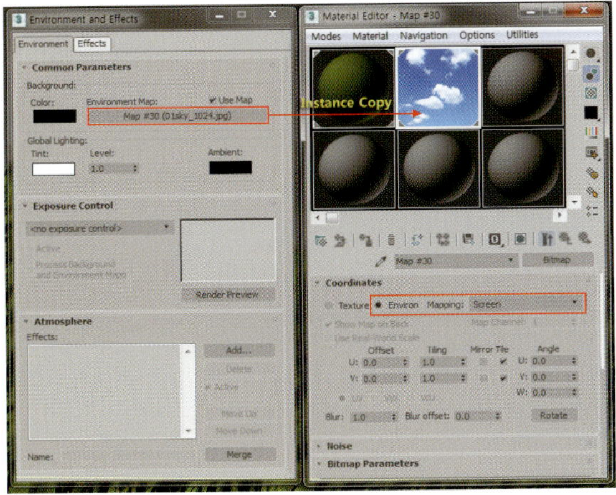

14 재질 창에 있는 Coordinates 롤아웃의 'Offset' 값을 사용하면 하늘의 위치를 장면에 맞게 조절할 수 있습니다.

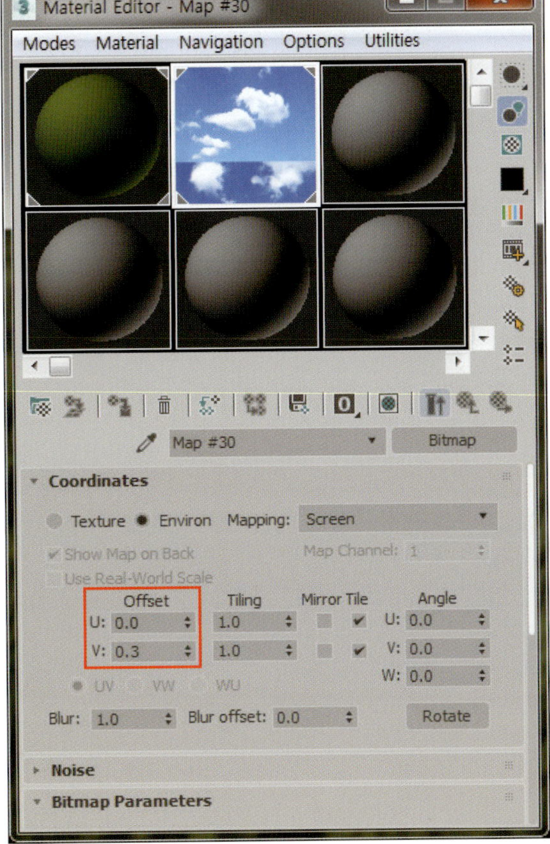

15 다음 이미지는 Time Slider를 70 프레임으로 옮긴 후 렌더링 결과 이미지입니다. 카메라의 화각이 좁아 답답한 느낌이 많이 듭니다.

16 Render Setup[F10] 창에서 Output Size를 'HDTV(video)'로 변경해줍니다.

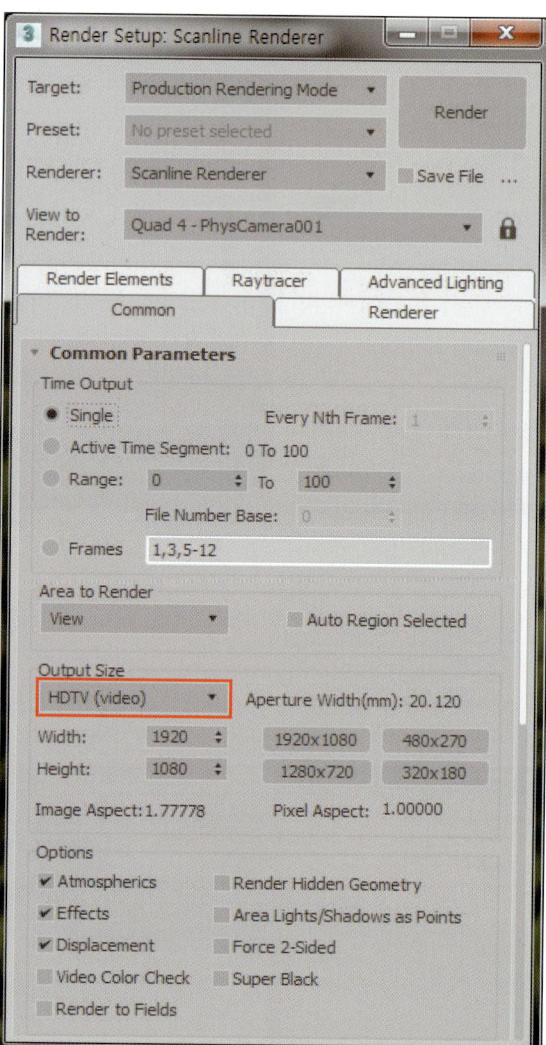

17 카메라의 화각을 넓게 조정해주고, 카메라 위치도 변경하여 알맞은 구도로 조정해줍니다.

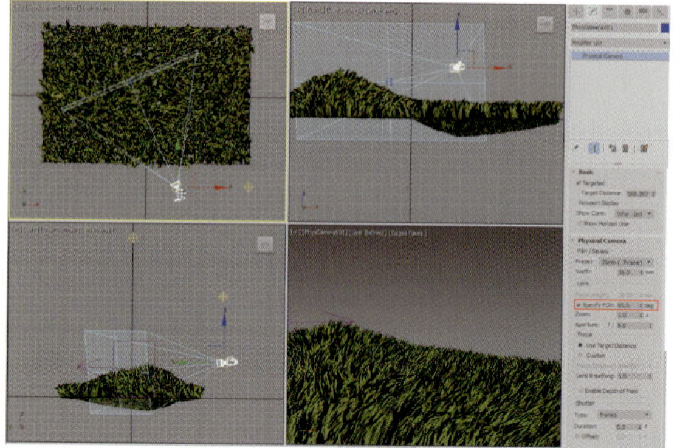

 최종 렌더링 결과 이미지입니다.

CD 제공 : grass-wind-com.max

Chapter 7

렌더링(Rendering)

Lesson 01

렌더링(Rendering)

렌더링은 3차원 모델링에 시점, Texture 매핑, 재질, 조명, 쉐이딩 정보가 포함된 것으로 그래픽 처리 장치(GPU) 같은 렌더링 장치를 통한 3차원 연출로부터 2차원의 이미지를 만들어내는 것을 의미합니다.

경우에 따라서 1차적으로 3ds Max에서 기본 렌더링 이미지를 추출하고, 2차적으로 포토샵 같은 프로그램에서 합성 및 이미지 조정을 하기도 합니다. 또한 사실적인 이미지로 도출시키기 위해서는 3ds Max에 기본적으로 탑재되어 있는 NVIDIA iray, NVIDIA mental ray 렌더러를 사용하며, 외부 플러그인으로 사용되는 렌더러는 대표적으로 Maxwell, Brazil R/S, V-Ray 렌더러가 있습니다. 이런 고급 렌더러를 사용하기 위해서는 Render Setup에 대한 여러 구성요소와 옵션들을 살펴봐야 하는데, 이것은 외부 서적이나 관련 카페, 영상 튜토리얼 등을 통해 학습해야 하며, 주도적으로 끊임없이 노력해야 원하는 이미지를 얻을 수 있습니다.

NVIDIA mental ray Renderer

Chaos Group V-Ray Renderer

Section 01 | 렌더링이란

렌더링은 3ds Max에서 모델링을 한 후 그림자나 색상과 농도의 변화 등과 같은 3차원 질감을 넣으므로써 컴퓨터 그래픽에 사실감을 추가하는 과정을 가리킵니다. 즉, 3차원 모델링에 조명이나 질감을 추가한 것에 대한 결과물을 2차원의 이미지로 나타내는 것을 말합니다.

3ds Max 초기 버전에는 GI(Global Illumination)를 구현하는 렌더링 기능이 없어서 대부분 타 플러그인이나 타프로그램에 의존해왔었습니다. 그 당시에 대표적이라 할 수 있는 Lightscape의 알고리즘을 3ds Max 5.0에 도입하면서부터 손쉽게 GI 효과를 구현하게 되었고, NVIDIA mental ray 렌더러나 NVIDIA iray의 기본적인 탑재로 인하여 이제는 누구나 GI 렌더러를 사용할 수 있게 되었습니다.

NVIDIA iray. 출처 : http://www.design-corps.co.uk/tag/iray/

NVIDIA mental ray 렌더러는 실무에 사용할 수 있도록 최근에 관련 서적이 많이 출간되고 있으며, Arch & Design이나 Autodesk Material Library 등을 통해서 다양한 재질을 적용하여 사실적인 이미지로 만들 수 있습니다. 그리고 이와 비슷한 외부 플러그인 중 Chaos Group의 V-Ray 렌더러가 있는데, 이 렌더러는 NVIDIA mental ray와 함께 양대 산맥으로 불리는 최고급 렌더러라 할 수 있습니다. 국내의 실무 작업에서 V-Ray 렌더러가 거의 점유하고 있으며, 빠른 속도의 렌더 타임과 실시간 렌더링 등 리얼한 고퀄리티 이미지를 자랑합니다.

이 두 가지의 렌더러는 계속적인 Up 버전을 통해 사용자들로부터 많은 관심을 받고 있으며, 실무에서 없어서는 안 될 중요한 렌더러로 자리 잡고 있습니다.

최근에 V-Ray 3.40.03 버전이 출시됨에 따라 렌더링의 결과가 한층 더 고급화되고 리얼한 이미지를 도출시킬 수 있는 계기가 되고 있습니다.

Section 02 | Render Setup 구성요소 살펴보기

Render Setup[단축키 : F10]은 렌더링에 관련된 모든 옵션들을 다루는 창을 말하며, 장면을 어떻게 렌더링할 것인지, 또는 어떤 효과를 줄 것인가를 결정짓습니다. 즉, 렌더링 Size나 Filter, 렌더링 이미지 저장 방식, 렌더 방식, Raytrace, Advanced Lighting을 관리합니다.

Render Setup의 대화상자에서 가장 많이 다루는 위주로 설명하겠습니다.

01 Common 패널과 Render Setup

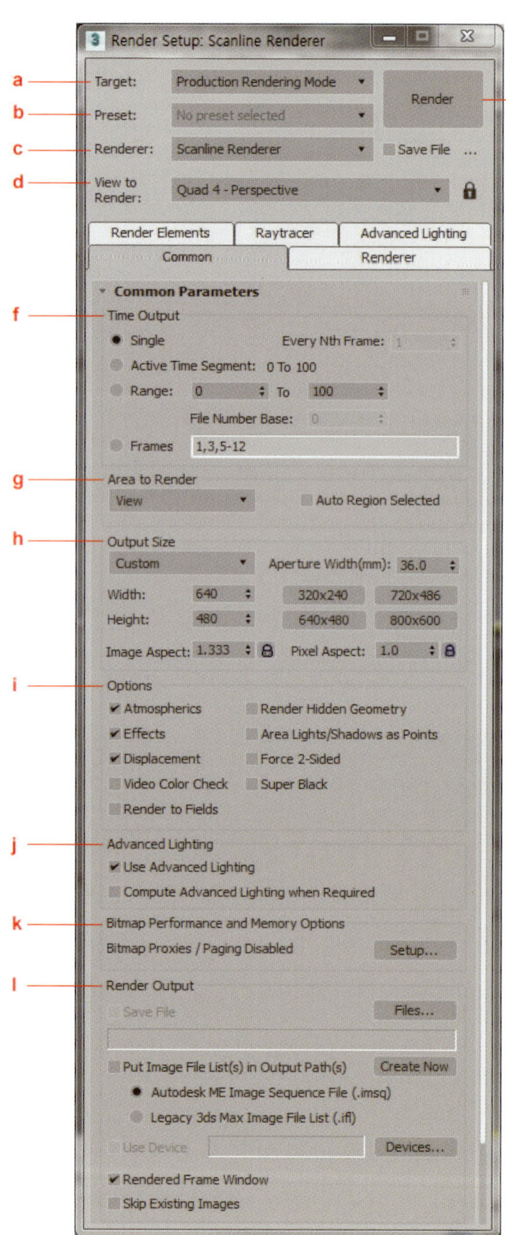

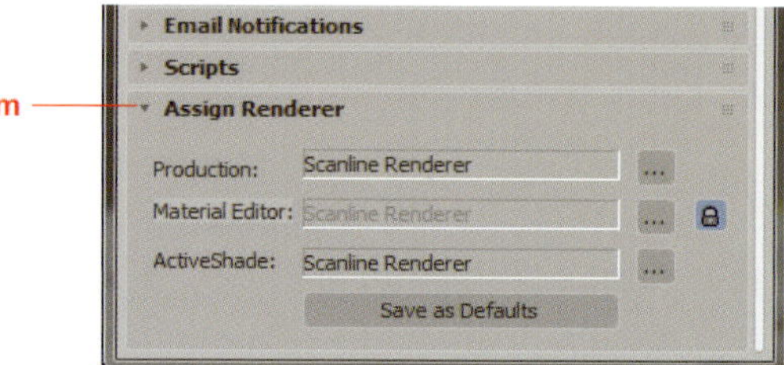

ⓐ Target : 다양한 렌더링 옵션을 선택할 수 있는 드롭다운 메뉴를 표시합니다.

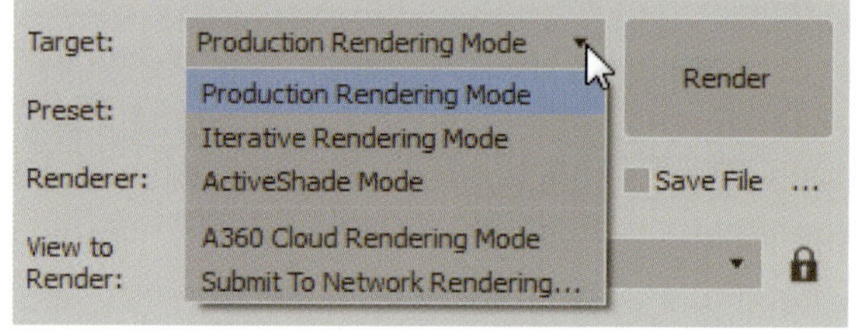

■ **Production Render Mode(기본 값)** : 활성 상태일 때 Render를 클릭하면 Production Mode를 사용합니다.

■ **Iterative Render Mode** : 활성 상태일 때 Render를 클릭하면 Iterative Mode를 사용합니다.

■ **Active Shade Mode** : 활성 상태일 때 Render를 클릭하면 ActiveShade를 사용합니다.

- **A360 Cloud Rendering Mode** : A360 클라우드 렌더링용 컨트롤을 엽니다. A360 Rendering에서는 클라우드 리소스를 사용하므로 렌더링을 처리하는 동안 데스크톱에서 계속 작업할 수 있습니다.

- **Submit to Network Rendering** : 현재 장면을 Network Rendering에 제출합니다. 이 옵션을 선택하면 3ds Max에서 네트워크 작업 할당 대화상자를 엽니다.

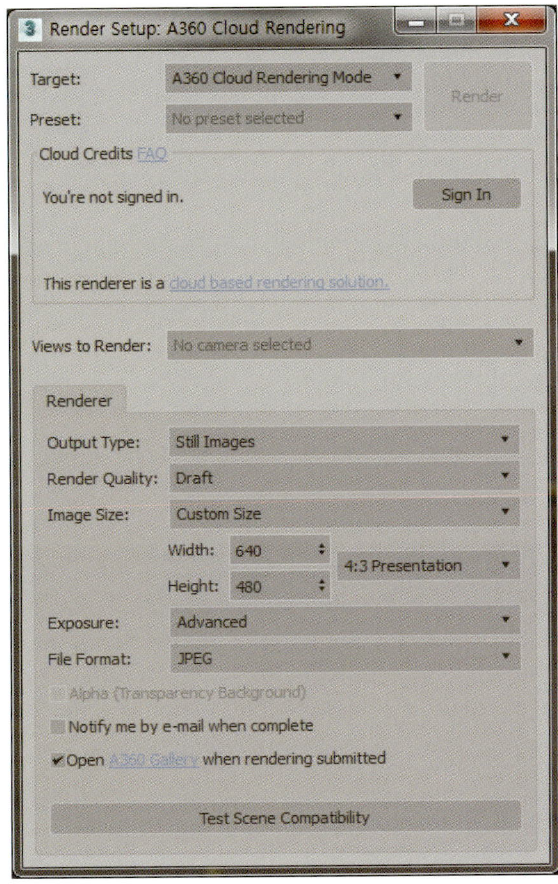

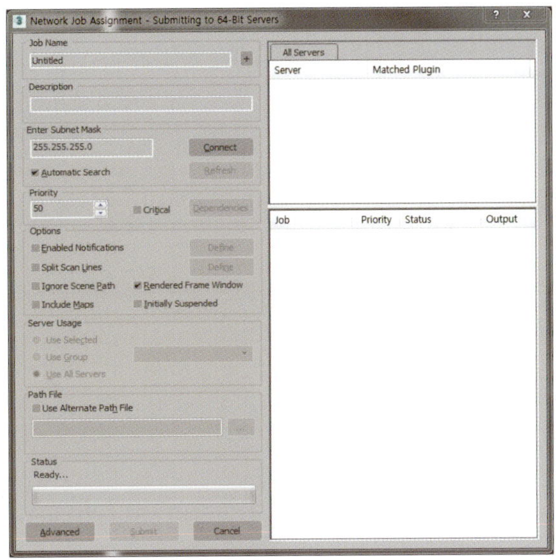

이 선택 항목은 Production, Iterative 또는 ActiveShade 렌더링을 시작하는 데 사용할 수 있는 Render 버튼 자체의 상태에는 영향을 미치지 않습니다.

ⓑ **Preset** : 드롭다운 목록에서 Preset 렌더링 매개변수 세트를 선택하거나 렌더링 매개변수 설정을 Load 또는 Save할 수 있습니다.

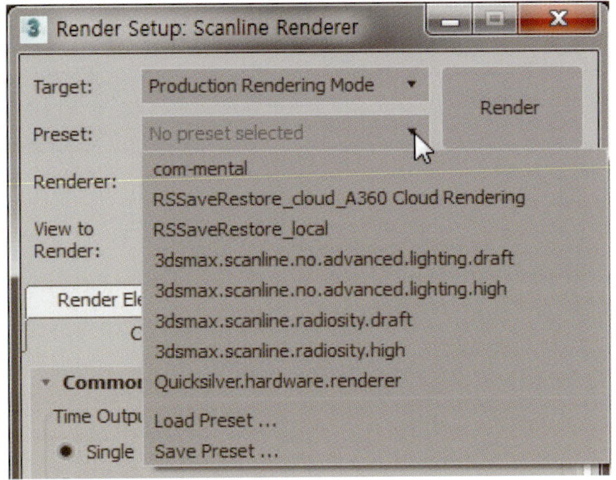

ⓒ **Renderer** : 현재 대상 모드를 사용하여 장면을 렌더링하려면 클릭합니다.

d **View to Render** : 렌더링할 뷰포트를 선택합니다. Viewport의 Lock[🔒]을 설정 해 놓으면, 다른 Viewport가 선택되었다 하더라도 Lock 걸린 Viewport만 렌더링이 실행됩니다.

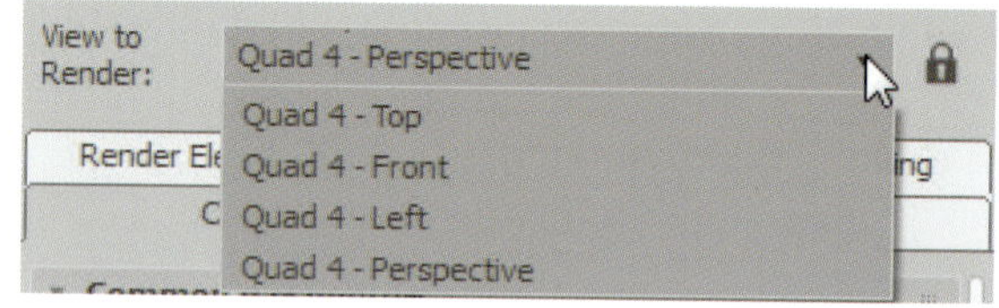

e **Render** : 선택된 장면을 렌더링합니다.

f **Time Output** : 현재의 장면의 연출 결과에 따라 일부 이미지만 보여 줄 것인지, 전체 애니메이션 프레임을 어떤 방법으로 보여 줄 것인지를 결정짓습니다.
애니메이션이 아니라면 통상적으로 Single에 체크하고 렌더링하게 됩니다.

g **Area to Render** : 렌더링할 영역 목록을 사용하여 장면 일부나 전체를 지정하여 렌더링합니다.

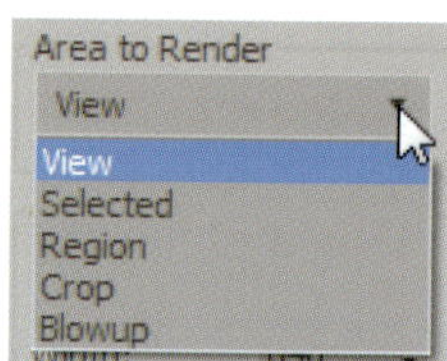

① **View** : 기본으로 실정되어 있으며 활성 Viewport를 렌더링합니다.

② **Selectcd** : 장면이 선택한 오브젝트만 렌더링합니다.

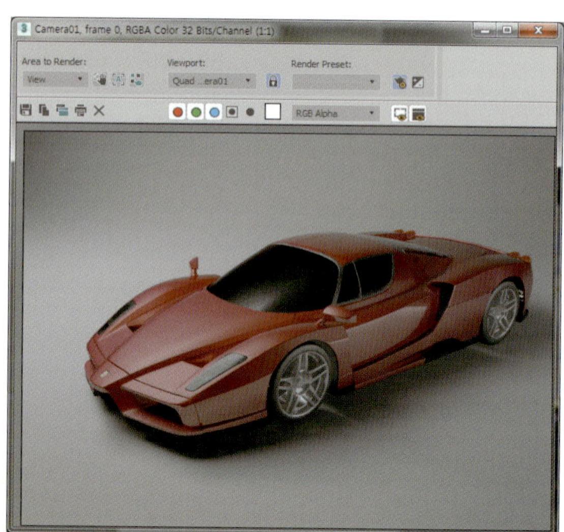

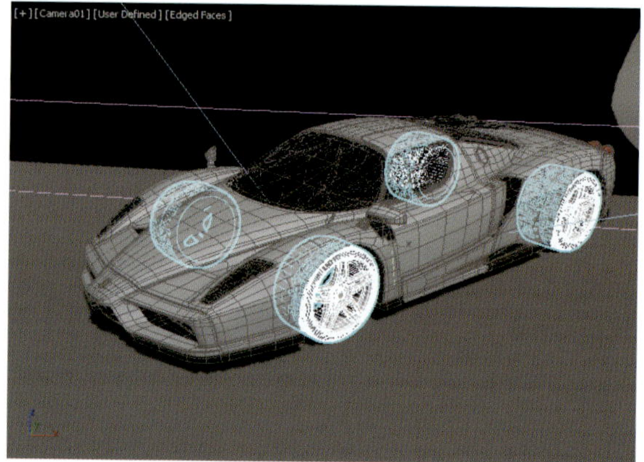

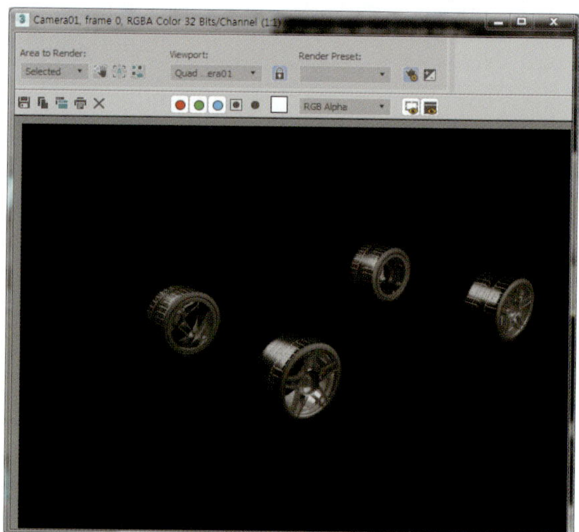

③ **Region** : 활성 Viewport 내에서 직사각형으로 영역을 지정하여 렌더링합니다.

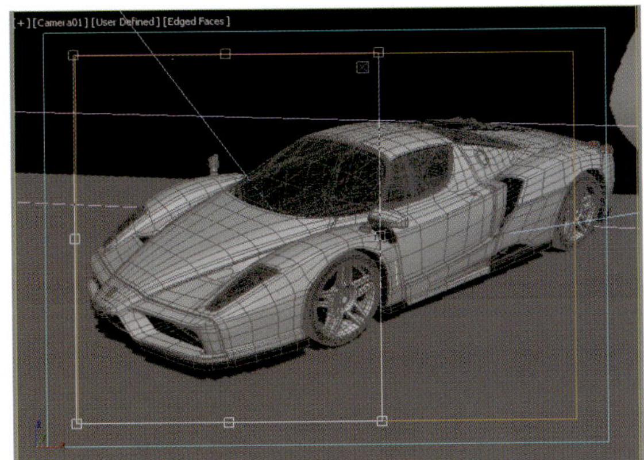

④ **Crop** : Region 옵션처럼 동일한 영역 사각형을 사용하여 출력 이미지의 크기를 지정할 수 있습니다.

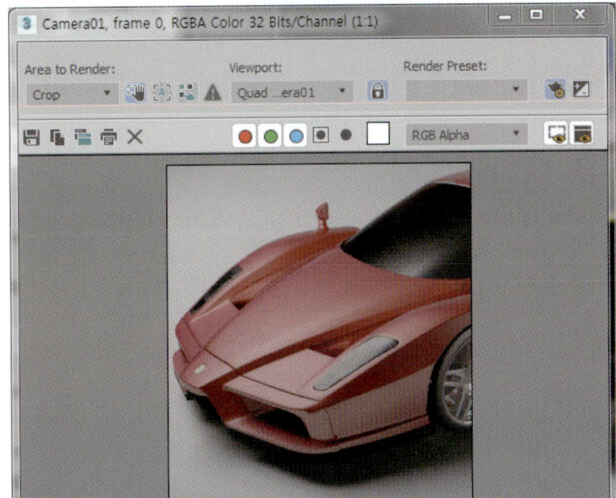

⑤ **Blowup** : 활성 뷰포트 내의 영역을 렌더링하고 출력 디스플레이를 확대하여 렌더링합니다.

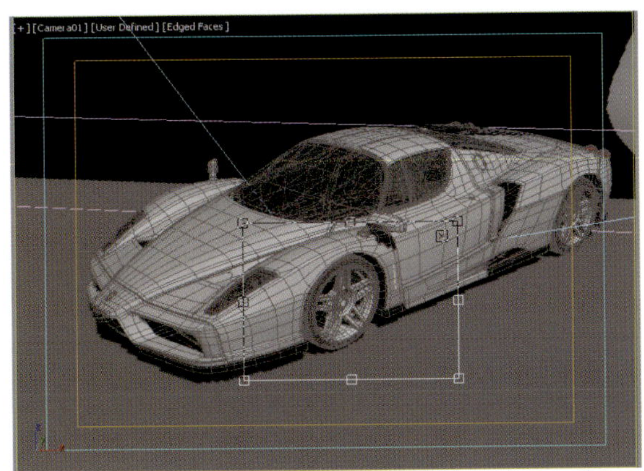

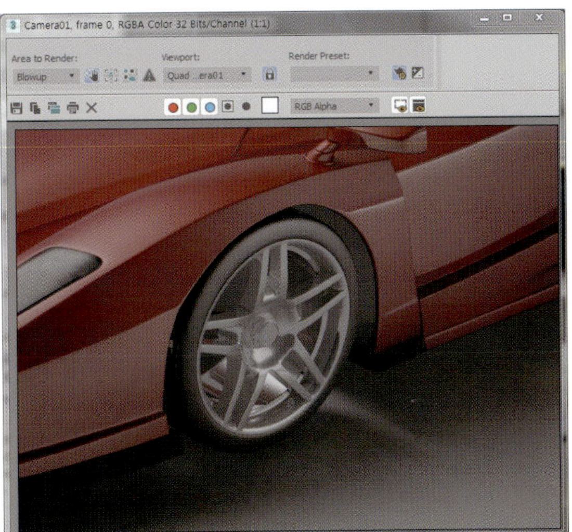

ⓗ Output Size : 이미지로 저장될 크기를 지정합니다. Custom의 Drop Down List에는 3ds Max에서 제공하는 다양한 이미지 사이즈를 선택할 수 있습니다.

Image Aspect Lock을 사용하게 되면 Image의 가로, 세로 비율 크기가 자동으로 맞게 조정되어, 이미지 비율을 빠르게 조정할 수 있습니다.

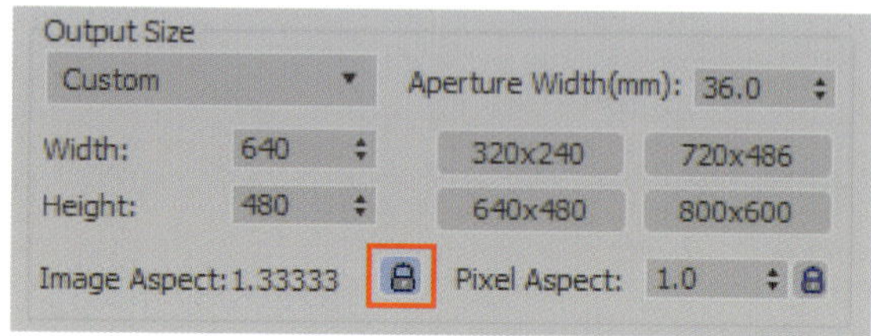

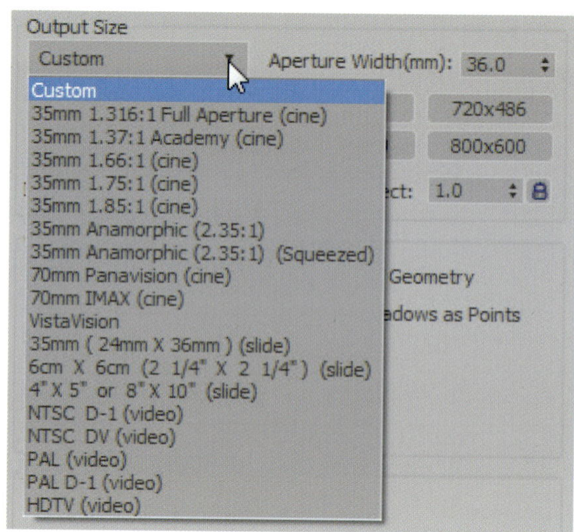

ⓘ Options : 렌더링 이미지에 여러 효과를 선택할 수 있습니다.

ⓙ Advanced Lighting : 설정하면 3ds Max에서는 Radiosity 솔루션이나 Light Tracer을 렌더링에 통합합니다.

ⓚ Bitmap Proxies : 3ds Max에서 렌더링에 전체 해상도 맵을 사용할지 비트맵 프록시를 사용할지를 표시합니다. 이 설정을 변경하려면 설정 버튼을 클릭합니다.

ⓛ Render Output : 렌더링이 되는 이미지 또는 애니메이션을 지정된 파일의 이름과 확장자, 저장경로를 지정할 수 있습니다.

ⓜ Assign Renderer : 렌더러 할당 롤아웃은 Production, 재질 편집기의 샘플 슬롯과 ActiveShade 범주에 어떤 렌더러가 할당되었는지 표시합니다.

Production 렌더러를 선택하려면 'Choose Renderer'[...]버튼을 클릭하고 'Choose Renderer' 대화상자에서 렌더러 할당을 변경합니다.

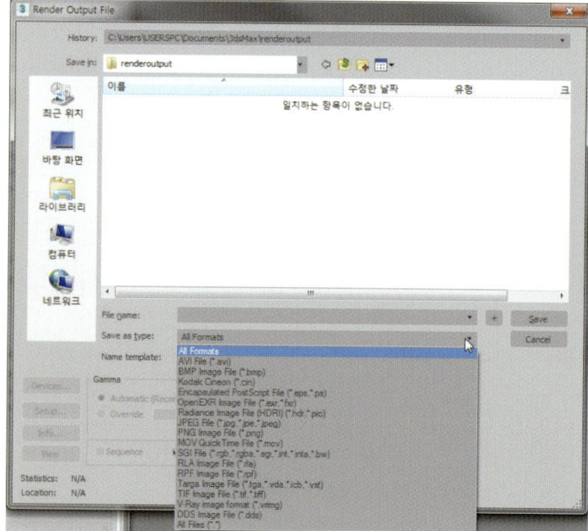

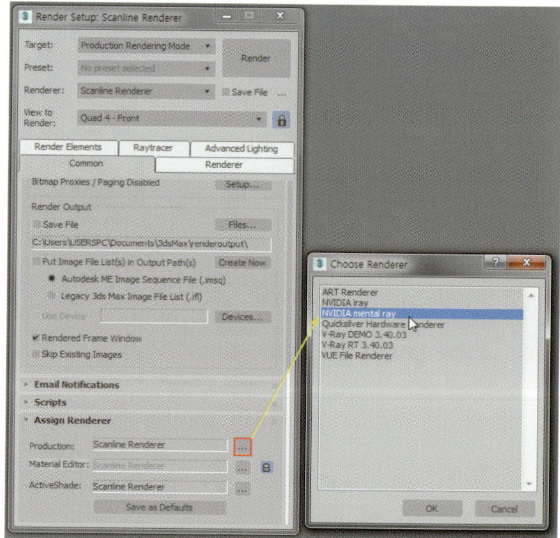

① **Production** : 그래픽 출력을 렌더링하는데 사용되는 렌더러를 선택합니다.

② **Material Editor** : 재질 편집기에서 Sample Slot을 렌더링하는 데 사용되는 렌더러를 선택합니다. 기본 값으로 Sample Slot 렌더러와 Production 렌더러가 같도록 잠겨 있습니다.

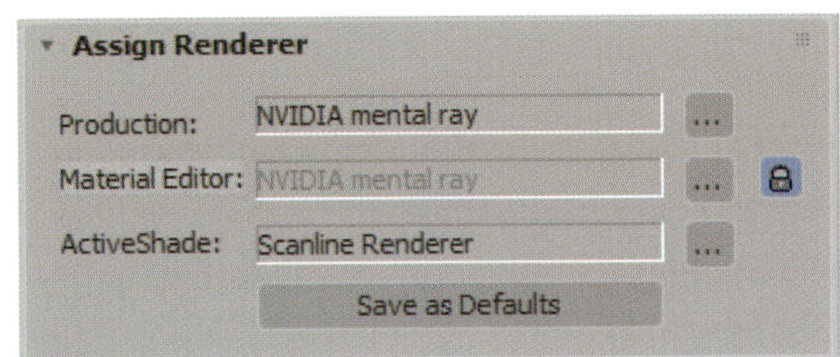

③ **ActiveShade** : 장면에서 광원과 재질 변경의 효과를 미리 보는 데 사용되는 ActiveShade 렌더러를 선택합니다.

④ **Save as Defaults** : 현재 렌더러 할당이 다음에 3ds Max를 다시 시작할 때 활성화될 수 있도록 이를 기본 값으로 저장하려면 클릭합니다.

ⓘ 알아두기 | Render Flyout

렌더링 메뉴에서 또는 Shift + Q 를 눌러 렌더 명령을 호출하면 렌더 플라이아웃에서 활성 모드가 사용됩니다. Mani Toolbar에 있는 렌더 플라이아웃에서는 몇 가지 다른 렌더링 옵션을 제공하며, 3개의 버튼 중에서 선택할 수 있습니다.

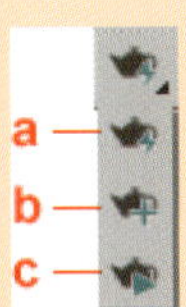

Ⓐ **Render Production** : Main Toolbar의 렌더 플라이아웃에서 사용 가능한 렌더 프로덕션 명령은 'Render Setup' 대화상자를 열지 않고 현재 Production 렌더 설정을 사용하여 장면을 렌더링합니다

Ⓑ **Render Iterative** : 렌더 설정 대화상자를 열지 않고 Iterative Mode(반복모드)에서 장면을 렌더링합니다. 렌더 설정 대화상자의 왼쪽 아래와 렌더된 프레임 창의 오른쪽 위에 있는 드롭다운 목록에서 렌더링 없이 Iterative 렌더링 모드를 활성화할 수 있습니다.

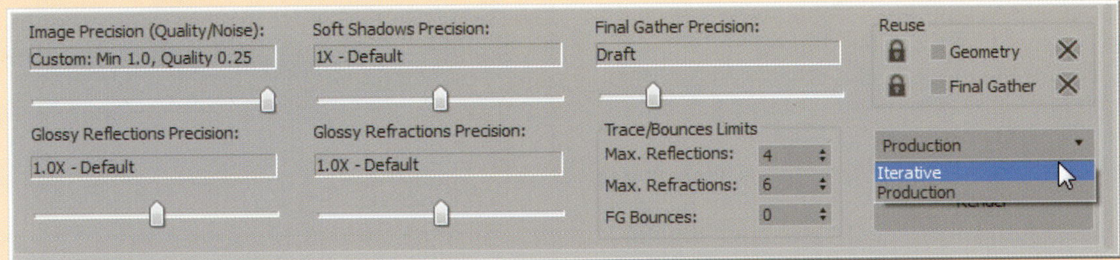

Ⓒ **ActiveShade** : ActiveShade에서 제공하는 미리 보기 렌더링을 사용하면 장면에서 광원 또는 재질을 변경할 경우의 효과를 쉽게 확인할 수 있습니다. 광원이나 재질을 조정하면 ActiveShade 창에서 대화식으로 렌더링을 업데이트합니다.

02 Renderer 패널

Render Setup 대화상자의 Renderer 패널
에는 활성 렌더러에 대한 주요 컨트롤이 포
함되어 있습니다. 활성화된 렌더러에 따라
추가 패널을 사용할 수 있습니다.

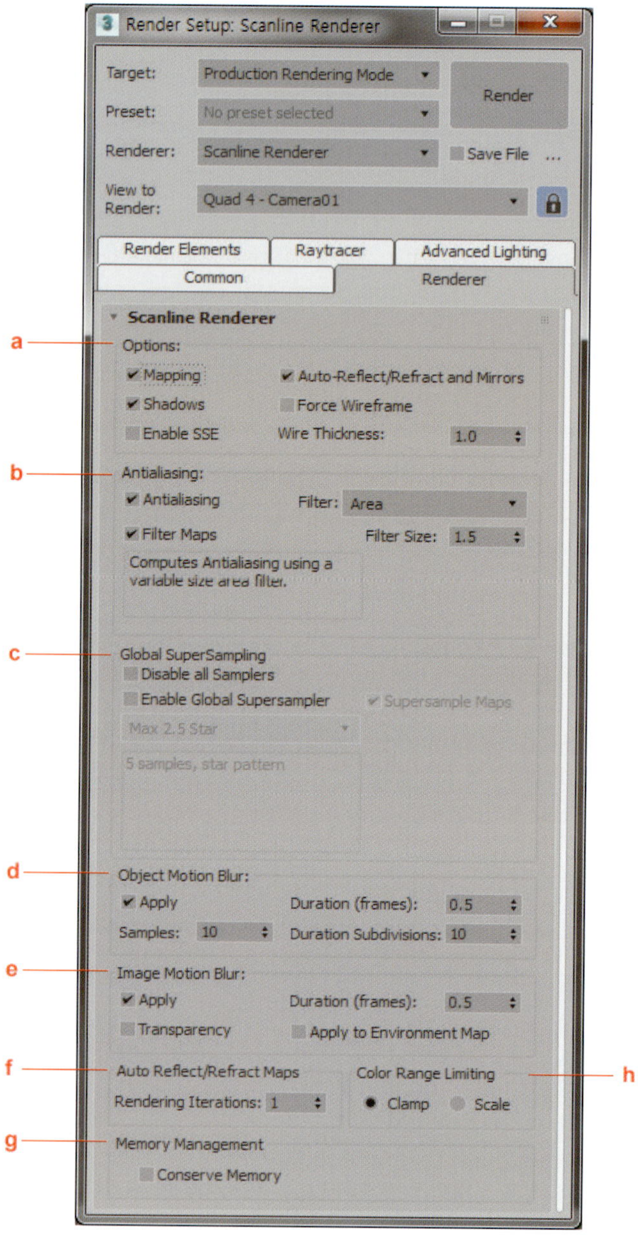

ⓐ **Options** : 지정된 것에 의하여 렌더링에 표현되어 나타납니다. 기본적으로 Default 값을 유지하고 렌더링하는 것이 좋습니다.

SSE를 설정하면 렌더링은 SSE(Streaming SIMD Extensions)를 사용합니다. SIMD는 Single Instruction, Multiple Data를 의미합니다. CPU에 따라 SSE는 렌더링 소요 시간을 줄여 줄 수 있습니다. Force Wireframe은 렌더링 전체 장면을 Wireframe으로 렌더링하며, Wire Thickness에서 Wire의 두께 값을 조정할 수 있습니다.

ⓑ **Antialiasing** : 장면을 부드럽게 할 것인지, 선명하게 할 것인지에 대해 결정하며, 다양한 Filter를 제공합니다. 참고로 정확하게 Filter 효과를 확인하지 않는 이상 구분하기 어려우니 사용자가 대표적인 몇 개만 기억하여 사용한다면 효과적인 렌더링 이미지를 얻어낼 수 있습니다.

① **Area** : 기본적으로 되어 있으며 이미지 경계를 부드럽게 처리합니다.

② **Blackman** : 25픽셀을 사용하여 선명함을 표현하며, 이미지의 경계의 날카로움을 방지합니다.

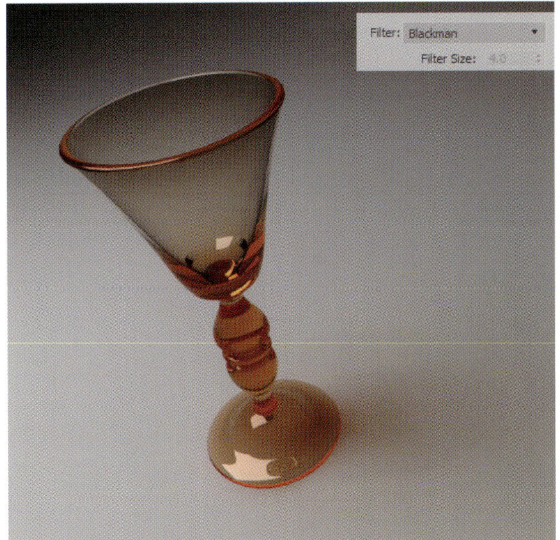

③ **Blend** : 부드러움과 날카로운 영역사이를 혼합하여 부드럽게 처리합니다.

④ **Catmull-Rom** : 25픽셀과 함께 이미지 경계면을 명백하게 표현하여 선명한 이미지를 보여줍니다.

⑤ **Cook Variable** : 일반적인 Filter이며, 1~2.5 값은 선명하게 표현하며, 그 이상의 값은 이미지가 뿌옇게 표현합니다.

⑥ **Cubic** : 사각형 Spline을 기본으로 두고, 25 픽셀 Blur를 사용합니다.

⑦ **Mitchell-Netravali** : 이미지의 세밀한 부분들까지 선명하게 표현합니다.

⑧ **Plate Match/MAX R2** : MAX R2버전에서 사용하던 방식으로 배경과 물체의 경계면을 부드럽게 처리한 것에 반해, 물체의 경계면만 부드럽게 처리합니다.

⑨ **Quadratic** : 2차 Spline에 근거로 두고, 9 픽셀 Blur 효과를 적용하였기 때문에 눈으로 확인하기가 쉽지 않습니다.

⑩ **Sharp Quadratic** : 이미지의 9픽셀에 해당되는 부분을 선명하게 표현합니다.

⑪ **Soften** : Gaussian으로 부드럽게 처리되는 필터로 부드럽게 표현합니다.

⑫ **Video** : 25 픽셀을 사용하여 NTSC & PAL 비디오어플리케이션에 최적화시켜주어 부드럽게 표현해줍니다.

ⓒ **Global SuperSampling** : 매핑된 재질의 SuperSampling을 설정하거나 해제합니다.

ⓓ **Object Motion Blur** : 물체의 Motion Blur 값을 조정하는 것으로 움직이는 물체의 애니메이션에 유용하게 사용됩니다. 다음 이미지는 Duration 값에 따른 떨어지는 동전의 Motion Blur 효과입니다. Duration 옵션은 셔터스피드가 느려지는 카메라와 비슷하며, 값이 클수록 Motion Blur 효과가 커지게 됩니다.

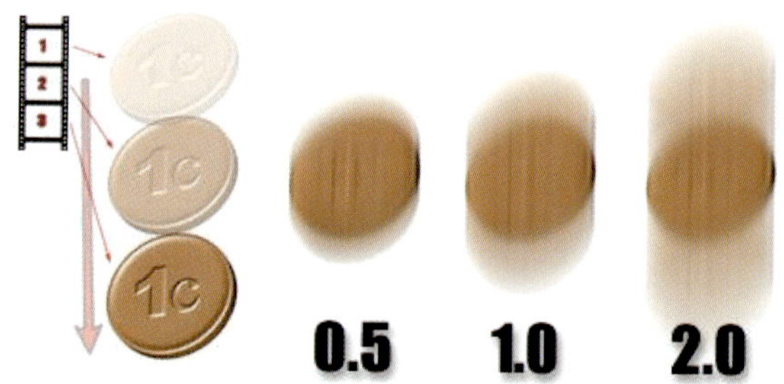

① **Apply** : 전체 장면의 Object Motion Blur를 설정하거나 해제합니다.
② **Duration(frames)** : 'Virtual Shutter'가 열려있는 기간을 결정하며, 이 값이 커질수록 효과가 커집니다.
③ **Samples** : 'Duration Subdivision' 사본의 샘플링 개수를 결정합니다.
④ **Duration Subdivisions** : Duration 내에 렌더링되는 각각의 오브젝트 복사본의 개수를 결정합니다.

ⓔ **Image Motion Blur** : 이미지가 뭉개지는 듯한 효과로 Motion Blur를 적용하며, 렌더링이 끝난 후에 적용됩니다.

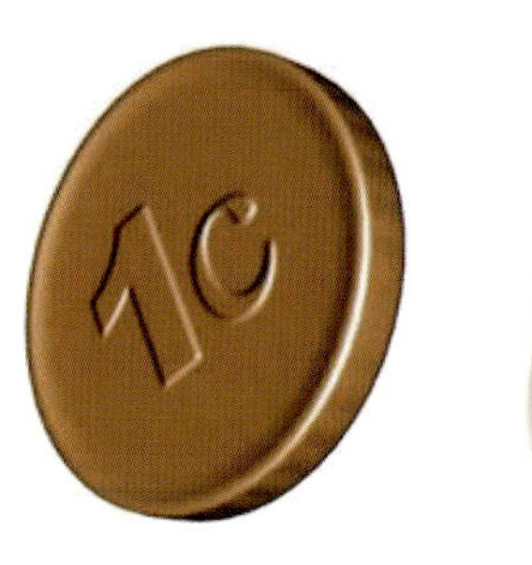

① **Transparency** : 설정하면 Image Motion Blur는 겹쳐진 투명한 오브젝트를 정확하게 작업하게 됩니다. 투명한 오브젝트에 Image Motion Blur를 적용하면 렌더링 시간이 늘어납니다.

② **Apply to Environment Map** : 설정하면 Image Motion Blur가 환경 맵뿐만 아니라 장면의 모든 오브젝트에 적용됩니다. 카메라의 회전에 따라 움직일 때 이 효과를 쉽게 알아볼 수 있습니다.

ⓕ Auto Reflect/Refract Maps : Auto Reflect/Refract Maps가 평평하지 않은 물체에서 반사를 몇 번 반복할 것인지를 조정합니다.

ⓖ Memory Management : 메모리를 유지할 수 있도록 관리합니다. 설정하면 렌더링의 메모리 시간이 약간 늘어나지만 메모리 사용량은 줄어듭니다. 대략 15에서 25 퍼센트 가량 메모리 사용을 줄일 수 있습니다.

ⓗ Color Range Limiting : 양쪽의 Clamp와 Scale의 두 가지 옵션에 의하여, 컬러로 구성(RGB)되어져 있는 영역의 밝은 영역의 하이라이트나 컬러를 어떻게 조절할 것인지에 대해 결정하는 기능입니다. Scale 쪽이 밝은 영역을 낮추고 탁하게 만듭니다.

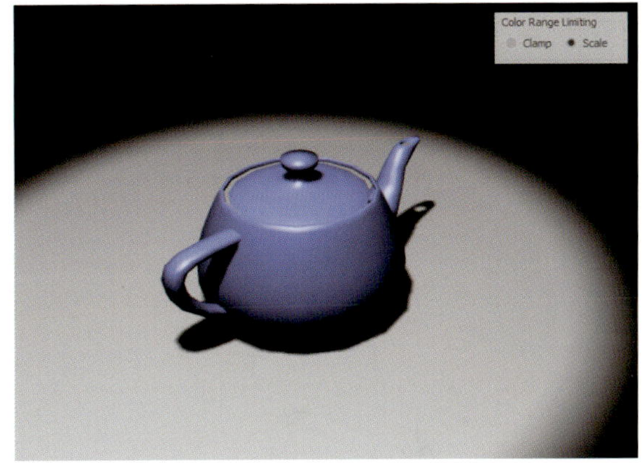

03 Render Elements 패널

요소로 렌더링하면 렌더링된 출력의 다양한 유형 정보를 개별 이미지 파일로 구분할 수 있습니다. 이 기능은 일부 이미지 처리, 합성 및 특수 효과 소프트웨어를 사용하여 작업할 때 유용할 수 있습니다. Add 버튼을 클릭하면 Render Elements 대화상자가 나타나는데, 목록에서 이를 선택하면 특정 렌더링 상태를 따로 저장할 수 있도록 합니다.

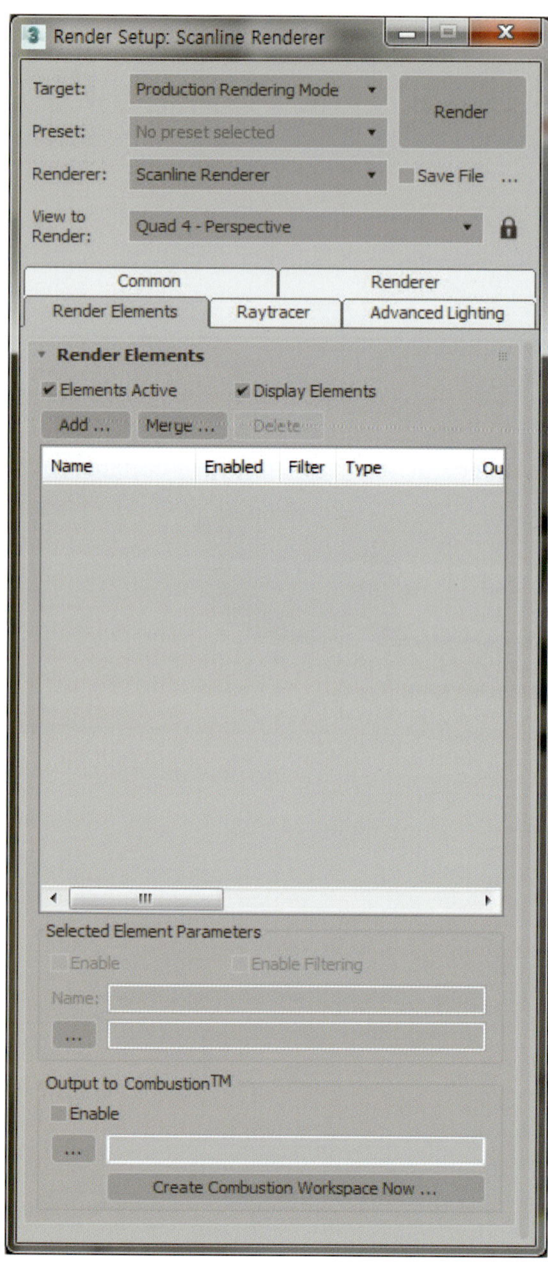

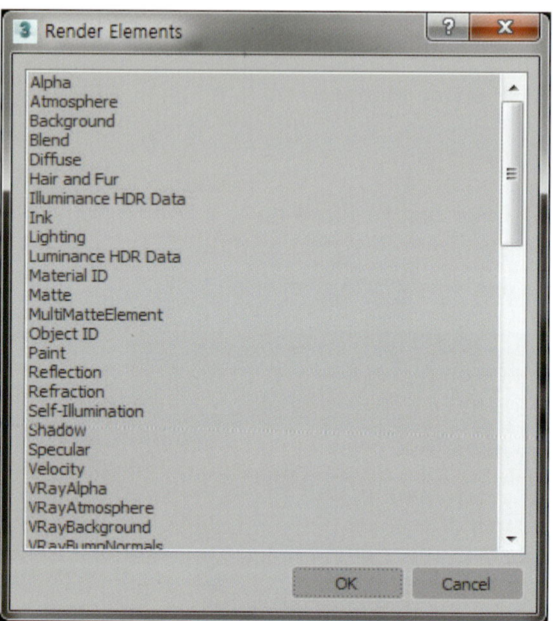

04 Raytracer 패널

전역적으로 레이트레이서를 제어하며, 장면의 모든 레이트레이싱 재질 및 레이트레이싱 맵에 영향을 줍니다. 또한 고급 레이트레이싱된 그림자 및 영역 그림자의 생성에도 영향을 줍니다.

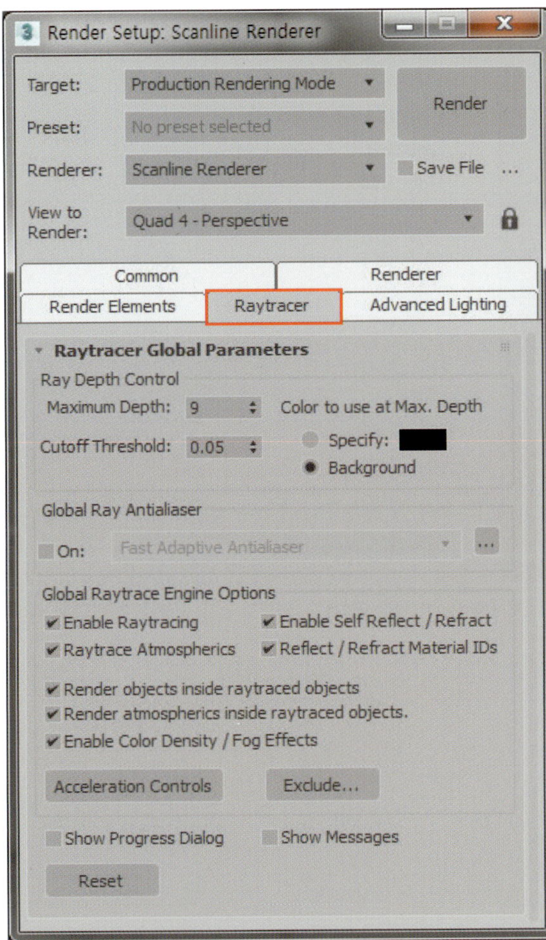

05 Advanced Lighting 패널

Advanced Lighting에는 Light Tracer와 Radiosity의 2가지 형태로 렌더링할 수 있으며, 실외나 실내 장면에 사실적인 표현이 가능하게 합니다. Advanced Lighting의 2가지 옵션을 사용하기 위해서는 Select Advanced Lighting 항목에서 선택하면 됩니다. [단축키 : 9]

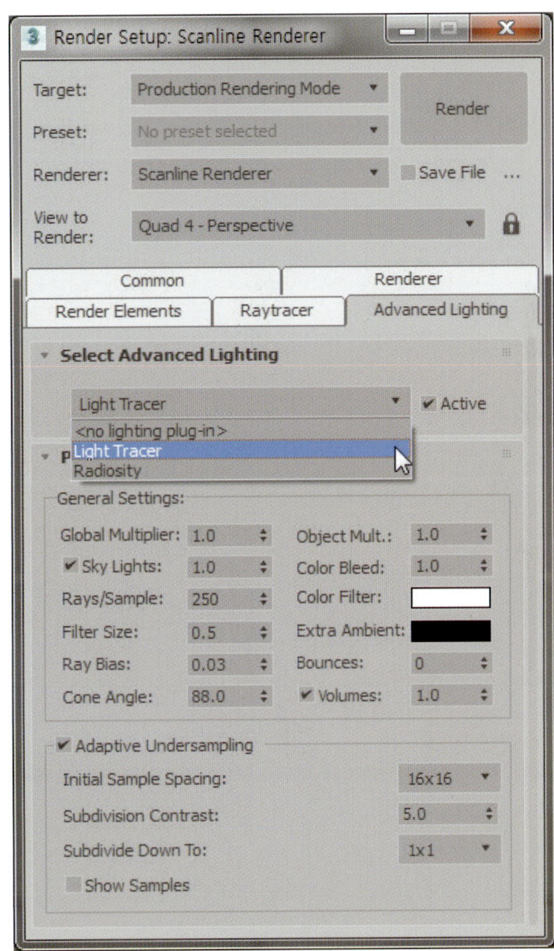

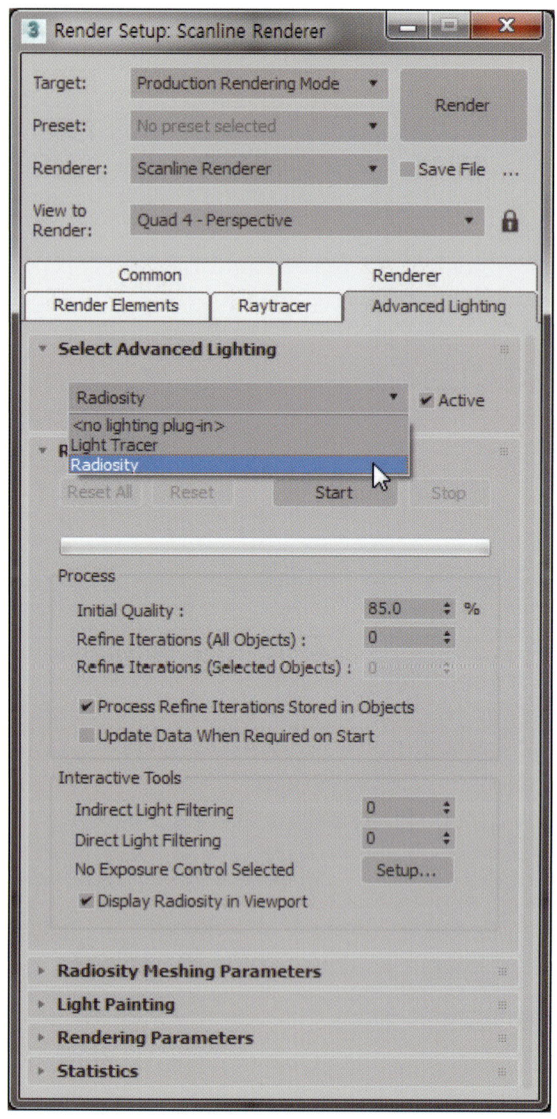

또는 Menu Bar의 Rendering 풀다운 메뉴에서 직접 선택할 수 있습니다.

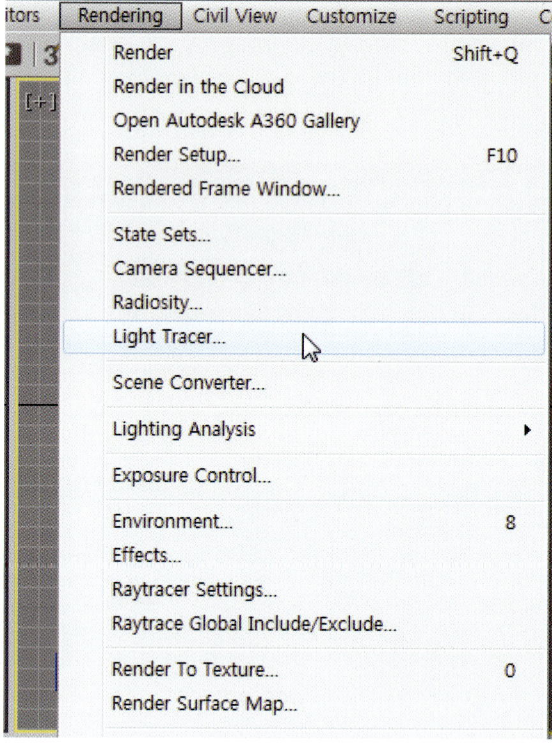

Skylight + Light Tracer로 렌더링된 실외 장면

Radiosity로 렌더링된 실내 장면

Lesson 02 Depth of Field 표현 - 당구공

피사계 심도는 장면에서 포커스를 맞춘 특정 객체는 선명하게 보이도록 하고, 나머지 배경이나 물체들을 흐리게 하는 멋진 효과입니다. 이것은 거리가 중요한 설정중 하나로 Depth of Field(DOF)의 깊이 Z에 따라 작동합니다.
실제 고급 렌더러인 mental ray 또는 V-Ray로 이 효과를 사용하려면 많은 시간을 요하지만 기본적으로 제공하고 있는 'Z Depth'와 포토샵을 활용하여 쉽게 이 효과를 구현할 수 있도록 합니다.

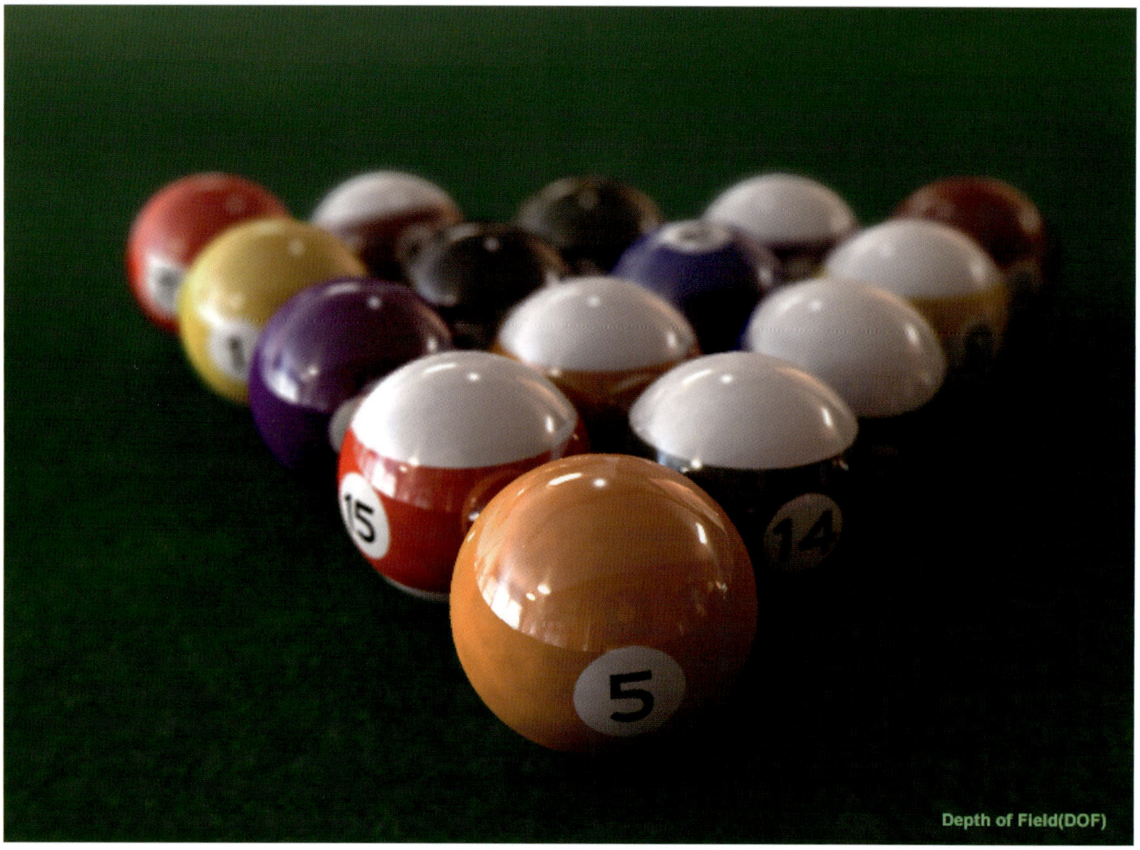

Depth of Field(DOF)

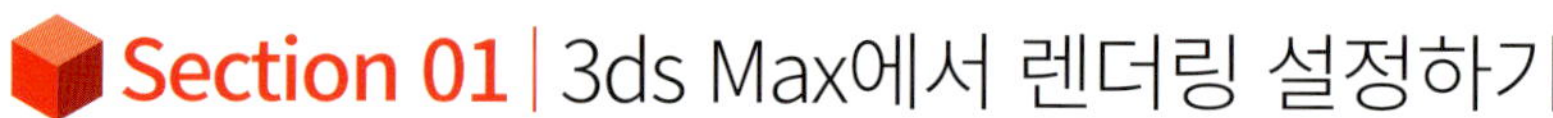

Section 01 | 3ds Max에서 렌더링 설정하기

스캔라인 렌더러나 V-Ray도 잘 되지만 여기서는 mental ray를 사용하였습니다.

01 제공된 CD 부록에서 'CD\Chapter07\Lesson02\dof.max' 파일을 Open합니다. 이미 필자가 렌더링을 위하여 다음과 같은 장면을 준비해놓았습니다.

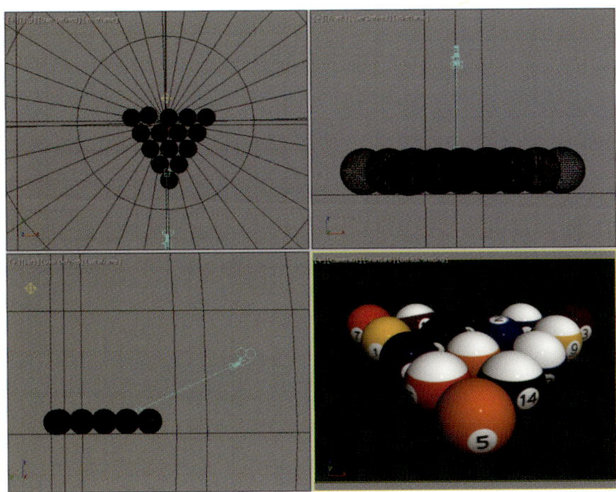

03 Render Setup[F10]대화창을 오픈합니다. Render Elements 탭의 Add 버튼을 클릭하여 나오는 목록에서 'Z Depth'를 선택하고 OK버튼을 클릭합니다.

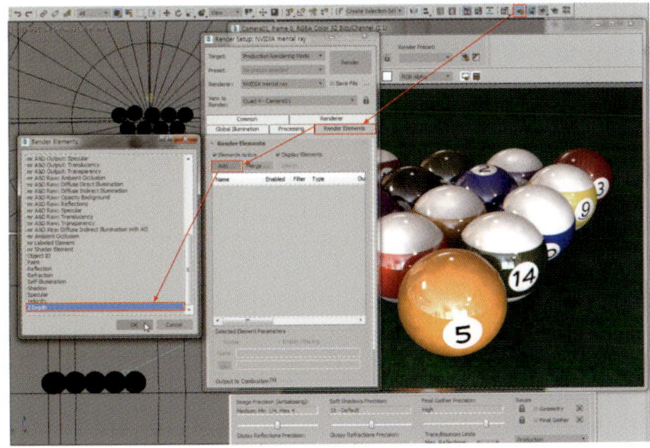

05 다시 Render 버튼을 클릭하여 결과물을 확인합니다. Z Depth 값이 적용되어 다음과 같이 그레이 색상으로 렌더링을 제공해줍니다.

◎ CD 제공 : dof-com.max

02 Camera01 View를 선택하고 Render 버튼을 눌러 봅니다. Save Image 버튼을 클릭하여 "Diffuse.tga"파일로 저장합니다.

04 Z Depth가 목록에 등록됩니다. Z Depth Element Parameters에서 다음과 같이 값을 입력합니다. 이 수치는 Camera의 Target Distance 값을 기준으로 정합니다.

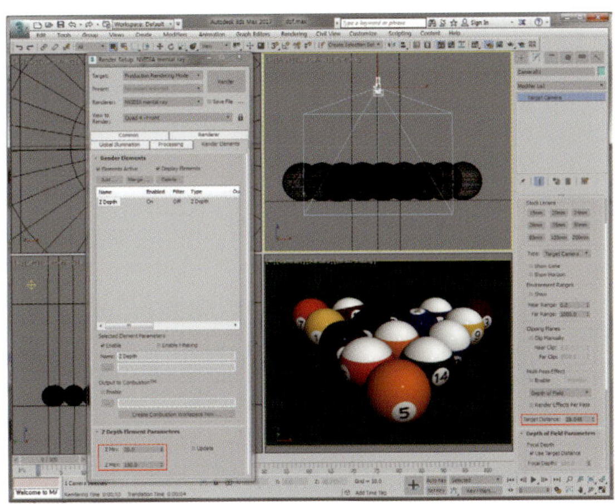

06 Save Image 버튼을 클릭하여 마찬가지로 z-depth.tga 파일로 저장합니다.

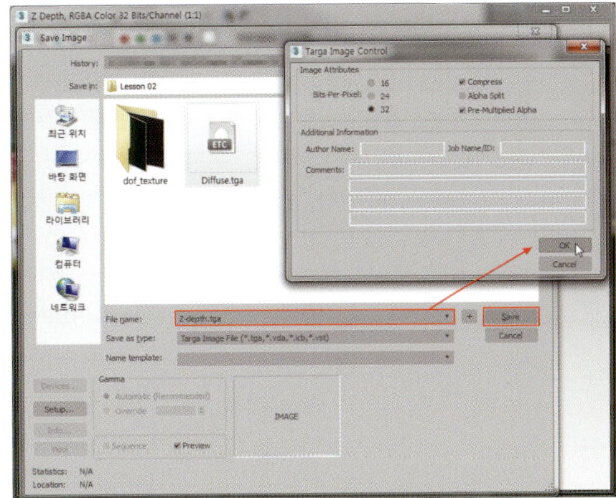

Section 02 | Photoshop에서 DOF 효과 적용하기

01 Photoshop을 실행한 후 3ds Max에서 저장한 이미지 파일 2개를 Open합니다.

02 'z-depth.tga' 이미지를 선택합니다. Ctrl + A 키를 눌러 전체를 선택한 후 Ctrl + C 로 전체를 복사해 둡니다.

03 'Diffuse.tga' 이미지를 선택합니다.

04 Channels 탭의 Alpha 1 채널을 선택하고 Ctrl + V 키를 눌러 'z-depth' 이미지를 붙여 넣습니다.

05 붙여 넣은 'z-depth'의 이미지를 확대해보면 가장자리가 상당히 거칠게 보입니다.

06 상위 메뉴의 Filter〉Blur〉Gaussian Blur 명령으로 다음과 같이 "0.9" 값을 적용하여, 가장자리를 부드럽게 만들어 줍니다.

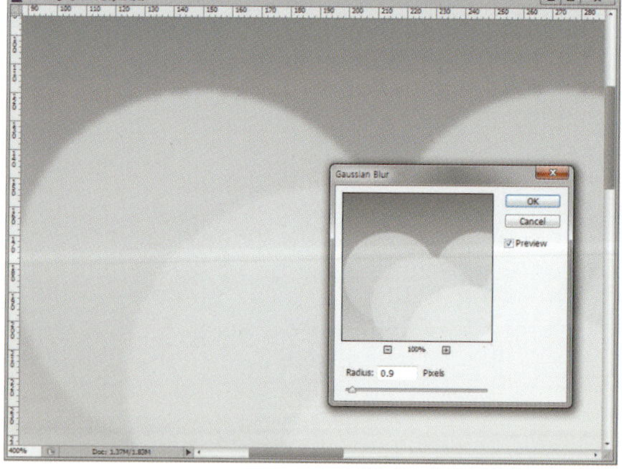

07 이제 그림과 같이 RGB 채널을 선택하여 원래의 이미지가 보이게 합니다.

08 계속해서 Filter〉Blur〉Lens Blur 명령을 선택합니다.

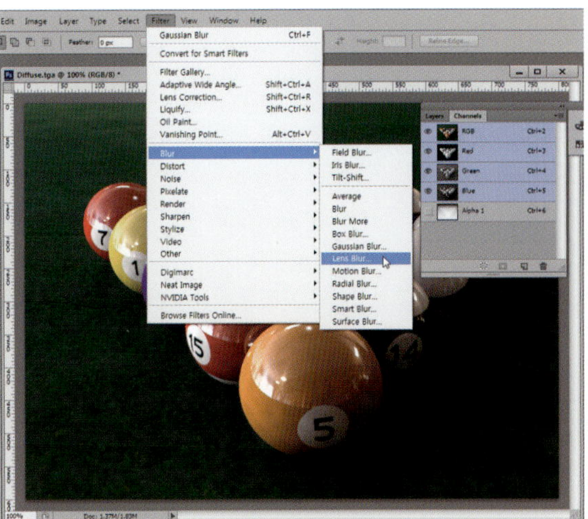

09 다음과 같이 값들을 설정합니다.

10 매우 간단하게 3ds Max와 Photoshop을 사용하여 DOF 효과를 적용시켜보았습니다. 이와 같은 효과를 액세서리 같은 작은 물체의 장면에 적용한다면 아주 쉽고 빠르게 효과적으로 사용할 수 있으리라 기대해봅니다.

Chapter 8

V-Ray와 mental ray를 이용한 고품질 렌더링

Lesson 01

V-Ray Renderer

V-Ray Renderer가 3ds Max 플러그인으로 등장할 시기에는 타 경쟁 플러그인으로 'Brazil Render System'이나 'Final Renderer', 'mental ray' 등이 있었습니다. Chaos Software의 V-Ray는 초기에 타 경쟁 플러그인에 비해 많은 호평을 받지 못했지만 현재로 거슬러오면서 전체적인 렌더링의 우수성과 매우 빠른 렌더링 속도, 사용자의 기대를 만족시키는 빠른 UP 버전으로 인해 현재는 실무에서 가장 많이 사랑 받고 있는 Renderer라고 할 수 있습니다.

V-Ray1.09 버전부터 사용자들에게 관심을 받으면서부터 현재 V-Ray3.40.03(2017년 1월 기준) 버전까지 발전되어 다양한 쉐이더와 조명, 카메라 효과, 이미지 샘플링, Frame Buffer, Geometry 등 다양한 고급 기능들이 제공되고 있으며, Maya나 Softimage, SketchUp, Rhino3D, Blender 등 같은 3D 프로그램에도 적용 확대되어 3D 장면에 많은 비중을 받고 있습니다.

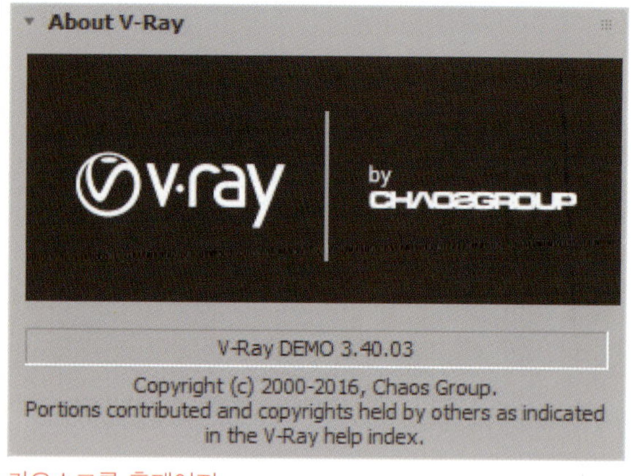

카오스그룹 홈페이지

V-Ray Demo 버전은 Chaos Group에 회원가입한 뒤 3ds Max용 V-Ray 버전을 다운로드할 수 있습니다. Demo 버전은 이미지에 워터마크가 생성되고, 분산 렌더링을 지원하지 않으며, 정기적으로 설정 값을 초기화합니다.

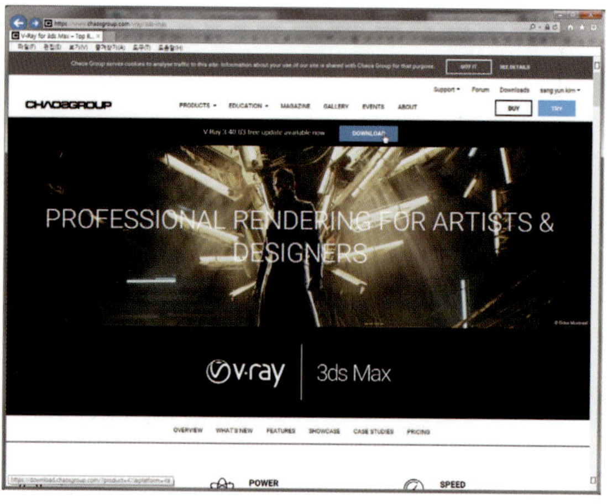

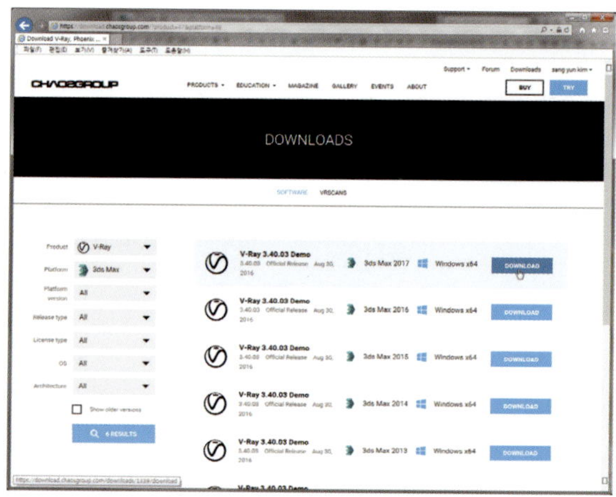

Section 01 | V-Ray Renderer란

Scanline Renderer는 빛의 광자가 광원에서부터 나와 피사체에 닿으면서 정반사하고 빛이 소멸되는 Local Illumination 형식을 띄고 있습니다. 이런 이유로 빛이 다른 물체에서 반사해 오거나 굴절 후에 오는 빛이 오브젝트에 미치는 영향을 표현할 수가 없다는 문제가 있습니다. 이와는 달리 V-Ray Renderer는 GI 형식을 가지고 있는데, 이것은 Global Illumination은 빛의 세기에 따라 빛이 소멸될 때까지 주변의 환경이나 물체에 의하여 난반사(Bounce)를 일으켜 빛의 계산을 하는 기법을 이야기합니다.

그동안 GI 형식을 가지고 있는 대표적인 mental ray, Final Renderer, Brazil R/S, Maxwell, Radiosity 등의 Renderer들은 모두 광원으로부터 빛의 경로를 추적하는 반면에 V-Ray는 카메라로부터 빛의 경로를 역 추적하는 방식입니다. 그러므로 카메라에 보이지 않는 부분의 계산을 생략하여 타 Renderer에 비해 렌더링 속도가 매우 빠른 장점을 가지고 있으며, 실사 같은 사실적인 이미지를 만들어 냅니다. 현재 다양한 분야의 3D실무에서도 V-Ray를 가장 많이 사용하고 있으며 많은 호응과 각광을 받고 있습니다.

다음 이미지들은 www.treddi.com의 갤러리에서 발췌한 V-Ray Renderer 이미지입니다. 독자 여러분은 고퀄리티의 렌더링 이미지를 참조하여 3D 공부에 자극을 받길 바랍니다.

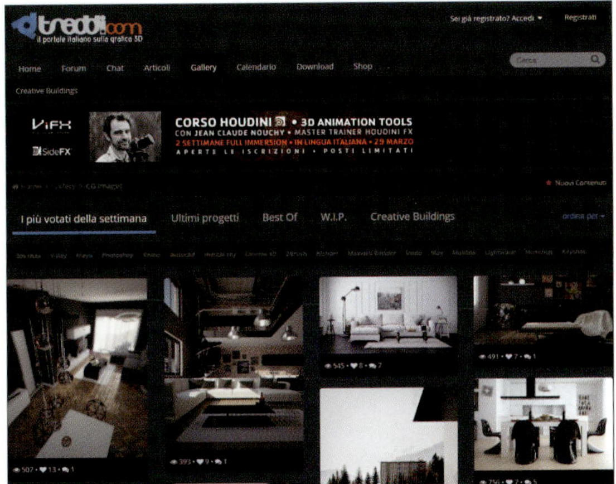

by batis

by Kim sangyun

by khoa DM

by Lucas3dnet

by Alessandro Bandinelli

by VittorioBonapace

by NudesignStudio

V-Ray를 좀 더 깊게 공부하고자 한다면 외국 사이트의 포럼이나 튜토리얼, 갤러리 등을 참고하여 공부하면 훨씬 도움에 될 것입니다.

http://www.evermotion.org
http://forums.chaosgroup.com/

Section 02 | V-Ray 3.40.03 Demo 버전 Download 및 설치

V-Ray는 Chaosgroup.com 사이트에서 간단히 무료 회원가입 절차를 거쳐 최신 V-Ray Render Demo 버전을 Download할 수 있습니다.

01 인터넷 주소 창에 다음과 같이 "http://www.chaosgroup.com"이라 입력하고 해당사이트로 이동합니다. 다운로드 전에 회원가입을 해야 다운로드가 가능합니다. 우측상단의 'Sign in'을 클릭하여 회원가입하세요.

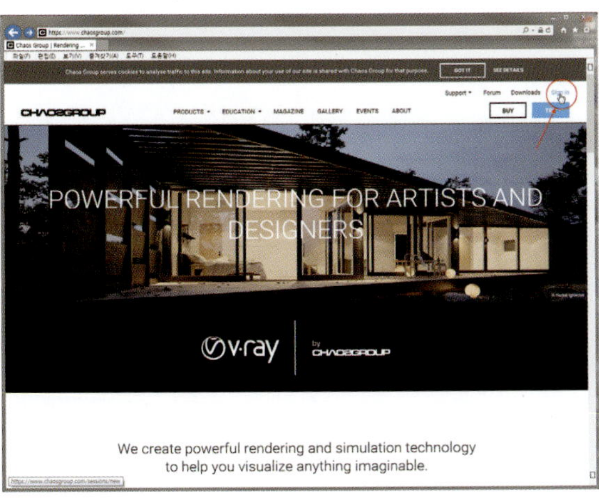

02 Menu Bar에서 'PRODUCTS'의 V-Ray for 3ds Max 를 클릭합니다.

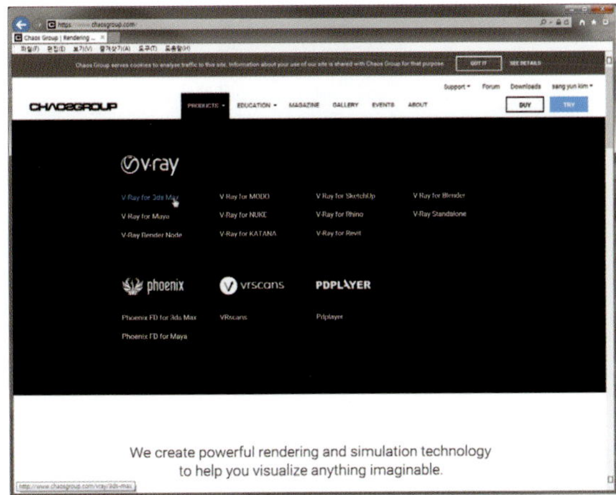

03 Download 버튼을 클릭하고 나오는 창에서 V-Ray 3.40.03 Demo 버전을 다운로드합니다. V-Ray 버전은 시간의 경과에 따라 버전이 다를 수 있으며, 컴퓨터 또는 인터넷의 환경에 따라 다운로드 속도가 느려질 수 있습니다.

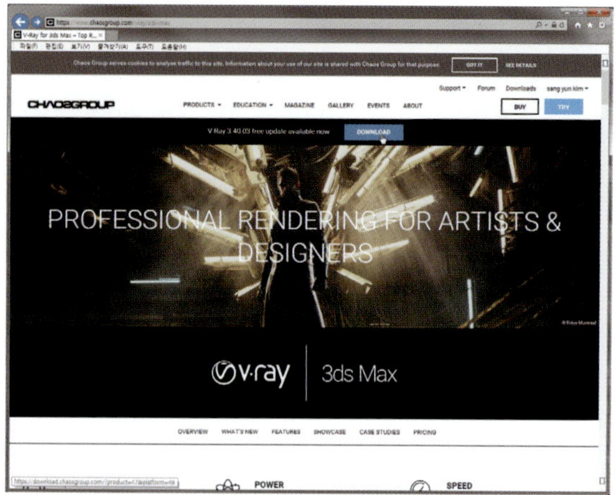 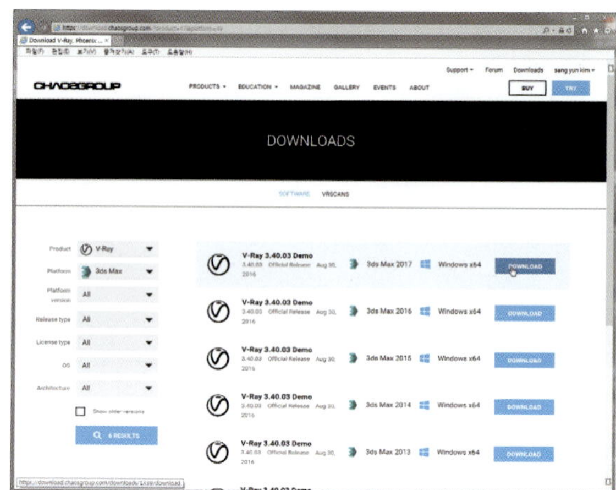

04 사이트에서 다운로드한 'vray_demo_34003_max2017_x64.exe' 파일을 더블 클릭하여 V-Ray 설치를 시작합니다.

05 데모버전에 대한 License agreement 창이 나오면, 'I agree' 버튼을 클릭합니다.

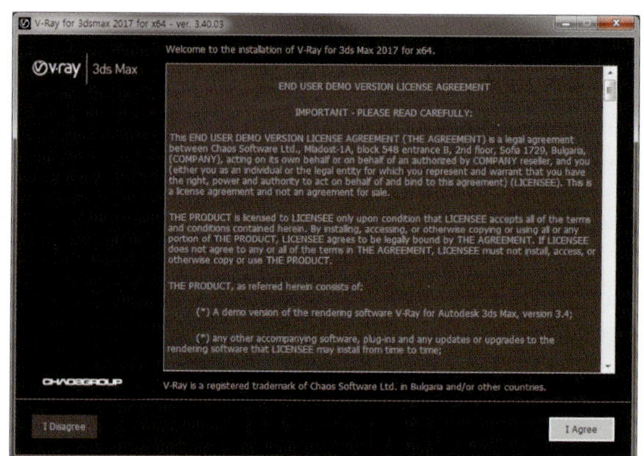

06 설치될 경로창이 나타납니다. 'Install Now' 버튼을 클릭하여 설치를 계속 집행합니다.

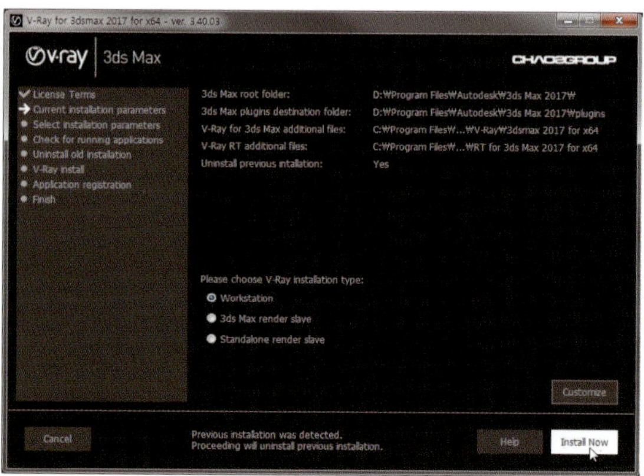 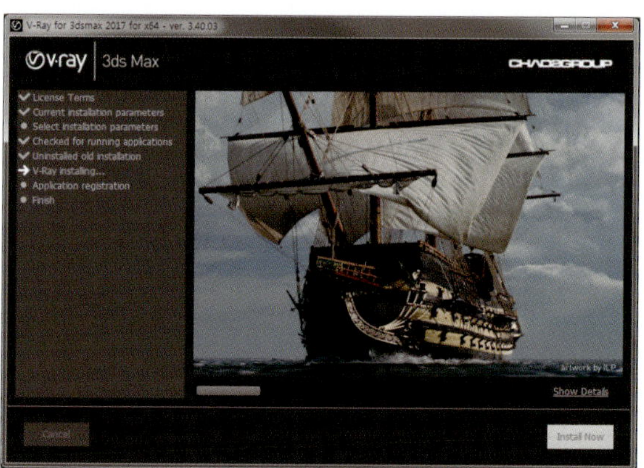

07 설치가 완료되었으면 'Finish' 버튼을 클릭하여 설치를 종료합니다.

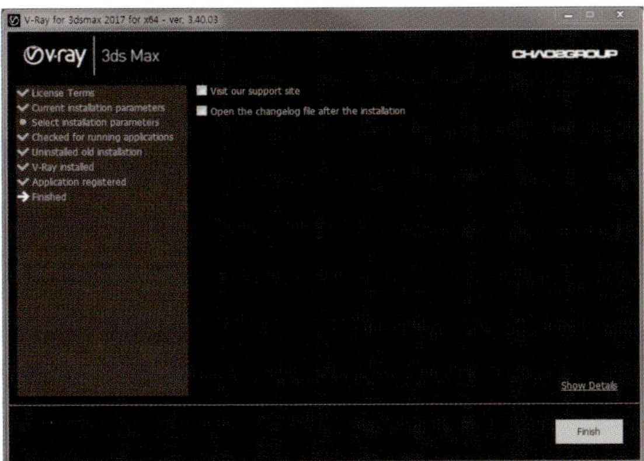

08 3ds Max 2017을 실행한 후 키보드의 F10 키를 눌러, Render Setup 창을 엽니다. Renderer의 목록에서 V-Ray DEMO 버전을 사용할 수 있습니다.

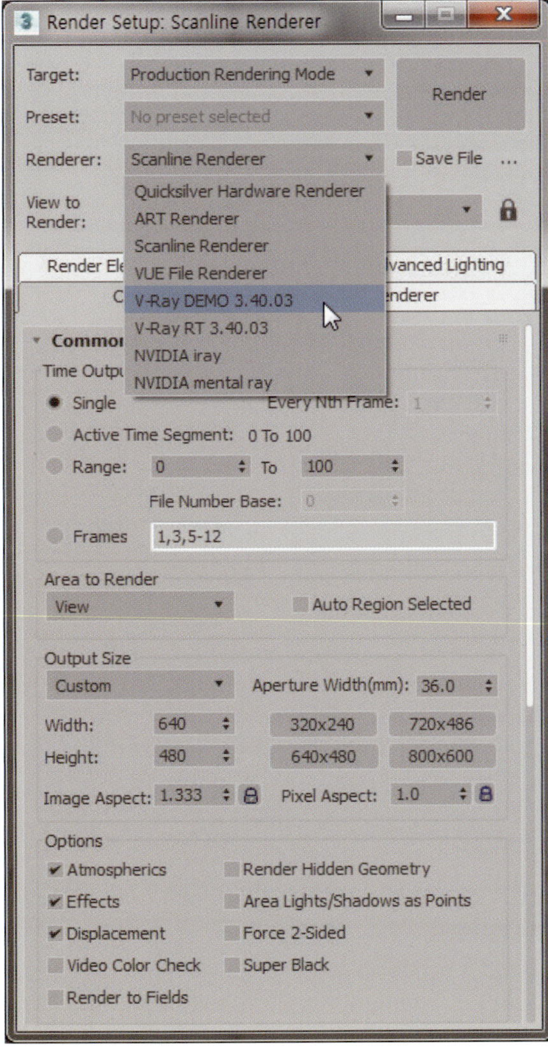

 **알아두기** | V-Ray DEMO 버전

V-Ray DEMO 버전의 특징은 사용자로 하여금 V-Ray Renderer의 놀라운 기능을 사용할 수 있는 기회를 제공하지만 최종 렌더링화면에는 V-Ray Logo가 표시되어 나타납니다. Common 탭의 Out Size는 600×450을 초과할 수 없으며, V-Ray 탭의 V-Ray의 렌더링 사이즈는 자유롭게 조정하여 사용할 수 있습니다.

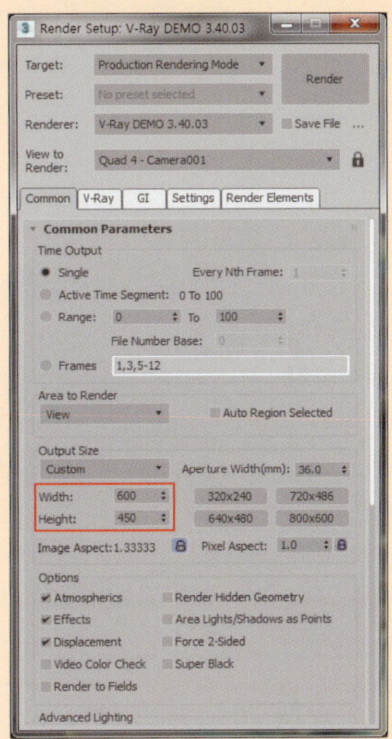

V-Ray DEMO 렌더링 이미지

Lesson 02 — 제품을 위한 Studio Rendering - mental ray

제품을 위한 렌더링을 하기 위해서는 보통 주체가 되는 제품에 평면적인 바닥이나 스튜디오 환경 설치, 배경과의 합성 등을 통해 제품 렌더링을 표현합니다. 필자는 실사 같은 제품 렌더링을 표현하기 위해서는 크게 두 가지 기법을 사용합니다. 첫 번째는 바닥에 Matte 기법을 사용하여 백그라운드 색상이나 이미지를 합성하여 작업합니다. 두 번째는 실제 사진관의 Studio 같은 똑같은 환경을 만들어 주는 방법입니다.

예전에 필자는 첫 번째 방법을 많이 사용하였으나 최근에는 GI 렌더러의 비약적인 버전 UP과 CPU의 성능향상으로 두 번째 방법을 사용하고 있습니다.

경비행기 모델링을 장면에 불러와서 스튜디오와 같은 환경을 만들어 준 후 여기에 조명 및 카메라를 추가하고 최종적으로 mental ray 렌더러로 연출하겠습니다.

Section 01 | 장면에 Studio와 같은 환경 만들고 Camera 추가하기

제품을 위한 Studio 환경 설정 모델링 방법으로는 보통 Lathe Modifier를 사용한 '원형경기장' 타입과 'ㄴ'자 타입, 'ㄷ'자 타입이 있는데 여기에서는 간단히 'ㄷ'자 타입으로 만들도록 하겠습니다.
'ㄷ'자 타입의 모델링은 Line이나 Poly로 제작가능하며, 'ㄴ'자 타입 보다는 빛과 반사를 더욱 더 풍부하게 만들어 주는 효과가 있습니다.
장면에 Camera 추가는 2016버전부터 새로 추가된 Physical Camera를 사용하도록 하겠습니다.

01 제공된 CD 부록에서 'light_airplane_mr_start.max' 파일을 3ds Max 장면에 Open합니다. 이 모델링은 날개 부품에 Unwrap UVW을 설명하기 위한 3ds Max의 튜토리얼 폴더에 기본적으로 제공하는 샘플입니다.
혹시 여러분의 화면에 Unit Mismatch 관련 창이 나타나면 'Adopt the File's Unit Scale?'에 체크하고 OK 버튼을 클릭합니다.

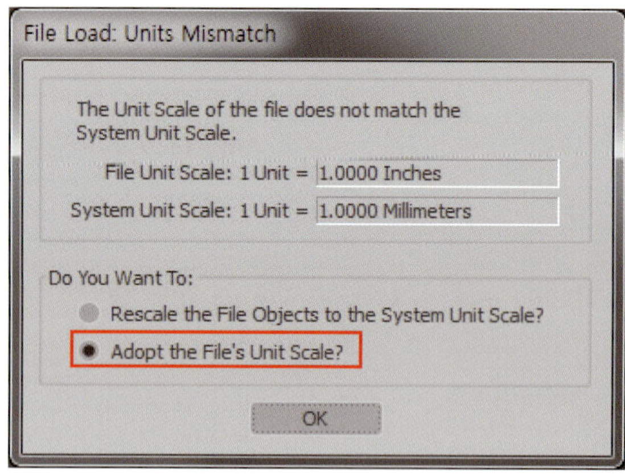

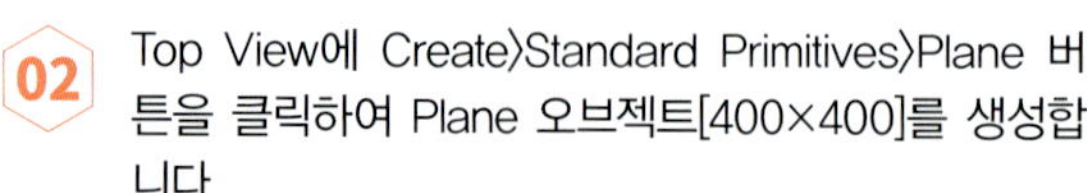

CD 제공 : light_airplane_mr_start.max

02 Top View에 Create〉Standard Primitives〉Plane 버튼을 클릭하여 Plane 오브젝트[400×400]를 생성합니다.

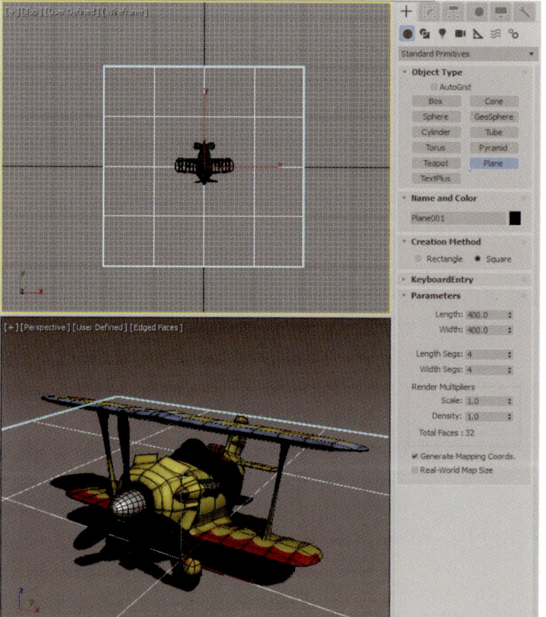

03 Plane 오브젝트를 선택하고 마우스 오른쪽 버튼의 Quad Menu에서 'Editable Poly'로 Convert합니다.

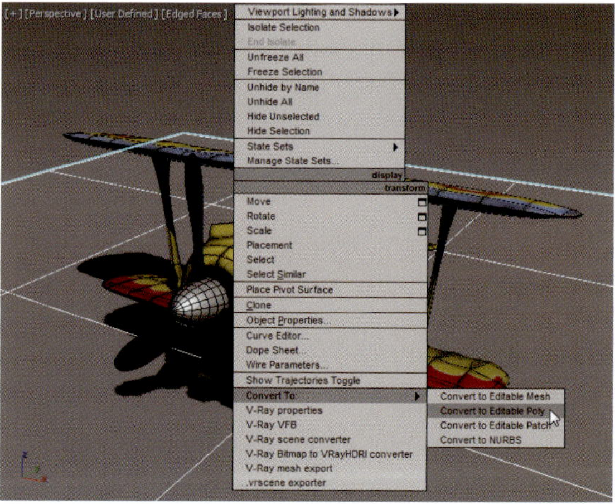

04 Edge Sub-Object Level로 변경한 후 다음과 같이 끝 부분의 Edge를 선택합니다. Left View에서 Shift +Move 드래그 방식으로 'ㄷ'자 모양으로 만들어 줍니다.
작업의 편의를 돕기 위해 Shade 모드 상태에서 F4 키를 눌러 Edge가 표시가 된 상태로 만듭니다.

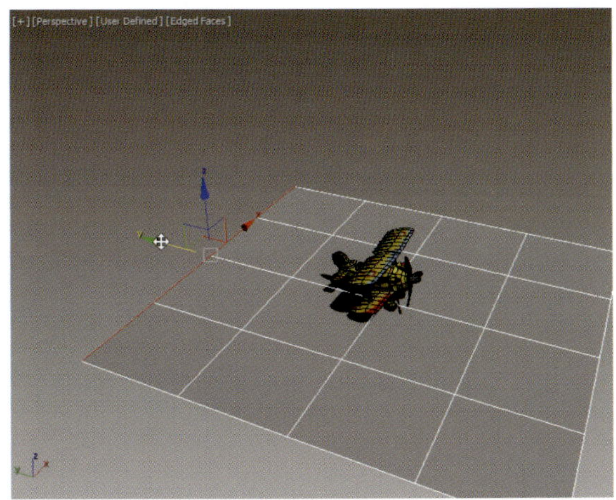
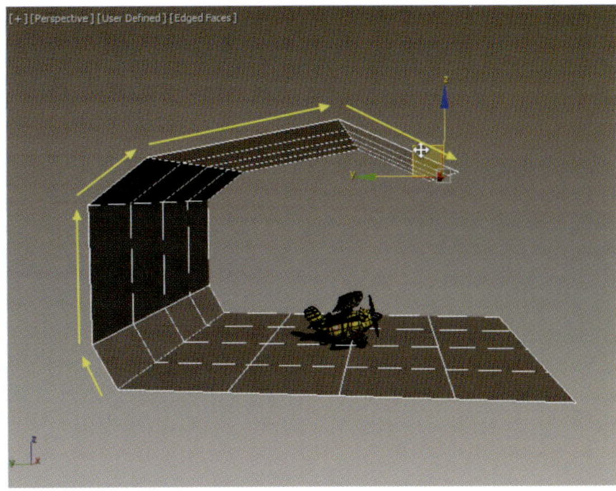

05 Plane 오브젝트가 선택된 상태에서 마우스 오른쪽 버튼을 누르고 Quad Menu에서 Object Properties를 선택합니다. 대화상자가 나타나면 Display Properties 항목에서 'Backface Cull'에 체크합니다.

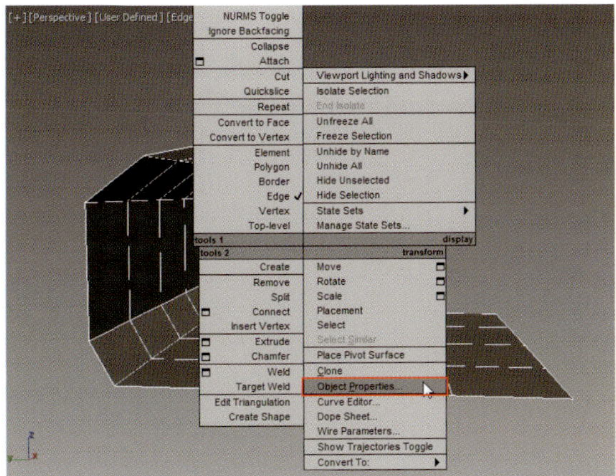
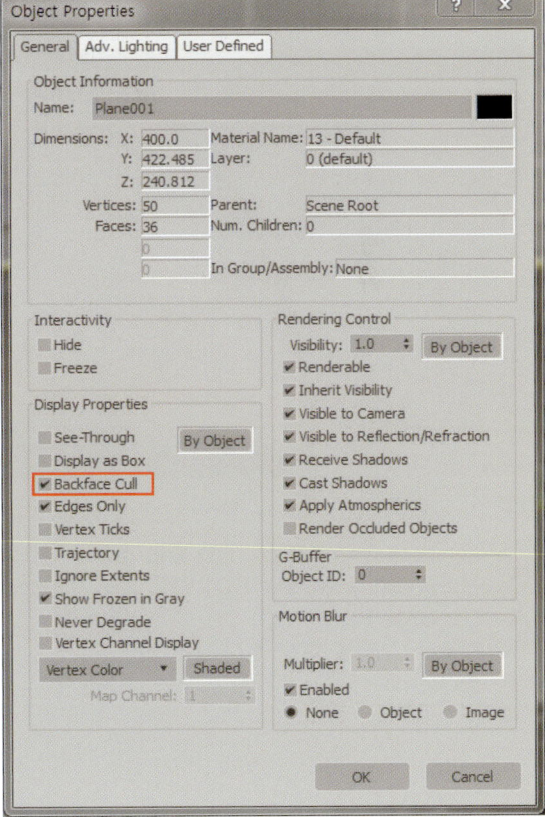

알아두기 | Backface Cull

3ds Max에서 모든 오브젝트에는 양면(앞면과 뒷면)이 존재하는데, 이 옵션을 사용하면 앞면과 뒷면을 Viewport에 표시합니다. 즉 보이는 는 법선을 포함한 면의 표시를 토글하는 것으로 주로 실내 모델링할 때의 벽체를 만들거나 도면을 Plane 오브젝트에 매핑하고 작업할 때 많이 사용합니다.
면을 뒤집기 위해서는 Editable Poly의 Flip이나 Modifier List의 Normal을 사용합니다.

06 그림과 같이 뉘쏙의 Vertex 한 줄을 뒤쪽으로 조금 이동시켜줍니다. 이것은 TurboSmooth를 적용했을 때의 둥근 모서리를 작게 만들어 주기 위해서입니다.

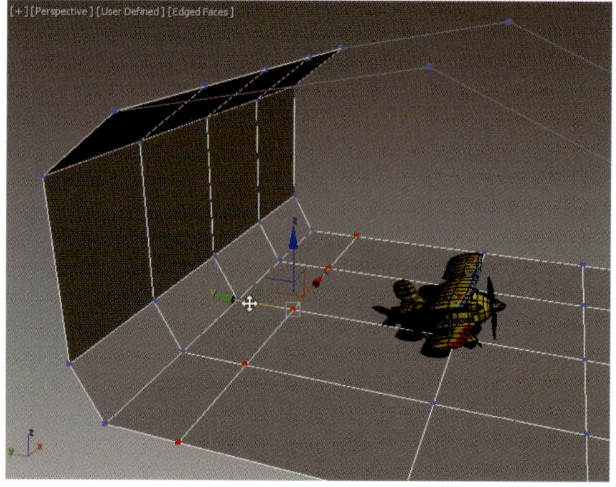

07 Modifier List에서 TurboSmooth를 적용시켜주고, 옵션 값을 설정합니다. 바로 이어서 Left View에서 Plane 오브젝트를 앞쪽으로 이동시켜 주어 비행기의 위치가 적당한 곳에 배치되도록 만들어 줍니다.

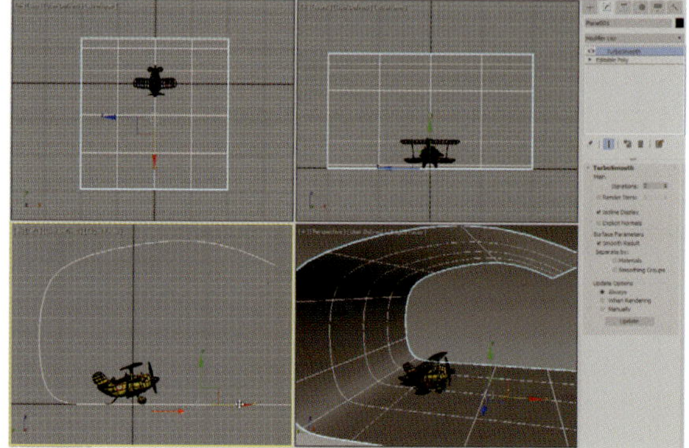

08 Perspective View에서 그림과 같이 정면 방향으로 구도를 잡아준 후 Ctrl + C 키를 눌러 'Physical Camera'를 생성합니다.
Camera 위치를 재조정하여 보기 좋은 구도로 설정합니다.

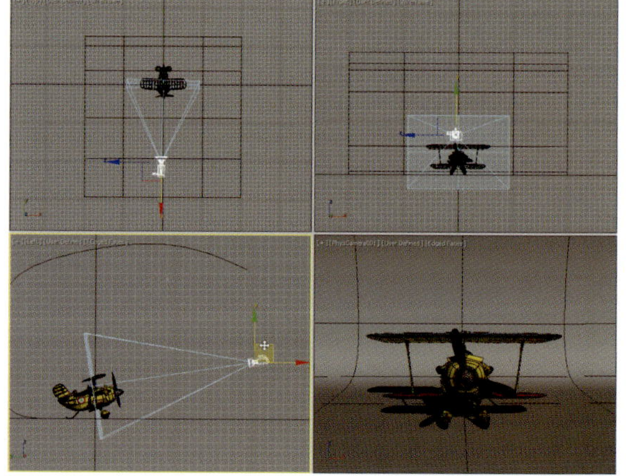

09 Physical Camera의 타이틀을 클릭하여 나오는 창에서 'Show Safe Frames'를 적용합니다. 이 옵션은 Camera View의 실제 렌더링 범위를 보여주는 것으로, 외곽 노란선이 최대 범위를 의미합니다. Camera를 생성하고 최종적으로 렌더링 시에는 반드시 이 옵션을 사용하도록 합니다. [단축키 : Shift + F]

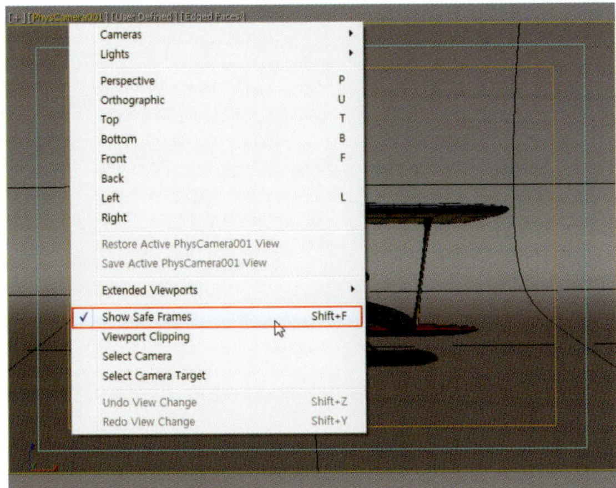

10 비행기를 선택하고, Rotate 툴을 이용하여 Z축 방향으로 회전하여 그림과 같이 보기 좋은 각도로 만들어 줍니다. 가능하면 물체를 회전할 때에는 Angel Snap[A]을 켜주고 작업합니다.

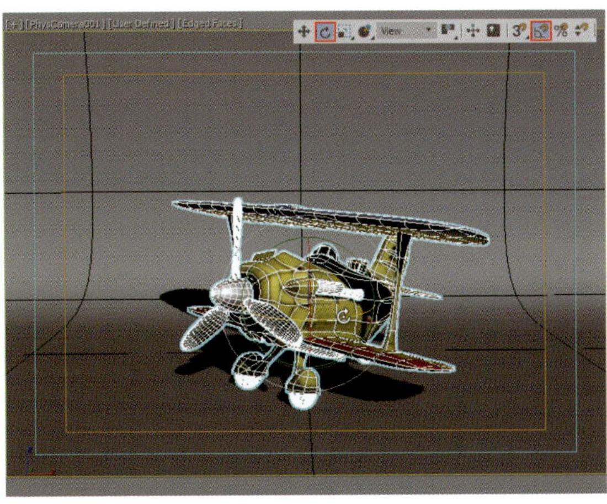

Section 02 | 장면에 mental ray 재질 설정하기

NVIDIA mental ray 렌더러는 다양한 mental ray 전용 재질을 제공하고 있습니다. 즉, 제품과 건축 장면을 쉽게 연출할 수 있도록 Arch & Design과 Autodesk Material Library 등 다양한 재질을 제공하고 있습니다.

01 키보드의 F10 키를 눌러 Render Setup 창을 불러냅니다. 현재의 Renderer를 'NVIDIA mental ray'로 변경해줍니다.

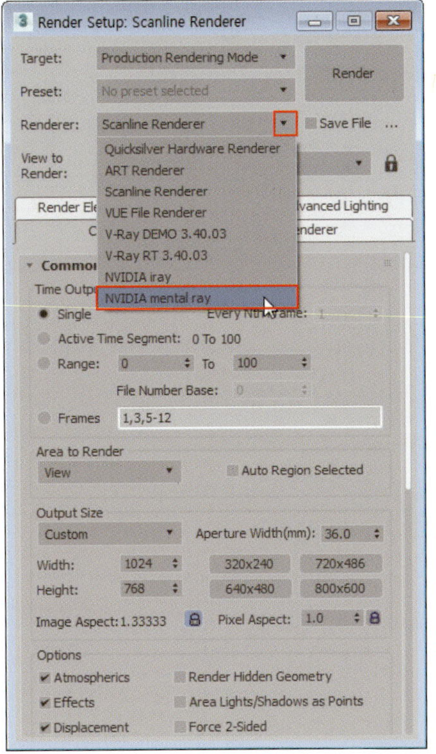

02 Compact Material Editor[M] 아이콘을 클릭하여 대화상자를 불러냅니다. 첫 번째 재질의 Standard 버튼을 클릭하여 나오는 창에서 mental ray 목록의 'Arch & Design' 재질을 선택하고, OK 버튼을 클릭합니다.

03 Diffuse Color의 None을 클릭하고 Bitmap을 선택합니다. 제공된 CD 부록에서 'biplane_texture.jpg' 파일을 선택하고 Open합니다.

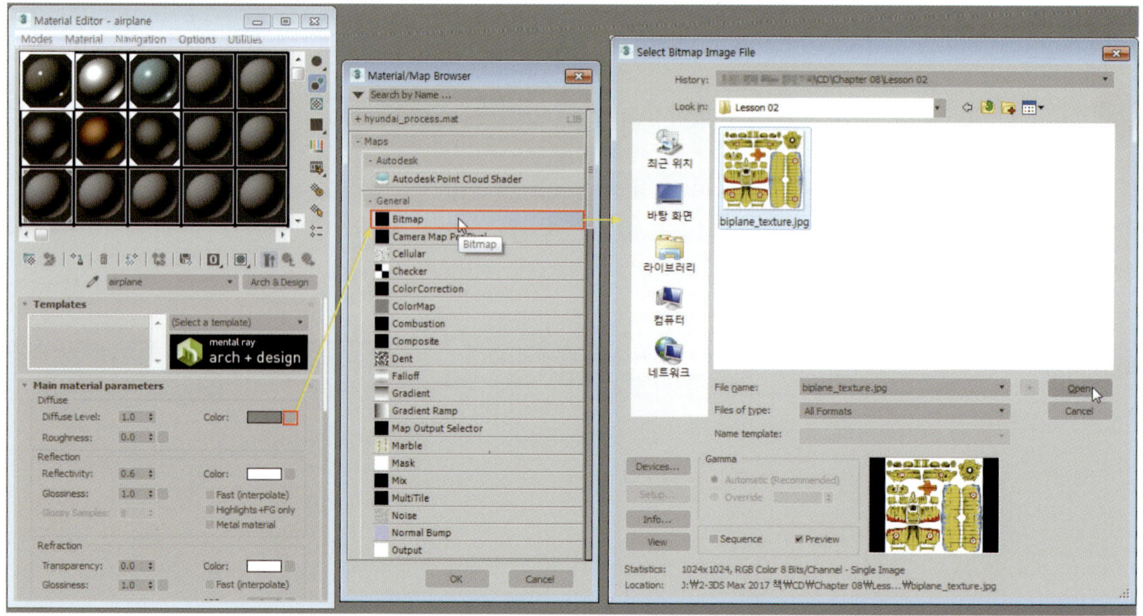

04 'Show Shaded Material in Viewport' 아이콘[그림 A]을 클릭하고, Go to Parent 아이콘을 클릭하여 상위 메뉴로 이동합니다. Background 아이콘을 클릭하여 반사의 정도를 확인합니다.

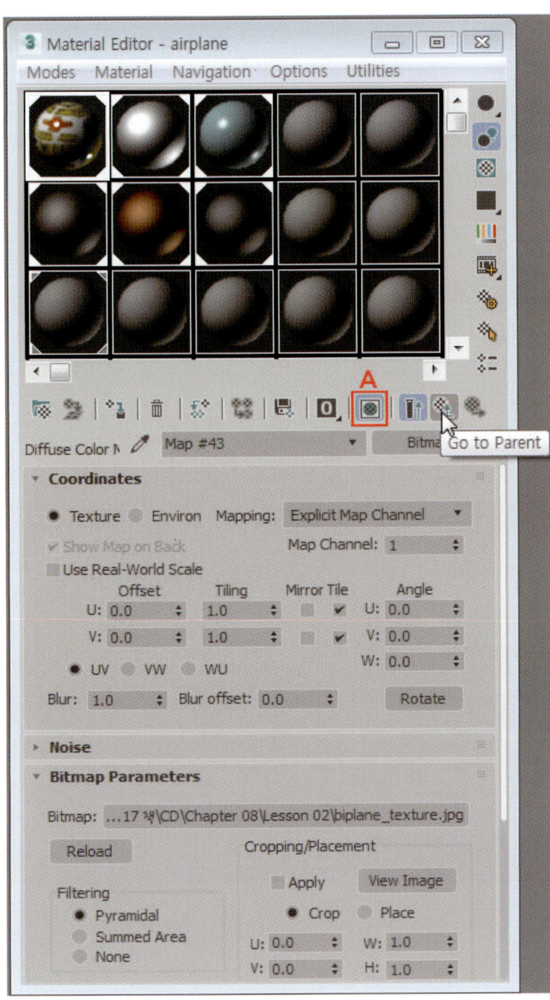

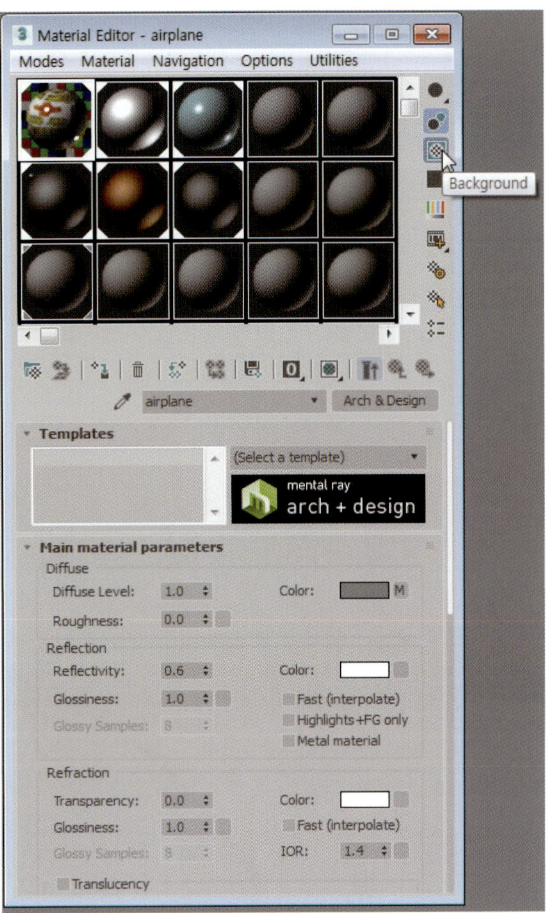

05 계속해서 두 번째 재질을 선택하고 동일한 방법으로 Standard 재질을 'Arch & Design' 재질로 바꾸어 줍니다. 'Arch & Design'의 Templates 목록에서 'Chrome'을 선택합니다.

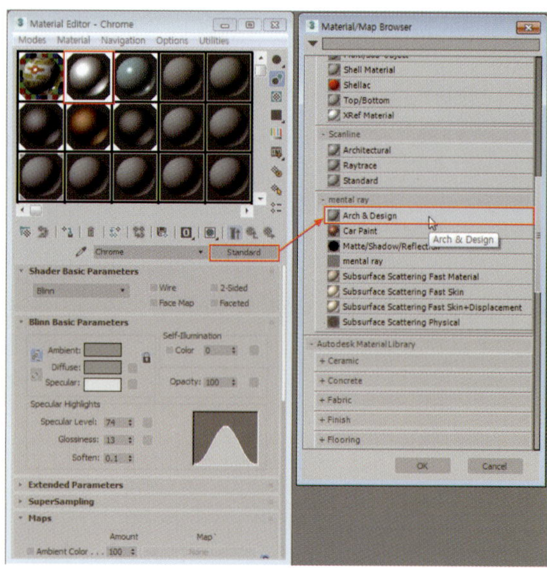

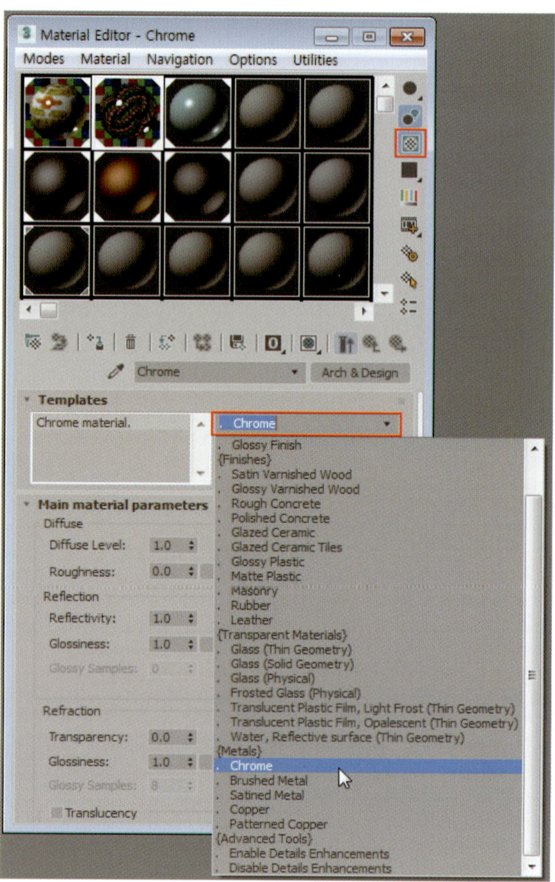

06 3번째 샘플 슬롯의 Windshield 재질을 동일한 방법으로 'Arch & Design' 재질로 바꾸어 주고, Templates 목록에서 'Glass(Thin Geometry)'를 선택합니다.

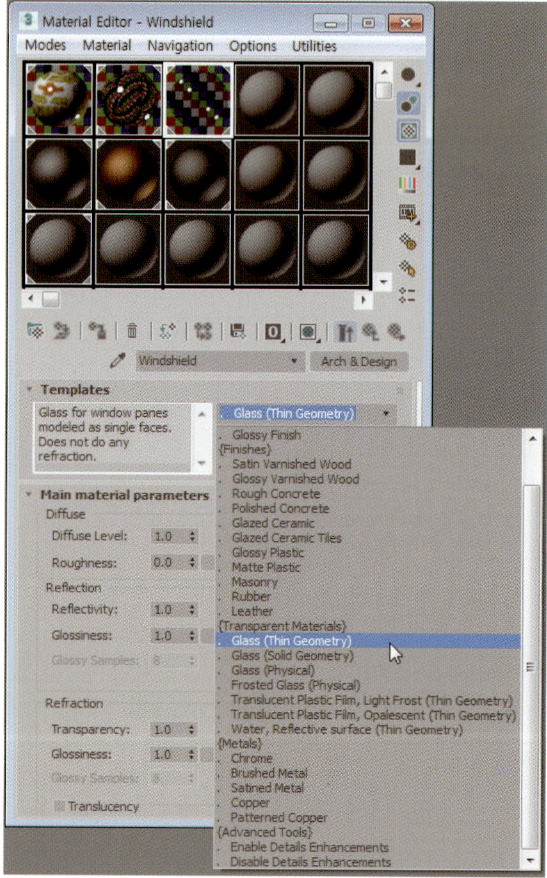

07 바닥 재질이 될 4번째 샘플 슬롯을 'Arch & Design' 재질로 바꾸어 주고, Templates 목록에서 'Matte Finish'를 선택합니다. 참고로 'Matte Finish'는 무광 마감재입니다. 계속해서 Diffuse Color의 색상을 밝은 그레이로 변경해준 후 장면에 있는 바닥을 선택하고, 'Assign Material to Selection' [A 아이콘]을 클릭하여 재질을 적용시켜줍니다.

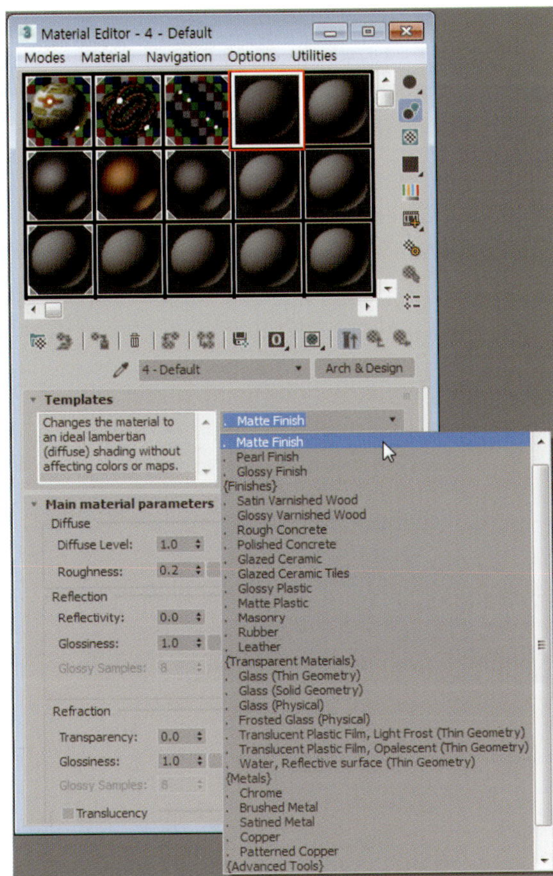

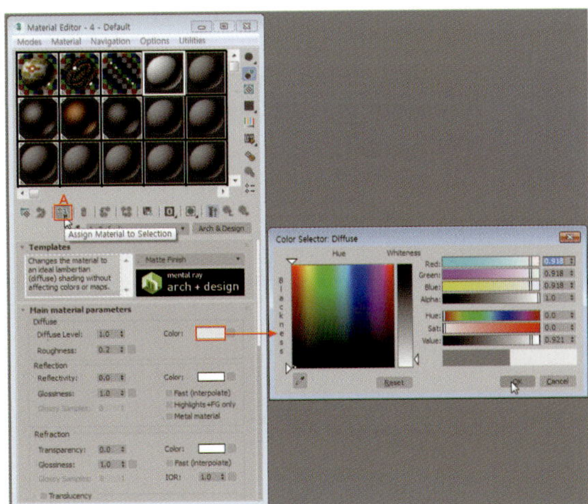

08 계속해서 Rubber의 샘플 슬롯을 선택하고 'Arch & Design' 재질로 바꾸어 줍니다. Templates 목록에서 'Rubber'로 선택합니다.

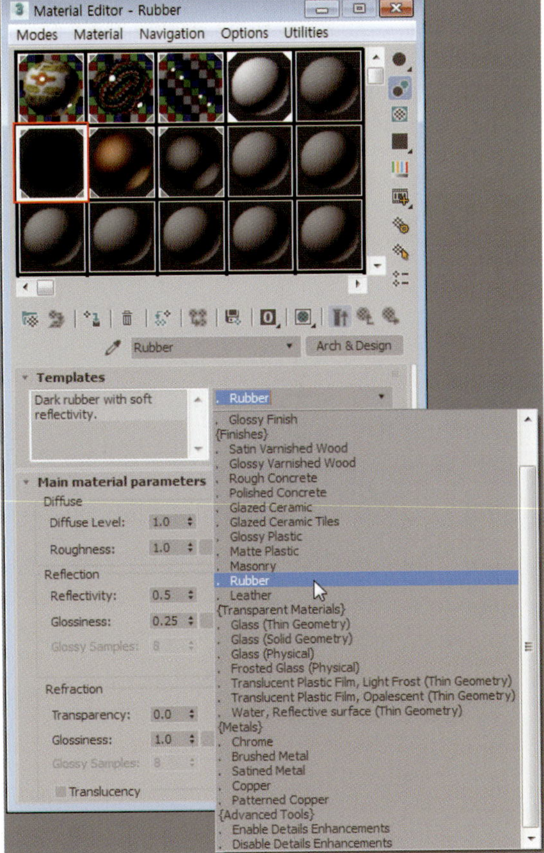

09 seat 샘플 슬롯을 선택하고 'Arch & Design' 재질로 바꾸어 줍니다. Diffuse Color의 None을 클릭하여 나오는 목록에서 Noise를 선택해 주고, Noise Parameters 항목에서 그림과 같이 값들과 색상을 변경해줍니다. [Color #1 : R148, G65, B25 / Color #2 : R82, G44, B25]

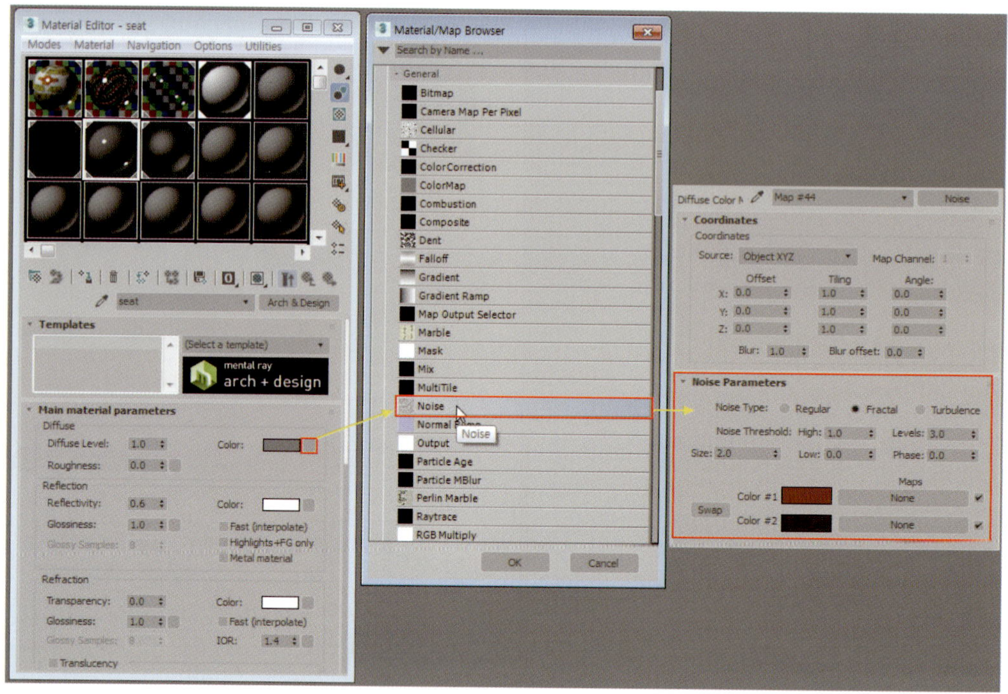

10 Seat 재질의 반사 정도를 약하게 하기 위해 Reflectivity 값을 0.3으로 수정합니다.

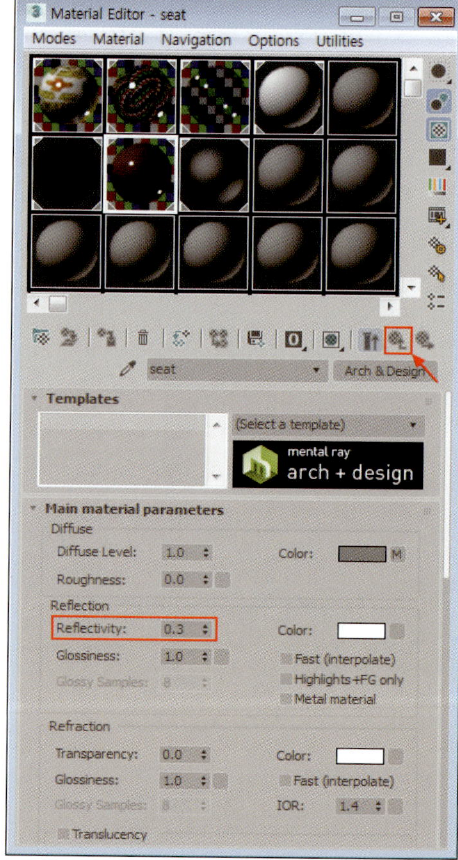

11 마지막으로 Propeller Blades의 샘플 슬롯을 'Arch & Design' 재질로 바꾸어 줍니다. Templates 목록에서 'Matte Plastic'으로 선택해주고, Diffuse Color와 Reflection 색상을 그림과 같이 변경해주고 값도 변경합니다.

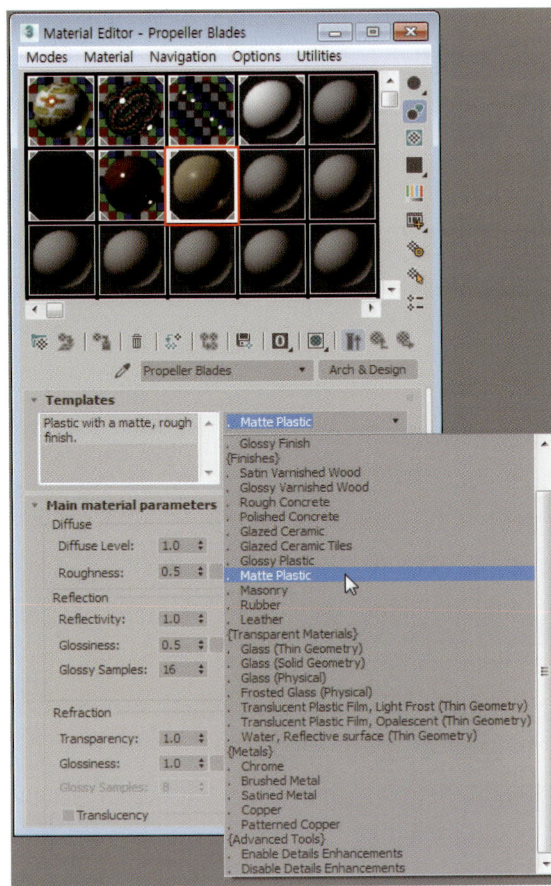

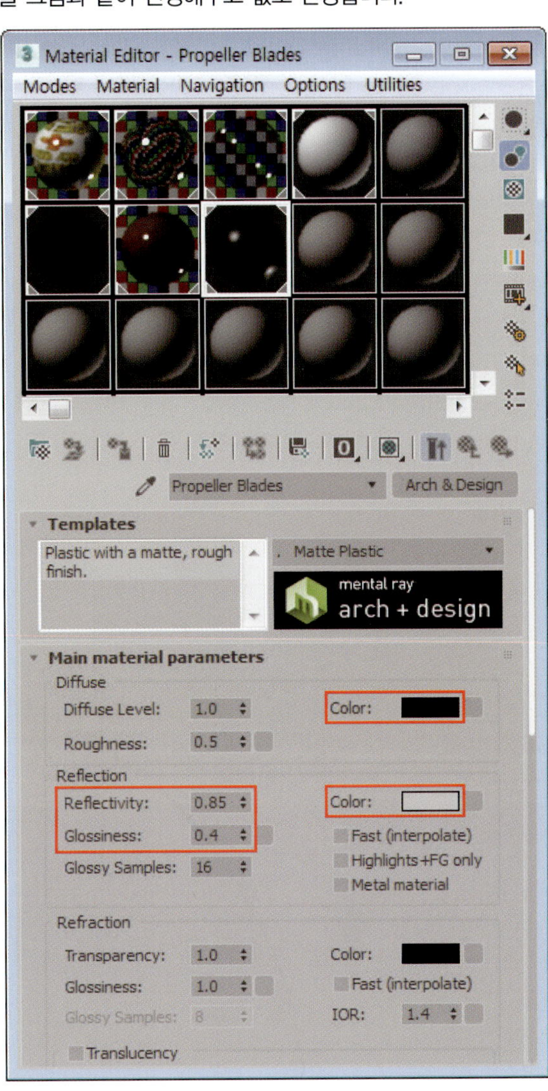

12 재질 설정이 모두 끝났습니다. 조명 설정 없이 렌더링한 결과물입니다.

CD 제공 : light_airplane01.max

Section 03 | 장면에 Light 설치하고 렌더링하기

mental ray 렌더러에 주로 사용하는 라이트는 Photometric 전용 라이트를 사용하며, 동시에 mr Photometric Exposure Control에서 전체적으로 렌더링의 밝기를 제어합니다.

01 Create〉Lights〉Photometric〉Target Light를 클릭합니다. Photometric Light Creation 대화상자가 나타나면 'Yes'에 클릭합니다.

02 Front View에서 마우스를 클릭한 후 드래그하여 Light를 설치합니다.

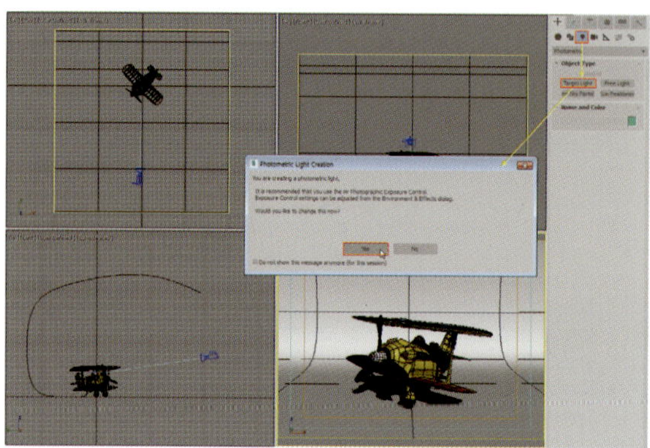

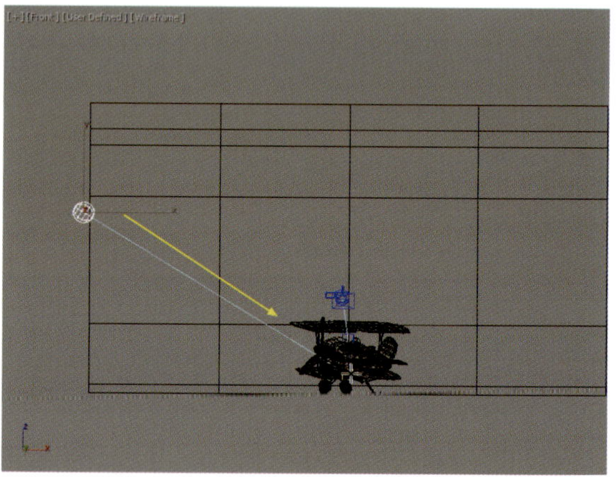

03 Top View에서 라이트의 위치를 조정해주고, Modify로 이동한 후 Light 옵션을 그림과 같이 설정해줍니다.

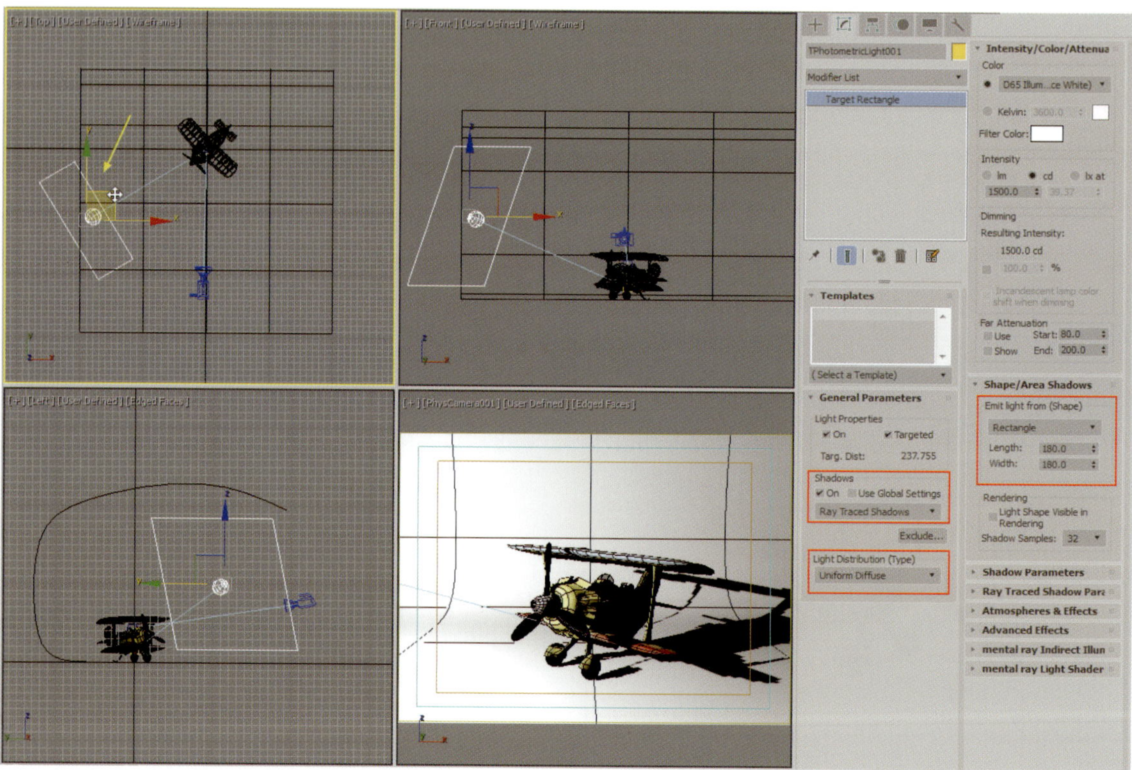

04 Move 툴을 이용하여 Light를 선택한 후 Shift 키와 함께 드래그하여 복사하여 줍니다.

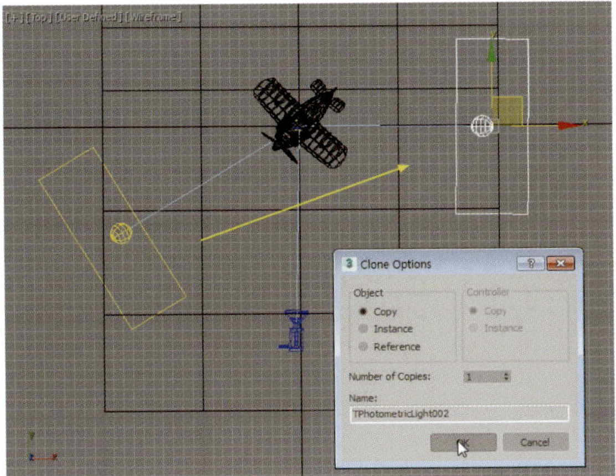

05 지금까지의 렌더링 결과입니다. 너무 밝게 나왔으므로 이를 수정하도록 하겠습니다.

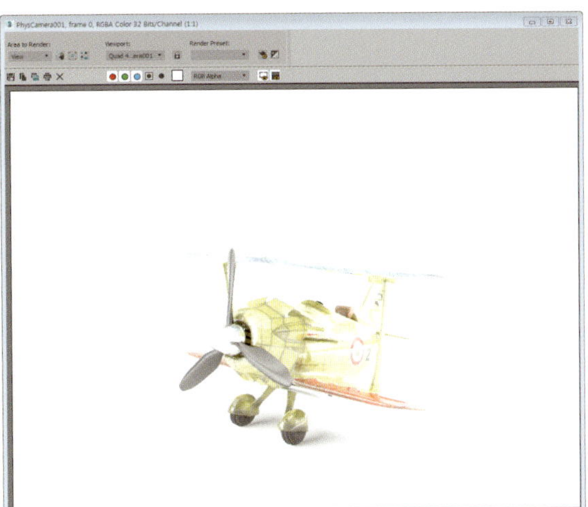

06 우측 Light를 선택하고 Modify에서 그림자를 해제하고, Intensity 값을 "100"으로 내려줍니다.

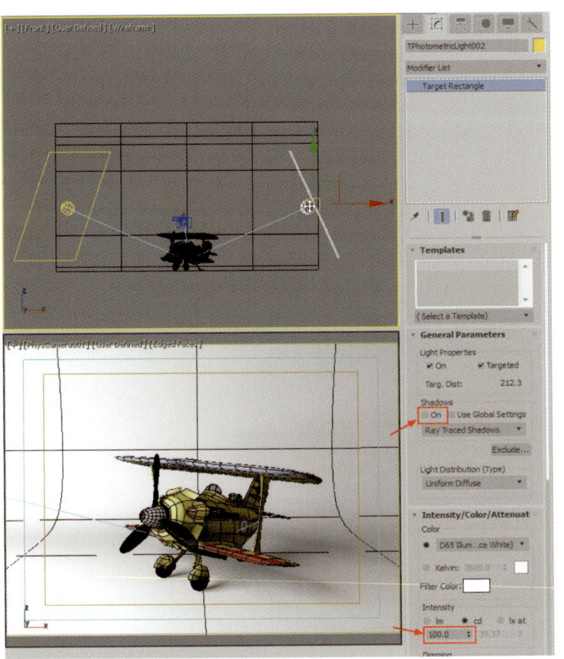

07 아직도 전체적으로 밝게 나옵니다. 계속해서 수정하도록 하겠습니다.

08 Rendering〉Environment[8]를 클릭하여, Environment and Effects 창을 불러냅니다. Render Preview 버튼을 클릭하여 썸네일 이미지로 미리보기를 합니다.
Photographic Exposure로 변경하고, Shutter Speed 값을 "0.168"로 변경해줍니다.

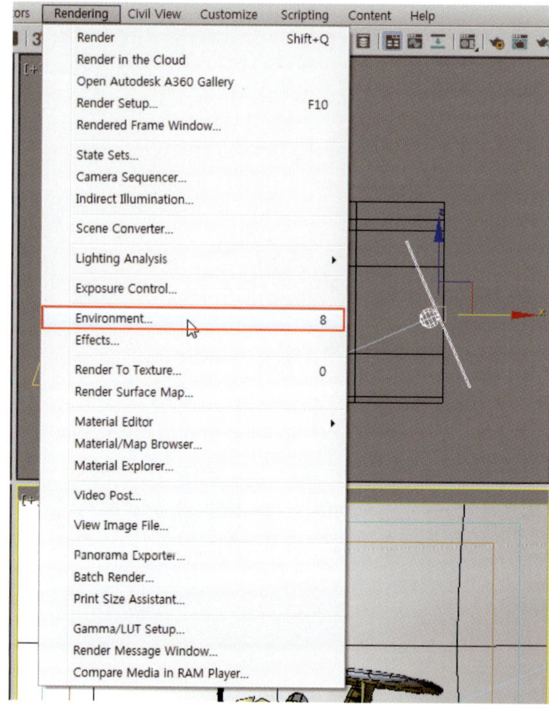

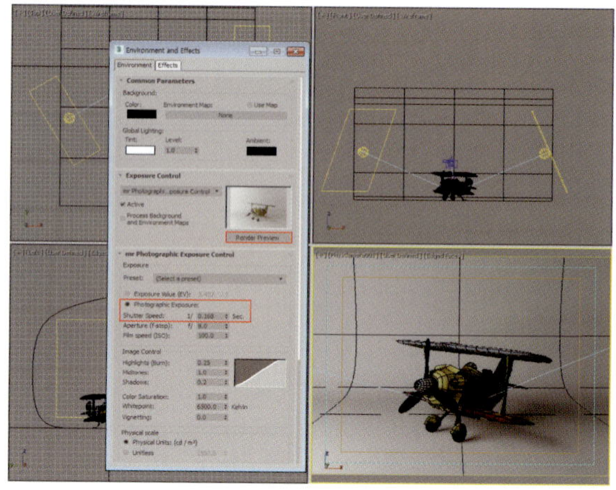

09 Render Production [🖾]버튼을 클릭하여 렌더링 결과를 확인합니다. 그림자가 너무 연하게 보입니다. 이를 수정하도록 하겠습니다.

10 바닥 재질의 샘플 슬롯을 선택하고 Special Effects 항목의 Ambient Occlusion 옵션을 설정합니다. 렌더링 결과 이미지입니다.

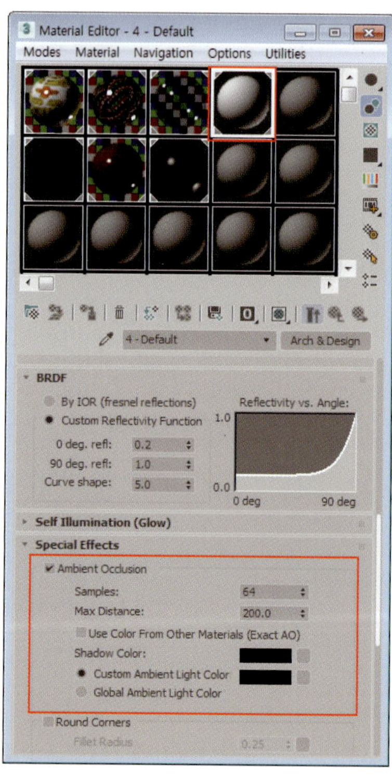

11 전체적으로 렌더링 이미지의 퀄리티를 높이기 위해 다음과 같이 값들을 조정해줍니다.

12 지금까지의 렌더링 결과 이미지입니다.

13 전체적으로 밝게 하고 싶다면 'FG Bounces' 값을 "2.0"으로 올려주고 렌더링합니다.

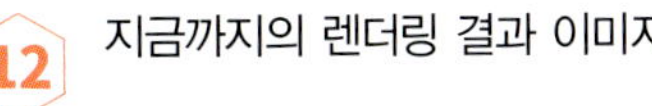

⊙ CD 제공 : light_airplane02.max

Section 04 | 장면에 DOF(Depth of Field) 효과 추가하고 렌더링하기

DOF(Depth of Field)는 피사계 심도라고도 하며, 어떤 거리의 물체의 카메라의 초점을 맞추면 앞쪽과 뒤쪽의 일정한 거리 내에 초점이 맞는데 그 범위를 표현하는 것입니다.

주로 SLR급 전문가용 카메라에서 많이 쓰이는 단어로 렌즈의 개방치수(F-Stop)가 높을수록 그 DOF는 강해지는데, 뒤쪽의 사물 초점이 흐려지는 것을 Out Focusing이라고 하고, 앞쪽의 사물이 초점이 흐려지는 것을 In Focusing이라고 합니다. 이와 같이 DOF 기능을 사용함으로써 보석이나 완구 같은 작은 사이즈의 제품 렌더링에 탁월한 효과를 발휘합니다.

01 장난감 같은 작은 물체의 느낌을 주기 위해 DOF 효과를 적용하도록 하겠습니다. Physical Camera 옵션 내에 있는 Depth of Field에 체크하고, Aperture 값의 수치를 내려줍니다. Aperture 값이 작아질수록 Blur 효과는 더욱 강해집니다.

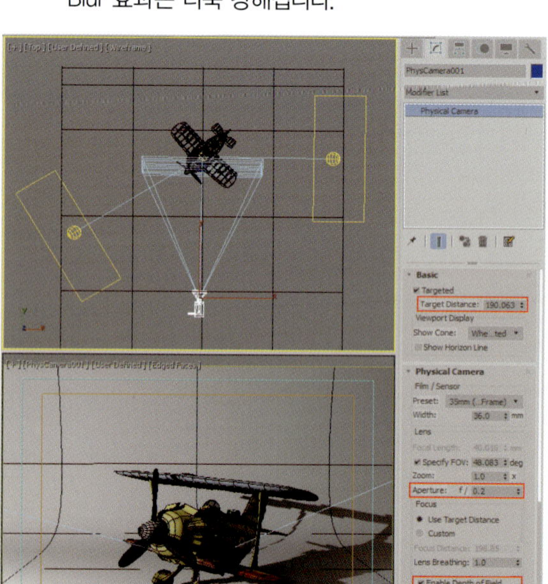

02 DOF 효과가 적용된 렌더링 이미지입니다.

03 비행기 물체를 하나 더 복사하여 뒤쪽에 배치해주고, 바닥의 위치도 재조정해줍니다. Physical Camera의 Aperture 값을 "0.4"로 올려줍니다.

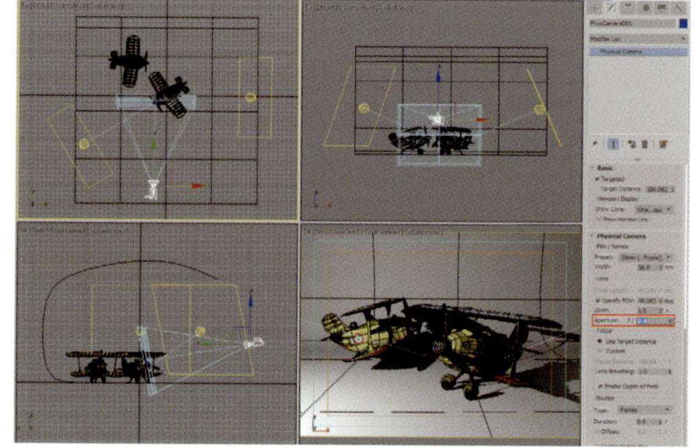

04 Render Setup[F10]창을 열고 Output Size를 1024 ×646으로 변경합니다.

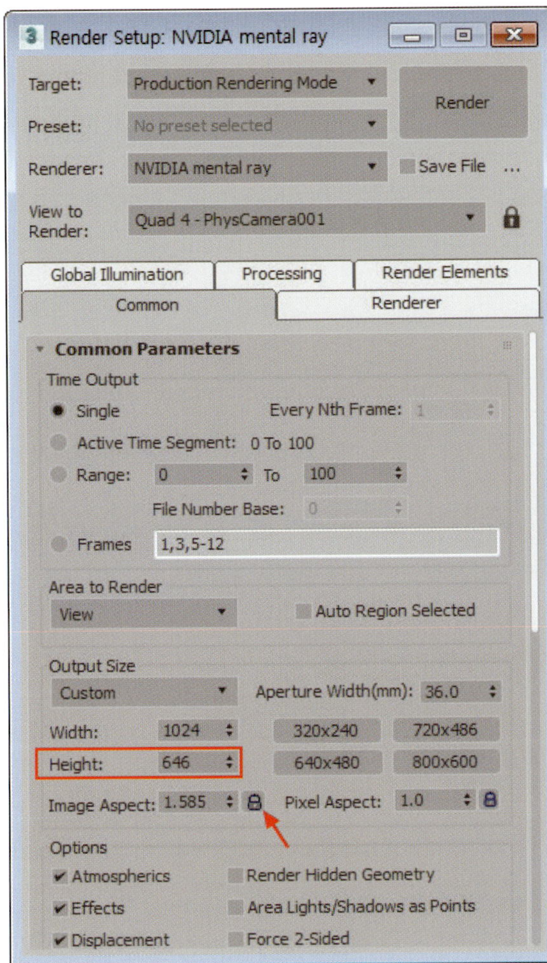

05 다음 이미지는 최종적으로 DOF 효과가 적용된 렌더링 이미지입니다. 독자 여러분이 다양하게 카메라의 높이를 변경하거나 경비행기의 위치를 재조정하고 렌더링해보길 바랍니다.

CD 제공 : light_airplane03_DOF.max

Lesson 03

제품을 위한 Studio Rendering - V-Ray

V-Ray 렌더러를 통한 스튜디오 렌더링 방법은 앞장에서 만들었던 mental ray의 경비행기 장면을 바탕으로 작업을 하겠습니다. 그 이유는 V-Ray 렌더러의 스튜디오 렌더링 작업 방법도 앞 내용과 비슷하기 때문입니다.

그러므로 앞장에서 만들었던 경비행기 장면의 일부분을 불러와서 V-Ray 재질을 적용하고, mental ray와 비슷하게 조명 및 카메라를 추가하고 V-Ray 렌더러로 연출하겠습니다.

Section 01 | 장면에 V-Ray 재질 설정하기

V–Ray를 통한 스튜디오 렌더링에서도 'ㄷ'자 타입으로 연출할 것이며, 앞장에서 작업한 mental ray와 거의
비슷하기 때문에 예제의 일부를 불러오고 작업하도록 하겠습니다.

01 제공된 CD 부록에서 'light_airplane_VRay_Start.
max' 파일을 불러들입니다. 이미 'ㄷ'자 타입으로 바
닥이 만들어져 있는 상태입니다.

CD 제공 : light_airplane_VRay_Start.max

03 화면에 Compact Material Editor[M] 창을 불러냅
니다. 첫 번째 'airplane' 재질[그림 A부분]을 선택합니
다. V–Ray 전용 재질로 변경하기 전에 먼저 Diffuse
Color의 Map(biplane_texture.jpg)을 다른 샘플 슬롯
에 Drag & Drop하여 'Instance' 타입으로 복사를 해
놓습니다. 이것은 V–Ray 재질로 변경한 후에 다시
이 Map을 사용하기 위함입니다.

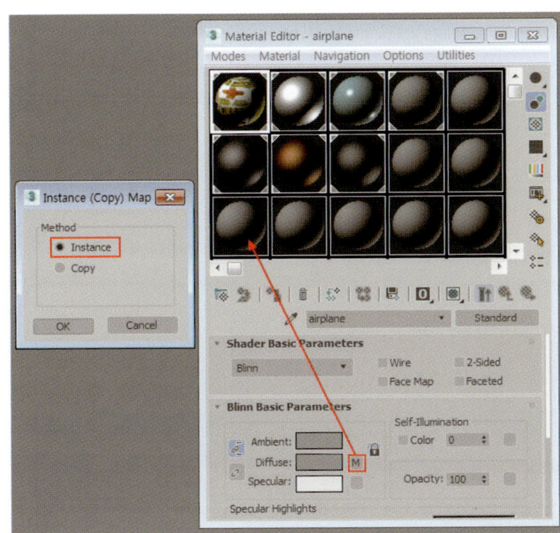

02 이 장면에 V-Ray 재질을 부여하고 카메라와 라
이트를 설치하도록 하겠습니다. 먼저 Render
Setup[F10] 창에서 Renderer를 V-Ray로 변경합
니다.

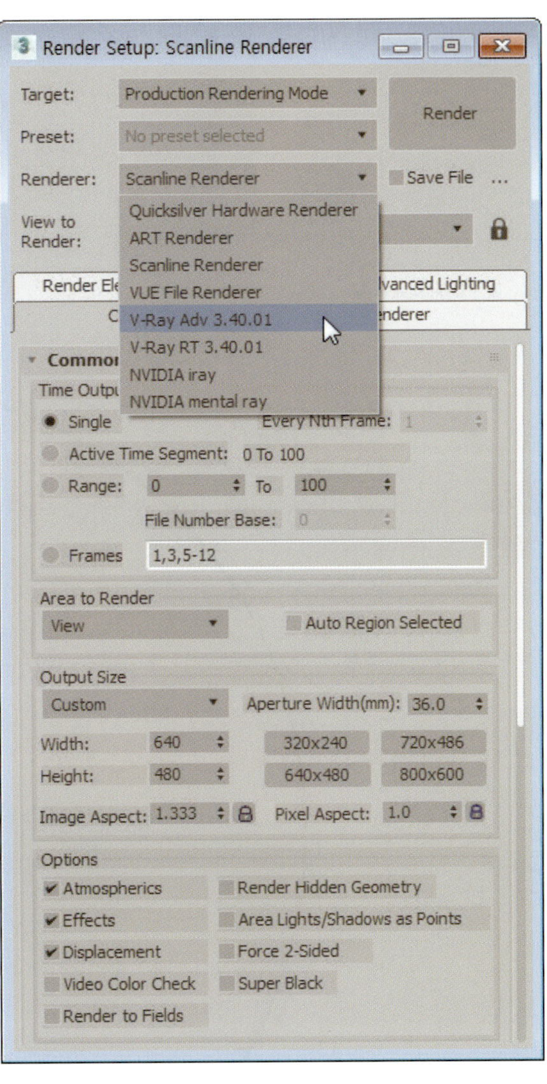

04 첫 번째 airplane의 재질인 Standard 버튼을 클릭하여 나오는 목록에서 'VRayMtl' 재질을 선택하고 OK 버튼을 클릭합니다.

05 airplane의 재질이 VRayMtl로 변경되면 앞서 복사했던 Map(biplane_texture.jpg)을 다시 Diffuse Color Map에 Drag & Drop으로 삽입합니다.

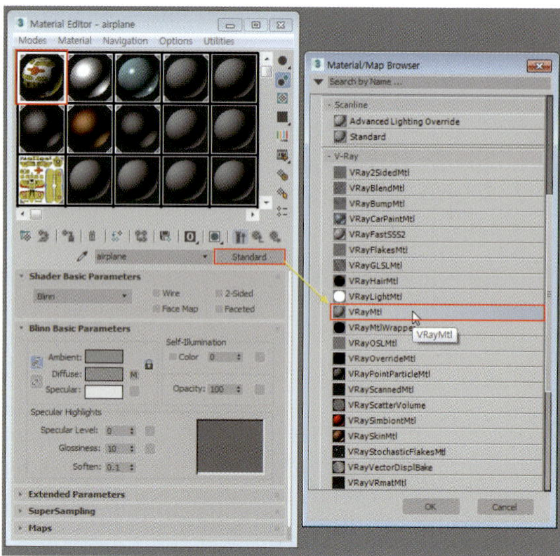

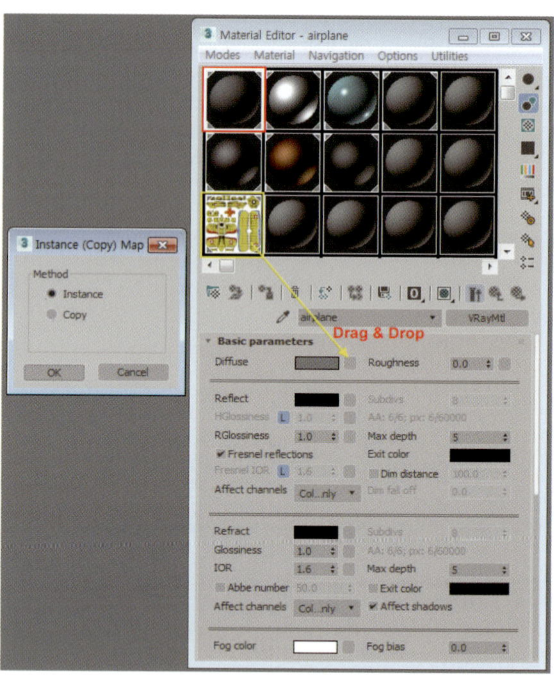

ⓘ 알아두기 | V-Ray Toolbar를 이용하여 VRayMtl 재질로 변경하기

V-Ray 렌더러는 별도로 V-Ray Toolbar를 제공하고 있습니다. Main Toolbar의 맨 끝부분(A 지점)에서 마우스 오른쪽 버튼을 클릭하여 나오는 창에서 V-Ray Toolbar를 불러올 수 있습니다.

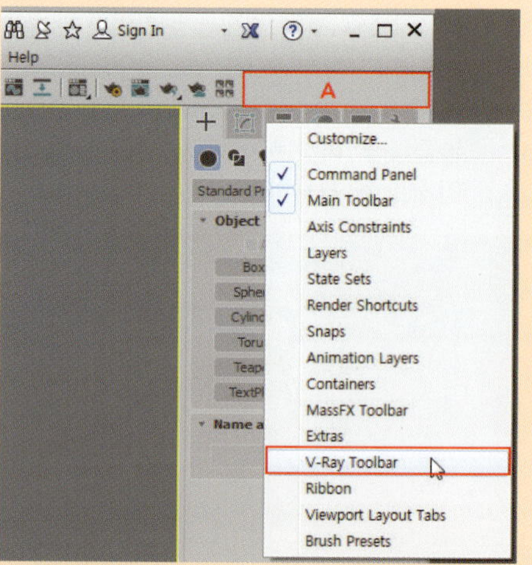

V-Ray Toolbar에는 렌더 세팅, 카메라, 라이트, IES, V-Ray Sun, Hair, V-Ray 재질 등을 사용할 수 있습니다. V-Ray Toolbar의 'V-Ray Material' 아이콘을 클릭함으로써 바로 V-Ray 재질로 사용할 수 있습니다.

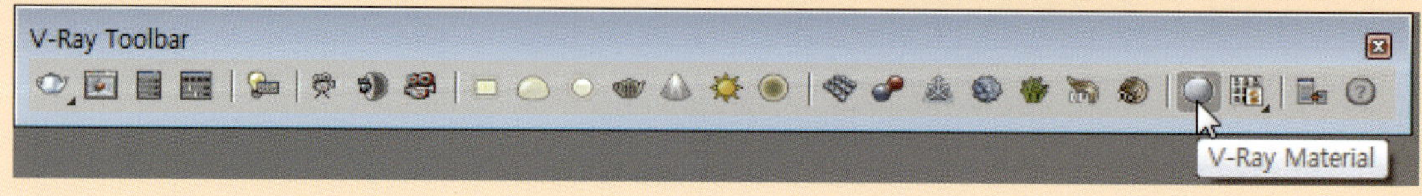

06 Reflect의 색상을 흰색으로 바꾸어 주고, RGlossiness 값을 "0.85"로 내려줍니다. Background 아이콘을 클릭하여 반사 정도를 확인합니다.

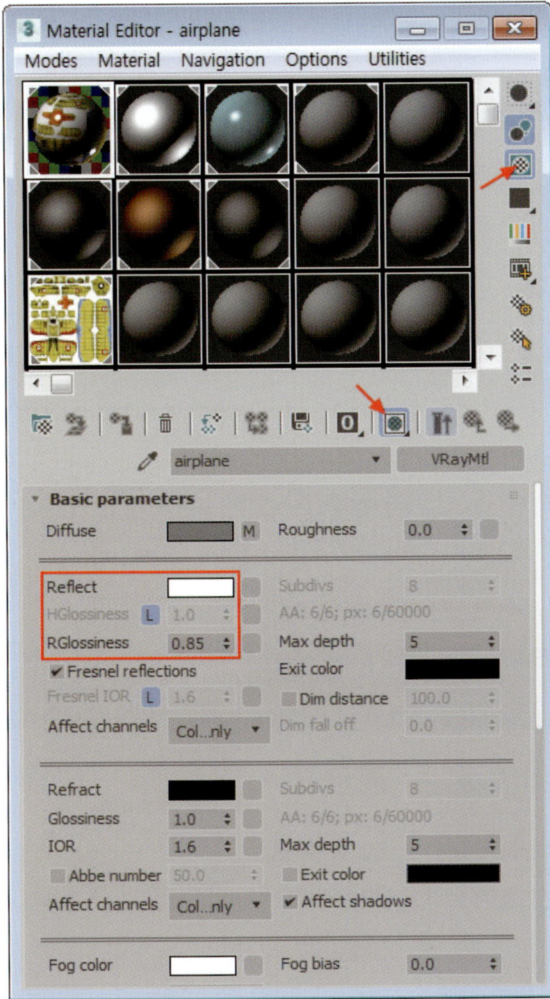

07 두 번째 Chrome의 샘플 슬롯을 선택하고, 동일한 방법으로 Standard 재질을 VRayMtl로 변경해줍니다. Diffuse의 색상은 검정으로, Reflect의 색상은 흰색으로 변경해줍니다.

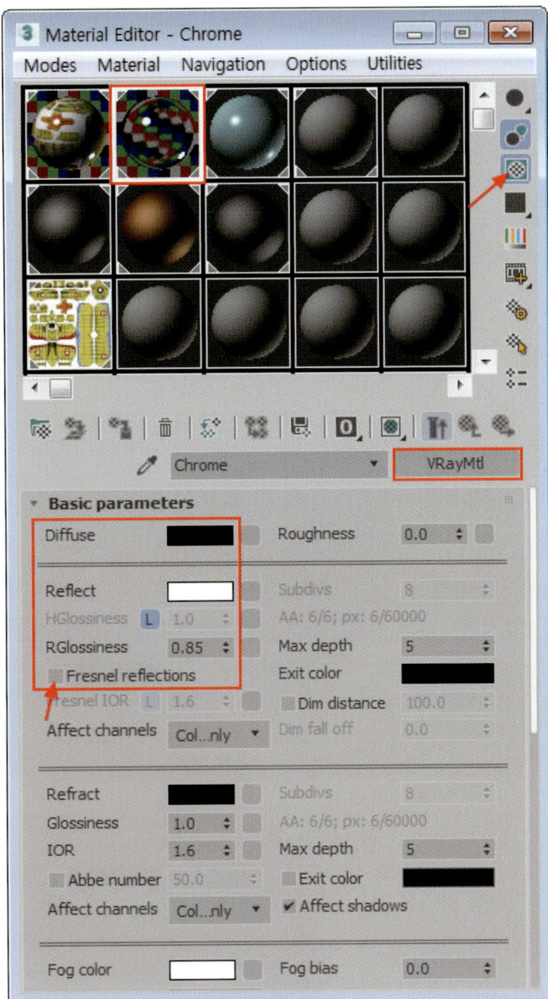

08 계속해서 세 번째 Windshield의 샘플 슬롯을 선택하고 VRayMtl로 변경해줍니다. 그림과 같이 Reflect, Refract의 색상을 흰색으로 변경하여 유리 재질로 만들어줍니다.

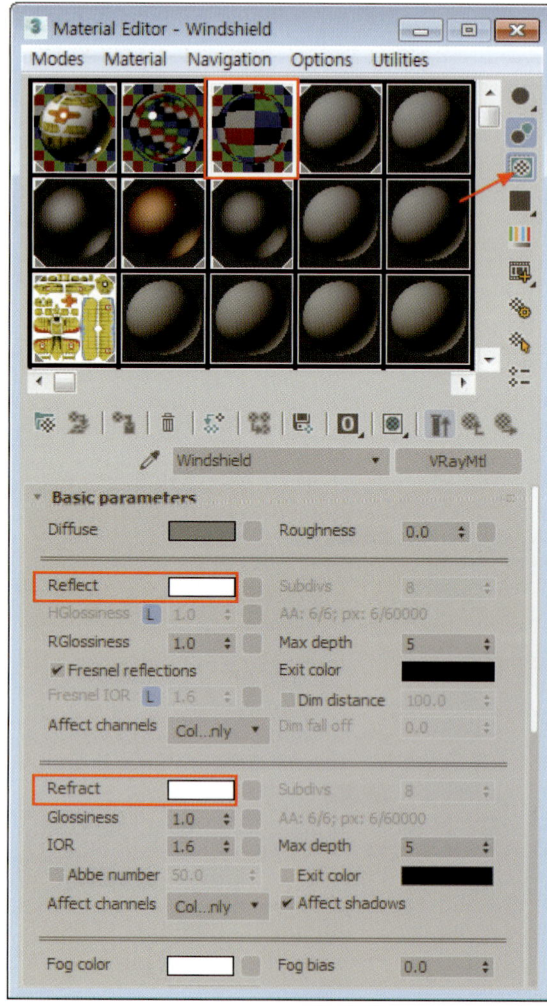

09 floor 샘플 슬롯을 선택하고 VRayMtl로 변경해줍니다. Diffuse Color의 색상을 밝은 그레이로 변경합니다.

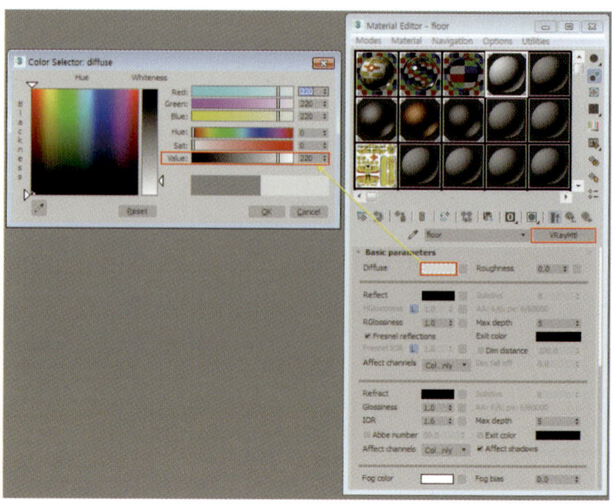

10 계속해서 동일한 방법으로 Rubber, Seat, Propeller Blades 재질들을 모두 VRayMtl로 변경해주고, 각 그림을 참조하여 색상과 옵션들을 변경합니다.
Seat 재질은 Diffuse Map에 Noise로 적용하고 색상과 옵션을 변경하도록 합니다.

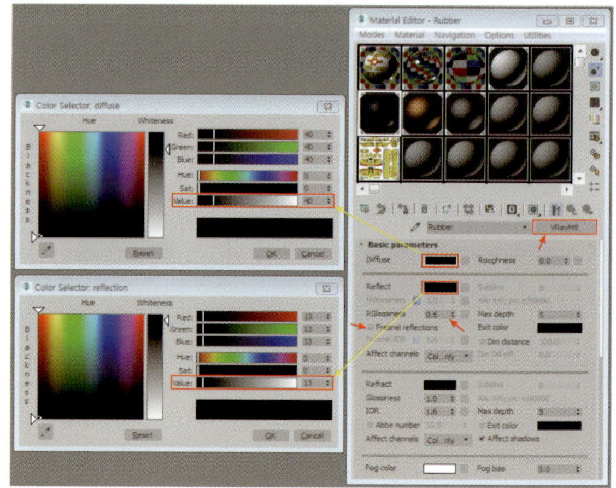

Rubber 재질

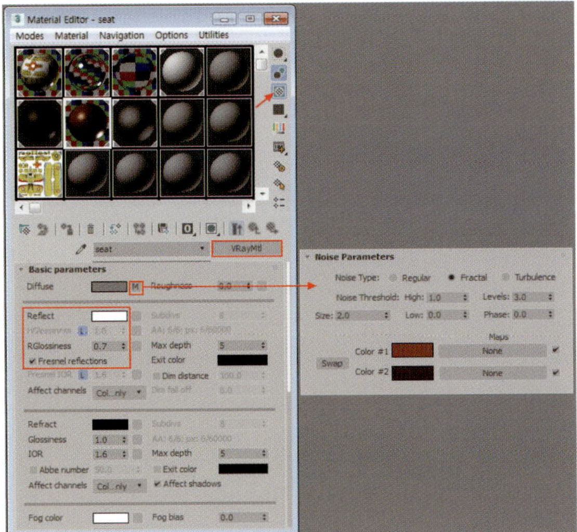

Seat 재질: Color #1 : R:148, G:65, B:25 / Color #2 : R:82, G:44, B:25

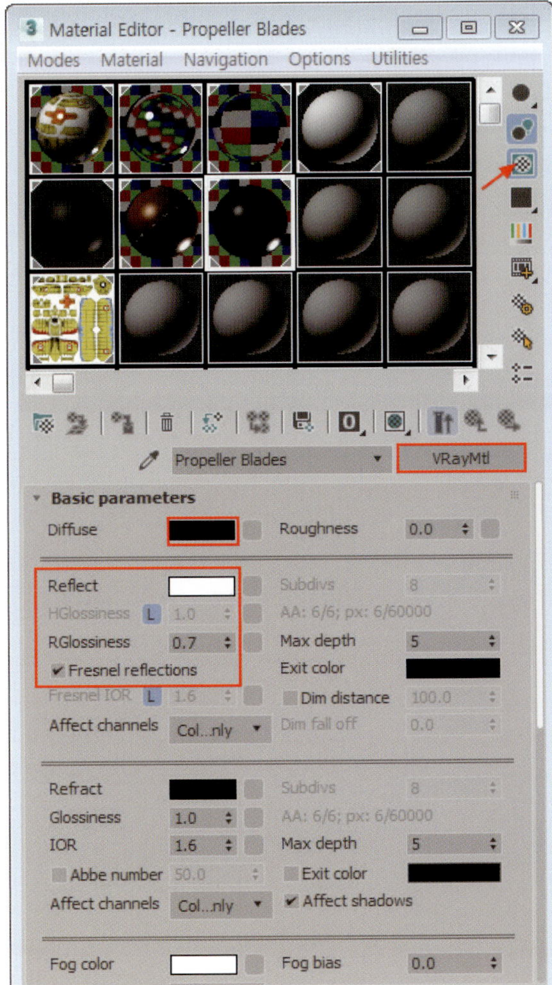

Propeller Blades 재질

10 지금까지 V-Ray 재질을 적용하고, 비행기의 방향을 바꾼 후 기본 값으로 렌더링한 결과입니다.

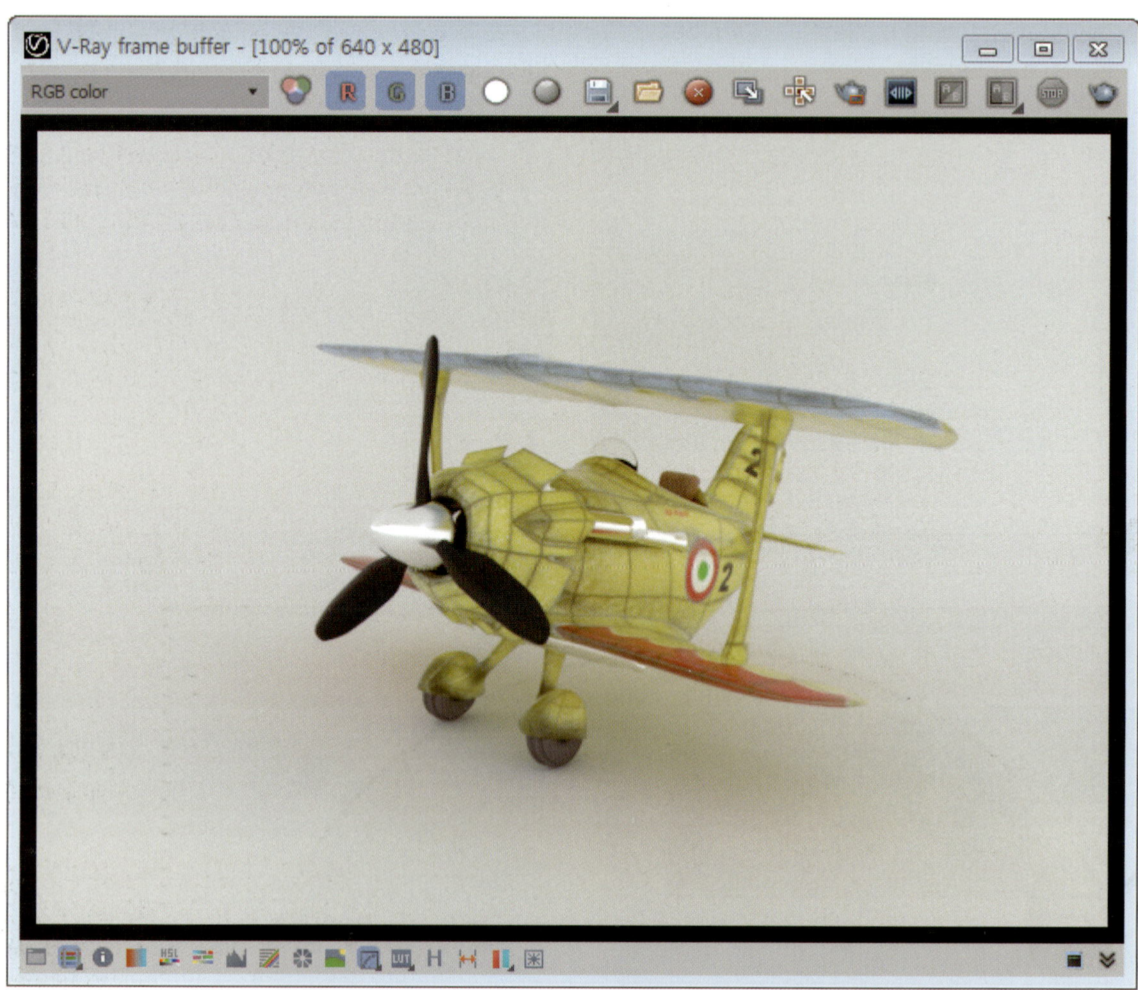

CD 제공 : light_airplane_VRay_01.max

Section 02 | 장면에 Camera와 VRaylight 추가하기

Camera는 V-Ray 전용 카메라가 존재하지만 제품 장면 같은 경우는 기본 카메라를 설치하여도 충분히 그 효과를 발휘합니다. 앞서 배운 mental ray처럼 양쪽에 VRaylight를 설치하여 결과물을 완성합니다.

01 Create〉Cameras〉Target 카메라를 Top View에 설치한 후 Perspective View에서 단축키 C 키를 눌러 Camera View로 변환해줍니다.
Camera View를 참조하면서 Camera와 Target을 조정하여 알맞은 구도를 찾아줍니다.

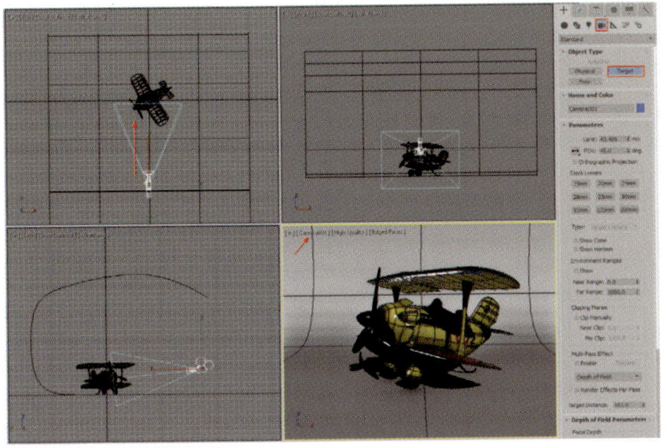

02 이제 경비행기 양쪽 방향에 VRayLight를 설치하도록 하겠습니다. Create〉Lights〉VRay〉VRayLight 버튼을 클릭하여 Left View에 정사각형 크기로 라이트를 설치해줍니다.

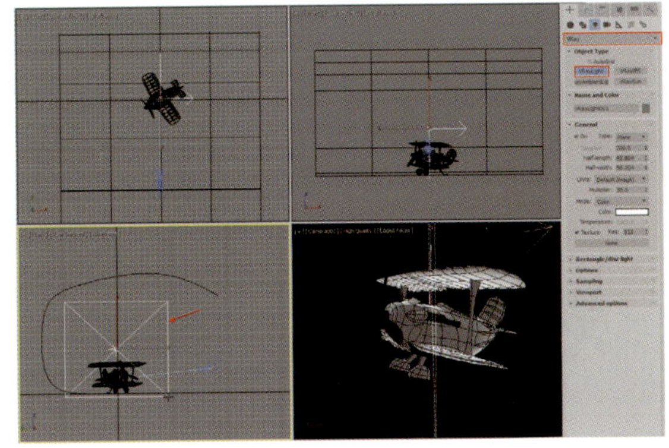

03 Modify로 이동한 후 Targeted 설정과 세기, 사이즈를 수정해줍니다. 라이트의 위치는 Viewport에서 그림을 참조하여 위치를 조정해줍니다.

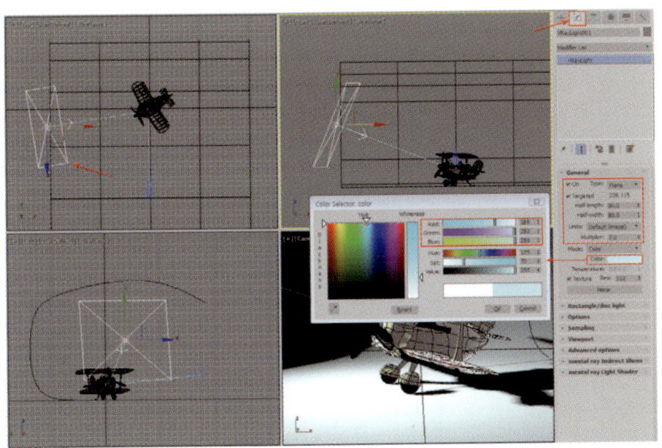

04 Move 툴로 VRayLight를 선택하고, Shift 키를 누른 상태에서 드래그하여 반대쪽에 하나 더 복사하여줍니다.

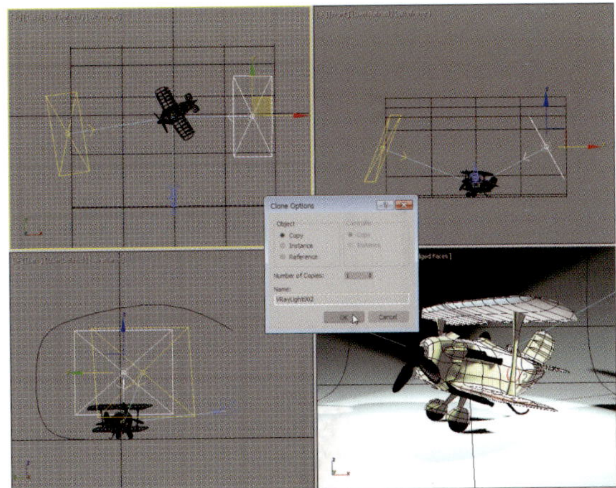

05 우측의 VRayLight를 선택하고 Modify에서 색상과 밝기 등을 수정해줍니다.

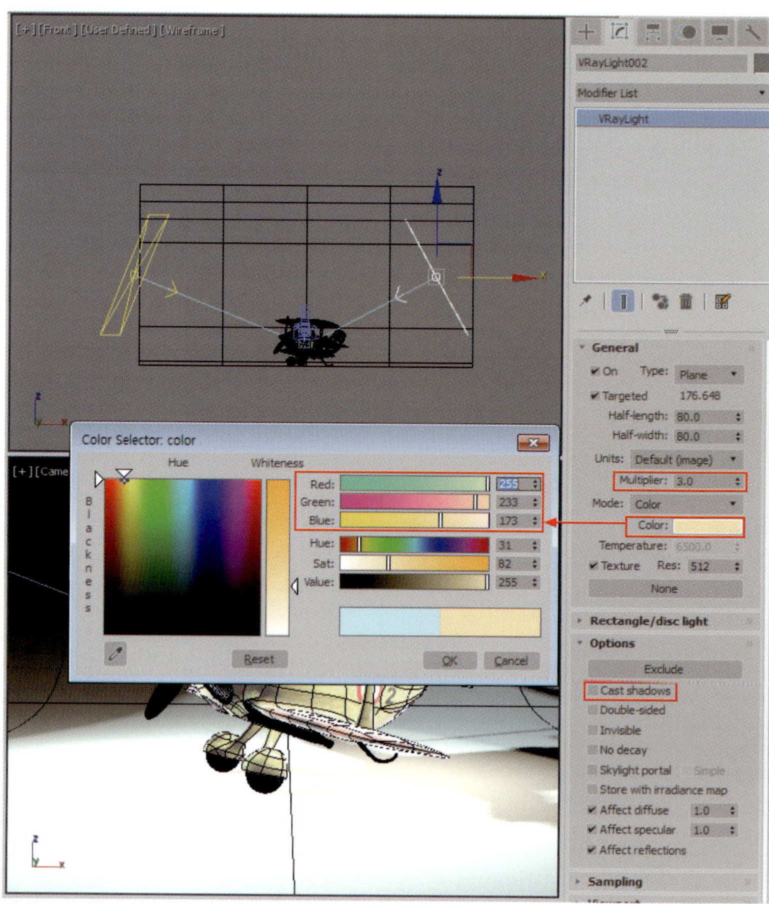

06 지금까지의 렌더링 결과 이미지입니다. 이제 옵션 값을 조금씩 변경하여 결과를 완성하도록 하겠습니다.

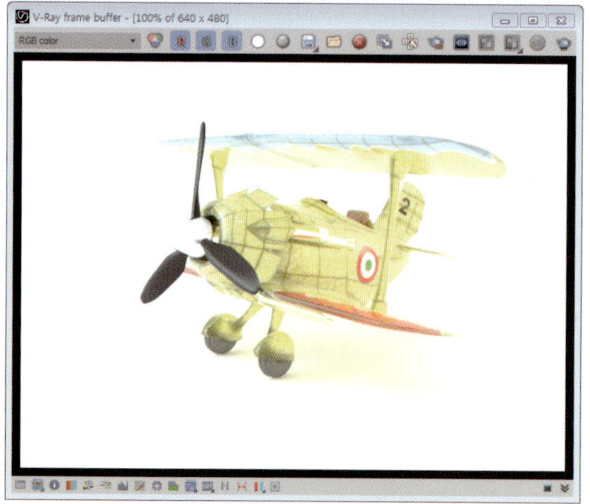

07 메뉴 바에서 Customize〉Preferences 옵션을 클릭합니다. Gamma and LUT 탭에서 Enable Gamma/LUT Correction의 라디오 버튼에 체크해주고 OK 버튼을 눌러 줍니다.

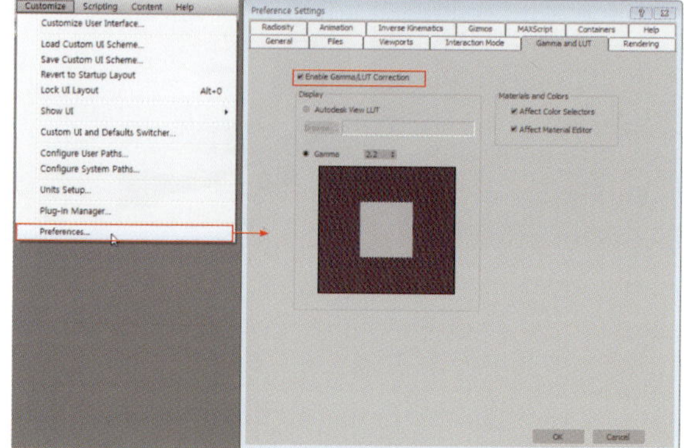

08 Render Setup[F10] 창을 불러냅니다. 상단의 V-Ray 탭을 선택하고 다음과 같이 Frame buffer, Image sampler(Antialiasing), Environment 롤아웃을 수정해줍니다.

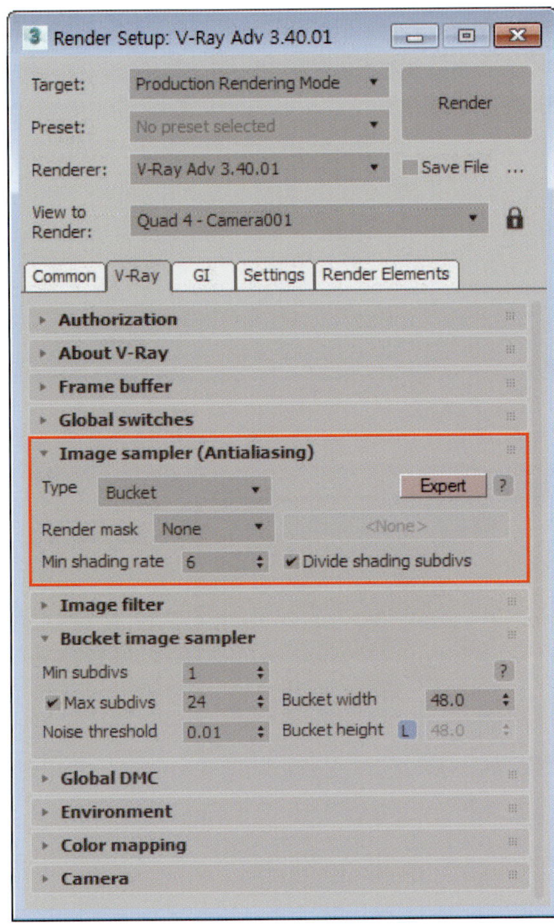

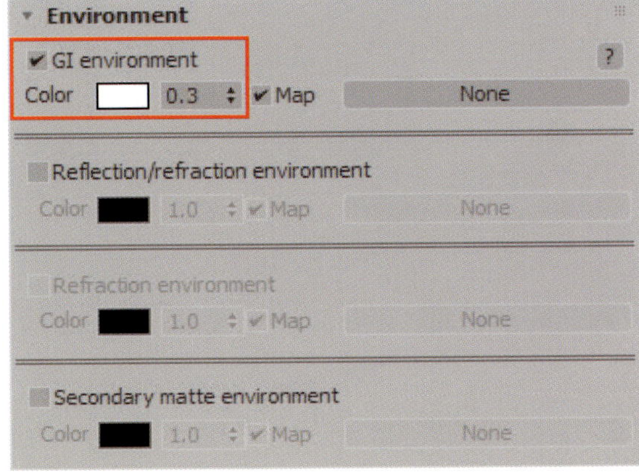

09 계속해서 GI 탭을 선택하고 다음과 같이 Global illumination과 Irradiance map의 롤아웃을 수정해줍니다.

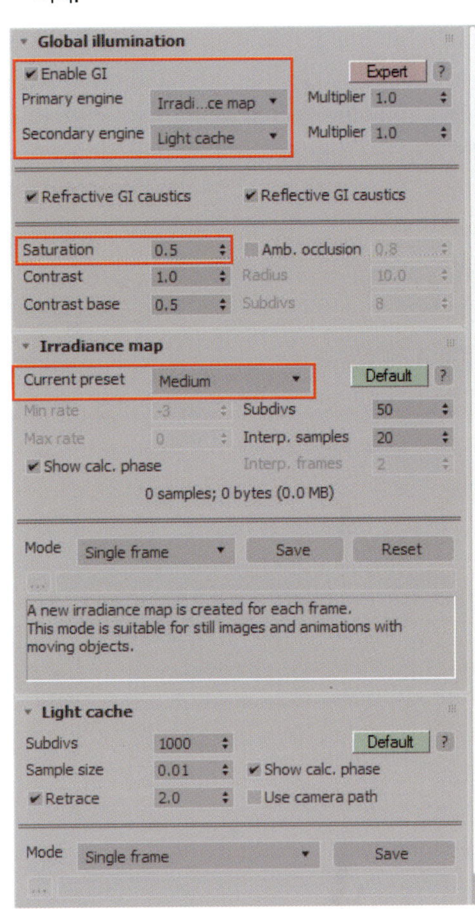

10 렌더링 결과 상당히 밝은 것을 알 수 있습니다. 그 원인은 Global illumination이 활성화되어서 그렇습니다. 이를 수정하기 위해서는 VRaylLight의 수치를 떨어뜨려 수정할 수도 있지만 간단히 옵션 하나로 해결할 수 있습니다.

11 V-Ray 탭의 Color mapping에서 Exponential 타입으로 변경해줍니다. 이 모드는 밝은 단계의 색상을 채도로 빼서 표현합니다. 이것은 조명 주변의 오브젝트가 Burn-Out 현상(밝게 타는 현상)을 방지할 때 유용합니다.

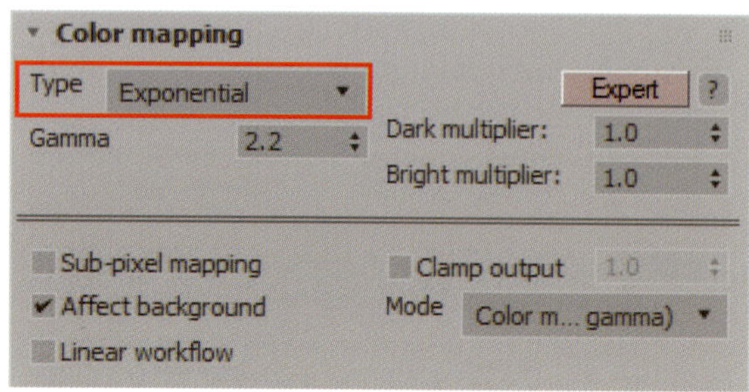

12 Color mapping을 적용한 렌더링 이미지입니다.

13 렌더링의 Bright와 Contrast를 수정하도록 하겠습니다. Show corrections control 아이콘[그림 A]을 클릭한 후 Curve 값을 조정해줍니다.

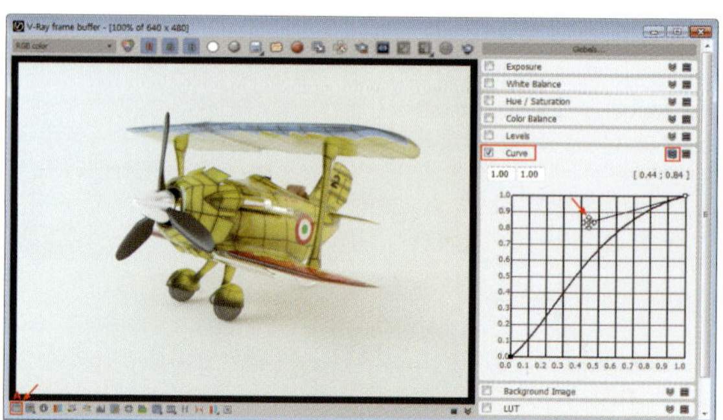

⊙ CD 제공 : light_airplane_VRay_02.max

Section 03 | 장면에 DOF(Depth of Field) 효과 추가하고 마무리하기

앞서 제품을 위한 mental ray 예제에서 다루었던 DOF 효과처럼 V-Ray에서도 DOF 효과를 적용하도록 하겠습니다. DOF 효과는 V-Ray Render Setup에서 바로 적용할 수 있으며, 렌더링의 품질도 매우 뛰어납니다.

경비행기 장면에 DOF 효과를 적용하여 작은 완구 같은 느낌으로 연출하도록 하겠습니다.

01 현재의 장면에 V-Ray의 DOF 효과를 간단히 적용하도록 하겠습니다. 앞서 작업한 V-Ray 세팅을 그대로 활용하든지 'light_airplane_VRay_02.max' 파일을 불러와서 작업하도록 합니다.

02 경비행기를 하나 더 복사한 후 그림과 같이 보기 좋게 비행기의 위치와 방향, 카메라와 바닥 등을 조정해줍니다.

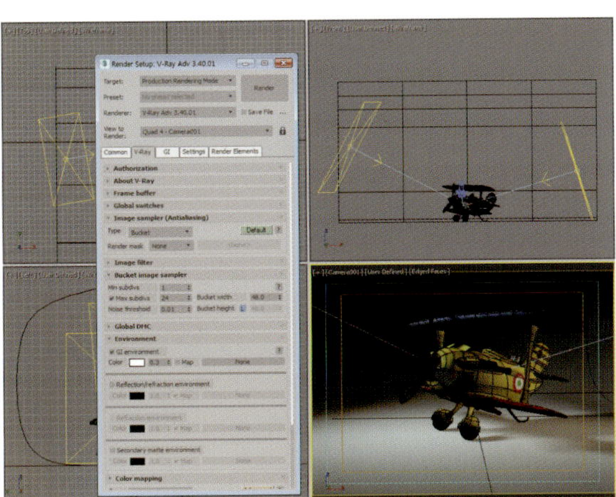

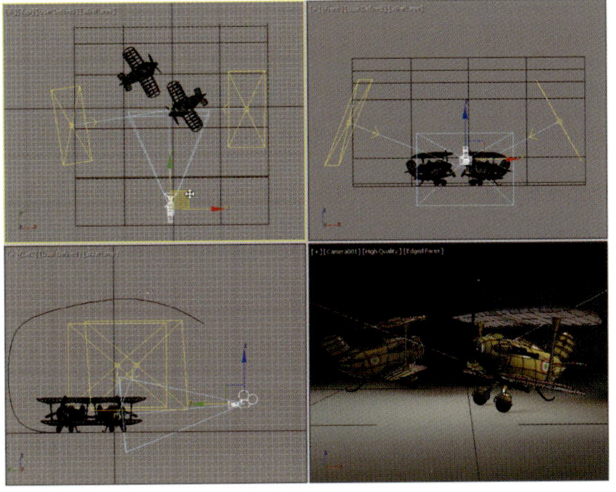

03 V-Ray 탭을 클릭하고, 1차적으로 Camera 롤아웃의 Depth of filed에 체크하고 렌더링 해봅니다.

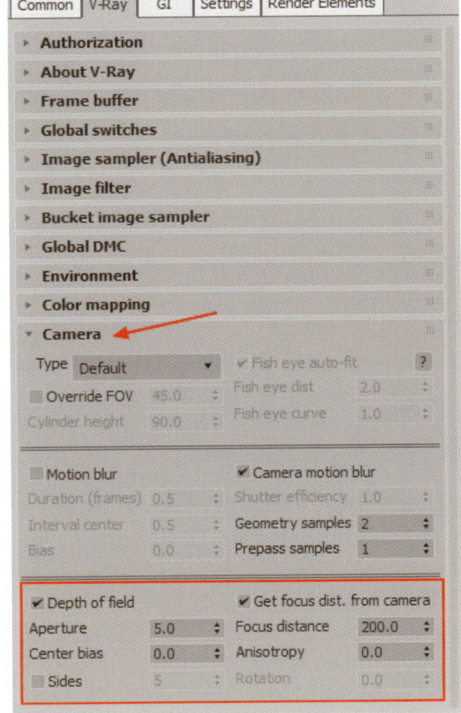

04 전체적으로 Blur 처리가 강하게 들어갔습니다. Aperture 값을 2.0으로 내려줍니다.

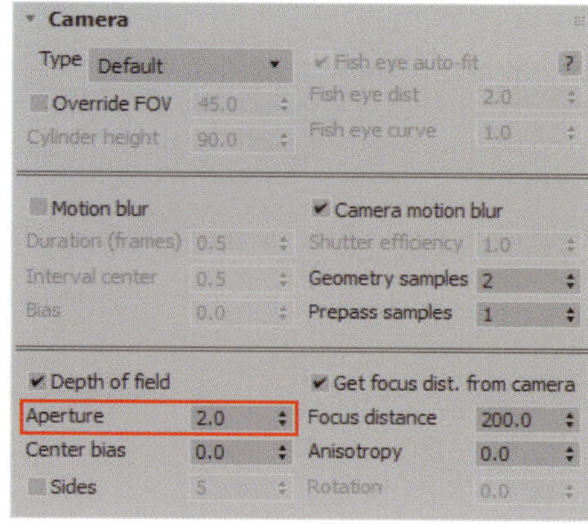

ⓘ 알아두기 | Depth of field

피사계 심도(DOF)라고도 하며, 어떤 거리의 물체에 카메라의 초점을 맞추면 앞쪽과 뒤쪽의 일정한 거리 내에 초점이 맞는데 그 범위를 표현하는 것입니다.
전문가용 카메라에서 많이 쓰이는 단어로 뒤쪽 초점이 흐려지는 것을 'Out Focusing'이라 하고, 앞쪽의 초점이 흐려지는 'In Focusing'이라 합니다.

DOF 적용 전

DOF 적용 후

- **On** : 설정하면 Depth of field 효과를 사용할 수 있습니다.
- **Aperture** : 실세계의 카메라 조리개 사이즈를 의미하며, 수치가 증가할수록 DOF 효과는 증가하지만 렌더링 타임은 그만큼 늘어납니다.
- **Center bias** : DOF 효과의 균일함을 결정합니다. '0.0' 값은 빛이 균등하게 조리개를 통과하는 것을 의미하며, 값이 양수일 경우 빛이 조리개의 주변부로 집중하고, 음수일 경우 빛이 중앙에 집중합니다.
- **Sides** : 이 옵션을 사용하면 실제 카메라의 조리개 모양(다각형)을 시뮬레이션할 수 있습니다. 설정하지 않으면 조리개 모양을 원형으로 간주합니다.
- **Get focus. from camera** : 카메라 Target으로부터 초점이 결정됩니다. 이 거리에서 멀어질수록 DOF 효과가 증가합니다.
- **Focus distance** : 카메라로부터의 거리를 결정하며 오브젝트에 초점을 맞춥니다. 그 오브젝트보다 가까이 또는 멀리 있는 오브젝트가 흐리게 됩니다.
- **Anisotropy** : 보케 효과를 수평이나 수직으로 늘릴 수 있습니다. 설정 값이 양수일수록 수평방향으로 보케 효과는 증가하며, 음수일 경우 보케 효과가 수직방향으로 증가합니다.
- **Rotation** : 조리개 모양의 방향을 지정합니다.

알아두기 | Bokeh(보케)란

보케라는 단어는 일반 토속 고유어에서 나온 단어로 '영상이나 색조가 흐릿해지다'라는 의미입니다. 주로 카메라의 아웃 포커싱 효과의 동의어로 사용되며 흔히 '흐려지는 빛 망울(의 모양)을 지칭합니다.

05 DOF 효과가 적용된 최종적인 렌더링 이미지입니다.

CD 제공 : light_airplane_VRay_DOF_03.max

Lesson 04 | 빛과 재질에 대한 Caustics 표현 - mental ray

Caustics는 금속물체나 유리, 액체 등과 같이 빛을 굴절, 반사시키는 재질에 의해 만들어지는 빛의 현상을 이야기합니다. 빛이 위의 재질에 의해서 집중적으로 모이게 되면 일정한 패턴을 지닌 빛 무리가 만들어지게 됩니다. 즉, 빛의 산란효과에서 만들어진 빛 무늬 효과라 할 수 있습니다.

mental ray 렌더러를 통해 투명한 오브젝트에 Caustics 효과를 표현하도록 하겠습니다.

Section 01 | 오브젝트 재질 살펴보기

장면에 있는 Torus Knot 물체는 'Arch & Design'의 Template 목록에서 'Glass(Solid Geometry)' 재질을 선택하여 적용하였습니다.

바닥의 재질도 기본 'Arch & Design'으로 적용하였습니다.

01 제공된 CD 부록에서 'Caustics_mr_start.max' 파일을 3ds Max 장면에 Open합니다. 필자가 미리 Torus Knot 물체와 바닥을 스튜디오 모델링 환경으로 만들어 놓았으며, 재질과 카메라도 미리 설정해놓았습니다.

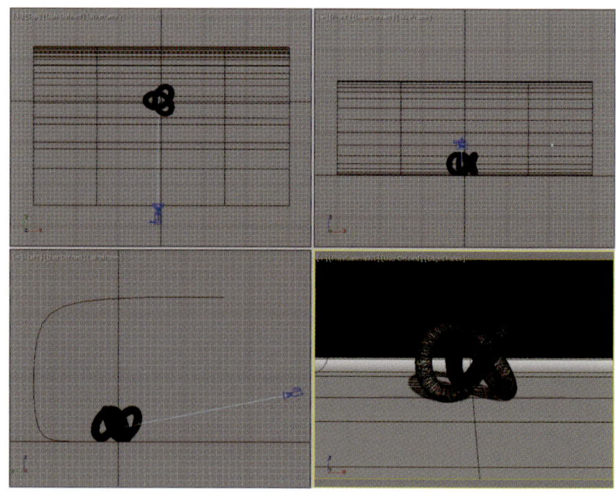

CD 제공 : Caustics_mr_start.max

02 Material Editor[M] 창을 불러내어 각 슬롯에 있는 재질들을 살펴보도록 합니다. 이 장면에 사용된 재질들은 초기에 Standard 재질을 'Arch & Design' 재질로 변경해준 후 Templates 목록에서 재질을 선택한 것입니다.

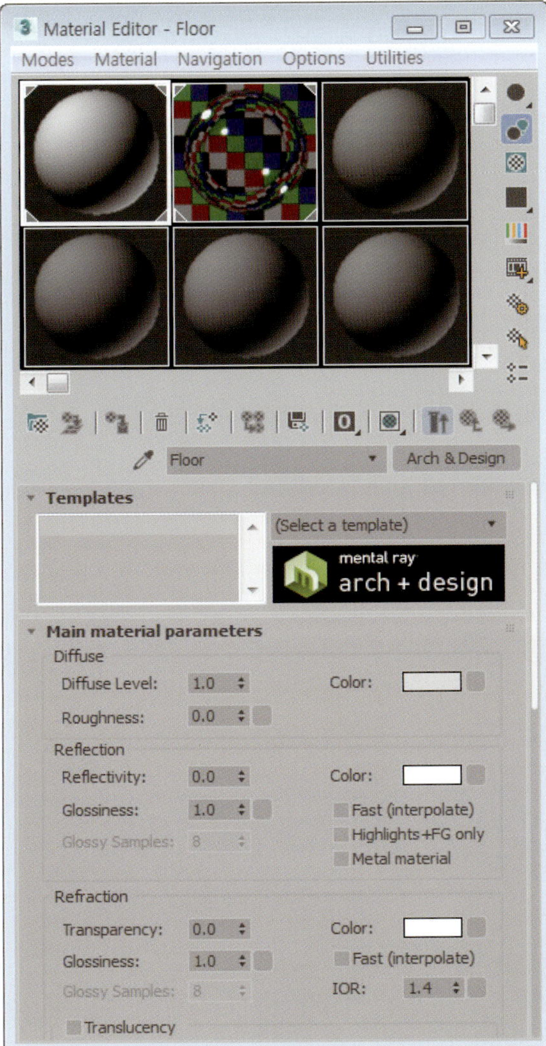

03 먼저 바닥은 'Arch & Design' 재질에 색상과 일부 반사의 옵션 값만 변경하였고, Torus Knot의 유리 재질은 'Glass(Solid Geometry)'를 선택하였습니다.

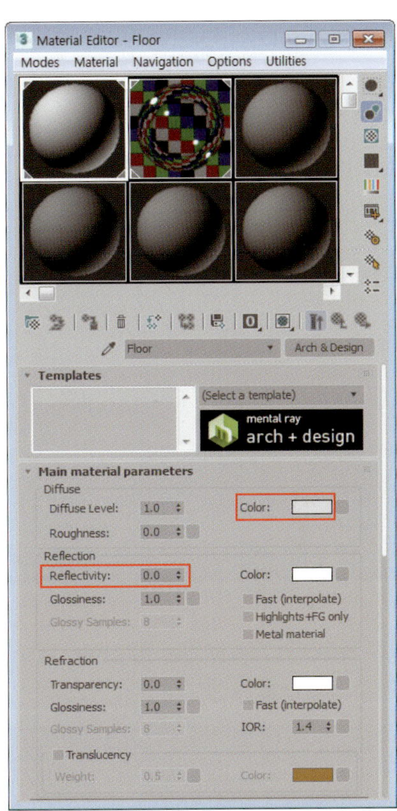

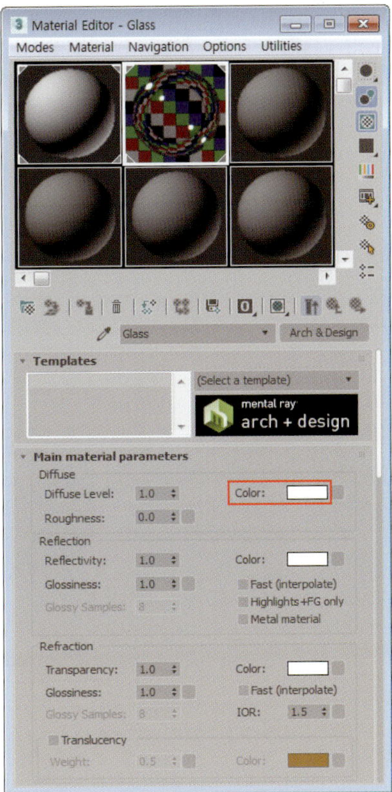

■ Section 02 │ 장면에 Light 추가하고 설정하기

장면에 사용할 Light는 Photometric 조명을 사용하며, 'mr Photographic Exposure Control'에서 밝기를 조정하여 이미지를 도출합니다.

01 Crate〉Light〉Photometric〉Free Light 버튼을 클릭합니다. 'Photometric Light Creation' 대화상자가 나타나면 'Yes'에 클릭하여 창을 닫습니다.

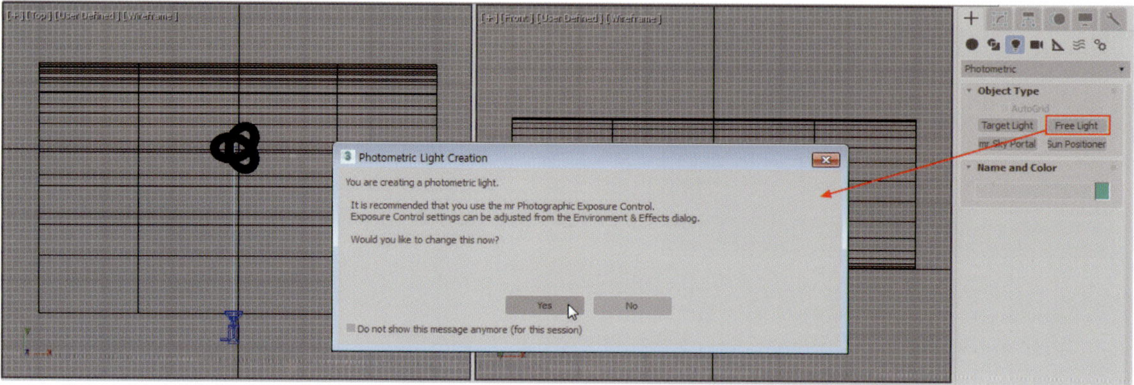

02 Top View에서 그림과 같이 마우스로 각각 클릭하여 2개의 Free Light를 생성합니다.

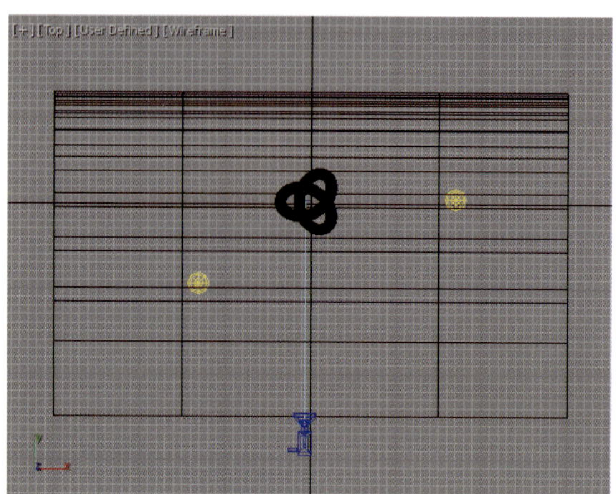

03 왼쪽 조명을 그림과 같이 위쪽 방향으로 이동시켜줍니다. Modify로 이동하여 옵션들을 수정해줍니다.

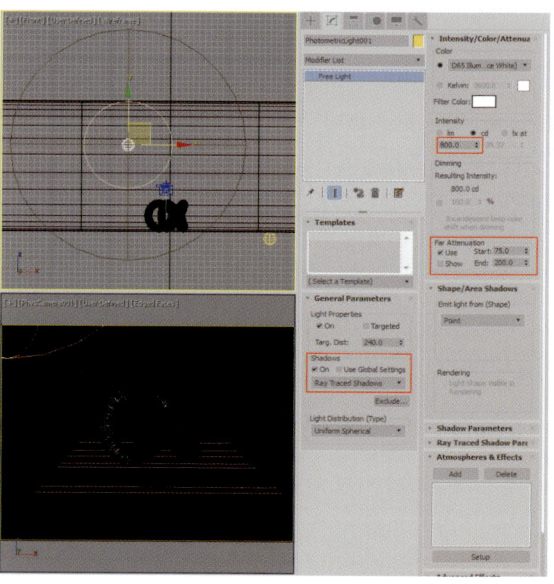

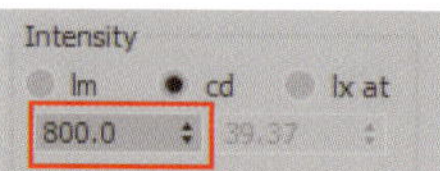

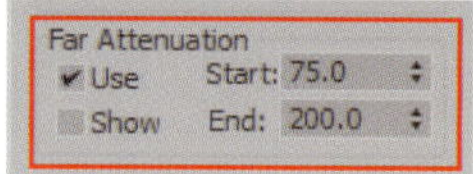

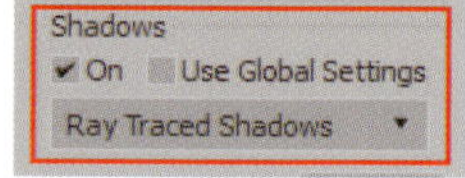

04 오른쪽의 조명을 선택하고 다음과 같이 옵션을 조정해줍니다.

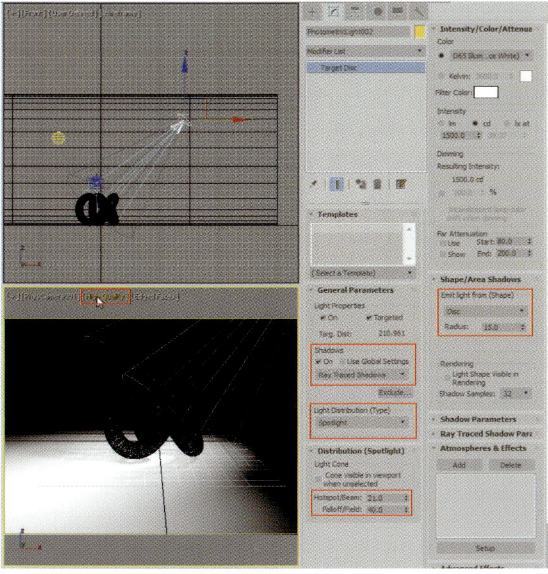

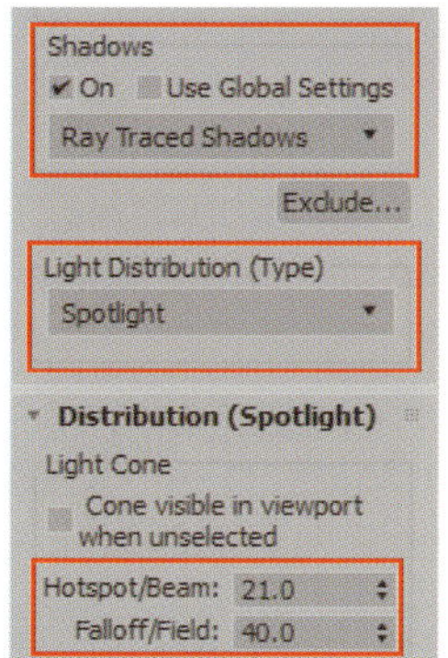

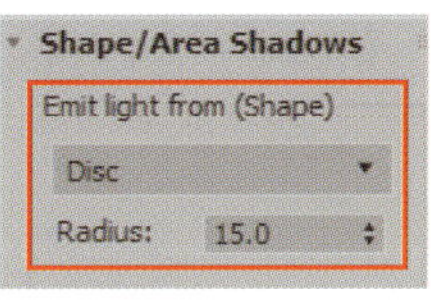

05 상단의 메뉴 바에서 Rendering〉Environment[8]를 클릭하여 다음과 같이 값을 설정해주고, 렌더링해봅니다.

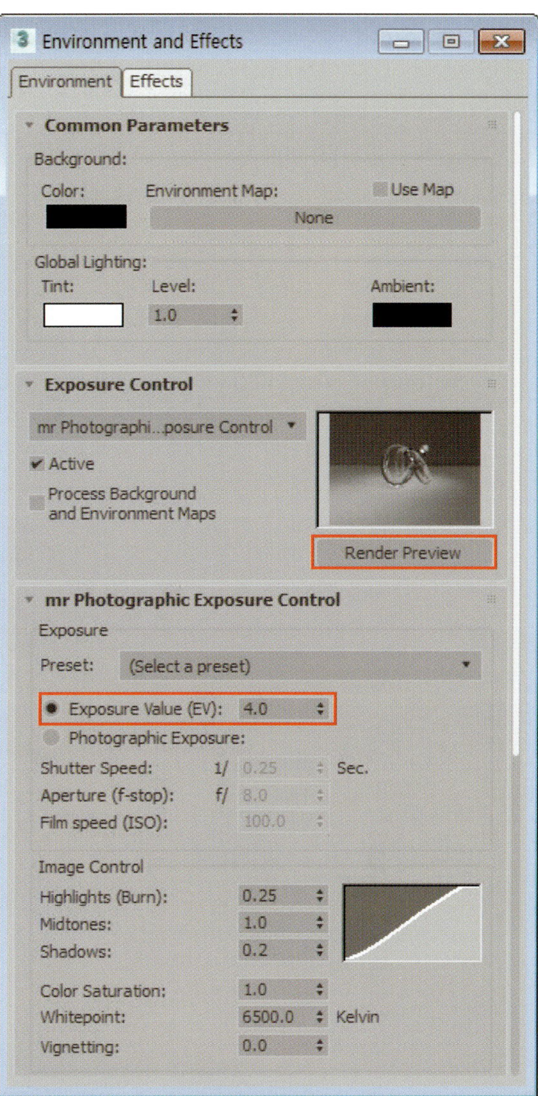

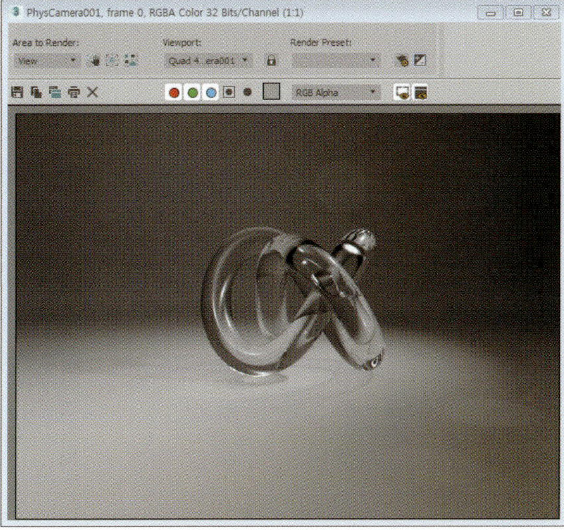

Section 03 | 장면에 Caustics 효과 적용하기

mental ray 렌더러에서 Caustics 효과를 주기 위해서는 다음과 같이 설정해주어야 합니다.

① Render Setup의 Caustics & Photon Mapping(GI)〉Caustics 옵션에 체크해줍니다.

② 장면에 설치되어 있는 Light의 Object Properties〉Generate Caustics 옵션에 체크합니다.

③ 오브젝트의 Object Properties〉Generate Caustics 옵션에 체크합니다.

④ Caustics 효과를 적용하기 위한 재질의 Advanced Rendering Option 롤아웃〉Refract light and generate Caustic effects 옵션에 체크합니다.

01 장면에 Caustics 효과를 주기위한 준비 단계가 모두 끝났습니다. 이제 Caustics 효과를 본격적으로 추가 하도록 하겠습니다.

먼저 Render Setup[F10] 창을 불러내고, Global Illumination 탭을 클릭합니다. Caustics & Photon Mapping(GI) 롤아웃의 Caustics 항목의 Enable에 체크합니다.

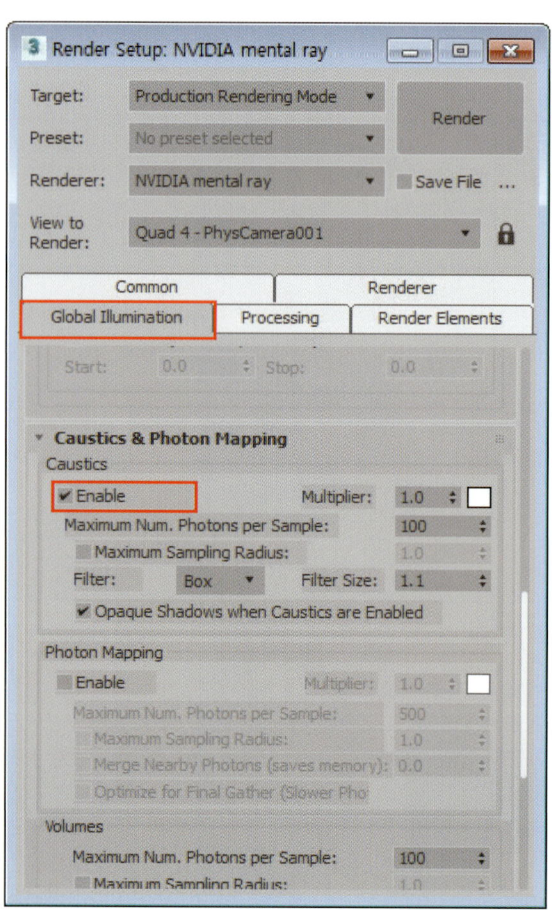

02 Render Production[ ] 아이콘을 클릭하여 렌더 링을 하면 다음과 같은 경고 창이 나타납니다. 경고 창에 나타난 문구의 내용은 장면에 설치되어 있는 Light의 Object Properties〉Generate Caustics 옵션 에 체크하라는 내용입니다.

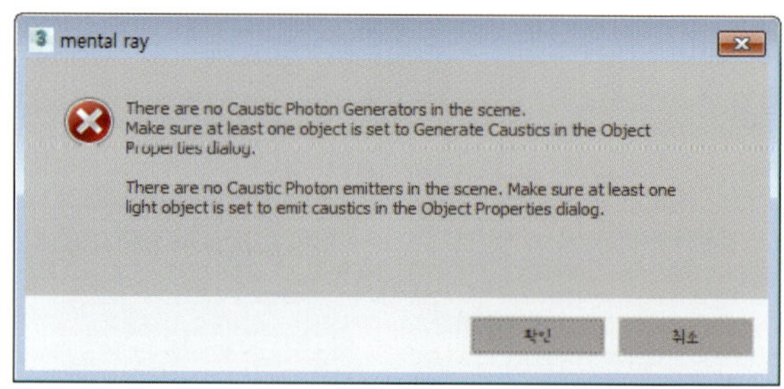

03 장면의 Torus Knot 오브젝트를 선택하고, 마우스 오른쪽 버튼을 클릭하여 나오는 Quad Menu에서 'Object Properties' 옵션을 클릭합니다.

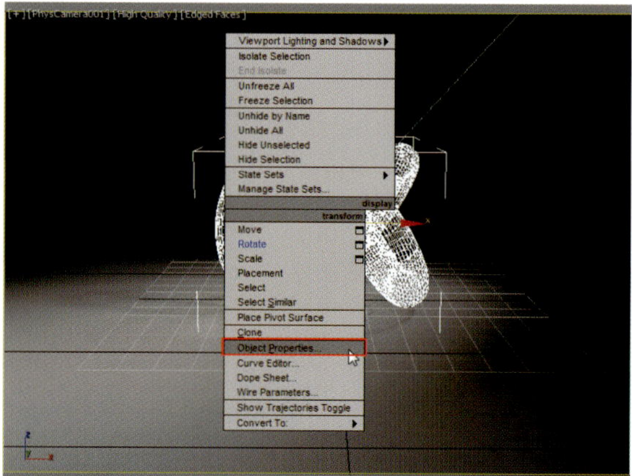

04 대화상자가 나타나면 Caustics and Global Illumination(GI) 항목의 'Generate Caustics' 옵션에 체크하고 OK버튼을 클릭합니다.

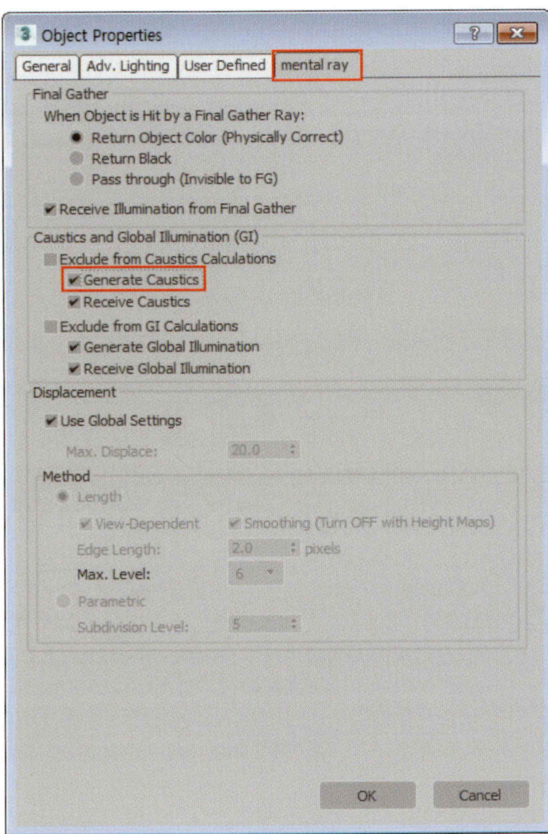

05 마찬가지로 장면의 PhotometricLight002 라이트를 선택하고, 마우스 오른쪽 버튼을 클릭하여 나오는 Quad Menu에서 'Object Properties' 옵션을 클릭합니다. Caustics and Global Illumination(GI) 항목의 'Generate Caustics' 옵션에 체크하고 OK버튼을 클릭합니다.

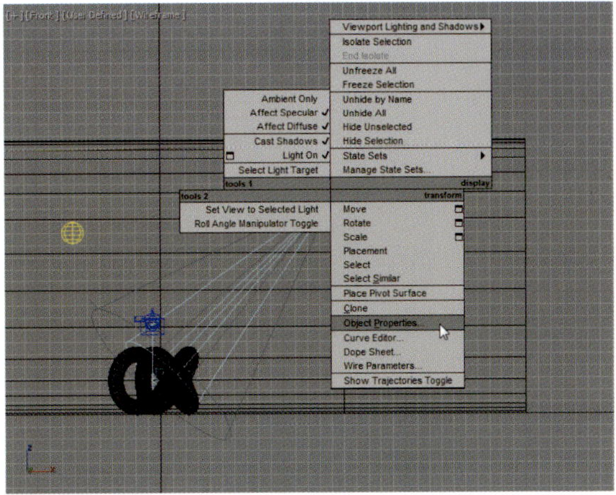

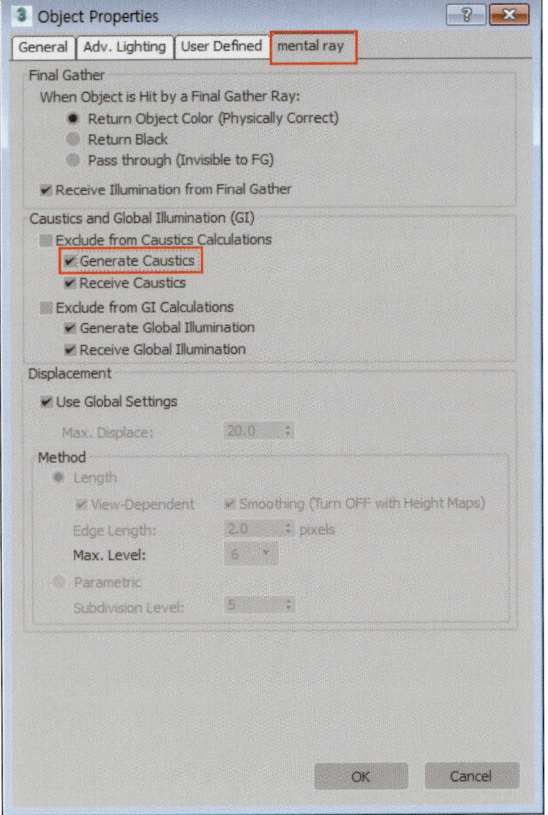

06 Material Editor[M] 창을 열고, Glass 재질에서 Advanced Transparency Options 항목의 'Refract light and generate Caustic effects' 옵션에 체크합니다.

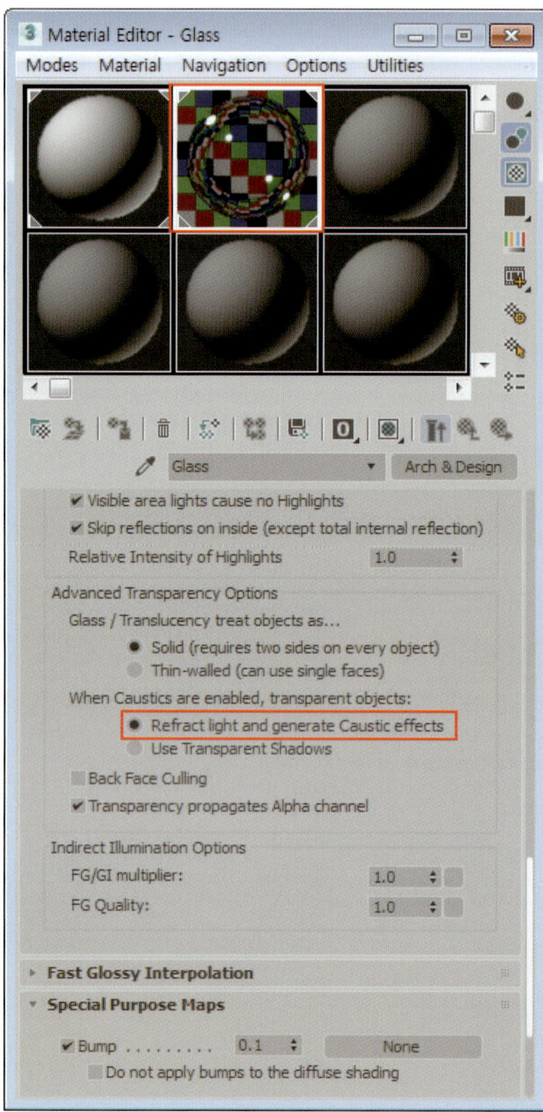

07 지금까지의 렌더링 결과이미지입니다. 바닥 부분에 Caustics 효과가 약하게 나오고 있는 것을 확인할 수 있습니다. 이를 수정하도록 하겠습니다.

08 PhotometricLight002 라이트를 선택하고, Manual Settings 값에 On에 체크 해줍니다. Energy 값에 1백 5십만(1,500,000)을 주고, Caustic Photons 값에 2 십5만(250,000)을 줍니다.

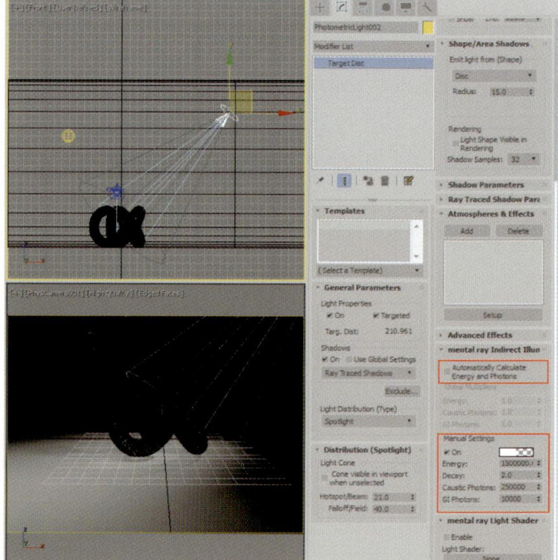

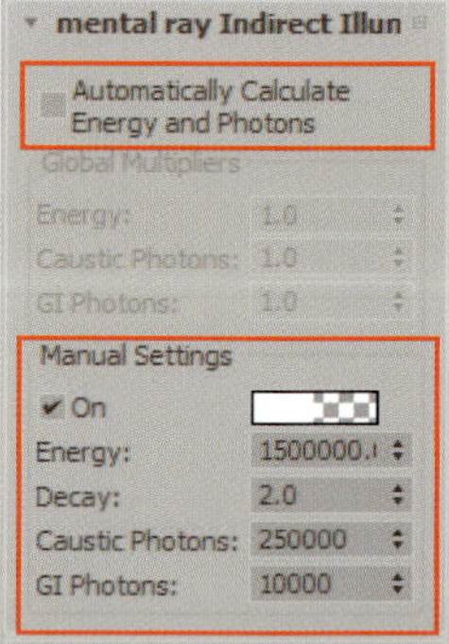

09 렌더링을 결과, 바닥의 Caustics 효과가 많이 거칠어 보입니다.

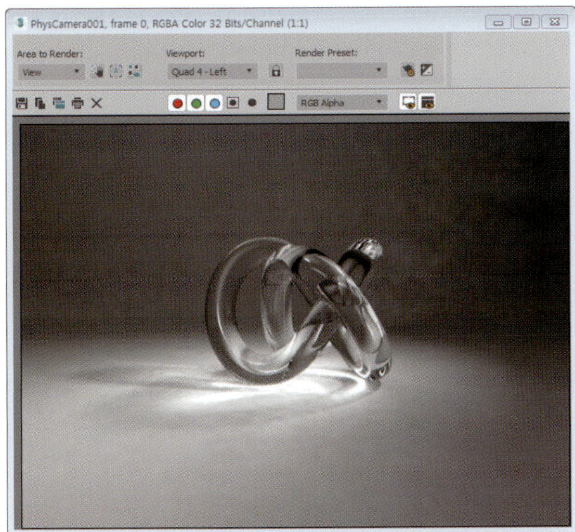

11 Caustics의 옵션도 다음과 같이 수정해줍니다.

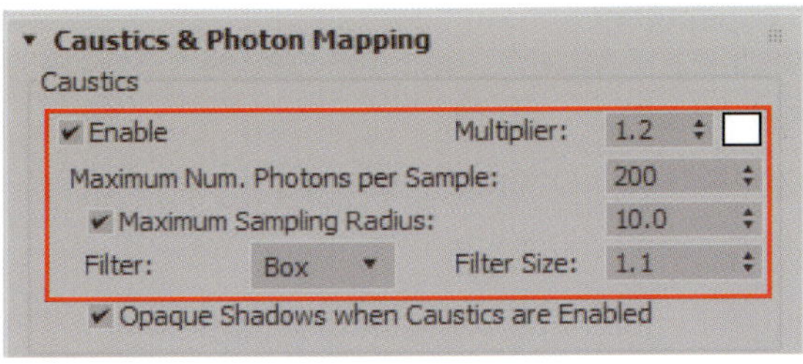

ⓘ 알아두기 | Caustics 옵션

- **Multiplier** : 값이 높을수록 Caustics 세기가 강해집니다.
- **Maximum Num. Photons per Sample** : Caustics에 사용되는 빛의 입자(Photon) 수량에 대한 설정 값입니다.
- **Maximum Sampling Radius** : 굴절된 빛의 Photon 크기(지름)를 설정합니다. 값이 높을수록 Photon의 크기가 커짐으로써 Photon끼리 겹침 현상이 많아져 부드러운 이미지로 만들어 주고, Noise를 해결할 수 있습니다.
- **Filter** : Filter 방식에는 Box, Cone, Gauss가 있으며, Cone은 가장자리를 다소 부드럽게 처리합니다.

10 Global Illumination 탭의 Final Gathering(FG) 롤아웃의 FG Precision Presets 항목과 Advanced Filtering(Speckle Reduction) 옵션을 조절해줍니다.

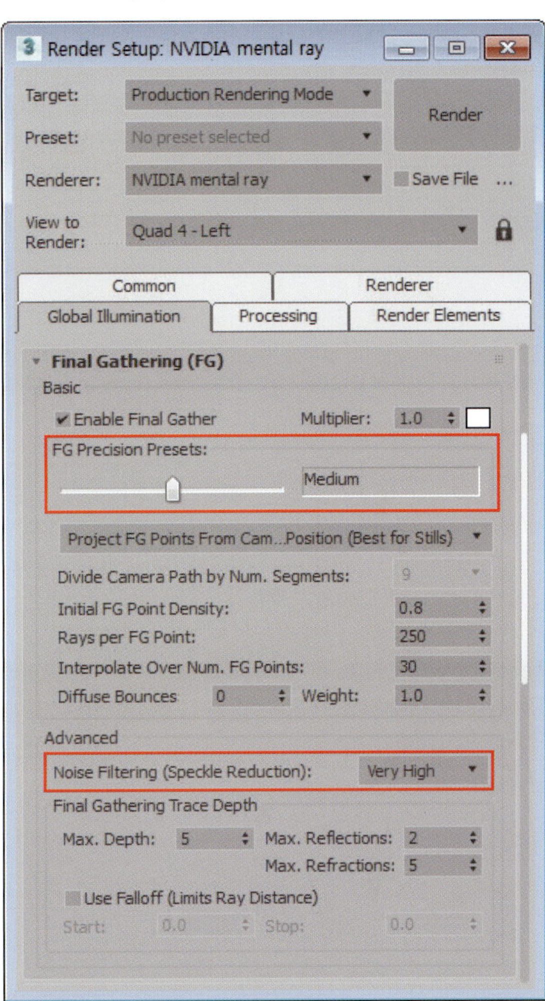

12 렌더링 결과 이미지입니다.

12 맑은 유리에 색이 들어가게 하여 Caustics 효과를 극대화시켜보도록 하겠습니다. Material Editor에서 Advanced Rendering Options 롤아웃의 Refraction 항목 값을 수정해줍니다.

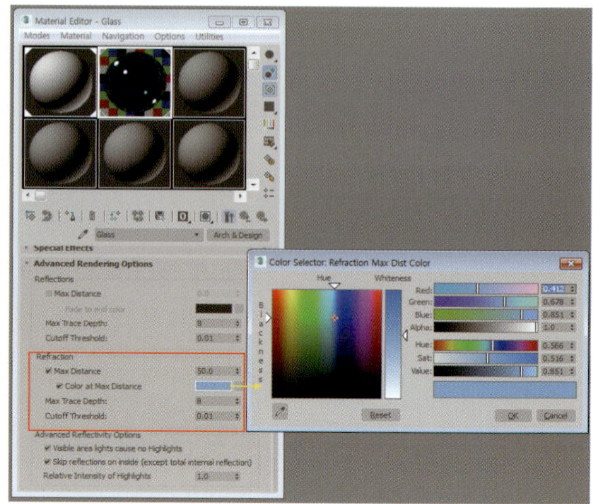

12 지금까지의 Caustics 효과가 완성된 이미지입니다.

CD 제공 : Caustics_mr_com.max

Lesson 05

빛과 재질에 대한 Caustics 표현 - V-Ray

V-Ray Renderer는 다른 렌더러에 비해 빠른 업그레이드와 끊임없는 연구를 통해 많은 실무자나 CG를 하는 모든 유저들에게 사랑받고 있습니다. 그 이유는 렌더링을 빠른 시간 내에 뽑아내는 다양한 엔진 옵션, Photo Realistic 렌더링을 보여주는 다양한 기법과 실시간 렌더링을 제공하고 있기 때문입니다.

이중 Photo Realistic 렌더링에 사용되는 여러 기법 중 빛과 재질에 대한 Caustics 표현은 스펙트럼이나 돋보기, 유리, 물 등을 통과한 빛의 형태에서 찾아 볼 수 있습니다. V-Ray Renderer의 재질 옵션 중에 Dispersion의 'Abbe'는 다이아몬드나 스펙트럼을 통과하여 나타나는 무지개 같은 Caustics 효과를 보여줌으로써 Photo Realistic 렌더링을 가능케 하고 있습니다.

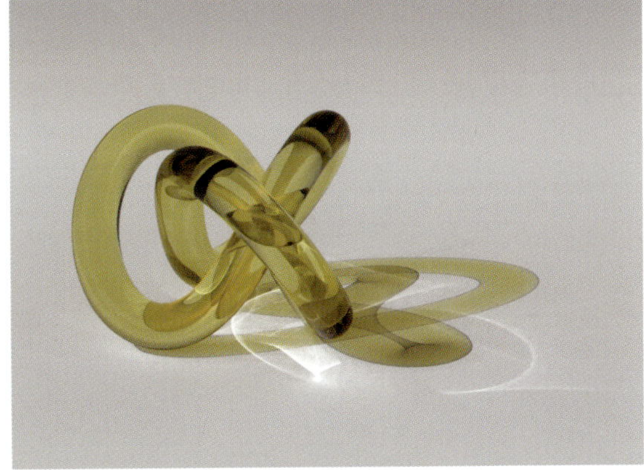

조명의 간단한 설정과 몇 개의 관련 옵션만으로 사실적인 Caustics 효과를 구현할 수 있으므로 이번 향수병의 Caustics 표현 방법을 통하여 다른 Caustics 장면에 응용해보길 기대합니다.

Section 01 │ 향수병 재질 살펴보기

01 제공된 CD 부록에서 'Caustics_VR_start.max' 파일을 3ds Max 장면에 Open합니다. 필자가 미리 향수병과 바닥을 스튜디오 환경으로 만들어 놓았으며, 재질과 카메라 등도 설정해놓았습니다.

02 'ㄷ'자 형태로 앞 단원에서 배운 스튜디오 환경과 같습니다.

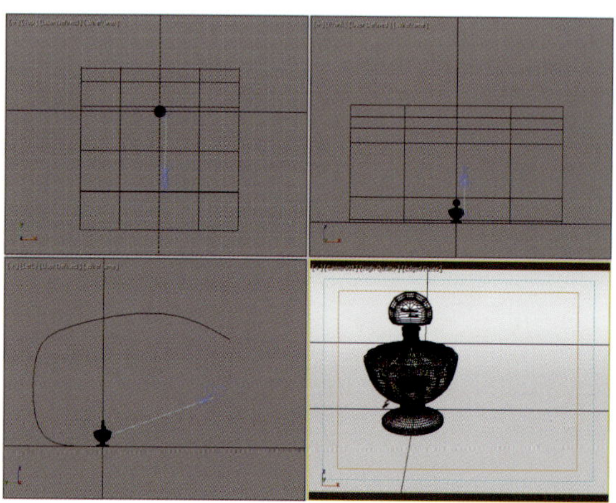

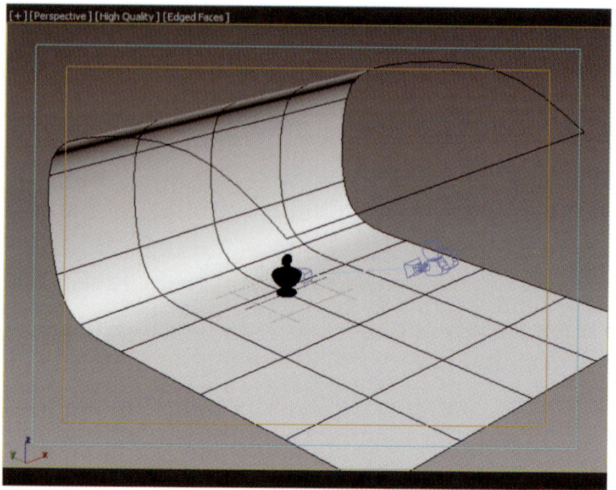

◎ CD 제공 : Caustics_VR_start.max

03 향수 용기에 설정된 재질을 살펴보겠습니다. Material Editor[M] 창을 불러내어 각 슬롯의 'Glass'와 'Liquid', 'Label_back' 재질을 살펴봅니다.

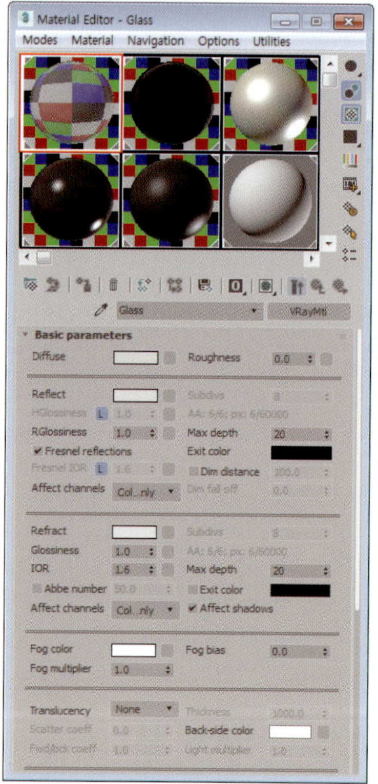

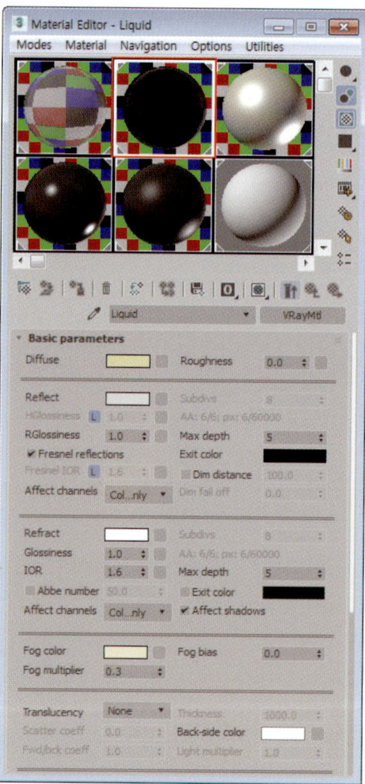

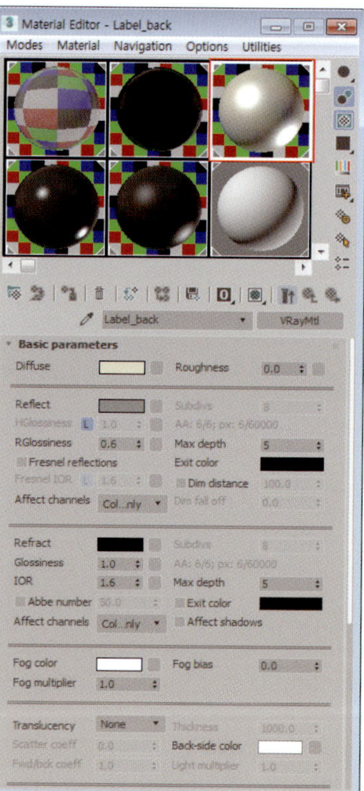

04 계속해서 'Label_Logo', 'Decoration', 'Floor' 재질들도 살펴봅니다.

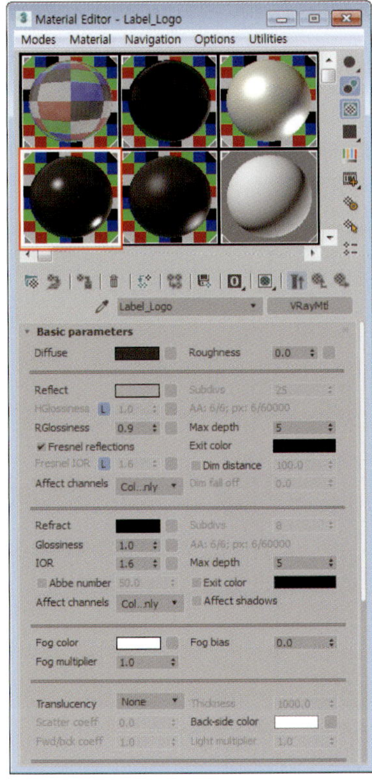 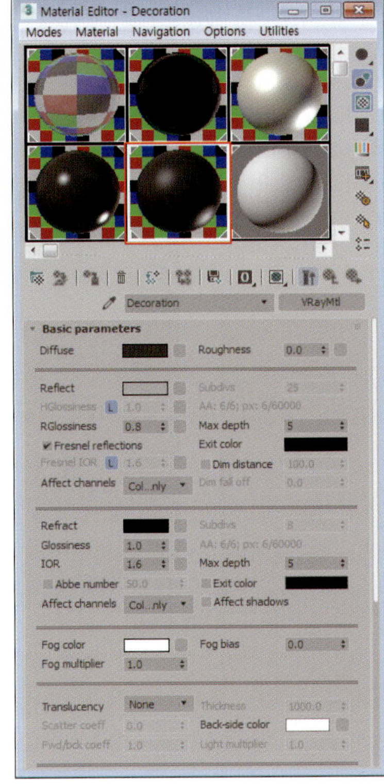 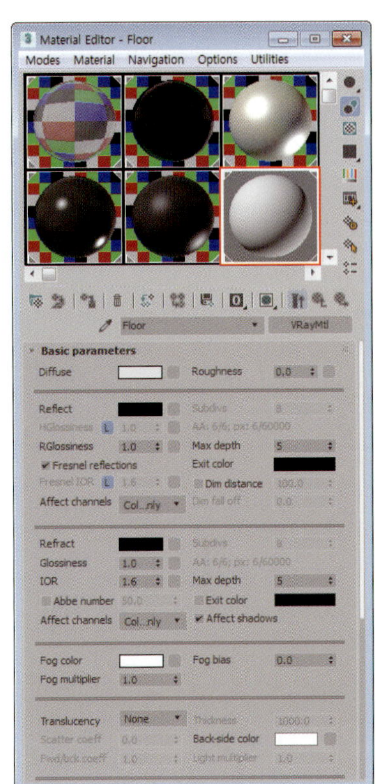

05 Main Toolbar의 Render Production[　]을 클릭하여 Camera View를 렌더링해봅니다. 장면에 Light나 설정 값이 없으므로 검정색의 화면을 보여주고 있습니다.

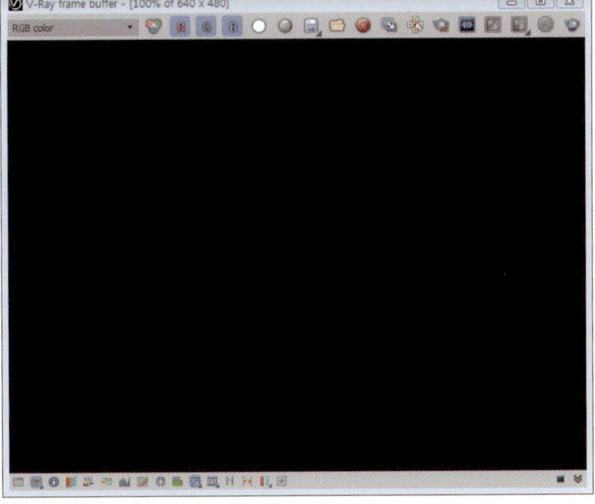

Section 02 | 장면에 Light 설치하기

장면에 사용할 Light는 Standard 조명의 'Target Direct'를 사용합니다. Direct Light는 보통 외부환경에 많이 사용하는 조명입니다.

01 Front View를 Zoom Out한 후 Crate〉Light〉Standard〉Target Direct 버튼을 클릭합니다. 그림과 같이 향수병 쪽으로 길게 드래그하여 Target Direct 조명을 생성합니다.

02 Modify 패널로 이동한 후 다음과 같이 Target Direct 조명의 위치와 옵션들을 설정합니다.

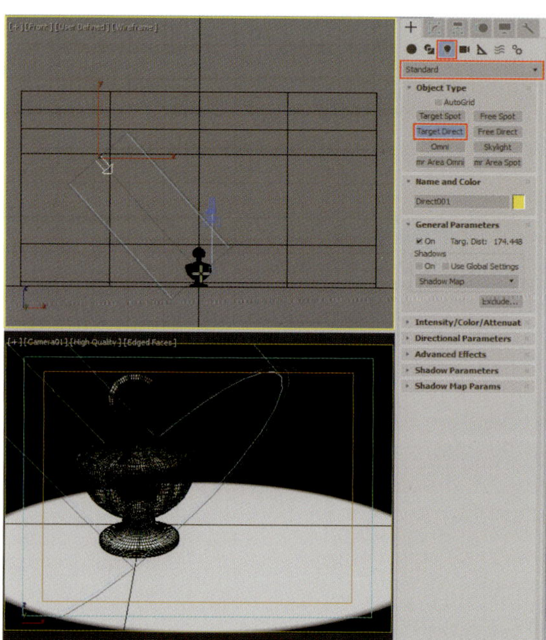

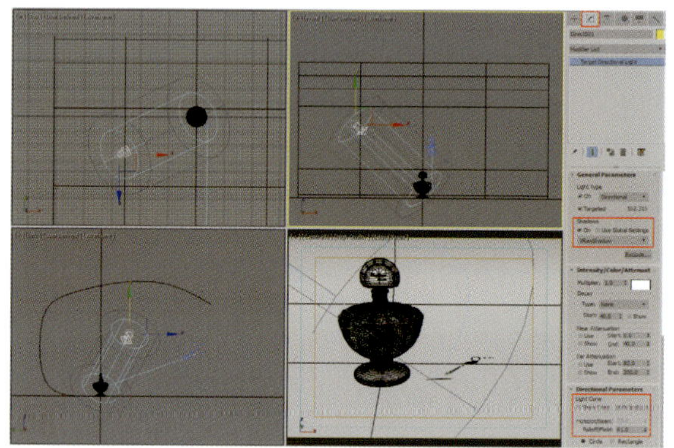

03 렌더링 결과는 다음과 같습니다.

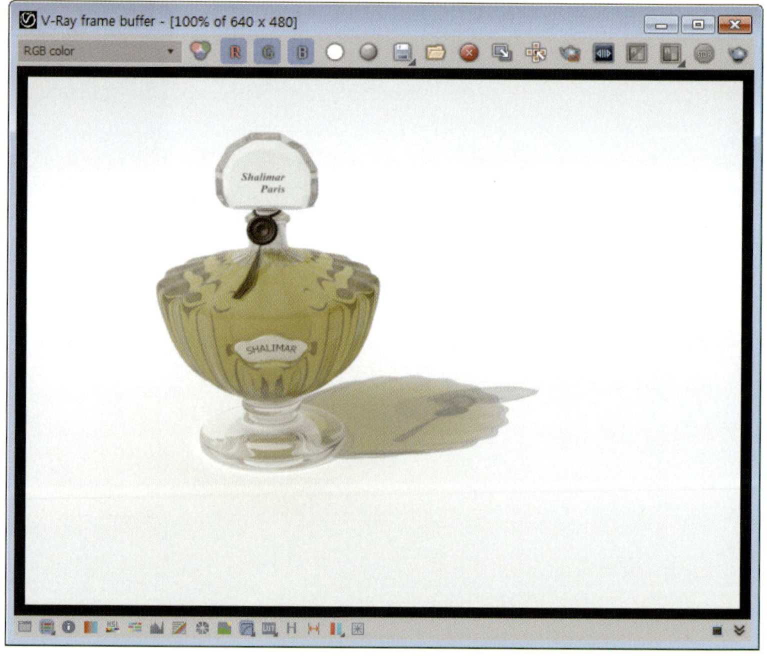

Section 03 | 장면에 V-Ray Renderer 설정하기

V-Ray 렌더러의 설정은 매우 복잡해 보일 수 있지만 실제 예제를 따라해 보면 그렇게 복잡하지 않습니다. 그리고 장면에 반사체가 많은 금속이나 유리가 있을 경우 HDRI 환경 맵을 만들어 주면 그 효과는 매우 뛰어납니다.

01 Main Toolbar에서 Render Setup[[🔧 , F10]] 아이콘을 클릭하여 Render 설정 창을 불러옵니다.

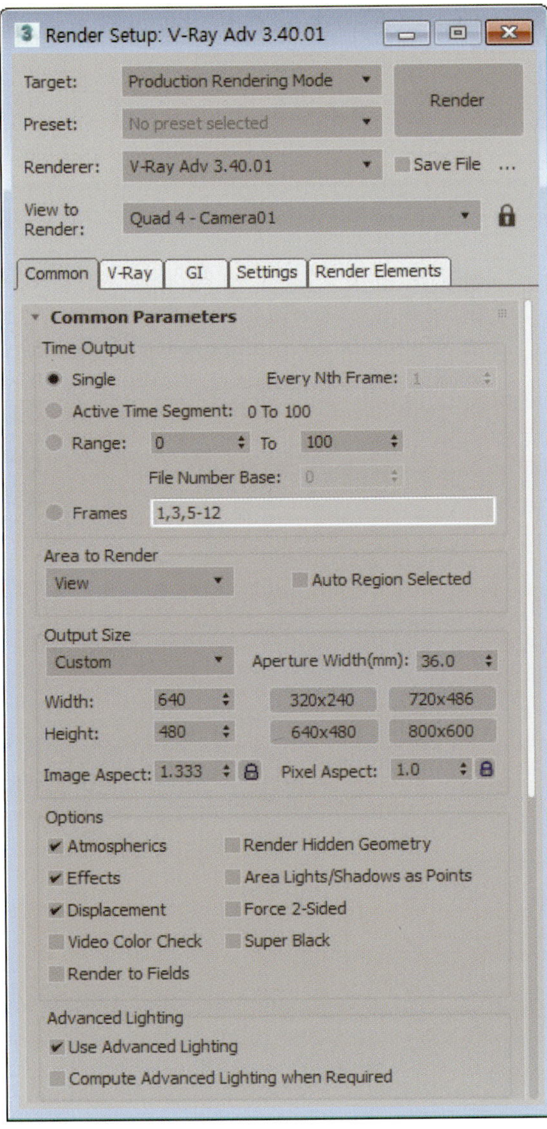

02 Render Setup의 상단 메뉴에 있는 V-Ray 탭을 클릭합니다. Image Sampler(Antialiasing) 롤아웃을 확장시킨 후 Type을 Bucket으로 설정합니다.

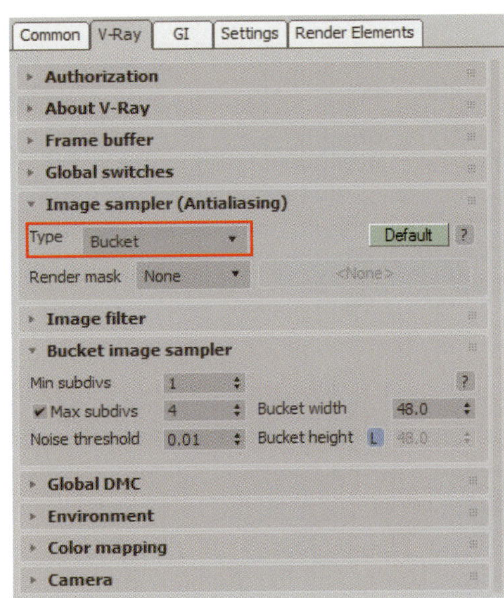

03 Environment 롤아웃을 확장시킨 후 'GI Environment'와 'Reflection/refraction environment'에 체크합니다. GI environment의 수치는 "0.3"으로 설정하고, Color는 흰색으로 지정해줍니다. 이어서 환경 맵을 설정하기 위해 'Reflection/refraction environment'의 None을 클릭한 후 목록에서 VRayHDRI를 선택하고 OK버튼을 클릭합니다.

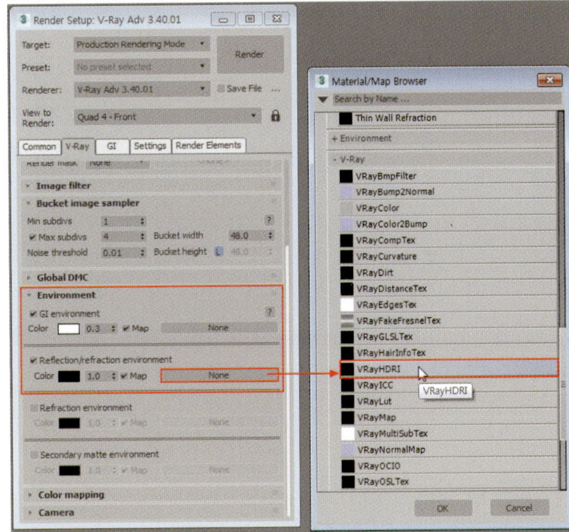

04 설정한 VRayHDRI를 Drag & Drop 방식으로 재질 창에 'Instance' 방법으로 복사합니다. 환경 맵으로 사용할 HDR은 제공된 CD 부록에서 'beach_probe. hdr' 파일을 불러들이고 그림과 같이 옵션들을 설정 해줍니다.

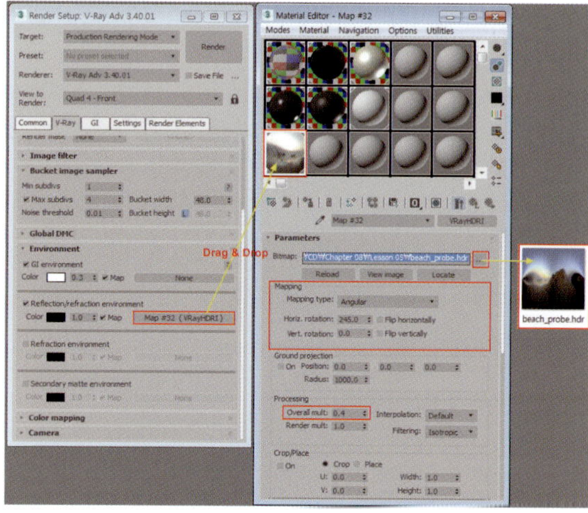

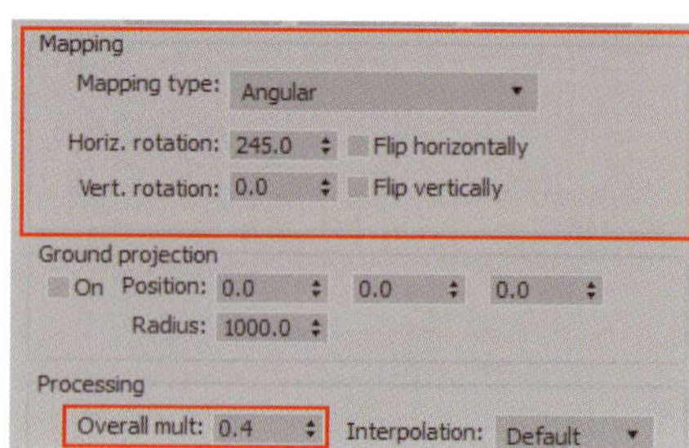

05 렌더링 결과 이미지입니다.

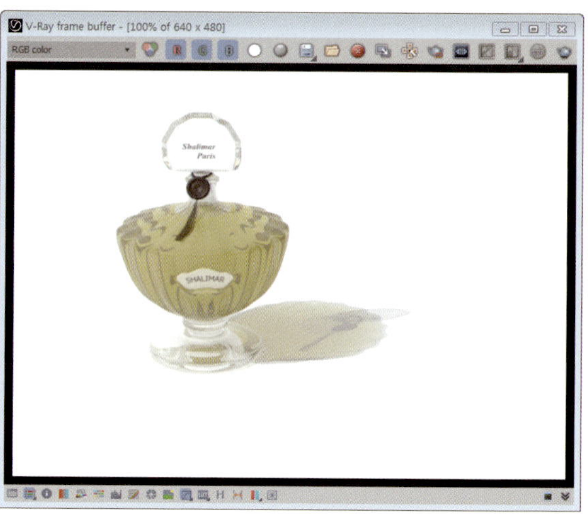

06 상단 메뉴의 GI 탭을 클릭합니다. 'Global illumination 롤아웃을 열고, 'Enable GI'에 체크합니다. Primary engine은 'Irradiance map'으로 설정하고, Secondary engine은 'Light cache'로 설정합니다. 이어서 Irradiance map 롤아웃을 열고, Current preset을 'Medium'으로 설정합니다. 각 설정에 대한 옵션 값들 은 모두 기본 값으로 합니다.

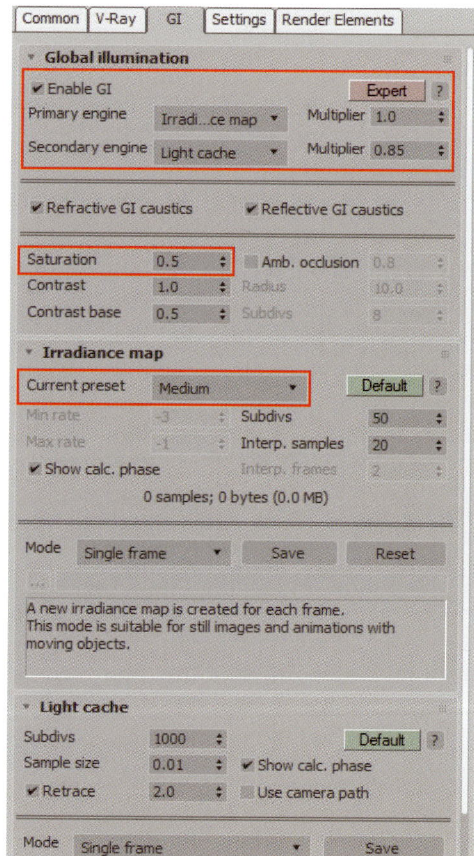

07 GI 탭 〉 Caustics 롤아웃을 열고 On에 체크하고 나머지 옵션을 그대로 둡니다.

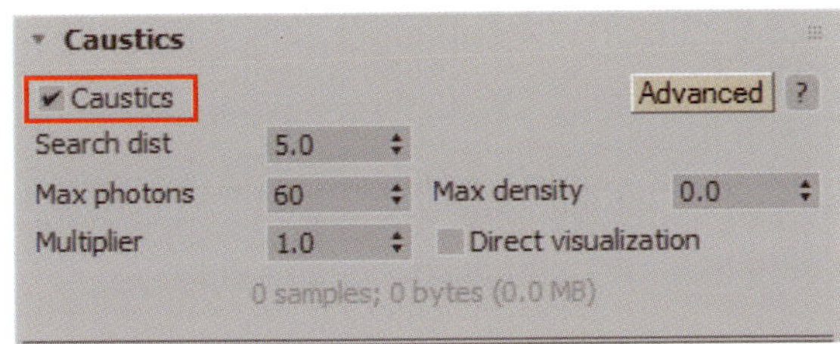

09 Camera View의 렌더링 결과를 확인합니다. 전체적으로 라이트의 밝기가 강해보여서 Caustics 효과가 잘 표시되지 않습니다. 이를 수정하기 위해 라이트를 대폭 수정하도록 하겠습니다.

08 상단 메뉴의 Settings 탭을 클릭합니다. System 롤아웃을 확장시키고, 'Light settings' 버튼을 클릭합니다. Scene lights 목록에서 'Direct001' 라이트를 선택하고 Caustics subdivs 값에 "1500"으로 되어 있는지 확인합니다.

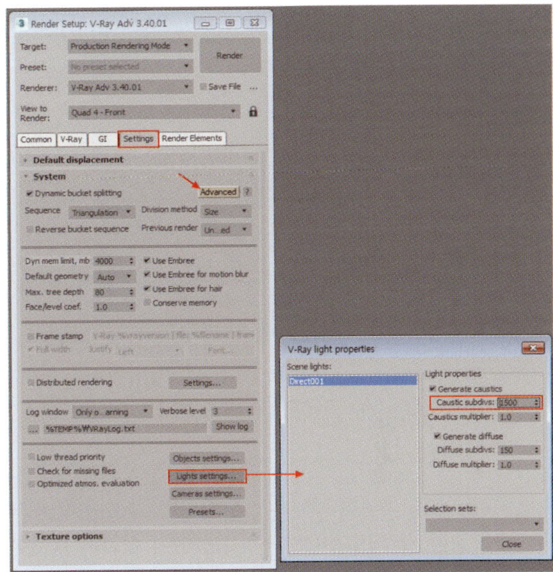

ⓘ 알아두기 | Caustics 롤아웃 옵션

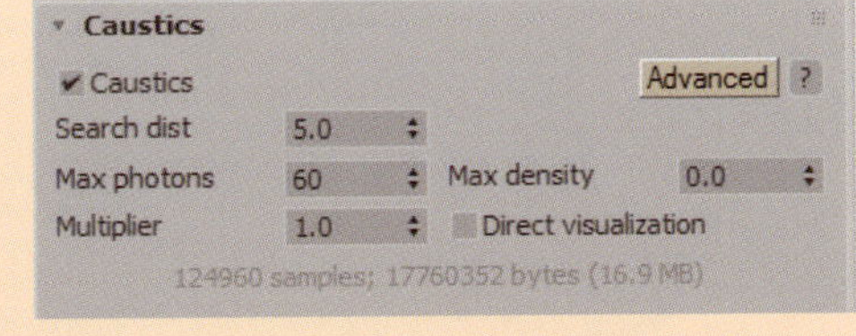

- **Caustics** : Caustics 효과를 사용할 수 있게 합니다.
- **Search dist** : 빛줄기가 오브젝트 표면을 반사하거나 투과하여 굴절을 일으킨 그 빛을 추적하여 빛의 모양을 시각화하게 됩니다. 이때 그 모양은 원의 형태로 띄게 되는데 그 원의 반경을 의미합니다. 값이 커지면 Blur 효과 같은 부드러운 Caustics가 나오지만 렌더링 타임은 그만큼 느려집니다.
- **Max photons** : 빛에서 나오는 Photon의 입자가 물체에 부딪쳐 튕겨져 나오는 것을 추적해 Photon의 양을 계산하게 되는데, 계산하는 값의 양을 조정합니다.
- **Multiplier** : 굴절효과의 세기를 조정합니다.
- **Max density** : Photon과 Photon 사이의 최소 거리를 설정함으로써 Photon Map의 해상도에 대해서 제한을 가할 수 있습니다. 다량의 Photon을 광원에서 방출시키고도 Photon Map 사이즈를 그대로 유지한 채 부드러운 이미지를 생성시킬 수 있습니다. 수치가 낮을수록 정밀하게 계산하므로 0.0의 수치를 그대로 사용합니다.
- **Direct visualization** : 렌더링 시 미리 보기 형태로 흑백으로 보여줍니다.

10 Viewport에 있는 Target Directional Light를 선택하고 Modify 패널에서 다음과 같이 수정하여 자연스러운 빛이 되도록 조명의 세기와 위치, Far Attenuation 값 등을 수정합니다.

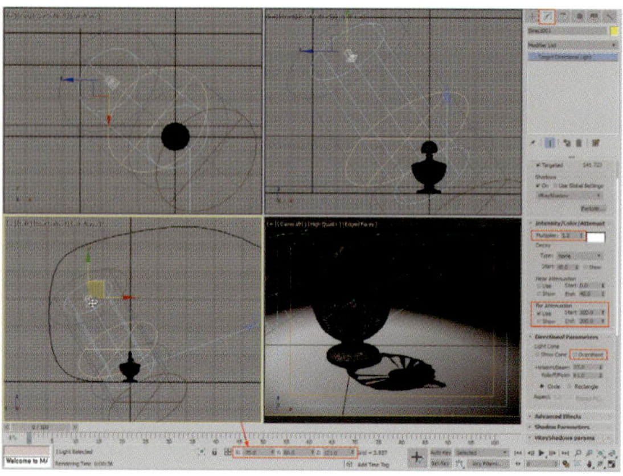

11 라이트를 수정한 결과 전체적으로 안정된 분위기로 연출이 되었지만 Caustics 효과는 아직도 크게 두드러지지 않습니다. 이를 수정하고 완성하도록 하겠습니다.

12 Caustics 항목의 수치를 다음과 같이 수정해주고 렌더링한 결과입니다. 하지만 Caustics 효과가 제대로 나오지 않고 있으므로 이를 계속해서 수정하도록 하겠습니다.

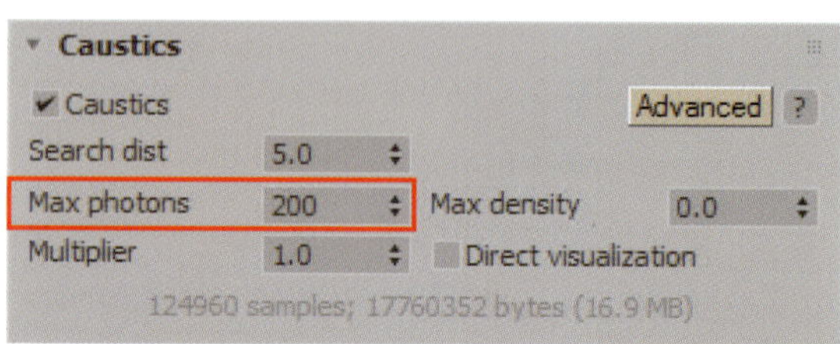

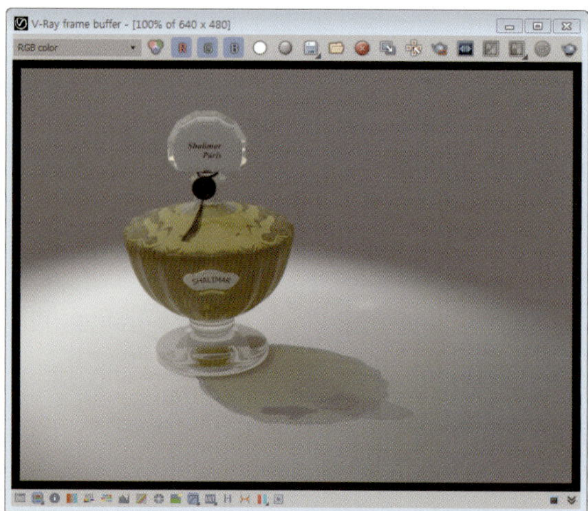

13 Setting 탭의 System 롤아웃을 확장시켜 주고, Object settings 버튼을 클릭합니다. 'V-Ray object properties' 창의 목록에서 바닥이 되는 'Plane001' 오브젝트를 선택하고 'Caustics multiplier' 값을 "2.0"으로 올려줍니다.

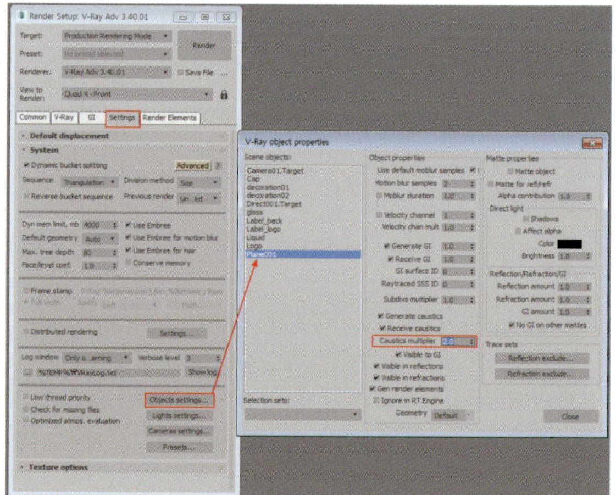

13 이번에는 Light settings 버튼을 클릭합니다. 다음과 같이 'V-Ray light properties' 창의 목록에서 'Direct001' 라이트를 선택하고 'Caustics subdivs' 값에 "8.000", 'Caustics multiplier' 값에는 "2.0"으로 올려주어 Caustics의 디테일함과 밝기를 표현합니다.

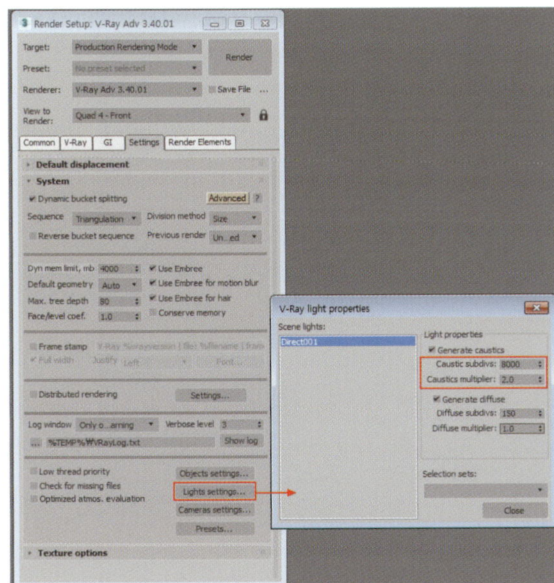

14 렌더링 결과 그전보다 Caustics 효과가 강하게 나오고 있습니다.

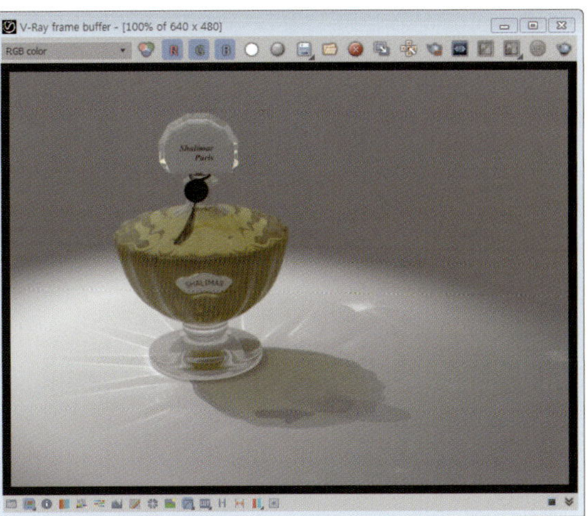

15 이제 최종적으로 Show corrections control 아이콘(그림 A)을 클릭하고, Hue/Saturation과 Curve 옵션을 그림과 같이 수정해줍니다.

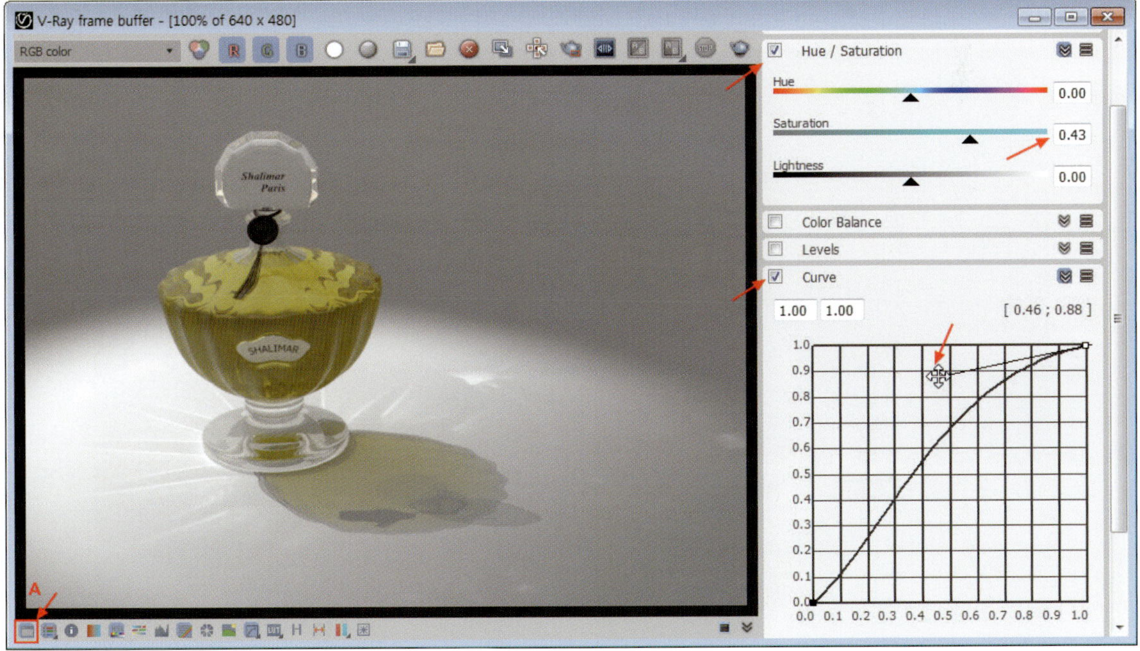

16 V-Ray의 Caustics 효과가 적용된 최종 렌더링 결과물입니다.

CD 제공 : Caustics_VR_com_01.max

17 다음은 같은 환경에서 향수 용기만 눕힌 상태에서 렌더링한 결과입니다.

CD 제공 : Caustics_VR_com_02.max

18 다음은 비슷한 환경에서 오브젝트만 다른 걸로 교체해서 렌더링한 결과입니다. 파일을 열어 확인해보세요.

◉ CD 제공 : Caustics_VR_TN_com.max

Lesson 06

인테리어 주간 장면 - V-Ray

지금까지 V-Ray나 mental ray의 렌더러의 발전으로 인테리어나 익스테리어의 표현방법이 점점 사실적인 장면으로 만들어 내고 있습니다.

인테리어 장면을 표현할 때에는 보통 주간과 야간 장면으로 나누어서 표현하는데, V-Ray 같은 경우는 Daylight 또는 VRaySun을 이용하여 창가의 햇살을 표현하고, 여기에 추가적으로 VRayLight를 설치하여 실내의 밝기를 조정합니다.

또는 Standard 조명의 일종인 Target Direct 조명을 창가로 들어오는 태양의 빛으로 활용할 수도 있습니다. 보통 인테리어 장면을 CG로 표현할 때는 크게 주간 장면과 야간 장면으로 나누어서 표현합니다. V-Ray Renderer를 활용하여 주간 장면 을 표현할 때에는 보통 Daylight와 VRaySun을 주간의 태양 조명으로 설정하고, 여기에 추가적으로 VRayLight를 추가 설치 하여 실내의 밝기를 조정합니다.

이번에 학습할 인테리어 장면은 ○○피부과의 병원 대기실로 창문이 있는 병원 대기실입니다. 본 모델링은 디자인 PROVE 의 '김정화' 실장님께서 제공해주셨습니다.

Section 01 | 병원 대기실 장면에 Physical 카메라 설치하기

Physical 카메라는 3ds Max 2016 버전부터 제공하는 물리적 기반의 사실적 렌더링에 사용할 수 있는 최상의 카메라이며, 사용하고 있는 렌더러에 따라 달라집니다.

스캔라인 렌더러, mental ray, iray, Quicksilver 하드웨어 렌더러를 지원하며, 특히 Chaos Group의 V-Ray렌더러는 Physical 카메라 설정을 모두 지원합니다.

실제 세계의 조명(예: 실제 Unit와 함께 VRayLight 또는 VRaySun과 VRaySky)의 Light 소스를 사용하는 것에 더 쉽게 접근할 수 있게 합니다.

01 병원 대기실의 주간 장면을 표현하기 위해 제공된 CD 부록에서 '병원대기실_start.max' 파일을 Open합니다. 만일, 파일을 Load하는 도중 'Unit Match' 창이 나타나면 'Adopt the File's Unit Scale?'에 체크된 상태에서 OK버튼을 클릭하도록 합니다.

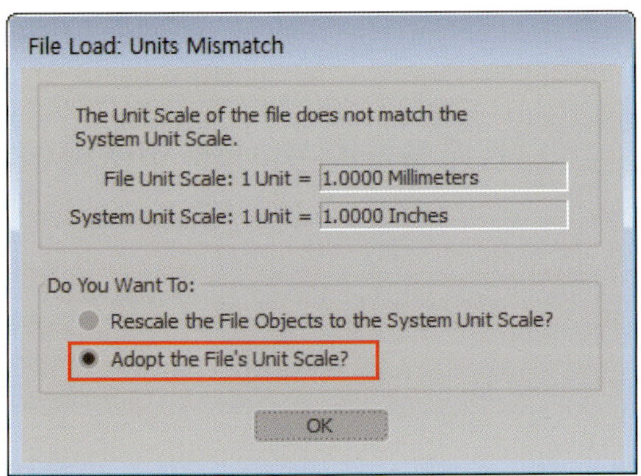

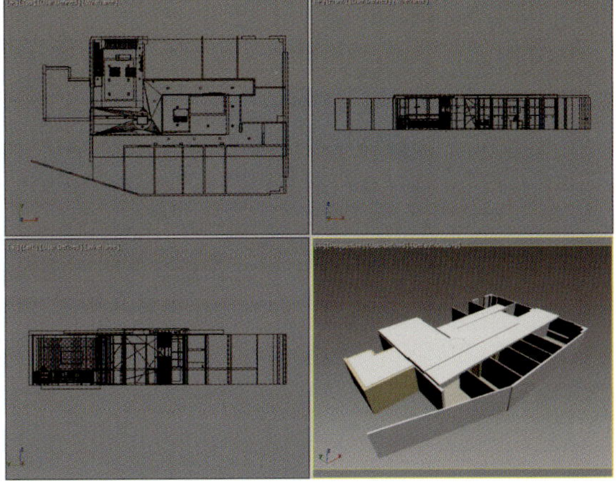

⊙ CD 제공 : 병원대기실_start_주간.max

ⓘ 알아두기 | Unit Match 설정 창

3ds Max를 실행하고 File을 Open하면 다음과 같은 'Units Mismatch'라는 창이 뜹니다. 이것은 사용자가 설정한 현재 장면의 Unit와 불러들이는 파일의 Unit가 서로 일치하지 않았을 경우 자주 나타나는 메시지 창입니다.

이럴 때는 불러들이는 파일의 Unit로 설정해줘야 조명 설치나 재질 설정 시 문제가 발생되지 않습니다. 이를 해결하기 위해서는 Unit Match 설정 창이 나타났을 때 'Adopt the File's Unit Scale?'에 체크하고 OK버튼을 클릭하도록 합니다.

'Rescale the File Objects to the System Unit Scale?' 옵션은 불러들이는 파일의 Unit에 기준을 설정하는 것이 아니라 현재 장면의 Unit에 기준으로 설정하는 것입니다.

02 현재의 병원 대기실 장면에는 이미 필자가 각 오브젝트의 재질을 설정해 놓은 상태입니다. 장면에 카메라를 설치하기 위해 다음과 같이 Create〉Cameras〉'Physical' 버튼을 클릭하고, Top View 클릭 드래그하여 카메라를 생성합니다.

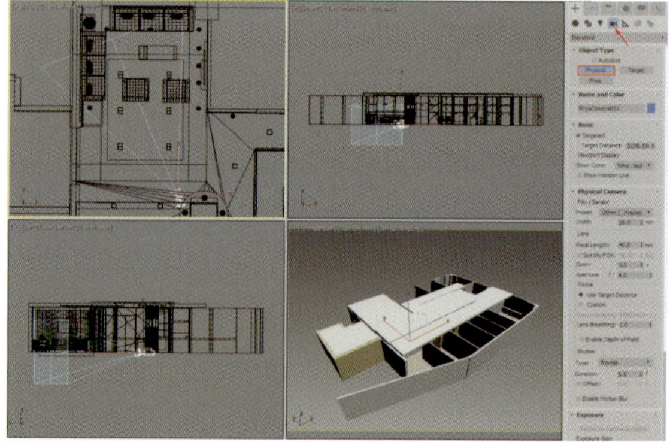

03 'Physical' 카메라를 선택하고 Perspective View에서 C 키를 눌러 Camera View로 변경합니다. 카메라와 Target을 "1,500" 정도의 높이로 조정하고, Modify 패널로 이동하여 Basic parameters 롤아웃의 'Focal Length(mm)' 값을 "24"로 변경합니다.
'PhysicalCamera001' View를 보면서 보기 좋은 구도로 카메라의 위치와 Target의 위치를 조정해줍니다.

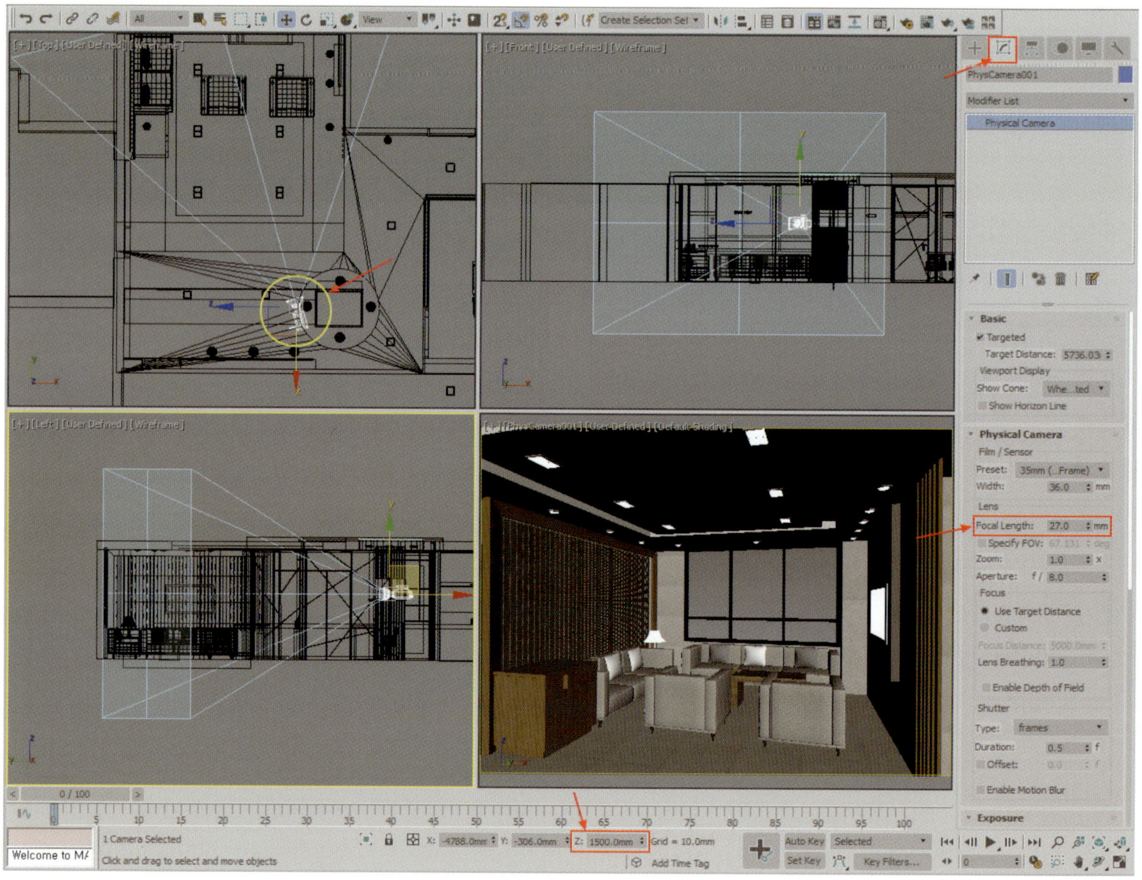

04 Main Toolbar에서 'Render Setup'[🐞][F10] 아이콘을 클릭합니다. V-Ray 탭을 클릭하고 'Global switches' 롤아웃의 'Override mtl'의 None에 VRayMtl 재질로 적용하고 OK 버튼을 클릭합니다. 이것은 병원 대기실 장면에 사용된 모든 재질이나 매핑들을 무시하고, 장면 전체에 지금 설정한 V-Ray 재질 하나로만 사용하겠다는 의미입니다.

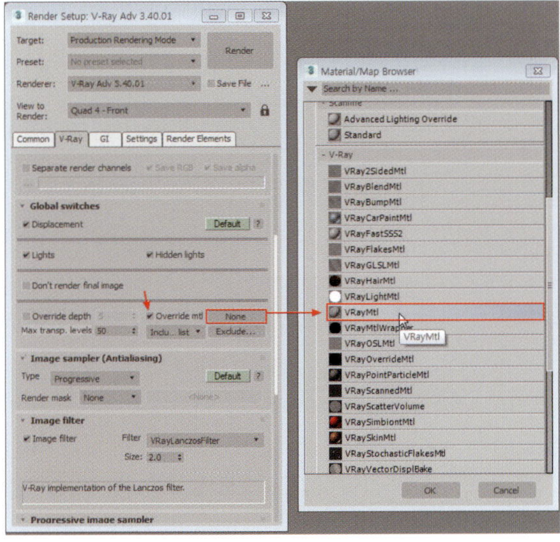

ⓘ 알아두기 | Override mtl 옵션

장면에 적용된 재질들을 모두 무시하고 새롭게 설정한 하나의 재질로 모두 보여줍니다. 장면에 존재하는 반사, 굴절, 광택 등을 무시함으로써 렌더링 타임을 단축시키거나 전체적인 분위기를 미리보기할 때 많이 사용합니다.

05 'Override mtl' 재질을 Material Editor 창의 슬롯에 Drag & Drop 방식으로 Instance 복사합니다. 재질 이름을 "W_Gray" 이름으로 변경해주고, Diffuse 컬러를 밝은 그레이 색상으로 변경한 다음 OK 버튼을 클릭합니다.

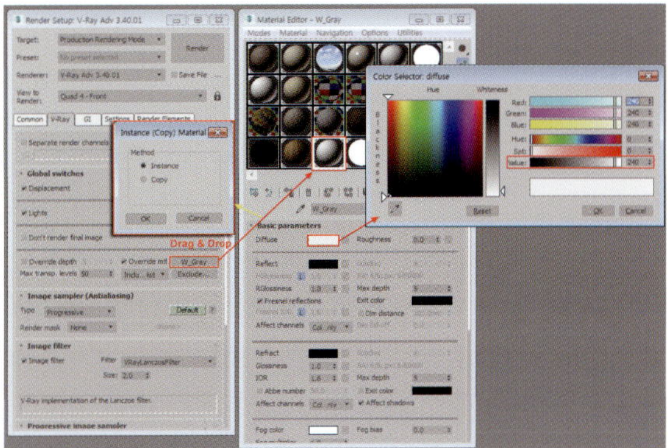

06 'Override mtl' 옵션을 설정하면 전체 오브젝트에 적용되기 때문에 창문 쪽으로 태양의 빛이 들어오지 못합니다. Exclude 옵션을 사용하여 '창문유리' 오브젝트는 'Override mtl' 재질에서 제외시켜줘야 합니다.
Exclude 버튼을 클릭하면 대화상자가 나타나는데 좌측 목록에서 '창문유리'를 더블 클릭하거나 또는 선택한 후 우측 화살표를 클릭하여 우측으로 넘깁니다.

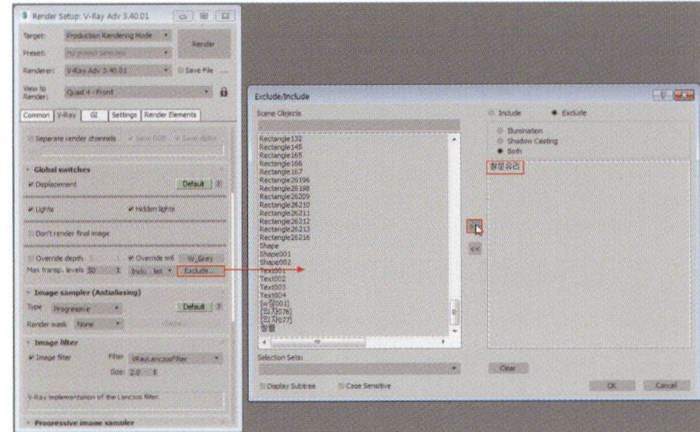

창문유리

■ **Section 02** | 장면에 VRaySun 추가하고 V-Ray Renderer 설정하기

VRaySun 및 VRaySky는 V-Ray Renderer에 의해 제공되는 특별한 기능이 있습니다. VRaySun 및 VRaySky는 실제 태양과 지구의 하늘 환경을 재현하도록 함께 개발되었으며, VRaySun의 방향에 따라 둘 다 값이 변경되도록 코딩되어 있습니다. VRaySun을 장면에 추가하면 자동으로 VRaySky를 추가하겠느냐는 대화상자가 나타납니다.

01 다음과 같이 Create〉Lights〉VRay〉VRaySun 버튼을 클릭하여 Front View에 VRaySun 조명을 설치합니다. VRaySky의 자동으로 추가하는 대화상자가 나타나면 '예' 버튼에 클릭합니다.

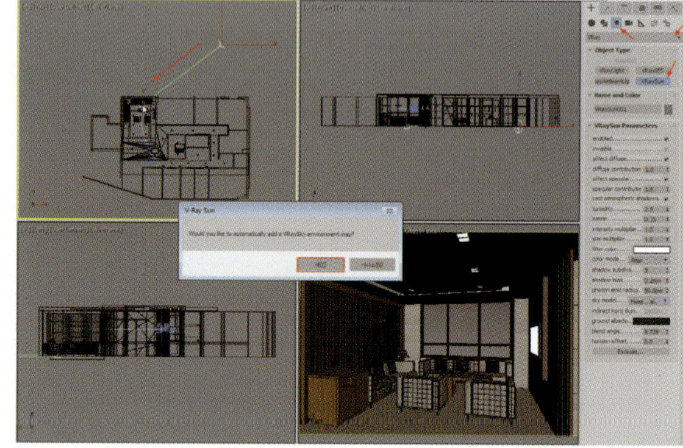

02 VRaySun 라이트를 그림과 같이 위치를 조정하고, 'Photon emit radius' 값에 "3,000"으로 입력합니다. 가능하면 'Photon emit radius' 크기는 창문을 포함할 정도의 크기로 만들어 주도록 합니다.

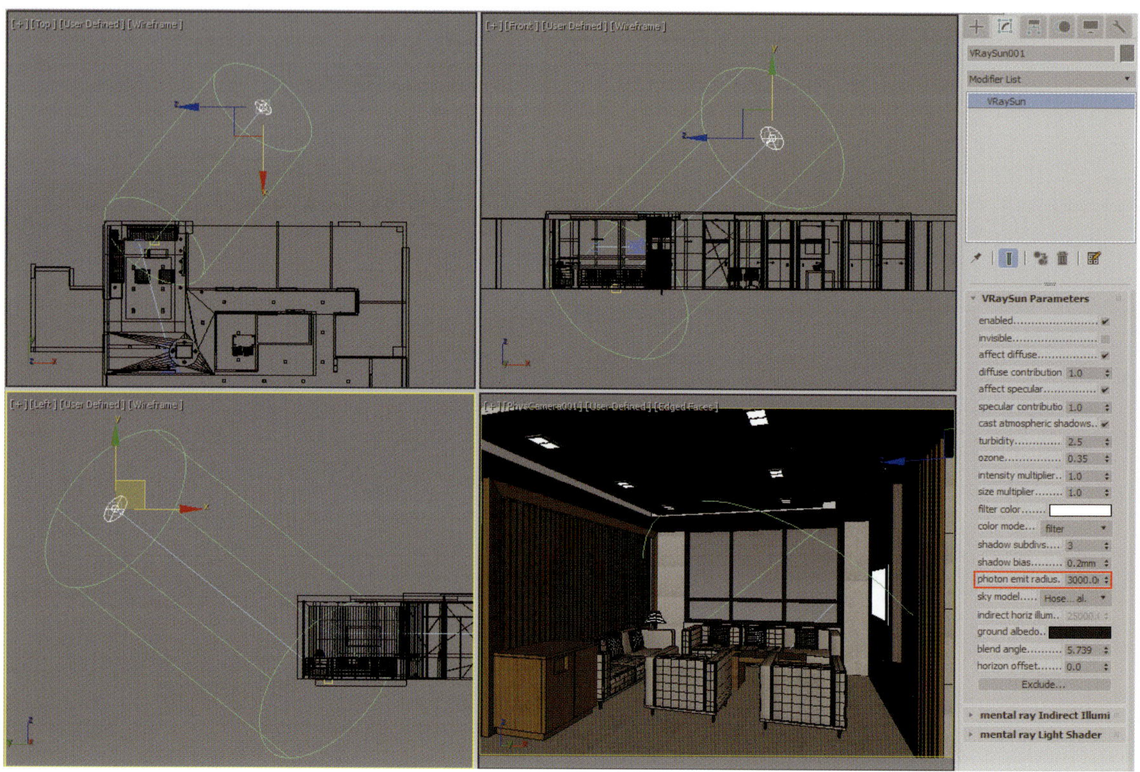

03 렌더링 버튼을 클릭하여 결과를 확인하면, 다음과 같이 장면 전체가 하얗게 렌더링되는 것을 확인할 수 있습니다.

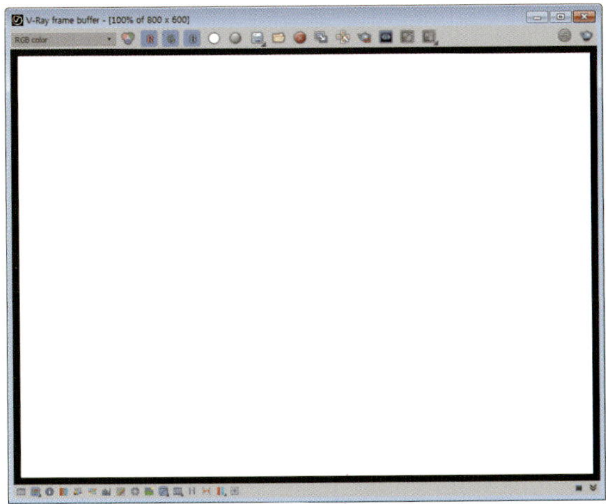

04 Render Setup[F10] 창을 열고, 상단 메뉴의 V-Ray 탭을 클릭합니다. Image Sampler(Antialiasing) 롤아웃에서 Type이 기본 Progressive로 설정되어 있는지 확인하고, Filter는 VRayLanczosFilter로 되어 있는지 확인합니다.

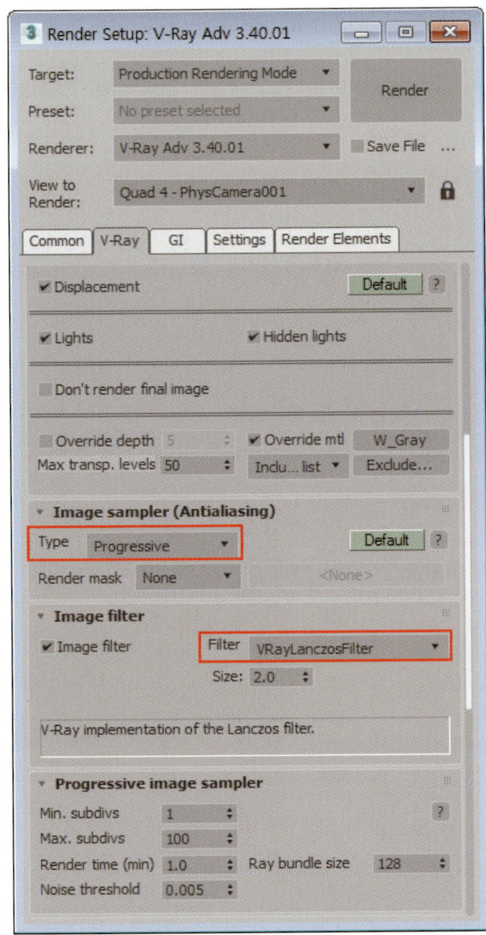

 **알아두기** | Progressive image sampler

'Progressive'는 'Adaptive' sampler와 유사하지만 버킷에서 이미지를 렌더링하는 대신 패스에 점차적으로 전체 이미지를 렌더링을 합니다.

이 샘플러의 장점은 신속하게 렌더링 이미지를 볼 수 있으며, 필요에 만큼에 따라 추가적으로 패스가 계산이 되고 수정합니다. 또한 이 샘플러는 Sharpening image filter(Catmull-Rom, Mitchell-Netravali)은 렌더링 속도를 저하하기 때문에 사용하지 않는 것이 좋습니다.

- **Min. subdivs** : 이미지에서 받게 될 각 픽셀에 대한 샘플의 최소수를 제어합니다. 샘플의 실제 수는 Subdivs의 제곱입니다.
- **Max. subdivs** : 이미지에서 받게 될 각 픽셀에 대한 샘플의 최대수를 제어합니다. 샘플의 실제 수는 Subdivs의 제곱입니다.
- **Render time(min)** : 최대 렌더링 시간을 분으로 계산합니다. 이것은 최종 픽셀의 렌더링 타임에 국한하며, Light Cache, Irradiance map 등과 같이 GI Prepass를 포함하지 않습니다. 0.0은 렌더링 시 타임에 제한하지 않습니다.
- **Noise threshold** : 이미지에 원하는 노이즈 값의 레벨입니다. 0.0일 경우 Max. subdivs 값에 도달하거나 렌더링 제한된 시간에 도달할 때까지 전체 이미지는 균일하게 샘플링됩니다.
- **Ray bundle size** : 이 옵션은 각 컴퓨터에 전달되는 작업의 덩어리의 크기를 제어하기 위한 것으로 분산 렌더링에 유용합니다. 분산 렌더링할 때 값이 높을수록 더 나은 렌더링 서버의 CPU를 활용하는 데 도움이 될 수 있습니다.

05 계속해서 Environment 롤아웃의 GI environment에 체크를 해줍니다. 렌더링 시 밝게 타는 현상을 미연에 방지하기 위해 Color mapping 롤아웃을 열어주고, Exponential 타입으로 변경해줍니다.

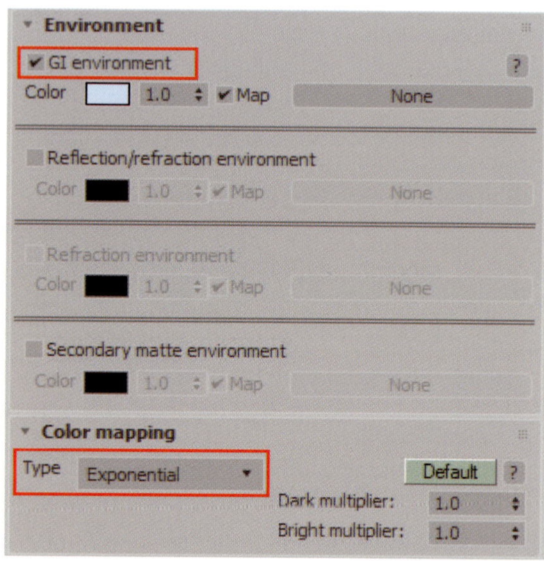

07 Light cache 롤아웃을 열고 Calculation parameters 항목의 Subdivs 값에 "800"으로 변경합니다. 나머지 옵션 값들은 Default 값으로 그대로 놔둡니다.

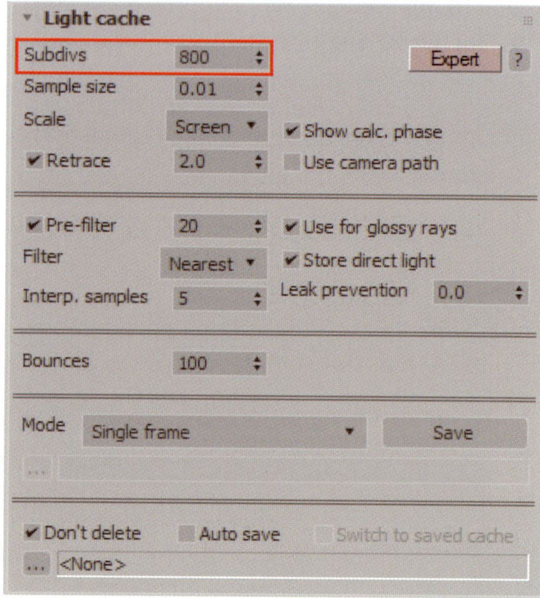

06 상단 메뉴의 'GI' 탭을 클릭합니다. Global illumination 롤아웃을 열고, Enable GI에 체크를 합니다. Primary engine에는 'Irradiance map'으로 설정하고, Secondary engine에는 'Light cache'로 설정합니다. Irradiance map 롤아웃의 Current preset은 'Low'로 설정합니다.

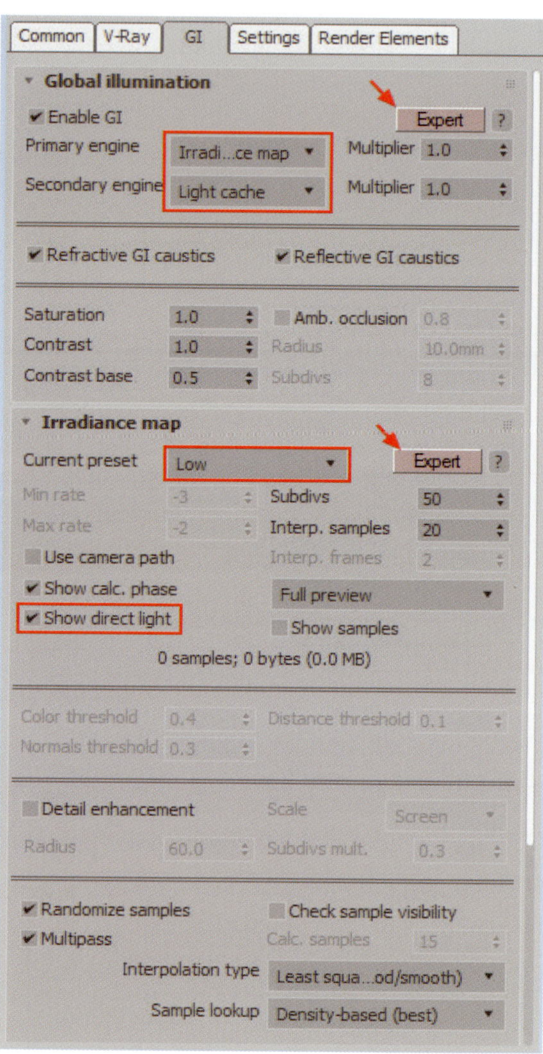

08 메뉴 바에서 Customize〉Preference를 클릭하여 환경 설정 창을 불러냅니다. Gamma and LUT 탭에서 'Enable Gamma/LUT Correction'에 체크해 줍니다. 이 설정은 렌더링 이미지로 저장 시 감마가 적용된 상태로 저장하기 위함입니다.

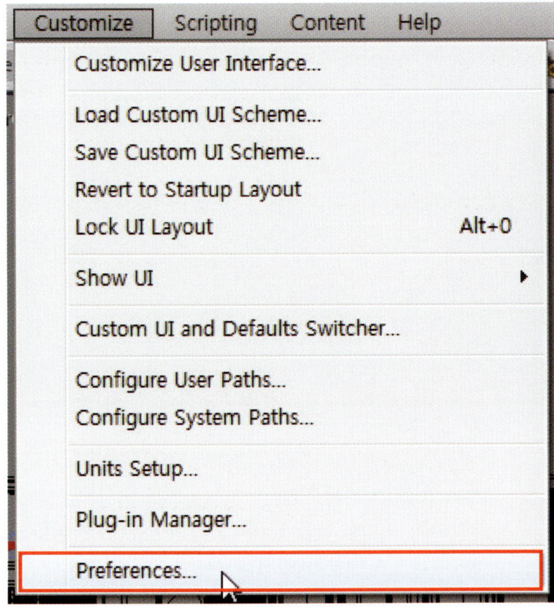
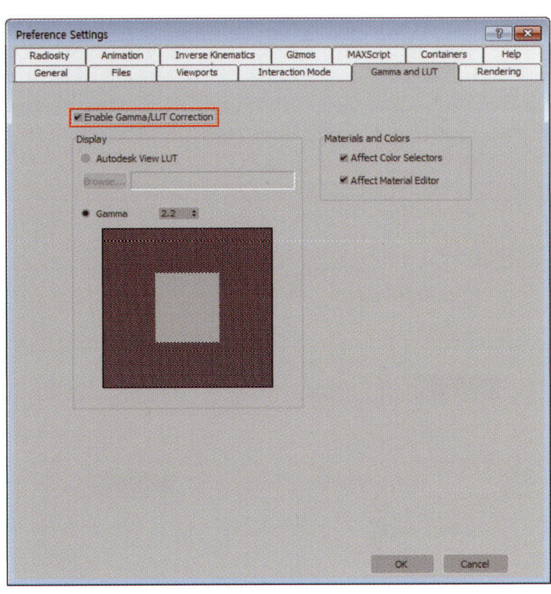

09 렌더링 결과 전과 달라진 부분이 거의 없습니다. 이를 계속해서 수정하도록 하겠습니다.

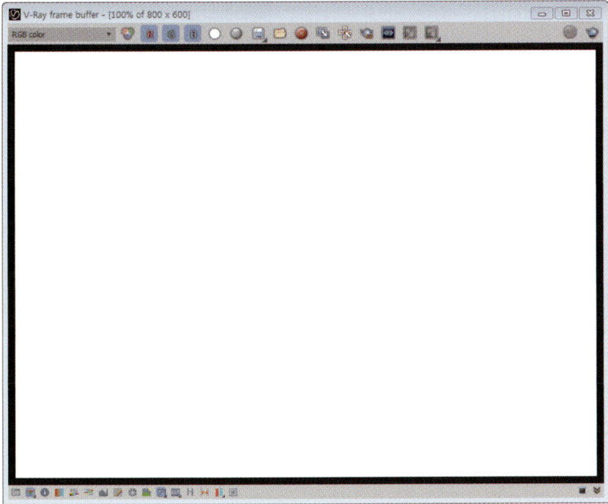

10 메뉴 바〉Rendering〉Environment[8]를 클릭하여 Environment and Effects 창을 엽니다. Exposure Control의 롤아웃에서 'Render Preview' 버튼을 클릭하여 썸네일 이미지로 렌더링을 합니다.
Physical Camera Exposure Control 롤아웃의 'Use Physical Camera Controls if Available' 옵션은 비활성화시켜주고, Exposure Value 수치에 "12"로 입력합니다.

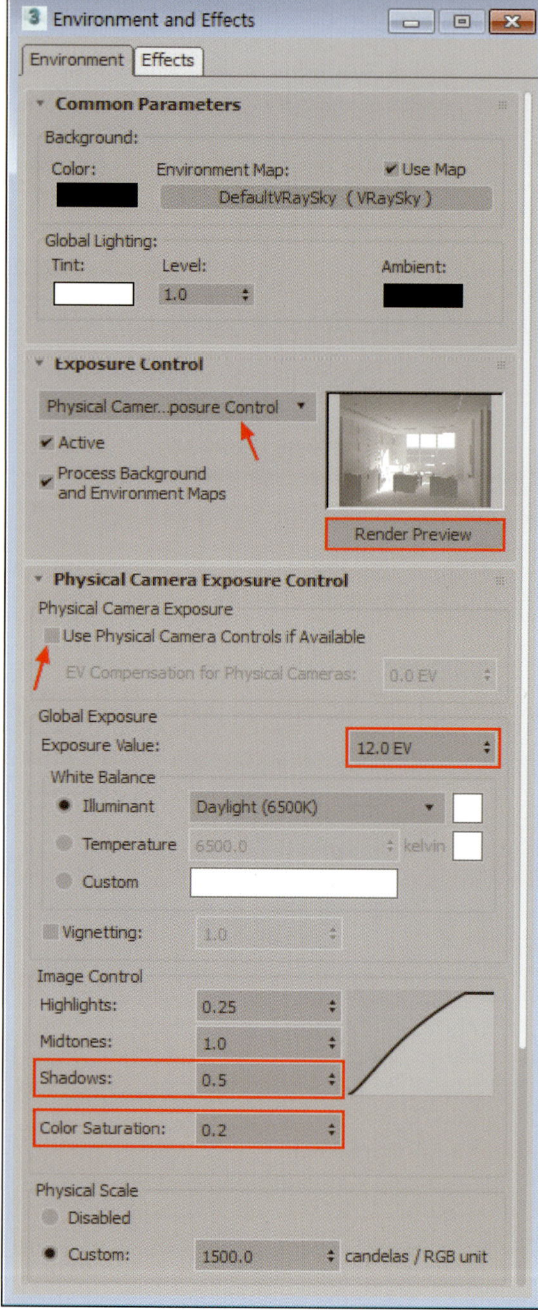

11 렌더링 결과를 확인합니다. 조금 더 보완하도록 하겠습니다.

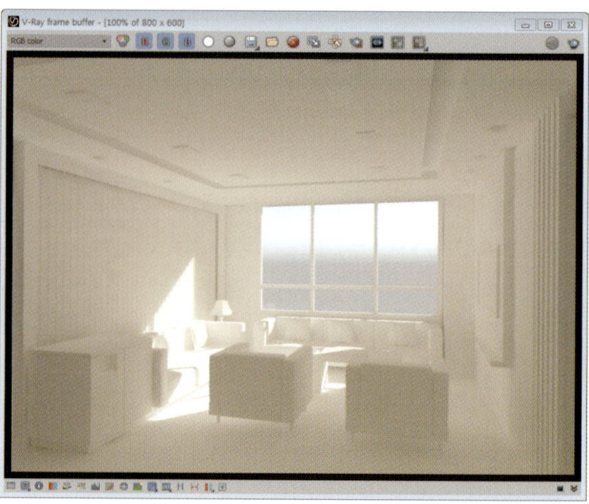

12 Main Toolbar에서 'Select by Name'[H] 아이콘을 클릭하여 대화상자를 불러내고, '창문유리'와 '창틀'을 선택하고 OK 버튼을 클릭합니다.

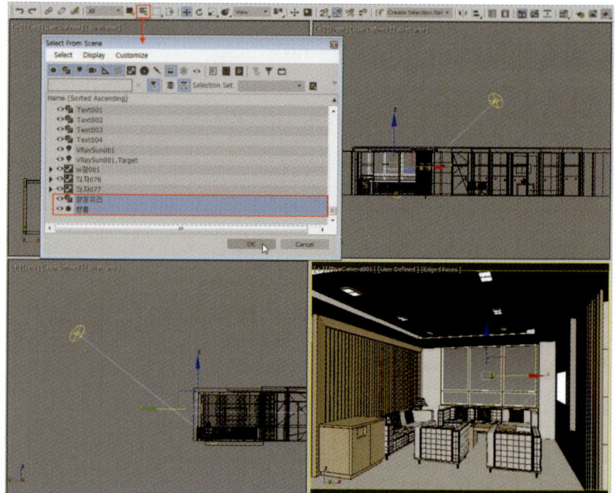

13 '창문유리'와 '창틀'이 선택됩니다. 그 상태에서 Alt + Q [Isolate Selection]을 눌러 선택되지 않은 모든 오브젝트들은 화면에 잠시 숨겨줍니다.
Create〉Lights〉VRay〉VRayLight를 클릭하여 Front View에서 창문 사이즈에 맞게 생성시켜주고, 그림과 같이 창문 뒤쪽으로 옮겨준 후 '180도' 회전시켜줍니다.

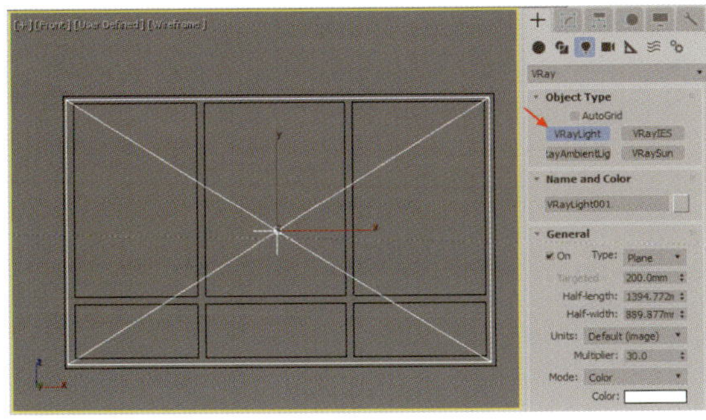

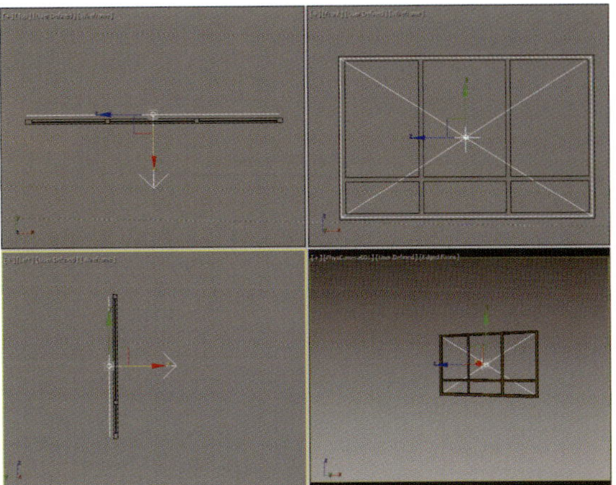

14 Isolate Selection Toggle(그림A) 버튼을 클릭하여 숨겨놓은 오브젝트를 다시 화면에 표시합니다. VRayLight의 Multiplier 값을 "15"로 수정해주고, Invisible에 체크하여 렌더링 시 나오지 않게 해줍니다.

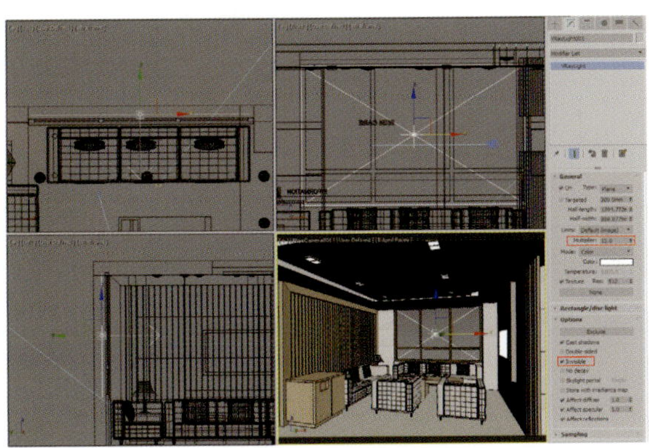

15 렌더링 결과 창가 쪽에서부터 실내 쪽으로 점점 빛이 밝아지는 것을 확인할 수 있습니다.

16 벽과 천장, 벽과 바닥의 경계부분이 약하게 나타납니다. 이를 해결하기 위해 GI 탭의 Amb. occlusion을 사용합니다.
또한 전체적으로 갈색으로 보이는 색상 번짐 현상을 잡아내려면 Saturation 값을 약하게 설정하면 됩니다.

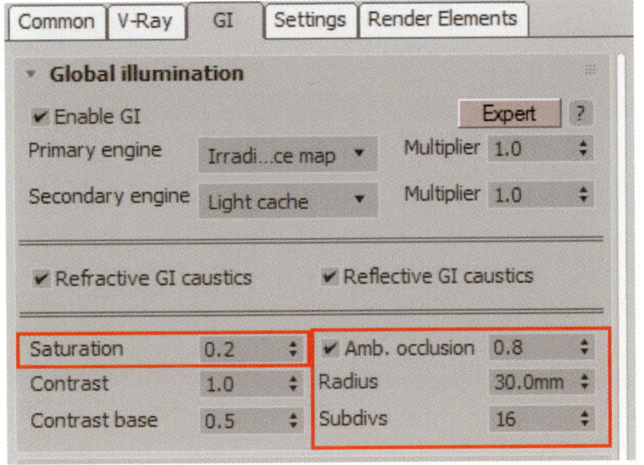

 **알아두기** | Ambient occlusion

물체끼리 근접해 있는 경계 부분을 음영으로 강하게 표시하여 그 구간을 뚜렷하게 표현합니다.
Multiplier : Ambient occlusion 양을 제어합니다. 값이 높을수록 그 효과가 뚜렷하게 표시됩니다.
Radius : Ambient occlusion의 반경을 지정합니다.
Subdivs : Ambient occlusion을 계산하기 위한 샘플의 수를 결정하며, 값이 낮을수록 렌더링이 빠를 수 있지만 노이즈는 감소하지 않을 수도 있습니다.

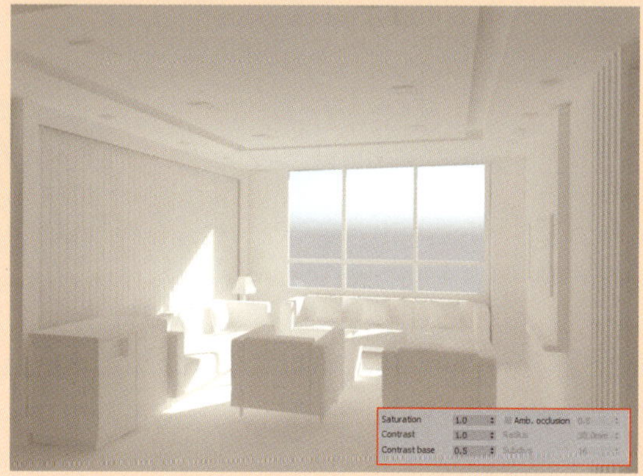

Saturation : 1.0 / Amb. occlusion : off

Saturation : 0.35 / Amb. occlusion : on

17 장면에 있는 VRaySun을 선택한 후 Modify 패널을 클릭합니다. VRaySun Parameters 롤아웃에 있는 'size multiplier' 값을 "6"으로 조정하여 방에 비추는 그림자의 가장자리를 부드럽게 처리합니다.

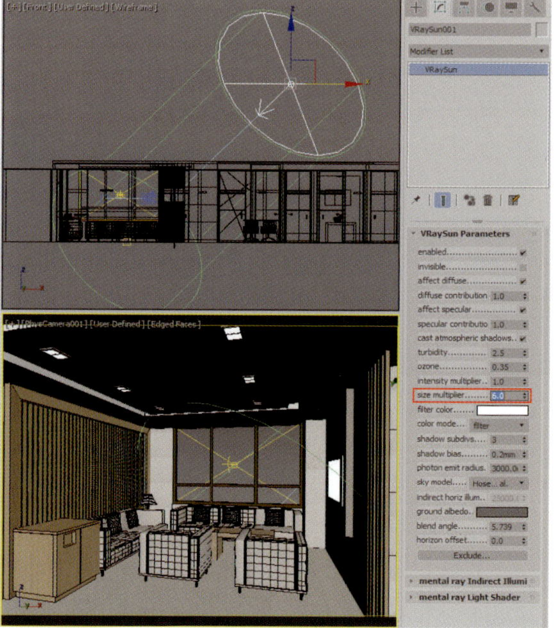

18 다음 이미지는 'size multiplier' 값에 따른 비교 이미지입니다. 그림과 같이 'size multiplier' 값이 클수록 그림자 부분이 훨씬 더 부드러워 보입니다.

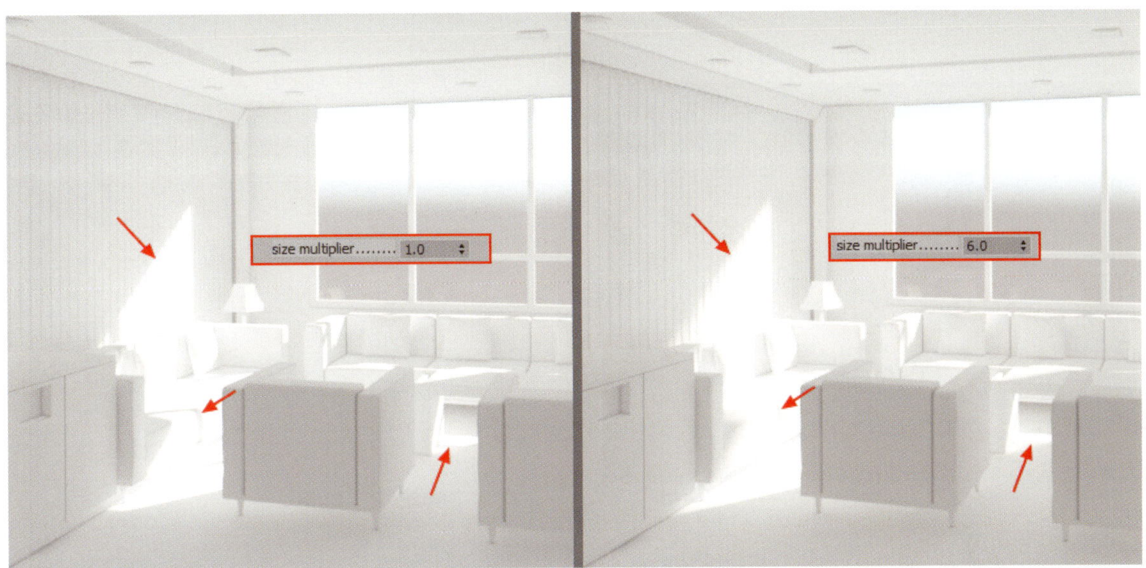

19 Render Setup 창의 GI 탭을 선택합니다. Light cache 롤아웃을 열고, Subdivs 값에 "1,600"으로 올려줍니다.

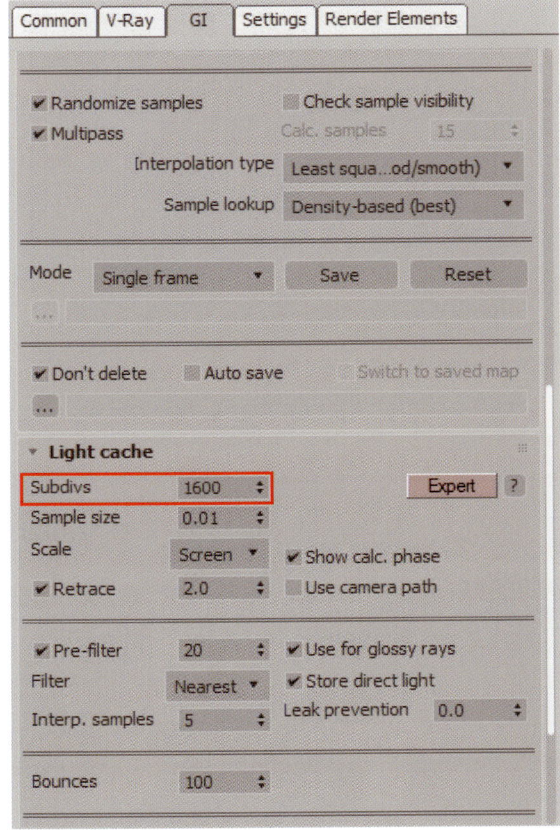

20 Render Setup[F10] 창에서 V-Ray 탭의 'Override mtl' 옵션의 체크를 해제합니다. 각 오브젝트에 적용했던 재질이나 매핑 했던 장면으로 복구됩니다. 렌더링 결과를 확인합니다.

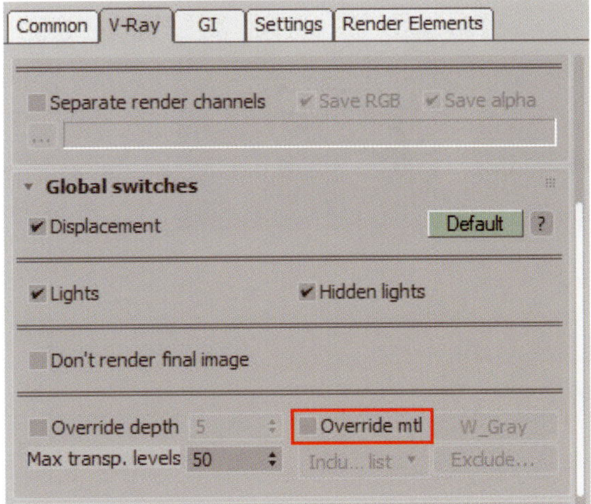

21 병원 대기실 장면에 존재했던 재질들과 매핑을 다시 활성화시킨 다음 렌더링한 이미지입니다. 전체적으로 많이 어두워 보입니다.

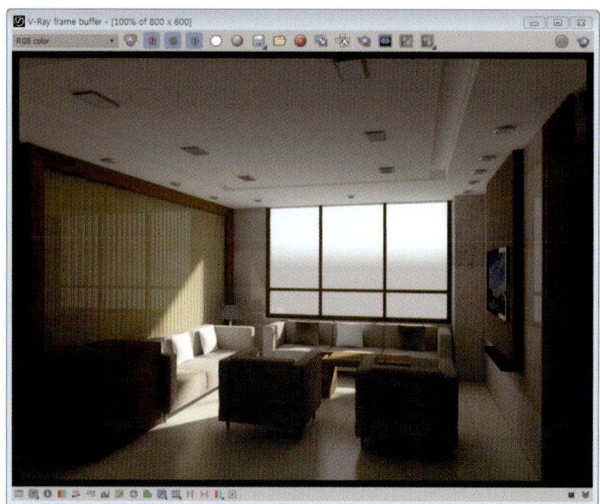

23 좌측 하단이 'Use colors curve correction'(그림 A)을 활성화시켜주고, Curve의 그래프를 사용하여 밝기와 음영을 조정해줍니다.

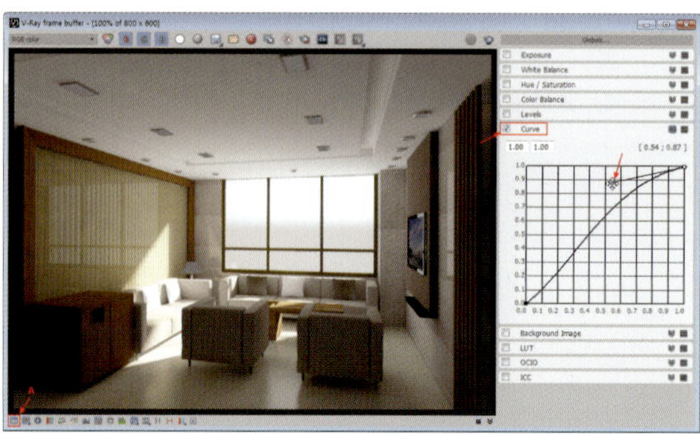

22 Environment and Effect 창을 열고, Physical scale 항목의 Custom의 수치를 "2,500"으로 올려주어 전체적으로 이미지를 밝게 만들어 줍니다. 참고로 Physical scale은 실제가 아닌 라이트에 사용할 노출 컨트롤의 물리적 배율을 설정하는 것으로, Custom은 각 표준 라이트의 승수 값에 물리적 배율 값을 곱해 라이트 명도 값을 칸델라로 제공합니다.

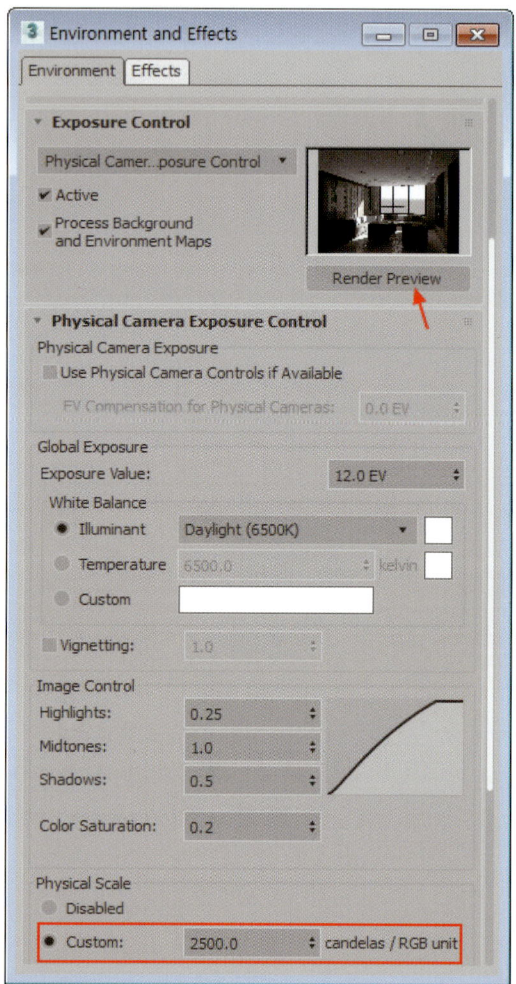

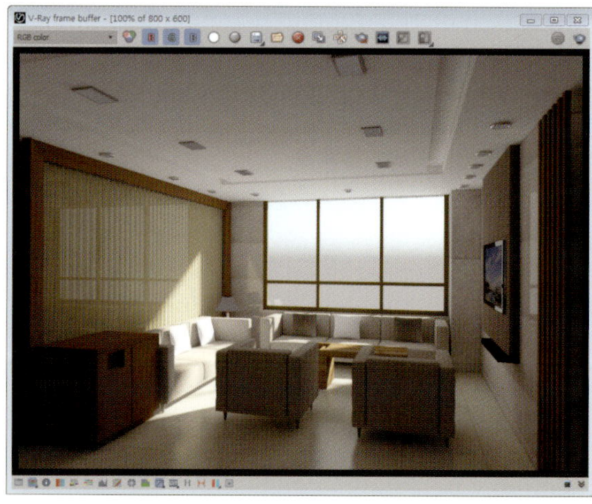

24 3ds Max의 좌측 상단에 있는 Application Button〉Import〉Merge를 클릭하고 제공된 CD 부록에서 '버티컬.max' 파일을 Open합니다.

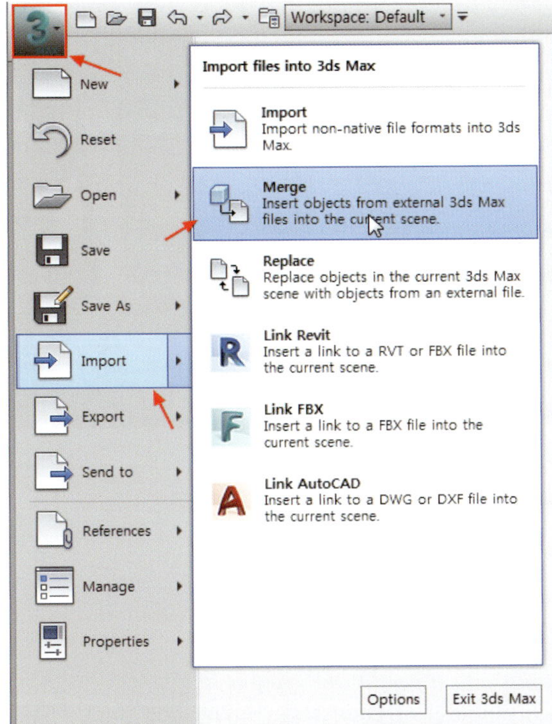

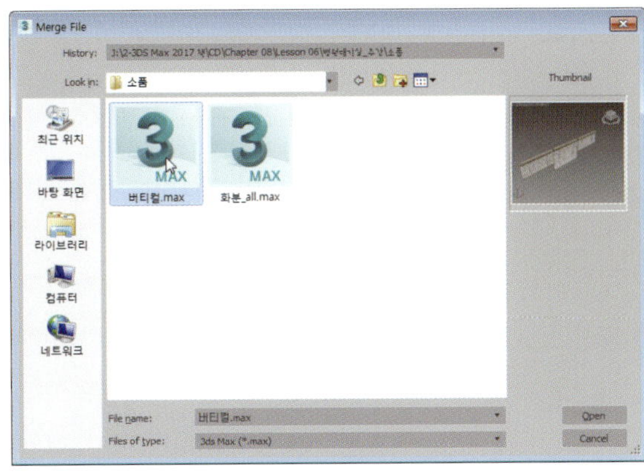

25 Merge 창이 나타나면 'All' 버튼을 클릭하고 OK 버튼을 클릭합니다. 창문 쪽에 '버티컬' 오브젝트가 불러들여졌습니다.

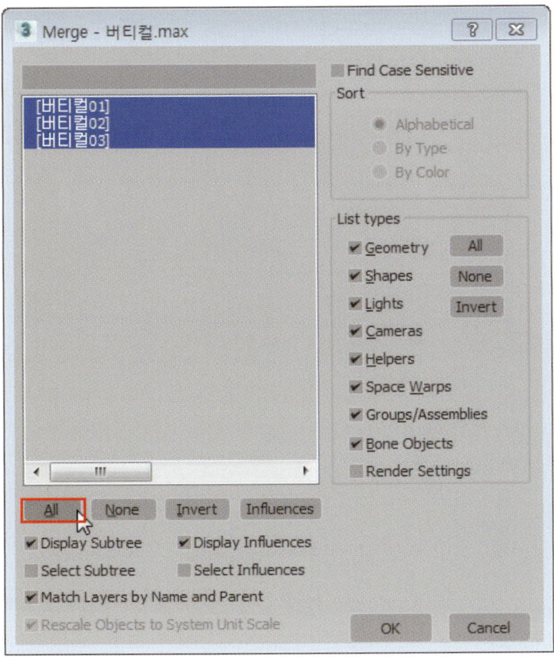

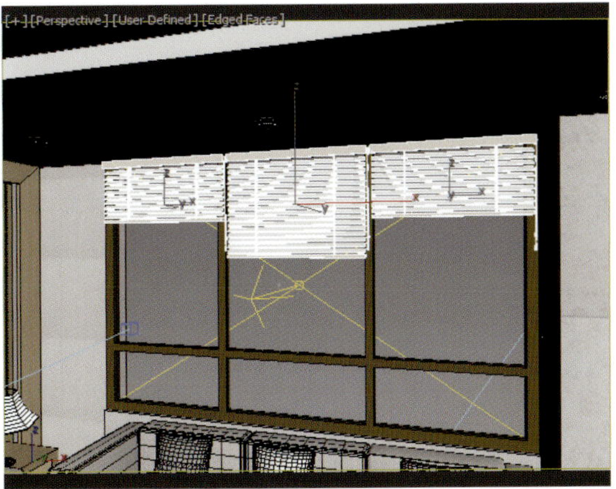

26 동일한 방법으로 제공된 CD 부록에서 '화분_all.max' 파일을 Merge 명령으로 화면에 불러들입니다.

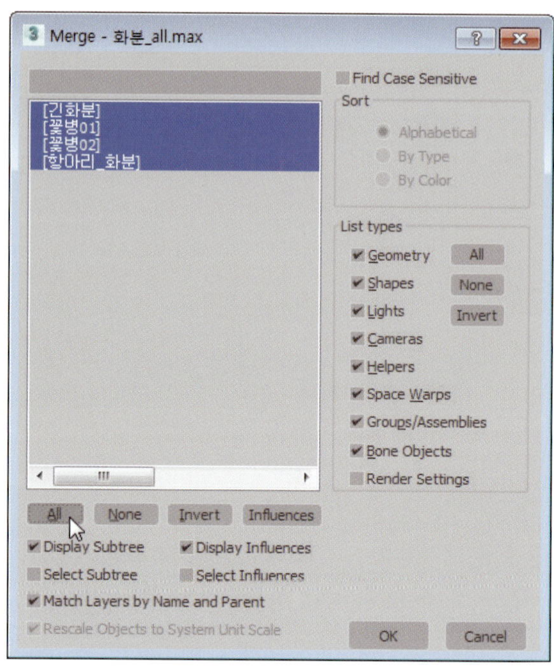

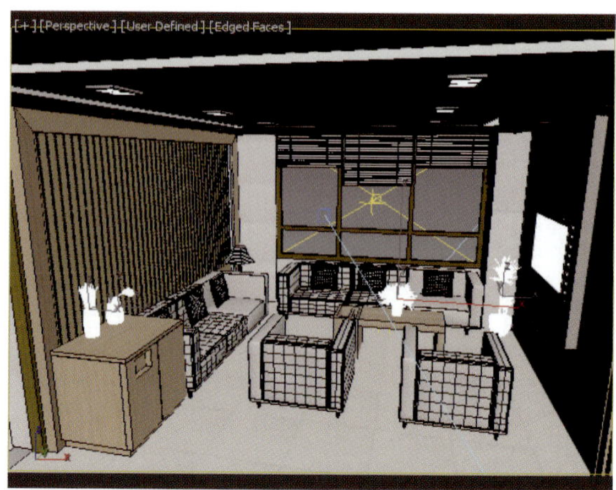

27 다음 이미지는 소품들을 모두 불러와 'VRaySun'과 'Physical' 카메라를 사용하여 최종 렌더링한 결과입니다. 최종적으로 포토샵에서 레이어의 브랜딩 모드와 필터의 가우시안 블러를 이용하여 따뜻한 느낌으로 보정하였습니다.

CD 제공 : 병원대기실_com_VRay_주간.max

Lesson 07

인테리어 야간 장면 - V-Ray

앞 예제에서는 병원 대기실 장면에 VRaySun을 사용하여 주간 장면을 표현하였습니다. 이번 예제에서는 같은 병원 대기실 장면에 야간 장면으로 표현하도록 하겠습니다. 야간 장면에는 대부분 VRayLight와 VRayIES 조명을 사용하며, 본 예제의 인테리어 공간은 매우 단순한 인테리어 구조로 되어 있기 때문에 조명 설정이 까다롭지 않으므로 쉽게 조명을 설치할 수 있습니다.

Section 01 | 병원 대기실 장면에 VRayLight 추가하기

야간 장면에 조명을 설치할 때에는 우선 직접조명부터 설치합니다. 처음에는 장면에 존재하는 각 라이트마다 메인 조명을 설치하고 초기 렌더링을 통하여 기본적인 밝기를 조정합니다. 이후에는 GI를 활성화시켜주고, 간접조명의 추가 계산과 나머지 옵션 등을 통하여 렌더링을 완성합니다.

01 병원 대기실의 야간 장면을 표현하기 위해 제공된 CD 부록에서 '병원대기실_start_야간.max' 파일을 Open합니다. 혹 파일을 Load하는 도중 'Unit Match' 창이 나타나면 'Adopt the File's Unit Scale?'에 체크된 상태에서 OK버튼을 클릭합니다.

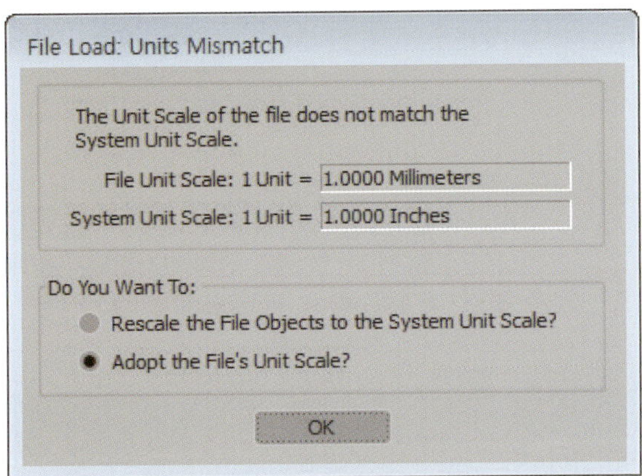

02 장면에 설치된 Physical 카메라를 선택한 후 Modify 패널로 이동한 후 Exposure 항목의 'Install Exposure Control' 버튼을 클릭합니다.

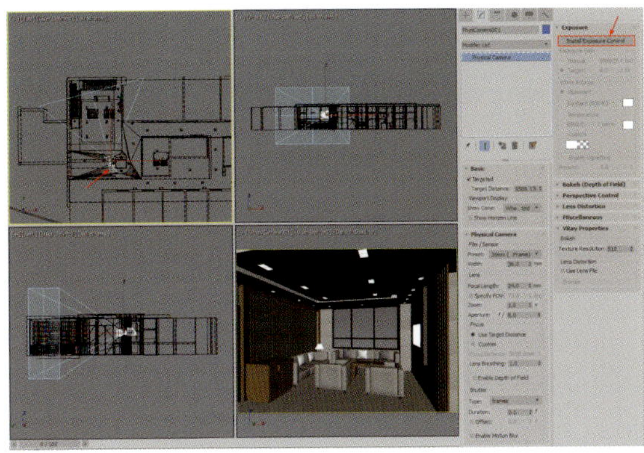

ⓒ CD 제공 : 병원대기실_start_야간.max

03 메뉴 바〉Rendering〉Environment[8]를 클릭하여 확인해보면 'Physical Camera Exposure Control'이 활성화된 것을 확인할 수 있습니다.

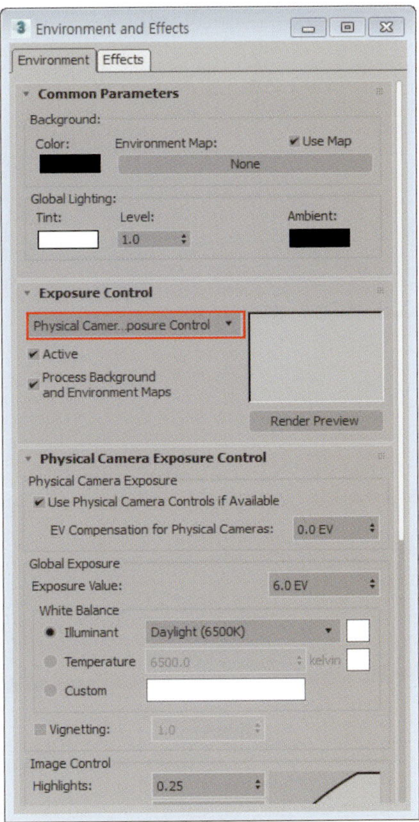

04 라이트를 쉽게 설치하고 설정하기 위해서 먼저 소파와 쿠션을 화면에 숨겨줍니다. 마우스 오른쪽 버튼을 클릭하고 나오는 Quad Menu에서 'Hide Selection' 명령을 클릭하면 됩니다.

05 전체의 밝기를 좌우할 조명을 설치하겠습니다. Create〉Lights〉VRay〉VRayLight를 그림과 같이 Top View의 중앙 부분에 생성하여줍니다.

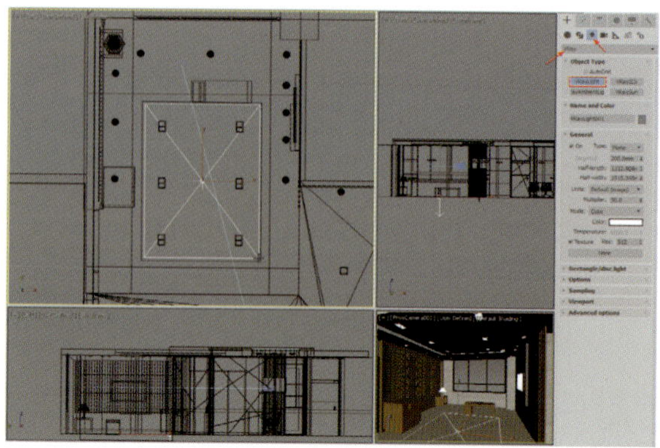

06 Move 툴을 이용하여 천장 바로 아래 이동시켜 주고, Modify 패널로 이동한 후 Intensity 항목의 Multiplier 값을 "1.5"로 수정해줍니다. Option에서는 'Invisible'에 체크하여 렌더링 시 조명의 형태가 나타나지 않게 합니다.

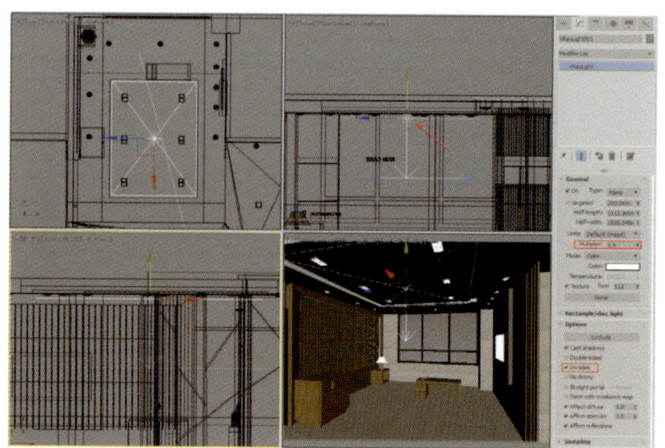

07 기본 옵션으로 렌더링한 결과 전체적으로 약간 밝게 렌더링되었지만, 무시하고 넘어가도록 합니다.

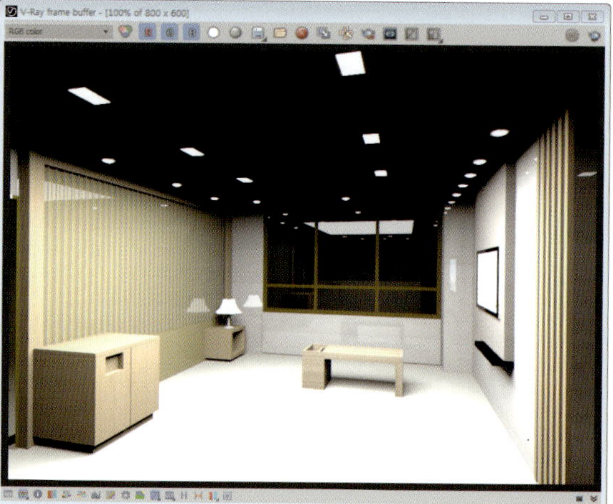

08 Environment and Effects 창의 Exposure 항목에서 Physical Camera Exposure Control 롤아웃의 'Use Physical Camera Controls if Available' 옵션은 비활성화시켜주고, Exposure Value 수치에 "9.0"로 입력합니다.

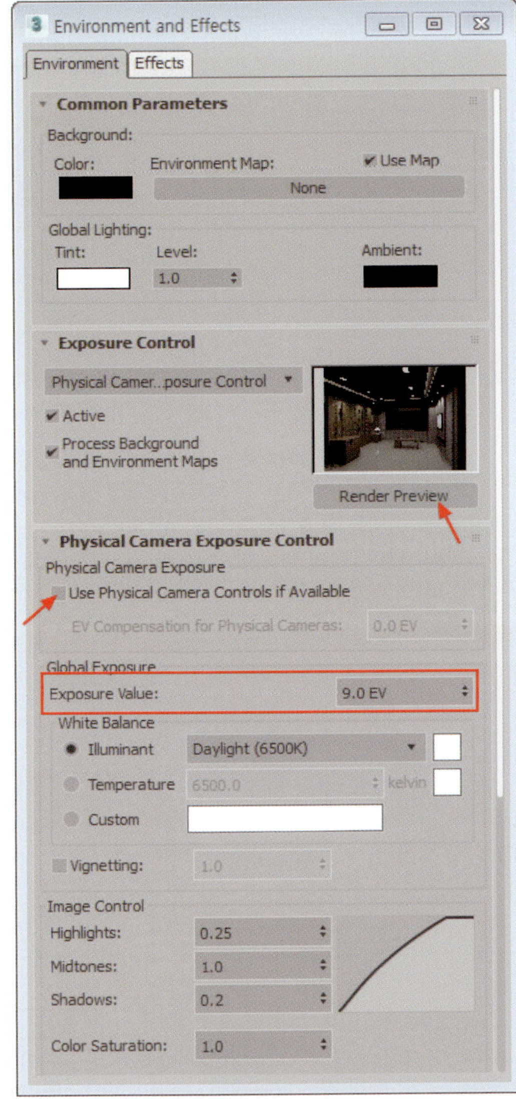

09 이번에는 스탠드 쪽의 라이트를 설치하겠습니다. Top View에 VRayLight를 스탠드 중앙 쪽에 만들어 주고 Type을 Sphere로 변경합니다. Multiplier 값을 "15"로 수정합니다.

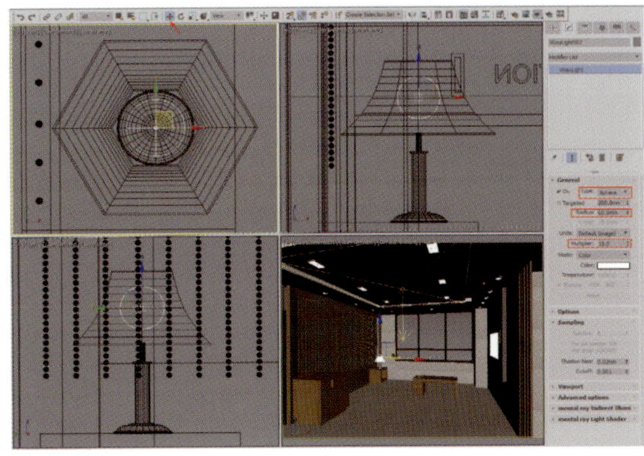

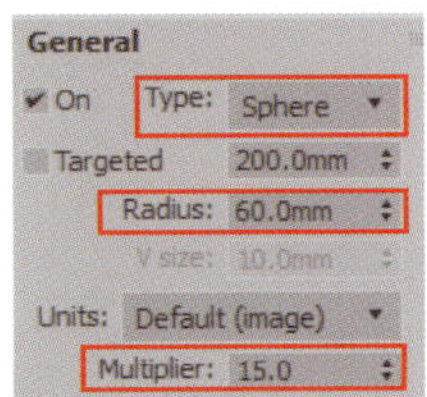

10 우물천장 부분에 간접 조명을 설치하기 위하여, Left View에 그림과 같이 VRayLight를 설치하고 옵션을 조정해줍니다. Multiplier 값을 "5.0"으로 수정합니다.

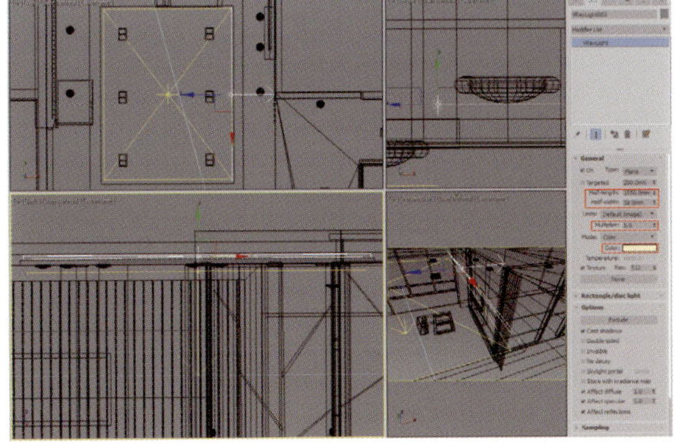

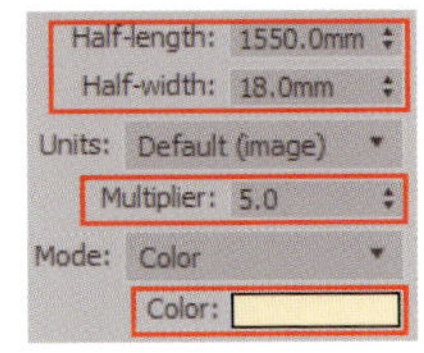

11 방금 설치한 VRayLight를 선택하고, Main Toolbar의 Mirror를 클릭하여 좌측으로 복사하여줍니다.

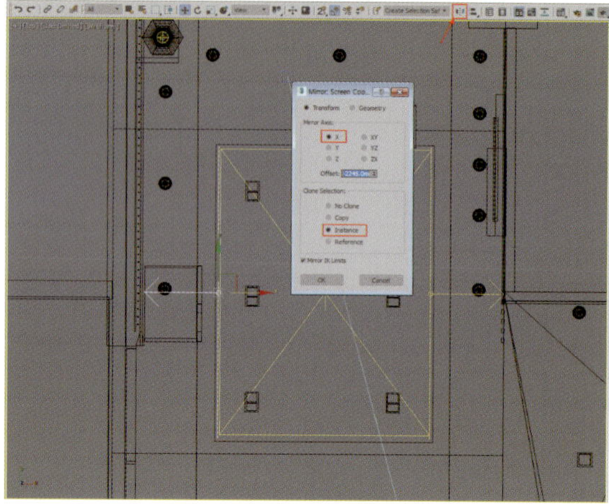

12 계속해서 Shift 키를 누르고 드래그하여 2개 더 복사해준 다음, 위치와 방향, 크기를 조절하여 줍니다. VRayLight를 복사할 때에는 'Instance' 방식으로 해 줍니다.

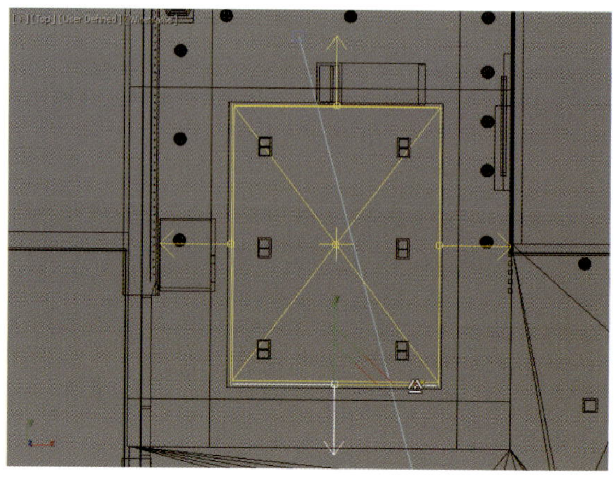

13 우물천장에 설치한 간접 조명의 렌더링 결과입니다.

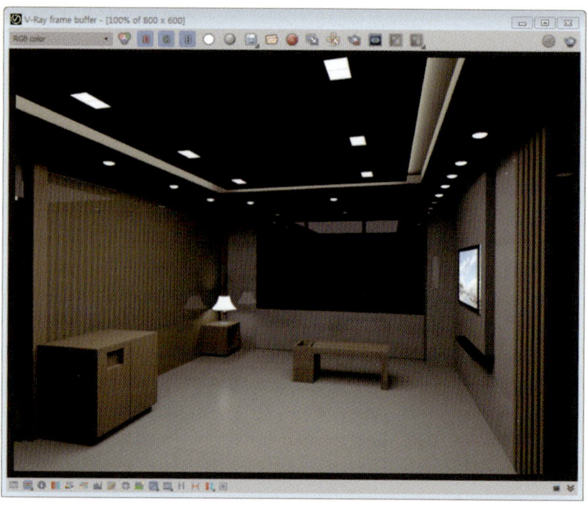

14 이번에 매입등에 대한 조명을 설치하도록 하겠습니다. 매입등 같은 경우는 각 매입등에 맞추어 VRayIES 조명을 설치한 후 IES 데이터를 적용합니다.
그림과 같이 Front View에 VRayIES 조명을 클릭 드래그하여 설치합니다.

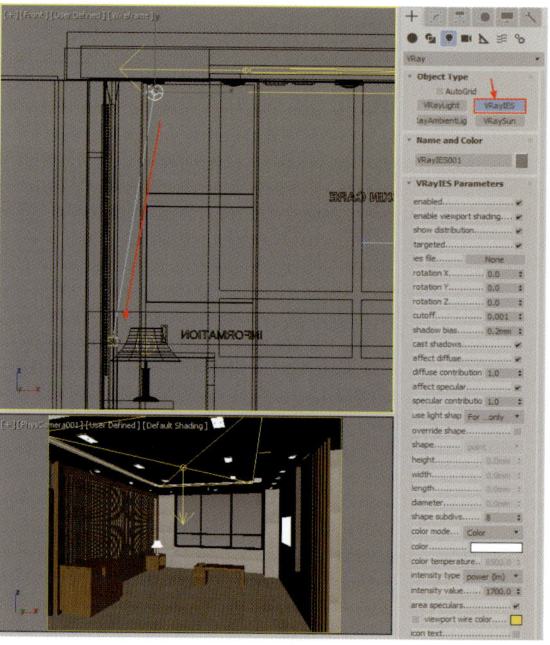

15 방금 설치한 라이트를 맵입등의 위치에 조정해주고, Shift 키를 누른 상태로 드래그하여 Instance 방식으로 복사하여 줍니다.

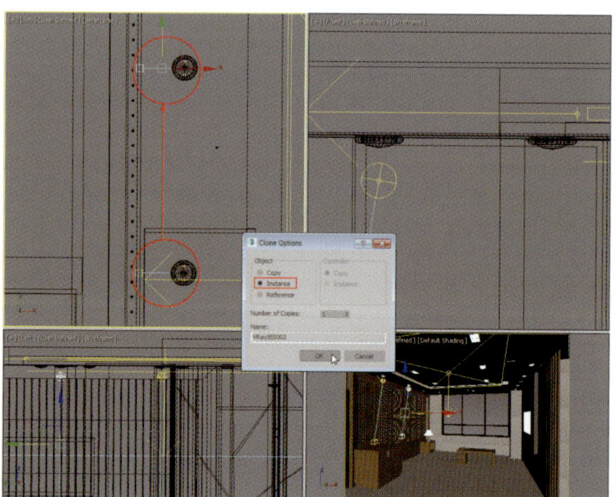

16 나머지도 동일한 방법으로 매입등의 위치에 맞게 'Instance' 방식으로 복사하여줍니다.

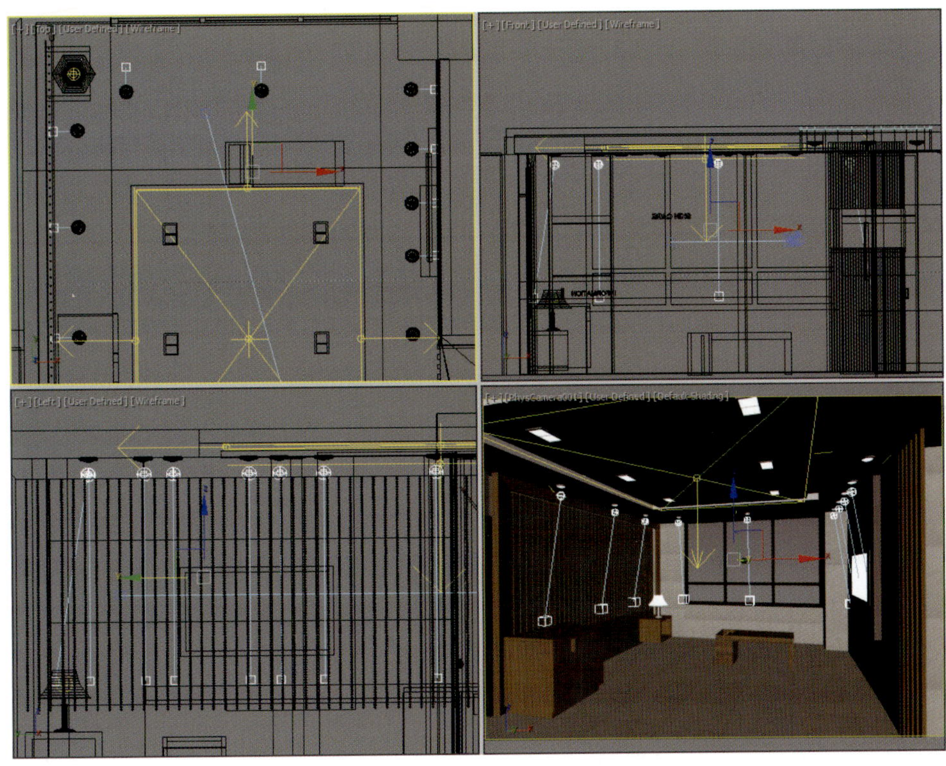

17 매입등으로 만든 여러 VRayIES 조명 중에 하나를 선택하고, Modify 패널로 이동합니다. 'ies file'의 None을 클릭하고 제공된 CD 부록에서 2줄-nice.IES 파일을 선택합니다. 'power' 수치는 일단 "800"으로 수정해줍니다.

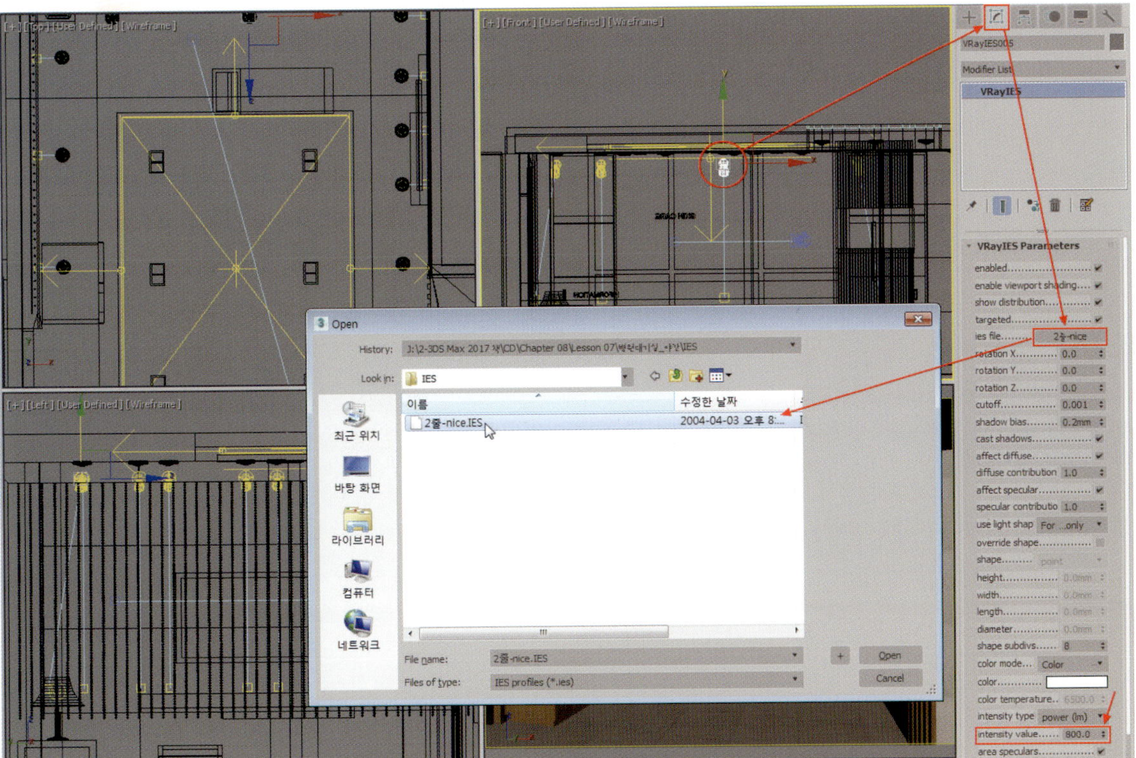

18 VRayIES 조명에 IES 파일이 적용된 조명의 모양입니다.

19 IES 파일이 적용된 렌더링 결과입니다.

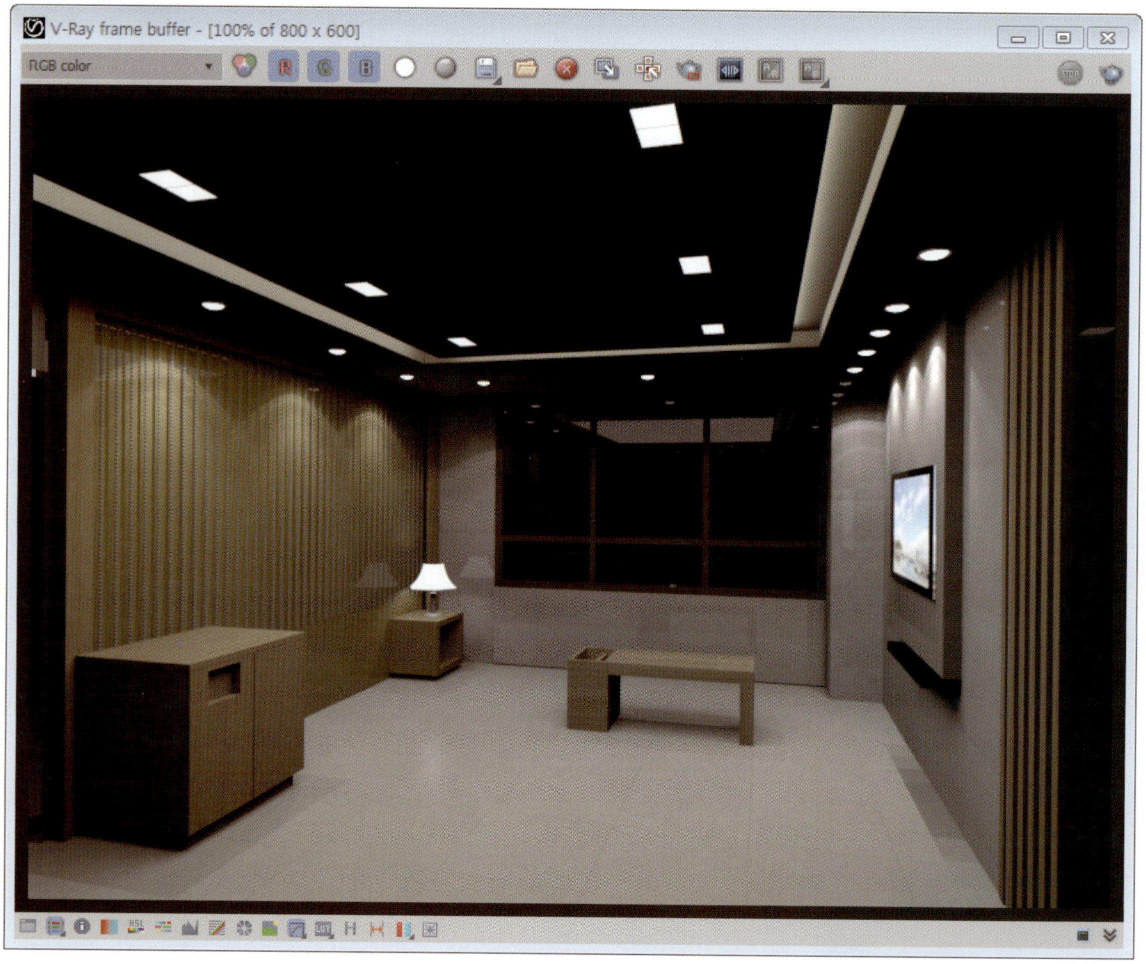

Section 02 | 병원 대기실 장면에 V-Ray Renderer 설정하기

야간 장면의 V-Ray Renderer 설정은 GI environment를 옵션을 제외한 나머지 Global illumination 옵션을 설정해줍니다.

01 Render Setup[F10] 대화상자에서Common 탭을 클릭합니다. Output Size를 1,024×768로 설정하여줍니다.

02 VRay 탭을 클릭하고 Frame buffer 롤아웃과 Global switches 롤아웃, Image sampler(Antialiasing)롤아웃을 모두 Default 값으로 유지합니다.

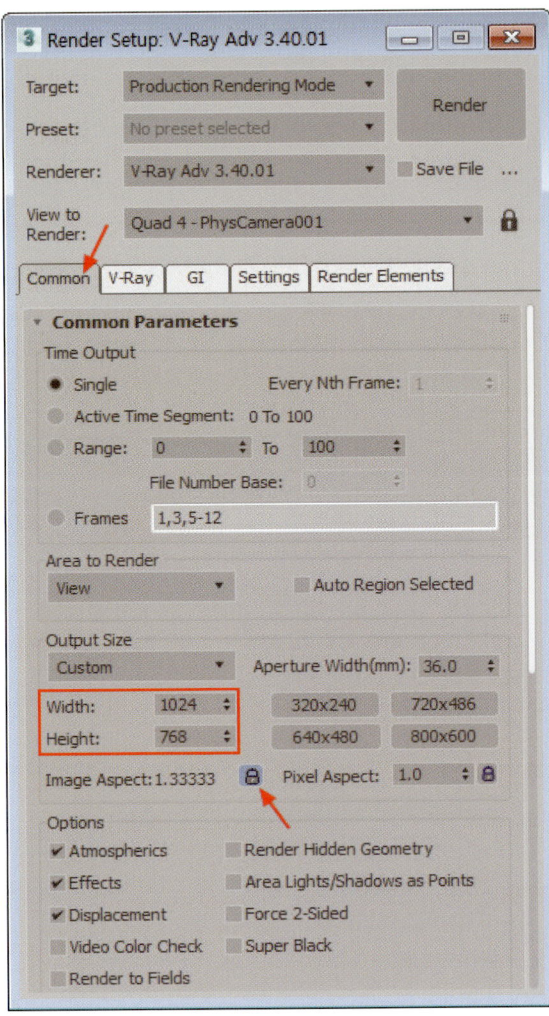

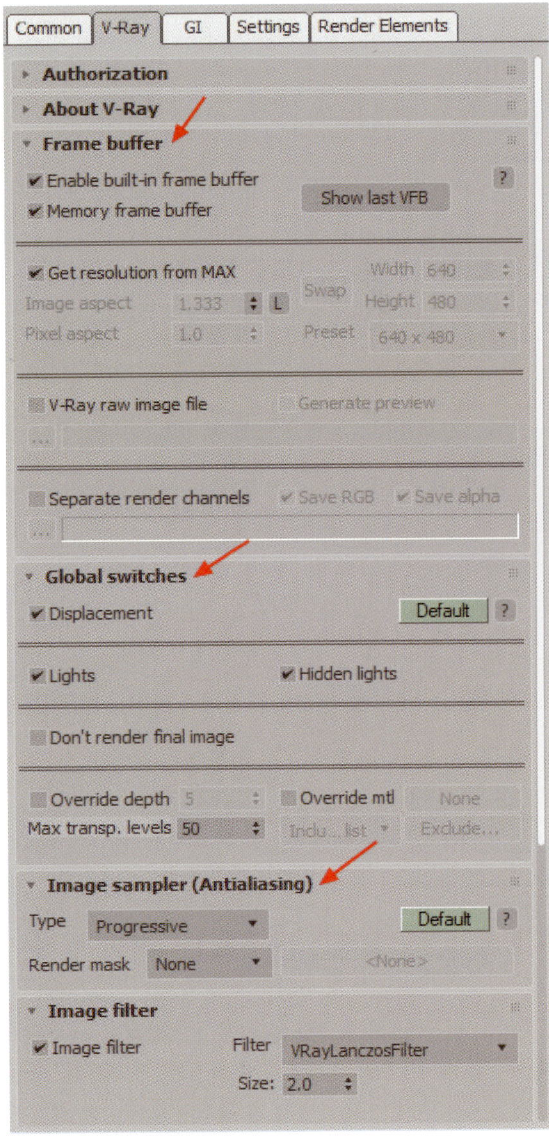

03 GI 탭을 클릭하고 Global illumination 롤아웃의 Enable GI에 체크해줍니다. Primary engine을 Irradiance map 모드로 설정하고, Secondary engine은 Light cache 모드로 설정합니다.

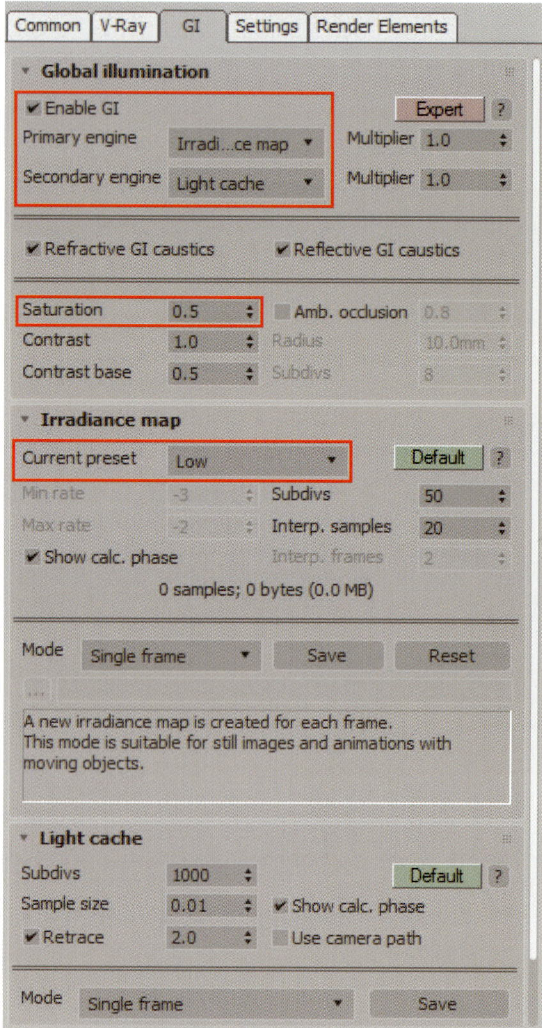

04 렌더링 결과입니다. 전체적으로 조명이 닿는 부분에 하얗게 타는 현상이 나오고 있습니다. 이것은 Color mapping 롤아웃에서 쉽게 해결할 수 있습니다.

06 Customize〉Preferences...를 클릭하고, Preference Settings 창에서 Gamma and LUT 탭에서 'Enable Gamma/LUT Correction'에 체크해줍니다. 이 설정은 렌더링 시 감마가 적용되어 밝게 렌더링으로 처리되며, 렌더링 이미지를 파일로 저장할 때에도 감마가 적용된 상태로 저장됩니다.

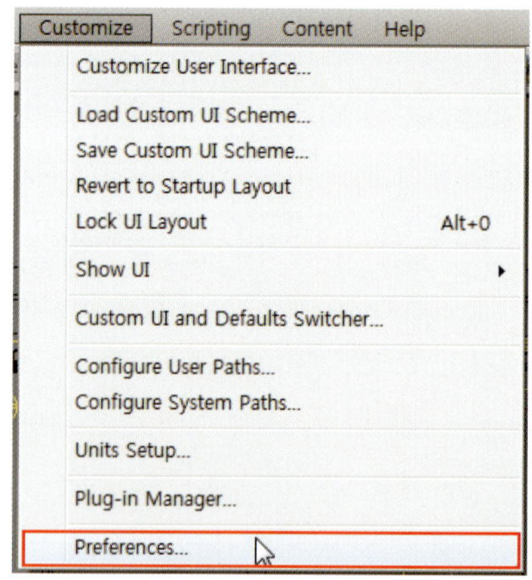

05 V-Ray 탭의 Color mapping 롤아웃의 Type을 Exponential로 변경합니다.

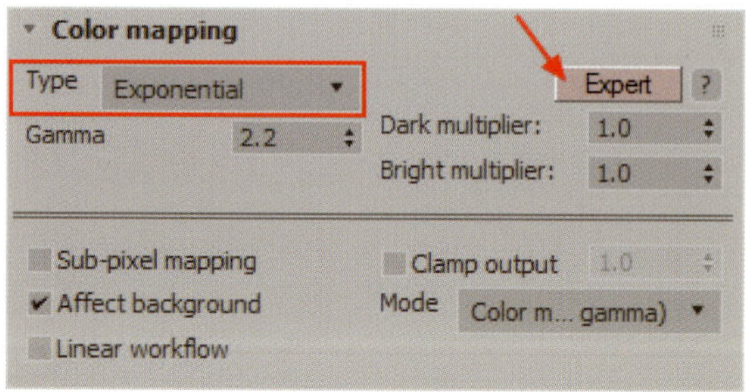

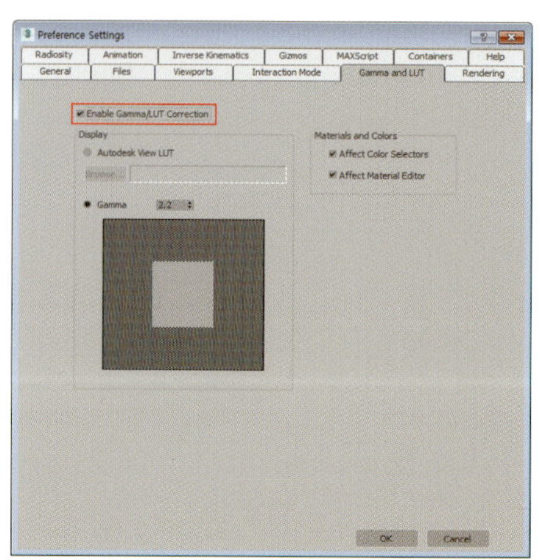

07 렌더링 결과 밝게 타는 현상(Burn Out)이 사라졌지만, 전체적으로 조명의 밝기가 약합니다. 나머지 조명도 좀 강하게 처리하도록 하겠습니다.

08 먼저 스탠드의 VRayLight를 선택합니다. Modify에서 Radius 값을 "70"으로 수정해주고, Multiplier 값을 "30"으로 수정합니다. 렌더링 결과를 확인해보면 전보다는 조금 더 밝아진 것을 확인할 수 있습니다.

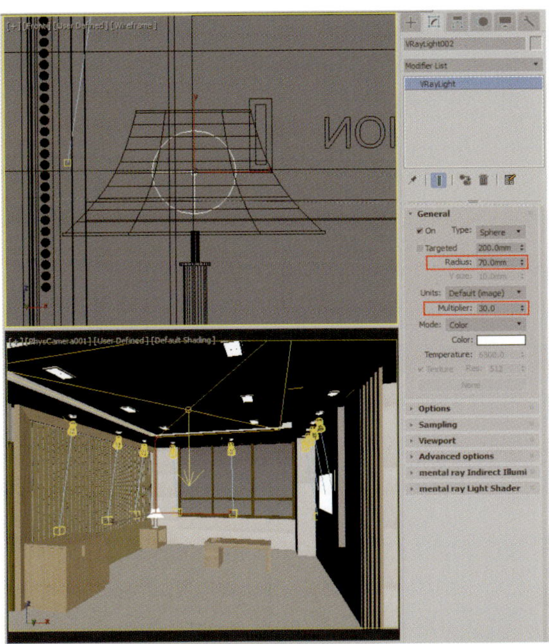

09 장면에 있는 매입등 역할의 VRayIES 조명을 선택하고, Modify 패널에서 'power' 수치를 "1,500"으로 올려줍니다.

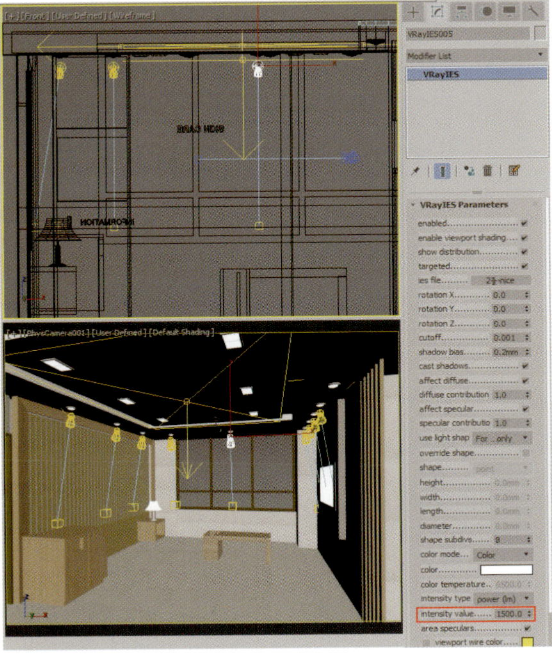

10 렌더링 결과 VRayIES 조명도 조금 더 밝아진 것을 확인할 수 있습니다.

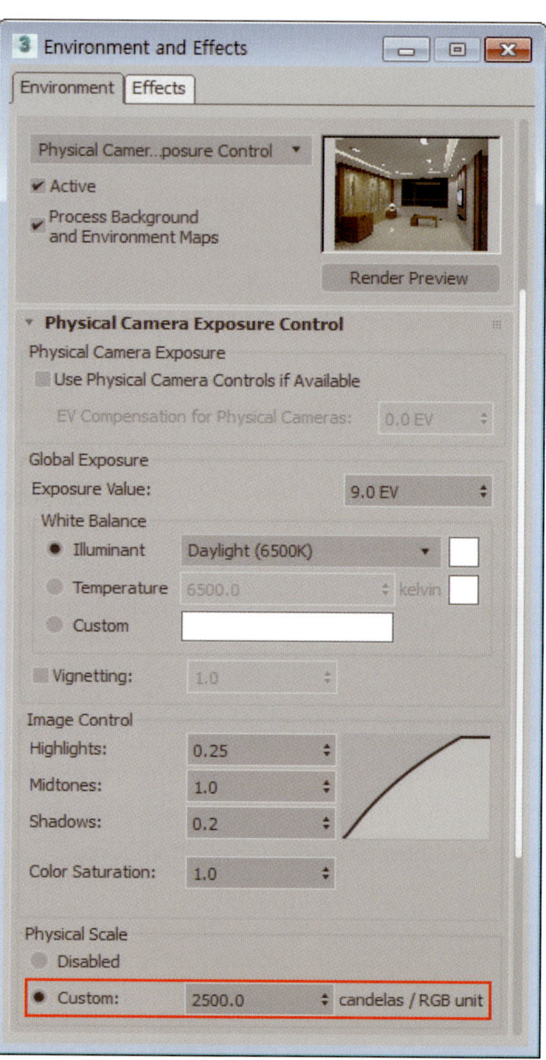

11 전체적으로 좀 더 밝은 분위기를 만들기 위해 Environment and Effects 창에서 Physical scale의 Custom 값에 "2,500"으로 올려줍니다. 렌더링 결과 좀 더 밝은 분위기가 되었습니다.

(i) 알아두기 | Physical scale

실제가 아닌 라이트에 사용할 노출 컨트롤의 물리적 배율을 설정합니다. 그 결과 장면에 대한 눈의 반응에 가까운 렌더링으로 조정됩니다.

- **Disabled** : 물리적 배율을 비활성화합니다. 장면에서 비-Photometric 라이트를 사용하는 경우 해당 라이트가 어두워질 수 있습니다.
- **Custom** : 각 표준 라이트의 승수 값에 물리적 배율 값을 곱해 라이트 명도 값을 칸델라로 제공합니다.

12 이제 마지막으로 각 조명 오브젝트의 라이트 밝기를 올리기 위해 재질 창을 열고, 스탠드, BAL, 매입등의 세기를 "2"의 값으로 모두 올려줍니다.
특히 렌더링 시 스탠드의 안쪽 면에도 재질이 보일 수 있도록 'Emit light on back side'에 체크하도록 합니다.

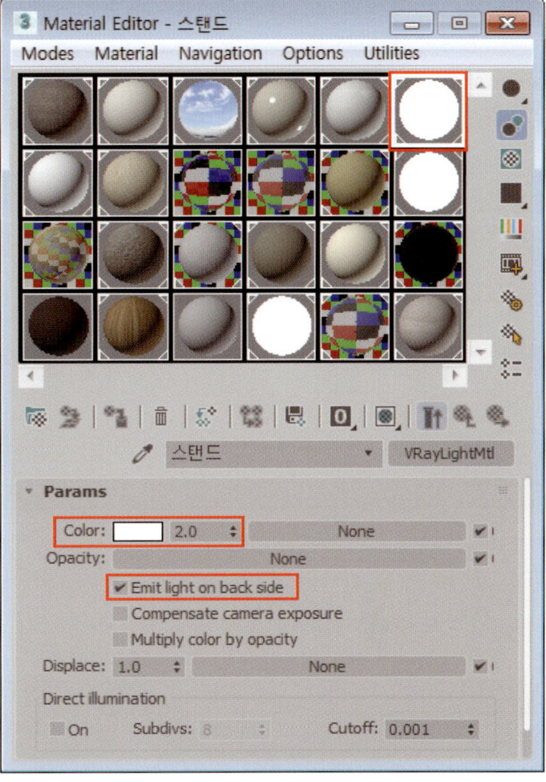

스탠드

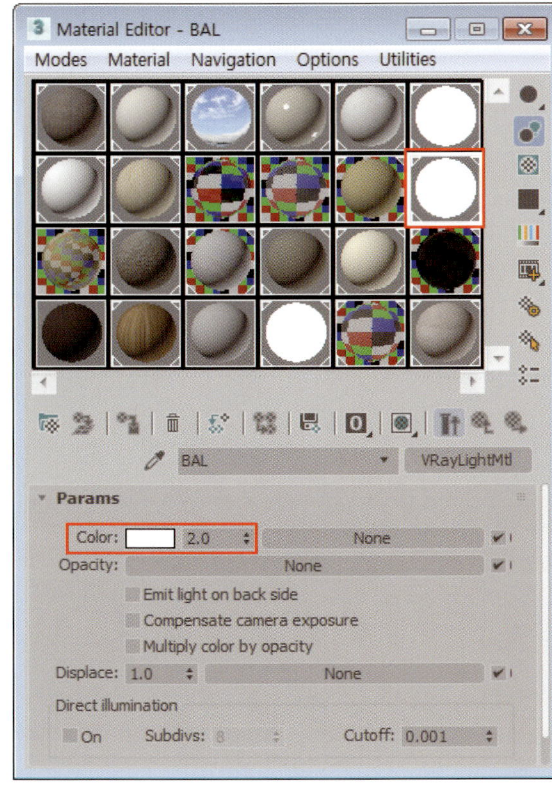

BAL

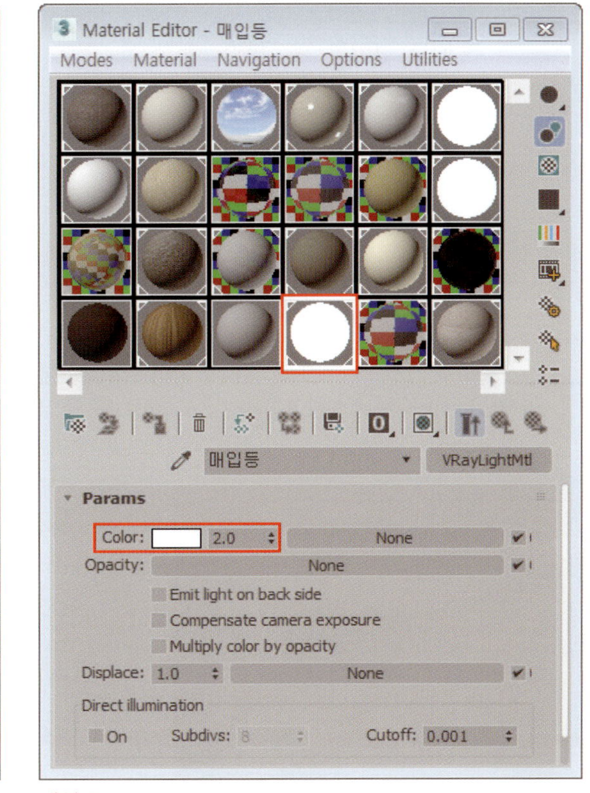

매입등

13 렌더링 결과 각 라이트의 오브젝트가 좀 더 하얗게 만들어졌습니다.

14 마우스 오른쪽 버튼을 누르고 Quad Menu에서 'Unhide All' 명령을 클릭하여 숨겨놓은 소파와 쿠션을 불러들입니다.

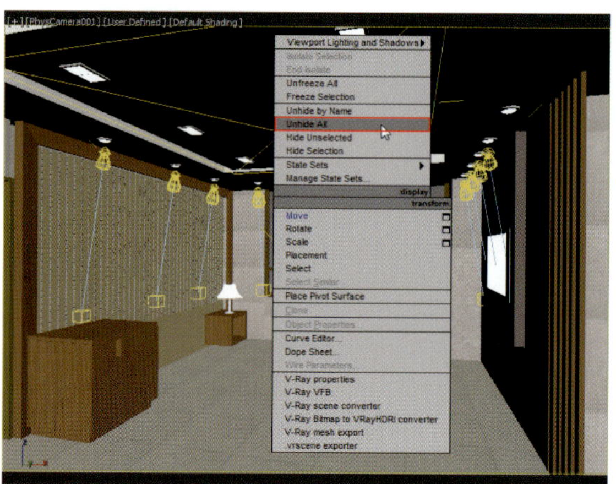

15 렌더링 결과 이미지입니다.

16 'Show correction control'(그림 A) 아이콘을 클릭한 후 'Curve' 값을 조절하여 Bright & Contrast를 조정해줍니다.

17 3ds Max의 좌측 상단에 있는 Application Button〉Import〉Merge를 클릭하고 제공된 CD 부록에서 '버티컬.max' 파일을 Open합니다.

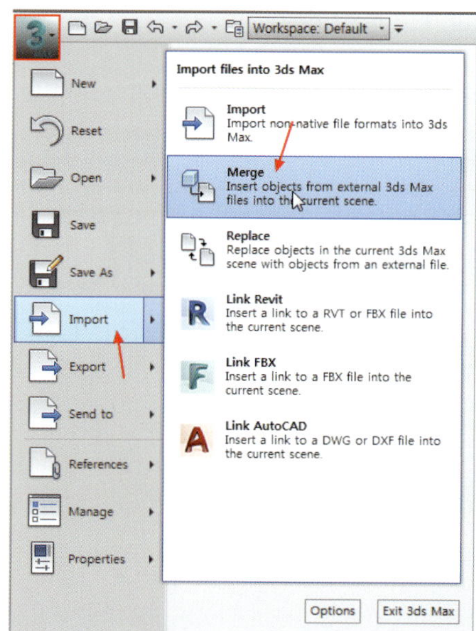

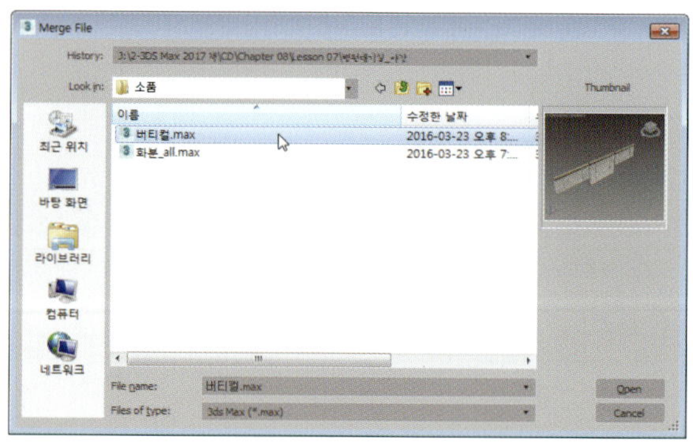

18 Merge 창이 나타나면 All 버튼을 클릭하고 OK 버튼을 클릭합니다. 동일한 방법으로 '화분_all.max'파일도 Merge 명령으로 화면에 불러들입니다.

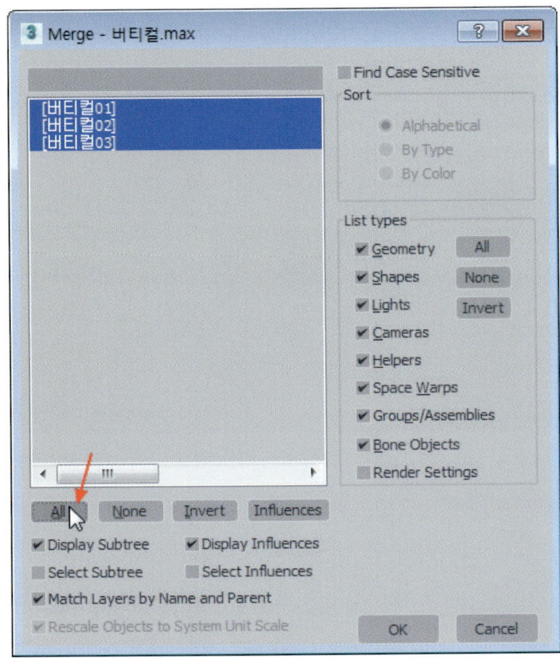

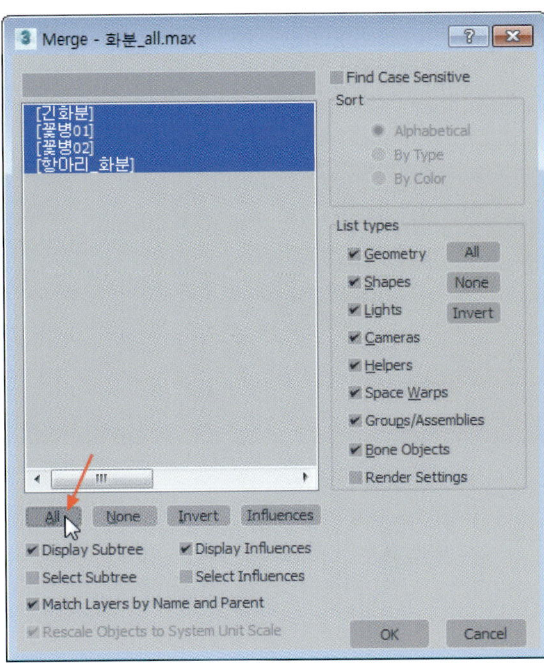

19 Merge 명령으로 화면에 불러들인 버티컬 오브젝트와 화분 및 꽃병 오브젝트들입니다.

●CD 제공 : 병원대기실_com_VRay_야간.max

20 다음은 V-Ray를 활용한 최종 병원 대기실의 야간 렌더링 이미지입니다.

21 Photoshop을 실행하여 다음과 같이 Lens flare 효과를 만들어줍니다. 제공된 CD 부록에서 'Lens_flare.jpg' 파일을 새로운 레이어로 불러들이고, Screen 모드로 변환해주면 합성이 됩니다.
Ctrl + T 키를 클릭하여 이미지 사이즈를 조정하여 줍니다.

22 Lens flare 이미지가 자연스럽게 합성되도록 'Eraser Tool' 을 사용하여 외곽부분을 부드럽게 지워줍니다. 레이어의 Blend 모드를 잠시 'Normal' 모드로 변경하고 외곽부분을 지워주면 수월하게 지워줄 수 있습니다.

23 부드럽게 외곽부분을 다 지웠으면 다시 레이어를 'Screen' 모드로 변경해줍니다. 나머지도 매입등에 맞추어 Alt 키를 누른 상태로 복사하여 주고 사이즈도 조정해줍니다.

24 복사된 Lens Flare의 레이어를 Shift 키를 이용하여 레이어를 모두 선택해주고, 'Merge Layers'로 하나의 레이어로 모두 합쳐줍니다. 'Screen' 모드로 변경해주고, Opacity 값을 "81%" 정도 줄여줍니다.

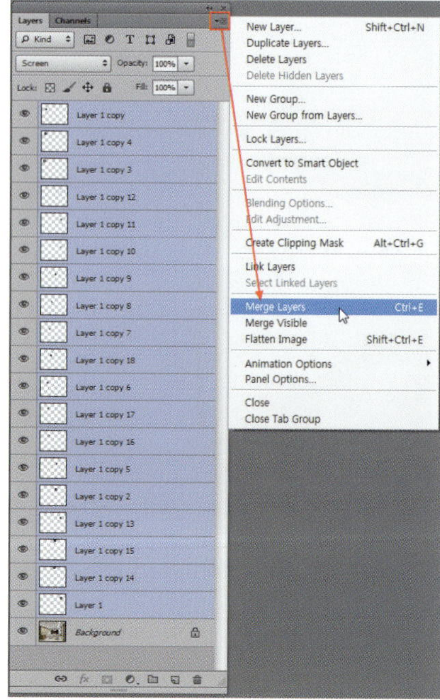

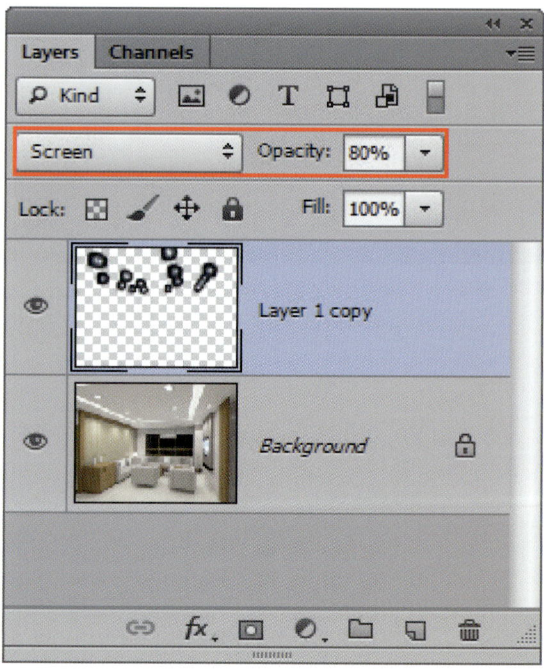

25 다음은 Photoshop에서 Lens Flare 효과를 적용한 최종 이미지입니다.

✿CD 제공 : 병원 대기실_야간01.psd

✿CD 제공 : 병원 대기실_야간02.psd

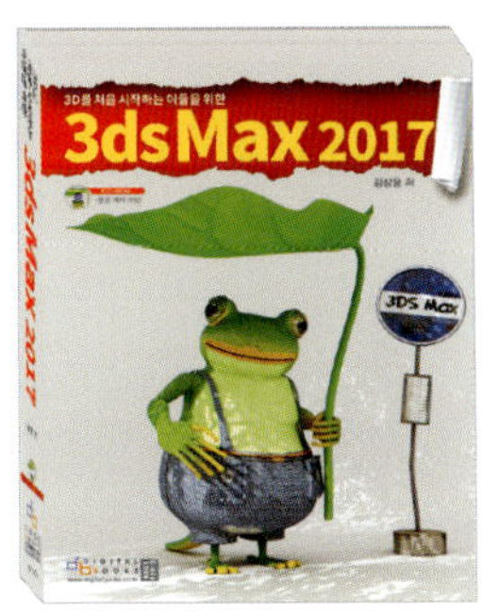

저자협의
인지생략

3D를 처음 시작하는 이들을 위한
3ds Max 2017

1판 1쇄 인쇄 2017년 3월 1일
1판 1쇄 발행 2017년 3월 5일

—

지 은 이 김상윤
발 행 인 이미옥
발 행 처 디지털북스
정   가 39,000원
등 록 일 1999년 9월 3일
등록번호 220-90-18139
주   소 (04987)서울 광진구 능동로 32길 159
전화번호 (02)447-3157~8
팩스번호 (02)447-3159

—

ISBN 978-89-6088-202-7 (13000)
D-17-08